사회과학을 위한 질적연구 핸드북

김영천 · 정정훈 지음

Handbook of Qualitative Research for Social Sciences

아카데미프레스

서문

서구의 질적연구가 한국에 소개되고 연구된 지 벌써 30여 년이 흐른 듯하다. 그 기간 동안 한국의 질적연구는 인류학이나 사회학뿐만 아니라 문학, 예술, 체육, 문화 연구 등의 분야에서 장착되고 발전하여 더 이상 낯설지 않은 연구 방법론으로 자리 잡았다. 질적연구라는 제목으로 많은 논문들이 출간되고 있고, 질적연구 방법론 전문 서적들 역시 다양한 분야의 연구자들에게 읽히고 있다. 교육학 분야에서 질적연구의 한국적 이식과 정착에 노력해 온 필자들은 그러한 변화가 계속 이어져 가까운 미래에는 방법론으로서 질적연구가 양적연구와 대등하게 인식되고 가르쳐지기를 기대하고 있다.

이에 필자들은 그러한 목적을 더욱 효과적으로 실현시키기 위하여『사회과학을 위한 질적연구 핸드북』을 집필하였다. 이 책은 질적연구 개론서에서 주로 다루었던 '질적연구 전반에 대한 기본적 설명'에서 벗어나 '질적연구'라는 이름 아래 이루어진 다양한 질적연구의 지적 전통을 연구 패러다임 차원에서 구분하고, 각 연구 패러다임에서 발전한 대표적인 연구 전통들을 선별하여 국내 연구자들에게 효과적으로 설명하려고 하였다. 이를 통하여 해석적 패러다임, 비판적 패러다임, 해체적 패러다임에 해당하는 질적연구의 지적 전통들을 개념적으로, 역사적으로, 방법적 차원에서 명료하게 정리하려고 하였다. 이러한 측면에서 이 책은 기존의 질적연구에 대한 일반적 수준에서의 기본적 지식 전달의 목적에서 벗어나, 진정으로 '질적연구'에 대하여 알아야 하는 모든 이론적/방법적 지식의 범주들을 '핸드북'이라는 이름으로 설명하려고 하였다.

이러한 목적으로 저자들은 세 가지 질적연구 패러다임 속에서 이루어진 총 열세 가지 질적연구의 지적 전통/종류를 선정하였다. 그리고 각 지적 전통/연구 방법이 어떻게 역사적으로 발달하였고, 어떤 방법적 특징을 가지고 있으며, 실제 연구 현장에서 어떻게 적용될 수 있는지를 서구와 한국의 다양한 예를 통하여 설명하려고 노력하였다. 이를 통하여 질적연구에 대한 일반적 차원에서의 설명과 이해에서 벗어나 연구 패러다임 차원에서 질적연구를 배우고 가르치고 실천하는 것이 무엇을 의미하는 것인지를 이해시키려고 노력하였다. 즉, 질적연구자가 된다는 것, 진정한 질적연구자가 되기 위하여 연구자가 알아야 하는 최소한의 선진적인 지식의 내용은 무엇인지를 한국의 연구자들에게 알려주기를 희망하였다.

그러한 측면에서 이 책은 저자 김영천이 출간한『질적연구 방법론 2: Methods』가 가지고 있었던 여러 가지 문제들과 한계를 극복하고 새롭게 저술된 질적연구 방법론 전문서적에 해당한다고 하겠다. 첫째, 새로운 질적연구 지적 전통들(응용문화기술지, 사례/비교 사례연구, 탈식민적/토착적 질적연구, 포스트휴먼 질적연구)이 새로운 장(chapter)으로 첨가되었다. 둘째, 기존의 책에서 다루어지지 못한 각 지적 전통에 대한 중요하고 핵심적인 내용과 지식이 새롭게 첨가되었다. 그러한 보충 설명은 각 방법의 역사적 발달, 중요한 연구 개념, 연구 방법들의 실천, 자료 분석, 글쓰기 등의 모든 영역에서 이루어졌다. 셋째, 해당 저서의 출간 이후에 이루어진 국내외의 새로운 연구 결과, 이론적 지식, 모범적인 연구의 예들을 문헌 분석 방법을 통하여 선정하고, 이를 엄선하여 설명해 주었다. 즉, 한국의 연구자들이 각 연구 방법을 가지고 자신의 현장에서 연구를 한다면 어떻게 잘할 수 있을 것인지에 대한 지혜와 전략을 습득할 수 있도록 노력하였다.

이에 한국에서 변화하고 있는 질적연구의 위상 그리고 새로운 요구를 생각한다면 이 책은 그러한 목표를 충분히 잘 달성할 것으로 믿어 의심치 않는다. 그리하여 '질적연구의 이론적 탐구와 지식의 생산'이라는 한국적 목표를 실현시킬 수 있는 모든 질적연구자들이 알아야 하고 읽어야 하는 전문 저서로서 수용될 것으로 확신한다. 그리고 이러한 기대는 이 책의 출간을 위하여 제1저자의 전체 계획을 기초로, 주도적인 연구 작업과 글쓰기를 담당한 제2저자인 정정훈 박사의 엄청난 열정과 헌신이 없었다면 생각할 수 없는 것이라고 말하고 싶다.

서구의 질적연구의 이론화 동향을 참고한다면 다소 늦게 한국에서 출간된 이 책이 한국 질적연구의 이론적 탐구의 수준을 한 단계 더 높일 수 있기를 희망한다. 이를 통하여 이 신간이 질적연구 방법론 강좌 제2단계 수업의 대표적 서적으로 읽혀지기를 기대하지 않을 수 없다. 나아가 이 책의 제목이 나타내는 것처럼, 모든 인문과학/사회과학/예술과 체육 등의 분야에서 질적연구가 새로운/합법적인 연구 방법론으로 가르쳐지고 훈련될 수 있는 희망적 미래를 앞당길 수 있는 자극제가 되기를 기대해 본다.

이 책의 글쓰기에 필요한 기초 자료들을 정리해 준 진주교육대학교 석사과정 이선 선생 그리고 방기홍 교사에게 감사함을 표한다. 아울러 두 개의 장 정리를 체계적으로 해준 조재성 박사의 노력 역시 잊기 어렵다. 마지막으로 이 책의 출간을 허락해 준 아카데미프레스 구본하 사장님과 김재석 편집실장님께 역시 감사함을 표한다.

2021년 11월 21일
저자 김영천 · 정정훈 씀

차례

제 1 장

문화기술지

이론화와 실천 분야

인류학, 생태학, 사회복지학, 예술, 음악, 교육학, 간호보건학, 관광학, 기계공학, 교육공학, 농업학, 노인학, 특수교육, 의학, 마케팅

문화기술지(ethnography)는 인간 집단의 문화와 행위 양식을 그들의 관점에서 기술하고 이해하기 위한 질적연구를 대표하는 연구 방법론이다. 이 방법론은 인류학과 사회학에서 출발한 방법론적 전통으로서, 다양한 질적연구 방법론 중에서 가장 오래되고 가장 기본적이고 일반적인 방법론으로 사용되고 있다. 질적연구 발달의 초창기에는 문화기술지가 질적연구이고 질적연구가 바로 문화기술지라고 인식되었으며, 최근에도 다양한 질적연구의 전통에서 '문화기술지'라는 표현은 보편적으로 활용되고 있다. 문화기술지는 그 방법론이 태동한 인류학이나 사회학뿐만 아니라 간호학, 교육학, 경영학, 테크놀로지 등 다양한 학문 분야의 학술적 발전과 연구 방법론 개발에 기여하고 있는 연구 방법론으로서, 이 방법론에 관심을 가진 질적연구자는 문화기술지의 이론과 방법적 동향에 대하여 폭넓게 이해할 필요가 있다. 즉, 문화기술지에 대한 이해와 방법론적 지식을 갖추는 것은 질적연구자로서 가장 기본적이면서 핵심적인 방법론적 지식과 능력을 갖추는 일이다. 이에 이 장에서는 질적연구의 가장 오랜 그리고 가장 중요한 방법론적 전통으로서 문화기술지에 대하여 전체적으로 알아보고자 한다. 다시 말해, 응용문화기술지, 자문화기술지와 같이 독립적인 질적연구 방법론으로 간주되는 문화기술지의 갈래는 각각 다른 장에서 자세히 소개하고 논의할 것이다. 이에 제1장에서는 전통적 문화기술지에 한정하여 집중적으로 살펴보고자 한다. 이를 위해 먼저 문화기술지의 개념적 정의를 명료하게 밝히고, 문화기술지 발달의 역사를 간략하게 개관하고자 한다. 이어서 문화기술지의 다양한 접근을 대표적 이론과 개념을 통해 설명함으로써 독자들이 다양한 문화기술지의 개념과 방법적 특징에 대한 이해를 돕고자 한다. 또한 이 장의 핵심이라고 할 수 있는 문화기술지의 방법을 대표적 연구 작품들을 통해 자세히 제시하고자 한다.

1. 문화기술지의 정의와 특징

문화기술지는 인간 집단(사회, 지역사회, 조직 등)의 사회적 상호작용과 그들이 공유하는 문화를 기술하고 그 특징을 이해하기 위한 목적으로 활용되는 질적연구 방법이다. 어원적으로 문화기술지를 지칭하는 Ethnography는 그리스어 ethnos (people, 사람들)와 graphei(to write, 글쓰기)에서 유래하였다. 즉, 사람들의 삶의 모습에 대해 글을 쓴다는 의미이다. 이러한 문화기술지의 주된 목적은 특정한 집단의 세계관, 행위, 그들의 삶의 공간에 대한 전체적이고 풍부한 설명을 그려내는 것이다(Scheper-Hughes, 1992; 이용숙, 2010; 김영천, 2013; 김필성, 김영천, 2015). 문화기술지 방법론 분야에서 대표적으로 많이 읽히는 Hammersley와 Atkinson(1995)의 저서, *Ethnography: Principles in Practice*는 문화기술지를 '특정한 사람들의 지식과 사회적 문화를 깊이 이해하는 연구 방법'이라고 정의한다. 이러한 점에서 Hammersley와 Atkinson(1995)은 "문화기술지의 목표는 집단의 문화, 관점, 실천을 기록하는 것인데, 여기서 핵심은 그 집단 사람들이 세계를 보는 방식을 포착하는 것"이라고 주장하였다. 하지만 인류학자 Hymes(1964)가 이야기한 것처럼, 문화기술지에 대한 정의는 하나로 규정하기 어려운 복잡한 물음이다. 다시 말해 많은 문화기술지 방법론 학자들은 나름의 정의를 내리고 있으며, 그 특징적인 면에서 다양함과 차이를 보인다. 문화기술지를 이해하기 위해서 우리는 다양한 학자들의 정의를 살펴보아야 하겠지만, 몇몇 정의들은 문화기술지가 무엇인지에 대한 구체적인 이해에 도움이 되지 않는다. 예를 들어 Hammersley(2018)는 Harry Wolcott의 정의, "문화기술지는 다른 사람의 일(business)을 연구하는 작업이다"(Wolcott, 1999) 또는 John van Maanen(1995: 2)의 "진지한 지적 작업을 위해 모험적인 좋은 시간을 가질 수 있는 멋진 기회다"와 같은 정의는 문화기술지가 무엇인지 이해하는 데 전혀 도움이 되지 않는다고 지적한다. 이에 우리는 문화기술지를 이해하는 데 도움이 되는 여러 학자들의 정의를 통해 질적연구 방법론으로서의 문화기술지의 정의와 특징을 살펴보고자 한다. 이를 위해 문화기술지가 무엇인지에 대한 여러 학자들의 정의를 **<표 1-1>**에 정리하였다.

이러한 정의들을 종합하면, 문화기술지는 한 사회나 조직에 속해 있는 구성원들이 자연스러운 상황에서 보이는 행위, 관점, 세계관, 실제에 대해 그들이 부여하는 의미를 이해하기 위한 연구 방법이다. 연구자는 현장 작업을 통해 목표한 문화 집단 속

<표 1-1> 문화기술지의 다양한 정의

학자	정의
Mitchell(2007)	문화기술지는 연구 방법적 삼각 검증에 기초한 대부분의 장기간의 질적연구를 지칭하는 것으로서, 이는 '문화기술', 즉 문화를 기술하는 것이다.
Hobbs(2006)	문화기술지는 사회학자나 인류학자들이 주로 사용하는 연구 방법론으로서, 연구 대상과의 개별적 그리고 직접적 접촉은 특정한 문화나 사회적 맥락을 이해하는 데 필수적이라는 관점을 공유하는 연구 방법론들의 혼합의 결과물이다.
Brewer(2000)	문화기술지는 자연발생적 상황에서 인간을 탐구하는 방법이다. 연구자는 자신의 외부자적 관점을 연구 대상과 현장에 영향을 미치지 않는 범위 내에서 체계적인 자료 수집을 위해 연구 참여자의 일상적인 활동에 직접 참여한다. 이를 통해 연구자는 그들의 사회적 의미를 포착한다.
Lutz(1981)	문화기술지는 특정한 맥락의 한 사회에서 되풀이되는 다양한 행위들과 그 행위들 사이의 연관성을 발견하기 위한 역동적인 과정에 대한 심층적인 기술이라는 점에서 전체론적이다.
Bernard(2000)	문화기술지는 연구자가 직접 연구 현장에 들어가 자연스러운 상태에서 연구 현장을 관찰하여 기록하고 해석하는 사회과학적 연구 방법이다. 이를 통해 연구자는 독자들에게 특정한 사회의 일부분이 된다는 것이 어떤 것인지 탐구하는 연구 방법이다.
Malinowski(1922)	문화기술지 연구자의 목적은 현지인의 토착적인 관점을 이해하는 것이다.

〈표 1-2〉 문화기술지의 특징

장기간의 자료 수집	오랜 기간 동안 연구 현장에 머물며 자료를 수집하고 분석
자연적 상황에서의 연구	외부자의 개입이나 통제가 없는 상황에서 일어나는 문화적 현상에 대해 연구
연구 현장과 참여자와의 직접적 접촉	연구자는 연구 현장에 들어가 참여자들과 대화하고 상호작용
다양한 연구 자료	참여관찰, 면담, 문서와 기록물, 공예품과 유물 등 다양한 종류의 연구 자료를 활용
실제로 일어나는 사실 기록 목적	무엇보다 문화기술지는 연구자가 목격하거나 경험한 일, 실제적으로 일어난 사실들을 기록하는 데 그 본질적인 목적을 가짐
토착적/내부자적 관점 이해	한 문화권 속에 살아가는 사람들이 자신들의 행위와 문화적 요소에 부여하는 의미와 중요성에 대한 관심
총체적 접근	특정한 문화 요소나 사건만을 연구하는 것이 아니라 문화 요소들과 사건들 사이의 관계 그리고 그 속에서 일어나는 다양한 차원의 상호작용에 대한 총체적인 이해를 추구

에 스며들어 그들의 일상적인 생활을 연구하여 그들의 문화체계를 밝혀내고자 한다. 사회적 맥락, 인간관계와 과정들을 기록하기 위해 연구자는 장시간 동안의 현장 작업을 하며, 해당 문화권 사람들이 자신들의 사회경제적 · 종교적 · 정치적 · 지리적 맥락에서 상호작용하면서 공유하는 신념, 가치, 의례, 관습, 행위를 이해하고자 한다. 이러한 다양한 정의는 각기 다른 특징들을 가지고 있지만 이 정의들을 종합적으로 고려하면 **〈표 1-2〉**와 같은 문화기술지의 특징들을 도출할 수 있다.

이 표에 제시한 문화기술지 특징은 가장 대표적이면서 대부분의 문화기술지를 활용한 연구들에서 나타나는 요소들이다. 하지만 문화기술지 연구자들 모두가 위에 나열된 요소들을 반드시 모두 포함해야만 문화기술지로 명명되어야 한다고 생각하지 않을 수 있다. 즉, 연구의 목적이나 연구 상황과 맥락에 따라 위의 모든 요소들이 만족되지 않을 수도 있을 것이다. 예를 들어, 인터넷 문화기술지의 경우 참여자와 면대면 면담이나 물리적 공간으로 들어가는 참여관찰을 하지 않을 수 있으며, 그러한 연구 작업이 필요하지 않을 수 있다. 하지만 대부분의 문화기술지 연구자들은 위의 요소들이 일반적으로 문화기술지가 갖추어야 하고 연구 과정에서 만족시키고자 하는 요소들이라는 점에는 큰 이견이 없을 것으로 생각된다.

이러한 다양한 정의와 특성 그리고 이에 대한 논쟁점으로 인해 "문화기술지는 무엇인가?"에 대한 질문은 하나의 대답으로 귀결될 수 없다고 보는 것이 타당할 것이다. 이러한 이유로 Hammersley(2018: 3)는 이 질문이 "모호하며 복잡한" 문제라고 규정하였다. 이로 인해 '문화기술지'라는 용어에는 특정한 성격을 강조하는 매우 다양한 형용사가 사용된다. 다시 말해 문화기술지는 모두 동일하지 않은 특징과 목적을 가진 매우 다양한 방법들이 존재한다. 연구 패러다임 관점에서 인식론과 철학적 배경을 강조하는 다양한 문화기술지 방법이 이론화되어 활용되고 있다. 뿐만 아니라 어떤 종류의 자료를 활용하는지에 따라, 그리고 연구의 목적(조사, 이론적/방법론적 위치, 실제적/정치적 가치)에 따라 다양한 문화기술지가 존재한다는 점을 이해해야 한다.

2. 문화기술지의 역사적 발달

이 책의 목적은 문화기술지를 활용하고자 하는 연구자들에게 자세한 연구 방법적 안내를 제공하는 것이다. 하지만 문화기술지가 무엇인지를 이해하는 것이 가장 중요하기에 문화기술지 개념과 정의를 살펴보았다. 이와 더불어 문화기술지 발달의 역사를 간략하게 개관하고자 한다. 서두에서 밝힌 바와 같이 문화기술지는 이 방법론뿐만 아니라 질적연구 전반의 발달에 지대한 영향을 끼친 가장 기본적인 연구 방법론인 만큼 문화기술지의 역사적 발달을 이해하는 것은 다른 질적연구 방법론의 역사와 발달 이해에 필요한 기본적 지식을 제공한다는 점에서 중요한 의미를 갖는다.

문화기술지 발달의 역사를 논할 때 많은 학자들은 19세기에 등장하고 발달한 근대 문화기술지 연구물들에 주목한다(Prus, 1996; Ryan, 2017). 몇몇 학자들은 문화기술지의 역사를 Lewis Henry Morgan(1818~1881)을 기준으로 삼아 그 이전의 작품들을 초기민족학(pre-ethnology)으로 분류한다(Okpoko & Ezeh, 2005). Morgan 이전의 연구들이 초기민족학으로 분류되는 이유는 1834년 이후 인류분포학(anthropography) 그리고 문화기술지가 등장하기 이전의 연구들이 연구 방법의 엄밀성 관점에서 비전문적이고 서툴렀기 때문이다(Cunningham, 1997). 하지만 캐나다 워털루 대학교의 Robert Prus와 Matthew Burk가 고대 그리스의 문화기술지가 19~20세기 근대적 문화기술지와 견줄 만하다고 이야기한 것처럼 문화기술지의 원류를 알아보기 위해서 우리는 고대 그리스로 거슬러 올라가야 한다(Prus & Burk, 2010). 뿐만 아니라 Morgan을 '문화기술지의 아버지'라고 칭하는 것은 그의 업적에 대한 과도한 평가라는 지적도 존재한다. 왜냐하면 Morgan 이전과 동시대에 그의 방법 못지않은 문화기술지 연구를 수행한 학자들이 존재하였기 때문이다(Ugwu, 2017). 이러한 점에서 우리는 문화기술지 발달의 역사에서 중요한 영향을 끼친 대표적 연구자 중심으로 문화기술지 발달의 역사를 간략하게 살펴보고자 한다.

가. 문화기술지 시초로서의 헤로도토스

문화기술지는 서구의 학자들이 비서구 '타자'의 삶과 문화를 조사하기 위한 방법에서 태동하였다. 식민지 구축과 제국주의가 지배하던 시대를 거치면서 문화기술지는 비서구뿐만 아니라 특정한 집단의 생활상과 문화를 탐구하기 위한 방법으로 발전하였다(Lavenda, Schultz, 2010; Ugwu, 2017). 현대적 문화기술지 관점에서 그 시초는 헤로도토스(기원전 484~425)로 거슬러 올라간다. 고대 그리스 역사가로서 '서양 역사학의 아버지'로 여겨지는 헤로도토스는 그의 저서 *The Histories*에서 그리스-페르시아 전쟁의 기원에 대한 탐구, 지중해와 흑해 주변 여러 지역과 사람들에 대해 자신이 보고, 듣고, 경험한 것을 기록하였다. 이러한 이유로 헤로도토스는 서양 인류학과 문화기술지의 토대를 마련한 학자로 간주된다(Ugwu, 2017). 그는 그 방대한 저서에서 서구와 다른 지역의 모습, 자연 현상, 사람들의 행위와 세계관을 있는 그대로 생생하고 다양하게, 그의 독특하고 수려한 문체로 묘사하였다. 현대의 개념으로는 '문화 다양성' 관점을 취하였던 헤로도토스의 접근은 당시 많은 논란이 되었다고 한다. 이는 노모스(nomos)와 피시스(physis)라는 고대 그리스의 두 가지 개념으로 잘 나타난다. 노모스는 사회적 관습, 규칙, 습관, 법제의 의미로 사용되었으며, 피시스는 자연, 원리, 사물의 본성을 지칭한다. 특히 피시스는 옳고 그름을 본질적으로 논쟁의 여지 없이 구분하는 반면 헤로도토스가 이야기한, 노모스의 복수 형태인 노모이(nomoi)는 다양한 사회적 관습과 모습이 그 자체로서 인정받고 존중받아야 함을 보여준다(Ugwu, 2017). 방법적 엄밀성이 부족하다는 비판이 존재하기는 하지만 고대 헤로도토스의 문화적 다양성 인정과 다양한 사람들과 지역에 대한 기술은 문화기술지의 시작으로 인정될 수 있다.

나. 근대적 문화기술지: Morgan보다 앞선 Lafitau

근대적 문화기술지 연구 방법을 체계적으로 적용한 학자로는 예수회 선교사였던 Joseph-François Lafitau에 주목해야 한다(Fenton, 2003; Ugwu, 2017). 물론 여러 학자들이 미국 법률가였던 Lewis Henry Morgan(1818~1881)을 근대적 문화기술지의 지평을 연 학자로 간주한다. 하지만 Lafitau는 Morgan보다 한 세기 반 앞서 체계적인 문화기술지 연구를 시도하였다. 나이 31세에 프랑스 선교사였던 Lafitau는 캐나다로 선교를 떠나기를 자청하였다. 1712년부터 6년 동안 이로쿼이(Iroquois)족과 함께 생활한 Lafitau는 그들의 언어와 문화를 습득하였다. 1724년 Lafitau는 이로쿼이족의 생활, 삶, 문화를 묘사한 *Customs of the American Indians compared with the customs of primitive times*를 출간하였다. 이 책에서 그는 시간을 기준으로 나이를 가늠하는 서구의 문화와 다른 나이 시스템, 이로쿼이 정치 시스템, 사회 구조, 주거 규칙, 친족과 이족 결혼, 부족 의회, 여성의 사회적 중요성 등을 기술하고 이론화하였다.

Lafitau의 연구는 2차 자료에 기초해서 간접적으로 비서구 문화를 탐구한 André Thévet(1516~1590) 그리고 Marc Lescarbot(1570~1642)의 연구와 달리, '이로쿼이족 사람들을 유럽인에 비해 열등한 사람들로서가 아니라 그들 나름의 문화를 가진 사람들'로 보았다는 점에서 역사적 가치가 크다고 하겠다(Fenton & Moore, 1969). 하지만 우리는 식민주의와 제국주의적 입장에서, 그리고 2차 자료에 기초해서 간접적으로 비서구 문화를 '미개한', '문명화되지 않은' 문화로 묘사한 이전의 연구들과는 달리 Lafitau가 "이로쿼이족 사람들은 유럽인과 비교 대상으로서가 아니라 그들 자체로서 그들 나름의 사람들"이라고 보았다는 점에 주목할 필요가 있다(Fenton & Moore, 1969). Lafitau는 더욱 직접적이고 적극적으로 문화상대주의적 입장을 견지하였다. 문화기술지 방법론과 관련하여 우리가 더욱 주목해야 할 Lafitau의 기여는 원주민 언어 습득을 통한 내부자적 관점을 포착하는 것의 중요성을 강조한 데 있다(Ugwu, 2017). Lafitau는 "한 집단의 문화나 전통은 오로지 그러한 행위를 하는 사람들의 언어를 통해서만 이해할 수 있다"고 주장하며 그 자신 또한 이로쿼이 언어를 습득하였다(Fenton, 2003). 이러한 점에서 Cunningham(1997)은 이로쿼이족에 대한 Lafitau의 연구를 '첫 번째 근대 문화기술지'로 지칭하였다. Morgan과 달리 Lafitau는 장기간 이로쿼이족과 함께 거주하였으며, Morgan은 이로쿼이어를 배우지 않았지만 Lafitau는 배웠으며, Morgan은 많은 부분을 2차 자료에 의존하였지만 Lafitau는 직접 상호작용하고 관찰하였으며 그들의 언어로 대화하였다. 우리가 인류학 연구를 위한 Morgan의 기여와 진정성을 폄하할 이유는 없다. 하지만 Morgan이 Lafitau가 이미 오래전 그랬던 것처럼 근대적 문화기술지 연구 방법을 직접적으로 적용하지 않았다는 한계는 인정해야 한다.

다. 참여관찰과 문화상대주의의 발전: Cushing과 Malinowski

Malinowski는 지금의 문화기술지 방법의 초석을 다진 학자로 간주된다. 하지만 실제로 Malinowski보다 앞서 그가 시도한 방법을 적용하고 문화상대주의를 주장한 학자인 Frank Hamilton Cushing의 기여를 인정해야 한다. 19세기 Cushing은 Lafitau가 시도한 참여관찰을 더욱 발전시키기 위해 노력한 미국 인류학자이다. Cunningham(1997)은 Cushing을 "인류학과 민속학의 첫 번째 참여관찰자"라고 지칭하였다. Cushing은 미국 뉴멕시코주 서부 지역 원주민을 연구하기 위해 1879년부터 5년 동안 Zuñi Pueblo 지역에 거주하였다. Cushing은 1883년 *Zuñi Fetishes*를 출간하였는데, Cunningham에 따르면 이 작품은 세 가지 측면에서 문화기술지의 특징을 보인다. Cushing은 첫째, 연구하고자 하는 문화권의 언어를 습득하였으며, 둘째, 참여자들과 함께 장기간 생활하였으며, 셋째, 참여자들의 일상적인 삶의 모습을 직접 참여관찰하였다는 점이다. 이미 소개한 Lafitau 또한 언급한 세 가지 연구 방법을 활용하였지만 Cushing은 직접적인 접촉과 깊이의 측면에서 Lafitau보다 연구하고자 하는 사회에 더욱 깊숙이 들어갔다. Lafitau는 선교사로서 이로쿼이족과 상호작용하였지만, Cushing은 실제로 주니족의 사회로 들어가 연구하였으며, 심지어 '주니족의 전사의 일원'으로 인정받았다(Basden, 1983; McCall, 2000; Barnard, 2004).

여러 학자들은 Malinowski 또한 문화기술지의 참여관찰 방법을 더욱 발전된 단계로 사용한 학자로 간주하여 왔다. 그는 1914년부터 5년 동안 파푸아뉴기니의 트로브리안느 군도 원주민을 연구하였다. Cushing처럼 Malinowski 또한 원주민의 언어를 배웠으며, 원주민의 일상적 삶 속에서 그들의 언어로 상호작용하였다. 또한 그는 연구 현장에서 연구 일지를 작성하고 다음으로 무엇을 연구할지 결정하며 연구를 진행하였다(Sanjek, 1996). Malinowski가 스스로 설명하는 것처럼, 그는 원주민의 일상적인 삶의 모습을 직접 목격하고 기록하였으며, 예측하지 못한 사건, 죽음, 다툼, 소동, 축제 등을 관찰하였다. Sanjek(1996)은 Malinowski가 Cushing에 비해서 더욱 엄밀하고 깊이 있는 참여관찰을 하였다고 주장하지만, Ugwu(2017)는 그 두 학자의 방법 사이에는 뚜렷한 질적 차이가 없다고 주장한다. 또한 Malinowski가 문화기술지의 기능주의적 관점의 지평을 열었다고 믿어지기도 하지만, 이 또한 Lafitau나 Durkheim(1858~1917)이 이미 주장한 관점이다. 요약하면, 문화기술지를 위한 참여관찰과 문화상대주의는 18~19세기를 거치면서 Lafitau, Morgan, Cushing, Malinowski를 거치면서 발전하였다.

라. 20세기 초 문화기술지 탐구 영역의 확장

시카고 학파는 사회학 연구 방법론와 질적연구의 이론과 방법론적 발전에서 간과할 수 없는 역사적 중요성을 가진다. 문화기술지 발전의 역사에서 또한 마찬가지로 시카고 학파 학자들을 언급하지 않을 수 없다. 왜냐하면 시카고 학파의 많은 학자들이 문화기술지 학자로 분류되기 때문이다(Fine, 1995). Robert Park과 Ernest W. Burgess는 1917년부터 1942년까지 많은 박사과정 학생들에게 문화기술지, 사회학 연구 방법을 전수하였다. 그 예로서 Cavan(1928)의 자살에 대한 연구, Reckless(1933)의 감옥에 대한 연구, Johnson(1934)의 인종 분리를 합법화하는 짐 크로 법(Jim Crow laws)의 영향에 대한 연구가 있으며, 이들 외에도 Mowrer, Palmer, Luton, Kluver 등 많은 문화기술지 학자들이 다양한 주제로 연구 작품을 출간하였다. 이러한 연구 활동들은 이후 '시카고 사회학'으로 불리는 다양한 사회학 이론들로 분기하며 발전하였다(Faris, 1967; Ryan, 2017).

20세기 초 미국을 중심으로 문화기술지는 소외되고 억압된 집단의 권리와 이익에 대해 관심을 기울였다. 대표적인 예로 1941년 미국 연방정부 원주민 담당 부서에서 주관한 '6년 사회 행동 프로그램'을 들 수 있다(Deegan, 2001). 이 프로그램은 참여관찰의 방법으로, 원주민의 개성, 교육, 행정과 관련한 과학적 데이터 수집을 위한 것이었다. 원주민 아이들에 대한 이러한 연구 관심은 문화 다양성에 근거하여 원주민을 '타자'로 간주하는 전통적인 인류학적 전통에 기초한 것이었다. 이 시기의 문화기술지의 특성은 영국의 구조기능주의를 들 수 있다. 이 접근은 사회적 관습과 전통적인 사회적 구조와 같은 환경이 아이들의 사회화에 어떠한 영향을 미치는지를 이해하기 위한 총체적인 접근 모델이다.

이 시기 George Spindler는 인류학이 공장, 병원, 군대, 원주민 사회 등에서의 인간의 행위를 이해하는 데 도움을 주는 것처럼 교육학과 같은 다른 상황과 맥락에서의 인간의 행위를 이해하는 데 큰 시사점이 있다고 주장하였다(Henry, Caudill, Honigmann, Spiro, Fiske, Spindler, & Hallowell, 1955: 58). 문화와 개성에 대한 Spindler의 관심은 특정한 문화 속에서 지속적이고, 진화하며, 맥락적인 자아 형성에 있었다. 이 시기 문화기술지는 문화 전승이 역동적인 과정이라는 인식을 증대시켰다. 이와 더불어 인류학에서 관심이 커지고 있던 연구자의 사회적 책무 그리고 윤리적 연구 수행에 대한 인식이 증대되었다. 이러한 연구자의 역할과 연구 현장 및 사회에 대한 윤리적 책무에 대한 인식은 이후의 교육적 문화기술지의 발전 방향에 영향을 미쳤다. 이러한 연구 접근을 특히 강조한 사람은 Margaret Mead였다. Mead는 *The School in American Culture*(1951)에서 시골과 도시, 전통적 학교와 현대적 학교의 이미지와 문화를 병치하였다. 이러한 Mead의 작업, 즉 학교의 대조적인 성격과 문화 변화에 대한 이해가 이 태동기 교육적 문화기술지의 핵심적 주제임을 잘 보여준다.

또한 20세기 문화기술지 발전에서 Boas를 빼놓을 수 없다. *Anthroppology and Modern Life*(1962)에서 Boas의 관심은 근대 사회의 문제였다. 근대적 삶에 대한 Boas의 연구는 태동기 이후에 이루어진 문화기술지 연구의 방향을 제시하였다(Yon, 2003). Yon(2003)은 Boas의 영향에 대해 세 가지를 제시하였다. 첫째, Boas는 인종적 특징이 변하지 않는다는 기존의 지배적 관점에 도전하며, 문화가 인종으로 환원될 수 없다고 주장하였다. 둘째, Boas는 인간의 신체적 발달은 그들이 처한 경제적 상황과 가족의 형편에 따라 달라진다고 보았다. 셋째, Boas는 인류학이 사회 현상을 이해하는 학문임을 강조하며, 미래의 변화 예측을 담보하지 않는다고 주장하였다. 이러한 Boas의 초기의 이론화는 집단이 어떻게 사회화되는지와 관련한 원초론에 대한 당시 문화기술지의 지배적인 관점을 약화하였다. 예를 들어, 인종의 타고난 성향에 대한 가정을 약화함으로써 Boas는 문화적 원초론에 대한 변화된 문화기술지 접근을 선도하였다.

3. 문화기술지 탐구 접근

지금까지 문화기술지의 정의와 역사적 발달에 대해 살펴보았다. 주지한 바와 같이 문화기술지는 다양한 질적연구 방법론들의 기본적 접근으로서 현상학, 근거이론, 상징적 상호작용론, 민속방법론 등과 결합하여 적용되기도 하며, 의학과 간호학, 기술과 테크놀로지, 교육학, 사회학, 관광학, 페미니즘, 비판적 탐구 등의 분야에서도 활용된다. 이렇듯 문화기술지는 매우 다양한 학문 분야에서 활용되고 있다. 이에 연구자는 문화기술지의 다양한 접근에 대한 확실한 이해를 통해 자신의 연구 주제 탐구를 위해 가장 적절한 접근을 결정해야 한다. 지금부터 문화기술지 탐구 접근을 설명하고자 한다.

가. 문화기술지의 두 가지 접근: 총체적 접근과 해석적 접근

“문화란 무엇인가?”라는 질문을 던졌을 때 우리가 가장 간단히 얻을 수 있는 답은 아마도 "문화는 한 인간 집단의 생활양식이다"라는 대답일 것이다. 이 점은 상이한 두 나라, 예를 들어 한국 사람과 인도 사람의 생활양식을 비교함으로써 쉽게 이해할 수 있다. 우선 그들이 쓰는 말에 뚜렷한 차이가 있을 것이다. 또한 주택, 의복, 음식의 종류, 요리 방법, 음식을 먹는 방식, 친족 조직, 신앙, 조상에 대한 태도 등 일상생활의 모든 측면에서 우리는 두 사람 사이에 분명한 차이가 있음을발견할 것이다. 이 중에서 그 어느 것도 그들이 선천적으로 가지고 태어난 것이 없고, 그들이 각기 그 사회에 태어나서 성장하는 과정에서 몸에 익힌 것들이다. 이 모든 것은 생존을 위해서도 필수적인 것들이다. 거의 무의식적으로 그 사회에서 통용되고 있는 전통 및 사고에서 나타나는 상이한 양식을 우리는 문화라고 부른다. 이와 같이 일반적으로 한 사회의 구성원들이 공유하는 관습적인 행위 및 그런 행위의 산물을 문화라고 부르고 있다(한상복 외, 2011).

그러나 이와 같은 문화라는 개념을 인류학자들이 아주 정확하고 일관성 있게 사용하였던 것은 아니다. 인류학자들은 문화에 대한 정의를 내리는 데에 많은 어려움을 겪어왔다. 한편 역설적으로 문화라는 개념은 다른 집단을 이해할 때 나타나는 본질적인 요소들을 추출해 내기에는 너무 포괄적이고 부정확하다는 점이 드러났다. 그래서 어떤 학자들은 문화라는 용어를 중심적인 개념적 도구로 사용하는 것을 포기하기도 하였다. 또 어떤 학자들은 개념을 더욱 정확하게 만들기 위해 문화라는 개념적 도구의 폭을 좁혔고 개념을 더욱 예리하게 다듬었다. 여전히 문화의 범위와 그 주제가 다양하여 인류학 내부에서 새로운 논의가 일어나고 있으나, 총체적 접근으로서 '공유된 생활양식과 사고방식의 총체'와 해석적 접근으로서 '상징과 의미의 체계' 범주로 나누어 논의할 수 있다(김광억, 1998). **<표 1-3>**은 문화 개념에 대한 상이한 이해를 취하는 대표적 두 가지 문화기술지 접근을 간략히 보여준다.

<표 1-3> 문화기술지의 두 가지 접근

접근	연구 대상	특징	대표적인 학자
총체적 접근	• 공유된 생활양식 • 공유된 사고양식	• 문화와 행위자의 분리 • 문화결정론 • 자율적 체계로서의 문화	Tylor, Goodenough, Malinowski, Radcliffe-Brown, Boas, Mead, Benedict
해석적 접근	• 상징과 의미의 체계 • 행위자의 실천양식	• 문화에 대한 행위자의 능동성 • 실천으로서의 문화	Geertz, Turner, Evans-Pritchard(후기), Douglas, Leach, Needham

나. 총체적 문화기술지의 이론적 기초와 핵심 개념

총체적 접근은 문화를 '공유된 생활양식과 사고방식의 총체'로 간주하고 문화가 행위자로부터 독립적인 것으로 간주한다. 즉, 총체적 접근은 문화에 의하여 인간의 행위가 결정된다는 문화결정론적 입장을 취한다. 총체적 접근을 취하는 Tylor나 Goodenough와 같은 학자들은 한 집단 문화의 내용과 법칙을 규명하는 데에 치중하여 문화의 주체로서의 행위자는 논의에서 제외되거나 미약하게 취급되었다. 이러한 점에서 행위자를 문화의 창조자로, 또는 문화에 대한 정의를 내리고 변화를 시키는 주체자로 간주하는 해석적 접근과 차이를 보인다. 총체적 접근을 취하는 학자들은 문화는 행위자와 뚜렷이 경계 지을 수 있는 고유하고 자율적인 영역으로 여긴다. 이에 따라 문화를 마치 외부의 물질적 조건이나 사회정치적 과정과는 무관하게 독자적으로 존재하거나 그것에 의해 근본적인 영향을 받지 않는 구조나 인지체계로 다루는 경향을 보였다(김광억, 1998: 6). 총체적 문화기술지의 이해를 위해 먼저 이 접근의 이론적 기초를 살펴보고, 총체적 문화기술지의 핵심 개념을 설명하고자 한다.

1) 총체적 문화기술지의 총체성과 실재성

총체적 문화기술지는 문화 연구의 이론적 기초에는 총체성과 실재성이 있다. 총체성이란 문화의 각 부분들이 전체적인 맥락에서 의미를 지니므로 부분들을 분리하여 파악할 수 없다는 것을 말한다. 이에 총체적 문화기술지는 문화의 전체적인 체계를 기술한다. 또 다른 가정으로는 문화 또는 사회가 개인의 외부에 실재한다는 것이다. 부분들의 합이 곧 전체가 아니듯이, 전체로서의 문화는 부분들이 가지고 있는 속성에서 찾을 수 없는 또 하나의 실재라는 것이다. 이와 같은 총체적 문화기술지의 두 가지 가정은 대표적으로 Herbert Spencer의 사회유기체론과 Emile Durkheim의 사회적 사실(fact)로서의 사회 이론 등의 초기 사회학 이론의 영향을 받은 것이다.

Spencer는 사회유기체론자로서 사회를 유기체에 비유하여 각 부분들의 기능과 역할을 전체 유기체의 생존과 관련하여 설명하였다. Spencer는 사회에 대한 과학은 생물학에 기초해야 한다고 주장하여 단호하게 진화론적 · 다윈적 전망을 지녔고 사회가 유기체의 성장과 발달 과정과 같이 유아기 · 아동기 · 청년기 · 중년기 · 노년기에 해당하는 단계들을 거친다고 보았다. Spencer와 달리 Durkheim은 사회를 인간 외부에 존재하는 사물과 같이 명확하게 하나의 사실(fact)로서 실재한다고 주장하였다. Durkheim은 사회가 실재한다는 자신의 주장을 증명하기 위해서 자신의 초기 저작『자살론』(1897)에서 가장 개인적인 이유로 벌어지는 자살 문제를 다루며 사회의 실재를 증명하고자 하였다. 이 저작은 문헌 자료를 통해 신교도와 구교도, 농촌 주민과 도시 거주자, 기혼자와 미혼자, 청장년층과 노년층에서 자살률이 각기 다르게 나타난다고 보고하였고, 자살률이 사회의 특성에 따라 달라진다는 것을 증명하였다. 이는 얼핏 보기에 가장 개인적이고 심리적인 원인으로 행해진 자살조차 본질적으로는 사회적 기반을 갖는다는 것을 증명하는 것이었다(Barnard, 2004). 이로써, Durkheim은 사회가 실재하는 사물이고 사회는 개인 외부에서 영속적으로 존재하면서 개인의 운명에 영향을 준다고 주장하였다.

또한 Spencer와 Durkheim은 이러한 사회가 제각기 다른 기능을 맡는 부분들로 이루어지며, 진화와 더불어 부분들의 이질성이 증가한다고 보았다(Barnard, 2004). 이에 총체적 문화기술지는 여러 부분들로 구성된 건강한 유기체로서의 사회와 문화를 상상하였다. 이는 부분들이 더 큰 체계에서 합쳐지고, 각 체계는 고유한 목적과 기능을 지니며, 다른 체계들과 함께 순탄하게 작용하는 것이다. 생물학적으로 부분들이 하나의 유기체로 통합되듯이, 친족 · 종교 · 정치 · 경제 같은 사회제도들은 총체적인 사회를 구성한다. 이상에서와 같은 사회유기체론과 사회적 사실은 당시의 인류학 이론에 큰 영향을 주게 되어 총체적 접근의 문화기술지는 사회의 구조와 체계, 그리고 그것을 유지하게 하는 문화 요소들의 기능을 주요하게 탐구하게 되었다. 이러한 이론적 기초를 공유하는 문화기술지의 총체적 접근은 문화를 '공유된 생활양식'으로 간주하거나 '사고방식의 총체'로 보는 두 가지 입장이 존재한다.

2) '공유된 생활양식'으로서의 문화

먼저 문화를 '공유된 생활양식'으로 간주하는 입장은 초창기 인류학자들의 연구에서 주로 나타나는데, 문화에 대한 이러한 이해를 가진 학자들의 문화에 대한 정의를 살펴보면 다음과 같다.

- 넓은 의미의 민족학에서 문화 또는 문명화는 사회의 구성원으로서 인간이 습득한 지식, 믿음, 예술, 도덕, 법률, 관습 그리고 사회의 성원으로서 인간이 획득한 모든 능력과 습성을 포함하는 복합적 총체이다(Tylor, 1871).
- 특정 사회의 구성원들에 의해 공유되고 전승되는 지식, 태도 및 습관적 행위

유형의 총체이다(Linton, 1940).

- 역사적으로 창출된 모든 명시적 · 묵시적 · 합리적 · 비합리적 · 불합리적 생활 구도이며, 주어진 모든 시점에서 인간 행위에 대한 잠재적 지침으로 존재한다(Kluckhohn, 1946).
- 학습되고 전승되는 반작용, 습성, 기법, 관념, 가치의 총합, 그리고 그것들에 의해 유발되는 행위이다(Kroeber, 1948).

이들은, 문화를 공유된 생활양식으로 바라보는 연구자들은 문화가 어떠해야 하는지, 또는 문화권의 구성원들의 개별적 행위의 특성이나 의미 부여를 논의하기보다는 한 인간 집단에서 나타난 대로 또는 있는 그대로 기술하는 것이 중요하다고 생각하였다(쿠슈 외, 2009). 특히 Tylor(1871)는 자신의 유명한 저서 *Primitive Culture*에서 일반적이고 체계적인 목적을 갖고 문화적 현상을 다루었고, 위와 같이 문화의 개념을 설명하면서 문화기술지 연구의 목적과 연구 결과로서의 문화기술지는 인간의 사고와 행위의 규칙을 탐구하는 것이라고 규정하고 있다(이정선, 1998). Tylor는 '문화에 대한 과학적 연구'로서 총체적 문화기술지를 정립한 선구자이자, 모든 유형의 사회에서 다양한 물리적 · 상징적 · 신체적 양상을 띤 문화 현상을 연구하고자 한 최초의 학자였다.

3) '공유된 인지체계'로서의 문화

Tylor를 비롯한 문화기술지 선구자들이 제시한 문화 개념과 문화기술지 접근은 20세기 들어 상당한 비판에 직면하였고 새로운 접근이 등장하였다. 이 새로운 접근은 문화를 공유된 생활양식으로서만 아니라 문화권에 살아가는 사람들 사이에서 '공유된 사고방식의 총체'로 보아야 한다는 입장이었다. 대표적으로 Goodenough(1957, 1961)는 '공유된 생활양식'으로서의 문화 개념의 정의와 용법은 '행위의 유형'과 '행위를 위한 유형'을 제대로 구분하지 못하였다고 비판하였다. 즉, 공유된 사고방식의 총체로서의 문화를 바라보는 입장은 드러나고 관찰 가능한 행위들만으로는 문화를 총체적으로 파악하기 어렵다고 판단하고, 문화적 행위들의 유형을 구분하고 그 행위들 사이의 관계를 파악하려고 노력하였다. 이에 Goodenough는 문화를 '인지체계로서의 문화'와 '문화적 산물로서의 생활양식으로서의 문화'로 구분하였다(Goodenough, 1999).

〈표 1-4〉 Goodenough의 문화와 문화적 산물

구분	영역	의미
인지체계	정신적 영역	사고방식의 총체: 삶을 통해 표현되고 공유되는 관념, 개념, 규칙, 의미의 체계
생활양식	물리적 영역	문화적 산물: 외적으로 통일적이고 유형적으로 나타난 행위 유형 또는 행위 결과

Goodenough의 문화적 구분은 **〈표 1-4〉**와 같이 물리적인 영역과 정신적인 영역의 두 갈래로 나뉜다. 물리적 영역은 문화적 산물로써 관찰되는 일관된 행위 유형 또는 행위의 결과를 지칭한다. 반면 정신적 영역은 문화가 구성원들로 하여금 자신의 경험을 어떻게 지각하고, 어떠한 행동을 해야 하는지를 결정하게 하는 지식, 신념, 신앙의 체계를 의미한다. '문화적 산물로써의 생활양식'은 특정한 인간 집단에서 특징적으로 나타나는 한 사회 내의 생활 유형, 즉 규칙적으로 반복되는 활동 및 물질적 · 사회적 배열을 지칭한다. 이런 의미로 사용될 때, 문화는 관찰 가능한 현상의 영역, 즉 구체적으로 드러나는 사물 및 사건의 영역을 가리킨다.

Goodenough가 관심을 가지고 강조한 부분은 정신적인 영역이다. 구체적으로 Goodenough는 문화를 인지체계로서 보았다. 인지체계는 인간의 삶의 기저에 깔려 있으면서 삶을 통해 표현되는 공유된 관념들의 체계, 개념 · 규칙 · 의미의 체계를 포함한다. 이러한 문화는 사회 구성원들이 무엇을 해야 할지 그리고 어떻게 행해야 하는지를 결정하는 기준을 제공하는 지도와 같은 것이다. 즉, 인지체계로서 문화는 한 사회의 구성원들이 자신들을 둘러싸고 있는 현상 세계의 여러 사상을 지각하고, 그것에 의미를 부여하고, 그것의 인과관계를 정하고, 그것에 가치를 부여하고, 그것에 대하여 느낌을 가지며, 그것에 대하여 특정한 절차와 방법에 따라 작위를 가하는 것과 관련된 표준들로 구성되어 있다. 예를 들어, 우리는 의사소통에서 공유하는 규칙이 있다. 대화에서 각기 우리는 듣는 사람이 말의 뜻을 이해하게끔 소리를 내고 그것들을 적절한 방식으로 배열하는 규칙 또는 원리에 따라 대화를 한다. 만약 아무런 규칙도 없이 단어들만을 무질서하게 나열해 놓는다면 말의 뜻은 전달되지 않을 것이다. 이러한 Goodenough의 견해에 따르면, Tylor의 문화는 '사고방식의 총체'의 결과로 만들어진 문화적 산물일 뿐이다(윤여각, 1999).

다. 해석적/상징적 문화기술지의 이론적 기초와 핵심 개념

문화기술지 탐구의 해석적 접근은 문화를 '상징과 의미의 체계'로 간주한다. 해석적 접근을 취하는 학자들은 총체적 접근에서 간과하였던 행위자가 실천하는 의미의 해석에 관심을 둔다. 즉, 해석적 접근은 문화를 인간의 정치, 경제, 종교의 여러 활동에 스며 있어서 분리가 불가능하며 따로 떼어서는 의미가 없어지는 것으로 보았다. 이러한 점에서 해석적 접근은 문화를 정치나 경제, 종교처럼 체계로서 인간 바깥에 존재하는 독자적인 영역으로 보는 총체적 접근과 대비된다. 해석적 접근에서 한 문화 속의 행위자들은 '상징'적인 존재이며 '의미'를 생산하고 실천하는 존재로 간주된다. 이에 해석적 접근의 연구 목적은 사회 · 문화적인 제도들이 어떻게 행위자들에 의해 '실천'되는지를 해석하고 그 의미 파악에 초점을 둔다(김광억, 1999: 7). 해석적 · 상징적 문화기술지는 문화를 핵심적인 상징들과 의례들을 해석함으로써 해독할 수 있는 독자적이고 고유한 의미의 체계로 보았다. 또한 사람들이 그 체계를 활용하여 사회와 실재, 그리고 개인적인 경험의 의미를 구성해 나간다고 본 점에서 일정하게 반복되는 문화의 모습과 패턴을 묘사하는 총체적 문화기술지의 관점과는 큰 차이가 있다.

1) 상징인류학: 상징, 능동적 행위자, 맥락

문화기술지에 대한 이 접근은 상징인류학에 뿌리를 두고 있는데, 상징인류학은 문화를 상징 체계와 의미 구조로 보았으며 사회 구성원들이 공적으로 그러한 체계를 구성하면서 개인적 의미를 만들어간다고 보았다. 따라서 상징인류학의 주요한 특징은 총체적 문화기술지와는 다르게 상징을 중요한 문화 연구의 탐구 대상으로 생각하고 행위자들이 상징과 그 의미를 능동적으로 활용하고 해석한다고 바라본다는 것이다.

뿐만 아니라 상징인류학은 의미의 구조의 맥락에서 사람들이 상징적 행위를 하고 개인의 경험의 의미를 능동적으로 해석한다고 보았다. 즉, 그들은 사회의 행위자들이 이러한 상징과 그 안에 녹아 있는 의미들의 그물망으로 자신들의 문화적 실재를 이해하고 구성하며, 다시 개인들은 문화적으로 제공되는 의미의 세계에서 상징적인 행위를 하면서 자신들의 경험과 의미를 규정하고 공적으로 구축해 나간다고 보았다. 이와 같이 문화적 실재를 구성하고 개인의 경험의 의미를 만들어가는 것은 문화마다 다른 것이며, 심지어는 동일한 문화권에 속한 사람들 사이에서도 다양하게 나타날 수 있다. 이에 따라 상징인류학은 사람들이 문화에 배태되어 있는 상징 체계를 활용하여 실재를 구성하고 그들의 경험의 의미를 만들어가는 방식을 내부자적으로 탐구해야 한다고 보았다.

이러한 접근은 인간이 상징을 사용한다는 사실에 기초하여 등장하였다. Leslie A. White(1959)는 무엇이 동물계에서 인간의 행위를 다른 동물의 행위와 구별 짓게 하는가에 주의를 돌리고 '인간은 상징을 할 수 있는 유일한 동물'임에 유의하여 이것이 바로 문화의 기초라고 파악하였다. 인간은 자유롭게 또는 인위적으로 의미를 창작하고 결정하며, 외계에 있는 사물과 사건에 의미를 부여하는 능력뿐만 아니라 그런 의미를 포착하고 이해할 수 있는 능력을 가진 유일한 동물이라는 것이다. White가 즐겨 언급하고 있는 성수(聖水)는 그 좋은 예가 된다. 성수는 보통의 물과 구별될 만한 아무런 화학적인 성분을 가지고 있지 않다. 그러나 성수는 보통의 물이 아니다. 여기에 인위적으로 부여된 의미는 냄새와 맛 또는 눈이라는 감각으로 포착될 수 없는 성질의 것이다. 그러나 그 가치를 믿는 수많은 교인들에게는 어느 무엇보다도 큰 의미가 있고 강력한 초자연적인 힘을 발휘한다(한상복 외, 1988).

문화를 '상징과 의미의 체계'로 이해하는 접근에서는 행위자를 '상징'적이고 '의미'를 생산하며 실천하는 존재로 보고, 문화를 상징과 의미의 체계로서 정의한다. 이는 총체적 접근에서 다루지 않은 행위자의 능동성을 인정한 것이다. 즉, 행위자가 의미를 실천하는 것에 초점을 두고 '상징과 의미의 체계'를 맥락 속에서 고려하는 입장이다. 이러한 입장에서는 친족 · 혼인제도 등의 관습과 '공유된 생활양식'과 인간의 행위를 인도하는 인지체계로서 '사고양식의 총체' 그 자체가 문화라고 볼 수 없다고 본다.

이에 따라 해석적 접근에서는 문화를 행위자의 실천과 관련하여 파악해야 한다고 보았다. 즉, 총체적 접근에서와 같이 문화가 행위자에게서 독립된 체계라기보다는 우리의 일상생활의 조건에 나타나는 주요 변화에 대한 반응으로 이해하려는 시각이 설득력을 갖기 시작하였다. Geertz는 이를 바이올린 연주자의 연주에 비유하여 설명한다. 그에 따르면, "바이올린을 연주하기 위해서는 특정의 습관과 기술, 지식, 재능이 있어야 하며, 바이올린을 연주할 기분이어야 하며, 또한 바이올린이 있어야 한다. 그러나 바이올린 연주가 바로 그러한 습관, 기술, 지식, 분위기나 바이올린 그 자체는 아니다"(Geertz, 1998: 22). 즉, 악보 자체는 연주와 엄연히 다른 것으로, 연주자는 악보에 그려진 기호에 어떤 의미를 부여하고 해석하여 연주라는 문화적 행위를 한다. 이로써 해석적 접근에서는 행위자가 의미를 구성하고 해석하고 실천하는 양식이 탐구의 대상이 되어야 한다고 본다.

이러한 상징적 문화기술지는 1960년대에 나타나 1970~1980년대에 인류학의 주요한 경향이 되었으며, 문화에 대한 연구를 사회의 구조와 기능, 문화의 패턴에서 상징과 의미에 대한 이슈로 급격히 전환시켰다. 그들은 문화를 곧 그 사회에서 공유하는 상징이라고 보았는데, 이러한 상징에는 의미가 녹아 있어 상징을 의미의 전송수단이라고도 말한다. 이러한 상징은 그들 사회에서 학습되고 전승되며 축적되어 하나의 체계를 이루고 있으며, 개인의 두뇌 속에 있는 것이 아니라 공공적으로 전시된다. 그 사회의 사람들은 이러한 상징 체계에 기초하여 의미를 전달하고 사람들이 보는 세계를 공유하며 세상을 느끼는 방식을 소통하게 된다.

2) 해석적/상징적 문화기술지의 세 가지 접근

해석적/상징적 문화기술지의 대표적인 학자로는 Clifford Geertz, Victor Turner, Mary Douglas, 후기의 Evans-Prichard, Edmund R. Leach, Rodney Needham이 있다. 이들은 해석적 · 상징적 문화기술지의 연구를 발달시켰으며, 1970년대 인류학에 학문적 전환이라고 할 만큼 주요한 기여를 하였다. 우리는 여기서 Geertz, Turner, Douglas의 핵심 연구 접근과 개념 중심으로 설명하고자 한다. **〈표 1-5〉**에서 이 세 학자의 문화기술지 특징을 간략히 소개한다.

〈표 1-5〉 해석적 · 상징적 인류학의 주요한 세 가지 접근

	Clifford Geertz	Victor Turner	Mary Douglas
특징	• 인간이 뿜어낸 의미의 그물망으로서의 문화 구조 • 이해사회학에 기초한 해석적 과학 주장	• 상징을 기본 단위로 하는 의례에 대한 심층적인 연구 • 상징 체계와 사회적 역동성과의 관련성	• 일상적이고 평범한 '더러움'이라는 사물에서 전체적인 상징의 세계를 파악
핵심 개념	• 심층기술: 핵심적 상징 연구에서 그 사회의 의미 구조를 기술하기 위한 문화기술지적 연구 방법	• 사회적 드라마: 사회의 역동적인 과정을 이해하는 핵심 개념 • 리미널리티: 사회적 과정에서 나타나는 과도기의 독특한 국면 • 코뮤니타스: 과도기의 국면에서 나타나는 독특한 사회관계의 특성	• 순수와 오염: 인간 문화와 사회 질서의 가장 기초적인 이항적 분류체계
특징	• 문화를 인간 자신이 뿜어낸 의미의 그물망으로 파악하여 의미의 구조로 정의함	• 상징을 기본 단위로 하는 의례에 대한 심층적인 연구 • 의례의 과정 이해로서 상징 체계와 사회적 역동성과의 관련성	• 일상적이고 평범한 '더러움'이라는 사물에서 전체적인 상징의 세계를 효과적으로 파악함

3) Geertz: 의미 그물망의 구조와 상징

Geertz는 문화를 사회 구성원들이 역사적으로 상징을 매개로 하여 전승하는 의미의 구조라고 정의하였다. Max Weber의 이해사회학의 영향을 받은 Geertz(1926~2006)는 20세기 후반 상징인류학에 가장 큰 영향을 준 학자이다. 그에게 상징이란 "인간이 생에 관한 지식과 생에 대한 의미를 전달하고 존속시키고 전개하는 수단"이었다. 즉, 행위자는 특정한 기호 또는 상징에 의미를 '눌러 붙임'으로써 의미를 전달한다는 것이다. 상징은 사람들이 소통하고 삶에 대한 그들의 태도와 지식을 축척하고 발전시키는 수단으로서, 문화를 상징 체계에 축적된 의미와 개념의 체계라고 보았다. 따라서 상징 체계로 표현된 문화는 행위자들이 역동적으로 구성하는 것으로서 "자연적으로 주어져 있는 것이 아니라 역사적으로 생성된 것이고, 사회적으로 유지된 것이며 개인적으로 사용하는 체계"(김창준, 2009)이다.

사회 집단은 이러한 상징 체계를 활용하여 자신의 세계관과 가치, 에토스를 표현하고 기록하여 전승하며 축적한다. 이는 상징 그 자체가 연구 대상으로 될 수 없다는 것을 말한다. Geertz는 상징에 대한 연구가 그 사회의 가치와 의미를 드러내는 과정이어야 한다고 주장하였고, 상징을 매개로 하여 행위자들이 보고, 느끼고, 세계를 구상하고 생각하는 방식에 주요한 관심이 두었다. 이는 문화의 상징들과 상징적 행위들의 의미를 이해하려면 그 문화의 의미 구조의 세계에 통합되어 행위자의 내부자적 시각으로 바라보는 것의 중요성을 의미한다. 이러한 점에서 Geertz에게 문화기술지 연구의 핵심은 특정한 문화 집단의 언어와 그들이 사용하는 다양한 상징적 물체와 행위의 의미를 이해하는 것이다.

Geertz는 문화적 존재로서 인간은 자신이 살아가는 문화에 갇혀 있는 존재가 아니라고 보았다. 이에 문화 연구는 법칙을 추구하는 실험적 과학이 아니라 인간의 문화적 행위의 의미를 이해하는 해석적 과학이 되어야 한다고 주장하였다. 이러한 관점은 Weber의 이해사회학의 영향을 받은 것으로, '인간은 의미를 추구하는 동물'로 간주한다. 이로써 Geertz는 총체적 문화기술지에서의 거대 이론들을 구축하고 사회 구조의 인과법칙을 추구하는 인류학의 학문적 경향에서 상징과 해석의 이슈로 전환시킴으로써 문화를 바라보는 방식을 바꾸었다. 그의 저작으로는 『문화의 해석(*The Interpretation of Cultures*』(1973), 『자바의 종교(*The Religion of Java*)』(1960), 『작품과 생애: 작가로서의 인류학자(*Works and Lives: The Anthropologist as Author*)』(1988)가 있다.

4) Turner: 의례적 행위와 상징

영국의 인류학자인 Victor Turner(1920~1983)는 Durkheim의 기능주의적 사회학 이론의 영향을 받았으며, 다른 각도에서 상징을 분석한 상징인류학의 핵심 인물이다. 그는 의례에서 나타나는 상징의 사회적 역할에 대하여 큰 관심을 가지고 있었는데, 부족 공동체의 의례뿐만 아니라 서구 사회에서 나타나는 의례에 관심을 가졌다. Geertz가 상징을 행위자의 의미를 실어 나르는 수단으로, 문화를 유의미한 의미들의 축적된 산물로서 정의하였다면, Turner는 그러한 의미들과 상징들이 사회적 행위의 특정한 분야에서 어떻게 작동하는지를 고려하였다는 데에 차이점이 있다(Barnard, 2004). 즉, 그는 의례적 상징들이 부족 공동체에서든 서구의 발전된 사회에서든 사회질서를 갱신시키는 주요한 도구라고 보았다. 그는 의례가 부족 공동체와 특정한 종교적인 행사일 뿐만 아니라 현대의 일상적인 생활에서도 동일한 의례적 행위라고 보았다. 즉, Turner는 넓은 의미에서 의례적 행위들을 사회적 · 문화적으로 규정된 행동양식이라고 규정하고, 일상생활에서의 인사나 손님 응대뿐만 아니라 세속적 의식과 일상의 형식적 행동과 카니발이나 구경거리와 같은 퍼포먼스에까지 확대하였다. 심지어 Turner는 근대 국민국가의 국가 의례와 스포츠 행위들을 모두 의례라고 봄으로써 사회적 행위와 문화가 의례적 상징을 활용한 의례적 행위라는 새로운 시각을 주었다.

이와 같이 Turner는 의례에 있는 상징들에 대한 연구와 의례의 과정에 대한 연구로서 사회의 변화와 통합, 그리고 변증법적 발전 등의 사회의 과정을 파악할 수 있다고 보았다. 그는 의례의 과정을 이해하는 데 네덜란드의 인류학자 van Gennep의 '통과 의례'에서 많은 영향과 암시를 받았다. 그는 의례의 과정이 분리, 이행, 재통합의 단계를 이행하며 역동적인 모습을 보이며 사회적 사건은 '사회적 드라마(social drama)'와 같은 플롯으로 구성된다고 보았다. 특히 갈등과 성찰, 변화가 이루어지는 '이행' 단계에서 나타나는 독특한 상징들의 의미를 해독하여 사회의 동태와 변화를 파악하려고 하였다. 이로써 그는 사회적 사건의 진행 과정을 상징의 작동 과정으로 파악하여 사회의 역동성을 이해하려고 하였다. Turner의 주요 저작으로는 『상징의 숲(*The Forest of Symbols: Aspcts of Ndemby Ritual*)』(1967), 『의례의 과정(*The Ritual Process: Structure and anti-Structure*)』(2017)이 있다.

5) Douglas: 일상적이고 평범함의 상징

Mary Douglas(1921~2007)는 지극히 일상적이고 평범한 사실에서 그 사회에 내재되어 있는 고유한 상징과 의미의 체계를 효과적으로 탐구하였다. Douglas는 Durkheim의 영향을 받은 영국의 사회인류학자로서, Geertz, Turner, Leach와 함께 인류학의 중요한 인물로 평가된다. Douglas는 종교의례와 동일한 방식으로 근대사회에서도 문화를 전달하고 사회의 가치를 강화하기 위한 의례가 이루어지고 있다고 보았다. 종교는 근대화와 함께 사라진 것이 아니며 단지 일상생활에서 청결 의례에서부터 현대 시민 종교의 정치적인 제례에 이르는 넓은 범위에서 새로운 형식으로 다시 나타날 뿐이다. 이로써 Douglas는 부족사회에서뿐만 아니라 현대사회에서의 일상적 행위와 모든 사물이 의례적인 행위이며 의례적 상징물이라는 것을 밝혀낸다. Douglas는 일상의 어떤 사물이나 행위는 그 사회의 고유한 의미체계를 담고 있다고 보고,『순수와 위험(*Purity and Danger: An Analysis of Concepts of Pollution and Taboo*)』(2003)에서 일상적이고 평범한 대상인 '오물(dirt)'에서 '순수'와 '불결'이라는 인간 문화와 사회 질서의 가장 기초적인 상징과 의미의 체계를 발견한다. 이에 따라 사회와 문화는 곧 의례적 단위로서 작동하며, 인간의 행위는 의례적 행위라고 볼 수 있다. 이로써 Douglas는 의례를 구성하는 것이 무엇인가를 밝힘으로써 현대사회의 모든 종류에 대한 상징체계와 문화를 이해할 수 있는 새로운 방법을 제공하였다(Wuthnow, 2003: 143).

4. 총체적 문화기술지 연구 방법

지금까지 문화기술지 탐구의 두 가지 접근인 총체적 문화기술지와 해석적/상징적 문화기술지의 이론적 기초와 핵심 개념에 대해서 알아보았다. 이 절에서는 총체적 문화기술지 연구 방법을 설명하고 그 예를 제시하고자 한다. 총체적 문화기술지는 타집단이 그들의 지역과 독특한 환경에서 적응·축적한 인류의 다양한 생활양식과 사고방식을 문화로 보며, 이를 하나의 전체 또는 체계로서 기술하는 지적 노력을 말한다. 총체적 문화기술지는 19세기 중반부터 20세기 초까지 인류학의 역사에서 지배적인 경향으로 나타났다. 여기서는 총체적 문화기술지의 네 가지 연구 방법으로 분류되는 '기능주의적 탐구', '구조기능주의적 탐구', '문화 패턴 탐구', '문화생태학적 탐구'에 대해 자세히 소개하고자 한다. 대표적 학자로는 사회적 실재를 기능주의적 관점에서 탐구한 Bronislaw Malinowski와 구조기능주의자 A. R. Radcliffe-Brown이 있다. 그리고 문화의 유형적 탐구를 한 Franz Boas, Margaret Mead, Ruth Benedict와 문화를 생태학적 적응체계로서 보고 탐구한 Marvin Harris와 Roy Rappaport가 있다.

〈표 1-6〉 총체적 문화기술지 방법들의 연구 목적과 개념

분류	목적	핵심 연구 개념
기능주의적 탐구	• 문화적 요소와 행위의 목적과 기능 이해	• 환경 적응, 생존, 생물학적/심리적/사회적 욕구 충족
구조기능주의적 탐구	• 문화를 사람들의 관계를 규정하는 '사회 구조'로 이해 • 개인이 점하는 위치와 사회의 요구를 충족시키는 문화의 역할	• 유기체로서의 사회 구조 • 개인 간의 연결 관계 체계 • 사회적 관례와 규범 • 학습된 감정, 사고, 행위 방식으로서의 문화
패턴 탐구	• 한 사회 집단 구성원이 공유하는, 다른 사회 집단과 뚜렷하게 구별되는 독특하고 폐쇄적인 삶의 모습	• 문화적 다양성 • 개인의 행위와 인성 속의 문화 • 독특한 사고, 생활규범, 행위 • 언어체계, 종교체계, 대인관계체계 • 문화를 담은 그릇으로서의 개인
문화생태학적 탐구	• 독특하고 다양하게 발생하고 변천하는 문화의 모습과 특성 • 환경 적응을 위한 문화적 원리	• 환경, 적응, 체계, 상호작용 • 문화 변형 • 문화의 환경에 대한 조정과 적응 과정

가. 문화에 대한 기능주의적 탐구

한 집단이 독특하게 축적해 온 생활양식과 사고양식은 그 집단 구성원이 자신의 욕구를 충족하기 위한 여러 방식일 수 있다. 기능주의는 이와 같이 그 사회 집단 구성원이 자신의 욕구를 충족하기 위한 기능의 총체를 문화라고 규정하고 각 부분의 기능을 탐구한다. 이러한 기능주의는 생존 수단으로서 기능적 적응의 중요성을 논한 다위니즘에 영향을 받았다. 모든 인간의 인지 활동의 궁극적 목적은 종의 생존이며, 지식은 환경에 대한 적응을 용이하게 함으로써 생물학적인 욕구를 충족하는 데 이바지한다는 것이다. 대표적으로 Bronislaw Malinowski(1884~1942)는 영국 사회인류학의 창시자이며 문화에 대한 기능주의적 탐구의 선구자로서 평가받는다(Kuper, 2003). 이에 우리는 Malinowski의 이론에 기초하여 기능주의적 문화기술지 탐구의 특징을 설명하고자 한다.

1) 문화적 요소의 욕구 충족 기능

Malinowski는 문화가 욕구 충족을 위해 존재하는 하나의 기능의 총체라고 보았

〈표 1-7〉 Malinowski의 기본욕구에 대한 문화적 반응(Moore, 2002)

기본욕구	문화적 반응
1. 신진대사	1. 식량 공급
2. 생식(재생산)	2. 친족
3. 육체적 안락	3. 안식처
4. 안전	4. 보호
5. 동작	5. 활동
6. 성장	6. 훈련
7. 건강	7. 위생

다. 이러한 이해는 모든 유기체의 인지 활동이 욕구의 충족에 기초한다는 그의 관점에서 기인한 것이다. 욕구 충족 수단으로서의 문화는 개인의 생물학적 · 심리적 · 사회적 욕구를 만족시키기 위해 고안되고 존재하며, 문화적 여러 요소는 그러한 욕구에 대한 통합된 반응이다(Moore, 2002). 문화에 대한 Malinowski의 이러한 정의는 그의 욕구이론에서 잘 나타나고 있다. Malinowski의 욕구이론은 개인과 사회를 연결하는 이론적 진술로, 문화의 기능주의적 접근의 핵심을 이룬다. 그의 욕구이론을 간략히 나타내면 **〈표 1-7〉**과 같다.

표에서 보듯이, Malinowski의 욕구이론은 기본욕구와 문화적 반응으로 나뉘어 있다. 기본욕구에는 신진대사와 생식, 육체적 안락 등 일곱 가지가 있으며, 문화적 반응에는 식량 공급, 친족, 안식처 등 일곱 가지가 나란히 나열되어 있다. 위부터 순서대로 각각은 서로 연결되어 있으며, 각각의 기본욕구는 각각의 문화적 반응에 대응한다. 즉, '1. 신진대사'라는 기본욕구는 '1. 식량 공급'이라는 문화적 반응과 대응한다.

욕구 충족 수단으로서의 문화를 이해하는 관점은 문화상대주의로 연결된다. Malinowski는 각각의 사회에서 축적된 문화가 이상하게 보일지라도 그 문화적 맥락에서 본다면 유용한 기능을 하고 있다고 보았다. 그는 스스로 이와 같은 관점을 '기능주의적 방법'이라 불렀으며, 문화를 하나의 기능적 총체 또는 살아 있는 실체로 인식하여야 하며, 각각의 문화 요소들은 문화의 통합적 체계에서 저마다의 유용한 기능을 수행한다고 보았다. 그래서 그는 자문화중심주의적으로 원시 문화를 바라보고 그것을 함부로 고치려는 것을 매우 위험하게 생각하였다. 그는 식민지 행정관리와 선교사에게 "만약 개별 문화가 인간의 필요를 만족시키기 위해서 섬세하게 조율된 기제라면 각 문화는 나름의 가치가 있고 따라서 큰 위험을 감수하지 않고서 그것을 고치려 들 수 없을 것이다"(Kuper, 2003: 64)라고 가르쳐줘야만 하였다.

2) 모든 문화 요소의 기능적 관련성

기능주의적 탐구는 각각의 문화적 요소를 개별적으로 탐구하는 것이 아니라 그 요소들의 기능적 관련성에 초점을 둔다. 인간의 다양한 각각의 욕구는 각각의 특정한 문화적 반응을 개별적으로 가져오는 방식이 아니라 다양한 요구에 대하여 통합적인 문화적 반응을 보이는 기능적 복합체이기 때문이다. Malinowski의 욕구이론에 따르면 문화는 두 가지 특징을 가진다. 첫째, 모든 문화는 생물학적 욕구체계를 만족시킨다. 둘째, 도구나 상징의 사용을 의미하는 모든 문화적 성취는 인체 해부 구조에 유익한 향상이며 직 · 간접적으로 신체적 욕구의 충족에 관련된다. 이러한 두 원칙에 따라 문화는 구성원의 욕구를 효과적으로 충족시키기 위한 도구들로서 사회 구성원들 모두에게 이익이 되며 적응적이고 기능적으로 통합되어 있다(Moore, 2002: 201). Malinowski에게 욕구는 생물학적 욕구이거나 문화 자체의 획득에서 생겨나는 이차적이고 파생된 욕구이다. "예를 들어, 인간은 먼저 자신의 도구와 자신이 만든 물건, 그리고 식량 생산 활동을 지식의 안내를 받아서 조직해야 한다. 그래서 과학의 필요성이 대두되고 성공에 대한 확신을 가지도록 주술 행위를 한다. 이러한 지식 체계와 예견체계를 완성하고 나면 인간의 기원과 운명, 그리고 삶과 죽음, 우주에 대한 질문을 던지게 되면서 종교에 대한 욕구가 발생한다"(Kuper, 2003: 77-78). 이와 같이 생물학적 욕구는 이차적인 욕구를 낳고 인위적인 새로운 환경을 구성함으로써 문화적 반응들은 제도화되고 영원히 관리 유지되어야 한다. 그리하여 생물학적 요구는 상당히 복잡다단한 문화적 수단들을 형성해 나가게 된다.

이처럼 Malinowski는 각각의 문화를 이해하기 위해서는 모든 문화 요소들의 기능적 상호 관련성 속에서 연구되어야 한다고 지적한다. 각각의 문화 요소들은 복합적 단위로서 한 세트의 도구이므로 분리해서 이해될 수 없으며, 욕구 충족과 생존이라는 사용 목적 맥락에서 이해되어야 한다. 이를테면 트로브리안드 군도의 주민들이 만드는 카누의 경우, 경제적인 측면뿐만 아니라 카누의 제작과 용도와 활용 방법과 연관된 모든 활동을 검토해야만 카누가 그들에게 어떤 의미인지를 이해할 수 있다. 예를 들어 트로브리안드 사회의 토지 보유권에 대해서 조사할 경우, 관료들이 하듯이 단지 법적인 관점에서 누가 어떤 땅을 소유하는지를 조사하는 것으로는 충분치 않다. 토지 보유권의 문제를 이해하기 위해서는 토착민들의 경제생활과 관련한 지식이 필요하다. 또한 토지 보유권은 정착의 권리, 정치적 권리 주장, 이동의 자유, 각종 예식이나 주술, 종교생활과 밀접하게 얽혀 있기 때문에, 그러한 문화 요소들과의 관련성을 살펴보아야 한다. 나아가 땅과 관련된 전통적인 전설, 신앙, 신화 등을 심층적으로 탐구해야 한다. 이로써 트로브리안드 사회의 토지 보유권의 문제를 이해할 수 있다(Malinowski, 1927).

Malinowski는 당시의 문화 진화론자들의 추론을 통한 과거의 재구성이나 문화전파론자들의 파편적인 문화 분석을 비판하고 기능주의적 탐구를 위한 현지조사 방법을 정립한다. 그는 모든 문화의 모든 요소는 각각의 문화에서 유용한 기능을 하므로 현지조사자는 문화 요소가 기능하는 상호 연관성을 적극적으로 찾아보아야 한다고 주장한다. 실제로 그는 이러한 기능주의적이고 총체적 접근에 따라서 선입관이나 이론적 틀에 맞춰 추측하는 대신에 문화의 모든 요소들을 빠뜨리지 않고 각각의 문화 요소들의 기능과 그것들의 상호 연관성을 적극적으로 제시하려고 노력하였다(Malinowski, 1927). 이로써 그는 처음으로 현지 언어를 익히고 숙달하여 장기적 참여관찰을 실천함으로써 각각의 문화를 총체적이고 맥락적으로 이해하는 전문적인 문화인류학의 현지조사 방법을 창출하였다.

기능주의적 탐구의 예

Malinowski의 트로드리안드 사회의 모습(김용환, 2004)

이 작품은 문화기술지의 저명한 학자인 Malinowski의 가장 유명한 현장 작업이다. 폴란드에서 출생하여 영국 런던 대학교에서 인류학을 전공한 Malinowski는 오세아니아 뉴기니 바로 동쪽에 위치한 섬에 살고 있는 원주민을 약 2년에 걸쳐서 연구하게 된다. 제1차 기간인 1년(1915년 6월~1916년 5월)과 제2차 기간인 1년(1917년 10월~1918년 10월) 동안 이 섬에서 참여관찰을 하면서 원주민에 대한 체계적인 연구를 하였다. 그는 기존의 인류학 연구가 타 민족에 대한 자료들이 여행가나 탐험가 또는 그 지역에 살고 있는 행정가나 종교인에 의하여 수집된 간접적 연구들로 이루어졌다고 지적하면서 그러한 문제점을 해결하기 위하여 더욱 객관적인 자료 수집이 현지의 참여관찰 작업을 통하여 이루어져야 한다고 믿었다. 그리고 그러한 연구는 단기간에 이루어지는 방문이나 체류를 통해서가 아니라 장기간의 관찰을 통하여 연구 민족에 대한 전체적인 조망이 가능하다고 생각하였다. 그는 그러한 신념에 따라 섬의 원주민을 약 2년에 걸쳐 연구함으로써 원주민의 삶과 관련된 다양한 영역들(가족이나 친족, 혼인, 농경과 어로를 포함한 경제적인 삶, 나아가 다양한 의례를 비롯하여 주술과 신화 등의 관념적인 문화 등)에 대한 분석을 시도하였다. 먼저 이 연구의 일부분을 소개하고 연구 방법, 분석 방법, 연구 결과를 설명하고자 한다.

> 트로브리안드 사회에서 오이디푸스 콤플렉스처럼 권위를 행사하는 윗세대 남자와 권위에 복종하는 아랫세대 남자 간의 갈등은 어떤 형태로도 나타나지 않는 것일까? 또 근친상간의 욕구와 근친상간의 금지라는 상반된 요구 사이에 생기는 갈등은 어떤 형태로든 나타나지 않는 것일까? Malinowski는 트로브리안드에서는 부자간의 갈등 대신에 어머니의 남형제인 삼촌과 조카 사이에서 갈등이 나타난다고 말한다. 조카가 삼촌의 법적 지위와 토지에 대한 상속권을 계승하는 트로브리안드 사회 구조 안에서 삼촌과 조카의 갈등은 두 가지 원인에 의해 야기된다. 하나는 절대적인 권위를 가지고 자신을 훈육하는 삼촌에 대해 조카가 느끼는 갈등과 긴장이다. 다른 하나는 자신의 지위와 재산을 아들이 아닌 조카에게 물려주어야 하는 삼촌이 느끼는 갈등이다. 투다바(Tudava)라고 하는 문화 영웅(culture hero)에 관한 다음과 같은 이야기는 한 좋은 예이다(Malinowski, 1926: 111-14).
>
> 투다바의 신화에 따르면 어느 날 갑자기 도코니칸(Dokonikan)이라는 무서운 도깨비가 동쪽 해안에 나타나서 인간을 잡아먹기 시작하기 전까지 트로브리안드인들은 행복한 삶을 살고 있었다. 도코니칸은 여러 마끈 사람들을 차례로 잡아먹기 시작하였다. 서북쪽에 있는 라바이 마을에는 한 여자와 그녀의 남형제들이 살고 있었다. 도깨비가 마을 가까이 오는 것을 안 여자의 가족들은 도망을 가기로 작정하였다. 그런데 하필 그때에 여자가 발을 다쳐 움직일 수 없게 되었다. 그녀의 남형제들은 그녀와 그녀의 어린 아들 투다바를 라바이 해안의 작은 동굴에 남겨두고 도망을 가버렸다. 투다바의 어머니는 아들에게 단단한 창을 만들 수 있는 좋은 나무를 고르는 법과 도깨비를 만나면 사용할 수 있는 주술을 가르쳐주었다. 투다바는 도깨비를 찾아가서 도깨

비를 죽이고 머리를 베어 왔다. 투다바는 어머니와 함께 도깨비의 머리를 넣은 푸딩을 만들었다. 삼촌을 찾아간 투다바는 도깨비의 머리를 넣어 만든 푸딩을 삼촌에게 주었다. 푸딩 안에서 도깨비의 머리를 발견한 삼촌은 기겁을 하였으며, 자신이 한 행동에 대해 후회하고 두려워하는 마음을 갖게 되었다. 삼촌은 여러 선물로 조카와 화해하려 하였으나 소용이 없었다. 결국 삼촌은 자신의 딸과 조카의 결혼을 제의하였으며 조카는 이를 받아들였다. 조카와 삼촌의 딸의 결혼으로 삼촌과 조카는 화해하게 되었다.

1) 연구 방법과 분석 방법

Malinowski는 기본적으로 4계절을 한 주기로 해서 1년 단위로 연구가 이루어져야 한다는 범례를 확립하였다. 또한 그는 부족의 주거지 한가운데에 거처를 마련함으로써, 원주민을 선교사의 집이나 행정 사무소로 불러다 놓고 면담을 하는 과거의 고답적인 방식에서 탈피하여, 원주민의 삶에 적극적으로 직접 참여하면서 관찰하려는 노력을 펼쳤다. 그의 그러한 태도는 나중에 소위 참여관찰이라는 방법으로 개념화되었다. 오랫동안 원주민과 생활하면서 연구하게 된 그는 연구의 후반부에 원주민의 언어를 이해하고 의사소통할 수 있을 정도의 표현을 현지어로 할 수 있었다고 한다.

Malinowski는 일찍이 뉴기니의 원주민 가족을 이해하기 위해서 그 집단을 모든 맥락에서 다각도로 분석할 필요가 있음을 자각하였다. 여기서 모든 맥락이란 바로 기능적인 측면을 일컫는 것이다. 그래서 그는 트로브리안드의 가족이나 토템 집단, 외혼 집단 등의 집단들을 살펴볼 때, 각 집단이 지닌 종교적 · 주술적 · 법적 · 경제적 기능, 심지어 심리적 기능 등 다양한 기능을 모두 고려한 조사 자료를 제시하였다. 예를 들면, 트로브리안드 사회의 문화 중에서 카누라는 문화적 요소(또는 제도)는 그것을 건조하고 사용하는 집단, 건조 기술, 이와 결부된 주술, 선박과 어획물의 취급에 대한 관계 규명, 심지어 선박 건조 및 항해와 관련한 구비 전승 등의 다양한 요소들로 구성되어 있기 때문에, 그러한 요소들을 카누 민족지 기술에 모두 포함해야만 그것에 대한 총체적이며 진정한 이해에 도달할 수 있다는 것이다. 이러한 Malinowski의 기능주의적 관점은 자신의 민족지 저술에서 다룬, 이국적이고 때로는 일견 이해하기 어려운 트로브리안드의 문화 관습을 독자에게 이해시키기 위한 것만은 아니었다. 그는 실제로 문화를, 그런 방식으로 구성되고 기능하기 때문에 존재할 수 있는 실체라고 간주하였다.

2) 연구 결과

수집된 다양한 자료는 주로 세 권의 민족지 단행본에 담겨 발간되었다. Malinowski의 첫 번째 민족지는 65개의 도록을 포함해서 600여 쪽에 달하는『서태평양의 항해사들』(1922)이었다. 여기에서 그는 트로브리안드 군도를 비롯한 여러 섬들에서 이루어지는 교역을 상세하게 기술하였다. 그의 두 번째 민족지는 530여 쪽 분량의『멜라네시아 북서부 야만인의 성생활』(1929)으로서, 여기서 Malinowski는 트로브리안드 원주민의 가족과 혼인, 성생활을 그렸다. 그의 세 번째 민족지인『산호섬의 경작지와 주술』(1935)은 상하 두 권으로 이루어졌으며, 모두 900여 쪽에 달하였다. 여기서 그는 경작 방식과 이에 결부된 다양한 제도, 특히 의례와 주술을 기록하였다. 덧붙여, Malinowski는 단행본을 발간하기 이전인 1916년에「발로마: 트로브리안드 군도에서 사자의 영혼」이라는 제목으로 80쪽 정도 분량의 민족지 논문을 왕립 인류학회지에 기고하기도 하였다.

모계 사회에 형성된 족장 제도

우선 트로브리안드 사회는 호미 농경과 어로를 하는 모계 사회이며, 초보적인 단계의 족장 사회 유형에 속한다. 족장 사회는 족장이라는 세습적 지위가 존재하는 사회로서, 트로브리안드 사회에서의 족장의 권한은 그다지 막강하거나 절대적이지 않을 뿐더러 족장은 일상생활에서 평민과 격의 없이 어울린다. 그의 지위는 피지배자 또는 추종자들에게 주로 물질적인 후원을 함으로써 권위를 강화한다. 사실상 족장의 권한이 거의 왕권에 버금가는 사회와 견주어볼 때, 트로브리안드의 족장은 오히려 폴리네시아에 넓게 나타나는 빅맨(Big Man)의 지위에 더 가깝다. 여하튼 이 같은 수준의 족장 제도가 발달하였다는 것은 다소 이례적인 일이다. 왜냐하면 비교사회학적으로 볼 때, 대체로 모계 사회에서는 불평등한 사회 계층화가 그다지 이루어지지 않기 때문이다.

'외숙거주제'라는 혼후 거주 방식

트로브리안드의 모계 씨족 집단은 다른 모계 사회와 달리 특이한 방식으로 구성되는데, 이는 특히 혼후 거주 방식에서 비롯된다. 대체로 씨족 집단은 내부적으로 혼인을 할 수 없고, 배우자를 다른 집단에서 구하는 외혼제를 따른다. 여기서 혼인한 부부가 어디에 정착하는가 하는 문제는 집단의 노동력과 세력에 영향을 주게 된다. 그래서 각 사회마다 혼인한 부부의 주거지를 결정하는 혼후 거주 규칙을 제정한다. 트로브리안드 사회의 혼후 거주 방식은 외견상 신랑의 집안으로 신부가 이주하는 형태를 보인다. 그렇지만 신부를 맞는 시집의 식구들은 시부모가 아니라 시외숙과 시외숙모 그리고 그들의 미혼 자녀들이다. 이것은 어머니가 아버지의 집안으로 시집 와서 낳은 신랑이 아버지의 모계 씨족과 함께 살다가 사춘기 즈음 부모의 슬하를 벗어나서 외숙이 사는 곳으로 이주한 결과이다. 이는 결국 모계 씨족의 남자 성원들이 한곳에 거주하면서, 집단의 공동 재산을 외숙에게서 조카에게로 상속시키는 효과를 가져다준다. 이런 까닭에 모계 사회의 가족 관계에서 권위적인 친족은 아버지가 아니라 외숙부로 나타난다.

여성의 지위

외숙거주제 아래서 여성이 평생 자신의 씨족 집단 근거지에서 한 번도 살아보지 못한다는 사실은 외견상 모계 원리와 양립할 수 없는 것처럼 보인다. 그러나 트로브리안드 사회에서는 여성이 언제나 자신의 씨족 집단에서 무시되지 않는다. 왜냐하면 여성이 어디에서 살든 여성이 낳은 자녀가 바로 여성이 일생 동안 함께 살아보지 못한 씨족 집단의 새로운 성원이 되기 때문이다. 그래서 오누이 관계는 특히 특별한 의미를 지닌다.

친족 분류 체계

트로브리안드 사회에서 '타부'라는 호칭은 자신의 FM, FZ, FZD, FZDD 등에게 공통적으로 부여된다. 그리고 '타마'라는 호칭은 공통적으로 자신의 F, FB, FZS, FZDS 등을 부를 때 쓰인다. 이들은 모두 아버지의 모계 씨족 성원들이지만, 단지 성별에 따라 두 범주로 나뉜 것일 뿐이다. 나아가 자신의 모계 씨족 성원 중 남자 성원들의 자녀는 모두 '라투'로 불린다. 이를테면 자신의 C, BC, MBC, MMBC 등이 그렇다. 이는 자신의 모계 씨족 성원 중 남자 성원들이 사회적으로 동일시된다는 의미를 담은 듯하다. 다만 여기서 자신의 남자 모계 씨족 성원 중 MB와 ZS가 '카다'로 불리는 반면, B는 다른 호칭으로 불리는 것이 특이하다.

성행위와 생식

트로브리안드 원주민들은 성행위와 생식의 인과관계를 인식하지 못한다. 원주민들은 모든 여인의 임신은 필연적으로 영적 태아가 자궁에 들어간 결과 일어난 것이라고 믿는다는 것이다. 원주민 사회에서는 처녀가 임신할 수 없다는 사회적 인식이 있는데, 처녀의 경우 자궁으로 들어가는 길이 막혀 있기 때문에 영적 태아가 들어갈 수 없고, 이 길은 성행위를 통해 열릴 수 있다고 믿는다.

의례적 교환 체계: 쿨라

쿨라는 뉴기니 동쪽의 트로브리안드 군도를 포함한 작은 섬들 사이에서 이루어지는 부족 간 교역 체계로서, 다분히 의례적인 성격을 지니고 있다는 점에서 매우 특이하다. 우선 교역의 필수적인 매개체는 실질적 가치가 작을 듯한 두 종류의 장식물이 되는데, 이를 술라바와 무왈리라고 부른다. 이 장식물을 축제나 의례 때 걸치는데, 장식의 가치를 넘어서 각기 부여된 이름과 역사적 의미에 따라 가치가 달라진다. 쿨라 권역은 넓은 면적을 포함하는데, 인근에 위치한 섬들과 파트너가 되기 때문에 다양한 모양의 폐쇄적 회로망이 구역마다 형성되어 전체의 권역망을 구성한다. 이런 회로망을 따라 두 종류의 장식물을 언제나 서로 다른 방향으로 전달한다. 결국 두 부족 사이에 교역이 이루어질 때, 술라바를 증여하는 부족은 파트너로부터 그에 상응하는 가치를 가진 무왈리를 받거나 또는 나중에 받을 것을 기대하게 된다.

나. 문화에 대한 구조기능주의적 탐구

문화에 대한 기능주의적 접근이 문화를 개인의 욕구를 충족시키는 기능적 총체라고 규정하였다면, 문화에 대한 구조기능주의적 접근은 문화를 사람들의 관계를 규정하는 '사회 구조'라고 보았다. 이러한 구조주의적 접근은 사회 질서 내에서 개인이 점하는 위치와 사회의 요구를 충족시키는 데에서 문화의 역할에 관심을 갖는다. 즉, 문화는 사회 구조와 다른 것으로서, 그러한 사회 구조가 유지되는 데 기여하는 복합적 기능들로서 이해된다. 대표적인 학자로는 Radcliffe-Brown이 있으며, 영국의 Evans-Pritchard(초창기 저작), Isaac Schapera, Meyer Fortes, Jack Goody 등이 있다.

1) 자연법칙으로서의 사회 구조

Radcliffe-Brown(1931)은 귀납론자로서 인류학이 비교를 통해 언젠가는 '사회의 자연법칙'을 발견하리라 믿고 있었다. 그는 『사회에 대한 자연과학』에서 인간 사회에 관한 이론적 자연과학이 가능하다고 주장하였다. 우선, 그는 그 당시에 Franz Boas를 중심으로 미국에서 나타난 문화인류학에 의해 과학적으로 분석될 수 없는 '문화'에 밀려 '사회'가 상실되었다고 말하였다. 그리고 그는 미개인이 갖는 애정, 증오, 공포, 욕망 등의 심적 내용은 과학적 귀납, 비교, 일반화를 저지하는 것으로 보고 완전히 무시하였다. 그는 자신이 취급해야만 하는 구체적인 관찰 가능한 사실로서 생각하고 있던 연구 대상은 '사회 구조'였다(가모우 마사오, 1995). 사회 구조는 '개인 간의 실제적인 연결 관계'의 체계들을 의미하고, 더 적절하게 표현하자면 사회적 역할을 맡고 있는 개인 간, 즉 '인격체' 간의 연결 관계 체계들이다. 이러한 사회 구조는 모든 개인들의 사회관계의 총합으로서 그 실체가 존재하기 때문에 관찰할 수는 있는 사실이다.

2) 유기체로서의 사회 구조

사회 구조라는 용어는 국가라든가, 부족, 클랜(clan)이라는 지속성이 있는 사회 집단뿐만 아니라, 사람 대 사람, 모든 사회관계, 예를 들면 아버지와 아들, 어머니의 형제와 사촌이라는 다수의 두 사람 사이의 사회관계, 그 위에 남성과 여성, 수장과 평민, 고용자와 피고용자라는 사회적 역할에 의해서 생긴 개개인의 계층의 분화까지도 포함하고 있다(가모우 마사오, 1995). 이러한 사회 구조는 Durkheim의 '사회적 사실'이 지니는 세 가지의 특징들인 외재성, 강제성, 영속을 지니는 것으로, 일반적으로 구속적이라고 인지되고 또 널리 준수되는 '사회적 관례들' 또는 규범들이다. 예를 들어, 사회 구조에 따라 사회의 새로운 성원이 태어나고 늙은 족장은 죽고 새 족장이 들어서며, 사람들은 결혼하고 이혼하고 재혼한다. Radcliffe-Brown은 이러한 사회 구조를 생물 유기체에 비유하여 사회 구조는 존속하고 생존하며 유지되고 적응한다고 말한다. 그는 유기체의 구조와 마찬가지로 사회 구조가 그것을 구성하는 개별 단위의 변화에 의해서 파괴되는 것이 아니라 그 단위의 사회생활의 과정에 의해서 유지되어야 한다고 보았다.

3) 사회 구조 유지를 위한 개인의 역할

사회를 구성하는 개인은 자신이 속한 사회 구조의 유지를 위해 기능한나. 사회의 구조적 형태의 안정성과 지속성은 그 부분들 또는 관계 속에 있는 인간이 사회 구조에 어느 정도 통합되어 있는가와 구조적 형태를 유지하는 데 필요한 특정 과업들을 개인이 어떻게 수행해 내는가에 달려 있다(Kuper, 2003). 이 개별 단위의 과정은 통합된 집단의 조직화된 행위와 그들의 상호관계로부터 규정되어 있다. 이러한 과정이 바로 체계를 구성하고 사회 구조를 유지하는 부분들의 '기능들'이다. 즉, 하나의 개별적 행동이 전체적 사회 구조의 존속과 유지에 긍정적으로 기능한다는 것이며 사회의 관습은 사회 구조의 유지에 공헌하는 기능을 한다고 볼 수 있다. Radcliffe-Brown은 이와 같이 문화 분석에서 '사회 구조'와 '기능'의 개념을 만들어 사회 구조가 생물 유기체에서와 같이 어떤 종류의 기능적 일치 또는 부분들의 조화를 이루고 있다고 가정한다. 이에 따라 그는 유기체에서 건강한 상태와 병적인 상태가 있듯이 사회에도 동일한 양호한 질서 또는 사회적 건강과 무질서와 사회적 불신감의 병적인 상태가 있다고 보았다.

4) 사회 구조의 내적 일관성

결국 사회체계의 모든 구성 요소가 조화 또는 내적 일관성을 가지고 기능을 할 때 그 사회는 건강하게 된다. 이에 따라 사회 구조에 대한 사회정학적 법칙(사회 질서와 구조의 구성 원리)은 사회적 형태들의 존속을 위해서 충족되어야 할 욕구에 대한 진술이 될 것이다(Kuper, 2003). 모든 사회 구성 단위의 기본적 욕구는 조화되고 접합되어야 한다. 이는 사회 구성원들의 이해관계를 사회 구조에 맞게 조정하는 것을 뜻하였다. 이것은 어느 정도의 행위의 표준화를 필요로 하는데, 여기에 바로 '문화'가 개입된다. 왜냐하면 문화는 학습된 감정, 사고, 행위 방식으로 이루어진 영역이기 때문이다. 궁극적으로 상호관계의 조화는 개별 단위들의 신앙과 정서의 표준화를 요구하고, 이렇게 표준화된 신앙과 정서는 의례와 상징을 통해 유지된다. 이에 Radcliffe-Brown은 신앙을 포함한 문화적 요소들이 인간과 사회의 관계, 그리고 그 위에 사회와 자연의 관계에서 어떤 기능을 하는지에 관심을 두었다. 이러한 관점에서 Radcliffe-Brown은 최초의 저서 『안다만섬 사람들(*The Andaman Islanders*)』(1922)에서 안다만섬 사람들의 관습 의례를 분석하면서, 의례 제도에 사회적 태도라는 가치 판단이 상징적으로 표현되어 있어 이 의례가 그들의 사회조직을 유지하고 있는 기본적인 메커니즘이 된다고 분석하였다.

구조기능주의적 탐구의 예

『원시사회의 구조와 기능』(Radcliffe-Brown, 1952)

Radcliffe-Brown(1881∼1955)의 『원시사회의 구조와 기능(*Structure and Function in Primitive Soicety*)』(1952)에 실린 원시사회의 친족체계를 분석한 「남아프리카에서의 어머니의 형제」는 구조기능주의적 문화기술지 탐구의 좋은 예시이다. 구조기능주의적 문화기술지는 접근은 문화를 사람들의 관계를 규정하는 '사회 구조'로 간주한다. Radcliffe-Brown의 이 연구는 태평양 폴리네시아 지역의 통가 사회의 '외삼촌과 여자 조카 사이의 관계'를 구조기능주의적 관점에서 연구한 사례로서 구조기능주의적 탐구의 좋은 예라 하겠다(아야베 쓰네오, 1999).

1) 사회 구조 유지를 위한 '존중과 친숙함, 농담과 회피'

이 연구에서 Radcliffe Brown은 통가 사회의 가족 구성원들 사이의 관계에 대한 연구를 통해 그 사회 구조가 유지되기 위한 개별 구성원들의 행위와 기능을 '존중과 친숙함, 농담과 회피'의 개념으로 설명하였다. 먼저 Radcliffe-Brown의 연구 일부분을 보고 그의 분석을 제시하고자 한다.

> 통가인 남자와 그의 외할아버지는 느긋하고 다정한 관계를 맺는다. 그러나 아이가 그의 코콰나(kokwana, 외할아버지)에게 너무 버릇없이 굴면 노인은 아이에게 이렇게 말할 것이다. "말루메(외삼촌)한테 가서 놀아라." 말루메는 그의 누이 쪽 조카에게는 정말로 어떤 다른 친적과도 비할 수 없는 특별한 존재이다. 말루메에게는 어떤 경의도 표할 필요가 없다! "외삼촌 마을의 봄벨라(bombela)에 가서 하고 싶은 대로 하지. 먹고 싶은 음식은 모두 허락 없이도 먹어. 아프면 외삼촌이 각별히 보살펴주고 희생할 거야. (……) 몹시아나(mispaying, 생질)가 한 끼 좋은 식사를 할 수 있다는 낌새를 챈 친구들을 데리고 외삼촌에게 가면, 말루메의 아내들이 남편을 불러. '여보, 이리와 봐요! 이봐, 네 말루메가 오두막 뒤쪽에 (……) 큰 바구니 뒤에 음식을 숨겨놓았어. 가서 가져가.' 아이가 음식을 훔쳐 달아나서는 친구들과 한 조각도 남기지 않고 다 먹어버려. 말루메가 돌아와서 화를 내지. 그러나 몹시아나가 이 장난을

하였다는 말을 듣고는 어깨를 으쓱해 버리고 말지……. 다음에 조카가 다시 왔을 때 말루메가 이렇게 말해. '요전 날 너 때문에 우린 굶어 죽었어!' '또 그러게 놔둔 음식이 더 있어요?'라고 아이가 응수해."

때로는 말루메 자신이 아내들 가운데 하나를 지목하고는 은투쿨루(ntukulu, 남편의 생질)에게 말한다. "이 사람이 네 아내다. 잘 대접받아!" 이 여자는 이 상황을 아주 재미있어 하며 즐긴다. 그녀는 은투쿨루를 위해 진수성찬을 준비하고 그를 은카타(nkata), 즉 남편이라고 부른다. 때로는 조카가 외삼촌에게 이렇게 말하기까지 한다. "제발 얼른 죽어서 제가 삼촌 아내를 차지하게 해줘요.", "너 날 총으로 죽일 참이냐?" 하고 말루메에게 대답한다. 그러나 이 모든 대화는 그저 농담일 뿐이다.

이런 특이한 행위, 인류학 저술에서 '농담'이라고 불리게 된 행위, 즉 음식과 성(性)의 사용권에 대한 근본적인 관습들마저 깨뜨리고 그 외 다른 상황에서는 절대 허용되지 않을 무례를 범하는 것을 특징으로 하는 이 행위를 어떻게 설명할 것인가? Radcliffe-Brown에 따르면, 이런 종류의 행위를 여러 집단에서 찾아볼 수 있다. 이러한 관습은 남아프리카의 나마 호텐토트나 폴리네시아의 통가에서도 보이는 관행이었다(Kuper, 2003: 135-136).

이러한 관습에 대하여 일찍이 모권 제도의 잔존으로 설명된 적이 있었다. 즉, 인류의 기원을 추적하려는 Junod는 이러한 통가(Thonga)의 관습을 선사 통가 사회에 대한 추측을 통해 설명하려 하였다. "통가 제도의 아주 흥미 있는 양상을 주의 깊게 관찰해 보면, 우리 부족은 옛날에 또는 아주 먼 옛날에 모권 제도를 거쳐 왔다는 결론에 도달하지 않을 수가 없다"(Brown, 1986: 15). 즉, Junod는 이러한 관습을 옛 시대의 유물로 보았고, 통가인들이 지금은 부계를 따르지만 예전에는 '모권적'이었음을 보여주는 것이라 분석하였다.

Radcliffe-Brown은 이러한 Junod의 역사적 추측을 물리치고 현재의 상황에서 설명을 찾아야 한다고 주장하였다. 즉, 사회의 여러 가지 제도를 고립시켜 연구하는 것이 아니라, 서로 관련을 가지고 있을 다른 제도와 함께 고찰해야 한다. 그는 어머니의 형제에 대한 관습은 아버지의 누이에 대한 관습과의 상관관계 속에서 이해해야 한다고 주장하였다(아야베 쓰네오, 2009: 222). 그래서 그는 이 문제를 '동맹'이 취할 수 있는 형태라는 맥락에서 바라보았다. 사회적 관계는 어느 한 영속 집단 성원들 간에 이루어지고 다른 영속 집단 성원들 간에도 이루어진다. 친족 역할에서 행위를 규제하는 예법 전체를 검토한 결과, 그는 친족에 연관된 일반적 행위 유형들은 존중 대 친숙함, 농담 대 회피라는 두 쌍의 대립으로 분류될 수 있다고 언급하였다. Radcliffe-Brown은 아래와 같이 회상하듯이 말한다.

> 한번은 오스트레일리아 원주민에게 왜 자신의 장모를 피해야만 하는지를 물어보았는데, 그는 "장모가 세상에서 제일 좋은 친구이기 때문이에요. 내게 아내를 주었거든요"라고 대답하였다. 사위와 장인 장모 사이에 보이는 상호 존중은 우정의 다른 양식이다. 그것은 이해관계가 다른 데서 생길 수 있는 갈등을 예방한다. (……) 농담과 회피 모두 접속적이면서 이접적인 성분들을 유지하고 결합하는 명확하고 안정적인 사회적 행위체계를 조직하는 양식들이라는 것이다(Kuper, 2003: 139-140).

이러한 '농담'과 '회피'는 자신의 종족에 속하지 않는 특정 친족원이나 인척들과의 관계에서 나타나는 문화적 특성이라는 것을 보여준다. 즉, 농담은 사촌들 간 관계에서 흔히 볼 수 있고, 회피는 연이은 세대의 성원들 간의 관계에서, 특히 남녀와 그들의 장인 장모 또는 시부모 사이의 관계에서 전형적으로 나타난다. 이러한 '농담'과 '회피'라는 관계는 다른 종족에 속하지만 혼인을 통해 동맹을 맺은 사람들 사이에 있을 수 있는 민감한 관계를 보호하고 갈등을 최소화하는 기능을 한다고 볼 수 있다.

다. 문화의 패턴 탐구

문화의 패턴 탐구를 위한 문화기술지의 목적은 특정한 사회 집단 내에서만 독특하게 존재하고 공유되는 삶, 행위, 언어, 의례와 의식의 모습을 발견하고 이해하는 것이다. 이 접근은 문화상대주의에 기초하여 한 사회의 문화를 다른 사회의 그것과 뚜렷하게 구별되는 독특하고 폐쇄적인 것으로 간주한다. 영국의 사회인류학자들이 기능주의와 구조기능주의적 탐구를 하였다면, 미국의 문화인류학자들은 이러한 문화의 패턴을 탐구하였다. 영국의 사회인류학자와 마찬가지로 이들 역시 공통적으로 Spencer와 Durkheim의 사회학 이론의 영향을 받아 사회 또는 문화 그 자체가 독립적으로 생명을 가진 유기체적 존재임을 전제하고 있다. 그러나 미국의 문화인류학자들은 그 사회가 가지고 있는 독특한 문화의 패턴이 그 사회의 인성에 미치는 영향 또는 그것들의 관계를 탐구하는 것에 초점을 두었다. 당시 이러한 문화인류학자들은 문화의 본질, 문화의 역사를 주로 연구한 학자에 비하면 예외적인 존재였다. 대표적인 학자로는 미국 인류학의 아버지인 Franz Boas(1858~1942)와 그의 제자들인 Edward Sapir(1884~1939), Ruth Benedict(1887~1948)와 Margaret Mead(1901~1978) 등이 있다. Boas는 상대주의와 인지과학의 기초를 마련하였고, 그의 영향을 받은 Sapir와 Benedict, Mead는 구체적인 사례연구를 통해 문화와 인성의 관련성을 더욱 명확히 하였다.

1) 문화결정론

Boas와 더불어 이러한 Sapir의 이론의 영향을 받은 Benedict는 민족지 자료에서 문화의 패턴을 구체적으로 묘사해 냈다. 그는 『문화의 패턴(*Patterns of Culture*)』에서 전 세계적으로 볼 때, 인간은 관습적 존재라고 할 만큼 관습은 행동의 집적이므로 관습이 주요한 학문적 주제가 되어야 한다고 주장한다. 그는 관습이 한 개인이 개별적으로 저지를 수 있는 그 어떤 놀라운 행동보다 더 놀라운 행동의 덩어리일 뿐만 아니라 관습이 부족 구성원들의 체험과 신념에 압도적 역할을 하므로 인간은 본능이 아니라 관습에 의해 형성된다고 보았다. Boas에 따르면, "이 세상을 완벽한 순수의 눈으로 볼 수 있는 사람은 아무도 없으며, 일정한 관습, 제도, 사고방식으로 조절된 눈을 가지고 이 세상을 보며, 개인의 인생사라는 것은 무엇보다도 그의 소속 공동체에서 전통적으로 이어져온 패턴과 기준에 적응해 온 역사이다. 탄생하는 그 순간부터 소속 사회의 관습이 개인의 체험과 행동을 형성하므로 아무개가 말을 할 즈음이면 그는 그 문화가 빚어낸 자그마한 존재이며, 아무개가 커서 그 사회의 활동 속에 참여하게 되면 사회의 습관이 곧 그의 습관이 되고, 관습적 믿음이 곧 그의 믿음이 된다"(Benedict, 2019). 따라서 다양한 문화에서 나타나는 다양한 행동의 형태는 그 사회의 감정적 · 정신적 원천으로서 관습을 이해함으로써 이해될 수 있다. 사회적 문제 중에서 이 관습의 역할을 이해하는 것보다 더 중요한 문제는 없다. 관습의 법칙과 다양성을 잘 이해하지 못한다면 인간 생활의 복잡하면서도 주된 양상을 깊이 있게 통찰하는 것은 불가능하다.

2) 인지 근원으로서의 문화

Boas는 문화와 환경이 세계를 인지하는 방식을 규제한다고 주장하며 문화가 개인의 행위와 인성을 결정한다고 보았다. Boas는 문화가 구체적으로 개인의 행위와 인성에 존재한다고 보았다. 즉, 문화는 공동의 삶의 지혜이기 때문에 분명히 사회 내에 존재하지만 문화가 구체적으로 표현되는 것은 개인의 행위들과 인성에 있다는 것이다(이광규, 1991). 이에 따라 Boas는 문화란 "사회 집단을 구성하고 있는 개인들이 집단적으로 또는 개인적으로 자연환경, 타 집단, 자기 집단 내의 성원, 각 개인 동료와의 관계 속에서, 개인들의 행동의 성격을 결정짓는 정신적 · 신체적 반응과 활동의 총체"라고 정의하였다.

이러한 관점에서 Boas는 '문화의 패턴'의 개념에 기초가 되는 문화상대주의 개념을 정립하였다. 그는 인류학 최초의 위대한 문화상대주의자로서, 인간이 세계를 인지하는 방식을 규제하는 것은 생물학적 특성이 아니라 문화 자체이며, 각 민족이 상이한 사회적 · 심리적 인지구조를 표출하는 것은 문화적 다양성의 소산이라고 주장하였다(Barnard, 2004). Boas는 당시 주류적이던 문화 진화론과 인종론을 비판하였다. 문화 진화론적인 관점에서는 지역마다 독특한 풍속과 습관을 '원시적'인 것에서 '문명적'인 것으로 나아가는 외줄기 척도에 따라 깔끔하게 비교하였다. 또한 같은 시기에 풍속의 차이를 '과학적'으로 설명하는 '인종론'이 등장하였다. 이 이론은 지역마다 풍속이 다르게 나타나는 원인을 '인종'의 차이로 돌렸고, 풍속이 '야만'인 까닭은 그 사람들이 '지능이 열등한 인종'이기 때문이라는 것이다(아야베 쓰네오, 2009).

Boas는 『미개인의 심성』에서 각 문화는 환경과의 관계나 이주 경험, 인접한 타 문화로부터 차용 등 나름의 고유한 역사가 쌓여 형성되는 것이므로 단순한 진화 도식으로 자리매김할 수 없다고 주장하며 문화와 인종의 우열에 대하여 부정한다. Boas와 Sapir와 Benedict, Mead를 포함한 상대주의를 지지하는 인류학자들은 당시 문화 진화론적인 사고에 따라 '원시적'이라 여겨지던 문화들이 풍요롭고 복잡한 측면을 갖는다는 사실을 강조하며 '원시인'을 가치 중립적으로 정의한다. 즉, 그는 원시인을 생활 형태가 단순하고 일률적이며, 내용과 형식이 빈약하고 지적인 일관성이 없는 문화를 가진 사람으로 정의하였다. 더불어 그는 민족마다 특정한 문화적 요소에서 원시적이거나 진보적이라고 지적한다. 예를 들어, 오스트레일리아 원주민은 빈약한 물질 문화를 갖지만, 복잡하고 진보한 사회 구조를 지니고 있다. 켈리포니아 인디언의 경우에는 예술적 능력은 우수하나 다른 측면에서는 그렇지 못하다. 이와 같이 Boas는 특정 문화를 '원시적인' 또는 '문명화된' 같은 획일적인 범주로 규정하는 것은 무의미하다고 단정하였다.

Boas는 '이민 자녀들의 두개골 크기 변화에 관한 연구'를 통해 인종론을 비판한다. 이 연구에서 그는 이민 자녀들의 두개골 크기가 부모 세대에 비해 더 커지며 그것도 미국 이주 후 곧 출생한 자녀보다 이주한 지 10년 이상 지나 출생한 자녀들의 변화가 더 크다는 사실을 발견하였다. 이러한 변화는 미국이라는 새로운 환경 때문에 일어났다고 생각하였고, 환경이 변하면 얼마 지나지 않아 신체 특징도 크게 변한다고 주장하였다(아야베 쓰네오, 2009). 이로써 언어와 마찬가지로 문화는 인종과 독립적이므로 문화의 생물학적 기반을 둔 인종결정론을 철저히 거부하였다.

3) 개인의 행위와 인성의 원천으로서의 문화

문화가 개인에게 존재하여 인성에 미치는 영향에 대한 Boas의 탐구는 그의 제자인 Sapir와 Benedict, Mead에 의하여 발전한다. 우선, Benedict는 Sapir의 영향을 받았으므로 그에 대해 간략히 알아보면 다음과 같다. Sapir는 Boas에게 많은 영향을 받아 아메리카 인디언, 특히 나바호(Novaho)족의 언어를 공부하였고 문화의 구체적인 실천자로서의 개인을 연구하였고, 특히 그는 심리학자인 Sullivan의 영향을 받아 심리학과 정신분석학에 심취하면서 '문화와 인성'에 관한 연구회 등을 개최하는 등 이에 관한 여러 논문들을 발표하였다. 그는 문화가 언어와 같이 개인의 행위 속에 존재하는 것이며 집단 구성원들이 공유하는 사회적 행위라고 보았다. 또한 그는 문화에 언어체계, 종교체계, 대인관계체계를 포함시키고 이 체계들이 그 문화 속에 생활하는 개인들의 인성체계를 결정한다고 보았다. 따라서 문화와 인성은 동질의 것이며, 개인은 문화가 구체적으로 존재하는 곳이고 문화적 통합이 위치하는 곳이 된다(이광규, 1991).

4) 관습의 지속성과 일관성

Benedict는 관습을 통합된 전체이자 패턴으로서 연구해야 한다고 주장한다. 문화는 어떤 지속성과 일관성을 가지고 있는 패턴이며, 그러한 전체적이고 통합적으로 관습을 바라볼 때 개인의 문화적 행위와 과정이 무엇을 의미하는지 이해할 수 있다. 따라서 만약 우리가 문화적 행위와 과정에 관심이 있다면 어떤 선택된 행동의 의미를 파악하는 유일한 길은 그 문화 내에 제도화(패턴화)되어 있는 동기, 정서, 가치 등의 배경에 비추어 그 행동을 이해하는 것이 되어야 한다. 따라서 살아 있는 문화를 연구하면서 그 사고방식, 기능, 제도를 살펴봐야 한다(Benedict, 2019).

문화 패턴 탐구의 예 1

Ruth Benedict의 세 부족사회의 패턴 연구

문화 패턴 탐구의 선구자인 Benedict는 문화 패턴 탐구를 주니족, 도부족, 콰키우틀족 소규모 사회 연구에 적용하여 문화 패턴의 개념을 더욱 명확히 하였다(이광규, 1991: 50-54). Benedict는 각 사회 문화의 패턴을 다음과 같이 설명하였다. 그는 세 부족 연구를 통해 각 부족 사람들이 독특한 인성과 기질이 나타냈다고 보았다. 그러한 독특한 패턴에 대해서 Benedict는 주니족은 아폴로형, 도부족과 콰키우틀족은 디오니소스형이라 표현하여 문화의 패턴이 그 부족 구성원들의 행위와 사고 그리고 인성에 큰 영향을 미치는 원인이라고 설명한다.

디오니소스형

뉴기니 동부에 있는 단순한 정치체계를 가진 멜라네시아의 한 부족인 도부족은 동일 부모의 소생인 형제 이외에는 세상에 믿을 사람이 없다고 생각하며 만인을 적으로 생각한다. 또한 그들은 자기 밭의 얌이 잘 자라는 것은 자기 주술의 힘이고 흉년이 들고 잘되지 않는 것은 자기를 질투하는 그 누군가가 주술을 부리기 때문이라는 방식으로 생각한다. 사람이 죽는 것도 그와 가까운 주술력이 더욱 강하게 작용하는 사람의 주술에 의한 것이라고 생각한다. 이와 같이 도부족은 허영심과 질투심이 많아 모든 사람을 의심하기 때문에 언제나 불안하고 감정을 억제하지 못하는 신경질적인 성격을 갖는다. 이와 비슷하게 콰키우틀족 역시 쉽게 흥분되고 경쟁심과 허영심이 많으며 미친 사람처럼 행위를 한다. 예를 들어, 종교의례에서 주무자가 신나게 춤을 추기 시작하다가 격해지면 몸에 경련을 일으켜 거품을 토하면서 엑스터시에 몰입하고 때로는 불을 뛰어넘거나 물건을 파괴하는 등 미친 사람처럼 행동한다. 성년식 중에서 식인회의 입회식 의무(儀武)에서 흥분의 고조가 절정에 달하면 팔을 베어 물어뜯어 사람들을 놀라게 하거나 죽인 노예의 살을 뜯어 먹기도 한다.

Benedict는 도부족이나 콰키우틀족 사람들을 '디오니소스형 인간'으로 규정하였다. 이러한 인간형은 존재의 통상적 경계와 한계를 파괴함으로써 자신들이 추구하는 가치에 도달하고자 한다. 그들은 오감에 의한 인식과 체험의 경계를 넘어서는 다른 상태에 도달하는 것을 가장 가치 있는 순간이라 생각하기 때문에 개인적 체험이나 의식을 통해 또 다른 심리적 상태, 즉 '과잉의 상태'에 도달하고자 한다. 그들이 추구하는 상태는 일상적 의식의 상태가 아니라 술 취한 상태, 열광의 상태이다. 이들은 영국의 낭만파 시인이 이야기한 "과잉의 길은 지혜의 궁전으로 안내한다"라는 말의 의미를 신봉한다.

아폴로형

주니족은 미국의 서남부 콜로라도강의 지류인 산후안강 유역에 거주하는 푸에블로족의 한 부족이다. 이들은 많은 종교의례를 정확한 시기에 행하고 절차를 정확히 지키며 오랜 시간이 걸려도 흐트러짐이 없다. 성년식의 경우 '카치나'라 불리는 가면의 신이 출현하여 성년식을 행하는 소년에게 시련을 주고 대화를 통하여 성인으로서 지킬 것을 교시하며 성인이 되었음을 축하한다. 이들은 이와 같이 정확하고 매사 성실하며 겸손하고 사생활보다 집단을 위해 헌신적이며 이러한 사람을 이상적인 인간이라 생각한다.

Benedict는 주니족을 '아폴로형 인간'으로 이해하였다. 그의 설명에 따르면 아폴로형 인간은 디오니소스형 인간이 추구하는 모든 것을 싫어한다. 그들은 그러한 '과잉의 상태'를 광기로 볼 것이며 자신들의 인식과 사상으로부터 그러한 행위를 멀리하려고 한다. 주니족과 같은 아폴로형 인간은 주어진 기준, 규칙, 율법 내에 머물며 그것을 초월하는 그 어떤 것도 추구하지 않는다. Benedict는 니체의 "그는 자신의 신분을 지키며, 공민의 체면을 유지한다"라는 표현을 빌어 주니족의 인간형을 설명한다.

이러한 문화의 유형은 그 문화 특유의 것이므로 각 문화에서 독특한 인성적 특성이 나타날 것이며, 이는 하나의 문화에서 전형적인 인간형이 다른 문화에서도 적용되는 것은 아니라는 것을 말한다. 예컨대 전형적인 아폴로형 인간은 디오니소스형의 문화에서 정신박약아로 취급될 수 있다. 이와 같이 Benedict는 문화의 패턴을 개인과 인성에 영향을 미치는 주요한 개념으로 보고, 문화의 패턴에 따른 집단의 인성적 특성으로 설명하였다.

문화 패턴 탐구의 예 2

Margaret Mead의 서사모아 사춘기 연구

문화 패턴 연구의 또 다른 대가 Mead는 한 인간의 성격 형성이나 발달은 생래적인 것이라기보다는 사회의 영향, 구체적으로는 문화적으로 영향을 받는다는 관점에 근거하여 성 역할과 갈등이 원시사회인 서사모아에서 어떻게 차별적으로 달라질 수 있는지를 이해하고자 하였다. Mead는 1925년 서사모아에 9개월간 머물며 다양한 검사지, 심리 테스트, 관찰, 현지 언어 습득, 현장 작업을 수행하였다. 이를 통하여 구미 사회의 청소년이 겪는 성 발달 시기의 갈등과 죄의식이 서사모아에서는 나타나지 않는다는 사실을 밝혀내었다. Mead에 따르면, 서사모아 청소년에게서 성에 대한 갈등과 죄의식에 나타나지 않는 이유는 서사모아 사회가 가지고 있는 성에 대한 개방적 태도에서 기인한 것으로 해석하였다.

인간 발달 결정 요인으로서의 문화

사모아에서 몇 개월을 보내는 동안 Mead는 사모아의 청소년들을 관찰하면서 사춘기의 심리적 갈등이 특정한 문화 상황과 어느 정도 관계가 있으며, 성장 단계의 육체적 변화와의 관련성은 어느 정도인가를 연구하였다. Mead는 서구의 청소년과는 상당히 다른, 비교적 갈등 없는 성장기를 겪는 사모아의 청소년들을 보면서 사춘기의 행동을 결정하는 주요 원인은 생물학적인 것이 아니라 바로 한 사회가 가지고 있는 '문화'라고 생각한 것이다. 이때의 조사와 결론을 바탕으로 Mead는 미국으로 돌아와 『사모아의 성년(*Coming of Age in Samoa*)』이란 책을 출판하였다. 1928년에 출판된 이 책에서 Mead는 인성과 성 역할은 타고나는 것이 아니라 후천적인 교육에 의해 형성되는 것이라고 밝혔다. 이 책은 당시 미국 사회에 큰 파문을 일으켰다. 미국 사회가 이전까지 고수해 왔던 육아와 교육 방법이 재고되었고, 성 역할이 본능이 아니라 한 사회의 문화가 가진 이데올로기 교육과 습득에 의한 것이라는 이론은 여성 운동가들에게 큰 영향을 미쳤다.

성 역할과 지위를 결정하는 문화

Mead는 각 부족들에게서 발견되는 성 역할에 대한 관찰을 통해, 남성과 여성의 성 역할과 지위는 생물학적인 것에서 연유하는 것이 아니라 문화에 의해서 결정되며, 세계 어디서나 남녀가 모두 같은 성 역할을 가지는 것이 아니라는 연구 결과를 내놓았다. 이 연구 결과는 당시 남녀의 고정적인 성 역할에 대한 인식을 깨뜨렸으며, 여성해방론자들의 많은 지지를 받았다. Mead는 문화상대주의를 통해 최선이나 최고의 문화는 있을 수 없으며 세계의 모든 문화들은 서로 존중받고 이해되어야 한다고 주장하였다. 이러한 Mead의 문화상대주의는 이후 인류학의 기본 전제가 되었다.

라. 문화생태학적 탐구

문화생태학은 문화의 독특하고 다양하며 발생하고 변천하는 특성들을 환경과의 상호작용 및 문화의 환경에 대한 조정과 적응 과정으로서 바라보고자 하는 지적 노력이다. 이 접근은 19세기 생물학적 · 문화 진화론적인 세계관을 바탕으로 유물론과 생태학적인 관점의 소통으로서 발전한 인류학의 한 분야이다. 문화생태학은 문화의 독특하고 다양하게 발생하고 변천하는 문화적 특성들을 환경과의 상호작용 및 문화의 환경에 대한 조정과 적응 과정으로 이해한다. 이 관점은 인간은 자신들이 처한 환경에서 생존 가능성을 높이는 방향으로 문화를 변형시킨다. 이에 문화생태학은 인간 집단이 가치는 특정한 생활양식을 탐구하고, 그들의 생존을 위한 생활양식의 의미를 이해하고자 한다. 대표적인 학자와 저서로는 Marvin Harris의 『문화유물론』과 『문화의 수수께끼(*Cows, Pigs, Wars, and Witches: The Riddles of Culture*)』(1974)와 Roy Rappaport의 『조상을 위한 돼지: 뉴기니 사람들의 생태학적 의례(*Pigs for the ancestors: Ritual in the Ecology of a New Guinea People*)』(2000)이 있다. Harris는 『문화유물론: 문화과학의 정립을 위하여』에서 문화유물론을 문화의 다양성과 보편성의 원인을 이해하는 데 효과적인 연구 방법이라고 주장하였다. 즉, 인간은 독특한 환경에서 살아야 하는 실제적인 존재이며, 문화는 그 환경에서 나타나는 여러 문제를 효과적으로 대응하기 위한 도구라는 것이다.

1) 환경 적응 체계로서의 문화

기본적으로 문화생태학은 문화를 환경에 대한 적응 체계로 간주한다. 문화는 생물로서의 인간이 환경에서 생존 가능성의 확대와 관련하여 출현한 것으로서 인간이 발달시킨 도구의 체계이다. 미국의 문화인류학자 Julian Steward에 따르면, 문화생태학이란 "인간이 주어진 환경을 자신의 목적에 사용하려는 방식"을 연구하고 "기술 및 경제 형태와 함께 사회문화적 · 인구통계학적 연관성, 즉 성에 따른 노동 분배, 토지소유 형태, 가족 형태, 집단의 크기, 주거 형태 등에 따른 문화적 원리"를 연구하는 것이다(박현정, 2010). 이러한 문화는 환경에 더 효과적으로 적응하도록 진화해 나간다. 이에 따라 인간이 한 부분을 이루는 어느 생태계의 역동적인 구성 요소로서 문화의 역할에 주목한다(Frake, 1962). 즉, 문화적 · 환경적 특질이 기능적으로 어떻게 상호 연결되어 있는가, 총체적 환경에 대한 문화의 적응기제는 무엇인가, 주어진 문화의 제도들이 서로 적응하는 방식은 어떤 것인가, 문화적 통합과 그 기능은 어떻게 나타나고 있는가가 문화생태학의 주요한 해결 과제이다(전경수, 1999).

2) 기본 개념: 환경, 적응, 체계

문화생태학은 문화가 환경에 적응함으로써 구성된 체계로 봄에 따라 환경과 적응 그리고 체계는 문화생태학의 기본 개념이다(전경수, 1999: 111-117). **<표 1-8>**에서 문화생태학적 탐구의 기본 개념과 의미를 제시하였다.

환경이란 크게 두 가지 개념으로 나뉜다. 첫째, 자연 환경만을 가리키는 좁은 의미로서의 환경이다. 인간 집단은 그러한 환경에서 생존하기 위한 적응 체계 및 적응 전략으로서 문화를 획득한다는 입장이다. 이러한 입장에서는 생물학에서 발전시킨 생태학의 개념들을 동원하여 인간이 문화를 자연 현상에 적응하며 획득한 생활양식으로 설명한다. 둘째, 사회문화적인 제 조건들도 한 인간 집단의 구성에 영향을 미치는 환경이다. 결국 환경이란 그 현상을 인지하는 사람들의 사고체계, 즉 사람들이 사물과

<표 1-8> 문화생태학적 관점의 기본 개념과 의미

개념		의미
환경	자연 환경	자연 환경과 현상에 적응하기 위한 기술과 삶의 형태
	사회문화적 환경	심리사회적 차원: 사고체계, 인식과 이해
적응		생존 기회 극대화, 욕구 충족, 생산 양식
체계		하나의 체계로서 상호작용하는 인간과 환경

대상을 인지하는 사고체계와 결과를 표출하는 사람과의 관계들을 포함하는 심리사회적 차원으로 정의될 수 있다. 그러나 양자가 상호 배타적인 범주를 독립적으로 보유하고 있는 것은 아니다. 인간은 문화 행위의 주체로서 자신의 필요에 따라 자연을 가공할 뿐 아니라 자연을 대상화하므로 '자연 그 자체'는 인류의 특정한 문화적 맥락과 맞물려서 나타난다(박현정, 2010).

다음으로 적응이란 사회생활에 대한 기회의 극대화를 의미한다. 적응은 생물학의 진화론에서 사용된 개념으로서 생물이 환경에서 생존의 기회를 극대화하고 욕구를 충족하기 위해 생리적으로 변화하고 환경에 맞춰서 자신을 변형시키는 것을 말한다. 그러나 문화생태학은 인간이 환경에 적응하는 것은 생물이 적응하는 방식보다 문화를 매개로 한다는 점을 부각시키고 있다. 즉, 인간은 생산양식과 그 사회가 요구하는 물질적 필요성과 그 사회가 가진 표준화된 인식이라는 문화로서 환경에 적응을 하며, 이러한 문화는 영속성을 유지하고 인간 생존의 기회를 극대화하기 위해 그 문화에서 의미 있는 환경에 맞춰 자신을 변형시켜 나아간다. 이러한 문화적 적응은 지속적으로 이루어지는 환경과 문화 간의 변증법적 과정으로서, 한 문화가 주변의 환경을 변형하면 역으로 문화는 새롭게 변화된 환경에 반응을 하며 문화가 진화한다. 이러한 적응은 특수한 환경에서 일어나는 과정이므로 문화는 환경에 적응한 산물로서 고유하고 독특한 것이 된다.

마지막으로 체계는 사회문화 현상의 분석과 관련된 개념으로 인간과 환경은 분리된 것이 아니라 지속적으로 상호작용하고 소통하는 하나의 실체라는 것이다. 이는 생물학자들이 이론물리학의 발전에 힘입어 도입된 개념으로서, 인류학자들에게도 커다란 영향을 주었다. 이러한 체계의 기본적인 속성은 연속성과 환류성이다. 연속성이란 하나의 체계를 구성하고 있는 모든 개체 또는 요인은 서로 끊을 수 없는 상호 연관관계의 상태로 이어져 있다는 것을 의미하며, 환류성이란 체계가 균형을 유지하려는 속성이다.

문화생태학적 탐구의 예

Marvin Harris의 『문화의 수수께끼』

Harris의 『문화의 수수께끼』(1989)는 인도인들의 문화를 문화유물론적 관점에서 분석한 연구이다. Harris는 인도인들의 생활양식이 서구인들의 관점에서는 비합리적으로 보이지만 나름대로 과학적임을 보이려고 한다. 그는 문화유물론 관점에 기초하여 인도인들이 그들의 독특한 환경에서 현실적으로 살아가는 실제적인 존재로서 효과적인 대응을 하는 모습을 밝히고 있다. 이로써 문화 현상들이 기이하고 신비하게 보이지만 거기에는 현실적이고 합리적인 이유가 있다는 것을 보여준다.

생존 수단으로서의 암소 숭배와 돼지 혐오

Harris는 인도인들이 왜 암소 숭배를 하는지, 심지어 굶주려 죽어가고 있을 때조차도 왜 암소를 살육하지 않고 금기시하는지에 관심을 가졌다. 인도의 농부는 누더기 차림으로 야윈 모습이었으나 암소는 살이 쪄 있었다. 서구 문명은 이러한 인도인들의 암소 숭배를 어리석고 비합리적인 전통이라고 여겼으며, 인도인들이 굶주리는 것은 이러한 암소 숭배에 의한 것이라고 보았다. 심지어 그들은 돼지고기를 불결한 동물이라고 생각하고 있어, 돼지고기는 금기시하나 소를 먹는 이슬람교인들과 유혈폭동을 일으키기도 한다. 그러나 Harris는 서구인들이 인도인들의 암소 숭배를 비난하는 것이 부당함을 여러 근거를 들어 보여준다. 인도에는 많은 사람들이 농업에 종사하고 있었는데, 암소와 수소는 인도인의 농업에 매우 중요한 역할을 하고 있었다. 인도의 암소는 매년 7억 톤에 달하는 배설물을 쏟아내는데, 이 분뇨는 하나도 버려지지 않고 활용된다. 즉, 배설물들은 주요하게 비료와 연료로 사용되고 2700만 톤의 등유나 3500만 톤가량의 석탄에 해당하는 에너지의 원료가 된다. 또한 하층민들은 배설물을 수거하여 팔아 생계를 유지한다. 그런데도 암소를 사육하는 데에는 비용이 크게 들지 않으며, 암소는 여물이나 농작물 찌꺼기와 사람이 먹다 남은 쓰레기를 먹고서 우유를 만들어낸다. 이는 인도인들이 암소를 효과적으로 이용하는, 실용적이고 낭비하지 않는 국민이라는 것을 보여준다.

한편 Harris는 유대인들과 이슬람교인들의 돼지 혐오에 대하여 문화유물론적으로 설명하고 있다. 그는 보건의 측면에서 돼지 혐오에 대한 문화의 수수께끼를 풀어낸다. 첫째, 돼지는 피부가 약하고 부드러워서 덥고 건조한 날씨에는 손상을 입게 된다. 유대인들과 이슬람교인들이 살고 있는 지역은 매우 건조한 지역이라서, 그 지역에서 사는 돼지는 진흙이나 자신이 배설한 분뇨에 몸을 비벼서 피부를 보호하려고 한다. 결국 돼지는 비위생적인 동물로 인식된다. 둘째, 돼지는 사람이 먹는 종류의 음식을 먹고 자라기 때문에 돼지 사육은 사람의 식량을 소진시킨다. 셋째, 돼지의 쓰임은 고기 외에는 없어 활용도가 낮다. 넷째, 먼 길을 이동하는 유목민들에게 돼지는 적합하지 않았다.

이와 같이 Harris는 인도인들의 암소 숭배와 유대인들의 돼지 혐오에 대하여 문화유물론적으로 설명함으로써 비합리적이고 기이하게 보이는 관습들이 형성되고 유지되는 이유를 밝혀낸다. 이러한 암소 숭배와 돼지 혐오는 서구인들에게 비합리적인 문화라고 비판받았는데, Harris는 이러한 문화가 그들이 농업을 유지하고 생계를 유지하는 데 필연적이고 가장 효과적인 선택이라는 것을 말해 준다.

5. 해석적·상징적 문화기술지 연구 방법

문화기술지 탐구의 해석적 접근은 문화를 '상징과 의미의 체계'로 간주한다. 주지한 바와 같이 이 접근은 문화를 핵심적인 상징과 의례를 통해 이해할 수 있는 독자적이고 고유한 의미의 체계로 본다. 총체적 접근과 달리 이 접근을 취하는 연구자들은 인간이 문화의 산물이 아니라 문화와 적극적으로 상호작용하고 변화시키며 창조하는 존재로 간주하며, 그 과정에서 인간은 개인적인 경험의 의미를 구성해 나간다고 본다. 우리는 3절에서 해석적/상징적 문화기술지의 대표적 접근에 대해서 Geertz, Turner, Douglas의 핵심적 개념을 통해 설명하였다. 이에 이 절에서는 해석적/상징적 문화기술지의 대표적 연구 개념이자 방법으로 간주되는 심층기술, 사회적 드라마, 리미널리티와 코뮤니타스에 대해 자세히 설명하고 이러한 방법적 적용을 보여주는 예시를 제시함으로써 독자들의 이해를 돕고자 한다.

가. 행위, 상징, 의미를 통합하는 심층기술: Geertz의 이론

'심층기술'은 Geertz가 상징에 대한 연구에서 의미체계를 탐구하여 행위자들의 의미의 세계에 공감하기 위해 사용한 문화기술지적 해석적 연구 방법이다. 그는 '심층기술(think description)'이라는 용어를 Gilbert Ryle에게서 빌려와 해석적 인류학의 연구 방법으로 활용하였다. Geertz는 "민족지란 하나의 지적 노력으로서 심층기술 작업이다"라는 Ryle의 말을 인용하며 심층기술의 중요성을 강조하였다(Geertz, 1998: 14). 심층기술이란 현상기술(thin description)과 대비되며, 낯선 문화 구성원들의 의미 구조를 이해하기 위한 상징에 대한 연구 방법으로서, Geertz에게 가장 중심적인 개념이다. 이는 행위자의 정신적 과정들과 원주민들의 논리를 구체화하는 방법이며 원주민처럼 사고할 수 없는 외부자로서 인류학자가 원주민의 의미를 파악하도록 하는 방법이다.

이러한 해석적 접근과 '심층기술'이라는 개념은 기존의 문화 연구에서 자연과학적인 연구 방법을 비판하여 등장한 것이다. 그는 문화와 행위를 구분하는 기존의 자연과학적인 접근들을 비판한다. 그는 문화 분석을 위한 객관적 기초를 부인하며, 타 문화를 이해할 때 객관적 시각 자체가 성립할 수 있는가에 대해서 매우 회의적이었다. 객관성과 일반성을 지향하는 실증주의적 패러다임에서 인류학은 사회적 행위나 인간의 태도에는 인과적으로 설명할 수 있는 법칙성이 존재한다는 전제에서 출발하였다. Geertz는 과거의 중립적 "행위자와 관찰자에 종속되지 않는 독립적인 사실을 이론적으로 재구성할 수 있다는 것은 착각"이라고 주장하였다. Geertz는 "이는 문화라는 것을 그 자체로의 추진력 또는 목적을 지니는 하나의 자기 충족적이며 초유기체적인 실체로 상상함으로써 생긴 것이다"(Geertz, 1998: 21)라고 비판하였다.

1) 행위, 상징, 문화의 비분리성

Geertz에게 문화는 공동체의 행위를 안내하는 상징들에 기초하며 상징들은 행위와 사회적 삶에서 하는 역할로부터 의미가 부여되므로 문화와 행위는 한 쌍이라 따로 연구될 수 없는 것이다. 그에게 상징이란 행위자들이 역사적으로 의미를 부여하여 전승하고 축적하는 도구로서, 사회 구성원들은 상징 체계와 상호작용하며 역동적으로 의미를 구성한다. 사람들은 그들이 세계를 정의하고 감정을 느끼고 표현하는 데 그러한 상징 체계를 활용한다. 즉, 행위자들은 그 사회의 고유한 상징적 도구를 활용하여 소통하고 의미를 공유함과 동시에 자신의 의미를 표현하고 경험을 구성해 나간다. 다시 말하면, 문화와 상징 체계는 행위자들의 역동적인 산물이므로, Geertz는 문화는 행위자들의 의미 부여에 의해 구성되는 것으로서 문화와 행위자를 분리하여 표면적으로 문화를 기술할 수 없다고 보았다. 따라서 문화 분석에서 상징에 대한 연구는 행위자의 의미의 세계와 분리하여 연구될 수 없으며, 문화라는 상징 체계는 행위자들이 의미를 구성하는 기호적 수단이자 동시에 의미를 표현하는 텍스트와 같은 것이 된다. 문화 분

〈표 1-9〉 심층기술의 특징과 의미

특징	의미
문화의 의미 구조	문화적 행위와 상징의 다양한 층위의 의미 구조 기술
행위자 지향적	내부자, 즉 행위자의 관점에서 사물을 바라보는 것
맥락적 · 미시적	특수한 지역적 특성과 '지역에 대한 지식' 이해와 기술

석에서는 사회 집단과 행위자들이 그들 자신의 실재에 대한 개념을 구성하고 그들의 경험의 의미를 창조하는 방식을 행위자 내부자적 관점에서 그 의미의 세계를 탐구하는 것이 중요하게 된다. 이에 따라 그는 문화의 분석이 "법칙을 추구하는 실험의 과학이 아니라 의미를 탐구하는 해석적인 것이 되어야 한다"라고 주장한다. 이러한 '심층기술'의 개념은 인류학적 지적 노력의 방향을 제시하며 세 가지 특징을 가지고 있다(**〈표 1-9〉** 참조).

첫째, 심층기술은 그 문화의 의미 구조를 기술하기 위한 방법이다. 문화적 행위들은 모두 다양한 의미를 내포한 상징적 행위들로서 여러 층위의 의미 구조에 따라서 의미가 규정되고 해석된다. 심층기술은 이러한 의미 구조를 기술하기 위한 방법이다. Geertz는 민족지의 연구 대상과 상징적 행위에는 현상적으로 알기 어려운 여러 가지 의미의 층이 내포되어 있다고 보았다. 그는 이 예로서 카메라식 또는 현상적 관찰로서 Ryle이 말하는 '현상기술(thin description)'로는 동일하게 보이는 문화적 행위의 의미를 파악할 수 없다고 보았다. Geertz는 '윙크하기'라는 상징적 행위를 예로 들어 문화의 다층적 의미 구조의 존재를 설명하고 그 다양한 층위 기술의 필요성을 주장하였다.

> 한 명의 윙크는 본인의 뜻과는 상관없이 일어난 것이었고, 다른 한 명의 경우는 친구에게 보내는 음모의 신호였다고 하자. 이 경우, 두 개의 동작은 그 자체로 보았을 때는 완전히 동일하다. 즉, 카메라식 관찰 또는 '현상적' 관찰에만 의한다면, 이 두 개의 동작 중 어느 것이 윙크이고 어느 것이 눈의 경련인지 구분할 수 없다. 그러나 실제로 사진에는 나타나지 않을지 몰라도 눈의 경련과 윙크 사이에는 엄청난 차이가 있으며, 이러한 차이는 눈의 경련을 윙크로 착각한 경험이 있는 사람이라면 쉽게 짐작할 수 있는 것이다. 더 나아가 여기서 세 번째 소년이 있다고 가정해 보자. 그 친구가 일부러 서툴고 과장하여 첫 번째 소년의 윙크를 똑같이 흉내 냈다고 하자. 그는 윙크를 한 것도, 눈의 경련을 일으킨 것도 아니라 단지 다른 소년의 동작을 흉

내 낸 것이다. 다만 이 경우에는 음모의 분위기가 아니라 조롱의 분위기인 점만이 다를 뿐이다. 그런데 만일 친구들이 세 번째 윙크를 장난이 아니라 실제로 윙크를 하는 것으로 받아들이면 세 번째 소년의 계획은 완전히 낭패를 보게 된다. 한 걸음 더 나아가 이 세 번째 소년이 윙크를 잘 흉내 낼 자신이 없어 집에 가서 거울 앞에서 윙크를 연습한다면 그것은 윙크도, 눈의 경련도, 조롱도 아닌 단지 연습일 뿐이다. 한편, 첫 번째 윙크를 한 소년이 정말 윙크를 한 것이 아니라 단지 음모를 꾸미는 듯한 인상을 주고자 하였다면 그 윙크의 의미는 완전히 달라진다.

연구 대상으로서 문화적 행위인 윙크는 표면적으로 동일하게 나타나지만 그것의 의미에는 경련을 일으키는 자, 윙크하는 자, 거짓 윙크하는 자, 흉내 내는 자, 흉내를 연습하는 자나 모두가 이러한 여러 층위의 의미 구조에 따라서 일정한 행위를 하고 의미를 부여받으며 해석된다는 것이다. 이는 동일한 행위와 태도는 문화마다, 또는 한 문화 내에서도 맥락에 따라 상이한 함의를 가지고 있으며, 외부로부터의 피상적인 관찰은 이처럼 동일한 행위를 의도나 문맥에 따라 완전히 상이한 의미를 띠게 됨을 의미한다. 문화기술지의 기술에 있어서 소위 객관적이라고 일컬어지는 단순한 관찰과 현상기술은 낯선 문화에 대해서 의미 있는 정보를 줄 수 없으며, 상이한 사고와 표상을 갖고 있는 원주민의 문화적 행위를 왜곡할 수 있다(김창준, 2009). 이로써 Geertz는 윙크에 대한 Ryle의 예로서 인류학자들이 그들의 조사지에서 끊임없이 부딪치고 해결해 나가야 하는 유추 과정의 심층적 구조를 아주 정확하게 제시하고 있으며, 해석학적 문화기술지가 해야 할 것은 윙크와 눈의 경련 그리고 진짜 윙크와 윙크 흉내를 구분하는 의미 구조를 파악하는 것이다.

둘째, 심층기술은 행위자의 관점에서 사물을 바라보는 것 또는 '이해적 접근법' 또는 '에믹(emic) 분석법'이어야 한다는 점을 강조한다. "우선적으로 타 민족의 상징 체계에 관한 연구는 반드시 행위자 지향적이어야 한다"(Geertz, 1998: 26). 해석인류학에서 문화란 그 행위자의 지각, 느낌, 사고, 지향성 등이 형상화된 것으로, 사회의 모든 대상물이나 관계, 조직은 문화의 구성원들이 거기에 부여하는 의미를 통해서 그 사회적 가치를 갖게 된다(김창준, 2009). 따라서 문화기술지의 또 다른 과제는 행위자 또는 공동체가 의미를 만들어가는 활동에 대한 내부자적 관점에서의 이해와 설명이 필요하게 된다. 예를 들어서, 윙크하기는 ① 의도적으로 ② 특정인에게 ③ 특정한 메시지를 전달하기 위하여 ④ 사회적으로 인정된 코드에 따라 ⑤ 같이 있는 다른 사람들이 알아채지 못하도록 의사를 전달하는 상징적 행위이다. 정의하자면 눈꺼풀을 수축하는 윙크 하나는 공모의 신호로 여겨지는 공적인 코드가 존재하는 곳에서 행위자가 여러 가지의 의도로 눈꺼풀을 수축시키는 행위이다(Geertz, 1998). 즉, 연구자는 윙크라는 상징적 행위를 통해 행위자가 의도하는 바가 무엇인지를 이해하려고 노력해야 한다. 따라서 인류학적 지적 노력은 내부자적 관점에서 원주민들이 무엇을 하고 있으며 또는 그들이 무엇을 하고 있다고 생각하는가에 관하여 해석을 내리고 그것으로부터 분석을 시작하고 체계화함으로써 행위자의 개념과 의미의 세계에 가까워지는 것이다.

셋째, '심층기술'은 미시적이라는 특징이 있다. 심층기술은 역사적이고 특수한 지역적 특성을 고려한다. 모든 문화에 통용되는 보편적 모델을 상정하기보다는 문화의 차이에 초점을 맞추는 '지역에 대한 지식'을 중요시한다. 이와 같이 심층기술이 미시적인 특징을 보이는 이유는 의미 구조를 파악하는 데에는 행위자들이 스스로 짜나가는 해석을 유추하는 것이 중요하기 때문이다. 그러나 Geertz는 이러한 미시적 분석으로서 '심층기술'이 더 큰 사회에 대한 문화 분석을 제외하는 것은 아니라고 주장한다. 미시적 분석으로서 '심층기술'은 지극히 밀접하게 파악하고 있는 작은 일들에서 시작해서 점차 더 넓은 해석으로, 더 추상적인 분석으로 나아가는 특징이 있다는 의미이다. 연구의 위치가 곧 연구의 대상은 아니다. 해석이 어디로부터 왔는가가 곧 그것이 어디로 가야만 하는가를 결정해 주는 것은 아니다. 인류학자들은 촌락(또는 부족, 소도시, 근린집단 등)을 연구하는 것이 아니다. 그들은 촌락에서 연구한다. 예를 들면 도덕적 기대의 틀을 확립하기 위해서 식민지배 체제가 어떤 일을 해왔는가와 같은 문제는 특정의 제한된 지역에서 가장 잘 연구될 수 있다(Geertz, 1998: 35-39).

심층기술의 예

'발리의 닭싸움'에 대한 Clifford Geertz의 심층기술

Geertz는 사회나 문화를 분석하는 포괄적인 이론과 결별하고, 문화 이해에서 범례가 될 수 있는 개개의 담론을 분석하였다. 특히 그것이 갖는 지역적 특성을 고려하는 미시 분석을 위주로 하여 일견 문화의 특수한 요소를 선택하고 그 근저에 놓인 행위자들의 의미 구조를 드러내 보이고자 하였다. 이와 관련된 저작들에는 대표적으로 「자바의 축제」, 「심층놀이: 발리의 닭싸움에 관한 기록들」이 있다. 여기서는 해석적 문화기술지의 상징과 의미, 심층기술의 개념을 잘 나타내는 Geertz의 대표적인 에세이 「심층놀이: 발리의 닭싸움에 관한 기록들」을 소개할 것이다. 이는 Geertz의 연구 중에서 가장 주목을 받고 많은 논란의 초점이 되었던 에세이로서, Geertz가 주장하는 심층기술이 동원된 분석이며 원주민의 시각과 그것의 전형적인 구조를 인류학적으로 해석하고 있다(김창준, 2009). 먼저 Geertz의 발리의 닭싸움에 대한 심층 기술을 제시하고 닭싸움의 상징과 의미에 대한 Geertz의 다층적 논의를 제시하고자 한다.

> 닭싸움은 사방 약 1.5미터의 링에서 열린다. 대체로 늦은 오후쯤 시작해서 해질 때까지 서너 시간 동안 계속된다. 한 경기는 대략 아홉 개에서 열 개의 독립된 싸움으로 구성되어 한 경기가 끝나면 내기 돈이 지불되고 욕할 것은 욕하고 죽은 닭의 몸통을 가져가며 분위기가 정리되고 다음 경기가 준비된다. 출전할 수탉들에게 면도날처럼 날카롭고 강철 검처럼 뾰족한 10~13센티미터 정도 길이의 쇠발톱을 붙인다. 이 일은 정교한 일로서, 마을에서 여섯 명 정도의 소수의 남자만이 할 수 있다. 쇠발톱이 부착되면 닭들은 다루는 사람에 의해서 서로 마주 보는 상태로 링 중앙에 세워지고 물이 가득 찬 물통에 담아둔 코코넛이 가라앉는 데 소요되는 21초 동안 싸움이 진행된다. 때때로 닭이 싸우려 하지 않으면 닭을 쳐들거나 끌어당기면서 자극시켜 싸우게 한다. 가끔 닭이 전혀 싸우려 하지 않거나 도망을 갈 때에는 우리 속에 두 마리를 함께 가두어 두면 대개 닭들은 싸우게 된다.
>
> 대부분의 싸움에서 닭들은 곧 서로에게 날아들어 날개를 치고, 머리로 밀치며, 다리로 차는 등 동물적인 분노를 표출하는데, 이것은 거의 추상적인 플라톤의 증오의 개념이라고 할 정도로 순수하고 절대적이며 아름답기까지 하다. 몇 초 걸리지 않아 어느 한쪽 닭은 쇠발톱으로 심한 일격을 가해 상대방을 찍는다. 그러면 일격을 가한 닭의 주인은 즉시 자신의 닭을 집어 올려서 반격을 받지 않도록 하여 모두 죽는 것을 방지한다. 그런 다음 코코넛이 두 번 더 가라앉으면 싸움을 다시 시작해야 한다. 2분이 조금 넘는 이 시간 동안 상처 입은 닭의 주인은 마치 정신없이 얻어맞은 권투선수의 트레이너처럼 닭이 승리를 위한 마지막 필사적인 시도를 할 수 있게끔 최상의 상태를 유지하도록 정신없이 노력한다. 닭은 온통 피로 뒤범벅이 되어 있다. 주인은 닭의 부리를 불어주고, 자기 입에다가 닭의 머리를 집어넣고, 닭을 빨아주고 불어주고 깃털을 부풀려준다. 또한 약을 발라주는 등 닭에게 마지막 남은 정신력

이라도 일깨우기 위해 할 수 있는 모든 것을 하여 마지막까지 싸움을 계속하게 만든다. 최종 싸움에서는 대개 처음에 상처를 입힌 닭이 허약해진 상대를 죽이게 되지만 허약해진 닭이라도 걸을 수만 있다면 역전승을 할 수도 있다. 링 주변에는 관중들이 빽빽이 모여 거의 침묵으로 주시하고 닭의 움직임에 맞추어 자신의 몸을 움직이기도 하고 말없이 손동작으로만 챔피언 닭을 응원하기도 하고 어깨를 들썩거리고 머리를 돌리기도 한다. 닭싸움과 관련해 전해지는 문화적 규범은 야자수 잎에 쓰여져 그 마을의 일반적 규범과 문화적 전통의 일부로 전승되고 있다.

닭싸움의 역사적 맥락

'심층놀이'의 분석 대상은 발리 동남부의 한 농촌에서 성행하는 닭싸움이다. 발리 고전 시대에는 사회의 중심적 활동이었던 닭싸움이 조사가 행해진 1958년에는 정부에 의해 불법화되었다(아야베 쓰네오, 2009). 당시 과격한 민족주의가 흔히 주장하는 청교도주의적인 주장으로, 가난하고 무식한 농민들이 도박으로 돈을 모두 날리는 것과 국가 건설에 투입되어야 할 시간을 낭비하는 것이 우려되었다. 그래서 닭싸움은 '원시적', '후진적인', '진보에 위배되는' 것으로 간주되어 일반적으로 야심 있는 국민에게 어울리지 않는 것이었다. 경찰관들은 때때로 닭싸움 현장을 급습해서, 싸움닭과 쇠발톱을 몰수하고, 몇몇 사람들에게 벌금을 징수하였고 때로는 본보기로 몇 사람을 하루 종일 열대의 태양 아래 세워두는 벌을 주기도 하였다. 그래도 발리 사람들은 감시의 눈을 피해 닭싸움을 여전히 굉장한 빈도로 즐기고 있었다.

사회 구성원으로서의 연대감의 상징

Geertz 닭싸움이 발리 사회 질서의 유지에 공헌하는 사회적인 기능을 한다고 지적한다. 그는 닭싸움의 해석적 기능이 더욱 뚜렷하게 나타난다고 말하며 미시적으로 접근하여 발리의 닭싸움 문화에 대하여 분석을 집중한다. 우선, 그는 발리 사람들에게 핵심적 상징인 닭싸움과 닭싸움하기의 문화적 실천의 의미를 이해하기 위해서는 그 사회의 한 구성원으로 통합되어야 한다고 말한다. 그는 발리에서의 초기 현지조사에서 라포르를 형성하였던 경험을 상세하게 이야기한다. 발리 사람들에게 이방인이었던 그가 어느 날 닭싸움 현장에 있을 때 경찰이 들이닥쳤고 모두 도망을 쳤다. Geertz와 그의 아내는 인류학의 대원칙 "로마에 있을 땐 로마인들처럼 해라"에 따라 발리 사람들이 도망가는 대로 도망쳤다. 앞만 보고 달려가는 중 또 다른 도망자가 갑자기 어떤 집으로 들어가는 대로 따라 들어갔고, 경찰이 곧 들이닥쳤으나 그 집 주인이 놀라 자빠질 정도로 상세하고 설득력 있게 Geertz와 그의 아내를 변호해 주었다. 그러한 일이 있은 후 Geertz는 다음 날 아침부터 세상이 완전히 바뀌었고, 이제 Geertz 부부는 발리인들 모두에게 주목받는, 따뜻함과 관심 그리고 특히 즐거움과 흥미의 대상이 되었다. 특히 Geertz가 도망칠 때 경찰에게 방문자의 지위를 내세워 그 상황을 피하지 않았다는 것은 그들에게 연대감을 보여주는 것이 되어 한 마을 사람들의 동료가 되었다. 이와 같이 Geertz는 그 문화의 사람들과 통합됨으로써 그들이 행하는 닭싸움의 상징의 의미를 내부자적으로 바라볼 수 있었다고 말한다.

남성의 상징으로서의 닭

이 닭싸움에 등장하는 닭은 남성의 상징이라고 Geertz는 말한다(김창준, 2009). 이는 심리학 이론이나 다른 닭싸움과의 비교나 직관에 의해서가 아니라 그것이 발리 사람들에게는 명백한 사실이기 때문이다. 수탉을 가리키는 말로서 각종 남성에 대한 형용사가 사용되고 재판 및 분쟁이 닭싸움에 비유될 뿐만 아니라 남성들은 상당한 시간을 할애하여 자기 수탉을 정성껏 기른다. 발리 사람들은 모두 스스로 '수탉광'이라 자인한다. 이렇듯 닭은 자기도취적인 남성의 자아임과 동시에 수성(獸性)의 표현이다. 그러나 발리 사람들은 일상과 종교생활에서 이러한 수성에 대하여 극단적으로 증오한다. 그 때문에 아이들은 기어 다닐 수 없다. 사춘기에 행해지는 중요한 의식에는 그들의 치아가 동물의 이빨같이 보이지 않도록 치아를 줄로 가는 것이 포함되어 있다. 배설뿐만 아니라 먹는 것도 동물성과 연결되기 때문에 혐오스럽고 역겨운 행위로 여겨져 빠르고 비밀스럽게 행해야만 한다. 그래서 발리 사람들은 황소, 오리 같은 약간의 가축을 제외하고는 동물을 기피하고 수백 마리의 개를 냉대할 뿐만 아니라 겁날 정도로 잔인하게 다룬다.

자신을 닭과 동일시하는 것에 의해서 발리의 남성들은 이상적인 자아와 자신의 페니스를 동일시하는 것뿐만 아니라, 나아가서 그가 가장 무서워하고, 혐오하고, 동시에 매료당하는 존재인 '암흑의 힘'과도 동일시하게 된다. 닭 또는 닭싸움이 이런 '어둠의 힘'과 관련되어 있다는 점은 상당히 명백하다. 어떤 닭싸움이든지 우선적으로 피의 제물을 바치는 것을 의미하며, 적절한 낭송, 헌물과 함께 식인적인 굶주림을 진정시키기 위해서 악마에게 제공되는 피의 헌물인 것이다. 닭싸움에서는 인간과 짐승, 선과 악, 에고와 이드, 고무된 남성성이 발휘하는 창조적인 힘과 제어되지 않은 동물성의 파괴적인 힘이 혐오, 잔인성, 폭력, 죽음의 유혈 드라마 속으로 녹아든다. 항상 규칙대로 닭싸움에서 이긴 닭의 주인이 진 닭을 집에 가져가 먹으며, 그 승리자는 사회적 당혹감과 정신적 만족, 미적인 혐오감과 식인적인 쾌락 등의 혼재된 기분을 갖는다. 또는 중요한 싸움에서 진 남자는 때때로 가족 사원으로 가서 사원을 부수고 신을 욕하면서 사회적인 자살을 시도한다. 이러한 닭싸움이 모두 행해지고 나서야 비로소 사원에서 축제가 시작된다. 만약 그렇지 않으면 질병, 가뭄, 화산 폭발과 같은 자연재해가 일어나거나 누군가가 반드시 신이 들려서 화난 영혼의 목소리로 제대로 다시 하라고 명령을 할 것이라 믿는다.

'심층놀이'로서의 닭싸움

이러한 닭싸움은 집단이라고 부르기에는 구조가 충분하지 않고 군중이라고 부르기에는 어느 정도 갖추어진 그 어떤 것을 지칭하기 위해서 Erving Goffman이 표현한 '초점이 있는 모임'이라고 할 수 있다. 사람들은 하나의 공통된 활동에 빠져 있고 서로 연결되어 있으며, 이 모임은 반복되는 불연속적 과정이다. 그러나 이 모임은 하나의 명료한 형식으로서 아래와 같은 문화적 관심에 의해서 만들어진다. 이 관심은 모임의 초점을 명료하게 하며 연기자를 모으고 무대배경을 정돈하고 실제로 장면이 연출되도록 한다. 무엇보다도 Geertz는 닭싸움이 상징적 층위에서 발리 사람들에게 갖는 의미를 추적하여 그들이 여기서 분출하는 에너지의 의미 구조를 밝히려고 한다. 발리 사람들은 생계비에 견주어볼 때 과도한 금액을 내기에 걸어 매우 불합리한 도박을 한다. Bentham은 매우 비합리적이고 투기적 성격이 강한 놀이를 일컬어 '심층놀이'라는 개념을 사용한 바 있다. Geertz는 이 개념을 발리의 닭싸움에 대해 사용하면서 그 개념을 심층적 의미를 갖고 있는 놀이라는 뜻으로 사용하였다. 닭싸움은 비슷한 지위의 사람들끼리 또는 개인적인 적들 사이에서 이루어질수록 그리고 높은 지위에 있는 개인들 사이에서 이루어질수록 심층적인 의미를 가지게 된다. 즉, 닭과 인간의 동일시가 더욱 밀접해지고 더욱 강한 닭이 참가하고, 좀 더 정확하게 그것들이 시합을 한다. 열중하는 감정이 더욱 커지고 사람들은 놀이에 더욱 몰입하게 되며 놀이의 '경제적' 관점은 약화되고 '지위적' 관점은 더해지며 놀이를 하는 시민들을 '더욱 공고하게' 한다(Geertz, 1998: 482-532).

공적 자아의 상징으로서의 닭

Geertz가 닭싸움에서 주목하는 부분은 발리 사람들이 내기에 거는 돈은 경제적 의미보다는 '비물질적인 것에 대한 의미'라는 점이다. 발리 사람들에게 싸움의 승리와 패배에 따른 물질적인 이득과 손해가 중요하다기보다는, 닭싸움은 다른 상징적 층위에서의 대결을 의미하는 것이다. 내기에 참가하는 사람 또는 집단은 "닭이라는 상징적 매개체를 통해서 자신의 공적인 자아를 상징적이고 은유적으로" 세상에 드러내는 것이다. 닭싸움에서 사람들에게 실제로 중요한 것은 "명망, 명예, 품위, 존경, 한마디로 지위"이다(김창준, 2009). 이와 같이 Geertz는 닭싸움의 상징적 행위들에서 행위자들의 의미의 세계를 해석한다. 그런데 이러한 닭싸움이 마을과 친족 집단 간의 경쟁의식이나 적대감을 자극하고 일상생활에서 거의 일어나지 않는 개인과 집단 간 공격성을 표현하고 위험하고 위급한 상황이 전개되지만 결국 그것은 상징적인 '놀이'이다(Geertz, 1998: 517). 즉, 닭싸움은 발리인들의 중요한 상징적 행위로서 그들의 문화적 정체성을 강화한다. 이에 닭싸움은 그들의 문화를 이해하는 중요한 행위이자 이해의 통로라고 할 수 있다(Jacobson, 1991: 50).

나. 사회적 드라마: 사회적 변화와 재통합: Turner의 이론

'사회적 드라마(social drama)'는 Victor Turner가 의례적 상징이 사회적 과정에 미치는 영향으로 인해 역동적이며 지속성을 보이는 사회 질서의 동태적 특징을 설명하기 위한 핵심 개념이다. 이 개념은, 그가 1950년대 아프리카 지역의 은뎀부족 현지조사를 할 당시, 그 부족의 의례 과정과 사회 과정의 밀접한 관련성을 파악하고서 창출한 개념이다. "은뎀부 사회의 지역 집단 대부분이 상대적으로 일시적이고 불안정하지만 그것들이 구성되고 재편되는 조직의 원리는 영구적이었다." 따라서 사회는 역설적이게도 역동적이면서 동시에 사회에서 나타나는 지속성은 실로 변화의 현저한 측면이기도 하였다. 이에 따라 그는 사회적 변화와 동시에 지속성의 변증법을 설명할 수 있어야 하였다. 그는 당시 유행하던 기능주의적이고 구조주의적인 관점으로서는 그러한 역동적인 사회를 설명할 수 없었다. 은뎀부의 확대된 갈등을 분석하는 문제에 골몰해 있던 그는 요술사 산돔부의 의례의 과정에서 나타나는 갈등을 분석하면서 이러한 형태가 본질적으로 극적인 이야기와 같다는 것을 발견하였다. 그는 이를 '사회적 드라마'라는 개념으로 설명하였다. 즉, 사회적 드라마는 인간의 집단에서 발생하는 사소한 대립에서부터 사회적·정치적·종교적 갈등이나 국가 간에 발생하는 사건들의 구조와 해결 방식을 성명하기 위한 통찰을 제공한다(이기중, 김명준, 2007).

2) 사회적 드라마의 구조

Turner의 사회적 드라마의 이론에 따르면, 인간사의 모든 갈등이나 사건의 구조는 미학적인 드라마처럼 시작과 끝이 있다. 이는 아리스토텔레스가 비극 이론에서 제시한 드라마 형식과 그 맥락을 같이한다고 볼 수 있다. 아리스토텔레스가 모든 비극은 시작, 중간, 끝을 가지고 있다고 말하였듯이 사회적 드라마 또한 그러하다는 것이다. Turner에 따르면 사회적 드라마는 사회 안에서 하나의 사건이 발행하고 시간이 흐름에 따라 그 사건이 진행되고, 사회가 대처하는 방식과 과정을 관찰하면 일반적인 구조가 있다. Turner는 그러한 구조가 "전 세계적으로 일어나는 보편적인 사회문화 현상"(Turner, 1982: 35)이라고 규정하고 '위반(breach)', '위기(crisis)', '교정(redressive action)', '재통합(reintegration)' 또는 '분열(sepration)'의 네 단계(**<표 1-10>** 참조)로 설명하였다(Turner, 1982).

사회적 드라마의 첫 단계는 '위반'이다. 이 단계는 한 사회의 규범이 공공의 영역에서 위반됨으로써 시작된다. 그리고 그 위반은 사회적인 단위—가족, 기업, 사회 공동체, 국가 등—의 조화로운 관계를 위협하는 상황인 '위기'의 단계로 발전한다. '위기'의 기간 동안 사회적인 분열이 커지는 경향이 있으며, 분열이 점점 커져 공개적이거나 공적인 양상으로 확장되기도 한다. 세 번째 단계인 '교정' 과정은 사건이 초래한 사회 내의 위기 상황을 다루고 해결하는 과정, 즉 위기를 초래한 사회 내의 위기 상황을 다루고 해결하는 과정, 즉 사회적 분열을 해소하거나 치유하기 위한 행위이다. '교정' 과

〈표 1-10〉 Turner의 사회적 드라마의 구조와 특징

단계	현상	특징
1단계	위반	• 규범이 공공의 영역에서 위반됨, 사회적 드라마 시작
2단계	위기	• 위반이 공동체의 조화를 위협, 사회적 분열의 증폭
3단계	교정	• 위기 상황을 다루고 조정하는 과정 • 분열의 해소나 치유를 위한 행위
4단계	재통합/분열	• 재통합: 사회적 분열 요소의 해소 • 분열: 규범의 위해가 사회적으로 인정되거나 정당화됨

정에서는 위기를 초래한 사건을 해결하는 방식으로 정치적인 과정, 사법적인 과정, 의례적인 과정이 나타난다. 네 번째 단계는 갈등이나 사건의 원인이 되었던 요소, 즉 원래의 사회적 분열의 요소가 해소되어 분열된 사회 집단의 '재통합'이 이루어지거나, 이와 반대로 집단들 간의 '분열'을 사회적으로 인정하거나 정당화하는 것으로 끝날 수 있다. 이러한 사회적 드라마의 개념도는 **[그림 1-1]**과 같다(이기중, 김명준, 2007).

이러한 '사회적 드라마'라는 개념은 사회와 문화를 정적인 조직이 아니라 역동적인 과정으로 보게 하였으며, 사회 과정을 시작과 중간, 끝이 있는 통시적인 진행 형태를 지니는 하나의 서사 구조로 보게 하였다. Turner에 따르면, "사회적 드라마는 시작, 중간, 끝의 구조를 가지고 있고 다른 문화적인 장르에 이야기 소재를 제공한다는 의미에서 하나의 이야기(story)라고 볼 수 있으며, 시간의 흐름에 따라 단계적으로 진행되는 서사 구조가 내재되어 있다." 이런 점에서 Turner는 사회적 드라마를 '정치적인 서사'로 규정하고 "일반적으로 정치적인 행위와 사회적 과정의 형태"라고 보았다(이기중, 김명준, 2007).

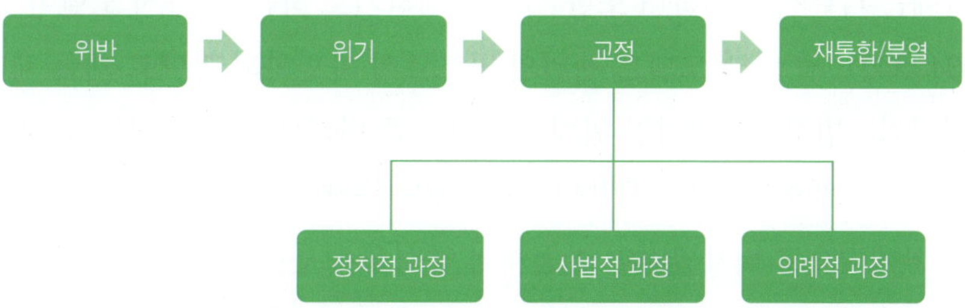

[그림 1-1] 사회적 드라마의 개념도

3) 사회적 드라마의 기능: 갈등과 분열의 해소 그리고 재통합

Turner는 사회적 드라마로서의 의례는 갈등과 분열을 해소하고 사태를 개선한다고 보았다. 그는 서구의 발전된 사회의 맥락에서 무엇이 그러한 의례의 사회적 역할을 대신하는지 탐구하려고 하였다. 이후 여러 번에 걸친 아프리카와 브라질 현지조사, 그리고 다른 지역의 역사적이고 비교문화적인 연구를 바탕으로 사회적 드라마가 "전 세계적으로 일어나는 보편적인 사회 문화 현상"이라고 결론 내렸다. 사회적 드라마는 가치관과 흥미를 공유하는 어느 집단에서나 나타나며, 모든 인간 사회에서 사람들이 경험하는 내용이며 방식이다(Moore, 2002: 335-340).

Turner는 은뎀부족의 의례의 과정이 그 사회의 변화와 갈등, 그리고 재통합 등의 메커니즘이 되고 있음을 검증하였다. 즉, 그는 의례의 과정이 곧 사회의 과정이고 의례적 행위가 곧 사회적 행위라고 보았으며, 의례의 과정을 이해함으로써 사회적 동태를 파악할 수 있다고 보았다. Turner는 단정적으로 드라마의 시각에서 모든 인간사의 갈등이나 사건들의 구조를 설명할 수 있다고 보고 이를 '사회적 드라마' 개념으로 설명하려 하였다(이기중, 김명준, 2007). 이러한 사회적 드라마로서 의례 과정에는 다음과 같은 특징과 구조가 있다. 그는 이 개념을 고대 그리스 연극에서 그 기원을 찾는다(안선희, 2004). 학문적인 용어를 빌리지 않아도 사회 안에서 특정한 사건이 발생하여 시간이 흐르면서 사회 내에서 그 사건에 대처하고 해결하는 방식을 관찰하면 드라마적이라는 것을 부인할 수 없다는 것이다.

4) 반구조 영역의 상호양식: 리미널리티와 코뮤니타스

리미널리티(liminality)와 코뮤니타스(communitas)는 Turner가 사회적 과정에서 위기와 교정이 일어나는 이행 단계에 주목하며 과도기가 지배적인 주제로 부각되는 사회생활의 특수한 국면을 이해하기 위한 개념이다. Turner에 따르면, 인간의 사회적 관계들에는 나란히 존재하며 또한 서로 교체하기도 하는 두 가지 모델이 있다(Barnard, 2004: 343). 첫 번째 모델은 지위의 구조로서 차별화되고 때로 계급 체계적으로 구성된 정치적·법적·경제적인 위치의 체계들을 나타내며, 다양한 종류의 가치평가가 존재한다. 두 번째 모델은 여기에도 저기에도 속해 있지 않으며 반구조화 또는 무구조화된, 상대적으로 비차별적인 공동체의 양식을 보인다. Turner는 이 두 번째 모델을 의례 반구조라고 표현하였다. 이러한 의례 반구조는 과도기적 기간으로서 정상적인 사회관계를 변화시키거나 일시 정지시키는 특성을 갖는다.

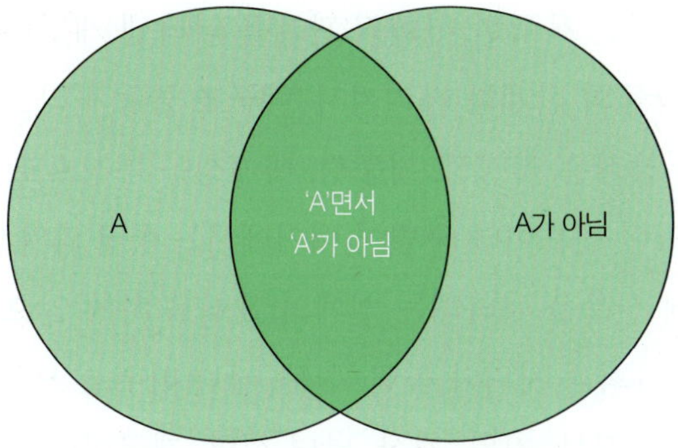

[그림 1-2] 'A'면서 'A'가 아닌 반구조 국면

Turner에게 의례란 사회 구조의 일상적인 요구들을 연기시키거나 그에 대해 느슨해짐을 통하여, 또한 가능한 대안적인 사회적 제도를 설립함으로써 사회적인 갈등을 일으킨다. 이런 의미에서 의례는 반구조에 존재하며 의례는 사회적 변화의 변증법에서 필수적인 역할을 수행한다. 이런 의미에서 의례 반구조는 사회 구조의 안티 체제이다. 의례와 사회 구조 사이의 관계는 본질적으로 변증법적인 대립 속에 존재한다. 그래서 사회 구조는 의례 반구조와의 관계에서만 그 동태를 이해할 수 있다(안선희, 2004). 의례 반구조의 과도기적 국면을 **[그림 1-2]**와 같이 표현할 수 있다.

이러한 의례 반구조 영역에서는 두 가지의 독특한 인간관계의 상호양식이 나타난다. Turner는 이를 리미널리티, 코뮤니타스라는 두 가지의 개념적 도구로 확장하여 사회적 동태의 모습을 구체화하였다. Turner는 이 두 가지 개념으로 모든 의례는 물론 사회적 과정에서 나타나는 과도기의 독특한 국면을 설명하려고 하였다.

첫째로, 리미널리티는 van Gennep의 통과 의례의 세 단계 중 두 번째 '분리' 단계에 해당하는 용어이다. 통과 의례란 인생에서 장소, 상태, 위치, 나이의 변화에 수반되는 과정이다. 이러한 리미널리티는 통상 일상적인 문화와 사회의 상태와, 어떤 상태를 형성하고 시간을 경과시키고 구조적인 지위를 정해 가는 과정 사이의 '중간적인 상태'로서 이것저것도 아닌 것을 그 특징으로 한다. 한마디로 리미널리티는 일상에서 벗어나 있는 상태에 머물러 있는 순간을 말한다(조기연, 2012). 이와 같이 모호하고 불확정적인 속성을 보이는 리미널리티에서 사회적 · 문화적 전환기를 의례화한 많은 사회에서 다채로운 상징에 의해 표현된다. 예를 들면 이 영역에서 나타나는 것들은 죽음, 또는 어머니의 자궁 내의 존재, 불가시성, 어둠, 양성성, 황무지, 태양과 달의 일식과 월식과 동일시된다.

둘째로, '코뮤니타스'는 의례 반구조의 또 하나의 매우 중요한 개념으로, 이것은 그러한 국면에서 나타나는 독특한 사회적 관계를 나타낸 개념이다. Turner는 코뮤니타스 상태에 있는 사람들의 관계를 가리켜서 '탈구조 공동체'라고 표현하였다. 탈구조 공동체의 상호관계의 양식은 익명성, 평등성, 애매성을 특징으로 한다. 익명성이란 기존 사회에서 가지고 있던 신분이나 구별이 여기에서는 통용되지 않는 것을 말한다. 그러므로 복장이나 몸에 신분을 나타내는 일체의 표식을 하지 않으며 모두 똑같은 옷을 입을 수도 있다. 이는 사회적 지위와 특권, 신분, 남녀 따위를 모두 내려놓는 것을 의미한다. 평등성이란 신분, 질서, 지위, 재산, 남녀 성별, 계급이나 조직 등을 초월하여 자유롭고 평등하다는 것을 말하며, 애매성은 사회적 규범이나 전통, 지위 등에서 그 어느 쪽에도 속하지 않는 애매한 위치를 의미한다.

Turner는 이러한 과도기적 단계에서 사회 동태를 가능하게 하는 집단적인 성찰이 이루어진다고 보았다. 이 단계는 구조적인 질서들과 다른 반구조적 국면으로서 사회적 관계를 새롭게 형성할 수 있는 가능성의 영역으로 나타난다. 이 단계에서 규범적인 측면의 사회 모습을 기준으로 사건이나 갈등의 이유와 해결 방식을 찾고 사회는 스스로 성찰하는 과정을 경험한다. Turner(1982)는 이를 '사회적 성찰성' 또는 '집단적 성찰성'이라고 하였고, 이는 사회가 공유하는 상징을 매개로 하여 한 사회의 집단이 위기에 처한 사회의 현황에 대해 검토하고 서술하고 이해하고 행동하는 방식들이라 하였다. 이러한 성찰성은 사회적 드라마의 처음 위기 단계부터 시작되지만 '교정' 단계에서 주로 나타난다. 사람들이 사회적 성찰성에 참여한다는 점에서 사회적 드라마를 '집단적인 자서전'으로 볼 수 있다(Victor & Turner, 1986). 당사자들은 이상적인 상태로 복원하기 위해 상징적인 장치를 활용하여 정화와 희생 행위의 에피소드를 포함하기도 하며 집단적인 성찰을 통해 사회의 성격에 대한 정의와 재정의의 과정을 겪는다(이기중, 김명준, 2007).

Turner는 이러한 성격을 설명하고자 언어학에서 차용한 유비 '접속법(가능태)', '직설법(현실태)'을 사용한다. 직설법이 일상적인 사회 구조를 지시한다면 접속법은 반구조 영역을 나타낸다. 직설법은 법률이나 정치, 가정사의 일상적인 영역을 통제하는 데 사용되는 반면, 가정법(may be, might be)은 실제적인 사실을 진술하기보다는 상상, 희망, 가정, 가능성 등을 나타내는 동사의 법이라고 설명하였다. Turner는 한마디로 사회적인 삶은 직설법과 가정법을 오간다고 말한다(이기중, 김명준, 2007). 따라서 이 단계는 사회 과정에서 나타나는 문화적인 틀로서 개인이나 사회가 유지되고 더 발전된 조직으로 나아가는 과정에서 나타나는 것으로 사회 과정의 특징은 변증법적 과정이라 볼 수 있다.

사회적 드라마의 예

'문화적 퍼포먼스'의 시각에서 본 '신-변 사건'

Turner가 주장한 것처럼 사회적 드라마는 모든 사회에 존재한다. 이 방법적 개념을 통해 우리는 그 사건의 상징적 의미와 가치를 성찰할 수 있다. 우리는 여기서 한국적 '사회적 드라마'에 대한 연구를 통해 그 예시를 제시하고자 한다. 이기중과 김명준(2007)은 십여 년 전 우리나라 사회에 큰 파장과 논란을 일으켰던 '신정아-변양균 사건'을 Turner의 사회적 드라마 이론으로 설명하였다. 이기중과 김명준은 신-변 사건의 위반, 위기, 교정, 재통합/분열의 진행 과정을 각 단계별로 설명하였다. 이 사건을 사회적 드라마로 간주할 때 그 흐름은 **<표 1-11>**과 같다.

위반은 사회적 드라마의 시작으로, 규범이 공공의 영역에서 위반됨으로써 사회적 드라마를 촉발한다. D대학의 교수 신 씨는 광주비엔날레 예술감독으로 위촉된 후 그녀의 박사학위가 위조되었다는 의혹이 제기되면서 드라마는 시작된다. 즉, 이 드라마에서 '위반'은 신 씨가 박사학위를 정당하게 취득하지 않았으면서도 거짓으로 취득한 것처럼 꾸민 것이다. 이후, 신 씨는 학사, 석사 학위도 위조하였다는 사실이 알려지면서 우리 사회에 큰 파장을 일으켰다.

이 사회적 드라마의 '위기'는 다양한 양상으로 전개되었다. 신 씨의 학위 의혹을 제기하여 해임된 B 승려는 학교, 재단의 비호가 없다면 임용이 불가능하다는 의문을 제기하였다. D대학은 신 씨의 임용을 취소하고 검찰 고발을 검토하였으며 이러한 입장은 광주비엔날레 또한 마찬가지였다. 신 씨는 미국으로 도피하였고, 그다음 날 광주비엔날레 이사진은 모두 사퇴하였다. 이어서 한국 사회의

<표 1-11> '신-변 사건'의 사회적 드라마 과정

위반		위기		교정		재통합
• 학력 위조 사건 발생 • 신 씨의 언행과 기만에 사회적 관심 집중	→	• 허위 학력 문제와 확산(학계, 종교계, 연예계 등) • 대통령 측근 변 씨의 등장과 정치적 이슈로 발전	→	• 한국 사회의 병폐에 대한 언론과 미디어 논쟁 • 신 씨, 변 씨에 대한 사법 절차 시작 • 종교계의 자성	→	• 드라마의 세부적 스토리가 드러남 • 이 드라마로부터의 관심 멀어짐 • 일상으로의 복귀

학위 위조 사건은 사회 전반적으로 증폭되어 '가짜 학력 사건'으로 발전되었다. '가짜 영어 신데렐라' 이 씨, 만화가 이 씨, 영화감독 심 씨, 건축가 이 씨 등의 학력이 모두 허위라는 사실이 밝혀지며 이 위반의 범위가 정도가 심각하다는 인식이 커져갔다. 이에 다양한 사회 분야의 인사들의 허위 학력이 밝혀지고 자백도 이어지며 신 씨와 유사한 예들이 수없이 터져 나왔다. 이후 신 씨를 옹호하고 인사들을 회유하려 하였다는 변 씨까지 등장하게 된다.

신 씨가 귀국하여 검찰 조사를 받게 되면서 이 드라마는 '교정'의 단계에 접어들었다. 신 씨를 조사하는 과정에서 검찰을 변 씨를 소환하지만 압수수색 영장이 기각되면서 '교정'은 어려움을 겪는다. 이 사법적 교정 단계에서 수많은 관련 사건과 비리, 유착의 의혹이 드러나고 밝혀지게 된다. 이 과정을 보면 교정 단계에서 위기가 더욱 증폭되는 현상이 나타났다고 볼 수 있다. 사법적 교정이 진행되면서 구체적인 위법이 밝혀졌다. D대학은 신 씨의 사건을 계기로 성찰의 기회로 삼겠다고 밝혔으며, 신 씨와 변 씨가 구속 수감되면서 사건은 일단락된다. D대학 이사장은 도의적 책임을 지고 물러나고 조계종은 대대적인 '참회'의 행사를 가지며 사회의 여러 부분에서 성찰의 노력을 보였다. 이후 한 방송국에서 이 사건을 다룬 드라마가 방영되었지만 기대와 달리 시청자의 반응은 크지 않았다. 이는 사회적 드라마의 과정으로 볼 때 대중의 관심이 이 사건에서 멀어지며 일상으로 돌아간다는 것을 보여준다. 이 사건은 '권력형 비리'로서 사법적 판단이 내려지고 '사회적 드라마로서의 신-변 사건'은 막을 내리게 된다.

'신-변 사건' 사회적 드라마 연구의 방법적 특징

연구자들은 사회적 성찰과 교정의 과정을 '문화적 퍼포먼스'로 간주하고, 대중 매체, 인터넷에서 이 사회적 드라마가 어떻게 등장하고 발전하며 마무리되는지 탐구하였다. 이에 이 연구 대부분의 '연구 자료'는 신문, 인터넷 댓글과 블로그 포스팅, 사법적 과정에서 생산된 문서들을 활용하였다. 연구자들은 사회적 성찰이 '문화적 퍼포먼스'로서 어떻게 전개되는지에 관심을 두었다. 특히 이들은 미디어와 인터넷의 사회적 교정 역할에 주목하였으며, 이 드라마의 과정에서 가장 핵심적인 역할을 하였다고 보았다. 연구자들은 문화적 퍼포먼스 관점에서 이 사건의 사회적 교정 과정을 **<표 1-12>**와 같이 정리하였다(이기중, 김명준, 2007).

〈표 1-12〉 '신-변 사건'의 사회적 교정 요소와 역할

사회적 교정			
정치적	사법적	현대 사회의 의례(문화적 퍼포먼스)	
		미디어	네티즌
• '신-변 사건'의 특검 논의 • 정치적 공방: 대통령 측근 비리로 규정	• 검찰 개입 • 사법적 절차 진행	• 신문과 방송의 보도와 해설 • 지나친 상업적 선정적 문제 등장(누드사진) • TV 드라마 등장	• 댓글과 블로그에 의사와 비판 개진 • 언론의 선정성 비판 • 다양한 패러디로 사회 비판 역할

다. 일상적이고 평범함의 상징: Douglas의 이론

Turner가 '사회적 드라마'와 같이 사회에 파장과 반향을 일으키는 사건에 주목하여 이론을 발전시켰다면, Douglas는 음식과 같은 지극히 일상적인 문화적 요소를 탐구하여 그 상징적 의미를 밝히는 이론을 구축한 영국 문화인류학의 전통을 이끌어 온 문화이론가이며 상징인류학의 대표적 학자이다(유제분, 1996). Douglas는 옥스퍼드 대학교에서 1951년에 박사 학위를 받았다. 초기 아프리카에 대한 현장 답사를 통해 『니아사 호수 지방의 인종들』(1950), 『카사이의 레레족』(1963) 등을 저술하였다. 이후 Douglas는 광범위한 이론과 분석의 문제에 관심을 기울이는데, 『순수와 위험: 오염과 금기 개념의 분석(*Purity and Danger: An Analysis for the Concepts of Pollution and Taboo*)』(2003)은 문화에 대한 "과감한 상상력과 신성한 통찰력을 지닌 저서로서 사회과학 분야에 알려졌다"(유제분, 1996: 48). 영국 문화인류학의 전통을 이어받아 원시 종족의 제의, 상징적 일탈, 사회의 경계, 비교 우주론 등에 관한 통찰을 전개하였다. 유제분은 Douglas 연구의 특징을 다음과 같이 설명한다.

> Douglas는 문화를 추상 개념으로 공식화시키려 하지 않는다는 것이다. 가치나 세계관에 대한 추상 개념에 매달리는 통상 문화인류학자들과 달리, 그녀는 문화를 근본적으로 일상의 관점에서 접근한다. 다시 말해서, 언어, 제의, 음식, 깨끗한 것과 불결한 것에 대한 관점, 그리고 사람들이 자신의 육체를 다루는 방식 등과 같이 일상에서 관찰할 수 있는 구조들이나 일상적인 사물들이 그 대상이다(유제분, 1996: 49).

Douglas의 방대한 학술적 기여와 색채를 간략히 정리하긴 어려우나 이 책의 목적을 고려하여 일상적인 상징에 대한 문화 연구 이론으로서 Douglas의 핵심 개념들을 살펴보고자 한다. 그 핵심적 개념으로 오염, 상징, 사회 도덕 질서, 제의와 상징, 그룹과 그리드의 분류 체계를 살펴보겠다.

1) '오염'과 사회 질서

Douglas는 순수와 불결이라는 오염에 대한 종교적 · 이원론적 사고에 대한 의문에서 시작하여 상징과 문화의 체계를 논의하였다. 그녀는 '종교적 오염'을 인간 문화의 특성으로 보고 순수와 불경의 개념은 총체적인 인지 구조 안에서 이해되어야 한다고 보았다. 이후에 소개할 Douglas 연구의 예에서 보여주듯이 Douglas는 아프리카의 여러 원시 부족과 문화의 오염 신앙 그리고 오염 규율이 그 사회의 상징체계를 표현한다고 주장하였다. 또한 현대의 '문명화된' 사회에서의 오염에 대한 관념 또한 단순히 위생학적인 관점에서만 기인한 것이 아니라 그 사회의 모든 복잡한 상징체계와 연결된다고 주장하였다.

Douglas에 따르면 한 사회의 순수와 불결에 대한 관념을 이해하는 것은 그 사회의 가장 본질적인 도적적 기준과 질서를 이해하는 시작이다. 즉, 무엇이 불결하고, 무엇이 오물인지를 분류하는 것, 불결한 것과 오물을 정화하거나 정리하는 행위를 통해 사회 현실의 구조뿐만 아니라 구성원의 도덕적 기준 또한 강화된다. 한 사회의 정돈과 순수의 기준에 벗어날 때 구성원은 정화하거나 정리할 의무를 느끼게 되며, 이 과정을 통해서 그 사회의 도덕적 기준이 강화되는 것이다. 사람들이 계절이 바뀌면 대청소를 하거나 옷의 먼지를 털어내는 행위도 이러한 맥락에서 이해될 수 있다.

오염, 순수, 불결에 대한 한 사회의 관점은 그 사회 내의 질서를 유지하기도 하지만 무질서를 가능하게 한다. 다시 말해, 그러한 기준, 규율, 경계, 범주가 만들어지면 그 경계 밖에 존재하는 행위나 현상은 이상한 것, 정상적이지 않은 것으로 분류되기 때문이다. 이러한 경계를 만들어낸다는 점에서 오염과 범죄는 유사한 점을 띠고 있다. 오염은 순수함과 청결함의 기준을 벗어나는 것이며, 범죄는 규정적인 법 질서를 벗어나는 행위이다. 오염이 있을 경우 청소를 하듯이 범죄에는 처벌이 가해진다.

이러한 관점은 한 사회의 정상과 비정상, 순수와 오염, 합법과 불법을 규정하는 기준에 의해 '오염된 장소', '불결한 사람', '범죄자'가 만들어진다. Douglas에 따르면 사람들이 법을 어긴다기보다 법이 사람들을 깨끗하지 못한 자, 일탈자나 전복자, 또는 반체제적 인물로 규정한다는 것이다. 현대 우리나라 사법 역사를 보면 더욱 이해가 쉬울 것이다. Douglas는 자신의 오염 이론을 종교적 관점에서, 사법적 관점에서, 그리고 신체적 관점에서 논의하였다.

2) 제의와 문화

순수와 오염에 대한 논의를 거치며 Douglas의 이론은 '제의'에 대한 논의로 이어진다. Douglas는 제의를 "하위 사회와 상위 문화 사이의 중개자의 역할을 하는 의사소통의 한 형태이자 문화의 전수자"(Douglas, 1970: 42)로 규정하였다. Douglas에 따르면, 다양한 제의는 한 사회의 문화적 정보와 기준을 전달하고 소통하는 일종의 언어이며 집단 감정을 강화한다. 이러한 점에서 Douglas는 언어을 사용하는 것, 식사를 하는 것, 음악을 연주하거나 노래를 부르는 것 모두 제의에 해당한다고 지적한다.

먼저 언어적 제의를 살펴보자. Douglas는 언어적 제의는 사회적 공동의 가치와 관계를 재생시키는 것으로 간주하였다. 이 언어적 제의는 집단의 연대와 결속의 정도에 따라 그 다양성과 정교함이 달라진다. 즉, 집단의 연대나 응집성이 높으면 언어 기호 체계는 제한되고 단순하며, 집단의 연대나 공동성이 낮으면 언어 기초는 더욱 복잡하고 정교할 것이라는 것이다. 언어와 같은 기호는 집단의 연대감이나 공동성의 정도에 따라 복잡하게 또는 단순하거나 제한된 형태로 움직일 것이다. Douglas는 언어적 측면과 마찬가지로 음악, 예술, 음식 등의 '언어'도 해독할 수 있다고 주장하였으며, 실제로 자신의 연구에서 그 예시들을 제시하고 있다.

3) 그룹과 그리드

Douglas는 모든 사회적 상황이나 개인의 사회적 관계의 네 가지 범주를 '그룹과 그리드'로 설명한다. 즉, 한 사회의 개인이 사회 활동을 하는 모습들은 그룹과 그리드라는 사회성의 개념으로 설명될 수 있다고 주장한다. 먼저 '그룹'과 '그리드'에 대한 Douglas의 이해를 살펴보자. 먼저 '그룹'은 개인이 속한 사회적 구성 단위(집단, 모임, 가족, 회사, 동호회)에 통합된 정도를 말한다. 통합이 강하면 개인의 선택이나 행위는 그 그룹의 결정에 달려 있으며, 통합의 정도가 약하면 그 그룹 안으로 들어가는 것에 대한 통제가 심해진다. 예를 들어, 같은 아파트에 살고, 같은 직장 사무실에 일하며, 함께 취미생활을 한다면, 그 개인은 그 그룹에서 높은 등급으로 매겨질 것이다. '그리드'는 개인의 삶이 외적으로, 사회적으로, 규범적으로 부과된 기준과 규칙에 따라 영향을 받는 정도를 의미한다. 규범이 강하여 구속력이 높을수록 개인이 협상하거나 그들의 언행의 다양성이 적어진다. 이는 Durkheim이 이야기한 사회적 규범과 같은 맥락으로 이해될 수 있다. 반대로 약한 그리드에서 개인은 타인과 그들의 관계를 협상하고 재조정할 여지가 많아진다. 즉, 사회와 사회 집단의 통제 양식과 그 구속력의 정도가 그룹-그리드 분석의 핵심적 요소가 된다.

일상적/평범한 상징 탐구의 예

Mary Douglas의 『순수와 위험』

Douglas(1921~2007)는 『순수와 위험』에서 일상적이고 평범하지만 믿기 어려울 정도로 복잡한 대상인 오물(dirt)에서 현대인들의 의미체계를 밝혀내는 연구를 시작한다(Barnard, 2004: 361). Douglas는 높은 수준의 진실이라든지 깊이 있는 의미들을 발견하려는 Lévi-Strauss의 구조주의와 달리 사회적 상황 그 자체에 충분하게 빠져드는 것이 이를 위한 더 나은 접근법이라고 생각하였다. Douglas는 일상생활에서 관찰 가능한 문화적 산물들, 즉 상품이나 깨끗함과 더러움, 사람들이 자기 몸을 다루는 방식, 환경의 오염, 의례로서의 언어와 식사 등에 연구의 중심을 두었다. 그는 하나의 사물은 종종 전체 사회체계를 담고 있다고 보았다. Marx는 일상생활의 실재인 상품을 분석하며 자본주의 생산양식을 탐구하였고, Durkheim은 오스트레일리아의 토템이 바로 전체 사회체계를 담고 있는 사물이라고 보았다. 상품과 토템은 겉으로 보기에는 아무 의미가 없어 보이고 단순하고 명백한 일상적인 것이지만, 각각 자본주의 생산체계와 종교생활의 기본 형태를 이해하는 중요한 열쇠가 된다.

Douglas는 이러한 연구 방법에 따라 일상적이고 평범한 사물에서 "왜 그 더러움은 깨끗해져야 하는가?"를 논하며 그것을 위생학적 차원 못지않은 사회 질서의 문제로 보았다. "절대적인 오물이란 없다. (……) 질병에 걸릴지 모른다는 생각만으로는 부정(不淨)을 청결하게 하거나 기피하는 우리의 행동을 설명하지 못한다. 부정은 질서에 반대하여 감정을 상하게 한다. 따라서 오물을 배제하는 것은, 소극적인 행위가 아니라 환경을 조직하는 적극적인 노력이다"(Douglas, 1970: 23). 더 나아가 한 사회가 정기적으로 기본적인 사회관계와 집합의식을 재

확인하는 방법을 이해하여 원시사회에서와 마찬가지로 근대사회가 유지되고 재생하기 위한 종교적 의례를 행하고 있음을 증명하려고 하였다. Douglas의 입장에서는 사회생활이 존재하는 한 의례와 종교, 신화, 집합 표상, 제전, 의식은 현대사회에서도 존재한다(Wuthnow, 2003: 139).

Douglas는 왜 식탁 위에 있는 신발은 더럽고 현관 바닥에 놓인 신발은 더럽지 않은 것인지를 주의 깊게 살펴보며 '더러움'이라는 반응을 이끌어내는 것은 신발이라는 사물 그 자체가 아니라 그것들의 위치가 문제임을 곧 알게 되었다. 이런 관점에서 더러움은 상대적인 것이며, 더러움은 순수함과 확실하게 연결되어 분류체계 내의 사물의 위치로서 결정된다. 더러움과 순수함의 상징은 무엇이 옳고 그름을 판단하는 도덕적으로 구성된 실체이다. Peter L. Berger가 말하였듯이 우리는 '상징 세계'라고 명명한 곳에 살고 있다. 가장 사실적인 사회적 실재는 경험을 의미 있게 조직하는 범주, 분류, 유형, 정의 등으로 사물들이 명명되고 조직화된 것으로서 도덕적 의미가 주입되어 있다. 음식 부스러기가 접시 위에 있을 때는 깨끗하고 식탁 위에 있을 때는 더럽다는 것이 아니라, 그것은 접시 위에 있어야만 하고 식탁 위에 있어서는 안 되는 것이다. 현실에는 어떤 것이 제대로 분류되었는지 그렇지 않은지, 그리고 어떤 것이 옳은지 그른지에 대한 질문을 가능하게 하는 도덕적 차원이 존재한다.

Douglas는 이 이론을 가장 잘 보여주는 저명한 사례로 구약성경의 「레위기」에서 시작된 유대인들의 섭생 금지법을 주목하고 있다. Douglas는 유대인들이 먹을 수 없는 낙타, 산토끼, 카멜레온, 돼지를 비롯해 명백히 우연적인 음식 목록이 결코 우연한 것이 아님을 보여주었다. 오히려 그 음식들은 먹을 수 있는 음식과 먹을 수 없는 음식을 분류하기 위해서 사용되었던 몇 가지 단순한 규칙에 맞지 않는 음식들이었다. 그들이 먹을 수 없는 동물들은 자연을 분류하는 더 넓은 도식을 위반한 것이었다. 그것들은 "그들 종에 있어서 불완전한 구성원들이었다"(Dogulas, 1970: 55). 예를 들어 돼지는 발굽이 갈라진 동물이라는 더 넓은 범주에 완전히 적합하지 않은 것이었다. 먹을 수 있는 동물인 영양, 염소, 양과 달리 돼지는 풀을 뜯을 수가 없었다. 따라서 예외적으로 그것은 불순한 것으로 인식되었고 먹을 수 없는 동물로 간주되었다(Smith, 2008). 따라서 더러움은 단지 위생에 대한 것이 아니라 종교적이고 도덕적인 분류체계에서의 상징이다.

Douglas는 현대사회에서 오염에 대해 가지고 있는 두려움의 정도는 원시시대에서의 마술과 종교의례에 대한 것만큼 크다고 보았다. 원시시대 사람들은 정결의식에 따라 망령을 물리치지만 현대사회는 병균을 죽인다. 오염에 대한 두려움은 분류체계에서 위치한 것으로서 도덕적 일탈에 대한 두려움과 비슷하다. 그런데 Durkheim에 따르면, 종교의례가 성과 속의 이항성에 기초하여 분류체계에 따라 의례로서 질서를 강화하듯이, 사회는 도덕적인 질서를 종교의례와 동일한 방식으로 회복한다. 더러움이 질서와 분류의 부산물이라면 그리고 사회가 규칙과 범주의 원천이라면, 더러움은 일탈이나 범죄처럼 사회생활의 매우 정상적인 부분이다. 질서가 존재할 때 무질서가 가능하듯이 도덕적인 분류체계는 서로 교차되면서 이항적인 대립성을 보인다. 더러움은 분류체계 내에서 정상적인 것이며 도덕적 질서를 유지하는 기능적인 대립물이다. 사물들이 제자리에서 벗어날 때 규범적이고 합법적인 질서는 도전받게 되고 사회는 청소하기, 사물을 제자리에 놓기 또는 범죄 처벌하기 등의 방법으로 도덕적 질서를 회복하고 강화한다. 우리는 종종 범죄를 청소한다고 표현한다. 심지어 사회는 단지 사람들을 도덕질서의 위반자로서 희생양이라든지 마녀 재판으로 상상의 적과 일탈자를 창조하여 의례적으로 처벌함으로써 도덕 질서를 회복한다. 흥분한 사회는 아무 짓도 하지 않는 사람들을 처벌하거나 박해한다. 즉, 사회는 의례적으로 적합한 적을 상상해 냄으로써 도덕심을 고양시킨다.

이러한 고찰을 통하여 Douglas는 "더러움은 고립된 현상이 아니며, 체계적인 질서와의 연관 속에서 생겨난다"라고 단언하였다. 즉, 더러움은 신성의 정반대 쪽에서 체계를 창조하고 유지하는 것이다. 그것은 또한 애매한 것에서 더러운 것이 분리되는 과정이, 반대쪽에 있는 순수한 것이 확립되는 과정과 표리일체의 관계에 있다는 것을 의미한다. 만약 그렇다면 사회는 분류체계를 바탕으로 구성된 문화적 구조이자 실천으로서 고정적이고 정태적인 것이 아니라, 부단히 순수함과 더러움을 만들어내면서 성립하는 동태적인 것이라 생각할 수 있다(아야베 쓰네오, 2009: 345).

6. 요약

이 책의 제1장 '문화기술지'는 후속 장들의 공부에서 가장 기본적이고 핵심적인 내용에 해당한다. 이에 독자들을 위하여 방대한 기존의 연구들을 정리하고자 노력하였다. 초창기에는 인류학의 방법론이었던 문화기술지는 사회학에서 활용되다가 모든 학문과 연구 영역의 주요한 연구 방법으로 확산되었다. 즉, 문화기술지는 단순히 인류학의 방법이 아닌 사회과학 연구의 주요한 탐구 방법이다. 이에 질적연구자가 되고자 하는 연구자들은 질적연구의 원형이라고 할 수 있는 문화기술지의 초기 형태의 연구들이 무엇이고 총체적 접근과 해석적/상징적 접근의 기본적인 개념과 이론에 익숙해질 필요가 있다. 나아가 이 장에서 소개한 인간과 문화 탐구의 중요한 연구 개념들(현장 작업, 내부자적 관점, 심층기술, 문화, 삶의 이해 등) 모두 질적연구자가 되기 위하여 요구되는 중요한 연구 기술 또는 태도에 대한 지식과 깊게 관련되어 있다. 이에 이 장은 질적연구의 기초 지식을 섭렵할 수 있다는 점에 그 중요성이 있다. 이 장에서 소개한 다양한 접근과 이론 그리고 대표적 질적연구 작품들에 대한 이해는 이후의 장에서 다룰 다양한 질적연구 방법론에 대한 기본적 지식임을 명심할 필요가 있다.

7. 참고문헌

가모우 마사오, 구본인 역(1995). **문화인류학 이론의 역사와 전개**. 대구: 파란나라.

김광억(1998). **문화의 다학문적 접근**. 서울: 서울대학교출판부.

김영천(2013). **질적연구 방법론 II: Methods**. 파주: 아카데미프레스.

김용환(2004). **말리노프스키의 문화인류학**. 파주: 살림.

김창준(2009). 텍스트로서의 문화: 기어츠의 해석인류학에 대한 소고. **한국브레이트학회**, **21**, 257-278.

김필성, 김영천(2015). 문화기술지 연구에서의 영역 분석. **질적탐구**, **1**(1), 99-122.

박현정(2010). 생태문학과 문화생태학: 문학의 문화생태학적 담론. **독일어문학**, **51**, 89-114.

아야베 쓰네오 엮음, 유명기 역(2009). **문화인류학의 20가지 이론**. 서울: 일조각.

안선희(2004). 빅터 터너(Victor Turner)의 의례이론의 예배 연구에의 적용: 사회극이론과 예배갱신의 사회문화적 함의를 중심으로. **한국기독교신학논총**, **32**, 253-274.

유제분(1996). 메리 더글라스의 오염론과 문화 이론. **현상과 인식**, **20**(3), 47-63

윤여각(1999). 교육인류학에서의 문화 연구. **한국교육인류학회**, **2**(1), 63-89.

이광규(1991). **문화와 인성**. 서울: 일조각.

이기중, 김명준(2007). 빅터 터너의 "사회적 드라마" 이론으로 본 "신정아-변양균 사건". **사회과학연구**, **16**(1), 388-425.

이용숙(2010). 마케팅 연구에서의 문화인류학적 접근의 활용. **한국마케팅저널**, **11**(4), 129-138.

이정선(1998). 초등교육 연구 방법으로서 문화기술적 연구: 방법과 시사점. **한국초등교육학회**, **12**(1), 101-116.

전경수(1999). **문화의 이해**. 서울: 일지사.

조기연(2012). 빅터 터너의 의례이론에 비추어 본 현대예배. **한국기독교신학논총**, **83**, 251-274.

쿠슈, 드니, 이은령 역(2009). **사회과학에서의 문화 개념: 사회학과 인류학을 중심으로**. 파주: 한울.

한상복, 이문웅, 김광억(1998). 문화의 개념. **문화인류학개론**, 63-84.

한상복, 이문웅, 김광억(2011). **문화인류학**. 서울: 서울대학교출판문화원.

Barnard, W. M. (2004). Parent involvement in elementary school and educational attainment. *Children and Youth Services Review*, *26*(1), 39-62.

Basden, A. (1983). On the application of expert systems. *International Journal of Man-Machine Studies*, *19*(5), 461-477.

Benedict, R. (2019). *Patterns of culture*. NY: Routledge.

Bennett, J. (1999). The dream and the reality: tourism in Kuna Yala. *Cultural Survival*, *23*, 33-35.

Bernard, H. R. (2000). *Social Research Methods: Qualitative and Quantitative Approaches*. Thousand Oaks, California: Sage Publications, Inc.

Boas, F. (1962). *Anthropology and Modern Life*. New York: Norton.

Brewer, J. (2000). *Ethnography*. Buckingham, UK: Open University Press.

Brown, J. D. (1986). Evaluations of self and others: Self-enhancement biases in social judgments. *Social Cognition*, *4*(4), 353-376.

Cavan, R. S. (1928). Research projects in religious education. *Religious Education*, *23*, 376-387.

Cunningham, K. (1997). Ethnography. In Thomas Green (Ed.), *Folklore: An encyclopedia of beliefs, customs, tales, music and art* (pp. 247-249). Santa Barbara & California: ABC-CLIO Inc.

Deegan, M. J. (2001). The Chicago School of Ethnography. In P. Atkinson et al. (Eds.), *Handbook of ethnography* (pp. 11-25). SAGE.

Douglas, M. (1970). *Natural Symbols: Explorations in Cosmology*. New York: Vintage.

Douglas, M. (2003). *Purity and danger: An analysis of concepts of pollution and taboo*. Routledge.

Faris, R. E. L. (1967). *Chicago Sociology, 1920-1932*. San Francisco, CA: Chandler.

Fenton, W. N. (2003). Lafitau, Joseph-François. *Dictionary of Canadian Biography*. University of Toronto/Université Laval. http://www.biographi.ca/en/bio/lafitau_joseph_francois_3E.html.

Fenton, W. N. & Moore, E. L. (1969). J.-F. Lafitau (1681-1746), precursor of scientific anthropology. *Southwestern Journal of Anthropology*, *25*(2), 173-187.

Fine, G. A. (Ed.) (1995). *A Second Chicago School?* Chicago: University of Chicago Press.

Frake, C. (1962). Cultural Ecology and Ethnography. *American Anthrololgist*, *64*(1), 53-59.

Geertz, C. (1973). *The interpretation of cultures* (Vol. 5019). Basic books.

Geertz, C. (1976). *The religion of Java*. IL: University of Chicago Press.

Geertz, C. (1988). *Works and lives: The anthropologist as author*. Stanford University Press.

Geertz, C. (1998). The world in pieces: Culture and politics at the end of the century. *Focaal: Tijdschrift voor Antropologie*, *32*, 91-117.

Goodenough, W. H. (1957). Oceania and the problem of controls in the study of cultural and human evolution. *The Journal of the Polynesian Society*, *66*(2), 146-155.

Goodenough, W. H. (1961). Migrations implied by relationships of New Britain dialects to Central Pacific languages. *The Journal of the Polynesian Society*, 112-126.

Goodenough, W. H. (1999). Outline of a framework for a theory of cultural evolution. *Cross-Cultural Research*, *33*(1), 84-107.

Hammersley, M. (2018). What is ethnography? Can it survive? Should it? *Ethnography and Education*, *13*(1), 1-17.

Hammersley, M. & Atkinson, P. A. (1995). *Ethnography: Principles in Practice*. London: Routledge.

Harris, M. (1974). *Cows, Pigs, Wars, and Witches: The Riddles of Culture*. New York: Ran dom House.

Harris, M. (2001). *Cultural materialism: The struggle for a science of culture*. New York: Altamira Press.

Henry, J., Nadel, S. F., Caudill, W., Honigmann, J. J., Spiro, M. E., Fiske, D. W., Spindler, G., & Hallowell, A. I. (1955). Symposium: Projective testing in ethnography. *American Anthropologist*, *57*(2), 245-270.

Hobbs, D. (2006). Ethnography. In V. Jupp (Ed.), *The SAGE dictionary of social research methods* (pp. 101-102). London: SAGE.

Hymes, D. (1964). Introduction: Toward ethnographies of communication. *American Anthropologist*, *66*(6), Part II: The Ethnography of Communication, pp. 1-34.

Jacobson, D. (1991). *Reading ethnography*. Albany: State University of New York Press.

Johnson, C. S. (1934). *Shadow of the plantation*. Chicago, IL: University of Chicago Press.

Kluckhohn, C. (1946). Personality formation among the Navaho Indians. *Sociometry*, *9*(2/3), 128-132.

Kroeber, A. L. (1948). White's view of culture. *American Anthropologist*, *50*(3), 405-415.

Kuper, A. (2003). What really happened to kinship and kinship studies. *Journal of Cognition and Culture*, *3*(4), 329-335.

Lafitau, F. J. F. (2013). *Customs of the American Indians Compared with the Customs of Primitive Times* (volume II). Champlain Society.

Lavenda, R. H. & Schultz, E. A. (2010). *Core concepts in cultural anthropology*. McGraw-Hill.

Linton, R. (1940). *Acculturation in Seven American Indian Tribes*. New York: Appleton-Century-Crofts.

Lutz, F. W. (1981). Ethnography: The holistic approach to understanding schooling. In J. L. Green. & Y. C. Wallat (Eds.), *Ethnography and language in educational settings* (pp. 51-63). Norwood, NJ: Ablex.

Malinowski, B. (1922/1984). *Argonauts of the Western Pacific: An account of native enterprise and adventure in the archipelagoes of Melanesian New Guinea*. Prospect Heights, IL: Waveland Press.

McCall, J. C. (2000). *Dancing histories: Heuristic ethnography with the Ohafia Igbo*. University of Michigan Press.

Mead, M. (1951). *The school in American culture*. Harvard University Press.

Mitchell, J. (2007). Ethnography. In W. Outhwaite & S. Turner (Eds.), *Sage Handbook of Social Science Methodology*. London: Sage.

Moore, D. (2002). Ethnography and the Australian drug field: emaciation, appropriation and multidisciplinary myopia. *International Journal of Drug Policy*, *13*(4), 271-284.

Okpoko P. U. & Ezeh P.-J. (2005). *Methods in Quantitative Research*. Nsukka: Great AP Express Publishers Limited.

Prus, R. C. (1996). *Symbolic Interaction and Ethnographic Research: Intersubjectivity and the Study of Human Lived Experience*. Albany, NY: State University of New York Press.

Prus, R. & Burk, M. (2010). Ethnographic trailblazers: Herodotus, Thucydides, and Xenophon. *Qualitative Sociology Review*, *6*(3), 3-28.

Radcliffe-Brown, A. R. (1931). The social organization of Australian tribes: Part III. *Oceania*, *1*(4), 426-456.

Radcliffe-Brown, A. R. (1952). *Structure and function in primitive society: Essays and addresses*. Glencoe, IL: Free Press.

Radcliffe-Brown, A. R. (2013). *The andaman islanders*. Cambridge University Press.

Rappaport, R. A. (2000). *Pigs for the ancestors: Ritual in the ecology of a New Guinea people*. Waveland Press.

Reckless, W. C. (1933). *Vice in Chicago*. Montclair.NJ: Patterson Smith Publishing.

Ryan, G. S. (2017). An introduction to the origins, history and principles of ethnography. *Nurse Researcher*, *24*(4) pp. 15-21.

Sanjek, R. (1996). Ethnography. In A. Barnard & J. Spencer (Eds.), *Encyclopedia of social and Cultural Anthropology* (pp. 295-302). London: Routledge.

Scheper-Hughes, N. (1992). *Death Without Weeping: The Violence of Everyday Life in Brazil*. Berkeley, CA: University of California Press.

Smith, P. (2008). *Punishment and culture*. University of Chicago Press.

Turner, V. (1982). *From Ritual to Theatre: The Human Seriousness of Play*. New York: Performing Arts Journal Publications.

Turner, V. & Turner, V. W. (1970). *The forest of symbols: Aspects of Ndembu ritual* (Vol. 101). Cornell University Press.

Turner, V., Abrahams, R. D., & Harris, A. (2017). *The ritual process: Structure and anti-structure*. Routledge.

Tylor, E. B. (1871). *Primitive culture: Researches into the development of mythology, philosophy, religion, art and custom* (Vol. 2). J. Murray.

Ugwu, C. (2017). History of ethnography: Straitening the records. *International Journal of Sociology and Anthropology*, *9*(7), 64-68.

Van Maanen, J. (1995). *Representation in Ethnography*, 2. Thousand Oaks, CA: Sage.

Victor, W. & Turner, B. (Eds.) (1986). *The anthropology of experience*. IL: University of Illinois Press.

White, L. A. (1959). The concept of culture. *American Anthropologist*, *61*(2), 227-251.

Wolcott, H. F. (1999). *Ethnography: A Way of Seeing*. Walnut Creek, CA: Altamira.

Wuthnow, R. (2003). *Faith & Giving: From Christian Charity to Spiritual Practice*. Retrieved from http://www.philanthropy.iupui.edu/files/event_resources/lake_lecture-wuthnow-2003.pdf.

Yon, D. A. (2003). Highlights and overview of the history of educational ethnography. *Annual Review of Anthropology*, *32*(1), 411-429.

제2장

응용문화기술지

이론화와 실천 분야

인류학, 교육인류학, 사회복지학, 청소년 연구, 젠더 연구, 성 소수자 연구, 언론학, 특수교육, 여성학, 보건학, 노년학, 교육학, 사회학, 기계공학, 경제학, 마케팅, 관광학, 의학

응용문화기술지는 응용인류학으로부터 발전한 지적 전통이다. 전통적 문화기술지에서 응용문화기술지로의 변화는 과거의 재구성에서 현재의 분석으로, 단순 미개사회의 연구에서 복합 산업사회의 연구로, 다른 민족의 문화에 대한 이해와 비교에서 자기 사회의 문화로 관심이 전환됨에 따라 등장하였다. 이러한 연구 관심의 변화에 따라 자문화와 타 문화의 문화적 경계가 불분명해지고, 문화가 탈지역화함에 따라 문화기술지 연구 영역이 더욱 분화되고 발달되었다. 이에 문화기술지는 다양한 분야에서의 연구 대상에 대한 체계적 · 비교적 이해와 현실적 · 실천적 문제 탐구와 해결을 위한 방법론을 제공하였다. 즉, 응용문화기술지는 문화기술적 탐구의 현대적 추세와 다양함을 잘 보여주는 질적연구 방법론으로서 현대사회의 집단, 조직, 체계, 실천과 개선을 위한 연구를 수행하거나 고려하고 있는 연구자들에게 필수적인 방법론이라 하겠다. 이에 우리는 이 장에서 먼저, 응용문화기술지의 개념과 특징, 탐구 영역 그리고 응용문화기술지로 분류되는 다양한 학문 영역에서의 활용을 예를 들어 설명하고자 한다.

1. 응용문화기술지의 개념

가. 응용문화기술지의 시작

응용문화기술지를 이해하기 위해서 우리는 응용인류학을 먼저 알아보아야 한다. 왜냐하면 응용문화기술지는 응용인류학에서 발전한 질적연구 방법론이기 때문이다. 응용인류학이란 문화에 대한 인류학적 이해를 바탕으로 인간 사회의 문제를 효과적으로 해결하고 발전과 개혁 등의 정책을 효과적으로 수행하기 위한 목적으로 행해지는 학문적 노력이다. 이러한 응용인류학과 전통인류학의 차이점은 **〈표 2-1〉**과 같다.

Foster는 응용인류학을 사회/문화이론의 창출보다는 현재의 사회 · 경제 · 기술적 문제들의 개선을 도모하는 방향으로 인간의 행위를 변화시키도록 추구하는 인류학자들의 작업이라고 정의하였다(Foster, 1969). Foster의 개념적 이해는 응용인류학이 전통인류학과 구별되는 특징들을 핵심적으로 보여준다. 즉, 응용인류학은 '미개 사회'가 아니라 현대적 문명사회의 국지적 현상에 관심을 둔다. 구체적으로 특정한 직업군의 특정한 활동이나 여행이나 소비와 같은 인간의 특정한 집단적/개별적 행위 이해에 관심을 둔다. 즉, 응용인류학은 문화와 문화의 관계, 사회적 변화와 발달, 기관의 문화와 실천의 개선 등 실제적이고 현대적인 문제들의 이해와 해결을 위해 적용되었다(Baba,

〈표 2-1〉 전통인류학과 응용인류학의 특징

전통인류학		응용인류학
• 단순한 사회 연구 • 경계가 뚜렷한 현지 • 문화와 현지의 일치 • 통일되고 총체적 문화 • 연구자의 객관성	→	• 복잡한 '자기' 사회 연구 • 자기문화 연구 • 공간적 · 문화적 경계 초월 • 탈지역화와 지구적 연결성 • 경합하고 구성되는 장소 • 연구자의 정체성과 주관성

2000; Little, 2000; Singer & Clair, 2003; Stall et al., 2003). 이러한 실제적 문제에 대한 문화기술지의 목적과 역할이 전통적인 문화기술지에서는 없었던 것은 아니지만 20세기를 거치면서, 특히 20세기 후반에 인류학, 사회학과 같은 문화기술지가 태동하고 발전한 전통적인 학문 분야에서보다 의학, 간호학, 복지, 경제, 기술 등과 같은 분야에서 두드러지게 나타났다.

이러한 맥락에서 문화기술지는 응용인류학과 응용사회학에서의 문화기술지적 연구와 지구화 시대의 도래, 그리고 탈근대적인 논의가 풍부해지고 연구자와 자국 사회에 대한 연구가 진행됨에 따라 폭발적으로 분화되어 발달하게 되었다. 즉, 문화기술지의 연구 주제는 일상생활과 관련된 폭넓은 문제들로 넓혀지게 된다. 이에 따라 많은 인류학자들은 불평등과 부당성, 착취라는 문제들과 권력과의 관계에 관심을 기울인다. 이렇게 문화기술지 탐구 방법은 정부, 의료, 교육 그리고 서비스 부문은 물론이며 기업에서도 활용된다. 뿐만 아니라 응용인류학자들은 문화기술지를 통해 다양한 문화집단들 간의 이해를 높이고 갈등을 해소하며 효과적 상호 협력을 돕는 문화 중재 역할을 모색하게 되었다. 이러한 연구 주제와 연구 현장, 그리고 연구 문제와 연구 목적을 위해 활용되는 문화기술지 접근을 응용문화기술지라 칭한다.

이러한 이유들로 응용문화기술지는 정책 입안자, 조직, 협회는 물론이고 세계를 더 나은 방식으로 개선하고자 노력하는 모든 사람들에게 유용하다. 이들이 문화기술지적 접근을 차용하는 것은 문화기술지가 일상 속에 숨겨져 있는 사회적 삶을 펼쳐내어 그들의 입장에서 가치관과 그들의 행위의 의미, 그리고 일상을 매순간 구조화하는 복잡한 구조를 심층적으로 이해하는 데 도움을 주기 때문이다. 이에 따라 문제를 해결하고 갈등을 조정하고 어려움을 처리하기를 원하거나 상황을 개선하기를 원하는 사람은 문화기술지적 연구 방법들이 유용하다는 것을 발견하였다. 이렇게 응용문화기술지는 타 지역의 타 문화보다 교육, 의료, 관광, 기술, 복지 등 현대사회의 다양한 분야, 자신이 속한 사회와 조직, 기구, 단체의 실천적 현실적 문제를 이해하고 해결하는 방법을 모색하고자 한다. 이와 같이 응용문화기술지는 다양한 인류 문제에 대한 이해를 제공함으로써 인류의 갈등 해결과 문제에 대한 창의적인 답을 제공하여 효과적인 정책 입안과 대안을 제공하고 있다(Rylko-Bauer, Singer, & Willigen, 2006). 이러한 맥락에서 등장한 응용문화기술지의 개념과 정의에 대해서 살펴보자.

나. 응용문화기술지의 개념과 정의

응용문화기술지는 다양한 현대사회 분야에서의 현상에 대한 이해와 비교, 비판 그리고 실천적 문제 해결을 목적으로 하는 질적연구의 중요한 지적 전통이다(Lyon, 1997; Chambers, 2000; Savage, 2006; Maginn, 2007). 다른 방법론에 대한 정의와 마찬가지로 응용문화기술지 또한 간단한 하나의 정의가 없으며, 학자마다 다르게 정의하며 자신의 개념적 이해를 제공하였다(Chambers, 2000; Maginn, 2007). 그럼에도 불구하고 우리는 대표적인 개념적 정의를 소개함으로써 독자들의 이해를 돕고자 한다. 먼저, *Applied Ethnography: Guidelines for Field Research*의 저자 Pertti J. Pelto(2013: 33)는 응용문화기술지를 "새로운 이론적 프레임 개발이 아니라 실제적 개선과 중재를 위해 필요한 효과적인 묘사적 정보 제공"을 목적으로 하는 문화기술지로 설명하였다. 응용문화기술지를 정의하거나 설명하는 학자들이 제시하는 개념적 이해는 대부분 Pelto의 그것과 유사하다. 응용문화기술지를 논의하고 문화기술지를 인류학이나 사회과학 이외의 분야에서 활용한 대표적 학자들의 개념적 설명은 다음과 같다.

- 실제적인 정책과 실천적 개선을 위한 시사점 제시를 위한 문화기술지(Lyon, 1997)
- 변화를 위한 조직의 정책 제안, 가능한 결과를 직접적으로 제공하여 결정자의 결정을 돕기 위한 문화기술지(Chambers, 2000)
- 조직에서의 일상적인 삶과 산업 관계에 대한 문화기술지(Savage, 2006)
- 조직의 구성원(관리자)이 왜, 무엇을, 어떻게 하는지에 대한 질적 탐구(Chapman, 2001)
- 효과성 개선을 위한 프로그램 개발과 평가, 프로그램의 중재성과 효과성에 탐구를 위한 문화기술지. 중재 과정의 묘사, 변화 과정에 대한 묘사와 모니터링을 위한 문화기술지(Nastasi & Berg, 1999)

이러한 개념적 설명을 읽은 독자들은 아마도 "그렇다면 응용문화기술지는 전통적 문화기술지 또는 실행연구와 어떻게 다른가?"라는 의문을 가질 수 있을 것이다. 응용문화기술지는 연구 방법 면에서 전통적 문화기술지 방법을 주로 사용한다는 점에서 유사하며, 실제와 현장의 개선을 추구한다는 점에서 실행연구와 유사하다. 그러한 점

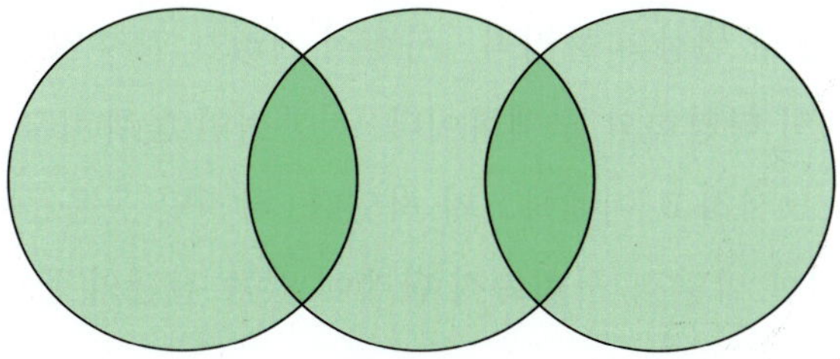

[그림 2-1] 응용문화기술지와 다른 연구 방법론의 관계

에서 위의 의문은 너무나 당연하다. 응용문화기술지와 전통적 문화기술지 그리고 실행연구의 관계를 독자들의 이해를 위해 간단하게 도식화하면 **[그림 2-1]**과 같다.

[그림 2-1]에서 전통적 문화기술지와 응용문화기술지가 교차되는 부분은 자료의 참여관찰이나 심층 면담과 같은 연구 방법을 활용하여 한 인간 집단의 행위 양식에 대한 이해를 나타낸다. 또한 응용문화기술지와 실행연구가 교차되는 부분은 현장의 실천적 문제와 개선과 관련한 부분을 나타낸다. 이러한 맥락에서 응용문화기술지와 전통적 문화기술지 그리고 실행연구의 차이점을 각각 살펴보고자 한다. 먼저 전통적 문화기술지와 응용문화기술지의 차이를 알아보자. 먼저 그 차이를 정리하면 **<표 2-2>**의 내용과 같다.

첫째, 연구 장소의 변화이다. 전통적 문화기술지는 문명화되지 않은 지역과 원주민과 같이 알려지지 않은 문화에 대한 이해를 추구하였기 때문에 주로 연구 현장은 연구자가 일상적으로 생활하는 공간과 물리적으로나 문화적으로 매우 동떨어진 곳이었

<표 2-2> 전통적 문화기술지와 응용문화기술지의 차이

영역	전통적 문화기술지	응용문화기술지
연구 장소	• 연구자의 사회와 동떨어진 '원주민 사회'(아마존, 아프리카)	• 연구자가 살아가는 사회 • 산업화된 현대사회
연구 주제	• 현지 원주민 삶의 모습에 대한 전체적 묘사와 이해	• 구체적 삶의 영역과 특정한 인간 활동
연구 목적	• 개념적 체계와 이론화	• 실천적 문제 발견 • 개선/해결을 위한 시사점 도출
연구 방법	• 장기간의 참여관찰 필수 • 심층 면담과 사진, 문화적 상징물 수집 • 한 연구자의 독립적 작업	• 연구자들 간의 공동 연구 • 다른 분야 학자와의 협력 • 상대적으로 짧은 연구 기간

다. 하지만 응용문화기술지는 연구자가 살아가는 사회의 특정한 지역이나 공간이 되기 때문에 연구자와 연구 현장의 물리적 · 사회적 거리가 멀지 않을 수 있다.

둘째, 연구 주제의 다양화와 구체화이다. 전통적인 문화기술지는 현지 원주민의 삶의 전체적 모습을 묘사하고 이해하고자 하였다. 하지만 응용문화기술지의 연구 주제는 직업 문화, 특정한 발달적/사회화적 단계에 있는 집단의 문화와 같이 더욱 세분화되고 구체화된다.

셋째, 연구 목적의 변화 또한 두드러진 차이점이다. 전통적 문화기술지는 연구 결과로서 알려지지 않은 문화에 대한 묘사, 또는 이론을 개발하고 다른 문화를 이해하기 위한 개념적 체계를 밝히고자 노력하였다. 하지만 응용문화기술지는 반드시 이론 개발을 목적으로 하지 않으며, 이보다 실천적 문제에 대한 이해를 통해 구체적 개선 방안을 모색하거나 시사점을 도출하고자 한다. 이러한 점에서 오늘날 다양한 학문 분야, 직업 분야에서 이루어지는 문화기술지들은 응용문화기술지로 보는 것이 타당할 것이다.

넷째, 방법론이 아니라 자료의 수집과 연구의 수행 과정과 방식과 같은 방법적 측면에서 응용문화기술지는 전통적 문화기술지와 '다른' 특징이 아닌 '정도의 차이'를 보인다(Savage, 2006: 387-388). 먼저, 응용문화기술지는 반드시 참여관찰을 수행하지 않기도 한다. 예를 들어 Chapman(2001)은 참여관찰 대신 참여자와 장시간의 비구조화된 심층 면담을 반복적으로 수행하였는데, 연구 맥락에 대한 집중, 참여자와의 긴밀한 라포르 형성 등의 측면에서 여전히 문화기술지로 분류되어야 한다고 주장하였다. 다음으로, 응용문화기술지는 전통적 문화기술지에 비해 상대적으로 짧은 기간 동안 수행된다. 이는 응용문화기술지가 정책이나 프로그램의 개발, 현장의 실천에 대한 평가와 같은 구체적 목적으로 수행되는 경우 더욱 두드러지게 나타나는 특징이다. 이러한 이유는 응용문화기술지가 연구를 의뢰한 기관이나 정부로부터 허용된 상대적으로 짧은 연구 기간이 정해지는 경우가 많기 때문이다. 그렇기 때문에 응용문화기술지에서는 다수의 연구자가 동시에 연구를 진행함으로써 연구 기간을 단축시키고 연구자 삼각 검증 · 자료의 삼각 검증법을 활용하여 그 신뢰도를 높이려고 노력한다. 또한, 응용문화기술지는 다른 종종 다른 분야의 연구자와 협력하는 경우가 많다는 점에서 간학문적 성격을 띤다(Ortleib, 2004). 예를 들어, 문화기술지 연구자가 자동차 생산 공장이나 컴퓨터 프로그램 개발 사무실을 연구할 경우에는 매우 전문적인 지식이 필요하기 때문에 그 분야의 전문가와 협력하기도 한다.

특히 이 세 번째 차이점과 관련하여 질적연구 방법론에 대한 소양을 갖춘 독자라면 아마 "그렇다면 응용문화기술지와 실행연구는 유사한가?"와 같은 의문을 가질 수 있을 것이다. 특정한 직업이나 생활 현상을 이해하고 실천을 개선한다는 점에서 실행연구와 비슷한 측면이 있는 것은 사실이다. 그러나 응용문화기술지는 실행연구와 다른 차이점을 가진다. 첫째, 실행연구의 연구 목적은 매우 구체적으로 진술되는 반면, 응용문화기술지는 더욱 포괄적으로 제시된다. 간호학을 예로 들면, 실행연구의 목적은 '초임 간호사들의 현장교육 프로그램의 적용을 통한 효과적 프로그램의 개발'이 될 수 있는 반면, 응용문화기술지는 '종합병원 간호사들의 일상적 삶의 모습'이 될 수 있다. 둘째, 실행연구는 연구 과정에서 문제의 개선을 시도하지만 응용문화기술지는 특정한 인간 집단, 특정한 공간, 특정한 활동에 대한 전체적인 이해를 추구하기 때문에 연구자가 연구 과정에서 문제 개선에 적극적으로 개입하지 않는다. 정리하면, 실행연구는 연구 과정 자체를 통한 개선을 추구하지만 응용문화기술지는 연구의 결과로서 실천적 문제를 규명하고 개선을 위한 시사점을 제공해 줄 수 있다는 점에서 차이가 있다.

2. 응용문화기술지의 연구 영역

여기서는 먼저 응용문화기술지의 철학적 · 인식론적 입장에 대해서 살펴보고자 한다. 먼저, 응용문화기술지의 철학적 기초는 '응용질적연구'라는 큰 틀에서 바라볼 수 있다. '응용질적연구'라는 용어는 영구 정부의 정책 개발을 위한 질적연구에서 처음 사용되었다(Walker, 1985). 응용질적연구는 하나의 통일된 철학이라기보다, 정책이나 실천을 개발하고, 점검하며, 평가하기 위한 목적으로 행해지는 '연구 행위'로 간주된다(Ritchie & Lewis, 2003; Walker, 2004). 이러한 점에서 응용질적연구자들은 자신의 연구 주제를 위해 연구 방법을 적용시키는 '실용주의적' 입장을 취하는 경향이 있다(Walker, 2004). 존재론적으로 응용질적연구는 '미묘한 실재론(subtle realism)'(Hammersley, 1992)의 입장을 취한다. 이 입장은 다양한 세계, 현장이 존재하며, 한 집단이나 현상은 다양한 측면을 내포하고 있으며, 이는 구성원들의 이해와 관점을 통해 접근 또는 획득할 수 있다고 보는 것이다. 연구자들은 연구를 통해 타당하고 신뢰할 만한 결과를 도출할 수 있으며, 잠정적으로 다른 맥락에도 적용할 수 있을 가능성이 있다고 본다. 복잡 미묘한 현상을 탐구할 때 연구자들은 참여자들의 이해와 해석을 연구자 자신들의 이해와 해석과 엄밀히 구분한다. 응용질적연구에서 연구자들은 종종 문화기술지와 실행연구에서 활용되는 자료 수집과 분석의 방법을 활용하기도 한다(Walker, 2004). 응용문화기술지는 응용질적연구의 존재론과 인식론과 유사한 입장을 취한다.

〈표 2-3〉 응용문화기술지의 특징

특징	설명과 예
현대사회 문제에 대한 관심	• 사회 내의 혼란, 동요, 무질서 • 빈곤, 억압, 차별 등 사회 계층 간의 갈등
국제적 현상에 대한 관심	• 세계화, 국제화, 글로벌 현상 • 지구적 상호연결과 다양성 • 인종, 노동력, 자본과 관련한 국가 간, 인종 간 갈등
연구자의 정체성에 대한 성찰	• 주관성과 간주관성 • 연구자와 현장/참여자와의 관계 • 객관적 묘사에 대한 비판 • 탈식민적 연구 방법과 연구 개념

즉, 응용문화기술지는 구체적 연구 현장을 다양한 질적 방법으로 탐구하여 실용적으로 가치 있는 연구 결과를 도출하기 위해 수행된다.

다음으로 응용문화기술지의 대표적 특징과 입장에 대해서 논의하고자 한다. 여기서 논의하는 세 가지 논점은 발전문화기술지, 관광문화기술지, 기관문화기술지 등 다양한 응용문화기술지들이 공유하는 특징이므로 응용문화기술지 이해에 필수적인 내용이라고 하겠다. 여기서 논의하는 특징들은 응용문화기술지가 발전하게 된 원동력임과 동시에 전통적 문화기술지와 대비된다는 점에서 주지할 필요가 있다. 세 가지 특징적 관점은 **〈표 2-3〉**과 같다.

가. 현대사회 이해와 사회적 문제에 대한 성찰

전통적 문화기술지가 하나의 총체적이고 체계적인 전체로서 단순한 미개사회를 연구하려고 하였다면, 응용문화기술지 연구자들은 한 사회와 문화 안에서의 혼란과 무질서, 빈곤과 사회계층 간의 갈등을 심층적으로 이해하고자 함으로써 문화기술지의 연구 영역을 확대하였다. 영국 사회학의 경우에 18세기에 일어난 산업혁명과 시민혁명이라는 양대 혁명은 자유의 증대와 물질적 풍요에 대한 무한한 희망을 주었으나 노동자 · 농민 등은 인간다운 삶과는 거리가 먼 삶을 살고 있었다. 한 도시에서 중산층과 도시 노동자들은 공간적으로 확연히 구분되는 지역에 살고 있었으며, 중산층은 도시 노동자들을 낯선 존재로 생각하였다. 지식인들은 산업혁명 이후 사회계층 간의 갈등과 문제를 해결하려고 사회 문제의 현장에 나아가 사회 현상을 직접 현지조사하였다. 대표적으로 Henry Mayhew는 런던의 노동자 · 빈민에 대한 방대한 규모의 심층 면접을 하여 그들의 생활사를 있는 그대로 이해하고, 이를『런던 노동자와 런던 빈민』(Mayhew, 2009)이란 책으로 출간함으로써 그들에 대한 이해를 높였다. 한편 미국 사회학에서는 시카고 학파를 중심으로 하여 인류학의 문화기술지 연구 방법을 도시 내에서 발생하는 빈곤, 소외, 소수 민족 등의 문제를 이해하는 데에 현지조사 방법을 사용해 발전시켰다. 그 후 시카고 학파의 많은 연구자들은 지역사회 속에서 소외된 지역인 슬럼 · 범죄자 집단 · 도시 빈민 · 소수 민족 등에 대한 지속적인 연구를 하였다. 이에 따라 19세기 유럽을 중심으로 한 사회학에서 노동자 · 농민에 한정되었던 것이 한 사회 내의 다양한 인종 · 종교 등의 문제와 결부된 범죄자 집단 · 도시빈민 집단 · 이주민 집단 등으로 연구 대상이 확대되었다.

나. 국제화와 전 지구적 현상과 문제에 대한 관심

20세기 후반 지식인들의 화두였던 '세계화나 국제화'는 전 세계 모든 국가의 행정 시스템에서부터 평범한 일상들의 경제 · 문화생활에 이르기까지 엄청난 변화를 유발시켰다. 사실 사회학에서 이러한 지구화 이론의 기초는 종종 마르크스주의자의 '세계 체제 이론'이었으며, 이는 지구적 자본주의와 그들을 연결하는 세계적인 노동 분업에 따라 세계를 계층적으로 구분한다는 것을 강조한다(Poster, 2002: 149). 이는 Wallerstein이 주장한 것으로 세계를 중심과 주변이라는 단순한 구도 아래서 세계의 자본과 노동의 흐름을 설명한 것이다. 이 이론이 예측한 바에 따르면, 주변부는 결국 정치 · 경제력을 독점하고 있는 중심부에 예속되고 마침내 중심부가 전 지구를 지배할 것이었다. 그래서 중심부가 세계화를 주도하고 일사불란하게 움직여서 중심과 주변이 상호 밀접하게 연결되어 세계 어느 곳을 막론하고 중심부의 정치 · 경제 · 문화의 통제와 영향 아래서 동일한 방향으로 움직이게 된다고 보았다. 그러나 1980~1990년대를 지나면서 산업화 시대의 중심부였던 서구가 주도해 가는 서구화 또는 지구화의 양상은 생각만큼 진척되지 않은 채 주변이라고 불리는 곳이 하나의 구심점 역할을 해가는 현상이 두드러지기 시작하였다. 특히 주변지역의 문화적 현상은 복잡한 문화적 현상을 연출하면서 지구적인 상호연결 체제로 영입되었다. 전 지구적인 상호연결 그물망은 지방과 국가라는 특정 영역을 초월하며 점차 크고 작은 다원화된 중심이 만들어지면서 더욱 복잡한 상황을 만들어내고 있다. 이에 따라 후기 산업사회가 진행되면서 세계가 움직이는 방향은 동질성을 담보로 한 것이 아니라 지역적 특성이 더 두드러지게 나타나고 전통이 되살아나서 이질적인 요소들 간의 긴밀한 접촉이 지구화의 방향을 규정하고 있다(함한희, 2009: 30-32).

다. 연구자의 정체성에 대한 자각과 성찰

전통적 문화기술지에서 연구자는 객관적이고 초월적이며 권위적인 저자로서 구체적인 개인과 역사적 시간, 장소에서 분리된 존재로 인식되었다. 그러나 현지조사는 사실상 연구자 자신을 연구의 도구로 하여 연구가 진행되기 때문에, 연구자 개인의 실제적 경험이기도 하다. 즉, 문화기술지는 현지조사에서 연구자가 연구 대상인 집단에 들어가 구체적인 맥락에서 현지민들과 관계를 만들어가면서 간주관적인 이해를 통해서 문화를 해석하게 된다(윤택림, 2002). 따라서 연구자의 구체적인 정체성, 예를 들어 연구자의 사회적 · 정치적 소속과 인종, 민족, 성, 연령, 결혼 유무, 자녀 유무, 가족사, 종교, 성격, 취향 등과 같은 연구자의 개인적 특징은 연구자의 질문의 성격과 범위, 그리고 연구자와 현지인들의 상호작용에 영향을 줌으로써 자료 수집에 영향을 미친다. 페미니스트 학자들은 연구자를 이와 같이 인식하는 데 영향을 주었다. 이들은 인류학도 초기부터 남성 중심적인 학문이었기 때문에 연구 영역과 연구 주제도 남성의 시각에서 만들어졌다고 보았다. 남성 인류학자들은 여성의 영역으로 간주되는 주제들은 탐구하지 않았으며, 정치, 경제, 종교 등과 같이 전통적으로 남성 중심의 주제들에 대한 연구에 집중하였다. 이에 응용문화기술지 연구자들 사이에서는 연구자의 젠더 정체성이 연구의 차이를 만들어낸다고 보는 이해가 증가하였다. 이에 연구자 스스로 자신의 정체성과 주관성을 인정하고 자각해야 한다는 인식이 성장하였다. 특히 Edward Said는『오리엔탈리즘』(1978)에서 동양에 대한 서구의 인식을 동양에 대한 지배방식이자 지배전략이라고 비판함으로써 오리엔탈리즘이 결코 객관적이거나 중립적인 지식 체계일 수 없다고 주장한다(주재홍, 2005). 이는 서구의 인류학자들이 연구한 비서구 집단에 대한 문화기술지의 객관성과 중립성의 문제를 제기한 것이다. 이로써 전통적 문화기술지에서와 같이 연구자는 초월적인 존재가 아니라 구체적인 상황에 붙박여 있는 인식자로 전환됨에 따라 이후 문화기술지는 연구자가 속한 자국의 정치 · 경제적 상황과 연구자 자신이 가진 독특한 인식 체계들을 포함하는 자아 정체성을 연구하는 방향으로까지 연구 영역이 확장된다.

3. 응용문화기술지 연구 방법들

지금까지 우리는 응용문화기술지의 개념, 방법적 특징, 연구 영역에 대해서 알아보았다. 이제 다양한 학문/연구 분야에서 차용되는 응용문화기술지에 대해 구체적으로 알아보고자 한다. 20세기를 거치면서 분기한 문화기술지적 연구를 응용문화기술지라고 일컫는데, 이 응용문화기술지의 영역은 **〈표 2-4〉**에 제시된 것처럼 매우 다양하다. 여기서는 대표적으로 글로벌 문화기술지, 발전문화기술지, 의료문화기술지, 관광문화기술지, 마케팅 문화기술지, 이 다섯 가지 응용문화기술지에 대하여 알아보겠다.

〈표 2-4〉 응용문화기술지의 종류와 특징

종류	연구 분야	핵심 연구 주제
글로벌 문화기술지	• 인문지리학 • 경제학 • 국제정치학	• 글로벌 자본주의 영향 • 지구적 인구 이동: 인종과 종족 그리고 시민정신, 섹슈얼리티, 젠더, 정체성의 전환 • 초국가적 문화변용과 혼합 형태
발전 문화기술지	• 발전인류학 • 비교경제학	• 개발과 발전 과정에서 나타나는 문화변용 • 발전에 따른 갈등 • 서구 중심 개혁의 실패와 비효율성의 문제 • 발전에 따라 나타나는 계급 재생산 문제와 불평등, 착취의 문제
의료 문화기술지	• 의료인류학	• 건강과 질병, 고통의 문제를 문화와 관련 • 의료, 건강과 관련한 규범과 가치, 사회 구조, 환경조건 • 문화마다 다른 증상 이해, 병의 진단과 치료법 • 사회적 문제로서의 개인의 질병
	• 의학 • 간호학 • 보건학	• 의료전문가 집단(의사, 간호사, 간병사)의 문화 • 직업 공간으로서의 병원의 문화 • 공적 서비스로서의 보건 관련 문화적 현상
관광 문화기술지	• 관광학	• 여행자와 호스트 사회/문화의 상호작용 • 여행자의 행위의 특성 • 관광을 통한 문화이동과 문화변용
마케팅 문화기술지	• 관광학 • 마케팅 인류학 • 소비자학	• 인간의 소비 문화와 패턴 탐구 • 고객의 욕구와 필요 연구 • 마케팅 전략의 효과와 영향 탐구

가. 글로벌 문화기술지

글로벌 문화기술지(global ethnography)는 지구화 시대에 국가와 지역을 초월하여 시공간이 재편되고 지구적 차원의 그물망에서 나타나는 문화 현상에 대한 응용문화기술지 탐구 방법이다. 지구화 시대에 국가-국가 관계들 대신에 초지역 관계, 지역-지구적 관계들, 지구-지구적 관계들이 뚜렷하게 나타나고 있다. 과거 10~15년 전에 사회학에서 의제를 폭발시켰던 지구화는 사회과학에서 설정한 분석 단위로서 장소와 지역성에 대하여 재정의하게 하였다. 이에 따라 지구화 시대에는 장소를 중심으로 형성되어 왔던 공동체와 국가, 그리고 그들의 사회적 관계들이 탈영토화되며 지구화는 기존의 국가와 지역을 테두리로 하여 형성되는 문화적 성향에 큰 변화를 일으키고 있다.

글로벌 문화기술지의 특징으로는 연구 장소적 측면에서 중요한 특징을 보인다. 다시 말해, 글로벌 문화기술지에서는 '장소'가 재개념화된다. '장소'의 개념이 재개념화되는 이유는, 세계화와 국제화의 가속화로 인해 지구촌 사회들은 점점 더 많은 사람들이 이동하고 정보와 상품이 유통됨에 따라 이들과 함께 이동하고 접촉하는 다양한 독특한 문화적 상징에 의해 구성되는 '글로벌 사회적 네트워크'가 만들어지기 때문이다(Lash, Urry, & Urry, 1993; Gille & Riain, 2002). 글로벌 문화기술지에서의 '장소'는 다음과 같은 네 가지 특징을 보인다(Massey, 1991). ① 장소는 정태적이지 않다. ② 장소는 외부에 간단히 닿는 경계들의 종류를 갖지 않는다. ③ 장소의 정체성은 동질적이지 않다. ④ 장소의 특성은 지역과 더 넓은 사회의 관계들이 혼합되어 형성된다. 이를 요약하면, 장소와 지역성은 역사적으로 외부의 다양한 접촉으로 생산됨에 따라 장소와 지역성에 대한 지구적 감각의 기초를 필요로 한다. 따라서 전통적으로 장소를 기반으로 형성된 사회와 문화적 성향은 지구적 차원의 관계망에 기초하여 재구축된다.

그리고 장소는 다양한 이해집단과 사람들의 사회적 관계들에서 그 자체로 사회적이며 정치적이고 경쟁적으로 구성되는 곳이다. 이제 장소는 지구적 분석 수준으로서 지속적으로 창조되고 제도화되며 네트워크와 접속들로 지구적으로 장소의 경계들이 경합되는 구체적 지점으로 나타난다. 이에 지구화 시대에 장소는 기존의 사회와 문화라는 뚜렷한 영역에서 초월하며, 지구적 차원의 복잡하고 다차원적인 관계망에서 사회와 장소, 문화는 재구성된다. 이러한 관점은 사회적 행위자들의 복잡한 문화적 변용과 장소와 사회에 의미를 부여하며 장소를 만들어가는 사회적 행위자들에 대한 탐구의 필요성을 제기한다.

글로벌 문화기술지는 이와 같이 지구화 시대에 이루어지는 장소와 문화의 변화와 재구성에 대하여 탐구를 한다. 글로벌 문화기술지는 아래와 같은 분야에 관심을 보인다. 첫째, 지역사회들과 사람들에 대한 지구적 자본주의와 초국가적 협력체들의 충격이 주는 지구적 변화에 관심이 있다. 둘째, 국가적 경계들을 가로지르는 이민자들과 초국가적 연결들로 나타나는 변화에 관심이 있다. 셋째, 지구적 과정들 또는 지역 및 국가의 경계에서 초월함으로써 나타나는 초국가적 문화변용과 혼합 형태들에 관심이 있다. 넷째, 지구적 그리고 초국가적 관점과 규모에서 인종, 국가, 시민정신, 젠더 등의 이슈를 탐구한다(Poster, 2002). 다섯째, 지구화로 인해 나타날 수 있거나 불평등에 반응하여 등장한 새로운 초국가적 사회 운동에 관심이 있다. 여섯째, 지구적 상상에 관심이 있다. 지역과 국가는 지구화의 미래상에 대하여 경쟁적으로 비전을 제시한다. 또한 지역 행위자들이 지구화에 참여할 때 바깥의 행위자들과 접촉하면서 지구적으로 순환하는 담론을 형성하고 참여하며 나타나는 과정에 대해 관심을 보인다. 예를 들어, Klawiter(2000)에 따르면, 유방암에 대한 지구적으로 순환하는 의료 담론에 저항하려 새로운 사회 운동이 나타났고, 유방암을 일으키는 원인과 그것이 어떻게 다루어져야 하는지 설명하는 과정에서 환경과 음식, 여성의 몸속으로 맹독을 품어내는 지구적 소각 산업이라는 강력한 개념을 만들어내었다(Gille & Riain, 2002).

글로벌 문화기술지의 예

세계 엘리트 학교들의 '세계 시민성' 계급 생산

글로벌 문화기술지의 예로 Howard와 Maxwell(2021)의 「세계 엘리트 학교들이 '세계 시민성 계급'을 생산하는 전략들(Conferred cosmopolitanism: Class-making strategies of elite schools across the world)」을 소개하고자 한다. 이 연구는 초국가적 이슈인 세계 시민성을 탐구한 점, 그리고 많은 나라에서 이루어지고 있는 교육적 현상을 여러 장소에서 탐구한 점에서 글로벌 문화기술지의 좋은 예라고 하겠다.

연구자들은 다현지 문화기술지(multi-sited ethnography) 방법을 적용하여 5년 동안 오스트레일리아, 칠레, 덴마크, 가나, 요르단, 태국에 있는 엘리트 학교의 교육을 문화기술적으로 탐구하였다. 이 여섯 학교들은 의도적으로 표집되었는데, 많은 다양함에도 불구하고 한 가지 공통점은 이들 모두 가장 중요한 목표로서 '세계 시민 교육'을 지향한다는 점이다. 연구자들은 참여관찰, 심층 면담, 문서 분석 등 일반적으로 문화기술지에서 활용되는 연구 방법을 적용하였다.

이 학교들은 표면적으로는 '세계 시민 교육'을 지향하여 국제적 마인드와 리더 양성을 목표로 하였다. 하지만 연구의 결과로서 연구자들은 '엘리트 교육'을 통해서 이 학교 학생들은 다른 학교의 학생들이 가지지 못하는 교육의 기회를 갖게 되고, '세계 시민 교육'을 이수하였다는 상징적 타이틀을 획득한다고 보고하였다. 이를 통해 이 학교 졸업생들은 다른 나라로 취업하거나 이주하거나 이민 갈 수 있는 지식과 자격을 획득하게 된다. 이러한 측면에서 엘리트 교육은 특정한 학생들에서 '세계 시민'이라는 새로운 계급을 제공해 주는 기능을 한다고 주장하였다. 독자들이 참고할 수 있는 글로벌 문화기술지 방법을 활용한 연구를 아래에 제시하였다.

글로벌 문화기술지

Burawoy, M., Blum, J. A., George, S., Gile, Z., & Thayer, M. (2000). *Global ethnography: Forces, connections, and imaginations in a postmodern world*. NY: University of California Press.

Epstein, D., Fahey, J., & Kenway, J. (2013). Multi-sited global ethnography and travel: Gendered journeys in three registers. *International Journal of Qualitative Studies in Education*, *26*(4), 470-488.

Ho, L. C. (2020). Conceptualizing and researching student mobilities in Easet Asia. **현대사회와 문화**, **10**(2), 1-23.

Lapegna, P. (2014). Global ethnography and genetically modified crops in Argentina: On adoptions, resistances, and adaptations. *Journal of Contenporary Ethnography*, *43*(2), 202-227.

나. 발전문화기술지

발전문화기술지(developmental ethnography)는 발전 문제와 관련한 응용인류학적 지식과 방법을 활용하여 지역개발과 국가발전이 효과적으로 수행되도록 기여하는 발전인류학에서 차용되는 문화기술지 연구 방법이다. 발전인류학은 1960년 이후 폭발적으로 발달한 응용인류학의 대표적인 연구 분야이다(Hammersley, 1992). 발전인류학은, 한 사회의 발전과 개혁의 과정은 내부적으로 이루어진 것이 아니라 외부 사회나 국가에 의해 개입됨에 따라 나타나게 되었다고 지적한다. 미국은 제2차 세계대전 후 세계 각지의 신생 독립국가를 원조하고 전후 재건 사업에 폭넓게 참여하였다. 그러면서 점점 미국을 중심으로 하는 세계질서 체제가 구축되었고, 그에 따라 미국은 세계 각 지역의 경제개발과 변화 과정에 적극적으로 개입하게 되었다. 또한 국내적으로는 국가가 중심이 되어 지역과 지역 간의 벌어진 경제적 격차를 줄이고 균형 잡힌 지역발전을 위한 지역개발을 하게 되었다. 이와 같이 외부적인 관계에 의한 계획적인 사업의 추진과 국가 주도의 지역개발 정책은 한 사회나 집단의 기존 제도와 문화가 다른 것으로 대치되는 과정으로 나타난다. 즉, 지역의 외부에서 시작되고 외부에 의한 개발과 지역으로의 계획된 문화 모형의 주입에 따라 기존 집단의 문화가 형태나 성격 면에서 변화를 겪게 된다는 점에서 발전과 개혁의 과정을 문화접변의 과정으로 볼 수 있다.

이러한 국가에 의한 계획적인 사업과 지역개발 정책들은 근대화이론에 근거하여 추진되었다. 근대화이론은 미국의 발전된 사회를 가장 이상적인 사회로서 바라보고 서구 사회의 발전의 과정과 동일한 방식의 노력을 하여 전통적인 사회의 모든 특질에서 벗어나려는 철학에 바탕을 두고 있다. 이러한 접근은 서구의 사회 시스템을 바람직하게 간주하고 비서구 사회 특유의 문화적 다양성을 인정하지 않는다. 이에 근대화이론은 전통적인 사회의 가치관 및 문화를 부정적으로 인식하여 발전이 덜 된 상태로 규정하였다. 전통사회는 서구의 기술을 도입하고, 서구의 경제에 따라 개발하고 새로운 가치관을 도입하고 제도를 개혁하는 방식으로 국가와 지역의 개발정책을 수립하고 수행하려고 하였다. 그리하여 근대적인 방식의 발전은 필연적으로 전통적인 생활양식과 가치체계와의 갈등을 일으키게 되었으며, 전통적인 사회제도와 문화는 거부되고 해체되면서 발전 정책의 효과를 얻지 못하였다.

이에 따라 발전인류학은 개발과 발전 과정에서 나타나는 문화변용의 문제를 폭넓게 다루어 발전에 따른 갈등 문제와 해당 지역의 문화를 알지 못하여 발생하는 개혁의 실패와 비효율성의 문제를 해결하려고 한다. 발전인류학의 주된 관심은 서구의 선진기술을 제3세계에 도입하면서 나타나는 문화적 갈등과 제3세계 원주민들의 피해를 줄이고 효과적으로 근대화를 수행하기 위한 것이다. 특히 전후 발전인류학은 탈식민지 이후 제3세계 근대화에 따른 새로운 경제적 발전 사회문화 요소와 토착적인 사회문화 요소 간의 갈등을 최소화함으로써 이질적인 두 문화 간의 긍정적인 관계 형성에 주안점을 두었다(김예겸, 2005). 이러한 발전인류학은 다음과 같은 점에 관심을 둔다.

첫째, 발전인류학은 해당 지역사회의 문화적 특징을 고려함으로써 지역개발 정책의 효과적인 수행과 정책 평가에 기여하려고 한다. 지역개발은 한 국가 내부에서 낙후된 지역을 개발함으로써 해당 지역의 삶의 조건을 향상시켜 국가의 균형적인 발전을 도모하여 통합의 기초를 마련하는 것이다. 그런데 지역개발은 종종 정부의 시책과 목적을 획일적으로 주입함으로써 개발정책이 실패하거나 오히려 해당 지역 주민들과의 갈등을 초래하는 경우가 있다. 경제적 조건의 향상이라든가 보건 · 위생시설의 개선 등 특정 분야에만 집중함으로써 다른 분야와의 괴리를 낳거나, 지역의 역사적 · 환경적 · 사회적 배경의 특수성을 무시함으로써 오히려 부정적인 결과를 초래할 수 있다. 또한 해당 지역의 문화적 특징을 고려하지 않은 채 발전계획을 일방적으로 진행하여 해당 지역의 사람들의 삶에 대한 의미와 평가 기준에서 벗어나 주민들의 참여도를 떨어뜨린다. 오히려 주민들은 발전계획이 자신들의 긍정적인 삶의 질을 변질시키거나 파괴할 것이라 여겨 이의 수용을 거부하게 된다.

둘째, 발전인류학자들은 발전의 대상에서 제외되거나 소홀히 취급되는 부문에 관심을 가지며, 발전에 따라 나타나는 계급 재생산 문제와 불평등, 착취의 문제를 다룬다. 궁극적으로 발전이 누구에 의해서 누구를 위하여 시도되는가를 규명하려고 노력한다. 역사적으로 국가 차원의 발전사업과 신생국이나 후발국들의 경제발전과 공업화 과정에서 공영 부문과 농업 부문, 도시와 농촌, 노동자과 사무직의 격차가 크게 벌어졌다. 한편 전혀 예기치 못하였거나 대수롭지 않게 여겼던 전통문화의 상실, 농업경제의 피폐화와 농민계층의 불만, 도시 빈곤 문제와 노동자 문제 등이 심각한 사회적 혼란과 정치적 불안 요소로 나타나는 일이 발생하였다. 이에 발전인류학은 문화의 특성과 지역사회의 개발관계, 종합적이고 균형 잡힌 경제개발 방안을 모색할 때 중요한 시사점을 줌으로써 발전 과정에서 나타나는 사회적 갈등을 해결하는 데 도움을 준다.

발전문화기술지의 예

쪽방 거주자의 생활에 대한 문화기술지

발전문화기술지의 예로서 권지성(2008)의「쪽방 거주자의 일상생활에 대한 문화기술지」를 소개하겠다. 이 연구는 쪽방이 밀집한 지역에 살아가는 사람들의 삶의 모습을 이해하고 사회적 불평등 문제에 대한 개선점을 모색한다는 면에서 발전문화기술지의 예가 된다고 하겠다. 이 연구의 목적은 쪽방 거주자들의 일상생활을 이해하는 것이었다. 연구자는 이 연구를 통해 빈곤에 대처하는 사회복지 정책과 실천에 많은 시사점을 제공할 수 있으리라 판단하였기 때문이다. 연구의 목적과 연구 방법의 적절성과 관련하여 연구자는 다음과 같이 주장하였다.

> 실천을 위한 지침을 얻기 위해서는 쪽방 거주자들의 일상생활이 구체적으로 어떻게 구성되어 있고, 이들이 일상생활을 어떻게 경험하고 있으며, 서로 어떤 관계를 형성하며 상호작용하고 있는지, 또한 어떤 사회적 관계망을 구성하며 생활하고 있고 이들이 만들어낸 문화는 어떤 것인지 파악할 필요가 있다. (중략) 특정 집단의 일상생활과 구성원들의 상호작용과 그 구조, 그것들의 총체라 할 수 있는 문화를 파악하기 위해서는 문화기술지 접근이 가장 적절한 것으로 평가된다. 따라서 이 연구에서도 문화기술지 접근을 통해 자료를 수집하고 분석하여 쪽방 거주자들의 일상생활을 이해하고자 하였다(권지성, 2008: 132-133).

이를 위해 연구자는 1년 동안 쪽방 지역과 쪽방 거주자들의 일상생활이 이루어지는 영역에서 참여관찰하고 거주자들과 이해관계자들과 심층 면담을 수행하였으며 문화기술지 접근에 따라 자료를 분석하였다. 연구자는 주체(나, 우리, 그들), 공간(쪽방, 쪽방 지역, 쪽방 상담소), 시간(과거, 현재, 미래), 생활 방식(생존, 생계, 생활)의 네 가지 차원으로 분석하였다.

이 연구는 결론에서 응용문화기술지의 특징으로 정책적 시사점 도출을 강조하였다. 이 연구는 매우 구체적인 다양한 시사점을 주장하였는데, 그 일부를 제시하면 다음과 같다.

> 먼저 정책 차원에서 살펴보면, 주거빈곤 정책에 대한 재검토가 필요하다. 최근 정부에서는 주거복지재단을 통해 주택을 매입하여 쪽방 거주자 등 주거빈곤자들에게 임대해 주는 방안을 추진하고 있다. 그러나 그것이 재개발사업과 맞물려 불량주택을 제거하고, 빈곤한 사람들을 잘 보이지 않는 곳으로 이동시키는 쉬운 방안으로 추진되어서는 안 된다. 적지 않은 월세를 지급하면서도 쪽방 거주자들이 쪽방 지역에서 계속 살아가는 이유들이 있다. 인력시장에 대한 접근성, 싼 음식 값과 이미 형성된 네트워크의 다양한 가치 등이 그것이다. 차라리 쪽방 지역 내에 단신성인들과 가족거주자들을 위한 주택을 새로 지어 저가로 임대하는 것이 더 나을 것이다. 쪽방 분야의 실무자들은 최근 쪽방 거주자들을 위한 새로운 정책 대안을 모색하고 있다. 그중 하나가 쪽

방과 비슷한 크기의 주거공간들로 이루어진 임대형 숙박공간이다. 기존의 쪽방 건물을 허물고 재건축을 하거나 리모델링을 통해 기존 주거환경을 획기적으로 바꾸고 이를 기존의 쪽방 거주자들뿐만 아니라 여행객들에게 값싼 숙박공간으로 제공하는 것이다. 전국의 쪽방들이 대부분 대도시의 교통 중심지인 역사(驛舍) 주위에 형성되어 있다는 점을 고려할 때 충분히 채택할 수 있는 대안이라고 생각된다. 이렇게 하면 지역의 물리적 환경과 쪽방의 주거환경도 개선하고 쪽방 지역과 거주자들에 대한 낙인도 없애는 다양한 긍정적 효과를 얻을 수 있다. 이와 같이 당사자들의 입장에서 창의적으로 주거정책을 계획하고 실행하는 관점이 필요하다(권지성, 2008: 152-153).

위의 인용 부분은 응용문화기술지 방법을 통해 도출한 시사점을 주장함에 있어 연구 결과에 기초하여 매우 구체적이고 실제적이며 타당하게 개선방향을 제안하고 주장하였다는 점에서 설득력이 있다. 발전문화기술지 연구의 예는 다음과 같다.

발전문화기술지

김선희(2012). **농촌 여성노인의 생활체육 실천요인과 방해요인에 대한 문화기술지**. 미간행 석사학위 논문. 명지대학교 산업대학원, 서울.

김진미, 서정화(2006). 거리노숙인의 유대 형성에 대한 문화기술지: 삭막한 세계의 동맹자 만들기. **한국 사회복지학**, **58**(3), 51-79.

Ikanda, F. N. (2020). The Role of Somali Kinship in Sustaining Bureaucratic Governancearound Dagahaley Camp in Kenya. *Ethnos*, 1-20.

Schneider-Muñoz, A. (1996). Socially Constructed Worlds of High Risk Youth in the US. *Journal of Child and Youth Care Work*, *11*, 72-83.

Schneider-Muñoz, A. J. (1999). *"Chosen caregivers": A developmentalethnography of relationship in youth work*. Harvard University.

다. 의료문화기술지

의료문화기술지는 크게 두 갈래로 나누어 살펴보아야 한다. 그 하나는 문화인류학의 오랜 주제이자 영역인 의료인류학에서 주로 차용되는 연구 방법이고, 다른 하나는 현대적 의료 전문가와 환자의 문화, 의료 행위와 관련된 문화적 측면이다.

1) 문화적 현상으로서의 질병과 의료

먼저 질병과 의료, 병의 진단과 처치를 문화적 현상으로 바라보는 의료인류학적 측면에서 의료문화기술지를 알아보고자 한다. 전통적으로 인류학자들은 각 문화에서 의료가 담지하고 있는 문화적 내용들 그리고 문화 속에 폭넓고 심층적으로 자리매김하고 있는 의료의 영향력을 목도하면서 의료인류학적 논의들을 발전시켜 왔다(김태우, 2011). 의료인류학은 건강과 질병, 고통의 문제를 문화와 밀접히 관련된 것으로 본다. 문화마다 생활양식 또는 사고양식이 다르듯이 의료와 관련된 가치와 신념, 의료체계와 의료 실천 등을 포함하는 모든 의료 행위 역시 문화적으로 규정된다고 본다. 즉, 문화는 우리의 건강과 질병에 대한 인식과 경험에 여러 가지 면에서 영향을 미치며, 이러한 인식과 경험은 문화가 변함에 따라 변화한다(Helman, 2007). 구체적으로 문화 현상으로서 의료인류학의 연구 관심은 다음과 같다.

첫째, 의료를 생의학적인 관점에서가 아니라 사회문화적 관점에서 접근한다. 인류학의 총체적 접근법은 문화와 의료의 밀접한 연관을 드러내주었다. 질병과 장애, 고통, 죽음 등은 단순한 생물학적인 사실이 아니라 특정한 지식과 신앙체계, 역할, 의료 행위와 조직적인 사회적 행위가 포함되는 일종의 문화 현상이다. 우리가 건강과 질병을 인지하고 해석하고, 도움을 구하고, 이를 제공하는 방법들은 문화적인 규범과 신념, 가치, 그리고 사회 구조와 환경조건들과 불가피하게 관련되어 있다(이문웅, 한상복, 김광억, 2011). 병의 원인과 질환 분류, 건강한 상태와 질환의 증상에 대한 정의, 질병에 대한 진단 기준과 진단 방법, 치료 방법과 의료체계 등은 문화적으로 차이가 있다. 더불어 의료 행위는 문화마다 특별한 신앙체계가 결합되어 있어 단순한 약물과 물리치료의 범위를 넘어선다. 이에 따라 건강 문제는 병원체나 사고, 또는 신체적인 노화 때문에 일어날 수도 있거나 이상적인 문화적 기준에 맞지 않는 미신적인 수단이나 관계에서 비롯될 수도 있어 문화마다 다르게 질병이 정의되고 다르게 치료될 수 있다.

마찬가지로 의료인류학은 근현대적인 의료의 객관성과 과학성을 문화적 현상으로서 바라보았다. 우선 근대적인 의료는 권력과 관련하여 연구되었다. 근현대의 의료는 전근대와 전통 의료와는 다른 양상으로 구성되었다. 근대 이후 의학은 과학기술과 연계되고 산업화 · 상업화되면서 급속히 팽창하며 생의학 담론이 지배적이게 된다. 이에 따라 다양한 문화에서의 전통 의료는 민간요법으로 전락하게 되고 생의학 담론은 인간이라는 존재를 생의학적으로 규정한다. 인간 존재는 과학적이고 실증적인 지식의 대상이 되며 동시에 일부 의료 전문가 집단만 인간의 질환을 다룰 배타적 특권을 받았다. 이로써 의료 지식과 권력의 복합체가 탄생한다. 이러한 근대 의료 권력 지식은 그것의 가치관과 세계관에 따라 질병을 규정한다.

둘째, 의료인류학은 문화마다 증상을 이해하고 병이라고 진단하는 기준과 그에 따른 다양한 의료체계에 관심을 둔다. 문화마다 병인론과 질병이라고 진단하는 기준이 다른 것은 사회마다 증상에 대한 이해와 질병에 대한 규정이 다르기 때문이다. 이러한 병인론에 따라 어떠한 증상을 어떠한 병으로 규정할 것인지 그리고 그에 대한 치료 방식은 어떠해야 하는지가 규정된다. 더불어 사회마다 질서와 정상 상태에 대한 관념이 있어서 이에 어긋나는 징후를 일단 병으로 간주하는 것은 일반적이다(이문웅 외, 2011). 예를 들어 남아메리카와 카리브해의 여러 문화에서는 음양의 균형을 유지하는 것을 건강에서 가장 중요한 원리로 바라본다. 그들에게 질병은 음양의 균형이 흐트러져서 나타나는 증상이다. 즉, 열이 많이 나거나 체온이 떨어져서 나타나는 것이 질병이며 그러한 균형을 되찾음으로써 질병을 치료할 수 있다고 본다(Helman, 2007). 이와 같이 질병의 발병 원인을 바라보고 의례적으로 치료를 함으로써 질병과 치료는 사회 구성원들의 규범과 질서의식을 강화하여 정치적 질서를 바로잡게 하는 기능을 하기도 한다.

셋째, 의료인류학은 문화마다 시대마다 다르게 나타나는 다양한 병에 대한 가치판단을 다룬다. 즉, 질병은 단순히 증상이 아니라 문화적 개념에 기초하며 동일한 질병일지라도 사회마다 좋은 질병 또는 나쁜 질병, 또는 중대한 관심거리가 되는 질병과 그렇지 않은 질병으로 분류하고 있다. 더구나 어떤 특정의 질병은 오히려 사회적 명성을 얻는 데 도움을 주는가 하면, 어떤 질병은 집안의 명예를 더럽히기도 한다. 기독교 사상에서 질병은 원죄 또는 개인적 죄악과 결부되어 신에 의해 허용된 시련이며 더욱 큰 선을 가져다주는 시련으로 인식되었다. 회개하는 마음, 인내심, 강인함, 신에 대한 믿음을 가지고 질병에 대응한다면 아픈 사람들을 고귀하고 심오하게 인간적으로 재생시켜 주고 구원해 주는 과정이 된다. 19세기 무서운 질병으로 위세를 떨친 결핵은 특별한 정신적 기질이나 창조력을 그 환자들에게 부여해 준다고 믿어 감수성이 빼어나고 지적 · 예술적 재능이 비범한 사람들이 결핵에 잘 걸리는 것으로 믿었다. 이에 따라 창백함, 무기력, 야윔, 쇠약이 연상되는 결핵은 찬미와 숭상의 대상이 되어 환자들은 더욱 뛰어나고 정열적이고 고통 없는 시적인 죽음에 빠져들었다고 보았다(고길섶, 1999).

넷째, 의료인류학은 한 사회 구성원의 질병을 개인적인 고통이 아니라 사회적 고통으로 바라본다. 이들은 모두 질병이 사회적 고통의 표출이라고 볼 수 있음에 따라 의료적인 것과 사회적인 것의 불가분의 관계를 보여준다. 따라서 무엇이 질병을 일으키는가, 그것을 어떻게 치료해야 하는가는 문화적 맥락 안에서 이해되어야 한다. 이로써 의료인류학은 생물학적 환원주의에 의해 사회적 요소를 고려하지 못하였던 한계를 개선하고 질병과 관련하여 가려져 있는 사회문화적 실재를 총체적으로 파악하게 하였다. 결국 의료인류학은 치료에는 생의학적인 처치와 더불어 문화적 역량의 향상이 필요하다고 주장한다. 대표적으로 Farmer(1999)는 『감염과 불평등(*Infections and Inequalities*)』에서 아이티에 만연한 결핵과 에이즈가 "사회적 불평등의 생물학적인 반영"이라고 지적한다. 한국은 IMF 이후 급격한 자살률의 증가, 건강 불평등, 만성질환 등 사회적 문제로 질병이 발생한다. 이러한 관점은 질병의 사회적 내용들을 효과적으로 밝혀냄으로써 질병에 대한 예방과 대처에 실제적인 도움을 준다. 뿐만 아니라 고혈압, 관절염, 비만과 노인 문제와 아동 학대 등 많은 질병들 역시 마찬가지로 사회문화적으로 이해하고 적절한 방안을 세움으로써 효과적으로 치료할 수 있다(Helman, 2007).

2) 현대적 의료, 간호, 공중보건에서의 응용문화기술지

위에서 설명한 질병과 의료를 문화적 코드와 현상으로 간주하는 '전통적인 의료인류학'과 달리, 현대적 의료, 간호, 공중보건에서의 응용문화기술지는 의학, 의료, 보건과 관련한 인간 집단이나 조직, 기관의 문화를 탐구하기 위해 활용되는 연구 방법이다. 이 연구 분야는 여전히 자연과학적 탐구 방법, 그리고 양적연구가 강하게 지배적이지만, 그러한 연구 방법이 드러내지 못하는 이해와 해답을 제공해 줄 수 있기 때문에 문화기술적 연구가 증가하고 있는 추세이다. 특히, 의학과 간호 보건 연구에는 매우 많은 요인들이 영향을 미치며 작동하기 때문에 더욱 개방적인 연구 질문에 의한 탐구가 한정된 변인만을 제시하는 설문지에 의한 연구보다 더욱 효과적일 때가 있다(Goodson & Vassar, 2011). 실제로 이 분야의 문화기술적 연구는 상당한 기간 동안 진행되고 있다. 예를 들어 의학 교육 맥락에서의 문화기술적 연구는 60년 동안 활용되어 왔다(Atkinson & Pugsley, 2005). 또한 엄밀한 '의료'의 맥락이 아닌 사회적 맥락에서의 건강과 질병에 관한 문화기술지 연구들도 존재한다. 예를 들어 학교에서의 환자의 행위에 관한 연구(Prout, 1986), 직업적 역할 수행에서의 환자에 대한 연구(Bellaby, 1990), 약물 사용(Preble & Casey, 1969), 환자의 가정에 대한 연구(Estroff, 1981) 등의 연구들 또한 의료와 간호보건과 관련이 있다.

현대적 의료 문화기술지의 주제는 매우 다양하지만 여기에서는 Bloor(2007)의 의료문화기술지 주제 분류에 기초하여 의료 분야에서의 응용문화기술지 탐구 유형을 소개하고자 한다.

첫째, 의료문화기술지는 의료 기관에서의 상징적 상호작용을 탐구한다. 초기 현대적 의료문화기술지는 시카고 학파의 상징적 상호작용론의 영향을 받았다(Atkinson & Hammersley, 1994). 이 접근은 의료 기관을 사회적 상호작용의 장소로 보고 그 속의 개인과 집단의 상호작용 이해에 관심을 가졌다. 이에 의사와 간호사의 전문성 발달과 사회화, 의료 전문가와 동료, 환자, 일반인과의 상호작용, 환자의 질병 경험 등을 연구하였다. 그 예로서 Strong(1979)은 미국과 영국의 세 병원에서 몇천 건의 아동전문의와 아동 외래 환자와의 상호작용을 탐구하였다. 또한, West(1993)는 인종, 계급, 나이, 성에 따른 의료적 상호작용을 탐구하였다.

둘째, 의료문화기술지는 의료의 사회적 구성을 탐구한다. 이 탐구 접근은 '사회적 구성주의' 관점에서 의료적 진단, 처방, 예후의 과정에서 의료 전문가와 환자 그리고 다른 관련자들이 형성하고 변화시키는 행위의 이해에 관심을 가진다. 그 예로서 Sudnow(1967)는 도시와 시골 지역의 병원에서 이루어지는 의료 행위를 비교하며 탐구하였다. Goffman의 이론에 기초해 Sudnow는 죽음에 이르는 과정을 환자 당사자와 다른 사람들에 의해 사회적으로 구성되는 과정으로 바라보았다.

셋째, 의료문화기술지의 또 다른 주제는 환자의 질병 경험과 몸의 사회학이다. 이 접근에 대한 연구의 예는 만성적 질병에 관한 문화기술적 연구들이다. 암, 소아마비, 알츠하이머병 등과 같은 질병을 앓는 환자들의 투병 과정에 대한 탐구들이 그 예가 될 수 있다(Davis et al., 1963; Baszanger, 1989). 또한 여성 환자의 질병 경험이나 성이 다른 의사와 환자의 경험(Fisher, 1986; Todd, 1989) 그리고 소수 집단에 포함되는 환자의 투병 경험(Ong, 1995) 등을 탐구한다.

의료문화기술지의 예

생애말기 암환자의 의료적 의사결정에 대한 문화기술지

의료문화기술지의 예로 서민정(2015)의 「생애말기 암환자의 의료적 의사결정에 대한 문화기술지」를 소개하고자 한다. 이 연구는 서민정의 박사학위 논문으로,

생애말기 의료적 의사결정이 환자가 배제된 채 가족과 의사 중심으로 진행되는 것에 대한 논쟁이 있는 상황에서 의료 현장에서 환자가 배제된 의사결정의 담론과 장애 요인을 탐색하고자 진행되었다.

이 연구는 서울의 한 대학병원에서 2014년 8개월 동안 외래 병동에서 참여관찰을 수행하였고, 환자 11명, 가족 11명, 의사 6명, 간호사 7명과 심층 면담을 진행하였다. 서민정은 연구 결과로서 '생애말기 암환자 의료적 의사결정 과정'을 여섯 단계로 개념화하였으며, '환자의 죽음 인지 상태에 따른 상호작용과 의사소통 양상' 그리고 '생애말기 암환자의 의료적 의사결정 과정 속 사회문화적 담론'을 논의하였다. 연구 결과 일부를 인용하면 다음과 같다.

> 대부분의 생애말기 의사결정은 환자의 활력 징후가 심하게 나빠지는 경우에 심폐소생거부(Do-not-resuscitate, DNR) 동의서를 받는 것으로 이루어지고 있고 의사가 의료진의 입장에서 가족들에게 설명하는 형식으로 진행되고 있었다. 의사들 스스로도 환자가 자신의 삶을 잘 마무리할 수 있도록 돕기 위해 설명하기보다는 치료적 과정의 한 부분으로 DNR을 생각하고 있었으며, 의학적인 결정을 가족에게 책임 전가하는 것에 대해 죄책감을 느끼기도 하였다. 대부분의 의사결정이 회진과 외래진료를 통해 이루어지고 있었으며, 이 과정에서 간호사는 스스로 생애말기 의사결정에 참여하지 않고 있다고 표현하였다. 하지만 회진과 외래진료 후 환자, 가족들은 간호사에게 의사의 설명 내용의 의미에 대하여 구체적으로 문의하면서 의사결정에 실제적인 도움을 받고 있었다. 가족은 대리결정에 대한 부담감과 죄책감으로 혼란스러워하고 있었으며, 환자 임종 이후 해결되지 못한 문제로 서로 반목하거나 분쟁이 있는 경우도 있었다. 가족들은 의사와 간호사들이 생애말기 증상(통증, 불안, 섬망, 호흡곤란 등)에 대하여 충분한 지식을 가지고 있지 않으며 의료진 사이에 충분한 의사소통이 되지 않고 있다고 느끼고 있었다(서민정, 2015).

이 연구를 통해 서민정은 말기암 환자가 죽음에 이르는 과정을 개념화하였으며, 특히 환자와 관련한 의사결정이 내려지는 상황과 과정 그리고 구체적 내용들을 심층적으로 제시하였다는 점에서 그의 연구는 문화기술지 연구 방법을 매우 잘 수행한 응용문화기술지의 좋은 예라고 하겠다.

의료문화기술지

윤석주, 이현정(2019). 연명의료 환자에 대한 노년 남성의 배우자 돌봄: 문화기술지 연구. **가족과 문화**, **31**(2), 151-181.

Chopra, V., Harrod, M., Winter, S., Forman, J., Quinn, M., Krein, S., ..., & Saint,S. (2018). Focused ethnography of diagnosis in academic medical centers. *Journal of Hospital Medicine*, *13*(10), 668.

Perry-Young, L., Owen, G., Kelly, S., & Owens, C. (2018). How people come to recognise a problem and seek medical help for a person showing early signs of dementia: A systematic review and meta-ethnography. *Dementia*, *17*(1), 34-60.

Urquhart, L. M., Ker, J. S., & Rees, C. E. (2018). Exploring the influence of context on feedback at medical school: A video-ethnography study. *Advances in Health Sciences Education*, *23*(1), 159-186.

라. 관광문화기술지

관광은 세계적으로 가장 큰 산업 중 하나로서 거대화되고 있다. 지난 반세기 동안 여행인구가 얼마나 급증하였는가는 1950년의 세계 여행자 수 약 2,500만 명과 1993년의 약 5억 명과 비교하면 확연히 알 수 있다. UN세계관광기구(UNWTO)는 2013년 지난해 해외 여행객 수가 전년 대비 4% 늘어난 10억 3500만 명을 기록하였다고 밝혔다. 이와 같이 관광이 세계 곳곳을 향해 확장됨에 따라 관광객의 수가 늘어난 만큼이나 다양한 형태의 관광이 나타나고 있을 뿐만 아니라 관광이 문화에 미치는 영향이 커지고 있다. 지금은 아마존 오지에서도 티셔츠를 입고 코카콜라를 마시며, 마돈나의 노래를 듣는다. 이렇게 해서 전통적인 문화표상은 단편화되어 가지만, 다른 한편으로는 관광이라는 맥락 안에서 재구축된다. 이에 따라 관광은 지구적 차원에서 문화의 현상을 이해하는 중요한 탐구 영역으로 부각되고 있으며, 지구적 차원에서의 문화 현상과 그 역동성을 이해하는 데 매우 적합한 탐구 영역이 되고 있다.

1) 관광과 호스트 사회와의 관계에 대한 두 가지 관점

관광이 호스트 사회에 미치는 영향은 다양한 측면에서 논의되었다. 여기에는 두 가지 측면이 있다. 하나는 호스트 사회를 수동적으로 보고 관광에 의해 결정된다고 보는 입장이 있다. 즉, 호스트 사회가 관광을 스스로 추구하고 참여한 것이 아니라 강요되었다는 관점이다. 이에 따라 관광객과 호스트의 상호관계는 비대칭적 권력관계이며 관광객들이 어떤 문화적 조우가 펼쳐질 것인지를 결정한다. 나아가 관광객의 요구와 응시는 호스트 사회가 어떻게 행동해야 하는지를 결정한다. 즉, 호스트는 관광에서 수동적이고 관광 행사에 영향을 미치지 못한다.

이러한 관광으로 호스트 사회의 지역 경제는 튼튼해지는 경향이 있고 관광객의 돈에 더욱 많이 의존하게 되었다(Stronza, 2001). 그러나 대부분은 관광이 호스트 사회에 부정적인 결과를 초래하였다고 보고 있다. 초기 1970년대 관광인류학이 등장한 시기에는 정치경제학 입장에 따라 문화의 상품화에 따라 호스트 사회의 문화적 의미를 상실하게 하며 암시장, 약물, 매춘 등의 문제를 일으켰다고 보았다. 그 결과 관광은 또 다른 황폐화를 가져왔으며 관광이 호스트 공동체의 계층화와 갈등을 불러왔다고 보았다. 예를 들면, Greenwood(1977)는 스페인의 바스크 지방 연구에서 관광개발 때문에 문화가 상품화되어 팔려나간 결과 현지인들은 문화 · 사회적으로 큰 손실을 입게 되었다고 지적하였다.

다음으로 관광 현상을 내부자적 · 과정적 · 비교적 연구 방법으로 봐야 한다는 관점이 있다(Cohen, 1988). 이러한 관점은 호스트 사회를 수동적으로 바라보는 연구들은 호스트 사회의 주민들이 외부 관광객들을 어떻게 생각하는지를 탐구하지 못하였다고 비판한다(Evans-Pritchard, 1989). 관광은 경제적 접근뿐만 아니라 심리학적 · 사회적 · 문화적 측면에서 지구적 · 문화적 접촉과 변용에 따른 관광객과 지역사회의 만남과 연대, 그리고 지식의 전환과 변화의 측면으로서 문화의 역동성과 변화, 재구축의 과정에 대한 탐구로서 접근될 필요가 있다는 것이다. Evans-Pritchard(1989)는 미국 원주민들이 종종 관광객을 놀리기 위해 민족에 기초한 유머를 사용한다는 것을 발견하였다. 그들은 이미 지나칠 정도로 부풀려진 한 집단에 대한 편견을 과장하면서 외부자들을 흉내 내었다. Howell(1994)은 지역 주민들이 상대적으로 지역 상황에 무지하고 그래서 무능력하고 우습고, 속기 쉽고, 현저하게 이용당하는 관광객을 가지고 놀면서 즐거움을 얻는다는 것을 발견하였다. 또한 현지 주민들은 의도적으로 전통과 관광객을 위하여 민속을 창조한다. Evans-Pritchard(1989)는 원주민들이 종종 자신들의 물건이 미학적인 효과를 내도록 전통 그림과 상징을 사용한다고 주장하였다. 이러한 행위는 지역들이 수동적인 희생자들이라는 것과 반대되는 입장이다. 즉, 지역 호스트들은 관광객들과의 상호작용을 통해 자신들의 정체성을 드러내고 강화하려고 노력한다. 이와 관련하여 Adams(1995)는 인도네시아의 토라자 사람들이 자신들의 지역적인 목적을 성취하기 위한 수단으로서 관광을 활용한다고 주장하며 그들을 관광의 맥락에서 능동적인 전략가와 영리한 문화 정치가라고 묘사하였다(Stronza, 2001: 272-274).

2) 국제적 현상으로서의 관광에 대한 탐구 주제

지금까지 관광을 바라보는 관점에 대해 살펴보았다. 이제 우리는 관광문화기술지의 구체적 연구 주제에 대해 살펴보고자 한다. 첫째, 관광문화기술지는 전통사회의 문화 또는 여러 의례들이 세계적으로 성장하는 관광의 영향에서 어떻게 변화하는지, 그리고 그러한 변화의 의미가 무엇인지를 탐구한다. 이러한 입장에서는 문화가 관광의 영향으로 소멸되거나 그 반대로 보존된다는 주장을 넘어서 문화가 시대와 역사적인 맥락에서 재구축되고 협상되며 재창조되는 것으로 본다. 즉, 전통이란 하나의 실체로 존재하는 '순수한' 것이 아니라 특정의 사회적 맥락 속에서 끊임없이 변화한다(홍석준, 1998). 하나의 예로, 식민지 시대에 정부의 관광개발로 주목을 받기 시작한 문화적 현상이 오늘날 인도네시아의 일원이 된 발리 사회에서는 '전통문화'로서 받아들여지고 있다. 즉, 오늘날 발리의 전통예술이라는 것은 20세기 전반의 식민지 체제 아래에서 구미와의 만남을 통해 새로 만들어진 혼합적 성격의 관광문화라는 것이다. 이와 관련하여 Dirks(1992)는 식민지 시대까지 거슬러 올라가면 오늘날 전통문화라고 일컬어지는 것 중에 식민지 시대에 형성된 것이 있다는 사실을 발견하게 된다고 말하였다. 이러한 반성에 따라 전통이라는 것은 재구성된 과거이므로 그러한 재구성이 무엇을 의미하는가는 중요한 문제로 대두됨과 동시에 확고한 실체로서 문화를 파악할 것이 아니라 항상 생성되어 가는 과정으로서 문화를 이해하는 경향이 분명히 나타나게 되었다.

둘째, 근대적 사회 현상으로서 관광에 대한 탐구이다. 이 주제는 관광을 근대적인 사회 현상으로 바라보고, 관광이 그 사회의 정치적 · 국가적 · 경제적 또는 문화적 환경들과 독립해 있지 않다고 간주한다. MacCannell(2001)은 근대화에 따라 소외된 사회에 살고 있는 사람들이 정신적인 안정을 구하고 스트레스를 해소하며 또 하나의 세계를 추구하고 진정한 자아를 발견하려고 여행을 떠난다고 언급하였다. 이러한 근대사회에서 태동한 관광은 근대성에 대한 탐구로서 그 의미가 있다. 이러한 의미에서 최초의 대중관광이 19세기 후반 영국의 노동계급에서 발생한 것은 우연이 아니며, 그들은 여가시간에 뮤직홀에서 우울함을 달래고, 영국 남부의 브라이튼 같은 해안 리조트로 몰려갔다(Yamashita, 1996). 이러한 관점에서 황달기(1997)는 근세 일본의 에도 관광의 활성화를 '도시문명의 자기해방적 표현 장치'로서 중요한 자원으로서의 관광에 대하여 설명하고 있다.

셋째, 관광문화기술지는 관광객의 요구와 여행객의 관광 경험을 탐구한다. 이는 지역의 순수한 문화라는 것은 허구에 지나지 않으며, 지역의 전통문화라는 것은 관광의 맥락에서 문화적 접촉과 변용에 의해 재구축됨에 따라 관광의 맥락에서 나타나는 문화의 역동적 변형과 재구축을 관광객을 무시하고서는 탐구하기 어렵다는 가정에서 출발한다. 또한 관광객과 호스트 사회와의 접촉에 의해서 관광이 이루어지므로 인류학적 지식을 활용하여 관광객의 관광 요구와 관광 경험의 의미를 이해함으로써 효과적인 관광 정책을 입안하고 관광 산업을 육성할 수 있다. 이와 같이 문화의 재구축에 영향을 미치는 하나의 기원으로서 관광객에 대한 탐구는 다양한 측면에서 이루어져 왔다.

넷째, 관광은 후기 자본주의 사회 현상으로서 문화의 상품화와 문화의 상업주의로서 접근될 수 있다. 무의식적인 관습으로서 인식되었던 문화가 의식적으로 조작되고 정치적으로 거래되며, 관광의 맥락에서 연출되고 소비되는 것으로 나타난다(Yamashita, 1996). Greenwood(1989)는 문화가 패키지화되고 가격이 매겨지며, 통행우선권, 패스트푸드, 룸서비스를 포함하는 관광 산업이 형성되어 지역의 문화적 색깔이 활용되며 남용된다고 보았다. 이러한 입장에서는 관광 산업이 지역의 문화를 파괴한다고 바라본다. 관광이 개발도상국에서 뚜렷한 경제적 역할을 할 수 있지만, 중심국가와 주변국가 간에 또 다른 종속관계를 가져오며 신식민주의의 다른 형태를 낳을 수 있다.

다섯째, 관광과 문화적 접촉으로 만들어지는 지식에 근거한 집단 정체성이 형성되는 과정에 관심을 둔다. Boorstein이 말하는 것과는 달리, 대부분의 관광객들 역시 진짜를 추구하고 새로운 사실을 발견하려고 한다. 관광 시대의 도래로 발견의 시대가 끝난 것이 아니l au 자본주의의 새로운 산업화로서의 관광의 발전은 발견을 위한 새로운 형태로 이해되어야 한다(Yamashita, 1996). 이러한 관광객은 전통적으로 보이지 않는 모든 정체성에 유혹되는 경향이 있다. 그들은 유적지, 종교적 유산, 박물관, 그림 같은 경치 등의 문화적 또는 자연적 유산과 상호작용한다. 이러한 관광객들은 시공간이 어디든지 간에 특별한 지식의 공유에 근거한 집합적인 관광 정체성을 창조해 낸다. 마찬가지로 진실로 관광은 기본적으로 지식에 기초한 산업으로서 최고의 여행 안내자들은 그 관광지에 대한 최고의 지식을 소유하고 있고 그러한 지식을 다양한 고객들과 소통하는 최고의 방법을 알고 있다. 이러한 과정에서 생성되며 지식과 그것을 공유하는 관광객들의 집단 정체성은 시공간적 구속에서 벗어날 뿐만 아니라 장소들의 의미들이 그러한 지식과 관련하여 구성되고 흩어지며 중재된다. 또한 관광객들은 지구적으로 다양한 상호작용으로 다양한 경험을 추구한다. 자신의 일상적이고 획일적인 사회에서 반하는 행동을 하려고 시도하며 다양한 차이를 경험하려고 한다. 따라서 관광객의 시선은 차이를 추구하는 보기의 한 형태이다. 더불어 상징인류학의 맥락에서, 그리고 Leach(1966)의 의례이론에 기초하여 관광은 관광객의 경험의 모형을 만드는 것과 관련되는 독특한 의례 구조를 가지고 있다. 관광객은 다양한 참여자들을 분할하는 사회구조에서 순간적으로 초월하는 방식으로 단체라는 경험을 의례로서 창조한다. 여기에는 관광객들이 문화접촉으로서 만들어내는 상상들과 그것들의 생산, 유포, 소비, 재현에 따라 문화에 대한 의미와 가치의 변화들이 탐구 관심으로 포함된다.

관광문화기술지의 예

안산에 대한 관광객의 문화기술지적 단상들

관광문화기술지의 예로서 최종렬과 최인영의 「탈영토화된 공공장소에서 '에스니시티 전시하기': 안산에 대한 관광객의 문화기술지적 단상들」을 소개하고자 한다. 이 연구는 연구자들이 탈영토화된 공공장소로 간주한 안산 다문화거리에서 '에스닉 관광을 하는 이동하는 관광객의 시선'으로 연구한 관광문화기술지이다. 연구자들은 이 연구를 다음과 같이 설명하였다.

> 전형적인 에스닉 관광객은 시각적 표상을 가능하게 하는 카메라를 들고 진기한 것을 찾아 낯선 이국적인 거리를 떠도는 이방인이다. 관광객의 시선은 '외부자의 관점'을 취하고 있어 지역 거주민의 그것과 달리 진기한 것에 대한 '얇고 분절된 표상'을 추구하며, 이는 보통 무계획적인 잡다한 인상적 사진 찍기로 나타난다. 이러한 에스닉 관광객의 시선으로 문화기술지를 행하기 위해, 방법론적으로 Goffman의 공공장소의 이방인의 사회학과 영상사회학을 결합하였다. 보다 구체적으로 말하면, 탈영토화된 공공장소에 놓인 이주민과 한국인 사이에 어떤 재영토화 전략이 어떻게 실천되고 있는지 관광객의 시선으로 비참여관찰을 통해 연구하였다(최종렬, 최인영, 2012: 1).

이 연구는 Goffman의 '이방인의 사회학'과 Schwartz의 '영상사회학'을 통합적으로 적용하였다. 연구자는 Goffman의 이론을 안산에 적용하여 한국인과 이

주민이 서로 이방인으로 만나 어떻게 공공장소의 질서를 만들어가는지 탐구하였다. 이 연구의 제목에 '단상들'이 들어 있는 것처럼, 연구자들은 그 거리의 다양한 모습과 상호작용의 단상들을 문화기술적 묘사와 사진 대화 내용들을 통해 현실감 있게 제시하고 있다. 연구 내용의 일부를 인용하면 다음과 같다.

> 주택가를 지나다 보니 '빨강 앵두'와 같은 요상 야릇한 이름의 맥주, 양주, 커피를 판다는 '복합술집'이 눈에 띄었다. 저런 가게들을 어디서 보았더라? 그렇지. 서울 아현동 고가도로 밑에 쫙 깔려 있던 술집들. 쪽방과 바로 연이어 있는 상가건물 지하에 검붉은 간판을 한 '초콜렛'이라는 다방도 눈에 들어왔다. 가까이 다가가 보니 교포 환영이란 말과 함께 여종업원을 구한다는 광고가 한국말과 중국어로 유리 현관문에 붙어 있었다. T1은 그걸 보다 픽 웃고 말았는데, 바로 그 위에 '中國宣教教會(중국선교교회)'라는 문구를 보았기 때문이다. 성(性)과 성(聖)이 하나이다! 노동하러 국경을 넘는 순간, 이주 노동자는 인간으로서 죽음을 맞이하여 사물이 된다. 이 죽음은 그가 거주하는 모든 곳을 오염시키기 때문에, 죽음을 애도하는 기간 동안에는 오염을 전염시키는 모든 성적 관계는 금지되어야만 한다. 하지만 오염된 상태로 무한정 있을 수는 없다. 반드시 이를 정화시킬 의례가 필요한데, 역설적이게도 사물을 에로티시즘으로 되살리는 성행위를 통해 이루어진다(Caillois, 2001). 저런 곳에서 성노동하는 여성은 과연 누구인가? 이주의 지구화 시대 재생산적 섹슈얼리티를 매개로 해서 이주해 온 국제결혼 이주 여성에게는 다문화주의란 이름으로 온갖 지원 정책이 취해지고 있지만, 극히 소수의 연구(김애령, 2008)를 빼고는 노동하는 섹슈얼리티를 고리로 하여 이주하는 성노동자에 대한 논의는 거의 찾아볼 수 없는 위선적인 현실!!

연구자들은 이 '단상'을 통해 오늘날 우리 사회의 모순적인 다문화의 현실, 이주 노동자들이 직면한 '잉여'로서의 삶, 이중적으로 소외와 억압의 구조적 모순에 놓여 있는 성을 파는 이주 여성의 삶의 모습들을 지적하고 있다. 이러한 논의를 통해 연구자들은 응용문화기술지가 추구하는 구조적/사회적 문제점을 지적하고 있다. 관광문화기술지 연구의 예를 아래에 제시하니 참고하기 바란다.

관광문화기술지

최종렬(2013). 관광객, 이방인, 문화기술지자: 한 에스닉 관광문화기술지에 대한 자아문화기술지. **문화와 사회**, **14**, 51-96.

Amoamo, M. (2018). Tourism ethnography: Insider and outsider encounters on Pitcairn Island. *International Journal of Tourism Anthropology*, *6*(2), 87-107.

Andrews, H., Jimura, T., & Dixon, L. (Eds.) (2019). *Tourism ethnographies: Ethics, methods, application and reflexivity*. Routledge.

Palmer, C. (2005). An ethnography of Englishness: Experiencing identity through tourism. *Annals of Tourism Research*, *32*(1), 7-27.

마. 마케팅 문화기술지

마케팅 문화기술지는 마케팅인류학에서 소비자 행동에 대한 심층적인 이해를 통해 기업의 경쟁력 향상을 위해 활용되는 연구 방법이다. 소비자 행동 및 마케팅 분야 연구에서 인류학적 방법을 활용한 연구들이 2000년대 이후 폭발적으로 늘어났으며, 현재 관련 연구 논문들은 수백만 건에 이를 정도이다(Venkatech, Crockett, Cross, & Chen, 2017). 이러한 인류학적 지식은 많은 기업에서 폭넓게 활용되고 있다. 미국 마케팅 연구에서 인류학의 '문화기술지' 연구 방법의 활용은 더 이상 일부 연구자에 의한 대안적 시도가 아니라 주류의 연구로 여겨지고 있다. 마케팅 문화기술지는 소비자들이 '무엇을 원하는지뿐만 아니라 무엇을 원할 것인지'도 알려주는 이점이 있다는 점에서 마케팅 분야의 연구 방법으로 차용되고 있으며, 인텔, 노키아, 월풀 등 기업체에서의 인류학자의 고용이 크게 늘어나고 있다(이용숙, 2010; 유창조, 2010). 우리나라에서도 이러한 시도들이 있어왔다. 대표적으로 삼성경제연구소의 보고서 「불황일 때는 팔릴 물건을 만들어라」(최순화, 이동훈, 홍정우, 2003)는 마케팅 조사 기법으로 문화기술적 접근이 유용하다는 것을 보여주었다. 마찬가지로 LG전자에서 2007년에 인사이트(Insight) 마케팅 팀을 창설하였고 '고객 통찰력이 해답이다'에서 고객의 잠재 니즈를 간파하기 위해 소비자들의 행위와 주관적 경험을 이해하기 위한 문화기술지적 방법을 활용할 것을 주장하였다(박정현, 2008).

이와 같이 시장과 소비자 행동에 대한 인류학적 연구는 1980년 초에 그 관심이 살아나기 시작하였는데, 이는 경영학에서 사용되어 오던 실증주의적인 검증 중심의 양적 방법론에 대한 반성과 함께 대안적 방법으로서 나타난 것이다. 상인들은 소비자에 대한 결정적이고 심층적인 정보를 수집하는 것의 중요성을 깨닫고, 질적연구의 장점을 양적연구와 비교하기 시작하였다. 양적연구가 비용이 절감되며 통계적으로 유의미한 수치들을 보여주는 것은 확실하나, 그러한 양적연구의 결과들이 무엇을 의미하는지 이해하는 데는 부족한 것으로 여겨졌다. 기본적으로 질적연구는 양적연구의 이러한 한계를 극복하는 것으로서, 소비자의 행동 아래에 놓여 있는 심층적인 정보를 얻게 해준다고 보았다. 이에 인류학자들은 더욱 적합하고 능률적으로 고객에게 말할 수 있도록 봉사하는 심층적인 정보를 제공해 준다고 보았다.

이와 같이 인류학적 지식이 시장과 마케팅에 활용된 것은 소비에 대한 기본적인 개념이 변화되었기 때문이다. 이를 알아보면 다음과 같다. 첫째, 소비라는 행위는 문화적인 근원에 바탕을 둔 사회문화적 현상이라는 점이다. 즉, 소비 행위가 경제학에서와 같이 최소비용 최대효과를 얻기 위한 합리적인 행위만은 아니라는 것이다. 오히려 사람들이 일상적으로 하는 소비라는 행위를 하는 방식은 그들이 배운 문화에 근원을 두고 있다. 따라서 소비 행위의 실제를 이해하기 위해서는 그들이 속한 문화에서 나타나는 문화적 패턴을 이해해야 한다.

둘째, 소비 행위를 사회적 질서와 집단, 구성원들 간의 연대를 강화하는 도덕적이고 규범적인 행위로서 바라본다. 인류학자이자 사회학자인 Marcel Mauss는『증여론』(1925)에서 원시적 교환 형태인 아메리카의 포틀래치와 멜라네시아의 쿨라, 뉴질랜드의 하우 등에 대한 민족지적 분석을 통해, 증여(선물)가 사회생활의 중요한 기초라고 말하고 있다(Fournier, 2005). 이러한 소비 행위는 종교적 생활과 관념에 기초하여 그러한 믿음을 실천하고 강화하는 행위로서 나타나며, 터부시된 음식을 금하는 것을 포함한다. 따라서 소비와 교환은 사회적 질서와 문화에 기초한다고 볼 수 있다.

셋째, 소비 행위를 소통의 과정으로서 바라본다. 소비는 사회적 과정이자 관계 및 소통의 과정으로서 나타나는 것이다. 즉, 소비 행위를 단순히 상품이라는 물질적 소비만이 아니라 아이디어와 신념을 소비하는 행위라고 본다. 마케팅인류학은 소비라는 현상에 대해 사람들이 상품을 소비하는 것은 물론이며 아이디어와 신념을 소비하는 현상을 연구해 왔다. 소비자의 소비하는 행위와 그 과정은 물건을 시장에서 취득하고 활용하는 수준을 넘어서는 것이다. 핵심적으로 소비라는 행위는 소비자 자신이 누구인지를 다른 사람에게 말하는 것을 돕는다. 소통으로서 소비는 또한 우리가 그러한 상품과 아이디어 그리고 신념의 의미를 알게 되는 방식에 대한 것이다. 한편 사람들은 그들이 소유한 물건으로 소통한다. 우리가 소비하는 그 물건, 아이디어, 신념은 극단적으로 우리가 무엇이며 무엇을 믿는지를 다른 사람들과 소통하게 한다. 우리는 무엇을 소비하느냐에 따라 분류된다. 미디어는 청중이 일상적인 삶에서 소비하고 활용하는 의미를 소통하고 창조한다. 이와 같이 소비 행위를 소통 과정으로 바라봄으로써 광고 제작자와 상인은 소비자 문화 이해의 중요성을 알게 되었다.

넷째, 소비 행위를 의례적인 행위로서 이루어지는 것으로 보고, 소비자의 개인적 영역을 넘어서는 집단의 의례적 행위와 가치들의 발현으로 여긴다. 보통 의례는 종교적이고 신비적인 상황에서 이루어지는 특정한 부분에서의 행위로 바라보았고 심지어는 의례를 원시적이고 퇴보적인 행위라고 잘못 생각해 왔다. 오히려 현대에서도 사람들은 일상적인 삶에서 규칙적으로 다양한 의례적인 활동을 하고 있다. 소비자는 자신을 포함하는 더 큰 공동체의 구성원으로서 다양한 의례적인 사건에 참여한다. 소비자는 가족과 작업 공동체 등에 소속되어 놀이, 졸업식, 결혼식 그리고 죽음으로 이어지는 중요한 삶의 통과 의례들에 참여하면서 적절하고 규범적인 소비 행위를 한다. 뿐만 아니라 가족, 꾸미기, 종교, 선물 주기, 사업, 먹기, 기념, 로맨스, 체육경기, 취침시간, 씻기, 청결 등 일상이 복합적이고 상징적인 의미들의 연쇄 속에서 항상 반복적으로 이루어지는 것이다. 이러한 일상적 모든 행위들은 상호작용과 소통을 돕는 비언어적 수단으로서의 역할을 하며, 드라마와 같이 주인공과 여러 배역, 그리고 청중이 있으며 신중하게 이루어지고 형식을 띠며 내적인 긴장감을 유발한다. 이러한 의례적 경험으로서 소비는 의례적 인공물, 의례적 대본, 의례적 연희 역할, 의례의 청중이라는 네 가지 요소를 포함한다. 음식, 보석, 증서, 촛불, 예복 등은 의례적 인공물로서 나타나며, 의례적 상황에서 의례적 경험을 일으키며 특정한 상징적 활동을 한다. 의례적 대본은 참여자들이 어떠한 소비 행위를 해야 할지를 알려주고, 의례적 연희 역할은 행위의 순서를 구체화한다. 그리고 의례의 청중이란 의례 행위자로서 소비자는 그들과 즉각적으로 소통하고 의미를 나누고 반응을 하면서 행위를 하게 된다는 것을 말한다. 이러한 의례적 행위로서 소비 행위는 몸의 언어이며 정신적이고 육체적인 행위 둘 다를 포함하는 것으로서, 소비자들이 다양한 의례적 제품을 선택하고 구입하고 활용하는 데에서 소비자에 대한 직접적인 참여관찰을 필요로 한다. 한편, 의례적인 소비 행위는 소비자의 심리적인 깊이와 갈등 그리고 일상 행위의 환상적 요소들에 근거할 수 있다. 많은 소비자들의 행위는 여전히 깊은 곳에 있는 동기에서 나온다. 심리학자 Erikson (1977)은 의례적 행위가 미신에서 나오거나 신비에 대한 믿음에서, 때로는 부끄러움, 죄책감, 열등감, 혼란, 외로움에서 나온다고 보았다. 이와 같이 의례적 행위로서 소비 행위를 바라보는 것은 소비자들을 이성적이고 합리적으로 보고 통계적으로 소박하게 연구한 모델들의 연구 결과들과 매우 다른 것이다.

이상에서와 같이 소비라는 행위는 합리적이고 이성적인 활동이라는 전제만으로 이해하기 어려운 복합적인 현상이다. 즉, 소비라는 행위는 사회문화적 토대로서 이루어지며, 주관적인 경험에 기반하고 사회관계에서의 소통의 수단이며, 의례적인 성격으로 사회 질서와 연대를 형성하는 실천으로 볼 수 있다. 이에 마케팅인류학은 소비자의 행위의 의미를 문화적으로 접근하여, 그들의 현재적 필요는 물론이며 잠재적 구매욕구에 대한 통찰력을 제공한다는 점에서 기업의 경쟁력 향상에 적극적으로 응용되고 있다.

마케팅 문화기술지의 예

고객접점 노동자의 스트레스 해결전략 연구

마케팅 문화기술지의 예로서 배준희와 구동모(2015)의 「고객접점 서비스 제공자들의 역할 관련 스트레스 경험에 대한 행동적 해결전략: 문화기술지 연구」를 소개하고자 한다. 이 연구는 고객을 직접 응대하는 직원들이 어떻게, 어떠한 스트레스에 직면하며 어떠한 해결 전략을 활용하는지 탐색하기 위해 수행되었다. 연구자는 양적연구의 한계를 지적하며 마케팅 분야에서의 문화기술지 연구의 가능성을 논의하였다. 서비스 제공자가 근무하는 상황과 맥락에서의 상호작용을 이해하기 위해 연구자들은 의도적 표집으로 백화점 내 의류매장 직원 2명, 아울렛 내의 의류매장 2명과 대형 마트 내의 화장품 매장 2명을 대상으로 참여관찰과 심층 면담을 수행하였다.

연구 결과로서 연구자들은 역할 관련 스트레스를 겪은 서비스 제공자들이 스트레스에 대응하는 방식에 따라 학습형, 창의형, 모면형, 무기력형의 전략을 선택한다고 분석하였다. 또한 스트레스 해결전략 선택에 영향을 미치는 요인으로 상황적 요인과 성격적 요인을 논의하였다.

연구자들은 이 연구의 실천적 시사점으로 다음 세 가지를 제안하였다. 첫째, 역할 관련 스트레스를 겪고 있는 서비스 제공자들이 해결전략을 선택할 때, 영향을 줄 수 있는 관리자 역할이 중요하다는 것이다. 둘째, 역할 스트레스에 대응하는 직원들의 방식에 따라 다른 안내와 중재가 필요하다는 것이다. 마지막으로, 서비스 제공자들이 겪는 역할 관련 스트레스는 더 많은 인지적 자원을 계발할 수 있는 기회가 될 수 있는 긍정적인 측면도 있다는 것이었다.

고객을 응대하는 서비스 직종이 늘어나고 고객 응대가 매출이나 마케팅에 중요한 부분을 차지한다는 점에서 이 연구는 새로운 시사점을 제공하였다. 특히 연구자들이 강조한 것처럼 설문지에 의한 양적연구가 지배적인 분야에서 문화기술지 방법의 적용함으로써 이 분야에서의 한국에서의 적용 가능성을 증명하였다는 점에서 좋은 예라고 할 수 있다.

마케팅 문화기술지

고명지(2021). '#핫플레이스'를 통해 알아본 청년세대의 소비문화. **인문사회 21**, **12**(3), 645-660.

Boddy, C. R. (2011). 'Hanging around with people'. Ethnography in marketing researchand intelligence gathering. *The Marketing Review*, *11*(2),151-163.

Brennan, L., Klassen, K., Weng, E., Chin, S., Molenaar, A., Reid, M., ..., & McCaffrey, T. A. (2020). A social marketing perspective of young adults' concepts of eating for health: Is it a question of morality? *International Journal of Behavioral Nutritionand Physical Activity*, *17*(1), 1-14.

Moisander, J., Närvänen, E., & Valtonen, A. (2020). Interpretive marketing research: Using ethnography in strategic market development. In L. M. Visconti, L. Penãloza, & N. Toulose (Eds.), *Marketing Management* (pp. 237-253). Routledge.

Visconti, L. M. (2010). Ethnographic Case Study (ECS): Abductive modeling of ethnography and improving the relevance in business marketing research. *Industrial Marketing Management*, *39*(1), 25-39.

4. 요약

우리는 이 장에서 전통적 문화기술지에서 분기한 다양한 갈래로서 응용문화기술지의 개념과 정의, 이론적 배경과 특징, 핵심 관점과 발달의 역사, 그리고 다양한 응용문화기술지의 연구 목적과 연구 주제들을 살펴보았다. 사실 전통적으로 문화기술지 방법이 태동하고 발전한 인류학 분야 이외에 의학, 간호학, 공중보건학, 교육학, 경제학, 정치학 등의 분야에서 활용되는 문화기술지는 응용문화기술지로 분류하는 것이 옳을 것이다. 이러한 응용문화기술지는 논의한 바와 같이 현대사회의 여러 가지 현상을 심층적으로 이해하고 문제를 규명하고 나아가 해결이나 개선을 위한 시사점을 제시해 줄 수 있다는 점에서 매우 '실용적'인 연구 방법으로 간주되고 있으며 더욱 적극적으로 활용되고 있다. 이러한 점에서 응용문화기술지는 더욱 다양한 연구/학문 영역으로 확장될 가능성이 있으며, 최근의 동향으로 볼 때 인터넷 문화기술지, 포스트휴먼 문화기술지 등의 발전이 두드러질 것으로 예상된다. 이에 인류학 이외의 학문 분야의 연구자들은 이 응용문화기술지를 적극적으로 활용한다면 새로운 연구 주제를 발굴하고 참신한 연구 지식과 연구 결과를 생성할 수 있을 것으로 생각된다.

5. 참고문헌

고길섶(1999). 청년문화, 또는 소수문화론적 연구에 대하여. **문화과학**, **20**, 145-172.

고명지(2021). '#핫플레이스'를 통해 알아본 청년세대의 소비문화. **인문사회 21**, **12**(3), 645-660.

권지성(2008). 쪽방 거주자의 일상생활에 대한 문화기술지. **한국 사회복지학**, **60**(4), 131-156.

김선희(2012). **농촌 여성노인의 생활체육 실천요인과 방해요인에 대한 문화기술지**. 미간행 석사학위 논문. 명지대학교 산업대학원, 서울.

김예겸(2005). 농촌개발과 실천인류학(action anthropology). **비교문화 연구**, **11**(1), 225-262.

김진미, 서정화(2006). 거리노숙인의 유대 형성에 대한 문화기술지: 삭막한 세계의 동맹자 만들기. **한국 사회복지학**, **58**(3), 51-79.

김태우(2011). 연구동향: 한국 의료인류학의 가능성: 이론적 논의와 연구 경향을 통해 살펴본 한국 의료인류학 과제들. **한국문화인류학**, **44**(3), 149-172.

박정현(2008). **마이크로미디어 시대의 부상과 기업의 대응**. LG Business Insight. http://www.lgeri.com/uploadFiles/ko/pdf/man/LGBI1000-04_20080804081544.pdf.

배준희, 구동모(2015). 고객접점 서비스 제공자들의 역할 관련 스트레스 경험에 대한 행동적 해결 전략: 문화기술지 연구. **마케팅논집**, **23**(4), 95-117.

서민정(2015). 생애말기 암환자의 의료적 의사결정에 대한 질적 서술적 연구. **성인간호학회 학술대회**, 102-103.

유창조(2010). 마케팅조사 현장에서 ethnography 원리의 적용방안에 관한 연구. **조사연구**, **11**(3), 115-137.

윤석주, 이현정(2019). 연명의료 환자에 대한 노년 남성의 배우자 돌봄: 문화기술지 연구. **가족과 문화**, **31**(2), 151-181.

윤택림(2002). 문화의 탈지역화와 한국문화 연구. **한국학**(구 정신문화 연구), **25**(3), 257-282.

이문웅, 한상복, 김광억(2011). **문화인류학**. 서울: 서울대학교 출판문화원.

이용숙(2010). 마케팅 연구에서의 문화인류학적 접근의 활용. **ASIA MARKETING JOURNAL, 11**(4), 129-138.

주재홍(2005). 제7차 교육과정 중학교 사회과 교과서의 오리엔탈리즘 분석. **교육학연구**, **43**, 225-258.

최순화, 이동훈, 홍정우(2003). 불황 때는 팔릴 물건을 만들어라. 삼성경제연구소, **CEO Information**, **405호**.

최종렬(2013). 관광객, 이방인, 문화기술지자: 한 에스닉 관광문화기술지에 대한 자아문화기술지. **문화와 사회**, **14**, 51-96.

최종렬, 최인영(2012). 탈영토화된 공공장소에서 '에스니시티 전시하기': 안산에 대한 관광객의 문화기술지적 단상들. **한국 사회학**, **46**(4), 1-44.

함한희(2009). 국책개발사업으로 인한 갈등의 문화적 조건 연구: 새만금간척개발사업의경우. **한국 사회학회 사회학대회 논문집**, 283-297.

홍석준(1998). 전통의례에서 관광 이벤트로: 말레이시아의 외양꿀릿 (wayang kulit) 을 중심으로. **한국문화인류학**, **31**(2), 481-517.

황달기(1997). 관광대상으로서의 도시와 도시사람들의 관광욕구-근세 일본의 에도를 중심으로. **지역연구**, **6**.

Adams, K. M. (1995). Making-up the Toraja? Theappropriation of tourism, anthropology, and museums for politics in upland Sulawesi, Indonesia. *Ethnology*, *34*(2), 143-153.

Amoamo, M. (2018). Tourism ethnography: Insider and outsider encounters on Pitcairn Island. *International Journal of Tourism Anthropology*, *6*(2), 87-107.

Andrews, H. J., Jimura, T., & Dixon, L. (Eds.) (2019). *Tourism ethnographies: Ethics, methods, application and reflexivity*. Routledge.

Atkinson, P. & Pugsley, L. (2005). Making sense of ethnography and medical education. *Medical Education*, *39*(2), 228-234.

Atkinson, P. & Hammersley, M. (1994). Ethnography and Participant Observation. In Norman Denzin & Yvonna Lincoln (Eds.), *Handbook of Qualitative Research* (pp. 249-261). Thousand Oaks: Sage.

Atkinson, P., Coffey, A., Delamont, S., Lofland, J., & Lofland, L. (Eds.) (2001). *Handbook of ethnography*. Los Angeles: Sage Publications.

Baba, M. L. (2000). Theories of practice in anthropology: A critical appraisal. *The unity of theory and practice in anthropology: Rebuilding a fractured synthesis*, *18*, 17-44.

Baszanger, I. (1989). Pain: Its experience and treatments. *Social Science & Medicine*, *29*(3), 425-434.

Bellaby, P. (1990). What is genuine sickness? The relation between work-discipline and the sick role in a pottery factory. *Sociology of Health & Illness*, *12*(1), 47-68.

Bloor, M. (2007). The ethnography of health and medicine. In P. Atkinson, A. Coffey, S. Delamont, J. Lofland, & L. Lofland (Eds.), *Handbook of ethnography* (pp. 177-187).

London: SAGE Publications Ltd.

Boddy, C. R. (2011). 'Hanging around with people'. Ethnography inmarketing researchand intelligence gathering. *The Marketing Review*, *11*(2), 151-163.

Brennan, L., Klassen, K., Weng, E., Chin, S., Molenaar, A., Reid, M., ..., & McCaffrey, T. A. (2020). A social marketing perspective of young adults' concepts of eating for health: Is it a question of morality? *International Journal of Behavioral Nutritionand Physical Activity*, *17*(1), 1-14.

Burawoy, M., Blum, J. A., George, S., Gile, Z., & Thayer, M. (2000). *Globalethnography: Forces, connections, and imaginations in a postmodern world*. NY: University of California Press.

Chambers, E. (2000). Applied Ethnography. In N. K. Denzin and Y. S. Lincoln (Eds.), *Handbook of Qualitative Research* (pp. 851-869). Thousand Oaks, CA: Sage.

Chapman, M. (2001). Social anthropology and business studies: Some considerations of method. In D. N. Gellner and E. Hirsch (Eds.), *Inside organizations: Anthropologists at work* (pp. 19-33). Oxford: Berg.

Chopra, V., Harrod, M., Winter, S., Forman, J., Quinn, M., Krein, S., ..., & Saint, S. (2018). Focused ethnography of diagnosis in academic medical centers. *Journalof Hospital Medicine*, *13*(10), 668.

Cohen, E. (1988). Authenticity and commoditization in tourism. *Annals of Tourism Research*, *15*(3), 371-386.

Davis, T. E., Canfield, C. J., Herman, R. H., & Goler, D. (1963). Thyroid function in patients with aspermiogenesis and testicular tubular sclerosis. *New England Journal of Medicine*, *268*(4), 178-182.

Dirks, N. B. (1992). *Colonialism and culture*. University of Michigan Press.

Epstein, D., Fahey, J., & Kenway, J. (2013). Multi-sited global ethnography andtravel: Gendered journeys in three registers. *International Journal of Qualitative Studies in Education*, *26*(4), 470-488.

Erikson, E. H. (1977). *Toys and reasons: Stages in theritualization of experience*. WW Norton& Company.

Estroff, S. E. (1981). *Making It Crazy: An Ethnography of Psychiatric Clients in anAmerican Community*. Berkeley, CA: University of California Press.

Evans-Pritchard, D. (1989). How "they" see "us": Native American images of tourists. *Annals of Tourism Research*, *16*(1), 89-105.

Farmer, P. (1999). *Infections and inequalities*. Berkeley.

Fisher, S. (1986). *In the Patient's BestInterest: Women and the Politics of Medical Decisions*. New Brunswick, NJ: Rutgers University Press.

Foster, G. M. (1969). *Applied anthropology*. Little, Brown.

Fournier, M. (2005). *Marcel Mauss* (p. 448). Princeton University Press.

Gille, Z. & Riain, S. Ó. (2002). Globalethnography. *Annual Review of Sociology*, *28*(1), 271-295.

Goodson, L. & Vassar, M. (2011). Anoverview of ethnography in healthcare and medical education research. *Journal of Educational Evaluation for Health Professions*, *8*.

Greenwood, D. J. (1989). Culture by the pound: An anthropological perspective on tourism as cultural commodification. In V. Smith (Ed.), *Hosts and Guests: The Anthropology of Tourism* (pp. 171-185). University of Pennsylvania Press.

Hammersley, M. (1992). Some reflections on ethnography and validity. *Qualitative studies in Education*, *5*(3), 195-203.

Helman, C. (2007). *Culture, health and illness*. CRC press.

Ho, L. C. (2020). Conceptualizing and researching student mobilities in Easet Asia. **현대사회와 다문화**, **10**(2), 1-23.

Howard, A. & Maxwell, C. (2020). Conferred cosmopolitanism: Class-making strategies of elite schools across the world. *British Journal of Sociology of Education*, *42*(2), 164-178.

Howell, B. (1994). Weighing the risks andrewards of involvement in cultural conservation and heritage tourism. *Human Organization*, *53*(2), 150-159.

Ikanda, F. N. (2020). The Role of Somali Kinship in Sustaining Bureaucratic Governance around Dagahaley Camp in Kenya. *Ethnos*, 1-20.

Klawiter, M. (2000). From private stigma to global assembly: Transforming the terrain of breast cancer. In M. Burawoy, J. A. Blum, S. George, & Z. Gille. (Eds.), *Global ethnography: forces, connections and imaginations in a postmodern world* (pp. 299-334), Berkeley, CA: University of California Press.

Lapegna, P. (2014). Global ethnography and genetically modified crops in Argentina: On adoptions, resistances, and adaptations. *Journal of Contemporary Ethnography*, *43*(2), 202-227.

Lash, S. M., Urry, S. L. J., & Urry, J. (1993). *Economies of signs and space* (Vol. 26). London: Sage.

Leach, E. R. (1966). G. Ritualization in man: Ritualization in man in relation to conceptual and social development. *Philosophical Transactions of the Royal Society of London. Series B, Biological Sciences*, *251*(772), 403-408.

Little, P. D. (2000). Recasting the Debate: Development Theory and Anthropological Practice. In Carole E. Hill & Marietta L. Baba (Eds.), *The Unity of Theory and Practice in Anthropology: Rebuilding a Fractured Synthesis* (pp. 119-131). NAPA Bulletin 18.

Lyon, E. (1997). Applying Ethnography. *Journal of Contemporary Ethnography*, *26*(1), 3-27.

Mackintosh, M. (1992). Partnership: Issues of Policy and Negotiation. *Local Economy*, *7*(3), 210-224.

MacCannell, D. (2001). Tourist agency. *Tourist Studies*, *1*(1), 23-37.

Maginn, P. J. (2007). Towards more effective community participation in urban regeneration:

The potential of collaborative planning and applied ethnography. *Qualitative Research, 7*(1), 25-43.

Massey, D. (1991). A global sense of space. *Marxism Today*, June, 24-29. Retrieved from http://banmarchive.org.uk/collections/mt/pdf/91_06_24.pdf. Accessed 9, October, 2021.

Mayhew, H. (2009). *London labour and the London poor: A cyclopædia of the condition and earnings of those that will work, those that cannot work, and those thatwill not* (Vol. 1). Cosimo, Inc.

Moisander, J., Närvänen, E., & Valtonen, A. (2020). Interpretive marketing research: Using ethnography in strategic market development. In L. M. Visconti, L. Penãloza, & N. Toulose (Eds.), *Marketing Management* (pp. 237-253). Routledge.

Nastasi, B. K. & Berg, M. (1999). Using ethnography to strengthen and evaluate intervention programs. *Using ethnographic data: Interventions, public programming, and public policy*, 7.

Ong, A. (1995). Making the biopolitical subject: Cambodian immigrants, refugeemedicine and cultural citizenship in California. *Social Science and Medicine*, *40*, 1243-57.

Palmer, C. (2005). An ethnography of Englishness: Experiencing identity through tourism. *Annals of Tourism Research*, *32*(1), 7-27.

Pelto, P. J. (2016). *Applied ethnography: Guidelines for field research*. Routledge.

Perry-Young, L., Owen, G., Kelly, S., & Owens, C. (2018). How people come to recognise a problem and seek medical help for a person showing early signs of dementia: A systematic review and meta-ethnography. *Dementia*, *17*(1), 34-60.

Poster, H. (Eds.) (1983). *The Anti-aesthetic: Essays on Postrmodern culture*. Washington: Bay Press.

Poster, W. R. (2002). Racialism, sexuality, and masculinity: Gendering 'global ethnography' of the workplace. *Social Politics: International Studies in Gender, State & Society*, *9*(1), 126-158.

Preble, E. & Casey, J. J. (1969). Takingcare of business—The heroin user's life on the street. *International Journal of the Addictions*, *4*(1), 1-24.

Prout, A. (1986). 'Wet children' and 'littleactresses': Going sick in primary school. *Sociology of Health & Illness*, *8*(2), 113-136.

Ritchie, J. & Lewis, J. (2003). *Qualitative research practice*. London: Sage.

Rylko-Bauer, B., Singer, M., & Willigen, J. V. (2006). Reclaiming applied anthropology: Its past, present, andfuture. *American Anthropologist*, *108*(1), 178-190.

Said, E. (1978). *Orientalism: Western concepts of the Orient*. New York: Pantheon.

Savage, J. (2006). Ethnographic evidence: The value of applied ethnography in healthcare. *Journal of Research in Nursing*, *11*(5), 383-393.

Schneider-Muñoz, A. J. (1996). Socially Constructed Worlds of High Risk Youth in the US. *Journal of Child and Youth Care Work*, *11*, 72-83.

Schneider-Muñoz, A. J. (1999). *"Chosen caregivers": A developmental ethnography of relationship in youth work*. Harvard University.

Singer, M. & Clair, S. (2003). Syndemics and public health: Reconceptualizing disease in bio-social context. *Medical Anthropology Quarterly*, *17*(4), 423-441.

Stall, R., Mills, T. C., Williamson, J., Hart, T., Greenwood, G., Paul, J., ..., & Catania, J. A. (2003). Association of co-occurring psychosocial health problems and increased vulnerability to HIV/AIDS among urban men who have sex with men. *American Journal of Public Health*, *93*(6), 939-942.

Strong, P. M. (1979). *The Ceremonial Order of the Clinic*. London: Routledge and Kegan Paul.

Stronza, A. (2001). Anthropology of tourism: Forging new ground for ecotourism and other alternatives. *Annual Review of Anthropology*, *30*(1), 261-283.

Sudnow, D. (1967). Dead on arrival. *Transaction*, *5*(1), 36-43.

Todd, A. D. (1989). *Intimate Adversaries: Cultural Conflict between Doctors and Women Patients*. Philadelphia: University of Pennsylvania Press.

Urquhart, L. M., Ker, J. S., & Rees, C. E. (2018). Exploring the influence of context on feedback at medical school: A video-ethnography study. *Advances in Health Sciences Education*, *23*(1), 159-186.

Venkatesh, A., Crockett, D., Cross, S., & Chen, S. (2017). Ethnography for marketing and consumer research. *Foundations and Trends® in Marketing*, *10*(2), 61-151.

Visconti, L. M. (2010). Ethnographic Case Study (ECS): Abductive modeling of ethnography and improving the relevance in business marketing research. *Industrial Marketing Management*, *39*(1), 25-39.

Walker, R. (2004). Perspectives from Ethnography: Applications in Mission and Urban Theology. *British Journal of Theological Education*, *14*(2), 153-167.

Walker, R. (Ed.) (1985). *Applied qualitative research*. Aldershot, UK: Gower.

West, C. (1993). Reconceptualizing gender in physician-patient relationships. *Social Science & Medicine*, *36*(1), 57-66.

Yamashita, S. (1996). *Tourism* (Anthropology of). Tokyo: Shinyosha [written in Japanese with title of Kanko Jinruigaku].

제3장

현상학적 질적연구

이론화와 실천 분야

사회학, 범죄학, 여성학, 예술학, 무용학, 상담학, 정신분석학, 교육학, 간호학, 사회복지학, 특수교육학, 청소년 연구, 의학, 유아교육학, 청소년학, 가족학, 교육인류학, 마케팅, 관광학

현상학적 질적연구는 체험이나 현상의 본질을 탐구하는 질적연구 방법이다. 이 방법론은 유럽에서 태동하여 실증주의, 과학주의, 실험주의 연구 패러다임에 대한 존재론적 · 인식론적 · 방법론적 비판을 제시한 현상학이 북아메리카의 실용주의 전통과 결합하면서 태동하였다. 현상학적 질적연구는 북아메리카와 서구에서 교육학, 간호학, 심리학 등 다양한 사회과학 학문 분야에서 활용되고 있다. 하지만 우리나라에서 현상학적 질적연구는 문화기술지, 내러티브 탐구, 생애사 연구 등과 같은 다른 질적연구 방법론들에 비해 상대적으로 활발하게 활용되고 있지 않다. 하지만 최근 현상학적 질적연구 방법론을 적용한 연구들이 다소 증가하고 있는 것은 이 방법론의 한국적 적용과 발전을 고려할 때 고무적인 일이라 하겠다. 이 장에서는 현상학적 질적연구의 개념과 특징을 먼저 설명하고, 방법론의 특징과 철학적 배경과 방법론의 핵심 개념을 설명한 후, 현상학적 질적연구의 절차와 방법을 알아보고자 한다.

1. 현상학적 질적연구의 개념과 특징

현상학적 질적연구는 인간 경험(experience)의 의미와 본질을 탐구하기 위해 체험(lived experience)의 본질적 특성과 구조를 밝히기 위한 질적연구 방법이다(김영천, 2012). 다시 말해, 이 방법론은 인간의 체험을 있는 그대로 탐구하고, 그 체험의 본질적인 구성 요소를 파악하여 체험의 본질을 탐구하는 연구 방법론을 일컫는다. 이 연구 방법은 양적연구와 같은 '과학적' 연구는 복잡하고 미묘한 인간의 경험과 인간 현상을 이해하는 데 심각한 한계가 있으며 인간과 인간 경험에 대한 우리의 이해를 더욱 모호하게 한다는 비판에 기초한다(Crotty, 1996). 이러한 현상학적 질적연구에 대한 기본적 이해를 위해 우리는 이 연구 방법론의 개념과 방법론적 특징에 대해 설명하고자 한다.

가. 현상학적 질적연구의 개념

현상학적 질적연구가 무엇인지에 대한 좀 더 명료한 이해를 위해 대표적 학자들이 제시한 현상학적 질적연구의 정의와 목적을 살펴보고 이에 기초하여 현상학적 질적연구의 특징을 설명하고자 한다.

- 현상학적 질적연구는 특정 개념이나 현상에 대한 여러 개인들의 체험적 의미를 기술하며, 연구 참여자들이 현상을 경험하면서 공통적으로 갖게 된 것을 기술하는 데 기본적인 목적을 둔다(Creswell, 2007).
- 현상학은 생경험, 즉 체험에 기초하여 인간이 자신들이 살아가는 세상에 대한 인식과 의미를 탐구를 목적으로 한다(Langdridge, 2007).
- 현상학적 탐구는 체험을 심층적이고 총체적으로 기술하는 것이다. 이 연구 방법의 전제는 현상을 경험하는 자들만이 그 경험을 통하여 세상과 상호작용한다는 것이다(Todres & Holloway, 2004).

- 현상학은 사물의 현상과 외양에 대한 연구이고, 그들의 본질을 발견하는 것이 연구의 궁극적인 목적이다(van Manen, 1990).
- 현상학적 연구는 살아 있는 인간 경험을 기술하는 것이며, 대상자의 실재에 접촉하는 총체적인 접근을 요구한다. 현상학의 목적은 인간에 대한 이해의 증진으로 명상적인 사고를 기초로 행동의 본질을 설명하는 것이다(Omery, 1983).

정리하면, 현상학적 질적연구는 인간의 체험을 총체적이고 심층적으로 기술, 분석, 이해함으로써 그 본질적 요소와 구조 그리고 의미를 밝히는 연구 방법론이다. 위에서 제시한 현상학적 연구에 대한 학자들의 개념적 설명을 읽고서도 어떤 독자들은 여전히 현상학적 질적연구가 무엇인지에 대한 모호함이 남아 있을 수 있다. 이러한 모호함은 실제로 수행된 현상학적 연구의 예를 통해 어느 정도 해소될 수 있다. 이에 최근 우리나라에서 발표된 한 연구를 소개하고자 한다. 고민선, 김지순과 안숙희(2020)는 Giorgi의 기술적 현상학에 기초하여 임신 여성의 적응 현상에 대한 본질적 구조와 의미를 밝히고, 임신 여성의 적응 양상은 어떠한지 이해하고자 하였다. 연구의 결과로서 이들은 임신 적응 양상을 개인적 · 관계적 · 사회적 조건에서 이루어지는 임신 여성과 부부의 노력을 확인하고, 그 적응 과정에서의 본질적 구조로서 '적응을 위한 노력', '부성 적응', '배우자와의 관계', '가족과 지역사회 구성원으로부터의 공감', '사회적 제도'를 규명하였다. 이 예를 통해 알 수 있듯이, 현상학적 질적연구는 인간 체험의 본질과 그 구조를 밝히고 이를 기술하는 것을 목적으로 한다.

나. 현상학적 질적연구 방법론의 특징

현상학적 연구의 개념과 목적을 살펴보았다. 이해에 기초하여 우리는 현상학적 질적연구의 특징을 살펴보고자 한다. 사실 현상학적 연구 방법은 Giorgi, Colaizzi, van Manen, Benner, van Kaam, Moustakas 등의 학자들에 의해 이론화되어 매우 다양한 이론이 존재한다. 따라서 독자들은 각각의 학자들의 이론이 방법론적 측면에서 다양함이 있음을 주지할 필요가 있다. 우리는 여기서 현상학적 연구의 대가로서 많은 연구에서 차용되고 있는 van Manen(1990)의 이론에 기초하여 현상학적 질적연구의 특징을 설명하고자 한다. van Manen은 현상학적 질적연구의 특징을 **<표 3-1>**과 같이 제시하였다.

〈표 3-1〉 현상학적 질적연구의 특징

요소	특징	설명
연구 목적	• 체험 이해	• 인간이 겪은 그대로의 체험을 반성 이전의 체험 그대로 탐구
탐구 대상	• 인간 '의식'에 드러나는 '체험'	• 연구 대상이 되는 체험은 인간의 의식에 드러나는 체험: 현실적인 것이든, 상상의 것이든, 우리의 의식에 드러나는 모든 체험
추구하는 연구 결과	• 체험의 본질적 요소와 구조	• 현상의 본질과 체험의 본질: 본질이란 어떤 것을 바로 그것으로 만드는 것; 그것 없이 어떤 것을 그것일 수 없게 하는 것
연구 방법	• 현상/체험 기술과 해석	• 체험과 체험적 의미를 그대로 기술: 체험의 의미나 실존적 의미를 일정한 정도로 깊이 있고 풍부하게 기술하고 해석
방법론의 성격	• 인간과학적 • 경험과학적	• 특별한 연구 방법을 사용하는 체계적 연구 • 텍스트를 통해 체험 속에 구체화되어 있는 의미 구조를 명확히 밝히는 명시적 연구 • 방법과 성과가 보여주는 내용과 결과에 대해 지속적으로 검토하는 자기비판적 연구 • 현상을 기술된 대로 정당화하기 위해 타인을 필요로 하는 상호주관적 연구

첫째, 현상학적 질적연구는 인간의 체험을 있는 그대로 탐구하기 위한 방법론이다. 이 목적을 이해하기 위해서는 '체험(lived experience)'과 '경험(experience)'의 차이를 이해할 필요가 있다. van Manen에 따르면, 체험이란 경험의 특별한 형태로서 인간이 경험하는 그 무엇을 경험하는 바로 그 순간의 경험을 가리킨다. 우리가 일반적으로 이야기하는 경험은 그 체험의 순간 이후에 우리의 기억 속에 남아 있는 경험과는 다른 어떤 것이다. 다시 말해, 우리가 기억하고 있는 경험은 우리가 그것을 경험하던 바로 그 당시의 경험과 다른 그 무엇이다. 왜냐하면 그러한 경험은 우리의 사고 과정을 통해 해석되고 분석된, 그 당시에 비해 변형된 경험이기 때문이다. 이에 우리는 그 순간의 경험으로서의 체험을 결코 그 순간에 포착할 수 없다. 다시 말해, 시간이 흐른 뒤 그 체험에 대한 반성적 사고를 통해 접근할 수 있는 것이다. 즉, 체험이란 지금 우리의 기억 속에 남아 있는 변형되고 해석된 경험이 아니라 그 경험을 하고 있는 바로 그 순간의 경험을 말한다. 그 체험을 탐구하기 위한 방법론이 현상학적 질적연구이다.

둘째, 현상학적 질적연구는 인간의 의식에 드러나는 바로 그대로의 체험에 대한 이해를 추구한다. 다시 말해, 인간이 가지는 모든 경험이 아니라 인간의 의식에 드러나는 모든 체험은 현상학적 질적연구의 연구 주제가 될 수 있다. 인간이 일상적으로

하게 되는 체험, 운동과 같이 몸을 통한 체험, 음악적 체험, 예술적 감정적인 체험은 물론이며 심지어 수면 중에 갖게 되는 꿈 또는 환상과 같은 신체적으로 경험하지 않았지만 의식에 존재한다면 체험으로서 현상학적 탐구의 주제가 될 수 있다(Tholey, 1989). 다시 말해, 인간의 의식에 드러나기만 한다면 그 어떤 것도 현상학적 질적연구로서 연구될 수 있다.

셋째, 현상학적 질적연구는 체험의 본질과 그 요소 그리고 구조를 밝히고자 한다. 다시 말해, 연구자들은 현상학적 방법을 통해 탐구하고자 하는 체험을 구성하는 본질적 요소와 특징 그리고 그것들에 의해 만들어지는 체험의 구조를 밝히고자 한다. 현상학적 질적연구는 기술적 연구, 해석적 연구 등으로 구분되기도 하고, 현상학적 연구에서 생생한 기술이 매우 중요한 요소이다. 하지만 이러한 과정을 거쳐 연구의 결과로서 현상학은 탐구한 체험을 구성하는 본질적 요소와 그 구조를 밝히고자 한다. 예를 들어 출산 체험에 대한 연구를 한다고 할 때, 본질적 요소는 '태아와 산모의 관계'일 수 있다. 출산이라는 인간의 체험을 탐구하고자 할 때 그 본질적 요소가 없다면 우리는 그 경험을 출산으로 간주하지 않을 것이다. 이처럼 인간이 어떠한 대상이나 체험을 그것으로 인식할 때는 그것을 그것으로 만드는 본질적인 요소가 있다. 즉, 현상학적 질적연구는 하나의 체험을 바로 그 체험으로 만드는 그 무엇, 즉 본질적 요소들의 규명과 그들의 관계적 구조를 밝히고자 한다.

넷째, 현상학적 질적연구는 인간의 체험을 있는 그대로 묘사하고 기술하는 데 많은 노력을 기울인다. 모든 현상학에서 그러하지만 이 특징은 특히 기술적 현상학 연구에서 더욱 강조된다. 사실 현상학을 실존주의로 발전시킨 대가 중 한 학자인 Merleau-Ponty(2002: ix)는 "설명하거나 분석하는 것이 핵심이 아니라 묘사하는 것이 핵심이다"라고 이야기하였다. 실증주의에 기초하여 연구 결과를 수량화하고 일반화하는 연구 접근과 달리 현상학적 질적연구는 경험을 단순화하거나, 경험에 대한 연구자의 해석만을 제시하려 하지 않는다. 즉, 참여자의 체험을 변형, 왜곡, 단순화하지 않기 위해 있는 그대로 구술하여 더욱 심층적이고 다양한 측면의 이해에 도달하고자 노력한다.

다섯째, 현상학적 질적연구는 현상과 체험에 대한 인간과학적 연구이다. 이 특징은 철학으로서의 현상학과 질적연구 방법론으로서의 현상학이 구분되는 가장 중요한 지점이다. 다시 말해, 철학으로서의 현상학은 연구자의 통찰과 사유를 통해 이루어지지만, 현상학적 질적연구는 체계적인 방법과 절차를 통해 수행되는 인간에 대한 경험과학적 연구이다. 이에 대해 van Manen(1990)은 다음 세 가지 측면에서 철학으로서의 현상학과 현상학적 질적연구가 다르다고 설명하였다. 먼저, 현상학적 질적연구는 체계적인 연구 방법을 활용한다. 관찰, 면담, 반성, 직관, 괄호치기 등의 방법을 활용하는 과학적 연구이다. 다음으로 자기비판적 특성이다. 이 연구 방법은 연구 성과로의 접근에서 지속적으로 검토하고 수정하여 발전시킨다는 측면에서 자기비판적인 성격을 가진다. 마지막으로, 연구 결과의 타당성 측면에서 현상학적 질적연구는 타인의 체험과 그들의 체험에 대한 의식의 증거들을 수집하고 이에 대한 타당성을 검증한다.

하지만 현상학적 질적연구에 대한 오해도 존재한다(van Manen, 1990). 대표적인 몇 가지를 살펴보자. 먼저 현상학적 질적연구를 사변철학의 한 모습으로 간주하는 오해이다. 물론 현상학적 질적연구가 현상학을 기반으로 하고 있으나 단지 체험에 대한 철학적 논의를 전개해 나가는 것이 아니다. 현상학적 질적연구에서 현상학으로부터 물려받은 것은 그 태도와 방법론이지 철학 그 자체는 아니다. 다음으로 현상학적 질적연구를 단지 '인간의 경험'을 탐구하는 연구 전통으로 간주하는 경우도 있다. 현상학적 질적연구가 인간의 경험을 탐구 주제로 하기는 하지만 그것만으로는 현상학적 질적연구라 부를 수 없다. 인간 경험을 탐구하기 위해 연구자는 객관적이고 수치화된 데이터를 분석할 수도 있고 이를 기반으로 하여 경험의 모습을 일반화하거나 실제의 사태를 단지 기술할 수도 있다. 하지만 현상학적 질적연구는 체험을 탐구하되 이를 실증적인 연구 방법으로 접근하지 않는다. 오히려 체험과 그 체험 속의 의식 현상, 그리고 그 체험 속의 구체적인 본질을 질적인 방법으로 접근하여 그 체험 깊숙이 숨어 있는 의미를 밝힌다. 이러한 측면에서 현상학적 질적연구는 "무엇을 탐구하는가?"와 "어떻게 탐구하는가?"가 함께 고려되어야 하는 연구 전통이다. 마지막으로 현상학적 질적연구는 주관적인 내용만을 다룬다는 오해가 있다. 물론 현상학적 질적연구의 대상이 인간의 주관적인 '체험'이고 객관적인 데이터를 근간으로 하기보다는 참여자의 주관이 포함된 데이터를 기반으로 하지만 오로지 주관적인 체험의 의미만을 탐구하는 것은 아니다. 오히려 연구 참여자의 체험에 대한 데이터를 기반으로 하여 그 속의 본질적 요소를 탐구함으로써 참여자의 '주관성'과 체험의 본질로서의 '객관성' 사이에서 균형을 취하기 위해 노력한다.

2. 현상학적 질적연구의 철학적 배경

지금까지 현상학적 질적연구가 무엇인지 그리고 어떠한 연구 방법론적 특징을 가지는지 살펴보았다. 여기서는 현상학적 질적연구의 철학적 배경에 대해 알아보고자 한다. 이는 현상학적 질적연구를 이해하기 위해서 철학으로서의 현상학에 대한 기본적 이해가 필수적이기 때문이다. 왜냐하면 연구 방법론의 기초가 되는 철학적 입장은 연구자의 연구 패러다임, 즉 존재론, 인식론, 가치론, 방법론에 영향을 미치기 때문이다(김영천, 2013a). 이에 우리는 먼저 현상학적 질적연구의 철학적 기초로서의 현상학에 대해 살펴보고 현상학적 질적연구의 핵심 개념을 설명하고자 한다.

가. 현상학의 시작: Husserl과 Heidegger

현상학은 전통적인 철학의 한계에 대해 비판하며 19세기 유럽에서 등장한 철학적 흐름이다. Husserl에 의해 시작된 현상학은 이후 Heidegger, Merleau-Ponty, Sartre 등의 현상학 철학자들에 의해 발전되어 왔다(Pinar, 1994). 특히 이 철학자들은 이후 현상학적 질적연구의 발전에 지대한 영향을 미쳤다(Dowling, 2005; 이근호, 2006; 김영천, 2013b). 특히, 현상학적 질적연구의 태동과 발전에 지대한 영향을 끼친 Husserl과 Heidegger의 현상학에 대해 간략히 알아보고 이러한 현상학이 어떻게 현상학적 질적연구로 발전되었는지 설명하고자 한다.

Husserl은 현상학의 창시자이다. 그가 살던 19세기 말에서 20세기 초는 실증주의와 역사주의가 팽배하던 시기였는데, 특히 자연과학 분야에서의 실증적 · 실험적 연구 방법이 자연과학 분야에서의 성과를 배경으로 하여 심리학과 같은 다양한 인간과학 분야에도 광범위하게 도입되었다. 그는 이러한 철학적 탐구 접근에 의문을 제기하였다. 그러한 의문은 어떻게 다양한 학문 분야에 하나의 시각이 무차별적으로 적용될 수 있는가에 대한 것이었다. 이러한 의문을 극복하기 위해 그는 각 학문은 그 학문에 적합한 접근으로 탐구되어야 하고 이를 위해서는 학문의 구조가 밝혀져야 한다고 주장하였다. 그리고 이러한 학문의 구조를 밝혀내기 위한 방법으로서 현상학을 고안하였다. Husserl의 이러한 현상학의 특징은 무전제성과 현상 자체에 대한 탐구를 특징으로 한다고 할 수 있다. 즉, 대상을 탐구하는 데 일체의 선입견 또는 선이해를 배제하고, '사태 자체로(Zu den Sachen selbst)' 돌아가 대상을 있는 그대로 탐구하는 것이 현상학의 기본 구조라 할 수 있다. Husserl은 이러한 탐구를 위한 개념과 방법으로 지향성(inentionality), 환원(reduction)과 판단 중지(suspension), 에포케(epoché), 본질 직관(intuitoin) 등에 대한 논의를 전개하였다(이남인, 2004; 박승억, 2007). 이러한 Husserl 현상학은 현상학적 질적연구의 성격과 방법적 개념에 전반적으로 영향을 미쳤다.

Heidegger는 Husserl의 제자로서 Husserl의 현상학에 해석학적 전통을 노입하여 해석학적 현상학을 발전시켰다. Heidegger의 학문적 관심은 존재 그 자체를 탐구하는 것이었다. 그는 기존의 존재에 대한 연구가 존재자에 대한 연구에 머물러 있다고 지적하였다. 또한 그러한 존재와 존재자를 당연한 것으로 간주함으로써 존재 그 자체에 대한 탐구에 미흡하였음을 지적하며 존재에 대한 자신의 해석학적 현상학을 발전시켰다. Heidegger는 존재 자체에 대한 탐구를 위해 현상학에 해석학적인 요소를 도입하였으며, 해석학적 순환을 위한 방법론을 착안하였다(이남인, 2004). 해석학적 순환이란 애매하고 불완전하지만 주어진 선이해를 통해 대상을 해석하고, 이러한 해석의 결과로서의 이해를 통해 다시 알고 있던 내용에 대한 이해를 심화하는 일련의 과정을 의미한다. 우리는 어떠한 대상을 접할 때, 애매하고 어렴풋이나마 그것에 대한 이해를 가지고 있다. 그리고 그러한 이해는 우리가 그 대상을 해석할 수 있는 기반이 된다. 그리고 이러한 애매하고 어렴풋이 주어지는 선이해를 통해 대상을 해석함으로써 대상에 대한 더 진전된 이해를 획득하게 된다. 그리고 이렇게 획득된 이해는 우리가 기존에 가지고 있는 선이해를 더 확장, 개선, 변화시킬 수 있는 기초가 된다. 이는 우리가 검증해야 하는 대상을 기준으로 검증의 정당성을 확보하는 순환 오류와는 다른 개념으로서 Heidegger는 이러한 해석학적 순환을 통해 존재의 의미를 탐구하고자 하였다(이남인, 2004).

나. 실용주의, 상징적 상호작용론과 현상학의 만남

유럽에서 시작된 현상학은 20세기 초 미국으로 전해져 당시 미국 철학의 대표적인 경향을 이루던 논리실증주의와 대립하게 되었다. 현상과 세계에 대한 인간의 직접적인 경험으로부터 얻은 정보를 분석하고 이해하는 방법을 제시한 Husserl의 현상학은 북아메리카의 철학에 새로운 존재론과 인식론으로 대두되었다. 이와 같이 Husserl의 현상학이 미국에 소개되면서 기존의 논리실증주의와 같은 '자연적인 태도'는 심대한 도전에 직면하였다. 하지만 1950년대까지 현상학은 미국 철학의 주류로 간주되지 않았다. 제2차 세계대전이 끝나고 유럽의 철학, 예술, 문화가 미국으로 들어올 때 Sartre, Camus, Marcel, Heidegger 등의 실존철학도 함께 소개되었다. 그러자 미국의 논리실증주의는 또 한 번 도전을 받게 되었는데, 이는 "경험적이고, 자연적이며, 실증적인 것으로 간주하던 모든 철학적인 방법들을" 새로이 하는 기회를 제공하였다. 현상학적 탐구는 언급한 학자들의 학문적 관심에 따라 다양한 유형의 현상학으로 발전되었다.

북아메리카의 학자들은 북아메리카 특유의 철학적 전통과 유럽의 현상학을 결합시켜 현상학을 받아들였는데, 이로 인해 유럽의 현상학에 북아메리카의 실용주의, 상징적 상호작용의 철학적 전통이 융합되게 된다(Dowling, 2007). 이러한 융합의 결과로 유럽의 현상학은 북아메리카를 중심으로 하여 새로운 현상학으로 전개되었는데, 우리가 논의하고자 하는 현상학적 질적연구는 바로 이런 새로운 현상학에서 발전된 것이다. 이러한 과정을 거쳐 발전된 현상학적 질적연구는 그 연구 대상과 연구 방법면에서 현상학과 차이가 있다. 그 차이로 인해 이남인(2004)은 현상학적 질적연구를 응용현상학이라 지칭하며 현상학의 한 형태로 간주한다. 반면 Paley(1997)와 Crotty (1996)는 현상학적 질적연구를 현상학과는 거리가 먼 경험과학, 새로운 현상학으로 다루어야 한다고 논의하기도 한다. 누구의 논의가 더 타당한지는 이 장의 목적을 고려하여 차치하도록 하고, 우리가 위에서 설명한 '현상학적 질적연구의 특징'에 주목하여 철학으로서의 현상학과 연구 방법론으로서의 현상학적 질적연구를 구분해야 함을 주지해야 할 것이다.

3. 현상학적 질적연구 방법론의 핵심 개념

지금까지 현상학적 질적연구의 개념과 특징 그리고 철학적 배경에 대해서 알아보았다. 이 절에서는 현상학적 질적연구에서 활용되는 핵심적인 방법에 대해 알아보고자 한다. 그 핵심 개념과 간략한 설명을 **<표 3-2>**에 제시하였다.

<표 3-2> 현상학적 질적연구의 핵심 개념

개념	의미
현상	• 의식에 주어진 것으로서의 대상, 의식에 나타난 대상
체험	• 인간이 인식한 대로의 경험, 체험의 포착은 항상 회고적
지향성	• 대상과 의식과의 관계: 심리적 지향성, 초월적 지향성
시간성	• '시간'과 다른 개념으로 과거, 현재, 미래가 의식 속에 혼재한다는 것
환원	• 선입견과 의식 속의 개념적 구조에 의한 이해, 단정, 판단의 보류 • 에포케, 괄호치기: 환원(판단 보류)을 위한 방법
에포케 괄호치기	• 에포케: 당연한 것, 익숙한 과학적 태도를 보류하는 것 • 자신의 신념, 전제, 판단, 평가 등을 괄호로 묶어 구분하는 작업

첫째, 현상(phenomenon)이란 우리의 의식에 소여된 대상의 모습을 의미한다. '현상학적 질적연구'라는 단어에서 볼 수 있는 것처럼 현상학적 질적연구는 '현상'학적으로 탐구하는 방법론이기 때문에 이 개념은 현상학적 질적연구 방법 이해를 위한 시작이라는 점에서 매우 중요하다. 현상은 우리의 의식에 주어진, 나타난 그대로의 사유에 의해 가공되거나 왜곡되지 않은 대상의 모습이다. 즉, 객관적인 물리적 대상이 아니라 의식에 비친 그대로의 대상, 다시 말해 "의식의 지향 작용으로 맺어진 대상의 모습으로서 지각된 사태이다"(유혜령, 2015: 5). 이는 대상이 우리에게 보여주는 그 자체의 모습, 대상이 인간의 의식과 직면하는 사태, 즉 그 방식이다(Moran & Mooney, 2002). 여기서 이야기하는 '현상'의 개념과 관점에서 볼 때 현상학적 질적연구는 인간의 의식과 의식의 지향에 초점을 두지만 이와 동시에 인간 이외의 대상이나 현상 자체를 하나의 행위자로 바라보는 관점, 즉 신물질주의 입장을 감지할 수 있다. 대상이 "그 자신으로부터 드러나는 그대로, 그 자신으로부터 보이게 함 (……) 그 자신의 방식대로 드러내는 것"(유혜령, 2015: 5)이라고 이야기할 때, 그 대상은 나름대로 자신을 표출하는 하나의 행위자 또는 실체로 간주된다. 이 관점은 이후에 논의할 포스트휴먼 질적연구에 관한 장에서 자세히 설명할 것이다.

둘째, 다음으로 중요한 현상학적 질적연구의 개념은 체험(lived experience)이다. 체험이란 경험의 특수한 유형으로, 우리가 겪고 인식하는 대로의 경험을 말한다. 체험의 가장 기본적인 형식에는 직접적 · 전반성적(반성 이전의) 의식이 있다. 즉, 의식이기는 하지만 그 의식의 순간에는 그것을 의식하지 못하는 형태로 주어진 의식이 있다. 이러한 체험은 그 순간의 현현에서는 포착할 수 없고 지나간 후 단지 반성적으로만 포착할 수 있다. 따라서 체험의 의미는 항상 지나간 어떤 것에 대한 것이다. 이러한 체험은 현상학적 연구의 출발점이자 종착점이다(van Manen, 1990: 56-61). 현상학적 질적연구의 대상은 바로 이러한 체험이고, 그 목적은 체험의 본질을 밝히는 것이다. 본질이란 '무엇'을 '무엇'일 수 있게 하는 속성이다. 그렇다면 현상학적 질적연구의 탐구 대상이 되는 체험의 본질이란 바로 그 체험을 그것으로 부를 수 있게 만드는 무엇이다.

셋째, 지향성(intentionality)은 대상을 향한 자아의 의식적 관계이다(이남인, 2004: 62). 인간의 의식은 항상 '무엇에 대한' 의식이다. 다시 말해, 인간의 지각, 느낌, 사고는 반드시 어떠한 대상에 관한 것이다. 예를 들어, '인터넷 속도가 빠르다'고 의식할 때 그 의식의 대상은 '인터넷 속도'가 된다. 또한 '빛이 밝다'고 의식할 때 그 의식의 대상은 '빛'이다. 이와 같이 인간의 의식은 항상 어떤 것에 대한 의식이다. 이렇듯 의식과 의식의 대상은 필연적으로 연결되어 있다. "Husserl은 의식(사유 작용)과 대상

(사유된 것)을 그리스어 노에시스(Noesis)와 노에마(Noema)의 관계"라고 이야기한다(유혜령, 2015: 4). 현상학은 노에마와 더불어 그 노에마에 대한 노에시스를 탐구 주제로 삼는다(이남인, 2004). Husserl은 두 가지의 지향성에 주목하며 '현상학적 심리학'과 '초월론적 현상학'을 발전시켰다(이남인, 2012: 7-13). 현상학적 심리학은 다양한 유형의 심리 현상에 들어 있는 다양한 유형의 지향성의 본질적 구조를 탐구하는 것을 목표로 한다. 초월론적 현상학은 지향성을 본질적 속성으로 하는 다양한 유형의 심리 현상이 지닌 대상 및 세계 구성적 기능 탐구를 목표로 한다. 현상학적 심리학에서 말하는 지향성은 우리의 의식과 대상이 관계를 맺고 있는 구조를 지칭하며, 초월론적 현상학의 지향성은 우리의 의식이 우리의 내부에 그 대상이나 세계를 구성하는 구조를 말한다. 다시 말해 현상학적 심리학의 지향성은 우리의 의식이 대상을 지각, 기억, 예상하는 것과 같이 의식이 대상을 향하고 그것을 받아들이는 것에 대한 것이며, 초월론적 현상학의 지향성은 우리의 의식 내부에 그 대상이나 세계를 구성하는 것에 대한 지향성이다.

넷째, 시간성(temporality)은 의식이 의식의 대상을 의식하는 순간 그 의식 속에 의식의 대상의 과거, 현재, 미래가 동시에 드러남을 의미하는 개념이다. 시간성은 '시간(time)'과 구별되는 개념이다. '시간'의 관점, 즉 직선적이고 순서적인 관점에서 보면 한 대상은 현재의 모습이 있으며, 과거의 모습이 있고, 아마 미래의 변화된 모습이 있는 것으로 간주된다. 하지만 시간성의 관점에서, 즉 의식이 그 대상을 지향할 때 '시간'적 과거, 현재, 미래는 순차적이거나 명료하게 구별되지 않는다. 대신에 대상은 인식하는 그 순간에 그 대상에 대한 인식 또는 그 대상에 대한 인식과 관련한 현재의 감정이나 느낌과 지각, 과거와 관련한 회상, 또는 미래에 대한 예상이나 희망 등이 함께 포함되어 있다는 것이다(Wang, 2010; Kwan, 2017). 그러한 회상과 전망(희망)은 우리의 현재의 의식이나 행위에 영향을 미친다. 이 시간성의 개념은 우리의 다양한 경험들이 현재 삶의 상황을 통해 복잡하게 얽혀 있음을 설명한다. 인간의 체험과 관련된 과거, 현재, 미래의 요소들은 모두 연구자의 관심 대상이 된다. 다시 말해, 시간성을 이해하는 연구자는 참여자의 경험이 그들의 과거에 대한 기억이나 회상, 또는 미래에 대한 전망이나 희망과 관련이 있다는 통찰을 가질 것이다.

다섯째, 현상학적 환원(phenomenological reduction)은 어떠한 대상을 바라보고, 이해하고, 분석하는 과정에서 일체의 선입견과 이에 대한 판단을 보류하는 것이다. 이는 현상학적 질적연구를 수행할 때 연구자가 항상 가장 핵심적으로 고려해야 할 방법적 개념이다. 현상학적 환원은 Husserl이 현상학을 정립하며 수립한 방법론적 개념으로, 철학으로서의 현상학 관점에서도 가장 핵심적인 개념이다. 사실 Husserl이 현상학을 주창한 이유는 기존의 철학과 개념, 관념들이 현상을 있는 그대로 보는 데 선입견으로 작용함으로써 그 본질을 볼 수 없도록 하기 때문이다. 이에 Husserl의 현상학적 환원은 탐구하고자 하였던 지향성의 본질을 밝히기 위해 일체의 선입견을 벗어나 '사태 자체로!(zu den Sachen selbst!)' 돌아가는 것이다. 우리가 대상의 참모습을 확인하기 위해서는 일체의 선입견을 버리고 '사태 자체로' 돌아가 있는 그대로의 현상을 살펴봐야 한다는 것이다. 그리고 이러한 '사태 자체로' 돌아가는 작업을 가능하게 해주는 것이 바로 '현상학적 환원'이다(이남인, 2004: 38-47). '지향성'에서 논의한 현상학적 심리학과 초월론적 현상학에서의 환원은 개념적 차이가 있다. 현상학적 심리학에서의 환원은 인과관계에 대한 믿음에서 벗어나는 것이고, 초월론적 현상학에서의 환원은 존재하는 모든 것의 총체로서의 세계에 대한 믿음에서 벗어나는 것이다. 즉, 현상학적 환원은 우리의 믿음, 전제, 선입견, 편견 등과 같은 우리의 사유에 이미 자리 잡은 모든 형태의 개념적 · 이론적 틀에서 벗어나 대상을 드러나는 그대로 바라보는 것이다.

Husserl은 환원을 위한 방법으로 '에포케(epoché)'와 '괄호치기(bracketing)'를 고안하였다(van Manen, 2016). 에포케는 절제, 자제를 의미하는 abstention의 그리스어 어원이다. 에포케는 신념을 보류한다는 의미로 사용되었다. Husserl은 우리가 당연하게 여기는 생각이나 신념, 과학적 태도를 잠시 제쳐두는 행위를 지칭하는 개념으로 이것을 사용하였다. Husserl의 괄호치기는 '이미 이루어진 것 또는 수행된 것'을 괄호 안에 둠으로써 현재 수행 중인 것과 구분하기 위한 수학적 방법에서 차용한 은유적 개념이다. 괄호치기는 현상의 의미와 본질에 다가가는 과정을 방해할 수 있는 또는 방해하는 다양한 가정과 신념을 괄호 안에 넣음으로써 현상에 대한 우리의 습관적 태도를 구분하는 방법이다. 즉, 에포케는 당연한 이해로부터 벗어나려는 행위를 의미하며, 괄호치기는 에포케를 위한 구체적인 실천적인 방법을 지칭한다.

환원(reduction)은 '축소', '삭감' 등의 사전적 의미가 있고, 환원주의(reductionism)와 혼돈되어 오해의 소지가 큰 개념이다(van Manen, 2016). 이에 독자들의 엄밀한 읽기와 이해가 필요하다고 하겠다. 독자들의 정확한 이해를 위해 그리고 현상학적 질적 연구 방법에서의 '환원'의 중요성을 고려하여 더 자세히 설명하고자 한다. 현상학적 질적연구의 대가인 van Manen(2016)은 현상학적 환원을 두 종류 또는 단계로 구분하고 각각의 요소를 이론화하였다. 먼저, 열린 자세로의 초대를 지칭하는 일반적 의미의 '에포케-환원(epoché-reduction)'이 있으며, 실제로 환원을 수행하기 위한 방법으로서 '적절한-환원(reduction-proper)'이 있다. van Manen은 '적절한-환원'에서 쓰인 적절함을

〈표 3-3〉 van Manen의 현상학적 환원

에포케-환원: 일반적 환원, 환원을 위한 태도	
발견적 환원	• 새로운 발견과 이해를 위한 마음자세와 태도
해석적 환원	• 자신의 관점, 이해, 분석에 대한 자기비판적 태도
경험적 환원	• 체험의 본질 탐구에 제한이 되는 모든 이론과 이론적 의미에 대해 의심하는 태도
방법론적 환원	• 기존의 연구 방법론과 방법에 의존하지 않는 태도
적절한-환원: 방법적 실천으로서의 환원	
직관적 환원	• 대상, 현상, 사태에 대해 궁금해하는 태도, 새로운 이해 추구
존재론적 환원	• 대상이 존재하는, 세계에 드러나는 방식과 양식
윤리적 환원	• 타자나 대상에 대한 윤리적 책임, 유일한 개인으로 타자 직면
급진적 환원	• 오로지 현상의 드러남 자체에 집중
근원적 환원	• 대상과 현상이 시작에 초점, 등장과 존재의 시작에 대한 본질

의미하는 proper를 왜 선택하였는지 설명하지 않는다. 하지만 우리의 이해에 기초하여 두 가지 측면에서 '적절함'을 사용하였다. 그가 이야기하는 '적절함'의 의미는 두 가지 측면에서 이해될 수 있다. 그 하나는 단순화를 지칭하는 환원주의를 경계하라는 의미이고, 다른 하나는 다양한 환원의 방법들이 상호 보완적으로 활용될 수 있지만 종종 '통약 불가능(incommensurable)'하기 때문에 적절한-환원의 방법을 적용해야 한다는 것을 의미한다(van Manen, 2016: 228). 그 환원의 방법들이 통약 불가능한 이유는 이들 각각이 Husserl, Heidegger, Levinas의 양립할 수 없는 각기 다른 철학적 관점에 기초한 것이기 때문이다. 즉, van Manen에 따르면, 에포케-환원은 '적절한-환원 실천'을 위한 전 단계로서 연구자들이 갖추어야 할 태도이다. 〈표 3-3〉에서 그의 환원 이론을 제시하고 각각의 환원 개념과 방법을 설명하고자 한다.

먼저, 에포케-환원은 우리가 살아가는 세계를 우리가 자연스럽게 살아가는 그대로 이해하기 위해 본질과 새로움에 대한 열린 마음과 자세 그리고 태도를 의미한다. 첫째, 발견적 환원(heuristic reduction)은 현상이나 사건에 대한 우리의 '궁금함'을 깨우는 것이다. 이러한 궁금함은 호기심, 경외, 매료됨과 같은 개념과는 다른 개념이다. Husserl이 이야기하였듯이 이러한 발견적 태도는 진실로 대상의 본질로 다가가려는 사유의 경향이다. 둘째, 해석적 환원(hermeneutic reduction)은 모든 해석을 괄호치기하고 연구 진행과 글쓰기에서 감지되거나 인식되는 가정에 대한 반성적 태도를 의미한다. 이는 누구나 자신이 이미 가지고 있는 이해, 개념, 가정, 편견, 이론적 배경 등에 의해 강하게 이끌린다는 것은 인식하는 것이다. 하여 이 환원은 연구자가 탐구 대상이나 현상과 진정하게 열린 자세로 대화하려는 태도를 의미한다. 셋째, 경험적 환원(experiential reduction)은 탐구하는 대상이나 현상을 '추상화'할 수 있는 본질 탐구의 목적 · 무엇이 실제이고 비실제인지에 대한 믿음, 그리고 모든 이론과 이론적 설명을 제쳐두는 태도이다. 넷째, 방법론적 환원(methodological reduction)은 기존의 방법론과 연구 방법적 요소들을 잠시 제쳐두고 탐구하고자 하는 주제와 관련하여 가장 적합한 연구 방법이 무엇인지 고민하는 태도이다. 심지어 반성적 탐구 자체에 대한 반성 또한 의미한다. 새로운 연구 방법론과 방법에 대한 고민과 고안을 요구한다는 점에서 현상학적 질적연구자에게 매우 도전적인 환원적 요소라 하겠다.

다음으로 현상학적 질적연구에서 적용할 수 있는 '적절한-환원'에 대해 설명하고자 한다. 적절한-환원은 탐구하는 대상과 현상이 있는 그대로 우리에게 드러남을 탐구하기 위한 연구자의 반성적 현상학적 접근을 의미한다. 첫째, 직관적 환원(eidetic reduction)은 탐구하는 대상이나 현상의 본질에 대한 연구자의 통찰을 획득하는 것이다. 이는 가능한 하나의 통찰 획득에 머무르는 것이 아니라 가능한 다양한 통찰들을 연구자의 상상력이나 실제적 예와 비교함으로써 획득될 수 있다. 이 방법을 모든 현상학자 또는 현상학적 질적연구자들이 받아들이는 것은 아니지만 특히 Husserl의 현상학을 차용하는 학자들에게는 핵심적인 방법이다. 이 환원은 직관적 통찰로서 현상의 가능한 본질을 찾아내기 위한 목적으로 수행되는데, 이는 유사하지만 다른 상황이나 현상과의 비교로 획득될 수 있다. 둘째, 존재론적 환원(existential reduction)은 대상이나 현상이 존재하는 방식이나 양식을 드러내는 환원의 방법이다. Heidegger에 따르면 현상학은 대상에 대한 탐구지만 이는 인식론적 문제가 아니라 존재론적 문제이다. 왜냐하면 현상이 그 자체로 드러나는 것을 탐구하는 것이 현상학이라고 설명하였는데, 그 자체는 그 대상이 어떻게 세상에 '존재하는지'를 탐구하는 것이기 때문이다.

셋째, 윤리적 환원(ethical reduction)은 타인이나 연구 대상에 대한 우리의 이해, 연구 결과로서 도달한 본질은 항상 제한적이라는 것을 인정하는 자세이다. 이 환원은 Husserl도 Heidegger도 아닌 Levinas의 관점에서 출발한 것인데, Levinas에 따르면 우리가 인식하는 타자는 '타자의 타자성(otherness of the other)'이다(Levinas, 1998). 이에 이 환원은 타자에 대한 우리의 윤리적 책무를 강조한다. 우리는 타자 또는 연구 대상을 직면할 때 각각의 타자와 대상을 독특한 유일한 존재로서 직면하는 태도를 견지해야 한다는 것이다. 넷째, 급진적 환원(radical reduction)은 오로지 현상의 드러남 자체에 집중하는 것이다. 다시 말해 현상학은 어떤 주체, 행위, 주관성, 또는 의미 구성에 의존해서는 안 된다는 것이다. 현상, 체험, 지향성에 대한 설명에서 이미 제시하였듯이, 현상학은 사태의 본질 그대로 탐구하는 연구 방법이므로 모든 차원의 전제나 해석에 의문을 가지는 것, 이것이 급진적 환원이다. 마지막으로 근원적 환원(originary reduction)은 대상이나 현상의 시작으로 돌아가는 것이다. 현상이 어떻게 시작되었는지에 대한 탐구는 어쩌면 그 현상의 본질을 찾을 수 있는 중요한 출발점이 될 수 있기 때문이다. 이 환원은 포스트-Husserl 현상학자들에 의해서 주장되었는데, 현상의 시작으로 돌아가 본질적 시초의 특징과 의미를 추적하는 것이다. 이에 근원적 환원은 하나의 현상이 어떻게 발생하여 세상에 드러나는지, 그 초기의 시작의 의미에 관심을 두는 것이다.

4. 현상학적 질적연구의 절차와 방법

지금까지 우리는 현상학적 질적연구의 개념과 이론적 배경, 현상학적 질적연구 방법의 핵심 개념을 살펴보았다. 이 절에서는 현상학적 질적연구를 어떻게 수행할 것인지 안내하고자 한다. 즉, 현상학적 질적연구의 일반적 절차에 따라 각 단계에서 연구자가 무엇을 어떻게 해야 하는지 예시들을 통해 설명하고자 한다. 자세한 그리고 일반적인 현상학적 질적연구의 절차와 방법을 안내하기 전에 독자들이 반드시 주지해야 할 사항을 언급하고자 한다. 현상학적 탐구는 그 철학적 바탕의 다양함과 질적연구자들의 창의적인 방법론 개발로 매우 다양한 갈래를 이루고 있다. 예를 들어, 연구 전통에 따라 '윤리적 현상학', '존재론적 현상학', '젠더 현상학', '체현적 현상학', '해석적 현상학', '비판적 현상학', '사회적 현상학', '정치적 현상학', '물질적 현상학', '해체적 현상학' 등이 있다. 또한 연구 주제에 따라 '기술과학적 현상학', '학습 현상학', '감각 현상학', '생태학적 현상학', '실용적 현상학', '종교적 현상학' 등 많은 현상학적 탐구가 활용되고 있다. 이러한 현상학적 탐구 방법의 다양화는 현상학적 질적연구를 배우려는 초심자들에게 커다란 두려움을 안겨줄 수 있다. 이에 우리는 이 절에서 현상학적 질적연구에서 일반적으로 활용되는 절차에 따라 핵심적으로 활용되는 연구 방법을 설명하고자 한다. 다른 많은 질적연구 방법론과 마찬가지로 현상학적 질적연구 또한 일반적인 질적연구의 절차를 따를 수 있다. 즉, 현상학적 질적연구 또한 1) 연구 목적과 연구 질문의 진술, 2) 자료 수집을 위한 현장 작업, 3) 자료의 분석, 마지막으로 4) 글쓰기의 절차를 따를 수 있다. 우리는 여기서 현상학적 질적연구가 다른 질적연구 방법론에서 활용되는 연구 방법과 대비되는 연구 방법 요소를 중심으로 설명하고자 한다.

가. 현상학적 질적연구의 절차

이 절의 서두에서 밝힌 바와 같이 현상학적 질적연구는 매우 다양한 과정과 절차를 거쳐 이루어진다. van Manen(2016)이 논의한 방법론적 환원을 고려하면 이는 너무나 당연한 현상이라 하겠다. 여기서는 대표적 현상학적 질적연구 절차의 예를 간략히 소개하고 일반적인 현상학적 질적연구의 절차를 제시하고자 한다. 대표적 학자가 제안하는 절차는 다음과 같다.

Moustakas(1994)의 연구 절차

1. 사회적 의미와 자신의 자전적 의미와 가치에 뿌리를 둔 주제나 질문을 밝힌다.
2. 관련된 전문적인 자료와 연구 자료를 포괄적으로 살펴본다.
3. 합당한 공동 연구자를 선정하기 위한 규준을 설정한다.
4. 공동 연구자들에게 연구의 본질과 목적에 대해 교육하고, 자료 제공에 대한 동의의 획득, 비밀 보장에 대한 확립, 연구자와 연구 참여자의 의무와 연구 윤리를 포함하는 합의를 이끌어낸다.
5. 면담 과정을 가이드할 수 있는 질문과 주제를 발전시킨다.
6. 준비된 주제와 질문에 초점이 맞추어진 긴 시간 동안 이어지는 일대일 면담을 수행하고 이를 기록한다.
7. 텍스트화되고 구조화된 개인적인 기술과 혼합된 기술, 혼합되고 구조화된 기술을 분석하고 조직한다. 그리고 의미와 본질의 구조를 합성한다.

Giorgi(2009)의 연구 절차

1. 자료 수집: 참여자에게 경험에 대한 기술(description)을 수집
2. 환원: 다양한 형태와 수준의 현상학적 환원 수행

3. 자료 분석: 불변의 심리학적 의미 도출
   가. 반복적 전사 자료 읽기
   나. 의미 요소 구분
   다. 의미 요소의 조직
   라. 종합: 의미 구조의 발견

Creswell(2007)의 연구 절차

1. 연구 문제 탐구를 위한 현상학적 방법론의 적합성 판단
2. 연구의 관심이 되는 현상을 확인
3. 현상학의 광범위한 철학적 가정들을 인식하고 상술
4. 현상을 경험해 온, 경험하고 있는 개인들에게서 자료 수집
5. 연구 참여자들에게 던지는 광범위한 대표적 질문
   a. 현상에 관하여 무엇을 경험하였는가?
   b. 현상에 대한 경험에 전형적으로 영향을 준 맥락이나 상황은 무엇인가?
6. 자료 분석: 연구 참여자들이 현상을 경험하는 방법에 대한 이해를 제공하는 '의미 있는 진술들'이나 문장, 인용문을 강조
7. 참여자가 들려준 의미 있는 이야기 기술; 참여자의 경험에 영향을 미치는 맥락이나 상황 기술; 참여자의 경험과 해석 그리고 그에 영향을 미치는 맥락과 상황에 대한 연구자의 해석 기술
8. 구조적 기술, 텍스트에 근거한 기술로부터 연구자는 본질적이고 불변 구조라고 부르는 현상의 '본질'을 제시하는 혼합적 기술

Smith, Flowers와 Larkin(2009)의 연구 절차

1. 연구 계획
   가. 주제 정하기
   나. 적절한 현상학적 접근 결정
   다. 목적과 연구 문제의 명료화

라. 표본과 그 규모 결정
마. 연구 윤리 고려
바. 연구 일정 계획
2. 자료 수집: 다양한 방법을 통한 자료 수집
3. 분석
가. 자료 분석
나. 탐색적 진술 작성
다. 주제 도출
라. 주제 간 관계 파악
4. 글쓰기: 연구 결과 진술하기

Moustakas(1994), Smith, Flowers와 Larkin(2009)의 절차는 연구를 위한 철저한 사전 준비를 강조하고 있다. van Manen(2016)의 절차는 연구가 진행되는 동안 연구자의 자기반성을 강조하고 있다. Creswell(2007)의 제안의 경우, 연구 문제를 고려한 연구 방법과 접근 결정의 중요성을 강조하고 있다. 이렇듯 학자마다 다른 절차와 방법적 특징이 있음을 고려하면서, 우리는 현상학적 질적연구의 절차를 **[그림 3-1]**과 같이 제시하였다.

현상학적 질적연구를 위해, 첫째, 연구자는 먼저 연구 목적이 무엇인지 명확하게 하고 연구 문제를 명료하게 진술해야 한다. 둘째, 연구 주제와 연구 문제, 이에 대한 연구자의 이해와 경험에 대한 반성 등 가능한 한 모든 '현상학적 환원' 대상에 대해 숙고해야 한다. 셋째, 다양한 방법을 활용하여 다양한 질적/현상학적 자료를 수집한다. 넷

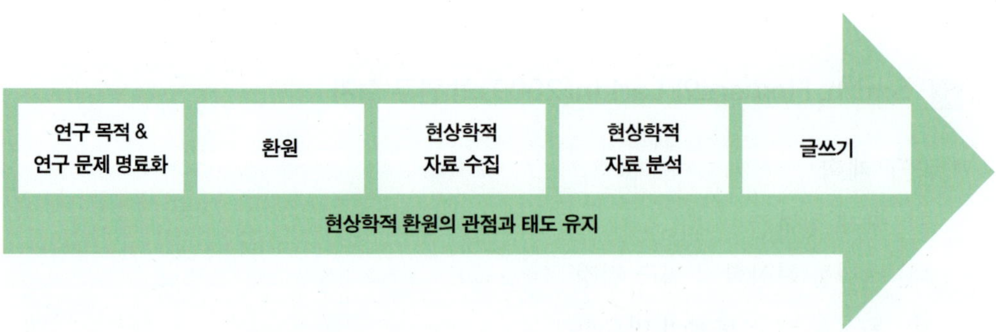

[그림 3-1] 현상학적 질적연구의 절차

째, 현상학적 질적연구의 목적인 현상의 본질과 구조를 파악하기 위해 자료 분석을 실시한다. 마지막으로, 현상학적 글쓰기를 통해 연구의 결과를 종합한다.

1) 현상학적 연구 주제 설정

연구 주제를 설정하는 것은 현상학적 질적연구를 위해 가장 먼저 해야 할 일이다. 이 단계에서의 주요한 과업은 연구 주제를 설정하고 연구 문제를 명료화하는 것이다. 연구자의 관심 연구 주제는 현상학적 질적연구로 탐구될 수 있는 것이어야 한다. 즉, 현상학적 질적연구의 주제는 인간의 체험의 본질이다. 이에 사람들이 공유하고 있는 문화, 풍토, 또는 개인의 생애에 초점이 맞추어진 주제는 현상학적 질적연구에 적합하지 않다. 이러한 주제들을 위해서는 문화기술지, 응용문화기술지, 생애사 연구, 내러티브 연구가 더욱 적절한 연구 방법일 것이다. 독자들의 이해를 위해 현상학적 질적연구 주제의 예를 제시하고자 한다.

〈표 3-4〉에 제시한 연구들의 연구 제목과 연구 질문에서 알 수 있듯이 현상학적 연구는 '체험의 본질, 의미, 의미 구조'를 밝히는 것을 목적으로 한다. 그렇다면 실제로 연구에서 연구 주제가 어떻게 설득적으로 진술되었는지 하나의 예를 통해 알아보자. 다음의 예는 '끊임 없이 우는 유아와 함께 살아가는 체험의 본질에 대한 연구이다.

〈표 3-4〉 현상학적 질적연구 주제의 예와 연구 질문

분야	연구 제목	연구 질문
상담	• 은둔형 외톨이 자녀를 둔 부모의 심리적 갈등과 영적 경험에 관한 연구	• 은둔형 외톨이의 부모가 체험하는 심리적 갈등과 영적 경험의 의의와 본질적 구조는 무엇인가?
복지	• 노인요양시설 노인의 시설 거주 경험에 관한 연구	• 노인의 시설 거주 경험은 어떠하며 그 의미는 무엇인가?
교육	• 미술 활동에 나타나는 '몸의 미적 지각'의 본질 특성과 의미에 관한 현상학적 연구	• 미술 활동에서 '몸의 미적 지각'의 본질 특성은 어떠한 관계적 의미 구조를 보이는가?
사회학	• Depression in inner city African American youth.	• 도심에 살면서 질병을 앓고 있는 아프리카계 미국인 청소년이 겪는 우울의 경험은 무엇인가?

현상학적 질적연구 주제 설정의 예

"Living with an Incessantly Crying Infant"(Hewat, 1992)

> 그날은 바깥 풍경이 아름다웠다. 나는 아기의 침대에 큰 테이블을 놓아두고 거기에 기저귀 같은 것들을 가져다놓고 썼는데, 그날 아기는 그 위에서 비명을 지르듯이 울고 있었다. 그 상황에서 나는 아기를 벽으로 던지는 상상, 아기를 때리는 상상 같은 것을 했다. 자신의 아기를 죽이는 사람들을 이해할 수 있을 것 같았다. 이렇게 끊임없이 지속되는 울음 때문에 그들은 얼마나 절망스러웠으면 자신의 아기를 죽일 생각을 했을까? 아기들의 울음은 멈추지도 않고 사라지지도 않는다.
>
> 나는 아기를 안아 올려 등뒤에 있는 낡은 벽을 바라보았던 것을 기억한다. 그때 나는 더 이상 할 수 있는 일이 없다고 생각했다. 아기를 벽으로 집어던져 버릴 것만 같은 생각이 들었다. 나는 울고 있는 아기를 내려놓고 아기 주변에 베개를 둘러쌓아 놓고는 위층으로 올라와버렸다.

끊임없이 울어대는 아기들의 어머니는 어떻게 자기 아기를 해치기 직전까지 도달할 수 있는지를 보여준다. 어떻게 이런 것이 가능할까? 아기들은 작고 온화하고 섬세하고 도움이 필요하다. 누구라도 아기에게 해를 입히는 것은 거의 불가능해 보인다. 그러나 짜증스러운 끊임없는 울음소리와 비명소리 그리고 아기의 고통을 줄여주지 못하고 울음을 그치게 하지 못하는 것에 대한 무능감은 아기를 보살피는 사람들을 벼랑으로 내몰고 비극적인 결말을 가져올 수 있다. 그것은 견뎌내는 것과 이성을 잃는 것의 섬세한 균형이다. 다행스럽게도 부모들은 보통 사나운 행동으로부터 자신을 억제할 수 있다. 어느 어머니가 이야기하듯 "엄청난 이성이 작용한다."

아기의 끊임없는 울음소리를 몇 시간에 걸쳐 듣는 것은 황폐함을 일으킨다. 그러나 많은 부모들, 그리고 특히 어머니들은 이러한 고통을 밤낮으로 마주하게 된다. 그리고 이러한 상황들은 종종 몇 주 그리고 몇 달 동안 이어진다. 이러한 부모들에게 이런 경험은 어떤 것일까? 끊임없이 우는 아이들과 함께 사는 것의 의미는 무엇일까?

아기들의 울음을 멈추는 방법은 없을까? 조언은 충분히 많다. "크게 트림을 시켜봐요.", "배가 고파서 그래요.", "너무 많이 먹여서 그래요.", "너무 많이 안아 줘서 그래요.", "아기를 너무 자극해서 그래요.", "당신은 너무 초조해해요.", "먹은 게 탈이 나서 그래요.", "복통약을 먹여봐요.", "위스키를 티스푼으로 살짝 먹여봐요.", "아기를 태우고 드라이브를 해봐요.", "마사지를 해줘봐요.", "밥을 먹이기 전에 와인을 조금 마시게 해봐요." 조언은 끊이지 않고, 부모들은 절망감 속에서 모든 것을 시도한다. 어떨 때는 그런 것이 효과가 있을 수 있다. 하지만 아무것도 울음을 그치게 만들지는 못한다. 일반적인 아기들이 신경질적인 시기에 아기들을 달래기 위해 부모들이 사용하는 방법들은 아기들의 고통을 없애주지 못한다. 이러한 것들은 잔인한 울음 또는 끊임없이 우는 아기들이라 불린다. 하지만 왜 아기들이 우는가? 우리가 그 울음에 대해 아는 것은 무엇인가?

2) 환원

이 단계에서는 연구자의 연구 활동이나 분석에 영향을 미칠 수 있는 일체의 지식, 선이해, 선개념에 대한 환원이 이루어진다. 환원의 중요성과 연구자의 의도적 환원 행위를 위해 환원이 단계적으로 두 번째에 위치하고 있기는 하지만 이는 연구가 끝날 때까지 지속적으로 이루어져야 한다. 환원은 단지 연구자가 그것에 대해 생각하지 않으려 애쓰는 것으로 이룩되기 힘들다. 연구자는 위에서 설명한 환원적 태도를 견지하면서 '적절한-환원'을 위해 구체적인 노력을 해야 한다. 이를 위해 연구자는 연구 주제와 관련한 자신의 지식, 선이해, 경험, 선개념에 대한 환원 작업을 수행해야 한다. 이를 가능한 한 솔직하고 자기반성적으로 밝히고 그것에 대해 고찰해 보는 과정을 수행해야 한다. 그 후 그것들에 대해 괄호치기를 하여 멀리 떨어뜨려 놓도록 노력해야 한다. 엄밀히 말하면 우리는 괄호치기를 통해 우리가 익숙하고 당연하게 여기는 지식이나 선이해를 완전히 분리할 수 없다는 점을 받아들여야 한다. 환원을 위해 연구자는 이러한 사실을 받아들이면서 "완전히 괄호치기를 시도하기보다, 생경험, 체험, 현상의 드러나는 그대로의 존재론적 실제를 이해하기 위해 자신의 가정, 언어, 전통, 환기와 회상, 인지와 직면하는 것이다"(van Manen, 2016: 42).

또한 흔히 기존의 연구에서 이루어지던 이론 및 선행연구에 대한 고찰은 현상학적 질적연구에서 환원의 역할을 하는 것이라 할 수 있다. 일반적으로 '이론적 배경'은 연구를 위한 토대와 문제 제기의 기능을 하지만 현상학적 질적연구에서는 기존의 연구 결과나 관점 또한 현상학적 환원에 방해 요소로 작용할 수 있다는 점을 명심해야 한다. 환원의 예로서 캐나다 알버타 대학교에서 van Manen의 지도로 박사학위를 받은 Vangie Bergum(1986)의 연구를 소개하고자 한다.

현상학적 환원의 예 1

"The Phenomenology of Woman to Mother: The Transformative Experience of Childbirth"(Bergum, 1986)

Bergum은 자신의 박사학위 논문「출산의 고통 경험에 대한 연구」에서 다음과 같은 선이해를 명백히 밝히며 그것에 대한 환원을 수행한 바 있다. 현상학적 질적 연구의 대가인 Madeleine R. Grumet 또한 칭송한 이 연구에서 발견적 환원, 해석적 환원, 경험적 환원, 방법론적 환원의 접근을 매우 진중하게 취하였다. 그중, 해석적 환원으로 간주될 수 있는 '고통'에 대해 Bergum의 환원 내용은 다음과 같다. 첫째, 고통은 거부되어야 한다. 둘째, 고통은 가능한 한 줄여야 한다. 셋째, 고통은 오로지 나쁜 것이다. 넷째, 고통은 설명될 수 있다. Bergum은 고통에 대한 자신의 선이해에 대한 환원을 연구의 끝까지 지속적으로 견지하며 '현상학적 태도'를 유지하려 노력하였다.

현상학적 환원의 예 2

"Living with an Incessantly Crying Infant"(Hewat, 1992)

아기들이 태어날 때 우는 울음은 임신의 절정을 나타낸다. 그리고 새로운 삶을 의미한다. 비록 지금은 잘못된 것으로 알려져 있지만, 울음은 아기들의 호흡 시작에 필수적인 것이라는 믿음은 부모들로 하여금 그들의 아기의 울음을 탄생의 순간으로 듣게 만들었다. 큰 울음소리는 아기가 건강하다는 신호이고 건강한 아기가 태어났다는 신호이다. 울음소리는 "내가 여기 있어"라고 말한다. 그리고 그러한 공표는 부모들이 관심을 아기에게 돌리게 만든다. 그 첫 울음이 빠르게 가라앉고 나면 부모들은 아기를 좀 더 조용하게 주시하는 것을 지속한다. 울음이 계속되면 부모들은 "왜 울지?", "뭐가 문제지?"라고 묻는다. 울지 않는 아기나 약해 보이는 아기, 또는 이상한 소리를 내는 아기들 또한 부모들로부터 불안한 반응을 일으킨다. 부모들은 "아기가 왜 이런 소리를 내지?", "왜 울지 않지?", "뭐가 잘못된 거지?"라고 묻는다. 아기를 낳은 부모들은 고민하고, 아기들을 편안하게 하고 아기들의 힘을 북돋아 주려 하기 시작한다. 탄생의 울음은 필요한 것인가? 그것이 의미하는 것은 무엇인가?

울음(cry)의 어원은 '도움을 얻기 위해 또는 애착감을 표현하기 위해 또는 말로 표현하기 힘든 고통을 표현하기 위해 울다'라는 뜻을 가진 라틴어 '*quirtaire*'이다. 탄생의 울음은 고통의 표현인가? 아기들의 그런 신호는 도움을 얻기 위한 것인가? 출산 중 의학적 조력을 적게 받고 차분하고 평화로운 환경 속에서 출산을 한 산모는 거의 울지 않고 자유롭게 사지를 뻗으며 조금씩 눈을 뜨기 시작하는 아기의 탄생을 확인하곤 한다. 이러한 조용하고 민감한 상황에서 태어난 아기들은 최초로 부모들과 눈을 맞추며 부모들의 얼굴을 바라보며 부모들에게 몰입한다. 울음으로 시작하는 것보다는 이런 상호작용이 더 즐거운 것이 아닌가? 탄생의 순간을 울음으로 시작하는 것은 탄생 경험의 고통의 반응인가?

비록 출산의 경험에 대한 반응으로 우는 부모들도 있지만 이러한 즐거운 눈물은 아기들의 울음과는 구별해야 한다. 어른들과 달리, 아기들은 행복의 순간에 눈물을 흘리지 않는다. 즐거움의 눈물은 긴장감과 건강한 아기의 탄생이나 잃어버린 아이를 찾는 것같이 오랫동안 기다려왔던 경험이나 사건, 상황의 행복한 결과에 대한 반응이다. 또한 아기들과 어른들에게 울음이란 상실감이나 슬픔의 반응이다. 그러나 이러한 울음을 촉진하는 이유들은 새로운 탄생의 과정에는 포함되지 않는다. 고통, 불쾌, 또는 불편의 울음이 아기들과 어른들 사이에 존재하는 가장 큰 유사성이다. 하지만 이것은 어른들의 해석일까? 어른들의 울음이 그렇듯이 울음이 고통에 대한 반응이라는 우리의 가정은 아기들에게도 똑같이 적용될 수 있는 것인가?

아기들에게 울음은 몸 전체의 반응을 불러일으킨다. 흐느낌으로 시작해서 근육이 떨리고, 얼굴을 찡그리며 턱이 떨리고 눈을 가늘게 뜨고 주먹을 꽉 쥐고 절정의 순간에는 가벼운 발작이 있을 수 있다. 흐느낌이 울음으로 발전하고 긴장감이 증가하고 눈을 꽉 감는다. 호흡이 점차 불규칙적으로 바뀌고 반사적 행위가 점차 늘어가고 팔과 다리를 채찍질하듯 휘젓는다. 그리고 움직임은 점점 떨린다.

이런 긴장감 있는 움직임의 상태에서 아기들은 내부에서 끌려나와 외부의 상황에 그 자신을 근접시킨다. 다른 이와의 상호작용에 대한 감수성은 줄어든다. 아기들이 진정되고 그들의 존재를 인식하는 때는 그들이 환경과 다른 사람들과의 상호작용의 자극을 받아들일 수 있는 준비가 된, 좀 더 고요한 상황에 놓일 때이다.

아기들의 울음의 반대는 아기들의 웃음이다. 울음은 '노력을 요구하는 표시'이고, 그 반면 웃음은 '편안함의 표시'이다. 웃음이 개방성을 발생시키는 데 반해 울음은 아기가 그 자신 안에 매몰되어 있음으로 인해 다른 이들과의 상호호혜적인 상호작용을 억제한다. 에너지는 밖으로 흘러나와 반응을 불러일으킨다. 웃음은 전염성이 있고 부모들은 종종 같이 웃어준다. 그 효과는 온화한 분위기를 만들고 긴장을 누그러뜨리고 즐겁게 하는 것이다. 논의의 대상이 되는 웃음은 생후 4~5개월에 발생하는 아기들의 웃음이다. 아기들의 첫 웃음에 대한 현상학적 탐구를 수행한 Buytendjk의 연구에 따르면, 이러한 웃음은 '친근한 조우'로 묘사될 수 있다. 그것은 '사람이나 사물을 향해 우리의 가슴이 애정 어리게 열리는 것'이다. 이러한 면에서 부모들은 아기들의 첫 웃음을 "만나서 반가워요" 하며 아기들이 부모들을 인식하는 것으로 해석한다. 이러한 웃음은 또한 '인간성의 발현의 표시'이기도 하다. 그 웃음은 아기가 자신의 자아를 발전시키고 가족의 일원이 되어간다는 신호이기도 하다. 아기가 자랄수록 부모를 향한 웃음은 더 밝아지고 쾌활해지고 명랑해진다. 그 시기의 아기들은 부모를 보는 흥분에 팔과 다리의 격렬한 움직임과 휘젓기로 반응한다. 이러한 반응이 일어나면 부모들은 어느 때보다 더 기뻐하고 만족한다. 그리고 그것을 부모들이 제공한 보살핌에 대한 만족, 즐거움, 좋은 것으로 판단하여 해석한다. 웃음이란 부모들에 대한 보상이다.

문학 작품 속에서의 아기들의 울음은 또한 부모들의 자식에 대한 보살핌의 결과이다. 하지만 다른 방식인 것이다. 울음은 주의나 조력에 대한 요구이고 부모들은 아기를 진정시키거나 위로하기 위해 만져주거나 안아주거나 말을 걸어주는 방식으로 반응한다. 조용하고 고요하게 있던 아기가 우는 것은 자신을 편안하게 해주고 있는 부모에 대한 명확한 대가이다. 아기들의 행동의 변화는 "당신들은 잘 보살피고 있어. 그리고 잘하고 있어."라고 해석된다. 부모들은 아기들의 몸에 남아 있는 긴장을 느낄 때 그들의 아기 돌보는 기술에 대해 자신감을 회복한다. 따라서 울음은 보육의 효율성에 대한 필요성을 불러일으키고 긍정적으로 양육 행위의 발전 기회를 제공한다. 대부분의 아기들에게 간헐적인 울음의 기간은 생애의 첫 달에 일어난다. 부모들은 자신의 아기들의 울음소리의 독특함을 인식하고 예닐곱 가지 종류의 울음을 구별한다.

아기 울음에 대한 초기 연구자 중의 한 명인 Wolf는 아기 울음의 독특함에 대해 탐구한 결과, 그것을 고통, 배고픔, 지루함, 불편함의 네 가지 종류로 구별하였다. Boukydis는 엄마들이 그러한 독특함을 구별하는 데는 생후 3일 정도가 걸리고, 고통, 배고픔, 지루함을 뜻하는 울음을 각각 구별해 내는 데는 2주 정도가 걸리며, 아버지의 경우는 3주가 걸린다고 표현하였다. 부모들은 그러한 다른 울음들을 즉시 구별할 수 있을까?

아기들의 울음에 대한 부모들에게 더욱 친숙한 기술은 Thoman과 Browder에 의해 발전된 것이다. 그들은 흐느낌으로 시작하지만 빠르게 "크고 목청껏 우는 울음"으로 발전하는 일반적이고 건강한 울음을 네 가지 종류로 기술하였다. 그것은 "날카롭고 불쾌하고 소리를 지르는" 고통의 울음, 건강할 때의 울음에 비해 "크고 힘차"지만 "리듬이 없고 몸부림을 동반하는" 아플 때의 울음, 가벼운 흐느낌 같은 공연한 울음이다. 모든 아기들은 이러한 종류의 울음을 표현할 수 있다.

이 연구에서 Hewat는 연구 주제인 '끊임없이 우는 아기들과 함께하는 삶'에 대한 자신의 선이해를 밝히고 있는데, 그것들은 '탄생의 울음은 필요한 것', '탄생의 울음은 고통의 표현', '일반적인 울음의 의미', '아기들의 울음에 대한 선행연구' 등이다. 저자는 이러한 선이해를 명확히 밝히는 것으로써 환원적 태도를 견지하고 있다. 나아가 연구자는 어원적으로, 개인적 경험으로, 문화적으로, 의학적으로, 관계적으로 등 다양한 관점에서 울음의 의미를 논의하고 있다. 이러한 노력은 '울음'이라는 행위와 그와 관련된 현상을 성급하게 추상화하거나 일반화하지 않으며, 지속적으로 다양한 관점으로 바라봄으로써 그 본질적 측면을 드러내고자 하는 노력이다.

3) 현상학적 자료의 수집

다음으로 현상학적 질적연구에서 수집할 수 있는 자료에는 어떤 것들이 있으며 이러한 자료는 어떻게 수집할 수 있는지 설명하고자 한다. 현상학적 질적연구 자료의 종류와 내용은 연구자가 가지는 '현상학적' 관점과 방법을 통해 수집되어야 한다는 점을 제외하면 다른 질적연구 자료의 종류와 크게 다르지 않다. 즉, 인간의 경험을 담고

<표 3-5> 현상학적 질적연구의 자료

자료의 유형	자료의 내용
개인적 경험	• 연구자 자신이 가지고 있는 체험에 대한 개인적 경험
어원	• 현재는 다른 뜻으로 사용되는 언어의 과거의 어원
관용적 표현	• 관용적으로 사용하는 표현들에 담겨 있는 의미들
연구 참여자의 경험적 기술	• 연구 참여자들로부터의 경험적 기술
프로토콜 글쓰기	• 연구 참여자들이 작성한 경험에 대한 기술
면담 자료	• 연구 참여자들과의 면담을 통해 수집된 자료
관찰 자료	• 관찰을 통해 수집한 자료
문헌에 드러나는 경험적 기술	• 문학작품, 시와 같은 문헌에서 나타나는 기술
전기	• 경험에 대한 기술을 담고 있는 전기들
일기, 일지, 기록	• 경험을 담고 있는 대한 일지 형태의 기록
예술 작품	• 경험을 드러내는 예술 작품
현상학적 문헌	• 경험과 관련된 다른 현상학적 연구들

있는 일체의 자료가 현상학적 질적연구의 자료가 될 수 있다(Giorgi, 2009; van Manen, 2016; Smith et al., 2009). 이에 우리는 '현상학적 연구 자료'를 어떻게 수집할 수 있을 것인지 구체적인 방법적 특징을 설명하고자 한다. 먼저, 현상학적 질적연구에서 수집할 수 있는 자료의 종류와 내용을 간단히 제시하면 **<표 3-5>**와 같다.

가) 현상학적 질적연구의 면담

현상학적 질적연구에서 심층 면담은 경험적 자료를 수집하기 위한 핵심적인 방법이다. 연구자는 심층 면담을 통해 구체적이고 실제적인 참여자의 이야기, 경험적 내러티브, 일화를 수집할 수 있다. 하지만 현상학적 질적연구의 면담을 통한 자료 수집은 단순한 작업이 아니다. 왜냐하면 현상학적 질적연구에서 심층 면담의 목적은 전반성적 · 경험적 · 구체적 설명과 묘사를 획득하는 것이기 때문에 연구자는 문화적 기술, 사회심리학적 의견, 개인적 관점, 의견, 해석 등은 가능한 한 배제해야 하기 때문이다. 간혹 연구자들은 심층 면담을 통해 참여자들이 '자신들의 생경험'을 그대로 들려줄 것으로 기대하는 경향이 있는데, 이는 현상학적 면담을 너무 단순하게 생각하는 것이다. 실제로 "현상학적 연구에서 심층 면담은 엄청나게 어려운 작업이다"(van Manen, 2016: 315). 현상학적 연구에서 면담은 철저한 준비와 매우 조심스러운 수행이 필요한 연구 활동이다(Bevan, 2014).

예를 들어 '비밀에 대한 현상학적 연구'를 한다고 가정해 보자. 비밀에 대한 경험을 탐구하기 위해서 연구자는 다음과 같은 질문을 할 수 있다(van Manen, 2016: 298-299).

- 당신의 어머니와 아버지에게 이야기하지 않은 비밀을 간직한 처음의 순간을 기억할 수 있습니까? 그때를 회상하면서, 구체적인 상황이나 사건을 이야기해 주시겠어요?
- 무엇을 숨겼습니까? 생각입니까? 물건입니까? 아니면 어떤 행위입니까? 기억나는 상황이나 사건을 들려주시겠어요?
- 자신만의 비밀의 공간이나 장소가 있었습니까? 그 장소를 자세히 묘사해 주시겠어요?
- 무언가를 숨기는 것에 대해서 어떤 느낌을 가졌나요? 예를 들어, 몸의 감각은 어떠하였습니까? 어머니와 아버지에 대한 감정은 어떠하였습니까? 예를 들어 이야기해 주시겠어요?

하지만 다음과 같은 질문은 피해야 한다.

- 비밀을 공유하는 것에 대한 당신의 의견은 무엇입니까?
- 당신은 왜 어린아이들이 비밀을 간직한다고 생각합니까?
- 여자가 남자보다 비밀이 더 많다고 생각하나요?
- 학교 기숙사에 사는 아이들이 간직하는 비밀은 무엇이라고 생각하나요?
- 당신이 당신의 친구, 배우자, 부모에게 이야기하지 않은 비밀은 무엇입니까?
- 부모에게 비밀을 간직하는 것이 도덕적으로 옳지 않다고 생각하나요?
- 이 지역에 건달들이 자주 가는 비밀스런 술집이 있나요?

위의 예를 통해 독자들은 현상학적 면담 질문을 어떻게 구성해야 하는지 어느 정도 이해할 수 있을 것이다. 하지만 연구 주제에 따라 면담 질문을 거의 전적으로 창안해야 한다는 점을 고려할 때 실제 연구에서 사용된 면담 질문들의 예시를 살펴보는 것이 도움이 될 것이다. 이에 학위를 위한 연구에 적용된 면담 질문들을 제시하여 독자들의 이해를 돕고자 한다.

현상학적 질적연구 면담 가이드의 예 1

Cargivers' Experiences of Caring for a Child with Cardiac Arrhythmia who has an Automatic External Defibrillator: An Exploratory Study using Interpretative Phenomenological Analysis **(Anker-Peterson, 2014)**

- **아이가 심장부정맥을 앓는다는 것이 당신과 당신 가족에게 어떤 것인가요?**
- 가능한 추가 질문
  - 어떻게 그 병을 가지고 있다는 것을 알게 되었나요?
  - 그 사실을 알았을 때 당신은 어떻게 반응했나요?
  - 그 아이는 어떻게 반응했나요?
  - 그 아이의 반응을 보는 당신은 어떠했나요?
  - 이와 관련하여 하고 싶은 다른 이야기가 있나요?

- **체외세동제거기에 대해서 이야기를 들었을 때 당신은 어떠했나요?**
- 가능한 추가 질문
  - 체외세동제거기를 사용하는 것에 대해 어떻게 느끼나요?
  - 이러한 기계의 도움을 받는 것에 대해 어떻게 느끼나요?
  - 이와 관련하여 하고 싶은 다른 이야기가 있나요?

- **심장부정맥 진단을 받고 체외세동제거기를 사용하기 시작하면서 무엇이 달라졌나요?**
- 가능한 추가 질문
  - 일상적인 삶은 어떻게 달라졌나요?
  - 부모로서의 역할은 어떻게 달라졌나요?
  - 가족 관계는 어떻게 달라졌나요?
  - 친구 관계는 어떻게 달라졌나요?
  - 직업과 관련해서는 어떻게 달라졌나요?
  - 이와 관련하여 하고 싶은 다른 이야기가 있나요?

(중략)

❖ **당신과 당신의 가족은 이 상황에서 어떻게 살아가고 있나요?**

❖ 가능한 추가 질문

- 실제적인 집안일이나 처리해야 할 일들은 어떻게 하나요?
- 감정적으로는 어떤가요?
- 경제적인 측면은 어떤가요?
- 지금과 달랐으면 하는 부분은 무엇인가요?
- 이와 관련하여 하고 싶은 이야기가 있나요?

현상학적 질적연구 면담 가이드의 예 2

「자녀에 의한 피학대 노인의 경험에 대한 현상학적 연구」(권미경 외, 2019)

영역	질문
노인 학대에 대한 경험	• 개인적으로 경험한 학대에 대해 얘기해 주세요. • 학대 전/후 어떤 삶을 사셨나요? • 학대는 어떻게 시작되었나요? 중요한 원인은 무엇이었나요? • 학대는 얼마나 지속되었고, 어떤 일이 있었나요? • 학대가 감정/관계/행동/생각/몸/삶에 어떤 영향을 미쳤나요? • 학대를 극복하기 위해 어떠한 노력을 하셨나요? • 학대로 어떤 부분(무엇)이 어르신을 가장 힘들게 했나요? • 학대를 겪으면서 돌아본 나는 어떤 사람이라고 생각되나요? • 학대 당시 심정/생각/몸은 어땠나요? • 학대로 가장 어려웠던 점은 무엇인가요? • 학대 상황이나 현재 상황에서 견뎌온 것(신념, 힘)은 무엇이었나요?
학대 개입에 대한 경험	• 개입(도움) 당시에 심리적 상태는 어떠했고, 지금은 어떤가요? • 기관의 활동에 참여할 때 심정은 어떠하셨고, 어떤 도움이 되셨나요? • 어르신에게 쉼터는 어떤 곳인가요? 지금 생활은 어떠신지요? • 향후 기관으로부터 어떤 도움을 받고 싶으신가요?
가족관계와 관련된 경험	≪원가족/현재 가족 모두 질문≫ • 평소 관계/대화는 어떠셨나요? 주로 어떻게 지내왔나요? • 관계에서 가장 좋았던 경험과 힘들었던 경험은 어떤 것이 있나요? • 출생순위는 어떠신가요? • 양육태도/훈육은 어떠셨나요? • 부모님 관계는 어떠셨고, 부모님은 어떤 역할을 하셨나요?

영역	질문
가족관계와 관련된 경험	• 갈등이 있을 때는 어떻게 해결하셨나요? (부모님이 싸울 때 자신은 어떻게 하셨나요?) • 가장 가까운 사람/ 불편한 사람/ 갈등하는 사람은 누구였나요? • 가족원들은 문제를 어떻게 보고/ 반응하고/ 결정했나요? • 학대에 어떻게 대처하셨나요? • 앞으로 자녀와의 관계는 어떻게 되길 원하시나요?
기타	• 제가 여쭤보지 않은 것 중에 학대에 대한 경험에 대해 더 하시고 싶은 말씀이 있으시면 무엇이든지 말씀해 주세요.

현상학적 질적연구를 위한 면담 가이드를 어떻게 만들 것인지 그리고 실제적 예들을 살펴보았다. 이제 좀 더 체계적으로 면담을 구성할 수 있는 모형 하나를 소개하고자 한다. Bevan은 맥락화(contextualization), 현상 파악(apprehending the phenomenon), 현상 명료화(claryfing the phenomenon)의 관점에서 어떠한 질문을 해야 하는지를 개념화하였다(**<표 3-6>** 참조).

맥락화에 대한 질문은 참여자로 하여금 자신의 경험에 대한 내러티브를 구체적으로 이야기하도록 한다. 더욱 구체적인 맥락화는 특정한 사건, 장소, 행위, 물건 등에 대한 추가적인 질문들을 통해서 가능하다. 다음은 맥락화를 위한 연구자(Anker-Peterson, 2014)의 질문에 대한 한 참여자의 응답이다.

<표 3-6> 현상학적 면담의 구조(Bevan, 2014: 139)

현상학적 태도	연구자 접근	면담 구조	방법	질문 예시
현상학적 환원 에포케	• 참여자의 자연적 태도 수용 • 자신과의 자기비판적 대화 • 적극적 듣기	맥락화	맥락에 대한 묘사와 내러티브	• "어떻게 그 현상(질병, 직업)을 경험하게 되었나요?"
		현상 파악	현상의 등장에 관한 묘사적 · 구조적 질문	• "일상적인 생활에 대해 이야기해 주세요" • "일상적 하루를 어떻게 준비하나요?"
		현상 명료화	상상적 변형: 다양한 질문	• "만약 다른 사람(관리자, 의사 등)이 있다면 당신의 행위나 경험은 어떻게 바뀔지 이야기해 주세요."

연구자: 신장 질환을 가진 환자가 되는 과정에 대해 이야기해 주시겠어요?

참여자: 그건 말하자면 약 6주에 걸쳐서 이루어졌어요. 저는 감기가 걸렸지요. 그게 제가 신장 질환이 있다는 것을 알게 된 계기예요. 나는 감기에 걸렸고 출근을 했는데 심하게 피곤함을 느꼈어요. 하루 종일 말이에요. 음, 나는 트럭을 운전하는데 저녁 시간이 되어 휴식을 취하려고 하는데, 뭘 좀 먹고 잠을 좀 자려고 했어요. 왜냐하면 엄청나게 피곤했으니까요. 일주일 내내 그랬어요. 나는 그저 이겨내고 약 좀 먹고 버티려고 생각했어요. 그런데 그럴 수 없었어요. 일을 하러 나갔는데 나의 상관이 "집에 가서 좀 쉬고 몸을 추스르는 게 어때?"라고 이야기했어요. 그래서 집에 와 병원에 갔어요. 의사는 "감기가 걸린 것 같고 좀 쉬면 나아질 거요"라고 이야기했어요. 며칠 후 나는 밤 11시경 갑자기 숨을 쉴 수가 없었어요. 정말로 숨을 쉴 수가 없었어요. 그래서 아내가 구급차를 불렀고 우리는 병원으로 갔죠. 병원에서 여러 가지 검사를 했고 나의 신장이 제 기능을 하지 못하고 있다는 것을 찾아냈죠. 그랬어요. 그렇게.

다음으로 연구자는 현상 파악을 위한 질문을 할 수 있다. 연구자는 좀 더 묘사적인 질문으로서 연구 주제와 핵심 현상에 대해 파악할 수 있다. 이때 연구자는 참여자와 관련된 다른 참여자들에게도 동일한 상황이나 현상에 대해 질문함으로써 더욱 풍부한 자료를 얻을 수 있다. 또한 연구자는 참여자에게 묘사적 질문, 구조적 질문 등 다양한 형태의 질문을 해야 하며, 하나의 경험에 대해서뿐만 아니라 여러 상황에서의 경험에 대해 질문해야 한다. 구체적 현상이나 경험을 묘사할 때 참여자들은 자신들의 해석과 이해를 자연스럽게 포함시키기 때문에 연구자는 참여자들이 순수하게 현상이 드러난 그대로 이야기한다고 간주하지 말아야 한다. 이를 위해 묘사적 · 구조적 질문을 할 수 있으며, 그 예는 다음과 같다.

연구자: 당신은 투석실 환자들을 염려한다고 이야기했는데, 그것이 구체적으로 무엇을 의미하는지 이야기해 주시겠어요?

간호사: 그래요. 나는 투석실 간호사로서 나에게 오는 환자들을 보살피는 그들에 대한 책임을 다해야 한다고 생각해요. 그리고 추가적으로 여러 가지 조언을 하지요. 내가 내 일을 잘 해내면 환자는 좀 더 나아진 모습으로 "2주 후에 봐요", "나중에 봐요, 잘 있어요"라고 말하죠. 모든 사람이 잘 지내고 웃고 TV를 보면 좋아요. 하지만 누군가가 아프면 나는 "어디가 불편한가요?"라고 물어보아야 해요. 나의 책임이지요. 그들은 괜찮을 수 있고 그렇지 않을 수도 있으며, 그냥 이야기하고

싶지 않을 수 있어요. 하지만 나는 생각하지요. 그들이 잘 지내는지 어떤지.

연구자: 당신은 당신의 환자를 염려한다고 이야기했어요. 그러면 어떤 환자가 염려될 때 당신은 무엇을 하는지 이야기해 주시겠어요?

간호사: 나는 정말 나의 일을 즐겨요. 때로는 어리숙한 농담을 하기도 하고요.

이처럼 연구자는 현상이나 경험과 관련한 다양한 참여자들에게 다양한 복수의 질문을 함으로써 현장에 대해 더욱 구체적으로 파악할 수 있다.

현상 명료화는 '상상적 변형'을 통해서 수행될 수 있다. 상상적 변형은 일반적으로 면담 과정에서보다 전사된 면담 자료의 분석에서 더욱 활용되는 방법이다(Giorgi, 1985). 상상적 변형을 통한 면담은 현상에 대한 적극적 탐색과 경험과 현상의 다양한 측면과 양상을 탐구할 수 있도록 한다는 점에서 면담을 더욱 역동적으로 만든다(Bevan, 2014). 또한 상상적 변형은 연구의 신뢰도를 강화할 수 있는 방법이기도 하다. 상상적 변형을 통해 현상 명료화를 추구할 때 연구자는 수행 중인 면담 그 자체로부터 현상 명료화를 위한 질문을 구성할 수 있다. 이 병형된 질문은 '적극적 듣기'과 참여자의 경험 묘사에 대한 반성을 통해 만들어질 수 있다. 면담을 할 때 연구자는 참여자가 하는 이야기의 구조적 측면을 포착하기 위한 판단을 해야 한다. 예를 들어, 신장 질환 환자는 일상적으로 의사를 만나지만 신장 투석실에서는 의사를 만나지 않는다. 연구자가 이러한 차이를 파악하였다면 다음과 같은 질문을 할 수 있다. "만약 신장 투석실에 의사가 항상 있다면 어떨지 이야기해 주시겠어요?" 이 질문은 다른 상황이 참여자 자신들의 경험을 어떻게 달라지게 할지 고려해 볼 수 있는 기회를 제공해 준다. 그 면담의 예는 다음과 같다.

연구자: 여기 투석실에 의사가 상주한다면 여기에 무엇이 달라질까요?

참여자: 글쎄요. 모르겠어요. 만약 누군가 여기를 혼자 다녀갈 수 있다면 그 사람은 다른 환자들보다 상태가 조금 나은 것을 의미할 거예요. 왜냐하면 상태가 심각한 환자들은 혼자 오지 않거든요. 간호사가 항상 함께 다니죠. 무슨 말인지 아시겠어요? 일반 병동이나 진료실에서는 모두가 엄청나게 서두르는 느낌이에요. 그들은 현재 즉각적인 처치가 필요한 환자에게 집중하죠. 그렇지 않아요? 그런데 만약에 여기에 누군가가 그렇게 응급한 상황에 있다면 그들은 서둘러 필요한 조치를 취할 거예요. 여기에 혼자 있을 수 있다는 것은, 간호사나 의사가 항상 나와 같이 있지 않아도 된다는 것을 의미해요.

위의 변형적 질문은 신장 질환 환자의 투석실에서의 경험의 의미에 명료함을 더해 준다. 또한 이 참여자의 응답을 통해 당장의 처치가 필요한 질병의 상황과 그렇지 않은 상황이라는 또 다른 요소를 드러낸다. 상상적 변형을 통해 연구자는 더욱 명료하고, 풍부하며, 신뢰할 수 있는 면담 자료를 획득할 수 있다.

나) 현상학적 질적연구의 관찰: 밀착적 관찰

질적연구에서 일반적으로 수행되는 참여관찰이 현상학적 질적연구에서도 유사한 형태로 진행될 수 있다. 하지만 현상학적 연구가 현상학적이기 위해서는 연구자는 일반적으로 이야기하는 '참여관찰'의 개념을 다시 생각해 볼 필요가 있다. 현상학적 질적연구에서 관찰은 그냥 보이는 대로 기술하는 것이 아니라 참여자에게 최대한 가까이 다가가는 '밀착적 관찰(close observation)'을 수행하기 위해 노력해야 한다. 밀착적 관찰이란 참여자에게 가능한 한 가까이 다가가기 위해 그들과 대화하고 그들이 하는 활동을 함께하며 라포르의 정도를 극대화하면서 하는 관찰이다. 예를 들어, 아동의 체험을 연구한다면 그 아이와 함께 TV를 보고, 놀이를 하고, 같은 것을 먹으며, 함께 놀이터를 가는 노력을 해야 할 것이다. 이러한 점에서 밀착적 관찰은 연구자가 관찰자인 동시에 참여자가 되는 것이다(van Manen, 2016: 318). 한 가지 예시를 통해 밀착적 관찰의 결과를 살펴보도록 하자. 다음의 예는 발달 장애를 가진 아이들에 대한 현상학적 연구 논문의 일부이다.

밀착적 관찰의 예

"'I Guess that the Greatest Freedom...': A Phenomenology of Spaces and Severe Multiple Disabilities"
(Standal & Evensen, 2017)

월요일 아침, 올리버는 조그만 체육 시설의 복도를 걷고 뛰고, 한 발로도 뛰며 돌아다닌다. 그는 예민하고 섬세한 눈을 가졌는데, 기쁨과 열정으로 가득 차 있으며 쉬지 않고 다른 방향으로 움직인다. 여기 잠깐, 저기 잠깐, 그러면서도 올리버는 자신의 움직임을 방해하는 그 어떤 것과도 부딪히지 않으며 지속적으로 움직인다. 그리고 올리버는 씹을 수 있도록 만든 녹색의 고무 인형을 지속적으로 씹어댄다. 올리버는 그 인형을 뱉어내기 전에도 침을 엄청나게 많이 흘린다. 인형을 씹지 않을 때는 올리버는 입으로 거품을 지속적으로 흘린다.

올리버는 학교 운동장이 보이는 낮은 창문으로 총총거리며 다가간다. 그는 창문 틀에 기대고 자신의 조그만 코를 창문 유리에 문지른다. 창밖에는 올리버 또래의 아이들이 비가 오는 중에서 풀장에서 놀고 있다. 올리버는 창문에 한참을 기대어 있다. 아이들이 노는 모습에 매료되었는지 한참을 뚫어져라 보고 있다.

조교인 힐데가 반짝이는 그림 몇 장을 가지고 올리버가 있는 창문으로 온다. 힐데는 올리버의 손을 잡고 트램펄린으로 안내한다. 올리버는 힐데의 손을 거부하지 않는다. 힐데의 손을 잡고 중심을 잡으려던 올리버는 W 모양의 푹신한 바닥으로 넘어진다.

"일어나라, 올리버." 힐데가 이야기한다. 올리버는 그대로 누워 있다. 힐데는 올리버를 조심스럽게 일으킨다. 올리버는 일어서서 중심을 잡자 힐데의 손을 놓는다. 그러더니 트램펄린에서 내려와 다시 창문가로 돌아간다.

4) 현상학적 질적연구의 자료 분석

여기서는 현상학적 질적연구의 목적인 체험과 현상의 본질에 도달하기 위한 방법에 대해 설명하고자 한다. 먼저, 분석을 위한 방법적 개념을 살펴보고, 분석의 절차를 예를 통해 설명하고자 한다. 먼저, 분석을 위한 핵심 방법적 개념은 체험의 구조, 환원, 상상적 변형, 직관이다. 환원에 대해서는 앞에서 충분히 살펴보았기 때문에 여기서는 체험의 구조, 변형, 직관에 대해 설명하고자 한다. 이어서 자료 분석의 절차와 방법에 대해 설명하고자 한다.

가) 상상적 변형: 체험의 다양한 모습

분석을 위한 방법적 개념으로서 상상적 변형(imaginative variation)은 연구의 대상이 되는 체험의 다양한 모습을 다양한 시각으로 살펴보는 것을 의미한다(Moustakas, 1994). 현상학적 질적 분석의 방법적 개념으로서 상상적 변형은 Husserl의 형상적 환원에서 비롯된 것이다. Husserl의 형상적 환원은 현상 안에 내재한 요소들 중 본질적 요소를 확인하기 위한 방법적 개념이다(이남인, 2004). 우리는 어떠한 대상을 바라볼 때 그 대상 안에 내재한 여러 가지 요소들을 확인할 수 있다. 그리고 그러한 요소들 중에는 그 대상을 바로 그것이라 부를 수 있게 만드는 본질적인 요소도 있을 것이고 그렇지 않은 주변적인 요소도 있을 것이다. 하지만 우리는 어떤 것이 본질적인 것이고 어떤 것이 그렇지 않은 것인지를 확인하기가 힘들다. 그것은 첫째로, 대상에는 본질적인 요소와 그렇지 않은 요소가 혼재해 있고, 둘째로, 그 대상 안에 내재하는 본질적 요소가 그 대상 외의 다른 대상에도 존재하는지 확인할 수 없기 때문이다. 따라서, 그러한 대상에 존재하는 본질적인 요소를 확인하기 위해 인식 속에서 대상을 다양한 모습으로 변화시킨다. 그렇게 무한히 다양한 대상에 대한 변형을 확인하는 과정에서 어떤 변형은 그 대상으로 인식할 수 있는 반면, 어떤 대상은 더 이상 그 대상으로 인식할 수 없다. 이러한 과정을 Husserl은 자유변경(free variation)이라 부른다. 이러한 다양한 변형들을 통해 어떤 변형이 그 대상으로 인식되는지, 어떤 변형이 그 대상으로 인식되지 않는지에 대한 지속적인 살펴봄을 통해 어떤 요소가 그 대상의 본질적인 요소인지를 직관을 통해 포착할 수 있게 되는데, 이러한 과정을 통해 대상의 본질을 포착하는 과정이 바로 형상적 환원이며, 이때 본질적 요소를 확인하는 직관을 본질직관(Wesen-sanschauung)이라 한다(이남인, 2004).

예를 통해 확인해 보도록 하자. 우리는 모자라는 대상에 내재하는 다양한 요소들을 확인할 수 있다. 색, 크기, 소재 등이 그것이다. 우리는 그러한 요소들을 기반으로 다양한 모자의 변형을 상상해 볼 수 있다. 검은 모자, 붉은 모자, 큰 모자, 작은 모자, 종이로 만들어진 모자, 가죽으로 만들어진 모자 등이 그것이다. 그리고 그러한 변형 중에는 우리가 여전히 모자라고 부를 수 있는 변형이 있는가 하면 더 이상 모자라고 부를 수 없는 변형도 존재한다. 그러한 다양한 변형들을 살펴보며 우리는 모자의 본질적인 요소가 '머리에 쓸 수 있음'이라는 요소라는 것을 직관적으로 파악할 수 있게 된다.

물론 이러한 현상학의 방법적 개념이 그대로 적용되는 것은 아니다. 현상학적 질적연구는 어디까지나 경험과학이며 현상학과 같이 연구자의 내적 자료에 의지해 사고실험의 형태로 이루어지는 연구가 아닌 다양한 경험 자료의 수집과 분석을 통해 이루어지는 과학적 연구이기 때문이다. Moustakas(1994)는 체험의 본질적 요소를 확인할 수 있는 방법으로 상상적 변형(imaginative variation)을 제시하였다. 그에 따르면 현상학적 질적연구에서의 상상적 변형이란 다양한 상상, 다양한 참고적인 틀, 극단적인 경우와 반전된 경우, 다양한 관점들을 사용함으로써 가능한 의미를 탐색하는 것이다. 이러한 그의 논의에 따르면 자료를 분석할 때 그 체험을 가능한 한 다양한 관점으로 바라보고, 반전시켜 보고, 다양한 틀을 통해 성찰하는 과정을 통해 체험의 본질적 요소에 다가가는 것이 바로 현상학적 질적연구의 방법론적 개념인 상상적 변형이라 할 수 있다.

나) 직관: 체험의 구조로 다가가는 연구자의 통찰

직관은 앞서 논의한 다양한 방법론적 개념을 통해 경험을 분석하는 동안 우리로 하여금 본질적인 요소를 파악할 수 있게 해주는 도구이다. Husserl은 본질을 파악하게끔 해주는 주요한 인지적 방법으로 직관의 한 종류인 본질직관을 논의하며, 그것이 현상의 본질을 획득하는 정당한 도구라고 논의한 바 있다(이남인, 2004). van Manen(2016)은 현상학적 질적연구에서 직관은 우리로 하여금 구체적인 사례를 통해 그것을 호명하는(vocative) 방식으로 어떤 의미를 획득하도록 하는 것임을 논의하며, 이러한 직관을 통해 본질적 통찰과 획득에 이를 수 있음을 논의한 바 있다. 또한 이러한 직관은 직접적이며(immediate) 상상적인 현상학적 포착(imaginative phenomenological grasp)이며, 언어가 개념을 넘어설 때 획득하는 어떤 것에 대한 이해라 논의한 바 있다.

하지만 이때 현상학적 질적 분석에서의 직관의 의미를 특별한 추론이나 반성과 같은 인지적 사고 과정 없이 단숨에 어떤 대상을 파악하는 유아론적 직관과 유사한 어떤 것으로 보는 것은 곤란하다. 왜냐하면 현상학적 질적연구에서 어떤 대상에 대한 직관은 아무런 매개 없이 어느 순간 갑자기 어떤 의미를 포착하는 과정이 아닌 지속적인 반성과 성찰, 다양한 유형의 추론을 시도한 결과로 도달하게 되기 때문이다. 이러한 직관의 의미를 좀 더 이해하기 위해 주형일(2008)의 직관에 대한 논의를 살펴보도록 하자. 그는 직관의 사전적 의미가 내포하는 무매개의 직관적 지식이란 실제로 가능하지 않음에 대해 논의하였는데, 그에 따르면 무매개로서의 직관은 가능하지 않으며 오로지 무매개처럼 보이는 직관만이 가능하다는 것이다. 예를 들어 감각기관을 통한 감각적 직관은 몸이라는 매개가 있기 때문에 가능한 것이지만, 몸이라는 매개가 우리에게 너무도 자연스러운 것이기에 우리가 의식하지 못하고 이를 무매개의 지식으로 여길 뿐이며, 싫고 좋음과 같은 감정적 직관도 그것에 대한 과거의 기억을 바탕으로 한 것이며, 아르키메데스의 일화와 같은 직관적 지식도 그 이전의 고민과 연구들의 축적으로 가능하였다는 것이다. 결국 우리가 일상생활에서 구체적으로 만나게 되는 직관이 무매개의 지식으로 느끼게 되는 것은 매개가 너무 익숙하거나 지식이 논리적으로 연결되지 않기 때문이다.

이와 유사한 논의를 이남인(2010)의 논의에서도 확인할 수 있는데, 그의 논의에 따르면 Husserl의 본질직관 역시 아무런 노력 없이 단숨에 본질을 파악하는 유아론적 직관이 아니라 자유변경과 그 자유변경 속에서 나타나는 차이점과 공통점을 파악하는 일종의 추론과 유사한 과정을 포함하고 있다는 것이다. 이러한 논의를 종합해 보면 현상학적 질적연구에서 본질적 요소를 파악하는 직관은 경험적 자료에 대한 지속적인 성찰과 반성, 해석, 숙고 등을 수반하는 사고 과정 속에서 일어나는 본질적 요소의 획득 과정이다.

다) 체험의 구조: 현상학적 질적연구 분석의 핵심

체험의 구조는 현상학적 질적 분석의 목적으로 체험의 본질적인 의미 구조를 말한다(Creswell, 2007; van Manen, 1990, 2016; Moustakas, 1994; Crotty, 1996; Giorgi, 2009). 즉, 현상학적 질적 분석은 그 과정에서 도출한 체험의 본질적 요소들로 이루어진 의미 구조를 도출해야 한다. 이러한 구조는 단순히 1차원적인 트리 구조일 수도 있고, 또는 그 본질적 요소들 간의 특별한 관계, 예를 들어 공간적 관계라든지 시간적 관계 등을 기반으로 하여 구성되는 좀 더 복잡한 관계일 수도 있다. 그렇다면 예를 통해 그러한 체험의 구조를 확인해 보도록 하자.

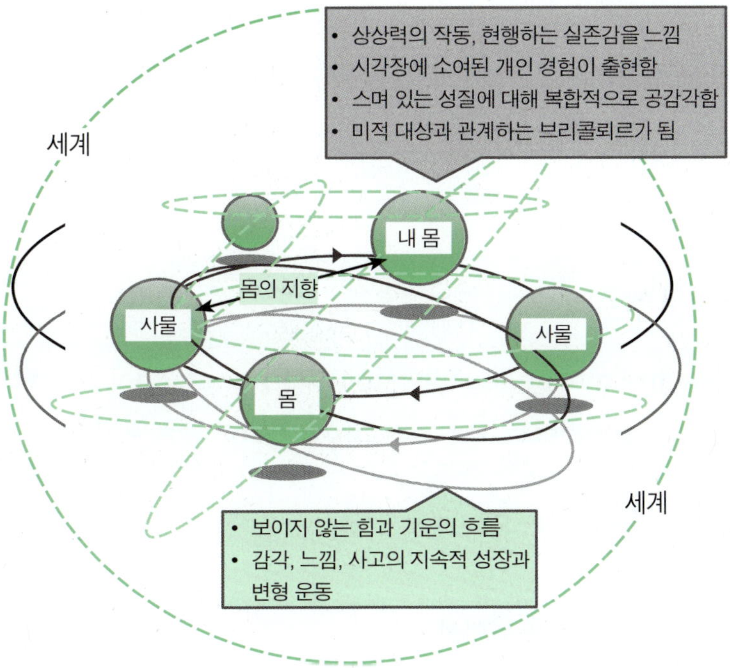

[그림 3-2] 몸의 미적 감각의 본질적 의미 구조

먼저 앞서 언급한 「미술 활동에 나타나는 '몸의 미적 감각'의 본질 특성과 의미에 관한 현상학적 연구」(이은영, 2014)를 살펴보자. Giorgi의 현상학적 연구 절차와 분석 방법을 활용한 연구자는 몸의 미적 감각의 본질 특성 의미의 구조를 **[그림 3-2]**와 같이 도식화하였다.

체험의 구조의 예 1

"Older Women's Experiences of Depression"
(Allan & Dixon, 2009)

1. 세계 속에서 살기

자기혐오

감정에 의한 압도

세상으로부터의 도피

일상에서의 투쟁

2. 다른 사람들과 함께 하기

혼자 남겨지기

자신과 다른 사람에 대한 오해

정신질환이라는 불명예—사회와 자아

다른 사람들에게 이해 구하기

체험의 구조의 예 2

"Intuition in Emergency Nursing: A Phenomenological Study"
(Lynecham, Parkinson, & Denholm, 2008)

1. 지식: 둘러싸고 있는 모든 지혜
2. 경험: 무언의 스승
3. 연결성: 분리의 벽을 넘어서
4. 느낌: 신체의 목소리

5. 융합: 이성적 자아의 외부
6. 믿음: 내적 자아를 받아들이기

라) 현상학적 자료 분석의 방법과 절차

현상학적 질적연구의 자료 분석을 위한 방법적 개념에 대해 알아보았다. 이제 자료 분석의 절차에 대해 설명하고자 한다. 현상학적 환원에 대한 부분에서 설명한 것처럼 현상학적 연구는 연구 방법적 환원 또한 중요한 부분이기 때문에 다양한 학자들이 나름의 분석 절차를 고안하였고, 현상학적 연구자들은 자신들의 연구 주제나 연구 질문에 따라 이들을 차용하거나 변형하여 차용한다. 이에 우리는 대표적 현상학적 연구 방법론 학자들의 분석 절차 분석을 통해 도출한 일반적 자료 분석의 절차를 제시하고자 한다.

현상학적 질적연구에서의 자료 분석은 지속적인 성찰과 반성의 과정 동안 연구자가 직관을 통해 본질적 요소 또는 주제를 도출하는 과정을 통해 일어난다. 이러한 자료 분석의 과정을 일정한 절차나 단계를 드러내기는 어려운 부분이 있다. 왜냐하면, 현상학적 질적연구에서의 분석은 Strauss와 Corbin(1998)의 근거이론 분석이나 Spradley(1980)의 발전적 분석 절차와 같이 특별한 과정이나 도구에 의해 이루어진다기보다 자료에 대한 연구자의 읽기, 반성하기, 직관을 통해 본질적 요소 파악하기와 같이 지속적인 반성을 과정을 통해 이루어지기 때문이다. Tashakkori와 Teddlie(2009)는 이러한 현상학적 질적연구의 분석 형태를 맥락화 전략(contextualizing strategies)이라 논의하며, 근거이론과 같은 범주화 전략(categorial strategies) 분석과 구분한 바 있다.

그럼에도 불구하고 몇몇 학자들이 이러한 현상학절 질적연구의 분석 절차에 대해 논의한 바가 있는데, 우선 Giorgi(2009)는 분석의 절차로 '전체적인 감각을 얻기 위한 읽기', '의미 단위를 결정하기', '연구 참여자의 표현을 현상학적으로 민감한 표현으로 변형하기'를 논의한 바 있다. 이러한 그의 논의는 종합하면 자료를 반복적으로 읽으며 전체적인 감각을 획득하고, 자료의 각 부분에 내재되어 있는 의미를 파악하고, 이러한 의미 단위에 따라 자료를 분류 · 병합하고, 각 의미 단위에 대해 반성하는 과정을 통해 그 본질적 요소를 파악하는 일련의 과정이 분석의 절차를 통해 이루어지는 전체적인 과정이라 할 수 있다.

Smith와 동료들(2009)의 분석 과정도 Giorgi(2009)와 유사하다 할 수 있다. 그들은 분석의 절차로 '읽기와 다시 읽기', '초기 메모 작성하기', '떠오르는 주제 도출하기', '주제들 간의 연결성 찾기', '다른 사례로 넘어가기', '사례 간의 패턴 찾기'를 논의한 바 있는데, 이러한 절차도 결국 반복적으로 읽고, 반성적 글쓰기를 통해 자료에 대해 반성하고, 이러한 과정 속에서 직관적으로 본질적 요소를 도출하는 일련의 과정으로 이해될 수 있다.

위와 같은 절차에 대한 논의와 앞서 살펴본 현상학적 질적연구의 방법론적 개념을 통합하여 우리는 다음과 같은 분석에 대한 시사점을 얻을 수 있다. 첫째, 현상학적 질적 분석을 위해 지식, 선이해, 선입견과 같은 선행하는 다양한 유형의 지식에 대한 환원이 수행되어야 하며, 이러한 환원을 통해 그러한 지식들이 우리의 분석 과정에 영향을 미치지 못하게 해야 한다. 또한 이를 통해 탐구하려는 대상과의 신선하고 호기심 어리고 경이로운 태도를 회복해야 한다. 둘째, 자료에 대한 반복적 읽기가 이루어지고 이러한 과정에서 자료 속에 내재한 의미들을 파악하고 자료를 각각의 의미 단위에 따라 분류·병합해야 한다. 셋째, 분류·병합된 의미 단위를 기반으로 분석이 이루어져야 한다. 분석의 과정에서 연구자는 상상적 변형을 수행하여 대상으로서의 체험을 다양한 시각으로 바라보아야 하며, 이를 통해 체험 속에 내재한 본질적인 요소와 구조를 파악하려 노력해야 한다. 넷째, 분석은 단순한 생각을 통해 이루어지는 것이 아니라 연구자의 기술적·해석적·반성적 글쓰기의 지속을 통해 이루어져야 하며, 이러한 글쓰기 과정 속에서 직관을 통해 그 본질적 요소에 접근이 이루어져야 한다. 다섯째, 도출된 본질적 요소들은 주제화되고 그 관계성에 기반하여 하나의 체험 구조로 통합되어야 한다. 이러한 시사점을 반영하여 분석의 절차를 구성한다면 **〈표 3-7〉**과 같이 나타낼 수 있다.

〈표 3-7〉 현상학적 질적 분석의 절차

단계	과업
자료에 대한 반복적 읽기	• 반복적 읽기를 통한 자료의 의미 가늠하기
자료 분류·병합	• 직관을 통한 의미 단위 파악/반성 • 파악된 의미 단위별로 분류·병합
의미 단위 분석 글쓰기	• 의미 단위별로 기술적·반성적·해석적 글쓰기
본질적 요소 도출/주제화	• 직관을 통해 본질적 요소를 도출 & 주제화
체험의 본질적 구조 도출	• 본질적 요소들 간의 관계성을 파악 & 체험 구조 도출

다음으로 이러한 분석 방법이 실제 분석 과정에서 어떻게 적용되는지에 대한 이해를 위해 Wertz(2011)의 현상학적 연구의 자료 분석을 살펴보고자 한다. Wertz는 자신의 저서 *Five Ways of Doing Qualitative Analysis*에서 갑상선암을 진단받은 라는 여성의 트라우마와 회복 경험을 Giorgi의 분석 방법으로 분석하였다.

현상학적 자료 분석의 예

갑상선암 진단을 받은 테레사의 트라우마 회복 체험(Wertz, et al., 2011)

연구자로서 Wertz의 환원 작업

Wertz는 분석에 앞서서 먼저 환원을 수행하였다. 이때 환원의 대상이 된 선개념은 '테레사의 암 자체', '테레사의 부모님', '테레사와 비슷한 다른 여성'과 '외적인 요소를 통해 그것을 설명하고자 하는 자신의 마음'이었다.

> 이 작업을 수행하는 과정에서 내가 취한 태도는, 첫째로, 과학적 이론과 트라우마에 대한 연구에 대한 나의 지식을 옆으로 밀어넣는 것이었다. 이를 통해 나는 테레사의 삶 속의 구체적인 경험에 집중하고자 하였다. 또한 테레사의 암과 그녀의 부모님, 그녀와 비슷한 다른 여성들, 그녀 경험 자체와는 거리가 있는 그녀의 신체에 대한 숙고를 옆으로 밀어넣고 괄호 안으로 집어넣었다. 그리고 테레사의 지능, 유전적 요인, 그녀의 환경과 같은 어떠한 외적인 요소를 통해 그것을 설명하고자 하는 마음도 배제하였다. 그녀의 묘사를 통해 나는 그녀가 트라우마와 회복을 거치면서 경험한 바로 그 상황 속의 방식에 배타적으로 집중하였다.

환원 후 Wertz는 자료를 반복적으로 읽고 이를 분류하고 의미 단위로 묶는 작업을 진행하였다.

> 먼저, 나는 기록된 묘사와 면담 자료를 예닐곱 번 읽어보았다. 그리고 분석을 위해 잘 조직된 데이터를 얻기 위해 테레사의 기록된 면담 원자료를 일인칭의 완전한 내러티브로 통합하였다. 나는 트라우마와 회복 현상이라는 관점에서 이런 내러티브를 단락으로 나누었다. 각각의 의미 단위는 15개 정도의 문

장들로 이루어져 있었고, 서로 밀접하게 테레사의 경험을 드러내는 순간을 묘사하고 있었다. 개별적 현상 기술이라 부를 수 있는 이러한 내러티브는 55개의 의미 단위로 이루어져 있었고 15쪽 정도의 분량이었다. 이러한 개별적 현상 기술에 대한 구조화를 진행한 목적은 테레사의 원래의 경험이 트라우마와 회복에 대한 즉각적인 성찰이 되게 하기 위해서이다. 가족이나 문화와 같이 처음에는 주제와 거리가 있어 보이는 내용들도 포함되었다. 왜냐하면 그러한 것들이 트라우마와 회복의 심리학 측면에서 의미가 있을 수 있기 때문이다.

자료를 의미 단위로 분류하는 과정을 거쳐 Wertz는 55개의 의미 단위로 이루어진 내러티브를 얻을 수 있었다. 그중 셋을 여기서 제시하겠다. 아래의 의미 단위 중 '의미 단위 1'은 테레사 성장의 배경이 된 가족, 문화에 대한 내용이고, '의미 단위 16'과 '의미 단위 17'은 암 진단을 받았을 때의 상황에 대한 내용이다.

의미 단위 1: 테레사의 성장 배경과 가족 문화

우리 어머니는 천성적으로 걱정이 많은 사람이었어요. 어머니는 언제나 소심하고 겁이 많았어요. 내 생각에는 폭군 같은 우리 아버지가 어머니를 그렇게 항상 초초하게 만든 것 같아요. 내 기억에 어머니는 무엇이든 잘못되면 항상 고민했어요. 커피가 너무 뜨겁거나 너무 차가울 때도 그랬어요. 그런 바보 같은 것으로도 말이에요. 그래서 내가 보는 어머니는 항상 이렇게 위축되어 있는 사람이었어요. 어머니는 사실은 개인적으로 보면 굉장히 강한 사람이었어요. 그렇다 하더라도 내 어린 시절 보아왔던 어머니의 모습은 아버지의 폭압적인 모습의 그늘 아래서 떨고 있는 모습이었어요. 어머니는 당신의 그러한 태도를 당신의 인종적인 배경의 탓으로 돌렸지요. 필리핀 사람이었거든요. 그리고 매우 엄격한 종교적인 분위기 속에 자란 탓으로 돌리기도 했어요. 남편에 대한 아내의 의무로서의 가톨릭적인 이해 같은 것이지요. 착하고 순종적인 아내요. 그리고 그러한 아내의 의무는 남편이 먼저고 그다음이 아이들이었어요. 어머니는 그러한 것들을 나에게 아주 많이 말하셨지요. 그래서 말할 것도 없이, 그런 것은 나의 아버지를 향한 적개심이라는 점에서 그렇게 좋은 것이 되지는 못했어요. 나의 신앙심 측면에서도 그랬지요. 여성의 위치라는 것이 아마도 내가 가톨릭교회에 대해 가지고 있는 것 중 가장 클 거예요.

의미 단위 16: 갑상선암 판정의 순간

나는 얼어붙었어요. 숨을 쉴 수도, 움직일 수도 없었어요. 심지어 눈을 깜빡이지도 못했어요. 마치 총에 맞은 것 같았어요. 마치 주먹에 맞은 것처럼 장이 굳었어요. 내 입은 말라갔고 손가락으로 펜을 만지작거렸어요. 갑자기 한기가 느껴졌고 몸이 마비되는 것 같았어요. 뚜렷하게 드러나는 나의 충격을 살피며 외과의사가 작게 미소를 지었어요. "우리는 당신의 생명을 구할 것입니다. 비록. 설명 드리자면. 잘 아시지요? 나랑 같이 수술하는 다른 의사들은 목소리만 들릴 거예요. 우리는 강요하지 않는 범위 안에서 할 수 있는 모든 일을 할 겁니다." 나는 조금씩 숨을 쉬기 시작했어요. 아주 조금씩. 그리고 내 몸의 떨림이 느껴졌어요. 나는 의미 있는 무언가를 말하려고 했어요. 표현적인 것이요. 내가 할 수 있는 말은 오직 '선생님'이었어요.

의미 단위 17: 암 진단 후 테레사의 반응

나는 흐느껴 울었지만 소리 나지 않았지요. 단지 급류 같은 눈물과 함께 벌려진 내 입에서는 '쉬이' 하는 소리만 났어요. 그 저주받은 덩어리로부터의 압력에 밀려나왔지요. 외과의사가 휴지와 필름을 들고 내 옆으로 급히 왔어요. 그리고 다시 확신시키기 위해 내 어깨에 손을 얹었어요. 나는 소리 없이 울부짖으며 내 옆에서 부드럽게 말하고 있는 그의 이야기를 들었어요. "당신은 이것을 이겨낼 거예요. 당신은 젊어요. 그렇기에 당신은 이것을 이겨낼 거예요. 그리고 당신은 당신의 목소리도 다시 찾을 수 있을 겁니다. 그리고 메트로폴리탄 뮤직 하우스에서 노래도 하게 될 거예요. 그때 잊지 말고 내게 표를 보내주세요."

이러한 의미 단위를 구성한 후 Wertz는 각각의 의미 단위에 대한 심리적 성찰을 수행한다.

내 분석의 첫 번째 단계는 테레사의 심리적 삶을 표현하는 무엇에 대해 이해하기 위해 55개의 각각의 현상적 기술 속에 들어 있는 각각의 의미 단위에 대해 성찰하는 것이었다. 나는 이미 선택된 사회적 배경과 심리적인 것을 포함한 그녀의 트라우마와 회복에 대하여 그것들이 드러내는 어떤 것에 더욱 집중하였다. 그러한 성찰의 목적은 문맥 속에서 각각의 의미 단위들에 대한 심리적 감각을 획득하는 것이었다.

각각의 의미 단위에 대한 심리학적 성찰로 Wertz는 다음과 같은 결과를 얻게 된다. '의미 단위 1'에 대한 성찰을 통해 아버지에 대한 부정적인 생각과 어머니에 대한 연민, 그리고 그녀의 성장배경이 된 가톨릭적인 가풍이 그녀에게 어떠한 영향을 미쳤는가에 대한 내용을 얻을 수 있었고, '의미 단위 16과 17'을 통해 죽음에 직면한 그녀의 공포와 절망, 그리고 의사의 친절한 응대가 그녀에게 미친 영향과 그것에 대한 그녀의 반응을 확인할 수 있었다.

의미 단위 1에 대한 성찰. 테레사가 가족들과 함께한 어린 시절, 그녀의 기억 속에 아버지는 폭군이었고 불공정하게 어머니의 지위를 낮추고 좌지우지하려는 사람이었다. 그리고 그는 가정 내에서 테레사의 위치를 가장 낮은 곳에 두는 사람이었다. 그녀가 기억하는 어머니는 불안해하고, 순종적이며, 자존감이 부족하고 자신을 과소평가하는 사람이었다. 그러한 것은 아버지의 문화적 · 종교적 가치에 의해 규정된 것이며, 그러한 문화적 · 종교적 가치는 아버지의 지배와 여성의 피지배를 정당화하였으며 어머니의 능력과 가능성을 박탈하였다. 비록 부모님에 대한 테레사의 입장이 어떻게 발전해 왔는지 추적하는 것은 불가능하지만 그녀는 아버지의 억압적인 권위와 어머니의 공포에 떨며 지배당하는 것에 반대하는 것으로 보였다. 함축적으로, 테레사는 아버지가 어머니를 대하는 방식, 어머니의 진정한 모습을 폭력적으로 다루고 그의 지배력 아래서 벌벌 떨게 만드는 그러한 방식에 분노하였다. (중략)

의미 단위 16에 대한 성찰. 테레사가 호흡을 멈추었을 때, 그녀의 삶은 비명을 지르며 멈춰 서기, 정지, 일종의 죽음으로 다가섰다. 그녀는 마비되었고 한기를 느끼며 감각이 마비되었다. 행동하고 초월하려는 그녀의 강한 의지, 빠른 속도로 몰입하고 있던 가수로서의 삶, 그녀의 의학적 문제를 치료하려던 최근의 노력들. 그 모든 것이 멈추었다. 그녀는 공격받고 있는 느낌이었고, 삶의 기본 요소들, 그녀의 수분, 그녀의 움직임, 그녀의 감각, 그 모든 것이 멈췄다. 그녀는 의사가 그러한 그녀의 삶의 중지에 대해 그녀는 죽지 않을 것이라는 희망적인 기대를 제공하며 안심시키려고 반응하는 것을 경험하였다. (중략)

의미 단위 17에 대한 성찰. 절대적으로 상처받기 쉬운 테레사의 표현에

> 대한 반응으로 그녀의 내과의는 그녀가 괜찮아질 것이라는 사려 깊은 약속을 하였다. 테레사는 그녀의 감정이 전체적인 삶의 리듬 속으로 흘러넘치도록 내버려두었다. 이러한 것들은 어떠한 말로 명료화하기는 힘들다. 나는 어떤 이원적인 감각을 느꼈다. 그것은 삶에 대한 강한 의지를 일으키고 삶에 대해 확신하는 것과 삶을 축소시키고 방향성을 잃게 하는 종류의 것이었다. (중략)
>
> 사회적 기반에 대한 주제적 성찰. 우리는 여기서 트라우마와 회복을 대면하는 데 있어 그것과는 다른 것들의 역할에 대한 어떤 것을 배울 수 있다. 여기에 등장하는 의사의 행동은 일반적인 그것에 비해 좀 유별나게 환자의 개인적인 상황에 대해 잘 대해 주며 확언하고 있다. 이러한 행동은 테레사의 감정적 표출에 대해 실용적인 측면이나 상식에 맞는 측면, 문제해결 방식의 측면을 넘어서서 표출되는 것이었으며 이러한 상황 속에서 그와 테레사는 편안함을 느낄 수 있었다. 이것과 함께 의사와 환자는 서로에 대해 마음을 열었다. 그들은 좀 더 깊고 넓게 개인적 · 감정적으로 공유하였으며 삶에 대한 열망을 나누었다.

Wertz는 이러한 성찰의 결과를 통해 '개인 심리적 구조'를 획득하고 '구조적인 개요'를 진행한다. '개인 심리적 구조'는 테레사의 어린 시절에서 현재까지 나타나는 주제들로 구성되어 있다. 또한 구조적인 개요에는 테레사가 암을 진단받은 이후 절망의 시간을 겪고 이것을 이겨내는 과정에 대한 성찰이 드러난다.

> 이러한 방식으로 15쪽에 이르는 55개의 의미 단위 각각에 대해 성찰한 후, 나는 내가 발견한 것들을 이른바 '개인적 심리 구조'라 부르는 것으로 요약을 시도하였다. (중략)
>
> 이 글을 쓰면서 나는 테레사의 트라우마와 회복에 대해 임시로 'Toward a Fuller Life in Face of Death'라는 이름을 붙였다. 이렇게 하는 목적은 그녀의 트라우마와 회복의 경험에 대해 내가 수집한 지식을 전체적으로 표현하기 위해서였다. (중략)
>
> 나는 전체적인 특징과 구조적인 단위를 강조하기 위해 간략하게 소개하는 스케치로 이 요약을 시작하였다. 이러한 경험은 너무 복잡하고 가변적인 것이었다. 그것들은 시간적으로 확장되었고 역동적인 변화의 과정을 포함한다. 나는 트라우마 속에서 테레사의 회복 순간을 다음 11개의 순간으로 구분

하였다.

1. 어린 시절/시간적으로 먼 배경: 가족의 트라우마로부터의 출현
2. 청소년기/시간적으로 가까운 배경: 최초의 회복으로의 노래
3. 청년기 초기의 트라우마: 알지 못하였던 질병의 발견
4. 트라우마의 발현: 위협적인 암으로 인한 피폐
5. 불운에 대한 초기 반응: 가까운 사람들과 함께 죽음을 피하기
6. 트라우마와 마주하기: 인지적이고 실제적이고 사회적인 의도
7. 재활 조건으로서의 육체적 굴복과 붕괴: 수술받기
8. 육체적 고통, 압박 그리고 회복의 시작: 병원에서의 생활
9. 실패, 상실 그리고 이전 삶에 대한 포기
10. 죽음을 대하는 새로운 태도: 자신과 세계와의 관계를 넓힘으로써 발견한 새로운 가능성
11. 삶 유지하기: 존재론적인 도전에 직면하기, 새롭고 넓은 자아 발전 이루기: 계속되는 불운의 대면 속에서 대립을 통합하기

구조적인 개요. 테레사의 트라우마적인 질병은 그녀의 야심차고 개인적인 삶의 궤도의 중심이 되는 가능성의 파괴라는 의미를 가진다. 그렇기에 그것은 그녀의 실존적인 죽음을 일으킨다. 활기찬 학문적인 참여, 사회적 관계 그리고 가수로서의 삶을 살아가려던 테레사의 희망은 모두 붕괴되었다. 그녀의 삶과 그녀의 세계를 잃어버리는 과정, 공포와 슬픔을 느끼는 과정을 거치고 난 후, '죽음'에 대한 그녀의 받아들임은 이전 삶의 잿더미 속에서 그녀를 일어나게 만들었다. 자신의 삶이 끝날 수 있다는 가능성이라는 의미를 가진 계속적인 트라우마(암의 재발과 진행)에 직면하면서 테레사는 자신의 세계를 다시 세우고 확장하는 또 다른 새로운 가능성을 실현하였다. 이러한 과정이 진행되면서 많은 색들로 물든 그녀 자신과 세계가 실현되고 익숙해지고 생활이 되었다. 비록 트라우마적인 질병이 그녀를 지속적으로 위협하였지만 테레사는 실제로 자신을 돌보던 초기의 모습을 통합하려 노력하였다. 그것은 죽음을 직면함에 있어서 좀 더 완전하고 가득 찬 삶에 대한 값진 추구였다. 테레사는 몇 가지 심원하고 모순적인 대립 속에서 투쟁하였다. 그것은 감정적인 포기와 실제적인 행동, 다른 사람에게 의존하는 것과 자신의 능

력, 상처받기 쉬운 것과 강력함, 운명과 가능성 그리고, 삶의 단절과 계속이었다.

이러한 분석 절차에 대한 논의와 더불어 Wertz(2011)가 소개하는 현상학적 질적연구 분석 과정에서 연구자가 갖추어야 할 자세를 다음과 같이 제시하였다.

1. 기술된 상황 속에 감정이입하며 몰입하기
2. 각각의 경험 속에 천천히 몰입하여 그 속에 머물기
3. 경험된 상황을 확대하고 확장하기
4. 경험에 대해 세밀하게 탐구하며 자신의 믿음과 의도적인 관심을 도입하는 것에 대한 판단 중지하기
5. 객관성에서 벗어나 그들의 개인적인 관계적인 경험된 상황으로 돌아가기

5) 현상학적 글쓰기: 의미와 본질의 합성

현상학적 분석 방법을 통해 경험의 본질을 구성하는 요소들을 파악하였다면, 이후의 단계로는 그러한 요소들을 통합하여 그 경험의 본질을 구조적으로 기술하는 작업이 이어져야 한다. 의미와 본질의 합성이란 현상학적 방법을 통해 체험을 분석한 후 그것을 글로 나타내는 것이다. 이는 현상학적 탐구의 마지막 단계이자, 근본적이고 조직적이고 구조적인 기술을 직관적으로 합성하여 전체로서의 체험 현상의 본질에 대한 통합된 진술을 도출하는 단계이다(Moustakas, 1994: 100-101). 앞에서 설명한 현상학적 질적연구의 개념들을 이해할 수 있게 쉽게 제시하면 다음과 같다. 현상학적 연구 결과를 제시하기 위한 글쓰기는 직선적인 조직이라기보다는 순환적인 과정이며 현상학적 질적연구 글쓰기만을 수행하기 위한 방법이라기보다는 탐구를 수행하는 동안 지속적으로 지켜야 할 태도와 관련지어 이해함이 적절할 것이다. 다시 말해, 연구자가 자신의 연구 주제와 분석으로 도출한 결과를 제시하는 방법은 각 연구의 특성에 맞게 새로이 창조되어야 하는 것이다. 의미와 본질의 합성으로서의 글쓰기를 실증적인 설명으로 이해하는 것이야말로 Husserl이 비판한 '자연적 태도의 일반 정립'으로 돌아서는 환원주의적 태도이자 '방법론적 일원화'라고 할 수 있다(유혜령, 2012: 16-18).

현상학적 질적연구에서 글쓰기는 탐구 그 자체이며, 독자들로 하여금 공감, 배려, 태도 변화를 이끌어내도록 할 수 있는 글쓰기여야 한다(van Manen, 1990). 따라서 이

러한 현상학적 글쓰기는 연구자의 창의성, 민감성, 쓰기와 고쳐 쓰기의 반복을 통해 현상학적 글쓰기로 이어지는데, 정상원과 김영천(2014)은 이러한 현상학적 글쓰기의 전략에 대해 논의한 바 있다. 현상학적 글쓰기가 단순히 전략을 따른다고 해서 이루어질 수 있는 단순한 과업은 아니지만, 현상학적 질적연구를 시도하고자 하는 연구자들, 특히 초보 연구자들에게 유용한 시사점이 될 수 있기에 여기서 논의해 보고자 한다. 그들이 제시하는 현상학적 글쓰기 절차는 **〈표 3-8〉**과 같이 정리할 수 있다. 그들의 현상학적 전략을 소개하고 실제적인 예를 제시하고자 한다.

〈표 3-8〉 현상학적 글쓰기 전략

전략	설명
체험 의미의 매력적 표현	• 건조한 사실의 축약이기보다는 매력적으로 독자에게 다가갈 수 있는 표현 • 독자의 호기심을 자극하는 문장을 사용
주제들의 관계를 포괄하는 중심 주제	• 단순한 주제의 나열이 아닌 주제들과 구성된 체험의 구조이며, 이러한 구조를 잘 반영할 수 있는 형식으로 연구의 결과로서 체험의 구조를 제시 • 관계에 적합한 주제의 배열, 표의 제시, 구조를 도식화한 그림을 제시
일화 자료 재구성	• 원자료 그대로의 형태로 제시하기보다는 독자들에게 영감을 줄 수 있는 일화로 재구성 • 자료의 의미를 왜곡하거나 과장하지 않을 것
구체적 묘사	• 체적인 묘사를 통해 독자들에게 의미를 전달 • 따옴표를 이용하여 연구 참여자의 언어를 그대로 전달하거나 그 경험이 일어나는 모습을 세세하고 구체적으로 묘사
성찰과 반성 과정 제시	• 독자들이 연구자의 성찰과 반성의 과정을 따라 연구자가 도달한 깨달음에 이르도록 제시
의미 강화 전략	• 글쓰기를 통해 경험의 의미를 강조 • 두음법과 같은 수사적 장치를 활용 • 자신이 도출한 의미를 강화할 수 있는 적절한 수사적 장치를 사용
생생한 언어 사용	• 생생함의 확보를 통해 독자의 공감을 호소해야 함 • 시각적 이미지, 청각적 이미지, 분위기에 대한 묘사들을 통해 텍스트의 생생함 전달
대화 어조 유지	• 독자에게 말을 거는 것이어야 하며, 이를 통해 독자의 공감과 배려를 유도 • 독자에게 물음을 던지거나 '나' 또는 '당신'과 같은 인칭대명사의 사용

다음으로 현상학적 글쓰기의 예를 살펴보자. 현상학적 글쓰기를 이해하기 위해 많은 현상학적 연구물과 질적연구에서의 글쓰기를 논의한 서적을 정독하는 노력이 필요하다. 예를 들어, 「질적연구에서의 현상학적 글쓰기의 전략과 방법의 탐구」(정상원, 김영천, 2014), 「질적연구에서의 글쓰기: 다양한 접근들의 이해」(김영천, 주재홍, 2010), 「현상학적 글쓰기: '형언할 수 없는 그 무엇'이 살아나는 공간 만들기」(유혜령, 2014). 『질적연구 방법론 3: Writing』(김영천, 2013a)을 참고할 수 있다. 여기서는 다양한 글쓰기 예를 간략하게 제시하기보다 한 가지 예를 집중적으로 제시함으로써 현상학적 글쓰기의 전체적인 흐름과 '느낌'을 획득할 수 있는 기회를 제공하고자 한다.

Teresa Dobson(2002)은 "Keeping in Touch by Electronic Mail"에서 일반적인 글쓰기와 컴퓨터에서의 글쓰기의 경험이 갖는 공통점과 차이점을 현상학적으로 탐구하였다. 전자매체의 도입 이전에 우리 모두는 종이에 글을 쓰거나 편지를 쓰거나 또는 원고지에 글을 써왔다. 그러나 이메일의 등장은 우리에게 연필과 종이를 빼앗았고 편지 쓰는 것 역시 사라진 과거로 만들어버렸다. 이에 연구자는 이러한 새로운 문화적 실제로서 이메일을 쓴다는 경험의 의미를 일련의 연구 참여자들을 통하여 현상학적으로 이해하고자 하였다. 이를 통하여 이메일을 쓰는 것이 어떤 주관적 경험과 정서를 형성하고 우리가 전제하는 그 어떤 새로운 인식과 태도에 긍정적인지 아니면 부정적인지에 대한 우려에 대하여 다른 관점을 제시해 주고 있다. 다음의 내용들은 Dobson의 현상학적 연구 글쓰기 중 일부를 발췌한 것이다.

현상학적 글쓰기의 예

이메일을 통해 연락하기(Dobson, 2002)

가을에 접어들자 작은 서점의 주인인 캐슬린 켈리는 올해 들어 가장 바쁜 나날들을 보내고 있다. 그녀는 벌써 크리스마스 편지를 준비하기 위해 일찍 가게에 나온다. 그러나 요즘 그녀의 마음에 더 중요한 것들이 자리 잡고 있다. 그녀는 숍걸(shop-girl)이라는 아이디로 NY152라는 익명의 남자와 온라인 메시지를 주고받고있다. 요즘 그녀는 그 남자의 이메일을 기다리고 있다.

캐슬린의 연인 프랭크는 그녀의 직장에서 그리 멀지 않은 곳에서 일한다. 그녀는 프랭크가 거리에 나타나면 바로 확인할 수 있는 자리에 앉아 있다. 만약 그가 길모퉁이에 도달하면 캐슬린은 살짝 웃으며 종종걸음으로 나가 인사한다. 그녀가 돌아왔을 때 컴퓨터는 여전히 켜져 있고, 그녀는 메시지를 다시 확인한다. 그런 다음 그녀는 컴퓨터에서 즉각적으로 들려오는 알림 소리를 기대한다. "메일이 도착했습니다!(유브 갓 메일!)"

NY152에게서 온 메일이고 제목은 brinkley이다. 그녀는 친구의 강아지를 소개받았을 때처럼 미소를 머금었다. 아니, 아침에 메일을 받은 이후로 그녀는 미소를 멈추지 않았던 것 같다. 글은 아쉽게 끝을 맺고 있다. "당신의 이름과 주소를 안다면 당신에게 내가 만든 부케를 보낼 수 있을 텐데요……." 캐슬린은 화면을 보고 고개를 끄덕이고, 잠시 후 답글을 입력했다.

> 친구에게.
>
> 나는 마치 우리가 대화를 이어오고 있었던 것처럼 이야기를 시작하는 것을 좋아해요. 실제로는 아니지만 우리가 아주 오래되고 아끼는 친구인 것처럼 느껴져요. 서로의 이름도 모르고 그 전에 본 적도 없지만……. 어떻게 당신에 대한 나의 궁금증을 풀 수 있을까요? 나는 컴퓨터를 켜고 기다리고 기다려요. 가슴이 뛰는 것을 느끼면서 다음 세 마디의 소리가 들리길 기다리지요. '유브 갓 메일!' 메일이 도착했습니다!

일을 하는 동안 캐슬린은 이메일로 이루어진 관계(relationship, 사귀는 것과 같은)에 대해 걱정하였다. 관계? 이게 정말 관계인가? 그녀는 NY152와의 메일이 프랭크에게서 안전하게 떨어진 상태로 주고받는 것인지 확인해야 하는 이유로 생각에 사로잡혔다. 그러나 정말 말도 안 된다. 어떻게 만난 적도 없는 사람과 관계를 할 수 있는가? 게다가 그녀가 가게에 도착해서 그녀의 친구에게 속마음을 털어놓는 것처럼, 친밀감이 없는 메시지들, 그냥 일상적인 모든 것들에 대한 약간의 기록들이다. 개인적인 내용이 너무 없다.

이것은 1998년에 개봉한 로맨틱 코미디 영화《유브 갓 메일》이다. 이 영화는 어떤 면에서 사이버 공간의 상황을 예측하는 오래된 이야기이다. 1940년의 영화《모퉁이 가게》를 리메이크한《유브 갓 메일》은 현실에서 많은 이유로 서로를 싫어하고 증오하는 두 사람이 익명성을 통해 사랑의 결실을 맺는 관계를 그리고 있다.(캐슬린은 편지를 쓰는 사람으로, 묘하게도 NY152는 그녀의 오랜 친구들보다 그녀를 더 잘 이해하는 사람으로 그려지고, 그녀에게 미지의 사람이면서 대형

체인 서점의 주인이다.) 이 영화는 깊이 있는 영화는 아니지만 우리가 새로운 매체의 글을 주고받는 경험에 초대를 한다는 점에서 흥미롭다. 바로 이메일을 통한 경험이다.

숍걸과 NY152의 위험한 장난이 제시하는 바와 같이 이메일은 커뮤니케이션에서 역설적인 의미를 가질 수 있다. 한편으로는 고립감과 신비감을 조성하고, 또 한편으로는 뜻밖의 친밀감을 조성한다. 캐슬린은 NY152를 한 번도 만나본 적이 없지만 아직 그녀는 그를 '오래되고 친근한' 친구로 생각한다. 우리는 영화에서 실제보다 더 낭만적인 부분을 대수롭지 않게 취급할 수 있다. 이 외에 캐슬린이 인식하는 다른 경험이 있다고 해도 이것이 이메일에 반드시 필요한 부분은 아니다. 가상의 캐릭터로서 캐슬린은 결국 편지를 쓰는 사람을 본뜬 것이다. 그녀의 독창적인 생애는 Miklos Laszlo의 연극《향수가게》에서 찾을 수 있다. 이 연극은 부다페스트 가게의 두 조수들이 서로를 인식하지 못하고 펜팔을 하는 것에 대한 것이다. 그리고 우리는 가상이 아닌 버전을 미국의 작가인 Helene Hanff에게서 찾을 수 있나. Hanff는 실화를 바탕으로 한 소설『84번가의 연인(*84 Charing Cross Road*)』(TV 드라마, 영화화되기도 하였다)을 출간하였다.

그리고 전자 매체는 글쓰기를 통한 서로 주고받는 교류 경험의 전부를 바꾸지 못한다. 온라인으로 이동하려는 압도적인 욕구, 매체의 갈망, 신비주의, 예상치 못한(하지만 즐거운) 친밀감의 모든 것은 캐슬린과 NY152의 경험을 칭찬받지 못할 로맨틱한 경험으로 연결하게 하는 것들이다. 확실히 이전의 영화들과 소설을 각색한 버전의《유브 갓 메일》을 보면 종이의 시대로 설정된 것처럼 보인다.

그리고 많은 사람들은 우리가 글을 통한 교류를 경험하는 방식이 실제로 변하지 않는다는 점과 이메일이 항상 긍정적인 방식은 아니라고 주장한다. 예를 들면 Jayne Gackenbach(1998)는 매체가 우리의 장벽을 허물도록 권장하고 우리의 것이라고 이야기하는 것, 다른 의사소통 상황에서, 자신에게 집중하도록 한다. Yates와 Orlikowski(1992) 또한 이런 매체의 비공식적인 언어에 생략과 오류가 부적절한 것으로 간주된다고 하였다. 이메일은 우리에게 무모한 행동을 권장한다. 아마도 그것은 사회 정의와 언어 사용의 부주의를 가져온다. 어쩌면 우리는 젊은이들이 그것을 사용하는 것을 줄이도록 권장해야 하고 그들의 언어 행동의 규칙과 특정 코드를 이해하고 사용해야 한다. 물론 이것은 극단적인 입장이다(그리고 아직 전례가 없는 일은 아니다). 궁극적으로 우리 자신에게 어떤 의사소통 방법(부분적으로 글로 이루어지는 의사소통)과 이메일을 통한 경험이 다른지 물어봐야 한다. 그렇다면 서면을 통한 의사소통과 언어 사용의 진화는 무엇인가?

이메일로 들어가기

나는 이메일의 세 개의 폴더를 통해 서로 주고받은 내용을 보았는데, 개인적인 것과 다른 것, 여러 번의 여름 동안 여행하면서 주고받은 것들이다. 각 폴더는 같은 색과 크기로 되어 있다. 그 폴더들에는 최근 나의 흥미를 끄는 경험과 이메일들이 들어 있다.

여행의 막바지에 나는 자문하였다. 최근 이메일을 통한 나의 대화와 상호작용에 변화가 있었는가? 과거의 패턴이나 습관과 달라진 점은 무엇이며, 왜, 어떤 친구들과는 최소한의 연락만 주고받았는가?

곧 집으로 돌아가기 전에 나는 이메일의 모든 임시저장 폴더를 삭제하려고 준비하였지만 망설여졌다. 이러한 커뮤니케이션 기록을 저장할 것인가? 이런 방법으로 편지를 던져버릴 것인가? 처음에 나는 모든 것을 하드디스크에 저장하기로 하였지만 결국은 이런 규칙을 위반하였다. 나는 일부를 인쇄하여 업무 관련 메일과 개인적인 메일을 정리하였고, 밝은 파란색의 폴더로 그것들을 오려붙였다. 이런 것들은 나의 여행에 대한 흥미로운 기록이 될 것이라는 생각에 안심이 되었다.

이메일은 종종 글로 쓰는 서신의 부활을 촉진하는 매체로 호평을 받는다. '편지 쓰기'에 대한 매킨지의 인터뷰에서 한 기자는 이메일이 많은 것을 변하게 했는데 그중 하나는 오래된 전통인 편지 쓰기가 사라지게 만든 것이라고 이야기하였다. 물론 이메일에 대한 나의 첫 경험은 매킨지의 평가를 지원하기 위한 것으로 보인다. 일반적으로 편지와 전화를 피하였던 사람처럼, 두 가지 대화의 양식의 최고의 결합인 이메일로 들어가게 되었고 이것은 편리하고, 저렴하고, 더욱 중요하고 빠르다. 나는 이런 기분을 곧 발견하였고, 나 혼자 발견한 것이 아니었다.

컴퓨터를 대체하는 것: 새롭게 나타난 매체

기록물들을 빠르게 주고받고 싶어 하는 욕구는 오래전부터 있었다. 이메일보다 훨씬 이전의 전달도구에 대해 생각해 보자. 현대적인 의미에서 말하는 우체국의 시초는 1228년 마르코 폴로에 의해서 만들어졌다. 그는 프랑스와 이탈리아에 이러한 우체국을 설치하였고, '큰 도로에서 25마일 떨어져 있는 장소에 300~400마리 말들로 각각 그들의 우편물을 배달하는 서비스(OED)'를 시작하였다. 이와 같은 '우편물을 부치는' 장소에서 빠른 말과 이 말을 타고 정신없이 달리는 우편배달부의 의무는 '온힘을 다해 다음 장소로 달려가는 것'이다. 17세기 초 영국 국왕은 우편배달부들에게 명시적인 지침을 다음과 같이 내렸다. "모든 우편물은 1시간 15분 안에 배달되어야 한다. 멀리 발송되는 우편물은 3시간, 여름에 배달할 때는 1시간에 7마일 배달을 기준으로 한다(OED). 우편 배달부들의 업무는 우편물을 가능한 한 빠른 시간에 목적지에 배달하는 것이다." 이렇듯 우편 배달이라는 단어는 전통적인 의미에서 서둘러 전달한다는 의미와 연결 지을 수 있다. '가급적 빨리(post-haste)'의 두 단어 또한 차이가 크지 않다. 우리는 《오셀로》에서도 이와 같은 단어를 사용하는 것을 볼 수 있다. 카시오는 영웅에 대한 이야기를 공작에게서 전해 듣는다. "그리고 그가 당신에게 서둘러(haste/post/haste) 나타나기를 요청하였다./아주 신속히."(Shakespeare, 1987: 1206) 이와 같은 예들은 명백히 공작이 서두름으로써 곧바로 변화하기 시작하였다. 이런 메시지들이 보내졌기 때문이다. "가급적 빨리 발송해!(Post haste dispatch!)"(Shakespeare, 1987: 1207)

이메일은 이런 오랜 열망이었던 서신의 즉각적인 회답시스템에 대한 해답이 되었다. 실제로 셰익스피어의 베니스 공작은 아마 21세기의 이런 전송 시스템에 열성적인 사용자가 되었을 것이다. 그리고 이러한 큰 변화는 조바심 또한 증가시켰다! 이메일의 전송속도에도 불구하고, 아마도 이러한 이유 때문에, 사이버 공간에서의 비교적 작다고도 할 수 있는 지연에도 쉽게 좌절감을 불러일으킨다. 이것은 커뮤니케이션 속도의 증가로 시간에 대한 감각이 바뀌었기 때문이다.

> 15년 전만 해도 국제전화는 괴로운 일이었다. 전화를 걸고 15초 동안의 지연(오래된 기계 다이얼을 기억하는가?)은 전기적 신호로 바꾸는 데 15초나 그 이상 걸렸다. 마찬가지로 컴퓨터와 프린터의 처리속도는 화면에 초 또는 분 단위로 입력 또는 출력을 위해 당신이 기다릴 수 있다는 의미이다. 이는 오늘과 얼마나 다른가? 이제 우리가 익숙한 벨소리를 듣지 못한다면 키패드에 있는 마지막 버튼을 누르게 되며 컴퓨터의 프로그램이 구동되는 몇 초 동안 초조해하게 된다(Wertz, 2011: 138).

이런 문제에 Cochrane은 다음과 같이 불평하였다.

> 다른 어떤 것을 하기에는 기다리는 시간이 너무 짧고, 집중할 시간을 깰 정도는 충분한 시간이다(Wertz, 2011: 138).

원하는 답신의 증가가 빨라지는 것은 우리의 기대와 성급함으로 회신을 찾으려 하는 것 때문이다. 재래식 우편을 통한 편지의 응답은 며칠을 기다리지만, 이메일의 답장에서는 서버의 문제가 발생하면 우리를 얼마나 불쾌하게 하는지 모른다.

대학 연구원인 Pat은 이러한 점에서 이메일의 매력을 말한다.

> 나는 다른 시간대의 누군가에게 쓰는 것을 좋아한다. 나는 러시아에 있는 니콜라스에게 지금 쓸 것이고 남아프리카에 있는 친구에게 30분 뒤에 쓸 것이다. 나는 샘이 퍼스에서 어떻게 지내는지 볼 수 있다. 나는 밤낮의 모든 시간에 메시지를 받는 것을 생각하는 것을 좋아한다. 그리고 아마도 두 시간 뒤에 나의 메시지를 확인하고 응답하기를 기다리고 있을 것이다. 물론 그들이 답신을 보내지 않으면 나는 금세 화가 난다. 그들은 어디에 있는가? 왜 그들은 몇 시간마다 메시지를 확인하지 않는가? 아니면 나를 무시하는 걸까? 시간과 공간을 떠나 나는 일어난 모든 일들을 즉각적으로 원한다.

그리고 쇱걸과 NY152의 기록으로 돌아가면, 시간을 낭비한 것에 얼마나 좌절하게 되는지, 만약 잠시 동안, 하드디스크의 기계음이나 바쁜 서버에 접근하기 위해 대기하는 것을 들어보라. 초는 시간으로 바뀌고 분은 일주일로 바뀐다. 전기적인 차원으로 우리가 연결을 기다리는 동안 시간은 뒤틀리게 되고 온라인 대화에 참여함으로써 알 수 없는 곳으로 날아가게 된다.

가상 공간에서의 언어

이메일은 참을성이 없는 매체일 수 있다. 아마도 이것 때문에 이것은 비공식적인 것 중의 하나이다. 열성적인 이메일 사용자는 글로 서로 교류하는 것의 용이성과 속도의 궁극적인 방향성을 위해서 지속적으로 노력하고 있다. 이러한 측면에서 완전히 새로운 언어 또는 코드는 사이버 공간에서 진화하였다. 많은 젊은 이들은 어딘가에서 새로운 언어 양식과 규칙으로 대화한다.

한 고등학생 무리는 점심시간에 자신들의 점심에 대한 대화에 참가하는데 'e-mails'라는 새로운 단어를 사용한다. 그들이 입력하는 단어들은 사전에도 나오지 않는 그들이 만들어낸 단어들이다.

> "brb phone don't go I mean it blade don't go"
>
> "c-ya later"
>
> "im back my bird is sitting on my shoulder"

e-mails의 관용구는 언어가 최소한으로 되어 있다. 학생들은 구두점을 사용하지 않고, 대문자도 쓰지 않고, 한두 음절의 몇 단어를 사용한다. brb는 be right back이다. 따라서 위의 말은 다음과 같이 번역할 수 있다. "곧 돌아올게. 내가 전화를 받을 수 있다. 가지 마라. 내 말은 블레이드 가지 마!" 학생들은 또한 이모티콘으로 감정이나 느낌 같은 것을 표현하는데, '행복'을 나타내는 :~), '아이러니'를 나타내는 ;~) 같은 것이나. 학생들은 이런 방식으로 글쓰기의 지루함을 없앤다.

이러한 구어체를 사용하는 것은 젊은이들만의 독점적인 영역이 아니다. 심지어 매우 성공한 작가도 관례적으로나 때때로 이메일을 사용한다. 그들의 언어는 학생들처럼 크게 축약한 것은 아니지만 비교적 단순하다. 주제들이 일련의 단락을 나누는 작업 없이 간단한 문장으로 나타난다. 또는 철자가 빠지고 내용이나 인쇄의 오류가 정정되지 않는다. 물론 나는 이런 문법상의 실수를 인정하고 나중에 이것을 발견하고는 깜짝 놀란 적이 있었다. 그러나 많은 부분에서 이러한 언어 유희가 새로운 매체에 필요할 수가 있다. 예를 들어 메모의 첫 번째 줄은 내가 최근에 문학 교수이자 작가이자 학술지 편집자에게 받은 것이다.

> Good moning.
>
> Mr. Morestuffa is currently buildign what looks a bit like a spcae ship,
>
> or herhaps a nuclear reactor, in the back garden.
>
> can't decide whether this improves or further detracts from the view……

위의 이메일 메시지에서 보듯이 업무와 관련된 관계에서도 이메일에서의 언어 활동이 변화하고 있음을 보여 준다.

> 나는 메시지를 수정할 시간이 없었다. 이메일의 예절이 요구되지만 나는 그것을 광범위하고 사용되지 않을 것을 의심했고 …… 나에게 가장 중요한 것은 신속하게 응답하는 것이다. 말하자면 대화의 흐름에서 끊기는 것이 아니라는 것이다.

그녀의 말은 위의 고등학생들처럼 이메일을 다른 형태의 서신과 구별하게 한다. 그것은 대화와 같은 면이 있으며 많은 기능의 대화를 결과적으로 보여준다. 그것은 비공식적인 문법 규칙, 구어적 표현 그리고 의식의 흐름에 따른 조직(또는 그것들의 부족)을 보여준다. 이메일의 속도는 글을 쓰는 사람에게 대화적인 흐름의 중심을 유지하는 데 관심을 두고 기본적인 언어 규칙을 어기는 공식적인 권한을 주고, 이런 대화의 흐름이 한편으로는 더 느린 매체에서 교류를 감퇴시키고 종료하는 역할을 한다.

온라인에서의 친밀감

> 거짓말을 퍼트리는 사람이 친구인가, 적인가? 그것은 나의 가장 친밀한 적들 중 하나이다.
>
> – 단테 가브리엘 로세티

《유브 갓 메일》의 딜레마가 전제하는 것이 로세티가 한 말로 잘 설명된 것은 '친밀한 적(intimate enemies)'이다. 숍걸과 NY152가 서로를 경멸하지만 온라인을 통해 서로 사랑을 키운 것으로 말이다. 이런 상황은 물론 헐리우드 스타일로 멋지게 포장된 것이지만 전례가 완전히 없었던 것은 아니며, 이메일이 이것을 쉬운 상황으로 만든다. 약간 이상한 일일 수도 있지만, 우리도 이런 낯선 상황에서 친밀감을 원하지 않았더라도 친밀감이 생기는 일이 있다.

나는 알지 못하는 누군가에게 쉽게 편지를 보내지 않을 것이지만, 이메일이라면 편안하게 보낼 수 있다. 나는 이메일을 보낼 때 짧은 시간에 개인적인 만남의 수준으로 올라가는 것에 당황하였다. 얼마 전에 나는 오스트레일리아에서 열린 회의의 주최자와 통신을 하였다. 그가 처음에 보낸 이메일 메시지는 재치 있었으며, 가족 문제에 대한 언급이 약간 있었다. 나는 그의 감정에 민감하게 반응하는 것을 목표로 하여 응답하였다. 메시지가 앞뒤로 나가는 것처럼 그의 아들과 이혼, 그런 그의 문제들에 대해 알게 되었다. 우리는 점점 친구가 되는 것처럼 보였고, 나는 결국 공항에서 그를 만났을 때 우정의 관계로 개인적인 문제들을 계속 공유하였다.

이메일의 즉시성은 우리의 생각과 느낌을 다른 사람과 신속하게 공유함으로써, 서로를 더욱 친밀하게 느끼도록 한다. 예를 들어 멀리 있는 친구가 보낸 메시지를 읽으면서 우리는 즉각적인 상황에서 한 번에 통찰을 하여 정보를 얻는다. 나는 그 친구의 사무실이 크고 오래된 석조 건물로 되어 있고 납땜 유리 창문이 나 있는 것을 알고 있다. 컴퓨터 근처의 창문은 납땜 유리 패널로 되어 있다. 나는 친구가 모든 메일을 그 장소에서 쓴다는 것을 알고 있다. 내가 늦게까지 일을 할 때면 친구는 메시지를 보낸다. 나는 이메일을 바로바로 확인할 수 있도록 이메일 프로그램을 전면에 위치시킨다. 나는 강렬하게 친구의 사무실 공간을 느낀다. 나는 그녀가 최근에 자기 책상에 앉았었다는 것을 알고 있다. 그 시간의 차이를 계산하여 빛이 납땜 유리 패널에 비치는 모습을 상상해 본다. 나는 그녀의 메시지가 가장 최근의 그녀의 모습을 반영한다는 것을 알고 있고 그녀가 설명하는 순간의 소리와 모습을 묘사한다고 느낀다. 나는 종종 하루가 지나기 전에 그녀에게 서둘러 답신을 보내려고 한다. 이런 글을 쓰는 모든 친밀한 감정은 형식의 무게에 눌리게 되고 현재의 순간에서 글쓰는 순간을 제거하고 읽게 한다. 다른 사람에 대한 나의 물리적인 감각이 낯선 사람일 때 강하지 못할 수 있지만—방보다 도시 전체에서 생각할 수 있지만—우리가 오늘 논의한 문제 중 중요한 사실은 나의 감정이 다른 어떤 이에 의해 조정되었다는 점이다.

그러나 여기 숍걸과 레오는 좀 더 명확한 점이 있고 그들 스스로 설명을 한다. 레오의 예를 들면 그는 만난 적이 없는 동료에게 개인적인 편지를 보내게 될 때 어색하게 느껴지는 것을 관찰할 수 있다. 하지만 이메일은 편안하게 보낸다. 어떻게 이메일이 우리에게 '편안한' 감정을 느끼게 해준다고 생각하는가? 1999년에 컴퓨터를 사용하기 시작한 72세의 켄에게서 한 가지 힌트를 얻을 수 있다.

> 편지를 쓸 때—가을에 컴퓨터를 가지고 쓰기 전에 정기적으로 평생을 한 것은—나는 편지지를 빼곡하게 채웠다. 빈 공간이 있으면 뭔가 죄를 짓는 기분이었고 때로는 공간을 채울 때 긴장감이 들었다. 아니면 편지지 한 장을 넘기지

> 않기 위해 여백에도 줄을 그어 글씨를 썼다. 두 장째 편지지를 쓰게 되었다면 또한 여백없이 편지지를 채웠다. 나는 더 이상 이런 제약을 받지 않는다. 이메일은 완벽한 짧은 메모 같은 것이다. 사실 나는 이것이 더 낫다고 본다.

고정적인 형태의 양식을 제시하지 않는 상황에서 이메일은 글쓴이에게 정직하고 솔직한 서신을 보내도록 한다. 두세 개의 비공식적인 '짤막한 농담'은 바람직하다. 그리고 아이러니하게도 메모는 신중하게 손으로 작성된 편지와 편지의 장수보다 겉보기에 짧은 글을 통해서 더 많은 것을 나타낼 수 있다. 이러한 메모 같은 자발적인 대화체의 사용은 결국 우리에게 짧은 시간 동안 우리 스스로 상황을 생각하도록 하고 생각에 잠겨 있는 것을 방지하고 반영적 글쓰기로 독자들이 보기에 멀리 떨어져 있는 우리 자신에 대해서 물리적으로 심정적으로 더 참여할 수 있게 한다.

손으로 글을 쓰는 것을 벗어나서

나는 이 활동이 손으로 글을 쓰는 것과 비슷한지 궁금하지 않을 수 없다. 숙소에서 손 편지를 쓰던 여행자는 매우 신체적인 감각으로 그 과정을 실시하였다. 용어에서 정의하듯이 손으로 글을 쓰는 것은 신체와 연결되어 있고, 이것은 필기도구와 작문의 외형을 모두 포함한다. 우리는 우리가 작성한 것을 문자 그대로 인식한다. Heidegger는 우리의 손과 손으로 쓴 단어 사이의 연결의 중요성에 대해 다음과 같이 말하였다.

> 손은 인간의 본질을 포함하고 있기 때문에 단어가 되고, 이것은 손의 본질적인 영역이며, 인간을 의미하는 본질적 바탕이다. 단어는 상징적으로 그려지므로 이러한 관점이 제시하는 것은 쓴 단어, 즉 문자(script)이다. 그러나 스크립트는 손으로 쓴 단어이다(1982: 118).

아직 기술이 변하고 있고, typewriting, keyboarding, word processing 같은 새로운 단어들이 등장한다. 우리의 도구가 더욱 정교하게 발전함에 따라 어떤 면에서 손의 도움은 손이 있다는 사실에도 불구하고 완전히 없어지는데, 두 가지 이유로 타자로 치는 활동을 통해서이다. 결국 쓰기라는 용어 자체가 없어지고, 우리는 이제 키보드라고 한다.

하지만 이러한 도구의 사용에 초점을 맞추는 변화는 작가를 중요하지 않게 생각하는 것보다는 낫다고 할 수 있다. 결국 우리는 쉽게 '펜'으로 편지를 쓸 수도 있다. 그리고 아직 우리는 다양한 글쓰기 공간들에 관련을 짓고 있는지를 다양하게 고려한다. 우리가 손으로 글을 작성하게 되면 우리의 몸은 완전히 그 과정에 참여한다. 우리는 종이 인쇄물의 표면에 우리의 펜으로 작성할 뿐만 아니라 우리의 손, 향기, 땀과 체취 같은 것과 함께한다. 작성을 완료하게 되면 편지를 접어 봉투에 비밀리에 넣어 감추고 우리가 쓴 그대로 놓게 된다. 결국 봉투와 우표를 혀를 이용해 침을 묻혀 붙인다. 우리는 이와 같은 방법으로 편지를 써서 보낼 때 개인적인 서명을 남긴다. 이런 구체적인 방법은 손으로 쓰는 의사소통 과정의 독특한 부분이다. 우리가 작성한 편지를 보낼 때 우리는 그것을 신뢰하고, 편지가 목적지에 도착하면 우리의 친구나 연인은 같은 페이지를 보고 만지게 되고, 얼마 되지 않아 우리의 공간을 채우게 된다. 손으로 쓴 편지는 결과적으로 기념품이 될 수 있다. 그들이 집에 보관되어 있던 것을 발견할 때 소중함을 느끼게 될 것이다. 우리를 분리하는 거리가 있는데도 불구하고 편지는 매우 확실한 의미에서 '촉감으로' 남아 있다.

반대로 연구실에 있던 학생들의 신체적인 태도에 대해서 가장 분명한 점은 그들이 글쓰기 공간에서 자신을 멀리 떨어지게 한 점이다. 필요에 의해서 화면 앞에 앉아 있고, 그들의 몸은 키보드와 일정한 거리와 각도를 유지한다. 심지어 그들은 노트북을 사용하거나 다른 손을 이용한다. 글의 표현을 위해 전자장치를 이용하는 것이 허용된 것이고, 숙소에 있던 작가들이 그랬던 것처럼 그들은 자신의 글에 대해 스스로 포장하는 것이 어렵다는 점이다. 한 학생은 컴퓨터 화면에 자신의 글이 소원해지는 기분을 적었다. "당신은 몇 시간 동안 책을 읽었다면 책은 당신의 무기를 확장시켜 줄 것이다. 그러나 컴퓨터는 독립된 개체 하나하나의 일종이다. 이것은 당신에게서 텍스트를 교묘하게 획득한 것과 같은 경우이다." 그의 관찰은 중요한 열쇠이다. 그것은 컴퓨터가 텍스트를 가지고 있다는 점이다. 우리는 전기적으로 편지를 보낼 때 물리적으로 만질 수 없다. 그리고 우리는 다시 이메일의 역설적인 측면에 직면하게 된다. 우리에게 '연락을 유지하는 것'은 시간적 · 지적인 의미가 따라오고, 그것은 동시에 우리의 편지와 글쓰기를 포함하여 물질적인 감각을 벗어나게 한다.

저녁 명상

내가 이메일 편지들이 있는 세 폴더들을 들춰보았을 때 그 폴더들은 나의 여행의 첫 번째 여정으로 시작되었다. 어찌나 두껍게 쌓인 종이들인가! 5주 동안 가치 있는 편지들이 전송되었고, 그중 열 개는 답장을 하였다. 어떤 의미에서, 나는 이런 많은 편지를 읽고 쓴 적이 없던 것에 놀랐다. 그리고 이미 상황은 바뀌었다. 이 날 나의 편지 목록을 열었을 때(때로는 두려움과 함께), 나는 답장을 하기 전에 이것이 정크 메일인지 좋은 안목으로 선별해야 하였다. 나는 지금 여행에서 개인적인 메시지를 검사할 때와 같이, 나 스스로 쓴 어떤 글과 다른 사람이 쓴 것은, 글쓴이와 내용에 관계없이 끌리게 된다. 특정한 날의 소소한 일들에 대한 내용의 대부분은 순간순간 기록된다. 손으로 쓴 편지와는 달리, 그것은 지식으로 구성되지 않고 기념품으로 저장될 수 있다. 그것은 영구적으로 보관되고 싶어 하지 않는다. 사실 내 몇몇 친구들은 여름날 저녁의 생각들이 덧없는 것이었다는 기록들에 당황해할 것이다.

마지막으로 한 번 더 나의 개인적인 영역의 폴더들에서 글을 보고 나의 여행을 반성한다. 내가 여행을 떠났을 때 나의 친구들은 이렇게 말하였을 것이다. "연락해." 나는 어깨 너머로 손을 흔들고 걸어가면서 이렇게 말할 것이다. "그럼, 물론이지." 그래서 이번에는 정말 그렇게 하였다! 내가 이런 메시지를 보낼 때 나의 해외 친구들이 매일 아침 같은 시간에 이메일을 확인하기를 바란다. 그리고 잠깐 동안이지만, 우리의 손이 가상의 키보드를 통해 마음이 연결되었던 순간으로 착각할 것이다. 우리는 연락을 하였다. 그렇지 않은가?

5. 요약

우리는 이 장에서 먼저 현상학과 현상학적 질적연구에 대한 학자들의 논의를 통해 현상학적 질적연구를 수행하는 데 필요한 기본적인 이론과 개념을 살펴보았다. 그 핵심적인 내용을 간단히 요약하자면, 현상학적 탐구는 체험의 본질을 탐구하는 것이며, 이것을 있는 그대로 연구하고 분석하기 위해서는 '환원'이라는 방법을 필요로 한다. 또한 우리는 구체적인 환원의 유형과 환원의 방법을 설명하고 예를 제시함으로써 독자들의 이해를 돕고자 하였다. 또한 현상학적 질적연구의 자료의 종류와 수집 방법, 자료 분석의 절차와 전략, 그리고 글쓰기 전략과 예를 제시하였다. 다른 질적연구 방법론이 그러하듯, 방법론 설명에 대한 장(chapter)을 읽고 그 방법론을 완전히 습득하는 것은 불가능하다. 따라서 특히 현상학적 연구의 초심자들은 이 장에서 제시하고 있는 예들과 참고문헌의 논문 및 저서들을 탐독하여 현상학적 질적연구에 대한 이해를 더욱 심화하고 구체적 연구를 수행함으로써 이 어렵지만 의미 있는 질적연구 방법론인 현상학적 질적연구에 대한 이해를 더욱 심화할 수 있기를 바란다. 마지막으로 우리는 '현상학'이 기존의 사유와 탐구 방법에 대한 반성에서 시작된 것이며, 방법론적 환원의 관점에서 논의하였듯이 모든 현상학적 탐구는 그 연구를 위한 탐구 방법을 찾아가는 과정임을 명심하기 바란다. 따라서 연구자들은 자신의 연구에 적합한 연구 방법 모델을 '선택'하기보다, 차용과 변형을 통한 '창조'적 태도를 견지해야 할 것이다.

6. 참고문헌

고민선, 김지순, 안숙희(2020). 임신 여성의 적응에 관한 Giorgi의 기술적 현상학 연구. **KJWHN (여성건강간호학회지)**, **26**(4), 346-357.

권미경, 남상인, 정미선, 김은미(2019). 자녀에 의한 피학대 노인의 경험에 대한 현상학적 연구. **Crisisonomy**, **15**(12), 77-95.

김영천, 주재홍(2010). 질적연구에서의 글쓰기: 다양한 접근들의 이해. **열린교육 연구**, **18**(1), 155-183.

김영천(2012). **질적연구 방법론 1: Bricoleur 제2판**. 파주: 아카데미프레스.

김영천(2013a). **질적연구 방법론 3: Writing 제2판**. 파주: 아카데미프레스

김영천(2013b). **질적연구 방법론 II: Methods**. 파주: 아카데미프레스.

박승억(2007). 인지과학과 현상학적 심리학. **현상학과 현대철학**, **32**, 63-83.

유혜령(2012). 해석학적 텍스트로서의 레지오 기록의 의미: 교육적 불안과 희망의 양면성. **유아교육 연구**, **32**(5), 415-433.

유혜령(2014). 현상학적 글쓰기: "형언할 수 없는 그 무엇"이 살아나는 공간 만들기. **교육인류학연구**, **17**(4), 1-34.

유혜령(2015). 현상학적 질적연구의 논리와 방법: Max van Manen의 연구 방법론을 중심으로. **가족과 상담**, **5**, 1-20.

유혜령(2010). 현상학적 질적연구에 대한 오해와 이해: 연구 논리와 연구 기법 사이에서 길 찾기. **한국교육인류학회 2012년 추계공동학술대회 자료집**, 3-21.

이근호(2006). 현상학과 교육과정 새개념화 운동. **교육과정연구**, **24**(2), 1-25.

이남인(2004). **현상학과 해석학**. 서울대학교출판문화원.

이남인(2010). 현상학과 질적연구 방법. **한국교육인류학회 2012년 추계공동학술대회 자료집**, p. 3-23.

이남인(2012). 현상학적 환원과 현상학의 미래: “현상학적 환원의 현상학”을 위한 하나의 기여. **현상학과 현대철학**, **54**, 89-121.

이은영(2014). 미술 활동에 나타나는 ‘몸의 미적 지각’의 본질 특성과 의미에 관한 현상학적 연구. **미술교육논총**, **28**, 1-41.

정상원, 김영천(2014). 질적연구에서의 현상학적 글쓰기의 전략과 방법의 탐구. **교육 문화 연구**, **20**(3), 5-42.

주형일(2008). 직관의 사회학, 나의 사회학 그리고 현상학적 방법. **커뮤니케이션이론**, **4**(1), 77-113.

Allan, J. & Dixon, A. (2009). Older women's experiences of depression: A hermeneutic phenomenological study. *Journal of Psychiatric and Mental Health Nursing*, *16*(10), 865-873.

Anker-Petersen, S. (2014). *Caregivers' experiences of caring for a child with cardiac arrhythmia who has an automatic external defibrillator: An exploratory study using interpretative phenomenological analysis and clinical research portfolio.* Doctoral dissertation, University of Glasgow.

Bergum V. (1986). The Phenomenology of Woman to Mother: The transformative experience of childbirth. A thesis submitted to the faculty of graduate studies and research in partial fulfillment for the degree of Doctor of Philosophy, Department of Secondary Education, University of Alberta, Edmonton, Alberta.

Bevan, M. T. (2014). A method of phenomenological interviewing. *Qualitative Health Research*, *24*(1), 136-144.

Creswell, J. W. (2007). *Qualitative Inquiry & Research Design: Choosing Among Five Approaches* (2nd Ed.). Thousand Oaks, CA: Sage.

Crotty, M. (1996). *Phenomenology and Nursing Research*. Melbourne: Churchill Livingston.

Crotty, M. (2001). *Phenomenology and Nursing Research*. W. B. Saunders Company.

Dobson, T. M. (2002). Keeping in touch by electronic mail. In M. van Manen (Ed.), *Writing in the dark: Phenomenological studies in interpretive inquiry* (pp. 98-115). Althouse Press.

Dowling, M. (2007). From Husserl to van Manen. A review of different phenomenological approaches. *International Journal of Nursing Studies*, *44*(1), 131-142.

Dowling, R. (2005). Power, subjectivity and ethics in qualitative research. In I. Hay, *Qualitative research methods in human geography* (pp. 19-29). Oxford University Press.

Gackenbach, J. I. (1998). Video game play and the development of consciousness. Available at http://www.sawka.com/spiritwatch.

Giorgi A. (1985). *Phenomenology and Psychological Research*. Pittsburg, PA: Duquesne University Press.

Giorgi, A. (2009). *The descriptive phenomenological method in psychology: A modified Husserlian approach*. Pittsburgh, PA: Duquesne University Press.

Heidegger, M. (1982). *The basic problems of phenomenology* (translated by Albert Hofstadter). Bloomington: University Press.

Hewat, R. J. (1992). Living with an incessantly crying infant. *Phenomenology + Pedagogy*, 160-171.

Kwan, K. W. K. (2017). Temporality in phenomenology: Utilizing the principles inpractice for significance of a sex research. *The Qualitative Report*, *22*(6), 17-27.

Langdridge, D. (2007). *Phenomenological psychology: Theory, research and methods*. London: Pearson.

Levinas, E. (1998). *Thinking-of-the-Other, 'Entre Nous'* (trans. M. B. Smith and B. Harshav). London: Athlone Press.

Lyneham, J., Parkinson, C., & Denholm, C. (2008). Intuition in emergency nursing: A phenomenological study. *International Journal of Nursing Practice*, *14*(2), 101-108.

Merleau-Ponty, M. (2002). *Husserlat the Limits of Phenomenology* (trans. John O'Neil et al.). Evanston: Northwestern University Press.

Moran, D. & Mooney, T. (2002). *The phenomenology reader*. London: Routledge.

Moustakas, C. (1994). *Phenomenological Research Methods*. Thousand Oak, CA: Sage.

Omery, A. (1983). Phenomenology: A method for nursing research. *Advances in Nursing Science*, *5*(2), 49-63.

Paley, J. (1997). Husserl, phenomenology and nursing. *Journal of Advanced Nursing*, *26*(1), 187-193.

Pinar, W. F. (1994). *Autobiography, politics, and sexuality: Essays in curriculum theory 1972-1992*. New York: Peter Lang.

Smith, J. A., Flowers, P., & Larkin, M. (2009). *Interpretative phenomenological analysis. Theory, method and research*. Los Angeles: Sage.

Shakespeare, W. (trans. 1987). *The tragedy of Othello*. Austin: Holt, Rinehart, and Winston.

Spradley, J. (1980). *Participant observation*. New York: Holt, Rinehart and Winston.

Standal, Ø. & Evensen, K. (2017). "I Guess that the Greatest Freedom...": A phenomenology of spaces and severe multiple disabilities. *Indo-Pacific Journal of Phenomenology*, *17*(2), 1-11.

Strauss, A. L. & Corbin, J. M. (1998). *Basics of qualitative research: Techniques and procedures for developing grounded theory* (2nd Ed.). Thousand Oaks, CA: SAGE.

Tashakkori, A. & Teddlie, C. (2009). Integrating qualitative and quantitative approaches to research. In L. Bickman & D. J. Rog (Eds.), *The SAGE handbook of applied social research methods*, *2* (pp. 283-317). Sage.

Tholey, P. (1989). Consciousness and abilities of dream characters during lucid dreaming. *Perceptualand Motor Skills*, *68*, 567-578.

Todres, L. & Holloway, I. (2004). Descriptive phenomenology: Life-world as evidence. In F. Rapport (Ed.), *New qualitative methodologies in health and social care research* (pp. 99-118). Routledge.

Van Manen, M. (1990). *Researching Lived Experience*. The University of Western Ontario, Canada.

Van Manen, M. (2016). *Phenomenology of practice: Meaning-giving methods in phenomenological research and writing*. London: Routledge.

Wang, H. (2010). The temporality of currere: Change, and teacher education. *Pedagogies: An International Journal*, *5*(4), 275-285.

Wertz, F. J., Charmaz, K., McMullen, L. M., Josselson, R., Anderson, R., & McSpadden, E. (2011). *Five ways of doing qualitative analysis: Phenomenological psychology, grounded theory, discourse analysis, narrative research, and intuitive inquiry*. New York, NY: Guilford Press.

Yates, J. & Orlikowski, W. J. (1992). Genres of organizational communication: A structurational approach to studying communication and media. *Academy of Management Review*, *17*(2), 299-326.

제 4 장

근거이론

이론화와 실천 분야

정책 연구, 교육학, 교육행정학, 사회복지학, 청소년 연구, 노인학, 행정학, 가족복지학, 간호학, 의학, 사회학, 스포츠학, 언론학, 문화 연구, 정부학, 심리학, 마케팅, 소비자학

근거이론은 질적연구의 다양한 방법론적 전통 중에서 가장 널리 활용되고 있는 연구 접근이다. 이는 근거이론의 연구 과정이 매우 체계적이고 명료하며 구체적 사례들의 개념화를 통해 현상을 설명하는 새로운 개념적 구조를 규명하거나 이론을 생성할 수 있는 방법론이기 때문이다. 특히 현상학적 질적연구와 같은 다른 방법론에 비해 근거이론은 그 과정과 절차가 매우 명료하기 때문에 이러한 방법적 명료성을 선호하는 많은 한국 연구자의 요구를 충족시키는 방법이다. 이에 박사학위 논문 그리고 연구논문에서 많은 선택을 받는 질적연구 접근이다. 이 장에서는 먼저 근거이론의 개념을 설명하고, 철학적 배경을 핵심적인 세 학자의 이론에 기초해 설명할 것이다. 다음으로 근거이론의 방법적 특징과 근거이론의 절차와 방법을 상세히 설명하고 외국과 한국의 예를 제시하여 독자의 이해를 돕고자 한다.

1. 근거이론의 개념

문화기술지, 응용문화기술지 등과 같은 질적연구 방법론들이 인간의 경험과 문화 그리고 사회의 현상을 기술하고 분석한다면, 근거이론은 현상이나 경험을 논리적이고 체계적으로 설명하고자 할 때 활용되는 질적연구 방법이다. 현대사회는 전통적인 사회에 비해서 예측이 어렵고 현상과 관련 맺는 변인들이 다양해지고 복잡해지는 경향을 보인다. 그렇기 때문에 현상의 이러한 복잡성을 포착하는 것이 중요한 학문적인 요소로 더욱 부각되고 있다. 이에 행위 또는 현상이 다른 관련 요소들과 어떤 관계를 형성하고 영향을 주고받는지 체계적으로 설명해 내려는 관심이 높아지고 있다. 즉, 사회적 관계를 맺고 있는 특정한 행위 또는 현상을 지속적으로 관찰하고 분석하여 이를 이론화하는 과정을 통해서 사람들이나 사회 속에서 공유되는 현상에 대한 개념적인 이해를 제공하는 연구의 중요성이 강조되고 있다. 이에 역동적으로 주변과 상호 관계를 맺고 있는 인간의 행위 또는 사회 현상의 개념적 구조를 도출하고자 하는 근거이론이 주목받는 이유이다. 근거이론의 창시자인 Glaser와 Strauss(1967)는 이러한 개념적 구조 도출의 필요성을 강조하였다. 그들은 사회학에서 이론의 역할을 설명하였다. 먼저, 인간 행동의 예견과 설명을 어느 정도 가능하게 한다. 다음으로, 사회학에서의 이론적 진전에 유용하게 활용될 수 있다. 또한, 실제의 개선에 활용될 수 있으며, 인간 행동의 특정 분야 연구를 위한 양식이나 요소 또는 변인을 제공한다(Glaser & Strauss, 1967: 15-16). 이러한 맥락에서 여기서는 먼저 근거이론의 개념과 연구 방법론으로서의 특징을 살펴보고자 한다.

가. 근거이론의 정의

근거이론은 사회연구에서 체계적으로 얻은 데이터에서 이론을 찾아내는 질적연구 방법이다. 근거이론의 개념을 이해하기 위해서 우리는 '근거이론'이라는 단어의 의미부터 살펴보고자 한다. 왜냐하면 이 단어가 근거이론을 처음 접하는 이들에게 상당한 혼란을 초래하기 때문이다(변기용, 2020). '근거이론'은 두 가지 의미를 가지고 있다. 그 첫 번째는 현실과 현장으로부터 수집된 자료에 근거하여 귀납적 방법으로 이론을 도출하는 질적연구의 한 방법을 의미한다. 다음으로는 이러한 방법론으로 만들어진 '이론 그 자체'를 의미하기도 한다. 예를 들어, Wood와 동료들은 근거이론이 연구 주제나 분야의 참여자들이 '주된 관심'을 설명하는 상호 연관된 범주의 틀이라 이야기한다(Wood, Gapp, & King, 2016). 질적연구의 다양한 방법론을 설명하고 안내하는 이 책『사회과학을 위한 질적연구 핸드북』의 목적을 고려하여 우리가 이 책에서 이야기하는 '근거이론'은 방법론을 의미한다. 근거이론의 개념을 이해하기 위해 먼저 다양한 학자들이 제시한 질적연구 방법론으로서 근거이론의 정의를 살펴보자.

- 근거이론은 사회과학 연구에서 체계적으로 수집된 자료에 기초하여 이론을 발견하는 것이다(Glaser & Strauss, 1967).
- 근거이론은 엄밀한 연구 방법을 통해 획득된 자료로부터 체계적으로 이론을 도출하는 방법이다(Glaser, 1998).
- 근거이론은 이론 개발을 목적으로 하는 질적연구를 수행하는 체계적이고 귀납적인 방법이다(Charmaz, 2006).
- 근거이론은 사회 현상의 과정과 그 속에서 살아가는 사람들의 삶의 이슈들을 설명하는 이론 개발을 목적으로 하는, 체계적이고 귀납적이며 비교적인 방법이다(Corbin & Strauss, 2008).

위에서 볼 수 있듯이 근거이론에 대한 개념적 정의는 학자들마다 조금씩 다르다. 이 학자들의 정의를 고려하여 근거이론을 정의하면, '사회과학 연구에서 사람들의 행위나 사회 현상을 엄밀하고 체계적이며 귀납적인 연구 방법을 통해 설명하는 이론이나 개념적 틀을 도출하거나 개발하기 위한 질적연구 방법'이라고 하겠다. 근거이론은 기존의 이론을 통해서는 알 수 없거나 기존의 시각에 새로운 해석이 필요할 때 많이 활용하는 질적연구 방식이다. 즉, 기존에 많이 활용되고 있는 질적연구 방식인 문화기술지, 현상학, 생애사, 내러티브 연구 등에서는 탐색이 어려운 인간 행위 및 사회 현상의 의미를 심층적으로 탐색하는 이론으로 개념화할 수 있다(이동성, 김영천, 2012). 이러한 근거이론은 '일반화'만을 추구하는 것으로 오해받을 수 있다. 이와 관련하여 Charmaz(2006)는 행위 주체의 상호작용을 통해 발생하는 새로운 연구 과정의 산물로서 근거이론을 바라보아야 한다고 주장하였다.

객관성의 가면은 근거이론에 수의를 입히는 격이다. 현대의 근거이론은 좀 더 유연한 형태를 취하며, 당신(연구자)이 연구 자료와 상호작용을 하면서 새로운 생각을 하도록 이끈다. 근거이론은 추상적인 해석을 생성한다. 초기 코딩 단계의 임시적인 해석에서 연구 종료 시기의 분석적 메모에 이르기까지 근거이론은 당신의 순간 지나가는 생각이나 임시적인 물음을 포착한다(Charmaz, 2006: 179).

근거이론은 어떤 환경이나 특별한 사회 현상에서 무엇이 진행되고 무엇이 일어나고 있는지를 설명해 준다. 뿐만 아니라 이런 자료를 통합하고 개념을 발달시키는 도구 역할을 하며, 이런 자료와의 연계를 갖는 중간 범위 이론이며, 또 다른 상황과 미래의 상황에도 어느 정도 일반화가 가능하다. 따라서 근거이론은 사회과학 연구에서 매우 강력한 도구라고 할 수 있다(Morse et al., 2016). 또한 근거이론은 사람들의 행위 또는 사회 현상이 그들의 삶 속에서 어떤 의미를 가지고 어떤 과정을 거쳐 그러한 의미가 생성되는지에 대한 근거를 탐구하는 연구 방식이기도 하다. 여기서 사용되는 '근거(ground)'라는 말은 이론의 근거, 즉 자료가 실제적이고 현실적인 개인 또는 사회의 경험에 기초한다는 것을 의미한다. 근거, 즉 자료로부터 이론을 생성한다는 것은 대부분의 가설과 개념이 자료로부터 비롯될 뿐만 아니라 연구 과정 동안 자료와 연관하여 체계적으로 산출된다는 것을 의미한다. 과학자들의 전기는 때때로 통찰, 중대한 아이디어에 대한 이야기로 가득 차 있으며, 그것은 과학적 자료 외부의 자료를 통해 얻은 것들이다. 하지만 그러한 통찰에서 비롯된 이론의 생성은 자료와 연관되어야 한다. 그렇지 않으면 이론과 경험적 현상과 세계는 불일치할 가능성이 있다(Glaser & Strauss, 1967: 19-20). 이 '근거'는 현실 또는 실제에 기반하고 있기 때문에 현대사회의 특성에 따라 복잡하고 변화 가능하고, 더불어 연구자와 연구 과정에서 속임이 있을 수 있기 때문에 매우 엄밀하고, 세심하게 그리고 체계적으로 다루어져야 한다 (Smith-Sebasto & Walker, 2005).

2. 근거이론의 철학적 배경

근거이론의 세 가지 갈래(실증/객관주의적 근거이론, 실용주의적 근거이론, 구성주의적 근거이론)에 대한 철학적 배경과 이론적 · 방법적 특징 이해를 목적으로 한다. 근거이론은 Barney Glaser와 Anselm Strauss(1967)의 저서 *The Discovery of Groun-*

*ded Theory: Strategies for Qualitative Research*에서 시작되었다. 근거이론은 유물론, 계급 갈등이론, 구조주의 권력이론 등과 같은 거대 이론으로 현상을 설명하고, 예측하고, 처방하려는 지배적인 흐름에 비판을 제기하며 등장하였다(Charmaz, 2006). 근거이론은 현상과 현장, 즉 '지금-여기'의 맥락에 기초하여 실용적인 이론화에 대한 문제의식에 기초하여 대두되었다. 이후 1990년대 초 Glaser와 Strauss는 근거이론에 대한 철학적 입장의 차이로 결별하게 되었고, 이 시기 Kathy Charmaz가 등장하여 근거이론은 크게 세 가지 갈래로 나뉘게 되었다. 이 세 학자는 각기 다른 철학적 입장을 견지하고 있기 때문에 그들의 이론은 각기 다른 특징을 지닌다. 이에 우리는 이 세 갈래의 특징을 살펴보고자 한다.

왜 세 가지 갈래뿐인지 의문을 가지는 독자가 있을 수 있다. Morse(2009)는 다섯 가지 계통(Strauss 학파, Glaser 학파, Schatzman의 차원 분석, Charmaz의 구성주의 근거이론, Clarke의 상황 분석)으로 구분하였고, 최근 변기용(2020)은 네 가지 유형(구성주의적 근거이론, 약한 구성주의 근거이론, 약한 객관주의 근거이론, 객관주의적 근거이론)으로 분류하였다. Morse가 이야기한 분류 중 Schatzman과 Clarke 계통은 방법론이라기보다 방법적 기법에 대한 기여로 보는 것이 타당하다고 판단하였기 때문에 배제하였다. 또한 변기용의 유형 중 Kinoshita의 수정 근거이론은 하나의 갈래로 구분하기에는 그 성격이 불분명하다. 변기용이 논의한 Kinoshita 이론의 여섯 가지 특징은 '새로운' 근거이론으로 구분하기에는 충분하지 않다는 것이 우리의 판단이다.

먼저 **<표 4-1>**에서 이 세 갈래를 대표하는 학자들의 근거이론을 비교 제시하고 각각의 이론적 특징을 설명하고자 한다.

가. Glaser: 객관주의적 접근

Glaser의 근거이론은 객관주의적 근거이론 방법으로 간주된다. Glaser는 컬럼비아 대학교의 Lazasfelt와 Merton의 영향을 받아 실증주의적 접근을 취하는데, 이는 그의 근거이론이 연구 과정과 분석에서 체계화된 연구 방식을 강조하고 연구자의 객관적 시각을 중시하는 실증주의적 경향으로 잘 나타난다. Glaser의 근거이론은, 순진한 경험주의 또는 순진한 실재론적 관점에서 우리가 보는 실제는 우리 앞에 놓여 있으며, 그 실제를 파악하기 위해서는 눈으로 확인할 수 있는 자료와 사실에 기초해야 한다고 본다. 이에 Glaser의 관점에서는 실제와 지식은 연구자와 분리된 것으로서 인식론적으로 실증주의적 입장을 취한다. 이것이 Glaser의 이론이 객관주의적 방법으로

<표 4-1> 근거이론의 세 가지 갈래

구분	Glaser	Strauss와 Corbin	Charmaz
철학적 배경	실증주의 ⟵⟶ 구성주의		
	• 객관주의 • 순진한 실재론	• 실용주의 • 상징적 상호작용	• 구성주의 • 포스트모던적: 다중적 실제
인식론	• 실증주의: 객관적 진리	• 후기 실증주의: 잠정적 진리	• 다원주의 • 이론적 일반화와 해석적 이해 추구
연구자	• 객관적 탐구자	• 참여자와 상호작용 • 이론 생성의 핵심적 도구	• 연구자와 참여자의 상호작용을 통해 이론이 만들어짐 • 연구자의 역할과 행동 초점
참여자	• 탐구 대상	• 연구자와 상호작용 • 통찰 제공	
이론 생성	• 사건과 사건 사건과 개념의 지속적 비교 • 범주와 속성 발견 • 패턴 개념화 • 이론적 표집/포화	• 엄밀한 분석 방법 • 줄별 코딩 (line-by-line coding) • 개방-축-선택 코딩 • 귀납적 + 연역적	• 상대성과 성찰의 통합 • 신뢰성, 독창성, 공명성, 유용성이 있는 이론 생성
핵심 범주 발견	• 개방 코딩 단계에서 발견	• 선택 코딩 단계에서 드러남	• 핵심 범주를 발견하지 못할 수 있음

간주되는 이유이다. 또한 Glaser는 이론적 표집과 포화를 강조한다. Glaser는 연구자가 특정한 이론에만 기초해서 연구를 진행할 경우 객관적 사실에 기초해 이론을 만들어내는 근거이론의 취지에 위배된다고 보았기 때문이다. 마지막으로 Glaser는 연구자의 주관성과 연구자와 연구 현장 그리고 연구 참여자와의 상호작용을 최대한 회피하고 중립적 입장을 취해야 한다고 보았다. 이에 그는 근거이론은 객관적 연구자의 입장에서 '이론이 자료로부터 드러나도록' 해야 한다고 주장하였다. Glaser의 *Basics of Grounded Theory Analysis*를 번역한 『근거이론 분석의 기초: 글레이저의 방법』을 출간한 김인숙(2011)은 Glaser 이론의 방법을 다음 다섯 가지로 제시하였다. 첫째, '근거이론의 발견'에서 제시된 '출현'과 '비교'의 원리를 충실히 계승한다. 둘째, 다른 방법들보다 자연스럽고 간단하다. 셋째, 분석 과정에서 '출현하는' 뜻밖의 즐거움을 누릴 수 있

다. 넷째, 과잉 개념화로 인한 혼란을 줄일 수 있다. 다섯째, 지속적 비교를 통해 명명의 범위가 조정되어 명명의 타당성과 일관성을 높일 수 있다.

나. Strauss: 실용주의적 접근

Strauss의 근거이론은 후기 실증주의와 실용주의에 기초를 두고 있다(Charmaz, 2000). 이는 시카고 학파의 해석적 패러다임과 실용주의를 근거이론에 적용하였기 때문이다. 실용주의적 관점에서 일시적 측면을 가진 다양한 행위자의 해석 또는 상황 정의는 각자의 관점에 따라 다를 수밖에 없다. 이러한 Dewey의 입장에 영향을 받은 Strauss는 근거이론에서 개인에 따라 행위의 진행이 변화하고 상호작용 과정은 주체들의 공유된 관점이자 협상 과정이라는 점을 강조한다. 이에 Strauss는 근거이론을 통해 개인 행위의 의미를 사회적인 관점에서 심층적으로 바라보아야 한다고 주장하였다. 즉, 현장에서 진행하는 연구 방식을 통해 인간 행위 및 사회 현상의 복잡성과 다양성을 고려하면서 개인 및 사회적 경험의 의미를 이해하기 위한 방법론적인 도구로서 근거이론을 강조한다. 이에 Strauss와 Corbin은 인간은 자신들을 둘러싸고 있는 주변과 분리할 수 없다는 상징적 상호작용의 관점에 따라 이론을 반전시켰다. 여기서 말하는 상징적 상호작용이란 인간은 모든 사물에 대하여 주관적인 의미를 부여하고 이를 매개로 상호작용하는 것을 의미한다. 또한 개인의 해석을 통해서 경험의 의미를 수정하고 변경하는 과정을 거치고 사회 역시 이러한 개인들과의 상호작용을 통해서 지속적으로 구성되어 간다는 것이다. 즉, 인간의 주관성을 인정하면서, 행동에 담긴 주관적 의미의 파악 역시 중시하였다. 더불어 인간이 환경 자극을 어떤 의미로 해석하는지를 언어와 행동을 통해 분석하고 이러한 분석 과정을 체계화・가시화하고자 노력하였다. 그들은 더욱 엄밀한 자료 분석 절차와 방법을 고안하여 현재 널리 활용되는 개방-축-선택 코딩의 방법, 코딩 패러디임, 조건/결과 매트릭스를 창안하고 일종의 가이드라인으로서 구조화하여 제시하였다.

다. Charmaz: 구성주의적 접근

Charmaz(2006)는 Glaser와 Strauss의 이론을 참고하고 포스트모더니즘에 기초하여 구성주의 근거이론을 개발하였다. 특히 Charmaz는 기존의 근거이론의 문제점을 포스트모던적 관점에서 비판하였다. Charmaz는 기존의 근거이론에서 추구하는 '일반화'는 여전히 편파적이고, 맥락적이고, 조건적인 상황에 놓인 것이므로 연구자가 이를 단일한 지식으로 간주한다면 다른 목소리와 침묵한 목소리와 같은 또 다른 측면들을 간과하는 것으로 본다. 이에 Charmaz의 근거이론은 이론적 추상화와 개념화를 목표로 하면서 해석적 이해를 동시에 추구한다. Charmaz의 근거이론은 상황과 맥락에 대한 분석이 중요하여, Charmaz는 포스트모더니즘 관점에 기초한 상황적 분석(situational analysis)을 제시함으로써 근거이론의 다양한 자료 출처를 묘사하는 기술을 제공하였다(Morse et al., 2016). 또한 Charmaz는 근거이론을 통해 개념적 틀과 같은 이론이 만들어질 수 있지만 이는 연구자의 주관성에 직접적으로 영향을 받는다는 점을 인정한다. 이에 연구자의 반성적 성찰이 연구 과정에서 반드시 필요하게 된다. 그리고 Charmaz는 근거이론 연구에서 하나의 연구 방법적 절차에만 의존하는 작은 이론의 '출현'을 목표로 하는 근거이론의 근본적 취지와 상충됨을 지적한다. 물론 이 부분은 Glaser 또한 지적한 부분이긴 하지만 Charmaz는 포스트모던적 관점에서 연구자가 특정 절차와 연구 방법에만 의존하는 것은 근거이론을 근거이론답지 않게 만든다고 비판한다. 최근 Adele Clarke는 자신의 저술에서 사회적 세계와 영역 그리고 상황적 관점을 묘사함으로써 근거이론을 확장하였다. 마지막으로 Charmaz (2008)는 자신의 근거이론에 관한 논의에서 자신의 이론 또한 다른 근거이론에서 활용하는 연구 방법들을 차용하지만 가장 핵심적으로 두 가지 면에서 다르다고 논의하였다. 하나는 다양한 이론적 가능성에 대한 논의이며, 다른 하나는 연구자의 주관성에 대한 적극적 반성과 성찰이다.

이상에서처럼 여러 근거이론들은 실증주의, 실용주의, 구성주의와 포스트모더니즘과 같은 매우 다른 패러다임적 차이를 가지고 있다. 예를 들어 실증주의자들은 진리에 대한 상응 이론의 중요성을 강조하며 객관적인 탐구자로서 근거이론을 방법론적인 측면에서 활용하였다. 하지만 Charmaz와 같은 포스트모더니즘의 영향을 받은 학자들은 이론과 진리의 구성주의적 접근에 기초하여 연구자의 객관주의적 시각을 부정하고, 연구 과정에서의 상황적 · 협의적 · 사회적 접근을 취한다. 이러한 다른 철학적 배경에도 불구하고 근거이론은 세상을 눈에 보이게 만드는 수행적이고 해석적인 실제들과 방법의 조합을 탐색하는 질적연구 방법이다. 또한 이는 세상이 어느 수준에서는 질서 있고 패턴화되어 있고 이해 가능하다는 신념에 기초한다는 것이다(Denzin & Lincoln, 2008).

3. 근거이론의 방법적 특징

지금까지 우리는 근거이론의 개념과 세 가지 근거이론 접근의 이론적 배경에 대해서 알아보았다. 이 절에서는 연구 방법론으로서 근거이론의 방법적 특징을 살펴보고자 한다. 우리는 여기서 Strauss와 Corbin(1998), Glaser와 Strauss(1967)의 이론을 중심으로 다른 질적연구 방법론과 구별되는 근거이론의 핵심적인 특징을 설명하고자 한다. 여기에 제시된 근거이론의 방법적 특징들은 연구의 어느 특정 단계에서만 독립적으로 적용되는 것이 아니라 연구의 전체 과정에서 서로 관련성을 가지며 통합적으로 적용된다. 예를 들어 '이론적 포화'와 '비교와 질문'과 같은 개념은 '코딩'과 '이론적 표본 추출'을 이해하는 데 공통적으로 관련된다. 그렇기에 각각을 독립적으로 또는 단계적으로 적용되는 방법으로 보기보다는 전체적으로 통합되어 있으며 순환하는 것으로 이해해야 한다. 근거이론의 방법적 특징은 〈표 4-2〉에 제시되어 있다.

가. 지속적 비교

근거이론의 가장 핵심적인 방법적 특성은 지속적인 비교이다(Glaser & Strauss, 1967; Maz, 2013). 지속적인 비교란 연구자가 자료와 자료, 자료와 분석을 지속적으로 비교하면서 개념을 명료화하고 이론을 도출해야 한다는 것이다. 근거이론에서 지속적 비교 방법은 자료 수집과 분석이 순차적으로 분리된 것이 아니라 자료 수집, 자료 분

〈표 4-2〉 근거이론의 핵심 개념

개념	설명
지속적 비교 (constant comparison)	• 자료와 자료, 자료와 개념, 개념과 개념, 개념과 이론의 지속적 비교
메모와 도식 (memoing & diagram)	• 연구자의 통찰과 아이디어를 담은 기록 • 이론 생성을 위한 '창고' 역할
이론적 민감성 (theoretical sensitivity)	• 개념, 이해 등에 대한 '완전히 열린 자세' • 근거이론 연구자가 갖추어야 할 태도이자 자세
이론적 표본 추출 (theoretical sampling)	• 이론 생성을 위한 자료 수집과 분석의 순환적 과정
이론적 포화 (theoretical saturation)	• 이론이 정립되어 새로운 자료의 수집이나 분석을 진행하더라도 더 이상 이론의 수정이 일어나지 않는 상태

석, 그리고 다시 자료 수집으로 연결될 수 있는 순환적인 과정이다(Boeije, 2007). 다시 말해, 첫 번째 면담에서 수집된 자료는 다음 면담의 가이드 역할을 할 수 있고, 수집된 자료는 연구가 진행되는 동안 지속적으로 다른 자료와 비교된다. 한 참여자와 수행한 몇 차례의 면담을 통해 연구 주제에 대한 더욱 심층적인 탐구를 가능하게 하며, 여러 참여자와의 면담은 각 참여자들의 응답을 비교할 수 있다. 근거이론에서 연구자는 자료의 수집, 자료의 분석, 지속적인 메모 생성에서 지속적 비교의 순환적 연구 작업은 연구 대상을 설명하는 이론적 틀을 발전시킨다. 추상적 개념이나 이론의 요소 또는 이론적 틀에 대한 연구자의 생각이나 가설은 자료와 지속적으로 비교되고 확인된다. 이러한 지속적 비교 과정을 거쳐 연구자는 설득력 있는 진술이나 개념을 더욱 명료화하고 발전시킨다.

근거이론에서 지속적인 비교는 엄밀하고 구체적으로 이루어진다. 다시 말해, 근거이론에서의 비교는 '동일한 범주에서 부호화된 같은 집단 또는 다른 집단'에서 이루어진다(Glaser & Strauss, 1967: 150). 동일한 범주를 기준으로 하여 비교가 이루어진다는 뜻은 비교의 대상 또한 동일한 범주 또는 속성을 가지고 있어야 한다는 것이다. 예를 들어 부모의 양육이라는 연구 주제와 관련하여 '교육함'이라는 범주를 발견하였다고 가정해 보자. 그렇다면 이러한 '교육함'이라는 범주는 '기간', '방법', '정당화' 등 여러 가지 속성을 가진다. '부모의 양육' 속의 '교육함'이라는 범주의 속성은, 기간이라는 차원 속에서는 '매우 긺', '강도'라는 차원 속에서는 '중간', 가르치는 이의 유무라는 차원 속에서는 '유'에 위치한다 할 수 있을 것이다. 그렇다면 이러한 범주의 개념을 명확히 하고 심도 깊이 이해하기 위해서 동일 범주를 가지며 속성 면으로는 다른 차원에 존재하는 사건을 비교대상으로 할 수 있다. '부모의 양육'이라는 사건의 비교의 대상을 선정할 때, '강도' 면에서는 '매우 강함'이라는 차원에 위치하는 '군대에서의 훈육'을, '기간' 면에서는 '매우 짧음'에 위치하는 '단기 교육과정' 같은 사건을 비교함으로써 '부모의 양육'이라는 사건 속에 존재하는 개념과 범주를 더욱 뚜렷하게 파악할 수 있는 것이다. 이러한 지속적인 비교는 연구 기간 동안 지속적으로 이루어지며 이론적 포화에 이를 때까지 계속된다. 근거이론에서 이론 생성을 위한 지속적인 비교의 일반적 과정은 다음과 같다(Maz, 2013).

- 자료 수집 시작
- 자료에 기초하여 문장, 문단, 사건과 같은 구성 단위 생성 및 조직
- 유사한 구성 단위 연결 및 범주 생성

- 범주들 사이의 연결성과 관련성 탐색
- 경계 명료화, 범주와 범주 사이의 관계에 대한 일반적 설명
- 위의 과정 반복

Strauss와 Corbin(1998)은 지속적 비교 전략으로 회전시소법(the flip-flop technique), 폐쇄적 비교(close-in comparison), 원거리 비교(far-out comparison)를 제시하였다(Strauss & Corbin, 1998: 101-110). 회전시소법은 범주 속성의 차원 속에서 극단에 위치하는 사건을 비교하는 것이다. 예를 들어 '역도'라는 운동을 살펴보기 위해 '신체의 힘'이라는 범주 측면에서 극단에 존재하는 '송어 낚시'를 '역도'와 비교해 보는 것이다. 폐쇄적 비교는 유사한 사건을 '범주'의 '속성' 내에서 서로 다른 '차원'을 가지는 사건과 비교하는 것이다. 날씬한 여성과 뚱뚱한 여성을 비교해 보는 것이 이와 같은 비교라 할 수 있다. 마지막으로 원거리 비교는 동일한 범주를 가지는 먼 거리에 있는 대상을 비교하는 방법이다. 예를 들어 '신체 단련'과 '바이올린 연주'를 '도구의 사용'이라는 범주에서 비교하는 것과 같다. '도구의 사용'은 '신체 단련'과 '바이올린 연주'에 공통적으로 존재하는 범주이다. 그리고 이 범주는 '파손 가능성', '운반 가능성', '개인의 소유'와 같은 차원을 가지는데, 이러한 차원의 측면에서 두 사건을 비교하는 것이 원거리 비교의 한 예가 될 수 있다. 앞서 언급하였듯이 지속적 비교는 근거이론 연구의 전 과정에서 순환적인 접근으로 수행된다. 특히, 자료의 수집과 분석을 통한 이론적 표본 추출 과정에서 더욱 강조된다. 이는 이후에 설명할 이론적 표본 추출에서 더욱 자세히 알아보겠다.

나. 메모와 도식

'메모(memo)'와 '도식(diagram)'은 근거이론 연구의 과정에서 연구자가 작성하는 기록의 유형이다. 메모는 이론의 형성과 관계 있는 분석적 · 서술적 기록이며, 도식은 개념, 범주, 이들의 관계를 나타내는 시각적인 표현을 의미한다(Strauss & Corbin, 1998: 229). 메모와 도식이 중요한 이유는, 이들이 연구의 전 과정에서 연구자에 의해서 작성되어야 하며, 근거이론의 목적인 이론 생성을 위한 분석의 '창고'로서 역할을 하기 때문이다. 메모에는 몇 가지 유형이 있으며, **<표 4-3>**은 그 유형을 정리한 것이다.

코딩 메모는 코딩의 결과로 나타난 것에 대한 기록이다. 코딩의 결과 어떠한 것들이 나타났는지, 이러한 것들로부터 어떠한 질문이 제기될 수 있는지에 대한 기록이라 할 수 있겠다. 이론적 메모는 코딩 기록이 끝나는 시점에 시작되는 기록으로, 코딩 결

〈표 4-3〉 근거이론 메모의 유형

유형	내용
코딩 메모	• 코딩의 결과에 대한 기록 • 코딩의 결과에 따른 추가적 질문과 가설
이론적 메모	• 코딩의 결과에 기초한 관련 이론과 개념의 탐색 기록
조작적 메모	• 연구자가 다음으로 확인해야 할 것, 찾아야 할 것, 수집해야 할 자료, 수집해야 할 표본에 대한 기록

과에서 도출된 것들을 통해 이야기를 묶고 이론적인 설명을 기록하는 것이다. 조작적 메모는 코딩 기록과 이론적 기록에 대한 고찰의 결과 다음 단계에서 연구자가 수행해야 할 과정에 대한 기록이다. 조작적 메모에는 연구자가 다음으로 확인해야 할 것, 찾아야 할 것, 수집해야 할 자료, 수집해야 할 표본 등이 기록된다. 이러한 다양한 유형의 메모는 연구의 초기에는 허술하거나 아예 없을 수도 있지만 연구가 진행되고 메모들이 축적됨에 따라 깊어지고 논리적으로 치밀해진다. 이러한 메모는 각각의 유형에 따라 따로 기록하는 것이 후에 자신의 생각들을 살펴보는 데 더욱 용이할 것이다.

Strauss와 Corbin(1998)은 근거이론 메모와 도식의 특징을 설명하면서 연구자들이 참고할 수 있는 조언을 제시하였다. 첫째, 연구 단계, 목적, 코딩 유형에 따라 메모와 도식의 내용과 길이는 다양하다. 둘째, 초기에 작성되는 메모와 도식은 매우 어색하고 간단할지 모르나 이를 걱정할 필요는 없다. 왜냐하면 이는 연구가 진행되면서 더욱 구체화되고 발전되기 때문이다. 셋째, 현장기록지 자체에 필기하기보다는 별도로 기록한다. 넷째, 각 분석자와 연구자가 자신의 메모와 도식을 그리는 스타일을 발전시킨다. 다섯째, 메모나 도식을 기록하는 순간만이라도 현실에 너무 가까이 있거나 논리에 대한 걱정을 하지 말고 한 아이디어를 가지고 다른 아이디어를 자극하며 자연스럽게 연상한다. 여섯째, 메모와 도식을 통해 연구자의 사고 속의 미흡한 점을 찾아 명확히 한다. 또한 Strauss와 Corbin(1998: 231-236)은 메모와 도식 작성의 전략을 다음과 같이 제시하였다.

1. 메모와 도식에 날짜를 꼭 기입한다.
2. 메모와 도식은 연관되는 개념과 범주를 나타내는 제목이 있어야 한다.
3. 짧은 인용이나 구절은 메모에 덧붙여도 좋다.

4. 범주들이나 패러다임 관계들에는 밑줄을 긋거나 이탤릭체로 쓰는 방법 등을 이용하여 표시를 해두어 나중에 재빠른 검토가 가능하도록 해야 한다.
5. 코딩 기록으로부터 나온 이론적 기록에는 반드시 그것을 유발한 코딩 기록에 대한 참조 사항이 있어야 한다.
6. 한 사건이나 상황이 서로 다른 두 개의 범주에 속할 때에는 한 범주에만 속하도록 기록하는 것이 바람직하다. 하지만 의심이 간다면 메모에 참조 사항을 기입한다.
7. 메모와 도식은 언제든지 수정될 수 있다. 하지만 누가적으로 기록하는 것이 좋다.
8. 정교하게 할 필요가 있는 범주들과 그 관계들같이 가장 필요한 기록들은 찾기 쉽도록 표시한다.
9. 서로 다른 코딩 위의 여러 메모들이 모두 비슷하게 느껴질 때는 차이점을 찾아보고 그래도 비슷하면 그 코딩을 하나로 합쳐 좀 더 넓은 추상적 의미의 제목을 기록한다.
10. 한 범주가 개념적인 세부사항에 더 이상 첨가될 수 없다고 느껴질 때 꼭 표시해 둔다.
11. 메모와 도식에 대해 여러 가지 아이디어를 기록할 수 있다.
12. 메모나 도식을 작성할 때 긴장을 풀고 융통성을 유지한다.
13. 메모할 때 개념적인 생각을 유지한다.

메모와 도식은 변화하며 상호 진화한다. 연구가 진행되는 동안 메모와 도식은 삭제, 수정, 보완, 연장되며 복잡성, 밀도, 명확성, 정확성이 높아진다.

독자들의 이해를 위해 메모와 도식의 예를 제시하고자 한다. 이 예는 갑상선암을 앓은 후 목소리를 잃게 된 테레사라는 여인의 상실과 회복에 관한 연구의 메모이다.

메모와 도식의 예

목소리와 자아상실의 관계에 대한 초기 메모(Charmaz, 2011a)

자아의 상실과 회복

> 이렇게 이론적으로 말해 볼 수 있어요. 외과 수술은 어떤 것들의 변화에 책임이 있어요. 그리고 바로 그 시점부터 그것들이 달라지기 시작했지요. 신체적으로 치료되는 것과 그 사실, 그 시점부터 어떤 것들이 달라져야 한다는 사실을 받아들이는 것은…… 힘든 일이었어요. 그때 이후로 나는 심지어 더 이상 나 자신도 아니었어요. 내 목소리는 사라졌고, 나도 사라졌어요. 그리고 나는 내 목소리 없이는 아무것도 아니에요. (초기 메모, 자신의 것을 강조)

위의 진술을 살펴보면, 테레사(참가자 4)는 11년 전의 그 뚜렷한 순간을 상기하였다. 그녀는 마치 어제 일어난 사건처럼 이 순간을 묘사하였다. 그 사건의 의미는 그녀에게 큰 충격을 주었다. "내 목소리는 사라졌어요." 목소리는 자아와 융합되어 있었다. 자아와 구별할 수 없는 것이다. 바로 그녀 자체였다. 테레사는 이 순간부터 그녀의 삶이 변하였다는 것을 알고 있었다. 그리고 이전의 그녀 자신은 지나간 것이 되었다. 어쩌면 시간이 그녀가 그 뚜렷한 순간으로 돌아가는 동안 혼란을 일으켰을 수도 있다. 어쩌면 우리는 단지 그녀가 그때까지 알아왔고 가치를 부여해 왔던 자아를 상실한 사실을 직면한 19세의 소녀로 다시 돌아간 30세 여성의 자아를 보았는지도 모른다.

그 시간의 의미는 테레사의 내러티브에 스며들어 있다. 그녀는 이야기 초반에 그 사건을 설명하였다. 그리고 위에서 나타나는 그녀의 묘사에 따르면 수술은 바로 그 시점이다. 테레사는 갑상선암을 진단받은 시점을 과거와 현재를 분리하는 분명한 사건으로 취급하고 있다. 수술은 시간의 기점이 되고 변화된 그녀의 자아를 분불명하게 한다. 그것은 목소리를 상실한 실재이고 이는 그녀를 정의하며 그녀의 삶을 형성한다. 테레사는 자신의 목소리를 잃는 것과 투쟁할 때, 그 사건을 자신의 과거와 미래의 대응점에 나란히 놓았다. 그녀의 이야기는 단지 '운 없는 사건'이라는 설명을 넘어서는 것이다. 오히려, 테레사는 황폐해진 상실의 이야기, 그리고 자아를 가치롭게 하는 것이 배제된 변화된 회복의 이야기를 하였다.

테레사에게 암과 수술 그리고 목소리를 잃는 것은 스스로 자아를 잃게 만드는 어떤 압도적인 경험이었다. 그러나 테레사는 과거를 통해 자신의 비극적 내러티브를 긍정적인 새로운 방향의 시작으로 만드는 자세와 기술을 얻었다.

[그림 4-1]은 회복의 효과를 도식으로 표현한 것이다. 이러한 메모와 도식은 연구가 진행되는 동안 축적되고 발전된다. 다시 강조하지만 근거이론에서는 이러한 메모와 도식이 이론을 발전시키는 중요한 단서로 이용된다. 연구자가 자신의 연구를 진행하는 동안 이해가 부족하고 방향을 가늠하지 못하고 있을 때 연구자 자신이 작성한 메모와 도식은 문제를 해결할 수 있는 핵심 자료가 될 수 있다. 연구자는 자신의 메모와 도식을 차근히 반복하여 읽는 동안 자신의 사고를 확인하며 연구 자료에 대한 이해를 심화시킬 수 있을 것이다(Strauss & Corbin, 1998: 229-231).

다. 이론적 민감성

이론적 민감성(theoritical sensitivity)이란 새로운 아이디어, 개념, 이해 등에 대한 '완전히 열린 자세'로서, 근거이론을 수행하는 연구자가 갖추어야 할 태도이자 자질이다(Glaser & Strauss, 1967; Glaser, 1978; Strauss & Corbin: 1998). 이미 충분히 설명한 바와 같이 근거이론은 새로운 이론이나 개념적 틀을 발견하고 체계화하는 것을 목적

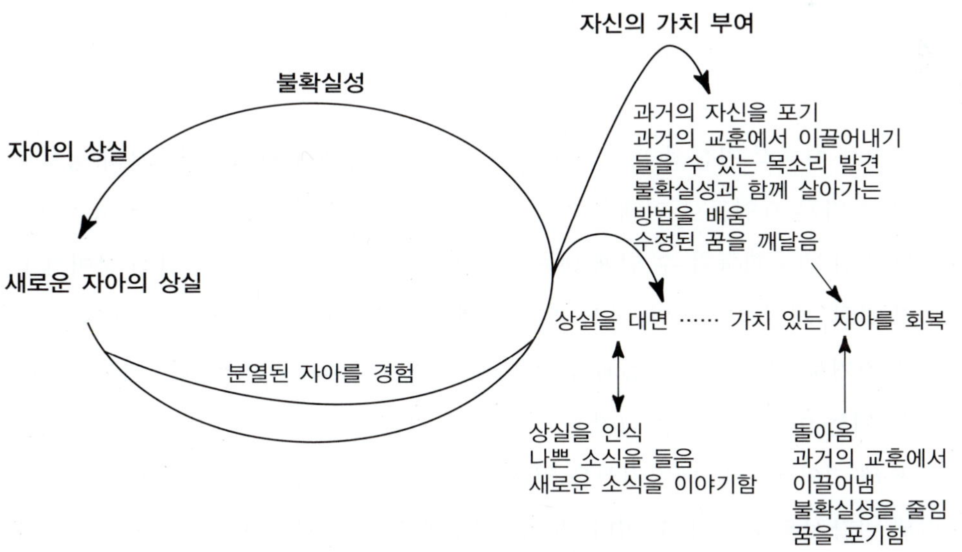

[그림 4-1] 의도적인 자아의 재건에 관한 도형(Charmaz, 2011a: 178)

으로 하기 때문에, 연구자는 새로운 아이디어나 개념이 언제든지 '등장'할 수 있고 '변화'될 수 있다는 자세로 연구를 수행해야 한다. 특히, 연구자는 연구의 시작 단계에서 연구 주제에 대한 제한적인 이해에서 출발하며 구체적이지 않은 이론적 틀로서 시작한다. 이에 연구 초기 단계에서 수집되는 자료나 초기 메모의 아이디어에 연구자가 의존하게 된다면 '새로운 개념이나 이론의 도출'에 둔감해질 것이다. 또한 이론적 민감성이 섬세하고 뛰어난 연구자는 그렇지 않은 연구자에 비해 그 의미를 밝히고 이해하고 통합하는 데 더욱 뛰어난 통찰력을 보일 수 있다. 이에 연구를 진행시키는 속도 면에서도 그렇지 못한 연구자에 비해 더 빠른 진행을 이끌 수 있을 것이다.

Strauss와 Corbin(1998)은 이론적 민감성을 향상시킬 수 있는 방법을 몇 가지 제안하였다. 첫째, 주기적으로 한 걸음 물러서서 질문한다. 이는 연구에 대한 메타인지와 관련되는 전략으로, 연구자는 주기적으로 "여기에서 어떤 일이 진행되고 있는가?", "내가 생각하고 보는 것이 실제 자료와 맞는 것인가?"와 같은 질문을 던짐으로써 이론적 민감성을 신장시킬 수 있다. 둘째, 회의주의적 태도를 유지한다. 즉, 진리의 절대성을 의심하는 것이다. 연구자는 '자료에 대한 모든 이론적 설명, 범주, 가설, 질문 등이 항상 잠정적인 것임을 염두에 두어야 한다. 예를 들어 연구자는 '당연하다'의 의미를 내포하고 있는 단어, 구, 문장이 등장할 때마다 특정한 표기를 하여 이 부분을 더욱 더 자세히 들여다볼 수 있다. 결코 당연한 것은 없다. 연구자는 '결코', '항상', '그렇게 될 리가 없다' 등과 같이 '당연하다'의 의미가 포함된 단어, 구, 문장이 등장할 때마다 그것에 대해 다시 생각해 보아야 한다. 셋째, 연구 절차를 따라야 한다. 연구 절차와 분석 절차를 엄격히 지키는 것은 연구의 엄격성을 주고, 특히 어느 연구자나 가질 수 있는 개인적 편견을 확인하고 그 너머로 나아갈 수 있도록 도와준다(Strauss & Corbin, 1998).

이러한 이론적 민감성은 연구자의 타고난 능력이라기보다는 연구자의 경험과 노력 그리고 다른 요인들로 인해 획득되고 발달될 수 있다. Strauss와 Corbin은 이러한 이론적 민감성을 획득할 수 있게 하는 요인으로 문헌에 대한 탐구, 관련 분야에 대한 전문적 경험, 개인적인 경험, 분석 과정을 제시하였다(Strauss & Corbin, 1998). 첫째, 문헌은 정기물, 정부간행물 등과 같은 다양한 종류의 이론, 연구논문, 기록을 지칭한다. 연구자는 이러한 문헌을 고찰하고 그 속에 있는 자료들을 이해하고 친숙해지는 과정을 통해 그와 관련된 배경지식을 얻을 수 있고, 또 이러한 과정을 통해 연구 주제와 관련된 민감성을 획득할 수 있다. 둘째, 연구와 관련된 분야에서 오랫동안의 경험은 비록 명확하게 구조화되어 있지 않았더라도 이를 배경으로 하여 어떠한 일이 일어나고 있는지를 이해하는 데 도움이 된다. 셋째, 연구자가 주제와 관련한 개인적인 경험을 가지고 있다면 연구 주제에 대해 더욱 민감한 감각을 가지고 있을 수 있다. 또한 연구 주제와 관련성이 높은 경험이 아닐지라도 연구 주제와 비슷한 속성을 가진 개인적 경험도 연구에 관한 민감성을 높일 수 있다. 하지만 여기서 조심해야 할 점은, 다른 사람의 경험이 나의 경험과 같으리라는 생각을 갖지는 말아야 한다는 것이다. 넷째, 분석 과정을 거치면서 연구자는 이론적 민감성을 발달시킬 수 있다. 분석을 진행하는 동안 연구자가 가지고 있는 '통찰력과 이해'는 자료와 상호작용하면서 발전한다.

라. 이론적 표본 추출

근거이론의 철학적 배경에서 논의한 것처럼 근거이론은 학자에 따라 매우 다른 인식론적 방법적 특징을 보인다. 하지만 흥미롭게도 이론적 표본 추출(theoretical sampling)의 개념은 Glaser와 Strauss(1967)가 처음 이론화한 것을 대체적으로 따른다(Breckenridge & Jones, 2009). 그들은 이론적 표본 추출을 다음과 같이 설명하였다.

> 근거이론에서 이론적 표본 추출은 이론 생성을 위한 자료 수집의 과정으로, 연구자가 연구 과정에서 자신의 이론의 발전을 위해 어떤 자료를 수집해야 할지, 어떤 코드와 분석적 틀을 사용하고, 다음으로 어떤 자료를 수집해야 하며 어디에서 어떻게 그 자료를 수집할 수 있을지를 결정하고 진행하는 과정이다(Glaser & Strauss, 1967: 45).

즉, 이론적 표본 추출은 연구가 진행되는 동안 드러나고 명료화되어 가는 자신의 이론을 기반으로 하여 자료 수집의 대상을 결정하고, 분석하기 위한 표본 추출 방법이다. 이때 이론적 표본 추출의 기준이 되는 개념은 '입증된 이론적 관련성'이다(Strauss & Corbin, 1998: 204). 입증된 이론적 관련성이란 '잇따르는 사건들을 비교해 볼 때 개념들이 반복적으로 나타나거나 뚜렷하게 사라지고 코딩 절차들을 통해 개념들이 범주의 상태를 갖기에 중요하게 생각되는 것'을 말한다. 다시 말하면, 이론적 표본 추출은 우리가 자료의 분석을 통해 입증된 이론적 관련성을 지닌 어떠한 개념이나 범주를 발견하였다면 그 개념이나 범주를 더욱 깊이 발전시키고 그것들을 연결할 수 있는 비교 대상을 결정하여 자료를 수집 대상으로 선정해야 한다는 것이다(Strauss & Corbin, 1998: 203-208). 예를 들어, 행정조직에 대한 이론을 발전시키는 경우를 생각해 보자. 우리는 수집된 자료를 분석하여 범주를 발견하거나 주어진 자료의 범위 안에서 간소한 초기 이론을 구상해 볼 수 있다. 이러한 범주와 초기 이론은 다음의 표본 추출을 결정하는 기준이 된다. 만일 분석을 통해 행정조직의 부서와 관련된 범주로서 '물리력 행사'라는 범주를 발견하였다면 다음에 선택되어야 하는 표본 대상은 이러한 '물리력 행사'라는 범주를 더욱 심화하고 명료화할 수 있는 것이어야 하다는 것이다. 이러한 이론적 표본 추출의 가장 단순한 형태는 같은 형태의 표본을 추출하는 것이다. 행정조직에 대한 설명이 이루어지면 이와 같은 형태의 표본을 추출하는 것이 이 경우에 해당한다. 이후에 같은 행정조직의 다른 부서, 다른 행정조직의 다른 부서로 전개되다가 마침내 국지적인 그룹이나 다른 나라의 행정조직의 부서에까지 이를 수 있다.

근거이론의 이론적 표본 추출은 양적연구의 표본 추출과 다르다는 점을 명심해야 한다. 양적연구에서의 표본 추출은 일반화를 위해 모집단을 대표하는 표본을 추출하는 것을 기본으로 한다. 그렇기에 무작위 추출이나 통계적 방법을 통해 표본을 추출하여 그 대표성을 확보한다. 이렇게 보면 양적연구에서의 표본 추출의 목적은 대표성의 확보라 할 수 있다. 반면 근거이론에서의 이론적 표본 추출은 대표성을 확보하기보다는 이론을 발견하고 검증하기 위한 이론에 근거한 표본 추출의 형태이며, 이러한 점에서 양적연구의 표본 추출과는 근본적인 차이를 가지는 표본 추출 형태라고 할 수 있다.

이론적 표본 추출은 코딩의 진행 과정에 따라 달라진다. 근거이론의 코딩은 종류에 따라 그 목적에 차이가 있다. 개방 코딩(open coding) 개념과 범주를 찾아내는 것이며, 축 코딩(axial coding)은 발견된 범주들을 도식적으로 연결하는 것이며, 선택 코딩(selective coding)은 고도의 추상화된 이론을 묶어내는 것이다. 그렇기에 이론적 표본 추출도 각 코딩의 목적에 따라 그 초점이 달라진다. 각 코딩 단계에서 이루어지는 이론적 표본 추출은 **〈표 4-4〉**와 같다.

우선 개방 코딩에서 이론적 표본 추출은 '개방적 표본 추출(open sampling)'의 접근을 취한다. 이 개방적 표본 추출의 목적은 관련된 범주들을 가능한 한 많이 찾아내는 것이다. 그렇기에 자료는 수집의 대상이 되는 모든 사람들, 장소들, 상태들에게 열려 있다.

이러한 '개방적 표본 추출'은 크게 세 가지 형태의 방법으로 나타날 수 있는데, 첫 번째 방법은 '의도적으로 범주, 속성, 차원과 관계 깊은 자료'를 찾는 것이다. 이는 이전의 자료를 통해 발견한 범주와 그 속성을 살펴보고 속성과 차원의 유사성과 차이점을 염두에 두고 '의도적'으로 다음의 표본을 추출하는 방법이다(Strauss & Corbin, 1998: 209-213). 예를 들어 '100m 달리기'라는 대상 속에는 '비용', '경기 시간' 등의 속성이 존

<표 4-4> 코딩 단계별 이론적 표본 추출

단계	목적	설명
개방 코딩	• 개방적 표본 추출: 가능한 한 많은 관련 범주 찾기	• 의도적으로 범주, 속성, 차원 자료 찾기(유사성과 차이점) • 특정한 사람 장소 추적 • 우연한 발견
축 코딩	• 범주들의 관계 발견, 근거의 명확화	• 이론적으로 관련 있는 개념 • 연관적이고 다양한 표본 • 다양한 차이의 확인을 위한 추출
선택 코딩	• 차별적 표본 추출	• 이야기의 전체적인 모습과 관계를 뚜렷하게 입증하기 위해 부족한 범주들을 메울 수 있는 자료를 선택

재하며, 이러한 속성은 각각 '비용이 많이 듦—비용이 적게 듦', '경기 시간이 짧음—경기 시간이 긺'이라는 양극단을 가지는 차원이 존재한다. '100m 달리기'는 이러한 차원의 한 곳에 위치한다. 그렇다면 다음 표본 추출의 대상은 이러한 '100m 달리기'의 속성의 차원 측면에서 유사성과 차이점이 최대화 또는 최소화를 이루는 표집 대상을 '의도적'으로 선정하는 것이다. '비용'이라는 속성의 차원 측면에서 차이점을 최대화한다면 그 표집 대상은 비용이 많이 드는 '자동차 경주' 같은 것이 선정될 수 있다. 또, 차이점을 최소화한다면 비용이 많이 들지 않는 '경보' 같은 것이 표집 대상이 될 수 있을 것이다. 두 번째 방법은 '체계적'으로 사람에서 사람으로, 장소에서 장소를 오가며 자료를 수집하는 것이다. 예를 들면 어떠한 일이 진행되는 과정의 순서에 따라 누군가를 따라다니며 장소를 이동하며 자료를 수집하는 것이 이러한 '체계적' 자료 수집이 될 수 있다. 마지막 방법은 '우연한' 기회를 통해 자료를 발견하는 것이다. 이는 말 그대로 연구자의 의도와 관련 없이 '우연히' 어떠한 자료를 접하는 것이다.

축 코딩에서의 이론적 표본 추출의 형태는 '연관적이고 다양한 표본 추출'의 형태이다. '연관적이고 다양한 표본 추출'은 개방 코딩을 통해 발견한 범주들의 관계를 발견하고 근거를 확실히 하는 데 초점을 둔다(Strauss & Corbin, 1998: 213). 이러한 '연관적이고 다양한 표본 추출'은 자료 내 차원의 단계에서 가능한 한 많은 차이점을 찾으려 노력해야 한다. 이러한 '연관적이고 다양한 표본 추출'은 앞에서 언급한 '개방적 표본 추출'과 마찬가지로 체계적으로 그리고 개방적으로 행해질 수 있다. 하지만 여기서 중요한 것은 다양한 자료를 찾는 것이 목적이 아니라 '이론적으로 관련 있는 개념들을 근거로 해서 표본 추출'이 이루어져야 한다는 것이다. 그렇기에 이러한 표본 추출은 다분히 의도적이어야 할 필요가 있다.

선택 코딩에서의 이론적 표본 추출은 '차별적 표본 추출'이어야 한다. 선택 코딩의 목적은 '이론을 형성하는 차원화의 단계에 따라 범주를 통합'하고 '관계에 대한 통합과 진술의 근거를 확실하게' 하고 '더 보충이 필요한 범주를 메우는 것'이다. 그렇기 때문에 차별적 표본 추출을 수행하려는 연구자는 이야기의 전체적인 모습과 관계를 뚜렷하게 입증하기 위해 부족한 범주들을 메울 수 있는 자료를 선택해야 한다. 예를 들어 어떤 병원에서의 자료를 수집한 후 연구자는 자신의 이론을 확인하기 위해 다른 병원으로 이동하여 자료를 수집함으로써 자신의 이론을 검증할 수 있다(Strauss & Corbin, 1998: 208-217).

앞서 언급하였듯이 '지속적 비교'는 근거이론 연구의 전 과정에 걸쳐서 이루어지는 연구 활동이다. 이론적 표본 추출 또한 예외가 아니다. 연구자는 이론적 표본 추출을 위해 '지속적 비교'를 수행해야 한다. 이를 통해 연구자는 코딩의 단계에서의 목적에 따라 드러나는 각 범주의 속성과 차원의 측면에서 표본을 추출해야 한다. 자료로부터 발견된 범주들은 '속성'과 '차원'을 가지는데, 속성이란 '하나의 범주에 속하는 특성이나 특질을 의미하며, 차원이란 '연속성을 갖는 속성들의 위치를 의미한다. 예를 들어 '주기'라고 명명된 범주의 속성으로 '빈도, 정도, 강도, 기간' 등을 찾을 수 있고, 각각의 속성은 '빈번—전혀 없음', '비교적 많다—적다', '높다—낮다', '길다—짧다'의 범위 속에서 그 위치를 차지하게 되는데, 그것이 바로 차원이다(Glaser & Strauss, 1967: 69-112).

마. 이론적 포화

이론적 포화(theoretical saturation)는 '포화'라는 단어가 의미하는 것처럼 연구 중에 있는 이론이 정립되어 새로운 자료의 수집이나 분석을 진행하더라도 더 이상 이론의 수정이 일어나지 않는 상태를 말한다(Dey, 1999). 즉, 근거이론 연구가 이론적 포화에 도달하였다는 것은 자료의 수집과 분석이 마무리된다는 것을 의미한다. 양적연구에서 연구의 종료 시점은 표본들에 대한 조사 결과로 하나의 이론이 정립되는 시점으로 본다. 그렇기에 양적연구에서의 연구 종료 시점은 예측 가능한 정해진 시점인데 비해 근거이론에서의 연구 종료 시점은 더 이상 새로운 것이 발견되지 않는 시점이기 때문에 고정적이지 않고 연구가 진행되는 동안 이론적 포화의 달성 정도를 살피며 가변적으로 결정하게 된다(Glaser & Strauss, 1967). 그렇다면 근거이론 연구가 '이론적 포화'에 도달하였다는 것을 어떻게 결정할 수 있는가? 이는 새로운 자료나 분석이 추가되더라도 현재까지 발전된 이론이나 개념의 체계에 새로움을 추가하거나 변형을 가져오지 않는 상황을 의미한다(Boeije, 2007). 심지어 이론적 포화에 도달하였다고 판단되면 더 이상 새로운 자료를 수집하는 작업은 물론, 코딩 작업 또한 지속하지 않아도 된다(Glaser & Strauss, 1967). 하지만 연구자가 '빈도'를 중요하게 생각한다면 모든 자료에 대한 코딩을 지속해야 할 것이다. 많은 질적연구자들이 '포화' 또는 '이론적 포화'를 이야기하고 자신들의 연구가 이에 도달하였다고 주장하는 경우가 종종 있는데, 이는 근거이론의 관점에서는 매우 부적절한 경우가 많다(Charmaz, 2008, 2009). 심지어 근거이론을 수행하였다고 주장하는 연구자들 중 일부도 명확한 근거를 제시하지 않고 '이론적 포화'에 도달하였다고 주장하는 경우가 있다(Morse, 1995). 단지 유사한 개념이나 이슈가 반복적으로 등장한다고 해서 '포화'에 도달한 것을 의미하지는 않는다.

근거이론 연구가 이론적 포화에 도달하였는지의 여부는 그 연구의 질을 결정하는 가장 중요한 기준이다. 이에 연구자는 자신이 어떠한 과정(코딩, 범주화, 범주 수정, 범주 관계 파악, 범주 관계 수정, 개념도/흐름도의 작성과 발전 과정)을 거쳐서 '이론적 포화'에 도달하였는지 제시해야 한다.

또한 성공적인 근거이론 연구를 위해 연구자는 근거이론 연구의 질을 평가하는 기준을 숙지할 필요가 있다. 이에 Charmaz(2011b)가 제시한 연구자가 자신의 근거이론 연구의 질을 판별할 수 있는 기준을 소개한다.

신뢰도

- 당신의 연구는 연구 주제와 연구 현장에 대해 매우 친숙함을 획득하였는가?
- 당신의 주장을 뒷받침하는 자료는 충분한가? 자료의 종류, 범위, 수, 심층성의 측면에서 어떠한가?
- 자료와 개념, 범주 그리고 이들의 관계를 체계적으로 비교하였는가?
- 당신의 범주는 경험적 자료를 광범위하게 포함하고 있는가?
- 당신의 주장과 분석 그리고 자료 사이의 논리적 연관성이 매우 강한가?
- 당신의 연구는 독자들이 당신의 주장을 이해하고 스스로 판단 또는 동의를 할 수 있을 정도의 충분한 '근거'를 제시하고 있는가?

독창성

- 당신이 만든 범주는 새로운 것인가? 그 범주들은 새로운 관점이나 통찰을 제시하는가?
- 당신의 분석은 수집된 자료에 대한 새로운 개념적 표현을 담고 있는가?
- 당신 연구의 사회적 이론적 기여는 무엇인가?
- 당신의 이론은 현재의 아이디어, 개념, 실천에 의문을 제기하거나, 확장시키거나, 새롭게 규정하는가?

반향

- 당신이 만든 범주는 연구 경험으로부터 얻은 '전체성'을 담고 있는가?
- 당신은 '당연히 여겨지는 것'을 제시하고 논의하였는가?
- 당신은 자료 속에서 전체, 기관, 그리고 개인과의 관례를 제시하였는가?
- 당신의 이론은 연구 참여자 그리고 유사한 경험을 한 사람들의 동의를 얻어내는가? 당신의 분석은 참여자에게 그들의 삶과 세계에 대한 새로운 이해와 통찰을 제시하는가?

유용성

- 당신의 분석은 사람들이 일상생활에서 사용할 수 있는 이해를 제공하는가?
- 당신의 분석 범주는 일반적인 과정을 제안하는가?
- 그렇다면 그러한 과정을 검증하려고 노력하였는가?
- 당신의 분석은 그 분야/영역의 연구에 새로운 연구를 촉진하는가?
- 당신의 연구가 어떤 새로운 지식을 생성하는가? 당신의 연구는 현실 개선에 어떤 도움이 되는가?

이상에서 우리는 근거이론의 방법적 특징들에 대해 전반적으로 살펴보았다. 그렇다면 다음에서 근거이론의 방법적 절차에 대해 살펴보며 위에서 논의한 방법적 특성들이 실제 연구 과정에서 어떻게 적용될 수 있는지 살펴보기로 하자.

4. 근거이론의 절차와 방법

근거이론 연구의 방법적 절차는 Strauss와 Corbin(1998)이 체계적으로 접근한 바 있으며, Creswell(2007)은 이들의 논의를 간략히 정리하여 제시한 바 있다. 또한 Tie, Birks와 Francis(2019)는 최근 더욱 구체적인 근거이론 모형을 제시하였다. 이 모형은 단순한 절차만 나타낸 것이 아니라 각 단계에서 이루어지는 근거이론의 핵심적 방법과 연구자의 태도와 관점 또한 시각적으로 제시하였다는 점에서 더욱 유용하다. 이에 우리는 이 모형에 기초해서 근거이론의 절차를 **[그림 4-2]**와 같이 나타내었다.

그림에 제시된 절차에 기초해 각 단계에서 핵심적으로 수행해야 하는 연구 방법과 내용을 연구 주제 명료화, 자료의 종류와 수집(면담과 목적 표집), 코딩의 절차와 이론적 표본 추출 방법, 그리고 글쓰기에 대해 설명하고자 한다.

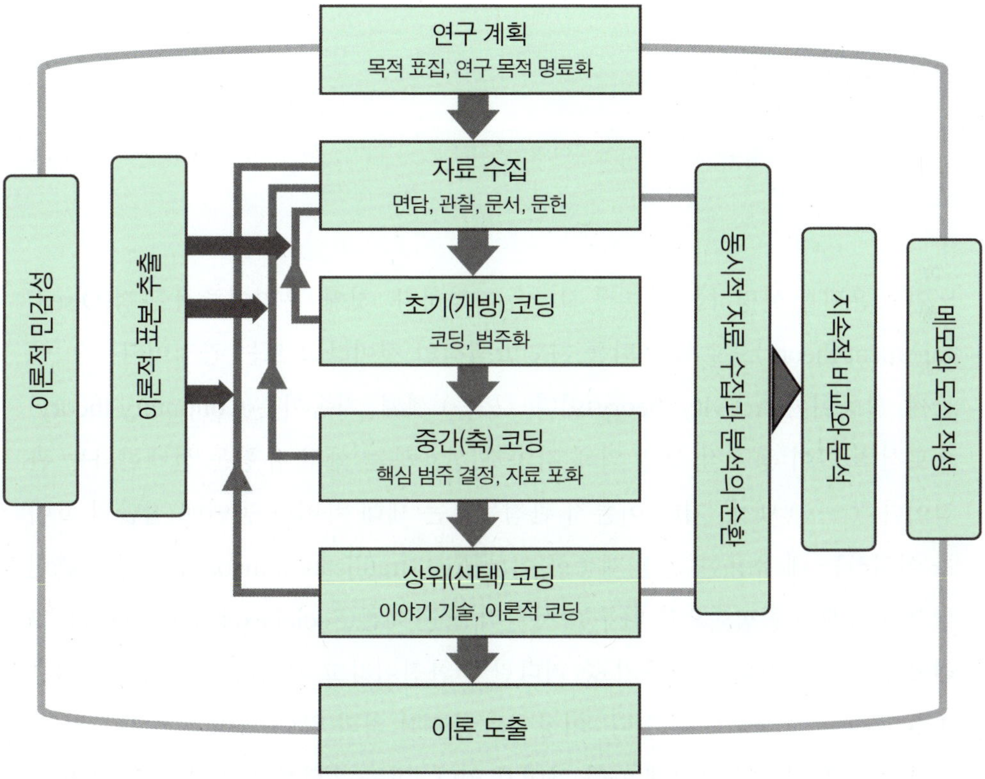

[그림 4-2] 근거이론 연구의 절차

가. 연구 주제의 명료화

다른 연구와 마찬가지로 근거이론 연구에서 연구자는 근거이론이 자신의 연구 문제에 가장 적합한지 결정하는 것으로 연구를 시작할 필요가 있다(Creswell, 2007: 102). 근거이론은 이론이나 개념적 체계 개발을 목표로 할 때 적합한 연구 방법이다. 이에 연구자는 가장 먼저 자신의 연구 문제를 명료히 하고 이를 연구하는 방법으로 근거이론이 적합한지 밝혀야 한다. 즉, 연구자는 기존의 문헌과 연구물에 대한 충분한 탐색에 기초하여 연구 주제나 연구하고자 하는 사회 현상에 대한 새로운 이론의 개발이나 개념화가 필요함을 설득적으로 제시할 수 있어야 한다. 이해를 위해 두 개의 예를 살펴보고자 한다.

남순현(2017)은 "노인의 은퇴 후 삶의 적응에 대한 Glaser의 근거이론적 접근"이라는 논문에서 자신의 연구 주제가 왜 근거이론으로 탐구되어야 하는지 설득적으로 제시하였다. 이를 위해 남순현은 기존의, 특히 서구의 이론들을 충분히 탐색하였고, 한국 노인의 은퇴 후 삶의 적응에 대한 이론 개발의 필요성을 주장하였다. 다음은 이 연구의 일부분을 발췌한 것이다.

연구 주제의 명료화의 예

노인의 은퇴 후 삶의 적응에 대한 Glaser의 근거이론적 접근 (남순현, 2017)

노인의 은퇴를 설명하는 이론적 접근은 다양하다. 첫째, 분리이론적 관점(Disengagement theory)으로서 은퇴를 자연발생적인 것이라고 보는 관점이다. (……) 둘째, 활동이론(Activity theory)이다. (……) 셋째, 지속이론(Continuity theory)으로서 노인이 성공적 삶을 위해 각자가 선호하는 삶의 유형을 선택한다는 관점이다. (……) 넷째, 기타 이론적 관점들로는 세대 차이나 동년배 집단의 차이를 이해하는 데 유용한 연령 계층화 이론(Age stratification theory), 은퇴와 관련된 가족관계를 중점적으로 다루는 사회적 교환 이론(Social exchange theory), 그리고 은퇴를 인간의 생애주기 중 커다란 전환점이라고 가정하는 생애주기 이론(Life course theory) 등이 있다. 이상에서 살펴본 바와 같이, 은퇴를 설명하는 가정과 관점은 이론적 관점에 따라 차이가 있다. 이는 은퇴를 설명하는 한 가지 특정 이론으로는 은퇴라는 포괄적 과정을 설명하기에는 한계가 있음을 의미한다. 따라서 연구에서는 다양한 은퇴의 의미 속에서 실제로 노인이 경험하는 은퇴사건 이후 적응 과정을 탐색해 보고자 한다. (중략)

한국 노인의 은퇴 후 적응도는 정서적 변화, 심리적 위축감과 역할 상실 등으로 인하여 낮은 편이다(성미애, 1999; 김명자, 박미금, 송말희, 2005; 왕민숙, 2014). 윤현숙과 이미진(2006)은 한국의 은퇴 노인은 역할 상실로 인해 은퇴 후에 부정적인 심리상태를 겪게 된다고 하였다. 한국의 은퇴 노인은 연금제도나 은퇴 후 경제적 안정이 성숙되지 못하고, 젊은 시절 여가를 경험해 보지 않았기 때문에, 은퇴 후에 밀월여행 기간을 즐기지 못하고 부정적인 심리상태에 더 많이 노출될 수 있다(윤현숙 외, 2006). 하지만 사회 전반적으로 은퇴 이후 생활에 대한 불안감이 증대되고 있는 것은 사실이지만, 은퇴 후에 행복하고 건강한 노후생활을 보내고자 하는 인식의 변화도 나타나고 있다. 또한 한국 사회는 점점 경제적으로 여유 있는 중산층 은퇴 가구의 비율이 늘어나고 있고, 건강하고 활동적인 노인과 교육수준이 높고 전문적인 지식을 가진 지식층 노인이 증가하고 있다(조성남, 2004). 따라서 노인의 인식 변화와 더불어 다양해지고 있는 노인의 생활 및 욕구를 이해하고, 각자의 삶에서 의미 있는 방향으로 인생설계를 설정해야 한다는 새로운 패러다임이 등장하기 시작하였다. (중략)

이는 비교적 빠른 사회적 은퇴 시기와 늦은 실질적 은퇴 시기 간의 커다란 괴리감 속에서 노인이 은퇴 후에 실제로 적응해 가는 삶의 과정을 새롭게 조명해 보아야 할 필요성을 제기한다. 따라서 연구의 목적은 은퇴 후 일 경험이 있는 노인을 대상으로 노년기 삶의 적응 과정을 이해하는 데 있다. (……) 이 연구에서는 Glaser의 근거이론적 접근이 삶의 주요 사건들을 중심으로 개념을 범주화하며, Strauss와 Corbin의 근거이론적 접근보다 과잉 개념화의 혼란을 줄일 수 있기 때문에, 자연스럽고 간단하게 핵심 범주로 나아갈 수 있다는 점에서, Glaser의 근거이론적 접근을 통해서 은퇴 후 일 경험이 있는 노인의 삶의 적응 과정을 살펴보고자 하였다.

다른 하나의 예는 Pomrenke(2007)의 "Using Grounded Theory to Understand Resiliency in Pre-Teen Children of High-Conflict Families"이다. 이 연구는 문제가 있는 가정의 아이들의 회복을 촉진하는 상호작용, 아이들의 이해, 아이들의 회복을 방해

<표 4-5> 학문 분야별 근거이론 연구의 예

학문 분야	연구의 예
간호학 보건학	• *Nursing research: Generating and assessing evidence for nursing practice*(Polit & Beck, 2008). • 「간호사의 직장 내 괴롭힘 경험에 관한 근거이론 연구」(강지연, 윤선영, 2016).
마케팅 경영/관리	• "Mobile word-of-mouth-A grounded theory of mobile viral marketing"(Palka, Pousttchi, & Wiedemann, 2009) • 「SPA 브랜드의 마케팅 성공 요인 탐색—근거이론을 중심으로—」(김경란, 양수진, 2015).
교육	• "Case studies and generalizability: Grounded theory and research in science education"(Taber, 2000) • 「교실 토론상황에서 학생의 감정 인지, 행동의 상호작용: 근거이론 분석법을 통한 모델을 중심으로」(도승이, 2005)

하는 요소를 밝히기 위한 근거이론 연구이다. 이 연구는 10세 이전 아이들의 회복의 특징을 개념화하기 위해 근거이론의 방법론을 활용하였다. 지속되는 부모의 갈등 상황이 아이들에게 미치는 영향을 전체적으로 이해하기 위해서, 연구자는 현장에 기반한 자료에 기초해 이별하였거나 이혼한 가정들의 높은 갈등 상황에 처한 아이들의 회복과 관련된 실제적인 수준의 이론을 발전시켰다. 특히 연구자는 세 가지 주요 문제에 집중하였는데, 첫째 연구 문제는 가족, 그리고 공동체가 이들 속에서 아이들의 회복을 빠르게 돕는 행동을 촉진하기 위해 어떻게 상호작용하는가 하는 것이고, 둘째 연구 문제는 아이들이 부모의 계속되는 갈등을 어떻게 받아들이고 그 가족과 구성원들의 중재 노력을 어떻게 이해하는가 하는 것이며, 셋째 연구 문제는 이러한 아이들이 겪고 있는 회복을 방해하는 요소를 규명하고 이러한 방해 요소를 어떻게 극복하는지에 관한 것이다

근거이론은 다양한 학문 분야에서 활용되고 있는데, 몇 가지 예를 제시하여(**<표 4-5>** 참조) 독자의 이해를 돕고자 한다.

나. 문헌 조사

대부분의 연구가 그러하듯 근거이론 연구 또한 연구를 본격적으로 시작하기 전에 연구 문제와 관련된 문헌에 대한 조사는 연구 주제와 관련된 배경을 제공하고 초기 이론적 표본 추출의 근거를 제시하는 과정을 필요로 한다. 다음의 예를 통해 실행하고자

하는 연구 이전의 연구에는 어떤 것이 있는지 그리고 어떻게 이루어졌는지를 살펴봄으로써 연구자가 자신의 연구 문제와 관련된 배경을 획득하고 초기 이론적 표본 추출의 기준을 획득하였을 것이라 예상할 수 있다.

문헌 조사의 예

"Using Grounded Theory to Understand Resiliency in Pre-Teen Children of High-Conflict Families"(Pomrenke, 2007)

일반적으로, 회복에 관해 연구하는 연구자는 위험 메커니즘이나 방어 요소에 집중한다. 연구자들은 긴 기간의, 미래의 효과에 기여하는 연구를 수행한 바 있다. 연구자들은 몇 년에 걸친 불행을 사람들이 어떻게 극복하는지 연구하고, 또 다른 연구자들은 부부 갈등과 아이들의 극복 전략의 상호작용에 관해 연구한다. 가족 갈등에 관한 연구는 일반적으로 넓은 범위의 연구와 표준화된 도구를 통해 관리된다. 어떻게 가족의 상호작용이 이별이라는 높은 갈등 상황에서 특별한 보호 요소를 촉진하는가에 대한 연구를 찾기 힘들다. 개별적 그리고 가족이라는 시각에서 위험 메커니즘과 보호 요소를 이해하기 위해서는 이러한 맥락 속에서 가족이 어떻게 상호작용하는가에 대해 좀 더 밀착해서 살펴볼 필요가 있다.

근거이론에서의 문헌에 대한 탐구는 연구 상황에 들어가기 전 연구 주제와 관련된 배경을 제공할 뿐만 아니라 연구 과정에서도 연구자에게 분석과 이론화를 위한 통찰을 제공한다. 연구자는 문헌 자료의 분석으로 연구 주제와 관련된 새로운 범주를 이끌어낼 수 있을 것이다. 그리고 이렇게 발견된 범주들이 다른 연구에서 나타난다면 연구자는 다른 연구에서 이러한 범주들에 대해 어떻게 말하고 있는지 참고할 수도 있다.

근거이론에서 다루는 문헌에는 크게 학술적 문헌과 비학술적 문헌이 있다. 학술적 문헌은 '연구 보고서들과 전문적이고 학문적 저술의 특색을 띤 이론적 또는 철학적 논문들'로서, '근거이론 연구에서 얻어진 실제 자료들에 나타난 사실들을 비교하는 기본 자료'로 쓰인다. 비학술적 문헌은 '전기문, 일기, 문서, 원고, 기록, 보고서, 카탈로그의 자료들'로, '근거이론 연구에서 기본적 자료로 쓰이거나 인터뷰와 실제 관찰을 보충하는 데' 쓰인다. 학술적 문헌은 이론적 민감도를 자극하고, 지식 정보의 부가적 자료로 사용되며, 이론적 표본 추출을 지도하고 부가적 기준으로 이용된다. 연구자는 문헌을 통해 빈번하게 등장하는 개념들을 발견할 수 있다. 그리고 연구자는 이러한 개념들이 자신의 연구에 적용될 수 있는지, 적용된다면 어떻게 적용될 수 있는지에 대해 고민할 수 있다. 또한 문헌에 등장하는 많은 실제에 대한 서술들은 연구자가 그것에 대해 읽는 동안 연구에 대해 더욱 민감해지고 관련한 질문을 만들어낼 수 있는 기회를 제공한다. 또한 문헌 속에 등장하는 철학적 기술과 기존 이론의 지식은 자료에 접근하고 해석할 수 있는 틀을 제공해 줄 수도 있다. 또한 문헌은 지식 정보의 부가적 자료로 활용될 수 있다. 문헌 속에 등장하는 면담 자료와 노트의 인용은 연구의 목적을 달성하는 데 필요한 부가적 자료로 활용될 수 있다. 문헌을 통해 질문을 유발할 수도 있다. 문헌에 대한 검토는 연구자가 질문을 만드는 원천이 될 수 있으며, 또한 분석 과정에서 자신의 분석과 기존 문헌의 차이가 발생할 때, "왜 차이가 생기는가?", "어떤 중요한 점을 간과하고 있는 것인가?", "여기서는 상황이 어떻게 다른가?", "어떤 상황이 차이를 만드는 것인가?"와 같은 질문을 해볼 수 있다. 문헌은 연구 결과를 검토하는 부가적 기준으로 사용될 수 있다. 연구자가 이론을 정립하여 기술하려 할 때 이러한 이론의 정확성을 확인하기 위해 기존 문헌과 이론을 비교할 수 있다. 비학술적 문헌도 학술적 문헌과 같은 역할을 할 수 있으나 그 진위를 판별하기 어렵기 때문에 그 자체를 그대로 가져오기보다는 다른 정보들과 대조하여 조사하는 과정이 필요하다.

다. 자료 수집

근거이론 연구에서 수집되는 자료는 일반적인 질적연구와 같이 참여관찰, 심층면담, 문서, 사진, 비디오, 온라인 자료 등 매우 다양한 자료가 활용될 수 있다. 하지만 면담을 통한 자료 수집이 기본이 된다(Creswell, 2007). 면담이 기본이 된다고 하여 면담에만 의존해도 된다는 의미는 아니다. Glaser와 Strauss(1967) 그리고 많은 근거이론 학자들이 주장한 것처럼 근거이론의 자료는 매우 다양하며 연구자가 필요한 모든 형태의 자료를 수집할 수 있다. 근거이론이 질적연구 방법론으로 분류되기는 하지만 심지어 설문지법을 자료 수집을 위해 활용할 수 있다(Eisenhardt, 1989; Pandit, 1996). 왜냐하면 다양한 형태의 자료는 '자료의 삼각 검증'으로 시너지 효과를 발휘하기 때문이다. 이에 연구자는 어떠한 자료를 어떻게 수집할 것인지 체계적이고 엄밀한 계획과 절차를 마련해야 한다. 우리는 여기에서 목적 표집과 면담에 대해서 집중적으로 설명하고자 한다.

1) 근거이론 면담

이미 설명하였듯이 근거이론 연구자는 다양한 형태의 자료를 수집할 수 있다. 하지만 면담이 주된 방법인 만큼 근거이론의 면담을 어떻게 수행해야 하는지 명료하게 이해할 필요가 있다. 가장 핵심적인 원칙은, 연구 초기에는 개방적 질문으로 구성된 비구조화된 면담을 실시하고, 연구가 진행되면서 분석을 통한 코딩이 만들어지고 개념과 범주가 생성되면 반구조화된 면담 그리고 더욱 구조화된 면담으로 나아갈 수 있다는 것이다(May, 1991). 이는 연구 중반, 후반으로 갈수록 연구자의 개념화와 이론화를 확인하기 위한 목적의 이론적 표본 추출이 더욱 강조되기 때문이다. 연구 초기 개방적 면담은 참여자의 일상적인 삶과 생활에 관한 내용을 질문할 수 있다(Charmaz, 2008, 2009; Strauss & Corbin, 1990; Strauss, 1987).

하나의 예로서 Perkins(2015)의 *Exploring the Needs of the Welsh Life Science Sector for Innovation and Growth*를 소개하고자 한다. 이 연구는 웨일스 지방의 생명과학의 필요에 관한 연구로서, 이해 관계자 74명을 면담하여 이론을 발전시킨 연구이다. Perkins는 다음과 같은 개방적 질문을 참여자들에게 제시하였다.

질문 1: 웨일스의 생명과학에 대한 당신의 입장과 견해는 무엇입니까?
질문 2: 웨일스 생명과학의 강점은 무엇입니까?
질문 3: 웨일스 생명과학의 약점은 무엇입니까?
질문 4: 웨일스 생명과학을 위협하는 요소는 무엇입니까?
질문 5: 생명과학 분야의 전문가로서 웨일스 생명과학에 대한 본인의 지식과 이해의 한계는 무엇입니까?
질문 6: 이 연구를 위해 어떤 이해 당사자들이 의견을 밝혀야 한다고 생각하십니까?
질문 7: 가능하다면 그러한 사람들에게 저를 소개해 주시겠습니까?

Perkins는 이러한 질문들을 NVIVOI Word Frequency를 활용하여 도출하였다. 그가 근거로 제시한 자료는 **[그림 4-3]**과 같다.

<표 4-6>의 예는 최훈주(2020)의 『외식 프랜차이즈 사업의 제약 요인과 성공 요인 도출에 관한 연구: 근거이론에 의한 분석』의 면담 질문이다.

2) 목적 표집: 참여자 선정 기준과 수

목적 표집이란 "연구 질문과 주제와 관련된 사람, 집단을 의도적으로 선정"하는 표

[그림 4-3] Perkins의 면담 질문 구성 근거

<표 4-6> 근거이론 연구 문제에 따른 면담 질문의 예(최훈주, 2020)

연구 문제	질문
외식 프랜차이즈 사업을 운영하면서 어떤 경험을 하고 있는가?	1. 외식 프랜차이즈 산업의 최근 현황은 어떤가?(국내 및 해외) 2. 외식 프랜차이즈 산업의 환경 변화에 따라 프랜차이즈 사업은 어떤 영향을 받고 있는가?
외식 프랜차이즈 사업의 제약 요인은 무엇인가?	1. 외식 프랜차이즈 사업을 운영하면서 힘들게 느껴지는 제약 요인은 무엇인가? 사회/정치/경제/법률/정책/윤리/마케팅 환경 전반 2. 위 제약 요인 중 가장 힘들게 느껴지는 것은 무엇인가? 3. 다양한 제약 요인에 직면했을 때 어떻게 인식하는가? 4. 제약 요인에 직면했을 때 어떻게 대응하는가?
외식 프랜차이즈 사업의 성공 가능 요인은 무엇인가?	1. 외식 프랜차이즈 사업을 운영하면서 제약 요인에 부딪혔을 때 이를 극복하기 위해 어떤 시도를 했는가? 2. 제약 요인 극복을 위한 생각과 행동은 사업을 운영하는 데 있어서 어떤 도움이 되었는가? 3. 외식 프랜차이즈 사업을 성공시키기 위한 세부 성공 방안은? 4. 외식 프랜차이즈 산업 및 사업의 건전한 발전을 위해 변화 및 발전시켜야 할 분야는? 5. 외식 프랜차이즈 산업 및 사업의 국내 및 해외시장에서의 성공 가능 요인 및 비전은?

집 방법이다(Mason, 1996; Creswell, 1998; 김영천, 2006). 근거이론에서 표집은 대단히 중요한 연구 과정이다. 표집을 어떻게 하느냐에 따라 연구자가 설정한 목표, 즉 이론 도출을 할 수 있는지, 의미 있는 이론으로 발전시킬 수 있는지, 그리고 효과적이고 효율적인 연구가 될 수 있는지에 영향을 미친다(Gobo, 2004; Creswell, 1998). 간혹 이론적 표본 추출과 목적 표집을 유사한 개념으로 이해하는 경우가 있는데, 이는 심각한 오류라고 하겠다. 근거이론 연구자는 대부분 의도적으로 참여자를 선정하는 '목적 표집' 방법으로 표집한다(Coyne, 1997). 목적 표집으로 모집된 참여자에게서 얻은 자료는 초기 코딩을 위한 안내 역할을 하기 때문에 표집은 더더욱 중요하다고 하겠다. 하지만 편의 표집에서 목적 표집으로 점차 진행하는 접근을 취하기도 한다(Morse, 2007).

근거이론 연구자가 목적 표집으로 참여자를 선정한다면 나름의 명확한 기준에 근거해야 한다. 연구의 주제나 특성에 따라 기준이 달라질 수 있지만, 가장 중요한 기준은 연구의 목적과 연구 질문과 관련한 경험이 충분하며 이를 적절하게 표현할 수 있는가 하는 것이다. 예를 들어, 오랜 기간 동안 한 직장이나 직종에 근무한 사람이 모두 의미 있는 참여자라고 보기는 어렵다. 이러한 점에서 연구자는 다양한 기간 동안 근무한 사람들을 참여자로 선정할 필요가 있다. 또한 여러 이해관계자가 있는 연구 주제라면 각각의 입장이 다르기 때문에 다른 입장에 있는 참여자 수의 균형, 연령, 성별 등을 고려하여 선정해야 할 것이다.

또한 근거이론에 관심이 있는 연구자들이 가장 궁금해하는 것 중의 하나가 "어느 정도의 참여자 수가 근거이론을 위해 필요한가?"일 것이다. 이는 일반화할 수 없는 질문이긴 하지만 우선 간단한 대답은 '충분한' 수이다. 무엇을 위해 충분한 수인가? 이론적 포화에 도달할 정도로 충분한 수를 이야기한다. '이론적 포화' 부분에서 설명하였듯이 새로운 개념이나 아이디어가 이미 생성된 개념적 구조나 이론에 전혀 새로움을 추가해 주지 못할 때, 그리고 개념과 범주의 관계에 더욱 구체적인 특징이나 설명을 더하지 못할 때 연구자는 더 이상 참여자도, 자료의 수집이나 분석도 필요하지 않게 된다.

이는 일반화할 수 없는 질문이기 때문에 **〈표 4-7〉**의 예를 통해서 구체적으로 알아보자. 특히 어떠한 기준에 따라서 참여자를 목적 표집하였는지 그리고 몇 명의 참여자를 선정하였는지 살펴보겠다.

표에서 볼 수 있듯이 근거이론 연구에서 참여자의 선정 기준과 그 수는 너무나 다양하다. 하지만 적어도 10 이상의 참여자 또는 현장이 필요하다고 보인다. 질적연구의 특성상 연구 과정에서 연구자는 참여자를 잃을 수도 있기 때문에 연구 계획 단계에서 충분한 수의 참여자를 선정하는 것이 중요하다. 또한 근거이론의 특성상 이론적 표본

〈표 4-7〉 근거이론 참여자 선정 기준과 수의 예

연구	참여자 선정 기준	참여자 수
Exploring the Needs of the Welsh Life Science Sector for Innovation and Growth (Perkins, 2015)	• 직종, 장소, 직위, 세부 분야, 상호작용 유형	74
『외식 프랜차이즈 사업의 제약 요인과 성공 요인 도출에 관한 연구』(최훈주, 2020)	• 3년 이상 외식 가맹사업 경험과 30개 이상의 가맹점 보유 회사 임원 4명 • 3년 이상 사업 중인 가맹점주 4명 • 협력사 임원 4명	12
『고난-극복에 기초한 북한이탈주민의 회심 과정 모형 연구』(임재환, 2021)	• 북한이탈 주민 • 종교적 신념과 신뢰	20
From the Horse's Mouth(O'Henlon, 2020)	• 인종적 배경 • 대화 능력 • 전문성과 경험	19
「가족상담사의 전문직 정체성 및 발달 연구」(노미화, 최연실, 2018)	• 상담 경력 5년 이상, 자격증 • 석사 학위 이상, 전문가의 추천	15

추출이 진행되면서 추가로 참여자를 모집해야 할 수도 있다.

라. 이론적 포화를 위한 자료 분석

근거이론에서 자료를 분석하는 작업은 이론 개발이라는 근거이론 연구의 목표에 도달하기 위한 핵심적인 과정이다. 주지한 바와 같이 근거이론 연구에서 자료의 수집과 분석은 동시에 진행되며, 이 과정이 종료되는 시점은 '이론적 포화'가 이루어졌을 때이다. 하지만 분석의 절차와 방법을 확실히 알고 엄밀하게 수행하는 것이야말로 근거이론 연구를 성공적으로 이끄는 열쇠라고 할 수 있다. 근거이론 연구에서 자료의 분석은 코딩 과정에서부터 시작한다. 이는 자료를 분해하고 개념화하고 이론을 형성하도록 통합하는 과정으로, 자료로부터 이론을 정립하는 근거이론의 핵심 과정이다. 앞서 소개한 근거이론의 접근에 따라 코딩의 단계에 대한 명칭이 다르다. **〈표 4-8〉**에서 이를 정리하였다.

우리는 여기서 근거이론에서 일반적으로 적용되는 개방 코딩, 축 코딩, 선택 코딩의 과정에 기초해 설명하고자 한다(Strauss & Corbin, 1998; 김영천, 2006). 개방 코딩은 코드를 만들고 개념을 밝힘으로써 자료 안의 속성과 차원을 발견하는 단계이다. 축

〈표 4-8〉 학자/접근별 코딩 단계

근거이론 접근	1단계	2단계	3단계
실증주의적 근거이론 (Glaser & Strauss, 1967)	개방 코딩 (open coding)	선택 코딩 (selective coding)	이론 코딩 (theoretical coding)
실용주의적 근거이론 (Strauss & Corbin, 1990)	개방 코딩 (open coding)	축 코딩 (axial coding)	선택 코딩 (selective coding)
구성주의적 근거이론 (Mills et al., 2015)	초기 코딩 (initial coding)	초점 코딩 (focused coding)	이론 코딩 (theoretical coding)

코딩은 범주의 축을 중심으로 하여 속성과 차원의 범주를 하위 범주와 연결시키는 단계이다. 선택 코딩은 마지막으로 핵심 범주를 발견하고 이를 하나의 이론으로 통합시키기 위해 정교화하는 과정이다. 이 세 단계 코딩 방법은 독립적인 단계가 아니라 순차적이고 누가적이지만 동시에 상호작용적인 관계에 있다. 코딩 절차에 따라 수행된 분석의 결과는 이론적 표본 추출의 기준이 된다. 이론적 표본 추출과 자료 수집은 동시적이며 순환적인 과정이 되어야 하며, 이러한 순환은 더 이상 새로운 범주나 이론이 나타나지 않는 이론적 포화에 이를 때까지 계속되어야 한다. 근거이론 연구에서 이론적 포화에 도달하기 위한 자료 분석의 절차는 **[그림 4-4]**와 같다.

1) 개방 코딩

분석의 첫 단계로서 코딩은 개방 코딩으로 시작된다. 코딩은 자료의 성격과 특징을 고려하여 이름을 붙여주는 작업이다. 개방 코딩의 목적은 텍스트를 열어 젖혀서 자료로부터 특정한 개념(코드-하위 범주-범주-핵심 범주)을 밝히고, 개념들의 속성과 차원을 발견하는 것이다. 여기에서 개념이란 개별 사건들과 그 밖의 현상들에 붙인 개념적 호칭을 말한다. 범주란 개념들을 분류한 것으로, 개념들을 서로 비교해 보거나, 유사한 현상에 속하는 것으로 보일 때 하나의 범주로 분류된다. 범주는 현상을 대표하는 개념으로서 연구 참여자들의 중심 사건, 현상, 결과에 주목하는 것이다. 개방 코딩은 원자료에서 밝혀진 개념 중에서 유사한 의미나 관련성이 있는 것들을 묶어 하위 범주로 구성하고 구성된 하위 범주를 묶어 범주로 구성하는 단계라 할 수 있다. 속성이란 범주의 특성, 정의, 의미를 지칭하며, 차원이란 범주의 속성이 변화되는 범위를 말한다. 차원은 범주에 구체성을 부여하고, 이론에 변화를 준다(Strauss & Corbin, 1998).

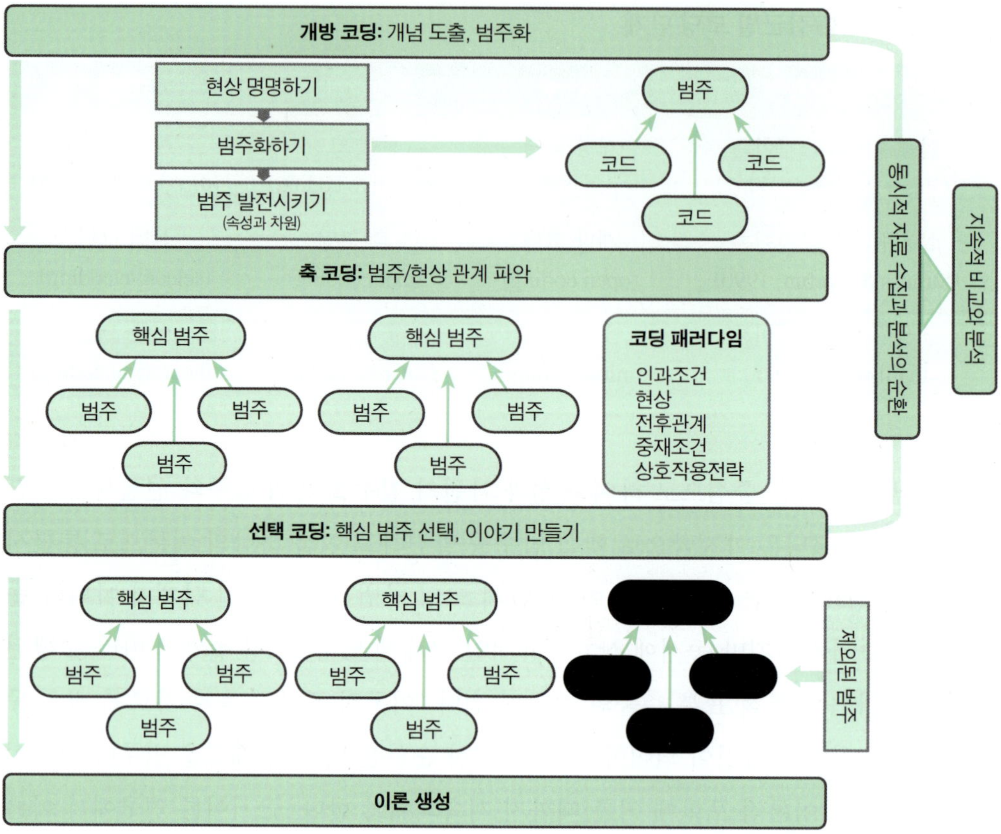

[그림 4-4] 근거이론 분석 절차

개방 코딩이 진행되는 과정에서 연구자는 지속적으로 메모와 도식을 작성하여 코딩의 범주화를 시도한다. 즉, 연구자는 자료들과 코드를 펼쳐놓고 개념들을 발견하고 유사한 개념을 묶어 범주화하며 각 범주의 속성과 차원을 밝힌다. 연구자는 수집된 자료를 분류하고 해체하여 범주나 그 속성, 차원의 위치를 검사, 비교하여 개념화하고 범주를 만든다.

개방 코딩과 같은 초기 분석 단계는 다음에 오는 분석과 의견 교환의 초석이 된다. 개방 코딩의 과정에서 자료를 분해해 개별적 요소로 분리하고, 자세한 검토를 거쳐 유사점과 차이점을 비교하여 자료에 반영된 현상에 관한 질문을 제기하게 된다. 개방 코딩의 과정은 면담과 관찰 후 그것을 한 줄씩 분석해 가는 행간 분석 방법, 문장이나 단락을 코딩하는 방법, 문서 자료 전체에서 질문을 던져가며 유사점과 차이점에 대해 면밀하게 분석하는 방법이 있다. 이러한 과정을 통해 연구자는 현상에 대한 가정에서 의문점을 발견하고 연구를 통해 새로운 발견으로 이어진다. 근거이론의 분석 절차는 비교법과 질문법으로 나뉘는데, 두 가지의 분석 절차는 코딩 과정의 기본이라 할 수 있다. 이러한 두 절차는 근거이론의 개념에 정확성과 특수성을 부여해 준다. Glaser와 Strauss(1987)의 분석 절차는 다음과 같다.

가) 현상 명명하기: 코드 부여하기

자료의 개념화는 분석에서 첫 출발 단계이다. 분류하고 개념화하는 과정에서 관찰된 것이나 문장 및 단락은 분해하고, 개별적인 예, 생각, 사건, 이름 등 어떤 현상을 나타내거나 재현하는 것을 삽입하는 과정을 거친다. 이러한 과정은 비슷한 현상들에 대해 동일한 이름을 붙일 수 있도록 사건과 사건을 비교해 가는 것이다. 예를 들면 "이것은 무엇인가? 그것은 무엇을 나타내고 있는가?" 하는 질문을 통해 현상에 이름을 붙이는 것이다. 이는 자료의 개념화 과정으로서 요약을 하는 것이 아니라 구절을 만들어 내는 과정을 통해 연구 개념을 제시하도록 하는 것이 중요하다. 이는 연구에서 개념적으로 효과적이고 코딩의 처음 작업을 편리하게 해준다.

나) 범주화하기: 코드 분류와 조직

초기의 코딩 과정으로 연구 개념들을 무수히 만나게 된다. 이러한 자료들에서 특별한 현상을 알아냈다면, 그 현상 주변의 개념들을 묶어 나가야 한다. 현상들 속의 개념들을 묶어 나가는 과정을 범주화라고 한다. 하나의 범주에 의해 대표되는 현상에는 개념적 이름을 붙이는데, 이는 아래 범주의 이름보다는 더 추상적이어야 한다. 범주화 과정에서 그것이 어떤 현상에 속하는지, 또 그 이전의 것이나 그 이후의 것과 비슷한 것인지 아니면 다른 것인지에 대한 의문을 제기해야 한다. 범주를 체계화하는 과정은 초기 관찰과 코딩의 자료들에서 연구가 진행됨에 따라 지속적으로 발전시켜 나가야 한다.

연구자가 부여하는 범주의 이름들은 수집한 자료와 코드와 논리적으로 가장 밀접하게 관련되어야 한다. 그것이 지칭하는 대상을 있는 그대로 드러내기에 충분한 개념이어야 한다. 중요한 점은 하나의 범주에서 연구자에 의해 분석적으로 발전되어 나가는 과정이다. 이는 학문적 · 전문적 분야에서 나오는 이름일 수도 있고 비학술적 문헌에서 이름을 따올 수도 있다. 이러한 문헌들에서 개념을 가져올 경우, 그 개념의 의미를 더욱 명확히 그리고 조심스럽게 사용해야 할 것이다. 범주의 이름을 얻을 수 있는 또 다른 출처로는 연구 대상자가 사용한 단어나 어구를 들 수 있는데, 이러한 용어를 Glaser와 Strauss(1987)는 '생체 내적 기호(in vivo code)'라 하였다. 이는 연구자의 관심을 끌었던 용어들로, 연구 대상자가 제시하는 본연의 의미에 충실할 수 있다.

다) 범주 발전시키기: 속성과 차원

개방 코딩의 과정은 범주를 만드는 것뿐만 아니라 그 속성과 차원의 발견까지도 포함된다. 여기서 속성은 범주의 특성이고 차원은 연속선에서 속성의 위치를 나타내는 것이다. 속성과 차원의 본질과 그들 사이의 관계를 이해하는 것은 근거이론을 발전시키는 데 필수적인 작업으로, 범주와 그에 종속되는 범주 사이의 관계를 만드는 데 근거가 된다. 하나의 범주의 일반적 속성을 통해 범주가 다양화될 수 있는 두 범위의 차원을 알 수 있다. 한 범주에 속하는 예가 자료에서 나타날 때마다 차원의 연속체를 따라 각기 다른 위치를 차지하게 된다. 이는 각 범주가 몇 가지 일반적인 특성을 가지고 있고, 각 속성들은 차원의 연속체 속에서 다양성을 가진다.

라) 개방 코딩을 위한 전략과 예

개방 코딩의 초기 단계에서 코드를 생성하는 단계에서 연구자는 다음과 같은 질문들을 할 수 있다(Glaser, 1998; Charmaz, 2006). 다음의 질문들은 Glaser와 Charmaz의 안내를 정리한 것이다.

- 자료에서 어떤 일이 벌어지고 있는가?
- 이 자료(사전, 진술, 설명)는 어떤 범주에 포함될 수 있는가?
- 참여자의 주된 관심은 무엇인가?
- 이 자료가 무엇을 이야기하거나 제안하고 있는가?
- 이 자료는 누구의 관점인가?
- 자료에서 당연시 여겨지고 있는 행위나 진술은 무엇인가?
- 어떤 과정이 펼쳐지고 있으며 나는 그것을 어떻게 정의할 수 있는가?
- 과정이 어떻게 발전되고 있는가?
- 어떤 상황에서 이 과정이 발전되는가?
- 그 과정에서 참여자는 무엇을 느끼고, 생각하며, 어떤 행동을 하는가?
- 그 과정이 언제, 어떻게, 왜 변화하는가?
- 그 과정의 결과와 영향은 무엇인가?

〈표 4-9〉는 최훈주(2020)의 외식「프랜차이즈 사업의 제약 요인과 성공 요인 도출에 관한 연구: 근거이론에 의한 분석」의 개방 코딩의 일부이다. 개방 코딩은 자료를

해체하여 중심 내용의 개념으로 범주화하는 작업으로 시작한다. 이러한 요약의 과정으로 범주의 속성과 위치를 살펴볼 수 있고 개념적 관계를 연결시킬 수 있다. 개방 코딩의 이해를 돕기 위해 한 가지 예를 더 안내하고자 한다. 다음의 예에서 Pomrenke (2007)는 높은 갈등 상황에 있는 가정의 아이들에 대한 연구에서 자료를 통해 '부모의

〈표 4-9〉 개방 코딩의 예(최훈주, 2020)

개념	하위 범주	범주
• 인구 대비 가맹본부 수가 너무 많음 • 질적 성장보다 양적 성장 추세 문제 • 서비스의 질 상승 등 차별화 필요	외식 프랜차이즈는 양적 포화 상태	경기에 특히 민감하고 양적 포화 상태임(인과)
• 외식업은 특히 경기의 영향 심함 • 경기가 어려우면 외식업이 가장 큰 타격	외식업은 경기에 민감	
• 짧은 시간에 급격한 변화 시도로 시장 충격이 큼 • 미국이나 일본의 벤치마킹 필요	역사가 짧아 시장 충격이 크다.	
• 시장예측이 불가능한 상황 • 프랜차이즈 시장의 성공 불투명 • 문제 발생 시 즉각 대응 시스템 마련하기 어려움	프랜차이즈 시장은 미래 예측이 어려운 상황	
• 가정 간편식(HMR) 산업 증가로 식당 고객 감소 • HMR 시장 확대로 마트도 외식업의 강한 경쟁자 • 편의점도 식당의 강한 경쟁자	마트와 편의점이 음식점의 강력한 경쟁자로 대두	외식 프랜차이즈 경쟁력 확보 어려움(인과)
• 비슷한 종류의 유사 브랜드가 너무 많음 • 동일 가맹본부에서 유사 아이템 개발해 가맹점 피해	동일 상권에 경쟁 아이템이 많아 가맹점 피해	
• 최저시급의 급상승으로 고정비 급증 • 노동자에게만 편중된 임금정책 문제 • 직원이 부족해 서비스의 질 하락 우려 • 인건비 상승 속도가 너무 빨라 시장 충격 큼 • 고정비용이 급증해 자금이 부족한 악순환 • 사업주와 근로자 간, 직원 간 분쟁 발생 • 인건비 부담으로 직원을 추가 채용하기가 어려움 • 메뉴 가격을 올릴 수도 없는 딜레마 • 알바 시간 쪼개기 등 범법자 양산 가능 • 직원이 더 벌어 가는 경우도 발생하는 상황 • 경영 악화, 재투자 감소 가맹사업 위축	인건비의 급격한 상승으로 영업이익 감소	인건비와 식자재비 상승(인과)
• 계절별 식자재 원가 변동으로 원가 관리 어려움 • 높은 원가율, 매출 하락으로 가맹점 이익 하락 • 불경기에 고정비 증가로 폐업 우려 • 원가 상승은 가맹본부와 가맹점 모두의 문제	식자재 원가 상승 으로 가맹본부와 가맹점 이익 하락	

개념	하위 범주	범주
• 추가 인력 및 인건비 상승 • 직원이 많이 필요한 대형 매장 운영 어려움 • 음식점 특성상 주말 및 야간근무 필수, 인건비 2배 부담 • 주 52시간은 가맹점 운영에 맞지 않음	주 52시간 근무제 확산으로 인건비 상승	주 52시간 근무제로 인건비 상승 및 직원 구인 어려움(인과)
• 야근을 해야 할 상황에도 그냥 퇴근해 버림 • 저녁이 있는 삶 표방으로 밤, 야간 직원 구인 어려움	주 52시간 근무제로 직원 구인, 관리 어려움	

갈등', '이별 이후의 변화', '아이의 내적 지지 시스템', '외적 지지 시스템', '가족의 힘'이라는 범주를 발견하였다.

개방 코딩으로 생성된 범주 설명의 예

"Using Grounded Theory to Understand Resiliency in Pre-Teen Children of High-Conflict Families"(Pomrenke, 2007)

초기 코딩 과정에서 밝혀지지 않았던 아래와 같은 다섯 범주가 나타났다. 이러한 범주는 이러한 개념들로 인한 하위 범주로 인한 것이다. 이러한 하위 범주는 주요 범주의 핵심 개념의 아이디어 속으로 포함되었다. (중략)

첫 번째 하위 범주—부모 간 갈등: 아이들이 갈등을 목격 회복 행위를 방해하는 것. 예를 들어보면, 한 아이는 이렇게 이야기하였다. "부모님이 다투실 때면, 나는 종종 그분들을 말리려고 노력해요. 내가 부모님 중 누구에게 말을 걸지 않는 것처럼, 그냥 모든 것이 멈추기를 기다려요. 종종 어머니가 상처 입으면 어머니의 기분을 좋게 만들기 위해 노력하고 그렇게 만들지요."

두 번째 하위 범주—이별 이후의 변화: 대화, 이별 이후의 변화, 진행 양상, 다른 부모와의 관계, 부모들의 극복, 아이들의 조언. 한 아이는 이렇게 말하였다. "이별 이후로 부모님은 따로 더 잘 지내요. 그분들은 내 과학 활동 시간에 서로 대화도 할 수 있어요." 다른 아이는 이렇게 진술하였다. "우리 부모님은 지금 따로 더 잘 지내요. 이별하기 전보다."

세 번째 하위 범주—아이의 내적 지지 시스템: 아이들의 유용성, 아이들의 극복 기술, 아이들이 어떻게 스트레스를 다루는가, 아이들이 어떻게 갈등을 다루는가, 아이들의 꿈. 예를 들면 동물들과 함께 놀기, 음악을 듣기 또는 피난처가 필요할 때 그들의 방으로 도망치기. 한 부모가 말하였다. "아이의 능력은 어휘의 범위가 매우 넓고 구어에 대한 이해가 뛰어나다는 것이에요. 무척 똑똑한 아이에요."

네 번째 하위 범주—외적 지지 시스템: 사회적 지지, 병행하는 지지, 문화적·종교적 가입. 예는 동료와의 관계에 대한 아이들의 이야기, 친구와 함께하거나 친구 무리에 들어가는 것의 중요성에 관한 이야기에서 발견할 수 있다.

다섯 번째 하위 범주—가족의 힘: 가족의 이해, 양부모의 연루, 확장된 가족의 연루, 화제에 대한 결심, 아이들의 조언. 예를 찾아보자면, 한 아이는 다음과 같이 진술하였다. "내가 처음으로 도움을 구하기 위해 찾은 사람은 내 양어머니였어요." 또 다른 아이는 다음과 같이 진술하였다. "나는 내 가족과 시간을 보낼 수 있을 때 기분이 좋아요. 특히 엄마랑 양아버지랑 같이 있을 때요."

2) 축 코딩

축 코딩에서 연구자는 발견된 범주들 중 중심 현상을 파악하고, 어떻게 이 범주가 다른 범주들과 연결되는지 밝힌다. 축 코딩은 개방 코딩 과정에서 생성된 범주들의 관계를 조합하고 구조화하는 과정이다. 즉, 개방 코딩에서 나타난 많은 범주를 현상, 상황, 전략, 결과와 같은 패러다임 특성에 따라 연관시키는 과정인 것이다. 축 코딩 과정에서는 많은 범주들을 살펴보면서 이를 묶을 수 있는 하나의 범주를 발견하고, 이와 연관되는 범주들을 하위 범주로 관련짓는 작업이다. 앞서 근거이론의 방법론적 특성에서 '지속적인 비교'라는 개념을 설명하였는데, 이러한 지속적인 비교가 축 코딩에 더욱 중요한 요소라 할 수 있다. 지속적인 비교는 자료 속의 수집된 정보의 특성을 점검하고 다양한 범주들 속에 발견된 자료를 비교하는 것으로 계속 수행된다.

이처럼 축 코딩의 과정은 절차에 더욱 초점을 두고 패러다임 모형에 따라 범주에 근접하고 범주를 발견하는 방식으로 진행된다. 이는 범주를 특징화하는 데 중심을 두는데, 범주들의 관계를 규명하고 발전시킨다. 이 과정을 통해 연구자는 주요 범주들 가운데서 하나의 이론이 되도록 속성과 차원을 뛰어넘는 이론 생성을 위한 단계로 나아간다.

Strauss와 Corbin(1990, 1998)이 개념화한 '코딩 패러다임(coding paradigm)'은 축 코딩에서 하위 범주들을 연관시켜 하나의 도식으로 현상을 개념화하는 방법을 자세하

〈표 4-10〉 코딩 패러다임 구성 요소와 내용

구성 요소		내용
현상		• 일어나고 있는 일/행위 • 코딩의 기초가 되며 범주는 유사한 현상을 지칭
조건	인과	• 특정한 현상이 일어나도록 영향을 주는 것
	중재	• 인과적 조건이 현상에 미치는 (인과적) 영향을 변화시키는 조건
	맥락	• 특정한 현상이 일어나고, 이에 영향을 미치는 맥락
행위/상호작용 전략		• 문제/현상에 대한 의도적 · 의식적 행위 전략 • 현상을 의도한 방향으로 이끌고 변화시키는 것
결과		• 행위/상호작용으로 인해 나타나는 결과 • 행위의 부재로 나타난 결과

게 안내하고 있다. 이 코딩 패러다임은 '6C'로 불리는데, '코딩 묶음(coding family)', '상황(conditions)', '맥락(context)', '행위와 상호작용 전략(action/interactional strategies)', '중재 조건(intervening conditions)', '결과(condequences)'가 그것이다. 이들이 이론화한 코딩 패러다임 모형의 구성 요소와 내용은 **〈표 4-10〉**과 같다.

연구자는 코딩 패러다임 모형을 통해 자료를 조직적이고 복잡한 방식으로 연관 지을 수 있다. 먼저 어떤 상황을 접하게 되는 원인이나 조건에 대해 생각하게 된다. 왜냐하면 그것이 일어난 이유에 대해 설명하기 위해서인데, 이를 좀 더 심화하면 복잡한 패러다임 모형의 관점에서 생각하게 되는 것이다. 축 코딩의 과정은 바로 이런 패러다임에 어떻게 범주들을 연관 지을 수 있는지에 대한 것으로, 근거이론 분석의 밀도와 정확성에 기여한다. 각각의 특성들에 대한 설명은 다음과 같다.

첫째, 인과조건은 어떤 현상의 발생이나 발전을 이끄는 사건에 적용할 수 있다. 하나의 인과적 상황이 현상을 나타나게 하지는 않는다. 어떤 현상의 속성과 그에 따른 차원의 위치를 구분하여 인과적 상황의 구체적인 차원에서 설명해야 할 것이다. 이러한 인과적 상황의 선행조건은 '왜', '언제', '어디에서'와 같은 질문을 통해 현상에 초점을 두고 자료를 조직적으로 살펴보면서 인과적 상황을 지시할 수 있다.

현상은 "여기에서 무엇이 일어나고 있는가?"에 대한 대답이다. 현상은 연구 참여자들이 직면한 문제를 해결하기 위한 행위, 언어, 사건 등의 중심 현상을 의미한다. 전후관계는 어떤 현상에 속하는 일련의 속성들의 구체적 위치를 말한다. 이는 작용/상호작용 전략을 다루고, 조절하고, 수행하고, 어떤 특정한 현상에 대응하기 위해 취해지는 구체적인 상황을 말한다. 중재조건은 어떤 현상에 속하는 더욱 광범위한 구조적 전후관계라 할 수 있는데, 이는 특정한 전후관계 안에서 취해진 작용/상호작용 전략을 조장하도록 한다. 중재조건은 인과조건이 중심 현상에 미치는 영향에 대해 변화를 주게 된다.

작용/상호작용 전략은 '누가', '어떻게'라는 질문에 답하는 개념적 방식으로서, 특정한 조건에 놓여 있는 연구 참여자들(개인 또는 집단)이 쟁점, 문제, 사건에 대처하는 전략과 일상적이고 습관적인 행위를 말한다. 작용/상호작용의 속성은 연속적 · 자연적으로 발생하며, 목적성을 가지고 있고 목적 지향적이다. 또한 작용/상호작용이 실제로 일어났을 때 잘못 취해진 작용/상호작용도 똑같이 연구 대상으로서 가치를 가지고 있다. 작용/상호작용을 통해 나타나는 결과는 항상 예측이 가능하거나 의도되지는 않는데, 이러한 결과를 추적하는 것이 중요하다. 결과는 실제적일 수도 있고 잠재적일 수도 있으며, 현재에 또는 미래에 나타날 수도 있다. 축 코딩의 과정은 코딩 패러다임의 여섯 가지 속성에 따라 정리할 수 있으며, 이들 간의 관련성을 파악하고 도식화하여 한 범주(현상, BSP)를 조건, 행위 및 상호작용, 결과 범주들과 연결시킴으로써 관계적 진술 또는 가설 형성을 위한 토대를 마련할 수 있다.

축 코딩에서 패러다임에 의한 연결과 발전은 질문법과 비교법을 통해 이루어진다. 이러한 과정을 통한 축 코딩의 실제 과정은 몇 단계의 복잡한 과정으로서 다음의 네 단계를 거친다. 첫째, 하위 범주와 현상 간의 관계의 본질을 설명함으로써 하위 범주를 범주에 가설적으로 관련시키는 것이다. 축 코딩에서 질문의 본질은 관계의 유형을 나타내기 위한 것이다. 코딩된 자료의 특정한 사건과 속성, 차원에 대한 것이 아니라 개념적으로 이름을 붙이고 하나의 범주가 다른 것에 어떻게 관련되는가에 대한 질문을 통해 두 개의 범주를 관련시킨다. 둘째, 실제 자료와 다른 가설들을 증명하는 것이다. 이는 어떤 특정한 문제나 범주에 대해 그 자료에서 문제들을 반박하거나 예시로 나타낼 수 있는 사건들을 찾아보는 것으로, 문제들이 자료로부터 근거를 가진다면 관계를 나타내는 일종의 가설로 표현할 수 있을 것이다. 이는 근거이론 연구에서 증거만큼이나 중요한 것으로 이론의 다양성과 깊이를 더해 줄 수 있다. 셋째, 범주와 하위 범주의 속성과 그 속성을 지정해 주는 자료의 차원 위치를 위해 계속적으로 연구하는 것이다. 자료를 검토하는 과정에서 범주의 다른 속성들과 예의 차원화의 위치를 나타내는 증거들을 계속적으로 찾아야 한다. 이는 개방 코딩의 과정에서 나타낸 하위 범주의 내용 이외에 다른 속성이 존재하는지 찾는 것이다. 이는 개념을 치밀화하고 특정화하는 과정으로, 어떤 현상의 다른 예들에도 적용할 수 있는 이론들을 얻어낼 수 있다. 넷째, 차원화의 단계에서 범주들을 연결시키는 것이다. 이는 하나의 범주가 다른 주요 범주들을 함께 연결시키는가를 확인하는 과정으로 선택 코딩의 전 단계라 할 수 있다. 분석의 과정에서 어떤 현상의 속성에 속하는 사건이나 차원화의 위치상의 유형에 주목하는 것이다.

축 코딩은 하나의 범주와 다른 하위 범주들을 관련짓는 과정으로서, 몇 단계를 거친 귀납적이고 연역적인 방식을 동시에 가지는 복잡한 과정이라 할 수 있다. 이러한 과정은 패러다임 모델을 가지고 범주들에 좀 더 근접하여 발견하는 방식으로 진행되어 현상의 구체적인 차원화의 위치와 작용/상호작용이 가져온 결과를 발전시킨다. 축 코딩은 계속적으로 각 범주의 부가적인 속성을 찾아내고 사건들의 위치를 규명하는 것이다. 다음 **[그림 4-5]**는 축코딩의 예이다.

3) 선택 코딩

선택 코딩은 축 코딩을 통해 파악된 범주와 관계를 고려하여 핵심적인 범주를 선택하고 이를 중심으로 하여 이야기의 윤곽을 형성하기 위한 분석 단계이다. 선택 코딩은 범주를 통합하여 이론의 기초를 마련하는 과정이다. 이것에는 패턴에 대한 분석과 기술이 포함되는데, 이러한 작업은 범주들과 그들 사이의 상호 관련성에 관한 더 나은 견해를 제공하고 존재하는 자료에 더해져야 할 정보를 명료화할 수 있게 한다. 선택 코딩 작업에는 하위 범주들이 어떻게 중심 현상에 영향을 미치는지 이해하기 위해 하위 범주를 점검하는 작업이 포함된다. 선택 코딩은 근거이론의 최종적인 통합 단계로서 더욱 높은 추상적 수준에서 분석이 이루어져 이론적 포화 상태를 지향하는 과정이다. 개방 코딩과 축 코딩을 통하여 누적된 분석적 메모와 도식 그리고 범주는 핵심 범주의 생성에 기여한다. 선택 코딩의 단계에서 무엇보다 중요한 작업은 핵심 범주를 생성하는 일이다(Strauss & Corbin, 1990, 1998). 핵심 범주는 다른 모든 범주가 통합된 중심 범주를 지칭한다. 연구자는 여러 범주들을 하나의 핵심 범주로 통합함으로써 제 범주들 사이의 다양한 변화를 설명하고 통합할 수 있어야 한다. Strauss(1987: 36)가 제시한 핵심 범주의 선택 준거는 다음과 같다.

첫째, 선택 코딩을 통해 생성된 핵심 범주는 모든 범주 및 속성과 개념적으로 연관되어야 한다.

둘째, 핵심 범주는 자료에서 자주 나타나야 한다. 자주 출현하는 개념에 근거하여 핵심 범주를 발견하는 것은 실제로 그 핵심 범주가 자료 내에 존재함을 입증한다.

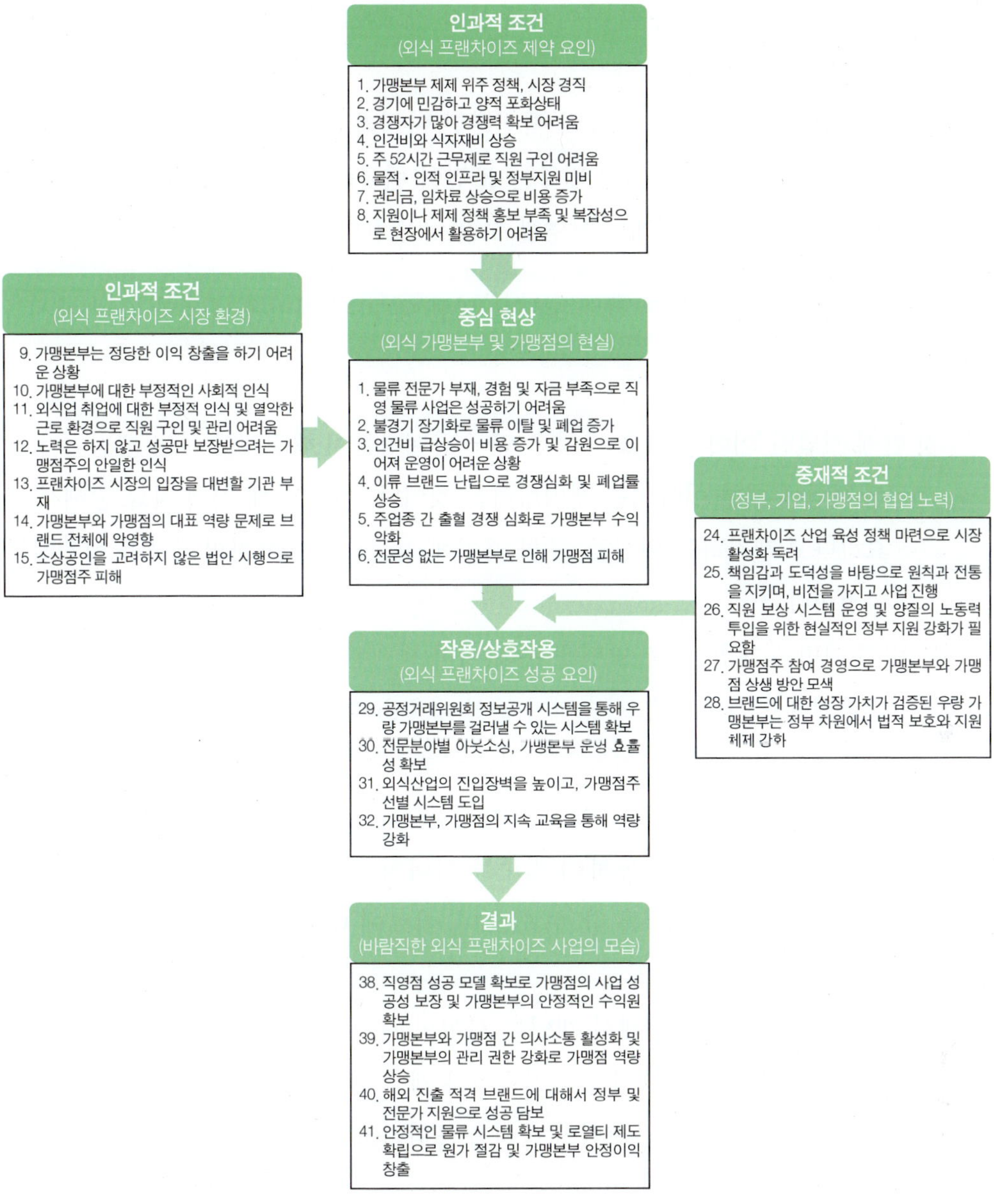

[그림 4-5] 축 코딩의 예(최훈주, 2020)

셋째, 핵심 범주는 다른 범주들과 논리적으로 연결되기 때문에 억지스럽지 않아야 한다. 또한 핵심 범주는 개념적 포화 상태에 도달하기 위해서 다른 범주들의 생성보다 시간이 더 오래 걸린다.

넷째, 실체적 연구에서의 핵심 범주는 일반화된 이론을 위한 함의를 지녀야 한다. 즉, 핵심 범주는 실제적 분야뿐만 아니라 일반적 이론으로 발전할 수 있도록 추상적이어야 한다.

다섯째, 핵심 범주는 범주들 사이의 분석적 정교화를 통해서 이론의 깊이와 설명적 힘을 지녀야 한다.

마지막으로, 핵심 범주는 자료의 핵심뿐만 아니라 최대한의 변화까지도 설명할 수 있어야 한다. 즉, 핵심 범주는 조건이 변화하더라도 유효해야 하며, 모순적 사례와 대체적 사례도 설명할 수 있어야 한다.

Strauss와 Corbin(1998)은 선택 코딩을 위한 네 가지 기법을 다음과 같이 제시하였다.

첫 번째 기법인 '이야기 개요 작성'은 연구 참여자들이 해결해야 하는 쟁점이나 중심 현상에 대한 이야기를 개념화하는 것이다. 이를 통해 전체 자료 중에서 중요하다고 생각하는 현상들 중 한 가지에 집중하여 이야기의 윤곽을 설정하는 과정이다.

두 번째 기법은 개방 및 축 코딩을 통해 이미 생성된 범주들을 이용하여 이야기를 재작성하는 기법인데, 서술적 수준의 내용을 추상화된 개념화 단계로 끌어올림으로써 범주들 사이의 연결고리를 구축하는 방법이다.

세 번째 방법은 도표를 사용하여 개념(범주) 간의 관계를 새롭게 정립하는 기법이다. 연구자는 도표를 통하여 범주들 사이의 개념적 관계를 시각화함으로써 자료로부터 거리두기를 할 수 있으며, 자료에 대한 간략화와 추상적 재현을 할 수 있다.

네 번째 방법은 메모를 통해서 개념들 사이의 관계를 검토하고 정리하는 기법이다. 분석 과정에 대한 지속적 기록이자 개념의 저장고인 메모는 범주들의 통합과 추상화에 대한 결정적인 단서를 포함하고 있다.

연구자는 어떤 하나의 기법에 의존하기보다 위에 제시된 다양한 기법을 통합적으로 적용하여 더욱 명료한 핵심 개념과 개념적 구조 도출을 위해 노력해야 할 것이다.

예시의 일관성을 유지하여 독자의 이해를 돕기 위해 선택 코딩의 예로서 최훈주(2020)가 박사논문에서 제시한 선택 코딩의 결과를 제시하고자 한다. 「외식 프랜차이즈 사업의 제약 요인과 성공 요인 도출에 관한 연구」에서 최훈주는 핵심 범주로 "각종 제약 요인을 과감하게 극복하고 성공 요인을 적극 적용해 건강한 한국형 외식 프랜차이즈 시장을 형성해 나가는 과정"으로 이해하였다. 구체적인 이해를 위해 그의 '이야기 윤곽'과 이 연구의 개념적 도식을 제시하고자 한다.

이야기 윤곽 설정의 예

『외식 프랜차이즈 사업의 제약 요인과 성공 요인 도출에 관한 연구: 근거이론에 의한 분석』(최훈주, 2020)

이 연구 결과 핵심 범주로 분석된 '외식 프랜차이즈 사업을 가로막는 각종 제약 요인을 과감하게 극복하고 성공 요인을 적극 적용해 건강한 외식 프랜차이즈 시장을 형성하는 과정'에 관한 개방 코딩과 축 코딩에서 생성한 범주들 간의 관계를 통합적으로 기술하여 하나의 이야기를 통해 본 핵심 범주에 대한 이해를 돕고자 한다. 우리나라는 선진국에 비해 프랜차이즈의 역사가 매우 짧다. 짧은 기간 동안 고속 성장을 추구하다 보니 양적으로는 크게 성장하였지만, 질적으로는 성숙하지 못해 다양한 문제점이 발생하고 있다. 가맹본부와 가맹점의 책임감 및 윤리의식 부족으로 사회적인 물의를 일으켜 시장 전체에 악영향을 미치는 경우도 있고, 준비되지 않은 가맹본부와 창업자가 무작정 창업시장에 뛰어들어 전 재산 을 잃고 폐업을 하는 사례도 많았다. 그렇기 때문에 가맹본부에 대한 부정적인 인식이 정부와 언론을 필두로 국민들에게까지 이어지고 있어 기업으로서 당연히 설정해야 할 정당한 이익도 추구하기가 어려운 실정이다. 또 외식업은 업무 강도가 강하고 근로 환경이 좋지 않다는 인식이 많아 양질의 인력 수급이 어렵다. 이직과 무단결근이 많아 외식 프랜차이즈 사업자들은 큰 어려움을 겪고 있다. 또한 외식 창업은 진입장벽이 낮아 창업과 폐업이 공존하고 있다. 이에 더해 장기 불황과 바이러스 이슈를 겪으며 큰 어려움을 겪고 있다. 장기 불황, 1인 가구 증가, 비대면 이슈로 매장형 외식산업의 매출 하락이 이어지고 있으며 설상가상으로 매출 증가 여부와는 관계없이 인건비, 임차료, 식자재비 등 고정비가 매년 상승하고 있어 외식 프랜차이즈 사업자들은 그야말로 하루하루를 연명해 나가고 있는 실정이다. 프랜차이즈는 창업과 고용이 가장 활발한 산업 분야인데도 정부나 기관들로부터 외면을 받고 있는 실정이다. 정부와 관계 부처에 프랜차이즈 현장을 속속들이 알고 있는 현장 전문가가 부재해 현실성 있는 정책이 도출되기 어려운 상황이다. 외식 프랜차이즈 시장에 대한 정부와 언론의 부정적인 시각으로 인해 프랜차이즈에 대한 국민정서도 영향을 받고 있다. (중략)

참여자들이 가장 많이 한 말은 '일하지 않는 자 먹지도 말라'라는 것이다. 정부에서 일하지 않는 청년에게 어떠한 형태로든 현금 지원을 해주는 것은 일하지 말고 쉬라는 강력한 시그널이라는 의견이 많았다. 오히려 구직자들이 진입하기를 꺼려하는 외식산업에 취업하는 사람들에게 2배, 3배의 국가 지원을 해준다면 고용활성화는 저절로 이루어질 것이다. 그리고 외식 프랜차이즈 사업자가 가진 노하우도 삼성의 핸드폰 개발 노하우 이상의 가치를 가진 지적재산이다. 그러나 외식 시장에서는 전혀 보호받지 못하고 있다. 정부에서는 원조 브랜드가 가진 지적재산권을 세밀하게 평가해 법적으로 보호할 수 있는 방안을 도입해야 하며, 더 이상 미투 브랜드로 인해 피해를 입는 사업자가 없도록 관리감독을 철저히 해야 할 것이다. 프랜차이즈 사업자는 책임감과 비전, 그리고 자정 노력을 통해 프랜차이즈 산업에 대한 부정적인 인식을 서서히 불식시켜 나가야 하겠다. 또한 가맹본부와 가맹점주는 브랜드를 함께 성장시키는 동업자다. 협력관계를 유지하면서 지속적인 의사소통과 경영 참여를 통해 브랜드가 안정적으로 성장할 수 있도록 협조해야 한다. (중략)

외식업은 급격한 인건비 상승으로 인해 타격이 가장 큰 업종 중 하나다. 그에 대한 대안으로 이제는 '부부 창업', '1인 창업'을 넘어 '무인 창업' 시대가 도래하고 있다. 홀 인력을 대신할 '키오스크'와 주방 인력을 대신할 다양한 기계들, 그리고 메뉴 완제품이 등장하면서 1인 창업이 가능한 시대가 된 지 얼마 안 돼 이제는 인력이 아예 필요 없는 무인 창업 시대가 열리고 있다. 최근 바이러스 이슈로 인한 비대면 문화도 무인 창업 시대를 여는 데 한몫을 하였다. 가맹본부는 지속적인 연구개발을 통해 시장 변화에 맞춰 끊임없이 변화해야 한다. 신규 브랜드를 개발할 때도 인구 구조 변화, 시장 및 고객 트랜드 변화, 환경 변화를 충분히 고려해야 한다. 다른 산업분야도 마찬가지겠지만 특히나 외식업 가맹본부와 가맹점은 살아 있는 생물체처럼 매일매일 변화와 혁신을 지속해야 한다. 그래야 살아남을 수 있다. 이런 과정을 성실하게 거쳐야 가맹본부와 가맹점이 안정적으로 성장해 더욱 건강한 외식시장이 형성될 수 있다. 이 연구에 참여한 프랜차이즈 사업자, 즉 가맹본부 임원, 가맹점주, 프랜차이즈 협력사 대표들은 짧게는 3년 이상 길게는 10년 이상을 프랜차이즈 시장에서 생사고락을 함께한 사업자들이다. 참여자들은 프랜차이즈 산업 환경을 둘러싸고 있는 수많은 제약 요인과 문제점을 격렬하게 지적하였다. 그러나 한편으로는 여러 내·외부 요인으로 인해 매출과 이익 하락으로 큰 어려움을 겪고 있음에도 외식 프랜차이즈 시장에 대한 무한한 애정을 표하기도 하였다. 현재 외식 시장이 매우 열악함에도 불구하고 외식 프랜차이즈 시장을 활성화시키기 위한 방안을 열정적으로 제시하며 더 나은 외식 프랜차이즈 산업을 만들어가고자 하는 참여자들의 모습에서 외식 프랜차이즈 시장의 밝고 건전한 미래를 엿볼 수 있었다.

이러한 이야기 윤곽에 기초하여 연구자는 **[그림 4-6]**과 같은 모형을 도출하였다.

[그림 4-7]은 IT 교육의 효과를 알아보고 상황적 배경의 중요성을 이론화하고자 선택 코딩의 기법을 적용한 예다(김영천, 2013). IT 기술교육의 영향은 측정하기가 어렵고 특정한 관계성을 가진 기술교육의 효과가 큰 분야로서, 교육의 영향에 대한 표면적 영향을 측정하는 문제를 **[그림 4-7]**과 같이 관계적 도표를 통해 제시하였다.

연구자는 코딩 과정에서 연구 문제가 드러나는 부분을 강조해야 한다. 연구자가

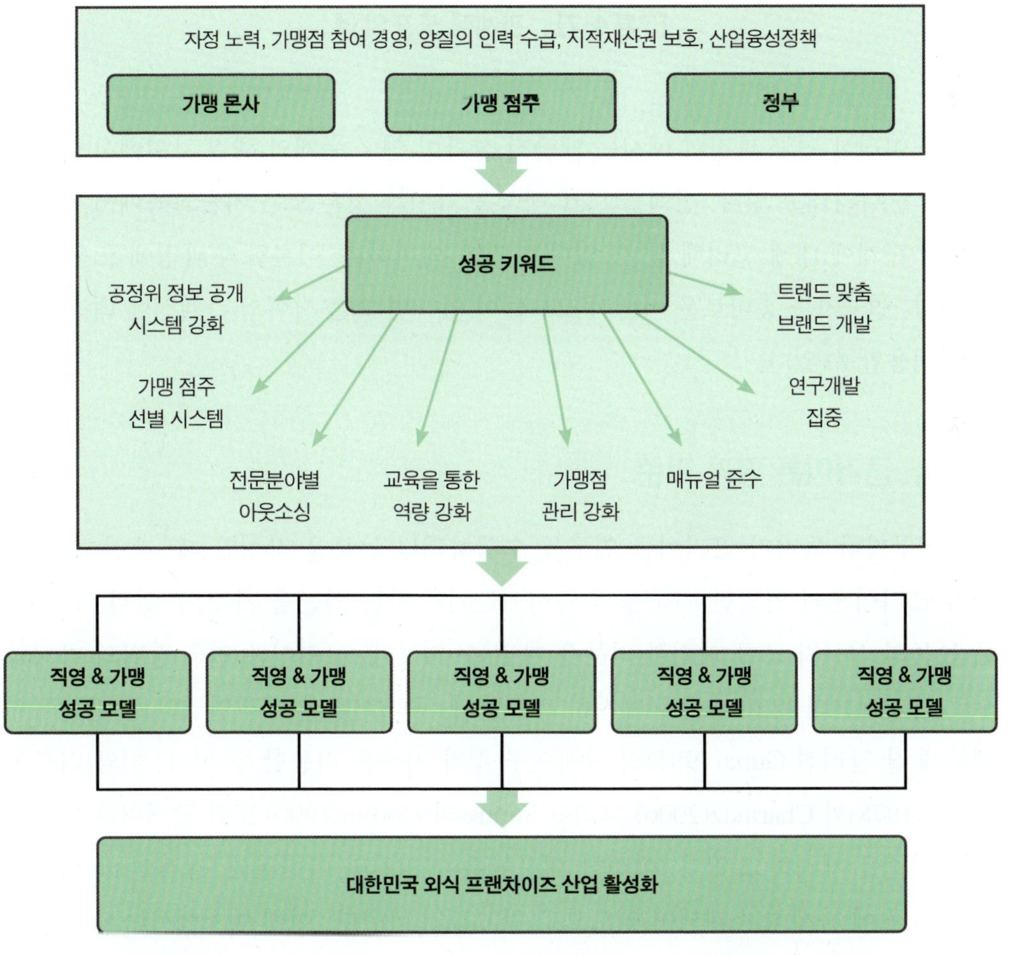

[그림 4-6] 선택 코딩 결과로 도출된 개념 도식의 예(최훈주, 2020)

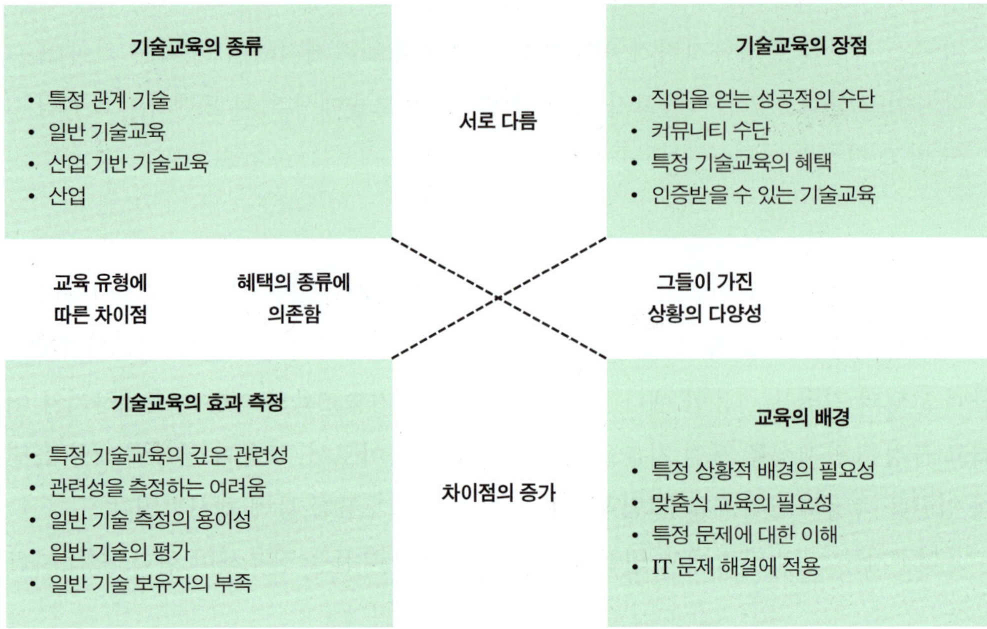

[그림 4-7] 관계적 도표의 예

생성한 이러한 연구 과정의 예시는 맥락적 상황이 연구 문제의 해결 차원에서 중요한 가능성을 나타내고 있다. 선택 코드가 맥락을 가지는 것은 모든 기술교육에서 이러한 맥락적 관계에 대해 고려해 볼 수 있다는 것을 의미하며, 이론화의 과정에 도움을 줄 수 있다. 연구자는 흥미로운 이론적 코드들이 있다면 그들 사이의 관계성에 대해 살펴보고 적용할 수 있다.

마. 근거이론 평가 기준

연구자나 독자가 근거이론 연구를 수행하거나 논문을 작성할 때 "과연 나의 연구가 근거이론의 엄밀한 기준을 충족시키는가?" 하는 의문을 가질 수 있다. 근거이론 논문의 심사자 또한 이러한 의문을 가질 수 있는데, 근거이론 연구 방법의 마지막으로 근거이론의 평가 기준을 제시하고자 한다. 근거이론은 질적연구의 한 갈래이기 때문에 잘 알려진 Guba(1981)의 질적연구 평가 기준을 적용할 수 있다. 이와 더불어 Glaser(1978)와 Charmaz(2006) 그리고 Strauss와 Corbin(1990) 또한 근거이론 연구의 평가 기준을 제시하고 있다. 이러한 내용들은 김영천과 이현철의 『질적연구: 열다섯 가지 접근』에 자세히 소개되어 있으므로 참고하기 바란다. 이에 여기에서는 Strauss와

Corbin(1990: 253)이 언급한, 근거이론의 질을 가늠할 수 있는 일곱 가지의 기준만을 제시하고자 한다.

기준 1: 최초의 표본은 어떻게 선택되었는가? 그리고 무엇을 근거로 선택한 것인가?
기준 2: 당신의 연구에서 어떠한 주요 범주들이 나타났는가?
기준 3: 주요 범주로 지목된 사건, 부수적인 사건, 행동 등은 무엇인가?
기준 4: 추가적으로 어떤 범주에 기초하여 이론적 표본 추출을 하였는가?
어떠한 범주에 기초하여 자료 수집을 하였는가?
이것이 범주들을 대표하는가?
기준 5: 범주들 사이의 개념과 관계와 관련된 가설은 무엇인가?
가설이 형성되고 검증된 근거는 무엇인가?
기준 6: 가설이 실제를 지지하지 않을 때가 있는가?
이러한 차이를 어떻게 설명할 것인가?
이들(실제로 나타난 것들)은 가설에 어떠한 영향을 미쳤는가?
기준 7: 핵심 범주는 어떻게, 왜 선택되었는가?
즉, 핵심 범주의 생성 근거는 무엇인가?

위의 기준이 중요한 이유를 설명하고자 한다. 첫째, 최초의 표본(참여자) 선정과 선정의 근거는 근거이론 연구 시작에서 연구자가 신중하게 결정해야 할 사항이다. 다시 말해, 근거이론은 현상이나 경험에 대한 '이론' 생성을 목적으로 하기 때문에 표본 선정이 무엇보다 중요하다. 또한 어떠한 기준에 따라 표본을 선정하였는지는 연구의 신뢰도와 직접적으로 관련 있다고 하겠다. 만일 연구의 표본이 편중되거나 구체적이지 않은 기준으로 모집되었다면 그 연구로 도출된 이론이나 개념적 구조는 신뢰받기 어렵다. 둘째, 근거이론 연구자는 핵심적인 주요 범주가 무엇이며 어떠한 과정을 거쳐 그 범주들이 선택되었는지 제시해야 한다. 단순히 '연구자의 통찰이나 직관'에만 의존해서는 안 되며 반드시 그 '근거'를 들어 설명해야 한다. 셋째, 핵심 범주가 결정되었다면 연구자는 각 핵심 범주가 왜 그리고 어떠한 기준과 의미에서 핵심 범주로 결정되었는지 설명해야 한다. 또한 연구자는 그 핵심 범주를 뒷받침하는 구체적이고 실제적인 자료를 제시해야 한다. 넷째, 이론적 표본 추출은 근거이론에서 핵심적인 개념이면서 방법이므로 연구자는 각 연구의 단계에서 어떻게 그리고 어떠한 이론적 표본 추출을 하였는지 '근거'를 제시해야 한다. 이때, 어떠한 범주는 왜 추가적 자료 수집이 필요하지 않았으며 어떠한 범주는 왜 필요하였는지 설명해야 한다.

다섯째, 축 코딩에서 범주들 사이의 관계를 밝혀야 하는데, 연구자는 어떠한 가설에 기초해서 그 관계를 추정하였는지 설명해야 한다. 이와 더불어 연구자의 가설이 어떠한 자료들에 의해서 실제로 검증되었는지 설명해야 한다. 여섯째, 연구자의 가설이 구체적 자료에 의해서 반박되거나 수정되었다면 이를 자료에 근거하여 설명해야 한다. 이러한 설명은 그 연구자의 이론이 수정과 개선의 과정을 거쳐서 발전되었음을 보여주는 중요한 질적 증거가 될 수 있다. 일곱째, 핵심 범주가 선택되면 각 핵심 범주 아래의 하위 범주에 대한 근거를 제시하고 설명해야 한다. 이때 충분한 자료 제시를 통해 하위 범주와 핵심 범주 관계에 대해 충분히 설명해야 한다. 또한 선택 코딩 단계에서 제외된 핵심 범주가 있다면 왜 제외되었는지 설명해야 한다. 연구자는 이러한 기준을 염두에 두고 근거이론 연구를 진행해야 한다. 특히, 메모와 도식 작성, 이론적 표본 추출의 과정에서 위의 기준들은 연구자에게 합리적인 지침이나 이정표 역할을 할 것이다.

5. 요약

근거이론은 어떠한 상황을 설명할 수 없는 어떠한 이론도 없거나 이론의 명료함이 부족할 때 이를 설명할 수 있는 이론이나 개념적 구조를 도출하기 위해 수행할 수 있는 질적연구 방법의 한 전통이다. 이러한 근거이론의 주요 방법적 특징은 지속적인 비교, 이론적 민감성, 이론적 표본 추출, 메모와 도표, 이론적 포화도이며 수집된 자료는 개방 코딩, 축 코딩, 선택 코딩이라는 특별하고 구체적이며 엄밀한 과정을 통해 이루어진다. 이 코딩의 과정은 순서적으로 이어지나 이것은 단선적으로 이루어지는 과정이라기보다는 순환적으로 이루어지는 과정이라 할 것이다. 그리고 이러한 코딩의 결과를 통해 사건을 설명할 수 있는 실제적인 이론을 도출하는 것으로 연구가 마무리된다.

이러한 근거이론은 다른 질적연구 전통과 비교하였을 때 특히 절차의 엄밀함과 코딩 과정에서의 독특함이라는 특징이 있다. 연구자가 연구를 얼마나 엄밀하게 그리고 통합적으로 수행하느냐에 따라 질적인 면에서 훌륭한 연구 결과물을 산출할 수 있을 것이다. 그리고 연구자의 수행의 근본에는 근거이론의 개념과 방법적 특징, 절차, 코딩 전반에 걸친 심도 깊은 이해, 즉 이론적 민감성과 이론적 표본 추출과 같은 핵심적인 개념과 방법에 대한 확실한 이해가 필수라 할 것이다.

6. 참고문헌

강지연, 윤선영(2016). 간호사의 직장 내 괴롭힘 경험에 관한 근거이론 연구. *Journal of Korean Academy of Nursing*, *46*(2), 226-237.

김경란, 양수진. (2015). SPA 브랜드의 마케팅 성공 요인 탐색—근거이론을 중심으로—. **한국의류학회지**, **39**(2), 190-203.

김성곤(2011). 체육 교과 교육학 연구에 있어서 근거이론적 접근 방법의 활용. **교과교육학 연구**, **15**(2), 371-390.

김영천(2006). **질적연구 방법론 I: Bricoleur**. 서울: 문음사.

김영천(2013). **질적연구 방법론 II: Methods**. 파주: 아카데미프레스.

김영천, 이현철(2017). **질적연구: 열다섯 가지 접근**. 파주: 아카데미프레스

김인숙(2011). 근거이론의 분기: Glaser와 Strauss의 차이를 중심으로. **사회복지연구**, **42**(2), 351-379.

남순현(2017). 노인의 은퇴 후 삶의 적응에 대한 Glaser의 근거이론적 접근. **한국 사회복지질적연구**, **11**(1), 5-29.

노미화, 최연실(2018). 가족상담사의 전문직 정체성 및 발달 연구: 근거이론접근을 중심으로. **한국가족관계학회지**, **22**(4), 3-29.

도승이(2005). 교실토론상황에서 학생의 감정, 인지, 행동의 상호작용: 근거이론 분석법을 통한 모델을 중심으로. **교육심리연구**, **19**(1), 17-39.

변기용(2020). **근거이론적 방법**. 서울: 학지사.

이동성, 김영천(2012). 근거이론의 철학적 배경과 방법론적 특성에 대한 고찰. **열린교육학회**, **20**(2), 1-26.

임재환(2021). **고난-극복에 기초한 북한이탈주민의 회심 과정 모형 연구: 근거이론의 적용**. 박사학위 논문. 숭실대학교.

최훈주(2020). **외식 프랜차이즈 사업의 제약 요인과 성공 요인 도출에 관한 연구: 근거이론에 의한 분석**. 박사학위 논문. 숭실대학교.

Boeije, H. (2007). A purposeful approach to the constant comparative method in the analysis of qualitative interviews. In S. Sarantakos (Ed.), *Data Analysis* (pp. 265-285). London: SAGE.

Breckenridge, J. & Jones, D. (2009). Demystifying theoretical sampling in grounded theory research. *Grounded Theory Review*, *8*(2), 113-126.

Charmaz, K. (2000). Constructivist and objectivist grounded theory. In Norman K. Denzin & Yvonna S. Lincoln (Eds.), *Handbook of qualitative research* (2nd ed., pp. 509-535). Thousand Oaks, CA: Sage.

Charmaz, K. (2006). *Constructing grounded theory: A practical guide through qualitative analysis*. SAGE Publications Ltd.

Charmaz, K. (2008). Grounded theory as an emergent method. In Sharlene N. Hesse-Biber & Patricia Leavy (Eds.), *Handbook of emergent methods* (pp. 155-170). New York: Guilford.

Charmaz, K. (2009). Shifting the grounds: Constructivist grounded theory methods. In Morse, J. M. et al., *Developing grounded theory: The second generation*. Walnut Creek, California: Left Coast Press Inc.

Charmaz, K. (2011a). *Five ways of doing qualitative analysis*. NY: The Guilford Press.

Charmaz, K. (2011b). Grounded theory methods in social justice research. In N. K. Denzin & Y. S. Lincoln (Eds.), *The Sage Handbook of Qualitative Research* (4th ed., pp. 359-380). CA: Sage.

Clarke, A. E. & Friese, C. (2007). Grounded theorizing using situational analysis. In A. Bryant & K. Charmaz (Eds.), *The Sage Handbook of Grounded Theory*. London: Sage.

Corbin, J. & Strauss, A. (2008) *Basics of qualitative research: Techniques and procedures for developing grounded theory*. Los Angeles, CA: SAGE

Coyne I. T. (1997) Sampling in qualitative research: purposeful and theoretical sampling: Merging or clear boundaries? *Journal of Advanced Nursing*, *26*, 623-630.

Creswell, J. W. (1998). *Qualitative inquiry and research design: Choosing among five traditions*. Thousand Oaks, CA: Sage.

Creswell, J. W. (2007). *Qualitative Inquiry and Research Design: Choosing among five approaches*. Thousand Qaks CA: Sage.

Denzin, N. K. & Lincoln, Y. S. (2008). Introduction: The discipline and practice of qualitative research. In N. K. Denzin & Y. S. Lincoln (Eds.), *Strategies of qualitative inquiry* (3rd ed., pp. 1-44). Thousand Oaks, CA: Sage.

Dey, I. (1999). *Grounding grounded theory: Guidelines for qualitative inquiry*. San Diego, CA: Academic Press.

Eisenhardt, K. M. (1989). Building theories from case study research. *Academy of Management Review*, *14*, 532-550.

Glaser, B. (1978). *Theoretical sensitivity: Advances in the methodology of grounded theory*. Sociology Press.

Glaser, B. G. (1998). *Doing grounded theory: Issues and discussions*. Mill Valley, CA: Sociology Press.

Glaser, B. G. & Strauss, A. L. (1967/2017). *The discovery of grounded theory: Strategies of qualitative research*. NY: Routledge.

Glaser, B. & Strauss, A. (1987). *Qualitative analysis for social schientist*. Cambridge, England:

Cambridge University Press.

Gobo, G. (2004). Sampling, representativeness and generalizability. In C. Seale, G. Gobo, J. F. Gubrium, & D. Silverman (Eds.), *Qualitative research practice* (pp. 435-456). NY: SAGE.

Guba, E. G. (1981). Criteria for assessing trustworthiness of naturalistic enquiries. *Educational Communication and Technology Journal*, *29*, 75-91.

Mason, J. (1996). *Qualitative researching*. Thousand Oaks, CA: Sage Publications.

May, C. (1991). Research on nurse-patient relationships: Problems of theory, problems of practice. *Journal of Advanced Nursing*, *15*, 307-315.

Maz, J. (2013). Employing a grounded theory approach: Core characteristics. *British Journal of Cardiac Nursing*, *8*(9), 453-458.

Mills, M. J., Fleck, C. R., & Kozikowski, A. (2013). Positive psychology at-work: A conceptual review, state-of-practice assessment, and a look ahead. *Journal of Positive Psychology*, *8*(2), 153-164.

Morse, J. M. (1995). Editorial. *Qualitative Health Review*, *5*, 147-149.

Morse, J. M. (2009). Tussles, tensions, and resolutions. In J. M. Morse et al., *Developing Grounded Theory: The Second Generation*. Walnut Creek, CA: Left Coast Press.

Morse, J. M. (2007). Sampling in grounded theory. In A. Bryant & K. Charmaz (Eds.), *The SAGE Handbook of Grounded Theory* (pp. 229-244). London: SAGE.

Morse, J. M., Bowers, B. J., Charmaz, K., Corbin, J., Clarke, A. E., & Stern, P. N. (2016). *Developing grounded theory: The second generation* (Vol. 3). NY: Routledge.

O'Hanlon, P. (2020). *From the horse's mouth: A grounded theory study of client and staff views and experiences of the role of horse-human interactions in equine-assisted therapy and learning for disadvantaged young people*. Doctoral dessertation, University College London.

Palka, W., Pousttchi, K., & Wiedemann, D. G. (2009). Mobile word-of-mouth-A grounded theory of mobile viral marketing. *Journal of Information Technology*, *24*(2), 172-185.

Pandit, N. R. (1996). The creation of theory: A recent application of the grounded theory method. *The Qualitative Report*, *2*(4), 1-15.

Perkins, B. L. (2015). *Exploring the needs of the Welsh life science sector for innovation and growth*. Doctoral dissertation, University of Wales.

Polit, D. F. & Beck, C. T. (2008). *Nursing research: Generating and assessing evidence for nursing practice*. Lippincott Williams & Wilkins.

Pomrenke, M. (2007). Using Grounded Theory to understand resiliency in pre-teen children of high-conflict families. *Qualitative Report*, *12*(3), 356-374.

Smith-Sebasto, N. J. & Walker, L. M. (2005). Toward a grounded theory for residential environmental education: A case study of the New Jersey School of Conservation. *The Journal of Environmental Education*, *37*(1), 27-42.

Strauss, A. L. (1987). *Qualitative analysis for social scientists*. Cambridge University Press.

Strauss, A. L. & Corbin, J. M. (1990). *Basics of qualitative research: Grounded theory procedures and techniques*. Newbury Park, CA: Sage.

Strauss, A. L. & Corbin, J. M. (1998). *Basics of qualitative research: Techniques and procedures for developing grounded theory* (2nd Ed.). Thousand Oaks, CA: SAGE.

Taber, K. S. (2000). Case studies and generalizability: Grounded theory and research in science education. *International Journal of Science Education*, *22*(5), 469-487.

Tie, Y. C., Birks, M., & Francis, K. (2019). Grounded theory research: A design framework for novice researchers. *SAGE Open Medicine*, *7*, 1-8.

Urquhart, C. (2012). *Grounded theory for qualitative research: A practical guide*. NY: SAGE.

Woods, P., Gapp, R., & King, M. A. (2016). Generating or developing grounded theory: Methods to understand health and illness. *International Journal of Clinical Pharmacy*, *38*(3), 663-670.

제 5 장

생애사 연구

이론화와 실천 분야

사회과학 전반, 예술, 문학, 의학, 간호보건학, 스포츠, 정치학, 경제학, 교육학, 교육사회학, 젠더 연구, 문화 연구, 비판적 연구, 사회복지학, 인류학, 여성학, 노인학

생애사 연구는 개인들의 삶의 전체적 모습을 조망하여 그 정체성을 사회문화적 특수성 속에서 파악하려는 질적연구 방법이다. 거대 담론 그리고 일반화를 위한 이론의 추구가 다소 하락되던 시대적 변화 속에서 작은 이야기의 가치와 의미에 대한 학자들의 인식이 증가하면서 생애사의 학술적 대중성은 더욱 높아졌다. 이러한 경향은 생애사 연구가 다양한 삶과 직업의 현장에서 살아가는 개인과 실천가들의 경험과 발달, 그리고 그들이 가진 경험적 · 실제적 지식을 찾으려는 연구 노력이 생애사 연구로 나타나고 있음을 통해 알 수 있다. 북아메리카와 유럽의 경우 20세기 초 연구 방법으로서 생애사 연구가 시작되었지만, 우리나라의 경우는 2010년을 넘어서면서 그 학술적 관심이 시작되었고 현재 빠르게 확산되고 있는 상황이다.

생애사 연구는 교육학, 문학, 예술, 사회학 등의 분야에서 개인의 삶의 의미와 정체성 탐구를 위해 활용되고 있다. 최근 우리나라에서 이루어진 연구들 중 연구 주제별로 몇 편 예를 들면, 특정한 사람이나 집단의 정체성 연구(김영천, 2004; 김영숙, 이근무, 윤재영, 2012; 김지혜, 2020; 김영선, 2020), 유명인이나 탁월한 성취를 거둔 인물의 생애 대한 연구(김재룡, 2010; 최라영, 2012; 최현길, 2017), 사회적 약자나 소외 계층 사람의 삶과 사회문화적/구조적 문제에 대한 연구(김은정, 1999; 김연순, 2005; 조주희, 2013), 특정한 분야의 전문성 발달이나 사회화 과정에 대한 연구(류태호, 2000; 옥일남, 2008; 우지만, 백종수, 2011; 유은정, 이선경, 최종림, 김찬종, 2010), 특정한 시기에 겪은 삶의 경험의 의미 탐구(김경식, 1998; 양은주, 2005; 이점우, 2006) 등이 있다. 이렇듯 많은 학문 분야에서 다양한 연구 주제를 위해 생애사 연구가 활용되어 왔으며 그 수 또한 증가하고 있다. 뿐만 아니라 생애사 연구 방법론에 대한 논의 또한 활발하게 진행되고 있다(유철인, 1998; 최영신, 1999; 김영천, 허창수, 2004; 김영천, 한광웅, 2012; 민성은, 최성호, 김영천, 2017; 이동성, 김영천, 2014; 민성은, 김영천, 정정훈, 2015; 박성희, 2004; 이희영, 2005). 이에 이 장에서는 먼저 생애사 연구의 개념과 유사 방법론과의 차이를 알아보고, 철학적 배경과 방법론적 핵심 개념을 설명하고자 한다. 이어서 생애사 연구 방법론의 절차와 방법 그리고 실천 전략을 설명하고자 한다.

1. 생애사 연구의 개념과 특징

가. 생애사 연구의 개념

생애사 연구는 참여자가 누구인지, 어떤 사람인지, 그 사람의 정체성이 무엇인지를 탐구하는 질적연구 방법이다. 어원학적으로 생애사는 그리스어 'istoria zoís'로 '한 개인의 삶에 대한 기술'을 의미한다. 이 관점에서 생애사는 단순히 한 개인의 삶에 대한 이야기 또는 한 개인의 성장을 문화적 맥락에서 파악하는 것으로 이해된다. 그러나 생애사 연구는 개인의 삶에 대한 이야기의 단순한 나열이나 조합을 의미하는 것은 아니다. 생애사 연구는 개인의 삶의 내러티브를 통해 한 개인이 사회적으로, 정신적으로, 문화적으로, 정치적으로 발전하고 변화하는 과정과 성장에 대한 이해를 목적으로 하는 질적연구 방법론이다. 다시 말해, 이 장에서 논의하는 생애사 연구는 한 개인의 전 생애 발달 과정에 대한 '삶의 역사'의 개인적이고 심리적인 내적인 측면과 문화적이고 사회적인 외적인 측면을 묘사하고 이해하기 위한 탐구 방법이다. 더욱 명료한 개념 이해를 위해 학자들의 정의를 살펴보자.

- 생애사 연구는 상상에 기초한 소설이나 전통적인 사회과학 연구와 다르다. 생애사 연구는 이 형식들보다 훨씬 실제적이고 그 목적 면에서도 이들과 다르다. 생애사 연구는 글의 예술적 가치보다 참여자의 경험과 그들이 살아가는 세계에 대한 그들 자신의 해석에 더욱 충실한 해석을 추구한다(Becker, 1971).
- 생애사 연구는 개인의 주관적 경험과 일상적 상호작용에 대한 개인의 맥락적 반응을 이해할 수 있는 효과적인 방법이다(Denzin, 1997).
- 생애사 연구는 개인의 과거와 현재의 경험 그리고 미래에 있을 법한 경험을 담아내는 '사회적 현재'의 내러티브를 통해 개인 삶의 방향성의 흐름인 시간적 과정을 시대적 · 사회적 · 개인적 사건 간의 맞물림 구조를 통해 탐구한다(Elias, 1983).
- 생애사 연구는 경험의 이야기를 그 이야기가 펼쳐지는 다양한 차원의 맥락과 병치시켜 우리의 삶이 단순히 '요동치는' 것이 아니라 사회적으로 구성되는 것이며, 개인의 정체성 또한 정적인 것이 아니라 사회의 구성원들과 사회적 맥락과의 복잡한 상호작용 속에서 형성되는 것을 이해하는 방법이다(Tierney, 1999).
- 생애사 연구는 참여자가 살아온 삶의 이야기를 통해 현상이 생성되는 맥락을 이해하는 질적연구 방법으로, 맥락성, 구술성, 내러티브적 성격을 가지고 있다(김영천, 한광웅, 2012).
- 생애사 연구는 광범위한 개인의 삶의 실체와 사회적 실체를 모두 포함하는 총체적인 측면에서 개인의 삶을 새롭게 해석해 보려는 사회학적 경로 분석이다(박성희, 2019).

이러한 다양한 학자들의 생애사 연구에 대한 정의와 이해를 종합하면 생애사 연구는 개인의 삶에 대한 이야기와 다양한 경험적이고 실제적인 자료를 원천으로 하여,

경험과 삶과 세계에 대한 개인의 주체적이고 주관적 이해를 그 개인이 살아가는 사회의 역사적 · 문화적 · 정치적 맥락과 병치시켜 개인의 삶의 모습을 그려내고 그 의미를 해석하는 질적연구 방법이다. 여기서 지칭하는 '이야기'는, 한 사람이 출생부터 현재까지 그리고 종종 미래에 있을 법한 이야기까지 일어난/일어날 사건, 경험, 느낌과 감정, 평가, 욕망 등이 1인칭 또는 3인칭으로 진술되는 것이다. 이러한 개인적 이야기는 "개인적이든 허구적이든 우리의 삶에 어떠한 의미를 제공한다. 그 이야기들은 우리를 다른 사람들과 우리 자신들의 역사와 이어주며, 시간, 장소, 인격, 그리고 심지어 앞으로 무엇을 하고 어떻게 살아갈지에 대한 안목에 대한 풍부한 태피스트리를 제공해 준다"(Witherell & Noddings, 1991: 1).

또한 위의 정의를 살펴보면 생애사와 사회적 · 역사적 맥락의 역동적 관계에 주목한 이해들이 나타난다. 즉, 개인의 삶의 이야기는 그 사람에 대한 것뿐만 아니라 그 사람이 왜 그러한 사람이 되었는지, 왜 그렇게 되고자 하였는지를 사회적 · 역사적 맥락에서 해석할 수 있는 단초를 제공한다는 것이다. 이는 개인적인 이야기가 '오로지 개인의 사적인 이야기'가 아님을 시사한다(Miller, 2005; Pinar, 2011; Greene, 1987; Goodson, 1988, 1992, 2001; Creswell, 2005). 따라서 생애사 연구는 그 개인의 삶의 이야기가 쓰이는 맥락을 반드시 포함해야 한다. 그렇지 않을 경우 '나르시시즘' 또는 '지극히 개인적인 잡답'으로 오해받을 수 있다(Tanner & Tanner, 1979; Gibson, 1991; Rodriguez, 2005). 예를 들어, 맥락에 대한 분석을 통해 한 사회의 구조적 모순을 발견할 수도 있다. 이것이 생애사가 전기와 구별되는 지점이기도 하다(Alheit & Dausien, 1990). Foucault는『감시와 처벌』에서 이 논점에 대한 그의 예리한 통찰을 제시하였다.

> 오랜 시간 동안 일반대중인 개인들은 역사적 서술과 기술에서 제외되었다. 다시 말해 특권적인 것들, 그 특권을 가진 자들의 이야기만이 주목받고 서술되어 왔다. 한 개인의 연대기, 그 생애의 이야기, 개인의 생존 흐름에 따라 쓴 기술은 중요하게 여겨지지 않았다. 그런데 감시와 규율은 이러한 관계를 뒤집어엎고 서술할 수 있는 개인, 개인성의 서술을 하나의 규제 수단으로 만들어낸다. 정신병자들이나 범죄자들의 삶에 대한 생활기록은 왕들의 연대기나 민족적 도적에 대한 영웅담과 마찬가지로 저술의 정치적 기능, 특히 그것을 넘어서는 완전히 다른 권력적 수단과 관련이 있다(Foucault, 1975: 246-247).

Foucault의 주장은 개인의 생애사에 대한 관심의 증가는 우연이 아니며, 변화된 '권력의 기술'을 이용한 사회적 통제에 대한 관심이 눈에 띄게 증가하였음을 보여준다.

이와 더불어 Foucault의 논의는 개인의 이야기와 생애사가 표면적으로 드러나는 내용, 가치, 의미뿐만 아니라 그 이면에 스며들어 있는 구조적 문제나 권력의 작용을 포함하고 있다는 것이다. 이에 생애사 연구는 개인의 삶과 경험의 이야기를 통해 그 개인들의 정체성의 특징과 요소를 규명함과 동시에 정체성 형성에 영향을 미치고 상호작용하는 사회문화적 측면의 이해 또한 추구하는 질적연구 방법이다.

나. 생애사와 다른 질적연구 방법론의 비교

생애사 연구에 대한 더욱 명료한 이해를 위해 생애사 연구 방법론이 다른 질적연구 방법론과 어떤 점에서 유사하고 다른지 살펴보는 것이 도움이 될 것이다. 이미 학자들이 생애사 연구와 다른 문학 장르 그리고 다른 질적연구와의 관계를 논의한 바 있다(김영천, 한광웅, 2012; 이동성, 2013; 김영천, 이현철, 2017; Tierney & Lanford, 2020). 이 논의들은 문학의 장르(자서전, 회고록, 일기, 전기나 평전)와 비교하여 생애사의 구별되는 특성을 논의하거나 내터티브 연구와 유사함과 차이점을 논의하였다. 우리는 여기서 이 책,『사회과학을 위한 질적연구 핸드북』이 저술 목적을 고려하여 다른 질적연구 방법론과 생애사 연구를 비교함으로써 생애사 연구에 대한 이해를 돕고자 한다.

[그림 5-1]은 생애사 연구와 다른 질적연구 방법론들의 유사한 연구 개념을 나타낸다. 그림에서는 생애사 연구와 다른 질적연구 방법론이 공유하는 요소만을 핵심적

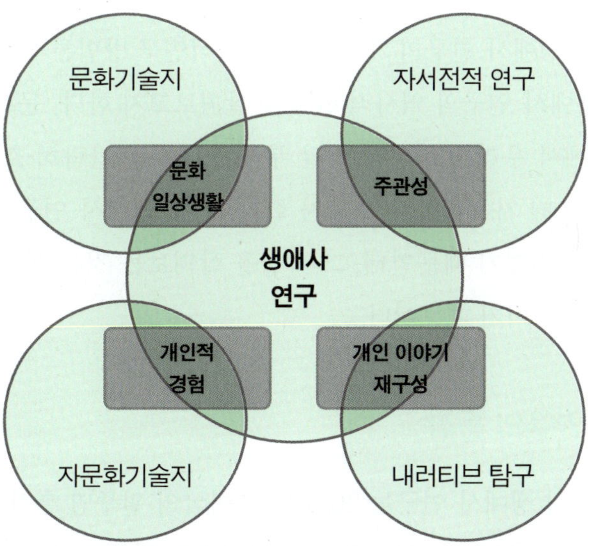

[그림 5-1] 생애사 연구와 다른 질적연구 방법론의 관계

으로 표현하였다. 첫째, 생애사 연구는 참여자의 주관성을 강조하고 이에 중점을 둔다는 점에서 자서전적 연구와 유사하다. 하지만 자서전적 연구는 연구자 자신이 곧 참여자인 데 비하여, 생애사 연구는 대개 연구자가 참여자의 삶을 탐구한다는 점에서 차이가 있다. 둘째, 생애사 연구는 참여자의 이야기를 핵심적인 연구 자료로 간주한다는 점에서 내러티브 탐구와 유사하지만, 생애사 연구가 특정한 참여자의 전 생애를 조망하는 반면 내러티브 탐구는 특정한 사람 또는 집단이 대상일 수 있고, 특정한 기간 동안의 일상적인 삶에 대한 탐구를 목적으로 할 수 있다. 셋째, 자문화기술지와 생애사 연구는 연구자와 참여자의 개인적 경험에 기초하여 개인과 문화의 역동적인 관계를 주목한다는 점에서 유사하다. 그러나 자문화기술지는 전 생애를 다룰 필요가 없으며 연구자 자신이 곧 참여자라는 점에서 생애사 연구와 대비된다. 마지막으로 생애사 연구는 개인의 삶과 경험 속에서 문화적 요소를 고려한다는 점에서 문화기술지와 공통되는 부분이 있다. 다시 말해, 생애사 연구는 단순히 삶에 대한 기술이 아니라 개인이 살아가는 시대와 장소의 사회문화적 특수성을 밝히며 개인의 삶을 해석하고 재구성하는 연구 방법이다(김영천, 2012). 하지만 문화기술지는 한 집단의 문화적 특성을 밝히려는 목적을 가지는 반면, 생애사 연구는 문화적 요소와 참여자의 주관성 또는 삶과의 역동적인 관계 이해에 목적을 둔다.

2. 생애사 연구의 역사

우리는 앞에서 생애사 연구의 개념을 다른 질적연구 방법론과 비교하며 알아보았다. 이 절에서는 생애사 연구의 역사적 발달을 살펴보고자 한다. 문화기술지를 제외한 다른 연구 방법론에서 우리는 역사적 발달 부분은 대부분 간략히 소개하였다. 하지만 생애사 연구는 조금 더 자세히 살펴보고자 한다. 이는 생애사 연구가 그 등장 이후 쇠락과 부활의 역사를 거쳤기 때문인데, 그 과정을 살펴보는 것은 생애사 연구가 무엇인지 이해하는 데 필수적이기 때문이다.

가. 생애사 연구의 등장

연구 방법으로서 생애사 연구는 20세기 초 미국의 원주민 추장의 자서전을 그 시작으로 본다(김영천, 한광웅, 2012). 하지만 사회학과 인문학에서 점증하며 활용되기 시작한 것은 1920년대 초반부터이다. 이 시기에 등장한 연구들 중 주목할 작품으로 Thomas와 Znaniecki(1927)의 『유럽과 미국의 폴란드 농부(*The Polish Peasant in Europe and America*)』를 들 수 있다. 이들은 폴란드 이민자 농민의 자서전적 설명, 일기와 편지에 의존하여 폴란드 농민의 미국 이민 경험을 탐구하였다. 이 연구는 참여자의 문화적 적응 과정뿐만 아니라 그들의 가족과 지역사회의 문화적 측면 또한 분석하였다. 이 작품은 생애사 연구를 사회학에서 중요한 하나의 연구 방법으로 성장시키는 데 큰 기여를 하였다. 문화기술지 등 다른 질적연구 방법론에서와 마찬가지로 시카고 학파의 참여를 간과할 수 없다. 1920년대 중반 시카고 대학교 연구자들은 도시 빈민들의 삶을 연구하기 위해 생애사 연구를 활용하였다. 더 구체적으로 이야기하면, 그들은 개인의 삶의 이야기를 사회적 조건 탐색을 목적으로 하는 사회학/문화기술지 연구를 위한 한 가지 방법으로 활용하였다. 이 시기에 등장한 연구의 예로는 Zorbaugh(1929)의 『황금 해안과 빈민가(*The Gold Coast and the Slum*)』, Wirth(1928)의 『게토(*The Ghetto*)』 등을 들 수 있다. 또한 Shaw(1930)의 『잭 롤러(*Jack Roller*)』와 Sutherland(1937)의 『전문적 도둑(*The Professional Thief*)』은 시카고 학파가 수행한 생애사 연구의 절정을 보여주는 작품들이다. 특히, Dollard(1935)의 『생애사를 위한 준거(*Criteria for the Life History*)』에 주목할 필요가 있다. 그 이유는, 생애사 연구의 기준을 제시한 이 작품이 21세기 오늘날에도 생애사 연구 방법을 안내하는 텍스트로서 세계적으로 읽히고 있기 때문이다(김영천, 이현철, 2017).

나. 생애사 연구의 침체기

생애사 연구는 1930년대 시카고 학파에 의해 절정에 달하였는데, 역설적이게도 이들에 의해 점차 쇠락하게 되었다(Goodson, 2001). 이는 사례연구를 주도하였던 Blumer와 Hughes의 방법론적 관점에서 잘 나타난다. Blumer는 상징적 상호작용에 연구 초점을 둔 사례연구를, Hughes는 전형적인 문제를 다루는 비교연구를 주창하였다. 이러한 상황에서 전기나 자서전에 대한 관심을 제한하는 경향이 있었다(Goodson & Sikes, 2001). 근본적으로는 당시 시카고 학파의 상징적 상호작용의 관점에 기초한 추상적 이론 개발을 위한 연구 목적에 생애사 연구가 적절하게 응전하지 못하였기 때문이다. 다시 말해, 당시 사회학은 이론의 범주를 통해 공동체, 제도, 조직에 상세한 설명을 제공하는 데 많은 관심을 갖고 있었기 때문이다. 이들의 관점과 목적에 비추어볼 때 구술자의 이야기를 서술하는 생애사 연구는 이론과 범수 개발을 위한 방법론적 강점을 가지고 있지 못하였다(Becker, 1971).

쇠락의 길을 걷고 있었지만 생애사 연구는 1940~1950년대에도 그 명맥을 이어갔다. 1940년대 이후, 생애사 연구는 개인과 문화의 상호작용을 규명하는 문화와 인성 연구를 위해 활용되었다. 이 시기 연구들은 문화와 인간의 심리적 양상과의 관계에 관심을 가졌는데, 이는 심리학과 접목된 인류학이라 할 수 있다. 즉, 인간의 인성이나 심리를 이해하기 위해서 그 사람의 생애를 살펴볼 필요가 있었던 것이다. 대표적인 연구로서는 Cora Du Bois와 동료들의 『알로르 사람들(*The people of Alor: A social-psychological study of an East Indian island*)』(1944)과 Abram Kardiner의 『사회의 심리적 변경들(*The psychological frontiers of society*)』(1945)이 있다(조주희, 2013: 19).

1940년대 중반 이후 생애사 연구의 관심은 사회적 약자와 소외 계층에 대한 연구로 영역을 넓혀갔다. 특히 1950년대 말은 여전히 침체기를 겪던 생애사 연구에서 대표적 정전이 탄생한 시기이다(조주희, 2013). 1940년대 생애사 연구는 역사적으로 문화적으로 타자화되었던 여성의 목소리와 여성의 시각으로 자신의 삶과 경험 그리고 자신이 보는 세계를 탐구하고자 하였다. 대표적인 작품으로는 Ning과 Pruitt의 『한족의 딸: 한 중국 여성 노동자의 자서전(*A Daughter of Han: The Autobiography of Chinese Working Women*)』(1945)과 Smith의 『카로의 바바: 무슬림 하우자의 여성(*Baba of Karo: A Women of the Muslim Hausa*)』(1954)을 들 수 있다. 또한 Oscar Lewis의 『다섯 가족 이야기(*Five Families: Mexican Case Studies In The Culture Of Poverty*)』(1959)와 『산체스네 아이들(*The Children Of Sánchez*)』(1961)의 빈민계층에 대한 연구를 빼놓을 수 없다. 이 연구는 멕시코 테포스틀란이라는 교외 빈민지역에서의 인류학적 현지조사에 기초한 연구이다. 특히 『산체스네 아이들』은 각 가족 구성원이 각자의 입장에서 가족생활을 이야기하는 다중적 자서전의 방법으로, 동일한 사건이 각 가족원에게 어떻게 경험되고 기억되는가를 보여주는 방식을 사용하여 자료의 신뢰성을 높여주었다. 이러한 측면에서 Langness와 Frank(1981)는 당시 존재하던 질적연구물 중 최고의 고전으로 『산체스네 아이들』을 들고 있다.

1960년대 들어서도 생애사 연구는 지속되었다. 하지만 많은 사회학자들 사이에서 '하나의 질적연구 방법 전통'으로 인정받지 못하였다. 1970년대 사회학은 실증적 자료로 검증하는 실증주의의 문제점을 지적한 Berger와 Luckmann(1967)의 현상학적 사회학 또한 역설적이게도 생애사 연구를 사회학의 연구 방법에서 더욱 부차적 지위로 머물게 하였다. 즉, 인류학에서 민속학적 방법과 상징적 상호작용에 기초한 개념과 이론 생성을 위한 목적의 강조는 실증주의 접근의 한계를 적절하게 지적하였지만, 이로 인해 개인이나 집단의 역사적 과정에 대한 상대적인 무관심을 초래하였고, 결국 이 시기에도 생애사 연구는 사회학의 연구 방법에서 주변부로 남게 되었다. 이와 관련하여 Becker는 "생애사 연구가 갖고 있는 다양한 과학적 유용성에도 불구하고, 연구자들은 상대적으로 생애사 연구를 소홀히 여겼다"(Becker, 1971: 71-72)라고 주장하였다.

다. 생애사 연구의 부활

오랜 기간 침체기를 겪으면서도 명맥을 이어오던 생애사 연구는 1980년대 포스트모더니즘의 확산과 더불어 부활하였다. 포스트모더니즘은 절대적 진리의 거부, 실증주의적 연구 방법의 한계, 사회과학에서의 인과관계적 접근, 비서구적 관점, 그리고 소외 계층의 역사, 문화, 인식, 경험의 인정 등 철학적 · 존재론적 · 인식론적 관점에서 대전환을 가져왔다. 특히 근대적 실증주의가 추구하는 객관성으로 인식되던 '과학적 지식'을 다양성, 주체와 타자, 의식과 무의식, 주류와 비주류, 지배와 억압 등의 관점에서 다양한 계층과 부류의 사람들의 '소외되고 미개한 것으로 치부되었던 이야기와 목소리'에 주목하였다(Lyotard, 1979[1992]: 54-56).

새로운 패러다임으로서 포스트모더니즘은 1980년대 생애사 연구를 재조명하는 배경이 되었다. '재현의 위기' 논의로 촉발된 질적연구의 '참여적 패러다임'은 연구자들로 하여금 연구자의 인식과 해석에 의존한 접근보다는 연구 참여자의 삶과 목소리 중심의 연구를 하는 것이 또 다른 사회과학 연구의 한 방법이 될 수 있다는 점을 인식하게 만들었다. 다시 말해, 사회과학 연구에서 타자로 간주되었던 사람들의 존재와 목소리의 중요성을 가치롭게 인정하는 관점이 확산되었다. 새로운 패러다임의 등장과 질적연구 방법론적 관점의 변화와 더불어 참여자의 삶, 경험, 목소리, 주관성을 강조하는 생애사 연구도 새롭게 평가되었으며 부활하게 되었다. 다시 말해, 생애사 연구야말로 타자의 경험, 생각, 느낌, 열망, 고통, 세계관 등을 이해하고 공감할 수 있게 하는 연구 방법론으로 재평가되었다(Lincoln & Guba, 1985, 1989; Langness & Frank, 1991).

또한 이 시기 문자나 시각 위주의 텍스트가 구술성(orality)의 가치, 의미, 가능성을 부차적으로 만들었다는 논의가 확산되었다(Ong, 1982; McLuhan, 1964; Pinar, 2011). 인류사를 볼 때 인간은 근본적으로 말하는 동물이다. 하지만 문자나 시각 이미지가 주류적 표현과 의사소통 수단이 되면서 '말하고 듣는 행위'는 덜 가치 있는 것, 신뢰할 수 없는 것, 비과학적인 것으로 치부되어 버렸다(Ong, 1982). 즉, 근대는 '눈의 응시(gaze of the eye)'의 은유가 주류가 되어버린 시대이다. 이러한 구술성의 가치에 대한 변화된 관점이 등장하면서 '사람이 들려주는 이야기와 듣기'에 기초한 생애사 연구의 의미가 강조되었다. 즉, 참여자의 목소리에 귀를 기울이는 대화에 의한 소통을 주된 연구 방법으로 하는 생애사 연구의 특징이 높게 평가된 것이다.

포스트모던 패러다임의 등장과 구술성의 가치에 대한 재인식이 확산되던 1980년대는 다양한 학문 분야에서 생애사 관련 방법론 서적들이 출간된 시기이다. 대표적인 작품으로는 Bertaux(1981)의 『전기와 사회(*Biography and Society*)』, Plummer(1983)의 『삶의 기록(*Documents of Life*)』 등을 들 수 있다. 이 시기 생애사 연구는 페미니즘 분야에서 두드러지게 활용되었다. 예를 들어, Middleton(1997), Munro(1998) 등은 공식적인 역사에서 잊혀졌던 여성들의 삶을 조명하였다. 또한 흑인들의 삶, 이주민의 삶, 다문화 집단들의 삶, 주류에서 벗어난 소수자들의 삶이 생애사 방법을 통하여 드러나고 학술적 탐구의 주제로 등장하였다. 나아가 게이와 레즈비언의 탐구 역시 생애사 방법을 통하여 연구되었다(Ben-Ari, 1995; Boxer & Cohler, 1989). 21세기가 도래하면서 사회학뿐만 아니라 여성학, 남성학, 교육학, 인류학, 경영학, 사회복지학, 간호학, 문화연구, 노인학, 의학 등의 분야에서 생애사 연구 방법이 널리 활용되고 있다.

생애사 연구의 부활은 포스트모더니즘을 바탕으로 사회과학 학문 분야에서 등장한 '내러티브 전환(narrative turn)'에 기초하고 있다. 진실과 지식의 국지성, 불확실성, 가변성을 강조하는 인식론을 강하게 비판한 포스트모더니즘의 확산은 실증주의와 과학주의에 기초한 보편적 법칙 규명이라는 사회과학의 주류적 담론에 강하게 대응하였다. 이러한 내러티브 전환은 개인의 경험과 이야기의 주목으로 이어졌다. 왜냐하면 개인적 삶, 경험, 인식, 고통, 열망과 같은 지극히 주관적이라고 인식되던 요소들이 개인적인 것일 뿐만 아니라 '거대 서사' 아래에 함몰되어 있었지만 개인적·사회적으로 의미 있는 문화적·역사적·사회심리학적 다중적 진실을 담은 그릇이라는 인식이 증가하였다.

3. 생애사 연구의 핵심 개념과 방법적 특징

지금까지 우리는 생애사 연구의 개념을 다른 질적연구 방법론과의 비교를 통해서 알아보았고, 이어서 생애사 연구의 역사적 발달을 살펴보았다. 특히 생애사 연구가 '부활'한 역사적 배경과 후속 연구 주제들을 통해 독자들은 오늘날 생애사 연구가 가지는 핵심적 개념과 특징을 엿볼 수 있었다. 이 절에서는 좀 더 구체적으로 생애사 연구의 핵심 개념과 방법적 특징을 설명하고자 한다. 생애사 연구의 특징과 핵심 개념과 특징은 여러 학자들에 의해서 논의되었다. 먼저, Dollard(1935)는 앞서 언급한 생애사 연구의 정전『생애사를 위한 준거』에서 다음 여섯 가지 준거를 제시하였다. 첫째, 참여자는 한 문화의 '하나의 표본'으로 간주되어야 한다. 둘째, 행위의 유기적 동력은 사회적으로 적절해야 한다. 셋째, 문화 전승의 핵심적 주체로서 가족의 특정한 역할이 논의되어야 한다. 넷째, 사회적 행위를 설명하는 구체적 방법이 제시되어야 한다. 다섯째, 아동기부터 성인기를 관통하는 경험의 특징이 강조되어야 한다. 여섯째, 사회적 맥락은 하나의 요인으로서 신중하고 지속적으로, 구체적으로 제시되어야 한다. 일곱째, '생애사 연구' 자료는 연구자에 의해 재구조화되고 개념화되어야 한다. 이후 여러 학자들이 생애사 연구의 핵심적 개념들을 제시하였다. Alheit와 Hoerning(1989)은 생애사적 지식 구성 요소로 정체성, 기억, 경험을 제시하였고, 이병준(2010)은 삶의 주체로서의 개인 그리고 보편성에 대응되는 개인들의 기억을 강조하였으며, 김영천과 한광웅(2012)은 사회학적으로 해석된 이야기, 연구의 초점으로서의 시간성, 연구자와 참여자의 관계를 논의하였고, 이동성(2013)은 생애사 연구의 특징으로 맥락, 내러티브, 관계성, 인간화, 대항문화적 역할을 논의하였다. 이 학자들이 제시한 요소를 기초로 우리는 생애사 연구의 핵심 개념으로 '참여자의 정체성', '사회문화적 특수성', '종적/횡적 시간성', '특정한 장소'를 추출하였다. 이 네 가지는 생애사 연구가 다른 질적연구 방법론과 구별되는 가장 중요한 특징이다. 〈표 5-1〉은 이 핵심 개념과 방법론적 특징에 대한 간략한 설명이다.

〈표 5-1〉 생애사 연구의 핵심 개념과 방법론적 특징

핵심 개념	방법론적 특징
참여자의 정체성 (characteristics of identity)	• 참여자가 '누구'인지, 즉 그 정체성 이해가 목적
사회문화적 특수성 (sociocultural context)	• 맥락에 기초해서 사회학적으로 해석한 삶의 이야기
크로노스/카이로스 시간성 (Chronos/Kairos temporality)	• 참여자의 삶의 전경을 그리는 시간적 개념: 객관적으로 흐르는 시간(크로노스), 삶/존재적 의미의 시간(카이로스)
장소의 특수성 (specific place)	• 개인의 삶이 펼쳐지는 삶의 장소과 장소의 이동

가. 참여자의 정체성 규명

참여자의 정체성은 생애사 연구의 가장 핵심적인 개념이다. 이는 생애사 연구의 목적과 직접적으로 관련되기 때문이다. 다시 말해, 생애사 연구는 참여자가 어떤 정체성을 가진 사람이며 그 정체성이 어떠한 경로와 요소를 통해 형성되는지 이해하는 것을 목적으로 한다. 이를 위해 생애사 연구는 기본적으로 참여자가 삶에 대해서 주체적으로 구성해서 들려주는 이야기에 기초하여 참여자가 '어떤 사람인지'를 규명하려고 노력한다. 이때 중요한 것은, 참여자의 정체성이 정적이며 균질한 것이 아니라 지속적으로 발달하고 변화한다는 것이다. 이러한 점에서 생애사 연구는 참여자를 문화적 산물로만 바라보는 것이 아니라 세계를 바라보는 자신만의 시각을 가지고 판단하고 행위하는 주체로 간주한다(Pinar, 2011; Ellis & Bochner, 2003; 김영천, 한광웅, 2012). 생애사 연구의 개념에서 설명한 '참여적 패러다임'과 '몸의 귀환'에서 강조하는 '개인의 목소리'는 참여자의 주관성을 담고 있는 그릇으로, 정체성 형성의 핵심적 요소이다. 이와 관련하여 인류학자 Turner(1987)는 개인을 '호모퍼포먼스(Homo Performans)'로 정의하였다. 즉, 개인은 문화의 영향만 받는 존재가 아니라 문화를 생성하면서도 자신의 정체성을 구성하는 존재라는 것이다.

개인의 생애 이야기는 당사자가 주체적으로 그리고 주관적으로 자신의 삶의 규칙이나 도식 및 지평을 그리고 미래를 계획하며 자신의 삶을 어떻게 구성해 나가는지를 담고 있다. 다시 말해, 이러한 이야기는 완전히 '객관적'이거나 '정확'하지 않다. 참여자에 의해 선택되고, 재구성되고, 해석되고, 평가된 자신의 경험과 삶에 대한 이해의 파편들이다. 이에 생애사 연구는 참여자의 이야기 속의 사건과 경험에서 참여자가 무엇을, 어떻게, 왜 하였는지를 그 참여자가 자신에게 부여하는 정체성과 그가 발휘하는 주관성을 고려하여 이해해야 한다. 생애사 연구의 부활에 동인이 되었던 포스트모던 패러다임에서 주관성은 정체성과 다른 의미이다. 개인의 주관성은 정적인 실체가 아니며 자신에 의해서 또는 타인에 의해서 완전히 규명될 수 없는 것이다. 왜냐하면 타인과 세계와 영향을 주고받는 과정에서 주체의 주관성은 지속적으로 변하기 때문이다(Foucault, 1983; Jung, 2016). 생애사 연구는 이러한 주관성의 중요성과 의미를 고려하여, 개인의 신념, 행위와 경험은 개인이 살아가는 사회에서 공개적으로 또는 은밀하게 공유되는 관습이나 가치에 따라 형성되고 변화된다고 보고 이들 간의 상호작용과 흐름 그리고 관계의 변화 이해에 관심을 둔다.

나. 사회문화적 특수성

사회문화적 특수성은 생애사 연구에서 탐구하는 '생애'가 펼쳐지는 특정한 그리고 다양한 차원의 맥락(역사적 · 문화적 · 정치적 · 경제적 · 종교적 · 교육적 맥락 등)을 이야기한다. 이 특성으로 인해 생애사 연구는 단순히 사람들의 이야기의 나열이 아니라 '사회학적으로 읽은 전기'로 간주된다(Measor & Sikes, 1992). 즉, 생애사 연구는 참여자 개인들의 삶과 경험을 그것이 펼쳐진 맥락을 고려하여 이해한다. 내러티브 탐구가 개인 경험의 의미에 초점을 두는 반면, 생애사 연구는 개인의 경험에서 맥락적인 의미를 끌어내려고 노력한다(이희영, 2005: 144; Cole & Knowles, 2001; Goodson & Sikes, 2001). 이미 언급하였듯이 이 특징은 생애사 연구 역사 초기부터 중요한 방법론적 특징이었다. Dollard(1935)는 생애사 연구가 각 참여자의 삶과 특징 이해뿐만 아니라 사회적 조건, 환경, 맥락을 이해하는 방법이라고 간주하며, 생애사 연구를 참여자의 내적 요인과 사회적 요인 그리고 이들의 관계 속에서 개인의 삶을 이해하는 문화연구로 정의하였다. 이와 관련하여 Hatsch와 Wisniewski는 다음과 같이 주장하였다.

> 생애사 연구에서 개인의 생애에 집중하는 것은 이데올로기와 문화, 자아, 그리고 사회와의 복잡한 관계에 대한 깊은 이해를 추구하는 것이다. 이에 생애사 연구는 역사적 · 문화적 · 정치적 · 사회적 맥락을 제시해야 한다. 그렇지 않으면 개인의 삶을 낭만화하거나 우상화하는 것으로 비칠 수 있기 때문이다(Hatsch & Wisniewski, 1995: 117).

즉, 생애사 연구는 개인들의 삶의 발자취를 추적하는 동시에 그 속에 투영되거나 상호작용하는 그 장소와 맥락의 역사적 · 사회적 · 문화적 요소들을 이해하려는 연구 방법이다(Bruner, 1996; Cortazzi, 1993). Goodson(2001) 또한 "내 삶의 이야기는 항상 내가 나의 정체성을 형성하는 다양한 공동체의 이야기 속에 스며들어 있다"라고 말하며 개인의 정체성 형성에서 사회문화적 특수성의 중요성을 강조하였다. 이러한 점에서 개인의 삶과 복잡하게 얽혀 있는 맥락을 제시하고, 이를 생애사 연구를 통해 재구조화하고 개념화하는 작업은 생애사 연구의 핵심적 목적이라 하겠다. 이러한 이유로 우리는 모든 핵심 개념들 중 '사회문화적 특수성'을 가장 먼저 제시하였다.

다. 크로노스/카이로스 시간성

생애사 연구에서 시간성(temporality)은 중의적이다(Bertaux, 1981). 다시 말해,

생애사 연구에서 시간성 관점에서 볼 때 과거와 미래는 현재와 분리된 것이 아니라 시간적으로 이어진 연속선 위에 있다는 것이다. 생애사 연구에서 시간성은 자료의 수집과 분석을 위해 핵심적인 개념이다. 이재인(2004)은 생애사 연구 방법이 다른 질적연구 방법과 구별되는 가장 중요한 특징으로 '시간성'을 강조하기도 하였다. 시간성은 현상학적 연구에서도 강조되는 개념이지만, 생애사 연구에서의 시간성과 현상학에서 이야기하는 시간성 개념은 유사한 점이 있지만 다른 개념이다.

생애사 연구의 '시간성'은 종축과 횡축으로 나누어 이해해야 한다. 종축은 '크로노스의 시간' 개념으로, 시간의 흐름을 의미한다. 또한 횡축은 '카이로스의 시간' 개념으로, 한 시점에서 드러나는 과거, 현재, 미래를 지칭한다. 카이로스의 시간 개념에서 중요한 것은 '개인에게 중요한 의미가 있는 시간'이다. 크로노스의 시간 개념은 봄, 여름, 가을, 겨울 또는 1960년대에서 1970년대 등의 명료한 논리적인 개념이다. 우리는 이러한 논리적 시간 개념으로 어떤 활동이나 사건을 설명하고 이해하는 경향을 가지고 있다. 우리가 항상 자신의 기억이나 경험을 이야기할 때 언제인가를 생각해 보는 것이다. 그러한 점에서 시간에 기초한 경험의 축적은 가장 효과적인 과거 정보와 지식을 보관할 수 있는 기제에 해당한다. 그러한 점에서 과거, 현재, 미래로 이어지는 연대기적 생애사는 시간의 연속성을 보장하는 흔들리지 않는 지점이다. 이런 시간의 연속성은 생애사 연구에서 삶의 이야기를 쓸 때 삶의 이야기를 구성하는 플롯(plot)의 기승전결로 나타난다. 크로노스의 시간에 기초한 생애사 연구는 참여자가 살아온 삶의 이야기의 기승전결을 구성하는 과거의 사실성을 발견하려 한다.

그러나 크로노스의 시간 개념만이 생애사 연구에서 중요한 것은 아니다. 오히려 카이로스의 개념이 더 중요한 생애사 구조의 축이 되기도 한다. 우리는 과거의 그 많은 사건들 중에서 어떤 특별한 경험을 더욱 값지고 의미 있게 기억하고 회고한다. 그리고 그러한 사건과 시간이 그 사람의 현재와 사유, 정서에 중요한 영향을 미쳤다고 생각한다. 때로는 그 시간이 더욱 오래 진행된 것 같고 다른 시간에 비하여 더 달콤하거나 더 힘들었던 것으로 이해한다. 시간에 대한, 한 개인이 부여하는 심리적 개념인 것이다. 그리고 그러한 시간의 개념은 항상 과거에 머무르지 않고 재구성되며 재해석된다. 이 지점이 생애사 연구의 시간성 개념과 현상학적 연구의 시간성 개념이 교차되는 지점이다(Wang, 2010; Pinar, 2011; Jung, 2016). 즉, 참여자의 적극적인 이해와 해석에 따라서 과거의 삶과 사건은 현재에 다른 의미로 만들어지고 다른 색깔로 옷을 입는다. 과거는 구술면담에서 참여자가 화자로서 삶의 이야기를 말할 때, 현재의 지평과 교섭하여 의미가 이해되는 지평으로 떠오른다. 따라서 역사적 시간과 사건은 항상 현재의 화자에 의해 재창조되고 재구성되기 때문에 현재의 균열을 불러일으키는 사건이 생성되는 시간이다(Deleuze, 1969/2007: 282-283). 생애사 연구에서 과거는 어떤 상황이라도 변하지 않는 사실이 아니라, 구술면담의 상황과 참여자와 연구자의 관계, 참여자의 관점 변화에 따라 그 의미가 달라진다. 따라서 생애사 연구에서 과거는 확정적이지 않고 현재의 지평과 관련하여 사건성을 갖는다.

여기서 생애사 연구의 중요한 특징이 드러나는데, 생애사 연구는 현재의 시점에서 과거를 이해하고 비평하며 미래를 조망하는 질적연구 방법이다(Plummer, 2001). 이러한 시간성의 축에 기초한 생애사 연구는 방법적 측면에서 특징을 가진다. 먼저 생애사 연구는 일회성 면담으로 그치지 않고 긴 시간 동안 여러 번의 면담으로 진행된다. 이는 연구자는 참여자와 친밀한 관계를 맺고 연구가 끝날 때까지 긴 시간 동안 여러 번의 면담을 통해 참여자의 주관성과 목소리를 충분히 '듣기' 위한 방법이다(Miller, 2000: 81). 이러한 과정을 통해 생애사 연구는 과거, 현재, 미래에 걸쳐 있는 참여자의 삶 그리고 이와 관련한 사회적 조건과 그 변화의 영향, 사건이 개인에게 끼친 영향, 그리고 참여자의 삶을 관통하는 사회적 조건의 생성, 성숙, 소멸의 과정과 복잡성을 연구한다는 측면에서 시간성의 개념이 중요하다 하겠다(Miller, 2000: 74). 더 구체적으로 생애사 연구는 참여자가 살아오면서 경험한 사회적 제약, 삶의 기회와 전환점 등과 같은 생애 사건을 포착하고 참여자가 이에 어떻게 반응하고 어떤 선택을 하였는지, 그리고 그의 결정이 현재 삶에 어떻게 반영되어 나타나는지를 탐구한다.

라. 장소의 특수성

생애사 연구에서 장소의 특수성 또한 핵심적인 개념이다. '장소(place)'가 한 개인의 정체성 발달에 중요한 영향을 미치기 때문이다. 장소의 개념을 사회문화적 특수성과 혼돈하지 말아야 한다. 사회문화적 특수성은 개인과 함께 이동하는 것이지만, 공간적 특수성은 개인이 이주, 이민, 여행 등을 통해 물리적으로 이동하면서 변화하는 개념이다. 예를 들어, 한국에서 나고 자란 10대가 미국으로 이민을 갔다고 가정해 보자. 이 아이는 한국의 사회문화적 영향 아래에서 성장하였기 때문에 미국으로 건너갈 때 이를 함께 가지고 가지만 아이의 삶의 '공간'은 한국에서 미국으로 완전히 달라지게 된다. 이러한 공간의 변화는 인간의 정체성 발달의 과정에서 중대한 영향을 끼친다. 다시 말해, 공간이 달라지면 그 공간이 담고 있는 사회문화적 요소가 개인에게 스며들고 개인이 기존에 가지고 있던 사회문화적 영향과 복잡하게 얽히게 되는 것이다(Dollard,

1935). 예를 들어, Kinchloe와 Pinar(1991)의 교사 생애사에서 장소가 가지는 의미에 대한 논의를 들 수 있다. 이들의 장소 개념에 기초한 연구로, 이스라엘 이민자로서 교사가 된 일곱 명의 여성 교사들의 생애에 관한 Elbaz-Luwish(2004)의 연구가 있다. 이 연구는 교사들이 이민 전 장소에서 겪은 학교 경험을 통해 형성한 교사로서의 정체성이 이민 후 이스라엘이라는 다른 장소로 들어가서 새로운 사회문화적 환경과 접촉하고 상호작용하며 변화하는 과정을 묘사하였다. 이 연구는 장소가 개인의 정체성 형성에 얼마나 지대한 영향을 끼치는지를 잘 보여준다.

4. 생애사 연구의 절차와 방법

지금까지 생애사 연구의 개념, 역사적 발달, 방법론적 핵심 개념과 특징을 살펴보았다. 이 절에서는 생애사 연구의 절차와 방법의 핵심적 요소를 예를 들어 구체적으로 설명하고자 한다. 생애사 연구의 절차는 **[그림 5-2]**와 같다.

가. 연구 주제 설정

생애사 연구를 위해 가장 먼저 해야 할 일은 연구 주제를 설정하고 구체적인 연구 문제를 진술하는 것이다. 이를 위해 연구자가 가장 먼저 던져야 할 질문은 "'생애사 연구'가 연구자가 관심을 가지고 있는 주제에 적합한 연구 방법론인가?"이다(Clandinin & Connelly, 2000). 이에 우리는 생애사 연구로서 탐구되어야 하는 연구 주제는 무엇인지 설명하고자 한다. 이와 관련하여 연구자는 '생애사 연구 방법의 목적'에 주목해야 한다.

첫째, 생애사 연구는 개인의 전 생애적 삶의 이야기에 기초하여 참여자의 정체성을 이해하는 연구 방법이다. 다시 말해 생애사 연구는 한 사람 또는 소수의 사람의 삶과 정체성 형성 이해에 최적화된 연구 방법이다. 이에 연구자는 왜 자신의 연구 주제가 내러티브 연구, 문화기술지, 사례연구 등이 아닌 생애사 연구 방법을 활용해야 하는지 설득적으로 제시해야 한다. 다시 말해, 생애사 연구는 참여자의 '삶의 전체적 모습'을 묘사하고 이해하는 연구 방법이기 때문에 연구 주제는 그러한 전체적 모습의 이해를 필요로 하는 것이어야 한다(Denzin, & Lincoln, 2003, 2005). 내러티브 연구, 자문화기술지, 사례연구 모두 분석의 단위가 개인일 수 있지만, 자문화기술지는 연구자

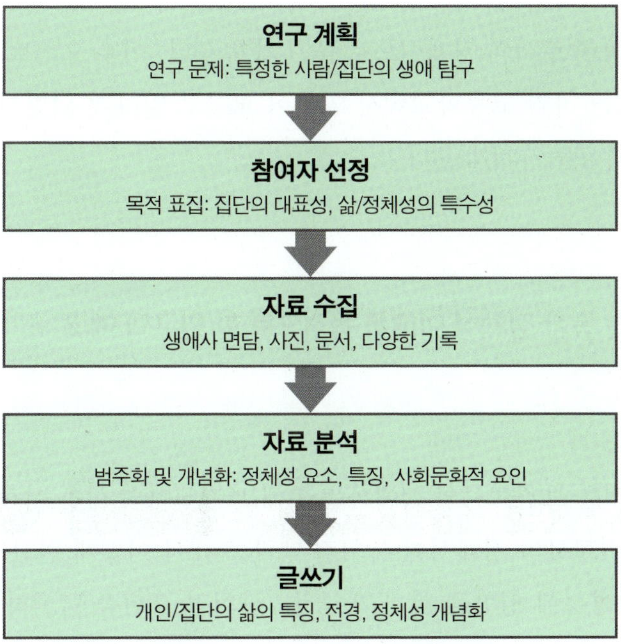

[그림 5-2] 생애사 연구 절차

자신의 '개인 내' 상황이나 문화에 중점을 두고, 내러티브 연구는 개인의 일상적 이야기에 초점을 두며, 사례연구는 주제와 관련한 특정한 사례에 주목하는 반면, 생애사 연구는 한 명 또는 소수 참여자의 전체적 삶의 여정을 통한 정체성 형성에 주목한다. 생애사 연구를 통한 정체성 이해를 목적으로 한 연구의 예를 소개하고자 한다.

생애사 연구를 통한 정체성 이해를 목적으로 한 연구의 예 1

"Becoming a Japanese Language Learner, User, and Teacher Revelations from Life History Research"(Amour, 2004)

이 연구는 Sarah Lamond라는 오스트레일리아 여성의 '정체성 변화' 이해라는 연구 문제 탐구를 위해 수행되었다. 이 연구는 일본어 학습자, 사용자, 교수자로서의 Lamond의 정체성 변화를 그녀의 삶의 여정을 통해 드러내었다. 파푸아뉴기니로 이주한 Lamond는 외로움과 집안일에서 벗어나기 위한 방법으로 일본어 학습을 시작하였다. 이 과정에서 Lamond는 '일본어 학습자'로서의 정체성을 가지게 되었다. 이후 Lamond는 일본인 전용 홈스테이를 운영하고 일본 여행을 하면서 '일본어 사용자'로서의 정체성으로 옮겨 가게 된다. 이후 오스트레일리아로 돌아온 Lamond는 지역 고등학교에서 일본어 교사로 일하게 되면서 '일본어 교수자'로서의 정체성을 가지게 된다.

생애사 연구를 통한 정체성 이해를 목적으로 한 연구의 예 2

『보건교사의 삶을 통해서 본 정체성의 변화』(이영내, 2020)

이 연구의 목적은 보건교사의 생애사를 통해 보건교사의 삶을 이해하고, 이를 통해 형성된 보건교사의 정체성이 사회적 맥락 속에서 어떻게 변화되었는지 살펴보고, 정체성 형성에 영향을 미친 개인적·사회적 요인을 탐색하는 것이다. 이 목적을 위해 연구자는 세 명의 보건교사의 생애를 연구하였다. 이영내는 다음과 같은 연구 결과를 도출하였다.

첫째, 연구 참여자들이 보건교사로서 겪은 주요한 경험은 4가지 범주로 나타났다. 1) 보건교육 및 수업: '건강 마인드가 달라짐', 2) 학생건강관리: '자율적 건강관리능력 생김', 3) 인간관계: '상호교류의 소중함을 알아감', 4) 전문성 개발 및 지도성 발휘 경험: '나눔으로 다 함께 성장함' 등이다. 또한 이러한 경험에서 드러난 정서적인 경험으로는, 보람 있었던 경험, 기가 살았던 경험, 화가 난 경험, 속상한 경험, 소진 경험 등으로 나타났다. 이러한 경험을 통해 연구 참여자들은 보건교사로서의 정체성을 형성하고 있었다.

둘째, 연구 참여자들에게 나타난 정체성 형성 과정을 살펴보면, 1) 보건교사로서의 정체성을 주체적으로 형성하는 것에 어려움을 느끼고, 주변 환경과 상황에 따라 움직이는 정체성 표류 단계, 2) 주체적으로 학습하고 역량을 키우고 발휘하는 정체성 안정 단계, 3) 교사의 역할에 대해 돌아보고 자신의 역할을 재설정하는 정체성 전환 단계, 4) 학생의 전인적 성장을 도와주며 동료 교사와 함께 지식을 나누는, 교사로서의 삶을 통합하는 정체성 통합 단계 등 4단계로 나타났다. 이러한 4단계 과정을 거치면서 자신의 정체성을 형성하고 변화시키고 있었다. 또한 이 과정에서 5가지 정체성 특성, 즉 1) 대체하기 어려운 존재: '나만이 할 수 있는 일이잖아요', 2) 소명의식이 필요한 존재: '소명의식 없이는 하기 힘든 일을 하는 거지요', 3) 주변인 같은 존재: '소외의식을느껴요', 4) 기존 체제 속의 취약한 존재: '이미 기울어진 운동장에서 경기를 하는 사람들 같아요', 5) 지속적인 변화가 요구되는 존재: '계속 자리매김을 새로 해나가야 하지요' 등으로 표현되는 정체성 특성을 나타냈다.

셋째, 연구 참여자들의 직업 정체성 형성에 영향을 미친 개인적 · 사회적 요인에서 개인적 요인은 전문성 개발, 직업 만족도, 교육관, 건강상태 등이었으며, 사회적 요인은 학교보건 정책, 학생건강 양상, 학교 문화, 사회적 인식 등이다.

이 연구를 통하여 보건교사의 삶에 대한 이해를 더하고, 그들의 교육적 활동과 정체성을 성찰할 수 있는 기회를 가지며, 미래사회에 대비한 보건교사로서 나아갈 방향과 교육적 활동의 본질을 찾는 계기가 되는 것에 이 연구의 의의가 있다고 하겠다.

둘째, 생애사 연구는 개인의 정체성 형성에 영향을 미치는 사회문화적 특수성을 이해하기 위한 연구 방법이다(Dollard, 1935). 우리가 이미 강조하였듯이 생애사 연구에서 사회문화적 상황과 조건 그리고 이들의 변화는 이 연구 방법의 핵심적인 요소로서 지속적으로 고려되어야 한다. 즉, 연구자의 연구 주제가 생애사 연구로 적합하기 위해서는 연구자의 연구 목적이 참여자의 삶의 전체적 모습을 투영하고 있는 '거시적 사회문화적 특수성'을 발견할 목적을 지녀야 한다는 것이다. 이에 Cole과 Knowles (2001)는 생애사 연구를 '개인의 삶의 이야기를 통해 그 너머의 넓은 사회적 맥락을 발견할 수 있는 창'이라고 언급하였다. 즉, 생애사 연구는 참여자가 살아온 사회문화적 맥락을 섬세하게 이해하고 묘사해야 하며, 개인적 사건과 경험이 사회적 맥락과 요소와 어떻게 관련되는지 조명해야 한다. 이러한 점에서 생애사 연구를 활용하고자 하는 연구자의 연구 주제가 개인의 정체성과 더불어 그 정체성 형성에 영향을 끼친 사회문화적 특수성 이해를 목적으로 할 경우 생애사 연구를 활용할 수 있을 것이다.

사회문화적 특수성 이해를 목적으로 한 생애사 연구의 예 1

A Life History Study of Young Chinese Women's Experiences under the Influence of Traditional Culture and its Contemporary Evolution(Liu, 2020)

이 연구의 목적은 오늘날 급변하고 있는 전통적인 중국 문화 속에서 살아가는 젊은 여성의 삶을 이해하는 것이다. 이를 위해 연구자는 참여자들의 가족 구성원으로서의 경험, 대학생으로서의 경험, 여성 동성애자로서의 경험 등을 이해하고자 하였다. 이 연구의 특이점은 연구 기간인데, 3년 동안의 자료 수집과 분석을 포함하여 총 5년 동안 이루어진 연구이다. 이 연구는 중국의 젊은 여성 동성애자들이 중국의 전통적인 문화 속에서 어떻게 자랐는지를 보여주었고, 자신의 정체성을 지키기 위한 그들의 '고군분투'의 여정을 심층적으로 묘사하였다. 특히, 전통적인 중국 문화, 학교와 학습 문화, 가정 문화의 영향을 받으면서도 오늘날 변화하고 있는 중국의 대중 문화에 의해 지지를 얻으며 살아가고 있는 참여자들의 삶을 세밀하게 묘사하였다.

사회문화적 특수성 이해를 목적으로 한 생애사 연구의 예 2

「손녀를 돌보는 어느 조모의 생애사를 통한 모성 연구」(길은영, 2017)

이 연구의 목적은 손녀를 양육하는 어느 조모의 생애사를 통해 양육 경험과 모성의 의미를 파악하는 것이다. '생애사 연구는 개인의 생애 주기와 시간성을 탐색하고 사회와 상호작용하면서 발현된 모성 탐색'이라는 연구자의 연구 주제와 방법론적 적합성에 대한 설명은 생애사 연구를 통한 사회문화적 특수성 이해를 잘 보여주는 예라고 하겠다.

이 연구는 모성과 어머니 역할이 시대와 사회문화적 요인에 의해 조건 지어지고 개인의 다양한 전략을 통해 실천되고 있음을 보여준다. 한국적 모성은 인생의 발달 맥락에서 보편적인 성질과 개인의 특수한 상황과 맞물려서 나타나고 있으며, 일상적인 맥락에서 일어나는 아동과의 상호작용을 관찰해야 할 필요가 있음을 보여주었다. 그러므로 어머니 역할과 모성이 어떻게 전달되고 습득되는지 과정을 살펴보는 것이 중요함을 시사한다.

정리하면, 생애사 연구에 적합한 연구 주제는 '개인 삶의 전체적 조명과 총체적 이해'가 필요한 주제들이다. 연구자는 참여자의 삶을 그 삶이 놓인 사회문화적 특수성 속에서 탐구한다.

나. 연구 문제

생애사 연구에서의 연구 문제 진술은 각 연구의 주제와 특성에 따라 다르겠지만, 일반적으로 고려되어야 할 연구 문제의 영역에 대해 알아보고자 한다. 다른 모든 질적 연구에서와 마찬가지로 명확하게 규명되고 진술된 연구 문제는 연구자가 연구를 설계하고 진행하는 과정에 대한 방향을 제공해 준다는 점에서 매우 중요하다. 연구자는 생애사 연구의 일반적 연구 문제의 영역으로 **〈표 5-2〉**에서 보듯이 네 가지를 고려할 수 있다(민성은, 최성호, 김영천, 2017).

실제 생애사 연구에서 이 네 가지 연구 문제 영역 중 한 가지가 핵심적 연구 문제로 설정되고 하위 연구 문제가 만들어질 수 있다. 또한 두 개 이상의 연구 문제 영역이 한 연구에서 핵심적 연구 문제가 될 수도 있다.

첫 번째 연구 문제 영역인 '삶의 전체적 여정 묘사'는 생애사 연구의 가장 기본적이고 공통적인 연구 문제 영역이다. 출생과 어린 시절, 유년기와 청년기 그리고 그 이

〈표 5-2〉 생애사 연구의 연구 문제 영역

영역	설명
삶의 전체적 여정 묘사	• 출생, 성장, 교육의 과정, 연구 주제와 관련한 전체적 경험
개인 삶의 변화와 양상	• 참여자의 정체성 발달의 단계와 유형 규명 • 정체성 발달에 미친 사회문화적 요인 탐구
경험에 대한 개인적 의미 형성	• 특정한 사회적 사건과 현상 경험에 대한 개인적 또는 특정한 집단의 의미 부여 탐구
특정 집단이나 인물의 정체성의 특징	• 사회적으로 존경받는 인물, 본받을 만한 능력을 가진 개인들, 또는 사회적으로 소외 받는 집단의 삶과 정체성 탐구

후의 삶을 묘사함으로써 연구자는 참여자의 삶의 전체적 역사와 흐름 그리고 그 사회문화적 맥락 이해를 통해 그 사람이 누구인지, 어떠한 정체성의 특징을 가지고 있으며 그것이 어떤 과정을 거쳐 형성되었는지 이해할 수 있다. 삶의 전체적 여정 묘사는 독자들로 하여금 참여자가 어떤 사람인지를 이해할 수 있도록 하기 때문에 연구자는 종적 시간성에 기초하여 참여자의 삶의 여정을 묘사할 수 있다. 이 연구 문제 영역은 특히 '특수성'을 가지고 있는 참여자에 대한 생애사적 연구에서 더욱 필수적으로 강조된다고 하겠다. 그 예로서 박지은(2018)의『한국 댄스스포츠의 선구자 박효 생애사 연구』를 들 수 있다. 연구자는 참여자 박효의 생애를 주기별(소년기: 불안정한 삶, 청년기: 춤 세계로의 입문, 장년기: 국제대회 출전, 선수 은퇴식, 노년기: 결실)로 나누어 10쪽에 걸쳐 상세하게 묘사하였다. 다음은 그중 일부를 발췌한 것이다.

삶의 전체적 여정 묘사의 예

소년기(1946~1966): 불안정한 삶(박지은, 2018)

1945년 광복 이후 일본의 식민지 시대가 끝나고 미군이 우리나라를 통치하였다. 개방적인 문화가 물밀듯 들어오는 불안정한 사회 분위기 속에 박효(본명 박효두)는 1946년 여름 경상남도 진주에서 3남 1녀의 셋째로 태어났다.

박효는 6 · 25전쟁, 독재정권, 민주화 등 변혁의 정점에 있던 시대에 소년기를 보냈다. 1961년 5 · 16 군사정변이 일어나던 해, 큰형이 서울대학교에 입학하면서 서울 유학생활을 시작하게 되었다. 서울에 처음 도착하여 서울역에서 버스를 타고 불광동 자취방으로 이동하면서 서대문을 지나 독립문을 처음 보았는데, 신기하고 인상 깊었던 기억이 아직도 난다며 서울의 첫인상을 떠올렸다. 그 당시 박효는 배명중학교에 입학하였다가 부친의 수술을 계기로 서울에서의 학업을 중단하고 부산으로 내려가 학업을 이어나갔다.

박효의 청소년기인 1960년대는 4 · 19혁명과 1961년 5 · 16 군사정변이 일어 났던 시기이다. 박정희를 주축으로 한 군부가 정권을 장악하면서 1963년 박정희 대통령이 취임하였다. 18년간 박정희 대통령이 정권을 장악하면서 경제 개발, 사회안정, 새마을 운동 등 많은 업적을 남겼지만, 유신과 긴급조치 개헌 등으로 장기 집권하여 비운의 지도자가 되었다. 1961년 5 · 16 군사정변과 맞물려 불안한 시대 상황과 가정환경으로 박효는 한 곳에 정착하지 못한 채 학업에 전념하지 못하였다.

그 후 대구에 취직을 하여 지내던 중 큰형이 교사로 발령받았다는 소식을 듣고 온가족이 서울로 이사를 가게 되었다. 그 당시 누나는 숙명여대에 합격하였고, 큰형은 서울대학교 사범대를 수석 졸업하여 경기중학교에 발령이 났다는 것은 온가족에게 큰 경사가 아닐 수 없었다. 소년시절 정착을 하지 못해 학업을 이어나가지 못한 박효는 그때부터 음악에 빠져 친구들과 명동을 기웃거리며 장발을 하고 생맥주와 청바지 등 그 시대의 유행을 즐기며 음악에 심취해 있었다. 그러던 중 중풍으로 쓰러지셨고 부모님은 큰형이 마련한 평택 과수원으로 내려가 요양생활을 시작하시게 되었다. 그 후 박효는 큰형과 누나와 떨어져 지내며 20대의 자유롭고도 힘든 청년기를 맞이하게 된다.

연구자는 박효의 생애 중 핵심적 사건들을 다음 표로 정리하였다.

연도	주요 내용
1967년	미니스커트, 장발, 사교댄스, 청년문화 대유행
1969년	대한무도예술협회 창립, 국제 무도선발전 개최
1971년	대한무도예술협회(국제무도협회 정식 가입; ICBD)
1972년	유신 독재체제
1977년	세계무도경기 선수권대회 개최
1979년	박정희 대통령 서거
1980년	전두환 대통령 취임
1986년	86 아시안게임
1988년	노태우 대통령 취임, 88 올림픽
1990년	한국 아마추어 스포츠댄스 위원회 창설(IDSF 명칭 변경)
1996년	IDSF 아시아 태평양 무도선수권대회 참가
1998년	방콕 아시안게임 한국대표 선발전(시범 종목 채택)
2003년	대한댄스스포츠경기연맹 통합 대한체육회 준가맹
2005년	동아시안게임, 방콕인도어게임 메달 획득
2007년	대한체육회 정가맹
2010년	광저우아시안게임 메달 획득(정식 종목 채택)
2014년	대한댄스스포츠경기연맹 관리단체
2016년	국민생활협의회와 통합

두 번째 연구 문제 영역은 참여자 개인의 발전과 변화의 구체적 양상과 원인에 관한 영역이다. 이 영역과 관련하여 연구자는 참여자의 가치관, 정체성, 역할, 의식, 전문성 등이 어떠한 과정과 단계를 거쳐 형성되고 변화하는지에 관심을 둔다. 또한 그러한 변화가 어떠한 계기와 사회문화적 요인에 의해 이루어졌는지 파악하는 데 중점을 둔다. 그 예로서 앞서 소개한 Amour(2004)의 "Becoming a Japanese Language Learner, User, and Teacher Revelations from Life History Research"와 이영내(2020)의 「보건교사의 삶을 통해서 본 정체성의 변화」를 들 수 있다. 이 연구들은 참여자의 정체성이 어떠한 계기를 통해서 어떠한 단계로 변화하였는지를 잘 보여준다. Armour의 연구는 Sarah의 정체성이 '일본어 학습자', '일본어 사용자', '일본어 교수자'로 변화함을 보여주고 있으며, 이영내(2020)의 연구는 보건교사들이 '정체성 표류 단계', '정체성 안정 단계', '정체성 전환 단계', '정체성 통합 단계'로 변화함을 드러내었다. 또 다른 예로서 이지연(2020)의『LPGA 1세대 골퍼'의 삶과 정체성: 박세리, 김미현, 박지은을 중심으로』를 소개하고자 한다. 이 연구의 특징은 참여자 세 명의 정체성의 형성 과정을 밝힘은 물론 그 세 참여자 정체성의 다른 특징들을 규명하였다.

개인의 발전과 변화의 구체적 양상과 원인의 예

『'LPGA 1세대 골퍼'의 삶과 정체성: 박세리, 김미현, 박지은을 중심으로』 (이지연, 2020)

연구 문제 1: 'LPGA 1세대 골퍼'의 삶과 정체성은 어떻게 형성되고 변화되었는가?

박세리의 삶의 여정은 **'성취 지향적 정체성'** 형성의 과정임을 밝혀냈다. 박세리는 누구보다 성공에 대한 강한 집념으로 골프에 올인하였으며, 성공을 위해서는 혹독한 아버지의 훈련 방식조차 선수로서 당연히 감내해야 하는 것으로 인식하였다. 도전을 통해 자신감을 얻었고, 치열한 경쟁의식은 성공의 밑받침이 되었다. 그러나 목표를 위해 스스로에게 너무 엄격한 삶은 슬럼프에 빠지게 되는 계기가 되었으며, 이를 통해 박세리는 자신의 삶을 돌아보면서 성숙의 시간을 갖게 된다.

김미현의 삶은 **'관계 지향적 정체성'** 형성의 과정으로 나타났다. 김미현은 아버지의 영향 아래 골프를 시작하였으며, 아버지와의 관계는 골프에 가장 큰 영향을 미친 요소였다. 프로 데뷔 이후에는 팬과 동료 선수, 스폰서 등 주위와의 끊임

없는 관계를 통해 변화하고 발전하는 모습을 보였다. 결혼과 출산으로 인해 맺게 된 새로운 관계도 김미현의 정체성에 큰 영향을 미쳤다.

박지은의 삶은 **'자기 주도적 정체성'** 형성의 과정임을 도출하였다. 박지은은 어린 시절부터 경쟁을 즐겼으며, 누구에게도 지기 싫어하는 근성으로 두각을 보였다. 초등학교를 마친 뒤 미국으로 유학을 떠나 또래와는 다른 길을 걸었고, 전형적인 한국식 스윙이 아닌 자신만의 개성이 드러나는 스윙을 익히면서 자기주도적인 성향이 강화되었다. 프로 데뷔 뒤 찾아온 부상과 주위와의 갈등 속에서 벗어나기 위한 방법 역시 자기주도성의 회복이었으며, 자기주도적 골프를 통해 끊임없이 골프에 대한 목표와 즐거움을 찾으려는 모습을 보였다.

세 번째 연구 문제 영역은 특정한 경험에 대한 참여자의 의미 형성을 이해하는 것이다. 동일한 사회에 살아가는 개인들 모두가 유사한 경험에 대해 유사한 의미를 부여하는 것은 아니다. 경험에 대한 개별적 의미 부여와 형성 과정을 이해함으로써 우리는 사회 현상이나 경험에 대한 새로운 이해와 통찰을 제시할 수 있다. 이에 이 연구 문제 영역은 참여자의 가치관, 인성, 성격, 종교적 또는 정치적 신념 등과 같은 다양한 개인적 요소들을 경험에 대한 참여자의 의미 형성 이해를 위해 고려해야 한다(한경혜, 2005). 이는 현상학적 연구와 가장 대비되는 부분이다. 현상학적 연구는 경험의 '본질'을 이해하기 위해 참여자의 의견, 판단, 평가 등을 최대한 '괄호치기'하려고 노력하지만, 생애사 연구에서 이 연구 문제 영역과 관련해서는 참여자가 경험에 부여하는 판단, 평가, 의미, 가치를 더욱 적극적으로 탐색해야 하며, 왜 그러한 의미 부여를 하게 되었는지 밝혀내기 위해 적극적으로 탐색해야 한다. 참여자의 의미 형성과 관련한 연구의 예로서 Ali(2014)의 "A Threat Enfleshed: Muslim College Students Situate Their Identities Admist Portrayals Violence and Terror"를 들 수 있다. 이 연구는 미국에서 일어난 9 · 11사건이 이슬람교인 미국 대학생들의 정체성에 어떻게 영향을 미치는지를 탐구하였다. 이에 24명의 이슬람교인 대학생을 목적 표집하여 9 · 11 사건으로 증가한 반이슬람교 정서가 참여자들에게 어떠한 의미로 다가오는지 생애사 연구를 통해 이해하고자 하였다. 이슬람교인이 아닌 미국인들과 달리 이슬람교인 미국 대학생들은 9 · 11 사건 이후 이슬람교가 전근대적이고 폭력적이어서 테러의 위협이 된다는 대중적 인식이 확산되어 자신들의 정체성 형성에 매우 부정적인 영향을 미친다고 하였다. 또한 앞에서 소개한 이지연(2020)의 『LPGA 1세대 골퍼'의 삶과 정체성: 박세리, 김미현, 박지은을 중심으로』를 보면 세 명의 참여자는 한국인 여성 골퍼로서 미국에서 살아가는 외국인 여성 골퍼라는 유사한 경험을 하였지만 그들의 정체성 형성은 다른 양상으로 나타남을 보여주었다. 이 연구 문제 영역과 관련하여 참고할 수 있는 또 하나의 예를 제시하고자 한다.

특정한 경험에 대한 참여자의 의미 형성 연구의 예

「'명문대' 저소득가구 전형 입학생의 대학교육 경험에 관한 연구」
(이혜정, 이지연, 이희원, 2019)

이 연구는 명문대 학생으로서의 경험을 '저소득가구 전형 입학생'의 관점에서 이해하고자 하였다. 이 연구는, 이 연구의 참여자들이 다른 학생들과 명문대라는 공간과 동일한 시대를 공유하지만 '저소득가구 전형 입학생'이라는 다른 정체성을 가지고 있어 대학에서의 경험과 삶에 대해 자신들만의 의미를 형성하였음을 보여준다.

연구자들은 연구의 결과로서 다음과 같이 제시하였다. 첫째, 저소득 전형 학생들은 열악한 가정 배경 속에서도 스스로 열심히 공부하여 명문대인 A대학에 입학하였음에도 불구하고 대학에서 저소득 전형 입학이 불공평한 '특혜'나 '역차별'로 인식되고 있음을 경험하면서 자신들의 빈곤을 명문대 입학 자격으로 여기게 된다. 이러한 빈곤 인식은 학업에 대한 위축감의 원인이 된다. 둘째, 저소득 전형 학생들에게 대학 공부는 다른 학생들과의 지적 격차로 경험된다. 선행학습과 특목고 수학 경험 등으로 인한 격차는 학생들의 능력을 고려하지 않고 방대한 지식 전달 위주로 이루어지는 A대학의 수업을 통해 더욱 확대된다. 셋째, 지적인 격차를 수업을 통해 줄이지 못한 저소득 전형 학생들은 낮은 학점을 받게 되는데, 그 결과 장학금 수혜, 기숙사 입사 자격의 박탈로 이어져 대학생활을 지속하는 데 어려움이 생긴다. 학생들은 학비와 생활비를 벌기 위해 경제활동을 하게 되고, 과도한 경제활동은 다시 낮은 학점의 원인이 되는 악순환에 놓인다. 넷째, 학생들이 학업의 어려움을 극복하는 경우는 주변의 교수, 선배, 동료의 도움을 받을 때이다. 그럼에도 학생들은 학업의 어려움을 개인적인 문제로 여기며, 자구책으로서 휴학이나 입대를 선택하는 경우가 많다.

이러한 연구 결과는 저소득층 학생들에게 제공된 평등한 대학교육의 기회가 그 자체로 평등한 대학교육을 보장하는 것은 아닐 수 있음을 보여준다. 그리고 저소득층 학생들에게 대학 차원의 더욱 적극적이고 통합적인 지원이 제공되어야 하며, 나아가 평등한 대학교육 기회 제공만으로는 극복하기 어려운, 대학교육 자체의 불평등성에 대한 고찰이 필요하다는 점을 시사한다.

마지막으로 네 번째 생애사 연구의 연구 문제 영역은 '특정 집단이나 인물의 정체성 탐구'이다. 앞서 설명한 바와 같이 생애사 연구는 특수성을 가진 한 개인이나 집단의 대표성을 지닌 개인들의 정체성 이해를 목적으로 하는 연구 방법이다. 이에 이 문제 영역은 독특한 삶을 산 인물 또는 사회적 모범이 되거나 존경받는 인물의 정체성 또는 특정한 집단(종종 사회적으로 소외된)의 정체성 탐구에 초점을 둔다. 이 연구 문제 영역은 일반적으로 사회적으로 유명세를 가지고 있어 대중이나 학술적 탐구 대상이 되는 참여자나 사회적으로 알려지지 않은 소외 집단의 정체성 탐구를 위해 활용된다. 뿐만 아니라 사회적으로 잘 알려진 의사, 교사, 변호사 등과 같은 집단 내의 특정한 능력이나 특성을 공유하는 집단의 정체성 탐구를 위해 이 문제 영역을 핵심 문제로 활용하기도 한다. 그 예로서 김병찬과 조민지(2015)는 "창의적으로 수업하는 교사의 특징은 무엇인가?"라는 연구 문제를 위해 한 초등학교 교사에 대한 생애사 연구를 수행하였다. 이 연구는 초등학교 교사 집단 내에서 '창의적 수업을 하는 교사'로 인정받은 참여자를 선정하여 어떠한 삶의 경로를 통해 그러한 전문가로서의 정체성을 형성하게 되었는지를 탐구하였다. 이와 더불어「한 초등학교 전문교사의 전문성 발달에 대한 예술 기반 생애사 연구」(이동성, 2014),「교사전문성으로서의 독특성」(정정훈, 2017)을 들 수 있다. 또한 앞서 소개한 박지은(2018)의『한국 댄스스포츠의 선구자 박효 생애사 연구』도 이 연구 문제 영역에 포함된다고 할 수 있다. 이와 더불어 추가적인 예를 제시하고자 한다.

특정 집단이나 인물의 정체성 탐구의 예

「듣봄 강위영 교수의 생애사 연구: 새로운 개척과 제자 사랑」(유은정, 2021)

이 연구는 강위영 교수의 생애를 통해, 장애인 교육을 시작한 삶과 그의 태도 그리고 교수로서의 삶과 의미를 규명하고자 하였다. 장애인 교육 및 재활 분야에 지대한 영향을 미친 강위영 교수의 삶이 사회적 및 개인적 차원에서 어떤 의미를 가지는지 알아보고자 하였다. 이 연구의 연구 문제는 다음과 같다.

첫째, 강위영 교수는 어떻게 특수교육을 시작하게 되었는가?
둘째, 강위영 교수의 대구대학교 교수 생활은 어떠하였는가?
셋째, 강위영 교수는 어떤 태도로 제자를 대하였는가?

연구자는 이 연구를 통해 특수교육 분야에서 존경받는 인물인 강위영 교수의 생애를 조망하고 특수교육 전공 교수로서 그의 정체성을 교육, 학문, 제자와의 관계 등의 영역과 관점에서 탐구하였다.

다. 참여자 선정

생애사 연구에서 참여자의 선정은 가장 중요한 요소이다. 왜냐하면 생애사 연구에서 참여자는 연구 주제와 목적에 가장 부합하는 사람을 선정해야 하는데, 만일 선정된 참여자가 연구 목적에 부합하지 않거나 연구 주제 또는 연구가 관심을 가지는 집단에 대한 대표성을 띠지 못할 경우에는 연구 자체의 신뢰도와 타당도에 심각한 문제가 발생할 수 있다(Muratorio, 1991; Neihardt, 2008; Shostack, 1981). 이에 연구자는 참여자 선정에서 나름의 기준을 만들어야 하며 기준에 부합하는 참여자를 선정해야 한다. 가장 기본적인 원칙은 연구 참여자의 삶과 연구의 연결성이다(김영천, 2012). 다시 말해, 생애사 연구의 참여자는 연구 문제와 관련된 사회문화적 전형성을 가지고 있어야 한다. 이 전형성이란 참여자의 삶과 경험이 해당 사회문화적 맥락을 얼마나 잘 나타내는가의 문제이다.

『축구인 차범근 생애사 연구』(최현길, 2017)와 같이 생애사 연구 주제와 참여자가 일치하는 사람에 대한 생애사 연구의 경우는 특별한 참여자 선정 절차가 복잡하지 않겠지만 연구 주제가 명료화되고 참여자를 선정하는 과정을 거쳐야 한다면 구체적인 방법을 사용해야 할 것이다. 위에서 설명한 것처럼 연구자는 '연구 문제와 관련된 사회문화적 전형성'을 가지고 있는 참여자를 선정하되 Wicks와 Whiteford(2006)가 제시한 생애사 연구 참여자 선정 기준을 참고할 수 있다. 그들은 참여자 선정 기준으로 세 가지를 제시하였다. 첫째, 장시간의 면담이 가능할 정도로 건강해야 한다. 둘째, 참여자는 자신의 삶에 일어났던 사건과 당시의 감정과 생각들에 대해 질문을 받기 때문에 좋은 단기 기억력과 장기 기억력을 가지고 있어야 하며, 주변적인 사건들도 자신의 삶이나 사회적 상황에 비추어 생각할 수 있어야 한다. 셋째, 과거를 회상하는 것은 때로는 "어려운 지식"(Britzman, 1998, 2003)에 직면할 수 있기 때문에 심리적으로 건강해야 한다. 연구자는 자신이 처음 선정한 참여자가 Wicks와 Whiteford가 제시한 기준을 충족시키는지 알 수 없기 때문에 초기 만남을 통해 이를 판별해야 한다. 또한 참여자 선정이 어려운 연구일 경우에는 눈덩이 표집을 통해 이미 선정된 참여자나 지인 또는 관계 기관으로부터 추천을 받아 선정할 수 있다(De Chesnay & Fisher, 2015). 생애사 연구의 참여자 선정 기준과 수를 예시를 통해서 살펴보자.

생애사 연구 참여자의 선정 기준과 수의 예 1

***Beyond the Muscles: Exploring the Meaning and Role of Muscularity in Identity*(Cranswick, 2019)**

참여자 수: 10명(19~40세의 백인 남자)

참여자 선정 기준

1. 주당 4회 이상 근육 운동을 하는 사람
2. 근육의 중요성을 강조하고 근육량을 늘리기 위한 목적으로 운동하는 사람

참여자 선정 방법

연구자는 스포츠 테라피스트로서 자신의 센터에서 치료를 받는 사람들 중 대화가 잘 통하는 사람들로 선정하였다.

생애사 연구 참여자의 선정 기준과 수의 예 2

『양육미혼모의 생애사 연구』(안현아, 2020)

참여자 수: 4명

참여자 선정 기준

이 연구는 연구자가 A시의 미혼모부자 거점기관에서 알게 된 클라이언트 중 선정 기준에 맞는 미혼모를 우선 유의표집한 후, 기존의 연구 참여자를 통해

눈덩이 표집 방식으로 연구 참여자를 추가하였다. 연구 참여자의 선정 기준은 10년 이상 자녀를 양육하고 있는 미혼모로서, 법적으로 미혼인 상태에서 자녀를 출산하고 연구 시점에서 자녀의 친부와 사실혼 관계에 있지 않은 경우로 한정하였다.

참여자의 사회학적 특성

이 연구의 연구 참여자는 박수빈(가명), 김영미(가명), 서지혜(가명), 이미라(가명)이다. 박수빈은 27세에 딸을 출산한 후 정규직 채용에 합격하여 일하면서 자녀를 양육하고 있다. 자녀의 현 연령은 15세로, 중학교 2학년에 재학 중이다. 김영미는 33세에 아들을 출산하여 여러 직업을 거쳐 현재는 취업준비를 하면서 자녀를 돌보고 있다. 자녀의 현 연령은 11세로, 초등학교 4학년에 재학 중이다. 서지혜 역시 자녀를 출산하고 여러 직업을 거쳐 현재는 취업준비를 하면서 초등학교 4학년인 11세의 아들을 양육하고 있다. 이미라는 현재 34세로, 23세와 33세 때 딸을 출산하여 현재까지 양육하고 있다. 자녀의 친부는 서로 다르며, 현재 첫째 자녀는 초등학교 4학년으로 11세, 둘째 자녀는 2세다. 이미라는 자녀를 출산한 이후 검정고시를 거쳐 대학에 재학 중이다.

생애사 연구 참여자의 선정 기준과 수의 예 3

「'명문대' 저소득가구 전형 입학생의 대학교육 경험에 관한 연구」
(이혜정, 이지연, 이희원, 2019)

참여자 수: 14명

참여자 선정 기준

이 연구에 참여한 14명의 학생들은 한국 사회에서 이른바 '명문대'로 알려진 A대학에 저소득가구 전형으로 입학한 학생들이다. 학생들의 대학교육 경험을 살펴보는 이 연구에서 참여 학생을 선정하는 데 우선적으로 고려한 것은 학과 성적과 계열이었다. 학생 명부에 있는 저소득 전형 학생 중 대학에서 학업과 관련한 어려움을 경험해 본 적이 있는 학생들을 선정하기 위하여 학점과 학사경고 횟수 등을 고려하였다. 학생들의 학업에 큰 영향을 미치는 것 중 하나는 전공과 계열이며, 특히 이공계열 학생들의 어려움이 더 크다는 사실이 파악되어 이공계열 학생들의 비율을 더 높게 하여 연구 참여자를 선정하였다. 학년의 경우, 학생들이 처음 '명문대'에 입학하여 경험하는 학업의 어려움에 초점을 맞추기 위해 1학년 비율을 높였다. 명부를 통해 선정된 학생들에게는 개별적인 연락을 취하여 연구 참여에 동의하는 학생만을 최종 선정하였다.

라. 자료 수집

생애사 연구에서 수집될 수 있는 자료의 종류로는 면담, 참여관찰, 문서, 일기 그리고 일지, 사진이나 영상 자료 등 일반적으로 질적연구에서 수집할 수 있는 모든 자료가 포함될 수 있다. 또한 자료 수집 방법으로 면담, 문서 분석 등이 활용된다. 우리는 참여관찰과 문서 분석을 집중적으로 안내하고자 한다.

1) 생애사 면담

생애사 면담은 생애사 연구에서 활용되는 가장 핵심적인 자료 수집 방법이다. 왜냐하면 생애사 연구의 개념에서 설명하였듯이 생애사 연구에서는 참여자가 자신의 경험과 삶에 부여하는 의미, 가치, 후회, 반성, 전망 등과 같은 주관적 요소들을 포착하고 이러한 요소와 관련된 사회문화적 요인들을 탐구하는 것이 중요한 목적이기 때문이다. 면담의 절차와 면담 과정에서의 연구자의 역할이나 주의점 그리고 면담의 기법 등은 일반적인 질적연구에서의 심층 면담과 유사하기 때문에 이에 대한 구체적인 설명은 차치하도록 하겠다. 대신 우리는 생애사 면담을 위해 연구자가 알아야 할 핵심적 개념과 접근인 '구술성'과 '관계성'에 대해 논의하고, 실제적인 면담 방법을 설명하고자 한다.

가) 생애사 면담에서의 구술성과 관계성

먼저, 구술성(orality)은 생애사 연구 수행과 관련한 핵심적 개념이다. 구술성 개념에 대한 학술적 논의는 이 책의 목적의 범위를 넘어서는 전문적인 논의가 될 수 있기 때문에 이 개념 자체에 대한 심층적인 이해를 원하는 독자는 Walter Ong(2013)이나 Paula McDowell(2017)의 저서를 참고하기 바란다. 대신에 여기서 이야기하는 구술성은 '음성 언어를 통한 의사교환' 정도로 정의하겠다. Walter Ong이나 William F. Pinar 등의 학자들에 따르면, '가장 본질적이고 기본적이던 음성언어를 통한 의사소통'은 인쇄술의 발달과 다양한 시각적 매체의 발달로 인해 그 본연의 가치를 인정받지 못하고 있다(Ong, 2013; Pinar, 2011). 이러한 문화적 · 인식론적 변화의 문제는 구술성이 가진 '인식론적 가치'를 간과한 것이다. 다시 말해, 인간은 '이야기하는 동물'(MacIntyre, 1981)이며, Maines(1993)이 이야기한 것처럼 '스스로 이야기하는 유기체'이다. 역사학자 White(1981)는 '이야기하려는 욕구는 인간의 본성'이라 주장하였으며, 심리학자들 또한 구술 방법을 '가장 원초적이고 기본적인 인식 도구'(Polkinghorne, 1988)라고 여겼다. 즉, 구술은 우리의 기억과 의미의 생성 주체로서 생각과 감정을 드러내는 핵심적인 방법이다(Rappaport, 2000; Bower & Clark, 1969). 음성언어를 통한 면담과 상호작용이 많은 질적연구 방법론에서 강조되고 활용되고 있지만, 특히 생애사 연구에서는 가장 중요한 방법이다. 한 인간이 태어나서 어른이 될 때까지 어떤 육체적 · 심리적 · 대인관계적 경험을 하는지는 오직 그 개인의 경험 이야기를 통해서만 이해 가능하다. 이에 연구자는 자신의 경험과 삶에 대한 참여자의 솔직한 감정, 평가, 후회, 회한, 아쉬움 등을 생애사 면담을 통해 더욱 심층적으로 이해할 수 있다.

다음으로 존중, 배려, 공감에 기초한 연구자와 참여자의 관계성이다. 물론 면담 방법을 활용하는 모든 질적연구에서 라포르 형성을 기본적으로 강조하지만 생애사 연구에서는 더욱더 중요하다. 앞에서 설명한 참여자의 주관성과 구술성의 가치를 극대화하기 위해 연구자는 참여자의 이야기에 공감하고 상호 존중과 배려의 관계를 형성해야만 한다. 다시 말해, 생애사 연구의 가장 중요한 평가 준거는 '연구자와 참여자의 동등한 관계'라고 볼 수 있다(Measor & Sikes, 1992; Munro, 1998), 이와 관련하여 Lincoln과 Guba(1989)는 생애사 연구는 질적연구가 자신이 필요한 자료를 얻는 즉시 떠나버리는 '강탈 모형(rape model)'이 되어서는 안 되며, 존중, 공감, 배려에 기초한 '연인모형(lover model)'으로 바라보아야 한다고 지적하였다(Lincoln & Guba, 1989: 227-228). 다시 말해, 생애사 연구에서 연구자와 참여자는 평등하고 민주적이며 윤리적이고 인간적인 관계를 맺는다. 참여자가 자기의 역사를 생성하는 주체로서 인정받고 연구 과정에서 능동적 역할을 수행할 때 비로소 생애사 연구는 그 본래의 목적에 가까이 다가갈 수 있다(Casey, 1992; Cole & Knowles, 2001; Measor & Sikes, 1992). 생애사 연구자는 참여자들의 관심과 그들의 주장에 관심과 공감을 표해야 하며, 공감하는 질문을 통해 참여자가 더 깊은 내면의 이야기를 하도록 촉진해야 한다.

나) 생애사 면담 질문들

다음으로 생애사 면담을 위한 질문들과 면담 가이드 작성에 대해 설명하고자 한다. 연구자는 면담에서 참여자로부터 얻고자 하는 정보를 얻기 위한 가장 적절한 질문은 무엇일지에 대한 고민을 해야 한다(Holstein & Gubrium, 1995). 몇 번의 만남으로 참여자의 삶을 이해해야 하는 연구자의 입장에서, 오랜 시간 면담을 하였는데도 핵심적인 주제나 요소를 추출해 내지 못할 수 있다. 따라서 연구자는 구체적으로 설계된 면담 가이드를 준비할 필요가 있다. 면담 가이드가 포함하고 있는 질문의 질과 완성도는 결국 생애사 연구의 질을 결정한다. 왜냐하면 생애사 연구자는 주로 면담을 통해 효과적으로 자료 수집과 자료 분석을 진행하기 때문이다. 물론 개별 연구 주제에 따른 면담 가이드가 개발되어야 함은 말할 필요도 없다. 그럼에도 일반적으로 생애사 연구자가 참고할 수 있는 주제별 질문의 예는 **〈표 5-3〉**과 같다(Atkinson, 1995, 1998).

〈표 5-3〉에서 제시한 Atkinson의 예시는 생애사 연구 주제 관련 영역에 기초한 질

〈표 5-3〉 주제별 면담 질문의 예

주제	질문의 예
가족사, 출생	• 당신이 태어났을 때 가족과 당신의 가족이 살던 지역에는 무슨 일이 일어났나요? • 당신이 어렸을 때 가족들의 이야기를 해주십시오. • 당신의 부모님은 어떤 분이신가요?
문화적 배경, 전통	• 부모님의 민족적 · 문화적 배경은 무엇입니까? • 당신이 문화적인 영향을 받았던 기억은 무엇입니까? • 문화적인 배경이 당신의 삶에 얼마나 큰 영향을 미치고 있습니까?
사회적 사실	• 어렸을 때 보호받는 느낌을 받았습니까? • 당신은 부모님과 충분한 시간을 보냈다고 생각하나요? • 사회적 지위가 당신의 삶에 얼마나 중요합니까?
교육	• 학교에서 가장 기억에 남는 일은 무엇입니까? • 학교생활 중 활동한 단체나 동아리는 무엇입니까? • 학창시절 스승은 어떤 분이십니까?
일과 사랑	• 이성을 만날 때 어려움을 겪었던 적이 있습니까? • 어렸을 때의 꿈과 목표는 무엇입니까? • 당신이 어른이 되었다고 느꼈을 때는 언제입니까?
역사적 사건과 시기	• 당신 삶의 가장 중요한 역사적인 사건은 무엇입니까? • 당신 가족에게 가장 중요하였던 사건은 무엇입니까?

주제	질문의 예
은퇴 생활	• 직장에서 은퇴하였을 때의 기분은 어떠하였습니까? • 직장에서 은퇴 후 나쁜 점은 무엇입니까?
심적 생활과 정신적 의식	• 당신은 행복한 유년기를 보냈다고 생각합니까? • 당신은 내면적으로 강하다고 생각합니까? • 당신은 당신 스스로 마음의 평화를 가지고 있다고 느낍니까?
주요한 삶의 테마들	• 당신이 받은 선물 중 가장 기억에 남는 것은 무엇입니까? • 당신의 결정적 순간은 무엇입니까? • 당신은 실망감에 빠졌을 때 어떻게 행동합니까?
미래의 비전	• 당신의 삶에 만족하고 있습니까? • 당신이 죽기 전에 가장 해보고 싶은 것은 무엇입니까?
면담을 마치며	• 당신의 삶에 대해 좀 더 하고 싶은 이야기는 무엇입니까?

문들이다. 이와 더불어 우리나라 학자들이 논의한 생애사 연구 면담 가이드의 유형(**〈표 5-4〉** 참조)에 관한 논의를 소개하고자 한다(민성은, 최성호, 김영천, 2017).

〈표 5-4〉에서 제시한 질문들에 기초하여 연구자는 더욱 구체적으로 자신의 연구를 위한 면담 가이드를 개발해야 할 것이다. 연구자는 면담이 진행됨에 따라 면담 가이드를 개선하여 발전시키며, 연구가 진행됨에 따라 때로는 특정한 영역에 집중한 면담 가

〈표 5-4〉 생애사 연구 면담 가이드의 유형

면담 가이드 유형	설명과 질문의 예
삶 전체 여정 묘사를 위한 면담 가이드	참여자의 삶의 경로(유년기, 학창시절, 청년기, 중년기, 노년기)와 관련한 질문(각 시기의 인간관계, 중요한 사건) • 부모님은 어떤 분이셨으며 가족 문화는 어떠하였습니까? • 형제들의 성향은 어떠하였으며 관계는 어떠하였습니까? • 교우관계는 어떠하였으며 가장 기억에 남는 학교 친구는 누구입니까? 그 친구와 어떤 일이 있었습니까?
개인적 변화의 구체적 양상과 원인에 관한 면담 가이드	개인의 삶이나 가치관 형성과 변화, 성격 형성과 관련한 질문 • 본인의 성격은 어떠하다고 생각합니까? • 언제부터/어떤 계기로 그러한 생각을 하게 되었습니까? • 어린 시절에 자신에 대한 평가나 판단은 어떠하였습니까? • 삶에서 가장 가치 있다고 생각하는 것은 무엇입니까? • 어린 시절과 지금의 모습이 어떻게 같습니까?/다릅니까? • 그런 변화가 생긴 원인은 무엇이라고 생각합니까?

면담 가이드 유형	설명과 질문의 예
특정 경험에 대한 의미 형성에 관한 면담 가이드	참여자의 특정한 경험(결혼, 졸업, 취업, 출산, 전쟁, 장애)에 대해 참여자가 부여하는 의미와 가치와 관련한 질문 • 당신의 삶에서 결혼/출산/취업은 어떤 의미입니까? • 사회적 사건(9 · 11 테러 사건, 세월호 사건 등)이 당신에게 어떠한 영향을 주었습니까? • 학원이나 과외를 통한 학습 경험이 학교와 학교교사에 대한 당신의 생각과 믿음에 어떠한 영향을 주었습니까?
특정 인물이나 집단의 정체성 개념화에 관한 면담 가이드	특정한 집단(직업, 종교, 상황)의 정체성의 특징 파악을 위한 질문 • 당신이 속한 그 단체는 어떤 특징이 있습니까? • 그 단체에 소속되기 전과 후의 삶이 어떻게 달라졌습니까? • 그 단체의 구성원으로서 자부심이나 자긍심을 느낄 때는 언제입니까? • 그 단체의 구성원들과 강한 유대감을 느낄 때는 언제입니까?

이드가 필요할 수 있다. 면담의 효율성을 위해 연구자는 시간 흐름표 또는 사진이나 영상 자료를 활용하여 면담을 진행할 수 있다. 지금까지 일반적인 차원에서 생애사 면담을 어떻게 접근해야 할지 그리고 면담 가이드를 어떻게 구성해야 하는지 설명하였다. 이제 생애사 연구에서 활용한 면담 가이드 예를 제시하여 독자의 이해를 돕고자 한다.

생애사 연구 면담 가이드의 예

***A Life History Study of Young Chinese Women's Experneices under the Influence of Traditional Culture and its Contemporary Evolution*(Liu, 2020)**

가족관계에 대한 질문

- 당신의 당신과 당신 부모님 사이에 세대차이가 있다고 생각하십니까?
- 당신은 당신의 생각과 부모님의 생각이 다르다고 느낀 적이 있습니까?
- 당신의 삶과 당신 부모님의 삶은 어떻게 다릅니까?
- 당신의 성격과 대인관계 방식에 당신의 부모님의 영향이 컸다고 생각합니까?
- 당신 가족의 부모 자식 관계에 대해서 하고 싶은 이야기가 있습니까?
- 만일 행복한 일이나 불행한 일이 생기면 가족과 나누고 싶습니까?
- 만일 당신이 어려움에 처하면 부모님께 도움을 요청하겠습니까?

- 당신의 당신 부모님의 조언을 믿고 따릅니까?
- 당신은 당신 부모님과 당신의 관계에 변화가 필요하다고 생각합니까?
- 가족과 관련하여 당신의 가장 큰 문제는 무엇입니까?

유학 및 취업 관련 질문

- 만일 기회가 있다면 유학을 가고 싶습니까?
- 만일 가고 싶다면 그 이유는 무엇입니까? (학업, 넓은 세계관, 유명 대학의 학위, 취업에 도움, 더 나은 사회에서의 생활, 이민 등)
- 만일 유학을 가게 된다면 염려되는 것은 무엇입니까? (비용, 문화적 차이, 적응, 부모님, 불확실성 등)
- 당신 주위에 유학을 다녀왔거나 외국에서 공부하고 있는 사람이 있습니까?
- 외국에서 공부하는 것에 대해 가장 염려되는 것이 무엇입니까?
- 졸업 후에 무엇을 하고 싶습니까? (취업, 대학원 진학, 창업 등)
- 당신의 취업과 관련하여 누구의 영향이 가장 큽니까? (부모님, 친척, 선생님, 친구, 유명인 등)
- 취업과 관련한 당신의 약점은 무엇입니까? (경험 부족, 사회적 기술, 부모님의 희망, 성차별 등)
- 구직과 관련하여 당신이 가장 우선적으로 고려하는 것은 무엇입니까? (능력 개발의 기회, 근무 환경과 지역, 보수, 자아 실현 등)
- 당신은 어느 지역에 취업하고 싶습니까?

다음은 이지연(2020)의 『'LPGA 1세대 골퍼'의 삶과 정체성: 박세리, 김미현, 박지은을 중심으로』에서 연구자의 면담 가이드 개발을 위해 사용한 분류 체계이다(**<표 5-5>** 참조). 이 체계는 생애사 연구자가 연구 주제와 관련한 하위 영역을 규명하고 이에 따라 세부 영역, 나아가 구체적인 면담 가이드를 작성하는 데에 참고가 될 수 있을 것이다.

2) 문서 분석

생애사 연구에서 문서 분석은 보조적인 자료 수집 방법이지만 매우 의미 있는 자료를 수집할 수 있는 방법이다. 여기서 이야기하는 문서는 공적인 문서, 일기, 일지, 메모, 편지, 사진, 영상, 수첩, 여러 가지 상장과 자격증, 학위, 온라인 커뮤니티 활동 자

〈표 5-5〉 생애사 연구 면담의 주제 분류 예시

대분류	중분류	소분류
골프 시작	유년 시절	• 가족 내력, 어린 시절에 대한 기억
	부모님	• 부모님(특히 '골프 대디')과의 관계
	골프 시작	• 골프 시작 계기, 첫 골프 기억
아마추어 시절	동기 부여	• 골프에 올인, 몰입, 재미를 느낀 계기
	훈련	• 훈련의 방식과 과정
	학업	• 학업에 대한 생각, 참여
	아마추어 대회	• 아마추어 대회 성과를 통한 정체성의 형성
프로 전향	계기	• 프로 전향 동기와 과정
	목표	• 프로로서의 목표와 이유, 정체성의 발전
LPGA 투어 데뷔	도전	• 도전의 이유와 과정
	성취	• 성취의 과정과 결과를 통한 정체성 강화
	경쟁	• 경쟁에 대한 생각과 영향
	갈등	• 갈등의 요소와 영향
은퇴 전후	부상	• 부상의 원인과 대처
	슬럼프	• 슬럼프의 원인과 과정, 벗어나기 위한 노력
	은퇴	• 은퇴를 결심하게 된 계기와 과정
	새로운 삶	• 은퇴 후 삶에 대한 생각과 모습

료, 휴대전화 기록, SNS 등 연구 참여자와 관련된 자료 또는 연구 참여자가 작성하거나 구성한 모든 종류의 자료를 의미한다. 이러한 자료의 수집과 분석이 중요한 이유를 크게 두 가지로 요약할 수 있다. 첫째, 문서 자료들은 참여자로 하여금 잊혀졌던 그러나 의미 있었던 삶의 기억 회상을 회상하는 데에 도움을 줄 수 있다. 이에 문서 자료는 생애사 면담을 위한 보조 자료로서도 활용될 수 있다(Zimmerman & Wieder, 1977). 또 하나의 이유는 생애사 연구 '자료의 삼각 검증'을 위해 활용될 수 있다. 참여자의 이야기가 자신, 문서, 편지 등으로 뒷받침될 경우, 그 이야기는 더욱 높은 신뢰도와 흥미를 불러일으킬 수 있다. 이에 연구자는 참여자가 허락하는 범위 내에서 적극적으로 문서들을 수집해야 한다. 문서 분석은 연구가 진행되는 동안, 즉 면담과 참여관찰 등이 진행되는 동시에 이루어지는 것이 바람직하다. 왜냐하면 문서 자료는 연구자에게 어

떤 질문을 추가적으로 구성해야 할지, 관찰의 포인트는 어디에 두어야 할지 등에 대한 기초적 정보와 통찰을 제공해 줄 수 있기 때문이다. 특히, 문서 자료는 인생의 마지막 여정에 있는 참여자들에 대한 연구에서 그 중요성이 더욱 커진다고 하겠다. 예를 들어 80세 또는 그 이상의 나이의 참여자가 있다면 그의 전 생애에 대한 기억을 몇 번의 면담만으로 모두 수집하기는 어려울 것이다. 참여자의 기억력이나 체력의 한계로 인해 면담의 집중도와 효율성이 떨어질 수 있기 때문에 연구자는 연구 초기에 문서를 수집하고 분석하여 주어진 연구 시간을 효율적으로 사용할 수 있는 방안 마련을 위해 문서 분석을 활용할 수 있을 것이다.

다양한 문서들 중 일기는 참여자의 일상적인 경험, 생각, 반성 등이 포함된 자료로서 생애사 연구 문서 분석의 중요한 자료가 된다(Bornat & Bytheway, 2012). 사실 일기는 최근 개인의 삶의 기록을 탐구하는 방법으로서 '일기 방법론(diary methods)'으로 이론화되기도 하였다(Hyers, 2018). 생애사 연구 그리고 일반적인 질적연구에서 자료의 원천으로서의 '일기'의 특징을 알아보고자 면담과 일기를 비교해 보도록 하겠다(Bornat & Bytheway, 2012; **<표 5-6>** 참조).

생애사 면담은 연구자의 질문에 대한 참여자의 응답으로, 참여자의 삶에 대한 이야기는 항상 회고적이고 구어적 형태를 띤다. 그 경험이 있었던 그날의 참여자의 감정과 느낌은 면담이 벌어지는 현재의 것이다. 이에 연구자가 누구인지 면담의 시간이나 환경이 어떠한지에 따라 영향을 받을 수 있다. 하지만 일기는 과거 하루하루의 '오늘' 있었던 일에 대한 '그날의 참여자'에 의한 기록이기 때문에 당시의 더욱 생생한 참여자의 감정과 평가를 엿볼 수 있다. 즉, 30년 전의 일기가 있다고 한다면 연구자와 참여자 모두 그날의 참여자 자신의 관점과 경험에 대한 정보를 획득할 수 있다. 이러한 이유로 '일기'는 문서 분석에서 가장 중요한 자료의 원천이며 생애사 면담을 위한 보충

<표 5-6> 생애사 면담과 일기의 비교

구분	생애사 면담	일기
기록된 시간	• 회고적, 과거의 삶 여정에서의 사건 변화에 집중	• '지금 여기', 이어진 날들 각각에 일어난 사건에 집중
수집 방식	• 연구자와 참여자의 비교적 짧은 상호작용, 질문과 답변 형태	• 참여자 개인이 만들어낸 오랜 기간 동안의 순서적 기록
언어 형태	• 구어, 자서전적, 참여자의 삶에 대한 기억된 형태	• 문자, 전기적, 참여자가 풀어낸 인생의 이야기 속의 다양한 경험

자료로서 그 가치가 높다고 하겠다. 다시 말해 자료의 삼각 검증을 위해서뿐만 아니라 면담이 이루어지는 '오늘'의 참여자와 일기를 작성한 '그날'의 참여자에 대한 비교가 가능해지기 때문이다. 일기의 예로서 너무나 잘 알려진『안네의 일기』를 들 수 있다. 유대인 소녀인 안네가 1942년부터 1944년까지 2년간 겪은 일들을 고스란히 담고 있는『안네의 일기』는 당시 독일 지역에 남아 있던 유대인이 나치즘의 폭력과 잔인함 아래에서 어떠한 생활을 하였는지를 생생하게 보여주고 있다.『안네의 일기』는 생애사 연구를 위한 문서 분석에서 일기의 활용의 중요성과 의미에 대한 예이다. 한상만과 이희수(2014)는 한국의 세 사람의 명의의 생애사를 탐구한「경험학습을 통한 명의의 전문성 발달 과정」에서 참여자들의 일기를 분석하였고, 그 참여자들의 전문성 발달에 일기 쓰는 습관이 중요한 역할을 하였다는 사실을 포착하였다.

문서 분석을 위한 일기 활용의 예

「경험학습을 통한 명의의 전문성 발달 과정」(한상만, 이희수, 2014)

성찰과 통찰을 얻기 위해서는 경험을 고려할 시간인 기회가 필요한데, 연구 참여자들은 바쁜 일상 중에서도 기회를 만들기 위해 "왜 치료가 안 될까?" 하고 자신에게 질문하기도 하고, 일상의 경험을 매일 기록하기도 하였다.

> 일기야 중학교 때부터 썼죠. 물론 쓰다가 중간에 그만두었죠. (책상 서랍에 있는 일기를 찾아 넘겨보면서…) 여기 있는 것이 30권째니까(해마다1권씩 일기를 쓰고 있음) 다시 쓰기 시작한 지 30년쯤 된 것 같아요(K교수).
>
> O교수는 오늘도 수술 일지를 적는 것으로 하루를 정리한다. 24년간 꾸준히 쓴 수술 일지, 환자 한 사람 한 사람을 소중히 기억하고 치료 계획을 세우기 위한 최고의 자산 목록이다. 그리고 앞으로 풀어나가야 할 과제가 무엇인지를 알고 내일을 풀어나갈 열쇠가 된다(EBS 의학 다큐멘터리「명의」).

마. 생애사 연구의 여섯 가지 분석 방법

자료의 수집이 어느 정도 마무리되었다면 이제 자료를 분석하는 단계에 이르렀다는 것을 의미한다. 생애사 연구를 위한 자료 분석 방법에 대해 서구의 여러 학자들이

〈표 5-7〉 생애사 연구 자료 분석 방법

분석 방법	특징
연대기적 분석	• 시간성(크로노스, 카이로스)에 기초한 분석 • 객관적 시간의 흐름 속에서 카이로스적 시간 포착
사회문화적 특수성 중심 분석	• 참여자의 삶이 펼쳐지는 사회적 · 문화적 · 정치적 · 역사적 · 경제적 · 종교적 맥락에 중점을 둔 분석
인간관계 양상 및 상호작용 방식 분석	• 특정한 인간관계와 참여자의 상호작용 방식에 초점 • 삶의 동력이 되거나 큰 전환점이 되는 관계와 방식
공간 및 소속집단 중심 분석	• 참여자 삶의 공간과 공간의 이동 • 소속집단의 변화와 특징 분석
가치관과 비전 중심 분석	• 참여자의 신념, 가치관, 세계관, 꿈과 비전 • 신념과 가치관의 변화에 따라 어떤 결정을 하고 행동을 하였는지 분석
대응방식 중심 분석	• 삶에 대한 태도 • 상황, 장소, 인간관계의 변화에 대한 참여자의 행위 변화

논의한 바 있다(Dollard, 1935; Mandelbaum, 1973; Spradley, 1980; Dhunpath, 2000; Haglund, 2004). 민성은, 김영천과 정정훈(2015)은 서구 학자들의 논의를 분석하여 여섯 가지 분석 방법을 제시하였다. 이에 우리는 여섯 가지 생애사 연구의 효과적인 자료 분석 방법(**〈표 5-7〉** 참조)을 설명하고자 한다.

1) 연대기적 분석

연대기적 분석은 시간의 종적 흐름에 따라 참여자의 이야기를 분석하고 배열하는 분석 방법이다(김영천, 한광웅, 2012). 이 분석 방법은 가장 기본적인 생애사 분석 방법으로서 이후에 설명할 다섯 가지 분석 방법의 기초가 되기도 한다. 민속학적 연구 방법론을 활용한 연구에서 상황과 상호작용에 너무나 집중한 나머지 시간적 흐름과 그 속에 들어 있는 사회적 배경과 조건 그리고 이들의 변화를 소홀히 하는 경우가 있는데, 이는 참여자 삶의 독특한 흐름과 진행을 포착하지 못하는 결과를 초래하기도 한다(Goodson, 1988, 1992). 연대기적 분석은 Dollard(1935)가 이미 오래전에 강조한 생애사 연구의 조건인 참여자의 탄생과 어린 시절부터 성인기 그리고 노년기에 이르는 전 생애에 걸친 성장과 변화의 과정을 중시한다(Haglund, 2004). 연대기적 분석은 참여자의 삶에서 일련의 사건들이 어떠한 시기에 어떠한 순서로 이루어졌는지를 시간적

〈표 5-8〉 연대기적 분석 방법

분석 방법	특징
주제나 이슈 중심 분석	• 연대기적 사건 중 공통된 주제 이슈 도출 • 관련 경험을 범주화하고 심층적 의미 탐색
삶의 형태 중심 분석	• 삶의 굴곡에 기초한 분석 • 전체적 패턴과 경향, 특징 규명

흐름에 따라 분석한다. 이와 더불어 각 상황과 사건에 참여자가 어떻게 반응하고 행동하였는지, 그리고 이어지는 삶의 여정에 그 사건들이 어떠한 영향 또는 결과로 작용하였는지 분석한다.

연대기적 분석은 먼저 크로노스의 시간성, 즉 객관적인 시간의 흐름에 따른 참여자의 생애적 사건과 경험을 배열한다. 하지만 단순한 시간적 나열이 아니라 '참여자에게 중요하고 의미 있는 시간', '참여자가 특별한 의미를 부여하거나 그의 삶에서 결정적 사건이 일어난 시간'을 포착하는 것이 핵심이다. 후자의 시간성은 참여자와의 면담에서 더욱 선명하게 드러난다. 카이로스의 시간성은 참여자와 연구자의 관계, 면담의 상황, 참여자의 현재 관점에 따라 달라진다(Freeman, 2007; 김영천, 한광웅, 2012). 연대기적 분석은 크게 두 가지로 나눌 수 있으며, 이는 **〈표 5-8〉**에 간략히 제시되어 있다.

주제나 이슈 중심 분석에서 중요한 것은 관련 경험들을 범주화하는 것이다. 즉, 연구자는 참여자의 삶을 범주로 나누고 이를 '실로 꿰듯' 그 전체성을 유지하면서 범주를 연결시킨다(Lieblich et al., 1998). 범주를 연결시키는 작업은 제4장에서 설명한 근거이론의 코딩 절차를 따를 수 있다. 이 방법은 귀납적이거나 연역적인 방법 중 한 가지만을 취하는 것이 아니라 이를 결합한 개연적 삼단논법을 따른다. 다시 말해, 특정한 상황이나 행위의 동기, 원인을 추론하고 이를 기초로 결과나 예상되는 행위를 전망하여 가설을 세우고 추론을 세우는 순환적 방법이다. 이를 통해 실제로 참여자가 겪은 일의 인과성과 의미성을 찾아나간다(이희영, 2005).

다음으로 삶의 형태 중심 분석은 참여자 각각의 삶 속에 들어 있는 패턴 또는 구조를 발견하는 분석 접근이다. 다시 말해 삶의 형태 중심 분석은 참여자의 삶을 굴곡지게 하는 사건과 요소들을 중심으로 연대기적 패턴을 찾아내는 작업이다. 이는 하나하나의 경험과 내용적 측면보다 전체적 구조와 특성 발견을 목적으로 하는 분석 방법이다(이동성, 2013). 예를 들어 앞서 소개한 이지연(2020)이 참여자 세 명의 정체성을 '성취 지향적', '관계 지향적', '자기주도적' 정체성으로 규명한 것이 좋은 예가 될 수 있다. 삶의 형태 중심 분석의 예로서 Davis(2006)의 *Poverty, in Time: Exploring poverty dynamics from life history interviews in Bangladesh*를 들 수 있다. Davis는 참여자 Fuljian의 삶의 굴곡을 다음과 같이 진술하고 이를 그림으로 나타내었다.

삶의 형태 중심 분석의 예

Poverty, in Time: Exploring poverty dynamics from life history interviews in Bangladesh **(Davis, 2006)**

Fuljian은 1974년 대기근 때 장티푸스로 아버지를 잃은 후, 1981년, 12세의 나이에 결혼을 하였다. Fuljian과 남편은 둘 다 가난한 집안 출신이다. 1984년, Fuljian은 시어머니가 위궤양을 앓으면서 13,000 taka(방글라데시 지폐단위)가 필요하게되었다. 이 돈을 마련하기 위하여 그녀 남편의 형제들은 베틀을 팔아야 하였다. 1987년, Fuljian은 출산 과정에서 아기를 잃었고, 자신도 아파서 20,000 taka를 병원비로 썼다. 1990년 형제들이 가족 재산을 분할하면서 형편이 좀 나아졌다. 1998년 Fuljian의 큰언니가 결혼을 하면서 14,000 taka를 사용하였다. 이 돈을 모으기 위해서, 그녀는 직장에서 가불을 받았고, 5,000 taka를 친척들에게 빌리고, 염소 한 마리를 팔고, NGO 대출을 받았다. 이제 Fuljian은 33세이고, 남편, 세 아들, 두 딸, 66세의 시어머니와 함께 살고 있다. 큰딸은 1998년에 결혼하여, 그녀의 시가에서 살고 있다. Fuljian의 남편은 베틀 숙련공이고, 한 달에 1,200 taka를 벌며, 그들의 17세 아들도 같은 일로 비슷한 금액을 번다. 그들은 집과 조그만 땅을 소유하고 있으며, 그것의 전체 가치는 12,800 taka 정도이다. 집은 아주 상태가 안 좋아 수리를 해야 하고, 그들이 사는 곳은 지역사회에서 '빈민 지역'으로 간주된다. 하지만, 큰아들과 남편이 일을 해서 가계에 보태고 있어, Fuljian은 내년부터는 살림이 좀 더 나아지리라는 희망을 가지고 있다.

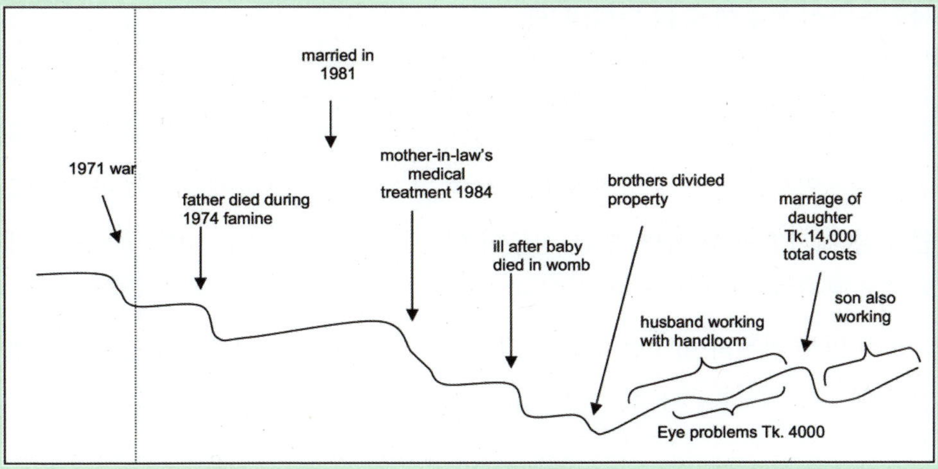

2) 사회문화적 특수성 중심 분석

이 장의 서두에서 강조한 바와 같이, 생애사 연구는 개인의 삶의 특징과 참여자의 정체성뿐만 아니라 그 삶이 펼쳐지는 사회문화적 조건을 이해하기 위한 연구 방법이다(Dollard, 1935). 따라서 개인의 삶을 이해한다는 것은 개인의 오감, 인지, 기억에만 의존할 수 없으며, 그 너머의 사회문화적 흐름과 요소들을 함께 고려해야 한다(Bronfenbrenner, 1979). 이러한 목적을 고려할 때 사회문화적 맥락 중심 분석은 생애사 연구에서 많이 활용되는 중요한 분석 접근이다. 여기서 이야기하는 사회문화적 맥락은 역사, 전통, 문화, 정치, 제도, 경제 등 참여자의 삶이 흘러간 사회가 가지고 있는 다차원적이면서 거시적인 체계를 이야기한다.

이 분석 방법은 모든 생애사 연구에서 활용될 수 있다. 하지만 삶의 특정한 기간 동안의 특수한 경험을 한 사람들에 대한 생애사의 경우, 그 시간과 공간의 사회문화적 맥락에 대한 총체적인 고려와 분석이 필요하다고 하겠다. 예를 들어, 일본군 성노예 피해자들에 관한 생애사 연구(안신권, 2015), 나치에 의한 유대인 학살 생존자들에 관한 생애사 연구(Schiff, Noy, & Cohler, 2001), 히로시마 원폭 생존자의 삶에 관한 연구(Lifton, 2012) 등이 좋은 예가 될 수 있다. 이 분석의 예를 제시하여 독자들의 이해를 돕고자 한다. 이 연구는 일본군 성노예 피해자들의 생애담 분석을 위해 사회문화적 맥락 중심 분석을 사용한 예이다.

사회문화적 특수성 중심 분석의 예

『일본군 성노예 피해자들의 생애사 연구』(안신권, 2015)

연구자는 일본군 성노예 피해자 17명의 개별적인 생애담 외에 거시적인 맥락들인 일본 시기별 전쟁 국면, 일본 정부의 미성년자 인신매매 금지법, 성노예 피해자들의 복지권, 인권, 한국 정부/국제적 입장 등에 대한 문서 분석을 수행하였다. 다음은 일본 정부의 미성년자 금지 인신매매 금지에 관한 제도적 환경을 분석한 것이다.

> 강제 동원 일본군 '성노예' 피해 제도를 만든 것 자체가 범죄적 행위라 할 수 있다. 당시 일본 정부는 미성년자 인신매매 금지를 위한 국제조약에 가입한 상태였다. 미성년 여성들의 국제적 성매매를 방지하기 위한 조약으로, 정부가 나서서 인신매매, 유괴, 협박 등 성매매를 목적으로 한 이송을 금지한다고 약속한 것이다. 또 주목할 것은, 1930년 전국적으로 광범위한 인신매매에 관한 신문 보도가 있었으나 조선 총독부가 이들을 처벌하였다는 내용은 없었다는 것이다. 반면 전쟁 상황이나 강제 동원 일본군 성노예 피해자와 연관되는 말을 하였다는 이유로 육해군 형법으로 엄하게 처벌받았다는 사실이 드러나 있다.

이러한 성노예 피해자들이 살았던 당시의 사회문화적 맥락 중 하나인 제도적 환경을 분석함으로써, 그 당시 일본이 얼마나 많은 기만적 행위를 하였는지, 또한 자국의 이익을 위해 얼마만큼 자신들의 행위를 은폐하려고 하였는지 파악할 수 있다. 이는 일본 제국주의라는 큰 사회적/역사적 맥락 속에서 성노예 피해자로서 살아갈 수밖에 없었던 연구 참여자들의 삶을 이해하고, 분석하는 데 한 가지 관점을 제공한다.

3) 인간관계 양상 및 상호작용 방식 분석

인간관계 양상 및 상호작용 방식 분석은 한 사람의 삶에서 특정한 인간관계 그리고 그 사람의 상호작용 방식이 삶의 동력이 되거나 큰 전환점이 될 수 있다고 판단될 때 활용할 수 있는 분석 접근이다. 대부분의 인간은 누구나 다양한 규모와 차원의 인간관계를 형성하고 살아가며, 그러한 인간관계(소속 집단의 변화나 장소의 이동)는 지속적으로 변하기 마련이다(Bronfenbrenner, 1979). 가족, 어린이집, 학교, 동아리, 동호회, 동문회, 인터넷 모임, 단톡방 등 인간은 다양한 방식으로 많은 사람과 인간관계를 맺으며 나름의 방식으로 상호작용한다. 이 분석 접근은 이러한 관계와 상호작용 방식의 특징과 의미를 파악함으로써 참여자의 삶과 정체성을 탐구하고자 한다. 구체적인 예로서 Liu(2020)의 연구를 들 수 있다.

인간관계 양상 및 상호작용 방식 분석의 예

***A Life History Study of Young Chinese Women's Experiences under the Influence of Traditional Culture and its Contemporary Evolution*(Liu, 2020)**

이 연구는 참여자가 자신의 전통적인 문화와 변화하는 문화 속에서 어떻게 그리고 어떠한 정체성을 형성해 가는지에 대한 탐구를 목적으로 하였다. 이에 연구자는 참여자들과 중요한 타자와의 관계에 많은 초점을 두었다.

특히 이 연구는 참여자와 가족관계, 참여자와 다른 학생들과의 관계 그리고 이러한 관계의 특징과 영향을 분석하고자 노력하였다. 인간관계에 중심을 둔 연구자는 다음과 같은 주제를 중심으로 논의하였다.

- 전통적인 중국의 가족관계
- 위계적 관계에서 동등한 관계로의 변화
- 가정에서의 여성의 지위와 역할 변화
- 여성의 사회적 지위 발달과 변화

4) 공간 및 소속집단 중심 분석

생애사 연구의 핵심 개념에서 논의한 바와 같이 공간과 사회문화적 특수성은 생애사 연구자가 고려해야 할 가장 중요한 요소들이다. 특히 참여자가 살아가는 공간과 공간의 변화, 그가 속한 집단의 정체성과 특징은 참여자의 정체성 발달과 변화에 지대한 영향을 끼치는 요소이다(Dollard, 1935). 또한 대부분의 인간은 다양한 크고 작은 집단에 소속되어 살아간다. Goffman의 무대 이론이 이야기하는 것처럼, 인간은 자신이 어느 집단 어느 위치에 있는지에 따라 그 행위가 달라진다. 이에 생애사 연구자는 참여자의 삶이 펼쳐지는 공간과 그가 소속되어 있는 집단을 중심으로 분석할 수 있다. 이러한 분석 접근을 통해 연구자는 참여자가 어떠한 공간에서 어떤 행위를 하는지, 어떠한 집단에서 어떤 말과 행동을 하는지 분석함으로써 '다면체 인간으로서의 참여자가 누구인지'에 대한 심층적인 이해로 나아갈 수 있다. 예를 들어, 이미 언급한 이스라엘 이민 여교사들의 생애사 연구에서 참여자들이 공간과 소속집단에 따라 커다란 정체성의 변화를 겪음을 보여주었다. 이 분석 접근을 위해 연구자는 Spradley(1980)의 성분 분석 방법을 활용할 수 있다(민성은, 김영천, 정정훈, 2015). Spradley의 성분 분석은 문화기술지의 분석 기법인데, '공간 및 소속집단'은 사회문화적 특수성과 밀접한 관계에 있기 때문에 이 분석 방법을 활용할 수 있다. 이 분석 접근으로 연구자는 참여자가 속한 공간과 소속집단의 속성을 파악하고 이를 참여자의 행동과 삶의 변화에 어떠한 영향을 끼쳤는지를 분석하고자 한다. 문화적 성분 분석을 통해 연구자는 참여자의 삶에서 나타나는 다양한 문화적 범주와 그 의미를 파악한다.

장소와 소속집단 중심 분석은 이주, 이민과 같이 장소와 소속집단이 동시에 바뀌는 경험을 한 참여자들의 삶에 대한 생애사 연구에서 더욱 핵심적으로 활용될 수 있다. 예를 들어, 외국인 유학생들의 삶에 대한 연구, 결혼 이주 여성에 대한 연구, 이민자들에 대한 연구 등을 들 수 있다. 구체적 예를 소개하고자 한다. **<표 5-9>**는 중학생의 학습 공간 4곳에 대한 대조적인 성분 분석이다. 이는 공간의 변화에 따른 학생의 학

<표 5-9> 성분 분석의 예

영역(범주)	대조의 차원			
	수업의 질 (대조점 1)	선생님과의 관계(대조점 2)	강연 (대조점 3)	의미 (대조점 4)
학교	보통	보통	가끔 좋음	잠자는 곳
학원	높음	좋음	자주 좋음	공부하는 곳 + 친구 만나는 곳
가정(과외)	높음	매우 좋음	좋음	편하게 공부하는 곳
독서실	—	—	보통	집중해서 공부하는 곳

습 문화와 그 의미를 나타낸다. 성분 분석 방법을 통해 연구자는 장소의 변화와 소속 집단의 특성을 이해하고, 그러한 특성이 생기는 이유와 그 특성으로 인한 개인의 행위 및 삶의 특징을 이해할 수 있다.

5) 가치관과 비전 중심 분석

개인의 가치관과 비전은 개인의 행동을 결정하는 가장 중요한 요소들 중 하나이다(Runyan, 1984). 이에 이 분석 접근은 참여자의 신념, 가치관, 세계관, 꿈과 비전이 무엇이며 어떻게 변화하였는지 그리고 그러한 가치관과 비전에 따라 어떤 결정을 하고 행동을 하였는지 분석할 수 있다. 이 분석 접근을 통해 연구자는 참여자의 가치관과 비전의 특징, 실현 방식, 변화의 양상 등을 분석할 수 있다. 이 분석 방법은 보통 사람과 다른 특별한 사람에 대한 생애사 연구 분석을 위해 특히 적합하다고 하겠다. 왜 그 사람은 그러한 '희생적'인 삶을 살았는지, 왜 그 사람은 그러한 '성취 지향적'인 삶을 살았는지, 어떻게 그 사람은 그 집단의 보통 구성원들과 달리 '독특한' 성향을 나타내는지 이해하기 위해 연구자는 참여자의 가치관과 비전을 중심으로 분석할 수 있다.

가치관 비전 중심 분석의 예로서 한상만과 이희수(2014)의 명의의 전문성 발달 과정에 대한 생애사 연구를 들 수 있다. 연구자는 세 명의 명의들이 어떠한 과정을 거쳐 또는 어떠한 결정적 사건을 통해 '의사로서의 확고한 가치관'을 형성하게 되었는지 상세하게 제시하였다.

삶의 가치관과 비전 중심 분석의 예

「경험학습을 통한 명의의 전문성 발달 과정」(한상만, 이희수, 2014)

가치관의 정립은 일상생활 가운데 어느 순간 이루어지기도 하지만 중요한 사건을 통해 이루어지기도 한다. K교수는 부모님이 돌아가시는 사건을 통해서, O교수는 해외연수를 통해 인생을 다시 생각해 보게 되었으며, L교수는 시행착오의 경험을 통해 의사로서의 사명감을 갖게 되었다.

> 아버지, 어머니가 84년, 85년에 돌아가시면서 부모님의 그늘에서 벗어나서... 그때 누나 동생은 다 시집가고 형제는 나 혼자니까... 30대 초반, 중반 되니까... 내 뿌리로부터 잘렸을 때, '내가 스스로 서지 않으면 안 되겠다'라는

절박감! 그때가 어떻게 보면 내 인생으로 다시 이제 어른이 되었다고 할까요? (K교수)

인생을 전후반으로 나누면... 전반은 목적 지향적 인간(aim-oriented person), 후반은 의미 지향적 인간(meaning-oriented person)이 되는 거야. 왜냐하면 부모님이 그때 돌아가신다든지, 책을 많이 읽어서 깨닫든지... 인생의 전환점이 오는 것 같아. 그때가... 나는 그때(해외연수)부터가 후반전이었어. (O교수)

여러 가지 연구를 통해서 진단율 90% 이상을 확보하려고 노력을 많이 하죠. 그렇지만 하나님이 아닌 이상 저희가 100% 맞힐 수가 없는데 가끔 가다가 악성과 양성을 틀릴 경우가 있다거나, 아니면 병기 결정이 우리가 생각한 것보다 훨씬 더 많이 퍼져 있을 때, 그럴 때는 사실은 좌절을 느끼기도 하죠. 영상의학과 의사로서는 내가 놓치면 끝이다, 이러한 아주 중요한 사명감을 가지고 하루하루 검사 하나하나에 열과 성의를 다해서 영상 판독에 임해야 된다고 저는 확신합니다. (L교수)

K교수에게 '의사'라는 직업은 자신의 삶 그 자체였다. 삶의 우선순위는 환자에 대한 진료와 그들의 치료를 위한 연구이며, 다른 일상생활은 진료와 연구를 잘하기 위해 준비하는 활동이었다.

6) 대응방식 중심 분석

대응방식 중심 분석은 참여자가 자신이 처한 환경, 상황, 집단에 어떻게 적응하는지에 중점을 둔 분석 접근이다. 이 접근의 개념은 생애사 연구의 분석 단계에서 매우 유용하다. 왜냐하면 생애사는 참여자를 둘러싼 사회문화적 특수성과 개인과의 상호작용에 관심을 가지기 때문에, 참여자가 주변 환경과 타인들에게 어떠한 대응을 하느냐는 그 사람이 누구인지 그리고 어떻게 자신이 성취한 것을 성취하였는지를 밝혀낼 수 있는 중요한 단초가 될 수 있다(Mandelbaum, 1973). 그 예로서 알코올 중독 여성의 대응에 대한 분석의 예를 제시하고자 한다.

대응방식 중심 분석의 예

The coding manual for qualitative researchers
(Saldaňa, 2009)

한 여성 연구 참여자는 남편의 와이셔츠에 묻은 여성의 립스틱 자국을 발견하고, 알코올 중독에 빠지게 된다. 그 뒤, 가족들의 냉대와 무관심 속에서 중독 생활을 이어가는 중, 자녀의 "우리 집에는 엄마만 없으면 모든 것이 괜찮아"라는 말을 듣고 더욱 충격에 빠져 술에 빠지게 된다. 하지만 결국 자녀의 가시 돋친 한마디가 마음을 파고들어, 그녀는 단주(斷酒)를 결심하게 된다. 단주를 하였다고 모든 것이 회복되지는 않았다. 그녀는 남편과 시부모와의 관계를 회복하고자 노력하였다. 또한 신앙생활과 AA 모임 생활을 통해 회복자로서의 삶을 살고 있다.

여기서 여성 알코올 중독자인 연구 참여자의 삶을 Saldaňa(2009)의 종단적 코딩을 통해 분석해 보자.

증가/발생	누적	급변/출현/전환점	감소/정지	일정/일관성	특이함	상실
알코올 중독(a)	가족의 냉대와 무관심	남편의 외도/자녀의 상처 주는 말	알코올 중독(b)	남편/시부모와의 관계 불화	지속적 관계 회복 노력	삶에 대한 포기

남편의 외도를 알고, 이에 대해 연구 참여자는 알코올 중독(a)이란 대응 방식을 스스로 선택하였다. 그리고 가족들의 냉대와 무관심은 증가하였다. 그 뒤 자녀의 말은 더욱 알코올 중독(a)을 심화시켰다. 하지만 이는 결국 알코올 중독(b)을 끊도록 만들었다. 그렇지만 여전히 남편/시부모와의 관계는 지속적으로 일관성 있게 좋지 못하였다. 하지만 이전과 다르게 지속적으로 관계 회복을 위해 노력하며, 이는 연구 참여자가 삶에 대한 포기가 아닌 미래를 향한 지속적인 노력을 대응방식으로 선택하였음을 알려준다. 이러한 일련의 종단적인 연구 참여자의 삶의 대응방식의 전후 맥락과 변화 양상, 그것의 원인을 통해 연구 참여자

의 삶을 총체적으로 이해할 수 있다. 우선, 연구 참여자가 남편의 외도를 알고 알코올 중독이란 대응 방식을 선택한 것을 보면, 참여자가 극단적인 성격과 자포자기적인 성향을 가졌음을 알 수 있다. 또한 알코올 중독 후에 가족들이 냉대와 무관심으로 일관하였다는 것을 통해, 지속적으로 가족과의 관계가 좋지 않았으며, 이는 더욱 자포자기적인 대응방식을 심화시키는 계기가 되었음을 보여준다. 또한 상처 주는 자녀의 말로 알코올 중독이 더욱 심해졌지만 단주를 결심하고 남편과 시부모와의 관계 회복을 위해 노력하였다. 이러한 사실들은 참여자의 삶에서 친밀한 가족관계가 얼마나 중요한 요소인지를 드러내었다. 이에 연구자는 친밀한 가족관계에 대한 참여자의 깊은 욕망을 분석할 수 있으며, 어떠한 이유로 친밀한 관계를 형성하고 유지할 수 없었는지 이해할 수 있을 것이다. 또한 신앙생활 그리고 가족 이외의 다른 사람들과의 관계가 참여자의 삶의 태도나 대응방식에 어떠한 영향을 끼쳤을지도 분석할 수 있을 것이다.

바. 생애사 연구 글쓰기 방법

모든 질적연구가 그렇듯 생애사 연구 또한 글쓰기는 연구의 최종적 산물로서 연구의 결과와 시사점을 효과적으로 표현하는 것이다(Cole & Knowles, 2001: 122). 연구자가 생애사 연구의 결과, 즉 참여자의 삶과 정체성, 연구자로서의 관찰, 경험, 이해, 통찰 등을 어떻게 글쓰기로 제시하느냐는 그 연구의 신뢰도와 타당도를 결정하는 중요한 요소라 할 수 있다(이동성, 2013). 글쓰기의 중요성은 생애사 연구뿐만 아니라 모든 질적연구에서 강조되는데, 이는 '질적연구는 연구자의 말을 통해 재현되는 구체적 실제'이기 때문이다(Roman & Apple, 1990; Lather, 1991; Wolcott, 2001; Richardson, 2003; Sikes, 2010).

생애사 연구의 글쓰기는 화자의 시점과 글쓰기 접근 방식에 따라 다양하다. 통상적으로 3인칭 글쓰기를 수행하기도 하지만 종종 참여자의 시점이나 연구자의 시점에서 1인칭으로 쓰일 수도 있다(Caughey, 2006). 또한 자료 분석에서 설명한 것처럼 분석의 핵심적 접근에 따라 연대기적 글쓰기, 사회문화적 맥락 중심 글쓰기, 중요한 사건 중심 또는 인간관계 중심 글쓰기 또한 가능하다. 뿐만 아니라 문학적 글쓰기, 예술적 글쓰기, 포스트모던 글쓰기와 같이 새로운 글쓰기 방법들이 등장하고 있다(Kim & Cho, 2005). 이렇게 다양하고 새로운 글쓰기 방법 모두를 설명하는 것이 이 절의 목적

〈표 5-10〉 생애사 연구 글쓰기 방법과 특징

글쓰기 방법	특징
연대기적 글쓰기	• 참여자 삶의 시간적 흐름에 따른 글쓰기 • 참여자 정체성/전문성의 형성 과정과 발달의 단계 이해
중요 사건/일화 중심 글쓰기	• 중요한 사건과 특정한 이야기에 중점을 둔 글쓰기 • 연구 주제와 관련한 참여자의 경험에 집중한 글쓰기
시각적 이미지 활용 글쓰기	• 콜라주를 활용한 글쓰기, 사진을 활용한 글쓰기 • 문자 언어의 한계를 보충하며 '생동감'과 '진실성' 부여
문학적 글쓰기	• 시적 글쓰기, 희곡적 글쓰기, 소설적 글쓰기 등 • 문학 표현 방식을 통해 독자에게 감동과 강력한 호소 전달
포스트모던 글쓰기	• 절대적 진리와 단일한 표현 방식 거부 • 글쓰기를 통해 비정형성, 비예측성, 재현 불가능성, 다양한 목소리를 들려주기 위해 노력

이 아니기 때문에 우리는 생애사 연구를 위한 글쓰기의 대표적인 방법 다섯 가지를 설명하고자 한다(김영천, 이현철, 2017). 여기서 제시하는 글쓰기 방법은 개별적으로 활용될 수 있지만 여러 글쓰기 방법을 통합적으로 활용하는 것이 더욱 매력적인 생애사 글쓰기가 될 수 있음을 강조한다. 이에 우리는 먼저 생애사 글쓰기의 종류와 특징을 **〈표 5-10〉**에 간략히 제시하고 각각의 방법을 설명하고 예시를 제시하여 독자의 이해를 돕고자 한다.

1) 연대기적 글쓰기

연대기적 글쓰기는 참여자의 삶의 여정을 시간의 흐름에 따라 글을 쓰는 방법이다. 이 장에서 강조하였듯이 '시간성'은 생애사 연구의 핵심적인 연구 개념이자 연구 방법에서 중요하게 간주되는 개념이다. 뿐만 아니라 글쓰기에서 시간적 흐름을 따르는 것은 독자로 하여금 참여자의 삶이 어디에서 어떻게 그리고 어디로 흘러갔는지 이해할 수 있도록 해준다는 점에서 매력적인 방법이다. 연대기적 글쓰기는 대부분의 생애사 연구에서 찾아볼 수 있다. 참여자가 어떤 사람인지 소개하기 위해 상대적으로 간략한 형태의 연대기적 기술은 거의 대부분의 생애사 연구에서 등장한다. 또한 이 글쓰기 방법은 참여자의 '생애의 전체성'에 대한 탐구를 목적으로 하는 생애사에서 더욱 적극적으로 활용되는 글쓰기 전략이다. 위에서 소개한 「듣봄 강위영 교수의 생애사 연구』(유은정, 2020), 『축구인 차범근 생애사 연구』(최현길, 2017)와 같은 연구들에 나타난 글쓰기는 연대기적 글쓰기의 예라고 하겠다.

연대기적 글쓰기의 예

「생애사 연구를 통해 본 저신장 성인의 삶의 이해」(김정란, 2020)

이 연구의 목적은 저신장 성인의 삶 속에 존재하는 저신장 성인의 마이너 신체성에 대한 다양한 경험을 구체적이고 심층적으로 살펴보고, 이러한 과정을 통해 저신장 성인이 지금까지 살아오면서 겪었던 노력과 좌절 그리고 희망에 대한 체험적 지혜를 질적으로 탐색하는 것이다.

참여자의 생애사 요약

참여자 사례1은 38세로 지방 소도시에서 2남 1녀 중 장남으로 태어났다. 태어나면서부터 외형이 남달리 작았고 젖을 빠는 힘도 약하였던 탓에 그의 부모님은 사례1이 왜소증 신체적 특징이 있음을 알게 되었다. 사례1은 자신의 신체적 특징에 대해서는 유치원에 다닐 때까지만 해도 다른 친구들과 큰 차이를 느끼지 못하였지만 초등학교에 들어가면서 선도부 형들의 놀림을 받으며 자신의 신체적 특징을 인식하게 되었다. 또 이 시기에 장애등급도 받았다.

사례1은 초등학교 6학년 무렵 부모님의 권유로 1차 다리 연장 수술을 받았다. 수술 후 4개월 동안 입원하였고, 그 후 퇴원하여 1년간 통원치료 및 재활치료를 고향 집에서 받았다. 수술과 재활로 정상적인 학업을 할 수 없었기 때문에 사례1은 중학교 진학을 포기하고 검정고시를 준비하였다. 1차 수술 후 1년 뒤에 2차 다리 수술을 집에서 가까운 인근 병원에서 받았다. 2차 수술 후에는 또다시 1년간 다시 재활치료를 하면서 검정고시를 준비해 합격하였다. 그러나 고등학교는 집 근처의 학교로 진학하지 못하고 대도시에 있는 고등학교로 진학하게 되었다. 고등학교 때는 고향을 떠나 학교 근처에서 하숙을 하였다. 수술과 치료로 중학교 시절을 온전히 혼자 보낸 탓에 친구들과 어울리는 방법을 잘 몰랐던 사례1은 고등학교 시절을 혼자서 보내야만 하였다. 사례1은 이때를 가장 힘들었던 시절로 기억하고 있다.

사례 1은 고등학교 졸업 후, 장애인 특례입학을 통하여 인근 대학에 진학하게 되었다. 대학 졸업 후 첫해 공무원 시험에 실패한 후 부모님의 권유로 양쪽 팔 길이 연장 수술을 받았다. 수술 후 공무원 시험을 준비하면서 재활치료를 동시에 진행하였으며, 공무원 시험에 합격, 소도시 학교에 부임하여 현재까지 근무하고 있다. 현재는 부모님, 여동생과 함께 생활하고 있다.

학령기 이전

작고, 약한 아이로 태어나다

초등학교

친구들과의 키 차이를 인식하다
왜소증 장애 판정을 받다
첫 다리 연장 수술을 받다

중학교 검정고시 준비

두 번째 다리 연장 수술을 받다
수술 후에도 변함없이 차별을 느끼다
재활훈련과 검정고시 준비로 중학시절을 보내다

고등학교

2년 늦게 고등학교에 입학하다
학업에 어려움을 느끼다
친구들과 어울리지 못하다
애매한 배려와 혼자만의 시간을 보내다

성인기

부모의 권유로 인문학과에 진학하다
장애에 대해 관대한 환경에서 대학생활을 보내다
어디에도 끼지 못하다
공무원 시험에 두 번 낙방하다
세 번째 팔 길이 연장 수술을 하다
세 번째 공무원 시험에 도전하다
공무원 활동 시작으로 장애인과 비장애인의 이중적인 경험을 하다

공무원으로서 보람과 사회활동의 두려움을 느끼다
장애의 유전에 두려움을 느끼다
혼자만의 삶을 준비하다

2) 중요 사건/일화 중심 글쓰기

중요 사건과 일화 중심 글쓰기 또한 많은 생애사 연구에서 활용되는 접근이다. 이 글쓰기는 연구 주제와 관련한 사건과 일화를 부각시키는 글쓰기이다. 이 글쓰기는 참여자의 삶 전체를 조망하되 연구 주제와 관련한 사건을 부각시킬 필요가 있을 때 활용할 수 있는 접근이다. 연구자는 중요한 사건이나 일화 속에서 참여자가 어떠한 대응 방식, 상호작용의 특성을 보이는지 묘사할 수 있으며, 이를 통해 참여자의 가치관이나 비전을 엿볼 수 있다. 이는 연구 주제에 독자들이 직접적이고 집중적으로 접근하게 한다는 강점이 있다. 중요 사건/일화 중심 글쓰기로 에이즈로 사망한 한 교직원의 생애사 연구를 소개하고자 한다.

중요 사건/일화 중심 글쓰기의 예

"Self and Identity in a Postmodern world: A Life Story"
(Tierney, 1993)

Robert Sunchild(익명)는 교사와 연구자로서 살다 간 40세 미국인이었다. 연구자와 로버트는 약 9개월 이상 로버트의 삶에 대하여 면담을 하였다. 로버트가 사망하였을 때는 약 30개의 테이프에 녹음이 되어 있었고 면담 과정에서 다양한 내용들이 따로 기록되었다. 연구 참여자는 사망 전에 자신이 20여 년간 쓴 일기를 연구자에게 주고 떠났다. 따라서 이 글은 그의 생전 일기들과 면담 내용에 근거하여 만들어졌음을 밝힌다. 그래서 이 글을 어떤 새로운 연구논문으로서 이야기하기보다는 연구자와 연구 참여자의 대화의 기록이라고 말하고 싶다.

이 논문은 세 가지 점에서 주목할 필요가 있다. 첫째, 이 연구는 참여자의 생애사 속에서 세 가지 핵심적인 '혼란과 딜레마 이야기'를 상세히 제시하고 있다. 그 세 가지는 참여자가 인디언이라는 점, 가난한 게이라는 점, 설상가상으로 AIDS 환자라는 점이다. 이렇게 참여자는 소수자로서의 자신의 정체성에 대해 평생 동안 혼란과 딜레마에 싸여 있었다. 둘째, 연구자는 매우 오랜 기간 동안 참여자와 만나며, 많은 대화를 나누었고 인간적으로 서로를 이해하는 사이가 되었다. 셋째, 전통적인 생애사 연구와는 달리 이 연구에서는 연구자가 계속적인 자기반성을 통하여 연구자의 삶을 연구하면서 연구자의 세계관 역시 연구 참여자와의 만남을 통하여 영향을 받고 변화하였다. 그러한 점에서 이 이야기는 연구 참여자의 이야기도 아니며 연구자의 이야기도 아닌 협동적 작업을 통한 공동의 이야기인 셈이다.

일화의 예들(Tierney, 1993: 95-118)

> 내가 석사학위 과정을 위하여 뉴욕 주 버팔로로 갔을 때, 나는 다른 형태의 문화적 생활에 관여하게 되었다. 그것은 다른 지역 인디언들의 문화에 대하여 아는 것이었다. 그리고 정치적 참여나 시위보다는 다른 인디언 부족의 문화에 대해 배우는 것이 훨씬 편하고 좋았다. 우리는 여러 대학들, 지역사회의 단체들을 방문하였고 강연을 하였다. 우리는 '미국 원주민 연구'라는 단체를 만들었고, 나는 진정으로 중요한 학습 경험을 하였다는 느낌을 가졌다.
>
> 석사학위를 마쳤을 때 나는 다시 고향으로 돌아가야 할 때라고 생각하였다. 그리고 일을 해야겠다고. 고향에 돌아와 여러 대학들에서 강의를 하였다. 그러나 나는 항상 나의 인디언 부족 동료들을 위하여 살아왔다. 나는 내가 가르치는 대학의 유일한 인디언 출신 강사여서 착취를 당하고 있다고 생각하였다. 비록 내가 다른 주류 미국인들에 비하여 낮은 강사료를 받고 있었지만, 그들은 내가 인디언 부족의 복지를 위하여 성실하게 일하고 있다는 점은 알고 있었다. 나의 인디언 동료들은 그러한 나의 일에 대하여 감사해하였고 나 역시 나의 그러한 노력이 성실하다고 생각하였다.
>
> 8학년 때 내 부모님은 내가 학교의 철자 경기 대회에서 우승해서 참가하게 된 도시 챔피언십조차 나가길 원하지 않으셨다. 우리는 아이들에게 그것이 중요함을 알고 있었지만, 어머니는 많은 것을 알지 못하였다. 나는 어머니를 원망하지 않았다. 다른 아이들의 어머니 중 한 분의 차를 타고 집으

로 가야 하였는데 그분은 내 부모님이 그곳에 없다는 것을 믿을 수 없어 하셨다. 그것은 매우 고통스러운 경험이었다. 내 학업 실력이 향상됨에 따라 사람들은 내가 훌륭한 학생이라고 말하였다. 나는 내 어머니가 "만약 네가 대학에 가기 위해서 무릎 꿇고 빌어야 한다면, 그렇게 하겠다"라고 말씀하신 것을 기억한다. 어머니는 진짜로 그렇게 하려 하셨다.

4학년에 올라갔을 때, 나는 몇 가지 시험을 치렀고, 사람들은 내가 똑똑해서 특별한 프로그램에 참여해야 한다고 이야기하였다. 그래서 나는 형제자매로부터 떨어진 마을에 있는 학교에 다니게 되었다. 학급에 다른 인종인 스페인계 소년이 있었고, 나머지는 모두 백인 중산층 아이들이었다. 그들은 물질적으로 풍족하였으나, 나는 그렇지 않았다. 부끄러웠다. 종종 우리는 점심도 먹지 못하였다. 마요네즈 샌드위치(마요네즈와 빵으로만 만든)를 가지고 학교에 갔다. 지금 생각하면 우습지만, 그때 다른 아이들(백인 아이들)은 내가 상상할 수도 없는 고급스러운 점심을 먹었다. 그들은 우유를 살 수 있었다. 나는 그 반대편에 서 있었다. 우리는 잡화점에서 산 누더기가 다 된 갈색 가방을 수선하여 학교에 들고 다닐 수 있는 도시락 가방으로 만들었다. 도시락을 쌀 때 나는 얇은 포일을 사용하였는데, 내가 이것을 사용하는지 모르는 아이들 앞에서 포일 속의 샌드위치를 꺼내 먹었던 기억이 난다.

3) 시각적 이미지 활용 글쓰기

시각적 이미지를 활용한 글쓰기는 '체계적 기호'로서의 언어가 가진 한계를 보완할 수 있는 글쓰기 방식이다. 문자 언어로만 기술된 글은 '거울과 같은 실제'를 독자들이 이해할 수 있도록 하는 데 한계가 있기 마련이다(Lather, 1991). 이에 연구자들은 전통적인 글쓰기 방식과 차별화되고 그 한계를 보완할 수 있는 글쓰기 방식들을 탐구해 왔다(Lather, 1986, 1989, 1991; Hammersley, 2008). 시각적 이미지 활용 글쓰기 전략은 그러한 대안적 글쓰기 방식 중 하나로, 많은 질적연구자들이 활용하는 방식이다. 시각적 이미지 활용 글쓰기에는 사진 활용 글쓰기, 표나 도식을 활용한 글쓰기 등이 있다(류지선, 김영천, 2015). 우리는 사진을 활용한 글쓰기에 대해 자세히 설명하고자 한다.

시각적 이미지 활용 글쓰기 중에서 사진 활용 글쓰기는 생애사 연구에서 보편화되어 있는 글쓰기 방식이다. 생애사 연구의 글쓰기에서 사진의 활용은 연구자의 언어로 형언하기 어려운 상황을 그대로 시각화하여 제시할 수 있다는 점에서 매우 효과적인 글쓰기 방식이 될 수 있다. 사진은 참여자로 하여금 사진을 촬영한 그날의 기억과 느낌을 회상시켜 참여자의 기억을 활성화하기 위해 질적연구 면담에서도 종종 활용된다(Clark-Ibáñez, 2004). 사진을 활용한 글쓰기 예는 다음과 같다.

시각적 이미지 활용 글쓰기의 예

***A Life History Study of Young Chinese Women's Experiences under the Influence of Traditional Culture and its Contemporary Evolution*(Liu, 2020)**

오른쪽 사진은 연구자가 면담 상황과 장소를 설명하기 위해 제시한 사진이다. 이 사진을 통해 독자들은 연구자와 참여자가 어떠한 상황과 환경에서 대화를 나누었는지를, 글로 제시된 설명과 더불어 시각적 이미지를 통해 더욱 생동감 있게 이해할 수 있게 된다.

아래는 중국 대입 시험에 두 번 낙방한 후 자살을 시도한 한 참여자의 책상과 유서의 사진이다. 이 사진 자료는 연구자가 중국의 한 매체의 기사에서 가져온 것이다. 유서의 내용은 다음과 같다.

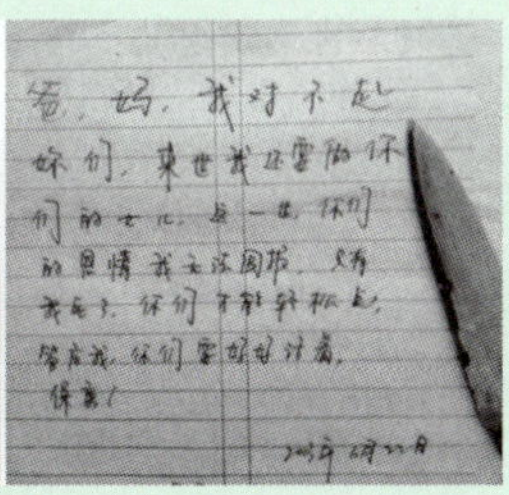

사랑하는 엄마 아빠 죄송해요.
나는 죽어서도 엄마 아빠의 딸이고 싶어요.
엄마 아빠가 나에게 베푼 사랑과 은혜에 보답할 길이 없어요.
항상 건강하게 살겠다고 약속해 주세요.
당신의 딸로부터. (2013년 6월 22일)

4) 문학적 글쓰기

문학적 글쓰기는 독자에게 강한 호소력을 가져다주기 위해 문학 장르를 생애사 연구 글쓰기에서 차용하는 방법이다. 구체적으로 시적 글쓰기, 소설적 글쓰기, 희곡적 글쓰기 등이 그 예가 될 수 있다. 문학 장르의 양식을 빌려오지만 그러한 형태 그대로 생애사 글쓰기로 옮겨 오는 것을 의미하는 것은 아니다. 다시 말해, 문학적 글쓰기는 각 문학 장르가 가진 장점과 특징을 빌려오는 글쓰기 방식을 의미한다. 예를 들어 시적 글쓰기는 시가 지니는 특성, 즉 압축적이고 절제된 언어, 시행의 구성, 운율과 같은 시적 요소를 생애사 연구의 글쓰기에 반영하는 것을 말한다(Gaitan, 2000; Glesne, 1997; 김영천, 주재홍, 2010). 시를 활용한 글쓰기는 산문 형태의 설명적 글쓰기에 비해 독자에게 더욱 큰 울림과 감동을 전달해 줄 수 있다. 우리는 시를 읽을 때 육체의 눈이 아닌 마음의 눈으로 세상과 현상을 느끼면서 만질 수 없는 것을 마음으로 만질 수 있게 된다(Paz & Barreiros, 1995). 시적 글쓰기를 통해 연구자는 참여자의 삶을 더욱 압축적이지만 감동적이고 함축적으로 기술할 수 있다. 이를 통해 독자들은 설명으로서 이해할 수 없는 참여자의 삶의 모습과 특징 그리고 의미에 조금 더 다가갈 수 있다. 문학적 글쓰기의 한 예를 소개하고자 한다.

문학적 글쓰기의 예

"Autoethnographic Verse: Nicky's Boys: A Life in Two Worlds"(Ricci, 2003)

Nicky의 아이: 두 세계 속의 삶

Ron은 두 개의 다른 세계 속에 살고 있다
토요일의 세계
그리고 일요일의 세계

토요일에는, 그는 Ronald였다
곧은 의자에 앉아 게임을 하며
수동적으로 대화를 하지

일요일에 그는 Ronnie였다

사촌들은 너무 수가 많아 무리를 지어 기억하지 않으면 안 된다
이모들도
삼촌들도

시끄러운 게임들
어지럽고
중복되는
알 수 없는 이야기들

토요일에는 세 번의 식사가 있었지
정원에서의 샐러드
불고기
또는 뜨거운
차
쿠키들
어쩌면 오렌지 케이크

(후략)

5) 포스트모던 글쓰기

포스트모던 글쓰기는 사회과학 연구의 네 번째 패러다임인 포스트모더니즘의 영향으로 등장한 글쓰기 방식이다(Zeller, 1995; Pillay, 2009; 김영천, 주재홍, 2010). 이 글쓰기는 객관성, 절대적 진리, 합리적 사유, 실재에 대해 의문을 던지는 포스트모더니즘의 사유를 이어받았다. 이에 포스트모던 글쓰기를 하는 연구자는 다음과 같은 질문들을 던진다. 주관적인 연구자가 객관적인 글을 쓸 수 있는가? 다양한 실재와 해석이 존재하는 포스트모던 시대에 연구자가 글쓰기로 제시하는 내용이 진실이라고 말할 수 있는가? 연구자에 의해 선택받지 않은 내용은 진실일 수 없는가? 연구자가 사용하는 언어와 표현은 실제 현상을 나타내기에 충분히 명료한가? 그렇지 않다면 질적연구자는 어떻게 더욱 명료함으로 나아갈 수 있을 것인가? 이러한 물음을 제기하는 연구자들은 전통적인 글쓰기와 다른 시도를 통해 위에서 제기하는 질문에 다가가고자 노력한다. 그 방법들로서 '자기반성적 글쓰기'(Gergen & Gergen, 1991), '참여자와 협력적

글쓰기'(김영천, 2013), '다성적 글쓰기'(Lather, 1986) 등이 있다. 연구자들은 이러한 새로운 방법을 통해 연구자가 탐구한 현상과 참여자의 삶 그리고 연구자의 연구 경험이 '하나의 명료한 해답'으로 제시되지 않도록 노력한다. 대신에 독자로 하여금 그 속에 들어 있는 비정형성, 비예측성, 재현 불가능성, 다양한 목소리를 들을 수 있도록 노력한다. 다음의 예는 한국 다문화 아동의 삶에 대한 글쓰기이다. 저자들은 연구자로서의 이해와 설명에 콜라주 작품을 병치함으로써 언어로 표현될 수 없는 그 무엇을 전달하려고 노력하고 있다. 또한 다양한 참여자들의 목소리와 관점을 드러내기 위해 노력하고 있다.

포스트모던 글쓰기의 예

「질적연구에서의 콜라주 표현기법 탐색: 한국 다문화 아동의 삶의 새로운 재현」 (류지선, 김영천, 2015)

이 연구에서는 다문화 아동의 삶을 표현한 총 8점의 콜라주 작품을 제시하고 각 작품에 대한 제작 의도를 설명하고자 한다. 작품의 전체적인 의미와 이해를 돕기 위하여 각 작품마다 제목을 부여하였다. 아울러 그 콜라주가 텍스트의 내용을 어떤 이미지와 상징을 사용하여 표현하려고 하였는지를 독자들이 쉽게 이해하도록 설명하였다. 분석 과정에서는 분석이 끝난 후 작품에 대한 설명을 들려줌으로써 더욱 다양한 해석과 이해가 이루어지도록 하였다.

[작품 1] 꿈 그리고 절망

작품 1은 필리핀 출신인 봉식이 엄마가 한국에 오기 전 한국에 대해 지니고 있던 막연한 기대감과 환상을 표현한 것이다. 화면의 구성은 크게 두 부분으로 이루어진다. 왼쪽의 신부의 모습은 한국에서의 결혼을 위해 떠나오는 봉식이 엄마를 표현한다. 얼굴 부분을 풍성한 꽃다발로 표현한 것은 한국생활에 대한 희망찬 기대를, 그 위의 학사모는 대학교까지 공부한 봉식이 엄마의 상황을 가리킨다. 꽃다발 중앙에 있는 하나의 눈은 봉식이 아버지의 현실을 직시하지 못하였던 것을 의미한다. 몸 아래의 섬 이미지는 많은 섬으로 이루어진 필리핀의 지리적 특성을 나타내기 위해 사용하였다. 얼굴 옆의 비행기와 맞잡은 두 손은 결혼을 통해 필리핀에서 한국으로 이주하게 되는 상황을 상징한다. 비행기가 향하는 방향에 있는 초가지붕과 가난한 마을의 형상은 한국 시집의 상황이 별로 좋지 않음을 의미한다. 연구자는 거꾸로 붙인 아파트를 배경으로 떨어지는 듯한 신랑과 신부의 모습을 통해 이를 더 강조하고자 하였다.

[작품 2] 소외

작품 2는 봉식이 엄마에게 친절한 도움을 베풀지 않은 봉식이 아버지와 그 가족들 그리고 그들의 한국적 문화를 나타낸 작품이다. 이 과정에서 봉식이 엄마는 많은 갈등과 마찰을 겪었고 결국은 시가와 불편한 관계를 형성하게 되었다. 이 작품은 언어와 문화 등에서 시가의 도움을 받지 못하고 소외감을 느끼는 봉식이 엄마의 상황을 묘사하였다. 화면 왼쪽의 커다란 의사봉과 공룡의 화석, 권투 글러브 등은 시가 식구들을 비롯한 주변으로부터의 불편함을 의미한다. 의사봉 위에 있는 독수리는 봉식이 엄마를 다그치는 강한 성격의 시어머니를 상징한다. 어린아이를 안고 있는 여인은 마치 비좁은 새의 둥지에 들어가 있는 것처럼 표현하였는데, 이는 봉식이 엄마에게 별로 우호적이지 않은 상황을 드러내기 위함이다. 그리고 황량한 사막을 배경으로 뒤돌아선 남자의 모습은 이런 상황에서 무기력한 봉식이 아버지를 가리킨다. 여인의 오른쪽 기둥에 혼자 앉아 있는 새는 맞은편의 독수리와 대비되는 의미로 소외된 봉식이 엄마를 의미한다. 오른쪽에서 내밀어지는 손은 봉식이를 낳았을 때 도와주었던 외부의 손길을 나타낸 것이다.

[작품 3] 침묵의 벽

작품 3은 봉식이의 가정에서 벌어지는 소통의 단절을 표현한 것이다. 한국어에 익숙하지 않은 봉식이 엄마와 영어에 미숙한 봉식이 아버지 사이에는 심도 있는 대화가 오가는 것이 힘든 상황이다. 그리고 어떤 의견 차이가 있어도 이를 해결하기 위해 대화를 하기보다는 차라리 말을 하지 않음으로써 충돌을 줄이는 방식을 택한다고 한다. 허름한 벽을 사이에 두고 서 있는 두 인물의 머리를 고양이와 개로 표현하였는데, 이는 소통이 단절된 관계를 의미한다. 그리고 두 사람 사이에 떠다니는 한글과 영어의 파편들은 영어를 사용하는 봉식이 엄마와 한글을 제대로 알지 못하는 봉식

아버지의 상황을 가리키며 제대로 된 대화가 이루어지지 못하고 있는 상황을 다시금 강조한다.

[작품 4] 낮은 곳으로의 이사

작품 4는 경제적 어려움을 겪고 있는 봉식이 가족의 상황을 나타내고 있다. 생계를 책임지고 있는 봉식이 아버지는 낮은 학력으로 인해 좋은 직장을 구하기가 힘들며 이로 인해 번듯한 집 역시 제대로 얻기가 힘든 상태이다. 이 때문에 월세가 싼 집을 찾아 여러 번 이사를 하게 된다. 화면 상단의, 돈으로 이루어진 빌딩들에서 도로를 따라 아래로 향하는 화물차는 봉식이 가족이 값싼 월세를 찾아 어쩔 수 없이 이동하는 상황을 나타낸다. 화면 아래의 허름한 집은 봉식이 가족이 살아가고 있는 동네를 의미한다. 그리고 그 옆의 좌절한 인물은 이런 상황을 벗어날 능력이 되지 않아 자책하는 봉식이 아버지를 나타낸다.

5. 요약

이 장에서 우리는 생애사 연구를 위해 필요한 개념과 이론적 이해, 생애사 연구의 핵심적 개념과 방법적 특징, 그리고 연구 절차와 방법을 예를 통해 살펴보았다. 최근 들어 우리나라에서도 많은 생애사 연구가 등장하고 있다는 것은 매우 고무적인 상황이라 하겠다. 특히 생애사 연구는, 기록되지 않으며 잊혀질 수 있는 사람들의 삶과 정체성 그리고 그 의미를 연구의 결과로 남겨놓을 수 있기 때문에, 우리 사회를 살아가는 사람과 우리 사회의 모습을 기록하기 위한 방법으로서도 큰 의미를 가진다. 개인의 삶에 대한 이해는 그 삶이 펼쳐지는 역사적 · 문화적 · 시간적 · 제도적 환경과의 관계 속에서 탐구되기 때문에 생애사 연구는 우리가 살아가는 이 사회의 다양한 모습과 모순, 나아가 개선을 위한 시사점을 제공해 줄 수 있다는 점에서 더욱 그 가치가 높다고 하겠다. 구체적으로 생애사 연구는 우리 사회의 소외 계층의 삶, 사회적 병리 현상, 부적응 현상, 탈주 현상 등은 개인들의 삶을 구체적으로 탐구함으로써 이해할 수 있고 이를 통해 우리 사회가 나아갈 방향 또한 모색할 수 있다. 이에 우리는 많은 연구자들이 생애사 연구를 통해 다른 연구 방법으로 포착할 수 없는 삶의 모습과 가치를 드러낼 수 있기를 바란다.

6. 참고문헌

길은영(2017). 손녀를 돌보는 어느 조모의 생애사를 통한 모성 연구. **교육인류학연구**, **20**(4), 261-303.

김경식(1998). 생애사적 연구를 통한 고교 중퇴생 삶의 문화 탐구. **교육사회학 연구**, **8**(1), 123-144.

김병찬, 조민지(2015). '창의적으로 수업하는 교사'의 특징은 무엇인가?: 초등학교 A 교사에 대한 생애사적 사례연구. **교육문제연구**, **28**, 1-40.

김연순(2005). 생애사를 통해 본 여성노인의 섹슈얼리티. **여성건강**, **6**(2), 121-146.

김영선(2020). 여성노동운동가 김지선의 젠더경험과 생애사적 과제―이야기된 생애사를 중심으로. **사회와 역사**(구 한국 사회사학회논문집), **125**, 281-330.

김영숙, 이근무, 윤재영(2012). 화교노인의 생애사 재구성을 통해 본 화교의 정체성. **사회복지연구**, **43**(1), 179-202.

김영천(2004). 교사의 삶에 대한 생애사적 연구: 연구동향과 예들. **열린교육 연구**, **12**(2), 79-105.

김영천(2012). **질적연구 방법론 1: Bricoleur 제2판**. 파주: 아카데미프레스.

김영천(2013). **질적연구 방법론 3: Writing 제2판**. 파주: 아카데미프레스

김영천, 이현철(편)(2017). **질적연구: 열다섯 가지 접근**. 파주: 아카데미프레스

김영천, 주재홍(2010). 질적연구에서의 글쓰기: 다양한 접근들의 이해. **열린교육 연구**, **18**(1), 155-183.

김영천, 한광웅(2012). 질적연구 방법으로 생애사 연구의 성격과 의의. **교육 문화 연구**, **18**(3), 5-43.

김영천, 허창수(2004). 생애사 텍스트로서의 교육과정연구. **교육과정연구**, **22**(4), 49-81.

김은정(1999). **장애여성의 몸의 정치학: 직업경험을 중심으로 한 생애사 연구**.

김재룡(2010). **체육인 한상준의 생애사**. 강원대학교 박사학위 논문.

김정란(2020). 생애사 연구를 통해 본 저신장 성인의 삶의 이해. **한국특수교육학회 학술대회**, 419-424.

김지혜(2020). 한국에 거주하는 조선족 청년의 삶에 대한 생애사 연구. **다문화사회연구**, **13**(2), 65-106.

류지선, 김영천(2015). 질적연구에서의 콜라주 표현기법 탐색: 한국 다문화 아동의 삶의 새로운 재현. **질적탐구**, **1**(1), 1-35.

류태호(2000). **체육교사의 직업정체성 형성에 관한 생애사 연구**. 서울대학교 박사학위 논문.

민성은, 김영천, 정정훈(2015). 생애사 연구를 위한 효과적인 자료 분석 방법 탐구. **교사교육 연구**, **54**(4), 621-638.

민성은, 최성호, 김영천(2017). 생애사 연구의 개념적 모형에 대한 이론적 탐색. **교육 문화 연구**, **23**(1), 465-500.

박성희(2004). **질적연구 방법의 이해:생애사 연구를 중심으로**. 원미사.

박성희(2019). 독일 생애사 연구의 시작과 사회학적 연구 방법으로의 발전 과정. **질적탐구**, **5**, 37-61.

박지은(2018). **한국 댄스스포츠의 선구자 박효 생애사 연구**. 박사학위 논문. 상명대학교 일반대학원.

안신권(2015). **일본군 성 노예 피해자들의 생애사 연구: 인권과 복지권 분석을 중심으로**. 박사학위 논문. 동국대학교 대학원.

안현아(2020). **양육미혼모의 생애사 연구**. 박사학위 논문. 숭실대학교 대학원.

양은주(2005). **고학력 미혼 여성의 일과 삶에 대한 생애사 연구**. 연세대학교 박사학위 논문.

옥일남(2008). 사회과 예비교사의 사회과에 대한 관심 형성의 배경에 관한 생애사 연구. **시민교육연구**, **40**(3), 99-131.

우지만, 백종수(2011). 한 중등체육교사에 대한 생애사 연구. **한국스포츠학회지**, **18**(2), 27-43.

유은정(2021). 듣봄 강위영 교수의 생애사 연구: 새로운 개척과 제자 사랑. **재활복지**, **25**, 79-106.

유은정, 이선경, 최종림, 김찬종(2010). 과학 교사의 실천적 지식 탐색: 생애사적 이해를 바탕으로. **한국과학교육학회지**, **30**(8), 971-987.

유철인(1998). 생애사자료의 수집과 텍스트의 해석. **간호학탐구**, **7**(1), 186-195.

이동성(2013). 생애사 연구동향의 방법론적 검토: 세 가지 방법적 이슈를 중심으로. **교육인류학연구**, **16**(2), 47-82.

이동성(2014). 한 초등학교 전문교사의 전문성 발달에 대한 예술 기반 생애사 연구. **한국교원교육연구**, **31**(4), 1-27.

이동성, 김영천(2014). 생애사(life history) 연구에서의 일곱 가지 글쓰기 전략. **초등교육 연구**, **27**(4), 77-103.

이병준(2010). 평생학습연구에 있어서의 교육학적 생애사 접근. **평생교육학연구**, **16**, 91-112.

이영내(2020). **보건교사의 삶을 통해서 본 정체성의 변화**. 박사학위 논문. 부산대학교대학원.

이재인(2004). 서사방법론과 여성주의 연구. **여성이론**, (10), 243-271.

이점우(2006). **한 60대 초등학교 여교사의 삶과 가르침: 생애사적 사례연구**. 동덕여자대학교 박사학위 논문.

이지연(2020). **'LPGA 1세대 골퍼'의 삶과 정체성—박세리, 김미현, 박지은을 중심으로**. 박사학위 논문. 고려대학교 대학원.

이혜정, 이지연, 이희원(2019). '명문대' 저소득가구 전형 입학생의 대학교육 경험에 관한 연구. **교육학연구**, **57**, 247-277.

이희영(2005). 사회학 방법론으로서의 생애사 재구성: 행위이론의 관점에서 본 이론적 의의와 방법론적 원칙. **한국 사회학**, **39**(3), 120-148.

정정훈(2017). 교사전문성으로서의 독특성. **질적탐구**, **3**(1), 29-65.

조주희(2013). **경도 뇌성마비인 생애사 연구**. 전남대학교 박사학위 논문.

최라영(2012). **평생교육계 원로들의 생애사를 통해 본 '지혜로운 나이 듦'에 관한 연구**. 아주대학교 박사학위 논문.

최영신(1999). 질적 자료 수집: 생애사 연구 사례를 중심으로. **교육인류학연구**, **2**(2), 1-22.

최현길(2017). **축구인 차범근 생애사 연구**. 박사학위 논문. 세종대학교 대학원.

한경혜(2005). 내러티브 사고의 장르적 특징에 관한 고찰. **교육과정연구**, **24**(2), 135-158.

한상만, 이희수(2014). 경험학습을 통한 名醫의 전문성 발달 과정. **평생교육학연구**, **20**, 93-127.

Alheit, P. & Dausien, B. (1990). Biographie. *Europäische Enzyklopädiezu Philosophie und Wissenschaften. Bd, 1*, 405-418.

Alheit, P. & Hoerning, E. M. (Eds.) (1989). *Biographisches Wissen: Beiträge zu einer Theorie lebensgeschichtlicher Erfahrung*. Frankfurt am Main: Campus.

Ali, A. I. (2014). A threatenfleshed: Muslim college students situate their identities amidst portrayals of Muslim violence and terror. *International Journal of Qualitative Studies in Education*, *27*(10), 1243-1261.

Armour, W. S. (2004). Becoming a Japanese language learner, user, and teacher: Revelations from life history research. *Journal of Language, Identity, and Education*, *3*(2), 101-125.

Atkinson, R. (1995). *The Gift of Stories: Practiceand spiritual application of autobiography, life stories, and personalmythmaking*. Bergin & Garvey.

Atkinson. R. (1998). *Life Story Interview*. Sage.

Becker, H. (1971). *Sociological Work: Method and Substance*. Aldine.

Ben-Ari, E. (1996). From mothering to othering: Organization, culture, and nap time in a Japanese day-care center. *Ethos*, *24*(1), 136-164.

Berger, P. & Luckmann, T. (1967). *Thesocial construction of reality*. Garden City, NY: Anchor.

Bertaux, D. (Ed.)(1981). *Biography and society*. Beverly Hills, CA: Sage.

Bornat, J. & Bytheway, B. (2012). Working with different temporalities: Archived life history interviewsand diaries. *International Journal of Social Research Methodology*, *15*(4), 291-299.

Bower, G. H. & Clark, M. C. (1969). Narrative stories as mediators for serial learning. *Psychonomic Science*, *14*(4), 181-182.

Boxer, A. M. & Cohler, B. J. (1989). The life course of gay and lesbian youth: An immodest proposal for thestudy of lives. *Journal of Homosexuality*, *17*(3-4), 315-355.

Britzman, D. P. (1998). *Lost subjects, contested objects: Toward a psychoanalytic inquiry of learning*. New York: State University of New York Press.

Britzman, D. P. (2003). *After-education: Anna Freud, Melanie Klein, and psychoanalytic histories of learning*. New York: State University of New York Press.

Bronfenbrenner, U. (1979). *The ecology of human development: Experiments by nature anddesign*. Harvard University Press.

Bruner, J. (1996). *The Culture of Education*. Harvard University Press.

Casey, K. (1992). Why do progressive womenactivists leave teaching?: Theory, methodology and politics in life-history research. In I. F. Goodson (Ed.), *Studying Teachers' Lives* (pp. 187-208) Routledge.

Caughey, J. L. (2006). *Negotiating Cultures & Identities: Life History Issues, Methods, and Readings*. Lincoln: University of Nebraska Press.

Clandinin, D. J. & Connelly, F. M. (2000). *Narrative Inquiry: Experience and Story in Qualitative Research*. Jossey-Bass.

Clark-Ibáñez, M. (2004). Framingthe social world with photo-elicitation interviews. *American behavioral scientist, 47*(12), 1507-1527.

Cole, A. L. & Knowles, J. G. (2001). *Lives in Context: The Art of Life History Research*. Rowman & Littlefield.

Cortazzi, M. (1993). *Narrative Analysis*. London: Falmer Press.

Cranswick, I. (2019). *Beyond the Muscles: Exploring the Meaning and Role of Muscularity in Identity*. Liverpool John Moores University (United Kingdom).

Creswell, J. W. (2005). *Qualitiative inquiry and research design: Choosing among five traditions*. 조홍식 외(역)(2006). **질적연구 방법론: 다섯 가지 접근**. 서울: 학지사.

Davis, P. (2006). *Poverty in time: Exploring poverty dynamics from life history interviews in Bangladesh*. Manchester, UK: CPRC Working Paper 69. www.chronicpoverty.org/pdfs/69Davis.pdf.

De Chesnay, M. & Fisher, M. J. (2015). Collecting Life Histories. In. M. de Chesnay (Ed.), *Nursing Research Using Life History Qualitative Designs and Methods in Nursing*. NY: Springer Publishing Company, Inc.

Deleuze, G. (1969). *Logique Du Sens*. Minuit. 이정우 역(2007). **의미의 논리**. 서울: 한길사.

Denzin, N. K. (1997). Biographical research methods. In L. J. Saha (Ed.), *International encyclopedia of the sociology of education* (pp. 282-288). Oxford, UK: Pergamon.

Denzin, N. & Lincoln, Y. (2003). The Discipline and Practice of Qualitative Research. N. Denzin & Y. Lincoln (Eds.), *Collecting and Interpreting Qualitative Materials* (2nd ed., pp. 1-45). Sage.

Denzin, N. & Lincoln, Y. (2005). The Discipline and Practice of Qualitative Research. In N. Denzin & Y. Lincoln (Eds.), *The Sage Handbook of Qualitative Research* (3rd ed., pp. 1-32). Sage.

Dhunpath, R. (2000). Life history methodology: "Narradigm" regained. *Qualitative Studies in Education, 13*(5), 543-551.

Dollard, J. (1935). *Criteria for the Life History: With analyses of six notable documents*. Yale University.

Elbaz-Luwisch, F. (2004). Immigrant teachers: Stories of self and place. *International Journal of Qualitative Studies in Education, 17*(3), 387-414.

Elias, N. (1983). *The court society*. Oxford: Blackwell.

Ellis, C. & Bochner, A. P. (2003). Autoethnograpy, Personal Narrative, Reflexivity: Researcher as Subject. In N. Denzin & Y. Lincoln (Eds.), *Collecting and Interpreting Qualitative Materials* (2nd ed., pp. 199-258). Sage.

Foucault, M. (1975). *Surveiller et Punir: Naissance de la prison*. Paris: Gallimard.

Foucault, M. (1983). On the genealogy of ethics: An overview of work in progress. In P. Rabinow (Ed.), *Ethics: Subjectivity and truth* (pp. 253-280). New York: The New Press.

Freeman, M. (2007). Autobiographical Understanding and Narrative Inquiry. In J. D. Clandinin (Ed.), *Handbook of Narrative Inquiry: Mapping a Methodology* (pp. 120-145). Sage.

Gaitan, A. (2000). *Exploring alternative forms of writing ethnography*. http://qualitativeresearch.net/fqs/fqs-eng.htm.

Gergen, K. & Gergen, M. (1991). Toward reflexive methodologies. In F. Steier (Ed.), *Research and reflexivity*. London: Sage.

Gibson, R. (1991). Curriculum criticism: Misconceived theory, ill-advised practice. In D. Hlynka & J. Belland (Eds.), *Paradigms regained: The uses of illuminative, semiotic and post-moderncriticism as modes of inquiry in educational theory* (pp. 485-511). Englewood Cliffs, NJ: Educational Technology Publications.

Glesne, C. (1997). That rare feeling: Representing research thorugh poetic transcription. *Qualitative Inquiry*, *3*(2), 202-221.

Goodson, I. (2001). The Story of Life History: Origins of the Life History Method in Sociology. *Identity*, *1*(2), 129-142. https://doi.org/10.1207/S1532706XID0102_02.

Goodson, I. F. (1988). *The Making of Curriculum: Collected Essays* (2nd Ed.) The Falmer.

Goodson, I. F. (1992). Studying Teachers' Lives: An emergent field of inquiry. In I. F. Goodson (Ed.), *Studying Teachers' Lives* (pp. 1-17). Routledge.

Goodson, I. F. & Sikes, P. (2001). *Life History Research in Educational Settings: Learning from Lives*. Open University.

Greene, M. (1987). Natural life and subjectivity. *Proceedings of the Hegel Society of America*, *8*, 94-117.

Haglund, K. (2004). Conducting life history research with adolescents. *Qualitative Health Research*, *14*, 1309-1319.

Hammersley, M. (2008). *Questioning qualitative inquiry: Critical essays*. London: SAGE.

Hatsch, J. & Wisniewski, R. (1995). Life history and narratives: questions, issues and exemplary works. In J. Hatsch & R. Wisniewsky (Eds.), *Life history and narrative* (pp. 113-135). London: Falmer.

Holstein, J. A. & Gubrium, J. F. (1995). *The active interview*, Vol. 37. Sage Publications.

Hyers, L. L. (2018). *Diary methods*. Oxford University Press.

Jung, J. H. (2016). *The concept of care in curriculum studies: Juxtaposing currere and hakbeolism*. Routledge.

Kardiner, A. (1945). *The psychological frontiers of society*. NY: Columbia University Press.

Kim, Y. C. & Cho, J. (2005). Now and forever: Portraits of qualitative research in Korea. *International Journal of Qualitative Studies in Education*, *18*(3), 355-377.

Kinchloe, J. & Pinar, W. (1991). *Curriculum as social psychoanalysis: The significance of place*. Albany, NY: Suny Press.

Langness, L. L. & Frank, G. (1991). *Lives: An Anthropological Approach to Biography*. Chandler & Sharp.

Lather, P. (1986). Issues of validity in openly ideological research: Between a rock and a soft place. *Interchange*, *17*(4), 63-84.

Lather, P. (1989). Ideology and Methodological Attitude. In W. F. Pinar (Ed.) (1999). *Contemporary Curriculum Discourses: Twenty Years of JCT* (pp. 246-255). Peter Lang Inc.

Lather, P. (1991). Deconstructing/deconstructive inquiry: The politics of knowing and being known. *Educational Theory*, *41*(2), 153-173.

Lewis, O. (1961). *The Children of Sánchez*. New York: Random House.

Lewis, O. F. F. (1959). *Five Families: Mexican Case Studies in the Culture of Poverty*. New York: Basic Books.

Lieblich, A., Tuval-Mashiach, R., & Zilber, T. (1998). *Narrative research: Reading, analysis, and interpretation* (Vol. 47). Sage.

Lifton, R. J. (2012). *Death in life: Survivors of Hiroshima*. Univ of North Carolina Press.

Lincoln, Y. & Guba, E. (1985). *Naturalistic Inquiry*. Sage.

Lincoln, Y. & Guba, E. (1989). Ethics: The Failure of Positivist Science. *Review of Higher Education*, *12*(3), 221-240.

Liu, W. (2020). *A life history study of young Chinese women's experiences under the influence of traditional culture and its contemporary evolution*. Doctoral dissertation, University of Plymouth.

Lyotard, J. F. (1979[1992]). *La Condition Postmoderne*. Minuit.

MacIntyre, A. (1981). The nature of the virtues. *Hastings Center Report*, 27-34.

MacIntyre, A. (1984). The Nature of the Virtues. In A. MacIntyre (Eds.), *After Virtue: A Study in Moral Theory* (2nd Ed.). Notre Dame, IN: Notre Dame Press.

Maines, D. R. (1993). Narrative's moment and sociology's phenomena: Toward a narrative sociology. *The Sociological Quarterly*, *34*(1), 17-38.

Mandelbaum, D. G. (1973). The study of life history: Ghandi. *Current Anthropology*, *14*, 177-207.

McDowell, P. (2017). *The Invention of the Oral*. IL: University of Chicago Press.

McLuhan, M. (1964). *Understanding media: The extensions of man*. New York: McGraw-Hill.

Measor, L. & Sikes, P. (1992). Visiting Lives: Ethics and methodology in life history. In I. F. Goodson (Ed.), *Studying Teachers' Lives* (pp. 209-233). Routledge.

Measor, L., & Sikes, P. (1992). *Gender and schools*. New York: Cassell.

Middleton, S. (1997). *Disciplining sexuality: Foucault life histories and education*. New York: Teachers College Press.

Miller, J. L. (2005). *Sounds of silence breaking: Women, autobiography, curriculum* (Vol. 1). Peter Lang.

Miller, R. L. (2000). *Researching life stories andfamily histories*. London, England: Sage.

Munro, P. (1998). *Subject to fiction: Women teachers' life history narratives and the cultural politics of resistance*. Buckingham, England: Open University Press.

Munro, P. (1998). *Subject to Fiction: Women Teachers' Life History Narratives and the Cultural Politics of Resistance*. Open University.

Muratorio, B. (1991). *The life and times of grandfather Alonzo*. New Brunswick, NJ: Rutgers University Press.

Neihardt, J. G. (2008). *Black Elk speaks*. Albany, NY: State University of New York Press.

Ning, L. T. T. & Pruitt, I. (1945). A *Daughter of Han: The Autobiography of a Chinese Working Woman* (Vol. 34). Yale University Press.

Ong, W. J. (1982). *Orality and Literacy: The Technologizing of the Word*. New York: Routledge.

Ong, W. J. (2013). *Orality and literacy*. Routledge.

Paz, O. & Barreiros, J. C. (1995). *Vislumbres de la India*. Barcelona: Seix Barral.

Pillay, M. (2009). Researchers Engaging their Privilege: Epistemological and Methodological De-Liberations. In R. Dhunpath & M. Samuel (Eds.), *Life History Research: epistemology, methodology, and representation* (pp. 39-65). Sense.

Pinar, W. (2011). *The character of curriculum studies: Bildung, currere, and the recurring question of the subject*. Springer.

Plummer, K. (1983). *Documents of life: An introduction to the problems and literature of a humanistic method*. Allen & Unwin.

Plummer, K. (2001). *Documents of life 2: An invitation to a critical humanism* (Vol. 2). London: Sage.

Polkinghorne, D. E. (1988). *Narrative knowing and the human sciences*. Suny Press.

Rappaport, J. (2000). Community narratives: Tales of terror and joy. *American Journal of Community Psychology*, *28*(1), 1-24.

Ricci, R. J. (2003). Autoethnographic verse: Nicky's boy: A life in two worlds. *The Qualitative Report*, *8*(4), 591-596.

Richardson, L. (2003). Writing: A Method of Inquiry. In N. Denzin & Y. Lincoln (Eds.), *Collecting and Interpreting Qualitative Materials* (2nd ed., pp. 499-541). Sage.

Rodriguez, A. J. (2005). Unraveling the allure of auto/biographies. In W.-M. Roth (Ed.), *Auto/biography and auto/ethnography: Praxis of research method* (pp. 119-130). Rotterdam: Sense Publishers.

Roman, L. G. & Apple, M. W. (1990). Is Naturalism a Move Away from Positivism?: Materialist and Feminist Approaches to Subjectivity in Ethnographic Research. In E. Eisner & A. Peshkin (Eds.), *Qualitative Inquiry in Education: The Continuing Debate* (pp. 38-73). Teachers College Press.

Runyan, W. M. (1984). *Life histories and psychobiography: Explorations in theory and method*. New York, NY: Oxford University Press.

Saldaňa, J. (2009). *The coding manual for qualitative researchers*. London: SAGE Publications.

Schiff, B., Noy, C., & Cohler, B. J. (2001). Collected stories in the life narratives of Holocaust survivors. *Narrative Inquiry*, *11*(1), 159-194.

Shaw, C. R. (1930). *The Jack-Roller: A Delinquent Boy's Own Story*. Chicago, IL: University of Chicago Press.

Shostack, M. (1981). *Nisa: The life and words of a Kung woman*. Cambridge, MA: Harvard University Press.

Sikes, P. (2010). The Ethics of Writing Life Histories and Narratives in Educational Research. In A. Bathmaker & P. Harnett (Eds.), *Exploring Learning, Identity and Power through Life History and Narrative Research* (pp. 11-24). Routledge.

Smith, M. F. (1954). *Baba of Karo, a woman of the Muslim Hausa*. London: Faber and Faber.

Spradley, J. (1980). *Participant Observation*. NY: Holt Rinehart and Winston.

Sutherland, E. H. (1937). *The professional thief*. Chicago, IL: University of Chicago Press.

Tanner, D. & Tanner, L. (1979). Emancipation from research: The reconceptualist prescription. *Educational Researcher*, *8*(6), 8-12.

Thomas, W. I. & Znaniecki, F. (1927). *The Polish peasant in Europe and America*. New York, NY: Knopf.

Tierney, W. G. (1993). Self and identity in a postmodern world: A life story. In D. McLaughlin & W. G. Tierney (Ed.), *Naming silenced lives* (pp. 87-100). New York: Routledge.

Tierney, W. G. (1999). Guest editor's introduction: Writing life's history. *Qualitative Inquiry*, *5*(3), 307-312.

Tierney, W. & Lanford, M. (2020). *Life history methods*. SAGE Publications Limited.

Turner, V. (1987). *The anthropology of performance*. New York: PAJ Publications.

Wang, H. (2010). The temporality of currere, change, and teacher education. *Pedagogies: An International Journal*, *5*(4), 275-285.

White, F. (1981). The history of the Afromontane archipelago and the scientific need for its conservation. *African Journal of Ecology*, *19*(1-2), 33-54.

Wicks, A. & Whiteford, G. (2006). Conceptual and practical issues in qualitative research: Reflections ona life-history study. *Scandinavian Journal of Occupational Therapy*, *13*(2), 94-100.

Wirth, L. (1928). *The ghetto*. Chicago, IL: University of Chicago Press.

Witherell, C. & Noddings, N. (Eds.) (1991). *Stories lives tell: Narrative and Dialogue in Education*. New York, NY: Teachers College Press.

Wolcott, H. (2001). *Writing up Qualitative Research*. Sage.

Zeller, N. (1995). Narrative Rationality in Educational Research. In H. McEwan & K. Egan (Eds.), *Narrative In Teaching, Learning, And Research*. (pp. 211-226). Teachers College.

Zimmerman, D. H. & Wieder, D. L. (1975). The diary-interview method. *Urban Life*, *5*(4), 479-497.

Zimmerman, D. H. & Wieder, D. L. (1977). The diary: Diary-interview method. *Urban life*, *5*(4), 479-498.

Zorbaugh, H. 1929. *The Gold Coast and the Slum*. Chicago: IL: Univ. Chicago Press.

제 6 장

자문화기술지

이론화와 실천 분야

상담학, 심리학, 행정학, 평생교육, 스포츠학, 젠더 연구, 교육사회학, 교육인류학, 행정학, 의학, 간호보건학, 교사교육, 사회복지학, 문화인류학, 언론정보학, 도시연구

자문화기술지(auto-ethnography)는 자신을 뜻하는 'auto'와 문화기술지를 뜻하는 'ethnography'의 합성어로 이루어져 있다. 자문화기술지의 의미를 간단히 정리하면, 글자 그대로 자신의 삶을 통해 사회 · 문화를 탐구하는 작업이라고 이해할 수 있다. 자문화기술지는 거대한 담론 위주로 돌아가는 사회연구를 비판하고, 소외된 구성원들의 삶과 경험을 이해하기 위한 목적에서 시작된 연구로서, 최근에 다양한 분야에서 새로운 연구 결과를 도출하고 주제를 탐구하는 방법으로 많이 활용되고 있다. 이미 서구에서는 대부분의 지적 영역에서 자신의 이야기를 토대로 연구 결과를 도출하는 자문화기술지가 더욱 대중화되고 있다. 그리고 우리나라에서는 자문화기술지의 1세대 연구자들의 연구 내용을 바탕으로 상담학, 교육학, 사회학 등의 분야에서 자문화기술지가 알려져 있다. 자문화기술지는 질적연구에 입문하는 연구자부터 전문 연구자까지 폭넓게 활용할 수 있는 방법론으로 자리 잡았으며, 연구자의 주관성과 성찰을 연구에 담아낼 수 있는 특성으로 인하여 질적연구의 대표적인 방법론 중 하나로 인정받고 있다. 이에 이 글에서는 자문화기술지에 대한 전반적인 이론적 고찰을 통해 자문화기술지에 대한 이해를 돕고 자문화기술지를 활용하고자 하는 연구자들에게 실질적인 도움을 제공하고자 한다. 여기서는 구체적으로 자문화기술지의 개념, 이론적 배경, 절차, 그리고 종류의 순서로 내용을 살펴본다.

1. 자문화기술지의 개념

가. 자문화기술지의 개념

자문화기술지(auto-ethnography)는 자서전(autobiography)과 유사한 면을 지니는 질적연구의 한 장르로, 우리의 삶뿐만 아니라 문화까지 다루는 연구 방법이다(Settelmaier, 2007: 178). 자문화기술지는 개인이 경험한 문화로부터 시작하여 그 문화가 지닌 다층적이고 복합적인 측면을 드러내고자 하는 개념적 목적을 가지고 있다(Ellis & Bochner, 2000: 739). 1975년에 인류학자 Karl Heider가 아프리카 Dani 부족 사람들의 행동에 관하여 쓴 논문에 자문화기술지라는 용어가 거의 처음 등장하였고, 이후 서구에서 1990년대부터 본격적으로 사용되기 시작하였다. 그의 연구에서 자문화기술지라는 단어는 외부자인 연구자가 완전한 내부자(원주민)가 되는 경험을 뜻하는 단어로 활용되었는데, 이후 용어의 뜻이 변화하여 자아의 특성을 드러내는 연구를 할 때, 그리고 연구자가 텍스트의 인물이 되는 연구를 할 때 주로 사용되었다. 자문화기술지는 이제 문학이나 문화 비평가들이 많이 사용하는 용어로 자리 잡았다. 주로 자의식의 상호작용을 연구하는 연구나 언어, 역사, 문화기술적 설명이 요구되는 작품에 자문화기술지라는 용어를 사용한다(Ellis, 2004: 38).

자문화기술지는 문화기술지의 시각으로 현상을 바라보되, 개인의 경험에 좀 더 초점을 맞춘다. 그런 다음 개인을 둘러싸고 있는 사회문화적인 측면을 기술한다. 이를 통해 연구하고자 하는 개인(또는 자아)이 문화 속에서 어떻게 이해되는지를 이해하고자 한다(Reed-Danahay, 1997; Ellis, 2004: 37). 특히 연구자로서 자기 자신을 노출하는 것은 자문화기술지의 가장 큰 특징이자 핵심 요소이다. 자문화기술지는 연구자를 완전히 드러내고, 연구자 내부와 연구자 외부세계를 자세히 관찰하여 묘사함으로써 개인의 주관과 문화를 구별하기 어렵게 만들어버린다(Ellis, 2004: 38). 그리고 이러한 기법을 통해 나타나는 복합성과 다층성을 분석하여 개인을 발견하고 이해하는 또 다른 기회로 삼는다(Richardson, 1994: 516).

자문화기술지는 여러 분야에서 오랫동안 통용되었다. 구체적으로는 인류학, 사회학, 체육학, 심리학, 심리치료, 행동 연구, 교육학, 문학, 사회과학, 스포츠 사회학, 체육학, 국어교육, 수학교육, 과학교육 등에서 두루 사용되었다. 이러한 분야에서 자문화기술지의 활용은 자신의 삶을 진솔하게 제시하여 독자들이 작가의 삶과 자신의 삶을 비교하게 만들고, 독자 스스로 자신의 삶을 반성하게 하는 효과를 낳았다. 또한 독자를 객관적이면서도 아주 세밀한 타인(연구자)의 경험 세계로 초대하여 인간과 세계에 대한 이해를 넓히는 데도 이바지하였다.

한편, 자문화기술지의 개념 중에서 가장 중요하면서도 논란이 많은 부분이 바로 자기 주관성이다. 자문화기술지는 핵심적 자료를 연구자 자신에게서 수집한다. 특히 자아를 직접적으로 드러낸다는 사실은 사회과학적 측면에서 객관성이 떨어지고, 지나치게 자기 관대적이며 자기 탐닉적이기 때문에, 기존의 학계로부터 비판을 받아왔다(Coffey, 1999; Buzzard, 2003). 특히 자문화기술지가 일종의 문학 장르와 유사하다는 인식이 생겨나면서 이러한 비판은 더욱 강해졌다. 이에 자문화기술지의 개념에서는 다음과 같은 점들을 유의해야 한다. 첫째, 타자와 문화를 빼고 연구자 자신에게 과도하게 초점을 맞추어서는 안 된다. 둘째, 문화적 해석이나 분석에 충실해야 한다. 셋째, 개인적 기억 자료의 회상과 자료 출처를 신뢰할 방안을 생각해야 한다. 넷째, 연구자 자신의 이야기 속에 등장하는 타자나 집단에 대한 윤리 규정을 준수해야 한다. 다섯째, 글쓰기의 양식을 바르게 지켜야 한다(Chang, 2008).

나. 자문화기술지의 하위 개념

자문화기술지의 세부적인 정체성을 규정하는 하위 개념으로 다음의 세 가지를 제시할 수 있다(**[그림 6-1]** 참조).

첫째, 자기 내러티브는 자문화기술지의 본질적 속성이자 다른 질적연구 방법론과 자문화기술지를 구분할 수 있는 가장 확실한 요소이다. 자문화기술지는 자기 내러티브를 사회과학적 연구에 적용하는 질적연구의 한 가지 방법이다(Chang, 2008). 여

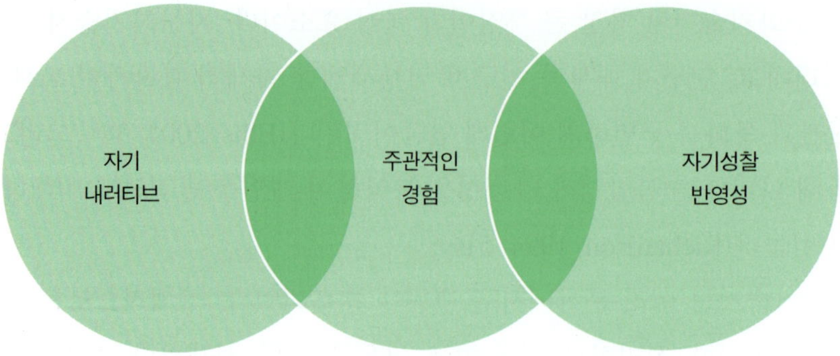

[그림 6-1] 자문화기술지의 하위 개념

기에서 자기 내러티브란 저자 자신이 경험한 과거의 경험이나 사건들을 시간 순서에 따라서 일정한 형식으로 말하거나 이야기하는 것을 의미한다(이동성, 2008: 40). 자기 내러티브에 기초한 자문화기술지는 사회적 맥락 내에 자아를 정치시켜서 자아와 타자의 상호작용과 관계성에 대한 문화적 의식을 고양한다(Chang, 2008). 결국 자기 내러티브와 관련하여 자문화기술지는 개인적인 삶의 이야기에 주목하는 자서전(autobiography)과 특정한 사회적 집단의 문화를 연구하는 문화기술지(ethnography)의 결합으로서 사회나 공동체의 맥락 속 또는 맥락과 관련된 개인의 경험에 관하여 이야기하는 질적연구 방법이다(Reed-Danahay, 1997; Russell, 1999).

둘째, 자문화기술지는 주관적인 경험을 강조한다. 자문화기술지의 용어를 좀 더 세분화하면 세 가지 단어들('auto, 자아' + 'ethno, 문화' + 'graphy, 연구 과정')로 나뉘는데, 연구의 의도와 구조 그리고 목적에 따라서 그 강조점이 달라진다(Wall, 2006: 152). 자문화기술지는 문학적인 자서전적 특징을 강조하면 문화기술적인(ethnic) 자서전(Russell, 1999), 포스트모던(post-modern) 또는 탈형식적(post-formal) 자서전(Kincheloe, 2005), 문화적 자서전(Chang, 2008)으로 불리기도 하며, 전통적인 문화기술의 학문적 특징을 강조하면, 원주민(소수자) 문화기술지, 성찰적 문화기술지, 자(서)전적 문화기술지로 불리기도 한다(Reed-Danahay, 1997). 이러한 세분화된 개념들을 모두 포괄하는 공통적인 요소가 주관적인 경험이다. 개인 경험의 내용이 없다면 진정한 의미의 자문화기술지라고 할 수 없다. 위의 세 가지 개념이 모두 포함되어야만 제대로 된 자문화기술지라 할 수 있다(Reed-Danahay, 1997; Ellis & Bochner, 2000).

셋째, 자기성찰과 반영성은 자문화기술지를 사회과학 탐구 기법과 위치를 나란히 할 수 있도록 만들어주는 핵심 요소이다. 간학문적 속성을 지닌 자문화기술지는 이론과 실천 속에서 비판적 탐구의 한 형태이며(McIlveen, 2008: 3), 실험적 글쓰기와 참여적 연구를 강조하는 질적연구의 한 종류로 분류되기도 한다(Holt, 2003: 19). '기억의 예술'인 자문화기술지는 재현의 한 가지 형태로서 유동적인 속성을 지니며, 근대 문화의 균질성과 동일성에 대항하는 경향이 있다(Russell, 1999). 자기성찰을 강조하는 자문화기술지는 포스트모던 철학 또는 해석학적 현상학에 근거한다(Berry, 2006; Wall, 2008). 포스트모던 철학에 기초한 자문화기술지는 사람들이 사회적 진공상태(social vacuum)에서는 경험을 축적할 수 없다는 이론적 기초 아래, 개인의 목소리와 반영성을 강조함으로써 전통적인 문화기술지의 속박으로부터 연구자들을 해방하고자 한다(Duncan, 2004; Wall, 2006, 2008; Berry, 2006). 저자의 목소리와 반영성을 강조하는 자문화기술지는 개인의 주관적인 경험과 성찰에 더하여 자아에 대한 사회적 · 문화적 · 정치적인 이해를 풀어낸다(Jones, 2005). 즉, 자문화기술지는 문화 속에 위치 지어진 자신의 경험에 대한 반성적인 이야기를 비판적으로 기술하여 개인적인 삶의 양상을 이론적으로 이해하도록 돕는다. 그리고 독자들은 저자와 연구 참여자들의 이야기를 자신의 삶과 비교함으로써 연구 결과가 타당한지를 알 수 있다(Ellis, 1995, 2004). 자문화기술지 연구자는 독자를 설득하기 위해 고도로 감성적이고 사적인 글쓰기 방식을 활용한다(Berry, 2006; Sparkes, 2000). 구체적으로는 실제 대화 장면뿐만 아니라 인물의 성격, 행위, 정서, 체현(embodiment), 자의식, 내성(introspection) 등을 활용한다(Ellis, 2004).

다. 자문화기술지와 유사 개념 간의 비교

자문화기술지와 비슷한 의미를 지닌 용어들이 다수 존재하고 있으며, 개념 간 비교를 통해 자문화기술지의 학문적 위치와 개념적 특징을 명확히 이해할 수 있다. 대표적으로 문화기술지(ethnography), 생애사(life history), 전기(biography), 자서전(autobiography)은 자문화기술지와 유사한 의미를 지니고 있다. 개념 비교를 명확히 하기 위한 기준으로는 내러티브 장르에 대한 기준과 특성들을 들 수 있는데, 내러티브 장르적 특성을 서로 비교하여 개념들을 경계 지을 수 있다(**[표 6-1]** 참조).

첫째, 문화인류학에 기원을 두고 있는 문화기술지는 문화적 또는 사회적 집단이나 체계에 대하여 기술과 분석 그리고 해석을 시도하는 대표적인 질적연구 방법론이다(Creswell, 2014: 83). 문화기술지 연구자는 장기간의 참여관찰과 심층 면담을 통하여 특정 집단의 행동과 관습 그리고 생활 방식의 패턴을 내부자의 관점에서 기술, 분석, 해석한다(Hammerseley & Atkinson, 1990). 여기서 내부적 관점이란 낯선 것을 친

〈표 6-1〉 자문화기술지와 유사 개념 간의 비교

구분	장르	연구 대상	저자 시점	주요 특징
자문화기술지 (auto-ethnography)	학문	연구자 자신 자신과 관련된 집단/타자	1인칭 주인공 1인칭 관찰자	자기성찰 반영성
문화기술지 (ethnography)	학문	집단의 문화 체계의 문화	3인칭 관찰자 전지적 작가	객관성 엄격성
생애사 연구 (life history)	학문	개인의 삶의 이야기에 관한 학문적인 탐구	1인칭 주인공 3인칭 주인공	간주관성 공유/전환
전기, 평전 (biography)	문학	개인의 삶의 일대기	3인칭 주인공	문학성 성찰성
자서전 (autobiography)	문학	자신의 삶에 대한 내러티브	1인칭 주인공	문학성 성찰성

숙하게 바라보는 외부 연구자, 즉 3인칭 관찰자 또는 전지적인 작가 시점의 위치성으로 정의된다. 문화기술지의 이러한 위치성은 1인칭 주인공 또는 1인칭 관찰자 시점에서 이야기를 전개하는 자문화기술지와는 차이를 보인다.

그리고 연구 방법과 대상에서도 문화기술지와 자문화기술지는 차이를 보인다. 문화기술지는 한 집단의 문화를 심층적으로 이해하기 위해서 연구자가 연구 참여자들을 대상으로 참여관찰과 심층 면담을 한다. 문화기술지는 이 과정에서 실재의 손실이 불가피하게 발생한다. 실재가 손실된다는 것의 의미는 사물과 현상을 재현하기 위해 연구자가 아무리 엄밀하게 관찰하고 자세히 묘사하더라도, 그 사람의 경험과 자기반성을 담아내는 데 한계가 있을 수밖에 없다는 점을 뜻한다. 여기서 자문화기술지는 자기 자신의 경험을 드러내는 것이므로 실재가 덜 손실한다는 장점이 있다.

한편, 문화기술지의 주요한 연구 대상이 특정한 집단이나 체계의 문화인 반면에, 자문화기술지의 주된 연구 대상은 연구자 자신 또는 자신과 긴밀하게 관련된 집단이나 타자들의 삶에 관한 이야기이다. 그리고 문화기술지가 내부자의 주관성을 경계하는 반면, 자문화기술지는 자신의 주관성을 연구의 일부분으로 받아들이고, 지속적인 자기성찰과 반영성을 통하여 독자들에게 공감과 이해를 구하려 한다는 점에서도 중요한 차이점을 찾을 수 있다.

둘째, 생애사는 한 개인의 역사적인 삶을 내부자(연구 참여자)의 관점으로 드러낸다는 점에서 개인적인 내러티브의 한 형태이며, 여기서 자문화기술지와의 공통점이 있다(최영신, 1999: 2). 자문화기술지와 마찬가지로 생애사 연구에서의 주관적인 내러티브는 연구 참여자가 속한 특정 집단의 문화와 연결된다(김재룡, 2010). 생애사 연구는 연구 참여자가 어떠한 사회적 · 역사적 조건과 맥락에서 살았는가를 연구자의 시각에서 제시한다. 이를 통해 생애사 연구에서는 개별적인 연구 참여자의 경험과 내러티브가 타자들에게 문화적인 의미로 전환되고 공유된다고 본다(조용환, 2005). 생애사 연구에서의 엄격성, 간주관성, 문화적 의미로의 공유와 전환이라는 특징들은 자문화지술지와 가족 유사성을 공유하고 있다.

그러나 생애사는 자기 몰입적인 특징이 강한 자서전이나 전기와는 달리 자료 수집, 분석, 해석, 글쓰기 작업을 통해서 연구의 신뢰성을 추구한다. 특히 생애사 연구에서는 연구 참여자의 주관성뿐만 아니라, 내러티브의 진실성을 검증하는 연구자와 독자들의 주관성도 중시하기 때문에 간주관성(inter-subjectivity)이 중요하게 드러난다고 볼 수 있다(조정호, 2009: 21). 이 점이 자문화기술지와 가장 큰 차이를 보이는 부분이다. 그리고 생애사 연구는 1인칭 주인공 또는 3인칭 주인공 시점에서 자신 또는 타자의 이야기를 기술하고, 자문화기술지는 1인칭 주인공이나 1인칭 관찰자 시점에서 자신 또는 자신이 포함된 타자들이나 집단의 사회문화적인 삶의 모습들을 이야기한다는 점에서도 차이가 있다. 그리고 생애사 연구는 연구 참여자의 내러티브에 주목하지만, 자문화기술지는 연구 참여자와 연구자 사이의 상호작용을 강조한다(주형일, 2010: 80). 따라서 자문화기술지에서는 연구 참여자가 내러티브의 분석과 해석 과정에 참여할 수 있다. 또한, 자문화기술지에서는 연구자가 연구 참여자와의 상호작용을 통해서 기억을 회상하고, 자기 치료적 효과를 얻을 수 있다는 점에서 생애사 연구와 구별된다(주형일, 2010: 82).

셋째, 전기와 자서전은 특정 인물의 역사적인 삶을 이야기한다는 측면에서 자문화기술지와 유사점을 공유한다. 전기는 주로 3인칭 주인공 시점의 작가가 특정 인물의 출생과 죽음에 이르는 일대기적인 삶에 초점을 두는 문학 장르이다. 전기 가운데 작가의 주관적인 평가와 판단이 가미되면 평전(評傳, critical biography)으로 불리기도 한다. 그리고 자서전은 1인칭 주인공 시점의 작가가 자신의 삶에 관한 이야기를 직접적으로 기술하는 문학 장르이다. 자서전은 독일, 프랑스, 영국을 중심으로 하여 16세기부터 시작되었는데, 주로 도시 시민계층을 위한 문학 장르로 여겨지고 있다(Dülman, 1997: 164-188). 이러한 전기나 자서전은 한 개인의 삶을 기술하고 성찰하는 측면에서는 자문화기술지와 공통점이 있으나 문학 장르라는 점에서 앞서 제시된 학문으로서의 연구 방법들과 구별되어야 한다. 문학 장르들은 사회문화적 맥락 내에서의 개인적인 삶을 기술하였을지라도, 연구 과정의 엄격성, 자료 분석과 해석의 간주관성, 문화적 의미로의 공유와 전환이라는 질적연구의 특징을 충족하는 데 한계가 있다. 따라서 한 개인의 삶을 정치적 · 경제적 · 사회적 · 문화적 · 제도적 · 역사적인 맥락과 관련지어 체계적이고 확장적으로 논의하기 위해서는 자문화기술지, 문화기술지, 생애사와 같은 연구 기법을 활용해야 한다.

2. 자문화기술지의 이론적 배경

앞서 설명하였듯이, Heider에 의해 '자문화기술지(auto-ethnography)'라는 용어가 최초로 등장하였다(Chang, 2008; 박순용, 장희원, 조민아, 2010). 그리고 현대적 의미의 자문화기술지는 David Hayano(1979, 1982)의 작품들에서 시작하였는데, 그는 사회과학 연구에서 최초로 연구자의 경험과 주관성 그리고 관점을 가미하면서 자문화기술지라는 용어를 본격적으로 사용하였다(Wall, 2006; Chang, 2008; 김영천, 2010; 박순용, 장희원, 조민아, 2010). 이후, 자문화기술지는 사회과학 연구에서 다양한 이름으로 불리다가 Reed-Danahay(1997), Ellis와 Bochner(2000)에 의해 비로소 학문적인 체계성을 갖추게 되었다(Chang, 2008: 46-49).

여기서는 자문화기술지의 이론적 배경 중 가장 핵심적인 역할을 담당하고 있는 주관성과 더불어 관련된 세 가지 내용을 설명하고자 한다. 자문화기술지가 문화기술지와 공유하고 있는 기본적인 속성과 개념에 관한 설명은 문화기술지 부분에 제시하였다(**[그림 6-2]** 참조).

가. 주관성

주관성은 자문화기술지가 사회과학 연구 방법론으로서 인정받을 수 있는 가장 중요한 이론적 특징이다. 자문화기술지는 개인의 주관성에 토대를 둔다. 개인의 주관성은 선천적으로 주어지는 것이 아니라 사회적으로 형성된 것이며, 한 개인이 만나는 타자들과 외부세계에 대한 메타인식과 대화의 산물이다(Kincheloe, 1998). 개인의 주관성을 구성하는 메타인식은 사회, 권력, 제도에 열려 있으며, 개인의 삶과 사회적 영역을 연결한다(Kincheloe, 1998). 연구자 개인은 다층적 생활세계의 대리자의 역할을 담당하게 되며, 집단의 내부자인 연구자는 가장 중요한 연구 대상과 연구 맥락이 된다.

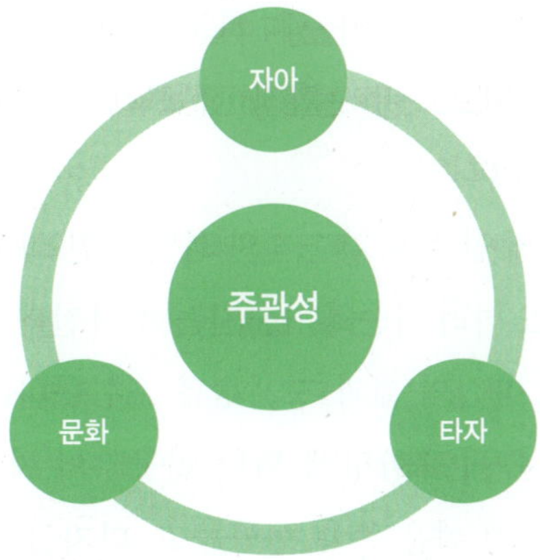

[그림 6-2] 자문화기술지의 이론적 구조

이러한 자문화기술지의 인식론적 전제는 그동안 주변화되었던 개인의 목소리와 정체성을 사회연구의 핵심적 주제로 부상시켰다(Duncan, 2004).

다음으로, 자문화기술지는 연구 도구로써 자아를 강조한다. 자문화기술지는 문화적 실천 속에서 종종 간과되었던 이슈들(개인의 정체성, 인종, 젠더 등)에 대하여 정치적 통찰을 제공한다. 즉, 자문화기술지는 자신의 이야기를 통하여 중요한 정치적 이슈들에 독자들을 초대함으로써 특정한 사건이나 사물 그리고 사회 현상을 색다른 방식으로 이해할 수 있도록 해준다. 자문화기술지 연구자는 타자 및 대상 세계와의 관계 속에서 구성된 자아의 문화적 이해를 시도하며, 독자들은 자문화기술지를 통하여 자신들의 삶의 경험과 화자의 이야기 사이에 존재하는 공통점을 발견함으로써 상호작용한다. 그리고 자문화기술지가 독자들에게 공감과 반향을 불러일으킬 때, 저자의 개인적 이야기는 비로소 독자들에게 학문적인 이야기로 다가갈 수 있게 된다(Chang, 2008).

한편, 자문화기술지는 개인의 사회적 · 정치적 · 문화적 삶을 비판적으로 검토함으로써 사회적 변화를 위한 대화와 토론의 장을 마련하는 데 이바지한다(Jones, 2005). 즉, 대화적인 힘을 가진 자문화기술지는 개인의 특수한 경험을 정치적으로 해석함으로써 문화적 삶을 민주화한다. Stacy Holman Jones(2005)는 자문화기술지의 정치적인 특징을 다음과 같이 지적하였다. 즉, 자문화기술지는 개인의 지식, 경험, 의미, 저항을 이론적으로 이야기함으로써 자아와 권력 그리고 문화 사이의 관계를 이해하고 이론화할 수 있게 한다. 자문화기술지는 세계 내에 존재하는 다른 방식의 앎, 존재, 행위에 대한 저자의 정서적 경험을 표출함으로써 독자들로부터 이야기의 정당성과 실천(praxis) 그리고 재현을 확보할 수 있다(Jones, 2005: 767). 또한, 자문화기술지는 개인의 육체와 목소리가 정신 및 사고와 분리된 것이 아니라, 특수한 정치적 방식으로 특권 지어져 있음을 밝힐 수 있다. 즉, 자문화기술지는 자아가 어떻게 구성되고, 폭로되고, 연결되는가를 밝힘으로써 사회적 · 문화적 · 개인적 삶을 창조하고, 해석하고, 변화시키는 데 도움을 준다.

자문화기술지는 전통적인 문화기술지의 통상적인 화자, 즉 '객관적인 연구자'의 입장을 채택하지 않는다. 오히려 자문화기술지는 자서전과 문화기술지의 결합을 통하여 타자와 대상 세계 속에 자신의 삶과 정체성을 포함한다(Reed-Danahay, 1997). 이처럼 자신의 정체성을 글 속에 포함하게 되면 연구자의 자기 노출이 이루어진다. 자기 노출은 연구자를 공격받기 쉬운 존재로 만들고, 타자들의 비판에 무방비한 존재로 만든다. 또한, 연구자의 자기 노출은 감정 조절에 실패한 것처럼 보이며, 연구자의 개인적인 주장과 욕망을 표현한 것으로 보일 위험성이 있다. 대신 연구자의 자기 노출과 학문적 폭로는 오히려 연구자와 연구 참여자들 그리고 독자들 사이에 놓여 있는 위계적인 위치성을 감소시켜 친밀감을 강화할 수 있는 방법론적인 장점이 될 수도 있다. 또한, 자문화기술지는 자기 노출을 통하여 연구 참여자들 그리고 독자들과 대화적인 관계를 발전시킬 수 있다. 즉, 자문화기술지의 자기 노출적인 특징은 객관적인 분리와 주관적인 몰입 사이의 긴장감을 완화하고 관리할 수 있다(Foster et al., 2005).

나. 자문화기술지의 세 요소

한편, 자문화기술지에서 가장 중요한 세 요소인 자아, 타자, 문화에 대한 구조를 **〈표 6-2〉**, **[그림 6-3]**과 같이 나타낼 수 있다.

〈표 6-2〉 자문화기술지의 존재론적 및 인식론적 전제

구분	제1수준 패러다임	제2수준 패러다임	제3수준 패러다임
자아의 개념	주관적 자아('I') 데카르트적 자아	객관적 자아('me') 엄밀한 자아	자기성찰적 자아 (I+me='Me')
자아의 특징	자기 지향적 자아 주관화된 자아	타자 지향적 자아 상호작용적 자아 일반화된 자아	자기성찰적 자아 사회문화적 자아 변증법적 자아
연구의 접근 방식	미시적(micro) 관점 주관적인 개인의 관점에서 삶을 이야기	미시적(micro) 관점 객관적인 연구자의 관점에서 타자들과 집단의 문화를 조망	생태적(eco) 관점 자기성찰적인 연구자의 관점에서 자신, 타자, 문화를 연결

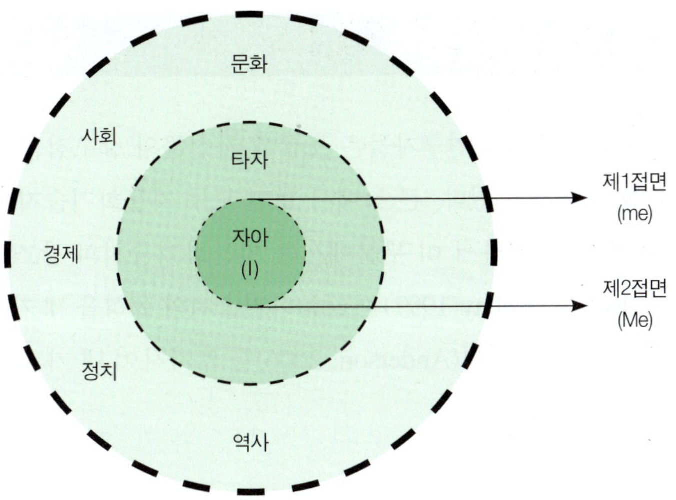

[그림 6-3] 자문화기술지 세 요소 간의 구조

주관적 자아의 개념과 특징이 제1수준의 패러다임이라면, 객관적인 자아 또는 상호작용적인 자아의 개념과 특징은 제2수준의 패러다임이라고 볼 수 있다. 그리고 자기성찰적이고 사회문화적인 자아의 개념과 특징은 제3수준의 패러다임이다. 제3수준 패러다임을 지향하는 자문화기술지는 자아의 개념과 특징, 연구의 접근 방식에서 차별적인 특징을 나타낸다.

이와 관련하여, 佐伯月半(2007)은 주관적 자아와 객관화된 자아 그리고 자기성찰적 자아가 분리될 수 없음을 주장하면서, 개인과 타자 그리고 문화와의 이분법적 관계를 부정하는 '의인적 인식론'을 주장하였다. 그는 자아, 타자, 대상 세계를 연결하는 '발달의 도넛 이론'을 제시하고, 감정 이입적인 동일시를 통해 자아와 타자 그리고 문화의 연결을 시도하였다(佐伯 月半, 2007: 18-26). 여기서는 자아를 대문자 'I', 타자와의 상호작용을 통해 형성된 객관적인 자아를 소문자 'me', 자아가 타자 지향적인 자아를 넘어 거시적인 맥락과 연결된 자기성찰적 자아를 대문자 'Me'로 칭하였다. 정치, 경제, 사회, 문화, 역사적인 맥락과의 감정 이입적인 동일시를 통해서 형성된 자아(Me)야말로 자문화기술지의 위치성과 상황성을 적절히 표현해 준다. 자문화기술지는 René Descartes의 자아를 지지하기보다는 문화적 · 사회적 · 경제적 · 정치적 · 역사적 자아를 추구한다. 즉, 자문화기술지는 타자와 상호작용하는 객관적이고 타자 지향적인 자아를 넘어서 사회문화적인 자아를 지향한다는 이론적 특성이 있다.

3. 자문화기술지의 종류

자문화기술지를 연구하는 연구자들은 조금씩 자신들의 강조점을 바탕으로 자문화기술지의 종류를 구분하고 있다. 큰 틀에서 보면 모두 자문화기술지이지만, 조금씩 특성과 분류가 달라진다. 따라서 이 부분에서는 자문화기술지의 강조점을 포착하여 구분하고자 한다. Reed-Danahay(1997)는 자문화기술지의 유형을 세 가지로 구분하였다. 여기에 분석적 자문화기술지(Anderson, 2006)를 추가하여 네 가지의 종류로 제시하고자 한다(**<표 6-3>** 참조).

<표 6-3> 자문화기술지의 종류

형태	특징
자서전적 문화기술지	자문화기술지의 가장 기초적 형태, 개인의 경험을 사회문화적 맥락과 연결
성찰적 문화기술지	개인 내면의 변화에 집중, 자신의 인식에 드러난 왜곡과 진실을 탐구
소수자 문화기술지	사회적 기능에 초점, 권력관계 및 불합리하고 소외된 가치 발견
분석적 자문화기술지	상징적 상호작용론에 입각, 전통적인 문화기술지의 입장을 지지

가장 처음으로는 자서전적 문화기술지(autobiographic ethnography)를 들 수 있다. 자서전적 문화기술지란, 개인적인 삶의 경험을 거시적인 사회문화적 맥락과 연결하여 그 의미를 분석하는 방식이다. 자문화기술지의 가장 기초적인 가정을 잘 나타내는 유형이라고 할 수 있다. 자문화기술지의 발전 초기에 나타났던 형태이며, 완전히 독창적인 자문화기술지라기보다는 문화기술지의 변형된 형태라는 의미를 담고 있기도 하다. 자신의 경험과 인식에서부터 연구의 목표와 가치가 설정된다는 점에서는 뒤이어 설명할 나머지 형태의 자문화기술지의 토대와 기본이 될 수 있다.

Kiesinger(2002)는 자신과 가족이 처하였던 상황에 관해 주관적이면서도 객관적으로 이야기하고 있다. 저자는 자신의 삶을 형성하고 자신의 힘과 가치를 재고하게 만드는 사건들을 중심으로 이야기를 주제별 또는 연대기 순서로 재구성하였다. 그리고 이러한 사건을 분석적으로 바라봄으로써 자신의 삶 속에 숨겨져 있던 고통, 불쾌감, 고민, 갈등을 객관화하였으며, 그 고통을 더욱 큰 틀에서 문맥화할 수 있었다. 이를 통해 자신이 경험하였던 부정적인 어린 시절을 부정하기 보다는 그것에 맞서고 그러한 경험을 더욱 큰 상황의 맥락 속에서 바라보는 힘을 얻고 있다. 마지막으로 자신의 정체성과 존재 가치를 인식하고, 자신이 그동안 지니고 있었던 아버지에 대한 증오와 자신의 상처를 치유하고 있다.

다음으로는 성찰적 문화기술지(reflective ethnography)를 제시한다. 이 형태는 기본적인 자문화기술지의 연구 형태에서 개인 내면의 변화에 초점을 맞추는 방식으로 연구가 이루어진다. 연구 과정에서 발생한 연구자의 자기반성적인 성찰을 강조하는 유형이다. 자기 자신의 이야기를 단순히 사회문화적 맥락과 연결하는 것뿐만 아니라, 그동안 알아채지 못하였던 인식의 왜곡이나 결함을 밝혀내면서 연구자 개인의 발전을 추구하려고 한다. 그리고 주관적인 경험을 독자에게 이해시키고 공감을 끌어내기 위하여 자신의 내면을 솔직하게 고백하는 방법을 사용한다. 이러한 글쓰기 방식은 기존의 문화기술지와는 확연히 다른 특징을 드러내며, 자문화기술지를 다른 질적연구 기법과 차별화되도록 만들어준다.

이동성(2020a)은 사제관계에 기초하여 질적연구 전문가로 성장 및 발달해 가는 과정을 자문화기술지로 이야기함으로써 한 질적연구자의 변환적인 과정과 그 의미를 해석하였다. 연구 결과는 다음과 같다. 입문 단계에서 현장 교사였던 연구자(나)는 한 스승의 진정성 있는 격려로 질적연구 방법론에 입문할 수 있었다. 성장 단계에서는 스승의 전문적인 도움을 바탕으로 질적연구 방법론의 세부 절차와 방법을 익힐 수 있었다. 또한, 스승을 통해 단편적으로 질적연구를 수행하는 수준을 넘어, 질적연구 방법론자로 성장하는 데 필요한 전문적 자질을 갖추게 되었다. 발달 단계에서 전임교수가 된 나는 스승의 학문적 지도력으로 연구 방법과 연구 영역을 확장할 수 있었다. 세대 전이 단계부터는 스승의 학문적 열정을 거울 삼아 또 다른 스승으로서 후세대를 양성할 수 있는 역량을 갖게 되었다. 이 연구의 결과는 사제관계를 기반으로 한 질적연구자의 성장과 발달 과정을 조명함으로써 질적연구 방법에 대한 교수 및 학습 전략을 제공하고, 질적연구 방법론의 전승과 발전을 위한 경험적 및 이론적 자료가 된다.

소수자 문화기술지(minority ethnography)는 자문화기술지의 사회적 기능과 형태를 강조하고 있다. 특정 집단의 내부자가 문화적 자아를 이야기하는 방식으로서 소수 집단의 정체성이나 소수자와 다수 집단 사이의 권력관계를 밝히는 데 유용하다. 자문화기술지 연구자는 자기 입장이나 관점으로 세상을 바라본 내용을 연구에 담을 수 있는데, 이를 통해 독자들은 그동안 잘 드러나지 않았던 집단의 속성, 불합리하거나 소외되었던 가치들을 발견할 수 있다. 이러한 방식의 연구를 통해서는 집단의 긍정적인 개선을 기대할 수 있게 된다. 더불어 정체되고 변화가 느린 사회 분야에서의 개혁과 혁신에도 이바지할 수 있다.

김정숙과 김명찬(2021)은 트랜스젠더 자녀를 둔 어머니인 연구자가 트랜스젠더에 대한 근거 없는 편견인 무지의 베일을 벗고, 인식의 확장으로 나아가는 자기성찰을 자문화기술지로 보여주고자 한다. 연구 목적은 연구자의 자기성찰을 통해 트랜스젠더 자녀의 정신적 건강에 이르는 가족 지지 기능과 문화적 · 사회적 차원에서의 의의를 찾는 것이었다. 먼저 개인 내적 경험 성찰은 나에 대한 인식의 지평 넓히기로 개념화되었다. 연구자는 그동안 의문 없이 사회적 편견을 내면화하였으며, 그에 따라 상실감으로 인한 분노와 눈물의 과정을 거쳐 자녀의 울타리가 되어가는 과정을 담담히 제시하였다. 자신의 내면을 성찰한 결과를 바탕으로 사회관계적 경험 측면에서는 거부하였던 이들에게 다가가고, 자신을 지지해 주는 사람들을 발견하며, 사회를 변화시킬 힘을 기르는 단계로 나아갔다.

Anderson(2006)은 분석적 자문화기술지를 주장하였다. 자문화기술지의 글쓰기 방식과 담론이 사실주의적 또는 분석적인 문화기술지 전통에 거리를 둔 채, '호소적 자문화기술지(evocative auto-ethnography)'에만 주목하는 것을 비판하였다. 즉, 자문화기술지의 문학적인 글쓰기 동향은 전통적인 문화기술지가 소외되는 현상을 불러올 수 있다고 주장하였다(Anderson, 2006). 따라서 그는 호소적 자문화기술지의 학문적인 당위성을 인정하면서도 '분석적 자문화기술지(analytic auto-ethnography)'를 주창함으로써 시카고 학파의 지적 유산인 상징적 상호작용론의 인식론적 가정과 목적을 받아들일 필요가 있다고 주장하였다. Anderson(2006)의 이러한 주장에 대하여 전통적 또는 분석적인 문화기술지를 옹호하는 질적연구자들도 동조하였다. 분석적 자문화기술지 글쓰기의 특징으로는 완전한 연구 참여자의 지위(complete member researcher), 분석적인 반영성(analytic reflexivity), 내러티브 가시성(narrative visibility), 자아를 넘어선 연구 참여자들과의 대화, 이론적 분석을 위한 전념을 들 수 있다(Anderson, 2006: 387). 결국, Anderson(2006)은 분석적인 문화기술지 전통의 한 부분으로서 자문화기술지 글쓰기의 위치에 서 있다.

Mills(2015)는 분석적 자문화기술지의 방법을 사용하여 어떠한 요소가 정체성을 만들어내고, 또 해체하는지에 관한 복잡한 메커니즘을 규명하였다. 연구자는 축구 코치라는 직업적 맥락 속에서 자신의 정체성을 확립하고 유지하기 위해 고군분투하는 모습을 살아 있는 경험으로 보여준다. 이 논문은 자신에 대한 의심과 두려움을 드러내는 문학적 장치들을 활용하여 비슷한 어려움을 겪고 있는 다른 코치들과 젊은이들에게 위안을 주려는 목적으로 연구되었다. 철저히 문화기술지의 특성을 반영하여 관련 이론의 분석, 연구 참여자들과의 대화, 이야기에 대한 사회적 평가, 그리고 스포츠 코칭 및 심리학 측면에서의 장점을 논하고 있다.

지금까지 설명한 네 가지 유형은 접근 방식과 강조점에서 미세한 차이점을 나타내지만, 모든 유형이 개인과 타자 그리고 세계를 유기적으로 연결하는 측면에서 유사성이 있다. 연구자들은 이러한 공통점과 세부적인 차이점을 고려하여 연구의 방향과 주제에 맞는 자문화기술지의 기법을 사용해야 한다.

4. 자문화기술지 연구 절차와 방법

이 책에서 제시하는 자문화기술지의 절차는 완전히 고정적이거나 확정적이라는 의미보다는 자문화기술지를 처음 접하거나 좀 더 깊은 수준의 탐구를 원하는 연구자들에게 제시할 수 있는 하나의 모델이라는 점에서 의미를 가질 수 있다. 다른 여타의 질적연구 전통들과 마찬가지로, 자문화기술지에도 반드시 따라야 하는 절차란 존재하지 않는다. 하지만 여기서 제시하는 자문화기술지의 연구 절차는 질적연구자들에게 큰 도움이 될 것으로 여겨진다. 이에 자문화기술지의 연구 절차를 이동성(2020b)의 논의를 중심으로 하여 살펴본다.

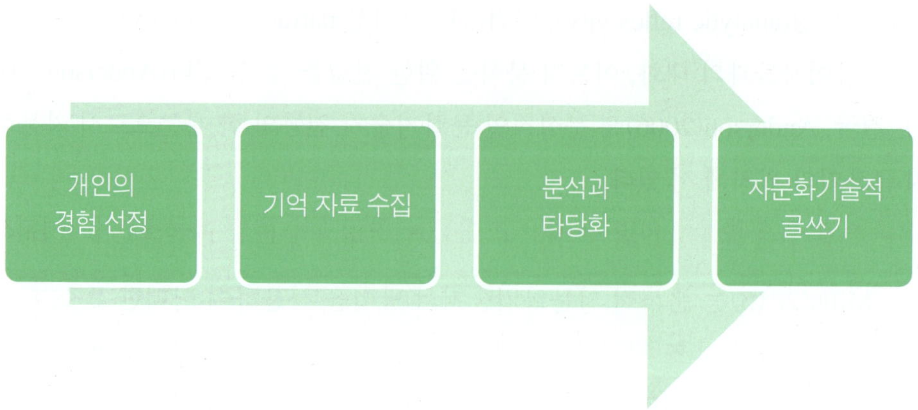

[그림 6-4] 자문화기술지의 연구 절차

가. 개인의 경험 선정

자문화기술지 연구의 가장 첫 번째 단계는 개인의 경험을 선정하는 것에서 시작된다. 개인의 경험이란, 곧 연구 주제를 뜻한다. 자문화기술지의 연구 주제로는 거시적인 것에서 미시적인 것까지 다양한 것들이 될 수 있다. 다시 말해 삶과 관련된 모든 주제가 연구의 대상이 될 수 있다. 연구 주제를 선정할 때는 자문화기술지만 적용할 수 있는 특정한 연구 주제가 존재한다고 생각하지 말고, 연구 주제와 관련하여 연구 대상으로서의 자아인 연구자가 그 주제와 얼마만큼 관련되어 있느냐를 살펴보아야 한다. 즉, 자아를 중심에 두는 사고방식이 자문화기술지 연구 방법을 사용할 수 있는가, 아닌가를 결정할 수 있게 된다고 보아야 한다. 지금부터는 자문화기술지에 적합한 연구 주제가 무엇인가에 대한 이해를 높이기 위해 **<표 6-4>**의 세 가지 자문화기술지 예시와 그 주제를 살펴보도록 한다.

이동성(2010)은 우리나라 최초로 자문화기술지를 활용한 연구를 시도하였다. 연구 주제는 초등학교 기초학습부진학생을 지도한 연구자 자신의 경험을 토대로 하고 있다. 연구의 목적은 기초학습부진학생의 지도 과정에서 발생한 현장 교사의 개인적 경험을 자문화기술지를 통해 밝히고 현행 기초학습부진학생의 구제방식에 대한 문제점과 그 한계를 조명함으로써 기초학습부진학생들의 지도 방식에 대한 대안적 관점과 접근을 찾고자 하였다.

구체적인 연구 결과와 결론으로는 다음의 내용이 도출되었다. 우선 기초학

〈표 6-4〉 자문화기술지 주제 선정의 예

연구자	제목	연구 주제	내용
이동성(2010)	• 초등학교 기초학습부진학생지도 경험에 대한 자문화기술지	• 초등학교 교사의 기초학습부진학생 지도 경험	• 기초학습부진학생의 지도 과정에서 발생한 현장 교사의 개인적 경험을 자문화기술지를 통해 밝힘. 현행 기초학습부진학생의 구제 방식에 대한 문제점과 그 한계를 조명함으로써 기초학습부진학생들의 지도 방식에 대한 대안적 관점과 접근을 찾고자 함.
김명찬(2015)	• 나는 왜 서울대학교 박사가 되어야 했나?	• 학력, 사회적 지위, 역기능적 가족관계	• 낮은 사회경제적 지위를 가진 가족과 그 구성원에게 서울대학교가 무엇을 의미하는지를 자문화기술지를 통해 보여주고자 함.
Lauren Fournier (2020)	• I (Don't) Want To Be Seen	• 공공 페미니스트 예술가의 노출과 문제 상황	• 자신의 경험을 통해 젊은 여성들이 공공장소에서 일할 때 마주칠 수 있는 다양한 문제 상황과 딜레마를 설명함. 이를 통해 여전히 사회에 존재하는 여성에 대한 보이지 않는 폭력적 이데올로기를 고발함.

습부진학생을 누가 가르칠 것인가에 관하여 학교 구성원의 한 개인에게 책임을 전가할 수 없다고 주장하였다. 다음으로 학습부진의 실제적 원인을 규명하는 일은 문서상의 가정환경 기초조사나 각종 심리검사를 통한 처방의 방식으로는 한계가 있음을 밝혀냈다. 그리고 기초학습부진학생들은 일반 학급보다 더욱 이질적인 집단이므로 교사들에게는 기존의 수준별 지도와는 다른 방식의 대응과 가르침이 필요하다고 지적하였다. 이러한 내용을 정리하여 기초학습부진학생들의 장점과 특기를 살린 경험과 활동 중심의 교수학습 활동이 필요하다는 점을 이야기하였다.

김명찬(2015)은 낮은 사회경제적 지위를 가진 가족과 그 구성원에게 서울대학교가 무엇을 의미하는지를 자문화기술지를 통해 보여주고자 하였다. 낮은 사회경제적 지위를 가진 가족들은 자신들의 결핍을 학력을 통해 극복하고자 하는 동기를 지니고 있고, 적합한 구성원이 있는 경우 가족 내의 모든 자원을 집중함으로써 가족 전체의 목표를 이루고자 한다. 이러한 과정에서 필연적으로 희생자가 생겨나는데, 그 결과 가족들의 융합이 높아지고, 자아의 분화가 낮아짐으로써 역기능적 가족관계를 초래할 수 있다. 역기능적 관계의 희생자로서 구성원은 홀로서기에 어려움을 겪고, 홀로서기에 성공한 이후에도 내적 결핍과 공허감을 느낄 수 있다. 따라서 외적 성취로서 학력은 이들의 욕구를 부분적으로 채워주는 한계를 지니고 있으므로 먼저 생애 초기의 상처로 인한 자기 내면의 초라하고 작은 모습을 직면하고 알아주는 과정이 우선되어야 한다고 주장하였다.

Lauren Fournier(2020)는 2011년에서 2014년 사이에 경험한 자신의 기억을 바탕으로 페미니스트 예술 작가의 경험을 재구성한다. 이를 위해 3개의 자문화기술지 일화 기록을 모아 밴쿠버와 베를린을 중심으로 한 이야기를 만들어냈다. 그녀는 페미니스트 문화 생산, 기술적 · 물리적 노출 문제를 다루기 위하여 일상생활의 장면(커피숍에서 아메리카노를 주문하는 것)에서 작품을 제작하는 장면(밴쿠버 라이브 2011 행사)에 이르기까지 모든 내용을 분석하였다. 그 결과 다양한 장소에서 페미니스트 예술 작가가 공연하기 위해 자신을 노출할 때는 필연적으로 간접적인 성희롱과 무의식적인 시선 폭행이 발생한다는 점을 밝혀내었다. 결국 이러한 연구 결과는 젊은 여성들이 공공장소에서 일할 때 마주칠 수 있는 다양한 문제 상황을 제시하고 있다. 그녀는 이러한 상황에 적극적으로 도전하여 변화를 꿈꾸어야 한다고 이야기하고 있다.

여기서 살펴본 세 가지 예시는 자문화기술지의 주제가 자기 자신에 기반을 두고 있으며, 주제의 개념적 경계도 상당히 폭넓다는 점을 제시하고 있다. 특히 자기 자신의 경험을 토대로 주변 사회의 문제 상황, 새롭게 이해되어야 할 내용을 함께 엮어냄으로써 독자들의 공감을 끌어내고, 사회적 해결책을 찾아볼 필요성을 동시에 제시하고 있다.

나. 기억 자료 수집

자문화기술지의 두 번째 절차는 자료를 수집하는 것이다. 자료 수집 방법을 구

〈표 6-5〉 자문화기술지에서 자료의 종류

자료	특징	효과
기억	• 연구자 자신의 개인적인 기억, 주관성과 자기 회상	• 기억의 시간성과 지속성으로 인한 강력한 영향력
자기성찰	• 사색, 회상, 의식, 통찰 등	• 최종적인 텍스트에 영향, 연구 결과의 타당성과 반영성에 긍정적 효과, 자아와 타자를 깊이 이해
관찰	• 내면의 인지적 활동, 행동, 감정 변화, 타자 및 외부세계와의 상호작용에 대한 관찰	• 자기성찰의 신빙성과 타당도를 검증하는 삼각검증 자료
면담	• 연구자 자신을 대상으로 하는 면담	• 기억의 정당성 획득, 자료의 공백과 오류 최소화, 타자들의 처지를 이해
인공물	• 연구 주제(연구자)와 관련된 인공물	• 독자들에게 깊은 인상, 다른 자료들의 신빙성을 보완
문헌	• 개인의 경험을 해석한 이론적 내용, 참고 자료	• 개인의 자전적 이야기를 외부세계와 연결

체적으로 살펴보기 이전에 다음 자료 수집의 준거를 살펴볼 필요가 있다. Feldman (2003: 27-28)은 자문화기술지의 자료 수집 준거로서 다음 네 가지를 언급하였다. 첫째, 자문화기술지는 어떻게 그리고 무엇을 위하여 자료를 수집하며, 특정한 자료가 무엇을 의미하는지를 자세히 밝혀야 한다. 둘째, 자문화기술지는 어떠한 방식으로 자료를 구성하여 글로 재현할 것인지를 말해야 하며, 자료의 어떠한 점이 특정한 가정을 하게 만드는지를 밝혀야 한다. 셋째, 자문화기술지는 다양한 질적 자료들을 수집하여 삼각 검증을 시도해야 한다. 넷째, 수집된 자료는 연구 결과를 지지할 수 있는 증거로 사용해야 하고, 연구 주제와 관련하여 뚜렷한 목적이 있어야 한다. 이러한 준거에 따라 지금부터는 자문화기술지의 대표적인 자료 수집 방법인 기억, 자기성찰, 관찰, 면담, 인공물, 문헌에 관해 순차적으로 살펴본다(**〈표 6-5〉** 참조).

1) 기억

자문화기술지는 자신의 개인적인 기억 자료를 주된 연구 자료로 삼는다. 그동안 연구자의 자기 회상 또는 기억 자료는 근대의 학문 영역에서 배제되었다. 연구자의 주관성에 기초한 기억 자료는 객관성을 상실한 오염된 연구 자료로 간주하였기 때문이다. 하지만 자문화기술지는 오히려 자신의 자기 회상을 주요한 자료로 간주한다(Wall, 2006; Chang, 2008). 인간의 기억은 분열적이고 포착하기 어려우며 가끔은 왜곡되고 변형되지만, 기억의 시간성과 지속성은 연구 주제와 연구 과정에서 강력한 영향력을 발휘한다(Muncey, 2005). 또한, 인간의 인식, 기록, 이야기, 내러티브는 근본적으로 개인적인 기억 자료와 관련되어 있다(Muncey, 2005). 자문화기술지가 기억 자료를 회상하는 방법으로는 연대기적 순서에 따라 삶의 경험과 사건들을 나열하는 자서전적 시각표(time line), 기억의 중요도에 따른 회상, 표 또는 그림 등을 통한 시각적인 표상과 조직화 등이 있다(Chang, 2008: 71).

2) 자기성찰

자기성찰 자료는 연구자의 자연스러운 삶의 맥락에서 발생한 사색, 회상, 의식, 통찰 등을 기록한 반성적인 저널을 지칭하는데, 내적 성찰(intro-spection)과 자기분석(self-analysis) 그리고 자기평가(self-evaluation)를 강조한다(Chang, 2008; Maydell, 2010). 특히, 자기성찰을 담아내는 반성적 저널(reflective journal)에는 연구자 개인의 가치관, 정체성, 소속감, 행위, 인식, 정서적 깨달음 등을 기록한다(박순용, 장희원, 조민아, 2010: 65). 자기성찰 자료는 자기관찰과 함께 만들어지는데, 자문화기술지는 연구 과정과 관련된 개인적인 사고와 느낌을 기록하는 필드 저널(field journal), 개인적인 가치와 선호 분석, 문화적 정체성과 문화적 소속감, 타자를 통한 자아의 발견 등을 기록하는 반성적 저널 등을 생산한다(Chang, 2008: 95-100). 물론, 연구자의 자기성찰 자료가 오로지 자문화기술지에서만 활용하는 고유한 질적 자료는 아니다. 그러나 자문화기술지의 자기성찰 자료는 연구의 배경에 머무르기보다는 최종적인 텍스트의 중요한 부분을 담당하며, 연구 결과에 대한 반영성을 확보하는 데 중요한 역할을 한다. 자문화기술지의 반영성은 타자들의 세계와 의미를 공유하고, 그들의 세계로 들어갈 수 있는 여유 공간을 제공한다(Muncey, 2010: 23). 반영성은 자기성찰(self-reflection)과 미세한 차이가 있다. 자문화기술지의 반영성이란 연구 상황에 대한 저자의 개입과 연구 상황에 영향을 미치는 연구자의 영향력에 대한 연구자의 지각을 의미한다. 즉, 반영성은 연구자가 자신과 연구 참여자들 그리고 연구의 상황과 배경 사이의 상호 영향력을 자각하는 메타적인 사고 과정을 말한다(Anderson, 2006: 382). 자문화기술지의 반영성은 타자들과의 대화와 상호작용을 분석함으로써 자아와 타자를 깊이 있게 이해하기 위한 자의식(self-conscious)에서 비롯된다.

3) 관찰

자문화기술지는 정교한 관찰 자료를 사용한다. 인간은 자신의 경험에서 스스로가 관찰자이고 참여자이다(Muncey, 2010: 8). '무엇(what)'에서 '누구(who)'를 분리할 수 없기 때문이다. 또한, 연구자와 연구 참여자들의 관계는 자료 생산의 메커니즘에서 중요한 역할을 하므로 관찰이 중요하다(Maydell, 2010). 자문화기술지의 참여관찰에서 중요한 것은 자기관찰과 일반적인 참여관찰로 구분할 수 있다(Chang, 2008). 자기관찰은 외부의 타자들이나 현상을 사실적으로 관찰하고 기록하는 것이 아니라, 연구자 내면의 인지적 활동, 행동, 감정의 변화에 대한 자기관찰과 타자들 및 외부세계와의 상호작용을 통해 형성된 자기관찰을 의미한다(Chang, 2008: 90). 자기관찰을 위해서는 발생 기록표(occurrence recording chart)를 통하여 연구자의 생각, 행동, 타자들과의 상호작용 등을 시간대 및 장소별로 기록하는 방법이 필요하다(Chang, 2008).

물론 자문화기술지가 비록 자기관찰 자료에 비중을 둘지라도 일반적인 참여관찰 자료를 배제하는 것은 아니다. 여기에서의 일반적인 참여관찰이란 타자들의 상호작용과 행위 그리고 사건들을 관찰자 관점에서 관찰하고 기록하는 것을 말한다(Chang, 2008). 즉, 자문화기술지는 완전한 참여자 또는 참여자로서의 관찰자, 관찰자로서의 참여자, 완전한 관찰자의 처지에서 타자들과 사건들을 현장 일지(field note)에 기록할 수 있다. 이러한 참여관찰 자료는 자기관찰 자료의 진실성과 신빙성을 확인하는 삼각검증(triangulation)의 자료로 활용한다(Duncan, 2004: 31).

4) 면담

자문화기술지는 질적연구의 대표적 자료 수집 방법인 면담 기록을 수집한다. 타자들의 영향력에 대한 이해 없이는 자문화기술지를 온전히 수행할 수 없기 때문이다(Maydell, 2010). 일반적인 질적연구에서의 면담은 연구 주제와 관련된 연구 참여자(interviewee)를 주요한 대상으로 선정한다. 하지만 자문화기술지는 연구 주제와 관련된 타자들뿐만 아니라 연구자 자신을 대상으로도 면담을 할 수 있다(박순용, 장희원, 조민아, 2010). 연구자는 자신에 대한 면담을 통하여 자신의 기억을 자극하고, 기억의 공백을 차단함으로써 연구 주제와 관련된 새로운 정보를 획득한다(Chang, 2008: 103). 또한, 자문화기술지는 면담을 통하여 자신의 개인적인 기억 자료로부터 정당성을 확보할 수 있으며, 자신에 관한 타자들의 입장과 관점을 얻을 수도 있다(Chang, 2008: 106). 자문화기술지의 면담 방식은 연구 목적과 주제에 따라서 다양한 형태를 나타낼 수 있는데, 장기간의 연대기적 연구를 수행하였을 때 내러티브 면담(narrative interview)이 유용할 수 있다.

5) 인공물

자문화기술지는 참여관찰과 면담뿐만 아니라 연구 주제와 관련된 문화적 인공물(cultural artifact)을 수집하여 추가적인 외적 자료를 확보할 수 있다(Muncey, 2005; Chang, 2008). 문화적 인공물은 단순한 도구나 매체가 아니라 연구자의 삶의 이력과 기억이 용해된 문화적인 자료이다. 문화적 인공물로 대표되는 외적 참조 자료는 연구자의 내적 자료에 대한 삼각 검증의 자료로서 중요한 가치가 있다(Jackman, 2009: 35-36). 교육 연구와 관련된 문화적 인공물의 예로는 각종 인사기록 증명서 및 교육계획서, 공문서, 신문 기사, 게시판 글, 메모, 달력, 편지, 이메일, 사진, 그림, 비디오 이미지, 웹 사이트, 동영상 등이 있다. 특히, 시각적인 자료는 독자들에게 오랜 기간 깊은 인상을 남길 수 있다는 장점이 있어서 자문화기술지에서 적극적으로 활용할 필요가 있다.

6) 문헌

문헌은 자문화기술지가 자료의 분석과 해석의 과정에서 이론적인 관점을 발견하고, 연구 결과를 구조화하는 데 도움이 될 수 있다(Chang, 2008: 110). 문헌 자료는 자문화기술지의 주요한 1차적 자료가 될 수는 없을지라도, 개인의 자전적 자료를 외부세계와 연결하는 중요한 역할을 한다(박순용, 장희원, 조민아, 2010; Maydell, 2010). 자문화기술지가 문학 영역에 머무르지 않고 학문 영역으로 인정될 수 있는 이유도 개인적인 이야기를 기존의 문헌 자료와 연결함으로써 사회문화적인 분석과 해석을 시도하기 때문이다. 그러나 문헌 검토 결과가 자문화기술지의 연구 과정과 결과를 지배해서는 곤란하다.

다. 자료 분석

한편, 자문화기술지의 자료 분석은 특정한 경험과 이야기가 개인의 문화를 어떻게 형성하였는지 밝히는 것을 의미한다. 그리고 해석이란 자료 분석 작업에 기초하여 경험과 이야기의 문화적 의미를 탐구하는 활동을 말한다(Chang, 2008). 자문화기술지에서 분석과 해석의 작업은 순환적이며 상호 보완적이다(Smith, 2005). 철저한 자료 분석은 타당성 있는 해석을 가능하게 하며, 타당성 있는 해석은 예리한 분석과 글쓰기를 이끈다. 또한, 질적 자료에 기초한 분석과 해석 작업은 인식론적 친화감(epistemological intimacy)을 불러일으켜서 더욱 심층적이고 타당성 있는 연구 결과를 도출하게 한다(Smith, 2005: 70).

그러나 자문화기술지에서는 자신의 연구 목적과 주제에 따라서 새로운 범주를 추가, 삭제, 생성할 수도 있다. 연구자는 종단적인 코딩을 통하여 자신의 삶과 경험에 대한 연대기적인 분석적 통합을 시도함으로써 하나의 이론적인 이야기를 구조화할 수 있을 것이다.

Sparkes(1996)는 「치명적 결함: 연약한 자아의 이야기(The fatal flaw: A narrative of the fragile body-self)」에서 가족, 신체, 자아에 대한 경험을 다층적이면서도 객관적인 내러티브로 창조해 내었다(Coffey, 1999를 Sparkes, 2000: 36 재인용). 텍스트에서 Sparkes는 운동선수로서 고질적인 고통과 심각한 부상을 안고 살아온 자신의 몸부림에 관한 이야기를 화자 특유의 진솔함과 객관성으로 기술하고 있다. 자료의 분석 측면에서 살펴보면 기억 자료와 통찰적인 코딩을 통해 자신의 이야기를 진솔하게 표현하여 독자들의 공감을 끌어내고, 이를 사회적인 문제점과 연결한다.

Sparkes는 자신의 이야기를 하면서도 어느 한쪽에 치우치기보다는 개인적인 이야기와 사회학적 이야기를 조화롭게 기술하고 있다. 즉, 개인적인 부분은 자기 세계에 매몰되어 있지 않으며, 사회학적인 이야기 역시 메마르지 않게 기술되어 있다. 특히 강렬한 전기적 · 심동적 요소가 사회학적 요소를 부드럽게 이끌기도 하고 그 반대의 상황도 적절히 제시하고 있다. 이를 통해 진솔하면서도, 의미 있는 이야기를 창조하였다.

이도희(2019)는 지체장애가 있는 배우자와 생활하면서 겪는 경험에 관한 자문화기술지를 시도하였다. 자료의 분석을 위하여 참여관찰에서의 현장 일지, 반성적 저널, 면담 전사본, 문화적 인공물, 문헌 연구 자료를 활용하였고, 자문화기술지만의 특징을 나타내기 위해 연구자의 기억 자료(memory data)와 자기성찰(self reflection)의 개인 내부 자료를 추가로 수집하였다. 기억의 시간성과 지속성은 연구 주제와 연구 과정에서 영향력을 계속 발휘하기 때문에 자신의 개인 기억 자료를 주된 연구 자료와 분석 결과를 제시하였다. 그리고 기억 자료를 삶의 경험과 사건들을 나열하는 자서전적 시각표를 통해 제시하였다. 이를 통해 연구자 본인의 과거 경험과 현재의 지평, 그리고 향후 미래의 가능성에 대한 지속적인 대화로부터 자료를 수집하였다. 분석 결과, 다음과 같이 4개의 시기로 구분하여 연구자 자신에 대한 내러티브를 기술할 수 있었다. 첫 번째 시기는 '영원할 것 같았던 싱글라이프'의 시기로 정의하였다. 두 번째 시기는 '성모의 마을'이라는 장애인 시설에서의 장애인에 대한 이해와 약속의 수행 시기이다. 세 번째 시기는 지체장애인 배우자와의 만남과 그와의 생활의 시기이다. 마지막 시기는 지체장애인 배우자에 대한 이해와 노력의 시기이다.

이러한 연구 결과, 장애인은 일반인과 '차이'가 있는 것이 아니라 '다를 뿐'이라는 경험을 글쓰기를 통해 제시할 수 있었다. 장애인들은 그들 스스로 언제부터 다름을 느끼게 되었는지도 모른 채 살고 있었다. 특히 가까이에 있어야 하는 '배우자'의 위치에 장애인이 있다면, 적어도 '나' 또한, 남들과 달라야 한다는 점을 제시하고 있다.

라. 글쓰기

자문화기술지에서의 글쓰기는 완전히 학술적인 글쓰기 방식과는 약간의 차이가 있다. Ellis(2004)는 문화기술지 연구자처럼 사고하고, 소설가처럼 자문화기술지를 쓰라는 비유를 들며 자문화기술지에서의 글쓰기를 설명하였다(Ellis, 2004: 330-331). 이것은 사회과학 연구자로서의 엄밀한 사고 과정과 더불어 유연하고 창의적인 글쓰기 방식을 강조한 표현이다. 일반적으로, 질적연구에서의 글쓰기는 자료의 분석과 해석에서 비롯된 연구 결과를 최종적으로 보고하는 데 사용된다. 그러나 자문화기술지에서 글쓰기는 앎의 방식이자, 발견과 분석의 방법이며, 연구 주제에 대한 새로운 측면을 발견하도록 촉진한다는 특징이 있다(Richardson, 1994). 또한 자문화기술지 쓰기는 그 자체가 개인의 이야기를 재검토할 수 있는 하나의 탐구 방법이다(Suominen, 2003). 자문화기술지는 글쓰기를 통하여 자신의 삶에서 가시화되지 않았거나 간과된 삶의 파편들에 주목할 수 있으며, 자신의 정체성과 관련된 혼란스러운 퍼즐을 맞추는 글쓰기 작업을 통하여 자기치료의 효과를 얻을 수 있다(Suominen, 2003: 41).

몇몇 학자들은 자문화기술지 쓰기를 '변증법적 비평의 기술(technique of dialectical critique)'이라고 칭하기도 한다(Foster et al., 2005). 자문화기술지 쓰기는 연구 주제와 결과에 대한 저자의 객관적인 분리(objective detachment)와 주관적인 몰입(subjective immersion)의 긴장 관계를 관리할 수 있도록 해주기 때문이다. 객관적인 분리란 연구의 결과를 최종적으로 보고하는 글쓰기에서 연구자의 주관성과 목소리를 배제하려는 조용한 저술을 의미한다(Duncan, 2004). 하지만 자문화기술지 쓰기는 이러한 객관적인 분리와 주관적인 몰입의 한계를 뛰어넘어 실험적이고 참여적인 글쓰기 방식을 시도하기도 한다(Duncan, 2004). 따라서 자문화기술지를 활용하는 연구자는 개인적인 이야기를 전개하면서도, 글의 핵심에서 '문화적으로 주변적인 위치(culturally marginal person)'에 머물러야 한다(Maydell, 2010).

실험적이고 참여적인 글쓰기 방식을 시도하는 자문화기술지 쓰기에서 무엇보다 중요한 이슈는 저자의 위치성이다. 즉, 주요한 연구 대상이자 연구 참여자인 저자 자신을 글 속의 어디에, 어떠한 방식으로 위치시킬 것인가의 문제이다. 앞서 밝힌 것처럼, 자문화기술지의 화자인 저자는 보통 1인칭 주인공 시점 또는 1인칭 관찰자의 시점에서 자신의 이야기를 전개한다. 그러나 자문화기술지의 화자가 반드시 '나' 혼자일 필요는 없다(Smith, 2005). 독자들에게 연구의 주제와 연구 결과를 가장 효과적으로 전달할 수 있는 저자의 인식론적 관점이 최적의 위치라고 볼 수 있다(Smith, 2005: 70). 한편, 자문화기술지의 실험적이고 참여적인 글쓰기 방식은 은유를 즐겨 사용한다. 은유는 자문화기술지의 이야기에서 진실성(verisimilitude)을 포착하기 위한 글쓰기의 전략이며, 단순한 이야기가 전달할 수 없는 이미지와 장면을 제공할 수 있기 때문이다(Dyson, 2007; Stinson, 2009).

Chang(2008: 140-149)은 자문화기술지의 글쓰기 방식으로 기술적-사실적 글쓰기, 고백적-감성적 글쓰기, 분석적-해석적 글쓰기, 상상적-창조적 글쓰기를 제시하였다. 연구자는 연구 목적과 주제에 따라서 네 가지 글쓰기 방식을 혼합하거나 재구성하여 새로운 글쓰기 방식을 창조할 수도 있다고 지적하였다(Chang, 2008). 이러한 글쓰기 방식에 관해 좀 더 자세히 서술해 보면, 기술적-사실적 글쓰기는 전통적인 문화기술지의 글쓰기 방식을 의미하는데, 저자의 개인적인 경험과 이야기를 있는 그대로 풍부히 기술하는 방식이다. 고백적-감성적 글쓰기는 문학 장르인 자서전적 글쓰기 방식을 도입하여 연구 주제와 관련된 저자의 감성적이고 정서적인 혼란, 딜레마, 고통, 좌절, 환희 등을 진솔하게 고백하는 방식을 말한다. 분석적-해석적 글쓰기는 개인적인 경험과 이야기에 대하여 특정한 이론적 얼개(framework)에 기초하여 분석과 해석을 시도함으로써 개인적인 이야기를 거시적인 사회문화적 담론에 연결하는 글쓰기 방식이다. 상상적-창조적 글쓰기는 개인의 경험을 묘사하기 위해 문학 장르인 시, 드라마, 소설이나 예술 장르인 음악, 그림, 사진 등의 예술 작품을 창조적으로 재구성하여 연구 대상이나 연구 주제를 재현하는 글쓰기 방식이다(Chang, 2008: 140-149; Muncey, 2010: 2).

이 외에도 Ellis와 Bochner(2000)는 개인의 다층적인 의식을 표현하고, 개인을 문화에 연결하기 위한 상상적-창조적 글쓰기의 방식으로서 자서전적 글쓰기 또는 '반영적 문화기술지'를 추천하였다(Duarte, 2007: 2). 그리고 Richardson(1994)은 사회과학자들을 위한 상상적-창조적 글쓰기의 방식에서 시의 힘을 주장하였다. 사람들의 일상적인 말하기 방식은 사회학적 산문보다는 문학적인 시에 가까워 이러한 글쓰기가 의미를 지닐 수 있다(Richardson, 1994). 실험적인 방식으로 도입된 시적 글쓰기는 시의 형식적인 특징을 통해서 저자와 독자들에게 발견과 창조의 정신을 열어주었다(김영천, 2010: 348-393). 또한, 호소적인 시와 질적연구는 의미와 밀도, 심미주의와 반영성이라는 내적 특성을 공유한다(Ricci, 2003). 따라서 '자서전적 시'는 인간의 궁극적인 관계를 심미적으로 표현하고, 생동감 있고 창조적인 방식으로 개인의 경험을 전달하고 표현할 수 있다(Ricci, 2003: 593). 그러나 이러한 시적 글쓰기는 단순한 언어적 변용이 아니라, 연구자의 자기성찰과 타자들과의 의사소통을 위한 하나의 글쓰기 방식이다.

Leggo(2008)는「침묵 깨기: 시 속에서의 앎(Astonishing Silence: Knowing in Poetry)」에 다음과 같은 시의 형태를 가진 텍스트를 실었다. 이는 교사라는 자신의 직업을 연대기적으로 표현한 텍스트로서 자문화기술지가 시의 형식으로 제시될 수 있음을 보여주고 있다. 특히 '즐겁고 아름다운 모험(A blessed and charmed personal odyssey)'과 같이 연대기적이라는 유사한 구조를 지니면서도 시라는 새로운 형식을 도입한 점이 눈에 띈다. 또한 자신의 연구 과정을 시라는 상징적 표현을 통해 나타냄으로써 독자들이 자기 직업에 대해 스스로 심사숙고해야 한다는 가치를 제시하고 있다는 점에서 의의를 찾을 수 있다.

좌회전(Left Turns)

Corner Brook 1970, 1989

내 고등학교 교장 선생님은 말씀하셨다
"너는 교사를 하거라."라고
나는, "싫어요."라고 말하였다
거의 이십 년이 사라져 갔다
나는 내 옛 학교에 들러보았다
교장 선생님은 은퇴하셨다
오래전에
나는 교사였다. 놀랍게도.

Robert's Arm 1976~1978

가난했어도, 나는 교직(敎職)에 푹 빠졌다
내 첫해는 7학년을 가르치는 것이었다
사십칠 명의 학생들을
나는 이방(異邦)의 세계에서 눈을 떴다
작은 마을에 살고 있으며, 모든 이들이
모든 것에 대한 신(神)의 마음을 아는 곳에
나는 그들과 동화되려 하였다. 하지만 못하였다. 나는 떠났다.

Stephenville 1979~1985

마을에 있는 작은 학교를 향해서
해변에 있는, 작은 농장 근처에 있는
아마도, 부직(副職)이자 본직(本職)으로
내가 동화하려고 하는 곳으로
그러나 눈에서 나오는 열정으로 가르쳤다
마음으로 가르쳤다
학교 공청회가 나를 위험하다 할 때까지는. 그랬다. 나는 떠났다.

Fredericton 1985～1987

그리고 떠났다.

Vancouver 1990～현재

아직도 가르치며, 나는 돌았다
원을 돌았고, 빙빙 돌았다
내가 교사라는 것을 알기 위해
학생들에게 편자를 박는 편자공이라는 것을 알기 위해
그들을 좇아내기 위해
주의를 가지고 양면을 보기 위해
좌회전을 돌기 전에.

상상적-창조적 글쓰기를 강조하는 학자들은 인간의 언어가 사회적 실재를 반영하기보다는, 오히려 사회적 실재를 창조할 수 있다는 후기 구조주의자들의 언어관에 동조한다. 그들은 자문화기술지의 상상적-창조적 글쓰기가 주류적인 탐구의 관점(예를 들어 전통적 문화기술지)을 부정하는 것이 아니라, 오히려 새로운 목소리를 첨가하는 것이라고 주장하였다(Ricci, 2003; Denzin, 2006). 그들은 상상적-창조적 글쓰기가 느슨한 연구 과정에서 비롯되기보다는 풍부한 자료 수집과 자료의 정교한 분석 및 해석 작업에 근거한 학문적인 재현 방식이라고 주장하였다. 그들은 상상적-창조적 글쓰기를 비판하는 사실주의자들의 방법론적 도전과 비판을 수용함으로써 대안적인 글쓰기의 정당성을 확보하려 한 것이다.

상상적-창조적 글쓰기 방식은 전통적 문화기술자들에게 비이론적이고 비구조적으로 비치기도 한다(Maydell, 2010). 그런데도 자문화기술지 연구자들은 이 순간에도 문학적이고 창의적인 글쓰기를 연구에 적극적으로 활용하고 있다. 앞서 살펴본 것처럼, 자문화기술지는 연구자가 다양한 글쓰기 방식을 혼합하거나 재구성하여 자신만의 대안적인 글쓰기를 시도하도록 촉진하고 격려하기 때문이다(Chang, 2008: 149). 연구자는 전통적인 분석적 자문화기술지를 쓸 수도 있고, 자서전으로 대표되는 문학 장르에 비중을 둔 상상적-창조적 글쓰기 방식을 채택할 수도 있다. 이러한 내용을 살펴볼 때, 자문화기술지에 접근하고자 하는 연구자는 특정한 형식의 글쓰기를 고수해야 한다는 불안감에서 벗어나 자신의 인식과 이해를 재현할 수 있는 새로운 글쓰기 방식을 창조해야 할 것이다.

정리하면, 자문화기술지는 연구자의 개인적인 기억, 자기성찰, 자기관찰, 자신에 대한 면담 자료 등을 주로 수집한다. 자문화기술지의 자료 수집 방법은 현장의 연구자들이 자연스러운 연구 과정에서 질 높은 자료들을 어떻게 수집하는지를 잘 나타내준다. 또한 자문화기술지는 질적연구의 다양한 자료 분석 기법을 폭넓게 활용하여 현장의 연구자들이 자신들의 생생한 생활세계와 문화적 자아를 학문적으로 분석하고 해석할 수 있는 길을 열어준다. 또한, 자문화기술지에서의 글쓰기는 전통적인 글쓰기 방식에서 시작하여 연구자와 연구 참여자들의 일상적인 말하기 방식과 문학 및 예술 장르를 대안적인 글쓰기 방식으로 수용하였다. 따라서 자문화기술지는 자료 수집, 분석과 해석, 글쓰기 작업에서 현장 친화적인 방법론적 특성을 보일 수 있게 되었다.

5. 요약

지금까지 자문화기술지의 이론적 배경과 더불어 실제적 내용을 자세히 살펴보았다. 이를 정리하여 자문화기술지가 다른 연구, 그리고 다른 질적연구와 비교하여 갖는 장점과 그 연구적 효과로 크게 세 가지를 제시한다.

첫째, 자문화기술지는 사회과학 연구의 가장 중심에 있는 한 인간 또는 자아에 대한 이해를 가장 효과적으로 수행할 수 있다. 자문화기술지는 연구자를 가장 잘 드러내면서도 사회 현상에 대한 통찰을 제시할 수 있는 독특한 방법론이다. 아울러 독자들은 저자의 삶으로 초대받아 경험을 함께 살펴보면서 동시에 자신의 삶을 이해할 수 있는 계기를 마련한다. 독자들은 저자의 삶과 고백적인 내용을 통해 연구자의 삶을 이해함은 물론, 그들 스스로 자신의 삶을 반성하고 자극을 받을 수도 있다. 이러한 과정을 통해 서로가 세상의 의미 있는 것들을 이해할 수 있는 통로를 얻게 된다(Ellis, 1999: 675). 이를 카타르시스적 효과로 부를 수 있다. 그리고 자문화기술지는 1인칭 화자의 고백적 어투를 통해 저자는 물론 독자들에게 강한 영향력을 행사할 수 있다. 이를 통해 자신과 그들에게 이해심을 얻어낼 수 있다. 이러한 관계는 저자와 독자가 서로 동등해지는 과정이며, 이들은 서로 더욱 친밀감을 느낄 수 있고 그 영향 관계 역시 강해질 수 있다(Ellis & Bochner, 2000).

자문화기술지에서는 연구자의 경험이 독자에게 고스란히 전달된다. 예를 들어, 암 투병 환자로서 역경을 이겨내기 위해 고군분투하였던 경험담, 정신적으로 지능 발달이 뒤처져 있는 엄마와 사는 자녀의 처절한 이야기, 폭식증과 삶에 대한 전투, 아버지와 관련한 어두운 추억에서 벗어나 자신의 정체성을 찾아가는 이야기, 폐암으로 숨진 남편과의 9년 동안의 관계를 표현한 삶의 기록들은 모두 자문화기술지로 표현될 수 있으며, 단순히 삶이 다양하다는 인식을 넘어 그들의 삶을 진정으로 이해하게 되고 나아가 자신의 삶을 뒤돌아보게 한다. 특히 "인간이란 무엇인가?", "어떻게 살아가야 할 것인가?"에 대한 철학적 질문에 대해 고민하게 된다. 즉, 독자들은 자문화기술지를 통해 삶의 다양성을 인식하게 되고, 그 속에 담겨 있는 화자의 고민과 그가 겪게 되는 시련 및 갈등 어린 삶을 이해하게 된다.

둘째, 자문화기술지는 인간의 삶을 통해 사회문화에 관한 깊은 이해를 가능하게 한다. 화자는 자기 질문이나 감정적 회상을 통해 자신이 소중하다고 생각하거나 가치 있다고 판단되는 사건을 중심으로 자신의 삶을 재구성한다. 이를 통해 자신의 삶을 반추하면서 삶의 의미와 가치를 발견함과 동시에 자신이 추구하는 삶의 방향이나 자신의 정체성을 확인하게 된다. 자연스럽게 연구자의 삶은 독자들의 삶으로 변화하게 된다. 이러한 경험은 "개인적 경험을 쓰는 것은 동시에 사회적 경험을 쓰는 것"(Mykhalovskiy, 1996)이기 때문에 더욱 소중한 가치를 지닌다. 한편, 자문화기술지를 통해 우리는 인간과 삶, 인간과 사회문화의 관계를 이해할 수 있다. "인간은 자신이 만들어낸 거대한 의미에 매달려 있는 거미"(Geertz, 1973: 5)이며, 인간의 행위와 사고방식을 얽어매는 그물을 문화에 비유할 수 있다. 이때 자기성찰적 자료들은 역사 안에서 인간이 짠 다양한 무늬와 색깔을 탐구하는 임무를 수행할 수 있고, 자문화기술지는 인간과 사회문화의 관계를 이해하는 좋은 통로를 제공해 준다. 특히 한 인간이 사회와 문화 속에서 자신이 겪었던 삶의 의미를 어떻게 규정하고 새롭게 구성해 나가는지를 통해 사회문화 속에서 인간의 성장 과정과 그들의 삶을 이해하게 된다. 이렇게 자문화기술지 연구자들이 겪었던 삶의 다양성과 사회문화적 경험을 통해 독자들은 삶의 지식을 명료하게 만들 수도 있으며(Roth & Bowen, 2000; Settelmaier, 2007: 177 재인용), 자신들과 다른 인물의 삶을 통하여 자기 삶을 재인식하게 만든다는 점에서 의미를 지닌다(최경도, 2008: 140).

셋째, 자문화기술지는 자신에 대한 깊은 이해에서 출발하여 다른 사람에 대한 그리고 그들의 삶과 사회에 대한 이해로 의미가 확장된다는 점에서 자신뿐만 아니라 타인에 대한 치료적 가치를 지닌다. 비록 치료적 가치가 자서전적 문화기술지의 주된 목적은 아닐지라도 종종 유용한 결과를 얻을 수 있다. 연구자는 자신의 이야기를 솔직하게 고백하는 과정에서 마음의 치유와 용서를 할 수 있게 되며, 독자들은 연구자의 행동이나 마음의 변화를 보며 교훈을 얻고 성장의 계기를 마련할 수 있게 된다. 특히 자신의 이야기를 누군가가 읽어주고 공감해 준다는 사실만으로도 상당한 심리적 치료의 효과를 얻을 수 있게 되는 것이다.

지금까지 자문화기술지의 개념과 그 방법적 · 절차적 특성에 대해 살펴보았다. 이를 간략히 요약해 보자면, 자문화기술지란 연구자 자신의 내러티브를 바탕으로 하여 그와 관련된 문화에 관해 탐구하는 것이며, 개인의 기억, 자기성찰, 참여관찰, 면담, 문화적 인공물, 문헌을 자료의 출처로 하여 이러한 자료들을 가지고 심층적인 질적 분석을 통해 그 의미를 밝히는 것이라 할 수 있다. 우리나라에서의 자문화기술지 연구는 여전히 성장 가능성이 매우 큰 분야이다. 앞으로 자문화기술지가 양적 · 질적으로 성장해 갈수록 거대 담론 속에서 작지만 진솔한 이야기의 의미를 밝히는 연구자들이 함께 성장할 수 있을 것이다.

6. 참고문헌

김명찬(2015). 나는 왜 서울대학교 박사가되어야 했나? **교육인류학연구**, **18**(2), 163-195.

김영천(2010). **질적 연구방법론 III: 글쓰기의 모든 것**. 서울: 아카데미프레스.

김정숙, 김명찬(2021). 트랜스젠더 자녀를 둔 어머니의 자문화기술지—무지에서 인식의 확장으로 의자기성찰. **질적탐구**, **7**(1), 433-467.

김재룡(2010). **체육인 한상준의 생애사**. 강원대학교 박사학위 논문.

박순용, 장희원, 조민아(2010). 자문화기술지: 방법론적 특징을 통해 본 교육인류학적 가치의 탐색. **교육인류학연구**, **13**(2), 55-79.

이도희(2019). 지체장애인 배우자에 대한 자문화기술지 연구. **한국융합학회논문지**, **10**(5), 257-266.

이동성(2008). 학문적 전통에 따른 담화 분석의 이론적 특성 분석. **교육인류학연구**, **11**(2), 29-52.

이동성(2010). 초등학교 기초학습부진학생 지도경험에 대한 자문화기술지. **교육인류학연구**, **13**(3), 141-168.

이동성(2020a). 사제관계 기반 질적연구자 되기 과정. **질적탐구**, **6**(3), 683-710.

이동성(2020b). **질적연구와 자문화기술지**(제2판). 서울: 아카데미프레스.

조용환(2005). **질적연구: 방법과 사례**. 서울: 교육과학사.

조정호(2009). 체육사에서 구술사 연구 방법의 의의와 적용 방향. **한국체육사학회 2009 동계학술대회자료집**, 17-26.

주형일(2010). 지방대에 대한 타자화 담론의 주관적 수용의 문제: 자기민속지학 방법의 적용. **미디**

어, 젠더 & 문화, **13**, 75-113.

최경도(2008). 자서전 연구의 성격과 전망. **영미문학교육**, **12**(1), 129-145.

최영신(1999). 질적 자료 수집: 생애사 연구 사례를 중심으로. **교육인류학연구**, **2**(2), 1-22.

佐伯 月半(編)(2007). **共感: 育ち合う保育のなかで**. ミネルヴァ書房.

Anderson, L. (2006). Analytic autoethnography. *Journal of Contemporary Ethnography*, *35*(4), 373-395.

Berry, K. (2006). Implicated audience member seeks understanding: Reexamining the "Gift" of autoethnography. *International Journal of Qualitative Methods*, *5*(3), 94-108.

Buzzard, J. (2003). On auto-ethnographic authority. *The Yale Journalof Criticism*, *16*(1), 61-91.

Chang, H. (2008). *Autoethnography as method*. Walnut Creek, CA: Left Coast Press.

Coffey, P. (1999). *The ethnographic self*. London: Sage.

Creswell, J. W. (2014). *Qualitative Inquiry & Research Design: Choosing among Five Approaches* (4th Ed.). Thousand Oaks, CA: SAGE.

Denzin, N. K. (2006). Analytic autoethnography, or deja vu all overagain. *Journal of Contemporary Ethnography*, *35*(4), 419-428.

Duarte, F. (2007). Using autoethnography in the scholarship of teachingand learning: Reflective practice from 'the Other Side of the Mirror'. *International Journal for Scholarship of Teaching and Learning*, *1*(2). http://www.georgiasouthern.edu/ijsoti.

Dülman, R. van. (1997). *Die Entdeckung des Individuums 1500-1800*. Berlin: Fisher Taschenbuch Verlag.

Duncan, M. (2004). Autoethnography: Critical appreciation of an emergingart. *International Journal of Qualitative Methods*, *3*(4), 28-39.

Dyson, M. (2007). My story in a profession of stories: Autoethnography—an empowering methodology for educators. *Australian Journal of Teacher Education*, *32*(1), 36-48.

Ellis, C. (1995). *Final negotiations*. Philadelphia, PA: Temple University Press.

Ellis, C. (1999). Heartful autoethnography. *Qualitative Health Research*, *9*(5), 669-683.

Ellis, C. (2004). *The ethnographic I: A methodological novel aboutautoethnography*. Walnut Creek, CA: Altamira Press.

Ellis, C. & Bochner, A. P. (2000). Autoethnography, personal narrative, and personal reflectivity. In N. K. Denzin & Y. S. Lincoln (Eds.), *Handbook of qualitative research* (pp. 733-768). Thousand Oaks, CA: Sage.

Feldman, A. (2003). Validity and quality in self-study. *Educational Researcher*, *32*, 26-28.

Foster, K., McAllister, M., & O'Brien, L. (2005). Coming toautoethnography: A mental health nurse's experience. *International Journal of Qualitative Methods*, *4*(4), 1-15.

Fournier, L. (2020). I (Don't) Want To Be Seen: A Performative Auto-Ethnography of the Young Feminist Artist in Public. *Topia*, *40*(1), 1-13.

Geertz, C. (1973). *The interpretation of cultures: Selected essays*. NY: Basic Books.

Hammerseley, M. & Atkinson, P. (1990). *Ethnography principles inpractice*. NY: Routledge.

Hayano, D. M. (1979). Auto-ethnography: Paradigms, problems, and prospect. *Human Organization, 38*(1), 99-104.

Hayano, D. M. (1982). *Poker faces: The life and work of professionalcard player*. Berkeley: University of California.

Heider, K. G. (1975). What do people do? Daniauto-ethnography. *Journal of Anthropological Research, 31*(1), 3-17.

Holt, N. L. (2003). Representation, legitimation, and autoethnography: An autoethnographic writing story. *International Journal of Qualitative Methods*, 2(1), 18-28.

Jackman, G. R. (2009). *Who knew? an autoethnography of a first-year assistant principal*. Unpublished Doctoral Dissertation, Utah State University.

Jones, S. H. (2005). Autoethnography: Making the personal political. In N. K. Denzin & Y. S. Lincoln (Eds.), *Handbook of Qualitative Research* (pp. 763-791). Thousand Oaks, CA: Sage.

Kiesinger, C. E. (2002). My father's shoes: The therapeutic value ofnarrative reframing. In C. Ellis & A. P. Bochner (Eds.), *Couch-Stone symposium: Ethnographically speaking autoethnography, literature, and aesthetics* (pp. 95-114). Walnut Creek, CA: Alta Mira Press.

Kincheloe, J. L. (1998). Pinar's currere and identity in hyper-reality: Grounding the post-formal notion of intrapersonal Intelligence. In W. F. Pinar (Ed.), *Curriculum toward new identities*. NY: Garland Publishing.

Kinchcloc, J. L. (2005). Autobiography and critical ontology: Being ateacher, developing a reflective persona. In W. M. Roth (Ed.), *Auto/biography and auto/ethnography: Praxis of research method*. Rotterdam: Sense Publishers.

Leggo, C. (2008). Astonishing silence: Knowing in poetry. In J. G. Knowles & A. L. Cole (Eds.), *Handbook of the arts in qualitative research: Perspectives, methodologies, examples, andissues*. NY: Sage.

Maydell, E. (2010). Methodological and analytical dilemmas inautoethnographic research. *Journal of Research Practice*, *6*(1), Retrieved from http://jrp.icaap.org/index.php/jrp/article/view/223/190.

McIlveen, P. (2008). Autoethnography as a method for reflexive research and practice in vocational psychology. *Australian Journal of Career Development*, *17*(2), 13-20.

Mills, J. P. (2015). An [AUTO]ethnographic account of constructing, deconstructing, and partially reconstructing a coaching identity. *Qualitative Research in Sport, Exercise and Health*, *7*(5), 606-619. DOI:10.1080/2159676X.2015.1008804.

Muncey, T. (2005). Doing autoethnography. *International Journal of Qualitative Methods*, *4*(1), 69-86.

Muncey, T. (2010). *Creating autoethnographies*. London: Sage.

Mykhalovskiy, E. (1996). Reconsidering table talk: Critical thoughts on the relationship between sociology, autobiography and self-indulgence. *Qualitative Sociology*, *19*, 131-151.

Reed-Danahay, D. (1997). *Auto-ethnography: Rewriting the self and thesocial*. NY: Berg.

Ricci, R. J. (2003). Autoethnographic verse: Nicky's boy: A life in two worlds. *The Qualitative Report*, *8*(4), 591-596.

Richardson, L. (1994). Writing: A method of inquiry. In N. K. Denzin& Y. S. Lincoln (Eds.), *Handbook of Qualitative Research* (pp. 516-529). Thousand Oaks, CA: Sage.

Roth, W. M. & Bowen, G. M. (2000). Learning difficulties related tographing: A hermeneutic phenomenological perspective. *Research in Science Education*, *30*, 123-139.

Russell, C. (1999). *Autoethnography: Journeys of the self*. Durham, NC: Duke University Press.

Settelmaier, E. (2007). Excavating a researcher's moral sensitivities: An autobiographical research approach. In P. C. Taylor & J. Wallace (Eds.), *Contemporary qualitative research*. Dordrecht: Springer. https://doi.org/10.1007/978-1-4020-5920-9_16.

Smith, C. (2005). Epistemological intimacy: A move to autoethnography. *International Journal of Qualitative Methods*, *4*(2), 68-75.

Stinson, A. B. (2009). *An autoethnography: A mathematics teacher's journey of identity construction and change*. Unpublished Doctoral Dissertation, Georgia State University.

Suominen, A. (2003). *Writing with photographs, Re-constructing Self: An arts-based autoethnographic inquiry*. Unpublished Doctoral Dissertation, The Ohio State University.

Sparkes, A. C. (1996). The fatal flaw: A narrative of the fragile body-self. *Qualitative Inquiry*, *2*(4), 463-494.

Sparkes, A. C. (2003). Autoethnography and narratives of self: Reflections on criteria in action. *Sociology of Sport Journal*, *17*, 21-41.

Wall, S. (2006). An autoethnography on learning about autoethnography. *International Journal of Qualitative Methods*, *5*(2), 146-160.

Wall, S. (2008). Easier said than done: Writing an autoethnography. *International Journal of Qualitative Methods*, *7*(1), 38-53.

제 7 장

사례연구/비교 사례연구

이론화와 실천 분야

문화 연구, 인류학, 사회학, 교육학, 가족학, 유아교육, 생태학, 생물학, 동물학, 식물학, 역사 연구, 종교학, 경제학, 정치학, 관광학, 컴퓨터 공학, 인공 지능

사례연구는 Yin(1984, 1994)이 개념화하여 질적연구의 한 가지 지적 전통으로 널리 쓰이고 있다. 아울러 Creswell(1994)의 한국어 번역서로 인하여 질적연구의 다섯 가지 전통 중 하나로 한국에서 강조되고 있다. 그러나 사례연구가 질적연구의 특정한 연구 전통인지에 대해서는 이 분야의 학자들 사이에서 많은 논쟁이 있다. 왜냐하면 모든 질적연구가 일반화를 목적으로 하지 않는, 사례에 기반한 경험적 연구이기 때문이다.

그러한 점에서 이 장에서는 그러한 논쟁을 배제한 채 사례연구가 방법적으로 어떻게 개념화할 수 있는지, 사례연구를 연구 전통으로 인정하고 적용한다고 한다면 어떻게 하는 것이 사례연구를 잘하는 것인지를 이론적으로 잘 설명하려고 한다. 특히 사

례연구와 관련하여 최근에 이론화되고 있는 비례 사례연구를 소개함으로써 사례연구의 선택이 가져올 수 있는 질적연구의 장점이 무엇인지를 설명하려고 한다. 비교 사례연구는 각 문화, 대상, 경험의 특징을 차별적으로 구별하고 규명할 수 있는 장점이 있기 때문에 우리 삶에서 나타나는 특별성, 고유성, 다양성과 배타성을 규명할 수 있는 전략으로서 활용할 수 있을 것이다.

1. 사례연구의 이해

질적연구에서 많은 연구자들이 사례라는 단어 또는 개념을 사용한다. 그렇다면 사례는 무엇을 뜻하는 것일까? 이 질문에 답하기 위하여 이 장에서는 사례에 대한 개념과 특징을 다양한 학자들의 주장, 지식, 예를 통하여 이론적으로 설명하려고 한다.

가. 사례연구의 정의

질적 사례연구란 특정 인물, 사회, 상황, 사건과 같은 '사례(case)'를 탐구하기 위해 이에 관한 현상, 행위, 정보를 체계적으로 수집하여 특정한 상황과 맥락에 기초해서 이해하는 연구 방법론이다. 이미 밝힌 바와 같이 사례연구는 다양한 학문 분야에서 다양한 연구 목적으로 수행되기 때문에 다양한 (그러나 유사한) 정의와 개념이 존재한다. 이에 사례연구를 이해하기 위해 독자들은 먼저 다양한 사례연구의 정의들을 살펴볼 필요가 있다. **<표 7-1>**은 대표적인 사례연구 이론가들이 제시한 정의를 나타낸다.

이러한 다양한 사례연구의 정의를 종합하면 사례연구는 하나(또는 적은 수)의 사례를 그 현상이 일어나는 실제적 맥락에서 다양한 질적연구 방법을 통해 심층적으로 탐구하는 연구 방법이다. 이러한 설명은 다른 질적연구 방법론적 소양을 갖춘 독자들에게 "그렇다면 사례연구가 다른 질적연구 방법론과 어떻게 다른가? 하나 또는 소수의 사례를 연구하면 모두 사례연구인가?"라는 의문을 가지게 할 것이다. 이는 너무나 당연한 의문점이며 실제로 대부분의 질적연구는 특정한 사례를 탐구한다는 점에서 사례연구로 간주될 수 있다. 그렇다고 모든 질적연구를 '사례연구'로 지칭하지는 않는다. 한 문화 집단을 사례로 하여 구성원의 행위 양식, 문화적 특징, 상호작용 연구는 문화기술지 또는 응용문화기술지로 간주되며, 특정한 인간을 사례로 하여 그 또는 그들의 생애를 탐구한다면 생애사 연구로 간주한다.

〈표 7-1〉 사례연구의 다양한 정의

학자	정의
Gering(2004)	• 사례연구는 상대적으로 한정된 사례에 대한 심층적 탐구로서 해당 사례와 관련한 현상에 대한 설명과 이해를 추구하는 연구 방법론이다.
George와 Bennett (2004)	• 사례연구는 특정한 역사적 사건을 이해하고 설명하기 위한 심층적 연구이다. 사례연구는 다른 역사적 사건들에 대한 이해와 설명에 통찰을 제시할 수 있다.
Yin(1984, 1994)	• 사례연구는 동시대의 현상을 실제적 삶의 맥락에서 탐구하는 경험적 연구이다.
Stake(2000)	• 사례연구는 단순한 표본조사가 아니라 단일 사례의 특수성과 복잡성에 대한 연구 방법론이다. 사례연구의 목표는 다른 사례를 이해하기 위한 사례연구가 아닌 특정한 한 사례를 이해하는 것이다.
Crowe 등(2011)	• 사례연구는 하나의 복잡한 이슈를 실제적 맥락에서 다양한 관점을 가지고 심층적으로 탐구하는 연구 방법론이다.
Byrne와 Callaghan (2013)	• 사례연구는 복잡한 현상을 맥락, 행위자, 그리고 시간성에 기초하여 심층적으로 탐구하는 연구 방법론이다. 이러한 탐구를 위해 사회과학에서는 내러티브, 과정 추적, 체계적 비교 등을 활용하는데, 이 모두는 변인이 아닌 사례에 대한 탐구로 귀결된다.
Simons(2009)	• 사례연구는 특정 프로젝트, 정책, 기관, 프로그램 또는 시스템에 대한 복잡성과 특수성을 실제 상황에서 다양한 관점에서 탐구하는 연구 방법론이다. 이에 사례연구의 목적은 해당 사례 이해를 통한 지식의 창출이며, 나아가 이와 관련한 정책 개발, 전문적 실천, 시민사회의 행동을 촉구하는 것이다.

그럼에도 불구하고 사례연구로 지칭하는 것이 연구 방법적 접근을 더욱 명료하게 드러내는 연구들이 있다. 우리는 그러한 연구들을 일반적으로 '질적 사례연구'로 지칭한다. 다시 말해, 특정한 사례를 탐구하지만 생애사 연구, 현상학적 연구, 근거이론, 실행연구, 문화기술지, 응용문화기술지 등의 연구 방법론으로 지칭하기에 적절하지 않지만 특정한 사례에 대한 전체적 이해를 추구하는 연구라면 사례연구로 분류될 수 있다. 더 명료한 이해를 위해 우리는 사례연구와 다른 질적연구 방법론의 유사점과 차이점을 설명하고자 한다.

먼저, 사례연구와 생애사 연구를 비교해 보자. 생애사 연구는 한 사람 또는 소수의 사람의 생애를 연구한다는 점에서, 즉 소수의 사례를 집중적으로 탐구한다는 점에서 사례연구와 유사점을 가진다. 그러나 생애사 연구는 반드시 참여자의 전 생애에 대한 탐구, 시간적 흐름에 따른 삶의 여정 추적을 목표로 하지만 사례연구는 반드시 그럴 필요는 없다. 이에 한 사람의 생애에 대한 연구는 사례연구로 지칭하는 것보다 생애사 연구로 지칭하는 것이 타당할 것이다.

둘째, 사례연구와 근거이론을 비교해 보자. 근거이론 또한 제한된 사례를 심층적으로 탐구한다는 측면에서 사례연구와 유사점을 가진다. 하지만 근거이론은 '이론적 포화'를 통한 이론의 개발이나 개념적 구조화라는 구체적인 목적을 가지는 반면, 사례연구는 반드시 그렇지는 않다. 물론 사례연구를 통해 얻은 결과가 유사한 현상 이해를 위한 통찰을 제공해 줄 수 있지만 근거이론에서 추구하는 '이론화'와는 추상화와 일반화적 관점에서 그 수준이 다르다. 또한 근거이론은 자료의 수집과 분석과 관련한 연구 방법적 절차를 엄밀히 따르지만 사례연구는 좀 더 유연한 연구 방법적 접근을 취한다는 특징이 있다.

셋째, 실행연구 또한 특정한 실제적 맥락에서 이루어진다는 점에서 사례연구와 유사점을 가진다. 하지만 실행연구는 '연구를 통한 실천의 개선'이라는 실제적인 연구 목적을 가지는 반면, 사례연구는 연구의 과정에서 실천의 개선을 시도하거나 추구하지는 않는다. 대신에 사례연구는 탐구되는 사례에 대한 다양한 관점에서의 깊은 이해에 도달하고자 한다. 또한 실행연구는 연구의 과정과 성격상 '순환적 속성'을 가지는 반면 사례연구는 반드시 그렇지는 않다. 이에 한 현장의 실천의 문제를 규명하고 개선하려는 목적을 가진 연구자는 자신의 연구를 사례연구가 아니라 실행연구로 접근하는 것이 더 적절할 것이다.

넷째, 현상학적 연구 또한 소수의 사례에 기초한다는 점에서 사례연구와 유사점이 있어 독자들의 이해에 모호함이 있을 수 있다. 현상학적 연구는 인간의 경험(체험)이나 현상의 '본질'에 도달하기 위해 현상학적 방법론만의 독특한 방법적 기법(현상학적 환원, 괄호치기, 에포케)을 활용하지만 사례연구는 그렇지 않다. 대신에 사례연구는 관찰, 면담, 문서 분석 등 일반적인 질적연구에서 활용되는 연구 방법적 기법을 활용한다. 반면 연구자는 사례연구를 통해 현상이나 체험의 '본질'을 밝히려고 하지 않고 현상이나 사례에 대한 다양한 관점에서의 묘사와 이해를 추구한다.

다섯째, 연구자들은 사례연구와 문화기술지 또는 응용문화기술지와 혼동할 수 있다. 문화기술지와 응용문화기술지는 기본적으로 특정한 인간 집단이 공유하는 생활양식으로서 '문화에 대한 이해'를 목적으로 한다. 다시 말해, 이 방법론은 소속 집단 개인의 관점이나 이해도 중요하지만 그 집단의 문화적 특성을 밝혀내기 위해 노력한다. 하지만 사례연구의 관심은 특정한 맥락적 상황에서 일어나는 행위와 실천에 대한 이해에 초점을 둔다. 이러한 연구 목적은 반드시 문화에 대한 전체적인 이해를 추구하거나 문화적 특징을 규명하는 것과는 다르다는 점에서 문화기술지와 구별된다. 뿐만 아니라 사례연구는 연구자와 참여자가 구별된다는 점에서 자서전적 연구 그리고 자문화기술지와 다르며, 패러다임 관점에서 '해석적 패러다임'에 속하므로 포스트모던/해체적 패러다임에 속하는 포스트모던 질적연구, 탈식민적 질적연구, 포스트휴먼 질적연구와 구별된다고 하겠다.

나. '사례'의 정의

우리는 앞에서 사례연구의 정의와 사례연구가 다른 질적연구 방법론과 어떻게 다른지 설명하였다. 사례연구에 대한 구체적인 이해를 위해 우리는 사례연구에서 지칭하는 '사례(case)'가 무엇인지 살펴볼 필요가 있다. 사례연구 방법의 발전에서 사례는 '장소로서의 사례'와 '현상으로서의 사례'의 두 가지 개념으로 설명되고 있다(Stake, 1995, 2000, 2006; 서덕희, 2020). 첫째, 장소로서의 사례는 특정한 기능을 수행하는 '제한된 체계(bounded system)'로 간주된다(Stake, 1995). 이에 Stake가 정의하는 사례연구는 학교, 프로그램, 기관, 병원과 같이 물리적으로 구분 가능한 실체가 있어야 한다. 반면 '현상으로서의 사례'는 Yin(1994)의 입장으로, 연구자가 탐구하는 것은 기관이라 장소라기보다 그곳에서 일어나는 '현상'이므로 연구자가 관심을 가진 활동이나 현상을 사례로 보아야 한다고 주장한다. 이렇듯 사례를 물리적으로 구분되는 현장으로 보는 관점과 연구의 목적과 주제가 되는 현상이나 경험으로 보는 관점에 대한 논의가 분분하다(Bartlett & Vavrus, 2017a, 2017b; Schwandt & Gates, 2018). 심지어 이 두 입장은 유명론(nominalism)과 실재론(realism)으로 존재론적 관점에서 논의되기도 하였다(Ragin & Becker, 1992). 하지만 저자들이 볼 때 이 두 입장에 대한 논의는 이론적 · 철학적 가치는 있겠으나, 실제적 · 실천적 측면에서는 생산적이지 못한 논쟁이라 생각된다. 왜냐하면 이 두 입장에 절충점 또는 교차점이 엄연히 존재하고 많은 학자들이 자신의 연구 목적을 위해 이 두 입장을 상호 보완적으로 활용하고 있기 때문이다(George & Bennett, 2004; Flyvbjerg, 2006, 2011; Schwandt & Gates, 2018; 이원석, 2020).

그 절충점은 Stake(2006)의 사례에 대한 논의에서 찾아볼 수 있다. Stake는 '사례(case)'와 대비되는 개념으로 '과녁(quintain)'을 사용하였는데, 전자는 물리적 · 경험적 실체로서 개인, 학교, 기관, 프로그램 등을 의미하며, 후자는 그 공간에서 일어나는 기능, 활동, 현상, 상호작용을 의미한다. Stake의 주장은 연구의 목적이나 주제가 어떠한 현상이나 실천이라 할지라도 연구자는 물리적 공간인 경험적 실체를 선택해야 한다고 보았다. 그의 주장에 따르면 '현상, 경험, 실천'과 같은 것은 사례연구에서 사례가 될 수 없다. 이러한 문제를 지적하며 Yin(2009)은 사례를 공간으로만 이해할 경우 구체적 연구 목적과 질문 탐구를 위한 연구 방법적 제약이 있을 수 있기 때문에 장소가 아니라 현상을 사례로 보아야 한다고 주장하였다. 또한 장소와 현상의 경계가 불분명하기 때문에 질적연구의 유연성과 연구 과정의 효율성을 위하여 장소로서의 사례의 문제를 지적하였다. 이에 Yin의 사례는 Stake의 과녁이 된다. Yin에게 사례는 연구의 대상이자 목적이며 연구 주제가 되어 연구 문제와 직결된다는 점에서 Stake의 개념인 과녁이 된다. 이렇게 보면 두 학자가 사례를 다르게 이해하지만 사례연구의 연구 주제와 관련한 구체적 문제 의식에 대해서는 교차점이 분명히 있음을 알 수 있다.

또한 사례의 유형에 대한 입장을 보더라도 이 두 학자의 사례에 대한 정의의 경계가 명확하지 않음을 알 수 있다. Yin(2009)은 사례연구에서 사례의 주제를 구체적 주제와 추상적 주제로 구분하였다. Yin의 사례연구의 주제 분류를 도식으로 나타내면 **[그림 7-1]**과 같다.

구체적 주제는 개인, 학교, 도시, 국가와 같이 물리적 현장과 대상이 명확한 것으로 Stake가 이야기하는 사례를 의미하며, 추상적 주제는 공동체, 관계, 서비스, 상호작용, 의사결정 등과 같이 Yin 자신이 사례로 정의한 현상의 내용적 측면들을 지칭한다.

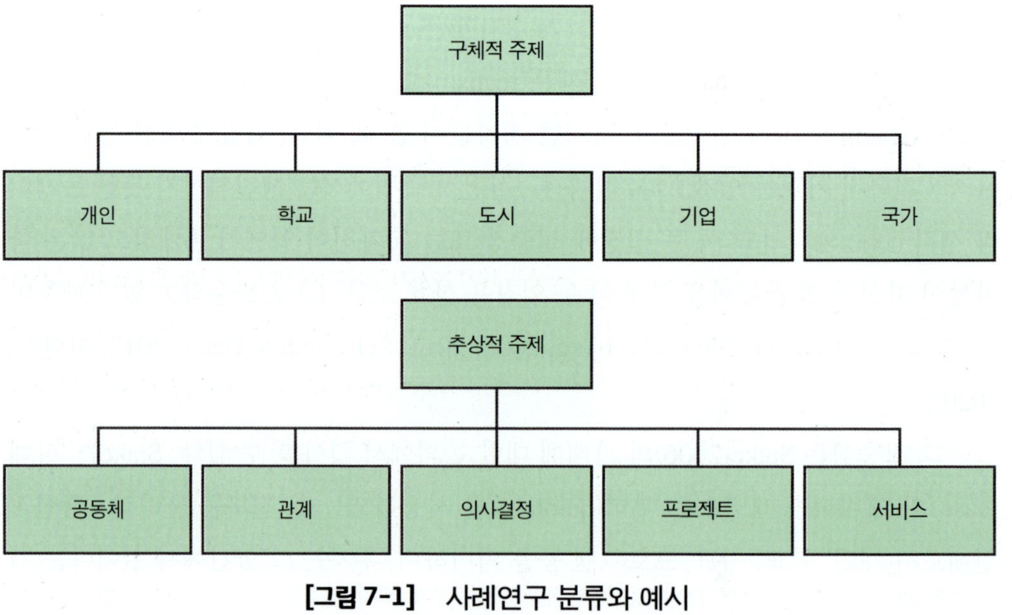

[그림 7-1] 사례연구 분류와 예시

Yin(2009)에 따르면 사례연구를 수행하고자 하는 연구자는 자신의 연구 주제가 구체적인지 추상적인지를 먼저 결정해야 한다. Stake의 '과녁'이 Yin의 '사례'로 이해될 수 있는 것처럼, Yin의 '구체적 주제'는 Stake의 '사례' 개념으로 이해될 수 있다. 이러한 점에서 Stake와 Yin의 사례에 대한 개념과 이해는 무엇을 중심에 두고 우선적으로 고려하느냐에 따라 달라짐을 알 수 있다. 이에 독자들은 '반드시 물리적 공간'을 사례로 규정해야 한다고 이해할 필요가 없으며, 자신의 연구 목적과 주제가 무엇인지에 따라 사례를 규정하고 적합한 사례를 찾아 연구를 수행해야 할 것이다(Hamilton & Corbett-Whittier, 2013).

다. 사례의 특징

우리는 사례연구와 사례의 정의를 살펴보았다. 이제 사례연구에서 탐구되는 사례가 어떠한 특징을 가지는지 설명하고자 한다. 사례연구에서 연구의 대상이나 주제가 되는 사례의 특징은 제한성, 맥락성, 구체성, 복잡성, 현재성을 들 수 있다(김진희, 김영순, 2015: 252). 이 특징은 **<표 7-2>**에 정리되어 있다.

첫째, '제한성'이란 주변의 사례와 구별될 수 있는 경계성을 의미한다. 사례연구에서 사례는 물리적 공간이건, 행위의 유형이건, 현상이건 유사한 다른 사례와 구별되는 경계가 있다는 것을 의미한다. 이 제한성이 반드시 물리적인 측면만을 의미하는 것은 아니라는 점을 명심할 필요가 있다. 사례연구에서 이 제한성을 명확하게 진술하는 것은 해당 연구가 구체적으로 무엇에 대한 사례인지를 그려내는 중요한 요소이다.

둘째, '맥락성'은 사례연구가 특정한 구체적인 맥락에서 일어나는 사례에 초점을 둔다는 것을 의미한다. 즉, 연구되는 사례는 공간적 · 문화적 · 사회적으로 특정한 맥

<표 7-2> 사례의 특징

특성	정의
제한성	주변의 사례와 구별됨
맥락성	현상 이해를 위한 맥락이 포함됨
구체성	구체적 현상과 문제에 초점을 둠
복잡성	사례가 갖는 복잡성으로 인하여 사례연구로만 가능
현재성	과거 끝난 사례가 아닌 현재 모니터링이 가능한 사례

락을 가지므로 연구자는 그 맥락에 대한 자세한 설명을 제시할 필요가 있다. 사례연구를 통해 탐구되는 주제나 현상은 반드시 그 맥락에 기초하여 기술되고 해석되어야 한다.

셋째, '구체성'은 연구되는 사례가 연구될 가치가 있는 구체적 현상이나 문제를 담고 있음을 의미한다. 이 특징은 연구자가 다른 사례가 아니라 왜 특정한 사례를 탐구해야 하는지에 대한 필요성과 당위성을 제공할 수 있어야 함을 의미한다. 막연히 새로운 현상 또는 흥미로운 현상이기 때문에 탐구해야 한다는 차원을 넘어서는 구체적인 연구의 필요성이 그 사례를 통해 드러나야 하며, 왜 그 사례가 탐구되어야만 하는지 설명되어야 한다는 것을 의미한다.

넷째, '복잡성'은 연구의 대상이 되는 사례 내부에 질적연구 방법으로 탐구되어야만 하는 다양한 차원의 이슈와 요소들을 담고 있다는 것을 의미한다. 이에 사례연구에서 사례는 단순한 인과관계나 이미 밝혀진 변인만을 고려하여 탐구될 수 없는 미묘하며 예측할 수 없는 심층성과 복잡성을 담고 있다는 것을 의미한다.

다섯째, '현재성'은 사례가 현재 탐구 가능한 과정 중에 있는 현상이라는 것을 의미한다. 이에 연구자가 참여관찰, 면담, 문서 분석 등과 같은 질적연구 방법으로 자료의 수집이 가능한 '진행 중'인 사례임을 의미한다. 이미 벌어진 사건이나 현상의 경우 연구자가 자료 수집을 위해 사용할 수 있는 방법이 매우 제한적이기 때문에 현재성은 대부분의 사례연구에서 중요하게 간주하는 사례의 특징이라 할 수 있다.

독자들은 모든 사례연구가 여기서 제시한 다섯 가지 특징을 균형 있게 포함해야 한다고 이해하기보다 대체적으로 이러한 특징들을 고려하여 사례를 선정해야 한다고 이해하기를 바란다. 그 이유는 사례연구의 정의에서 제시하였듯이 George와 Bennett (2004)와 같은 몇몇 연구자들은 역사적 사건을 이해하기 위해 사례연구를 수행하는데, 이는 '현재성'이 결여되어 있다고 판단될 수 있다. 하지만 특정한 역사적 사건의 이해와 의미를 포착하고자 사례연구를 수행함으로써 그 사건의 현대적 의미와 관련 역사 이슈 이해와 탐구를 위한 통찰을 제시할 수 있다는 점에서 사례연구로 간주되기도 한다. 이러한 점에서 연구자들은 위 다섯 가지 사례의 특징을 주지하고, 자신의 연구 또는 자신이 읽는 사례연구의 사례가 어떠한 특징을 핵심적으로 갖추었는지 이해하고 평가하기를 기대한다.

2. 사례연구 패러다임 접근과 특징

우리를 지금까지 사례연구의 정의 그리고 사례연구에서 의미하는 사례의 정의와 특징을 살펴보았다. 이 절에서는 사례연구의 특징과 유형을 설명하고자 한다. 먼저 우리는 사례연구가 다양한 연구 패러다임에 걸쳐 있기 때문에 대표적 사례연구 이론가의 사례연구에 대한 패러다임적 접근을 간략히 설명하고자 한다.

가. 사례연구의 다양한 접근

사례연구는 해석적 패러다임에 속하는 응용문화기술지, 비판적 패러다임에 속하는 실행연구나 비판적 문화기술지 등과 달리 다양한 패러다임적 관점과 입장에서 활용된다(Harrison, Birks, Franklin, & Mills, 2017). 이에 우리는 대표적 사례연구 이론가의 사례연구 접근을 간략히 설명하고자 한다. 그 입장들을 정리하면 **<표 7-3>**과 같다.

먼저 Yin(2012)의 사례연구는 실제론-포스트실증주의 접근(realist-postpositivist)을 취한다. Yin은 실제론적 관점에서 사례연구를 '경험적 탐구의 한 형태'로 정의하며 연구의 설계나 과정에서 객관적 입장을 유지하는 것에 초점을 둔다. 하지만 포스트실증주의의 입장, 즉 모든 측정 도구나 개념 탐구의 방법과 해석은 '불완전'하다는 전제 아래 탐구하는 사례의 실제에 도달하기 위해 '과학적인 접근'을 취한다. 이에 객관성이나 일반화 가능성을 높이기 위하여 다양한 형태의 삼각 검증(triangulation)과 통합 연구 방법의 사용을 강조한다. 이에 이 접근을 취하는 연구자들은 질적 방법을 통해 수집된 자료를 분석하여 수치화하여 양적 자료를 생성하는 방법을 사용하기도 한다. 이에 이 접근을 취하는 사례연구는 자료의 수집과 분석에서의 엄밀하고 체계적인 절차를 강조한다.

다음으로 Merriam(2009)은 실용적-구성주의 접근(pragmatic constructivist)을 취

<표 7-3> 대표적 학자의 사례연구 접근

학자	접근
Yin(2009)	실제론-포스트실증주의 접근
Merriam(2009)	실용적-구성주의 접근
Stake(2006)	상대론적-구성주의적/해석적 접근

한다. 구성주의 관점에서 Merriam의 사례연구 접근은, 실제는 개인들의 상호작용을 통해 만들어지는 의미의 교환을 통해 드러나며 사례연구는 그러한 실제가 어떻게 사회적으로 경험적으로 형성되는지에 대한 탐구에 초점을 둔다. Yin과 마찬가지로 Merriam 또한 다양한 방법의 활용과 다양한 유형의 자료 수집 그리고 체계적인 연구 과정의 적용을 강조한다. 이에 어떠한 과정을 거쳐 자료를 수집하고, 분류하고, 개념을 도출할 것인지에 대한 구체적 전략, 과정, 방법은 사례연구의 명료성과 적용성을 높이는 기준이 된다. 이러한 점에서 Merriam의 접근은 구성주의적 탐구를 위한 실용주의적 접근을 취한다. Merriam의 사례연구 접근은 풍부하고 총체적인 기술 제공과 함께 연구의 수행 가능성, 엄밀성, 신뢰도, 적용 가능성을 높이기 위한 사례에 선정과 연구 디자인을 중요시한다(Brown, 2008).

마지막으로 Stake(2006)의 상대론적-구성주의적/해석적(relativist-constructivist/interpretivist) 접근은 의미의 발견과 특정한 맥락에서의 경험과 현상에 대한 이해에 초점을 둔다. Stake는 사례연구에서 연구자의 역할을 강조하는데, 이는 연구자의 위치성과 주관성이 연구 결과의 해석에 지속적으로 영향을 미친다고 보기 때문이다. 다시 말하면, 사례연구의 결과는 연구자에 따라 달라질 수 있으며 다양한 관점과 해석 그리고 의미와 이해가 가능하다는 것이다. 따라서 사례연구를 통해 도출된 결과는 시간적으로 맥락적으로 제한적이며 상대적이다. 이러한 Stake의 입장은 사례연구에서 상황과 맥락에 대한 고려를 강조하는데, 이는 상황과 맥락이 인간의 행위, 경험, 의미 구성, 연구 결과 해석을 형성한다고 보기 때문이다. 이에 Stake(2006: 2)는 사례를 이해하기 위해서 연구자는 "실제 그 사례가 일어나는 상황과 맥락에서 사례와 관련된 행위들을 경험하는 것을 필요로 한다"라고 주장한다. Stake는 "사례를 경험"하는 것을 강조하기 때문에 참여관찰이나 면담과 같은, 연구자가 연구 현장이나 참여자와 직접적 접촉을 할 수 있는 방법의 활용을 강조한다.

나. 사례연구의 특징

사례연구의 정의에서 살펴보았듯이 사례연구는 하나 또는 소수의 사례를 다양한 관점에서 심층적으로 탐구하기 위해 활용되는 연구 방법이다. 이 절에서는 이러한 사례연구의 특징을 설명하고자 한다. 먼저 Stake(1995)은 사례연구의 특징으로 구체성, 서술성, 발견성을 제시하였다. 첫째, 구체성이란 사례연구가 구체적인 사례가 갖는 특징에 초점을 둔다는 것이다. 둘째, 서술성은 연구자가 사례에 대하여 심층적으로 풍부한 서술을 제공한다는 것이다. 셋째, 발견성은 사례에 대한 기존의 의미 재확인, 새로운 의미의 발견과 이론의 확장과 같은 '발견'을 지향한다는 것이다. Stake가 제시한 사례연구의 특징은 질적연구에 대한 일반적인 특징과 크게 다르지 않다. 이에 최근 Harrison, Birks, Franklin과 Mills(2017)가 더욱 구체적으로 사례연구를 하나의 연구 방법으로 논의하였다. 이들이 제시하는 사례연구의 특징적 요소와 설명은 Merriam(2009), Stake(2006), Yin(2012), Flyvbjerg(2011), George와 Bennett(2004), Simons(2009) 등의 이론적 논의에 기초하여 제시한 것이다.

사례연구는 다양한 학문 분야에서 다른 연구 목적을 위해 활용되는 연구 방법으로서 다양한 철학적 · 방법적 접근을 취하지만 그러한 사례연구들이 공유하는 특징들을 정리하면 **〈표 7-4〉**에서 제시한 요소들로 요약될 수 있다. 즉, 질적 사례연구는 단일한 사례 또는 복수의 제한된 사례를 다양한 질적 방법을 통해 심층적으로 탐구하는 방법이다. 연구자는 참여관찰, 면담, 다양한 형태의 공식적 · 비공식적 문서를 수집하고

〈표 7-4〉 사례연구의 특징

특징적 요소	설명
특정한 사례 탐구	• 연구의 주제와 대상이 되는 구체적인 사례의 특징에 초점 • 프로그램, 개인, 집단, 기관, 현상, 사건, 과정 등 • 사례의 선정은 연구의 목적과 상황에 따라 다름: 단일 사례, 다중 사례, 사례에 대한 묘사, 이해, 이론의 설명 등
연구(사례)의 제한성	• 시간, 공간, 활동의 측면에서 다른 사례와 구별되는 경계 • 사례 내에서의 관계성과 복잡성 • 사례와 맥락의 경계는 불분명할 수 있음
맥락 중심 연구	• 실제 생활과 자연적인 맥락에서 탐구 • 사례 탐구를 위한 '맥락'의 중요성 • 다양한 맥락 고려: 정치적 · 경제적 · 사회적 · 문화적 · 역사적 맥락
심층적 기술	• 사례에 대한 다양한 관점에서의 심층적 묘사와 분석 • 사례연구의 필수적 방법으로서의 현장 작업 • 분석과 해석은 연구자의 철학적 입장과 연구의 목적에 따라 차이가 있을 수 있음
다양한 자료	• 다양한 형태의 자료 수집 • 자료 수집 방법: 참여관찰, 면담, 다양한 문서, 설문 등 • 엄밀하고 체계적인 자료 분석의 절차와 방법
사례연구의 다양한 접근	• 묘사적 · 탐색적 · 설명적 · 평가적 사례연구(Merriam, 2009) • 본질적 · 도구적 · 절충적 연구(Stake, 1995, 2006)

분석하여 연구된 사례에 대한 심층적 기술을 제시하며 사례에 기초한 개념을 개발/이론화한다(Creswell, 2007: 245). 특히 연구자는 자신이 탐구하는 사례 그리고 그 경계가 어떻게 설정될 수 있는지 면밀한 검토를 통해 사례를 선정하고 자료의 수집과 분석의 범위를 결정해야 한다. 이는 효과적이고 체계적인 사례연구를 위해 매우 중요한 작업이라 하겠다(Merriam, 2009; Stake, 2006; Yin, 2012). 구체적으로 사례가 담고 있는 요소들은 무엇인지, 참여자는 누구인지, 연구될 장소 또는 과정은 무엇인지를 명확히 해야 한다.

3. 사례연구의 유형

사례연구는 문화기술지와 마찬가지로 연구자가 취하는 철학적 관점과 패러다임 관점에 따라, 사례의 수에 따라, 연구의 목적에 따라 다양한 유형으로 분류된다. 사례의 수에 따라 단일 사례연구, 다중 사례연구로 나눌 수 있으며, 연구의 목적에 따라 특정 사례에 대한 심층적 이해를 목적으로 하는 본질적 사례연구와 사례에 대한 탐구를 통해 다른 사례나 이론을 이해하고자 하는 도구적 사례연구로 구분되기도 한다. 또한 사례연구의 수준에 따라 서술적 사례연구, 해석적 사례연구, 평가적 사례연구로 구분되기도 한다. 이러한 다양한 유형을 정리하면 **<표 7-5>**와 같다.

표에서 볼 수 있듯이 사례연구는 하나의 철학이나 패러다임으로 규정될 수 없는 다양한 존재론적 · 인식론적 · 방법론적 입장이 존재한다(Rosenberg, & Yates, 2007). 즉, 사례연구는 여러 패러다임을 가로지르는 방법론이다. Yin(2012)은 사례연구를 목적에 따른 정보의 제공과 평가와 관련하여 다섯 가지 범주로 분류할 수 있다고 보았다. 사례 규모에 따라 단일 사례연구와 다중 사례연구로 분류하였으며, 목적에 따라 탐색적 · 기술적 · 설명적 사례연구로 범주화하였다. 단일 사례연구는 하나의 사례를 심층적으로 탐색하여 개별 단위들을 설명하는 것이라면, 다중 사례연구는 둘 이상의 사례를 심층적으로 탐색하는 연구이다. 탐색적(explanatory) 사례연구란 연구 주제가 새로운 것이거나 또는 특이한 주제여서 잘 알려지지 않은 사례를 연구하는 것이다. 기술적(descriptive) 사례연구란 현실에서 발생한 변수나 현상을 기술하고자 하는 경우에 사용된다. 이는 탐색적 연구 방법에 비해 더욱 구조화된 방법으로 기술하는 연구이다. 마지막으로 설명적(explanatory) 사례연구란 현상에 대하여 인과적 관계를 검증하는 것으로 변수들 사이에 존재하는 관계를 설명하는 연구 방법이다. 설명적 사

〈표 7-5〉 사례연구의 유형

학자	유형	
Yin (2012)	사례의 수	• 단일 사례연구 • 다중 사례연구
	연구의 목적	• 탐색적 사례연구 • 기술적 사례연구 • 설명적 사례연구
Stake (2006)		• 본질적 사례연구 • 도구적 사례연구 • 집합적 사례연구
Simons (2009)		• 이론 주도적 사례연구 • 이론 생성적 사례연구
Schwandt & Gates (2018)		• 서술적 사례연구 • 가설 생성 또는 이론 개발 사례연구 • 가설과 이론 검증 사례연구 • 규범적 이론 생성 사례연구

례연구는 사례들 간의 인과관계를 찾아 이론적 일반화를 꾀한다는 점에서 큰 차이점을 보인다.

Stake(2006)는 해석적 입장에서 사례연구를 분류하였다. 이는 사례연구에 대한 Stake의 입장을, 즉 사례연구를 연구자가 독자들이 사례를 해석하도록 장려한다는 입장에 기초한 것이다. 사례에 대한 해석을 제시한다는 점에서 그는 독자가 사례를 해석하도록 장려하려는 의도를 가진다는 점에서 사례연구를 독특한 예술 작품을 만드는 것에 비유하였다. Stake는 사례연구의 유형을 본질적(intrinsic) · 도구적(instrumental) · 집합적(collective) 사례연구로 분류하였다. 먼저 본질적 사례연구의 목적은 사례 전체를 포착하고 사례를 구성하는 개인이나 기관을 더 완전하게 이해하는 것이다. 둘째, 도구적 사례연구는 특정 사례에 대하여 예시로서의 사례연구를 적용할 경우에 사용된다. 이 유형의 연구는 이론적인 통찰력을 제공하거나 일반화를 재고하는 역할을 한다. 예를 들어 연구자는 문화적 전환 또는 유치원에서 학교로의 전환과 같은 일반적인 현상에 대해 알아보기 위해 사례연구를 수행할 수 있다(Mukherji & Albon, 2010). 마지막으로 집합적 사례연구는 연구자들이 여러 사례를 함께 연결하여 한 논쟁에 대한 집단적 이해를 위한 연구이다. 연구자는 논쟁이나 주제를 탐구하기 위한 집단 사례연구를 사용할 수 있다(Pahl-Wostl, 2002). 즉, 여러 개의 사례를 선택할 때, 각각의 개별적 사례들 간의 중요한 일치점을 분석하는 데 사용된다. Stake는 사례연구를 일반화 도출이 아닌 특수화에 더 많은 관심을 두었다는 것이다. Stake는 특정 사례에 특수하고 고유한 특성을 가지고 있고, 이를 이해하고 해석하기 위해 사례연구를 사용하였다. 이에 그의 사례연구 접근은 해석적 사례연구(interpretivist case study)로 이해된다.

Simons(2009)는 Yin이나 Stake의 사례연구 유형에 추가적으로 이론 주도적 사례연구, 이론 생성적 사례연구를 논의하였다. 이론 주도적 사례연구(theory-lead case study)는 사례연구를 통해 이론을 검증하거나 설명하는 것을 목적으로 한다. 즉, Stake가 제시한 해석적 접근을 취하기보다 특정한 이론에 기초하여 사례를 탐구하고 이해한다. 이 유형의 사례연구를 통해 연구자들은 이론을 검증하거나 생성한다.

사례연구 접근의 이러한 다양함은 사례연구가 다양한 학문 영역에서 더 유연하게 적용될 수 있는 기회를 제공한다는 점에서 단점으로만 볼 수 없다(Denzin & Lincoln, 2011). 대신에 연구자들은 사례연구 방법을 자신의 연구 목적과 탐구하고자 하는 현상이나 문제의 내재적 복잡성 탐구를 위해 '구체적으로 계획'해야 한다는 것을 의미한다(Flyvbjerg, 2011; Merriam, 2009; Stake, 2006; Yin, 2012).

우리는 앞에서 각 학자들이 논의한 사례연구의 유형을 간략히 소개하였다. 이제 '사례연구의 목적'에 기초한 Schwandt와 Gates(2018)의 분류에 기초하여 사례연구 유형을 더 자세히 설명하고자 한다. Schwandt와 Gates는 사례연구를 서술적 사례연구, 가설 생성 또는 이론 개발의 사례연구, 가설과 이론 검증을 위한 사례연구, 규범적 이론 생성을 위한 사례연구로 구분하였다. 그 유형이 **〈표 7-6〉**에 정리되어 있다.

〈표 7-6〉 연구 목적에 따른 사례연구의 유형

유형	목적과 특징
서술적	• 사례에 대한 심층적 묘사와 기술을 통한 이해 • 정책, 실천, 이해를 위한 시사점 제공
가설 생성 또는 이론 개발	• 사례를 통한 가설이나 이론의 생성 • 엄밀한 사례의 선정
가설과 이론 검증	• 이론이나 가설에 대한 좀 더 구체적인 탐색과 명료화 • 단일 사례, 다중 사례를 통한 연구
규범적	• 사례를 통한 바람직한 가치, 목표, 개선 방안 도출 • 비판적 패러다임에 기초한 차별, 소외, 억압에 관심

가. 서술적 사례연구

서술적 사례연구는 사례연구의 유형 중 가장 보편적인 형태이다(Schwandt & Gates, 2018). 이 형태의 사례연구의 주목적은 사례에 대한 총체적이고 심층적인 묘사를 하는 것이다. 더 구체적으로 서술적 사례연구는 "정책 개발, 학술적 논의, 그리고 일반 대중에게 연구를 통해 가능한 시사점이나 이점을 제시하기 위해"(Odell, 2001: 162) 수행된다. 또한 서술적 사례연구는 차별받고 소외된 사람들의 목소리를 드러내고 대변하기 위해서 수행되기도 한다(Schwandt & Gates, 2018). 이를 위해 서술적 사례연구는 다양한 문서 분석, 심층 면담, 관찰과 같은 방법을 통해 특정한 상황에서 생활하는 사람들의 경험, 관점, 세계관 등을 드러내고자 노력한다. 전통적이고 대표적인 예로서 *Street Corner Society*(Whyte, 2012), "Boys in White"(Becker, Geer, Hughes, & Strauss, 1962) 등이 있다. 서술적 사례연구는 사람, 사건, 기관 또는 집단에 대한 하나 또는 소수의 사례에 대한 심층적 묘사와 기술을 위해 수행된다. 이러한 사례들은 그 사례가 이전에 연구된 적이 없기 때문에(이라크의 대규모 살상 무기에 관한 연구, 나이지리아 에볼라 창궐에 관한 연구), 그 사례가 너무나 독특한 현상이어서(전례가 없던 오스트리아 도시의 전염병의 확산), 또는 보편적인 사례를 대표하는 사례를 탐구하기 위해(중소 규모 도시에 관한 연구) 수행된다. 이 형태의 사례연구는 다양한 용어로 지칭되는데, 그 예로는 총체적 사례연구(Yin, 2012), 해석적 사례연구(Thacher, 2006), 보편적 사례연구(Ragin & Amoroso, 2011), 본질적 사례연구(Stake, 1995) 등이 있다.

서술적 사례연구는 종종 유사한 여러 사례에 대한 이해를 위해 사례연구를 수행하기도 한다. 예를 들어 소규모 도시 개발에 관한 사례연구, 여성 대학 총장에 대한 사례연구 등이 그 예가 될 수 있다. 연구자는 한 가지 사례를 선택할 수 있으며, 다수의 사례를 선정하고 심층적으로 탐구함으로써 유사한 사례의 공통점을 발견하려고 노력한다. 대표적인 예로서 Becker(1953)의 마리화나 사용자가 되는 과정에 대한 연구가 있는데, Becker는 50명 이상의 마리화나 사용자를 참여자로 선정하여 사람들이 어떠한 과정을 거쳐 마리화나 사용자가 되는지를 규명하고자 하였다. 다수의 사례를 탐구하여 그 공통성을 발견하고자 하는 사례연구자는 연구가 진행됨에 따라 '눈덩이 표집' 등을 통해 유사한 사례를 추가로 모집하는데, 이는 연구자가 '새로운 것'을 더 이상 발견하지 못할 때까지 지속된다. 이 특징은 '근거이론'과 유사해 보이지만 새로운 사례를 추가하고 자료의 수집과 분석에서 근거이론의 엄밀함을 따르지 않는다는 점에서 다르다고 하겠다.

이러한 사례연구는 자칫 일반화를 추구하는 것으로 이해될 수 있다. 다시 말해, "그렇다면 이 사례연구가 제시하는 결과가 일반화가 가능한가?"라는 질문이 제기될 수 있다. 이와 관련하여 Schwandt와 Gates(2018)는 다음 네 가지 응답으로 논의하였다. 첫째, 일반화를 위한 전형성의 발견이 사례연구의 목적이 아니다. 즉, 사례연구의 결과는 해당 사례에 대한 묘사와 결과만을 제시한 것이니 그 결과가 반드시 유사한 사례에 적용된다고 주장하는 것은 아니다. 하지만 사례연구의 결과가 유사한 사례에 대한 이해에 통찰을 제공해 줄 수 있으며, 관련된 실천적 · 정책적 질문에 대한 해답의 하나의 열쇠를 제시할 수 있을 것이다. 하지만 이는 '사례에 기초한 논리'로서 접근되는 것이지 '규칙이나 원칙에 기초한 논리'로 이해되어서는 안 된다. 다시 말해, 사례연구에서 제시한 결과나 시사점은 엄밀한 기준이나 정형화된 특징을 나타내는 것은 아니다. 둘째, 서술적 사례연구는 하나의 전형적인 사례들 중 하나에 관한 기술이다. 이에 유사한 사례들을 대표하는 특정한 사례인 것이다. 이에 연구자는 사례를 선정할 때 자신의 연구 목적과 관련한 가장 적절한 사례를 선정하는 기준이 무엇인지 결정할 필요가 있으며 이에 따라 사례를 선정하고 연구를 수행해야 한다.

셋째, 서술적 사례연구는 "자연적 일반화(naturalistic generalization)"에 기여한다(Stake, 1995). 자연적 일반화와 관련하여 Stake는 "연구되는 사례에 대한 연구자의 개인적 관여나 직간접적 경험에 의해 도달한 결과로서, 현상이나 이슈에 대해 연구자가 마치 자신에게 일어난 것처럼 드러내는 것을 의미한다"(1995: 85)라고 이야기한다. Stake의 관점에서 사례연구는 특정한 시간과 장소의 맥락에서 일어나는 사례에 대한 연구자 개인의 경험적 묘사로서 독자들에게 간접적인 경험을 제공하는 것이며 이는 '자연적 일반화'를 위한 시사점을 제공한다. 일반화의 문제에 대해 Schwandt와 Gates가 제시하는 넷째 응답은 사례연구는 '분석적 일반화'를 추구한다는 것이다. 이는 일반적인 양적연구/통계연구에서 이야기하는 통계적 일반화와 다른 개념으로, 사례의 분석과 해석에서 연구자는 특정한 이론적 입장, 아이디어에 기초해 접근한다는 것이다. 이를 위해 연구자는 연구의 시작 단계부터 '이 사례가 무엇에 관한 것인지', '이 사례연구가 무엇을 탐구하기 위한 것인지' 명료하게 접근할 필요가 있다(Ragin & Amoroso, 2011). 엄밀하고 신중하게 선택된 사례에 대한 사례연구는 독자들에게 통계적 일반화가 아니라 유사한 사례 이해를 위한 경험적 연구 자료에 기초한 이론적 개념이나 원칙에 대한 시사점을 제공할 수 있다(Yin, 2012: 40).

서술적 사례연구의 예

「학교 밖 교사 학습 공동체 사례연구: 교육 연구회 '반걸음' 사례를 중심으로」 (김신회, 박종률, 2021)

이 연구는 학교 혁신을 위한 한 교사 연구회 사례를 통해 학교 밖 교사 학습 공동체의 학습 모습과 특징을 분석하고 이를 통해 학교 밖 교사 학습 공동체 활동이 교사의 전문성과 학교생활에 미치는 의미를 이해하는 데 있다. 연구자들은 '반걸음'이라는 교사 학습 공동체 사례를 탐구하였다. 연구 방법으로는 참여관찰, 개별 면담, 초점 집단 면담, 문서 분석을 활용하였다. 참여자는 7명이며 연구자들은 6개월 동안 자료를 수집하였다.

연구 결과로서 '반걸음' 연구회의 특성을 다음과 같이 밝혔다. 첫째, 연구회 구성원들은 '학습 욕구 충족', '자신과 뜻이 맞는 교사와 함께', '고립된 학교 문화로부터의 탈출'이라는 참여 동기를 가지고 '협력적 나눔' 운영과 '토론과 글쓰기' 학습 방법을 활용하였다. 둘째, '반걸음' 연구회는 '도발적이고 역발상적'인 문제의식을 가지고 '수평적 배움 구조'로 '협력 학습'을 실천하였다. 또한 연구회의 지속성의 요인으로 '학습 목표의 명확성', '모임의 즐거움', '적절한 역할 분담', '자발적 봉사자의 역할', 네 가지로 드러났다. 셋째, 연구회 활동은 참여 교사에게 교육철학적 성찰 기회를 제공하고 전문성 향상에 영향을 주었으며, 학습모임을 통해 교육적 에너지를 충전하고 학교생활에 활력을 제공하였다.

'반걸음'의 사례연구를 통해 연구자들은 학교 밖 교사 학습 공동체가 '학습하는 교사', '협력하는 교사', '변화하는 교사'로의 변화 가능성을 시사한다고 주장하였다. 나아가 연구자들은 학교 밖 교사 학습 공동체의 참여가 교사의 전문성 향상과 학교생활에 긍정적인 효과를 가져온다고 기대할 수 있다고 주장하였다.

서술적 사례연구는 심층적 묘사와 설명이 강조되는바, 이 연구의 일부를 발췌하여 예시로서 제시한다.

학습 방법: 토론과 글쓰기

'반걸음' 학습 공동체는 토론과 글쓰기를 주요한 학습 방법으로 이용하고 있었다. '토론'은 민주적 의사결정 방식의 가장 기본이 되는 방법으로, '반걸음' 학습 공동체의 주된 학습 방법이기도 하다. '반걸음'이 주최하는 정기 토론회의 운영 방식은 '신호등 토론'의 찬반 토론 형식을 사용함으로써 주제에 대해 두 가지 대립되는 의견으로 나누고 토론회 참여자들이 자신의 의견을 신호등 색깔로 표현해 의견을 주고받는 방식이었다. 이 방식은 모임 참가자들이 흥미를 느끼고 토론에 적극적으로 참여하게 되는 학습의 긴장감을 주었다.

> 모임을 하기 전에 사전모임을 통해서 대립되는 주제를 제대로 뽑으려고 노력했거든요. 왜냐하면 사람들이 듣고만 있을 수가 없잖아요. 그래서 대립되는 주제 두 가지를 가지고 약간 작위적일 수도 있지만 반대와 찬성으로 구분해서 사람들이 선택할 수 있도록 했죠. 일종의 딜레마 토론이죠. 이런 것들이 좀 정착되는 과정이었다고 봐요. (김통찰 교사 질문지)
>
> 신호등 토론으로 찬반 토론을 할 때 보면 대체로 구성원의 보수적인 성향과 혁신적인 성향이 저절로 갈려서 (……) 일부러 역할 분담도 하지만 그런 어떤 형태로 모임을 계속 가져가니까 그게 재미있어요. 음, 약간의 긴장이 있어요. (김가을 교사 면담 자료)

한편, '반걸음' 교사 학습 공동체의 또 다른 학습 방법은 '글쓰기'이다. 토론 학습에서 주고받은 '말'의 의미가 타인에게 기억되도록 하는 일은 쉽지 않다. 실제 다수 의견들은 말로 진행됨에 따라 그 의미가 충분히 인정받지 못하는 경우가 많다. 또한 반복성의 문제와 뉘앙스에 따라 "쉽게 감정으로 돌입"할 수 있다는 단점이 있다. 따라서 중요한 대답이나 제안은 글로 하기 마련이다. 따라서 글을 통해 뜻을 관철하고, 남을 설득하고, 영향력을 행사하게 된다(강원국, 2019). '반걸음' 구성원 중 김가을 교사는 자신의 의견을 글로 정리하여 SNS에 올리고 말로 부족하였던 자신의 생각을 글로 작성하여 게재하였다. 또한 김 교사의 글쓰기 활동은 다른 구성원들에게도 영향을 주어 다른 교사들도 자신의 의견을 글로 정리하여 구성원들과 공유하는 방법을 사용하게 되었다. 이와 같은 활동은 학습 방법의 확장이 이루어졌다고 볼 수 있었다.

> 교사들이 얼마나 많은 글을 읽어요. (……) 수행평가 때 애들이 썼던 글들을 코멘트한단 말이에요. 그런데 거기에 대해서 채점, 평가, 이런 것들을 쉽게 하지만 사실은 본인이 직접 글을 써봐야 된다고 봐요. 글을 안 쓰면 자기 생각이 무엇인지 잘 모르고 생각을 해도 그것이 뭐랄까, 연결되는 힘을 잃고 그냥 피상적이고 단순하고 끊겨진 생각들만……. (김가을 교사 면담 자료)

이상과 같이 '반걸음' 교사 학습 공동체의 학습 운영과 학습 방법은 다음과 같았다. 첫째, '협력적 나눔'이 중요한 학습 운영 방식이었다. '반걸음' 구성원들은 주제 토론 및 실천에 대하여 협력적으로 생각을 나누고 해결하였다. 구성원들은 주제 토론을 위하여 관련 자료를 공유하고 발표하는 방식의 운영을 하였다. 둘째, 학습 방법은 토론과 글쓰기였다. '반걸음'의 토론 학습은 '신호등 토론' 방법으로 참석자들에게 '재미'와 '긴장'을 주었고, 토론자만 발언하는 전통적인 토론 방식을 탈피해 참여자 모두 함께 공유하는 의사소통 방식을 채택하였다. 또한 글쓰기 학습 방법은 구성원들의 의사소통을 더욱 확장하고 촉진하였다. 토론으로 부족하였던 나눔을 글쓰기를 통해 SNS로 확장하여 학습하고 있었다.

나. 가설 생성 또는 이론 생성 사례연구

가설이나 이론의 생성 또한 사례연구의 목적이 된다(Eisenhardt, 1989; Dooley, 2002; George & Bennett, 2004; Mahoney, 2007). 이러한 목적으로 수행되는 사례연구는 Yin(2012)이 논의한 '탐색적 사례연구'와 유사하다. 이 유형에 포함되는 사례연구는 연구자의 이론적 아이디어가 사례 선택에 결정적 기준이 된다는 특징을 가진다. 가설이나 이론의 생성을 위한 사례연구에서 사례의 선택은 매우 중요하며, 여러 이론가들이 그 전략을 제시하였다. 먼저 Yin(2012)은 비판적 사례, 독특한 사례, 일반적 사례, 발현적 사례 선정을 제시하였다. Flyvbjerg(2011)는 극단적, 일탈적, 비판적, 최대 다양성과 같은 용어로 사례의 선정 기준을 논의하였다. 여기서 중요한 것은 연구자가 사례를 선정하기 위해 어떠한 용어를 사용하였느냐가 아니라 어떠한 합리적 논리로서 사례를 선정하였느냐이다(Schwandt & Gates, 2018). 예를 들어 연구자가 일탈적 사례를 선택하였다고 가정할 때, 그 사례는 연구자가 선택한 '이론적 일탈'에 해당해야 한다(Geering, 2007). 만일 연구의 결과가 그 이론을 지지하거나 경험적 증거들이 해당 이론을 '검증'한다면 해당 연구의 결과는 좀 더 보편적인 사례에서도 그 이론이 적용될 수 있음을 추론 가능하게 한다는 것이다(Odell, 2001). 같은 논리로서 사례가 이론이 검증되거나 적용될 수 있는 가장 보편적인 사례라고 가정할 때, 만일 특정한 이론이 그 사례에서 검증되지 않는다면 그 이론은 더 일탈적인 사례에서도 '실패할 가능성'이 큰 것으로 추론할 수 있다. 즉, 연구자는 '가장 가능한' 또는 '가장 덜 가능한' 사례를 탐구함으로써 이론을 검증하거나 증명하려고 노력한다. 가설과 이론 생성을 위한 사례연구는 후기 실증주의 사례연구들(Schatz & Dombrowski, 2009; Geering, 2007; Mohoney, 2007)뿐만 아니라 해석적 접근을 취하는 연구자들에 의해서도 지지된다.

'이론적 일탈'을 통한 이론 생성은 일관된 증거의 수집보다 모순과 일탈 또는 역설을 드러내는 접근을 취하기도 한다. 모순과 역설을 드러내는 사례연구는 Schatz와 Dombrowski(2009)의 문화기술적 사례연구에서 찾아볼 수 있다. 그는 두 유형의 문화기술적 사례연구를 비교하여 논의하였다. 그중 하나는 '외부 가치 지향 형태'로서, 연구자가 가진 개념적·추상적 이론의 틀로서 연구 결과를 해석하고 연구자가 가진 관점에 기초하여 현상을 설명하고 인과적 관계를 결과로서 제시하는 경우이다. 다른 하나는 '내부 가치 지향 형태'로서, 연구자의 가설이나 관점을 검증하는 것이 아니라 소외된 집단, 차별받는 집단 또는 연구되지 않은 집단이나 개인의 목소리를 드러냄으로써 기존에 존재하는 이론이나 해석의 관점을 반박하는 것이다. 기존에 존재하는 이론이 설명하지 못하는 모순이나 역설을 통해 연구자는 새로운 이론을 개발할 수 있는데, 이 과정에서 연구자는 자신의 연구에서 생성된 이론과 기존의 이론이 어떻게 다르고 유사한지에 대해 논의해야 한다(Eisenhardt, 1989). 이 접근에서 이론과 경험적 자료 통합의 중요성에 대해 Alvesson과 Kärreman(2016)은 다음과 같이 주장한다.

> 사례연구는 풍부하고 복잡한 자료를 생성한다. 사례연구의 자료는 서로 모순적이며 역설로 가득 차 있다. 이에 사례연구는 서로 상반되는 증거를 병치시킴으로써 자료를 통해 자유로운 사유가 가능하도록 한다. 잘 수행된 사례연구는 기존의 가정과 관점에 도전하기에 충분하고 풍부한 경험적 자료를 생성한다(2016: 2-3).

즉, 사례연구를 통한 이론 생성은 연역적 일반화가 아니라 특수성과 상대성, 모순과 역설을 통한 '이론적 일탈'을 탐색한다. 다음은 이 접근을 통한 이론화의 예이다.

가설 생성 또는 이론 개발 사례연구의 예

"Next-of-kin involvement in improving hospital cancer care quality and safety — A qualitative cross-case study as basis for theory development"(Bergerød, Gilje, Braut, & Wiig, 2018)

이 연구는 암 환자 간호의 모든 과정에 관여하는 'Next-of-kin'이라는 노르웨이의 의료 전문가 집단의 간호 경험과 간호 시스템을 이론화하기 위한 목적으로 수행된 사례연구이다. 연구자들은 이 전문가 집단의 다양한 역할과 중요성에도 불구하고 이들의 전문가적 활동에 대한 심층적 연구와 이론화가 이루어지지 않았다고 지적하며 이 연구의 필요성을 주장하였다.

연구자들은 노르웨이의 두 군데 병원을 선정하고 이곳에서 근무하는 암 환자 간호 전문가들과 관계자들 32명을 면담하였으며, 의료 행위와 전문가 및 환자의 경험과 관련된 문서 자료를 수집하고 분석하였다. 자료의 수집과 분석 절차는 다음과 같다.

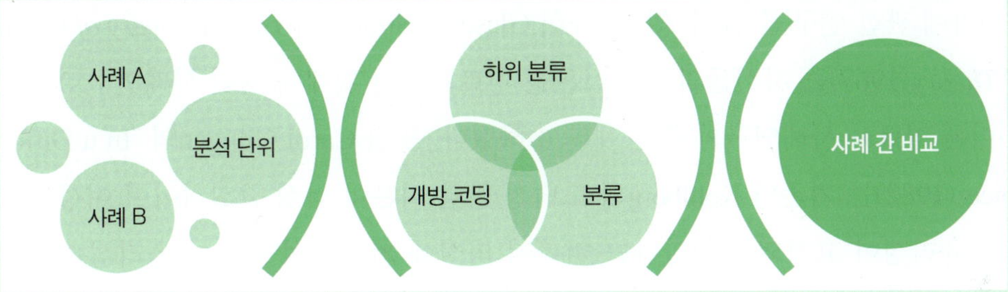

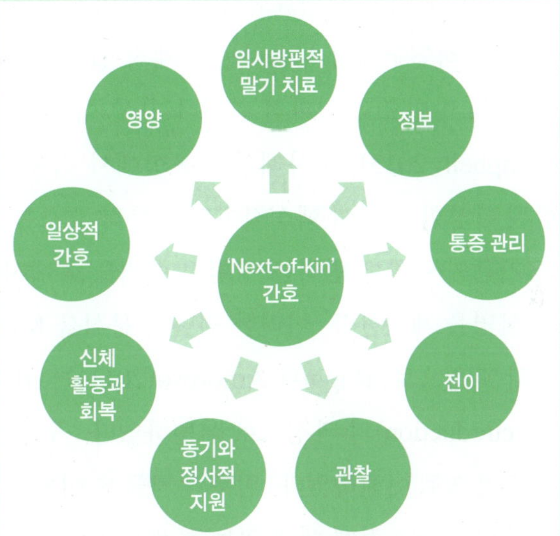

이 연구는 두 병원의 암 간호 전문가들의 역할과 관련하여 아홉 가지(영양, 관찰, 이동, 통증 관리, 정보, 임시방편적 말기 치료 등)의 핵심적 영역을 규명하였다. 그 요소들은 오른쪽 그림과 같다.

또한 연구자들은 암 환자 간호 전문가들이 겪는 현실적 문제로서 '전문적 간호를 위한 공간과 조건의 부족', '숙련된 간호사와 상담가의 지속적인 지원과 안내의 부족'을 지적하였다.

특히 이 연구는 암 환자 간호 전문 인력의 역할과 활용에 대한 체계적인 시스템의 부재를 지적하며 자신들의 연구로부터 얻은 시사점에 기초하여 가능한 방안을 제시하였다.

다. 가설/이론 검증 사례연구

이 사례연구의 유형은 이론을 더 구체적으로 탐색하거나 자세한 설명을 제공하기 위해 수행되는 사례연구를 지칭한다(Vaughan, 1992). Yin(2012)의 유형으로는 설명적 사례연구에 해당한다. 이 유형 또한 사례연구에서 많이 활용된 접근으로, 유사한 현상에 대한 다수의 사례 탐구를 통해 귀납적 분석이나 이론적 샘플링을 거쳐 더욱 심층적이고 충분할 설명을 제공하기 위해 수행된다. 대표적이고 전통적인 예로서 Glaser와 Strauss의 *Awareness of Dying*(1965)에서 제시된 '임종을 맞이하는 환자들 간호에 대한 연구', Katz(1984)의 '법률 자문가에 관한 연구', Lindesmith(1968)의 '아편 중독자에 관한 연구'를 들 수 있다. 특히 Glaser와 Strauss의 *The Discovery of Grounded Theory*(1967)는 자신들의 근거이론을 명료화하기 위해 수행된 사례연구로서 가설 및 이론 명료화 사례연구의 좋은 예라고 하겠다. 또한 Carol Gilligan의 "In a Different Voice"(1982)는 기존의 Kohlberg의 도덕성 발달 이론이 남성 중심적이며 여성의 목소리와 윤리성이 고려되지 않았다는 비판적 의식에 기초하여 여성의 윤리성은 남성과 다를 것이라는 전제하에 사례연구를 통해 '여성의 윤리학'을 명료화하였다.

가설이나 이론을 명료화하는 것은 양적연구만의 전유물이 아니다. 질적 사례연구 또한 양적연구에서 사용하는 통계적 일반화와는 다르지만 질적 접근을 통한 '분석적 귀납'의 방법으로 인과적 관계나 가설/이론을 더욱 명료화할 수 있다(Hammersley & Campbell, 2013). 이 사례연구 유형에서 적용되는 귀납적 분석은 연구되는 현상에 포함된 다양한 차원의 핵심적이고 공통적 요소를 탐색하는 것이다. 이 과정에서 연구자는 기존의 이론에 반하는 경험적 증거들을 제시하고 이론의 한계나 제한에 대한 충분한 설명을 제시한다. 이러한 귀납적 분석을 Katz(1984)는 설명과 관찰의 이중적 정련화의 과정으로, Ragin과 Amoroso(2011)는 귀추법(abductive reasoning)과 유사한 가추(retroduction)의 과정으로 설명하였다. 즉, 과학적 발견을 위한 귀납과 연역의 통합적 활용으로 이해하였다. 일부 독자들은 이론의 개발을 위해서 하나 또는 소수의 사례만을 탐구하는 것에 대해 의문을 제기할 수 있을 것이다. 하지만 질적 사례연구자들은 연구하는 사례에 대한 많은 관찰과 면담을 수행하며 다양한 문서 자료를 종합적으로 검토하고 분석한다(Mahoney, 2007).

가설이나 이론의 명료화를 위한 사례연구는 크게 두 가지 접근으로 나눌 수 있다. 그 하나는 하나의 사례에 기초한 접근이며, 다른 하나는 복수의 사례 비교를 통한 접근이다. 먼저 단일 사례를 활용한 접근을 살펴보자. Schwandt와 Gates(2018: 349-350)

는 인과 과정과 메커니즘에 대한 가설과 이론의 검증을 '과정 추적(process tracing)'으로 지칭하며 이를 위한 네 단계를 제시하였다.

1단계: 사례에서 특정한 결과나 영향을 일으키는 원인의 과정과 메커니즘에 대한 이론이나 가설의 설정/선택
2단계: 그 과정이 일어나는 것을 드러내는 다양한 자료의 수집(관찰, 면담, 역사적 자료 등)
3단계: 특정한 결과나 과정에 영향을 미치는 다른 대안적 설명이나 요소의 포착
4단계: 대안적 설명이나 요소가 적용되지 않았지만 특정한 과정이나 영향을 보여주는 자료의 탐색

과정 추적의 과정에서 연구자는 자신이 설명하고자 하는 가설이나 이론을 드러내는 심층적 기술과 충분한 설명을 제시해야 한다. 또한 대안적 설명이나 요소가 있다면 그러한 대안적 측면들이 얼마나 일관적이지 않은지를 경험적 자료를 통해 충분히 설명해야 한다(Bennett & Elman, 2006). 즉, 가설이나 이론의 검증을 위한 사례연구에서 경험적 증거에 기반한 논리적이고 방어 가능한 주장을 펼치는 것이 매우 중요하다 하겠다(Schwandt & Gates, 2018). 그 중요성에 대해 Mahoney는 다음과 같이 비유적으로 설명하였다.

> 마치 범죄를 조사하는 형사처럼, 질적연구자는 다양하고 심층적인 경험적 자료를 수집하고 그 결과를 설명하기 위한 일반적인 인과적 원칙이나 지식을 활용한다. 물론 모든 자료가 동일하게 간주되는 것은 아니다. 어떠한 자료는 마치 '스모킹 건'의 역할을 하여 이론을 지지할 것이며, 어떤 자료는 그 반대로 이론이 옳지 않음을 강하게 나타낼 수 있다(2007: 131-132).

이론이나 가설을 검증하기 위한 사례연구의 두 번째 접근은 다중 사례를 탐구하는 것이다. 이는 복수의 사례를 연구하고 교차 분석을 통해 이론이나 가설을 설명하는 접근으로, '질적 비교 분석(qualitative comparative analysis, QCA)'이 이에 해당된다(Ragin, 1987; Rihoux et al., 2009). 이 접근을 취하는 연구는 연구자가 염두에 둔 이론에 기초하여 어떠한 사례가 적절할지를 고려하는 작업에서부터 시작한다. 이러한 연구에서 사례는 가장 핵심적인 요소와 관련하여 일관성을 가져야 한다. 예를 들어 Scouvart와 동료들(2007)은 브라질 아마존의 밀림 파괴 과정을 탐구하였는데, 연구자들은 국가/주 도로 주위에 위치한 지역들을 선정하였다. 이로써 이 연구는 밀림 파괴

과정이 다양한 지리적 공간에서 어떻게 일어나는지 규명하였다.

이 접근에서 분석의 초점은 사례들 사이에 존재하는 유사성과 차이성의 패턴이다. 이러한 연구의 목적은 인과적 상황이나 변인 그리고 그들의 구조를 밝히는 것이기 때문에 다양한 인과적 과정이나 요인들이 검토되고 설명되어야 한다. Mahoney(2007: 1135)는 이를 '다중 인과관계(multiple-causation)'라 지칭하였다. 질적 비교 분석의 핵심은 '필수적 원인(necessary causes)' 탐색과 '충분한 원인(sufficient causes)' 탐색으로 구분된다. 필수적 원인 탐색은 요소들이 모든 사례에 걸쳐서 나타나는 요인들을 포착하는 것이며, 충분한 원인 탐색은 요인과 상황은 다를 수 있지만 동일한 또는 유사한 결과를 만들어내는 요소 포착에 집중하는 것이다(Gomm, Hammersley, & Foster, 2000). 후자의 경우, 연구되는 사례의 수만큼 그 원인과 상황이 다르게 나타날 수 있다. 다음은 이론 설명 사례연구의 예다.

가설/이론 검증 사례연구의 예

"Exploring knowledge creation processes as a source of organizational learning: A longitudinal case study of a public innovation project"(Brix, 2017)

이 연구는 기관의 지식 생성과 조직 학습에 관한 두 이론의 관계를 설명하기 위해 수행되었다. 연구자들은 조직 학습 이론(theory of organizational learning)과 지식 생성 이론(knowledge creation theory)이 개별적으로 적용되고 연구되어 오고 있다는 점을 지적하며, 이 두 이론과의 관계를 탐색하고 그 관계의 특성을 규명하고자 사례연구를 수행하였다.

연구자는 덴마크 교육당국의 주도하에 시행된 공적 프로젝트를 사례로 선정하고 4년 동안 참여관찰, 심층 면담, 문서 분석의 연구 방법을 활용하여 연구하였다. 연구의 결과로서 연구자는 개인적 지식 생성, 집단적 지식 생성, 기관의 지식 생성, 지식의 재창조가 조직 학습 이론의 핵심적 요소로서 작용하고 있음을 규명하였으며 이를 아래의 도식으로 나타내었다.

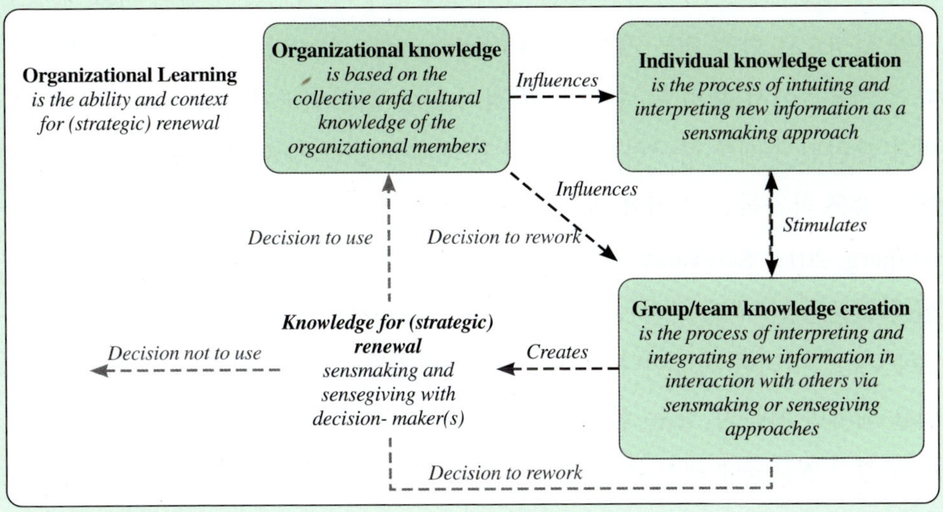

라. 규범적 사례연구

네 번째 사례연구 유형은 무엇이어야 하는지 그리고 무엇이 중요하게 간주되어야 하는지에 대한 논의을 위한 사례연구를 의미하는데, 아마 많은 질적연구자들에게 익숙하지 않은 유형일 수 있다. 규범적 이론은 설명적 이론이나 묘사적 이론과 다르다. 설명적 이론은 어떻게 기대한 결과나 목표가 달성되었는지를 설명하는 반면, 규범적 이론은 현상을 설명하는 이론과 달리 인정되거나 존중되어야 하는 규준, 가치, 이상이 무엇이어야 하는지 밝히는 것을 목적으로 한다(Schwandt & Gates, 2018). 예를 들어, Housing First와 같은 노숙자 프로그램이나 시설에 대한 연구를 할 때, 설명적 이론은 그 프로그램이나 시설이 어떻게 얼마나 노숙인의 수를 줄이고 그들의 삶을 개선하는지에 관심을 가진다. 하지만 규범적 이론 개발을 위한 연구는 특정한 목적이나 결과가 얼마나 타당한지에 관심을 둔다. 즉, 연구되는 사례에서 무엇이 옳고 그른지, 무엇이 바람직하고 바람직하지 않은지, 무엇이 정의롭고 그렇지 않은지 등과 같은 가치를 밝히는 것을 목적으로 한다. 즉, Housing First와 같은 프로그램에 대한 규범적 이론 개발을 위한 사례연구를 수행한다면 그 프로그램의 효과성이 아니라 어떠한 측면에서 공정하고, 평등하고, 정의로운지 밝히는 데 초점을 둔다.

어쩌면 많은 사회과학자들은 무엇이 옳고 그름을 따지는 것이 학자들의 몫이 아니라 철학사나 개별 대중의 판단에 맡겨져야 한다고 생각할 수 있다. 이러한 의문을 가지는 학자들은 어쩌면 규범적 논의와 경험적 사실을 밝히는 것을 엄밀하게 구분하는 입장에 있을 것이다. 이에 그들은 사회과학 연구의 책무를 경험적 자료에 기초한 묘사와 설명으로 한정 짓는 경향이 있다(Schwandt & Gates, 2018). 하지만 비판적 패러다임 연구들에서 흔히 볼 수 있듯이 적지 않은 질적연구가 옳고 그름, 정의로움과 차별과 관련된 주제를 탐구하여 '규범적 논의와 주장'을 주저 없이 펼친다. 이러한 맥락에서 많은 학자들은 가치와 관련된 탐구를 사회정치과학의 한 형태라고 주장한다(Flyvbjerg, 2011; Schwandt & Gates, 2018). 규범적 사회과학 연구들에서 제기하는 핵심적 질문들은 "우리 사회는 어디로 향하고 있는가?", "누가 이득을 보고 누가 손해를 보는가?", "이러한 현상이나 변화는 바람직한가?", "그러한 문제와 관련하여 우리는 무엇을 해야만 하는가, 또는 할 수 있는가?" 등이다. 이 형태의 사례연구는 연구가 이러한 본질적 질문들에 대한 논의에 기여할 수 있어야 한다고 주장한다. 이와 관련하여 Thacher(2006: 1637)은 "규범적 사례연구는 '실제적 사례에 대한 경험적 자료에 기초한 논의와 이에 대한 반성은 윤리적 성장을 위해 반드시 필요한 요소'라는 신념에 기초한다"라고 주장한다. 같은 맥락에서 Thacher는 규범적 사례연구는 정책가, 전문적 집단이 바람직한 목표를 설정하거나, 명료화하거나, 수정하는 데 기여할 수 있다고 주장한다. 즉, 규범적 사례연구는 독자들이 가진 현상이나 세계를 바라보는 시각과 이해를 설득시켜 변화시키는 의도를 가지고 있다. 규범적 사례연구자들은 자신들의 연구에서 연구자가 취하는 가치에 대한 관점과 입장을 분명히 밝혀야 한다. 왜냐하면 다른 사람과 집단들은 다른 가치를 지향하며, 하나의 사례에 드러나거나 강조하고자 하는 이슈가 다를 수 있기 때문이다.

규범적 사례연구를 수행하기 위해서 연구자는 무엇이 옳고 그른지를 숙고할 수 있는, '반성적 평형(reflective equilibrium)'이라고 하는 분석의 과정을 수행한다. 철학에서 '반성적 평형'은 숙고 과정의 마지막 지점으로 연구자(또는 사유하는 자)가 자신의 신념을 스스로 비평하고 수정하는 과정을 의미한다. 이 방법에 대한 Daniels와 Trebilcock(2013)의 논의에 기초하여 Thacher(2006: 1647)는 규범적 사례연구에서 반성적 평형을 다음과 같이 설명하였다.

> 반성적 평형은 우리가 비판하고, 명료화를 시도하고, 이상적 규범에 대한 현재의 아이디어를 수정하는 과정이다. 이 과정은 다른 해석과 설득에 대한 시사점에 대한 반성 또한 포함한다고 설명한다.

나아가 Thacher(2006)는 반성적 평형을 위한 세 가지 방법을 제안하였다. 첫째, 특정한 사례에 대한 초기 판단을 기존의 이상적 규범과 비교하고 대조하는 것이다. 둘째, 사례에 대한 우리의 판단이 명료하지 않거나 불확실할 때 다른 사례와 비교를 통해 명료한 판단에 도달하는 방법이다. 이는 사례 간의 비교를 통해 공통점과 차이점을 밝히고 무엇이 옳은 가치인지를 논의하는 것이다. 셋째, 하나의 사례의 다양한 측면을 묘사하고 이를 윤리적 개념으로 탐색하는 것이다. 이는 설명적 · 묘사적 사례연구와 유사한 측면이 있다.

규범적 사례연구의 예

Exit Strategies for Social Venture Enterpreneures (Nuer, 2015)

이 연구는 개발도상국을 대상으로 이루어지는 사회 벤처 사업(Social Venture Entrepreneures)에 대한 가치 판단과 그러한 사업을 철회하는 방법에 대한 전략 탐색을 목적으로 하였다. 연구자는 개발도상국에 대한 사업을 철회함으로써 생길 수 있는 다양한 문제점들을 탐색하여 어떻게 그 과정을 수행할 수 있을 것인지 연구하였다. 이를 위해 연구자는 다음의 연구 문제를 상정하였다. 이 연구 문제는 규범적 사례연구의 목표를 명료하게 보여준다는 점에서 의미가 있어 자세히 소개하고자 한다.

첫째, 개발도상국에서 실행되고 있는 사회 벤처 사업의 소유권을 어떻게 그 나라나 지역 공동체로 돌려줄 수 있을 것인가?

둘째, 사회 벤처 사업과 관련한 '소유권'의 의미는 무엇인가? 또한 소유권을 이전한다는 것은 무엇을 의미하는가?

셋째, 사회 벤처 사업을 철회하기 위해 사용 가능한 전략은 무엇인가? 특히, 이 연구의 맥락에서 사용 가능한 전략은 무엇인가?

넷째, 어떠한 상황과 방법을 통해 사회 벤처 사업가들은 자신들의 사업을 거두어들이고 지역민에게 돌려줄 수 있을 것인가?

이 연구의 연구 문제들은 연구 주제와 관련하여 무엇이 옳은지, 가장 적절한 방법과 전략은 무엇인지를 직접적으로 제시하고 있다. 특히 두 번째 연구 문제는 연구 주제와 관련한 '본실적 가치'에 대한 물음으로, 규범적 사례연구에서 반드시 포함되어야 하는 연구 문제의 유형이라고 할 수 있다. 연구자는 탄자니아 북부 마사이 커뮤니티에 투자하고 사업을 벌이고 있는 네 개의 네덜란드 사회 벤처 사업 기관을 사례로 선정하였다. 연구자는 규범적 질적 사례연구 절차에 따라 연구를 수행하였으며 현장을 답사하고 다양한 이해 관계자를 면담(개별 면담, 초점 집단 면담)하였으며, 관련 문서들을 수집하고 분석하였다.

4. 사례연구의 절차와 방법

지금까지 우리는 사례연구의 정의와 특징 그리고 유형에 대해서 알아보았다. 이제 사례연구를 어떻게 수행할 것인지 안내하기 위해 사례연구의 절차와 방법을 설명하고자 한다. 이미 충분히 설명한 바와 같이, 사례연구는 특정한 사람, 기관, 단체, 현상에 대해 특정한 맥락에 기초하여 총체적이고 심층적인 이해를 제공하기 위해 수행된다. 서두에서 밝힌 바와 같이, 모든 질적연구가 특정한 사례에 대한 탐구라는 점에서 사례연구의 정체성이 모호하다는 인식이 많다. 이는 일정 부분 사실이기도 하다. 하지만 사례연구를 하나의 방법론으로 간주하고 사례연구를 수행할 때 이는 '종종 쉽게 이름 붙이는 것처럼' 그리 단순하고 간단한 방법이 아니다. 다시 말해 Yin(2009)이 논의한 것처럼 사례연구를 제대로 수행한다는 것은 엄청나게 까다로운 작업이다. 우리는 이 절에서 사례연구의 절차와 방법에 관한 Yin(2009)과 Baškarada(2014)의 논의에 기초하여 그 단계와 방법을 설명하고자 한다. Yin(2009)은 사례연구 모형을 상호의존적인 여섯 단계(계획, 설계, 준비, 수집, 분석, 공유)로 이론화하였다. 그 단계들을 도식화하면 **[그림 7-2]**와 같다.

가. 계획 단계

첫 단계에서 연구자는 연구의 목적과 연구 문제를 명료하게 하고, 왜 자신의 연구가 '사례연구' 방법으로 탐구되어야 하는지, 그 합리적이고 타당한 이유를 확보해야 한다. 이 단계에서 연구자는 다른 실행연구, 응용문화기술지 등과 같은 다른 질적연구 방법론들의 장점과 단점을 고려하고 자신의 연구가 왜 사례연구로서 수행되어야 하는지 면밀히 검토해야 한다. 다른 질적연구에서와 마찬가지로 사례연구에서도 연구자는 자신의 연구 목적과 연구 문제 도출을 위해 면밀한 선행연구 분석을 수행해야 한다.

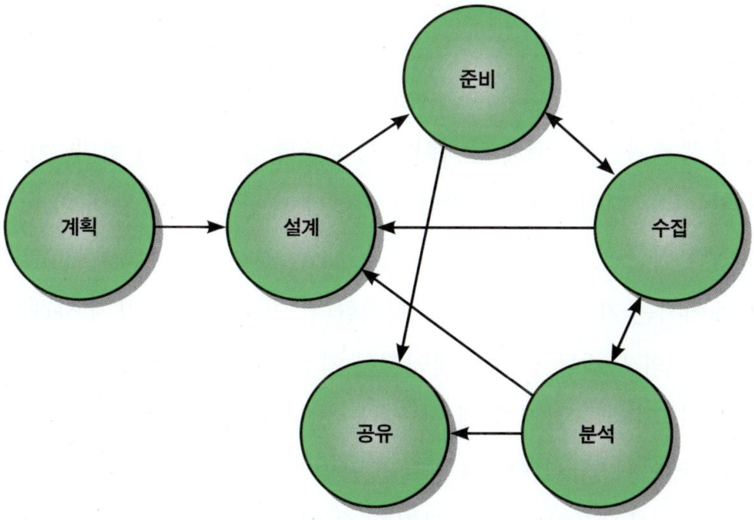

[그림 7-2] 사례연구의 과정(Yin, 2009: 1)

이 첫 단계에서 연구자는 사례연구 방법과 자신의 연구 목적 및 연구 문제 사이에 어떠한 불일치도 없도록 세심한 주의를 기울여야 한다. 다시 말해 연구자의 연구 목적과 연구 문제 탐구를 위해 사례연구 방법이 가장 최선의 선택임이 밝혀져야 한다. 이를 위해 연구자는 연구 방법 결정의 적절성을 가늠할 수 있는 몇 가지 요소(연구 문제의 유형, 실제 현상에 대한 연구자의 관여 가능성과 정도, 동시대적 현상과 사례 등)를 검토해야 한다. 특히 연구자는 자신의 연구 사례가 다양한 방법을 통한 자료 수집이 가능한 사례인지 살펴보아야 한다(Yin, 2009). 사례연구의 타당성과 엄밀성을 가늠하기 위해 연구자는 탐색적 파일럿 연구를 수행할 수 있다. 파일럿 연구를 통해 연구자는 더욱 구체적인 연구 문제와 가설을 도출할 수 있다.

나. 설계 단계

연구 목적과 연구 문제가 명료해지면 연구자는 연구를 어떻게 수행할 것인지 전체적 계획을 수립해야 한다. 이 단계에서 연구자는 다음과 같은 사항들을 검토해야 한다.

- 몇 개의 사례가 필요한가?
- 어떠한 유형(서술적, 가설/이론 개발, 가설/이론 설명, 규범적)의 사례연구를 수행해야 하는가?
- 사례연구의 질 확보를 위해 필요한 방법과 절차는 무엇인가?
- 자료의 수집 방법과 종류는 무엇인가?

- 자료는 어떻게 분석할 것인가? 자료 분석을 위한 기준은 무엇인가?

설계 단계는 말 그대로 연구의 설계도를 그리는 단계로서, 연구의 절차와 방법이 연구자의 연구 목적과 연구 문제 탐색이 가능하도록 설계되어야 한다. 이 단계에서 연구자는 다양한 이론, 다양한 방법, 다양한 사례에 대한 고려를 통해 가장 적절하다고 판단되는 방법과 접근을 결정해야 한다.

설계 단계에서는 가장 먼저 사례를 결정한다. 연구자는 한 가지 사례를 연구할 것인지, 아니면 복수의 사례를 선정할 것인지를 자신의 연구 목적과 연구 질문에 기초하여 결정해야 한다. 사례를 결정할 때 연구자는 연구의 편의성과 성공 가능성을 고려한 목적 표집을 수행한다. Yin(2009)에 따르면 단일 사례는 핵심적 사례, 극단적 사례, 대표적/전형적 사례, 계시적인 사례를 선정할 수 있으며, 장기간의 종단 연구를 수행할 경우 종단 연구가 가능한 사례를 선정해야 한다. 다중 사례연구의 경우는 각각의 사례가 드러낼 수 있는 유사성이나 대조적 특성을 보여줄 수 있는 사례를 선정할 수 있다. 이 또한 연구의 목적과 연구 질문을 고려해서 결정해야 할 것이다. 사례 선정에서 고려사항과 관련된 연구 질문이 **〈표 7-7〉**에 정리되어 있다.

연구자는 선행연구 분석을 통해 어떠한 사례를 선정하는 것이 적절한지에 대한 통찰을 얻을 수 있지만 항상 그런 것은 아니다. 일반적으로 사례연구는 '어떻게'와 '왜'에 대한 질문의 답을 찾는 과정인데, 연구자는 설계 단계에서 이러한 질문에 대한 연

〈표 7-7〉 사례 선정의 기준과 핵심 연구 질문

사례 선정 기준	설명
편의성	자료 수집의 편의성과 적절성을 고려한 사례 선정
상반되는 속성	각 사례에서 보이는 확연한 차이 무엇이 그러한 차이를 만들어내는가?
최고 적합성	무엇이 그 프로그램을 효과적으로 만드는가?
최저 적합성	무엇이 그 프로그램을 효과적이지 않게 하는가?
사례 집단	각각의 프로그램은 서로 어떻게 다른가?
대표적 사례	중요한 다양성과 요소를 포함한 사례 선정
전형적 사례	특정한 사례의 전형을 보여주는 사례 선정
특별한 관심	독특하거나 특수한 특성을 고려한 사례 선정
개연성	프로그램에 대한 총체적 이해와 설명을 위한 사례 선정

구자의 통찰로서 가정이나 가능한 특성을 고려하여 사례를 선정해야 한다. 연구의 목적과 질문에 따라 연구자는 어떤 사례(개인, 프로그램, 기관, 집단 등)를 선정할 것인지 결정하고 연구의 기간과 경계를 결정해야 한다. 연구의 목적과 사례가 결정되면 연구자는 어떠한 형태의 자료를 어떻게 수집할 것인지 결정해야 한다. 또한 자료 분석을 위해 연구자는 가능한 한 다양한 이론을 참고하여 필요한 자료가 무엇인지 가늠하고 이를 위한 자료 수집 계획을 구체적으로 세워야 한다.

설계 단계에서 연구자가 고려해야 할 다른 중요한 사항은 타당도 확보의 전략을 세우는 것이다. Yin(2009)는 사례연구에서 '구인 타당도(construct validity)', '내적 타당도(internal validity)', '외적 타당도(external validity)', '신뢰도(reliability)'를 어떻게 확보할 것인지 자세하게 제시하였다. Yin(2009)이 제시한 사례연구에서 구인 타당도 확보 방법은 '다양한 형태의 자료와 증거 확보', '참여자에 의한 사례연구 보고서 확인', '증거/자료 간의 관련성 확보'를 제시하였다. 자료 간의 관련성 확보는 연구의 목적과 질문 그리고 연구자가 제기한 각각의 자료와 설명 그리고 해석이 논리적 일관성을 얼마나 가시는지에 관한 것이다. 연구자는 핵심적 참여자로부터 연구 결과 보고서의 검증 과정을 통해 다양한 관점 또는 대비되는 관점을 확인할 수 있으며, 이 과정을 통해 연구 결과 논의의 명료성과 연구의 엄밀성을 강화할 수 있다. 또한 내적 타당도, 외적 타당도, 신뢰도는 일반적인 질적연구에서 강조하는 심층기술, 삼각 검증, 자료의 수집과 분석의 반복 등을 통해 확보될 수 있다.

다. 준비 단계

연구의 설계가 완료되면 연구자는 실제적인 사례연구를 위해 '사례연구자'가 갖추어야 할 지식과 기능을 확인하고, 필요하다면 훈련을 통해 습득해야 한다. 연구의 순서와 과정을 다시 확인하며 필요하다면 파일럿 연구를 수행할 수 있다. 또한 연구 수행에 필요한 '승인과 동의'의 절차를 거쳐야 한다. 준비 단계에서 연구자는 연구의 과정에서 발생할 수 있는 잠재적 이슈와 문제점을 고려하고 해결할 수 있는 방안을 마련해야 한다.

준비 단계에서 연구자는 자신이 탐구하는 주제, 관련 담론, 그리고 해당하는 이론적 · 방법론적 접근과 입장과 충분히 익숙해져야 한다. 연구자는 왜 이 연구가 수행되어야 하며, 어떠한 자료를 수집하고자 하는지, 그리고 가능한 변동사항은 무엇인지 예상해 보아야 한다. 또한 특정한 이론에 기초한 사례연구라면 이론을 지지하거나 반박하는 증거가 어떤 것이 있을 수 있는지 가늠해 보아야 한다. 물론 자료 수집의 전략과 구체적 방법 또한 연구 계획을 참고로 숙지해야 하며, 필요한 경우 자료 수집의 방법과 기법을 수정할 수 있는 준비를 갖추어야 한다. 연구자는 파일럿 연구를 통해 자신의 자료 수집의 전략과 순서의 적합성을 가늠해 볼 수 있다.

라. 자료 수집과 분석 단계

사례연구에서 자료 수집의 방법과 자료의 종류는 일반적인 질적연구와 유사하다. 다시 말해, 연구자는 참여관찰, 심층 면담 등을 통해 일차적 자료를 수집하고 다양한 문서, 사진, 영상 등과 같은 2차 자료를 수집할 수 있다. 또한 다른 질적연구 방법론과 마찬가지로 자료의 수집과 분석은 분리된 절차가 아니라 상호 보완적으로 동시에 진행된다. 이미 설명한 바와 같이 서술적 사례연구는 일반적 질적연구에서 활용되는 자료의 수집을 수행할 수 있다. 즉, 자료의 수집 절차가 진행되는 동안 연구자는 연구 질문과 관련한, 새로이 발견되는 특징과 요소들을 고려하여 관찰과 면담의 초점을 정교화해 나간다. 하지만 가설이나 이론의 개발 그리고 가설 및 이론 검증을 위한 사례연구의 경우에는 더욱 엄밀한 자료 수집 전략을 적용할 필요가 있다. 즉, 근거이론에서 주로 사용하는 '이론적 표집'을 자료의 수집과 분석의 과정에서 적용할 수 있다. 이는 연구자의 이론적 · 개념적 틀을 고려하여 가능한 모든 다양성과 요소들을 지속적으로 검토하면서 더욱 구체적이고 전략적으로 자료 수집을 진행해야 한다. 이는 새로운 이론의 개발이나 염두에 두고 있는 이론을 '충분히' 설명해 줄 수 있는 모든 요소와 모든 종류의 자료 수집을 염두에 두어야 한다는 것을 의미한다. 이러한 과정을 통해 연구자가 고려한 이론은 수정될 수 있으며, 연구자가 수집한 경험적 자료가 모든 핵심적 요소를 포함하고 있는지, 어떠한 요소가 누락되었는지 검토되어야 한다. 또한 이 과정에서 연구자는 자신이 가지고 있는 '선입견이나 편견'이 어떻게, 얼마나 자료의 수집과 분석에 영향을 미치는지 또한 반성적으로 숙고해야 한다.

특히 자료의 분석과 관련하여 연구자는 '이론적 일반화'를 추구한다. 이는 양적연구에서 추구하는 수치적 일반화가 아니라 이론적 · 개념적 일반화를 의미한다. 즉, 자료의 수집과 분석의 과정에서 연구자는 지속적으로 이론의 핵심 요소를 확인하고 이를 뒷받침하거나 반박하는 자료와 가능한 해석을 순환적으로 검토한다. 이를 위해 연구자는 '지속적 비교 방법(constant comparative method)'을 활용할 수 있다(Glaser, 1965). 이 방법 또한 근거이론에서 활용되는 방법으로, '비교'를 통해 개념과 주제를 도출하며 그 요소들 사이의 관계를 파악하고 개념적 유사성과 차이점을 탐색한다. 이 과정에서 연구자는 탐색, 유목화, 확인, 조직화를 시도한다.

자료의 분석에서 무엇보다 연구자는 이론적 틀을 고려하여 누락되는 핵심적 요소가 없는지 확인하고 이를 뒷받침하는 다양한 형태의 자료를 검토해야 한다. 또한 새로운 대안적 해석이나 설명을 드러내는 자료를 의도적으로 탐색하여 자신의 연구가 기초하고 있는 이론을 수정하거나 발전시킬 수 있는 가능성을 열어두어야 한다. 다시 한번 강조하지만 사례연구가 특정한 이론에 기초한다고 하여 그 이론 안에 갇힌다면 이는 '질적연구의 본질인 발견과 해석적 접근'을 위배하는 것이다. 이에 연구자는 항상 이론을 반박하는 증거나 설명이 있는지 의도적으로 분석해야 한다.

Yin(2009)은 사례연구의 자료 분석 전략으로 '패턴 탐색', '설명 개발', '시간적 분석', '논리적 분석', '사례 간 분석'을 제안하였다. 패턴 탐색은 가장 유용한 전략 중 하나로서, 예견된 패턴이나 효과를 지속적으로 비교하여 그 속에 존재하는 흐름이나 관계를 찾아내는 것이다. 설명 개발은 특정한 사례를 설명해 줄 수 있는 패턴을 연구자가 구성해 내는 전략이다. 시간적 분석은 시간적 흐름에 따른 과정이나 영향 그리고 인과관계에 주목하는 것이다. 논리적 분석은 패턴 탐색과 시간적 분석이 혼합된 전략으로, 예견된 인과관계와 연구로서 드러난 자료에 기초한 관계를 비교하여 분석하는 전략이다. 사례 간 분석은 복수의 사례를 포함한 사례연구에서 활용되는 분석 전략으로 이전에 설명한 모든 전략들이 활용될 수 있다.

마. 공유 단계

공유 단계는 연구의 결과를 책이나 학술지 논문으로 출간하는 단계이다. 이 단계에서는 예상되는 독자가 누구인지를 고려하여 어떠한 형태로, 어떠한 자료에 기초하여 연구 결과를 제시할 것인지 결정해야 한다. 공유를 위한 글쓰기에서 연구자는 연구의 진실성과 타당성이 충분히 드러나도록 해야 하며, 무엇보다 심층적 기술을 통해 연구의 결과가 독자들에게 충분히 이해될 수 있도록 노력해야 한다.

[그림 7-3]은 지금까지 설명한 사례연구의 각 단계에서 수행되어야 할 요소와 방법을 간략히 정리한 것이다.

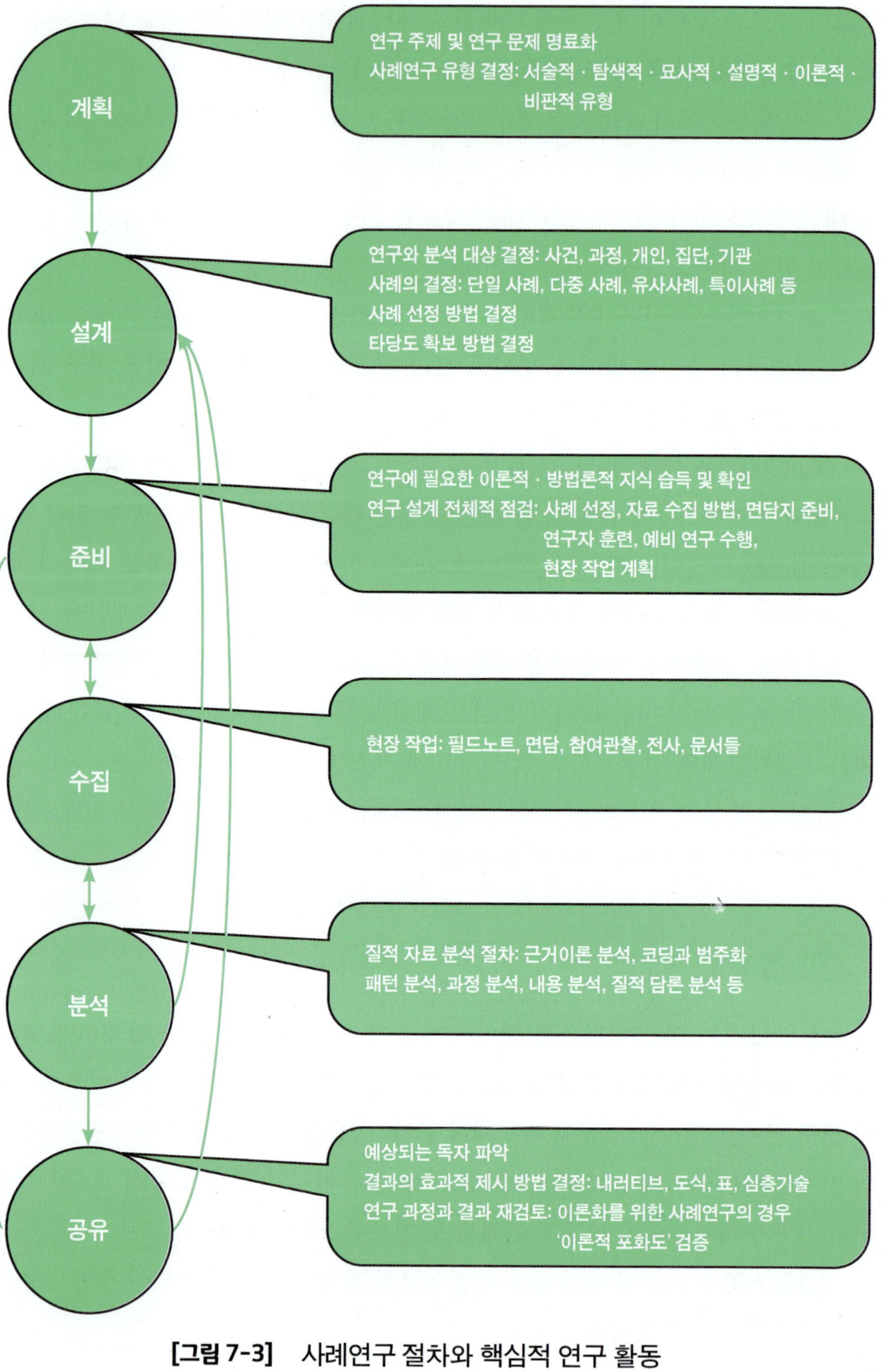

[그림 7-3] 사례연구 절차와 핵심적 연구 활동

5. 비교 사례연구의 이해

우리는 지금까지 사례연구에 대해서 설명하였다. 이제 이러한 사례연구의 한 방법으로서 최근 급성장하고 있는 비교 사례연구에 대해 설명하고자 한다. 서구에서는 많은 비교 사례연구들이 이루어지고 있으며 우리나라에서도 2000년대에 들어서면서 적지 않은 비교 사례연구들이 등장하였다(Ragin, 1987; Bartlett & Vavrus, 2017a: Goodrick, 2020). 이로써 비교 사례연구는 그 방법론적 정당성과 실제적 가치를 인정받고 있다고 할 수 있다. 이에 우리는 비교 사례연구가 무엇이고 어떠한 목적을 위해 수행되는지 설명하고, 비교 사례연구의 특징과 비교 방법을 소개하고자 한다. 나아가 우리는 비교 사례연구의 실천 과정과 절차를 예시를 통해 설명하고자 한다.

가. 비교 사례연구의 정의와 목적

'비교 사례연구(comparative case study)'란 '특정한 현상이나 사회적 현상, 즉 사례(case)에 대하여 심층적으로 자료를 수집하고 이를 탐구하여 한 사례 내에서 또는 여러 사례 간의 유사점, 공통점, 차이점 등을 상호 비교하는 연구'이다. 다른 질적연구 방법론 그리고 사례연구와 마찬가지로 비교 사례연구 또한 '발견적 입장'을 견지한다. 다시 말해 비교 사례연구는 사례 내 또는 사례 간 비교를 통해 '새로운 지식과 이해를 드러내고' 이에 기초하여 실천적 문제의 해결 방법이나, 정책적 문제의 단점을 발견하여 새로운 정책의 방향을 제시하거나, 탐구된 문제의 해결을 위한 시사점을 제공한다(Bartlett & Vavrus, 2017a, 2017b). 즉, 비교 사례연구는 비교를 통해 무엇을 얼마나 얻어낼 수 있을 것인지에 관심을 가진다. 비교 사례연구가 질적연구자들에게 제공하는 또 하나의 이점은 질적연구 또는 사례연구의 초기 단계에서 몇몇 사례를 탐색하는 예비 연구를 위해 활용될 수 있다는 점이다. 연구자 연구 현장이나 연구 참여자를 선정할 때 나름대로의 기준을 활용하지만 초기의 선정 자체가 가지는 한계와 문제점은 항상 존재한다. 다시 말해, 연구의 과정에서 연구자는 "이 사례가 나의 연구를 위해 적절하지 않은 것은 아닌가?"라는 의문을 품을 수 있다. 이러한 이유로 많은 질적연구자들은 연구의 과정에서 추가적으로 사례를 모집하거나 연구 초기 선정된 사례를 '포기'하는 경험을 한다. 이는 질적연구의 특성으로 이해되고 이를 대비하기 위한 방안으로 '필요한 수보다 많은 사례의 선정' 또는 '연구 설계와 실천의 유연성'으로 설명한다. 하지만 더욱 효율적인 연구의 진행을 위해 연구자가 연구 초기에 간단한 '비교 사례연구'

를 수행한다면 추후의 연구 진행 과정에서 발생할 수 있는 '비예측적 연구 대상, 현장, 참여자'의 수정이나 추가와 같은 상황을 어느 정도 줄여줄 수 있을 것이다(Bartlett & Vavrus, 2017b). 비교 사례연구의 대표적인 정의들을 제시하면 다음과 같다.

- 비교 사례연구는 과정 중심 접근으로, 사람, 상황, 사건, 그리고 이 요소들을 잇는 '과정'을 이해하고자 한다. 이를 통해 연구자는 어떻게 특정한 상황이나 사건이 다른 요소들에 영향을 미치는지를 분석하고 이해한다(Bartlett & Vavrus, 2017b).
- 비교 사례연구는 사례연구 방법으로 수집된 자료에 대한 체계적인 분석적 비교 방법이다(Kaarbo & Beasley, 1999).
- 비교 사례연구는 특정한 맥락에서 연구되는 사례의 과정, 결과 그리고 (행위, 주체, 요소들) 관계가 어떻게 연결되는지에 대한 심층적 이해를 제공해 주는 효과적인 방법이다(Krehl & Weck, 2020).
- 비교 사례연구는 사례 사이의 공통점과 차이점을 분석하는 데 특별히 효과적인 방법이다(Miles, Huberman, & Saldaña, 2014).

앞에서 제시한 정의와 설명에 따르면 비교 사례연구는 둘 이상의 사례들의 비교를 통해 그 유사점과 차이점을 탐색하는 사례연구라고 이해할 수 있다. 유사점과 차이점을 분석함으로써 연구자는 연구 주제에 대한 다양한 이해와 해석을 드러내거나 이론을 검증하거나 생성할 수 있다(Bartlett & Vavrus, 2017a, 2017b: Krehl & Weck, 2020). 비교 사례연구에서 가장 중요한 것은 두 가지 관련된 질문에 연구자가 응답하는 것이다. 그 두 질문은 "무엇을 비교할 것인가?"와 "어떻게 비교할 것인가?"이다. 무엇을 어떻게 비교할 것인지에 대한 필요성은 비교 사례연구가 어떠한 점에서 적절한 연구 방법인지를 가늠하는 가장 중요한 기준이라 할 수 있다. 이에 연구자는 연구의 시작 단계에서 비교할 대상이나 요소 그리고 비교의 당위성을 명확하게 제시할 수 있어야 한다. 우리는 비교 사례연구 또한 사례연구의 연장선 또는 확장된 사례연구로 간주한다. 이에 연구 방법에 대한 자세한 설명은 앞서 제시한 사례연구 방법을 참고하기 바란다. 대신 우리는 "무엇을 어떻게 비교할 것인가?"와 관련하여 상세히 설명하고자 한다.

나. 비교 사례연구의 특징

지금까지 비교 사례연구의 정의에 대해 알아보았다. 이제 비교 사례연구의 특징에 대해 설명하고자 한다. 전통적으로 비교 (사례)연구에서 비교는 국가 간 비교를 의미하였다(Noah & Eckstein, 1969). 사실 이러한 경향성은 오늘날에도 이어지고 있다(Philips & Schweisfurth, 2014). 하지만 비교 연구 학자들은 이러한 제한된 경향성에서 벗어나려는 노력을 해오고 있다. 이러한 학자들은 비교의 대상이 반드시 국가 간 비교에 머물러서는 안 되며 그럴 수도 없다고 주장한다(Philips & Schweisfurth, 2014; Bartlett & Vavrus, 2017b). 즉, 비교 연구에서 연구자들은 무엇을 어떻게 비교할 것인지에 대한 목적에 집중해야 하며, 비교의 경계를 '국가와 국가'로 제한한다면 연구의 목적 달성이 어려울 수 있다고 주장한다.

물론, 국가 간 비교 연구가 필요하며 그 당위성 또한 인정되어야 한다. 하지만 비교 연구가 '국가 간' 차원에 머물러 있다면 다른 많은 비교의 차원과 가능성에 대한 간과로 귀결될 것이다. 또한 비교의 요소를 '변인'으로 간주하고 통제와 수치화를 통한 비교는 연구에서 고려되어야 하고 이해되어야 하는 '다양한 요소 또는 행위자들 사이의 관계의 역학'을 간과하는 결과를 초래한다(Guba & Lincoln, 1994). 이러한 연구 접근은 '전통적인 비교와 대조'의 논리를 벗어나지 못하는 경향이 있다. 이에 최근의 비교 연구자들은 국가 간뿐만 아니라 사람, 집단, 문화, 기관과 같은 다른 요소와 차원 그리고 변인들을 비교의 핵심적 분석 대상으로 간주하고 탐구하려는 노력을 하고 있으며 이를 위한 방법론의 이론화에도 박차를 가하고 있다(Babbie, 2012; Bartlett & Vavrus, 2017b). 우리는 여기서 전통적 실증적 연구, 즉 '변인' 사이의 비교 연구의 한계를 넘어서는 대안적인 비교 연구 접근의 특징을 설명하고자 한다.

첫째, 최근 비교 연구들은 '다차원적인 비교 연구'로 나아가고 있다. 이 특징은 개인, 집단, 장소, 국가를 넘나들며 추적하는 연구 접근을 지칭한다. 예를 들어 최근 인류학자들은 '다중 현장 문화기술지' 연구에서 '장소'를 고정된 개념 또는 행위나 현상과 분리된 개념으로 간주하지 않으며 장소, 공간, 시간의 관계성을 추적한다(Marcus, 1995; Falzon, 2016). 즉, 연구자들은 다른 국가와 지역에서의 행위와 사건이 시간의 흐름에 따라 어떻게 변화하는지를 복수의 지역에서 그리고 다중 차원에서 탐구하고 이해하려고 노력한다. 이러한 특징은 질적 사례연구가 더욱 과정적이고 순환적이라는 특징을 강조한다.

둘째, 비교 사례연구는 전통적인 비교 연구와 다른 비교의 논리와 차원을 가진다.

비교 사례연구에서 비교는 '유사성이나 상이성'을 추적하며, 이는 수평적 비교와 수직적 비교로 나눌 수 있다. 수평적 비교의 경우, 단일 사례 내에서 비교하는 것 또는 유사한 사례를 수평적으로 비교하는 것으로서, '최근 신자유주의에 기초한 국가 교육 개혁'이 얼마나 다른지, 또는 유사한지에 대한 비교 연구를 그 예로 들 수 있다(Carney, 2009). 또한 수직적 비교의 경우, 한 집단이나 기관 내의 '위계적 구조와 차원'을 비교하는 접근을 취한다. 한 회사에서 말단 직원, 하급 관리자, 중견 관리자, 임원, CEO 등과 같이 다른 '위치'에 처한 사람들이 특정한 정책이나 사업에 대해 어떻게 해석하고 어떠한 행위를 하는지를 분석할 수 있다. 여기서 중요한 것은 다른 지위를 가진 사람들의 다른 입장과 행위만을 탐구하는 것이 아니라 그들 간의 '상호작용 추적'이 비교 사례연구의 핵심이라는 것이다. 이러한 비교 연구는 회사의 위계적 구조뿐만 아니라 젠더, 계층, 인종, 나이 등 다양한 차원에서 탐구될 수 있다.

셋째, 이에 비교 사례연구는 '과정 추적 접근(process-oriented approach)'을 취한다. 이는 Maxwell(2013, 2016)의 과정 지향성으로 설명될 수 있다. 그가 이야기한 과정 지향성은, 인간, 집단, 상황, 사건 사이의 연결성의 형성과 변화의 과정 이해를 추구하는 것이다. 즉, 과정 추적 접근은 A가 어떻게 B를 유발시키는지 그리고 C와 D가 이어지거나 이어주는 과정은 무엇인지를 탐구한다. 이러한 과정에 대한 비교 사례연구의 관심은 질적연구의 본질적인 속성인 생성적 연구 설계 접근에 기초하고 있다. 이는 질적연구자가 연구의 과정에서 '발견'하게 되는 과정이나 요소에 유연하게 대처해야 함을 의미하는 것으로, 연구자는 연구 과정에서 자신이 어떻게 특정한 요소와 과정을 발견하게 되었으며 어떻게 추적하였는지를 연구노트로 작성해야 한다는 것을 의미한다(Bartlett & Vavrus, 2017a, 2017b). 특히 Lincoln과 Guba(1985)는 이를 '감사 추적(audit trail)'으로 설명하였다.

넷째, 비교 사례연구는 일반적 사례연구에서 강조하는 '사례의 경계'의 한계를 비판한다. 사례연구에서 설명한 것처럼 사례연구에서 탐구되는 사례의 중요한 특징은 '사례의 경계'이다. Miles와 Huberman(1994)은 경계가 너무나 희미하고 불분명한 탐구의 영역이나 주제는 '사례'가 아니라고 주장하였다. 하지만 Bartlett과 Vavrus(2017b)는 Miles와 Huberman의 주장을 질적연구의 본질적인 특성인 생성적 방법, 연구 과정의 유연성을 저해하는 요소로 간주하였다. 왜냐하면 '사례의 경계'에 대한 엄밀한 한계 설정은 연구되는 개인, 집단이나 현상에 영향을 미칠 수 있는 다른 관련된 행위자, 요소, 제도나 시스템에 대한 고려를 사전에 배제하는 결과를 초래하기 때문이다. 이와 관련하여 Bartlett과 Vavrus(2017b)는 다음과 같이 주장하였다.

> 경계는 발견되는 것이 아니라 연구자를 포함한 다양한 행위자들에 의해서 만들어지는 것이다. 경계를 명확히 구분하는 것은 탐구되는 연상에 대한 이해를 이에 영향을 미칠 수 있는 다른 행위자, 장소, 시간 등으로부터 고립시키는 결과를 초래한다. 어떠한 사례연구는 다른 사례연구에 비해 더욱 엄밀하게 구조화될 수 있지만 다른 연구들은 그렇지 않을 수 있다. 연구 유연성의 정도는 연구의 목적 · 연구자의 의도와 열정, 기능, 흥미 그리고 가능한 시간과 자원에 따라 달라진다 (2017b: 10).

이에 Bartlett과 Vavrus(2017b)는 전통적 사례연구에서 강조하는 경계의 설정은 그 의도와 반대로 탐구 과정 자체를 제약하는 기제로 작동할 수 있다고 주장한다. 이에 비교 사례연구는 더 탐색적이고, 생성적으로 관련된 행위자(인간과 비인간)와의 관계와 상호 간의 영향에 관심을 가진다.

다섯째, 비교 사례연구는 '문화'와 '맥락'을 정적인 실체로 간주하지 않으며 '특정한 시간과 공간' 속에서 지속적으로 구성되고 변화하는 것으로 간주한다. 인간은 문화의 산출물이 아니라 문화와 상호작용하며 문화를 구성하는 존재로 간주한다. 또한 이러한 문화는 인간에 의해서만 생성되는 것이 아니라 다양한 비인간적 요소(기계, 기술, 자연, 인공물 등)와의 관계 속에서 형성된다는 것이다. 이에 비교 사례연구에서 문화의 시사점은 고정적인 문화가 아닌, 사례와의 관계에서 사회적 상호작용에 의한 능동적 문화에 관심을 두고 이를 연구에 적용해야 한다는 것이다. 또한 비교 사례연구에서 맥락은 인간의 행위와 상호작용에 영향을 미치는 사회적 · 문화적 · 정치적 · 경제적 요소로 간주한다. 즉, 인간이 영향을 받은 주변의 장(field)을 의미한다. 이러한 맥락에 대한 이해는 비교 사례연구자가 자신의 연구에서 가장 관련성이 높은 맥락을 선택하고 사회적 관계, 관계망들이 시간의 지남에 따라 어떻게 변화되고 형성되는지를 탐색해야 한다는 것을 의미한다(Bartlett & Vavrus, 2017b).

이러한 비교 사례연구의 특징은 전통적인 사례연구 접근의 한계를 지적하면서 사례연구에 대한 연구 방법과 분석적 접근에 대안을 제공함과 동시에 비교 사례연구라는 새로운 연구 방법의 이론화로 나아가고 있다. 즉, 이 접근은 사례연구의 선구자인 Stake(1995)가 주장한 "직접적 비교는 특정한 시례를 집중적으로 탐구할 수 있는 기회를 약화시킨다"라는 입장을 반박한다. 우리 저자들은, '사례연구'는 Stake가 주장한 바와 같이 특정한 사례에 대한 심층적 기술과 집중적 탐구로서 가치가 있으며, '비교 사례연구'는 사례연구에서 관심을 갖지 않았던 다양한 '영향을 끼치는 행위자'와 그들의 연결성과 상호작용과 영향의 과정을 탐구할 수 있는 기회와 방법을 제공한다는 점에서 가치가 있다고 생각한다. 이에 독자들은 '비교 사례연구'를 '사례연구'의 대안으로 이해하기보다 이 두 가지 접근이 나름의 유용성이 있다는 점을 인식하고 자신의 연구 주제와 관련하여 사례연구가 적절한지, 비교 사례연구가 적절한지 판단해야 할 것이다. 또한 어떤 특정한 사례를 심층적으로 탐구하면서도 비교 사례연구 방법적 요소를 절충적으로 활용할 수 있다는 점 또한 주지하기 바란다.

6. 비교의 세 차원

우리는 앞에서 비교 사례연구의 정의와 목적 그리고 사례연구와 비교되는 '비교 사례연구'의 특징을 살펴보았다. 이제 비교 사례연구에서 '무엇을 어떻게' 비교할 수 있는지 설명하고자 한다. 우리는 여기서 수평적 비교, 수직적 비교, 횡단적 비교라는 세 차원의 '축(axes)'으로 설명하고자 한다(Bartlett & Vavrus, 2017b). 먼저 독자들에게 주지할 사항은, 여기서 제시하는 세 가지 비교 사례연구의 차원이 반드시 선택적으로 적용되어야 하는 것은 아니라는 점이다. 다시 말해, 한 가지 비교 축을 중심에 두지만 연구의 목적에 따라 또는 연구가 진행됨에 따라 연구자는 다른 차원의 축을 고려할 수 있다는 것이다. 질적연구의 유연함과 '열린 접근'을 고려하면 이는 매우 자연스러운 현상이라 할 수 있다. **〈표 7-8〉**은 이 세 가지 차원의 비교의 축을 간략히 정리한 것이다.

〈표 7-8〉 비교 사례연구의 세 가지 '비교의 축'

비교 축		설명
수평적 비교 (horizontal comparison)	동질적 (homologous)	• 유사한 성격을 가진 사례의 비교
	이질적 (heterologous)	• 하나의 이슈에 대한 상이한 사례의 비교
수직적 비교 (vertical comparison)		• 사례 내의 위계적 수준과 집단의 비교
횡단적 비교 (transversal comparison)		• 시간에 따른 변화 추적: 수평적 + 수직적

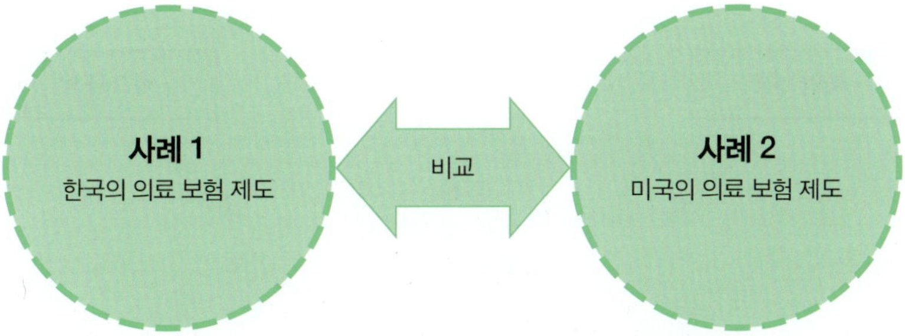

[그림 7-4] 수평적 비교 사례연구 도식

가. 수평적 비교 사례연구

수평적 비교 사례연구는 특정한 연구 주제를 탐구하기 위해 다양한 '사례'를 탐구하는 방법이다. 이 방법은 사례 간의 유사점과 차이점을 탐구하여 연구 주제에 대한 심층적이고, 복잡하며, 다양한 이해에 도달하기 위해 취해지는 방법이다. 수평적 비교 사례연구를 도식화하면 **[그림 7-4]**와 같다.

수평적 비교 사례연구는 '동질적 비교 사례연구'와 '이질적 비교 사례연구'로 나뉜다. 이에 이 두 가지 수평적 비교 사례연구에 대해 자세히 알아보고자 한다.

1) 동질적 수평적 비교 사례연구

먼저 동질적 수평적 비교 사례연구(homologous horizontal comparative case study)는 유사한 사례를 비교하는 사례연구를 의미한다. 여기서 '동질적'의 의미는 사례의 특징, 구조, 목적의 유사성을 의미한다. 동질적 수평적 비교 사례연구는 연구된 사례 사이의 공통성과 차이점을 심층적으로 비교 분석하며 동일하거나 유사한 결과에 영향을 미치는 다른 요인들이 무엇인지 규명하고, 왜 그러한 영향으로 나타나는지를 이해하는 것을 목적으로 한다. '동질적 접근법'은 유사한 힘(force)(정책, 경제, 문화)이 어떻게 유사하고 다른 관행, 행동을 초래하는지, 그리고 그 이유는 무엇인지를 탐구한다. 이 형태에 속하는 연구들은 종종 미리 구조화된 형태로 수행되는 경우가 많은데, 이는 최대 다양성 표집 또는 최대 유사성 표집을 사용한다는 점에서 그러하다. 하지만 연구가 진행되는 과정에서 연구자는 선정된 사례를 포기할 수 있으며 새로운 사례의 선정이 필요할 수 있다. 동질적 수평적 비교 사례연구의 예는, 세 개의 초등학교, 네 개의 산부인과 병원, 두 개의 동일한 프랜차이즈 업체 등에 대한 연구가 될 수 있다. 구체적 예로서 과도한 학업적 스트레스를 경험하는 다섯 명의 고등학생에 대한 비교 사례

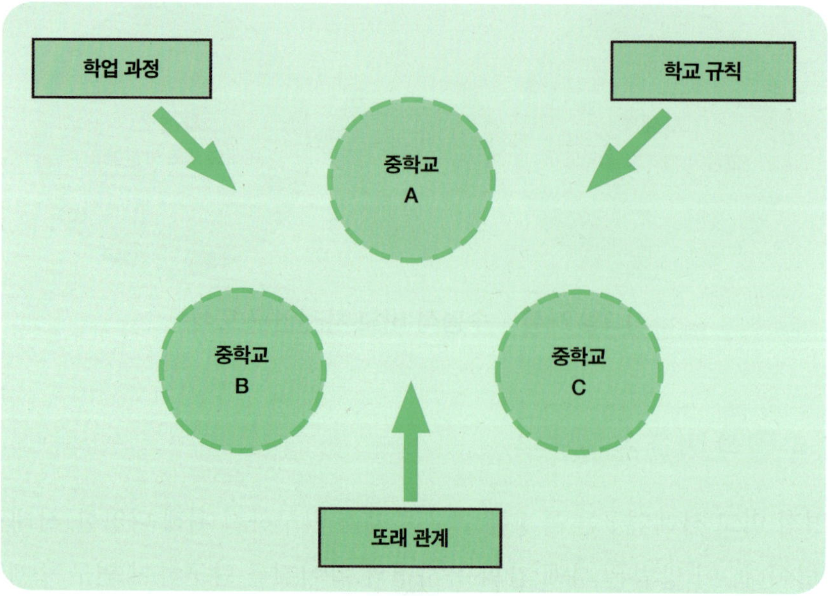

[그림 7-5] 동질적 수평적 비교 사례연구 도식

연구(Pope, 2001)를 들 수 있다. Pope는 과도한 학업적 스트레스를 받는 '유사한' 다섯 사례를 수집하여 그들의 스트레스 유발 요인과 양상 그리고 고등학생으로서의 스트레스 경험을 비교하여, 이 다섯 명의 학생들이 보이는 유사성과 차이성을 규명하였다. 이 연구를 예시로 동질적 수평적 비교 사례연구를 도식화하면 **[그림 7-5]**와 같다.

2) 이질적 수평적 비교 사례연구

이질적 수평적 비교 사례연구(heterologous horizontal comparative case study)는 연구 목적과 연구 관심 탐구에 적합하지만 다른 특징이나 형태를 가진 사례를 탐구하는 비교 사례연구 유형이다. 이 방법은 사례연구의 대상이 물리적 실체가 없는 특정한 이슈, 정책, 행위인 경우에 선택할 수 있는 방법이다. 이질적 수평적 비교 사례연구는 사뭇 달라 보이는 사례들이지만 연구의 목적과 주제와 관련 있는, 즉 '연결'되는 상이한 사례들의 묶음이다. 이러한 상이한 사례를 선정하는 이유는 사회적 이슈가 "공간적으로 퍼져 있는"(Falzon, 2009: 1) 사회 현상의 지점들을 추적하기 위함이다. 이러한 이질적 수평적 비교 사례연구를 도식화하면 **[그림 7-6]**과 같다.

이러한 이질적 수평적 비교 사례연구를 위해 연구자는 연구 주제와 관련하여 어떠한 주체나 기관 또는 장소나 집단이 고려되어야 하는지 숙고해야 한다. 이러한 연구자의 검토와 통찰은 어떤 사례를 핵심적으로 선정해야 하는지에 결정적으로 중요한

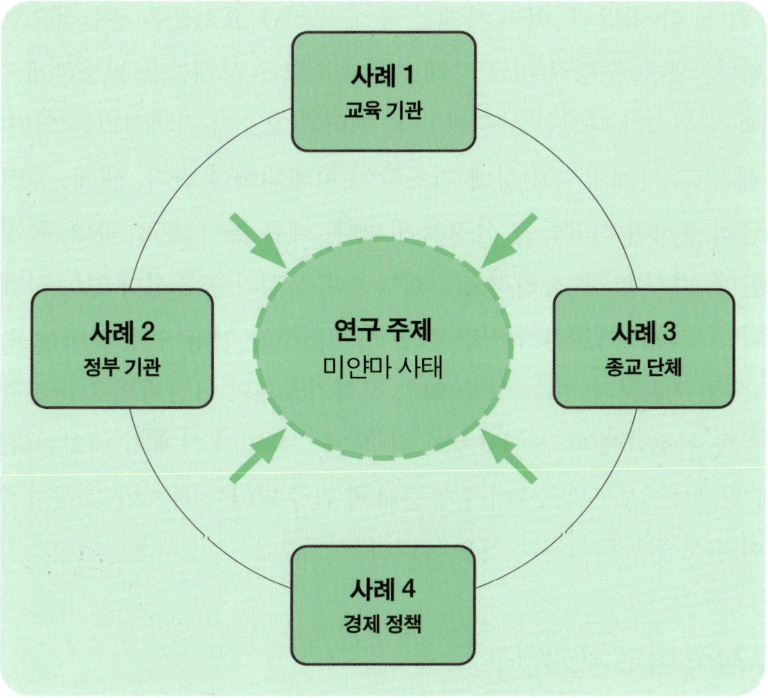

[그림 7-6] 이질적 수평적 비교 사례연구 도식

역할을 하므로 연구자는 가능한 선택지를 모두 충분히 고려할 필요가 있다. 그리고 연구자는 선정된 사례나 후보 사례들 사이의 '관련성'을 검토함으로써 연구의 사례로 선정될 수 있는 '충분한 자격'이 있는지 확인할 수 있다. 이 유형의 비교 사례연구는 사회 문제를 형성하는 다양한 요인, 힘, 행동을 탐색할 수 있으며, 그 문제가 문화적으로 생성되는 공간과 과정에 대해 전체적으로 탐색할 수 있는 기회를 제공한다. 예를 들어 자신이 살던 집에서 '퇴거당하는 과정'을 탐구한 Desmond(2016)는 연구 사례로 미국 밀워키 한 지역의 '트레일러 공원', '공공 주거 시설', '퇴거 관련 재판', '노숙자 쉼터', '버려진 집', '교회', '장례식장'을 연구 사례로 선정하였다. 이렇게 너무나 다른 사례들은 연구자의 연구 관심인 '퇴거'와 관련된 중요한 장소나 기관으로서 연구의 목적인 퇴거의 과정에 대한 전체적인 이해를 가능하게 할 수 있다는 점에서 '이질적 수평적 비교 사례연구'에서 선정된 연구 사례를 보여주는 좋은 예시라 하겠다.

수평적 비교 사례연구에서 연구자가 고려해야 하는 핵심적 사항들은 다음과 같다 (Bartlett & Vavrus, 2017b: 53-54). 첫째, 수평적 비교는 사례(개인, 집단, 지역, 장소, 기관, 사회적 사건 등)에 영향을 미치는 역사적 · 동시대적 요인들을 고려해야 한다. 둘째, 수평적 비교 사례연구에서 비교의 영역이나 요소는 하나의 사례에서만 도출되어서는 안 된다. 다시 말해, 여러 사례를 통해 드러난 요소들을 종합적으로 고려하고 비교해야 한다. 셋째, 수평적 비교 사례연구에서 모든 사례들을 동등하게 간주한다는 것은 각 사례가 위치한 다양한 차원의 다른 맥락과 요소를 간과하라는 의미가 아니다. 각각의 사례는 그 사례의 특수성에 기초하여 이해되어야 한다. 넷째, 동질적 수평적 비교는 상당히 유사한 사례들을 선정해야 한다. 예를 들어 학교, 학년, 특정한 기관을 선정해야 한다. 다시 말해, 물리적으로 상당한 유사성과 공통성이 있는 사례들을 포함시켜야 한다. 다섯째, 이질적 수평적 비교 사례연구는 연구 주제나 대상 또는 현상을 '추적'하는 것을 포함한다. 이는 다중 지역 문화기술지와 마찬가지로 특정한 현상이나 행위가 장소를 이동함에 따라 연구자가 탐구하는 '물리적 사례'가 변화한다는 것을 의미한다. 이 경우에서도 모든 사례가 동등하게 간주되어야 하지만 그것이 수치적이거나 물리적인 동등함을 의미하는 것은 아니다.

나. 수직적 비교 사례연구

수직적 비교 사례연구는 다양한 수준, 차원, 계층, 위계 그리고 이들 사이의 관계와 행위의 연관성을 탐구하는 접근이다. 수평적 비교 사례연구가 연구 주제와 관련된 더 '평등한 사례'를 탐구하는 반면, 수직적 비교는 조직에서의 지위(CEO, 임원, 중간 관리자, 하급 관리자, 말단 직원), 젠더(남성, 여성), 사회경제적 계층(상류층, 중산층, 빈곤층 등)을 비교하고 그 계층이나 위계 사이의 권력의 역학적 관계와 흐름 그리고 특정한 정책의 실현 과정을 밝히기 위해 수행된다. 수평적 사례연구가 사례들 사이의 유사성과 차이성을 밝히고, 그러한 특성이 사회적으로 어떻게 구성되는지 어떻게 복잡하게 연결되어 있는지 탐구하는 반면, 수직적 사례연구는 다양한 수준과 차원을 동시에 고려하는 접근을 취한다(Bray & Thomas, 1995; Nespor, 2004). 수직적 비교 사례연구는 '미시적 접근'으로 사례를 분절적으로 이해하기보다, 다양한 규모와 차원에서 사례를 분석하는 더욱 다층적이고 거시적인 연구 입장을 취한다. Bronfenbrenner(1976)의 생태학적 발달 모형의 개념적 구조를 생각하면 이해하기 쉬울 것이다.

즉, 수직적 비교 사례연구는 어떤 사건, 현상, 정책과 같은 사례에 대하여 다른 지위, 계층, 문화, 젠더, 연령 등의 사람들이 어떻게 해석하고 행동하는가를 비교하는 연구이다. 높은 빌딩에 있는 회사를 생각해 보자. 꼭대기 층의 회장, 그 아래층의 사장으로 내려가면서 마지막 1층에는 일반 사원들이 있다. 각 층별의 사람들은 기업에 대한 책임과 사명, 기업 방침에 대한 해석이 다를 것이다. 이처럼 계급, 연령 등 다양하고 다른 특성을 갖는 대상들을 분석하여 비교하는 것이 수직적 비교이다. 회사를 넘어 국가 내에서는 도시와 도시 또는 마을과 마을 단위로 비교할 수 있을 것이며, 거시적으로 국가와 국가 간의 비교도 가능해진다. 이는 다양한 그룹에서 특정 요인이 어떻게 영향을 미칠 수 있는지에 대한 통찰력을 높여준다.

하지만 수직적 비교가 다른 계층과 입장에 있는 사람 집단의 행위의 차이점을 비교하는 것으로 그치는 것은 아니다. 이와 더불어 수직적 비교를 통해 연구자들은 다양한 계층과 위계 사이의 역동적인 힘의 역학 관계와 상호작용 이해를 목적으로 한다 (Bartlett & Vavrus, 2017b). 따라서 수직적 비교 사례연구에서 관리자, 중간 관리자, 노동자, 하청업체 직원 등과 같이 '미리 결정된 위계나 집단'을 개별적으로 탐구하는 것을 의미하지 않는다. 왜냐하면 미리 결정된 집단에 대한 개별적 탐구는 그 집단들 사이의 상호작용과 관계와 흐름을 추적하기 어렵기 때문이다. 이에 연구자는 연구가 진행되는 동안 '행위자-네트워크 이론(actor-network theory)'에서 주장하는 것처럼 현상에 영향을 미치는 행위자들과 이들 사이의 관계성과 현상의 흐름에 주목해야 한다 (Bartlett & Vavrus, 2017b). 행위자-네트워크 이론에 대해서는 이 책 13장을 참고하기 바란다.

이러한 수직적 비교 사례연구는 정책 관련 연구에서 쉽게 찾아볼 수 있다. 정책 사회학자 Stephen Ball(2016)은 정책 연구에서 정책 그 자체보다 '정책 네트워크', '정책 유동성'에 초점을 두어야 한다고 주장하였다. 이 주장은 정책이 수행되는 동안 이해관계자들의 다양한 네트워크를 통해 전달되고 변형되며, 다른 영향을 미치기 때문이다. 이에 Ball은 정책에 대한 탐구는 관련되는 행위자들의 네트워크 관계망을 통해서 더욱 전체적이고 과정적인 이해가 가능하다고 주장한다. 수직적 비교는 수평적 비교와 별도로 사용될 수 있지만 수평적 비교와 통합적으로 적용될 수 있다. 예를 들어 한 연구자가 '기업의 사회적 책임'이라는 주제를 연구하기 위해 유사한 규모와 분야의 회사들을 사례로 선정하여 수평적 비교를 수행할 수 있다. 하지만 이와 더불어 연구자는 각각의 사례 안에서 '수직적 비교' 또한 수행할 수 있다.

다시 강조하지만 비교 사례연구는 관계와 흐름의 추적을 강조한다. 특히 수직적 비교 사례연구는 더더욱 그러하다. 이에 두 개의 예를 들어 추가 설명하고자 한다. 수직적 비교 사례연구의 예로서 Meg Gardinier(2012)는 독재정권이 무너진 이후의 알바니아 교육 정책에 대해 연구하였다. 그는 다양한 핵심적 이해관계자들과 위계적 관계 기관을 사례로 선정하였다. 이로서 새로운 알바니아의 교육 정책의 각각의 수준에서 어떻게 이해되고 전개되는지 그리고 어떠한 정치적 · 문화적 행위들을 유발시키는지 탐구하였다. 특히, 새로운 교육 정책이 정치인들, 정책가들, 교육당국 관리자들, 학교 관리자들, 교사들 수준에서 어떻게 실천되는지 이들 실천의 관계와 영향을 분석하였다. 다른 하나의 예는 미국의 '낙오학생방지법(No Child Left Behind, NCLB)'에 대한 Koyama(2010)의 연구를 들 수 있다. 이 정책은 미국 정부의 주도 아래에 일반교육과정의 중퇴자와 학업성취도 감소를 염려하여 만들어진 정책이다. 모든 학생들을 대상으로 읽기, 수학, 과학 시험을 보게 하였으며, 연간 성적 향상도를 달성하지 못하는 학교에는 재정적 지원을 끊고 교사 해임을 할 수 있는 등 실패의 대가를 치르게 하였다. Koyama는 2003년 뉴욕 특유의 정책인 '아동 우선 정책(Child First)'과 NCLB에 의해서 바뀌게 되는 학교에서 민간 학원과 시장 기반 이니셔티브를 사용하는지를 비교하였다. 학교의 교장들은 부실 학교라는 평가를 받지 않기 위해 민간 학원을 이용하여 의무적 보충 교육 서비스를 제공하였다. 미국의 많은 교장들은 민간 기업에 학교의 자금을 넘기고 싶어 하지 않았지만, 정부의 강압적인 정책으로 인해 여러 행동들을 행하였다. 이러한 변화는 공교육의 큰 변화를 불러왔다. Koyama는 NCLB와 아동 우선 정책이 학생과 학교 성과를 측정하고 평가하기 위한 수많은 기술을 만들어냈다고 주장하였다. NCLB와 아동 우선(Child First) 정책은 행위자와 사회적 요소(정책)와 어떻게 상호작용하는지를 보여주었고, 정책 연결망을 형성하는 과정에서 다른 행위자의 행동을 어떻게 변화시키는지를 보여주었다. 이러한 행위자와 사회적 요소와의 협상과 상호작용을 서로 다른 척도로 해석하는 것은 수직적 비교에 필수적이며, 정책 분석에서 중요시된다. 특히 연구되는 사례 안에 들어 있는 다양한 권력, 계층, 문화에 대한 '비판적 담론 분석(critical discourse analysis)'은 행위자-네트워크 이론과 함께 중요한 분석적 도구나 기법이 될 수 있다(Bartlett & Vavrus, 2017b). 행위자-네트워크 이론이 관계망과 흐름을 드러낼 수 있는 방법적 도구라면, 비판적 담론 분석은 위계와 권력에 따라 다른 이해와 행위 그리고 그 의미를 분석할 수 있는 도구가 될 수 있다.

다. 횡단적 비교 사례연구

횡단적 비교 사례연구(transversal comparative case study)는 연구되는 사례가 시간이 지남에 따라 어떻게 변화하였는지 이해하기 위해 수직적 요소와 수평적 요소를 연관지어 탐구하는 접근이다. 이 접근은 '역사적 탐구'의 요소를 사례연구와 연결시키는 접근이다. 이러한 점에서 본다면 이 장의 시작 부분에서 제시한 다양한 '사례연구의 정의'에서 '동시대성(contemporary)'에 대한 강조와 맞지 않는다. 하지만 시간의 흐름에 따른 변화의 추적은 '역사학'만의 전유물이 아니라 일반적인 질적연구에서도 일상적으로 활용되는 접근이다. 대표적으로 생애사 연구, 자문화기술지, 문화기술지 등 또한 '역사적' 요소를 적극적으로 고려하고 탐색하며 분석한다. 이러한 점에서 본다면 Yin(2012)과 다른 많은 사례연구자들의 '동시대'에 대한 강조는 사례연구의 가능성을 다소 제한하는 경향이 없지 않다고 할 수 있다. 이에 Bartlett와 Vavrus(2017b)는 사례연구에서 시간의 흐름에 대한 변화를 강조하기 위해 횡단적 비교 사례연구라는 표현을 사용하였다. 이들은 동시대의 현상을 탐구하고 이해하기 위해서는 '과거'의 문서나 경험 그리고 현상에 대한 이해가 필수적으로 필요하다고 주장하며, 다른 시간적 맥락에서 어떠한 일들이 어떻게 벌어졌으며 행위자들의 관계가 어떻게 변해 왔는지 추적하는 것은 비교 사례연구에서 매우 중요한 접근이라 주장하였다. 즉, 횡단적 비교는 시간적 흐름에 따라 달라지는 행위와 관계의 변화를 추적하는 것을 의미한다.

횡단적 비교 사례연구 접근이 강조하는 입장이자 전제는 다음과 같다(Bartlett & Vavrus, 2017b: 93-94). 첫째, 비교 사례연구의 주제가 되는 사회 현상은 역사적 뿌리를 가지고 있다. 예를 들어, 인종, 교육, 경제, 관광, 예술 등 거의 모든 분야에서 우리는 역사성을 찾아볼 수 있다. 따라서 Yin과 학자들이 강조하는 '동시대적' 사례연구는 역사적 탐구를 포함할 때 그 시작을 알 수 있으며 현재의 전체적인 모습을 볼 수 있다. 둘째, 역사적 변화에 대한 탐구는 현재의 사회적 관계의 변화 과정을 드러낸다는 점에서 매우 중요하면서 풍부한 탐구의 원천이 된다. 이에 역사적 분석은 A가 어떠한 변화 과정을 거쳤는지 이해하기 위한 핵심적 기회가 된다. 또한 역사적 비교는 인간의 문화, 경제, 정치 등의 시스템이 어떠한 과정을 거쳐 변화하거나 발전하였는지 이해할 수 있는 기회를 제공해 준다. 셋째, 시간과 공간은 밀접하게 관련되어 있다. 예를 들어 인종차별에 대한 연구를 할 때 인종차별의 실제, 정책, 기관의 역할, 행위자의 기여와 영향 등은 시간이 흐름에 따라 변화되었다는 것을 알 수 있다. 그러한 역사적 변화는 현재의 문제와 해결책 탐색에 중요한 시사점을 제공한다. 넷째, 역사적 비교 탐구는 현재 동시대적 현상에 대한 우리의 신념이나 가정 또는 모순적인 측면들을 보여주는 증거들을 제공한다. 종종 우리는 연구자가 특정한 문화나 기관이 작동하는 방식을 당연하게 간주하는데, 역사적 추적과 분석은 그것이 유일한 방식이나 메커니즘이 아님을 드러내어 준다. 이러한 탐구 방식의 대표적인 예는 Foucault가 『성의 역사』, 『감옥의 역사』, 『광기의 역사』 탐구를 위해 활용한 계보학과 고고학에서 찾아볼 수 있다. 이에 시간적 흐름에 따라 무엇이 변화하였는지 또는 지속되고 있는지에 대한 분석과 탐구는 '동시대적 탐구'가 가지는 한계에 추가적/대안적 설명이나 이해를 제공해 줄 수 있다는 점에서 그 중요성이 크다고 하겠다.

Bartlett와 Vavrus(2017b)는 횡단적 비교 사례연구 방법의 예로 '종단적 연구(longitudinal research)', '생애사 연구(life histories)', '구술사(oral histories)', '기록연구(archival research)' 등을 제시하였다. 이러한 연구 방법을 통한 횡단적 비교 사례연구는 기본적으로 연구되는 사례가 시간이 흐름에 따라 어떻게 변화하였는지를 이해하는 것이다. 따라서 연구자는 자신의 연구 주제와 관련된 역사적 현상이나 명칭들을 고려하여 '자신의 연구 주제가 역사적으로 어떻게 변화되어 왔는지' 밝혀낼 수 있다. 이와 관련하여 연구자는 다음과 같은 물음을 던질 수 있다.

- 당신이 연구하는 주제에 영향을 끼친, 또는 가장 많은 영향을 끼친 역사적 사건이나 계기는 무엇인가?
- 그러한 역사적 사건이나 요인을 탐색하기 위해 어떤 방법을 사용할 수 있는가?
- 당신의 연구와 관련하여 역사적 탐구로 답을 찾을 수 있는 질문은 무엇인가?
- 당신의 연구 주제와 관련 요소들 중에서 역사적 탐구의 중요성은 어느 정도이며 다른 요소들과 역사적 요소와의 관계는 어떠한가?
- 역사적 비교를 통해 당신은 어떠한 지식이나 정보 또는 통찰을 얻을 수 있을 것인가?

7. 비교 사례연구의 절차와 방법

지금까지 우리는 비교 사례연구의 정의 그리고 비교의 차원에 대해서 알아보았다. 이제 비교 사례연구의 절차에 대해 설명하고자 한다. 비교 사례연구 절차는 사례연구와 비슷하다. 하지만 모든 연구의 단계에서 '무엇을 어떻게 비교'할 것인지를 고려한다는 점에서 차이가 있다고 하겠다. 다시 말해, 연구의 목표와 연구 문제의 설정, 연구 참여자 또는 연구 현장의 선정, 자료의 수집과 분석, 그리고 결과의 제시에 이르기까지 비교 사례연구자는 자신이 비교하고자 하는 주제나 요소 또는 과정을 고려해야 한다. 앞서 설명한 것처럼 비교 사례연구에서 '비교'는 세 가지 차원으로 나뉘는데, 연구자는 한 차원에서의 비교에 집중할 수 있으며, 두 가지 이상의 차원에서 비교 연구를 수행할 수 있다. 무엇을 어떻게 비교하는지에 따라 연구의 설계가 달라질 수 있다. 우리는 여기서 두 개 또는 그 이상의 사례를 비교하는 연구를 위해 가장 일반적

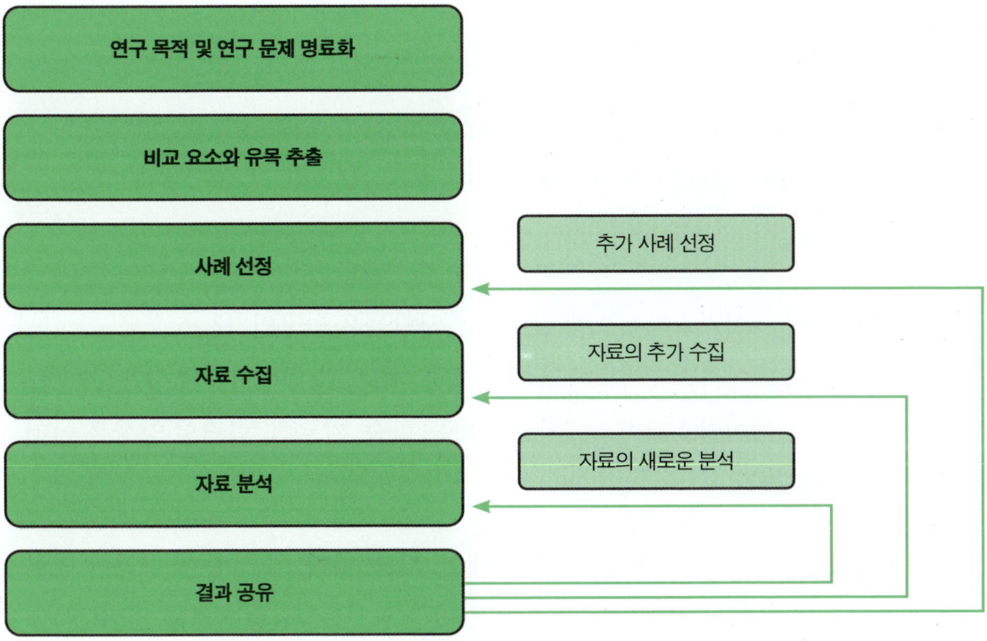

[그림 7-7] 비교 사례연구 절차(Goodrick, 2014: 3)

으로 활용되는 절차와 방법을 설명하고자 한다. 여기서 제시하는 절차와 방법은 Goodrick(2014)의 논의에 기초한 것이다. 우리는 먼저 비교 사례연구의 절차는 도식으로 제시하고(**[그림 7-7]** 참조) 각 단계에 대해 설명하고자 한다.

가. 연구 목적과 연구 문제 명료화

다른 질적연구와 마찬가지로 비교 사례연구 또한 연구 문제의 명료화로 시작한다. 연구 문제의 명료화는 연구자의 연구 문제가 '비교 사례연구 방법'을 통해 탐구될 수 있을 것인지를 결정한다. 이에 연구자는 자신의 연구가 무엇을 비교할 것인지를 연구 목적과 연구 문제 진술로 드러내어야 한다. 예를 들어 사례들 사이의 유사점과 차이점을 발견하고 묘사하기 위해 연구를 수행하는지, 사례들 간의 비교를 통해 이론을 개발하거나 설명하고자 하는지, 연구를 통해 특정한 프로그램의 효과성이나 문제점을 찾아내고자 하는지 연구자는 결정해야 한다. 연구 문제에 따라 어떤 사례가 선정되어야 하는지, 어떤 자료 수집과 분석의 방법이 적절한지, 나아가 어떤 형식으로 결과를 공유할 것인지가 결정된다. 독자들의 이해를 위해 비교 사례연구 문제의 예시는 아래와 같다.

비교 사례연구 연구 문제의 예 1

“Learning in the Making: A Comparative Case Study of Three Makerspaces”(Sheridan, Halverson, Litts, Brahms, Jacobs-Priebe, & Owens, 2014)

연구 문제 1: 세 메이커스페이스에 참여하는 사람들은 누구인가?
연구 문제 2: 세 메이커스페이스에서 어떤 도구, 재료, 과정이 어떻게 사용되는가?
연구 문제 3: 각 메이커스페이스에서 일어나는 학습, 가르침, 협력의 양상은 어떠한가?

이 연구는 세 곳의 메이커스페이스(예술, 기술, 과학, 공학 분야 다양한 연령층의 사람들이 모여서 작업하는 비공식적 업무 공간)에서 벌어지는 일(현상)을 탐색하기 위한 목적으로 수행되었다. 연구자들은 하나의 사례만이 아닌 유사한 세 곳의 사례를 통해 메이커스페이스에서의 작업과 협력의 양상을 비교하고 이해하고자 하였다.

비교 사례연구 연구 문제의 예 2

“Business on Chain: A Comparative Case Study of Five Blockchain-inspired Business Models” (Chong, Lim, Hua, Zheng, & Tan, 2019)

연구 문제: 블록체인 기업들은 어떻게 수익과 가치를 창출하는가?

연구자들은 다섯 개의 블록체인 기업을 사례로 선정하여 이 기업들이 블록체인 기술을 어떻게 활용하여 기업의 수익과 가치를 만들어내는지 연구하였다.

비교 사례연구 연구 문제의 예 3

***Islamic terrorism: A qualitative, comparative case study between Al-Qaeda and Boko Haram*(Karlsson, 2015)**

연구 문제 1: 알카에다와 보코하람은 어떻게 생겨났는가?
연구 문제 2: 알카에다와 보코하람의 목적은 무엇인가?
연구 문제 3: 알카에다와 보코하람은 자신들의 목적을 달성하기 위해 어떠한 행위들을 하는가?

연구자는 두 개의 테러 집단을 비교하여 그 집단의 특징을 규명하고, 테러의 목적과 실행 과정을 비교 분석하기 위해 이 연구를 수행하였다.

나. 초기 비교 요소와 유목 추출

비교 사례연구는 무엇을 어떻게 비교할 것인지가 핵심적인 연구 과제이다. 이에 연구자는 연구 문제가 명료화되면 선행연구, 관련 이론, 문서 분석 등을 통해 연구자가 고려해야 하는 변인, 요소, 유목들을 추출해야 한다. 이 단계에서 연구자가 도출하는 비교의 요소들은 '잠정적 가능성'으로 고려해야 한다. 연구자는 선행연구 분석으로 추출된 비교의 요소들이 새로운 연구에 적절하지 않을 수 있다는 점을 명심해야 한다. 이에 연구자는 자료의 수집과 분석의 과정에서 연구자는 새로운 비교의 요소를 고려해야 한다.

다. 사례 선정

연구 문제가 명료화되고 무엇을 비교할 것인지에 대한 탐색이 이루어지면 비로소 연구자는 어떠한 사례를 선정할 것인지 결정해야 한다. 비교 사례연구에서 사례의 선정은 매우 중요한 절차라 할 수 있다. 왜냐하면 연구 문제 해결에 적절하지 않은 사례를 선정할 경우 그 연구의 타당성과 신뢰도는 떨어질 수밖에 없기 때문이다. 연구자는 어떠한 기준과 특징에 기초하여 사례를 선정할 것인지 결정해야 하고, 이에 기초하여 사례를 선정해야 한다. 예를 들어 동질적 수평적 비교 사례연구를 수행하는 연구자라면 매우 유사한 사례들을 선정해야 할 것이며, 이질적 수평적 비교 사례연구의 경우

〈표 7-9〉 사례의 유형과 특징

사례 유형	특징
극단적 사례 (extreme case)	• 매우 희귀하거나 독특한 현상, 사건, 인물, 기관 연구: 뛰어난 성취, 심각한 실패, 재난 등
전형적 사례 (typical case)	• 전형적·보편적·평범한 현상에 대한 연구: 교실, 병원 등
강력한 사례 (intense case)	• 극단적 경향을 보이는 사례보다 '풍부하고 다양한 자료'를 수집할 수 있는 사례의 선정
최고 다양성 사례 (maximum variation case)	• 연구 주제와 관련한 다양한 전형을 보여줄 수 있는 사례를 의도적으로 선정
동질 사례 (homogeneous case)	• 최고 다양성 사례와 반대로 최대한으로 유사한 사례의 선정
정치적 중요 사례 (politically-important case)	• 사례의 정치적 성격을 고려하여 특정한 독자의 관심을 끌거나 관심을 받지 않기 위한 사례 선정
기준 중심 사례 (criterion-based case)	• 연구자가 고려하는 핵심적인 기준을 충족하는 사례 선정
편의 사례 (convenient case)	• 연구 수행의 편의성을 고려한 사례 선정
결정적 사례 (critical case)	• 가능한 여러 사례 중 가장 풍부한 정보를 포함하고 있거나 가장 강한 영향력을 가진 사례
이론 중심 사례 (theory-based case)	• 이론을 설명하거나 개발하기 위해 가장 적절한 사례 선정: 이론의 요소들을 포함한 사례, 이론이 적용된 사례

연구 주제와 관련이 되는 다른 사례를 선정해야 할 것이다. 또한 이론을 도출하기 위한 비교 사례연구의 경우에는 대표성을 띠는 사례를 선정하거나 극단에 있는 사례를 선정할 수 있다. 사례 선정을 위해 연구자들이 참고할 수 있는 사례의 유형은 **〈표 7-9〉**와 같다(Bartlett & Vavrus, 2017b: 118).

사례를 선정할 때, 연구자는 어떠한 비교에 초점을 둘 것인지 고려해야 한다. 연구자는 수평적 비교를 할 것인지, 수직적 비교를 할 것인지, 횡단적 비교를 할 것인지, 수직적 비교와 수평적 비교를 모두 수행할 것인지를 고려하여 사례를 선정해야 한다. 수평적 비교를 위해 연구자는 동시대의 과정에서 비슷하게 발생되는 사례를 선정해야 한다. 예를 들어, 국가(도시) 대 국가(도시)의 단위로 비교를 한다고 가정해 보자. 고정화(2017)의 논문에서 연구자는 춘천 교육청과 시애틀 교육청의 수학 학습 부진아 정

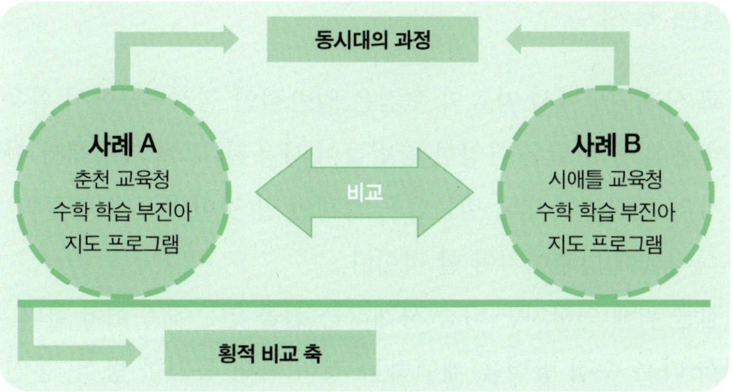

[그림 7-8] 수평적 사례연구 비교 예시

책 및 지도 프로그램의 비교를 수평적으로 제시하였다(**[그림 7-8]** 참조).

또한 연구자는 수평적 비교에 그치지 않고 수직적 비교 또한 수행할 수 있다. 수직축은 연령, 문화, 계층 등 수직적으로 다른 집단을 고려해야 한다. 고정화(2017)의 연구에서는 권력적 담화를 '국가 수준 학습 부진아 정책'과 'NCLB'로 설정하였다. 그 후 수직축으로 교육청 수준에서 교사의 수준까지 설정하였다. 연구자는 교육청에서의 정책의 해석이 어떻게 다른지, 그에 따른 학교와 교사들의 해석과 행동의 공통성과 차이점은 어떠한지를 비교하였다(**[그림 7-9]** 참조).

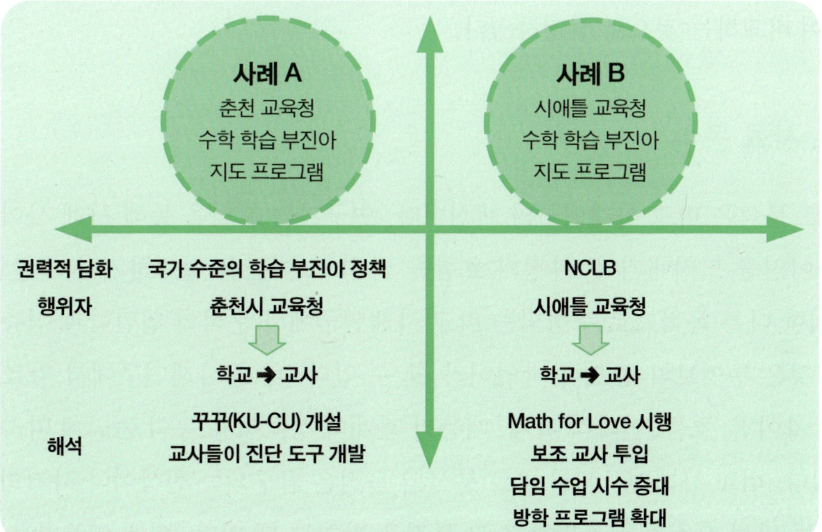

[그림 7-9] 수직적 사례연구 비교 예시

라. 자료의 수집

질적 비교 사례연구에서 자료의 수집은 일반적인 질적연구에서 활용되는 참여관찰, 면담, 문서 분석 등과 같은 다양한 방법들이 사용된다. 이 과정에서 연구자는 '무엇을 비교하는지'와 관련하여 면담 질문을 구성해야 할 것이며, 참여관찰의 초점 또한 비교의 요소와 특징들에 맞추어져야 할 것이다.

자료 수집을 위해 연구자는 다중 사례라는 점을 염두에 두어야 한다. 연구자는 각각의 사례에서 다른 수집 방법을 채택하는 것이 아닌 동일한 방식, 동일한 조건으로 자료를 수집해야 한다. 하지만 사례별로 자료 수집의 방법이 다를 경우, 자료 수집의 방법이 다른 이유와 다른 수집 방법을 이용하지만 동일한 결과를 얻을 수 있음을 서술해야 한다. 사례연구의 특성상 변화성이 존재한다는 점을 염두에 두어야 한다. 즉, 각 사례별 변화성이 관찰될 때, 사례별 노트, 메모를 통해서 변화의 과정을 누가 기록으로 남겨야 한다. 이는 보고서 제출에서 연구 도중 자료 변화의 이유를 서술할 수 있게 만들며, 연구의 신뢰성을 높일 수 있는 방법이 된다.

자료의 수집이 끝난 후, 비교할 측면의 범주화가 요구된다. 같은 범주화의 비교를 통해 수직적으로 수집한 자료를 수평적으로 비교가 가능해진다. 각 행위자들의 해석의 차이와 공통점을 탐색할 수 있으며, 이는 일반화의 과정까지 가는 필수적인 단계이다. 고정화(2017)의 연구에서는 한국의 사례는 문서 분석과 관찰의 수집 방법을 사용하였으며, 미국의 사례의 경우 문서 분석의 수집 방법을 채택하였다(**<표 7-10>** 참조). 자료를 수집한 후, 1) 국가 정책 분석, 2) 교육청 정책 분석, 3) 운영 사례 분석으로 범주화하여 비교하는 것으로 설정하였다.

마. 자료 분석

자료 분석은 비교 사례연구의 핵심이다. 연구자는 분석을 통해 사례 사이의 유사점과 차이점을 드러내거나, 과정의 흐름을 밝히고, 이론을 설명하거나 개발할 수 있다. 이러한 다른 목적으로 수행되는 비교 사례연구에서 분석의 엄밀함과 심층성을 담보하는 것은 무엇보다 중요한 작업이라 할 수 있다. 비교 사례연구에서 자료 분석은 유사점, 차이점, 흐름, 인과적 관계, 계층적 관계와 상호작용 등의 논리에 따라 이루어질 수 있다. 비교 사례연구에서 자료 분석의 목적은 탐구되는 현상이나 사건의 구조와 순서 또는 관련 요소들을 규명하고 그 특징을 밝히는 데 있다. 이에 연구자는 모든 다양한 분석과 해석의 가능성을 열어두고 검토해야 한다(Mahoney, 2007).

〈표 7-10〉 비교 사례연구 분석 범주화 예시

자료 수집 방법	
한국의 사례	미국의 사례
문서 분석, 면담	문서 분석
자료 정리 및 범주화 방법	
한국의 사례	미국의 사례
1) 우리나라 학습 부진아 정책: 기초학력 미달 제로 플랜	1) 미국의 학습 부진아 정책: NCLB
2) 춘천시 교육청의 기초학력 책임교육 지원	2) 시애틀 교육청의 학습 부진아 정책
3) 운영 사례 - 학기 중 프로그램 - 방학 중 프로그램	3) 운영 사례 - 학기 중 프로그램: Math for Love - 방학 중 프로그램: Summer staircase

Goodrick(2014)은 비교 사례연구의 분석에서 연구자가 고려해야 할 사항을 다음과 같이 제시하였다. 여기서 제시하는 비교의 차원과 관점은 예시로서 제시하는 것이므로 연구자는 자신의 연구에 맞는 분석 접근을 선택하여 활용해야 할 것이다. 첫째, 연구자는 사례들 사이에서 드러난 다양한 요소, 특징, 행위, 순서를 종합적으로 검토해야 한다. 둘째, 연구자는 비교 연구의 목적을 고려하여 '충분한 증거'가 확보되었는지 검토해야 한다. 만일 충분하지 않다고 판단된다면 사례의 선정이나 자료의 수집 단계로 돌아가야 한다. 셋째, 연구자는 유사성, 차이성을 집중적으로 분석하기 위해 자료에 드러난 것과 드러나지 않은 것을 함께 고려해야 한다. 만일 연구자의 통찰로 드러나지 않은 것이 중요할 수 있다고 판단되면 추가적 자료 수집을 고려할 수 있을 것이다. 이러한 분석을 위해 연구자는 다음과 같은 질문을 던질 수 있다.

- 사례들에서 드러난 핵심적인 패턴은 무엇인가?
- 그러한 패턴을 만들어내는 요인은 무엇인가?
- 발견된 패턴의 특징을 무엇이며 어떠한 면에서 새로운가?
- 패턴의 차이와 유사점은 어떻게 설명될 수 있을 것인가?

바. 연구 결과 공유

연구의 가장 마지막 단계인 결과 및 보고서 제출은 수평적 · 수직적으로 분석한 자료를 근거로 하여 자신의 결론을 도출하는 것이다. 이때, 연구에서 실행된 모든 자료들을 보고서에 포함시켜야 하며, 이에 따른 자신의 해석을 기술해야 한다. 또한 연구 결과의 시사점, 한계점, 대안적 해석의 결과를 포함하여 독자들로 하여금 후속 연구가 이루어질 수 있도록 기술해야 한다.

비교 사례연구의 예 1

「대전지역 두 학교 인권 이야기: 중등학교 인권 문화에 관한 비교 사례연구」
(박하나, 이지혜, 설양환, 장원순, 2017)

이 연구는 중등학교 인권 문화를 이해하기 위해 수행되었다. 이 연구의 연구 문제는 다음과 같다.

첫째, 학교 구성원은 인권과 관련하여 어떠한 경험을 하는가?
둘째, 사례 학교의 인권 문화 특징 및 문제점은 무엇인가?
셋째, 인권 친화적 학교 문화가 형성되는 과정은 어떠한가?

연구자들은 2개의 학교로부터 20명의 참여자를 선정하여 심층 면담을 수행하였다. 연구자들은 중등학교가 중학교와 고등학교로 나뉜다는 점을 고려하여 각각 한 개의 학교를 선정하였으며, 참여자로 관리자, 교사, 학생, 학부모를 선정하여 수직적 비교가 가능하도록 하였다.

연구 결과로서 이 연구는 두 학교의 유사점과 차이점을 다음과 같이 제시하였다.

<table>
<tr><th></th><th>A학교</th><th>B학교</th></tr>
<tr><td rowspan="2">인권 개념의 이해</td><td colspan="2">인권의 기본성, 보편성 등 개념의 명확한 이해 부족
인권침해에 대한 감수성이 낮음(권리 인식 부족)</td></tr>
<tr><td>• 인권을 인성과 배려로 인식</td><td>• 인권을 구체적 권리가 아닌 자유로운 분위기로 인식
• 입시를 위해 제한할 수 있는 것
• 학교생활을 도와주는 것</td></tr>
</table>

	A학교	B학교
의사결정의 구조	권한의 집중, 하향식 의사결정, 학생 자치 활동의 부재	
	• 관리자의 배려로 결정됨 • 사적 공간, 비공식 절차의 선호 • 정보의 독점과 참여의 배제	• 협의가 아닌 설득 • 거부할 수 없는 문화 • 보이지 않는 압박
관계 및 상호작용	'갈등 없음'을 추구함, 구성원들의 수동적 · 수용적 태도	
	• 가족 같은 인간관계 • '해 주는 것, 따르는 것'의 상호작용 방식	• 소통 부재 • 현상에 대한 불일치된 인식
수업 및 교육활동	교사의 교육권 보장이 부족함	
	• 혁신적 수업의 어려움 • 학생의 수동적 참여	• 학생의 학습관이 중시됨 • 입시를 위한 학생 중심 활동

비교 사례연구의 예 2

"A Qualitative Comparative Case Study of the Experiences of Convicted African American Fathers"
(Bates, Adams, & Henderson, 2018)

이 연구는 출소한 아프리카계 미국인 아버지들의 삶을 이해하기 위해 수행되었다. 특히 이 연구는 출소한 아버지의 삶뿐만 아니라 이들과 그들의 자녀와의 관계에 대한 영향 또한 이해하고자 하였다. 연구자들은 세 명의 참여자와 세 차례씩 개별 심층 면담 그리고 초점 집단 면담을 수행하였다. 또한 연구자들은 문서 분석 또한 수행하였다. 연구자들은 최근 6개월 이내에 출소한 사람들을 참여자로 선정하였다.

이 연구의 연구 문제 그리고 각 연구 문제에 따른 연구 결과는 다음과 같다.

첫째, 출소한 아프리카계 미국인 아버지들은 '사회로의 복귀'를 어떻게 묘사하고 받아들이는가?

둘째, 출소한 아프리카계 미국인 아버지들은 자신과 자녀의 관계를 어떻게 묘사하는가?

셋째, 참여자들의 '사회 복귀'의 유사점과 차이점은 무엇인가?

연구 결과는 다음과 같다. 첫째, 출소한 아버지들은 교도소 수감 기간 동안 받은 사회 복귀와 직업 훈련이 너무나 부족하고, 출소 이후 직업의 기회도 부족하다고 이야기하였다. 또한 경제적 여건의 부족으로 '실패감'과 '절망감'을 많이 느낀다고 답하였다. 둘째, 아내와의 관계가 자녀와의 관계에 지대한 영향을 미치는 것으로 나타났다. 또한 아버지들은 자신의 범죄 경력이 자녀와의 관계에 지속적으로 영향을 미친다고 말하였다. 셋째, 세 명의 참여자들은 '사회적 지원 시스템', '안정적 직장 취업', '자신의 범죄 경력에 대한 고용자들의 인식과 태도'에서 유사한 어려움을 겪고 있는 것으로 나타났다.

8. 요약

우리는 이 장에서 사례연구와 비교 사례연구가 무엇이고 어떠한 절차와 방법으로 수행될 수 있는지 자세히 설명하였다. 사례연구가 소수의 사례에 집중한다는 점에서 근거이론, 생애사 연구, 문화기술지와 유사한 측면이 있다. 하지만 다른 질적연구 방법론으로 설명이 부족하거나 충분히 적절하지 않은 연구라고 판단될 때 연구자는 사례연구 방법을 고려할 수 있을 것이다. 특히, 비교 사례연구는 다른 방법론과 확실하게 차별화되는 방법론으로 그 활용 가능성과 정당성이 이미 규명되었다. 이에 유사한 사례를 비교하거나 다른 사례 비교에 관심이 있는 연구자는 비교 사례연구 방법론을 활용할 수 있을 것이다. 특히, 사례연구 또는 비교 사례연구를 수행하는 연구자들은 어떠한 사례를 얼마나 선정할 것인지에 대한 확실한 기준과 근거가 필요하다는 점을 주지하기 바란다. 왜냐하면 사례의 선정은 그 무엇보다 중요한 과정으로서 연구의 결과로서 도출되는 이론이나 설명의 타당성과 신뢰성에 핵심적 영향을 끼치는 요인이기 때문이다.

9. 참고문헌

고정화(2017). 우리나라와 미국의 초등학교 수학학습부진아 정책 및 지도 프로그램 비교 분석: 춘천시 교육청과 시애틀 교육청을 중심으로. **한국학교수학회논문집**, **20**(1), 57-76.

김신회, 박종률(2021). 학교 밖 교사 학습 공동체 사례연구. **학습자중심교과교육 연구**, **21**(15), 617-634.

김진희, 김영순(2015). **질적연구 여행**. 서울: 북코리아.

박하나, 이지혜, 설양환, 장원순(2017). 대전지역 두 학교 인권 이야기: 중등학교 인권 문화에 관한 비교사례연구. **사회과교육**, **56**(2), 51-64.

서덕희(2020). 질적연구의 '원형'으로서 사례연구의 방법론적 성격: 사례와 연구자의 대칭적-되기. **교육인류학연구**, **23**(4), 1-29.

이원석(2020). 질적연구 방법으로서 사례연구의 특성. **질적연구**, **21**(2), 85-91.

Alvesson, M. & Kärreman, D. (2016). Intellectual failure and ideological success in organization studies: The case of transformational leadership. *Journal of Management Inquiry*, *25*(2), 139-152.

Babbie, E. (2012). *The practice of social research* (13th Ed.). Belmont, CA: Wadsworth.

Ball, S. J. (2016). Following policy: Networks, network ethnography and education policy mobilities. *Journal of Education Policy*, *31*(5), 549-566.

Bartlett, L. & Vavrus, F. (2017a). Comparative case studies: An innovative approach. *Nordic Journal of Comparative and International Education (NJCIE)*, *1*(1), 5-17.

Bartlett, L. & Vavrus, F. (2017b). *Rethinking case study research: A comparative approach*. London: Routledge.

Bates, D., Adams, J., & Henderson, G. (2018). A Qualitative Comparative Case Study of the Experiences of Convicted African American Fathers. *Spectrum: A Journal on Black Men*, *7*(1), 37-45.

Baškarada, S. (2014). Qualitative case studies guidelines. *The Qualitative Report*, *19*, 1-25.

Becker, H. F., Geer, B., Hughes, E. C., & Strauss, A. L. (1962). Boys in white. *Academic Medicine*, *37*(4), 406.

Becker, H. S. (1953). Becoming a marihuana user. *American Journal of Sociology*, *59*(3), 235-242.

Bennett, A. & Elman, C. (2006). Qualitative research: Recent developments in case study methods. *Annual Review of Political Science*, *9*(1), 455-476.

Bergerød, I. J., Gilje, B., Braut, G. S., & Wiig, S. (2018). Next-of-kin involvement in improving hospital cancer care quality and safety: A qualitative cross-case study as basis for theory development. *BMC Health Services Research*, *18*(1), 1-12.

Bray, M. & Thomas, R. M. (1995). Levels of comparison in educational studies: Different insights from different literatures and the value of multilevel analyses. *Harvard Educational Review*, *65*(3), 472-491.

Brix, J. (2017). Exploring knowledge creation processes as a source of organizational learning: A longitudinal case study of a public innovation project. *Scandinavian Journal of Management*, *33*(2), 113-127.

Bronfenbrenner, U. (1976). The experimental ecology of education. *Educational Researcher*, *5*(9), 5-15.

Brown, P. (2008). A review of the literature on case study research. *Canadian Journal for New Scholars in Education*, *1*(1), 1-13.

Byrne, D. & Callaghan, G. (2013). *Complexity theory and the social sciences: The state of the art*. London: Routledge.

Carney, S. (2009). Negotiating policy in an age of globalization: Exploring educational "policyscapes" in Denmark, Nepal, and China. *Comparative Education Review*, *53*(1), 63-88.

Chong, A. Y. L., Lim, E. T., Hua, X., Zheng, S., & Tan, C. W. (2019). Business on chain: A comparative case study of five blockchain-inspired business models. *Journal of the Association for Information Systems*, *20*(9), 1308-1337.

Creswell, J. W. (1994). *Research design: Qualitative and quantitative approaches*. London: Sage.

Crowe, S., Cresswell, K., Robertson, A., Huby, G., Avery, A., & Sheikh, A. (2011). The case study approach. *BMC Medical Research Methodology*, *11*(100).

Daniels, R. J. & Trebilcock, M. J. (2013). *Rethinking the welfare state: Government by voucher*. London: Routledge.

Denzin, N. K. & Lincoln, Y. S. (Eds.) (2011). *The Sage handbook of qualitative research*. Thousand Oaks, CA: Sage.

Desmond, M. (2016). *Evicted: Poverty and profit in the American city*. New York: Crown.

Dooley, L. M. (2002). Case study research and theory building. *Advances in Developing Human Resources*, *4*(3), 335-354.

Eisenhardt, K. M. (1989). Building theories from case study research. *Academy of Management Review*, *14*(4), 532-550.

Falzon, M. (2009). Introduction. In M. Falzon (Ed.), *Multi-sited ethnography: Theory, praxis and locality in contemporary research* (pp. 1-24). Aldershot, UK: Ashgate.

Falzon, M. A. (Ed.) (2016). *Multi-sited ethnography: Theory, praxis and locality in contemporary research*. London: Routledge.

Flyvbjerg, B. (2006). Five misunderstandings about case-study research. *Qualitative Inquiry*,*12*(2), 219-245.

Flyvbjerg, B. (2011). Case study. In N. K. Denzin & Y. S. Lincoln (Eds.), *The Sage Hand-book of Qualitative Research* (4th Ed., pp. 301-316). Thousand Oaks, CA: Sage.

Gardinier, M. (2012). Agents of change and continuity: The pivotal role of teachers in educational reform and democratization. *Comparative Education Review*, *56*(4), 659-683.

Geering, A. C. (2007). Modelling of existing e-waste collection systems in China, a case study based on household surveys in the Taizhou prefecture. Master Thesis. Swiss Federal

Institute of Technology (ETH)=Swiss Federal Laboratories for Materials Testing and Research (Empa), Zurich St.Gallen Switzerland.

George, A. L. & Bennett, A. B. (2004). *Case studies and theory development in the social sciences*. Cambridge: MIT Press.

Gering, J. (2004). What is a case study and what is it good for? *The American Political Science Review*, *98*(2), 341-354.

Gilligan, C. (1977). In a different voice: Women's conceptions of self and of morality. *Harvard Educational Review*, *47*(4), 481-517.

Glaser, B. G. (1965). The constant comparative method of qualitative analysis. *Social Problems*, *12*(4), 436-445.

Glaser, B. G. & Strauss, A. L. (1965). *Awareness of dying*. Chicago: Aldine.

Glaser, B. G. & Strauss, A. L. (1967/2017). *The discovery of grounded theory: Strategies of qualitative research*. NY: Routledge.

Gomm, R., Hammersley, M., & Foster, P. (Eds.) (2000). *Case study methods: Key issues, key texts*. London: Sage.

Goodrick, D. (2014). Comparative case studies: Methodological briefs-Impact Evaluation No 9. *Methotolical Briefs*, *9*, 1-17.

Goodrick, D. (2020). *Comparative case studies*. London: Sage.

Guba, E.G. & Lincoln, Y.S. (1994). Competing paradigms in qualitative research. In N. K. Denzin & Y. S. Lincoln (Eds.), *Handbook of qualitative research* (pp. 105-117). Thousand Oaks, CA: Sage.

Hamilton, L. & Corbett-Whittier, C. (2013). *Using case study in education research*. Los Angeles, CA: Sage.

Hammersley, M. & Campbell, J. L. (2013). *What is qualitative research?* London: Bloomsbury.

Harrison, H., Birks, M., Franklin, R., & Mills, J. (2017, January). Case study research: Foundations and methodological orientations. *Forum Qualitative Sozialforschung/Forum: Qualitative Social Research* (Vol. 18, No. 1).

Kaarbo, J. & Beasley, R. K. (1999). A practical guide to the comparative case study method in political psychology. *Political psychology*, *20*(2), 369-391.

Karlsson, M. (2015). *Islamic Terrorism: A qualitative, comparative case study between Al-Qaeda and Boko Haram*. Linnaeus University.

Katz, J. (1984). *The silent world of doctor and patient*. New York: Free Press.

Koyama, J. (2010). *Making failure pay: For-profit tutoring, high stakes testing, and public schools*. Chicago: University of Chicago Press.

Krehl, A. & Weck, S. (2020). Doing comparative case study research in urban and regional studies: What can be learnt from practice? *European Planning Studies*, *28*(9), 1858-1876.

Lincoln, Y. S. & Guba, E. G. (1985). *Naturalistic inquiry*. London: Sage.

Lindesmith, A. R. (1968). *Addiction and opiates*. Chicago, IL: Aldine.

Mahoney, J. (2007). Qualitative methodology and comparative politics. *Comparative Political Studies*, *40*(2), 122-144.

Marcus, G. E. (1995). Ethnography in/of the world system: The emergence of multi-sited ethnography. *Annual Review of Anthropology*, *24*(1), 95-117.

Maxwell, J. A. (2013). *A realist approach for qualitative research*. Thousand Oaks, CA: Sage.

Maxwell, J. A. (2016). Expanding the history and range of mixed methods research. *Journal of Mixed Methods Research*, *10*(1), 12-27.

Merriam, S. B. (2009). *Qualitative research: A guide to design and implementation* (3rd Ed.). San Francisco, CA: Jossey-Bass.

Miles, M. B. & Huberman, A. M. (1994). *Qualitative data analysis: An expanded sourcebook*. London: Sage.

Miles, M. B., Huberman A., & Saldaňa, J. (2014). *Qualitative data analysis: A methods sourcebook* (3rd Ed.). Thousand Oaks, CA: Sage.

Mukherji, P. & Albon, D. (2010). *Research methods in early childhood: An introductory guide*. Los Angeles, CA: Sage.

Nespor, J. (2004). Educational scale-making. *Pedagogy, Culture & Society*, *12*(3), 309-326.

Noah, H. & Eckstein, M. (1969). *Toward a Science of Comparative Education*. London: MacMillan.

Nuer, A. T. K. (2015). *Exit strategies for social venture entrepreneurs*. (Doctoral dissertation, Wageningen University).

Odell, J. S. (2001). Case study methods in international political economy. *International Studies Perspectives*, *2*(2), 161-176.

Pahl-Wostl, C. (2002). Participative and stakeholder-based policy design, evaluation and modeling processes. *Integrated Assessment*, *3*(1), 3-14.

Philips, D. & Schweisfurth, M. (2014). *Comparative and international education: An introduction to theory, method and practice*. London, UK: Bloomsbury Press.

Pope, D. (2001). *Doing school: How we are creating a generation of stressed out, materialistic, and miseducated students*. New Haven, CT: Yale.

Ragin, C. C. (1987). *The comparative method. Moving beyond qualitative and quantitative strategies*. Berkeley, CA: University of California Press.

Ragin, C. C. & Amoroso, L. M. (2011). *Constructing social research: The unity and diversity of method*. London: Sage.

Ragin, C. C. & Becker, H. S. (Eds.) (1992). *What is a case?: Exploring the foundations of social inquiry*. London: Cambridge university press.

Rihoux, B., Ragin, C. C., Yamasaki, S., & Bol, D. (2009). Conclusions—The way(s) ahead. *Configurational comparative methods: Qualitative comparative analysis (QCA) and related techniques* (pp. 167-178). Thousand Oaks, CA: Sage Publications Inc.

Rosenberg, J. P. & Yates, P. M. (2007). Schematic representation of case study research designs. *Journal of Advanced Nursing, 60*, 447-452.

Schatz, M. & Dombrowski, M. P. (2009). Asthma in pregnancy. *New England Journal of Medicine, 36*(18), 1862-1869.

Schwandt, T. A. & Gates, E. F. (2018). Case study methodology. In N. K. Denzin & Y. S. Lincoln (Eds.), *The Sage handbook of qualitative research* (5th ed., pp.341-358). Thousand Oaks, CA: Sage.

Scouvart, M., Adams, R. T., Caldas, M., Dale, V., Mertens, B., Nédélec, V.,... & Lambin, E. F. (2008). Causes of deforestation in the Brazilian Amazon: A qualitative comparative analysis. *Journal of Land Use Science, 2*(4), 257-282.

Sheridan, K., Halverson, E. R., Litts, B., Brahms, L., Jacobs-Priebe, L., & Owens, T. (2014). Learning in the Making: A Comparative Case Study of Three Makerspaces. *Harvard Educational Review, 84*(4), 505-531.

Simons, H. (2009). *Case study research in practice*. London: SAGE.

Stake, R. E. (1995). *The art of case study research*. London: Sage.

Stake, R. E. (2000). Case studies. In N. K. Denzin, & Y. S. Lincoln (Eds.), *Handbook of qualitative research* (pp. 435-453). Thousand Oaks: Sage

Stake, R. E. (2006). *Multiple case study analysis*. London: The Guilford Press.

Thacher, D. (2006). The normative case study. *American Journal of Sociology, 111*(6), 1631-1676.

Vaughan, D. (1992). Theory elaboration: The heuristics of case analysis. In C. C. Ragin & H. S. Becker, *What is a case?* (pp. 173-202). Cambridge: Cambridge University Press.

Vavrus, F. & Bartlett, L. (2013). *Teaching in tension: International pedagogies, national policies, and teachers' practices in Tanzania*. Rotterdam: Sense Publishers.

Whyte, W. F. (2012). *Street corner society: The social structure of an Italian slum*. Chicago, IL: University of Chicago press.

Yin, R. K. (1984). *Case study research: Design and methods*. Beverly Hills, Calif: Sage Publications.

Yin, R. K. (1994). *Case study research: Design and methods* (2nd Ed.). Thousand Oaks, CA: Sage.

Yin, R. K. (2009). *Case study research: Design and methods* (4th Ed.). Thousand Oaks, CA: Sage.

Yin, R. K. (2012). *Applications of case study research* (3rd Ed.). Thousand Oaks, CA: Sage.

제 8 장

실행연구

이론화와 실천 분야

간호학, 의학, 교육인류학, 마케팅, 행정학, 교육과정, 교사교육, 관광학, 조리학, 스포츠학, 특수교육, 문헌정보학, 인사관리, 미디어 연구, 심리학, 상담학, 사회복지학

실행연구는 현장의 실천가들을 중심으로 하여 현장 개선의 목적으로 활발히 이용되고 있는 연구 방법론이다. 실행연구는 실제 상황과 현장에서 실천적 문제나 개선이 필요한 부분을 발견하고 이를 개선하는 방법을 고안하여 실제로 적용함으로써 현장의 실천 개선을 목적으로 한다. 실행연구는 이론보다는 실천을 통한 현장 개선에 관심을 가지는 연구이며, 반성적 실천을 포함한 자기 순환 과정을 강조하는 연구이기에, 현장에서 이론을 직접 실천하는 실무자들에게 적합한 연구 방식이기도 하다. 이에 이 장에서는 질적연구의 한 가지 연구 방법으로 자리 잡은 실행연구에 대하여 살펴볼 것이다. 우리나라도 교육학이나 간호학, 심지어 경영학의 분야까지 실행연구에 관한 관심이 깊어지고 있고, 앞으로도 그 활용도가 높아질 것으로 기대된다. 이에 실행연구에 대한 이론화와 함께 다양한 학술적 작업이 필요할 것이다.

1. 실행연구의 개념

가. 실행연구의 정의

실행연구는 '실행(action)'과 '연구(research)'라는 단어의 결합으로 이해할 수 있다. 실행연구에 대한 학술적인 논의는 매우 광범위하게 이루어지고 있다. 가장 먼저 실행연구에 관한 학자들의 견해를 요약하여 제시하면 **<표 8-1>**과 같다.

이 표에 나타난 학자들의 다양한 개념을 요약하면, 실행연구는 실천, 행위, 현장, 맥락, 실제, 협력 등의 용어로 바꾸어 설명할 수 있다. 용어의 범위를 문제 해결을 초

<표 8-1> 실행연구에 대한 학자들의 개념 정의

학자	개념
Lewin(1946)	• 무엇을 조사할 것인지 계획하기, 행동 취하기, 행동 결과에 대한 사실 발견하기를 포함하는 나선형 과정의 연구
Corey(1952)	• 현장 실천가들이 내린 결정이나 행동을 설명하고, 바로잡고, 평가하기 위한 과학적 연구
Rapoport(1970)	• 특정 상황에 관련된 사람들이 당면한 현안 또는 실제적 관심거리를 해결할 수 있도록 도와주고, 동시에 사회과학 전체의 목표를 달성하는 데 이바지하는 연구
Kemmis와 McTaggart(1988)	• 현장의 일과 문제 상황에 대한 이해를 증진하며, 상황을 개선할 목적으로 이루어지는 자기반성적인 탐구
Elliot(1991)	• 특정 사회적 상황 속에서 이루어지는 활동의 질을 높일 목적을 가지고 행하는 사회적 상황에 관한 연구
McKernan(1996)	• 실천가에 의해서 이루어지는 체계적이고 자기반성적인 연구
Reason과 Bradbury(2001)	• 인간에게 가치 있는 목적을 추구하는 데 필요한 실천적 지식을 획득해 가는 참여적이고 민주적인 연구
Norton(2009)	• 개인의 가치나 평등, 협력을 지지하는 연구, 참가자들을 위한 학습 경험이 의도된 연구, 실제적인 변화나 사회적 변화를 생산하기 위한 실천적 연구

점으로 하는 현장 연구 개념까지 확장한다면, 실행연구에는 행위 당사자가 자신의 문제를 성찰한다는 철학적 의미, 성찰과 행위의 활동을 연계하며 반복하는 행위, 그리고 주변 사람들과의 공유적 관점이라는 중요한 개념적 요소들이 함께 드러난다(Kemmis, & McTaggart, 2000; 김영천, 박찬봉, 박일녀, 2002). 또한 이러한 요소들을 통해 실행연구에서 연구자의 성찰, 성찰과 행위의 반복성, 연구 참여자와의 공유 등이 하위 개념으로 나타난다. 실행연구에 관한 학자들의 정의에 따르면, 연구자는 직접 자기 일에 관한 연구를 수행하며, 타인과 협동하고, 현장 작업을 통해 연구 문제에 대한 자료를 수집한다. 그리고 자료의 분석과 결론을 내릴 때는 정확하고 공정한 결과를 얻기 위해 다양한 사람들과 권한을 공유하며, 조직의 민주화에도 노력한다. 이처럼 실행연구는 집단 구성원들과 적극적으로 협력하며 계획, 실천, 관찰, 반성이라는 반성적 나선형 체제를 유지함으로써 실제적 삶을 개선할 수 있다고 본다.

이처럼 실행연구는 실천과 현장이라는 특화된 개념적 정의에 따라 사회학, 사회복지, 인적 개발, 경제 개발, 조직 개발, 공중보건, 간호, 교육 등 사회 각 분야에서 다양하게 적용되고 있으며, 다양한 상황과 환경에서 실제를 이해하고 개선하기 위하여 다양하게 활용되고 있다. 실행연구가 주로 활용되는 분야에 대한 예시를 <표 8-2>와 추가적인 예시를 통해 확인해 보도록 한다.

조재성(2021)은 「초등학교 학년 간 수학 중심 통합교육과정 운영에 관한 협력적 실행연구」를 통하여 교육과정의 실행자이자 연구자로서 교사의 역할을 제시하고 있다. 연구자는 1년 동안 수학 교과를 중심으로 하여 학년 간 통합교육과정을 실행하였다. 수학과 학교 현장의 이슈를 주제로 하여 1학기 프로젝트 '벽화

<표 8-2> 실행연구 활용 분야와 영역

활용 분야	세부 연구 영역
교육	• 교육과정, 수업, 학교 평가, 학업 성취도, 학교 조직 등
간호	• 간호 실무, 근무 환경, 간호사-간호 대상, 혼합 등
사회 연구	• 복지 서비스 개선, 학교폭력 감소, 지역사회 조직화, 사회복지사의 실천 등
심리 · 상담	• 집단 심리상담, 상담자 매뉴얼 개발, 상담교사 평가, 치료 프로그램 실행 등
조직	• 인적자원 관리제도 실행, 실행 공동체, 효과적인 조직 변인 등

미술관'과 2학기 프로젝트 '학교 건축가'를 진행하였고, 학생들은 2번의 실행연구 과정에서 배움의 경계를 학교에서 지역 공동체로 확대하는 경험을 할 수 있었다. 교사들도 협력적 실행연구를 통해 수업의 책무성 및 협력의 중요성을 절감하게 되었다.

이경아, 하경희와 유명이(2009)는「정신장애인 사회복귀시설에서 사회복지사의 강점사정 적용에 관한 실행연구」를 수행하였다. 강점사정은 임파워먼트의 한 요소로서 초기 관계를 형성하고 실천의 방향을 제시하는 중요성을 가진다. 강점사정을 실행하고 반성적 고찰을 해봄으로써 연구자들은 나선형적 성장을 이루어낼 수 있었다. 나아가 연구자들이 일하고 있는 사회복귀시설 기관의 문화를 바꾸어가는 경험도 할 수 있었다.

2. 실행연구의 이론적 바탕과 발달

실행연구의 개념에 대해서 알아보았다. 이제 이러한 실행연구가 어떠한 철학적 · 이론적 배경을 두고 있는지 설명하고자 한다. 실행연구는 실증주의 중심의 양적 연구처럼 검증될 가설의 생성보다는 문제 상황에서의 실천적 판단을 제공하기 때문에, 이론 지향이 아닌 실천 지향의 연구 방법이다. 실행연구의 이러한 특성을 이해하기 위해서는 실행연구의 이론적인 기저에 있는 핵심적인 철학적 입장을 이해해야 한다. 이에 우리는 실행연구의 존재론과 인식론, 장이론, 그리고 비판이론에 대해 간략히 설명하고자 한다.

가. 존재론과 인식론

실행연구를 효과적으로 수행하기 위해 가장 먼저 이해가 필요한 철학적 내용이 바로 존재론(ontology)과 인식론(epistemology)이다. 이 용어들은 철학, 사상과 밀접하게 연관되어 있고, 활용되는 분야도 매우 다양하다. 따라서 각 개념에 관해 명료한 정의를 내릴 필요가 있다. 우선 존재론은 존재를 뜻하는 그리스어 'ontos'로부터 시작되었으며, 존재가 어떠한 '본질'을 가졌는지에 초점을 둔다. 이러한 존재론에 관한 일반적인 정의를 실행연구의 입장에서 해석하면, "실천가들이 인식하고 있는 현장과 현실은 어떠한가?" 그리고 "그들의 실천과 분리되어 독립적으로 존재하는 객관적인 현상이 존재할 수 있는가?"라는 질문으로 나타난다. 존재론은 단순히 객관적인 실체가 존재하는지를 살펴보는 활동이 아니라, 사회 현실의 구성 단위, 요소까지를 모두 다루는 영역이라고 할 수 있다(Blaikie & Priest, 2017: 6). 이러한 존재론적 입장에 따르면 연구자들은 모두 자신의 견해를 설정할 필요가 있다. 실행연구에서의 존재론적 인식은 명확하다. 실행연구는 같은 행위나 해결책이라고 할지라도, 시간과 장소와 사람에 따라 다르게 인식되고 다른 효과를 불러일으킨다고 믿는다. 따라서 완전히 맥락에 알맞은 이해와 행위를 찾고자 노력한다.

한편, 존재론적 입장이 정해지고 나면, 연구자가 바라보는 현장을 어떻게 탐구해야 하는지에 관한 인식론의 문제로 넘어간다. 인식론은 지식을 뜻하는 그리스어 'episteme'를 어원으로 하며, 지식 추구에 관한 '철학적 인식'에 대한 논의를 다룬다. 간단하게 인식론은 연구자가 어떠한 방법을 사용해서 지식을 탐구할 것인지에 집중한다. 따라서 인식론은 연구 방법론의 형태에 큰 영향을 끼친다. 같은 행동, 같은 사람을 분석하더라도 인식론이 다를 경우에는 연구 결과의 모습과 영향력이 크게 달라진다(Maynard, 1994: 10). 실행연구의 인식론은 현실에 존재하는 어떤 지식도 변하지 않는 지식은 없다고 보기 때문에, 이러한 지식을 탐구하기 위해서는 반드시 끊임없는 상호작용이 필요하다고 보고 있다. 고정된 해석에서 벗어나 자기 자신과의 대화, 연구 참여자와의 대화, 그리고 공동체와 조직에서의 대화를 통하여 다양한 해석과 연구 결과의 다양성을 인정한다. 이러한 실행연구의 철학적 배경은 모든 실천가를 연구자가 될 수 있도록 만들어준다.

나. 장이론

실행연구라는 용어를 처음 사용한 Lewin(1952)은 심리학 분야에서 장이론(field theory)을 제시하고 있는데, 장이론은 실행연구의 또 다른 철학적 기반이 되고 있다. 장이론에 따르면, 인간이 어떠한 자극에 반응하여 행동할 때는, 어떤 특정한 요소에 따르기보다는 그 장소에 있는 전체 요소들이 조합된 '장(field)'에 따라 행동하게 된다. 이러한 장의 대표적인 예시가 바로 집이나 학교와 같은 생활공간이다. 생활공간은 개인마다 모두 다르게 형성되어 있어서 분류하거나 설명하기 어렵지만, 인간이 왜 그렇게 행동하는지 그 이유를 이해하는 데 매우 효과적인 설명 기제였다.

Lewin은 욕구와 목표 그 자체에 관심을 집중하고, 이들을 성격과 연결하여 연구하고자 하였다. 연구를 수행하려고 그가 발전시키고 싶어 한 이론 체계는 기본적으로 학습 이론이 아니고, 오히려 그 내부에서 학습, 동기, 성격, 그리고 사회 행동 모두가 논의될 수 있는 기술 체계이다. Lewin은 단순히 개인의 과거 경험이나 조건 형성에 근거한 설명을 거의 믿지 않았다. 그는 본능이나 욕구, 또는 습관과 같은 단일 결정 요인들에 인과적 힘을 부여하는 공식화에 대해서도 마찬가지로 회의적이었다. 그는 개인의 행동이 일어나는 그 시점에 그에게 작용하는 힘들의 전체 장(field) 안에서 설명을 찾아야 한다고 주장하였다.

장이론에서 인간은 의식적인 행동의 주체자로서, 개인의 요구와 목적과 신념에 따라 자신의 환경을 지각한다. 따라서 기존의 행동주의의 관점에 따라 환경에 의해 개인이 수동적으로 영향을 받는 것이 아니라, 개인의 요구에 따라 환경을 지각함으로써 개인의 심리적 환경을 구성하고 이에 따라 행동한다고 주장하였다. 그리고 개인의 요구, 신념, 정서 등 내적 특성이 변화함에 따라 한 개인의 심리적 환경도 변하기 때문에, 행동은 물리적 환경에 의해 결정되는 것이 아니라 심리적 환경에 의해 결정된다고 할 수 있다.

Lewin은 여기서 더 나아가 개인과 환경의 상호작용을 함수[Behavior = *f*(Person × Environment)]로 설명하였다. 즉, 사람들은 실제로 존재하는 현실 속에 사는 것이 아니라 개인이 중요하다고 생각하거나 의미를 두고 있는 현실, 즉 심리적 공간 속에 살고 있다고 보았다. 결국 생활공간은 심리적 환경과 개인의 역동적인 상호작용이 이루어지는 장이다. 따라서 생활공간은 개인의 내적 특성과 심리적 환경에 의해 변화하며 개인은 개인의 관심과 요구에 따라 규정된 심리적 환경과의 상호작용을 통해 성장한다. 내적 요구와 관심의 변화는 심리적 환경을 변화시키고 이전과 다른 생활공간을 형성하며 생활공간은 이렇게 개인과 심리적 환경이 변화하고 상호적 관계를 맺으면서 조금씩 천천히 변화하며 개인도 성장해 간다. 변화하는 생활공간의 과거, 현재, 미래는 연속성을 가지며 또한 개인의 성장으로 인한 지적 불균형이 반복되면서 생활공간은 변화한다.

실행연구와 장이론의 연관성을 다음의 특징을 통해 살펴볼 수 있다. 우선, 모든 사람의 행동에는 목적이 있다고 본다. 행동의 목적성이란 목표, 꿈, 희망, 요구, 필요가 있을 때 개인은 내적으로 긴장하고 결과적으로 내적 긴장으로 인해 행동이 발생한다는 것을 의미한다. 이러한 행동의 목적성은 실행연구의 가장 중요한 기제이기도 하다.

실행연구는 연구자가 가장 해결하고 싶은 문제, 당면한 과제 등을 토대로 이루어진다. 다음으로, 실행연구와 장이론은 공통으로 인간의 지각과 실제가 상대적이라는 점을 이야기한다. 인간의 감각적 자극들은 개인의 목적에 의해 재구조화되고, 실제들은 개인의 요구, 목적 · 필요에 따라 지각된다. 우리가 지금 사실이라고 생각하는 내용이나 존재한다고 인식하는 것들이 실제와는 조금 다를 수 있으며, 사람마다 다르게 이해될 수도 있다. 연구자가 실제 일하고 살아가는 현장을 중요하게 생각하는 점도 같다. 장이론에서 개인의 심리적 생활공간은 개인에게 유의미한 환경적 단서들의 전체적인 형태이며, 개인의 행동은 하나의 환경적 단서가 아니라 심리적 공간 안에 있는 환경적 단서들의 전체적 관계, 즉 전체적 상황에 의해 결정된다.

다. 비판이론

실행연구는 자신의 실천과 조직 속에 담겨 있는 잘못된 내용과 모순된 요소를 찾아 변화시키고 이를 통해 진정한 삶의 개선을 추구한다. 이러한 과정에서 이론적인 토대를 구성하고 있는 것이 비판이론이다. 실행연구는 비판이론에서 영향을 받아 다음의 내용을 주요한 특징으로 제시한다(Carr & Kemmis, 1986).

첫째, 기존의 사회과학 연구 철학인 실증주의를 비판한다. 비판이론과 마찬가지로, 실행연구는 사회과학 연구 기법으로서 자연과학과의 본질적인 차이점을 주장한다. 사실과 가치를 분리할 수 없으며, 연구는 목적만 추구해서는 안 되고, 연구 과정에서의 의사소통적 행위에 더 초점을 맞추어야 한다는 점도 강조한다. 결국 비판이론은 의사소통에서의 합리성과 한 공간에 속한 모든 사람의 의견을 반영할 수 있는 민주적인 연구 과정을 재건하고자 한다.

둘째, 인간의 행동과 실천에 이데올로기가 담겨 있음을 인정하고, 이를 변화시킬 방법을 찾고자 한다. 자본주의 체제가 모순된 사회 구조를 재생산하듯이, 우리가 일상적으로 하는 행동과 직업적 생활을 잘 살펴보면, 그 속에서 다양한 이데올로기를 찾을 수 있다고 생각한다. 따라서 자신의 실천 과정을 주의 깊게 살펴보거나, 평소에 느끼고 있던 부당함에 대한 탐구를 지속하게 되면 이러한 이데올로기를 개선할 기회를 얻을 수 있다고 주장한다.

셋째, 비판이론의 목적과 실행연구의 목적은 궁극적으로 비슷하다. 그것은 개인이 삶의 주체가 되고 개성을 실현할 수 있도록 자율적이고 의식적인 인간을 만들어내는 것이다. 다양한 해방적 관점에 따른 연구 주제를 발견하고, 이를 연구자가 직접 해결해 나가는 과정을 실행연구의 주된 내용이라고 할 수 있다.

라. 실행연구의 발달

실행연구의 기원은 완전한 인간 성장을 목적으로 하는 생활 경험 중심의 진보주의 사상에 뿌리를 두고 있다. 실행연구의 철학적 기원을 살펴보면 진보주의 철학(Lewin, 1946)에서부터 비판적 사고(Carr & Kemmis, 1986), 민주주의 실천(Toulmin & Gustavsen, 1996), 해방적 사고(Borda, 2006), 인본주의적 및 개인 심리학(Rowan, 2006), 구성주의적 이론(Ludema, Cooperrider, & Barrett, 2006), 체계적 사고(Flood, 2006) 등이 있으며, 최근의 실행연구는 이론을 넘어서 전문성의 성장이 필요한 사회 전 영역에서 광범위하게 확장되고 있다.

가장 초기의 실행연구는 1940년대에 등장하는데, Lewin은 미국의 빈곤, 인종차별 등 사회 문제에 관심을 두고 사회적 행동의 변화를 촉진하는 과정에서 해당 문제에 대한 관련자들의 적극적인 참여의 중요성을 강조하며 실행연구라는 용어를 처음 주장하였다(최의창, 1998; 성열관, 2006). 이후 영국에서는 1970년대 Stenhouse를 중심으로 하는 '교사-연구자 운동'에 실행연구가 사용되기 시작하였다. 그 내용은 교사가 단순한 교육과정 소비자가 아니라 교육과정 개발자와 연구자가 되어야 한다는 데 있었다(Stenhouse, 1975). 이를 위하여 교사들이 교육과정 개발 단계에서 자기 목소리를 내고, 적극적인 참여자로서 현장을 개선하는 역할을 해야 한다고 강조하였다. 그리고 이러한 관점은 Schön(1983)에 의하여 완성되었는데, 그는 '연구자로서의 교사'라는 용어를 제시하며 교사의 발전과 성장에 관한 관심을 불러일으켰다(Schön, 1983). 한편, Kemmis와 McTaggart(1988)는 비판적 패러다임에 따라 실행연구의 사회적 실천을 강조하며 인간 해방을 위한 연구 방법으로 '비판적 실행연구'를 새롭게 제시하였다. 1990년대 들어서 실행연구는 전 세계적으로 확장되었으며, 학문과 관계없이 현장의 개선이 필요한 장소에서 폭넓게 활용되기 시작하였다.

현재 국내에서도 실행연구는 활발하게 연구되고 있다. 우선 실행연구라는 개념적 정립이 이루어졌다. 초기에는 실행연구를 '현장연구'로 번역하였는데, 이러한 개념적 분류는 기존의 과학적이고 통계적인 교실 연구와 혼동되는 측면이 있었다. 따라서 실행연구의 본래 의미를 회복하는 용어가 필요하다는 학계의 지적과 논의가 꾸준히 있었고, 이 과정에서 기존의 현장연구라는 용어를 대체하여 실행연구라는 용어가 개념적으로 인정받고 정착할 수 있었다.

3. 실행연구의 방법론적 특징

실행연구는 실행(행동, 실천)과 연구의 조합으로 이루어져 있으며, 이를 통해 행동하기 위해서 연구하고, 연구한 내용을 토대로 행동하려는 순환적인 특성을 보인다. 실행연구자들은 연구를 통해 나의 현장을 진정으로 이해할 수 있게 된다고 믿으며, 행동하면 조금이라도 더 나아질 수 있다는 희망과 긍정적인 정서를 지니고 있다. 즉, 연구자가 실행연구에 참여한다는 사실은 앞으로 더 나은 실천을 위해서 연구자 자신에게 자신감과 동기를 부여하는 의미를 지니고 있다. 한편, 실행연구는 연구자의 생활세계에서 공감되는 이슈 중 가치 있다고 생각한 내용을 연구 문제로 만들고, 그 문제를 해결하기 위해 체계적이면서도 조직적인 접근법을 사용한다. 그리고 연구 참여자들의 능동적인 참여와 서로 간의 상호작용을 강조하며, 반성과 비판적인 분석, 주기적인 평가를 강조한다. 그리고 다른 연구와는 달리 연구자의 독점적인 권한이 강조되기보다는 연구 참여자들을 존중하고 평등한 관계를 유지하며 동등한 권한을 가지고 공동으로 자신과 타인에 대한 새로운 발견과 실제적 행위의 개선을 추구한다.

이러한 직관적인 개념 이외에도 실행연구의 특성을 조금 더 분석하면 다음과 같은 추가적인 개념을 찾아볼 수 있다. 이러한 핵심 개념들은 실행연구를 다른 질적연구 방법과 차별화하며, 실행연구의 정체성을 더욱 강화해 주는 요소들이다. 실행연구의 주요한 개념의 내용은 〈표 8-3〉과 같다.

가. 연구 목표로서의 현장 개선

실행연구는 현장에서 일하는 사람과 협력하여 실제를 탐구하여 발견된 것을 토

〈표 8-3〉 실행연구의 핵심 개념과 방법론적 특징

개념	방법론적 특징
현장 개선	• 매일의 일상에서 실제적 지식을 발견하고, 현장의 문제를 해결함.
공동의 참여	• 현장 전문가들이 동등한 입장에서 참여하여 연구의 과정을 풍부하게 함.
반복과 순환	• 문제를 해결하고 의미를 발견할 때까지 연구를 반성하고 지속함.
잠정적 결론	• 연구 과정 그 자체에 가치를 부여하며, 연구 설계를 유연하게 함.
실천적 비판	• 연구자의 상황이나 실제 모습을 토대로 민주적 · 비판적 주관성을 반영함.

대로 현상을 이해하고 개선하려고 한다. 이와 관련하여 Reason과 Bradbury(2001)는 실행연구의 특징 중 가장 첫 번째로 사람들의 매일의 일상사에서 유용한 실제적 지식(practical knowledge)을 산출한다는 점을 제시하였다. 그리고 Hitchcock과 Hughes(1995)는 실행연구를, 신중한 관찰을 통해 문제를 확인하고, 문제의 범위를 숙고하고, 문제를 제거하는 변화를 설계하고, 변화를 실행하고, 그것의 효과성을 사정하는 순환 과정으로 보았다. 그리고 Stringer(2007: 11)는 실행연구의 목적이 일반화 또는 이론 생성에 있지 않다고 보았다. 오히려 실행연구의 주된 목적은 직업, 공동체, 또는 개인적인 삶에서 경험된 문제들을 해결하기 위한 실용적 도구와 같은 것으로 보았다.

이러한 내용을 살펴보면, 실행연구의 가장 큰 특징은 연구자가 참여하고 있는 실제 현장을 연구 대상으로 하여 연구 현장 및 상황에 대한 풍부한 이해를 돕고, 현장의 문제를 개선한다는 데 있다. 연구자가 처한 지역적이고 실제적인 상황에서의 자료들과 이로부터 나온 통찰력은 연구 현장에 대한 이해와 실제적인 개선으로 이어진다. 실행연구는 사회 변화의 주도자에 의해서 집단의 상황이나 환경 안에서 나타난 이슈나 문제들을 연구 주제로 삼아서 수행되는 특성이 있다. 보통 사회 변화의 주도자들은 자료를 모으는 데 활발하며, 문제나 이슈를 해결하고 알리기 위해서 실행 행동을 개발하는 데 노력을 기울인다(김영천, 박찬봉, 박일녀, 2002).

나. 참여자와의 공동 연구 작업

실행연구는 연구 참여자와의 참여를 바탕으로 연구를 진행한다. 실행연구자들은 연구 참여자들과 함께 경험하는 현상이나 상황에서 드러나는 이슈나 문제를 토대로 연구 문제를 개발하며 연구를 진행한다. 실행연구는 대부분 현장 실천가에 의해서 이루어지는데, 이 과정에서는 현장에서의 상황이나 현상에 대한 정확한 이해를 위해 여러 구성원의 참여가 필요하다. 실제 현장에서의 문제는 개별적인 문제도 있지만, 대부분은 여러 이해관계가 얽혀 있거나 복합적인 상황을 고려해야 하는 경우가 많다. 따라서 현장의 문제를 이해하거나 실제적인 문제 해결 방안을 도출하기 위해서는 연구 참여자를 포함한 이해관계자들의 참여와 협력이 꼭 필요하다. 이처럼 실행연구에서는 특수한 상황에 대한 이해와 실제적인 현장의 문제를 개선하기 위해 연구 참여자들의 참여가 전제되어야 한다. 특히 실행연구에서는 매일의 일상적인 삶과 함께 해방적 방식의 앎과 실천을 추구하는 특성도 있어 실행연구는 참여적 연구의 성격을 가질 수 있다(Reason & Bradbury, 2001).

공동 참여 속성과 관련하여 실행연구에는 구조화된 활동과 연구자가 시도해 볼 수 있는 다양한 참여 전략이 있다. 주요한 참여 전략에는 팀 세우기, 설문 반응하기, 문제 해결 전략 세우기, 집단 간 활동 만들기, 진단 평가하기, 면담하기, 역할 협상하기, 갈등 해결하기, 모든 조정 해결하기, 전망하기, 사회적 · 기술적 시스템 만들기 및 조정하기, 통계적 과정 통제하기, 전략 계획하기 등을 들 수 있다. 이러한 구조화된 활동들은 실행연구에 도전하는 연구자들이 가치 있는 연구를 수행할 수 있도록 한다.

사회과학 연구 외에도 다양한 곳에서 실행연구가 사용된다. 예를 들어, 조직 컨설턴트는 조직 내에서 경영이나 실천의 개선을 위해서 실행연구 원리들을 사용해 왔다. 관리자들도 수많은 교육 문제를 해결하기 위해 실행연구의 다양한 개입 기법을 사용한다(Tomal, 2010: 15). 구체적인 적용의 예를 들면 다음과 같다. 연구 문제가 '조직의 비능률과 부족한 리더십'일 경우에 가능한 실행연구의 방식에는 '설문 반응하기, 자료를 체계적으로 관리하기, 비전 세우기, 문화 연구하기, 사회 및 기술적 시스템 적용하기' 등이 있다. 그리고 연구 문제가 '낮은 직원들의 사기와 팀워크'일 경우에 가능한 참여 방식으로는 '팀 세우기, 갈등 해결하기, 노동 생활의 질 높이기'의 개입이 적용된다. 그리고 연구 문제가 '집단과 조직 갈등'일 경우에 가능한 참여 방식으로는 '조정하기, 갈등 해결하기, 팀 세우기, 역할 협상하기, 집단 감수 훈련 적용하기' 등의 개입이 시도될 수 있다. 이러한 문제들은 모두 조직 전체의 발전을 목표로 하고 있고, 이에 관한 해결 방안들도 조직 구성원들 간의 협력과 참여를 전제로 하고 있다는 점을 알 수 있다. 실행연구는 개인적인 연구가 아니라 공동체에서의 협력적이고 참여적인 연구 방법이며, 동료와 구성원 간의 대화와 협력을 특히 강조한다. 그래서 실행연구에서는 연구 현장에 있는 참여자, 행정가, 지역사회 전문가 등과 연구 과정에 관한 생각을 조율할 수 있어야 하고 연구 결과에 대해서도 논의할 수 있어야 한다.

실행연구에서는 질적연구에서의 연구자와 연구 참여자가 단순히 친밀한 관계를 맺는 수준을 넘어서서 평등한 관계에서 연구에 참여하는 동반자적 입장에 서게 된다. 실행연구에서는 연구자와 모든 연구 참여자들에게 권한이 평등하게 부여된다. 기존의 양적연구나 질적연구에서 연구자와 연구 참여자와의 역할이 수직적이고 독립적이었다면, 실행연구에서의 연구자와 연구 참여자의 역할은 거의 완전히 평등하고 수평적이다. 기존의 양적연구에서는 연구자가 연구 문제로 인식한 주제에 대해서 참여자를 선정하고 자료를 수집하고 분석할 때 연구 대상자는 객관적인 대상으로서 인식되어야 하므로, 연구자와는 일정한 거리를 두었다. 그래서 연구자와 연구 대상자는 연구의 주체와 객체로서 인식되었고, 연구 대상자의 연구 참여는 연구자에 의해서 통제되고 제한되었다. 질적연구에서는 연구 참여자가 연구에 참여하는 폭이 훨씬 넓어졌지만, 실제로는 연구자의 주도적인 역할에 의해서 연구 참여자가 관찰되고 해석되는 형태를 띠고 있었기 때문에 연구 참여자가 연구에 직접 참여하기에는 어느 정도 제한이 있을 수밖에 없었다. 이에 비하여 실행연구의 연구 참여자들은 연구자와 함께 모든 연구 과정에 적극적으로 참여하고 연구자와 더불어 동등한 영향력을 행사한다. 그리고 연구자나 연구 참여자들의 관계가 위계적인 관계가 아닌 수평적인 관계이므로 연구에서 공평하게 권한을 부여받고 협력적으로 연구를 진행할 수 있다.

실행연구는 현장 개선을 궁극적인 목표로 하여 연구와 실천이 순환적으로 이루어지므로 모든 연구 참여자들에게 권한과 책임을 동시에 부여한다. 실행연구에서는 전통적인 양적연구처럼 완전히 객관적인 타자로서의 연구자가 아니라 내 현장을 직접 탐구하는 주체적인 연구자를 추구한다. 그래서 실행연구는 객관성이나 이론 정립에 관한 관심보다 현장 실천가들이 자신의 실천을 반성하고, 다른 사람과 정보를 공유하며 개선해 나가는 실제에 관심을 가진다.

다. 문제 요인 파악과 개선 방안 적용의 반복과 순환

실행연구는 자료 수집과 분석에 관해 일회적이거나 고정된 것이 아니라, 연구자가 자유롭게 조절할 수 있는 유동적이며 해석적인 과정으로 보고 있다. 실행연구는 의미와 이해를 목적으로 한다. 따라서 실행연구는 단순한 실증주의 패러다임에서 벗어나 후기 실증주의를 추구하고 있다고 할 수 있다. 인간과 사회 현상에 적용될 수 있는 완전한 진리나 명제는 존재하지 않으며, 우리가 존재한다고 생각하는 실재(reality)나 진실(truth)은 우리 인식의 사회적 상호작용으로 인하여 만들어지고 재구성되는 사회적인 실재일 뿐이라고 가정한다. 따라서 실행연구의 해석적 특징에 따르면, 실행연구는 불변하는 진리를 찾는 것이 아니라 특정한 사회 상황에서 이루어지는 실재에 대하여 참여자들이 어떤 의미를 부여하는지를 기술하고 이해하는 것이라고 할 수 있다. 여기서 실행연구의 해석적 요소가 나타난다. 연구 상황에 대한 인식은 연구자를 포함한 연구 참여자들의 생각과 연구 과정에 대한 태도에 따라서 결정된다. 이처럼 실행연구의 순환적이고 반성적인 사고 특성에 따라 자료의 해석에 대한 견해도 달라질 수 있으므로, 실행연구의 해석적 특징은 상당히 유연하고 유동적인 과정으로 보아야 할 것이다.

라. 실천/연구 결과의 잠정적 결론

실행연구는 참여자들의 다양한 견해에 따라서 잠정적이고 유동적인 해결책을 만들어낸다. 이러한 특성은 실행연구가 유연한 연구 설계를 가지는 데 따른 것이다. 실행연구자들은 사전에 결론이나 연구 주제를 명확히 하지 않고 연구를 진행하면서 수집되는 정보에 바탕을 두고 점진적으로 의사결정을 하며 문제를 해결하는 방안을 여러 번에 걸쳐 꾸준히 모색하고자 노력한다. 이렇게 도출된 해결책은 확정적이거나 절대적인 것이 아니라 잠정적이며 성찰과 반성적인 검토 과정을 통하여 새로운 대안으로 인정받게 된다.

실행연구는 전통적인 연구처럼 옳고 그름을 얻고자 하는 연구가 아니라 참가자들의 다양한 견해를 바탕으로 잠정적인 해결책을 찾고자 한다. 따라서 실행연구는 연구 방법 중 과정에 가장 초점을 맞춘 연구 방법론으로 인식되기도 한다. 즉, 체계적인 자료 수집과 자료 분석, 그리고 반성과 재실행 등의 연구 과정은 그 자체만으로 실천가들에게 가치를 인정받게 되는 것이다. 특히 실행연구는 주제와 관련된 연구자들의 협력적인 노력과 개선을 위해서 실행 계획을 개발한다는 점에서 다른 연구 방법론과는 구별된다(Tomal, 2010). Kemmis와 McTaggart(1988)는 실행연구를 일상적 세계의 의미를 이해하기 위한 수동적인 관찰이 아니라 현실 개선에 목적을 두고 실천에 초점을 두는 적극적인 참여를 바탕으로 한다고 보고, 실행연구는 자유롭고 융통성이 있으면서도 엄격한 탐구 과정, 즉 '계획, 행위, 관찰, 반성의 연속적 과정'을 지향한다고 밝혔다. 이 과정에서 순환적이고 반성적인 과정은 잠정적이고 변동 가능성이 크다고 본 것이다. 따라서 자료 해석에서 우리가 생성하는 의미는 항상 완전할 수 없으며, 우리 자신이 가지고 있는 가치와 신념의 영향을 받는다. 따라서 우리가 내린 결론은 잠정적이며 자기 분석과 반성으로 둘러싸여 있다고 할 수 있을 것이다(Johnson, 2012; Noffke, 1989).

결론적으로 실행연구는 잠정적인 결론들이 반복되면서 점점 완전해져 가는 순환적인 모형을 가지게 된다. 자료 수집과 분석이 일직선 위에서 이루어지는 것이 아니라 연구자가 자료 수집을 하면서 분석을 하거나 분석을 위하여 자료를 수집하는 등 순환적이고 잠정적인 과정이 중심을 이룬다. 실행연구의 과정은 변할 수 있으며 잠정적인 과정이다.

마. 실천가의 자발적 주체적 비판

실행연구에서 실행연구자와 연구 참여자들은 특수한 상황에서의 실제적인 삶의 개선을 추구하면서도 사회 변혁의 주인공으로 행동한다. 실행연구를 수행한다는 것은 연구자나 연구 참여자들 스스로 자신의 일상에서의 삶과 실천을 비판하고 반성한다는 말과 같다. 실천가들은 실행연구를 통해서 자연스럽게 자기반성적인 경험을 하고, 이를 자신이 속한 공동체와 공유할 수 있다. 즉, 연구 실제에 대한 체계적인 배움의 과정을 알 수 있게 되는 것이다. 연구자는 사람들이 일상적으로 행하는 행동들을 개선하기 위해 그들이 살아가고 있는 실제, 행동, 상황에 대해 깊이 생각하고 이를 반성하며 비판한다.

그래서 실행연구 과정은 현장에서의 여러 문제에 대해 다각적으로 비판하고, 연구자의 실행 계획에 대한 타당성을 확보하기 위한 반성 과정이라고 할 수 있다. 특히 실행연구에서 반성적이고 비판적인 사고는 특수한 상황의 맥락을 파악하여 문제를 해결하는 데 필요한 것이다. 실행연구에서 비판적인 특성은 질적연구의 요소인 연구자의 점진적 주관성과 관련이 있다. 점진적 주관성이란 연구가 진행되면서 초기에 설정한 연구 문제나 연구 내용에 비하여 새로운 변화나 현장에 대한 이해가 깊어졌는가를 연구자가 반성하는 작업을 말한다. 질적연구에서는 연구자가 연구 초기에 설정한 연구 현상이나 연구 문제가 연구를 실제로 진행하면서 자료를 수집하고 분석하고, 그 결과 어떻게 변화하였는지를 반성하는 작업을 한다. 실행연구에서도 마찬가지이다. 탐색해야 할 연구 문제가 연구를 수행하면서 어떻게 변화해 가는지, 행동과 현상에 대한 의미는 어떻게 생성되는지를 관찰과 분석을 통해 비판해야 한다. 즉, 실행연구에서는 연구자의 상황이나 실제 모습에 대한 민주적 · 비판적 · 점진적 주관성이 필요하다.

4. 실행연구의 다섯 가지 모형

여기서는 실행연구의 여러 모형의 과정과 특징을 살펴보고자 한다. 실행연구의 모형은 현장 실천가들이 실제를 개선하는 연구를 할 때 처음 직면할 수 있는 막연함을 줄이고, 연구의 목적에 가장 알맞은 실행 방법을 적용하는 데 도움을 준다. 학자들은 전문적인 의도를 가지고 합리성, 정당성, 정교함 등이 반영된 모형을 제작하여 제시하였다. 실행연구의 다양한 모형은 연구 과정에서 연구자의 개인적 특성과 성향을 반영

〈표 8-4〉 실행연구의 다섯 가지 모형

모형	방법론적 특징
기술 · 공학 모형	• 실증주의 기반을 통해 현장과 집단으로부터 연구의 관심사와 목적을 추출함.
실천적 모형	• 연구자 개인의 자주성과 의지가 강조되고, 동시에 반성적 과정이 포함됨.
참여적 모형	• 개인의 해방을 목적으로 사회 문제, 공동체 문제에 더욱 큰 관심을 두고 연구함.
변증법적 모형	• 자신의 실천이나 의미에 대한 반성적이고 체계적인 접근이 가능함.
비판적 모형	• 현장의 진정한 발전을 위해 비판적이고 자기 해방적인 문제를 강조함.

할 수 있도록 고안되어 있다.

여기서는 Lewin의 기술 · 공학 모형, Elliott의 실천적 모형, Carr와 Kemmis의 비판적 모형, Stringer의 참여적 모형, Mills의 변증법적 모형의 다섯 가지 모형을 소개한다(**〈표 8-4〉** 참조).

가. 기술 · 공학 모형

Lewin은 실행연구 단계를 분석하기, 사실 발견하기, 개념화하기, 계획 세우기, 실행하기, 평가하기의 여섯 단계(**[그림 8-1]** 참조)로 보았다(Lewin, 1946, 1952). 이 모형은 실행연구의 가장 기초적인 단계로 자리 잡았으며, 계속 발전하였다. 그는 실행연구

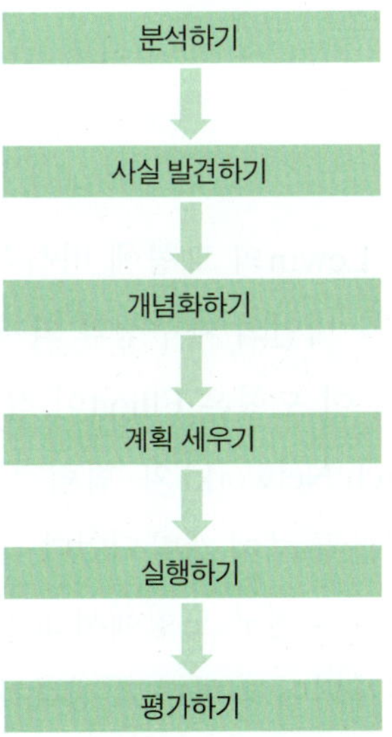

[그림 8-1] 실행연구의 기술 · 공학 모형

에서 '계획하기-실천하기-사실 발견하기'의 단계가 계속 반복되는 나선형적 절차를 처음으로 고안해 내기도 하였다.

기술 · 공학 모형에서 가장 중요한 부분은 계획 세우기 단계이다. 이 단계에서는 바람직한 교육이나 그 목적에 부합할 수 있는 문제를 진단한다. 예를 들어, 자료를 수집하기 전에 집단 속에서 공통의 관심사를 추출한 후 도달하려는 목표와 수단을 설정해야 한다는 점은 다른 연구들과는 다른 모습이다. 한편 기술 · 공학 모형은 다른 모형에 비해 좀 더 실증주의적 사회과학에 기반을 두고 있다는 점도 중요한 특징이다.

기술 · 공학 모형을 잘 살펴보면, 사회과학 연구의 일반적 모형과 비슷한 느낌을 준다. 아울러 일련의 직선적 절차를 따른다는 점에서 매우 기계적이고 공학적인 성격을 갖는다. 또한 실행연구가 추구하는 연구자의 개인적 반성이나 연구 주제 변경 등 탐구적 요소들이 결핍되어 있다(Tomal, 2010: 18).

김수정(2020)은 「참여주도 실행연구를 통한 중간관리자 집단역량 프로그램 효과성 연구」를 통해 실행연구의 실증적인 측면을 잘 보여주고 있다. 연구자는 집단역량 프로그램의 효과를 검증하기 위해 프로그램을 직접 운영하고 그 결과를 분석하였다. 이를 통해 참여자의 행동에 영향을 끼치는 요인으로 자유로움, 주관적 규범, 행동 통제력 등을 밝혀낼 수 있었다. 또한, 연구 참여자들이 처음에는 개인적 차원에서 프로그램에 참여하였으나, 이후 프로그램의 조직적 효과에 관해 이해하고 변화한다는 사실을 발견하였다.

나. 실천적 모형

Elliott의 실행연구 모형은 Lewin의 모형에 비하여 한 차원 발전한 것이다(**[그림 8-2]**). 모형의 특징으로는 연구자 개인의 자주성과 의지가 강조되고 반성적 과정이 포함되어 있다는 점을 들 수 있다. 이 모형은 Elliott이 직접 참여한 '교실 실행연구 네트워크(Classroom Action Research Network)'와 '협력적 실행연구 네트워크(Collaborative Action Research Network)'를 통하여 개발되었다. 실행연구 네트워크에 참여한 경험을 통하여 Elliott은 Lewin의 실행연구 모형에서 교사들이 일하는 현장에서 무엇이 일어나는지에 대한 '반성'이 추가되어야 한다고 생각하였다(Elliott, 1991). 꾸준하고 지속적인 반성은 교사들이 스스로 왜 일을 하는지, 어떻게 하는지에 대해서 생각하게

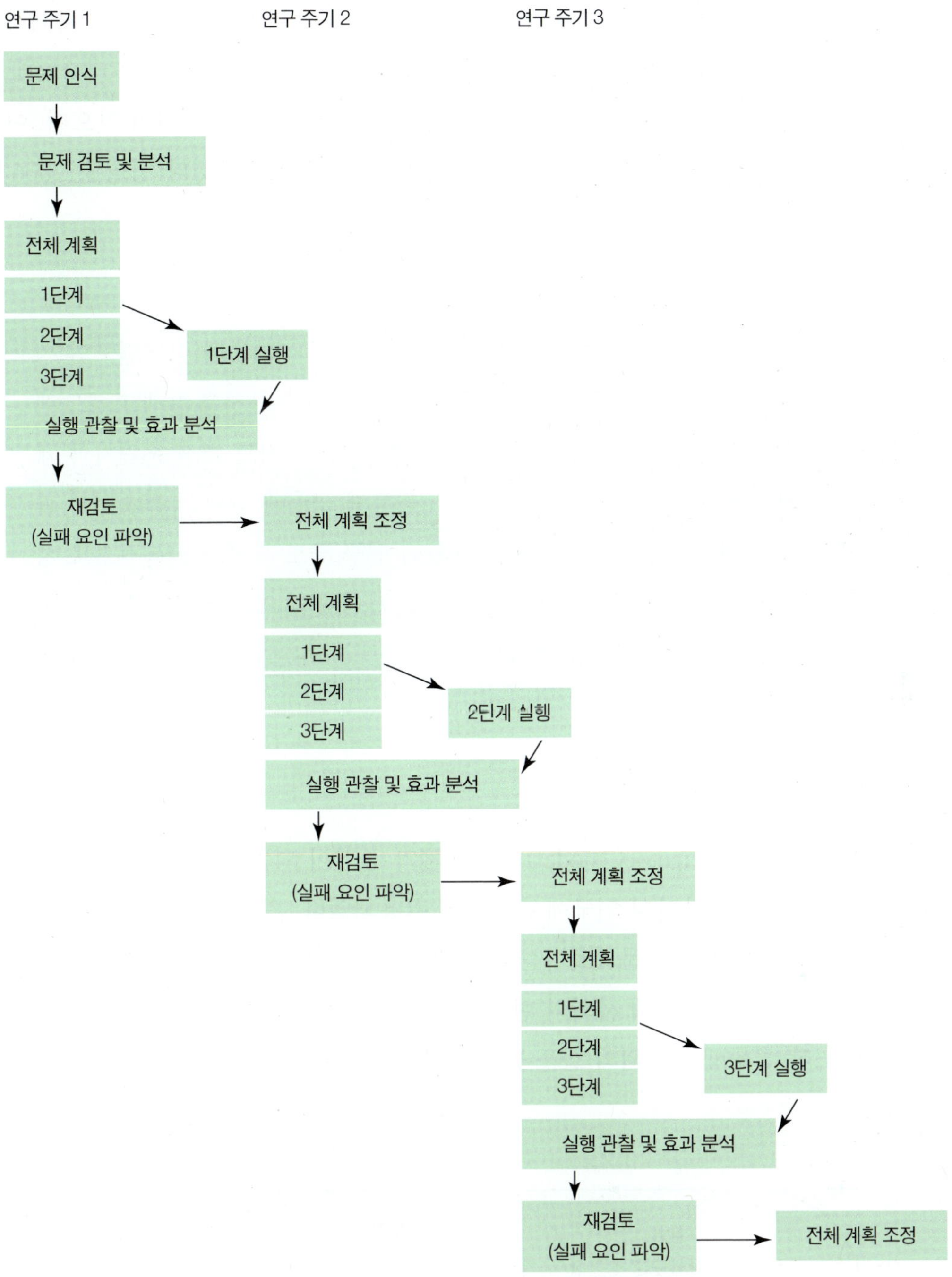

[그림 8-2] 실행연구의 실천적 모형

하며, 더 나은 실행으로 실제를 개선할 수 있다고 보았다.

기술·공학 모형에서는 일단 실천과 행동을 위한 모형이 만들어지면 그것이 원안대로 그대로 적용되는지에 관심을 둔다. 그러나 실천적 실행연구 모형에서는 반성 등

숙의의 과정을 중시하고, 모형의 내용을 실천가가 자신의 입맛에 맞게 좀 더 각색하고, 현장의 요구를 더 반영할 수 있다. 이러한 내용은 실제 모형에서도 잘 드러나는데, **[그림 8-2]**과 같이 연구의 주기가 변화할 때마다 재검토 과정이 포함되어 있으며, 이것은 연구자의 반성과 숙의 개념을 잘 제시하고 있다고 평가할 수 있다(성열관, 2006: 99-100).

신동일(2005)은 「영어평가 프로그램 개발 실행연구」를 통해 실행연구의 성찰과 반성적 특징을 잘 보여주고 있다. 연구자는 실행연구 과정을 통해 프로그램 개발에 관련된 다양한 단면을 입체적으로 관찰하였다. 그리고 채점 훈련자와 채점 업무 조정자의 역할, 채점자의 업무 특성, 공동체 구성과 집단의 결속력에 관한 문제, 시험 설계, 정체성의 문제 등을 순환적 연구 구도 속에서 반복적으로 성찰하였다. 이를 통해 영어평가 분야의 성공적인 안착과 앞으로의 연구를 위한 현장 전문가의 연구가 더 필요함을 제시하였다.

다. 참여적 모형

참여적 모형(participatory model)은 공동체가 중심이 되는 사회 연구, 산업과 기업 연구, 그리고 행정 분야의 연구에서 꾸준히 활용되었다. 참여적 모형은 비판적 모형과 마찬가지로 개인적인 문제보다는 사회적이고 공동체적인 문제에 더욱 큰 관심을 두고 연구한다. 이를 통해 사회의 변화와 해방에 이바지할 수 있다. 즉, 참여적 모형에서는 조직, 공동체의 행위의 질을 높이는 것이 목적이 된다고 할 수 있다(Stringer,

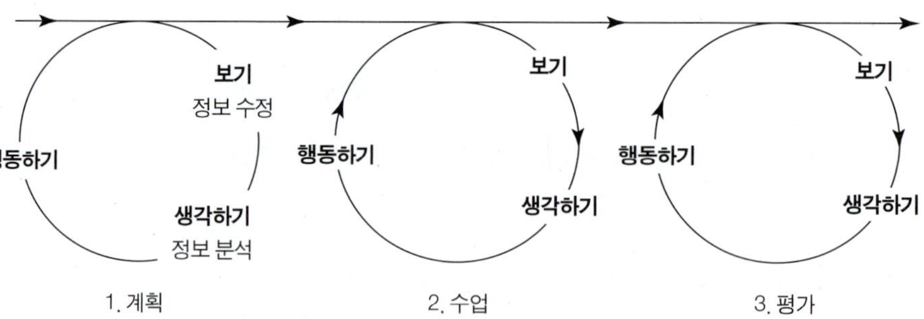

[그림 8-3] 실행연구의 참여적 모형

2007). 따라서 참여적 모형에서는 연구자가 어떤 공동체에서 개인과 다른 사람들의 관계가 어떻게 개선될 수 있는지를 주로 탐구하므로, 연구에서 사회적 특성이 크게 강조된다. 또한 연구자는 개인의 발전이나 자주적인 결정을 제한하는 불합리하거나 불공정한 구조와 규정을 고치는 해방적인 역할을 맡게 된다. 그래서 각 개인이 다양한 환경에서 제한점들을 발견하고 그것을 고치고 개선하는 데 도움을 줄 수 있다.

참여적 모형의 순환적인 연구 모형을 살펴보면, 참여적 모형의 순서는 '보기, 생각하기, 행동하기'로 이루어지며, 그 과정에는 '계획하기, 행동하기, 관찰하기, 반성하기'의 나선형의 순환적인 활동이 포함되어 있음을 알 수 있다(Kemmis & McTaggart, 2000). Stringer는 참여적 모형에 관하여 각 단계가 가장 긴밀하게 연결되어 있어, 참여적 모형을 '상호자용적 나선형'이라고 말하기도 하였다(Stringer, 2007). 이 나선형의 모형은 실행연구의 과정이 반복적이고 수정적이며 해석적이라는 특성을 여실하게 보여준다. 참여적 모형의 순서를 조금 더 자세히 설명하면 다음과 같다(Stringer, 2007: 39-144).

첫째, 연구를 시작하기 전 계획 수립을 수행한다. 이 단계에서는 연구자와 연구 참여자들이 함께 모여 연구의 내용과 계획을 논의한다. 그리고 연구의 목적과 이해관계에는 무엇이 있는지를 합의하고, 연구자의 역할과 위치, 연구 주제가 될 이슈를 확인한다. 또한 연구의 밑그림을 설계하는데, 이해관계자, 관계, 상황의 역사적 맥락, 문제, 자원에는 무엇이 있는지를 정확히 파악한다. 윤리적인 부분에서는 사생활, 비밀성, 연구에 대한 동의를 고려한다. 연구의 신뢰를 위하여 진실성, 양도성, 신뢰성, 확실성을 엄격하게 고려하는 것도 중요하다.

둘째, 보기 단계는 연구의 그림을 세우는 단계이다. 연구의 모든 내용에 관해 참여자들을 이해시키고, 명료하게 하고, 통찰을 얻도록 하는 데 목적이 있다. 이를 위해서 연구에 필요한 정보를 모아 연구 참여자들에게 제공한다. 수집하는 정보에는 면담, 관찰, 문서, 문헌 등이 있다. 정보를 수집하고 나면 이 내용을 연구 참여자들에게 모두 자세히 설명하여 이해의 폭을 확대한다. 이후 참여자들과 리더십, 원칙, 실행 역량, 절차, 의사결정 등의 연구 과정을 조직화하고, 참여자들과 이해관계자들에게 연구 결과를 계속 알리는 등의 의사소통을 포함하고 있다.

셋째, 생각하기 단계는 자료의 분석과 해석 과정으로 설명할 수 있다. 이 단계는 수집된 정보에서 핵심적인 아이디어가 무엇인지를 얻기 위한 과정이다. 사람들의 경험과 주요한 특성을 확인하여 현장 참여자들이 그들의 삶과 실천에 대해서 반성하게 하는 것을 주요 내용으로 포함한다. 분석과 해석을 위한 기본 도구로는 범주화나 코딩, 핵심 경험에 대한 분석, 해석을 위한 분석적 도구 활용, 협력적 글쓰기를 들 수 있다. 핵심적인 경험을 분석할 때는 자료 검토, 핵심적인 경험 확인하기, 주요한 특성과 경험의 요소 확인하기, 주요한 주제들 얻어내기, 특성이나 요소들을 사용하여 보고의 토대를 개발하는 것이 포함된다. 해석을 위한 분석 방법에는 해석적인 질문, 조직적인 견해, 개념 지도, 문제 분석 등의 방법이 활용된다.

넷째, 행동하기 단계는 문제를 해결하고 다음 연구 단계로 넘어가는 과정이다. 이 단계에서는 연구의 초점이 된 문제에 대해서 계획을 세우거나 문제 해결을 위한 실제적인 해결책을 이행한다. 행동하기 단계는 계획하기, 실행하기, 검토하기, 평가하기로 이루어진다. 계획하기 단계에서는 실행에 앞서서 실행 계획을 수립한다. 실행 계획에는 문제를 해결할 행동과 대상, 수행될 업무, 실행할 사람, 소요 시간, 자원 등이 포함된다. 실행하기에서는 실행 계획에서 설계된 과제를 실행하는데, 의사소통, 칭찬, 반영, 지원을 통해서 조직적으로 사람들을 지원한다. 그리고 적절한 행동을 만들며 사람들 간의 협력적인 네트워크를 연결하기도 한다. 검토하기 단계에서는 연구 과정을 검토하며, 평가하기 단계에서는 계획, 실행의 효과를 평가한다. 필요하다면 계획을 수정하며, 미해결된 문제에 대해서 우선순위를 매기고 성과를 공유한다.

이언상과 김영종(2017)은 「지역복지의 참여적 실행연구에서 컨셉트 맵핑 적용 가능성에 관한 연구」에서 나타난 참여적 실행연구의 가능성을 탐색하였다. 구체적으로는 컨셉트 맵핑(concept mapping)의 적용 가능성과 적용 방법을 도출하는 것을 목적으로 하고 있다. 이를 위해 문헌 연구와 참여적 실행연구를 도입한 한일 지역복지 실천 현장에서 컨셉트 맵핑을 세 차례 실시하고 컨셉트 맵핑의 적용 가능성, 적용에 따른 논점, 과제, 적용 방법을 검토하였다. 주요 결과를 요약하면, 컨셉트 맵핑의 특성은 참여적 실행연구의 원칙과 맞으며 참여적 실행연구의 효과를 극대화하기 위한 하나의 방법론으로 활용할 수 있었다. 컨셉트 맵핑의 적용에서 자료 수집 및 분석이라는 '과업 지향 목표'와 참여 및 학습이라는 '과정 지향 목표' 간의 균형을 유지하는 것이 중요하였다. 그리고 의사소통 및 참여의 보장, 참여자 선정, 충분한 시간 확보, 적합한 진행자 등이 적용에서 핵심적인 논점이 되는 것으로 나타난다.

라. 변증법적 모형

Mills는 교육학 분야에서 다양한 실행연구를 시도하고 있으며, 변증법적 나선형 실행연구 과정을 통해서 실행연구의 효과와 가능성을 제시하고 있다. 그의 모형은 교육의 경우를 예로 제시하고 있는데, 실행연구를 교수 · 학습 상황에 적용하여 교사 연구자, 교장, 장학사, 그리고 관련 인물들에게 실행연구가 무엇인지, 그리고 실행연구를 통해 학교의 수업과 학습을 어떻게 개선할 수 있는지를 꾸준히 연구하고 있다. Mills는 실행연구가 교사 자신들에 의해서 이루어지는 연구이며 네 단계의 과정을 거치게 된다고 보았다. **[그림 8-4]**의 모형을 통해 변증법적 모형의 형태와 과정을 이해할 수 있다(Mills, 2011).

변증법적 모형은 총 네 단계로, 초점 영역의 확정, 자료 수집, 자료의 분석과 해석, 실행 계획을 포함하고 있다. 실행연구 속에서 연구자는 자신의 문제에 관한 해결 방안을 개발하며, 자신이 속한 특정 상황 속에서 주체적으로 또는 동료와 협력하며 권위를 가지는 것을 목표로 한다. 연구자는 자신의 일상적인 실천에 영향을 주는 요소들에 당당히 맞서 전문가적인 역량을 발휘한다. 변증법적 모형을 통해 연구자들은 개인의 전문성 개발과 현장에 관한 실질적인 개선을 이루어낼 수 있다. 따라서 연구자들은 자신의 실천에 대해서 반성적인 자세를 유지할 필요가 있다. 반성은 실천적인 실제의 개선에 도움이 된다. 변증법적 모형에서 연구자는 자신의 실천이나 의미에 대한 반성적이고 체계적인 접근을 시도한다.

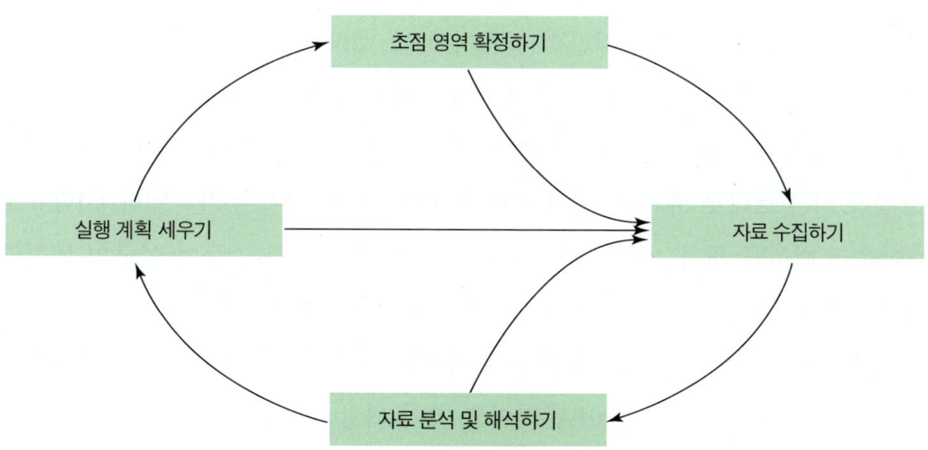

[그림 8-4] 실행연구의 변증법적 모형

문수영과 조민주(2019)는 「열린어린이집을 적용한 만 4세반 교사의 유아 식습관 개선에 대한 실행연구」에서 변증법적 실행연구 모델을 사용하였다. 유아의 식습관 개선이라는 목적 아래 변증법적 나선형 연구 모형을 참고하여 3차의 걸친 실행 과정을 걸쳤다. 1차 실행은 두 연구자의 협의를 통해 어린이집에서의 유아 식습관 현황을 부모가 살펴봄으로써 유아의 관점에서 식습관 개선이 시작되어야 함을 논의하였다. 1차 평가를 반영하여 2차 실행은 유아 식습관 개선을 위해 원인과 결과의 이분법적 관점에서 벗어나 이해의 관점에서 다양한 지원이 필요함을 인식하였다. 즉, 유아 스스로부터의 식습관 개선을 위해 주변의 동기부여가 필요하였다. 이에 따라, 교사의 동기부여는 일회성이 아닌 일과 안에서 계속 이루어져야 하였으며, 부모와 지역사회의 지속적인 참여는 모바일 앱을 통해 확장되었다. 3차 실행 결과는 식습관 개선에 대한 목적 변화이다. 식습관 개선에 따른 다양한 동기부여는 놀이 형태로 지원되었으며, 부모의 참여는 서로를 믿고 지지하는 신뢰적 관계를 만들었다. 이러한 실행 과정은 유아의 식습관 개선에 긍정적인 영향을 미쳤다.

마. 비판적 모형

비판적 실행연구는 사회 재건과 인간 해방을 위한 행위 연구를 강조한다. Carr와 Kemmis(1986)는 실행연구에 관하여 현장 실천가들이 불평등하고 불합리한 사회체제나 조직을 변화시키고자 할 때 가장 적합한 연구 모형이라고 생각하였다. 이에 그들은 실행연구를 사회적 상황에서 인간의 실제적인 삶, 실제에 대한 이해, 그들의 실천들이 실행될 때의 상황들의 합리성과 정당성을 개선하기 위해서 수행되는 자기반성적인 연구 과정을 적절히 표현할 수 있는 모형을 제시하였다. 비판적 모형은 Lewin과 Elliott의 모형을 기본 토대로 하지만, 여기에 현실 참여적인 목적을 추가하였다(**[그림 8-5]** 참조). 아울러 변화와 개혁, 재구조화, 인간화, 정의, 도덕적 가치 등이 연구의 목적과 과정에서 중요한 것으로 강조된다(Carr & Kemmis, 1986: 162).

비판적 모형에서는 계획부터 반성에 이르는 연구 주기를 반복적으로 실천한다는 과정은 같지만, 연구의 주제를 비판적이고 자기 해방적인 문제를 강조한다는 점에서 차이를 보인다. 또한, 실천 단계에서는 실행의 질을 높이면서, 더불어 현장에서 발생하는 비효율적인 구조적 문제를 개선해 나가고, 반성 단계에서는 이 연구가 바람직한

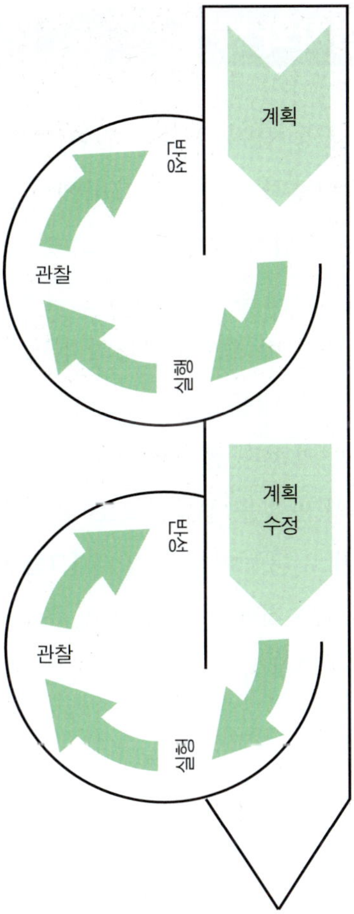

[그림 8-5] 실행연구의 비판적 모형

현장의 발전을 저해하는 일련의 장애를 극복하는 데 실제로 효과가 있었는지를 성찰한다. 그리고 그 결과를 다음 연구 주기를 위한 계획 수립에 반영한다.

> 오덕열(2018)은 「남북 교류 · 협력 시기 통일교육의 새로운 실천을 위한 비판적 실행연구」에서 비판적 실행연구의 특징을 잘 보여주었다. 통일교육원의 '찾아가는 학교통일교육'이 어떠한 의미와 한계점을 가지는지 검토하여 새로운 통일교육의 가치를 발견하는 것을 목표로 하였다. 연구 결과, 적대 사상 해체, '인간 안보' 개념으로의 전환, 경쟁이 아닌 공존의 가치 지향, 사실관계의 명확한 검토 등의 새로운 가치를 발견할 수 있었다.

5. 실행연구의 절차와 방법

실행연구는 현장 개선, 공동 참여, 평등적 권한, 해석, 잠정적, 비판 등의 가치를 추구하며, 특히 실제 현상이 발생하는 장소와 그곳에서 일하는 사람들의 실제적 문제 해결 과정에 초점을 맞춘다는 방법적 특징을 가지고 있다. 이를 통해 문제를 효과적으로 해결하고, 사회 변화를 가능하게 한다. 여기서는 실행연구를 시도하고자 하는 모든 독자를 위하여, 실행연구에 대한 방대한 문헌들의 검토를 통하여 실행연구의 과정에서 나타나는 일련의 방법적 절차, 내용, 또는 요소의 특징을 추출해 보고자 한다. 그리고 실제 실행연구를 적용하는 과정과 절차가 어떻게 구성되는지를 연구 예시와 함께 살펴보고자 한다. 실행연구의 과정을 종합적으로 정리하면 연구 문제 확인, 자료 수집, 자료 분석, 실행의 네 단계로 나누어볼 수 있다(**[그림 8-6]** 참조). 더욱 중요한 것은 이러한 단계들을 한 번 수행하는 것에 그치지 않고, 문제가 해결될 때까지, 또는 연구를 할 수 있을 때까지 반복 · 순환하여 수행해야 한다는 것이다.

가. 연구 문제 확인

실행연구에서는 우선 현장에서 연구의 주제로 적합한 연구 문제가 무엇인지를 규명해야 한다. 연구자가 일하고 살아가는 현장 속에서 연구자와 연구 참여자에게 공통으로 나타나는 관심 영역이나 주제에는 무엇이 있는지를 살펴보고, 자기반성, 서술적인 활동, 설명적인 활동을 통해서 주제를 연구하는 데 필요한 아이디어나 통찰을 얻을

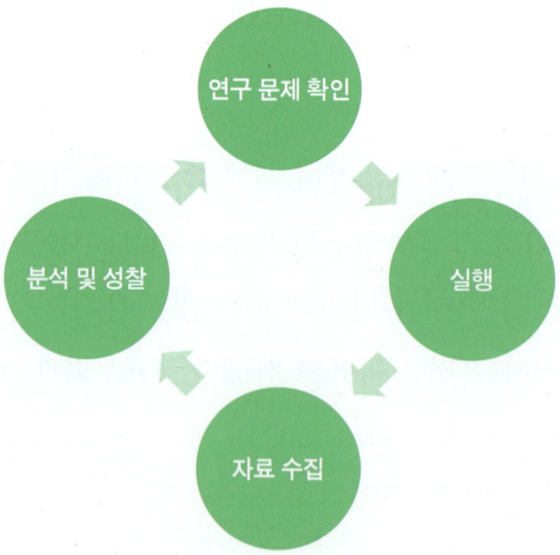

[그림 8-6] 실행연구의 단계

수 있다. 그리고 문제와 관련된 문헌을 참고하기도 하면서 실행 계획을 세워야 한다. 연구 문제는 초점 영역이라는 용어로도 바꾸어 쓸 수 있다. 초점 영역이란, 일반적 상황, 일반적 아이디어, 여러 영역에서 관심 영역으로 명료화하는 작업을 의미한다. 연구 문제 확인 단계에서는 일반적 아이디어와 초점 영역을 정할 때 중요한 기준을 설정하고 그 기준에 따라 연구 문제를 결정한다. 기준에 꼭 포함되어야 할 내용에는 실천에 초점을 맞출 것, 통제 범위 내에 있는 것, 연구자가 열정을 느낄 만한 것, 그리고 변화나 개선의 가능성이 있는 것 등이 있다. 이러한 기준에 맞추어 초점 영역을 설정하는 것이 필요하다. 연구 문제 확인 이후에는 예비조사, 관련 문헌 분석, 실행 계획 수립 등의 세부적인 절차가 있으며, 각 과정에 대한 설명은 다음과 같다.

우선 예비조사는 일반적인 아이디어에 대해 성찰을 하면서 자신의 관심이 어디에 있는지를 확인하는 것이다. 연구자는 직접 자신의 행동을 검토해 보면서 자신이 무엇을 정말로 바꾸기를 바라는지, 자신이 어디까지를 알고 있는지, 더 큰 맥락인 지역사회나 역사적 사실과는 어떻게 연결할 수 있는지를 검토할 수 있다. 다음으로는 자신의 연구 주제가 무엇인지를 설명하고, 기본적인 연구의 가설을 설정한다. 연구의 중요한 요인들이 연구 과정에 어떻게 영향을 미치는지를 조사한다. 이러한 예비조사 활동을 통해 연구자들은 무엇에 집중해야 할 것인지, 그리고 무엇을 연구해야 할 것인지를 결정할 수 있다. 다음으로는 관련 문헌을 탐구한다. 이 단계에서는 연구 초점으로 잡은 문제를 더 잘 이해하기 위하여 전문적인 문헌과 다른 사람의 경험을 기록한 내용을 살펴본다. 온라인 자료 탐색, 도서관이나 자료실 방문, 수집한 문헌의 분석 등이 포함된다. 마지막으로는 실행 계획을 세운다. 여기서는 앞서 활동하였던 내용을 모두 종합하여 글로 표현한다. 관심 영역, 관련된 변인, 연구 문제, 예상되는 문제, 소요 시간 등이 포함된다.

〈표 8-5〉 실행연구에서의 연구 문제 확인 예시

분야	연구자	연구 목적과 이슈
조직 이론	김수정(2020)	• 중간관리자의 집단역량 향상 프로그램의 효과성 탐색
경영학	이송이, 원경식(2016)	• 항공사 서비스 품질 향상을 위한 프로그램 실행
진로교육	김진원, 송민경, 이슬아, 유명(2017)	• 중도입국 청소년의 직업훈련
지역사회복지	이마리아(2018)	• 지역사회 조직화 교육
간호학	정복희, 이병숙(2015)	• 수술실 간호사의 팀워크 향상

나. 개선 계획 수립과 실행

실행은 연구자가 실행연구를 통하여 얻은 통찰을 기반으로 변화를 실제로 이행하는 중요한 단계이다. 실행을 위해서는 우선 실행 계획을 수립한다. 연구 문제 확인 단계에서 세웠던 초기 실행 계획을 재검토하는 것이 중요하다. 이 과정에서 실행 계획은 연구로부터 배운 것을 바탕으로, 지금 무엇을 해야 할지를 결정해 주는 역할을 한다. 구체적으로 실행 계획에 포함되어야 할 내용으로는 일차적인 연구의 결과, 해당 결과를 달성하기 위해 더 필요한 것, 앞으로 실행 과정을 책임질 사람, 연구 결과 및 실행에 대한 정보, 연구를 함께 협의할 사람, 실행의 효과를 모니터할 방법, 실행 및 모니터 일정표, 실행에 필요한 자원 등이 있다. 결국 실행 단계는 순환적으로 되풀이된다. 실행 계획에 따라 다시 자료 수집과 자료 분석의 과정이 이루어지고, 실행연구는 연구자(또는 연구 참여자)가 연구 결과에 만족할 때까지, 그리고 실행이 가능할 때까지 반복되어야 한다. 그리고 실행 계획은 개인, 팀, 학교 전체, 지역 단위에서 연구 범위와 대상에 따라 다양한 수준에서 이루어진다.

Mills(2011)는 학생들이 공부에 집중하지 않는 문제를 해결하기 위해 네 단계의 실행연구를 수행하였다. 각 단계의 순서를 따르면서 일차적인 실행과 평가를 통하여 수정된 실행 계획을 수립하였으며, 두 번째 실행에서는 수정된 계획에 의해서 연구를 진행하였다. 공부에 집중하지 않는 학생들을 동질적 집단으로 구성하였을 때 학습에 부정적인 영향을 준다는 사실을 알게 되었고, 이를 보완한 후속 실행에서는 이질적인 집단 구성으로 변경하였다.

연구 과정	연구 내용
연구 문제 확인	• 연구 목적: 학생들이 공부에 집중하지 않는 이유 연구, 교육과정이 학생의 학업에 미치는 효과 탐색 • 중요한 변인: 학생의 출석, 동료의 영향력, 교사의 영향력, 학생의 자기 존중감 등
실행	• 1차 실행 계획: 동질적인 학생으로 구성된 집단에서 부정적인 상호작용을 확인함. • 2차 실행 계획: 이질 집단으로 편성하여 코스를 다시 진행하면서 그 과정을 모니터할 예정.

연구 과정	연구 내용
자료 수집	• 설문조사, 면담, 관찰기록 등
자료 분석 및 성찰	• 학생들은 정상적으로 학교에 출석하고 있어 출석은 학업 성적과 관련 없음. • 동료 집단은 수행에 영향을 줌. 학생은 과제를 불성실하게 수행하도록 서로에게 영향력을 행사함. • 교사의 인정은 학습 습관에 큰 영향 없음. • 반면, 부모의 인정과 칭찬은 과제 수행에 큰 영향을 끼침. • 연구를 위해 고안한 학습 프로그램을 진행하는 동안 학생들의 성적이 떨어짐(학습 프로그램의 효과 없음).

양태양과 이규일(2020)은「여학생 신체활동 증진을 위한 방안 탐색」을 통해 축구 수업을 적용한 교육 모델의 실행 과정을 기록하였다. 연구 목적을 수행하기 위해 실행연구 전통에 따라 축구 프로그램에서의 여학생 신체활동 문제 파악(1차 실행 및 반성), 문제 해결 계획(재계획), 재계획된 축구 프로그램의 실행과 평가(2차 실행 및 반성)의 절차로 진행되었다. 자료의 수집과 분석은 순차적 설명 전략에 따라 이루어졌다. 구체적으로, 3차원 가속도계를 활용해 체육 수업의 신체 활동량을 측정하였고, 질적연구 도구(관찰, 수업 노트, 면담)를 활용해 참여 학생의 경험을 이해할 수 있는 자료를 수집하였다.

다. 자료 수집

실행연구에서 어떤 자료가 수집되어야 하는지는 중요한 연구의 조건이다. 주어진 문제를 이해하고 해결하는 데 어떤 자료를 선택할지는 연구자와 연구 참여자의 협의로 결정해야 한다. 실행연구는 현장에 대한 이해와 개선을 목적으로 하는데, 이에 따라 자연스럽게 연구 과정은 과정 지향적이고 맥락 지향적인 특성을 보인다. 따라서 실행연구의 주된 자료는 질적 자료로 구성된다. 자료의 형태를 정리하면 **<표 8-6>**과 같이 나타낼 수 있다(Mills, 2011: 89).

실행연구를 위한 질적 자료에는 경험 중심 자료, 질문 중심 자료, 검토 중심 자료 등이 있다. 수집할 자료들을 자세히 알아보면 다음과 같다. 경험 중심 자료에는 대표적으로 참여관찰을 들 수 있다. 우선 경험 중심 자료를 수집하기 위해서는 연구자가

〈표 8-6〉 실행연구에서의 자료 수집

자료의 형태	자료의 세부적 특징
현장 기록	• 가장 쉽게 할 수 있는 실행(action) • 우리가 보고 느낀 것을 글로 적어놓은 것 • 연구자가 현장에서 무엇을 관찰하였는지에 대한 기록 • 연구 성찰과 반성 기능 • 가장 기초적이면서도 핵심적인 연구 자료
체크리스트	• 추상적이고 모호한 관찰 결과를 명확한 양적 자료로 바꾸는 방법 • 연구자의 지나친 주관성을 보완 • 특정 행동이 얼마나 발생하는지를 측정하는 데 적합한 자료 수집 방법 • 수량적이고 객관적인 특징 • 관찰하는 동안에 많은 통찰이나 생각의 변화를 요구하지 않음 • 연구에 쉽게 접근하면서도 많은 통찰을 얻게 해준다는 장점 • 여러 번 반복 수집되면서 의미를 갖춤 • 어떤 활동에 얼마나 시간을 소비하고 있는지에 대해 이해 • 연구 결과를 지지하는 강력한 근거
면담 기록	• 경험을 기록할 수 있는 가장 효과적인 방법 • 공동체의 생각과 가치관을 이해할 수 있음 • 연구자의 주관성을 보완함
그림과 사진	• 독자들을 설득하는 강력한 효과 • 연구의 보조적 측면에서 주된 자료 수집 방법으로 성장 • 연구가 실제로 실행되었다는 것을 확실히 증명 • 글로 일일이 전사하기 어려운 문서 자료들을 나타내는 작업 • 예술적인 기능
비디오와 오디오	• 현장 기록의 또 다른 형태 • 전자적 도구 활용 • 인간의 육체적 · 정신적인 연구 작업을 분담 • 연구자 자신을 연구하는 활동에 유용 • 자기 행동에 대한 성찰
문서와 문헌	• 실행과 관련된 공식적 · 비공식적 기록 • 풍부한 자료를 통해 실천 과정에 타당성을 부여 • 연구자의 결론에 정당성과 신뢰성 부여 • 연구 기록의 왜곡과 오류 방지

관찰자가 되어서 직접 현장을 관찰하고, 관련된 자료를 수집해야 한다. 그리고 경험 중심 자료인 관찰의 구성 요소는 참여 정도에 따라서 능동적 참여 관찰자, 특별한 입장의 능동적 관찰자, 수동적 관찰자로 나뉜다. 능동적 참여 관찰자는 활동에 참여하며

활동, 사람, 그리고 물리적 측면을 관찰한다. 특별한 입장의 능동적 관찰자는 상황에 개입하지 않고 특정 상황에서 어떤 일이 생기는지 관찰하는 것을 뜻한다. 그리고 수동적 관찰자는 오로지 어떤 일이 진행되고 있는가를 관찰하기 위해서만 참여할 때 그 지위가 부여된다.

질문 중심 자료에는 비공식적 면담, 구조화된 공식적 면담, 초점 집단 면담, 이메일 면담, 온라인 및 웹 기반 조사 도구가 있다. 질문 중심 자료는 면담이나 설문을 통해서 자료를 수집한다. 관찰로 얻은 자료가 실행연구에서 무엇을 찾아야 하는지에 관한 안내의 성격을 띠고 있다면, 면담을 통해 얻은 정보는 실제 연구의 효과와 연구 과정에 대한 평가를 담고 있다는 점에서 중요하다(Agar, 1980). 구체적인 면담 구성 전략을 살펴보면 비공식적 면담과 구조화된 면담으로 나뉘는데, 비공식적 면담은 일상적인 대화로 대화 형식을 통해서 질문을 하며 이러한 질문을 통해서 연구자는 자신의 실천에 대해서 알 수 있게 된다. 실행연구자가 연구 참여자에게 물어볼 질문 형식으로는 육하원칙(언제, 어디서, 누가, 무엇을, 어떻게, 왜)을 들 수 있다. 연구자는 실제에서 일어나는 문제에 대해서 일정한 원칙에 따라 질문하며, 연구 참여자가 말한 것을 적어둔다. 구조화된 면담은 자료 수집의 한 가지 기법으로 이해관계자들과 공식적으로 면담하는 것이다. 그래서 정말로 원하는 정보를 얻을 수 있도록 질문을 만들어야 한다. 그러한 전략으로는 면담 전 예비면담 하기, 다양한 형태의 질문 하기, 수렴적인 질문과 확산적인 질문 사용하기, 대답을 위한 충분한 시간 주기, 녹음기 사용하기, 면담에 적합한 사적 장소, 면담 대상자 신중하게 선택하기, 면담 중 메모하기 등을 제시하고 있다(Agar, 1980).

검토 중심 자료에는 기록상의 문서들, 잡지, 지도, 비디오, 오디오, 사진, 그림, 공예품 등이 있는데, 이를 수집하기 위해 문서기록이나 일지, 제작물 등 풍부한 자료를 활용한다. 검토 중심 자료를 대표하는 요소는 바로 현장 노트이다. 연구자는 그 어느 때보다 기록에 열중해야 한다. 자신의 실행을 개선하고 문제를 해결하고 싶다면 모든 것을 관찰하고, 기록하고, 그 속에서 불합리한 점들을 찾아야 한다. 이를 위해 활용해 볼 수 있는 기록물에는 문서, 일지, 공문서, 일기 등이 있다. 특히 주변에서 쉽게 구할 수 있는 여러 문서 기록 자료원으로는 출석률, 성적 · 표준화된 검사 점수, 척도, 빈도 측정 기록 등이 있다(Calhoun, 1994). 그리고 일지의 경우에는 연구자가 중요하다고 생각하는 사건, 생각, 느낌 등을 중심으로 기록하도록 하고, 연구자는 추가로 연구 참여자들에게 일지를 쓸 것을 요구할 수 있는데, 그것을 사람들의 생각이나 행동을 이해하는 한 가지 방법으로 사용할 수 있다(Arhar, Holly, & Kasten, 2001). 이외에도 사진,

영상, 실제 작품 등 광범위한 자료가 검토 중심 자료에 포함될 수 있다.

실행연구의 자료 수집에서 유의해야 할 점은, 실행연구가 주로 질적 자료를 수집한다는 점에 있다. 질적 자료의 특성을 명확하게 이해할 필요가 있다. 질적 자료는 대부분 기술적이며 이야기처럼 나타날 수도 있는데, 이러한 다양한 형태의 질적 자료들은 현상에 대해서 더욱 잘 이해하기 위해 초점 영역에 대한 실마리를 제공해 준다. 그러나 양적연구에 비교하여 타당도와 신뢰도에는 어느 정도 한계를 지니고 있다. 이를 보완하기 위해서는 다양한 원천을 이용한 삼각 검증이 효과적이다(Altrichter, Kemmis, McTaggart, & Zuber-Skerritt, 2002).

Mills(2011)는 미국 오리건주 시골 마을의 초등학교 교사가 직접 실천한 실행연구 과정을 통해 자료 수집의 예시를 자세히 보여주고 있다. 그는 실행연구를 하기 위해 연구 문제를 "타자 지도가 학생들의 문서 편집 능력과 데이터베이스, 스프레드시트, 그림 그리기 능력을 높이는 데 어떤 영향을 주는가?"로 설정하였다. 그는 4~6학년 학생들을 대상으로 타자 학습이 문서 편집에 영향을 미치는지 조사하였고, 교사의 태도에 관련된 설문을 종합하여 다음의 질문과 삼각 검증표를 만들었다.

- 학생들은 일주일에 몇 시간이나 컴퓨터를 사용하는가?
- 학생들은 컴퓨터에 대한 선행 지식을 갖고 있는가?
- 학교 컴퓨터실에서 사용하는 타자 소프트웨어는 어떠한 영향을 주는가?

질문	자료원 1	자료원 2	자료원 3
선행 지식은?	학생 설문	컴퓨터 지식에 대한 사전 검사	
타자 속도는?	사전 검사	사후 검사	교사의 지도
이용한 문서 편집 프로그램은?	사전 검사	사후 검사	교사가 작성한 시간
프로그램은 적절한가?	소프트웨어	소프트웨어	제한 타자 테스트

삼각 검증표는 자료의 신뢰성을 크게 높여준다. 예를 들어, 학생들의 선행

지식을 탐구하기 위해 학생의 설문과 더불어 사전 검사 결과를 함께 제시하면서 학생들이 컴퓨터 지식을 정확히 얼마나 알고 있는지를 명확하게 이해할 수 있게 해준다. 더 중요한 것은, 이러한 자료를 바탕으로 내리는 결론을 좀 더 타당하고 믿을 수 있는 것으로 인정받게 만들어준다는 것이다.

라. 자료 분석 및 성찰

실행연구에서의 자료 분석은 연구자가 수집한 자료를 확실하고, 정확하고, 신뢰할 수 있고, 올바른 방식으로 정리하는 것이다. 즉, 연구 결과를 설득력 있게 제시하는 일이다(Wolcott, 1994). 자료 분석은 자료에서 어떤 의미를 찾으려는 시도이며, "그래서 어떻다는 말인가?"라는 질문에 답하려는 시도이다. 다시 말해서 자료 분석은 수집된 자료의 결과 또는 알아낸 것을 보고하려는 것이며, 연구자가 알아낸 내용을 공유하는 데 초점이 있다. 자료를 분석할 때는 다양한 각도로 탐색해야 한다. 그리고 타당도를 높이기 위해서는 먼저 다양한 자료들을 수집하는 과정이 완료되어야 한다.

실행연구에서의 자료 분석 기법에는 다음의 내용이 있다. 첫째, 귀납적 자료 분석이 있다. 귀납적 분석이란, 문헌 검토와 다양한 자료들을 통해 수집 과정에서 나온 주제들을 열거해 보고 이를 통해 결론에 이르는 과정을 뜻한다. 둘째, 조사, 면담, 질문지를 코딩하는 것이다. 코딩을 통해 연구 내용과 관련된 핵심어들을 찾고, 이를 구조화하여 연구의 중요한 주제를 도출할 수 있다. 셋째, 핵심 질문을 활용한다. 이 방법은, 연구자가 직접 관찰하고 실행한 내용을 바탕으로 핵심 질문에 대답해 보면서 실행이 효과가 있었는지, 연구자가 찾고 싶었던 내용을 제대로 찾았는지에 관한 결론을 내리는 것을 의미한다(Stringer, 2007). 이를 통해 자신들이 연구하는 문제와 맥락에 대한 이해를 확장할 수도 있다. 넷째, 조직에 대한 검토이다. 실행연구를 통해 조직의 비전과 임무, 목적과 목표, 조직의 구조, 운영, 문제, 쟁점, 관심사 등 조직의 특징에 초점을 맞춰 조직에 대한 검토를 수행할 수 있다(Stringer, 2007). 이러한 과정에서 연구 참여자들은 조직에 대한 이해를 높임과 동시에 그들의 문제, 쟁점, 관심사와 관련된 조직 운영의 여러 측면에 대한 이해를 높일 수 있다. 다섯째, 개념 지도 만들기이다. 개념 지도는 연구에 영향을 미치는 중요한 요인들을 시각적으로 표현하기 위하여 사용될 수 있다. 여섯째, 선행요인과 결과 분석이다. 이것은 선행요인과 결과를 한눈에 보기 쉽게 지도의 형태로 나타내는 것이며, 실행연구자는 이를 통해 분석의 중요한 요소를 확인할 수 있다.

이 외에도 분석하면서 알아낸 내용을 도표, 그래픽, 그림 등으로 정리하고, 연구를 통해 알아내지 못한 점, 부족한 점을 함께 진술하는 활동도 실행연구의 자료 분석 방법이 될 수 있다. 이처럼 연구 결과를 이해하기 위하여 실행연구에서는 다양한 자료 분석 기법을 활용한다.

실행연구의 자료 분석과 관련하여, Mills(2011)는 다음의 추가적인 분석 기법들을 제시하고 있다.

우선, 문제 제기를 통한 분석의 확장을 들 수 있다. 실제로 도출하지는 않았으나 도출 가능한 의미를 지적하면서 연구에 관한 추가적인 질문을 제기하여 자료 분석을 확장하는 것이다. 둘째, 연구 결과를 개인적인 경험과 관련짓는 것이다. 실행연구는 연구자나 이해관계자와 밀접한 관련이 있으므로 해석을 당사자들과 연관시키는 것은 의미가 있다. 셋째, 비판적인 동료의 조언을 구하는 것이다. 실행연구는 연구 과정에서도 연구 참여자나 정보 제공자들과의 협력이 필수적이다. 만약 자료의 해석에 어려움이 있다면 다른 사람에게 도움을 얻을 수 있다. 특히 신뢰할 만한 연구 참여자이거나 동료들이라면 연구 과정에서 놓친 중요한 의미나 통찰을 구할 수 있다. 넷째는 관련 문헌과 연구 결과의 관련성을 찾는 것이다. 연구 결과를 뒷받침하는 효과적인 방법은 외부의 권위와 연관을 짓는 데 있다.

분석의 마지막 단계로서 실행연구가 성공적으로 이루어지기 위해서는 모든 실행연구 결과들이 발표되고 연구 참여자들과 다른 이해관계자들과 함께 결과를 공유해야 한다. 각 실행연구의 결과물은 다른 연구자들이나 조직에도 긍정적인 영향을 줄 수 있으므로 연구의 결과를 공유하는 것이 반드시 요구된다. 실행연구의 성패와는 관계없이 솔직하게 연구 과정을 발표하고 공유하는 작업은 연구자 본인과 공동체의 문제 해결과 실행의 개선에 크게 이바지할 것이다. 추가로 연구자는 스스로 자신의 실행이 어떠하였는지를 되돌아보고, 연구 과정에서 경험한 문제와 딜레마를 서술하는 작업을 수행해야만 한다.

또한 실행연구는 분석이 이루어지고 난 후에 반드시 처음의 문제 해결 단계로 돌아가 제2, 제3의 실행을 준비해야 한다. 실행연구의 순환적이고 잠정적인 특성은 이 과정에서 가장 큰 효과를 발휘하게 된다. 실행연구는 다른 연구와는 달리 문제가 완전히 해결될 때까지, 또는 연구자와 연구 참여자가 만족할 때까지 계속 수행될 수 있으며, 모든 연구 절차가 하나의 연구 사례에 통합적으로 제시되는 것도 가능하다.

6. 요약

지금까지 현장에 대한 이해와 개선을 목적으로 하는 실행연구의 개념, 이론적 배경, 모형, 그리고 연구 과정에 관한 내용을 살펴보았다. 실행연구는 현장의 개선을 궁극적인 목표로 하며, 현장의 구성원들을 연구에 참여시키는 상당히 진보적이고 적극적인 실용주의에 입각한 연구 방법이다. 특히 기존의 질적연구 방법보다 이해하기 쉽고 체계적인 방법을 사용하기 때문에 질적연구를 처음 접하는 연구자들에게 유용한 방법이다(김영천, 박찬봉, 박일녀, 2002). 실행연구에는 반드시 문제의 발견과 해결을 포함하며 현장을 개선한다는 명확한 목적의식이 있어 연구 성과를 판단하기에도 좀 더 유리한 측면이 있다. 또한 실행연구에는 필수적으로 성찰과 반성을 통한 연구 토대의 개선, 그리고 반복되는 연구 과정이 포함된다. 모든 실행연구는 최소 2회 이상의 순환적인 연구를 통해 연구 문제와 도구의 개선이 이루어지고 있다. 이와 같은 실제적인 개선 과정이 눈에 보이도록 연구를 계획하고 수행하고 표현하기 때문에 연구의 효과성을 쉽게 확인할 수 있다.

그리고 실행연구에서 강조하는 것은 지식과 행동을 결부시켜 실천적인 지식을 만드는 것이다. 연구자는 연구를 통해 자신이 상상만 하던 현장 개선 방안을 직접 실천해 보고 실제로 성장한다. 이러한 경험은 연구자가 앞으로도 현장 개선을 위해 이론적 · 실제적 지식으로 무장하고 더 높은 수준의 연구를 하는 것을 가능하게 한다. 구체적인 상황에서 어떻게 실천할 것인지에 관해 정보를 제공하고, 직접 행동한 결과를 바탕으로 이론을 생성하는 능력은 실행연구에서 가장 효과적으로 갖출 수 있다. 이에 실행연구는 전통적인 현장 연구의 대안으로서 최근에는 다양한 학문 분야와 조직에서 활용하고 있다. 실행연구는 자신의 경험에 대한 이해와 개선, 그리고 자신과 조직의 새로운 발전을 목표로 하는 많은 연구자에게 선택받을 것으로 예상된다. 구체적으로는 교육, 의학, 간호학, 건강, 사회사업, 조직 개발, 설계와 건축, 청소년, 인적자원 등 다양한 사회 분야에서 삶의 질을 개선하는 실천적인 방법으로 활용될 것으로 기대되고 있다.

이 장에서 소개된 내용만으로 실행연구를 전부 이해하기는 어렵다. 특히 실행연구는 이론과 실천의 괴리를 지적하면서 등장하였으므로, 실행연구를 직접 실천해 보지 않고서는 실행연구의 본질을 절대 알 수 없을 것이다. 독자들은 여기서 실행연구의 개념을 제대로 이해하고, 이를 바탕으로 자신의 현장과 실천을 개선할 수 있는 좋은 연구 주제들을 발견할 수 있을 것이다. 앞으로도 유능한 실행연구자들에 의해 많은 연구 사례들이 발굴되기를 기대한다.

7. 참고문헌

김수정(2020). 참여주도 실행연구를 통한 중간관리자 집단역량 프로그램 효과성 연구: 팟케스트를 중심으로. **인문사회 21**, **11**(3), 109-124.

김영천, 박찬봉, 박일녀(2002). 엎 클로스 앤드 퍼스널 (Up Close and Personal): 현장연구자가 들려주는 학교연구의 이슈와 딜레마. **교육인류학연구**, **5**(2), 1-30.

김진원, 송민경, 이슬아, 유명(2017). 중도입국청소년의 직업훈련. **한국청소년 연구**, **28**(2), 63-99.

문수영, 조민주(2019). 열린어린이집을 적용한 만 4세반 교사의 유아 식습관 개선에 대한 실행연구. **영유아교육지원연구**, **4**(1), 69-93.

성열관(2006). 교육과정 실행연구의 성장과 주요 특징에 대한 이론적 고찰. **교육과정연구**, **24**(2), 87-109.

신동일(2005). 영어평가 프로그램 개발 실행연구: 채점자 교육과정에 관한 성찰과 반성. **영어교과교육**, **4**(1), 83-112.

양태양, 이규일(2020). 여학생 신체활동 증진을 위한 방안 탐색: SPARK 프로그램 적용 축구수업 실행연구. **체육과학연구**, **31**(2), 257-274.

오덕열(2018). 남북 교류 · 협력 시기 통일교육의 새로운 실천을 위한 비판적 실행연구: 통일교육원의 '찾아가는 학교통일교육'을 중심으로. **교육인류학연구**, **21**(4), 239-275.

이경아, 하경희, 유명이(2009). 정신장애인 사회복귀시설에서 사회복지사의 강점사정 적용에 관한 실행연구. **정신보건과 사회사업**, **33**, 130-166.

이마리아(2018). 지역사회 조직화 교육에 관한 실행연구. **한국 사회복지학**, **70**(2), 115-144.

이송이, 원경식(2016). 항공사 서비스 품질 향상을 위한 영어교육에 관한 연구: 학습자 요구분석을 중심으로. **경영교육 연구**, 31(4), 545-569.

이언상, 김영종(2017). 지역복지의 참여적 실행연구에서 컨셉트 맵핑 적용 가능성에 관한 연구. **한국지역사회복지학**, **60**, 29-58.

정복희, 이병숙(2015). 수술실 간호사의 팀워크 강화 실행연구. **계명간호과학**, **19**(2), 1-15.

조재성(2021). 초등학교 학년 간 수학 중심 통합교육과정 운영에 관한 협력적 실행연구. **학습자중심교과교육 연구**, **21**(6), 275-293.

최의창(1998). 학교교육의 개선, 교사연구자, 그리고 현장개선연구. **교육과정연구**, **16**(2), 373-399.

Agar, M. (1980). Getting better quality stuff: Methodological competition in an interdisciplinary Niche. *Urban Life*, *9*(1), 34-50.

Arhar, J. M., Holly, M. L., & Kasten, W. C. (2001). *Action research for teachers*. Columbus: Merrill-Prentice Hall.

Altrichter, H., Kemmis, S., McTaggart, R., & Zuber-Skerritt, O. (2002). The concept of action research. *The Learning Organization*, *9*(3), 125-131.

Blaikie, N. & Priest, J. (2017). *Social research: Paradigms in action*. NY: John Wiley & Sons.

Borda, O. F. (2006). The North-South convergence: A 30-year first-person assessment of PAR. *Action Research*, *4*(3), 351-358.

Calhoun, C. (1994). *Social theory and the politics of identity*. Cambridge: Mass.

Carr, W. & Kemmis, S. (1986). *Becoming critical: Education, knowledge and action research*. Lewes: Falmer.

Corey, S. M. (1952). *Action research to improve school practices*. NY: Teacher College Press.

Elliott, J. (1991). *Action research for educational change*. Philadelphia, PA: Open University Press.

Flood, R. (2006). The relationship of systems thinking to action research. In P. Reason & H. Bradbury (Eds.), *Handbook of action research: Participative inquiry and practice*. London: Sage.

Hitchcock, G. & Hughes, D. (1995). *Research and the teacher*. London: Routledge.

Johnson, A. P. (2012). *A short guide to action research*. NJ: Pearson.

Kemmis, S. & McTaggart, R. (1988). *The action research planner*. Geelong: Deakin University.

Kemmis, S. & McTaggart, R. (2000). Participatory action research. In N. Denzin & Y. Lincoln (Eds.), *Handbook of qualitative research*. Thousand Oaks, CA: Sage.

Lewin, K. (1946). Action research and minority problems. *Journal of Social Issues*, *2*, 34-46.

Lewin, K. (1952). *Field theory in social science: Selected theoretical papers by Kurt Lewin*. England: Tavistock.

Ludema, J. D., Cooperrider, D. L., & Barrett, F. J. (2006). Appreciative inquiry: The power of the unconditional positive question. In P. Reason & H. Bradbury (Eds.), *Handbook of action research: Participative inquiry and practice*. London: Sage.

Maynard, M. (1994). Methods, practice and epistemology: The debate about feminism and research. *Researching Women's Lives from a Feminist Perspective*, *10*(26), 10-26.

McKernan, J. (1996). *Curriculum action research*. NY: Routledge.

Mills, G. E. (2011). *Action research: A guide for the teacher researcher*. Upper Saddle River, NJ: Prentice.

Noffke, S. (1989). *The social context of action research: A comparative and historical analysis*.

ED308756.

Norton, L. S. (2009). *Action research in teaching and learning: A practical guide to conducting pedagogical research in universities*. NY: Routledge.

Rapoport, R. N. (1970). Three dilemmas in action research. *Human Relationship*, *23*(6), 499-513.

Reason, P. & Bradbury, H. (2001). *Handbook of action research: Participative inquiry and practice*. London: Sage.

Rowan, J. (2006). The humanistic approach to action research. In P. Reason & H. Bradbury (Eds.), *Handbook of action research: Participative inquiry and practice*. London: Sage.

Schön, D. A. (1983). *The reflective practitioner: How professionals think in action*. NY: Basic Books.

Stenhouse, L. (1975). *An introduction to curriculum research and development*. London: Heinemann.

Stringer, E. (2007). *Action research*. CA: Sage.

Tomal, D. R. (2010). *Action research for educator*. Lanham, MD: Rowman & Littlefield Education.

Toulmin, S. & Gustavsen, B. (1996). *Beyond theory: Changing organizations through participation*. Amsterdam: John Benjamins.

Wolcott, H. (1994). *Transforming qualitative data*. London: Sage.

제9장

비판적 질적연구

이론화와 실천 분야

불평등 연구, 계층 연구, 젠더 연구, 노년학, 사회학, 의료학, 복지학, 페미니즘 연구, 장애 연구, 특수교육, 공중보건학, 청소년학, 교육학, 상담학, 인류학, 인문지리학, 간호학

이 장에서는 최근 질적연구 방법론 중에서 가장 주목받고 활발하게 발전하고 있는 비판적 질적연구를 소개하고자 한다. 비판적 질적연구는 사회에 존재하는 불평등, 차별, 억압, 소외를 경험하며 살아가는 사람들을 위해 더욱 정의롭고 공정하며 평등한 사회로의 변화를 추구한다는 목적을 가진다. 이에 비판적 질적연구자들은 다양한 사회와 직업 그리고 생활의 영역에 존재하는 불평등과 차별에 대한 구조적 모순과 실천의 문제점을 규명하고 비판하며, 소외되고 억압받는 사람들의 목소리를 대변하고자 노력한다. 어느 사회에나 불평등의 문제는 존재하며 다양한 불평등이 사회적 문제로 인식되는 오늘날, 비판적 질적연구의 중요성과 그 실천 가능성은 더욱 커진다고 하겠다. 이에 우리는 이 장에서 비판적 질적연구의 정의와 특징을 살펴보고, 비판적 질적연구를 지탱하는 핵심적인 철학적 개념을 설명하고자 한다. 이어서 우리는 비판적 질적연구의 핵심적 탐구 영역을 설명하고 최근 등장한 연구들을 소개함으로써 독자들의 이해를 돕고자 한다.

1. 비판적 질적연구의 이해

비판적 질적연구는 비판이론의 다양한 이론과 전제에 근거하여 질적연구를 하는 연구 전통을 말한다. 이에 비판적 질적연구의 기본적 목적은 비판이론이 추구하는 바와 같이 사회의 부정의, 불평등, 권력과 관련된 다양한 사회적 현상의 실제와 모순을 질적연구 방법을 통하여 규명하고 이를 개선하거나 변화시키는 것에 있다. 이에 비판적 질적연구는 사회에 존재하는 다양한 차원의 불평등, 차별, 억압의 문제에 관심을 가지며 사회, 조직, 문화를 더욱 평등하고 정의로운 방향으로 변혁시키고자 하는 목적을 추구하는 질적연구의 한 갈래이다. 비판적 질적연구는 포스트모던 질적연구나 탈식민적/토착적 질적연구와 마찬가지로 하나의 체계화된 방법적 절차를 가지지 않는다. 다시 말해, 비판적 질적연구는 거시적 또는 미시적 규모와 차원에서 불평등, 차별, 억압, 권력, 소외, 편견 등과 관련된 현상을 탐구하여 더욱 정의롭고 평등한 방향으로의 변화를 추구하는 질적연구를 총칭한다. 이에 비판적 질적연구는 계급, 인종, 젠더, 성 정체성, 장애와 관련된 사회적 · 구조적 · 문화적 · 제도적 문제에 관심을 가진다. 이러한 비판적 질적연구는 다음과 같이 정의된다.

- 비판적 질적연구는 헤게모니와 사회의 불평등 문제에 대한 연구이다. 즉, 비판적 질적연구는 '가치'를 중요하게 간주하는데, 비판적 연구자들은 사람들의 일상적인 삶에 당연하게 여겨지는 불평등의 구조가 일상적으로 존재한다고 보고 이를 변화시키고자 한다(Korth, 2002).
- 비판적 질적연구는 해방적 지식을 추구한다. 이를 위해 세 가지 관련된 기본적 전제에 기초한다. 이는 이데올로기에 대한 투명한 비판과 반영성, 사회적 실제에 대한 잘못된 이해와 편견의 해체, 지속되는 불평등 재생산 구조의 변혁

을 포함한다(Greckhamer, 2017).

- 비판적 질적연구는 널리 퍼져 있는 불평등, 가난, 억압, 부정의와 같은 사회적 문제에 도전하는 변혁적 패러다임 속에서 사회 정의와 인권을 추구한다(Denzin, 2017).
- 비판적 질적연구는 비판이론의 전제와 통찰을 수용하는 연구들로서, 양적이고 실증적인 연구와 양립할 수 없는 접근이다(Alvesson & Ashcraft, 2009).
- 비판적 질적연구는 사회적으로 소외된 집단의 목소리에 우선권을 부여함으로써 권리와 사회 정의 차원에서 불평등 해소를 위한 인식의 개선을 추구한다(Harris, Holmes, & Mertens, 2009)

이러한 정의들을 종합하면, 비판적 질적연구는 사회적으로 억압받고 소외되는 집단의 목소리를 드러냄으로써 그들을 차별시키는 다양한 구조적 모순을 파헤치고 궁극적으로 더욱 평등하고 정의로운 사회로의 변혁을 추구하는 목적으로 수행되는 질적연구를 의미한다. 이에 Kincheloe, McLaren과 Steinberg(2012)은 비판적 질적연구를 '사회 문화적 비판'이라는 인식에 기초해서 이루어지는 사회과학의 영역이라고 이야기한다. 이 연구자들은 비판적 질적연구의 전제로 다음 여섯 가지를 제시하였다.

- 사회적 · 역사적으로 만들어진 권력은 모든 인간의 활동과 삶에 영향을 미친다.
- 이러한 권력은 개인의 이데올로기, 가치 판단, 지식, 기능, 기질에도 영향을 미친다.
- 자본주의는 개인적 · 집단적 사회 활동의 과정과 결과에 영향을 미친다.
- 객관성은 신화와 같은 것이며, 언어와 문화는 주관성(subjectivity)을 전제로 한다.
- 특권과 억압은 어디에나 존재한다. 이를 변혁하기 위해 '비판적 의식'은 필수적이다.
- 전통적인 그리고 주류적인 행위들은 평등과 사회 정의와 관련한 문제의 재생산에 기여한다.

비판적 질적연구를 이해하기 위해 독자들은 먼저 '비판적(critical)'의 개념을 이해해야 한다. 일반적으로 '비판적'이라는 용어는 인식론적 적절성을 판단하는 비판적 사고를 의미한다(Burbules & Berk, 1999: 47). 예를 들어 어떤 주장을 비판할 때 그 주장을 뒷받침하는 증거나 논리적 근거가 얼마나 합리적이고 명료한지를 판단하는 것이다. 하지만 비판적 질적연구에서 '비판적'은 정치적 · 윤리적 이슈와 관련 있으며, 이데올로기에 대한 비판을 의미한다(Brookfield, 2012). 마르크스주의 관점에서 이데올로기는 단순히 특정한 신념이나 사고를 지칭하는 것이 아니라 실제를 왜곡하고 가리는 데 기여하는 부정적인 이데올로기 개념이다(Allman, 2007). 이에 비판적 질적연구자는 자본주의 사회의 구조와 관계는 소외 계층의 사람들에게 억압적이고 그들을 착취함으로써 정의롭지 않고 평등하지 않은 사회를 만들고 지속시키는 데 기여하는 것으로 간주한다(Kincheloe & McLaren, 1994). 이러한 구조적 모순으로 인해 대부분의 사람들은 자신의 잠재력을 충분히 발휘할 수 없는 상황에 놓이게 된다(Freire, 1972a). 이에 불평등한 권력 분배 구조는 자본주의 사회적 관계를 특징지으며 헤게모니에 의해 가려져 있다고 본다. 이와 관련하여 Gramsci는 억압적 자본주의 사회관계는 매우 강력하며 마치 자연스럽고 변하지 않는 것처럼 인식된다고 주장하였다. 뿐만 아니라 그는 이러한 구조가 사회적으로 소외받고 착취당하고 있는 사람들조차도 불평등과 정의롭지 않은 사회의 유지에 기여하도록 만든다고 주장한다. 이에 비판적 질적연구는 자본주의 사회를 규정하고 지탱하는 구조를 비판적으로 분석한다. 이를 통해 연구자와 참여자 모두 그 불평등한 구조를 이해하고 나아가 행동을 할 수 있는 비판적 의식 함양을 목적으로 한다(Denzin, 2017).

이러한 '비판'의 의미를 좀 더 명료화하기 위해서 Madison(2011)의 논의를 살펴볼 필요가 있다. Madison은 다소 모호하게 여겨질 수 있는 비판의 의미를 명료화하고자 비판의 개념을 다음과 같은 특징으로 설명하였다.

- 비판은 우리가 위치하고 있는 인식론의 확실성을 해체하고 재구성하는 것을 뜻한다.
- 비판은 권력과 지식 사이에 은폐되어 있는 강요의 메커니즘의 관계를 규명하고 밝히는 것이다.
- 비판은 진실의 정치학(politics of truth)을 탐구하는 것이다.
- 비판은 지배를 받고 싶어 하지 않는 의지 그리고 기존의 지배 방법의 거부를 넘어서 새로운 형태의 더욱 평등한 형식의 권력관계를 탐구하기 위한 노력이다.
- 비판은 한 주체가 자신이 믿고 있는 진실을 의심할 권리가 있을 때, 그리고 권력을 의심할 권리가 있을 때 생길 수 있다.

- 비판은 지배와 정복의 관계와 그 형성 과정을 밝혀내고 탈지배적 구조와 실천의 가능성을 탐구하기 위한 노력이다.
- 비판은 '무엇이 될 수 있는지에 대한 제한과 무엇을 알게 될지에 대한 제한'에 도전할 수 있는 용기이다.
- 비판은 주체에 대한 탈지배가 진실과 지식의 정치학을 해체할 때, '무엇이 될 수 있는지'에 대한 제한이 깨지는 새로운 해방을 위해 노력하는 것이다.

이러한 '비판적' 입장에 기초하여 비판적 질적연구자들은 "객관적인 진리와 지식은 존재하지 않는다"라는 인식론적 입장을 취한다. 즉, 현재의 사회적 구조와 문제들은 당연한 것이 아니며, 특정한 사회적 구조, 사회적 관계, 사람들의 의식이 사회적·정치적·경제적 힘, 그리고 다른 힘에 의해서 만들어진 것이라고 간주한다(Guba & Lincoln, 1994). 이에 사회에 대한 지식은 탈개인적이지도 않으며 객관적이지도 않다. 반대로 이는 사회적으로, 정치적으로 만들어진 것이며, '개인적이고 주체적인, 그리고 특정한' 부분을 포함한다(Cohen & Manion 1994). 다시 말해, 사회의 구조와 현상에 대한 이해는 개인들이 가진 이데올로기와 규범적 가정에 의해서 만들어진다는 것이다(Carr & Kemmis, 1986).

정리하면 비판적 질적연구는 마르크스주의와 비판이론에 기초하여 불평등하고 차별적인 사회의 구조 변혁을 위해 해방적 지식을 생산하고 사람들로 하여금 '비판적 의식'을 갖도록 하여 궁극적으로 사회를 더욱 정의롭고 평등한 방향으로 변화시키려는 목적으로 수행되는 연구를 의미한다.

2. 비판적 질적연구의 철학적 배경과 핵심 개념

우리는 앞 절에서 비판적 질적연구의 정의를 알아보았다. 이 절에서는 이러한 비판적 질적연구를 지탱하는 철학적 배경을 설명하고자 한다. 언급한 바와 같이 비판적 질적연구는 마르크스주의와 비판이론에 기반을 둔 연구 패러다임으로, 사회에 존재하는 구조적 모순, 이에 대한 사람들의 믿음과 인식, 나아가 더욱 정의롭고 공정한 사회로의 변화를 위한 실천 행위를 추구한다. 이러한 목적을 위한 연구를 수행하는 연구자들이 기본적으로 갖추어야 할 철학적·이론적 개념에 대해 설명하고자 한다.

가. 이데올로기: Althusser

비판적 질적연구의 핵심적 · 이론적 개념으로 먼저 이데올로기를 설명하고자 한다. de Tracy가 처음 사용한 '이데올로기'는 'idea'와 'logik'의 합성어로서, 세상에 대한 세계관, 종교관, 가치관, 사상, 사고방식과 같은 신념 체계 또는 인식 체계를 의미한다. 한 사회에는 다양한 이데올로기가 존재하기 마련이다. 우리가 여기서 논의할 이데올로기는 Althusser가 재생산의 관점으로 이해한 이데올로기를 의미한다(Althusser, 1971). Althusser(1971)는 이데올로기를 "실재 존재 조건에 대하여 개인이 맺는 상상적 관계의 재현"과 "개인을 주체로 호명"이라는 두 가지 의미로 이해한다. 즉, 그가 이해하는 이데올로기는 사회 속에서 인간의 존재성과 존재 방식을 결정하는 실체로서 인간을 둘러싸고 있는 다양한 차원의 사회적 조건에 의해 형성되는 것이다. 또한 이데올로기는 인간 의식 속에 있는 세계에 대한 표상으로서, 개인들은 그러한 이데올로기적 조건 안에서 다른 사람들과 관계를 맺고 행위를 한다(이건만, 1994).

인간의 의식에 투영되어 있다는 점에서 McLaren(1989)은 이데올로기를 '의미의 생산'으로 이해한다. 다시 말해, 특정한 세계관과 인식 체계로서의 이데올로기는 인간이 자연스럽고 당연하게 받아들이는 관습이나 의식, 표상 등이라고 이야기한다. 사람들이 당연하게 받아들이는 것은 "사회 세계의 의미와 권력이 상호작용한 결과"이기 때문이다. 이에 권력을 가진 계급이나 집단은 자신들의 이데올로기를 그 사회 구성원이 당연하게 여기는 신념으로 만들기 위해 노력한다. 즉, 하위 계층의 사회 구성원들이 자신들의 계급/계층적 위치에 대한 불평등을 당연하게 받아들이고 순응하도록 한다. 이렇게 특정 이데올로기가 권력을 가지게 되고 지속되면 이는 헤게모니가 된다(McLaren, 1989). 권력을 가진 이데올로기가 주류적 힘을 획득하고 지속되면 이는 주류적 이데올로기, 즉 헤게모니가 되는 것이다(McLaren, 1989).

Althusser의 이데올로기 개념은 결국 억압받고 소외된 사람들을 위한 실천이며, 이들을 위한 해방된 공간과 실천 방식을 추구하는 투쟁이다. 비판적 질적연구에서 Althusser 연구의 업적은 국가 기관이나 제도가 어떻게 자본주의 사회 질서를 정당화하고 존속시키는지를 분석할 수 있는 도구를 제공해 준다는 것이다. 또한 그의 이데올로기 개념은 제한적이나마 억압받는 사람들의 자율성과 자기 결정성을 인정함으로써 변화와 변혁의 가능성을 열어놓았다. 하지만 그의 논의는 변화의 주체로서 인간의 능력을 다소 수동적으로 바라본다는 비난 또한 받기도 한다. 다시 말해 인간은 기존 사회의 질서 유지 체제에 순응하는 존재로 간주한다는 비난을 받고 있다(Young & Whitty,

1977). 특히 Althusser(1971)는 Michael Apple과 마찬가지로 교육 체제를 자본주의 국가에서 이데올로기를 강화하는 가장 중요한 제도적 장치로 바라보았다. 즉, 현대 자본주의 사회에서 필요한 노동력/노동자의 재생산을 담당하는 기관이 학교라는 것이다. 다시 말해, 학교라는 기관은 지배자의 이데올로기를 정당화하고 피지배 계층의 노동자들이 필요한 지식이나 기능을 습득시켜 그들이 사회에서 담당해야 할 역할을 충실히 수행할 수 있는 계급으로 생산한다는 것이다(Althusser, 1971: 130-132).

나. 헤게모니: Gramsci

헤게모니(hegemony)는 Gramsci(1971)가 자본주의 사회의 계급적 구조와 지배의 메커니즘을 설명하기 위해 Marx와 Angels로부터 차용한 개념이다. Gramsci는 자본주의 사회에서 헤게모니는 자본의 지배 계층의 권력 유지를 위해 작동하며 사회 계급을 재생산하고 영속시키는 역할을 한다고 보았다. Gramsci 사유의 중요성과 위대함은 그러한 메커니즘의 한계를 지적한 데 있는데, 그는 제도적 · 정치적 · 교육적 강압에 의한 시스템만으로는 자본주의 사회의 계급 체계가 지속될 수 없다고 보았다. 다시 말해, 헤게모니를 통해 사회 전체 구성원들의 지적 · 도덕적 인식과 태도를 형성함으로써 지배 권력의 유지가 가능해진다고 보았다(이건만, 1994).

Gramsci(1971)는 *Selections from the prison notebooks*에서, 헤게모니는 권력의 사용과 인간 의식의 형상화를 통해 생겨나는 것으로서, 사회에서 지배 계급이 피지배 계급에 대해 지니는 이데올로기적 우세를 가리킨다고 밝혔다. 즉, 헤게모니는 지배 계급의 이데올로기로서 '권력을 가진 이데올로기', '우세한 주류적 이데올로기의 힘'을 의미한다. 따라서 헤게모니는 지배자의 입장을 반영하고 그들에게 유리한 방식으로 사회를 구조화하고 기능화한다. 이를 가능하게 하기 위해서는 피지배 계급 또한 지배자의 이데올로기, 즉 헤게모니를 습득하고 그것을 합리적이고 정상적인 것으로 간주하게 하는 것이다. 또한 헤게모니는 피지배 계급의 자발적인 동의와 능동적 행위가 지배자의 이데올로기를 지탱하도록 하는 인식적 · 실천적 행위의 복합체로 이해될 수 있다. 다시 말해, 부르주아 계급의 지배는 물리적 힘에 의한 지배가 아니라 자신들의 세계관, 종교관, 인식론, 가치론을 하위 계급의 동의에 의해 지탱된다는 것이다(Forgacs, 1988: 422-424). 그렇기 때문에 부르주아의 지배는 정치적 · 사회적 · 문화적 · 교육적 기제들이 통합적으로 작용하여 기존 사회 질서 체제를 유지한다는 것이다.

권력을 가진 이데올로기로서 헤게모니는 자신들의 이데올로기가 더 합리적이고 윤리적이라는 것을 피지배 계급에게 주입함으로써 지배성을 유지한다(Gramsci & Mouffe, 1979). 또한 지배 계급에 의해 실행되는 지식과 윤리 지도는 인간의 의식을 교육하고 변화시키는 과정을 상징한다. 여기에서 지배 계급은 단결된 계급들의 특정된 세계관과 관심사를 대중들의 일상적인 요소들로 변화시킴으로써 헤게모니 원리를 명료화한다(Giroux, 1981). 다시 말해, 헤게모니는 지배 계급과 피지배 계급의 위계적 불평등 관계를 구조적으로 합리화함으로써 피지배 계급의 '동의'를 획득한다(Aronowitz & Giroux, 1985).

비판적 질적연구에서 이데올로기와 헤게모니에 대한 이해가 중요한 이유는 이 개념들이 자본주의 사회의 계급 지배 방식을 이해하고 비판할 인식론적 도구를 제공하기 때문이다. 실제로 선진 자본주의 노동조합, 교회, 학교, 가족 등과 같은 헤게모니 기구들의 사회화 기능을 통해서 기존 질서와 가치, 태도, 신념, 도덕 등이 일반 대중에게 전파되고 수용되며, 일상생활의 모든 영역으로 확산되어 상식의 일부가 된다. 즉, 지배 계급이 그들의 권력과 부, 지위를 영속화하고자 할 때, 그들은 자연스럽게 그들의 철학과 문화, 도덕성 등을 대중화하여 그것들을 도전받을 수 없는 자연적 질서의 한 부분으로 받아들이도록 시도한다. 이것은 어느 사회에서나 헤게모니가 성공적으로 인정받기 위해서는 대중들에게 생활의 보편적인 인식으로 수용되어야 한다는 것을 의미한다(이건만, 1994: 63-64).

이러한 이데올로기는 인식 체계로서 관념이나 의식의 영역에만 국한되는 것이 아니라 다양한 국가의 제도와 시스템을 통해서 사람들의 일상생활에 영향을 미친다. 정치제도, 사회보장제도, 교육 제도, 종교제도, 가족제도 등과 같은 국가 사회의 거시적 구조는 구성원을 특정한 방식으로 사고하고 행위하도록 요구한다. 그러한 구조에 포함되는 사람들은 평범한 사람 또는 준법정신이 투철한 사람으로 간주되며, 그 틀에서 벗어나는 사람들은 기이하거나 반역적인 사람들로 간주되기도 한다. 오늘날 우리 사회의 이슈가 되고 있는 '이슬람교 차별'이나 '성 정체성' 관련 논쟁들을 보면 쉽게 알 수 있다. 대표적으로 학교는 국가의 특정한 이데올로기를 후속 세대에 전달하는 기능을 하는 주요한 국가 기구라 할 수 있다(Althusser, 1971). 이렇게 거시적인 관점에서 이데올로기를 비평한 Althusser는 마르크스주의자로서 자본주의 국가를 억압적이고 이데올로기적인 장치로 간주하고 비판한다. 그렇기 때문에 비판적 질적연구에서 중요한 것은 비판적 의식을 함양하는 것이며, 인간을 인간다운 존재로 만드는 것이다(이건만, 1994). 이러한 일은 다른 사람이나 역사를 모르고서는 이룰 수 없으며, 자신을 인격체로 만드는 지속적인 노력 없이는 불가능하고, 인간이 구축해 놓은 문명을 자신들의 것으로 대체하려는 노력 없이는 성취되지 않는다. 즉, 더욱 평등한 사회로의 변화는 현재의 헤게모니가 만들어놓은 지배와 복종이라는 틀에서 벗어날 때 가능하다. 이러한 노력은 이데올로기와 헤게모니에 대한 지적 탐구에 기초한 실천으로 가능한데, 비판적 질적연구는 지배와 피지배의 구체적 현상과 증거를 제시하고 비판적 실천을 이끌어내려는 노력으로서 간주된다.

다. 문화 재생산: Bourdieu

Pierre Bourdieu의 문화 재생산 이론의 이해 또한 비판적 질적연구를 위해 중요하다. 신자유주의를 비판한 프랑스 사회학자 Bourdieu는 사회학을 '구조와 기능의 차원에서 기술하는 학문'으로 간주하였다. 그는 사회학자이면서 예술, 문학, 교육에도 관심을 가졌는데, 특히 교육에 대한 그의 비판적 통찰이 담긴 *The Inheritors: The French Students and Their Relations to Culture*(1979)는 교육 분야뿐만 아니라 비판이론과 비판적 질적연구에 중요한 영향을 끼쳤다. Bourdieu의 문화 재생산 이론은 마르크스주의에서 비판한 정치적 · 이데올로기적 억압과 차별적 구조의 재생산 논의를 '문화'의 관점에서 분석하고, 그 재생산의 메커니슴을 '아비투스(habitus)', '상징적 폭력(symbolic violence)', '문화 자본(cultural capital)'의 개념으로 발전시키고 이론화하였다. 이에 우리는 이 개념들에 대해 살펴보고 비판적 질적연구를 위한 시사점을 설명하고자 한다.

먼저 아비투스(habitus)는 인간의 사회적 행위가 복잡한 사회적(교육적) 체계를 통해 만들어진 사회화의 결과라고 간주하는 개념이다. 아비투스는 특정한 상황과 맥락에서 발현되는 사회 구성원의 사고, 인지, 판단, 행동 체계를 의미하는데, 이는 그 행위자가 살아가고 있는 사회, 좀 더 구체적으로 그 사람의 계층과 계급의 문화적 상징이나 행동적 특성을 보인다는 것이다. Bourdieu는 아비투스를 헥시스(hexis)와 습관(habit)으로 구분하여 설명하는데, 헥시스는 몸짓이나 억양과 같은 물리적인 아비투스를 말하며, 습관은 인식, 이해, 감정과 같은 더욱 심리적이고 정신적인 아비투스를 지칭한다. Bourdieu의 아비투스 개념은, 사회에서 인간의 행위는 심각한 고민과 엄밀한 합리적 사유에 의해서 이루어지는 것이 아니라 교육과 같은 사회화의 과정을 통해 습득된 감정이나 직관들이 그대로 드러나는 것으로 간주한다.

Bourdieu는 이러한 사회화의 과정을 통해 개인이 습득하고 당연하게 여기는 신념, 가치, 태도를 '억견(doxa)'이라는 개념, 즉 '근거가 결핍된 지식'으로 설명하였다.

Bourdieu에 따르면, 아비투스의 개념은 개인들의 '과거의 경험'으로부터 만들어지지만 이에 그치지 않고 '그들의 미래의 삶'에 또한 강한 영향을 미친다는 것이다. 이에 Bourdieu는 사회적 · 문화적 구조는 그 사회의 개인들이 습득한 아비투스를 통해 재생산된다고 본다. Bourdieu는 억견 주입의 결과로 나타나는 아비투스의 실행 과정을 '상징적 폭력(symbolic violence)'으로 설명하였다. 이 '상징적 폭력'의 개념은 불평등한 사회의 구조가 어떻게 지배 계층에 의해 정당화되고 유지되는지를 비판하는 개념이다. 인간의 의식, 심리의 무의식적 반응과 행위를 만들어낸다는 점에서 상징적 폭력은 물리적 폭력보다 더욱 가혹하고 강력하다. 왜냐하면 자신들에게 주입된 아비투스가 억견이라는 사실을 인식하지 못한 채 살아가고 행동하게 되기 때문이다.

이러한 문화 재생산의 이해에 기초하여 Bourdieu는 '자본'의 개념을 차용하여 세 가지(상징 자본, 문화 자본, 사회 자본) 개념으로 문화 재생산을 설명한다. 상징 자본(symbolic capital)은 특권, 권위, 명성을 의미하는데, 이는 사회 구성원이 공유하는 차별화된 인식의 틀에서 작동한다. 즉, 상징 자본은 타인에게 보여지는 물질적 · 추상적 상징으로 자신과 타인을 차별화하고 명성이나 권력 또는 자본을 획득하는 기제로 작동한다. 즉, 상징 자본은 개인들이 사회나 조직으로부터의 인정과 사회적 지위를 유지 또는 상승시키고자 추구하는 '상징적 힘'을 의미한다. 이러한 상징 자본은 명성, 우월성, 특권, 신뢰, 권위, 존중을 받는 근거가 되어 그 사회에서 상당한 힘을 발휘하기 때문에 사람들은 이 상징 자본을 획득하기 위해 노력하고 경쟁한다. Bourdieu는 상징 자본을 획득한 사람은 때때로 '상징적 폭력'을 행사한다고 설명한다. 즉, 자신의 지위와 권위를 이용하여 그 자본 체계에서 하위 계층의 사람들을 겁박하거나 복종하게 만들거나 차별한다는 것이다. 우리 사회에서 이슈가 되었던 '전관 예우', '외교관이나 그 가족 또는 대기업 총수 일가의 갑질' 등이 상징적 폭력의 예가 될 수 있다.

문화 자본(cultural capital)은 개인이 가진 사회적 자산으로서 문화적 지식, 교육, 지성, 어투, 의복, 예술적 지식과 경험 등을 지칭하는데, 이는 계층화된 사회에 살아가는 개인의 계층/계급 상승을 위해 활용된다. 문화 자본은 개인의 성장 배경과 밀접한 관계가 있으며, 문화 자본의 종류와 질은 사회적 위치와 힘의 획득으로 이어진다. 특히, 문화 자본은 교육을 통해 개인들과 다음 세대로 전수되는데, 교육을 통해 습득한 지식이나 지적 능력은 한 사회에서 개인이 지위를 획득하는 이점을 제공한다. Bourdieu는 문화 자본을 개인의 품위 · 교양 · 말투 등과 같이 주로 아동기에 가정에서 전수되는 체화된 문화 자본, 자동차 · 집 · 값비싼 보석 등과 같이 상속될 수 있는 객관화된 문화 자본, 학위 · 졸업장 · 자격증처럼 교육을 통한 성취로 습득되는 제도화된 문화 자본으로 나누어 설명한다.

사회 자본(social capital)은 개인이 사회적 네트워크를 통해 얻게 되는 지위나 이점을 의미한다. 예를 들어, 명문 대학의 동문회, 특별한 성취를 한 사람들이나 특권을 가진 사람들의 모임이 그 구성원들에게는 강력한 사회 자본을 제공한다. 우리나라의 '학벌주의'가 그 예가 될 수 있다. 사회 자본은 종종 가족 대대로 물려지기도 하는데, 이른바 사회적 · 경제적 · 정치적 특권층의 자녀들이 다니는 사립학교는 이러한 사회 자본이 다음 세대로 대물림되는 중요한 통로가 되기도 한다. 이러한 특권층 자녀는 사회적으로 유리한 문화적 재화를 획득하게 되고, 사회 자본이 없는 사람들에 비해 사회적으로 더욱 유리한 위치를 선점할 수 있게 된다.

이에 Bourdieu(2002)는 아비투스를 상징 자본, 문화 자본, 사회 자본에 대한 사회 구성원들의 인식, 태도, 행위로 '구조화된 구조(structured structures)', '구조화된 행위(structured action)', '구조화하는 행위(structuring action)'라고 설명한다. 이러한 문화 재생산 이론을 고려할 때, 비판적 질적연구자(사회학자)는 자신의 사회적 지위, 내면화된 구조화를 인식하고 이것이 자신들의 연구를 왜곡하거나 때로는 편견으로 작용할 수 있다는 점을 고려해야 한다. Bourdieu는 이를 '자기반영적 사회학(reflexive sociology)'으로 설명하였다. 즉, 연구자는 자신의 '위치성(positionality)'을 인식하고, 자신의 관점과 이해의 전제가 무엇인지, 자신의 연구 실천이 연구 과정과 참여자에게 어떠한 영향을 미칠지에 대해 고심하고 기민하게 행동해야 한다는 것이다.

라. 의식화: Freire

비판이론의 선구자이자 브라질의 사상가이면서 실천가인 Freire의 '의식화(consciousness)'는 더욱 평등하고 정의로운 사회로의 변화를 위해 필요한 사회 구성원의 비판적 의식의 함양이라는 비판적 질적연구의 궁극적 목적을 가장 직접적으로 논의한 개념이다. 교육사상가로서 Freire는 비판적 마르크스주의 전통에서 벗어나 대안적 교육을 모색하는 데 평생을 바친 사상가로서, 남아메리카뿐만 아니라 전 세계 국가들의 사회 운동에 커다란 영향을 끼친 인물이다(이건만, 1994). 세 개념—이데올로기, 헤게모니, 문화 재생산—이 자본주의 사회의 지배 이데올로기 메커니즘을 분석하기 위해 유용한 개념이라면, Freire의 의식화는 이러한 메커니즘의 분석과 폭로를 넘어 억눌리고 차별화되고 식민화된 계층의 의식을 깨움으로써 주체적인 해방적 실천으로 나아갈 수 있는 방향을 제시한다(McLaren, 1989).

Freire의 의식화는 억눌리고 소외된 사람들을 객체적 존재에서 주체적 존재로, 종속적 존재에서 독립적 존재로, 비인간화에서 인간화로 가는 과정을 의미한다. Bourdieu와 마찬가지로 Freire 또한 사회의 거시적 구조가 구성원의 지위, 행위, 신념을 규정한다고 보는데, Freire는 이렇게 내면화된 태도, 즉 Bourdieu의 개념으로 이야기하면 아비투스는 개인들의 의식화를 통해 변화되고 극복되어야 한다고 보았다(이건만, 1994). *Cultural Action for Freedom*에서 Freire는 의식화를 다음과 같이 정의하였다.

> 의식화는 지식을 받아들이는 사람으로서가 아니라 인식하는 주체로서의 인간이 그들의 삶을 유형 짓는 사회적 · 문화적 현실을 인식하고, 그 현실에 대해 행위함으로써 현실을 개혁할 수 있는 능력에 대한 심오한 자각을 성취하는 과정이다(Freire, 1972a: 27).

다시 말해, Freire의 의식화는 개인이 자신이 살아가는 사회의 구조적 모순을 이해하고 자신의 행위를 성찰하며, 나아가 행동을 통해 현실을 변화시키고자 노력하는 의지를 신장시키는 과정을 의미한다. 이에 의식화는 개인이 당연하게 여기던 '숙명'을 거부하고 자신과 사회에 대하여 비판적인 인식과 이해에 기초하여 변혁을 지향하는 태도를 갖추는 것이다.

Freire는 의식화 과정을 세 단계로 구분하여 설명하였다(Freire, 1972a). 먼저 의식화가 전혀 이루어지지 않은 상태는 '본능적 의식(intransitive consciousness)' 단계인데, 이 단계의 사람들은 역사, 문화, 제도에 대한 인식이 전혀 없으며, 단지 의식주 해결을 위한 행위를 벗어나지 못하는 상태로서 사람들의 의식화가 전혀 없는 단계이다.

Freire의 의식화의 첫 단계는 '준본능적 의식(semi-intransitive consciousness)' 단계이다. 이 단계의 의식을 가진 사람들은 자신들이 처한 현실을 '주어진 것'으로 당연히 받아들이고, 자신들의 삶의 전 영역에서 일어나고 그에 영향을 미치는 요인들은 인간의 능력 밖에 있는 그 무엇(운명, 행운, 등)이라고 간주한다. 이 단계의 사람들은 자신들이 억압과 지배를 받고 있는데도 자신들의 주장과 요구를 전혀 하지 못하고 억압적 지배적 관점을 그대로 수용하는데, Freire는 이를 '침묵의 문화'라고 칭하며 이를 배격하고 극복해야 한다고 주장하였다.

다음 단계는 '순진한 의식 또는 변화 가능한 의식(naive-transitive consciousness)'의 단계이다. 이 단계의 사람들은 자신과 자신을 둘러싼 사회의 현실, 즉 구조적 모순이 존재한다는 것은 인식한다. 하지만 자신들이 처한 현실의 이해는 역사적 의식에 기초하지 못하고 변화를 위한 의지 또한 가지지 못한 단계이다. 따라서 변화를 위한 행동으로 이어지지 못한다. 이 단계에 있는 사람들은 권력을 가진 지배자들의 논리에 호응할 가능성이 높으며, 지식이나 의식 수준이 낮기 때문에 지배자들과 대화하고 협상할 수 있는 능력이 부족하여 여전히 변화를 위한 행동으로 나아갈 수 없는 단계에 머물러 있다(이건만, 1994).

'비판적 의식(critical consciousness)'은 Freire 의식화의 최고 단계로서, 이 단계에 있는 사람들은 자신과 사회에 대한 비판적 성찰을 하는 사람들이다. 이들의 비판적 성찰은 역사 의식과 사회의식에 기초한 것으로, 불평등과 억압적 구조의 본질을 이해하고, 그것이 지배자들의 특권을 유지하기 위한 전략으로서 당연한 것도 아니며 언제나 변화할 수 있고 변화시켜야 한다고 이해한다. 또한 이 단계에 있는 사람들은 인지적 이해에 머무르지 않으며 비판적이고 성찰적 실천인 프락시스(praxis)가 가능한 사람들이다. 즉, 비판적 의식을 갖춘 사람들은 구조적 모순에 대한 지적 · 합리적 대화와 토론이 가능하며, 이를 변화시키기 위한 자신의 책임을 인식하는 사람들로서 억압에 저항하고 차별에 맞서는 실천으로 나아가는 사람들이다.

Pedagogy of the Oppressed(1996)에서 Freire는 의식화 교육을 위한 세 단계를 제시하였다. 첫 단계는 '비판적 반성(critical reflection)'으로, 사회적 구조와 배치에 대한 역사적 · 이데올로기적 이해를 습득하는 단계이며, 사회의 불평등과 차별이 어떻게 지속되고 재생산되는지를 이해하는 단계이다(Carlson, Engebretson, & Chamberlain, 2006). 두 번째 단계는 '비판적 동기화(critical motivation)'로서, 비판적 반성에 기초하여 사회적 · 구조적 변화를 위한 개인적 · 집단적 노력의 필요성을 충분히 인식하고 이를 지향하고자 하는 태도가 충만한 상태를 의미한다(Watts, Griffith, & Abdul-Adil, 1999). 세 번째 단계는 '비판적 행위(critical action)'로서, 불평등과 불합리 그리고 차별과 억압에 저항하기 위한 해방적 실천 행위를 의미한다(Watts et al., 1999). 이 단계는 집회나 시위에 참여하는 것도 포함하지만 자신의 일상적 생활의 장에서 모순적 실천에 대항하고 문제를 제기하며 자신의 실천 행위가 그러한 불합리와 불평등을 제거하는 방향으로 나아가는 것이다.

즉, Freire의 의식화는 사람들의 비판적 의식을 고양시키는 것을 목적으로 한다. 나아가 자신이 처한 상황의 불합리함을 이해하고 이를 변화시키려는 주체적 실천을 할 수 있는 태도를 갖추게 하는 것이다. 이에 의식화의 최종 단계에 이르면 사람들은 현실적 · 구조적 문제의 개선을 위한 사회적 운동에 적극적으로 참여한다. 그 유명한 브라질의 문맹 퇴치 운동은 이러한 의식화를 위해 반드시 필요한 작업이었고, 읽고 쓰고 이해하고 이야기할 수 있는 능력을 갖출 때 비로소 비판적 의식이 함양될 수 있으며 사회적 변화를 추구할 수 있다고 보았기 때문에 Freire는 문맹 퇴치 운동을 전 국가적으로 실천하고자 노력한 것이다. 이러한 면에서 Freire에게 교육은 의식화를 위해 필수적으로 중요한 과업이며 그 자체로서 사회적 변혁을 추구하는 본질적 가치를 포함한 과업이었다.

마. 해방

비판적 질적연구의 철학적 배경으로 마지막으로 논의할 개념은 '해방(emancipation)'이다. 정치 이론과 사회 이론에서 해방은 인권 신장과 자본주의 사회의 계급화를 극복하려는 과정으로 이해된다(Gottardis, 2014). 다시 말하면 사회적으로 주류에 속하지 않은 사람들이 자신들의 논리와 권리를 찾아가는 것으로 이해할 수 있다. 이 관점에서 해방은 종종 남자와 여자, 백인과 비백인이 동일한 투표권을 가지는 것 그리고 시민으로도 동등한 정치적 권리를 가지는 것으로 이해된다.

Marx는 정치적 · 법적 동등권을 가진다고 해서 진정한 해방이 이루어지는 것은 아니라고 보았다. 그는 노동자 계층이 사회적으로 해방되어야 한다고 보았다. 이는 정치적으로 인권을 가지는 것 이상의 과업으로, 그는 노동자와 같은 하위 계급/계층의 사람들이 자유롭게 자신들의 권리와 이익을 위해 사회적 집단을 구성하고 자신들의 사회적 힘을 발휘할 수 있을 때 비로소 '완전한 해방'이 가능해진다고 여겼다. 즉, 인간은 자신의 참된 존재의 가치를 실현하기 위해서는 육체적 · 정신적 · 사회적 인격체로서 자기 전개가 펼쳐져야 한다는 것이다.

해방을 위한 Marx의 이러한 비판은 네 가지 부분으로 요약될 수 있다(임경석, 2013). 첫째, 해방적 비판은 특별히 불평등과 부당한 특권의 역사적 기원을 이론적으로 추적하고 현존하는 모순관계를 분석한다. 둘째, 물질적 토대에서 부르주아 사회와 권력관계를 은폐하려는 변명에 대한 정당화의 거부와 결합한다. 셋째, 새롭게 상호 인정과 보편성의 재검사에 합격할 수 있는 정당성의 필연성과 가능성을 제시한다. 넷째, 정당성의 실천적 실현의 첫 단계로 더 나은 대안적 실천을 요구한다.

우리가 해방을 논의할 때 프랑크푸르트 학파의 기여를 빼놓을 수 없다. 프랑크푸르트 학파에서 발전된 비판이론은 Marx 사상의 뒤를 이어 비판적 연구의 토대가 되기 때문이다. 해방은 프랑크푸르트 학파의 철학적 · 정치적 논의의 중심에 있는 개념이다. 프랑크푸르트 학파의 해방 논의를 비평한 Gottardis(2014)는 해방을 하나의 종착점, 즉 어떠한 궁극적 상태를 의미하는 것이 아니라 종착점이 없는 과정으로 이해한다. 그가 주장하는 과정으로서의 해방에는 세 가지 단계가 있다. 첫 번째 단계는 역사와 결별하는 것이다. 두 번째 단계는 억눌린 사람들의 이상을 실현하기 위해 집단적, 정치적으로 투쟁하는 단계이다. 세 번째 단계는 하나의 담론에 참여하는 사람들이 서로를 이해하는 것이다. Gottardis(2014)가 볼 때, 해방은 소외되고 억압받고 차별받는 사람들이 자신들의 주체성을 회복하고 자신들의 논리와 이상을 가지고 행동하고 살아가기 위한 투쟁의 과정이다.

해방의 담론은 매우 다양한 차원과 수준에서 이루어지고 있다. 그 예로서 '존재론적 해방', '인식론적 해방', '언어적 해방', '문화적 해방', '젠더 해방', 'LGBT 해방', '장애 해방' 등의 담론이 있다. 이러한 담론의 목적은 현재의 사회적 · 국가적 · 정치적 · 경제적 구조 속에서 억압받는 사람들이 자신들의 목소리와 권리를 스스로 밝히고 함께 행동하며 자신들의 존재성을 인정받기 위해 행동하도록 하는 것이다. 이에 비판적 질적연구는 연구가 대변하고자 하는 참여자 또는 참여자가 속한 집단의 해방적 실천을 추구하는 연구 방법론으로 이해할 수 있다. 우리가 이 절에서 설명한 개념과 이론은 비판적 질적연구 전반에 걸쳐 적용될 수 있는 내용들이다. 다시 말해, 이 개념들만이 비판적 질적연구에서 활용된다고 간주하면 큰 오해를 하는 것이다. 비판 이론과 담론은 매우 다양한 차원과 주제의 영역에서 발전되고 있기 때문에 연구자들은 자신들의 연구 주제에 적합한 이론을 더 구체적으로 탐색할 필요가 있다.

3. 비판적 질적연구의 탐구 영역

우리는 앞 절에서 비판적 질적연구의 철학적 토대로서 핵심적 이론과 개념을 살펴보았다. 이 절에서 우리는 비판적 질적연구의 핵심 영역에 대해 설명하고자 한다. 계급, 인종, 젠더, 성 정체성, 장애는 비판적 질적연구의 대표적 영역으로서, 비판적 질적연구를 더욱 구체적이고 실제적으로 이해하는 데 도움이 될 것으로 생각한다. 비판적 질적연구는 사회의 권력관계, 지배와 피지배, 주류와 비주류, 약자와 소수자의 구도에서 사회 현상을 바라보고, 구조적 · 실천적 문제와 모순을 규명하며, 더욱 정의롭고 평등한 사회 변화를 위한 실천을 추구한다. 이에 비판적 질적연구의 영역은 우리가 여기에서 제시하는 다섯 가지 이외에도 종교, 나이, 민족, 언어 등 매우 다양한 영역을 포함한다는 점을 주지할 필요가 있다. 또한 차별과 불평등의 이슈가 지속될 것이라는 점을 고려할 때 비판적 질적연구의 탐구 영역은 지속적으로 확산될 것으로 추측한다.

〈표 9-1〉 비판적 질적연구의 탐구 영역과 권력관계

탐구 영역	지배와 권력의 관계	
	주류/지배	비주류/피지배
계급(class)	자본가(상류 계급)	노동자(하류 계급)
인종(race)	백인종	비백인종
젠더(gender)	남성	여성
장애(disabilities)	비장애인	장애인
성 지향성(sexual orientation)	이성애자	동성애자, 트랜스젠더

〈표 9-1〉은 우리가 이 장에서 설명할 다섯 가지 탐구 영역의 핵심적 개념과 권력관계를 나타낸다.

이 탐구 영역들은 상호 배타적인 것이 아니라 대체로 중첩되어 있다. 예를 들어, 빈곤 계층의 장애를 가진 동성애자 여성이 있다고 가정한다면, 이 여성은 이 다섯 가지 탐구 영역에 모두 포함되는 것이다.

가. 사회경제적 계급/계층

비판적 질적연구의 첫 번째 탐구 영역은 계급(class)이다. 계급은 사회 계층을 지칭하는 개념으로 학자들에 따라 다양하게 정의되고 있지만, 일반적으로 교육 수준, 직업, 수입, 경제적 · 정치적 지위에 따라 구분되는, 사회에 존재하는 다양한 계층을 지칭한다(오욱환, 2003; Pincus, 2011). 계급과 관련된 비판적 질적연구는 사회경제적으로 차별받고 소외된 계층의 삶에 대한 연구(Kennedy & Fitzpatrick, 2001; 권혁철, 2019), 소외 계층의 삶의 질과 건강, 범죄에 관한 연구(Lima, de Souza, Feitosa, de Sousa Moreira, de Silva, & Neto, 2020; Beck, Solan, Brunswick, Sauers-Ford, Simmons, Shah, & H2O Study Group, 2017), 소외 계층의 지원 제도나 프로그램의 영향과 효과성에 관한 연구(McMaster, Lopez, Kornhaber, & Cleary, 2017), 차별과 소외의 양상이나 실태에 관한 연구(Neito, Alcalde-Rabanal, Mena, Carriedo, & Barquera, 2020), 다양한 소외와 차별의 원인 규명에 관한 연구(Sylvestre, Kerman, Polillo, Lee, Aubry, & Czechowski, 2018) 등이 있다.

자본주의 사회에서 계급은 경제적 · 구조적 불평등이 초래한 빈곤층과 노동자 계층에 대한 억압의 체계로 이해된다(Pincus, 2011). 나아가 계급은 개인이나 집단의 사회경제적 수준에 따른 편견이나 차별의 문제, 소외와 억압의 문제로 규정되기도 한다. 계급은 한 사회에 존재하는 다른 계급의 구성원을 다른 구성원과 구별될 뿐만 아니라 지위상의 차이가 나는 집단으로, 즉 '차별적 사회적 신분'으로 규정되고 인식되는 것을 의미한다. Schiffman과 Kanuk(2004)에 따르면 계급은 구성원들이 유사한 사회적 조건, 비슷한 지위와 가치에 의해 결정되는 사회 집단이다. 특히 자본주의 사회에서 계급은 불평등의 결과로 나타나는 가장 기본적이고 근본적인 범주로서, 개인은 자신이 속하는 계급적 지위에 따라 직업, 역할, 임금 등이 결정된다. 즉, 오늘날 대부분의 자본주의 사회에서 계급은 개인이 속한 사회경제적 지위나 보수 체계에 의해서 구분되는 개념이다.

또한 계급과 유사한 개념으로 계층(stratum)을 들 수 있다. 계급이 사회적 실체를 지칭하는 개념이라면, 계층은 분류적이고 정서적인 개념이다. 계급은 동일한 계급의식을 가진 집단으로서 유사한 생활양식과 수준, 문화, 가치관을 공유하는 집단을 지칭하는 반면, 계층은 사회적 신분 집단으로서 사회경제적 범주에 의해서 나눠는 집단이 수직적 구조를 지칭하는 개념이다(Baber, 1995). Gilbert(2008)는 자본주의 사회에서의 계층을 직업, 수입, 부, 명성 등의 기준에 근거하여 자본가 계층, 상위 중산층, 중산층, 노동층, 빈곤노동자, 최하층으로 분류하였다. 반면 Zweig(2000)는 계층을 부와 권력의 개념에 기초하여 생산 수단을 소유해서 사회에서 많은 의사결정권을 가지고 있는 자본가 계층, 매우 적은 생산량을 가지며 의사결정권을 거의 가지지 못하는 다수의 노동자 계층, 그리고 소기업 경영자, 프리랜서 예술가와 작가, 그리고 고소득의 운동선수와 연예인 등이 포함되는 나머지 중산층으로 구분하였다. 홍두승(1992)의 모형은 경제적 · 정치적 · 사회적 자원에 따라 여섯 계층으로 구분하고 있다. 봉건시대의 신분의 구분은 더욱 명확한 계급을 나타내며, 현대 사회에서는 교육, 자산, 문화, 권력 등에 따라 더욱 복잡하고 다양한 계층이 존재한다. 따라서 계급과 계층은 유사한 면이 있지만 상이한 면도 있는 근접한 개념들이다. 비판적 질적연구를 위해 중요한 것은 현대 사회에서도 다양한 계급과 계층이 존재한다는 것이고, 이러한 구분과 이에 기초한 차별과 억압 그리고 차별과 억압으로 발생하는 계층이 존재한다는 것이다.

한 사회의 개인들이 어떠한 계급이나 계층에 포함되는지를 엄밀하게 구분하는 것은 쉽지 않지만 이 개념들은 현대 자본주의 사회에 존재하는 경제적 불평등의 결과로서 나타난다는 것을 이해하는 것은 어렵지 않다. 사회에서의 불평등은 시대와 장소를 막론하고 존재해 왔고 지속되고 있다. 하지만 20세기 후반 신자유주의 이데올로기가 확산되면서 국가적 · 사회적 측면에서뿐만 아니라 세계적 차원에서도 경제적 불평등은 더욱 심화되고 있다(Flaherty & Rogowski, 2021). 상위 20개국의 평균 소득은 하위 20개국의 평균 소득보다 37배 많은데, 이 격차는 지난 40년 동안 두 배로 증가하였다. 지난 30년 동안 제3세계 최빈국들의 살림은 더욱 나빠졌으며, 이 나라 국민들의 65%가 하루 1달러 미만의 생활비로 연명하고 있다고 알려져 있다. 반면에 미국은 41달러(약 49,200원)로 나타났다. 미국의 경우를 보면 경제적 양극화는 매우 빠른 속도로 진행되고 있다(Horowitz, Igielnik, & Kochhar, 2020). 1%의 미국인이 국가 부의 약 절반을 소유하고 있다고 한다. 아시아 지역에서의 불평등 또한 빠르게 심화되고 있다(Azam, 2019). 우리나라의 경제적 불평등 또한 외환위기 이후 신자유주의의 적극적 도입과 세계 경제의 불황 등과 같은 요인들이 겹치면서 양극화가 심해지고 있다. 2015년에 우리나라의 상위 10%가 전체 소득의 약 50%를 차지하며 미국에 이어 몇 번째로 상위 소득 집중도가 높게 나타났다(홍민기, 2017). 또한 상위 계층으로의 이동 가능성은 줄어들고 하위 계층으로의 이동 가능성은 높아지고 있으며, 빈곤 계층의 빈곤 탈출 가능성은 줄어들어 빈곤의 고착화와 가난의 대물림 현상이 증가하고 있다(윤성종, 2021).

사회적 · 경제적 불평등은 모든 인류사에서 그리고 모든 국가에 존재하였지만 최근 들어 그 불평등의 정도가 심해져 '양극화' 담론이 강세를 띠고 있다. 이러한 맥락에서, 사회에 존재하는 구조적 · 경제적 불평등의 양상을 밝히고 구조적 · 실천적 문제점을 규명하여 좀 더 평등한 사회로 나아갈 수 있는 방향을 탐색하는 것은 비판적 질적연구의 중요한 탐구 영역이다. 이에 우리는 대표적인 예를 제시함으로써 이 영역의 질적연구가 어떻게 이루어지고 있는지 안내하고자 한다.

계층 연구의 예

"Social conditions of becoming homelessness: Qualitative analysis of life stories of homeless peoples" (Mabhala, Yohannes, & Griffith, 2017)

이 연구는 노숙자들이 어떠한 삶의 경로를 거쳐 노숙자의 삶을 살고 있는지를 이해하기 위한 연구이다. 연구자들은 스물여섯 명의 노숙자를 심층 면담하여 그들이 어떻게 그리고 왜 노숙자가 되었는지를 질적연구를 통해 밝히고자 하였다. 연구자들은 영국의 중소도시 노숙자를 위한 시설에서 살아가는 사람들을 참여자로 선정하였다. 연구자들은 참여자들이 자신의 삶에서 직면한 다양한 힘겨운 사건들을 견뎌내기 어려운 환경에 처해졌으며, 이러한 과정은 단번에 일어나는 것이 아니라 점진적으로 발전됨을 강조하였다. 참여자들은 약물 중독이나 직업적 실패 그리고 종종 권력자와의 갈등을 해소하지 못함으로써 자신의 삶을 견뎌내기 어려운 상황으로 나아간다고 밝혔다. 특히 연구자들은 참여자들이 노숙자가 될 수밖에 없었던 사회경제적 조건을 심층적으로 분석하였다. 참여자들은 가정환경, 직업환경, 교육환경 등 자신이 가졌던 삶의 조건과 상황이 자신을 노숙자로 내몰았다고 이야기하였다.

다음 그림은 분석의 결과로서 연구자들이 제시한 이 연구 참여자들이 노숙자가 되는 과정에 대한 도식화이다.

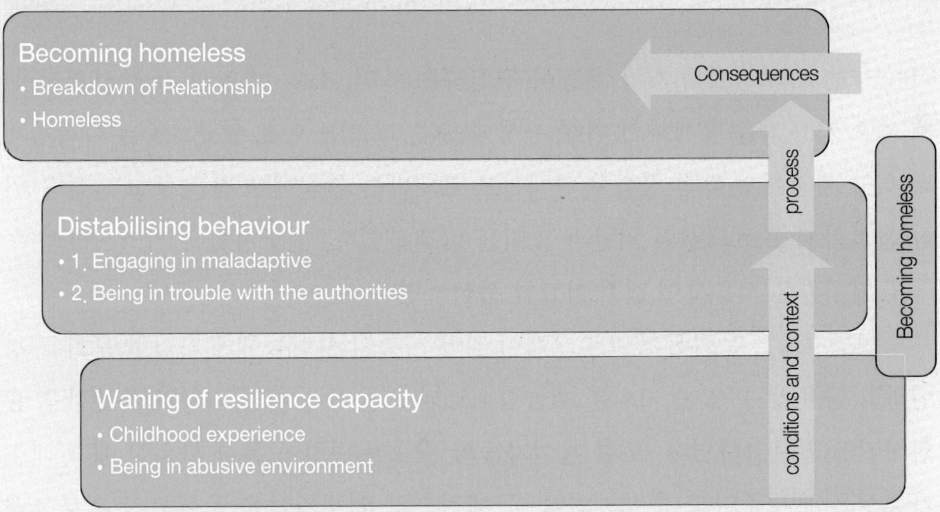

이러한 과정을 뒷받침하는 연구 자료로서 이 연구 논문에 제시된 한 참여자의 면담 내용을 소개하고자 한다.

> 어떤 일이 일어났느냐면, 나는 어머니에게 상습적인 학대를 당하는 어린 시절을 보냈어요. 그 사람은 나의 의붓어머니였죠. 정말로 상습적이었어요. 어느 날은 다른 가족이 저녁 식사에 초대했는데 어머니는 초대를 승낙하셨지만 나는 가지 않았어요. 왜냐하면 그 집에는 구박도 없고, 구타도 없고, 문을 쾅 닫는 일들이 없었어요. 나는 가고 싶지 않았어요. 내가 취직했을 때 나의 상사는 나에게 상습적으로 막말을 했어요. 나는 그럴 수 있다고 생각하고 받아

들였죠. 지금 생각하니, 그러지 말았어야 했어요. 그렇게 저렇게 직업을 바꾸며 살았어요. 나는 살아갈 돈이 필요했으니까. (David)

연구자들은 참여자들이 왜 노숙자가 될 수밖에 없었는지를 그들의 삶의 이야기를 통해서 상세히 드러내고 그 사회 구조적 문제를 지적하며 정책적 시사점을 제안하였다.

계층 연구의 예

「사회적 취약계층의 사회적 배제에 대한 문화복지 프로그램의 기능: 문화복지실천가 대상 질적연구」(최종혁, 이연, 유영주, 안태숙, 2010)

이 연구는 사회경제적 취약 계층이 경험하는 차별, 소외, 박탈과 같은 사회적 배제 해소 가능성을 탐색하기 위해 수행되었다. 그 방법으로 연구자들은 사회경제적 취약 계층이 문화적 경험 측면에서도 소외받는 현실에 초점을 두고 그들을 위한 문화복지 프로그램의 역할과 의미를 탐색하였다. 연구자들은 기노시타의 수정 근거이론을 적용하여 질적 자료를 분석하였다.

연구자들은 문화복지 프로그램이 취약 계층의 사람들에게 다양한 문화를 경험하고 향유할 수 있는 기회를 제공함으로써 그들의 잠재적 역량과 자존감을 증진시킨다고 보고하였다. 또한 참여자들의 주체적 변화를 통한 사회적 배제 해소 가능성을 보여준다고 주장하였다. 구체적으로 연구자들은 문화복지 프로그램이 창작 체험 기회의 제공, 과정 중심의 비정형적 프로그램 운영, 프로그램 참여자의 주체화, 공동체 활동 등의 접근을 통해 참여자들의 자존감은 물론 공동체적 연대의식을 강화한다고 논의하였다. 나아가 연구자들은 문화복지 프로그램이 참여자의 정서적 충족감, 대인관계의 향상, 긍정적 자아 확립 등과 같은 다양한 차원에서의 삶의 질의 변화로 이어진다고 주장하였다. 그 결과로서 연구자들은 기존의 선별주의적 사회복지 프로그램에 문화를 접목한 보편적 사회복지 프로그램으로의 전환이 필요하다고 주장하였다.

나. 인종과 인종주의

비판적 질적연구의 두 번째 탐구 영역은 인종(race)과 인종주의(racism)이다. 인종은 신체적 특성에 따라 구분된 개념으로 백인종, 황인종, 흑인종 등으로 나뉜다. 더 구체적으로 인종의 정체성을 논의할 때는 혈통, 피부색, 얼굴 형태, 조상, 유전자 심지어 눈동자의 색 등을 통해서 범주화된다. 인종은 유전적 요인에 의해서 결정되는 생물학적 차이에 기초하여 인간을 구분하는 개념으로 인식되었다(Spickard, 1992). 하지만 다양한 인종의 유전적 특성의 차이는 무시해도 좋을 정도로 거의 차이가 없다는 것이 밝혀졌다(Banks & Banks, 2010). 최근에는 인종이 생물학적 범주라기보다 사회적으로 형성된 사회정치적 인식의 산물이며 고정된 개념이 아니라고 이해하는 관점이 지배적이다(Goodman, 2000; Omi & Winant, 1994; Pincus, 2011). 인종 사이에 생물학적 · 유전적 특성의 차이가 거의 없음에도 불구하고 특정한 인종을 바라보는 시각과 그들을 대하는 태도는 다르게 나타난다. 즉, 많은 사람들이 외모에서 보이는 특징에 기초하여 다른 인종으로 규정하고 편견이나 왜곡된 정보에 기초하여 그들을 차별하고 소외시키거나 때때로 범죄나 혐오의 대상으로 삼는 일들이 일상적으로 일어나고 있다(Pincus, 2011; Banks & Banks, 2010). 즉, 인종은 많은 사람들이 일상적인 삶에서 매일매일 경험하는 이슈이며 '삶의 실제'이고 구체화되어 나타난다. 비판적 질적연구는 이러한 인종 개념에 기초해 나타나는 특정한 인종에 대한 차별, 소외, 억압의 현상을 밝히고, 인종주의를 극복하려는 노력으로서 이루어지는 질적연구를 총칭한다.

비판적 질적연구 영역으로서 '인종'을 이해하기 위해서 이 개념의 역사적 변화 과정을 살펴보고자 한다. 다양한 종족이 살아가던 그리스-로마에서는 인종에 대해 특별한 관심을 두지 않았다. 로마인들은 피부색에 기초해 자신들을 다른 사람과 구분하지 않았으며 단지 폴리스에 사는 시민으로 인식하였다. 노예무역이 성행하기 이전에도 흑인에 대한 강한 편견은 없었으나 노예무역이 성행하면서 흑인을 '노예 인종'으로 규정하는 인식이 만들어졌다. 제국주의가 팽배하던 시대에 아프리카를 식민화한 서구는 자신의 인종을 가장 고귀한 인종으로, 흑인종을 가장 낮은 가치를 가진 존재로 바라보기 시작하였다. 당시 아프리카 흑인을 동물원에 전시하는 일까지 있었으니 유럽인들의 만연한 인종주의를 역사적으로 아는 것은 어려운 일이 아니다. 즉, 유럽 정복자들이 흑인을 노예로 삼기 위해 인종을 구별하고 흑인들이 가축과 다름없는 인종이어서 소유하고, 매매하고, 학대할 수 있는 대상으로 전락시키는 이데올로기를 만들었다(박경태, 2017). 17세기 스페인어 사전에는 '인종'이라는 단어가 유대인이나 무어인을 경멸하는 표현으로 사용되었다. 17~18세기에 인종이 민족이나 국민을 지칭하는 용어로 사용되면서 인종이 인간을 신체적 특징에 따라 분류하는 기준으로 자리 잡았다. 이러한 인종 이데올로기의 결과로 아메리카 대륙의 백인들은 흑인 노예나 인디언과 구별되는 특권을 누렸다. 근대에 들어서면서 서구인들은 유대인이 자신들과 본질적으로 다르다고 인식하였고, 인디언이나 흑인은 열등한 인간이나 아예 인간이 아닌 존재로 취급하였다. 이때부터 유대인에 대한 인종주의와 흑인에 대한 인종주의가 뚜렷하게 표면화되었다.

하지만 이러한 인종의 개념은 한번 형성되어 지속되는 개념이 아니라 사회문화적 맥락에 따라 달리 규정될 수 있으며 변화하는 개념이다. 이에 Leonardo(2004)는 인종 개념이 특수한 역사적 맥락에서 생성되는 과정을 봐야 한다고 주장하였다. Leonardo의 논의는 인종이 생물학적 개념이 아니라 사회문화적인 개념임을 밝히고 있다. 즉, 인종의 특성은 문화나 정치경제적 환경에 따라 변화한다는 것이다. 그 예로서 미국으로 이민 온 소수민족 집단들은 초기에는 육체노동을 제공하며 대부분의 흑인들의 사회적 역할을 담당하였지만 점차 사회의 중심으로 들어가며 백인종 속에 흡수되었다. 아일랜드에서 미국으로 건너온 이민자들은 초기에 흑인과 유사한 인종으로 분류되어, 아일랜드 사람들은 게으르고 잠재적 범죄자이며 불결한 인종의 지위를 가졌다. 하지만 이들은 미국 사회의 주류로 들어가면서 미국 백인과 별 차이가 없는 인종으로 수용되었고, 이후로는 오히려 흑인에 대한 인종주의를 강화하는 담론에 동참하고 있다(Smedley & Semedley, 2018). 이러한 사실은 인종이 생물학적 특성에 따른 분류가 아니라 사회적 배경에 의해 규정되는 개념이라는 이해를 뒷받침한다. 즉, 인종의 개념과 분류는 사회적·경제적·문화적 환경에 의해서 규정되고 변화하는 개념이다.

이러한 인종 개념에 기초하여 인종 집단의 사람을 차별하고 소외시키는 것이 '인종주의(racism)'이다. 인종주의는 백인을 우월하게 간주하고 백인의 사회적 지위를 이롭게 하며 다른 인종은 차별하는 체계적인 사회적 구조이다. 인종주의는 하나의 이데올로기로서 인간이 다양한 인종에 대한 선입견, 이해, 판단, 태도, 신념, 차별적 행위로 나타난다. 이러한 인종주의는 때때로 노골적으로 드러나기도 하지만 대체적으로 상징적으로 교묘하게 드러난다(McConahay, 1986; 박경태, 2017).

인종주의에 관한 위 학자들의 논의를 살펴보면 인종주의는 크게 네 수준에서 나타난다고 이해할 수 있다. 첫째, '개인적 인종주의'는 개인 안에 존재하는 인종주의로서, 한 개인이 자신이 열등하거나 우월한 인종이라는 생각을 (은연중에라도) 가지는 것이다. 외국인 공포증이나 자신의 인종에 대한 자기 폄하 등으로 나타난다. 둘째, '개인 간 인종주의'는 개인과 개인의 상호작용에서 나타나는 인종주의이다. 이는 다른 인종의 사람에 대한 부정적인 태도를 보이는 것으로, 인종주의에 기초한 가해자와 피해자가 존재한다. 셋째, '제도적 인종주의'는 인종에 대한 차별과 편견, 차별, 불평등을 지속시키는 제도적 · 문화적 실천을 의미한다. 즉, 제도적 인종주의를 통해 백인은 이득을 보게 되고 다른 인종은 불공정한 대우를 받게 된다. 넷째, '구조적 인종주의'는 표면적 인종주의가 없을 수 있음에도 불구하고 사회의 다양한 기관과 거시적 구조가 인종주의의 결과를 초래하는 수준을 말한다. 예를 들어 인종에 따른 권력의 불평등, 기회의 불평등, 인종에 따른 다른 정책 등이 있을 수 있다. 이러한 인종주의는 다양한 국가기관이나 사회 조직에 걸쳐서 행해지기 때문에 더욱 지속적이고 변화하기 어려운 경향을 가진다.

또한 우리는 인종주의에 대한 사회적 범주로서 다양한 측면을 살펴볼 수 있다. 먼저 인지적 차원에서 인종주의는 인지 과정의 단순화로서 '백인은 이러하고 흑인은 이러하다'는 식의 편협한 단정을 내리는 것을 말한다. 감정적 차원은 다른 인종을 바라볼 때 호감을 느끼거나, 회피하거나, 불쾌하게 느끼거나, 옹호하게 되는 정서적 반응을 의미한다(Lazarus, 1984; Zajonc, 1984), 이러한 인지적 · 감정적 차원의 인종주의는 다른 사람에 대한 가치 판단을 미리 하게 됨으로써 인종차별이나 인종적 편견으로 나타난다(Pettigrew & Meertens, 1995).

비판적 질적연구의 탐구 영역으로서 '인종'은 사회적 개념으로서 인종을 바라보고 인종에 대한 편견과 차별의 양상을 규명하며, 그 모순점을 질적 방법을 통해 파헤치고 비판한다. 이러한 노력의 목적은 결국 인종적 다양성과 인종이 가지는 문화적 다양성을 존중하는 평등하고 공정한 사회로의 변화를 추구한다. 이러한 '인종'과 '인종주의' 관련 연구를 제시하여 독자들의 이해를 돕고자 한다.

인종주의 연구의 예

"'I Know it[Racism] Still Exists Here': African American Males at a Predominantly White Institution"
(Von Robertson & Chaney, 2019)

이 연구는 백인 학생들이 주류를 이루는 대학에서 공부하는 아프리카계 학생들의 인종차별 경험에 관한 연구이다. 연구자는 열두 명의 아프리카계 학생을 면담하였다. 연구자들은 백인 학생이 주류를 이루는 대학에서 아프리카계 학생이 다양한 차원의 은밀한 또는 명시적인 인종차별을 경험하고 있다고 보고하였다. 특히 연구자들은 반인종주의를 주창하는 사회와 교육기관에서 여전히 인종주의가 팽배함을 드러내었다. 이 연구는 두 가지 주제에 집중하였다. 첫 번째는 인종주의와 이로 인한 학업 중단의 문제이며, 두 번째는 많은 대학 교수들에게 인종주의는 중요한 이슈가 아니라는 점이다. 왜냐하면 그들 대부분은 백인이기 때문이다. 이 연구의 참여자들은 자신들이 교수자로부터 낮은 기대를 받으며, 강의실 수업 상황에서도 종종 인종주의 자료나 발언에 직면하게 되었다고 응답하였다. 연구자들은 참여자들이 강의실뿐만 아니라 대학 캠퍼스 곳곳에서 인종주의를 경험한다고 보고하였다.

인종주의 연구의 예

"The Continuing Significance of Racism in the Lives of Asian American College Students"(Museus & Park, 2015)

이 연구는 아시아계 학생들이 미국의 대학에서 경험하는 인종주의의 현실을 질적 방법을 통해 드러내고 있다. 연구자들은 아시아계 학생들이 실제로 경험하는 인종주의의 양상을 구체적으로 밝히고자 하였다. 연구자들은 여섯 개의 4년제 대학교에 재학하는 46명의 아시아계 학생들을 면담하였다. 연구 결과의 주제로서 '인종적 희롱', '다양한 형태의 인종주의', '인종적 소외', '인종적 분리의 압박', '인종적 통합의 압박', '인종적 침묵', '지속적인 외국인 신화', '모델 소수자 신화', '열등한 소수자 신화'가 드러났다.

연구자들은 다양한 참여자들의 목소리를 그대로 드러내고자 노력하였다. 그 예로서 아시아계 학생들에 대한 인종주의는 또 다른 차원의 인종적 침묵을 요구한다는 한 참여자의 응답을 소개하고자 한다.

> 나는 동남아시아에서 왔어요. 여기에 동남아시아 학생들은 많지 않아요. 동북아시아 학생들은 많지요. 중국, 한국, 일본. 그래서 아시아계를 이야기할 때는 그들을 의미하는 것이에요. 동남아시아에서 온 우리의 존재는 거의 인

식되지 않는 것 같아요. 저는 유일한 베트남계 학생이에요, 우리 대학에서. 예전에 베트남에서 온 친구가 있었지만 그 아이는 다른 학교로 옮겨 갔어요. 우리 둘이 전부였죠.

인종주의 연구의 예

「관짝소년단 사건을 통해 되짚어보는 한국의 인종주의와 한국 대문화교육의 과제: 뉴스 기사 댓글의 질적 내용 분석을 중심으로」(김혜영, 류영휘, 2020)

연구자들은 의정부고등학교 졸업사진 중 하나로 촉발된 '관짝소년단 사건'을 통해 한국의 인종주의를 분석하였다. 연구자들은 한국이 다문화 사회로 이미 오래전에 접어들었는데도 불구하고 외국인에 대한 편견과 혐오가 만연하다고 지적하면서 그 단적인 예로 관짝소년단 사건에 주목하였다. 연구자들은 신민족주의와 신인종주의 관점에서 관짝소년단 관련 기사의 댓글을 질적 내용 분석을 통해 탐구하였다. 연구자들은 연구의 결과로서 외국인에 대한 태도 및 인식과 인종차별 양상 모두에서 신민족주의와 신인종주의가 교차하여 나타나고 있다고 주장하였다. 신민족주의 관점에서는 외국인을 한국에 와서 돈을 벌어가는 존재로 간주하는 경향이 강하다고 비판하였으며, 피부색에 기초한 원색적인 비난을 국가주의와 연결된 신인종주의적 양상이라고 분석하였다. 특히 연구자들은 이러한 인종차별적 태도가 인종주의에 대한 그릇된 이해에 바탕을 두고 있다고 지적하며, 인종에 대한 편견과 외국인 혐오를 줄일 수 있는 다문화 교육의 실천적 방안을 제시하였다. 이 연구 논의의 예로서 '인종주의에 대한 편협한 이해'에 대한 부분을 소개하고자 한다.

인종주의에 대한 편협한 이해

인종주의에 대한 전반적인 이해의 부재와 더불어, 인종주의를 인지하더라도 이를 특정한 영토적 또는 사회문화적 경계 내에서만 이해하거나 오직 '한국' 그리고 '한국 사람'이라는 틀 안에서만 편협하게 이해하는 경향이 두드러졌다. 먼저, 인종차별은 서구, 특히 미국의 역사와 관련된 것으로 '우리'와는 상관이 없다는 주장을 들 수 있다.

너굴: [흑인들이] 백인 사회에서의 흑인 노예화로 인한 상처가 있었던 건 사실이지만 배경지식이나 아픈 역사의 연결고리가 없는(오히려 동병상련) 동양 사회에까지 적용하기에는 무리가 있다고 생각.

정룡비트코인럽: 흑인을 노예로 부린 서양인들 기준에 왜 우리가 맞춰야 하나. 그들은 그들 역사에 잘못된 부분이 있기에 흑인 감정을 상하게 하는 일에 조심스러워하지만 우리는 그런 룰에 따를 필요가 없다는 것이다. 언제부터 우리까지 하나로 묶어서 그들의 역사의 기준과 도덕적 잣대로 인종차별을 한국인에게 준수하도록 강요하는지? 그럴 거라면 난 철저하게 인종차별주의자가 되련다.

너굴과 정룡비트코인럽은 공통적으로 미국의 노예 제도를 언급한다. 너굴은 미국을 “백인 사회”라 칭하고 인종차별은 “백인 사회에서의 흑인 노예화” 때문에 흑인들에게 남은 상처라고 규정함으로써, 인종차별을 미국이라는 영토 내에 국한한 현상으로 이해한다. 이렇게 미국이라는 특정 맥락 속에 인종차별을 한정시킴으로써, 한국을 비롯하여 미국과 “배경지식과 역사”를 공유하지 않는 “동양 사회”에서는 인종차별이라는 개념이 적용되기 어렵다는 결론에 도달한다. 정룡비트코인럽도 너굴과 마찬가지로 인종차별의 역사적 맥락을 서양의 노예제로 한정하면서, 인종차별에 대한 사회적 논의는 “그들의 역사적 기준과 도덕적 잣대”로 우리가 따를 필요가 없다고 주장한다. 이처럼 엄격한 지역적 경계와 구별을 상정한 댓글들의 주장에서 부재하는 것은 한국 사회에서 살아가는 흑인들, 나아가 전 세계에 한국과 연결된 수많은 흑인의 존재이다. 이들에게 한국은 한반도라는 영토에서 나고 자란 동양인만이 존재하는 고정적이고 폐쇄적인 사회일 뿐이다. 따라서 이들에게 흑인에 대한 인종차별은 ‘그들’의 문제이지, ‘우리’가 현재 겪고 있거나 해결해야 할 문제가 아니다. 나아가, 이러한 댓글들은 한국인이 인종차별, 특히 흑인에 대한 인종차별을 경계하는 것은 사대주의라는 주장으로 이어지는데[예: “백인이 하면 무조건 옳다고 떠받드는 백인종 사대주의 냄새가 난다”, “왜 우리가 아시아에서 그런 거 하나하나 다 따져가면서 일상생활에서 조심해야 되는지? (……) 왜 늘 미국, 유럽분들 눈치만 살펴? 이것도 엄연히 사대주의다”], 국가 간의 힘의 위계와 이에 따른 불평등을 지적하고 있는 듯한 이런 댓글들도 인종주의와 인종차별의 행위를 서구 세계만의 일이라는 잘못된 가정에 기반함으로써 우리 사회에 만연한 인종주의를 간과하는 오류를 범하고 있다고 볼 수 있다.

다. 젠더

비판적 질적연구의 세 번째 탐구 영역은 젠더(gender)이다. 젠더는 생물학적 성(sex)에 기초하여 남성과 여성을 차별하는 구조적 · 실제적 문제에 대한 탐구 영역이다. 인종주의와 마찬가지로 젠더는 대부분의 사회 영역에서 일어나는 차별과 억압의 한 형태로서 비판적 질적연구에서 매우 활발하게 연구되고 있는 탐구 영역이다. 비판적 질적연구 탐구 영역으로서 젠더는 젠더가 사회문화적으로 형성된 개념임에도 불구하고 생물학적 성(sex)에 기초하여 여성을 차별하고 억압하는 문제에 관심을 둔다. 이를 성차별주의(sexism)이라고 하는데, 이는 대부분의 사회의 많은 제도, 사회적 이미지, 이데올로기뿐만 아니라 개인의 믿음 및 관습을 통하여 작동한다. 다시 말해, 성차별주의는 남성에게 특혜를 주고 남성 헤게모니, 권력, 통제를 유지하는 이데올로기이자 문화적 · 제도적 체계이다. 이는 남성이 여성보다 사회적 권력과 특권을 더 많이 소유하고 있는 구조를 뜻한다(Banks & Banks, 2010). 즉, 성차별주의는 "여성을 충분한 권리를 부여받지 못한 시민으로 만드는 이데올로기와 정책뿐만 아니라 여성에 대한 편견과 차별을 포함한다"(Pincus, 2011: 93). 이 때문에 여성은 최근의 성평등 정책 등의 여러 가지 정책적 · 사법적 변화에도 불구하고 정치적 · 경제적 · 사회적 측면에서 현저하게 낮은 위치에 있으며, 이는 전 세계적인 현상이다(Sleeter & Grant, 2009: 16).

비판적 질적연구 탐구 영역으로서 젠더를 이해하고 연구로 실천하기 위해 먼저 젠더 개념을 이해할 필요가 있다. 이에 우리는 젠더의 개념과 특징을 설명하고자 한다. 먼저 젠더는 생물학적 개념인 성(sex)와 구별된다. 젠더는 사회적으로 만들어진 개념으로서 인간의 정체성을 지칭한다(Cudd & Andreasen, 2005; Glasser & Smith, 2008; Pincus, 2011). **<표 9-2>**는 젠더 정체성을 다양한 관점에서 나타낸 것이다(김성원, 2021: 5).

젠더는 사회화 과정을 통해 습득되고, 공유되고, 전수되는 사회학적 개념이다. 이에 젠더는 한 사회에서 남성이나 여성에게 맞는 행위 또는 맞지 않는 행위를 문화적으로 규정한다. 그러한 이유로 젠더는 개인이나 집단에 따라서 심리적으로, 사회적으로, 제도적으로, 역사적으로, 문화적으로 매우 다양한 양상으로 나타나고 지속적으로 변

〈표 9-2〉 젠더 정체성의 유형과 근거

젠더 정체성	남	여	젠더 근거
생물학적 젠더	남성(male)	여성(female)	유전자, 성호르몬
사회 문화적 젠더	남자(man)	여자(woman)	이름, 패션
행동 표현적 젠더	남성적(masculine)	여성적(feminine)	호전적, 유화적

한다. 따라서 남성과 여성의 능력이나 특징이 선천적이라는 가정은 오로지 생물학적 개념인 성(sex)에 해당하는 것이고, 젠더는 사회화로서 학습되며, 젠더로서 여성과 남성은 문화적으로 획득되고 다음 세대로 전수되는 것이다. 젠더가 사회적 개념이라고 할 때 다른 사회의 남성과 여성은 각각의 성 역할에 대한 다른 기대와 기준이 존재한다. 이러한 젠더를 지탱하는 문화를 통해 인간은 자신의 성 역할과 기대를 내면화하게 되고 자신이 속한 문화의 젠더 이데올로기와 규범 체계 속에서 살아가게 되며 종종 이를 재생산하기도 한다(Bjerén, 1997).

우리는 젠더의 특성을 '젠더 유형에 대한 다양한 이해', '젠더의 사회심리적 특성', '젠더의 맥락성과 변화'의 세 가지 측면에서 살펴보고자 한다. 첫째, 젠더의 유형은 학자에 따라 다양하게 규정된다. 먼저 남성과 여성을 하나의 일직선에 존재하는 양극단 측면이기보다는 독립적인 두 차원으로 간주하고 남성성과 여성성은 서로 별개의 독립적인 다차원적 특징을 가진다고 보는 관점이 있다(Gill-Peterson, 2014). 반면 Bem(1974)은 젠더를 남성성(masculinity), 여성성(feminity), 양성성(androgyny), 미분화 유형(aschematics)과 같이 네 가지 유형으로 구분하고 있다. 그에 따르면 남성성은 개인 중심의 성취와 승부 성향으로, 여성성은 관계적이고 감성적인 성향으로 정의한다.

둘째, 젠더는 사회심리적 특성을 가진다. 남성과 여성의 특성은 태어나면서 결정된 것이 아니라 1970년대 페미니스트 문학가 Simone de Beauvoir(1973)가 이야기하는 것처럼 사회적으로 만들어지는 것이다. 즉, 젠더는 문화적으로 학습된 남성다움, 여성다움이다(Bem, 1974). 다시 말하면 생물학적인 성은 개인의 외적 · 신체적 특성에 기인하여 단순히 남성과 여성으로 양분되는 것이지만, 사회심리적인 성은 개인의 내적 · 심리적 특성에 기인하여 매우 다양하고 복잡한 양상으로 존재한다. 이에 사회심리적 개념으로서의 젠더는 개인이 스스로의 성별에 관한 심리적인 결정의 개념이라고 할 수 있다. 따라서 사회심리적 성은 개성 특성(personality trait)이나 자아개념(self-concept) 또는 성 정체성(sexual identity) 등으로 표현될 수 있다(Bem, 1974: 198).

셋째, 젠더가 사회심리적 개념이라고 할 때, 남성과 여성에 대한 젠더는 사회에 따라 다르고 변화하는 특성이 있다. 이러한 특성을 지칭하는 개념이 '섹슈얼리티(sexuality)'이다. 섹슈얼리티는 사회/문화적 영향 아래 형성되는 것으로, 사회적 구성물이자 제도 담론의 결과로 본다(Crooks, Baur, & Widman, 2020). 이나영(2009) 또한 섹슈얼리티를 성적 욕망, 실천, 정체성을 포괄하는 것으로, 우리 사회/문화 속에서 여성 또는 남성으로서의 정체성을 인지하는 것으로 이해하였다. 뿐만 아니라 트랜스젠더, 게이, 레즈비언, 바이섹슈얼, 무성애자와 같은 개념도 등장하였다. 이처럼 젠더 담론은 지속적으로 확장되며 새로운 개념들을 규명하고 있다. 이러한 젠더 담론의 이론화와 발전에도 불구하고 우리 사회와 다른 많은 사회에서는 성(sex)에 기초하여 남자와 여성을 구분하고 남성을 주체, 중심, 권력을 가져야 하는 존재로 보고 여성을 타자, 약자, 권력을 가지지 않아야 하는 존재로 간주하는 인식과 제도가 여전히 존재하고 있다. 이에 젠더는 거의 대부분 권력(power)과 관련되어 있다. 젠더 연구는 이러한 남성과 여성의 위계적 관계를 합리화하는 현상과 실천을 비판하고 더욱 평등하고 변화 가능한 젠더 인식과 실천의 변화를 추구하는 비판적 대한 탐구 영역이다. 이에 역사적으로 많은 학자들이 젠더를 연구해 오고 있으며 지속적으로 새로운 연구들이 등장하고 있다. 특히 젠더 연구와 담론은 역사적으로 차별받고 억압받아 온 '타자로서의 여성의 정체성과 사회적 지위'에 관심을 가진다. 이 관점에 따르면 역사적으로 남자는 주체였으며 여자는 타자였다. 그 이유는 젠더를 성(sex)에 기초하여 이해하고 여성을 그들의 생물학적 특성에 묶어두었기 때문이다. Beauvoir도 그 유명한 "우리는 여자로 태어나는 것이 아니라 여자로 만들어지는 것이다"라는 말로 비판하였다. 이는 사회적으로 요구되는 '성 역할'을 수행하도록 길러지고 교육받음으로써 사회화된다는 것이다(김애령, 2010). Gilligan(1989)의 연구에서도 볼 수 있듯이 남성은 힘, 권리, 정당성, 합리성, 이성과 연관되어 있고 여성은 불합리, 감성, 다정함, 상냥함과 연결되어 있다.

이에 최근에는 성(sex)에 기초한 차별을 극복하기 위한 초성별주의를 의미하는 '젠더주의(genderism)', 젠더에 대한 이원론적 접근을 비판하면서 무성 사회(non-sexual society) 또는 다성 사회(multi-sexual society)를 주장하는 '포스트젠더주의(post-genderism)'가 등장하였다. 포스트젠더주의는 성별 동질화를 극단적으로 거부하며 남성과 여성의 구별을 의미하는 모든 행위를 비판한다. 예를 들어 아이가 태어났을 경우 아이의 생식기에 따라 남성의 이름 또는 여성의 이름을 부여하는 것을 거부한다. 지금

〈표 9-3〉 성별 차이에 대한 해석의 유형

성별 해석의 유형	핵심 내용	해석의 근거
성별 이원화	남녀 구별	생물학적 현상
젠더주의 젠더 이데올로기	남녀차별 초성별주의	집단이기주의 사회적 성
페미니즘	남녀 평등	사회경제적 차별
포스트모던 페미니즘 극좌 젠더 급진주의	성별 동질화	사회생물학적 차별
포스트젠더주의	무성 사회	성별 불필요성

까지 설명한 성별 차이에 대한 다양한 해석의 유형과 그 근거를 정리하면 **〈표 9-3〉**과 같다(김성원, 2020: 5)

이렇게 발전되는 젠더 이론과 더불어 비판적 질적연구의 탐구 영역으로서의 젠더는 페미니즘, 다문화주의, 포스트모더니즘, 후기 구조주의와 연결되며 지속적으로 발전하고 있다. 각각의 담론과 이론에 기초한 비판적 질적연구로서의 젠더 연구를 자세히 논의하는 것은 이 책의 목적을 넘어서는 부분이기 때문에 차치하도록 하겠다. 하지만 구체적 논의가 필요하다고 판단되면 이 책의 2판에서 추가적으로 논의할 것이다. 이제 비판적 질적연구에서 이루어지고 있는 젠더 연구의 예를 소개함으로써 독자들의 이해를 돕고자 한다.

젠더 연구의 예

"Gender Bias in Hospotal Leadership: A Qualitative Study on the Experiences of Women CEOs"(Soklaridis, Kuper, Whitehead, Ferguson, Taylor, & Zahn, 2017)

이 연구는 병원의 여성 최고경영자(CEO)들이 경험한 젠더 편견과 관련한 경험을 질적연구 방법을 통해 탐구하였다. 이 연구를 통해 연구자들은 남성이 주류적 위치를 차지하고 있는 병원의 최고경영자가 되기 위해 참여자들이 경험한 젠더 편견을 구체적으로 드러내고자 하였다. 목적 표집을 통해 캐나다 병원에서 근무하는 12명의 여성 최고경영자를 참여자로 선정하였으며 이들과 심층 면담을 수행하였다. 이 연구의 연구 문제는 "병원의 여성 최고경영자들은 젠더 편견을 어떻게 경험하였는가?"이다.

연구 결과는 크게 두 가지로 드러났다. 일부 참여자는 젠더 편견, 즉 여성에 대한 차별이 여전히 강하게 존재함을 경험하였고, 다른 참여자들은 경험하긴 하였지만 그다지 심각하지 않으며 여성 차별이 줄어들고 있다고 생각하였다. 일부 참여자들은 구조적인 여성 차별은 존재하지 않으며 그들이 최고경영자가 되기까지 어떠한 편견이나 차별도 경험하지 않았다고 응답하였다. 하지만 여성 차별이 존재한다고 응답한 참여자들은 개인적인 수준에서부터 구조적인 수준까지 젠더 편견과 여성 차별이 존재하며 그들이 최고경영자가 되는 과정에서 어려움과 걸림돌로 작용하였다고 응답하였다. 연구자들은 젠더 편견과 여성 차별이 존재함에도 불구하고 종종 명시적으로 드러나지 않음으로 인해 그 현상을 포착하기가 쉽지 않다고 논의하였으며, 이로 인해 여성의 직업적 성공에서 여성 차별이 어떠한 영향을 미치는지를 규명하기는 쉽지 않다고 논의하였다.

젠더 연구의 예

「20대의 미디어 여성 이미지 재현에 대한 인식과 '여성-되기'에 관한 질적연구」(최현경, 강진숙, 2020)

이 연구는 한국 미디어에 재현되는 여성의 이미지를 20대 여성들이 어떻게 인식하는지를 질적 방법을 통해 이해하기 위한 목적으로 수행되었다. 연구자들은 여성의 이미지를 '전통적 이미지', '실제 여성들의 이미지 성차 관점', '현재 생산되는 이미지' 차원에서 살펴보았다. 특히 연구자들은 한국 미디어가 여성의 이미지를 어떻게 재현하고 있는지 분석하였으며, 참여자들이 구성하는 세대별 여성 이미지를 이해하고자 하였다. 연구자들은 이론적 틀로 Deleuze와 Guattari의 소수자론 그리고 Braidotti의 성차 관점을 차용하였다. 연구자들은 Braidotti의 성차 관점에 기초하여 여성의 이미지를 체현된 주체, 이미지 재현, 실제 여성들의 성차의 관점에서 분석하였다. 이에 연구자들은 다음과 같은 연구 문제를 설정하였다.

- 연구 문제 1: 연구 참여자들은 미디어를 통해 어떻게 세대별 여성의 이미지를 경험하고 있는가?
- 연구 문제 2: 연구 참여자들은 미디어를 통한 세대별 여성의 이미지와 실제 여성의 이미지에 대한 차이를 어떻게 보는가? 그에 대한 긍정적 인식이나 부정적 인식은 어떻게 나타나는가?
- 연구 문제 3: 연구 참여자들은 '체현된 주체'의 실천으로서 어떻게 '여성-되기' 실천이 이루어져야 한다고 생각하는가?

연구자들은 의도적 표집과 눈덩이 표집을 통해 12명의 20대 여성 참여자를 선정하였다. 참여자들의 직업은 대학생, 대학원생, 뷰티유튜버, 취업준비생, 헬스트레이너 등 다양하게 구성되었다. 연구자들은 미디어 자료를 분석하고 참여자들과 심층 면담을 수행하였다.

주요 연구 결과는, 첫째, 참여자들은 여성에 대한 인식에서 몸과 같은 신체적 조건을 먼저 떠올렸다. 이는 외모지상주의로 인해 각인된 인식이라고 분석되었다. 구체적인 참여자들의 응답의 예는 다음과 같다.

> 여성의 외모가 꼭 말라야만 예쁜 애들이 주인공 하거나, 예쁜 역할 하거나 그러지. 솔직히 여자들이 다 마른 사람이 아니고 (……) 다 제각각 있는데 뚱뚱한 여자는 억척스럽고, 많이 먹는 사람, 고집 센 사람으로 표현이 되는 것 같고, 부유한 집의 딸이 엄친아 예쁘고 날씬하고 몸매 좋고 이런 애들로 하는 게 좀 마음에 안 들긴 하지. 〈렛미인〉 같은 것도 가족 간의 문제인데, 여자가 예뻐진다고 해서 모든 문제가 다 해결된다는 듯이 하고. (연구 참여자 3, 24세, 여)
>
> "드라마들에서 오버사이즈 배우들이 나오는데 실제로 마르고 예쁜 배우들이 특수 분장으로 '오버사이즈를 연기'하잖아. 근데 중간에 신데렐라처럼 살 빼고 예뻐진 모습으로 등장한 후 연애를 하는 걸 보면서 오히려 예쁜 모습이 사랑받을 수 있다고 하는 것 같아서 잘 안 보게 돼. (연구 참여자 4, 29세, 여)

다음으로 세대별 여성의 이미지는 '청년 여성은 연약함과 예쁨', '중년 여성은 어머니와 아주머니의 모습', '노년 여성은 인자한 할머니, 가난함, 억척스러움'

으로 재현되었다. 또한 '여성-되기'를 위한 방향으로 참여자들은 미디어 제작자들이 가진 고정관념을 벗어나는 노력이 선행되어야 한다고 진술하였다. 이러한 연구 결과에 기초하여 연구자들은 한국 미디어를 통해 재생산되는 고착화된 세대별 여성의 이미지를 벗어나기 위한 실천 방향을 제시하였다.

라. 장애

'장애(disabilities)' 또한 비판적 질적연구의 핵심적 탐구 영역이다. 사회과학에서의 비판적 질적연구에서 장애는 신체 부분의 능력 결핍이나 신체 기관의 기능 상실 또는 저하를 의미하는 의학적 개념이 아니다(Bicard & Heward, 2010: 316). 사회과학 연구에서 장애는 '정상적 신체 능력'의 범위를 벗어나 의학적으로 진단되는 개인의 상태나 특성이 아니라 사회적 정의 및 합의에 의해서 만들어진 사회, 정치, 문화, 경제의 맥락에서 이해된다(Johnson & Nieto, 2007; Sleeter, 2010). 예를 들어, Sleeter(2010)는 학습 장애 개념의 의학적인 개념이 아니라 정치적으로 만들어진 성격이 강하다고 주장하였다. 그녀의 논의에 따르면 이 개념은 1950년대 학업성취가 낮은 학생들을 설명하기 위한 개념으로 등장하였다. 당시 유색인종의 자녀들의 학업성취가 백인 학생들의 학업성취보다 현저하게 낮았는데, 이는 교육의 잘못이 아니라 그들이 '학습 장애'를 가지고 있기 때문이라고 진단하였다. 이로써 공교육의 정치성을 정당화하고 백인 학생들의 학업적 성공을 보장하기 위해 장애의 개념이 만들어졌다는 것이다. 하지만 Foucault가『지식과 권력』에서 논의하였듯이 학교 지식은 권력을 가진 주류 집단인 백인들의 역사적 · 문화적 · 경제적 · 정치적 · 종교적 배경에 기초해서 만들어졌기에 백인 학생들이 상대적으로 유리한 위치에 있었음을 인정하기를 거부하였기 때문이다(Sleeter, 2010). 이러한 점에서 장애를 가진 사람들은 다른 소수집단과 마찬가지로 많은 사회 조직에서 접근성이 제한되며 이것은 다시 사회 불평등으로 연결된다. 따라서 비판적 질적연구에서 장애의 문제는 의학적으로 신체적 장애를 가진 것으로 진단되는 사람들에 대한 차별의 문제도 다루지만, 좀 더 거시적 맥락에서 사회적으로 장애가 어떻게 규정되고 그러한 규정의 기준이 장애를 가진 것으로 이해되는 사람들에 대한 차별이 어떻게 나타나고 있는지를 탐구하며, 이러한 차별적 구조와 현실을 개선하고자 노력한다.

근대 이전에 장애는 오늘날과 같은 수준의 장애와 차별의 대상이 아니었다. 한 예로서 정신적 장애를 살펴보자. Foucault(2013)가 『광기의 역사(*History of Madness*)』에서 고고학적으로 추적하였듯이 근대 이전에 '정신적 이상'을 가진 사람들은 '정상적인 사람'과 함께 생활하였다. 중세 이슬람권에서는 정신질환자에게 친절하게 대하라는 교리에 따라 그러한 사람들에게 관대하였다. 하지만 17세기를 거치면서 이성주의가 주류적 이데올로기로 자리 잡으면서 '평범한 이성'으로 생각하고 행동하지 않는 사람들을 분리하고, 배제하고, 심지어 감금하는 일이 시작되었다. 물론 근대적 '이성'의 관점에서 정신질환을 가진 사람들을 '치료'하기 위해 사혈법, 치아 뽑기, 구운 쥐 먹이기 등과 같은 '치료법'이 시행되기도 하였으며, 이들은 '악귀'가 들린 것으로 간주되어 사회적으로 매장을 당하는 일도 발생하였다. 이들에 대한 치료가 본격화된 것은 정신분석학의 등장과 약물이 개발된 19세기이다.

하지만 다운증후군 같은 장애를 가진 사람들은 가족들로부터, 사회로부터 격리당하거나 차별당하는 경험을 지속적으로 하고 있다. 기독교와 유대교와 같은 종교에서 장애는 종교적 벌이나 악의 징후로 간주되기도 하였다. 많은 사회에서 그들을 집 안에만 머물게 하거나 정신병원과 같은 시설에 수용하여 '정상적인 사람들'과 분리시켰다. 이러한 사실들을 볼 때 장애를 가진 사람들이 얼마나 차별받았는지 그리고 차별받고 있는지는 명확하다. 뿐만 아니라 우생학자와 진화론자는 장애인들이 결핍된 유전자를 가지고 있다고 주장하며 불임을 강요하기도 하였다. 놀랍게도 이러한 관행은 1927년 미국 연방 대법원에 의해 지지되었다. 한편, 제2차 세계대전 동안 나치 독일은 유럽에서 백만 명의 유대인, 집시, 동성애자, 공산주의자들과 함께 수만 명의 육체적 · 정신적 장애인을 살해하면서 그들에 대한 차별은 한걸음 더 나아갔다(Pincus, 2011).

이처럼 신체적 · 정신적 장애를 가진 것으로 간주된 사람들은 차별과 억압을 겪으며 살아왔고 여전히 그러한 삶을 살아가고 있다. 이러한 장애의 개념과 장애인에 대한 구조적 문제는 학자들의 관심이 되었고, 장애 관련 담론과 이론이 발전하게 되었다. 무대 이론으로 잘 알려진 Goffman(1963)은 낙인(stigma)에 대해 논의하면서 장애를 대표적인 낙인 유형이라 주장하였다. Goffman에 따르면 신체적 기형으로 혐오감을 유발하는 신체적 장애와 인격적인 결함으로서 간주된 정신병, 알코올 중독, 동성애, 범죄, 자살기도, 급진적인 정치 성향, 실업 등의 경력에서 추정되는 개인의 바람직하지 못한 품성 등은 사회적 불평등 제도와 태도를 양산하는 이유가 된다. Thompson(2016)은 장애에 관한 이론으로 '개인적 · 문화적 · 구조적 분석 모델(personal, cultural, and structural analysis model, PCS)'을 논의하였다. 첫째, 개인적 영역은 장애인에 대한 편견, 혐오, 경멸적 태도, 장애인 단체에 하는 기부 행위 등으로 나타난다.

둘째, 문화적 영역은 장애인에 대한 문화적 가치의 다양한 반응을 지칭한다. 이는 주로 장애인에 대한 부정적 관점에서 이루어지는데, 이는 종종 장애인을 개인적 비극의 희생자로서 적응할 수 없거나 불쌍한 사람으로 묘사한다. 구조적 영역은 공적 서비스나 사회의 시설들이 장애인을 위한 배려 없이 제공되는 방식에서 드러난다. 결과적으로 구조적 문제들은 장애인이 주류 사회로 들어갈 수 있는 기회와 일반인과 소통하고 교류할 수 있는 기회를 박탈하고 제한한다. 그는 이 세 차원이 상호작용하면서 장애인 차별이 심화된다고 보았다.

우리나라의 경우도 장애는 사회적 차별과 억압을 보여주는 중요한 영역이다. 국가인권위원회의 조사에 따르면, 우리나라 국민들은 가장 심각한 차별로 장애인 차별(20.9%)을 꼽았다. 또한 장애인 차별이 심각하다고 응답한 비율은 우리나라 국민의 80.5%였으며, 전문가 중에는 94.1%가 장애인 차별이 심각하다고 응답하였다. '장애인(77%)'과 '비장애인(80.8%)'이 비슷한 수준으로 장애인 차별을 심각하게 인식하는 것으로 나타났다(김성희 외, 2017). 비장애인에 비해서 소수인 장애인은 비장애인 중심의 사회에서 비장애인 중심으로 형성된 사회의 구조 속에 소외될 수밖에 없으며, 비장애인 중심의 사회는 소외되는 장애인을 향해 열등하고 무능력하다는 낙인을 찍게 된다. 이러한 낙인에 의해 장애인에 대한 편견은 가중되고 편견은 다시 차별로 이어져 차별의 고리가 완성된다고 밝히고 있다(이선우, 2004). 즉, 장애인 차별은 개인적·문화적·사회적 차원에서 발생하며, 이러한 여러 차원의 복합적인 상호작용을 통해 장애인에 대한 억압이 실제적으로 일어나고 있다. 또한 장애인에 대한 차별은 개인적인 편견과 태도, 장인을 부정적으로 묘사하고 비하하는 문화, 그리고 그들의 사회 활동을 지지하거나 지원하지 않는 사회적 구조와 권력의 요인들이 통합적으로 작용하여 이루어진다.

이러한 점에서 장애와 관련한 비판적 질적연구는 개인적 경험의 차원, 문화적 차원, 제도와 법적 차원에서 이루어지고 있다. 이 탐구 영역에 포함되는 연구들은 다양한 장애 유형과 다양한 생활과 직업 현장에서 장애가 어떻게 인식되는지, 구조적인 차별의 문제점이 무엇인지를 분석하고, 나아가 장애인에 대한 대중의 인식을 개선하고, 이들의 삶의 질을 높이기 위한 법적·제도적 개선 방안을 실험하고 개발하고자 노력한다(Watson & Vehmas, 2019). 이에 우리는 장애 관련 비판적 질적연구를 소개함으로써 독자들이 장애가 질적연구를 통해 어떻게 연구될 수 있는지에 대한 이해를 돕고자 한다.

장애 연구의 예

"Re-storying autism: A body becoming disability studies in education approach"(Douglas, Rice, Runswick-Cole, Easton, Gibson, Gruson-Wood, Klar, & Shields, 2021)

이 연구는 자폐에 대한 의학적 진단과 이해를 넘어서는, 자폐에 대한 새로운 인식과 이해를 제시함으로써 자폐증을 가진 사람과 그렇지 않은 사람들이 공존해야 한다고 주장한 연구이다. 연구자들은 자폐 아동을 위한 워크숍을 개최하고 이를 녹화하여 분석하였다. 여섯 개의 녹화본을 분석한 연구자들은 자폐의/자폐와 관련한 경험, 통합교육의 관점에서 연구하였다. 연구자들이 제공한 워크숍은 자폐를 '결함을 가진 뇌'로 간주하는 기능주의적 · 생물학적 이해를 해체하기 위한 것이었다. 연구자들은 자폐를 상황, 맥락, 시간, 물질적 억압, 문화적 제약 속에서 지속적으로 변화하고, 항상 새로이 등장하며, 저항하고, 사라졌다가 다시 나타나는 관계적 측면에서 이해하였다. 이 연구를 통해 연구자들은 자폐/장애를 가진 아동을 위한 특수교육의 방향은 그들의 인지적 능력만을 신장시키거나 '치료'하는 접근을 벗어나야 하며 더욱 통합적인 교육을 위해 자폐 아동들의 정체성을 더 유연하고 변화하고 항상 새로이 등장하는 것으로 이해하는 접근에 기초해야 한다고 주장하였다.

장애 연구의 예

"Living with a disability: A qualitative study of associations between social relations, social participation and quality of life"(Jespersen, Michelsen, Tjørnhøj-Thomsen, Svensson, Holstein, & Due, 2019)

이 연구는 장애를 가진 사람들의 삶을 이해하기 위한 목적으로 수행되었다. 연구자들은 장애를 가진 참여자들의 삶에 영향을 끼치는 사회적 조건과 상황을 총체적으로 이해하고자 하였다. 연구자는 10세에서 40세에 이르는 48명의 참여자를 선정하여 15회의 집단 면담을 수행하였다. 추가적으로 집단 면담에 참여할 수 없었던 일곱 명의 참여자와는 개별 면담을 수행하였다. 연구자들은 모든 면담을 녹음하여 전사하고 주제 분석을 수행하였다.

참여자들은 가정, 학교, 일상적 생활, 직장에서 지속적으로 소외, 차별, 편견을 경험한다고 응답하였다. 이러한 경험들은 참여자들로 하여금 더욱 적극적으로 사회로 진출하려는 노력의 의지를 약화한다고 드러났다. 왜냐하면 참여자들은 차별과 편견을 경험하는 상황을 피하려는 나름의 전략을 발휘하기 때문이다. 연구자들은 참여자들의 삶의 질에 영향을 끼치는 요인으로 배려, 의존, 이해, 수용, 차별과 편견을 논의하였다. 특히 중요한 것은 참여자들의 사회적 관계인데, 사회적 관계가 어떠하냐에 따라 장애를 가지고 살아가는 참여자들의 삶의 의미와 질은 매우 상이하게 나타났다.

연구자들은 연구의 시사점으로 장애인/비장애인이 발휘할 수 있는 사회적·관계적 행동 전략을 유형화할 필요가 있음을 주장하였다. 또한 연구자들은 식업석 상황에서 장애와 관련한 사회적 상호작용에 대한 동료들의 인식과 태도의 변화가 필요하다고 주장하였다. 가장 핵심적인 주장은 장애인을 위한 제도나 지원이 그들의 사회적 상호작용에 어떠한 영향을 미치는지를 고려해야 한다는 것이었다.

장애 연구의 예

「자폐성 장애 자녀 어머니의 장애수용 경험에 관한 질적연구」
(김혜자, 정혜숙, 2014)

이 연구는 자폐성 장애를 가진 자녀의 어머니가 자녀의 장애를 받아들이는 경험을 이해하기 위한 목적으로 수행되었다. 현구자들은 현상학적 접근을 통해 참여자들의 체험의 의미를 이해하고자 하였다. 연구자들은 눈덩이 표집을 통해 여섯 명의 참여자를 선정하였으며, 참여자들은 15세에서 27세의 장애를 가진 자녀를 둔 어머니들이었다. 분석 결과는 다음 표와 같이 도출되었다.

〈대주제, 소주제, 하위 영역과 의미 단위〉

대주제	자폐장애 자녀를 끌어안고자 하는 어머니의 분투와 성장, 그리고 '어머니와 자녀 삶의 분리 불가'라는 미해결된 과제
소주제	하위 영역 ; 의미 단위
1. 장애아의 출산을 둘러싼 혼란과 좌절	반응 없는 아기 ; 늦되는 아기에 대한 불안
	벼랑 끝에 서며… ; 자폐장애 판정의 당황함과 거부
	장애 발생에 대한 비난과 질책 ; 어머니로서의 죄책감
	가족관계 안에서의 갈등 ; 몰이해와 그로 인한 상처
2. 비장애를 목표로, 그러나 자폐성 장애를 직면하며	통합교육에 매진 ; 특수교육에 사활을 걸고
	사회적 지지 체계로 의지 ; 가족과 장애아 엄마들의 도움
	만들어내는 소외와 소진 ; '갈 곳이 없어요.'
	장애로 인한 한계 인정 ; '여기까지구나!'
3. 엄마의 가슴으로 끌어안으며	긍정적 시각과 기대 ; 욕심 버리기/ 내려놓기
	작은 변화에 큰 감동 ; 끝없는 기다림과 큰 기쁨
	가족으로 받아들이며 ; 깊은 이해와 진실 공유
	의미 만들기 ; 내부의 정신적 힘(영성)을 얻게 됨
4. 독립과 의존 딜레마	자녀의 자립생활 준비하기 ; 사회기술 훈련하기
	자녀의 홀로서기에 대한 인내와 희망 ; 경계 갖기/분리하기
	불안정한 독립과 의존의 현실 ; 불안하고 불투명한 미래

이 연구는 장애인에 대한 사회적 · 제도적 배려가 여전히 부족한 상황에서 그리고 장애인에 대한 부정적인 인식이 강한 문화에서 자신의 자녀가 장애를 가졌다고 받아들이는 것이 매우 고통스러운 과정임을 잘 그려낸 질적연구라 할 수 있다.

마. 성 지향성

마지막으로 소개할 비판적 질적연구의 탐구 영역은 '성 지향성(sexual orientation)'이다. 성 지향성은 특정한 대상 또는 다양한 대상에 대하여 개인이 가진 성적 호기심과 태도를 의미한다. 비판적 질적연구의 탐구 영역으로서 성 지향성은 특정한 성 지향성을 정상적인 것으로 간주하고 다른 성 지향성은 기이하거나 병적인 것으로 간주하는 인식과 태도에 대한 비판 그리고 다른 성 지향성을 가진 사람들이 경험하는 차별, 억압, 배제와 관련한 이슈를 다룬다. 이 탐구 영역은 서구에서는 20세기 후반부터 연구되어 오고 있지만 우리나라의 경우 최근에 몇몇 연구들이 등장하고 있는 실정이다. 이에 이 영역은 우리나라 연구자들에게 생소할 수 있지만 성 지향성이 사회적으로 중요한 이슈가 되고 있으므로 이 영역에 대한 탐구의 필요성은 증가하고 있다고 볼 수 있다.

성 지향성의 이해를 위해 이 개념의 역사적 발달을 살펴볼 필요가 있다. 이 분야의 대표적 연구자인 Sell(1997)은 성 지향성 개념의 시작이 1960년대 Ulrich의 논의에서 시작되었다고 본다. 당시 성 지향성은 남성의 성 지향성 관점에서 개념화되었는데, 이성애를 의미하는 Dionings, 동성애를 의미하는 Urnings, 양성애를 의미하는 Urandionings로 구분되었다(Cory, 1951). 이 개념적 구분에서 여성의 성 지향성은 거의 배제되었다. Randall에 따르면 동성애와 양성에 관련 논의와 이론화는 20세기 중반을 지나면서 시작되었다. 이 시기부터 성 지향성(sexual orientation)이라는 개념이 적극적으로 사용되기 시작하였다. 오늘날 사용되는 성 지향성 개념은 네 가지 측면에서 논의되고 있다(Bailey, Vasey, Diamond, Breedlove, Vilain, & Epprecht, 2016). Bailey와 동료들에 따르면, 첫째, '성 행위(sexual behavior)'로서, 육체적 성관계를 가지는 상대의 성에 기초하여 동성애, 이성애, 양성애로 나뉜다. 둘째, 성 정체성(sexual identity)은 개인이 자신의 성에 대한 이해로서 자신이 어떠한 성향을 가진 사람인지에 대한 자기 인식이다(한채윤, 2011). 셋째, 성적 끌림(sexual attraction)은 이성, 동성, 또는 양쪽 모두에 어느 정도 성적 매력을 느끼고 성적 감정을 가지느냐와 관련 있다. 넷째, 생리적 성적 흥분(physiological sexual arousal)은 어떤 성을 가진 사람들과의 신체적 접촉을 통해서 성적 흥분이나 쾌감을 느끼는지에 관련된 것이다. 또 다른 하나의 개념은 성적 유동성(sexual fluidity)이다(Bailey et al., 2016). 이 개념은 상황과 대상에 따라 성적 끌림이나 성적 흥분이 달라짐을 의미한다. 이러한 새로운 개념은 성 정체성과 성 지향성이 사회적으로 구성되는 것이며, 개인에 따라 다르고 변화한다는 논의로 이어지고 있다. 성 지향성이나 성 정체성의 개념과 분류의 기준 등에 대한 담론은 이 책의 목적을 넘어서는 방대한 분야이므로 이 개념에 대한 설명은 이것으로 차치하고자 한다. 왜냐하면 이 절의 목적은 성 지향성에 대한 편견과 차별 그리고 억압에 관한 질적 연구를 소개하는 것이기 때문이다.

일반적인 차원에서 성 지향성 문제를 논의하자면, 과거의 경우는 남성이 여성에 대하여, 여성이 남성에 대하여 성적 매력을 갖는 것을 정상적인 것으로 간주하였고,

동성 간 그리고 두 성 모두에 성적 관심을 갖는 것을 문화적으로 또는 법적으로 금지하고 이를 차별해 왔다. Foucault(2019)의『성의 역사』를 보면 동성애에 대한 차별이 근대에 들어서 시작되었으며 이를 의학적 질환으로 간주하거나 범죄로 판단하여 동성애자를 처벌하고 억압하기 시작하였다는 사실이 구체적으로 드러난다. 즉, 근대 사회에서 동성애자들은 주류 문화에 의해 병적이고 일탈자, 반란자로 간주되어 왔다. 이성애자가 아닌 성 지향성을 가진 사람들은 사회적 소수자 중에서도 가장 많은 편견과 차별에 직면하고 있어 '소수자 중의 소수자'로 간주된다. 동성애 인권 운동이 훨씬 더 체계화되어 있고 동성 간 결혼이 합법화된 미국이나 다른 나라에서도 동성애는 교육에서 다루어지지 않거나 주변적인 것으로 간주되어 왔다(Bickmore, 2002). 구체적으로 미국과 영국의 연구에서 볼 수 있듯이 학교 교육은 이성애를 정상적으로 간주하고 동성애를 비정상적인 것으로 간주하는 이데올로기에 의해 철저히 지배되고 있다. 또한 동성애자를 타인 또는 '변태'와 마찬가지로 여기고 있다(Crocco, 2002; Lesko, 2000). 이에 성 지향성은 서구에서는 문화 연구, 젠더 연구, 페미니즘 연구, 교육학 연구 등에서 매우 중요한 연구 영역으로 자리 잡고 있다. 비판적 질적연구로서 성 지향성은 현대사회에서 '소수자 중 소수자'로 간주되고 있는 LGBT(Lesbian, Gay, Bisexual, Transgender) 사람들에 대한 차별적 시선과 인식, 제도, 문화를 제거하기 위한 해방적 실천으로서의 연구 작업들로 이어지고 있다.

성 소수자를 환자나 변태로 간주하는 사회에서 살아가는 성 소수자들은 사회적 낙인, 고립감, 불안, 우울과 자살, 낮은 자아존중감, 가족 및 친구들과의 대인관계의 어려움, 만성적 스트레스로 인한 약물 중독 같은 심각한 문제에 일상적으로 직면하며 살아간다(Harrison, 2003). 미국 청소년의 경우 자살 요인의 30%가 동성애라고 한다(Mallon, 1997). Alfred Kinsey에 따르면 일반적인 사회에서 남성 동성애자는 2~5%로 조사되었고, 때로는 15%에 달한다는 주장도 있다. 우리나라의 경우도 17~60세의 한국인 636명 중 최근 6개월간 동성과의 신체적 접촉을 5차례 이상 경험하였다고 답한 사람의 비율은 남성의 4.5%와 여성의 2.6%로 나타났다(윤가현, 1999). 또한 서울대학교 보건대학원의 '한국 동성애에 관한 사회학적 연구조사'에 따르면 국내 남성 동성애자는 약 11만 명이다(심수명, 2009). 이처럼 우리 사회에도 우리가 바람직하다고 생각하는 성 취향과는 다른 성적 소수자들이 존재하고 있으며 통계 지표로 확인되는 수 또한 증가하고 있다. 이는 성 소수자의 수적 증가라기보다 사회적 인식의 변화에 따라 스스로를 성 소수자로 밝히는 사람의 수가 증가한 것으로 추측하는 것이 타당할 것으로 보인다. 성 소수자들에 대한 사회적 인식이 어느 정도 변화하고 있다고는 하나

성 소수자들은 여전히 많은 편견과 차별을 경험하고 있다. 국내 성 소수자 관련 실태조사를 보면 성 소수자의 41.5%가 직접적인 차별이나 폭력을 경험하였고, 87%는 증오나 혐오 발언을 들은 적이 있다고 한다(나영정, 정현희, 2015).

성 지향성, 성 정체성, 성 소수자와 관련한 비판적 질적연구는 수를 헤아릴 수 없을 정도로 많이 등장하고 있다. 이러한 경향의 개인의 선택과 자기결정권을 인권의 중요한 부분으로 간주하는 세계적인 분위기와 관련 있다고 할 것이다. 이 탐구 영역의 연구 주제 또한 매우 다양한데, 성 정체성의 형성, 발달, 변화에 관한 연구, 성 소수자들의 삶에 대한 연구, 성 지향성에 기초한 차별과 억압에 관한 연구, 성 정체성을 해체하는 포스트모던적 연구 등이 등장하고 있다. 이 장은 비판적 질적연구로서 성 소수자들에 대한 차별과 억압에 관한 연구의 예를 제시하고자 한다.

성 지향성 연구의 예 1

「상담 서비스와 관련한 성 소수자 내담자의 인권 경험에 대한 질적연구」 (이아라, 이주영, 이성원, 양난미, 2021)

이 연구는 성 소수자들이 상담을 받는 과정에서 자신의 성 지향성과 관련된 인권 경험을 이해하기 위해 수행되었다. 연구자들은 상담 경험이 있는 참여자 10명을 선정하여 심층 면담을 진행하였으며, 그들의 체험을 이해하기 위해 현상학적 방법을 차용하였다. 성 소수자의 다양성을 제시하기 위해 연구 참여자의 기본적인 정보를 제시하고자 한다. 이 참여자 정보는 우리 사회에도 매우 다양한 성 소수자가 존재함을 보여준다.

연번	지정 성별	성적 지향	성별 정체성	나이	과거 상담 종류	과거 상담 기간
1	여성	호모플레시블 바이오섹슈얼	논바이너리	21	유료/무료	6년/150회기
2	여성	여성애자	트랜스젠더 남자	20	무료	3개월/12회기
3	여성	레즈비언/에이로맨틱 · 에이섹슈얼 엄브렐라, 데미로맨틱+데미섹슈얼	여성	24	유료/무료	14년/550회기

연번	지정 성별	성적 지향	성별 정체성	나이	과거 상담 종류	과거 상담 기간
4	남성	호모로맨틱, 호모섹슈얼	남성	18	유료/무료	12개월
5	여성	바이로맨틱 플라시오섹슈얼	트랜스젠더 남자	30	유료/무료	50개월/100회기
6	남성	여성애	트랜스 페미닌	27	유료	32개월/130회기
7	남성	범성애자	트랜스젠더 여성	21	유료	40개월/40회기
8	남성	남성애자/퀘스처너리	젠더플루이드	21	무료	20개월/31회기
9	여성	바이섹슈얼	데미 걸	22	유료	12개월/45회기
10	여성	범성애자	'여성'으로 정체화하는 젠더플루이드	25	무료	20개월

연구자들이 제시한 연구 결과는 다음과 같다.

첫째, 성 소수자 내담자들은 상담자가 성 소수자 적극 옹호적 용어를 사용하고, 비판단적이며, 내담자의 정체성을 있는 그대로 보아주는 태도뿐만 아니라 비밀 보장과 같은 상담 윤리를 지켰을 때 인권이 존중받는다고 여겼다.

둘째, 상담자가 고정관념에 따라 단정적으로 규정하거나 내담자의 성적 지향과 정체성을 고려하지 않으며 표현 · 선택할 수 있는 것에 제한을 느낄 때 인권이 침해된다고 느꼈다.

셋째, 성 소수자들은 상담에서 자신들의 인권을 보호하기 위한 상담자 역량으로 다양한 가치에 유연하고 열린 태도와 내담자의 정체성과 선택을 존중하는 태도, 내담자와의 관계를 활용하는 기술과 현실적인 정보 제공 기술, 성 소수자 관련 사회적 맥락 및 공동체, 그리고 사용 용어에 대한 지식을 보고하였다.

연구자들은 성 소수자 대상으로 상담을 하는 상담자들이 내담자의 인권을 보호하기 위해서 무엇을 고려해야 하는지 다음과 같은 시사점을 제시하였다. 그 제안의 일부를 소개하고자 한다.

본 연구를 통해 발견한 또 하나의 주요 주제는 바로 사용 용어와 관련된다.

'남자친구' 또는 '여자친구' 등의 단어처럼 상담자에게는 익숙하거나 자연스러운 용어가 성 소수자 내담자들에게는 그렇지 않을 수 있다. 이에 상담자가 사용하는 용어들이 내담자에게 어떻게 받아들여질 수 있는지 인지하고, 용어 사용의 괜찮음을 확인받는 작업들은 내담자들로 하여금 자신의 인권이 존중받는다고 느껴지게 한 중요한 경험이 되었다. 이러한 경험은 성별에 대한 열린 호칭을 사용하거나 내담자가 사용한 언어를 그대로 사용하는 등의 상담자 태도가 성 소수자 내담자에게 안전함을 제공했다는 연구 결과(박정은 외, 2019)와도 일치하는 것이다. 성 소수자들의 경험이 사회 문화적 맥락과 관련이 있고(남궁미, 박정은, 2020), 성 소수자 커뮤니티가 성 소수자들에게 자신의 존재성을 확인하는, 실재하는 공간으로의 의미를 갖는다(김지은, 2020; 손소연, 이지하, 2016)는 것을 고려했을 때, 성 소수자 커뮤니티에서 사용되는 용어라는 것은 이들의 정체성이나 현실을 밀접하게 드러내는 도구가 될 수 있다. 나아가 본 연구의 참여자들은 용어 사용의 중요성을 넘어서, 용어의 최신성까지 고려하는 상담이 진행될 수 있음을 제언하기도 했다.

이러한 결과에 기초하여 연구자들은 성 소수자들이 상담의 과정에서 가진 인권 존중에 대한 경험을 다음과 같이 구조화하였다.

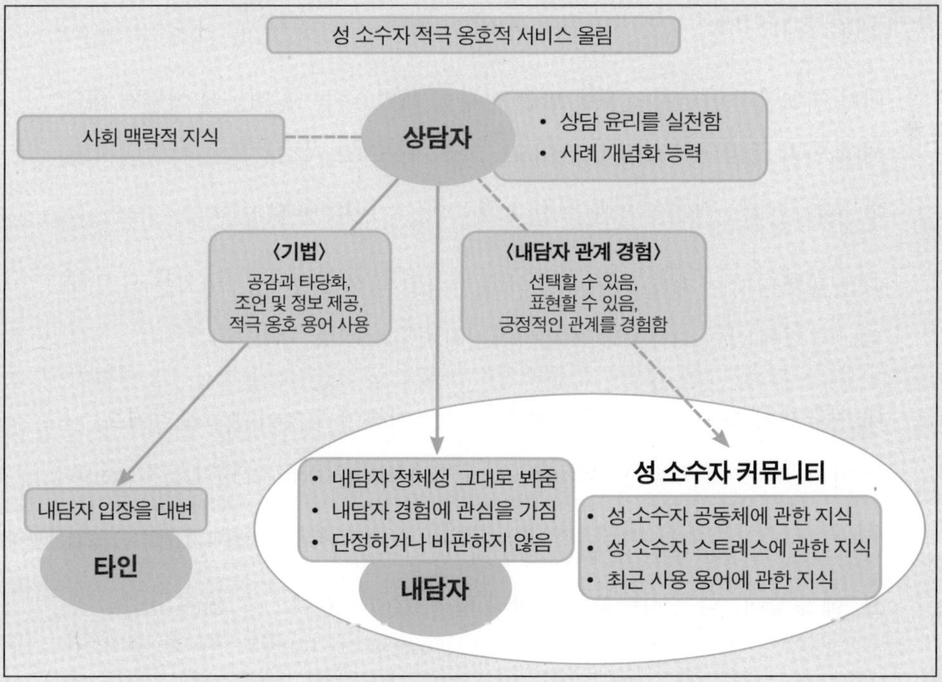

성 지향성 연구의 예 2

"The Invisible Work of Closeting: A Qualitative Study about Strategies Used by Lesbian and Gay Persons to Conceal Their Sexual Orientation"(Malterud & Bjorkman, 2016)

이 연구는 동성애자들이 직장에서 어떻게 자신의 성 지향성을 숨기며 근무하는지를 이해하기 위한 목적으로 수행되었다. 이 연구는 다양한 성 지향성에 대해 매우 개방적이라고 알려진 유럽 국가 중 하나인 노르웨이 동성애자들의 삶에 대한 연구이다. 연구자들은 동성애 혐오와 차별을 줄이기 위한 대대적인 캠페인을 진행하면서 참여자들을 모집하였다. 총 161명의 응답자들이 자신의 구체적인 이야기를 연구자들에게 제공하였다. 동성애자로서의 성 지향성을 직장에서 숨기는 행위는 '커밍아웃'을 한 사람이나 그렇지 않은 사람들 모두에게서 나타났다. 연구를 통해 드러난 성 지향성 가리기 전략은 '직접적 부인', '현명한 회피', '미묘하고 모호한 태도', '파트너의 이름을 바꾸어 이야기하기' 등이었다. 연구자들은 참여자들이 자신들의 안전과 편의를 위해서 이 전략을 활용하는 것이라고 보고하였다. 또한 연구자들은 이러한 전략들이 상황과 맥락에 따라 다르게 활용됨을 논의하였다.

다음은 이 연구의 참여자들이 자신의 성 지향성을 밝히지 않는 상황과 그 이유에 대한 응답이다.

> 내가 게이인지 아닌지 질문을 받는 상황이 되면, 나는 그 질문에 어떻게 대답해야 할지 준비되어 있지 않았어요. 그냥 자동으로 아니라고 이야기했지요. 잘 모르겠어요. 왜 당당히 밝지기 못했는지……. (Patrick).

> 나는 할머니께 아파트를 구해서 이사 간다고 말씀드렸어요. 하지만 나의 파트너와 함께 살기 위해서라고는 이야기하지 않았어요. (Merry)

> 내 친구가 내가 누구를 만나는 것을 알고는 이름이 무엇이냐고 물었어요. 나는 나의 파트너가 여자인 것을 숨기기 위해 Martin이라고 말했어요. (Anne)

> 나의 성 지향성을 숨길 수 없는 상황에서는 나는 성 중립적인 언어를 선택해요. 예를 들어, "나는 사랑하는 사람과 헤어졌어"와 같이……. (Steve)

이 연구는 문화적으로 성 소수자에게 개방적이고 법적으로 동성결혼이 합법화된 사회에서도 여전히 성 소수자들은 자신의 성 지향성과 관련하여 딜레마적인 상황에 일상적으로 직면하고 있음을 드러내었다.

4. 요약

우리는 이 장에서 비판적 질적연구의 정의와 특징, 철학적 배경, 핵심적 탐구 영역에 대해 알아보았다. 우리나라를 비롯한 자본주의 국가들에서 계층 간의 갈등이 심화되고 경제적 불평등 또한 더욱 악화되고 있다. 빈익빈 부익부 현상이 심해지는 현대 사회에서 인권, 복지, 평등과 같은 가치를 추구하는 것은 더욱 구조적으로 어려워지고 있다. 이에 비판적 질적연구는 이러한 불평등과 차별의 문제를 거시적으로 그리고 미시적으로 파헤치고 억압받는 계층과 사람들의 권익을 대변하며, 나아가 그들이 스스로 자신들의 목소리를 내고 진정한 해방으로 나아갈 수 있는 길을 모색하고자 한다. 이러한 점에서 비판적 질적연구는 불평등과 비정의와 같은 사회적 문제를 인식하고 개선하기 위한 작업으로서 학술적 가치뿐만 아니라 사회적으로도 많은 시사점을 제시하고 영향력을 끼칠 수 있다. 그러한 점에서 다른 질적연구의 전통에 비하여 가장 미시적이면서도 가장 거시적인 측면에서 질적연구를 수행하는 연구 전통이라고 할 수 있다. 우리나라에서도 비판적 질적연구가 여성학 분야뿐만 아니라 다문화 가족, 게이와 레즈비언, 노동계층, 장애인 등의 삶에 대한 연구로 확대되고 있다는 것은 매우 고무적이라 하겠다. 사회가 변하고 시대가 달라져도 새로운 구조 속에서 차별과 소외는 존재할 것이라는 예측이 지배적이라고 한다면, 비판적 질적연구는 그 가치와 열기가 식지 않을 질적연구 방법론이라 생각된다.

5. 참고문헌

권혁철(2019). 독거노인의 사회적 고립과 빈곤에 관한 질적연구. **사회과학 연구**, **26**(3), 135-160.

김성원(2020). 포스트젠더주의(Postgenderism)와 동성애에 관한 분석비평 연구. **한국조직신학논총**, **58**, 7-52.

김성희, 이연희, 오욱찬, 황주희, 오미애, 이민경, 이선우(2017). **2017년 장애인 실태조사**. 보건복지부.

김애령(2010). '여자 되기'에서 '젠더 하기'로: 버틀러의 보부아르 읽기. **한국여성철학**, **13**, 23-51.

김지은(2020). 대학 내 성소수자 커뮤니티의 의미에 대한 질적 연구: 대학생 성소수자의 커뮤니티 경험을 중심으로. **한국사회복지질적연구**, **14**(1), 155-176.

김혜영, 류영휘(2020). 관짝소년단 사건을 통해 되짚어보는 한국의 인종주의와 한국 다문화 교육의 과제: 뉴스 기사 댓글의 질적 내용 분석을 중심으로. **다문화 교육 연구**, **13**(4), 45-73.

김혜자, 정혜숙(2014). 자폐성장애 자녀 어머니의 장애수용 경험에 관한 질적연구. **사회과학 연구논총**, **30**(1), 279-316.

나영정, 정현희(2015). 성 소수자 인구, 커뮤니티를 그리는 작업에서 마주치는 문제들: 한국 LGBTI 커뮤니티 사회적 욕구조사를 중심으로. **여/성이론**, (32), 92-108.

남궁미, 박정은(2020). 성소수자에 관한 국내 연구 동향. **한국심리학회지: 상담 및 심리치료**, **32**(3), 1469-1498.

두오균(2009). 한국 장애인 인권의 현실과 재난관리. **국가위기관리연구**, **3**(1), 26-50.

박경태(2017). **인종주의**(Vol. 9). 서울: 책세상.

박정은, 남궁미, 정서진(2019). 동성애자 내담자의 상담경험에 대한 질적 연구: 여성 동성애자를 중심으로. **한국심리학회지: 상담 및 심리치료**, **31**(4), 997-1021.

손소연, 이지하(2016). 성소수자의 커뮤니티 참여 의미에 대한 연구: Giorgi 현상학적 방법론을 중심으로. **한국사회복지학**, **68**(2), 233-256.

심미혜, YUMI(2011). 한국 대학생의 성역할 정체감과 성차별의식 및 군대에 대한 태도에 관한 연구. **한국심리학회지: 사회 문제**, **17**(1), 1-17.

심수명(2009). 동성애에 대한 기독교 상담학적 고찰. **국제신학**, **11**, 261-302.

오욱환(2003). 한국 대학의 현실에 대한 비판과 개혁 방향의 구상. **한국교육**, **30**(2), 317-341.

윤가현(1999). **동성애의 심리학**. 서울: 학지사.

윤성종(2021). 세계화, 성장, 불평등과 빈곤에 대한 고찰. **통상정보연구**, **23**(1), 97-112.

이건만(1994). **마르크스주의 교육사회학**. 서울: 교육과학사.

이나영(2009). 급진주의 페미니즘과 섹슈얼리티: 역사와 정치학의 이론화. **경제와사회**, 10-37.

이선우(2004). 장애인 차별에 영향을 미치는 요인에 대한 연구. **한국장애인복지학**, **1**, 37-60.

이아라, 이주영, 이성원, 양난미(2021). 상담 서비스와 관련한 성 소수자 내담자의 인권경험에 대한 질적연구. **열린교육 연구**, **29**, 1-30.

임경석(2013). 마르크스의 해방적 비판; 이론과 실천의 상보성을 중심으로. **글로벌정치연구**, **6**(2), 31-56.

최종혁, 이연, 유영주, 안태숙(2010). 사회적 취약계층의 사회적 배제에 대한 문화복지 프로그램의 기능: 문화복지실천가 대상 질적연구. **한국 사회복지학**, **62**(1), 291-316.

최현경, 강진숙(2020). 20대의 미디어 여성 이미지 재현에 대한 인식과 '여성-되기'에 관한 질적연구. **한국방송학보**, **34**(2), 140-176.

한채윤(2011). 한국 레즈비언 커뮤니티의 역사. **진보평론**, **49**, 100-128.

홍두승(1992). 중산층의 성장과 사회변동. **한국의 국가와 시민사회**. 한국 사회학회: 한국정치학회 편. 서울 :한울

홍민기(2017). 2015년까지의 최상위 소득 비중. **노동리뷰**, 81-83.

Allman, P. (2007). *On Marx*. Rotterdam, Netherlands: Sense.

Althusser, L. (1971). *Lenin and philosophy and other essays*. New York: Monthly Review Press.

Alvesson, M. & Ashcraft, K. L. (2009). Critical methodology in management and organization research. In A. Bryman & D. Buchanan (Eds.), *The SAGE handbook of organizational research methods* (pp. 61-77). SAGE Publications.

Aronowitz, S. & Giroux, H. (1985). Radical education and transformative intellectuals. *Canadian Journal of Political and Social Theory*, *9*(3), 48-63.

Azam, M. (2019). Inequality and economic growth in Asia and the Pacific region. *African and Asian Studies*, *18*(3), 288-314.

Baber, Z. (1995). *The Science of Empire: Scientific Knowledge, Civilization, and Colonial Rule in India*. Albany: State University of New York Press.

Bailey, J. M., Vasey, P. L., Diamond, L. M., Breedlove, S. M., Vilain, E., & Epprecht, M. (2016). Orientación sexual, controversia y ciencia. *La Ciencia Psicológica de Interés Público*, *17*(2), 45-101.

Banks, J. A. & Banks, Ch. A. M. (2010). *Multicultural Education: Issues and Perspectives*. New York: John Wiley & Sons.

Beck, A. F., Solan, L. G., Brunswick, S. A., Sauers-Ford, H., Simmons, J. M., Shah, S., ... & H2O Study Group. (2017). Socioeconomic status influences the toll paediatric hospitalisations take on families: A qualitative study. *BMJ Quality & Safety*, *26*(4), 304-311.

Bem, S. L. (1974). The measurement of psychological androgyny. *Journal of Consulting and Clinical Psychology*, *42*, 155-162.

Bem, S. L. (1981). Gender schema theory: A cognitive account of sex typing. *Psychological review*, *88*(4), 354.

Bicard, S. & Heward, W. (2010). Education equality for student with disability In Banks, J. & Banks, C., *Multicultural education: Issues and perspectives* (7th Ed., pp. 315-342). NJ: Willrey & Schon.

Bickmore, K. (2002). How might social education resist heterosexism? Facing the impact of gender and sexual ideology on citizenship. *Theory & Research in Social Education*, *30*(2), 198-216.

Bjerén, G. (1997). Gender and reproduction. In T. Hammar et al. (Eds.), *International migration, immobility and development: Multidisciplinary perspectives*. New York: Berg Press.

Bourdieu, P. (2002). The social conditions of the international circulation of ideas. *Actes de la recherche en sciences sociales*, *145*(1), 3-8.

Bourdieu, P. & Passeron, J. C. (1979). *The inheritors: The French students and their relation to culture* (R. Nice Trans.). Chicago, IL: The University of Chicago Press.

Brookfield, S. (2012). Critical theory and transformative learning. In E. W. Taylor & P. Cranton

(Eds.), *Handbook of transformative learning theory: Theory, research andpractice* (pp. 131-146). San Francisco, CA: Jossey-Bass.

Burbules, N. C. & Berk, R. (1999). Critical thinking and critical pedagogy: Relations, differences, and limits. In Thomas S. Popkewitz & L. Fendler (Eds.), *Critical theories in education: Changing terrains of knowledge and politics* (pp. 45-65). New York: Riotledge.

Carlson, E. D., Engebretson, J., & Chamberlain, R. M. (2006). Photovoice as a social process of critical consciousness. *Qualitative Health Research*, *16*(6), 836-852.

Carr, W. & Kemmis, S. (1986). *Becoming Critical: Education, Knowledge and Action Research*. London: Falmer Press.

Cohen, L. & Manion, L. (1994). *Research methods in education* (4th Ed.). London: Routledge.

Cory, D. W. (1951). *The homosexual in America: A subjective approach*. NY: Greenberg.

Crocco, M. S. (2002). Homophobic hallways: Is anyone listening? *Theory & Research in Social Education*, *30*(2), 217-232.

Crooks, R. L., Baur, K., & Widman, L. (2020). *Our sexuality*. Cengage Learning.

Cudd, A. E. & Andreasen, R. O. (2005). *Feminist theory: A Philosophical Anthology*. Blackwell Publishing

de Beauvoir, S. (1973). *The second sex*, trans E. M. Parshley. New York: Vintage.

Denzin, N. K. (2017). Critical qualitative inquiry. *Qualitative Inquiry*, *23*(1), 8-16.

Douglas, P., Rice, C., Runswick-Cole, K., Easton, A., Gibson, M. F., Gruson-Wood, J.,... & Shields, R. (2021). Re-storying autism: A body becoming disability studies in education approach. *International Journal of Inclusive Education*, *25*(5), 605-622.

Forgacs, D. (1988). *An Antonio Gramsci Reader: Selected Wirtings*. New York, NY: Shocken Books.

Foucault, M. (2013). *History of madness*. NY: Routledge.

Foucault, M. (2019). *The history of sexuality, 1: The will to knowledge*. UK: Penguin.

Freire, P. (1972a). *Cultural action for freedom*. Penguin.

Freire, P. (1972b). Education: domestication or liberation? *Prospects*, *2*(2), 173-181.

Freire, P. (1996). *Pedagogy of the oppressed* (revisEd.). New York: Continuum.

Gilbert, J. (2008). After '68: Narratives of the new capitalism. *New Formations*, *65*(65), 34-53.

Gilligan, C. (1989). Mapping the moral domain: New images of self in relationship. *Cross Currents*, *39*(1), 50-63.

Gill-Peterson, J. (2014). The technical capacities of the body: Assembling race, technology, and transgender. *Transgender Studies Quarterly*, *1*(3), 402-418.

Giroux, H. A. (1981). Hegemony, resistance, and the paradox of educational reform. *Interchange*, *12*(2), 3-26.

Glasser, H. M. & Smith III, J. P. (2008). On the vague meaning of "gender" in education research: The problem, its sources, and recommendations for practice. *Educational Researcher*, *37*(6), 343-350.

Goffman, E. (1963). Embarrassment and social organization. *American Journal of Sociology, 62*(3), 264-271.

Goodman, A. H. (2000). Why genes don't count (for racial differences in health). *American Journal of Public Health, 90*, 1699-1702.

Gottardis, A. (2014). *Reason and Utopia: Reconsidering the Concept of Emancipation in Critical Theory* (Doctoral dissertation, Department of Political Science, Stockholm University).

Gramsci, A. (1971). *Selections from the prison notebooks* (Q. Hoare & G. Nowell-Smith Trans.). New York: International.

Gramsci, A. & Mouffe, C. (1979). *Gramsci and Marxist Theory*. Routledge & Kegan Paul.

Greckhamer, T. (2017). Critical approaches to qualitataive research. *The Routledge Companion to Qualitative Research in Organization Studies*, 40-45.

Guba, E. & Lincoln, Y. (1994) Competing paradigms in qualitative research. In N. K. Denzin & Y. S. Lincoln (Eds.), *The SAGE Handbook of Qualitative Research* (pp. 105-117). CA: Thousand Oaks.

Harbermas, J. (1981). *The theory of communicative action* (Vol. 1). Boston: Beacon.

Harris, R., Holmes, H. M., & Mertens, D. M. (2009). Research ethics in sign language communities. *Sign Language Studies, 9*(2), 104-131.

Harrison, T. W. (2003). Adolescent homosexuality and concerns regarding disclosure. *Journal of School Health, 73*(3), 107-112.

Horowitz, J. M., Igielnik, R., & Kochhar, R. (2020). *Most Americans say there is too much economic inequality in the US, but fewer than half call it a top priority*. Washington, DC: Pew Research Center.

Jespersen, L. N., Michelsen, S. I., Tjørnhøj-Thomsen, T., Svensson, M. K., Holstein, B. E., & Due, P. (2019). Living with a disability: A qualitative study of associations between social relations, social participation and quality of life. *Disability and Rehabilitation, 41*(11), 1275-1286.

Johnson, J. R. & Nieto, J. (2007). Toward a cultural understanding of the disability and deaf experience: implications of a content analysis of introductory special and multicultural education. *Multicultural Perspectives, 9*(4), 32-39.

Kennedy, C. & Fitzpatrick, S. (2001). Begging, rough sleeping and social exclusion: Implications for social policy. *Urban Studies, 38*(11), 2001-2016.

Kincheloe, J. L. & McLaren, P. L. (1994). Rethinking Critical Theory and Qualitative Research. In N. K. Denzin & Y. S. Lincoln (Eds.), *Handbook of Qualitative Research* (pp. 138-157). Thousand Oaks, CA. : Sage

Kincheloe, J. L., Mclaren, P., & Steinberg, S. R. (2012). Critical pedagogy and qualitative research: Moving to the bricolage. In Shirley Steinberg & Gaile S. Cannella (Ed.), *Critical qualitative research reader* (pp. 14-32). New York: Peter Lang.

Kincheloe, J. L., McLaren, P., & Steinberg, S. R. (2018). Critical pedagogy and qualitative research: Advancing the bricolage. In N. K. Denzin & Y. S. Lincoln (Eds.), *The Sage handbook of qualitative research* (pp. 235-260). NY: Sage Publications.

Korth, B. (2002). Critical qualitative research as consciousness raising: The dialogic texts of researcher/researchee interactions. *Qualitative Inquiry*, *8*(3), 381-403.

Lazarus, R. S. (1984). On the primacy of cognition. *American Psychologist*, *39*(2), 124-129

Leonardo, Z. (2004). The unhappy marriage between Marxism and race critique: Political economy and the production of racialized knowledge. *Policy Futures in Education*, *2*(3-4), 483-493.

Lesko, N. (Ed.) (2000). *Masculinities at school* (Vol. 11). NY: Sage.

Lima, N. N. R., de Souza, R. I., Feitosa, P. W. G., de Sousa Moreira, J. L., da Silva, C. G. L., & Neto, M. L. R. (2020). People experiencing homelessness: Their potential exposure to COVID-19. *Psychiatry Research*, *288*, 112945.

Mabhala, M. A., Yohannes, A., & Griffith, M. (2017). Social conditions of becoming homelessness: Qualitative analysis of life stories of homeless peoples. *International Journal for Equity in Health*, *16*(1), 1-16.

Madison, D. S. (2011). *Critical ethnography: Method, ethics, and performance*. Sage Publications.

Mallon, G. P. (1997). Knowledge for practice with gay and lesbian persons. In G. P. Mallon (Ed.), *Foundations of social work practice with lesbian and gay persons* (pp. 1-30). Binghamton, NY: Harrington Park Press.

Malterud, K. & Bjorkman, M. (2016). The invisible work of closeting: A qualitative study about strategies used by lesbian and gay persons to conceal their sexual orientation. *Journal of Homosexuality*, *63*(10), 1339-1354.

McConahay, J. B. (1986). Modern racism, ambivalence and modern racism scale. In J. F. Dovidio & S. L. Gaertner, *Prejudice, Discrimination and Racism* (pp. 91-125). New York: Academic Press.

McConahay, J. B. (1986). Modern racism, ambivalence and modern racism scale. In J. F. Dovidio, & S. L. Gaertner, *Prejudice, Discrimination and Racism* (pp. 91-125). New York: Academic Press.

McLaren, P. (1989). On ideology and education: Critical pedagogy and the cultural politics of resistance. In Henry A. Giroux & Peter L. McLaren (Eds.), *Critical pedagogy, the state, and cultural struggle* (pp. 174-202). New York, NY: SUNY Press.

McMaster, R., Lopez, V., Kornhaber, R., & Cleary, M. (2017). A qualitative study of a maintenance support program for women at risk of homelessness: Part 2: Situational factors. *Issues in Mental Health Nursing*, *38*(6), 506-512.

Museus, S. D. & Park, J. J. (2015). The continuing significance of racism in the lives of Asian American college students. *Journal of College Student Development*, *56*(6), 551-569.

Nieto, C., Alcalde-Rabanal, J., Mena, C., Carriedo, Á., & Barquera, S. (2020). Perception of the use and understanding of nutrition labels among different socioeconomic groups in Mexico: a qualitative study. *Salud Pública de México*, *62*(3), 288-297.

Omi, M. & Winant, H. (1994). *Racial formation in the United States: From the 1960s to the 1990s*. NY: Routledge.

Pettigrew, T. F. & Meertens, R. W. (1995). Subtle and blatant prejudice in Western Europe. *European Journal of Social Psychology*, *25*, 57-75.

Pincus, F. L. (2011). *Understanding diversity*. Colorado: Lynne Rienner Publishers.

Schiffman, L. & Kanuk, L. (2004). *Consumer behavior*. Pearson-Prentice Hall.

Sell, R. L. (1997). Defining and measuring sexual orientation: A review. *Archives of Sexual Behavior*, *26*(6), 643-658.

Sleeter, C. (2010). Why is there learning disabilities? A critical analysis of the birth of the field in its social context. *Disability Studies Quarterly*, *30*(2), 210-237.

Sleeter, C. E. & Grant, C. A. (2009). *Making choice for multicultural education: five approachs to race, calss, and gender* (6ht Ed.). 문승호 · 김영천 · 정정훈 공역(2009). **다문화 교육의 탐구: 다섯 가지 방법들**. 서울: 아카데미프레스.

Smedley, A. & Smedley, B. (2018). *Race in North America: Origin and evolution of a worldview*. Routledge.

Soklaridis, S., Kuper, A., Whitehead, C., Ferguson, G., Taylor, V., & Zahn, C. (2017). Gender bias in hospital leadership: A qualitative study on the experiences of women CEOs. *Journal of Health Organization and Management*, *31*(2), 253-268.

Spickard, P. (1992). The illogic of American racial categories. In M. P. P. Root (Ed.), *Racially mixed people in America* (pp. 333-341). Sage Publications.

Sylvestre, J., Kerman, N., Polillo, A., Lee, C. M., Aubry, T., & Czechowski, K. (2018). A qualitative study of the pathways into and impacts of family homelessness. *Journal of Family Issues*, *39*(8), 2265-2285.

Thompson, N. (2016). *Anti-discriminatory practice: Equality, diversity and social justice*. NY: Macmillan International Higher Education.

Von Robertson, R. & Chaney, C. (2017). "I know it [racism] still exists here:" African American males at a predominantly white institution. *Humboldt Journal of Social Relations*, *39*, 260-282.

Watson, N. & Vehmas, S. (Eds.) (2019). *Routledge handbook of disability studies*. NY: Routledge.

Watts, R. J., Griffith, D. M., & Abdul-Adil, J. (1999). Sociopolitical development as an antidote for oppression-theory and action. *American Journal of Community Psychology*, *27*(2), 255-271.

Willis, P. (1977). *Learning to labor*. New York: Columbia University Press.

Young, M. F. & Whitty, G. (Eds.) (1977). *Society, state and schooling: Readings on the possibilities for radical education*. London: Taylor & Francis.

Zajonc, R. B. (1984). On the primacy of affect. *American Psychologist*, *39*(2), 117-123.

Zweig, M. (2000). *The working class majority*. Ithaca, NY: Cornell University Press.

제10장

온라인 질적연구

이론화와 실천 분야

청소년 연구, 장애 연구, 상담학, 미디어학, 기호학, 언론학, 테크놀로지, 인류학, 사회학, 교육학, 의학, 간호학, 보건학, 마케팅, 행정학, 관광학, 정신분석학

온라인 질적연구는 질적연구의 다양한 지적 전통 중에서 최근에 등장한 연구 방법이다. 이는 정보 통신 기기의 발달과 보급으로 인해 인터넷을 통한 온라인에서의 생활이 인간 삶의 중요한 부분이 되면서 더욱 빠르게 발전하며 확산되고 있는 연구 방법론이다. 온라인이 뉴노멀이 된 사회에서 인간의 삶의 모습과 특징은 이전의 오프라인 중심의 삶과는 매우 다른 양상을 띠고 있다. 교육, 쇼핑, 관광 등 또한 온라인을 통해 홍보되고 실현되고 있으며, 원격 의료나 상담과 같은 온라인을 통한 실체적 · 개인적 문제 해결을 위해서도 온라인과 정보 통신 기기는 중요한 역할을 담당하고 있다. 이러한 점에서 온라인 질적연구는 연구 주제의 다양성과 연구의 필요성 측면에서 전망이 밝은 연구 방법론이라고 하겠다. 이에 우리는 이 장에서 온라인 질적연구의 정의와 특징, 온라인 질적연구의 과정과 방법을 설명하고자 한다. 나아가 지금까지 이루어진 온라인 질적연구 리뷰를 통해 온라인 질적연구의 핵심 연구 주제를 소개하고 앞으로 연구되어야 할 새로운 연구 주제들을 논의하고자 한다.

1. 온라인 질적연구의 정의와 핵심 용어

이 절에서는 온라인 질적연구의 개념과 발달을 설명하려 한다. 온라인 질적연구는 정보 기술의 발달과 기기의 보급으로 인해 등장한 질적연구의 한 갈래이다. 특히 21세기에 접어들면서 점점 많은 질적연구들이 온라인에서만 이루어지거나 '온라인'을 활용하여 이루어지고 있다는 점에서 그 중요성이 증가하고 있다. 이에 우리는 이 절에서 먼저 온라인 질적연구가 무엇인지 알아보고 어떻게 발달하고 있는지 설명하고자 한다.

가. 온라인 질적연구의 정의

온라인 질적연구는 인터넷과 정보 통신 기기를 활용하여 온라인 공간에서 인간의 상호작용과 경험을 탐구하는 질적연구를 말한다. 온라인 질적연구는 인터넷 그리고 정보 통신 기기의 발달이 만들어내는 새로운 형태의 삶의 방식, 의사소통 방식, 자기표현 방식과 그 의미를 탐구하는 질적연구 접근으로, 최근 20여 년 동안 급격하게 성장해 왔다. 이러한 질적연구를 지칭하는 용어로는 '가상 문화기술지(virtual ethnography)'(Hine, 2000, 2005), '웹 문화기술지(webnography)'(Prior & Miller, 2012), '디지털 문화기술지(digital ethnography)'(Murthy, 2008; Varis, 2016), '디지털 질적연구(digital qualitative research)'(Dicks, 2011), '네트노그라피(netnography)'(Kozinets, 2010) 등이 사용되고 있다. 이러한 용어들은 정보 통신 기술과 기기의 활용, 인터넷 기반 네트워크로 인해 변화하는 오늘날의 사회 현상, 문화의 변화와 특징, 정보 통신 기술의 영향이나 의미를 연구하기 위한 목적을 공유한다. 또한 온라인 질적연구는 트위터, 페이스북, 유튜브, 카카오톡 등과 같은 다양한 IT 플랫폼, 프로그램, 어플리케이션을 통해 자료를 수집하고 그곳에서 생성된 자료를 활용하여 질적연구를 수행한다는 특징을 가진다. 우리는 이 장에서 이러한 개념들을 대표하는 개념으로 더 일반적으로 사용되고 있는 '온라인 질적연구'를 사용하고자 한다(Markham, 1998, 2004; Baym, 1999; Mann & Stewart, 2000; Jacobson, 1999; Jone, 1999). 하지만 독자들은 인터넷과 정보 통신 기술을 활용한 질적연구를 지칭하는 다양한 용어와 개념이 있다는 점을 알 필요가 있다. 온라인 질적연구의 개념에 대한 더욱 심층적인 이해를 위해서 온라인 질적연구의 정의들을 소개하고자 한다.

- 온라인 질적연구는 '인터넷에 대한' 연구와 '인터넷을 통한' 연구를 지칭한다. 인터넷에 대한 연구는 인터넷과 IT 기기를 사용하는 사람들의 행위에 관심을 가지며, 인터넷을 통한 연구는 연구를 위해 인터넷 기반 기술과 기기를 활용하는 것을 의미한다(Salmons, 2015).
- 온라인 질적연구는 디지털 시대를 살아가는 사람들의 문화 형성과 패턴 이해를 목적으로 한다. 이는 생태학적 관점에서 의사소통을 위해 활용되는 기술와 기계 그리고 인간이 만들어내는 문화적 특징과 역동적인 삶의 모습을 탐구한다(Anton, 2006).
- 온라인 질적연구는 디지털 기기와 사용자들 그리고 사용자들 사이의 상호작용을 문화 현상과 문화적 과정으로 간주한다. 이러한 연구는 디지털이 일상화된 세계의 상징, 가치, 관점, 정체성 등을 탐구한다(Hallinan & Striphas, 2014).
- 디지털 패러다임에 속하는 온라인 질적연구는 소셜미디어 환경의 구조를 탐구하고 이 환경에서의 문화적 과정과 상호작용을 연구한다(Bainotti, Caliandro, & Gandini, 2020).
- 온라인 질적연구(문화기술지)는 인터넷 시대 그리고 포스트인터넷 시대를 살아가는 사람들의 삶의 양상과 문화 패턴에 대한 탐구를 의미한다(Markham, 1998).

온라인 질적연구에 대한 정의와 설명을 고려할 때, 온라인 질적연구는 인터넷을 기반으로 다양한 정보 통신 기기를 활용하는 인간의 상호작용, 이 가상의 공간에서의 문화의 형성과 변화, 정보 통신 기기와 인간의 상호작용을 연구하는 질적연구 접근이다. 다시 말해, 온라인 질적연구는 온라인 방법으로 이루어지는 질적연구들을 모두 지칭한다. 이러한 점에서 온라인 질적연구는 근거이론이나 현상학과 같은 하나의 방법론이라기보다 응용문화기술지, 포스트모던 질적연구, 탈식민적/토착적 질적연구, 포스트휴먼 질적연구와 같이 여러 질적연구 방법론과 결합된 형태로 적용될 수 있다. 이에 온라인 질적연구는 문화기술지, 응용문화기술지, 현상학적 연구, 내러티브 탐구, 포스트휴먼 질적연구, 근거이론 등 다양한 방법론과 융합된 형식으로 활용된다.

나. 온라인 질적연구의 핵심 용어

온라인 질적연구를 더욱 심층적으로 이해하기 위해서 이 연구 접근에서 일반적으로 활용되는 용어들을 살펴볼 필요가 있다. 아래의 용어들은 온라인 질적연구 방법론 그리고 이 방법론을 활용한 연구에 대한 리뷰를 통해 설명이 필요하다고 판단되는 용어와 개념들이다.

인터넷(internet)이라는 용어는 모호할 것이 없어 보이지만 이 개념을 정의하는 것은 온라인 질적연구의 이해를 위해 반드시 필요한 작업이다. Markham(2018)는 대문자 'I'가 들어가는 Internet과 소문자 'i'가 사용되는 internet으로 구분하여 설명하였다. Markham(2018: 652)에 따르면, Internet은 전통적으로 "전 세계에 있는 컴퓨터를 이어주는 전자 네트워크"로 설명된다. 하지만 internet은 "디지털 미디어 프로그램, 디지털 플랫폼, 디지털 기기들에 의해서 만들어지는 문화 형태, 기반 시설, 그리고 이러한 기기와 시스템이 가능하게 하는 다양한 현실과 가능성"을 지칭한다. 사실 대문자 'I'와 소문자 'i' 중 어느 것이 적절한지에 대해서는 여전히 논쟁 중이지만 우리는 인터넷 관련 기술과 기기를 개발하고 활용하는 사용자와 상호작용의 측면을 강조하는 의미에서 'i'의 사용을 주장한 Markham과 Baym(2009)의 용례를 따르기로 한다. 인터넷은 초고속 네트워크를 기반으로 하는 새로운 시대의 매우 다양한 측면들을 지칭하는 '우산과 같은' 매우 포괄적인 용어이다. 좀 더 구체적으로, 인터넷은 21세기 삶의 보편적 요소로 자리 잡은 디지털 테크놀로지의 기능과 활용을 의미한다. 인터넷은 컴퓨터의 연결망, 정보 처리 기기 등을 통한 정보의 이송과 소통의 '실제적 축'이다. 이 축으로서의 인터넷은 미디어 생산, 공유, 활용의 모든 형태의 플랫폼을 지탱한다.

디지털(digital)이라는 용어 또한 인터넷과 마찬가지로 명료한 이해가 필요한 개념이다. 디지털을 아날로그와 대립적인 개념으로 이해하는 것은 매우 이분법적이고 신중하지 못한 접근이다. 왜냐하면 오늘날 이른바 '아날로그'라고 칭하는 생활의 양상들을 자세히 들여다보면 결코 '디지털'과 분리될 수 없음이 바로 드러나기 때문이다. 가정이나 사무실에서의 생활과 상호작용은 '디지털'과 분리되어 있을까? 우리가 일상적으로 사용하는 물건과 기기들이 완전히 '아날로그'인가? 전혀 그렇지 않다. 이러한 점에서 오늘날 디지털 기술과 기반 시설들은 모든 개인의 삶, 가정, 공동체에 영향을 미치고 있다(Denzin, 1999; Howard, 2002; Murthy, 2008; Horst & Miller, 2020). 이러한 점에서 디지털은 오늘날의 세계와 생활의 모든 영역을 지칭하는 개념으로 이해될 수 있다(Markham, 2018: 653). 오늘날 인간의 삶은 우리의 개인적이고 사회적인 행위와 존재의 측면들을 이해/분석하고, 기억하고, 반응하는 디지털 기기 행위자와의 관계 속에서 펼쳐진다. 이에 디지털은 4차 산업혁명 시대를 살아가는 대부분 사람들의 삶을 규정하는 하나의 특징적 용어이자 개념으로 이해될 수 있다.

온라인(online)은 인터넷과 정보 통신 기기가 만들어내는 시공간을 초월하는 연결성과 즉시성을 동시에 지칭하는 용어이다. 이 용어는 온라인 질적연구가 등장하던 시기부터 사용된 '형용사'로서 '가상의(virtual)'라는 용어와 함께 가장 많이 사용되고 있다(Hine, 2005; Horst & Miller, 2020; Markham, 2018). 우리가 이 장을 '인터넷 질적연구' 또는 '디지털 질적연구'가 아니라 '온라인 질적연구'라 명명한 것은 인터넷이나 디지털의 속성을 가장 포괄적으로 나타내는 개념이라 판단하였기 때문이다.

디지털 생태계(digital ecology)는 정보 통신 기술과 기기들의 작동과 분리될 수 없는 생활과 삶의 공간을 의미한다. 이는 사회적 · 문화적 역동성과 개인의 발달과 형성을 '디지털 생태학'적 관점에서 바라보고 탐구하는 온라인 질적연구의 연구 대상과 현상의 특성을 지칭하는 개념이다(Anton, 2006). 이와 유사한 용어로서 '정보 생태계', '미디어 생태계' 또한 우리로 하여금 정보 통신 기기의 발달과 보급이 만들어내는 새로운 형태의 상호작용과 관계성을 더욱 역동적이고 총체적인 관점에서 바라보고 이해해야 한다는 점을 강조한다. 이러한 디지털 생태계에 대한 좀 더 심층적인 이해는 이 책의 13장 '포스트휴먼 질적연구'에서 논의하는 '행위자-네트워크 이론'(Latour, 2005) 부분의 읽기를 통해 심화할 수 있을 것이다.

2. 온라인 질적연구의 발달과 핵심적 탐구 개념

우리는 앞 절에서 온라인 질적연구의 정의와 핵심적 용어에 대해서 알아보았다. 이 절에서는 온라인 질적연구의 발달과 핵심적 탐구 개념을 설명하고자 한다.

가. 온라인 질적연구의 등장과 발달

온라인 질적연구는 문화기술지에서 온라인과 인터넷에서 만들어지는 새로운 문화와 인간의 상호작용을 이해하기 위한 탐구 방법으로 시작되었다. 온라인 문화기술지 선구자로는 Rheingold(1993), Turkle(1995), Bruckman(1992) 등을 들 수 있다. *The Virtual Community: Homesteading on the Electronic Frontier*에서 Rheingold(1993)는 온라인에서 만들어지는 새로운 상호작용 문화를 탐구하였다. 온라인 커뮤니티에서의 상호작용의 특징과 유형을 분석하였으며, 인터넷에서 이루어지는 가상의 상호작용이 인간의 정체성 형성에 영향을 미침을 분석하였다. Rheingold는 온라인과 인터넷 커뮤니티의 문화가 새로운 가능성이 될 수 있지만 이와 동시에 민주주의 담론에 위협이 될 수 있다고 경고하였다. Rheingold와 함께 온라인 문화기술지의 선구적 작업으로 Turkle(1995)의 *Life on the Screen: Identity in the Age of the Internet*를 주목할 수 있다. Turkle은 인터넷을 통해 활발하게 상호작용하는 다양한 커뮤니티를 연구하였다. Rheingold가 온라인 커뮤니티에 대한 염려를 나타낸 것과 달리, Turkle은 많은 인터넷 사용자들이 자신의 정체성을 더욱 솔직하게 표현하기 위해 사이버 공간을 이용한다고 주장하였다. Bruckman(1992) 또한 *Identity workshop: Emergent social and psychological phenomena in text-based virtual reality*에서 유저들은 성별, 성적 취향, 성격을 더욱 다양하고 자유롭게 선택한다고 주장하였다. 1990년대 온라인 문화기술지 연구는 인터넷 커뮤니티와 사이버 문화에 관심을 가졌다. 특히 사이버 문화는 권한 분산(empowerment)의 장소로 이해되면서 유저들이 오프라인에서 표현하지 못하는 자신의 생각과 정체성을 드러내는 대안적 공간이 됨을 밝혀내었다(오영범, 김영천, 2013).

1990년대 초 선구자들의 온라인 질적연구 개척에 힘입어 1990년대 후반 온라인 질적연구는 더욱 활기를 띠게 되었다. 이 시기부터 온라인 질적연구를 위한 새로운 개념화와 이론화가 시작되었다(Baym, 1995, 1999; Markham, 1998; Chernny, 1999; Correll, 1995; Jones, 1995). 캔자스 대학교(University of Kansas) 미디어학 교수인 Baym(1995, 1999)은 인터넷 커뮤니티의 특성과 본질 이해를 위한 문화기술적 연구들을 수행하였다. Baym은 TV 연속극에 몰입하는 사람들이 참여하는 인터넷 게시판 연구 등의 연구를 통해 온라인 커뮤니티에서의 상호작용 또한 인간의 정체성 형성과 변화에 영향을 미친다고 평가하며 문화기술지의 해석적 탐구의 중요한 연구 주제임을 주장하였다(Baym, 1999, 2009). 이러한 연구 관심은 Markham(1998)의 온라인 공간에서 나타나는 언어적 실재와 집단 형성의 문화기술적 연구, Cherny(1999)의 실시간 채팅 기반 커뮤니티에서 구성원들의 언어적 실재, 히스토리의 공유, 그리고 다른 온라인 커뮤니티 구성원들과의 관계 탐구과 기호(축약어, 이모티콘 등)의 활용 연구, Danet(2001)의 온라인 담화 분석 등의 연구로 이어졌다.

뿐만 아니라 이 시기 온라인 질적연구는 온라인 인터넷 커뮤니티의 필요성과 가치에 대한 논의로 이어졌다. Jones(1995)는 온라인 사이버 공간이 물리적 거리의 한계를 극복하기 위해 함께 모일 필요가 있는 사람들이 공동체를 형성할 수 있는 기회를 제공한다고 주장하였다. 이와 관련하여 Correll(1995)의 레즈비언 카페(The Lesbian Cafe)에 대한 문화기술지 연구는 주목할 만하다. 그는 온라인 레즈비언 카페 참여자를 정기 참여자(regulars), 초보자(newbie), 숨어 있는 사람(lurkers), 혹독한 비판자(bashers)의 네 가지 유형으로 구분하였다. 이 연구는 인터넷 커뮤니티 참여자의 입장 변화 과정을 드러내었다. 또한 커뮤니티에 참여하려는 의도 없이 비판을 위해서만 그 공간에 들어와 '비판자들의 연합'을 만들고 있음을 밝혀내었다. 이러한 연구들은 온라인 공간에서 활동하는 사람들의 행위와 이야기의 의미와 형식, 공유하는 가치에 대한 탐구가 새로운 문화기술지 탐구의 중요한 주제가 됨을 보여주었다. 다시 말해, 온라인 사이버 공간은 의사소통과 커뮤니티 형성의 기회를 제공할 뿐만 아니라 새로운 담화가 생성되고 발전하는 '실제적 장소'라는 것이다(Borsook, 1996).

이 시기에 인터넷 공간 또한 오프라인 공간과 같이 사회적 네트워크가 만들어지고 변화하는 중요한 상호작용의 장소로서 간주하고 탐구하는 이론들이 등장하였다(Turkle, 1995; Walther, 1996). 이와 같은 맥락에서 '집단행동 딜레마 이론(collective action dilemma theory)'(Kollock & Smith, 1996)이 등장하였으며, 오프라인 커뮤니티와 인터넷 커뮤니티의 특징과 차이점을 연구하기 시작하였다(Schmitz, Rogers, Phillips, & Paschal, 1995). 사회학자들이 이러한 노력을 하는 동안 인류학자들은 개인, 사회, 네트워크의 관계성과 네트워크를 탐구하는 '사이보그 인류학(cyborg anthropology)'을 발전시켰다(Downey, 1998; Downey & Dumit, 1997). 뿐만 아니라 언어학자들은 인터넷 공간에서의 변화하는 언어의 형태와 활용 그리고 전통적인 문자 언어 이외의 표현 양식(이모티콘, 기호, 이미지 등)을 연구하기 시작하였다(Danet et al., 1997; Herring, 1996). 또한 페미니즘 이론가들은 인터넷과 사이버 공간에서 젠더 정체성의 형성과 그 경계의 파괴를 탐구하기 시작하였다(Cherny & Weiss, 1996; Hall, 1996).

1990년대 후반 온라인 질적연구의 또 다른 특징은 '새로운 기회의 공간'으로서의 사이버 공간에 대한 탐구의 필요성 주장을 넘어 비판적 관점에서 온라인 질적연구가 수행되기 시작하였다는 점이다(Bailey, 1998). 이 주제와 관련한 연구들은 인터넷의 일상화 이면에서 나타나는 문제점과 소외 그리고 권력의 문제에 관심을 두었다. Miller(1995)는 인터넷 문화가 남성 중심적이며 여성과 아이들에게 적대감을 드러내는 속성이 있어 이들에게 안전하지 않다고 비평하였다. 또한 Borsook(1996)은 인터넷 문화가 자본주의에서의 상업주의를 강화하는 기능을 한다고 비판하였다. 뿐만 아니라 계층, 인종, 나이가 다른 인터넷 유저들 간의 정보 격차(digital divide)가 존재한다고 지적한 연구들이 등장하였다. 특히 소득 수준, 계층, 인종에 따라 인터넷 접근성이 다름으로 인해 새로운 형태의 소외와 위화감이 생긴다고 지적하였다(Bailey, 1998). 이러한 문제를 구조적으로 분석하고 문제점을 해결하려는 연구들 또한 등장하였다. Kollock과 Smith(1996)는 온라인 환경이 유저들의 협동과 지식의 공유와 확산을 촉진할 수 있는 방향으로 만들어져야 한다고 주장하였다. 더욱 구체적으로 온라인 인터페이스 평가 연구, 유저 참여를 촉진하는 인터페이스 설계에 관한 연구들이 이루어지기 시작하였다(Yiu, Baecker, Silver, & Long, 1997).

2000년대 접어들면서 온라인 질적연구는 하나의 질적연구 전통으로 체계화되기 시작하였다. 대표적으로 Hine의 *Virtual Ethnography*(2000), *Virtual Methods: Issues in Research on the Internet*(2005), Markham과 Baym(2009)의 *Internet Inquiry: Conversations about Methods*, Kozinets(2010)의 *Netnography: Doing Ethnographic Research Online* 등을 들 수 있다. 또한 문화기술지 방법론에 기초한 온라인 질적연구는 다양한 질적연구 방법론에서 온라인 연구를 수행하는 방향으로 더욱 확산되고 있다. 이는 포스트모더니즘과 포스트휴머니즘의 등장과 발전에 기인한 것으로, '인터넷의 일상적 활용'을 넘어 인터넷과 온라인 중심의 인간의 삶과 행위, 정체성 형성과 발달, 인터넷 활용 기계와 플랫폼과 인간의 상호작용을 연구하는 방향으로 이어지고 있다. 특히 최근에는 인간과 컴퓨터 그리고 인간과 스마트폰, 인간과 사물 인터넷 간의 복잡한 관계에 대한 새로운 연구들이 등장하고 있다. 또한 이러한 연구 수행을 위한 방법론과 방법에 대한 더욱 실제적이고 구체적인 연구들이 등장하였다. 그 예로서 Denzin과 Lincoln(2016)의 *The SAGE Handbook of Qualitative Research* 5판에는 "Ethnography in the Digital Internet Era"가 포함되었으며, *The Oxford Handbook of Qualitative Research*에도 "Qualitative Approaches in Interner-Mediated Research: Opportunities, Issues, Possibilities"(Hewson, 2014)가 포함되었다. 또한 Caliandro와 Gandini(2016)의 *Qualitative Research in Digital Environments*는 온라인/디지털 질적연구를 위한 자세한 안내와 유의점을 제공하고 있다. 이에 디지털 질적연구, 온라인 질적연구, 인터넷 질적연구라는 용어가 더 이상 생소한 용어가 아니며, 많은 질적연구자들이 이 새로운 연구의 기회와 공간에 뛰어들고 있는 상황이다. 4차 산업혁명과 포스트휴머니즘의 발달에 힘입어 온라인 질적연구는 더욱 변화하고 발전할 것임은 자명하다 하겠다. 이에 우리는 이 책을 읽는 연구자들이 이 새로운 연구의 기회와 공간에 두려움 없이 참여하기를 기대한다.

나. 온라인 질적연구 탐구 개념

우리는 지금까지 온라인 질적연구의 정의와 발달에 대해 알아보았다. 이 절에서는 온라인 질적연구를 위한 탐구 개념을 설명하고자 한다. 이미 설명한 바와 같이 온라인 질적연구는 다양한 질적연구 방법론과 결합하여 활용될 수 있다. 다시 말해, 연구자가 가진 패러다임과 연구 주제에 따라 온라인 질적연구는 다른 연구 초점을 가지게 될 것이다. 해석적 패러다임에 기초하여 온라인에서 이루어지는 인간의 행위와 상호작용을 이해할 수 있을 것이며, 비판적 패러다임에 기초하여 온라인 공간에서 벌어지는 차별과 소외, 억압과 권력을 탐구할 수 있을 것이며, 포스트모던/후기 구조주의 패러다임에 기초하여 다양한 담론의 차이를 드러내고 온라인 질적연구 담론을 해체할 수 있을 것이다. 이렇듯 온라인 질적연구는 연구자의 의도와 연구 주제가 연구자에게 어떻게 드러나느냐에 따라 연구의 철학과 논리, 경험적 연구의 실행이 달라질 수 있다. 이러한 온라인 질적연구의 성격을 고려하여 그리고 다양한 연구 주제가 가능함을 고려하여 가장 기본적인 다섯 가지 탐구 개념을 제시하고자 한다. 여기서 제시한 탐구 개념은 Annete N. Markham(2016)의 제안에 기초하여 발전시킨 것이다. 먼저 이 다섯 가지 탐구 개념을 표로 제시하면 **<표 10-1>**과 같다.

첫 번째 연구 개념인 '새로운 연결성으로서의 인터넷'은 인터넷을 연결의 네트워크, 연결의 중재를 위한 도구로 간주하는 탐구 개념이다. 이 개념에 기초한 연구들은 인터넷과 인터넷을 활용한 도구들이 인간의 행위에 어떠한 영향을 미치는지에 관심을 둔다. 예를 들어 인터넷에서의 익명성이 인간의 말과 행위에 어떠한 영향을 미치는지, 인터넷과 기기의 활용이 물리적 거리를 어떻게 극복하게 하여 사람들의 관계를 이어주는지, 인터넷에서 개인적 · 집단적 행위는 어떠한지, 가상의 공간에서 사회적 관계는 어떠한지, 인터넷/온라인 문화의 형성과 변화는 어떠한지 등에 대해 관심을 둔다 (Van Dijck, 2013; Markham, 2016).

이 탐구 개념의 연구 현장이 반드시 온라인일 필요는 없다. 다시 말해, 인터넷의 다양한 기능과 영향이 인간의 삶과 행위에 어떠한 영향을 미치는지에 초점을 두기 때

〈표 10-1〉 온라인 질적연구 탐구 개념과 의미

탐구 개념	의미
새로운 연결성으로서의 인터넷 (internet as a new connectivity)	• 인터넷 공간에서 인간 행위의 변화와 특징 • 인터넷과 정보 통신 기기 활용의 실제 이해
공간과 세계로서의 인터넷 (internet as a space & place)	• 가상 세계의 존재와 의미의 인정 • 온라인 공간과 세계에서의 문화 형성과 변화
또 다른 존재 방식으로서의 인터넷 (internet as a way of being)	• 인간의 존재와 삶에서 차지하는 온라인 가상 세계의 중요성 • 온라인 세계에서의 존재 또한 '실제적 존재'로 인정
또 다른 자아의 자유로운 자기 노출 (new ways of self-disclosure)	• 시각중심주의의 부담과 압박에서 자유로움 • 상호작용과 인간관계의 확장과 지속에 유용함
온라인 커뮤니티 (online community)	• 인터넷/가상 공간에서 생성되는 집단 • 상대적으로 개방성, 평등성, 익명성 강조

문이다. 이 탐구 개념에 해당하는 용어로 '네트워크 사회(networked society)'가 최근 많은 학자들에 의해서 사용되고 있다. 이 용어는 인터넷과 인터넷 테크놀로지에 기초한 기기들의 일상화로 만들어지고 변화하는 사회적 특징을 지칭한다(Castells, Fernandez-Ardevol, Qiu, & Sey, 2009; Postill & Pink, 2012; Papacharissi, 2011; Van Dijck, 2013). 이 개념은 21세기 들어 등장하여 점점 많은 학자들이 사용하고 있는데, 트위터, 페이스북, 유튜브 등의 플랫폼으로 만들어지는 사회적 연결성을 지칭하고, 인터넷을 기반으로 만들어진 인터넷 동호회들 또한 '네트워크 사회'의 양상을 보여주는 예가 될 수 있다. 즉, 이 연구 개념과 관련된 연구들은 인터넷에서 이루어지는 연구라기보다 인터넷 관련 연구들을 포함한다. 하여 연구자들은 온라인에서만 연구할 수도 있고 오프라인에서만 연구할 수도 있으며, 두 공간 모두에서 연구할 수 있다. 이러한 점에서 Burrell(2009)은 이 개념 관련 연구 현장의 개념을 물리적 공간이라기보다 연결성을 지칭하는 '네트워크'로 간주한다. 어떠한 연구 주제를 수행하든 간에 이 탐구 개념에 해당하는 연구들은 인터넷을 어떤 도구나 매개체로 간주하고 이를 통한 상호작용과 연결성과 관련된 경험과 현상을 탐구한다.

둘째, '공간과 세계로서의 인터넷'은 인터넷 온라인 공간을 인간의 삶을 둘러싼 하나의 환경으로 간주한다. 이에 이 탐구 개념은 사이버스페이스, 가상 공간으로 불리는 이 환경을 새로운 문화가 만들어지고 변화하는 공간으로 간주한다(Markham, 1998, 2016). 이 탐구 개념은 인터넷과 온라인에서 갖는 인간의 경험이 실제적 · 물리적 공간에서의 경험처럼 실제적으로 느끼는 것, 행위의 의미가 있으며, 인간이 가상 공간에서의 자신의 행위에 의미를 부여하고 문화를 만들어간다고 강조한다. 점점 더 많은 사람들이 가상 공간에서 활동하고 있으며 가상 공간에서 점점 더 많은 시간을 보내는 만큼, 점점 많은 학자들이 이 탐구 개념의 영역과 관련된 연구를 수행하고 있다. 이러한 가상 공간에 대한 선구적 연구로서 *Ethnography and Virtual Worlds: A Handbook of Method*(Boellstorff, Nardi, Pearce, & Taylor, 2012)를 들 수 있다. 이 책에서 연구자들은 인터넷 가상 세계의 특징으로 다음 네 가지를 제시하였다. 첫째, 가상 세계는 유저가 사용하고 상호작용할 수 있는 수많은 요소들이 존재하는 공간이다. 둘째, 가상 세계는 복수의 사용자가 공존하며 그들의 상호작용에 기초해 존재하는 세계이다. 셋째, 가상 세계는 사용자가 로그인하지 않은 상태에서도 존재하는 세계이다. 넷째, 가상 세계는 참여자들이 시각적 · 텍스트적 아바타' 또는 다른 형태의 '아바타'로 존재하는 세계이다. 이러한 가상 세계는 다양한 플랫폼 안에서 수많은 사람들에 의해서 새로운 문화가 만들어지고 한 가상 공간 안에서도 새로운 가상 공간이 만들어지며 지속적으로 끝없이 '하이퍼링크'되는 세계이다. 공간과 세계로서의 인터넷은 인터넷과 온라인으로 특징지어지는 새로운 삶의 형태와 문화를 탐구하는 온라인 질적연구의 탐구 개념이다.

셋째, '또 다른 존재 방식으로의 인터넷'은 인터넷과 온라인을 하나의 존재 방식으로 간주한다. 즉, 초기 온라인 질적연구가 컴퓨터와 인터넷이 인간의 삶에 미치는 변화와 영향에 주목하였다면, 이 탐구 영역은 매우 일상화되고 보편적인 사회 구조와 관계 형성에 인터넷과 온라인이 필수적인 고려 요소라고 간주한다(Markham, 1998; Miller & Slater, 2000). 이 탐구 개념은 이제 더 이상 온라인과 오프라인, 실제 세계와 가상 세계의 구분이 명확하지 않고 두 세계 모두 동시에 지속적으로 존재한다고 강조한다(Horst & Miller, 2020; Hine, 2000). 오늘날 우리는 인터넷과 온라인과 함께 일상적인 삶을 살아가고 있다. 스마트폰의 알람과 함께 일어나며, 이메일, 카카오톡, 문자를 체크하고, 하루 일정을 확인하고 기록한다. 페이스북과 트위터 등의 플랫폼을 이용해 많은 사람과 소통하고 일상을 공유하며 담론을 형성한다. 이제 온라인과 인터넷은 인간의 존재와 분리하기 어려운 실체가 되었다. 심지어 우리의 존재를 지속하기 위해서 너무나 중요하고 필요불가결한 부분이 되었다고 주장하기도 한다(Deuze, Blank, & Speers, 2012).

넷째, '또 다른 자아의 자유로운 자기 노출' 또한 온라인 질적연구의 중요한 탐구 개념이다. 이 개념은, 자신의 정체성이 거의 드러나는 오프라인에서보다 어느 정도 익명성과 '아바타'로 대신할 수 있는 온라인에서 유저들이 자신을 더욱 솔직하게 드러내는 경향에 주목하는 것이다(Parks & Floyd, 1996; McKenna & Bargh, 1998; Bargh, McKenna, & Fitzsimons, 2002). 이러한 경향은 Walther(1996)에 의해서 일찍이 연구되었다. 그는 인터넷 유저들이 오프라인에서보다 더욱 확산성이 큰 온라인 상호작용을 추구하는 경향을 의미하는 '하이퍼퍼스널 커뮤니케이션(hyperpersonal communication)'이라는 용어를 사용하였다. Walther의 논의는 가상 세계의 특징을 규명한 Boellstorff와 동료들(2012)의 연구보다 앞선 것으로, 다음 네 가지 주요 요인이 하이퍼퍼스널 커뮤니케이션에 영향을 준다고 밝혔다. 첫째, 온라인 참여자들은 동일한 관심과 신념을 공유하는 경우가 많아 동질성을 확보하려는 경향이 있다. 둘째, 유저들은 자신들이 원하는 만큼 원하는 방식으로 자신을 표현할 수 있다. 종종 긍정적인 모습으로 표현하거나 긍정적인 측면만 표현하는 경향이 있다. 특히 시각중심주의 또는 외모지상주의가 만연한 현대 사회에서 외양에 대한 걱정 없이 자신들의 의사 표현에 적극적일 수 있다는 것이다. 셋째, 온라인에서의 상호작용은 대면에서의 상호작용보다 응답과 대화를 위한 시간적 압박과 부담에서 다소 벗어날 수 있다는 특징이 있다. 즉, 유저들은 메시지를 작성하는 데 더 많은 주의를 기울여 메시지를 작성하고 편집하며 사회적 감정이나 느낌까지 포함할 수 있다. 넷째, 온라인 상호작용은 면대면 상호작용의 단점과 단절을 극복하기 위한 기회를 제공한다. 많은 사람들이 자신의 인간관계를 유지하고 발전시키기 위해 온라인 상호작용을 지속적으로 사용한다. 이러한 온라인과 인터넷의 특징은 유저들로 하여금 자신을 자유롭게 표현할 수 있다는 점에서 그리고 때로는 숨기고 싶은 자신의 부분을 드러내지 않을 수 있다는 점에서 '자기 노출'은 온라인 질적연구를 수행하는 연구자들이 염두에 두어야 할 중요한 탐구 개념이다.

마지막으로 '온라인 커뮤니티'는 인터넷과 온라인에서 만들어지는 집단을 의미한다. 이 개념은 Hiltz(1984)가 *Online Communities: A Case Study of the Office of the Future*에서 처음 사용하였다. Hiltz는 이 연구에서 온라인 커뮤니티 구성원들은 지적인 대화와 토론, 상업적 행위, 정서적 공유, 가십, 친구 찾기, 게임하기 등의 목적을 공유하면서 구성된다고 밝혔다. 이후 Rheingold(1993)는 '가상 커뮤니티(virtual community)'라는 용어를 사용하였는데, 이 또한 Hiltz의 '온라인 커뮤니티'와 유사한 개념이다. Rheingold는 가상 커뮤니티를 "많은 사람들이 가상 공간에서 감정과 정서를 교류하면서 개인 간의 관계를 형성하기 위해 네트워크를 기반으로 오랜 시간 동안 공개 토론 및 토의를 수행하는 사람들의 사회적 모임"(1993: 5)이라고 규정하였다. 온라인/가상 커뮤니티는 Walther의 논의처럼 '시각적 단서의 상실'이 유저들의 적극적인 상호작용을 촉진하는 기회를 제공한다는 특징이 있다(Rheingold, 1993; Walther, 1996). 뿐만 아니라 온라인 커뮤니티에서는 유저들의 사회적 지위, 권력, 성별, 나이 등의 계급과 계층화를 즉시적으로 부각시키지 않기 때문에 면대면 상호작용보다 대체적으로 평등한 토대에서 이루어진다는 특징이 있다(Spears & Lea, 1992; Spears et al., 2002). 또한 온라인 커뮤티니에서 유저들 간의 소속감과 애착 또한 강하게 드러나는 경우가 많으며, 이는 면대면 상호작용과 관계 형성으로 이어지기도 한다(Walther, 1996). 이러한 점에서 온라인 커뮤니티는 실제적인 집단으로 인정하고 탐구되어야 할 것이다.

여기서 소개한 다섯 가지 탐구 개념을 서로 엄밀하게 구분되는 분류체계로 이해해서는 안 된다. 왜냐하면 이 개념들은 서로 얽혀 있기 때문이다. 또한 여기서 논의하지 않은 다른 형태의 인터넷과 온라인 연구 작업 또한 가능하기 때문이다. 예를 들어 기존의 질적연구 방법론을 완전히 대체하지는 않지만 보완하기 위해 이메일, 카카오톡, 스마트폰을 활용할 수 있을 것이다. 이러한 연구 작업의 유형들은 여기서 구체적으로 소개하지는 않았다. 여기서 제시한 세 개의 탐구 개념은 온라인 질적연구 방법론 논의를 위한 기초적 배경으로서 간주하고 온라인과 인터넷 생활이 일상화된 오늘날 새로운 질적연구 수행을 위한 개념적 안내의 역할을 할 수 있을 것으로 예측한다.

3. 온라인 질적연구의 특징과 연구 방법

우리는 지금까지 온라인 질적연구의 정의, 핵심 용어, 발달 과정, 탐구 개념에 대해 살펴보았다. 이 절에서는 온라인 질적연구의 특징과 연구 방법을 설명하고자 한다. 이를 위해 우리는 온라인 질적연구의 대표적 특징을 문화기술지와 같은 전통적 질적연구에서 활용되는 연구 방법과 비교하며 설명하고자 한다. 이어서 온라인 질적연구를 어떻게 수행할 것인지에 대한 방법과 주의점을 제시하고자 한다.

가. 온라인 질적연구의 특징

온라인 질적연구에 대한 이해는 전통적 질적연구 방법과 온라인 질적연구 방법의 차이를 비교함으로써 더욱 명료해질 수 있다. 기본적으로 온라인 질적연구는 일반적인 질적연구의 특성을 가지지만 다른 질적연구 방법론과 구별되는 특징을 지닌다. **〈표 10-2〉**는 전통적/일반적 질적연구와 온라인 질적연구의 차이를 나타낸다.

〈표 10-2〉 일반적 질적연구와 온라인 질적연구의 비교

구분	일반적 질적연구	온라인 질적연구
연구 현장	• 참여자들이 살아가는 일상적인 생활 공간	• 인터넷과 정보 통신 기술이 만들어낸 가상의 공간
자료 수집 방법	• 참여자의 물리적 접촉과 현장 방문 • 연구자에 의한 직접 자료 수집	• 인터넷에 존재하는 자료의 수집 • 정보 통신 기기 및 프로그램을 활용한 자료 수집 • 이미 생성되어 저장된 방대한 자료의 다운로드
자료의 유형	• 면담, 참여관찰 자료, 문서, 사진, 영상 등	• 인터넷 플랫폼에 생성된 다양한 유형의 자료: 텍스트, 코드, 하이퍼링크 연결, 스마트폰 저장 자료 등
라포르	• 면대면 상호작용을 통한 강한 라포르 형성 가능	• 비대면 상호작용을 통한 약한 라포르

온라인 질적연구에서의 연구 현장은 전통적인 질적연구에서의 '물리적 현장'을 반드시 의미하지는 않는다. 온라인 질적연구의 현장은 인터넷 사이버 공간이 그 주를 이룬다. 전통적이고 일반적인 질적연구의 경우, 연구자는 연구 참여자를 만나기 위해 연구 현장으로 들어가야 한다. 하지만 온라인 질적연구는 반드시 그럴 필요는 없다. 온라인 질적연구에서 연구 현장으로 들어간다 함은 인터넷에 접속하여 디지털 세계에 존재하는 가상의 공간으로 '접속'하는 것을 의미한다(Miller & Slater, 2000: 21-22). 이로 인해 연구자의 역할, 자료 수집 방법, 참여 기간, 비교문화기술지의 가능성에서 전통적인 문화기술지와 차별적인 모습을 보이게 된다. 둘째, 온라인 질적연구는 인터넷에 이미 존재하는 방대한 자료를 수집할 수 있으며, 컴퓨터와 스마트폰 등과 같은 다양한 정보 통신 기기, 프로그램, 어플리케이션 등을 활용하여 자료를 수집할 수 있다. 이는 IT 기술과 기기, 인터넷을 적극적으로 활용한다는 점에서 일반적 질적연구와 차이를 보인다고 하겠다. 예를 들어, 일반적 질적연구에서는 연구자가 자신이나 영상을 촬영하고 녹음하여 자료를 수집하지만 온라인 질적연구에서는 서버나 클라우드에 저장되어 있는 자료를 활용할 수 있으며, 연구자가 관찰 내용을 온라인으로 자신의 컴퓨터에 즉시적으로 저장할 수 있다는 장점이 있다. 또한 한 연구자가 복수의 온라인 실시간 현상을 여러 대의 컴퓨터나 스마트폰을 활용하여 관찰/녹화할 수 있다. 하지만 온라인 질적연구가 '온라인'으로만 진행된다면 참여자와 강한 라포르를 형성하기 어렵다는 한계가 있을 수 있다. 이에 온라인 질적연구자는 면대면 만남의 기회를 마련하거

〈표 10-3〉 온라인 문화기술지 탐구 절차

Hair와 Clark (2003)	Kozinets (2010)	Skageby (2011)	오영범, 김영천 (2013)
커뮤니티 확인	연구 주제 정의	환경 및 연구 관점 정의	연구 주제 정의
접근 협상	커뮤니티 확인 및 선택	들어가기	온라인 커뮤니티 선택
접촉하기	참여 관찰 및 자료 수집	온라인 자료 수집	자료 수집(참여 관찰, 인터뷰, 이메일, 필드노트)
심층 면담	자료 분석 및 결과 해석	자료 분석	자료 분석
결과 분석	연구 보고서 작성	결과 보고	연구 결과 보고

나 실시간 화상 채팅/회의 등의 방법을 통해 참여자와의 라포르 형성을 위해 노력해야 할 것이다. 하지만 면대면 상호작용의 부재가 반드시 부정적인 것만은 아니다. 특수한 연구 주제일 경우 '온라인 질적연구' 방법이 강점이 될 수 있다. 예를 들어 다른 나라에 있는 참여자를 연구하거나 참여자가 사회적으로 극단적으로 소외된 계층이나 집단이어서 만남을 꺼리는 경우, 오히려 온라인 질적연구가 면대면 연구의 단점을 보완할 수 있는 방법이 될 수 있다. 이제 온라인 질적연구를 어떻게 수행할 것인지 관찰, 면담, 자료의 수집과 분석, 윤리적 이슈에 대해 자세히 설명하도록 하겠다.

나. 온라인 문화기술지 연구 절차와 방법

온라인 질적연구의 대표적인 방법적 절차로서 온라인 문화기술지의 절차와 방법을 설명하고자 한다. 여기서 제시하는 절차와 방법은 하나의 예시이므로 연구자는 자신의 연구 주제에 적합한 방법론과 방법을 결정하여 적용해야 할 것이다. 대표적 연구자들이 제시하는 온라인 문화기술지 탐구 절차는 **〈표 10-3〉**과 같다.

우리는 이 표에서 제시한 절차들 중 오영범과 김영천(2013)의 논의에 기초하여 온라인 문화기술지 연구의 절차를 설명하고자 한다. 그 절차를 도식으로 나타내면 **[그림 10-1]**과 같다.

[그림 10-1] 온라인 문화기술지 연구 절차

1) 연구 주제 결정

모든 질적연구에서 그렇듯이 온라인 문화기술지 연구에서 또한 연구자가 가장 먼저 해야 할 작업은 연구 주제를 결정하는 것이다. 연구 주제가 무엇인지에 따라 '온라인 문화기술지'가 적절한 탐구 방법론인지 판단할 수 있으며, 연구 주제에 따라 연구자가 접촉해야 할 온라인 커뮤니티가 결정되기 때문이다. 연구 주제가 결정되면 연구 문제를 진술해야 한다. 온라인 문화기술지 연구에서 연구 문제는 일반적 문화기술지 연구 문제처럼 연구의 중심 형상과 문화 그리고 개념을 탐구하기 위해 개방적이고 폭넓게 진술되어야 한다. 이와 관련하여 Kozinets(2010)는 온라인 문화기술지 연구 문제 결정을 위해 Creswell의 문화기술지 연구 문제 선정 방법이 적합하다고 제안하였다. 온라인 문화기술지 연구자가 참고할 수 있는 Creswell(2007)의 문화기술지 연구 문제 선정 가이드라인은 다음과 같다.

첫째, 한두 개의 중심 질문을 먼저 구성하라.
둘째, 중심 질문 탐구를 위해 가능한 질적 탐구 전략과 연결하라.
셋째, 연구 설계의 의미를 전달하기 위해 '무엇(what)'이나 '어떻게(how)'가 포함된 연구 질문으로 시작하라.
넷째, 하나의 현상과 개념에 중점을 두어라.
다섯째, '발견하다', '이해하다', '탐구하다', '기술하다' 등과 같은 동사를 사용하라.
여섯째, 개방형 질문을 사용하라.
일곱째, 연구를 위한 참여자와 현장의 특징을 명시하라.

예를 들어, 신부들이 다문화의 양면성을 관리하기 위해 사용한 대응 전략을 탐구하기 위한 연구(Nelson & Otnes, 2005)에서는 두 개의 연구 질문이 설정되었다. 첫째, 웨딩 메시지 보드는 다문화 결혼을 계획하는 신부들에게 어떤 역할을 하는가? 둘째, 신부들이 경험하는 다면화 양면 가치를 부합시키기 위해 인터넷 커뮤니티를 어떻게 사용하는가? 또한 한국인들의 온라인 영어 학습 문화에 대한 연구에서 Isbell(2018)은 다음과 같은 연구 문제를 설정하였다. 첫째, 한국인 영어 학습자들이 온라인 영어 학습을 위해 활용하는 도구와 학습 활동은 무엇인가? 둘째, 한국인 영어 학습 활동을 특징짓는 상호작용의 패턴은 무엇인가? 셋째, 한국인 영어 학습자들의 온라인 학습에서 적용되는 규칙이나 기준은 무엇인가? 넷째, 온라인 커뮤니티 구성원들의 학습과 관련한 과업 분담은 어떻게 이루어지는가?

2) 온라인 커뮤니티 선택

연구 주제가 결정되면 연구자는 어떠한 커뮤니티를 연구할지 결정해야 한다. 이를 위해 연구자는 Kane과 동료들(2009)이 제시한 온라인 커뮤니티 분류 기준과 Kozinets(2010)가 제시한 온라인 커뮤니티를 선정하는 기준을 활용할 수 있다. Kozinets에 따르면 온라인 문화기술지 연구를 위한 온라인 커뮤니티는 연구 주제와 관련된 활동을 하는 집단이어야 하고, 구성원들이 서로 지속적인 상호작용을 하고 있는 커뮤니티여야 하며, 다수의 왕성한 유저가 참여하고 유저의 구성원들의 인적 구성이 다양하며, 풍부하고 다양한 자료를 수집할 수 있는 그런 커뮤니티를 선정해야 한다. 온라인 커뮤니티 선정의 예로서 Alang과 Fomotar(2015)의 "Postpartum depression in an online community of lesbian mothers: Implications for clinical practice"를 들 수 있다. 연구자들은 영국의 웹사이트에서 동성 커플 부모가 겪는 우울감을 연구하기 위해 미국, 캐나다, 오스트레일리아 등의 다양한 지역에 거주하고 있는 다양한 연령대의 유저들이 참여하고 있는 한 온라인 커뮤니티를 선정하였다. 이 연구는 Kozinets가 제시한 온라인 문화기술지 선정의 기준을 충족시키는 예라고 하겠다. 이와 더불어 독자들은 조영한(2012)의 메이저리그를 즐기는 팬들의 문화적 · 민족적 정체성을 연구에서 선정된 '파크'라는 온라인 커뮤니티(MLBPARK, www.mlbpark.com), 그리고 Correll(1995)이 온라인 커뮤니티 구성원 참여 유형 연구를 위해 선정한 '레즈비언 카페' 등을 참고할 수 있다.

연구자가 자신의 연구를 위한 온라인 커뮤니티를 결정하면 '현장 들어가기'와 '연구 허락 받기'를 고려해야 한다. 온라인 문화기술지에서 현장 들어가기와 연구 허락 받기는 확연히 구분된다. 완전히 공개된 온라인 커뮤니티의 경우 연구자는 특별한 허락의 절차 없이 바로 들어가서 자료를 수집하거나 참여할 수 있다. 하지만 연구자가 필요하다고 판단하면 관리자나 구성원들에게 연구가 이루어지고 있음을 알리고 연구 목적을 설명할 수 있다. 하지만 민감하거나 개인적인 주제와 관련한 온라인 커뮤니티는 '회원제로 운영'되는 경우가 많기 때문에 특별한 현장 들어가기 과정과 연구 허락 받기가 필요할 수 있다. 예를 들어 회원제로 운영되는 카페에 들어가기 위해서 연구자는 회원으로 가입하고 관리자의 승인 또는 '등급 향상'을 기다려야 할 수 있다. 이때 관리자는 회원이 되고자 하는 사람의 목적이나 신상 정보를 요구할 수 있다. 이럴 경우 연구자는 자신이 연구자임을 밝혀야 할 것인지 그러지 말아야 할 것인지 심사숙고하여 판단해야 한다. 또한 온라인 커뮤니티에서 회원 등급이 세분화된 경우에는 카페

가입 승인을 받더라도 접근성이 제한될 수 있다. 온라인 커뮤니티에 따라 회원 등급의 각 단계마다 충족 기준을 요구하는 경우도 있다. 이 경우 연구자는 회원들과 친밀성을 유지하고 신뢰를 획득하기 위해 온라인 커뮤니티 활동을 적극적으로 수행해야 할 수 있다.

3) 자료 수집

온라인 커뮤니티가 결정되고 현장에 들어간 연구자는 본격적으로 자료를 수집한다. 자료 수집을 위해 연구자는 앞 절에서 설명한 관찰, 면담, 다양한 문서와 텍스트 등을 수집할 수 있다. 그 종류와 방법은 앞 절의 설명을 참고하기 바란다. Kozinetz (2010: 95)는 네트노그래피를 위한 자료를 수집하는 방법으로 문서 보관 자료(archival data), 유도 자료(elicited data), 필드노트 자료(fieldnote data)를 제시하였다. 온라인 문화기술지 연구에서 수집하는 자료의 종류와 방법을 간략히 설명하면 **<표 10-4>**와 같다.

먼저 인터넷에 존재하는 자료를 수집하는 방법을 알아보자. 문서 보관 자료는 이미 존재하는 온라인 커뮤니티 구성원들의 컴퓨터 기반 커뮤니케이션으로부터 직접 복사한 데이터를 말한다. 연구자는 다운로드가 용이한 방대한 양의 문화적 자료를 관련성에 따라 몇 가지 수준으로 필터링하는 것이 필요하다. 이러한 자료는 인터넷 문화기술자의 행동에 영향을 받지 않는다는 특징을 가지고 있다. 즉, 저장된 공동의 상호작용은 인터넷 문화기술자들에게 수년간의 확장된 관찰 자료를 제공하기 때문에 게시된 텍스트, 이미지, 그리고 다른 메시지를 사전에 전사할 수 있는 혜택을 누릴 수 있다. 따라서 문서 보관 자료를 수집하고 분석하는 것은 온라인 커뮤니티 참여에서 좋은 보

<표 10-4> 온라인 문화기술지 자료 수집

방법	설명
문서 보관 자료	• 이미 존재하는 온라인 커뮤니티 구성원들의 컴퓨터 기반 커뮤니케이션으로부터 직접 복사한 자료
유도 자료	• 연구자가 개인적 상호작용을 통해 온라인 커뮤니티 구성원들과 함께 만들어낸 자료
필드노트 자료	• 연구자가 커뮤니티, 구성원, 상호작용과 의미, 연구자의 참여와 소속감에 대해 기록한 자료

충 자료가 될 수 있다. 다운로드가 가능한 자료들은 간단히 다운로드하여 연구자의 컴퓨터에 저장할 수 있다. 하지만 그것이 어려운 자료의 경우에는 화면 캡처의 방법으로 다운로드할 수 있다. 오디오나 이미지 공유 사이트, 가상 세계, 소셜 네트워킹 사이트처럼 영상과 음성 정보를 포함한 자료의 경우 이 모든 형태의 자료를 녹화 또는 녹음할 수 있는 프로그램을 활용해야 할 것이다. 자료를 저장할 때 연구자는 가능한 한 있는 그대로의 자료를 저장하기 위해 노력해야 한다. 예를 들어, 인터넷의 텍스트를 그 내용만을 저장할 경우, 사용자들이 자신들의 감정이나 의사를 표현하기 위해 사용한 그림, 사진, 이모티콘, 기호의 사용, 폰트의 형태와 색 등의 시각적 이미지를 소실할 수 있기 때문에 가능한 한 있는 그대로의 자료를 저장하기 위해 노력해야 한다. 특히, Markham(2004: 153)은 "이러한 메시지들은 자기에 대한 신중한 표현이기 때문에, 그들의 문장을 편집하는 것은 그들의 표현 자체를 바꾸는 것이다"라고 주장하면서 참여자들의 게시물들은 철자, 문법이나 구두법의 수정 없이 화면에 보이는 대로 정확하게 수집해야 한다고 강조하였다.

유도 자료는 연구자가 온라인 커뮤니티 구성원들과 함께 만들어낸 자료를 지칭한다. 이메일과 채팅, 인스턴트 메시지 면담뿐만 아니라 연구자 게시물과 코멘트 등이 포함될 수 있다. 이러한 자료를 수집하기 위한 대표적 방법으로는 면담을 들 수 있다. Markham(1998: 62-75)이 지적하였듯이 연구자는 실시간 면담을 수행할 것인지 비실시간 면담을 수행할 것인지를 연구의 특정과 면담 질문, 참여자의 상황과 선호도에 따라 결정해야 할 것이다. Kozinetz(2010)는 온라인 면담을 위해 고려할 수 있는 다섯 가지 방법을 제시하였다. 첫째, 온라인이 가진 접근성과 확장성은 온라인 정체성을 높여준다. 즉, 마이스페이스(Myspace)나 페이스북(Facebook) 같은 SNS는 다른 사람들과의 확장된 관계 및 친구들의 정체성을 통해 참여자의 정체성을 확인하는 데 용이하다(이상수 외, 2011). 둘째, 정체성은 공식적으로 확인할 수 있다. 연구자는 참여자의 정체성을 입증하고 확인할 수 있는 정체성 확인 프로그램을 사용할 수 있는데, 이때는 윤리적 규준에 입각하여 접근해야 한다. 셋째, 참여자를 식별할 수 있는 커뮤니케이션 방식을 선택할 수 있다. 실시간 커뮤니케이션을 구현해 주는 화상 채팅 방식을 통해 면담을 실행함으로써 면대면 인터뷰에서 얻을 수 있는 비언어적 요소까지 파악할 수 있다. 넷째, 연구자는 참여자들에게 자신들에 대한 정보를 요구할 수 있다. 이것은 금전적 보상과 같은 약속을 통해 구체화된다. 즉, "면담를 시작하기 전에 이름을 포함한 몇 가지 정보를 제공해 주세요. 그러면, 제공된 주소와 이름으로 사례를 할 것입니다."라는 안내문을 통해 접근할 수 있다. 다섯째, 연구자는 참여자의 정보를 확인할 수 있는 분석적 전략을 사용할 수 있다.

필드노트 자료는 연구자가 자료의 수집 과정에서 생성한 기록들을 말한다. 필드노트는 연구자의 반성적 자료로서 연구의 목적을 위해 보관되고 커뮤니티와는 공유하지 않는다. 전통적 문화기술지에서는 전사와 노트 기록을 위한 면대면 상호작용 후, 집으로 돌아와 문화기술지를 작성하는 경우가 종종 있지만, 온라인 문화기술지는 연구자가 물리적으로 존재하는 곳에서 온라인 커뮤니티에 로그인을 통해 기록하고 생성된다. 필드노트 자료는 다운로드한 자료에 추가적으로 작성될 수 있다. 즉, 연구자는 다운로드된 자료의 여백을 활용하여 연구자의 아이디어와 통찰을 기록할 수 있다. 특히 커뮤니티, 웹페이지, 구성원들의 포스팅에 대한 연구자의 첫 인상과 이해는 특별한 사건만큼 중요하기 때문에 필드노트에 이러한 인상들을 남기는 것이 바람직하다.

4) 자료 분석

온라인 문화기술지 자료 분석은 일반적 문화기술지 질적연구에서 활용되는 자료 분석과 유사하다. 다시 말해, 일반적 질적연구에서 사용되는 분석적 코딩(analytical coding-based) 방법, 해석적 발견(hermeneutic interpretation) 방법 등을 활용하거나 분석 방법들을 병행하여 분석을 수행할 수 있다. 우리는 여기에서 Kozinetz(2019)가 최근에 제안한 다섯 가지 분석의 단계를 설명하고 방대한 자료를 분석해야 할 경우가 많은 온라인 문화기술지 분석을 위한 프로그램 활용을 설명하고자 한다. 먼저 온라인 문화기술지 분석으로 Kozinetz(2019: 332-333)는 다섯 단계를 제안하였다. 그 다섯 단계를 도식으로 표현한다면 **[그림 10-2]**와 같다.

첫째, 정렬(collating)은 코딩을 위한 준비 작업이다. 온라인 문화기술지에서 수집된 자료는 언어 중심의 텍스트에서부터 기호, 그림, 영상, 음성 등 매우 다양하기 때문이 이를 분석하기 위해서는 가장 먼저 분석을 위해 자료를 정리하는 작업이 필요하다. 이 작업은 코딩의 전 단계로서 수집된 자료를 코딩 가능한 형태로 정리하는 작업이다. 코딩을 위한 자료 정렬 작업은 세 단계로 수행될 수 있다. 그 방법으로 Kozinetz(2019)

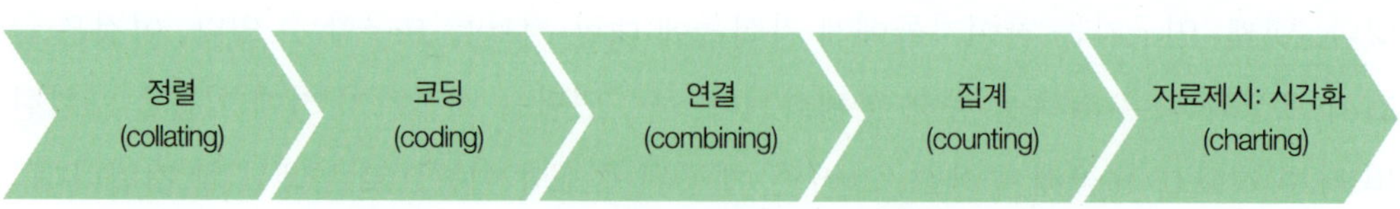

[그림 10-2] Kozinetz의 온라인 문화기술지 분석 절차

는 필터링(filtering), 포매팅(formatting), 파일링(filing)을 제안하였다. 먼저 필터링은 어떠한 자료를 분석에 포함시킬 것인지 포함시키지 않을 것인지 판단하는 작업이다. 때때로 연구자는 자료의 일부분만 분석에 포함시킬 수 있다. 필터링이 완료되면 연구자는 실제 코딩을 위해 자료를 특정한 형태로 만드는 작업을 수행해야 한다. 이는 관찰 노트의 정리, 면담 내용의 전사, 다양한 문서에 대한 설명 또는 개념의 정리가 포함된다. 이때 연구자는 QDAS와 같은 질적 자료 분석 프로그램을 활용할 수 있다. 다음으로 연구자는 파일링을 수행한다. 이 작업은 연구자가 읽고 파악하기 용이하게 자료를 조직하는 작업이다. 이 작업은 연구와 관련하여 연구자의 통찰로서 자료를 어떻게 파일링할 것인지 결정해야 한다. 예를 들어, 자료의 유형별, 또는 자료의 수집 순서별, 또는 참여자들이나 온라인 커뮤니티별로 파일링할 수 있다.

둘째, 코딩(coding)은 자료 분석의 핵심이다. 잘 알려진 것처럼 코딩은 자료를 세분화하고 각각의 세분화된 자료에 의미를 부여한 코드를 입히는 작업이다. 코딩은 자료의 추상화가 시작되는 단계로서 이론화, 종합적 이해, 의미의 구조나 개념을 발전시키는 기초 단계가 된다. 코딩은 자료에 대한 연구자의 반성과 통찰을 통한 의미의 발견 과정의 시작으로 방대한 자료 속에 흐르는 의미와 패턴을 발견하는 작업이다.

셋째, 연결(combining)은 개념적으로 관련 있는 코드들을 상위의 요소나 개념으로 묶는 과정으로서 '패턴 코드'라고 지칭할 수 있다. 연결은 각각의 연결 요소 속에 포함된 코드들의 관련성과 패턴 그리고 구조를 밝혀내는 기능을 한다. 연결 작업은 연구 질문에 대한 해답이나 발견이 드러나는 중요한 단계로서의 기능을 한다.

넷째, 집계(counting)는 질적 자료에서 확인된 다양한 요소들을 비교하여 수치화 또는 구조화하는 작업이다. 이 작업은 질적 자료의 관계와 구조를 설명하기 위한 내용 분석을 통해 이루어진다. 그렇다고 하여 이 단계에서 자료를 반드시 수치화하거나 확률로서 표현해야 한다는 것을 의미하는 것은 아니다. 물론 연구자의 필요에 따라 그럴 수 있다. 이 단계에서 자료의 중요도나 빈도를 고려하여 연구자는 '조금 더', '항상', '자주', '종종', '감소', '증가'와 같은 형용사로서 표현할 수 있다.

마지막으로 자료 제시(charting)는 시각화, 지도화, 조직화, 자료의 표현을 총칭하는 개념이다. 이 단계는 분석을 통해 드러난 결과와 구조를 시각화를 수행하는 단계로서 연구자는 표, 그림, 지도, 그래프, 도식, 네트워크, 워드클라우드 등과 같은 다양한 시각적 방식으로 자료를 제시할 수 있다. 이러한 방법을 사용하는 것은 연구자로 하여금 연구의 결과를 더욱 효과적으로 정리하여 전체적이고 종합적인 해석과 통찰에 도달하기를 용이하게 하기 위해서이다. 이에 이 작업은 한 차례의 수행에서 끝나는 것이 아니라 수정과 수정을 거치며 여러 차례 '발전'시켜야 하는 과정으로 보아야 한다.

지금까지 온라인 문화기술지 자료 분석의 절차를 알아보았다. 이제 우리는 온라인 문화기술지 자료 분석을 위한 한 가지 전략으로 질적 자료 분석 소프트웨어(Computer-Assisted Qualitative Data Analysis Software, CAQDAS)를 활용한 방법을 설명하고자 한다. 방대한 자료가 수집된 온라인 문화기술지 연구의 경우 효과적인 자료의 관리와 분석이 필수적으로 요구되기 때문에 CAQDAS가 매우 유용한 도구가 될 수 있다. CAQDAS의 원리는 귀납적이고 상향식 접근 방법으로, 텍스트, 그래픽, 사진, 사운드 파일, 음악, 비디오 등의 자료가 분석 대상이 된다. 이러한 소프트웨어는 자료 저장, 조직화, 코딩, 검색, 시각화하는 데 편리함을 제공한다. 이러한 프로그램의 활용과 관련하여 Kozinetz(2010)는 CAQDAS 활용의 장점 다섯 가지를 소개하였다. 첫째, 대부분의 온라인 문화기술지 자료는 이미 프로그램에 즉시 삽입할 수 있는 디지털 형태를 띠고 있어 프로그램 활용이 용이하다. 둘째, 이러한 프로그램은 연구자에게 전체로서의 방대한 자료에 대해 생각하도록 한다. 셋째, 연구와 분석을 조직화하는 데 도움을 제공한다. 넷째, 접근과 활용의 용이성으로 인해 연구자는 분석하는 동안 자료와의 친밀성을 유지하기 용이하다. 다섯째, 시각화를 통해 새로운 창의적인 아이디어로 이끌어준다.

5) 연구 결과 보고

연구 결과 보고하기는 온라인 문화기술지에 대한 표현과 평가와 관련된다. 이에 우리는 여기서 온라인 문화기술지 결과를 제시할 때 연구자가 관심을 두어야 할 사항을 설명하고 온라인 문화기술지를 평가하는 기준을 제시함으로써 연구자들이 자신의 연구 결과를 엄밀하게 그리고 독자와 소통 가능하게 하는 방법을 안내하고자 한다.

먼저, 온라인 문화기술지 결과를 제시할 때 연구자가 염두에 두어야 할 요소들을 설명하고자 한다. Baym(2006)은 인터넷 문화기술지를 연구하는 사람들이 여섯 가지 상호 관련된 강점을 공유하고 있다고 보았다. 즉, 이론과 자료에 근거하고, 자료 수집과 분석에서 엄밀함을 주장하고, 자료를 얻기 위한 다중 전략을 사용하고, 참여자들의 생각과 의견을 고려하고, 연구 과정에 대한 자기성찰 인식을 주장하고, 인터넷과 맥락화된 삶의 세계 간의 연결에 대해 심사숙고한다는 것이다. 이러한 Baym의 논의는 일반적 문화기술지와 다름없는 엄밀한 기준을 온라인 문화기술지에도 적용해야 함을 의미한다. 또한 온라인 문화기술지는 그 자료의 출처가 매우 다양하기 때문에

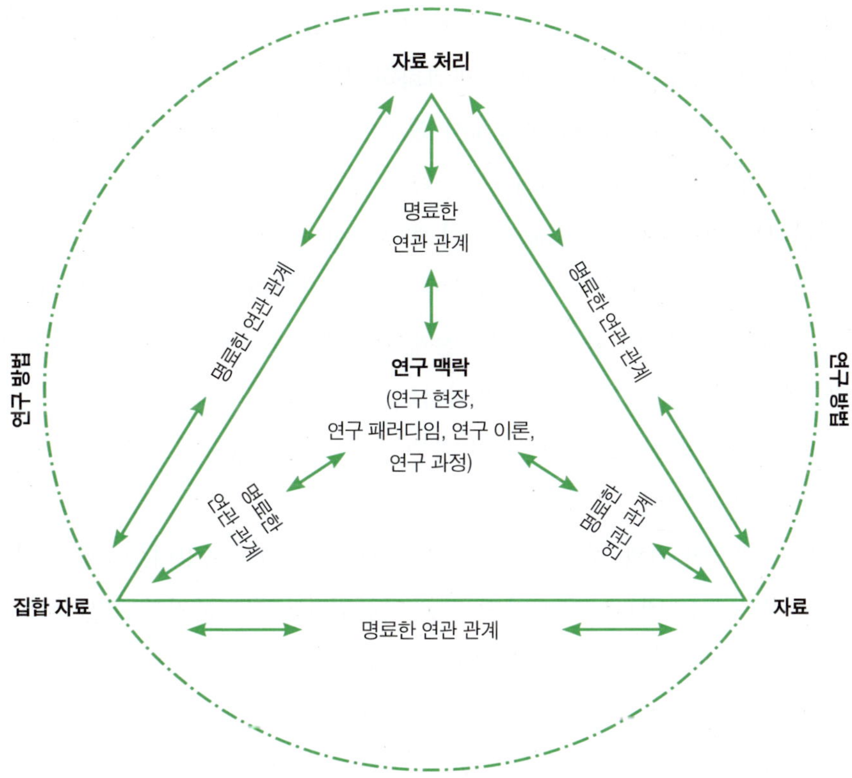

[그림 10-3] Kozinetz의 온라인 문화기술지 결과 개념도

자료의 출처와 수집된 일시에 대한 정확한 기록 또한 매우 중요한 고려 요소가 된다. Kozinetz(2019)는 최근 Baym의 견해보다 더욱 정교화된 온라인 문화기술지 연구 결과 제시의 가이드라인을 제시하였다. Kozinetz(2019: 387)는 온라인 문화기술지 결과 제시를 위해 연구자가 고려해야 할 사항들을 개념화하고 도식으로 제시하였다(**[그림 10-3]** 참조).

먼저 연구자는 자신이 적용한 연구 방법론의 기원이 온라인 질적연구와 어떻게 연결되는지 설명할 필요가 있다. 예를 들어 네트노그래피를 적용하였다면 그 기원인 문화기술지를 간략히 소개하고 네트노그래피와 문화기술지의 방법론적 연결성을 설명함으로써 독자들이 연구자의 연구 방법론의 타당성과 정당성에 동의할 수 있도록 해야 한다. 둘째, 연구자는 자신의 연구가 수행된 엄밀한 절차를 구체적으로 설명해야 한다. 이는 온라인 질적연구가 새로운 연구 방법론으로서 그 방법적 엄밀성을 의심받을 수 있으므로 절차와 방법에 대한 구체적 설명은 연구 결과의 신빙성을 높일 수 있는 중요한 방법이다. 셋째, 자료의 수집과 분석 절차와 방법에 대한 구체적 설명이 필요하다. 특히 방대한 자료가 수집된 경우 이를 처리하고 분석하는 과정에 대한 구체적 설명을 제시해야 한다. 즉, 연구자는 어떠한 자료 분석 프로그램을 어떻게 활용하였으며, 어떠한 절차와 방법으로 코딩하고 개념화하였는지 과정을 드러내는 작업이 필요하다. 넷째, 연구 자료와 결과의 제시에서 연구자는 익명성과 개인 정보 보호를 어떻게 실천하였는지 구체적으로 밝혀야 한다. 특히 온라인 질적연구의 경우, 원자료를 그대로 제시한다면 검색 엔진을 통해 간단하게 추적할 수 있으므로 연구자의 세심한 주의가 필요하다. 다섯째, 온라인 질적연구의 특성상 비언어적 텍스트, 즉 그림과 영상 등의 자료가 많은 만큼 어떠한 자료를 어떻게 제시해야 할지에 대한 고민이 필요하다. 필요하다면 이미지나 영상의 일부만 제시하거나 가리는 전략을 활용할 수 있다. 또한 개인적 자료의 경우 스마트폰의 메시지 내용을 이미지 캡처하여 제시하면 연구의 신뢰도를 더욱 높일 수 있다.

지금까지 연구의 결과 제시에서 주의할 점에 대해 알아보았다. 이제 마지막으로 온라인 질적연구 또는 네트노그래피의 질을 가늠할 수 있는 준거를 제시함으로써 독자들이 스스로 온라인 질적연구를 평가할 수 있는 안목을 기를 수 있도록 돕고자 한다. Kozinetz(2010)는 온라인 문화기술지 수행의 과정과 결과 제시의 질을 가늠할 수 있는 열 가지 준거를 **<표 10-5>**와 같이 제안하였다.

이 기준은 전통적 문화기술지가 요구하는 평가 기준과 크게 다르지 않다. 이에 온라인 문화기술지는 가상 공간, 인터넷 접속을 통한 참여, 다양한 자료 수집 방법(참여관찰, 이메일, 게시판, 면대면 면담 등), 연구 윤리, 연구 절차 등의 상호 관계를 조명하는 체제적인 관점에서 평가되어야 할 것이다.

다. 온라인 질적연구 관찰

온라인 질적연구에서 관찰의 범위와 유형은 매우 다양하다. 인터넷, SNS, 사물인터넷, Web 2.0로 더욱 활발해지고 다양해지는 상호작용과 행위를 추적하고 관찰하는 방법은 매우 다양하게 실천되고 있다.

먼저 소개할 관찰 방법은 '온라인 언어적 텍스트 관찰'이다. 이 관찰은 비동시적 관찰과 동시적 관찰로 나눌 수 있다. 비동시적 관찰은 이미 생성된 언어적 텍스트를 중심으로 관찰하는 방법이다. 연구자는 이메일 목록, 토론 포럼, 온라인 채팅 프로그램에 저장되어 있는 방대한 저장소의 자료를 관찰할 수 있다. 이 방법은 개별 참여자와의 접촉 없이 가능하며, 비용이나 시간적인 면에서 매우 효율적인 방법이 될 수 있다. 또한 연구자는 실시간으로 일어나는 온라인 대화와 상호작용을 관찰할 수 있

〈표 10-5〉 온라인 문화기술지 수행의 과정과 결과 제시의 열 가지 준거

준거	정의
일관성 (Coherence)	• 각각 다른 해석이 내부 반론으로부터 자유롭고 통일된 패턴을 제공하는 정도
엄밀성 (Rigour)	• 텍스트가 인터넷 문화기술지 연구의 절차적 기준을 인식하고 따르는 정도
리터러시 (Literacy)	• 연구자가 관련 문헌과 연구 방법을 인식하고 텍스트에 적용하는 정도
근거 기반 (Groundedness)	• 이론적 표현이 데이터에 의해 지지되고, 데이터와 이론 간의 연결이 분명하고 확신을 주는 정도
혁신 (Innovation)	• 구인(constructs), 아이디어, 이론적 틀과 내러티브 형식이 시스템, 구조, 경험과 행동을 이해하는 데 새롭고 창의적인 방법을 제공해 주는 정도
공명 (Resonance)	• 문화적 현상에 개인화되고 민감한 연결이 획득되는 정도
신빙성 (Verisimilitude)	• 문화적 현상에 대한 연구자와 구성원들 간 공동의 접촉에 대한 신뢰성과 실제성이 달성된 정도
반영성 (Reflexivity)	• 텍스트가 연구자의 역할을 인정하고 대안적 해석(alternative interpretations)에 개방되어 있는 정도
실천 (Praxis)	• 텍스트가 사회적 행동에 영감을 주고 영향을 주는 정도
혼용 (Intermix)	• 표현이 자신의 표현뿐만 아니라 문화 구성원들의 일상의 경험을 포함하면서 다양한 사회적 상호작용의 방법들과의 교차를 고려하는 정도

다. 전자는 비참여적 관찰이며, 후자는 참여관찰이라 볼 수 있다. 어떤 방법은 선택하든 연구자는 자신을 드러낼 것인지 그러지 않을 것인지 결정해야 한다. 이는 연구 주제의 성격에 따라 달라질 수 있다. 여기서 윤리적 이슈가 발생하는데, 누구나 접속할 수 있는 온라인 공간에서의 관찰 상황에서 개인의 프라이버시를 어떻게 보호할지에 대한 논의는 현재 진행 중이며 매우 논쟁이 분분한 이슈이다(Tackett-Gibson, 2008; Brotsky, Giles, 2007).

언어적 관찰의 방법으로 '토론 그룹 저장소(discussion group archives)'를 활용하는 방법이 있다. 이 방법은 비참여적 접근으로 연구자가 원하는 자료를 더우 용이하게 얻을 수 있다는 장점이 있다. 일찍이 Bordia(1996)는 이 방법을 사용하였는데, 그는 인터넷 공간에서 루머가 어떻게 퍼져나가는지를 연구하였다. 또한 Brady와 Guerin(2010)은 자녀 양육에 관한 토론 그룹에서 이루어진 2주 동안의 게시판 포스팅을 수집하여 분석하였다. 이 방법은 오프라인에서 얻을 수 없는 자료를 용이하게 얻을 수 있다는 장점이 있다. 비동시적 '실시간' 토론 그룹을 활용하는 방법 또한 가능하다. Fox, Ward와 O'Rourke(2005)는 체중 감량 약물을 복용하는 사람들의 인터넷 커뮤니티를 관찰하였다. 이와 더불어 이들은 온라인에서 알게 된 참여자와 직접 접촉하여 면담을 수행하였다. Brotsky와 Giles(2007) 또한 유사한 방법으로 연구를 수행하였는데 이들은 연구자로서의 자신을 드러내지 않고 관찰하였다. Aho, Paavilainen과 Kaunonen(2012)은 연구자로서의 자신의 정체성을 드러내고 모든 토론 참여자에게 동의를 얻은 후 자녀를 잃은 어머니들의 5년 동안의 온라인 상호작용을 연구하였다. 언어적 관찰 방법으로 'Web 2.0(사용자 참여 중심 인터넷 환경) 그리고 소셜미디어'를 활용하는 방법이 있다. 이 방법은 온라인 질적연구 초기에 이용되던 (여전히 이용되고 있는) 토론 그룹 저장소를 활용하는 방법의 단점을 보완할 수 있는 방법으로 활용된다. 예를 들어, Tonkin, Pfeiffer와 Tourte(2012)는 2012년 영국에서 있었던 대규모 폭동에 관한 60만 건의 트윗을 분석하였다. 연구자들은 '트위터'에서의 상호작용이 폭동과 연관 있는지 밝히고자 하였으나 연구의 결과는 그렇지 않았다. Moreno와 동료들(2015)은 대학생들의 우울감을 나타내는 징후를 포착하고자 대학생 200명의 페이스북을 관찰하였다. 또한 '실시간 토론 관찰' 또한 활용될 수 있다. 이 상황에서 연구자는 토론에 참여하기 때문에 연구자로서의 자신의 정체성을 숨기기가 어려우며 드러내는 것이 적절할 것이다.

언어적 상호작용의 범위를 넘어서는 관찰 또한 가능하다. 이 방법은 SNS나 가상현실 프로그램에서 관찰하는 방법이다(Bainbridge, 2007). 이 방법을 활용할 경우 연구자는 언어적 상호작용 관찰에 비해 훨씬 다양하고 많은 자료를 수집할 수 있다. 예를 들어, 유튜브, 페이스북, 트위터 등의 온라인 플랫폼에서 실시간으로 일어나는 상호작용과 현상을 관찰할 수 있다. 연구 주제의 민감성을 심각하게 고려해야 할 경우 연구자는 자신의 연구만을 위한 플랫폼을 만들어 참여자들의 익명성과 개인 정보 보호를 보장할 수 있다. 온라인 질적연구에서의 관찰 기법은 과거 10여 년 동안 상당한 발전을 이루었다. 예를 들어 '온라인 네트워크 분석(Online Social Network Analysis, SNA)'은 온라인에서 유저들의 행위와 상호작용 분석을 위한 검증된 방법으로 자리 잡았다(Ackland, 2013).

'멀티미디어 관찰(multimedia observation)'은 언어적 텍스트 중심 관찰을 벗어나

소리와 음성, 사진 및 영상과 같은 이미지를 관찰하는 방법이다. 언어적 텍스트 중심 관찰과 마찬가지로 멀티미디어 관찰의 데이터는 페이스북, 트위터, 블로그 등에 저장되거나 생성되고 있는 다양한 이미지와 소리를 수집하고 분석하는 방법이다(Frohlich & Zmyslinski-Seelig, 2012; Thelwall, Sud, & Vis, 2012). 예를 들어 Zhao, Grasmuck와 Martin(2008)은 63명의 페이스북을 분석하여 온라인 공간에서의 정체성 형성을 탐구하였다. 특히 페이스북과 같은 플랫폼은 온라인 질적연구를 위해 많이 활용된다. Wilson, Gosling과 Graham(2012)은 페이스북을 활용한 412개의 연구를 분석하여 다섯 가지 연구 유형을 도출하였다. 그 다섯 가지는 '사회적 상호작용을 위한 페이스북 활용', '사용자들에 대한 묘사와 분석', '개인 정보의 노출', '페이스북 활용의 동기', '정체성 표현'이다.

셋째, '가상 현실 환경에서의 관찰'은 게임이나 가상 현실 플랫폼에서 유저들의 행위와 상호작용을 관찰하는 방법이다. 이 방법은 디지털 세계에서 유저들이 어떻게 자신들을 표현하고 행위하고 어떠한 문화를 형성하는지를 텍스트, 이미지, 3D 환경에 대한 분석을 통해 탐구하는 방법이다(Schroeder & Bailenson, 2008). 디지털 가상 세계를 관찰한 연구자들은 이 방법이 오프라인에서보다 훨씬 용이하게 많은 자료를 획득할 수 있다는 면에서 매력적이라고 주장한다(Kendall, 2002). 연구자는 가상 현실에서 일어나는 일을 녹화할 수 있으며 실시간으로 필드노트를 작성할 수 있다. 온라인 질적연구에서의 관찰을 수행할 때 연구자가 고려해야 할 사항은 다음과 같다(Kozinets, 2019).

- 관찰의 대상이나 방법 그리고 자원에 따라 적절한 연구 방법을 설계해야 한다(예: 데이터 저장소를 사용하면 참여 관찰이 어려우며 참여자 동의서 확보가 어려울 수 있다. 또한 실시간 채팅을 관찰하면 공개되지 않은 비참여자 관찰이 어려워진다).
- 동시적 관찰 또는 비동시적 관찰과 같은 다른 방법을 사용할 때 관찰로 포착할 수 있는 상호작용과 대화의 형태가 달라진다는 것을 명심해야 한다.
- 연구자를 노출시키지 않은 관찰 방법이 적절한지 그리고 윤리적인지를 주의 깊게 판단해야 한다. 이를 위해 고려할 요소로는 개인 정보 보호의 기준과 기대치, 자료의 민감도, 잠재적 위험의 정도, 법적 기준, 과학적 가치가 있다.
- 윤리 절차와 관련하여 절충이 자주 발생하고 해결이 필요하다는 점을 명심해

야 한다. 예를 들어, 연구자의 공개는 참여자의 사생활과 자율성을 존중할 수 있지만 생태학적 타당성을 저해할 수 있으며, 집단이나 개인의 불신을 초래하여 '자연적인 행위'를 드러내지 않을 수 있다.

- 연구를 수행하기 전(예: 온라인 토론 포럼 사용) 중재자 또는 관리자와 상의하는 것이 좋지만, 일부 상황(예: 자료 저장소에 접속할 때)에서는 비실용적일 수 있다는 일반 원칙을 기억해야 한다.
- 위의 요점과 관련하여, 조정자나 관리자들과의 상의는 연구에서 가치로운 자료로의 접근을 방해할 수 있다는 점을 염구에 두어야 한다. 논쟁의 여지가 있지만 어떠한 경우에는 미리 접촉하지 않는 것을 고려할 수 있다. 이때에도 반드시 윤리적 문제를 고려해야 한다.

라. 온라인 질적연구 면담

다음으로 온라인 질적연구에서 면담 수행의 방법을 설명하고자 한다. 온라인 질적연구에서 면담은 실시간, 비실시간, 그리고 혼합적 방법으로 수행될 수 있다. 또한 온라인 면담은 이메일, 메일링 리스트, 채팅, 화상 통화 등 다양한 플랫폼과 프로그램 그리고 기기들을 활용하여 수행될 수 있다. 우리는 여기서 온라인 질적연구에서 대표적으로 활용되는 면담 방법을 소개하고자 한다.

첫째, 이메일과 메일링 리스트를 활용하는 면담이다. 이 면담 방법은 주로 비실시간으로 진행되는데, 연구자가 참여자에게 메일로 질문을 보내고 참여자가 응답하는 방식과 순서로 진행된다. 이 방법은 참여자로 하여금 생각할 수 있는 충분한 시간을 주며, 자신의 응답에 대해 심사숙고할 수 있는 방법이라는 점에서 참여자들의 임파워링을 가능하게 하는 방법이다(Hewson, Vogel, & Laurent, 2015). 뿐만 아니라 물리적 거리와 시간의 한계로 인해 직접 만날 수 없는 참여자들과의 면담 또한 가능하게 한다. 연구자가 얼마만큼의 면담 질문을 보낼 것인지 그리고 몇 회의 면담을 수행할 것인지는 연구의 목적과 참여자와 연구자의 상황에 따라 적절하게 결정되어야 할 것이다.

이메일을 활용하는 방법은 연구자와 참여자의 일대일 면담도 가능하지만 초점집단 면담 또한 가능하게 한다. 연구자는 복수의 참여자에게 동시에 이메일을 보내고 모든 참여자들은 '전체 답장' 기능을 통해 모든 다른 참여자들과 자신의 응답을 공유할 수 있다. 이 방법을 사용할 때 연구자는 참여자 모두에게 '전체 답장(reply all)'기능을 반드시 사용할 것을 주지해야 할 것이다. 그럼에도 불구하고 실수가 발생할 수 있기 때문에 온라인 초점 집단 면담을 수행하는 연구자는 '메일링 리스트 소프트웨어(mailing list software)'를 활용하여 초점 집단 면담을 수행할 수 있다. 이 소프트웨어의 리스트에 포함된 사용자들은 모든 사용자의 이메일을 빠짐없이 받을 수 있으므로 일반적인 이메일 플랫폼 사용으로 인한 오류를 사전에 방지할 수 있다는 장점이 있다. 예로서 LISTSERV(http://www.lsoft.com/products/listserv.asp) 또는 PhpList(http://www.phplist.com) 등이 있다. 메일링 리스트를 활용한 예는 Adler와 Zarchin(2002)의 연구를 들 수 있다. 연구자들은 자신들의 연구를 위한 웹사이트를 만들고 '임신한 여성'이라는 연구 주제와 관련된 사람들에게 이메일을 보내 연구에 참여할 수 있도록 하였다. 이후 연구자들은 메일링 리스트를 활용하여 초점 집단 면담을 수행하였다. 이메일을 활용하는 방법은 용이하기는 하지만 언제든지 해킹이 될 수 있으며, 익명성을 담보하기 어렵다는 단점이 있다. 이에 개인 정보 유출의 위험이 항상 있으며 연구의 윤리적 문제와 관련한 이슈에 노출되기 쉽다는 점은 연구자는 항상 고려해야 한다. **[그림 10-4]**는 메일링 리스트를 활용한 초점 집단 면담의 예시를 보여준다.

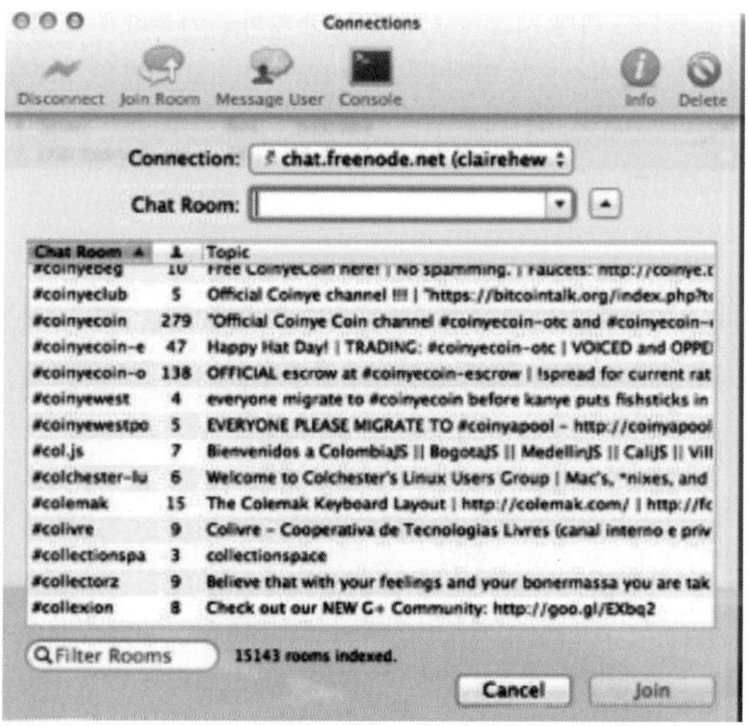

[그림 10-4] 메일링 리스트를 활용한 초점 집단 면담의 예시

둘째, 토론 포럼(discussion forums) 또한 온라인 질적연구의 면담으로 활용된다. 이 방법은 이메일을 통한 면담보다 더욱 효과적인 '개인 정보 유출 방지'를 위한 방법이 될 수 있다. 하지만 이메일과 달리 참여자들이 포럼 사이트에 개별적으로 접속해야만 토론에 참여할 수 있다. 이 방법을 위해 활용할 수 있는 플랫폼으로 newsreader (www.newsreaders.info/recommended-newsreaders.htm), google groups(www.groups.google.com), Yahoo groups(http://uk.groups.yahoo.com) 등이 있다. 또한 최근에는 페이스북과 같은 SNS 플랫폼 또한 제한된 참여자의 토론을 가능하게 하는 기능을 제공하고 있다.

다음으로 '가상 세계'와 '채팅 프로그램'을 활용한 면담 또한 가능하다. 가상 세계를 제공하는 플랫폼은 그래픽 환경을 제공해 줌으로써 음성이나 텍스트 중심의 면담과 다른 환경을 제공한다. 이메일, 메일링 리스트, 토론 포럼이 주로 비실시간 면담을 위해 활용되지만, 채팅 프로그램 그리고 Second Life와 같은 가상 환경에서의 면담은 실시간 면담을 가능하게 한다는 특징이 있다. 이 방법을 가능하게 하는 서비스로는 mIRC(http://www.mirc.com), Colloquy(http://colloquy.info), Google Talk(http://www.google.com/talk), Zoom(https://zoom.us), Skype(www.skype.com), Webex-(https://www.webex.com/ko/index.html) 등이 있다. 특히 최근에 등장한 Zoom과 Webex 같은 플랫폼은 화상 채팅과 음성 및 영상 녹화를 가능하게 할 뿐만 아니라 연구자나 참여자가 스마트폰으로 참여할 수 있어 효율적으로 면담을 수행할 수 있게 한다는 특징이 있다. 온라인 질적연구 면담을 위해 연구자가 고려해야 할 사항은 다음과 같다(Kozinets, 2019).

- 참여자와의 강한 라포르 형성을 위한 전략들을 적극적으로 활용해야 한다.
- 실시간 면담을 수행할지, 비실시간 면담을 수행할지는 연구 주제, 참여자의 특성, 연구의 상황을 고려하여 적절히 판단해야 한다.
- 위와 관련하여 연구자는 면담 질문의 종류와 성격 그리고 참여자의 상황에 따라 실시간 그리고 비실시간 면담을 혼용할 수 있다.
- 연구자는 자신의 연구를 위해서만 사용하는 사이트를 활용하거나 토론 그룹을 개설해 활용하는 것을 적극적으로 고려해야 한다. 이러한 방법은 연구의 신뢰도와 참여자의 익명성을 보장하고 기존 커뮤니티나 토론 그룹에 영향을 끼치

지 않는다는 장점이 있다.

- 연구자는 실시간 면담 또는 비실시간 면담을 수행할 때 어떠한 방식(텍스트 중심 또는 화상 채팅 등)을 사용할 것인지 그리고 어떠한 프로그램이나 테크놀로지 기기를 활용할 것인지 또한 주의 깊게 결정해야 한다.

마. 온라인 질적연구 문서 분석

온라인 질적연구에서 문서 분석은 오프라인에서 이루어지는 전통적인 질적연구 방법론에서의 문서 분석의 양과 효율성 측면에서 매우 강력한 연구 방법이 될 수 있다. 온라인 질적연구의 문서 분석을 위해 수집될 수 있는 자료에는 온라인과 인터넷에 존재하는 모든 텍스트, 이미지, 영상, 문서가 포함될 수 있다. 구체적으로 연구자는 뉴스 기사, 개인 블로그와 SNS 자료들, 홈페이지, 학술적 문서, 유튜브 영상과 같은 매우 다양한 종류와 방대한 양의 문서를 순식간에 수집할 수 있다. 특히, 구글이나 네이버와 같은 검색 엔진을 통해 연구자는 자신의 연구 주제와 관련된 자료들을 수집하고 다운로드할 수 있다. 정선된 뉴스 기사나 학술적 논문들은 담론 분석과 같은 목적을 가지는 연구를 위해 적절할 수 있으며, 즉흥적이고 정선되지 않은 SNS 게시물들은 사건과 이야기의 흐름이나 경향성을 빠르게 파악하는 데 용이하게 활용될 수 있다. 하지만 민감한 주제와 관련된 연구라면 참여자의 동의와 개인 정보 보호를 위해 더욱 세심한 주의를 기울여야 한다. 이러한 경우 연구자는 제한된 유저만 접속할 수 있는 블로그를 개설하여 활용할 수 있다(Hewson, Gogel, & Laurent, 2015).

온라인 질적연구의 문서 분석을 위한 자료 수집은 '기존에 존재하는 자료의 수집'과 '자료의 생성을 통한 수집'의 두 가지 방법으로 나눌 수 있다. 전자의 경우 위에서 설명한 다양한 웹페이지나 검색 엔진을 통한 검색으로 획득할 수 있다. 예를 들어 Thoreau(2006)은 장애를 가진 사람들이 어떻게 표현되는지를 연구하기 위해 'Ouch!'라는 사이트에서 텍스트와 이미지를 수집하였다. 한 잡지사에서 개설한 이 사이트는 장애를 가진 사람들을 위해 만들어졌다. 이 사이트에는 일반적인 미디어에서 볼 수 없는 매우 개인적이고 구체적인 내러티브가 드러났으며, 연구자들은 이러한 자료를 이 사이트를 통해 다운 받아 문서 분석을 수행하였다. 또 다른 예로는 Heinz, Gu, Inuzuka와 Zender(2002)의 성 소수자에 관한 연구를 들 수 있다. 연구자들은 게이, 레즈비언, 트랜스젠더 웹사이트를 활용하여 자료를 수집하였다. 이 연구에서 연구자들은 성 소수자들의 문화와 정체성을 이해하고자 하였다. 이 방법은 교육(Hou, Chang, & Sung, 2010), 청소년 연구(Huffaker & Calvert, 2005), 장애 연구(Marcus et al., 2012) 등에서도 활용되고 있다.

다른 하나는 연구자가 온라인에서 직접 문서를 생성하고 수집하는 방법이다(Hou et al., 2010). 이 방법은 연구의 특수한 목적을 위해 새로운 생생한 자료가 필요할 경우 또는 특정한 집단의 참여자들이 현재 생성하는 자료를 수집하기 위해 활용될 수 있다. 예를 들어 Hessler와 동료들(2003)은 청소년 참여자들에게 자신들의 일상적 이야기나 사진, 영상 등을 자신들이 개설한 웹사이트에 입력하거나 연구자의 이메일로 보내달라고 요구하였다. 연구자들은 이 방법을 통해 매우 풍부하고 진솔한 질적 자료들이 수집되었다고 밝히고 있다. 연구자들은 이 방법이 소수 집단이나 소외된 집단의 참여자들의 자료를 수집하는 데 매우 유용한 방법이 될 수 있다고 제안하였다. 왜냐하면 '공식적' 면담 상황은 참여자들을 경직되게 하거나 불편하게 할 수 있기 때문이다. 이 경우 이메일 또한 보안의 문제와 개인 정보 보호의 문제가 제기될 수 있으므로 참여자들에게 연구 방법과 자료의 처리 절차에 대해 충분히 설명하고, 더불어 연구 참여 동의서를 받아야 할 것이다.

온라인 질적연구의 문서 분석에서 연구자가 고려할 사항은 다음과 같다(Hewson, Vogel, & Laurent, 2015). 첫째, 연구자는 자신이 수집한 문서에 들어 있는 개인 정보를 어떻게 관리할 것인지에 대한 철저한 계획과 세심한 주의가 필요하다. 둘째, 연구자가 수집한 자료가 인터넷이나 공개된 공간에 있지만 저작권이 있을 수 있다는 점을 고려하여 필요할 경우 저작권을 침해하지 않는 범위 안에서 활용하거나 저작권을 가진 개인이나 기관의 허락을 얻어서 사용해야 한다. 셋째, 연구의 자료를 인터넷에 게시하거나 공유할 때 어느 수준까지 '검색'될 수 있도록 할 것인지에 대한 판단과 계획이 필요하다.

바. 온라인 질적연구의 윤리적 이슈

모든 질적연구에서 그러하지만 특히 온라인 질적연구에서 윤리적 고려는 무엇보다 세심한 계획과 기술적 준비가 필요한 부분이다(Roberts, 2015; Hewson, Vogel, & Laurent, 2015). 인터넷 연구 윤리(Internet Research Ethics, IRE)는 1990년대 인터넷과 온라인 연구가 시작되면서 부각되고 있는 이슈이다(Buchanan, 2011). 이에 미국과학발전협회(Association for the Advancement of Science), 인터넷연구자협회(Association of Internet Researchers), 미국심리협회(American Psychological Association)와 같은 선두적인 기관들이 인터넷/온라인 연구를 위한 지침들을 개발하고 발전시켰다. 이러한 가이드라인과 논의에 기초하여 우리는 가장 기본적이고 핵심적인 내용 중심으로 설명하고자 한다. 대표적인 기관이나 기구들이 제시한 기준과 학술적 논의의 예는 다음과 같다.

- Roberts, L. (2015). Ethical Issues in Conducting Qualitative Research in Online Communities. *Qualitative Research in Psychology*, *12*(3), 314-325.
- Hewson, Vogel, & Laurent, (2015). *Internet Research Methods*. London: Sage
- Frankel, M. S. & Siang, S. (1999). Ethical and legal aspects of human subjects research on the Internet. *A Report of a Workshop*, *June*, 10-11, Washington, DC, AAAS online, 1-18.
- Kraut, R., Olson, J., Banaji, M., Bruchman, A., Cohen, J., & Cooper, M. (2004). Psychological reseach online: Report of Board of Scientific Affairs' Advisory Group on the Conduct of Research on the internet. *American Psychologist*, *59*(2), 105-117.
- Markham, A. & Buchanan, E. (2012). Ethical decision-making and internet research. Recommendations from the AoIR Ethics Working committee (version 2). http://aoir.org/reports/ethics2.pdf (accessed April 2015).

첫째, 온라인 질적연구자가 가장 먼저 고려해야 할 사항은 연구 참여 동의, 철회, 연구 결과의 보고와 관련된 윤리적 사항이다. 기본적으로 온라인 질적연구 또한 질적연구이기 때문에 일반적 질적연구에서 요구되는 연구에 대한 자세한 안내, 가능한 위험 요소, 연구 참여 철회의 자유 등을 포함한 동의서를 획득하는 것을 원칙으로 한다(Reid, 1991). 하지만 온라인 질적연구는 이와 관련된 더욱 민감한 주의를 필요로 한다. 면대면 접촉이 없는 상황에서 동의서가 '참여자가 진정으로 연구에서 발생할 수 있는 위험 요소 등에 대한 이해'하였는지 가늠하기가 어려울 수 있다는 점이다. 이러한 문제는 화상회의와 같은 방법을 사용하지 않는 문자 언어 중심의 온라인 연구일 경우에 더욱 어려울 수 있다. 연구자가 참여자가 가질 수 있는 연구에 대한 의문들에 대해 즉각적으로 응답해 줄 수 없다는 점 또한 이러한 윤리적 문제의 적절한 대응을 어렵게 한다. 여러 연구 단체나 기관에서는 온라인으로 참여자의 동의를 받는 시스템과 방법을 제시하고 있다. 이에 연구자는 참여자가 연구와 관련한 자세한 안내 사항을 읽은 후 '참여 동의' 버튼을 클릭하거나, 직접 사인한 동의서를 스캔하거나 사진으로 연구자에게 전송하는 방법을 사용할 수 있다. 이러한 방법을 사용하더라도 연구자는 참여자가 모든 내용을 이해하였는지 확신할 수 없다. 이러한 경우 연구자는 연구 참여 동의서 웹페이지를 전송할 때 각각의 항목에 체크하도록 요구할 수 있다.

연구 참여 철회와 연구 결과 보고 사항 또한 온라인 질적연구자가 명확하게 실천해야 하는 요소이다. 연구자는 참여자가 자신이 원하면 언제든지 (연구의 결과가 출간되기 이전까지) 연구 참여를 철회할 수 있으며, 연구자는 연구물이 출간되기 이전에 연구의 내용과 결과를 참여자에게 안내할 것임을 명료하게 밝혀야 한다. 물론 이 내용 또한 연구 동의서에 확실히 포함되어야 할 것이다. 오프라인 질적연구와 달리 온라인 질적연구에서 참여 철회와 결과 보고는 동의서를 받는 사항처럼 모호할 수 있다. 예를 들어 온라인 면담에 참여하던 연구자가 갑자기 창을 닫아버리거나 토론 방을 나가버리면 그것이 연구 참여 철회를 의미하는 것인지 연구자로서는 판단하기 어려울 수 있다. 또한 연구 결과를 참여자와 공유하였을 때, 참여자가 그 내용을 면밀히 살펴보았는지 확인하는 것 또한 어려울 수 있다. 이러한 혼란을 방지하기 위한 방법으로는 모든 웹페이지에 '참여 철회' 버튼을 넣어서 참여자가 원하면 언제든지 철회할 수 있도록 하는 방법 등이 있다. 참여자가 참여 철회를 결정할 경우 기존에 수집된 그 참여자의 자료를 어떻게 삭제할 것인지에 대한 문제가 발생한다. 이러한 문제의 해결을 위해 연구자는 참여자의 연구 참여가 시작됨과 동시에 그만의 '비밀번호'를 만들도록 하고 이 번호에 기초에 자료를 정리하면 참여자가 참여 철회를 할 경우 그 번호에 해당하는 자료를 삭제하는 방법을 사용할 수 있다.

두 번째 이슈는 참여자와 관련한 정보의 '비밀 유지'이다. 온라인 질적연구에서는 오프라인 질적연구와 달리 참여자의 익명성과 자료의 비밀 유지가 어려운 상황이 발생할 수 있다(Reips & Buffardi, 2012). 왜냐하면 이메일을 보내거나 로그인이 필요한 포럼에 참여할 경우 참여자의 신상을 완전히 가리는 것은 불가능하기 때문이다. 이에 연구자는 발신자를 확인할 수 없는 이메일 시스템을 활용하거나 연구 기간 동안 연구 참여의 목적으로만 활용할 계정을 만들어 활용하고 이후에 계정을 폐쇄하는 방법을 사용할 수 있다. 이러한 경우에도 비밀 유지가 완전히 가능한 것은 아니다 왜냐하면 이메일이나 접속 IP 기록이 서버에 남기 때문이다. 자료 수집을 위한 서비스나 특정한 플랫폼에 익명으로 접속한다고 하더라도 그 서버 안에 접속 정보가 저장되기 때문에 참여자의 정보나 완전한 자료의 기밀 유지가 어려울 수 있다는 점을 연구자는 명심해야 한다. 또한 자료의 기밀 유지와 관련하여 연구자가 자신의 연구가 이루어지는 기관이나 국가가 요구하는 윤리적 기준을 '외국에 있는 서비스 제공 회사의 서버'가 충족하는지 또한 확인할 필요가 있다. 가장 좋은 방법은 연구자가 완전한 통제를 할 수 있는 서버를 운용하는 방법이다. 이렇듯 온라인 질적연구는 참여자의 정보와 자료의 전송과 기밀 유지에 취약한 부분이 있는 만큼 자신의 연구가 속하는 IRB 기준을 충족시키는 방법을 마련해야 한다.

둘째, 온라인 인터넷 공간이 사적 공간인지 공공의 공간인지 또한 온라인 질적연구의 윤리적 고려를 필요로 한다. 일반적인 연구에서 공공의 공간에서 사람들은 누군가에게 관찰될 수 있다는 전제 아래 그 공간에서 있다고 보기 때문에 모든 참여자에게 동의서를 받을 필요는 없다(BPS, 2006). 하지만 온라인 질적연구에서 사람들의 행위와 상호작용을 어느 정도 까지 '공공의 공간'으로 간주할 수 있을 것인지는 결정하기 쉽지 않은 문제이다. 당연히 이메일은 매우 사적인 공간으로 간주될 수 있다. 하지만 블로그 포스팅의 경우는 사적인 공간으로 간주해야 할지 공공의 개방된 공간으로 간주해야 할지 그 경계가 명료하지 않다. 물론 신문 기사나 출간된 논문과 같은 경우는 적절한 인용으로 얼마든지 연구 자료로 활용될 수 있다. 누구나 접속할 수 있는 게시판이나 채팅의 경우 연구자가 연구하고 있음을 밝혔을 때 사람들은 종종 적대감을 표시하거나 거부하는 경우가 있다(Hudson & Bruckman, 2004). 연구자가 관찰하고 있음을 밝혔을 때 사람들의 상호작용이 확연히 달라졌다는 보고 또한 있다(Rodino, 1997; Hewson, 2014). 만일 온라인 웹사이트나 커뮤니티를 대표하는 사람이나 기관이 있다면 그에게서 연구 동의를 받을 수 있을 것이다. 하지만 '완전히 개방된 공간'으로 간주될 수 있는 온라인 공간에서 수집된 자료라 할지라도 연구자는 사람의 아이디와 자료의 기밀을 유지할 수 있는 방안을 마련하고 철저히 지켜야 할 것이다.

셋째, 모든 질적연구에서 그러하듯 '자료의 기밀 유지'는 온라인 질적연구의 과정에서 철저하게 관리되어야 하는 부분이다. 연구의 공간이나 자료가 공공의 공간에서 수집된 자료라고 할지라도 연구자는 자신의 자료 속에 포함되어 있을 사람의 정보가 신상이 드러나지 않도록 세심한 주의를 기울여야 한다. 물론 연구 참여자의 동의를 얻은 온라인 연구의 경우 참여자에게 자료의 관리와 위험에 관한 충분한 안내가 필요할 것이다. 참여자의 동의를 얻지 않아도 된다고 판단되는 자료의 경우에는 더더욱 철저한 기준에 따라 기밀이 유지하고 저작권을 침해하지 않는 방법을 적용해야 한다. 오프라인 연구에서 참여자의 면담 내용이나 관찰의 내용을 연구 결과에 직접 인용하는 것은 매우 당연하고 적절한 방법으로 간주된다. 하지만 온라인 질적연구의 경우 '직접 인용'을 할 경우 누구나 그 부분을 복사하여 인터넷 검색을 한다면 어렵지 않게 참여자의 신상을 찾을 수 있다는 점을 연구자는 명심해야 한다. 특히 직접 인용한 자료가 참여자에게 잠재적 해가 될 수 있거나 부정적인 결과를 초래할 가능성이 있다면 더더욱 세심한 주의가 필요하다(Lipinski, 2008). 이에 우리는 자료의 기밀 유출과 참여자의 신상이 알려질 수 있는 잠재적 위험을 방지할 수 있는 방법을 몇 가지 소개하고자 한다. 1) 연구자는 직접 인용보다는 간접 인용으로 자료의 의미를 최대한 전달할 수 있는 연구자의 표현으로 제시하는 방법을 사용할 수 있다. 2) 자료가 수집된 구체적인 인터넷 사이트나 주소를 공개하지 않음으로써 누군가가 연구 결과로 참여자의 신상을 추적하는 것을 방지할 수 있다. 물론 연구자는 연구 계획 단계에서부터 결과 보고에 이르기까지 자료를 어떻게 관리할 것인지에 대한 계획을 IRB에 보고하고 심사를 거쳐 철저한 실행으로 나아가야 할 것이다.

이러한 윤리적 이슈를 고려하기 위해 연구자는 항상 '온라인 공간' 또한 실제 인간이 생활하고 행동하는 공간이며 '온라인 참여자' 또한 실제 사람임을 명심해야 한다. 이는 참여자와의 직접적인 접촉이 없이 이루어지는 연구라 할지라도, 심지어 참여자의 얼굴을 모른 채 이루어지는 연구라 할지라도 이 모두는 '사람'에 대한 것이며 연구의 결과와 출간 작업의 과정에서 참여자에게 잠재적으로 해로운 영향을 끼칠 소지가 있음을 항상 명심해야 한다.

4. 온라인 질적연구 주제

이 절에서는 온라인 질적연구의 대표적 연구 주제를 소개하고자 한다. 온라인 질적연구는 문화기술지 탐구가 인터넷과 온라인으로 확장되면서 발달하였다. 이에 많은 온라인 질적연구들이 인터넷 공간에서의 인간의 행위와 문화를 연구한다. 이와 더불어 온라인과 가상 공간에서의 체험에 관한 연구, 온라인 상호작용의 특징과 이론화 연구, 온라인과 인터넷을 통한 정체성 형성과 발달에 관한 연구, 그리고 온라인 공간에서의 차별, 소외, 편견, 혐오 등을 다루는 비판적 연구가 대표적인 연구 주제라 할 수 있다. 이에 우리는 이 다섯 가지 연구 주제를 예시를 통해 소개하고자 한다. 온라인 질적연구가 매우 빠르게 확산되고 있다는 점을 고려할 때 새로운 연구 주제가 지속적으로 등장하고 확장될 것이다. 이에 이 방법론에 관심을 가진 연구자가 새로운 연구 주제의 발굴을 통한 새로운 담론 개척을 시도한다면 질적연구 방법론의 선구적 연구자가 될 수 있을 것이다. **<표 10-6>**은 대표적 온라인 질적연구의 주제와 그 목적을 나타낸다.

〈표 10-6〉 온라인 질적연구 주제와 목적

연구 주제	연구 목적
온라인 커뮤니티 문화의 특징	• 온라인 커뮤니티의 유형과 속성 • 온라인 커뮤니티의 문화적 특징 • 온라인에서의 차별, 소외, 혐오
온라인 체험과 현상의 본질과 구조	• 온라인 현상의 구조 개념화 • 온라인에서의 체험의 본질 탐구
온라인에서의 정체성 형성과 발달	• 온라인에서의 인간의 자기표현 • 정체성의 표현 방식과 변화
인터넷과 불평등	• 인터넷 활용의 불평등: 인터넷 접속 기회와 기기 보급의 불평등의 영향 • 온라인 공간에서 생성, 확산, 강화되는 차별과 혐오
온라인 의사소통과 표현의 방식	• 온라인을 통한 의사소통의 특징 규명 • 면대면 의사소통과 다른 표현의 방식 탐구

위의 표에서 제시한 주제 이외에도 매우 다양한 새로운 주제들이 온라인 질적연구를 통해서 이루어지고 있으며, 새로운 연구 주제들의 발굴이 가능하다. 구체적인 예로서 다음과 같은 연구 주제들에 대한 탐구가 가능하다.

- 온라인과 인간 욕망의 탐구
- 온라인에서의 새로운 소비 특징의 탐구
- 온라인에 의한 오프라인에서의 인간 생활의 변화
- 온라인에서의 진실 · 실체 · 허구에 대한 새로운 개념 정의
- 새로운 학습 방법의 출현과 학습 문화 탐구
- 새로운 비즈니스 방식과 공간으로서의 온라인: 페이스북, 유튜브, 인스타그램, 카카오톡 등을 통한 판매와 소비
- 사이버 시대에서의 인간 의식과 사고의 변화
- 인터넷을 통한 포스트휴먼 현상의 가속화: 인간과 기계에 대한 새로운 결합의 탐구

우리는 이 절에서 대표적인 몇 가지 탐구 주제에 대해 자세히 소개하고, 추가적 온라인 질적연구 탐구 주제들에 대해서는 간략히게 설명히고자 한다.

가. 온라인 커뮤니티 문화

온라인 커뮤니티 문화에 대한 이해는 온라인 질적연구가 등장한 이래로 가장 많은 연구가 이루어지고 있는 온라인 질적연구의 주제이다. 이 주제는 '온라인 문화기술지', '인터넷 문화기술지', '네트노그래피' 등의 방법을 통해 연구되고 있다. 이러한 용어의 등장과 이론화가 보여주듯이 온라인 커뮤니티 문화 이해를 위한 연구는 온라인 질적연구 주제들 중에서 가장 많은 이론화가 이루어진 주제이다. 다시 말해, 여러 문화기술지 학자들은 전통적 문화기술지와 다른 온라인/인터넷 문화기술지 수행을 위한 절차를 이론화하였다(Hair & Clark, 2003; Kozinets, 2010, 2019; Skågeby, 2011; 오영범, 김영천, 2013). 온라인 커뮤니티 문화에 대한 문화기술적 탐구의 발달을 보여주는 대표적 연구자와 연구 내용을 소개하면 **<표 10-7>**과 같다. 표의 내용은 김영천(2013)이 정리한 내용에 최근의 연구물을 추가한 것이다.

이렇듯 최근 30년 동안 온라인 커뮤니티의 문화를 이해하고 그 특징과 구조를 이해하기 위한 수많은 연구들이 이루어지고 있다. 온라인과 인터넷이 우리의 일상에서 떼어놓을 수 없는 부분이 되었다는 점을 고려하면 온라인에서 활동하는 사람들의 문화에 대한 연구는 필요불가결하다고 할 수 있다. 다시 말해 오늘날 인간의 행위와 인간 집단의 문화를 이해할 때 온라인/인터넷 공간은 반드시 고려되어야 할 부분이라는 것이다(Hair & Clark, 2003; Hine, 2000, 2005; Gatson, 2011; Hart, 2017; Carter, 2005). 온라인 커뮤니티의 문화에 대한 연구는 온라인 플랫폼과 인터넷 기술에 의해 생성되고 변화하는 문화적 특징 이해를 목적으로 한다. 이른바 '디지털 문화'에 대한 탐구를 통해 연구자들은 온라인 공간에서의 상호작용과 문화의 가치를 탐색하고, 특징을 규명하며, 나아가 새로운 문화 이론을 개발하기도 한다(Hart, 2017). 특히, 온라인 커뮤니티 문화에 대한 연구는 전통적인 문화에 대한 연구에서 할 수 없었던 시간과 공간을 초월한 커뮤니티에 대한 탐구를 가능하게 한다. 전통적인 문화에 대한 연구는 물리적 공간을 공유하는 집단에 초점을 두었다면, 온라인 커뮤니티 문화에 대한 연구가 참여자들이 살아가는 물리적 공간에 의해 규정되지 않는다는 특징이 있다. 즉, 온라인 커뮤니티는 다양한 지역과 나라에서 살아가고 있는 사람들에 의해서 형성된다는 것이다. 이러한 커뮤니티의 문화에 대한 탐구는 전통적인 질적연구 방법으로는 탐구되기 어려우므로 온라인 질적연구 방법을 통해서만 이루어질 수 있다고 보아도 과언이 아니다. 온라인 커뮤니티 문화에 대한 탐구의 논의가 발전하면서 온라인 커뮤니티의 종류와 특징을 어떻게 규명할 것인지에 대한 유형학에 대한 논의도 진

〈표 10-7〉 온라인 문화기술지의 대표적 연구자와 연구 내용

연구자	연구 내용
Rheingold(1993)	• 인터넷, 온라인 커뮤니티 역사 소개 • 온라인 커뮤니케이션의 개념도와 잠재성 제안
Bruckman(1992)	• 사이버 공간에서의 유저 탐색
Turkle(1995)	• 인터넷과 상호작용하는 방법 연구 • 컴퓨터에 대한 이해의 변화
Baym(1995)	• 가상 커뮤니티 본질 규명
Correll(1995)	• 온라인 구성원의 참여 스타일 분석
Markham(1998)	• CMC를 통해 나타나는 언어적 실재와 집단 형성
Baym(1999)	• 연속극에 몰두하는 참여자 게시판 연구
Cherny(1999)	• 실시간 채팅 기반 커뮤니티 연구
Jones(1997)	• 사이버 문화의 맥락화 시도
Hine(2000)	• 가상 공간에서 수행하는 연구 방법으로서의 문화기술지의 가능성 탐색
Danet(2001)	• 다양한 온라인 놀이 유형 조사
Hine(2005)	• 가상 공간에서 문화기술지를 통한 연구를 수행하는 쟁점과 방법에 관한 탐색
Markham과 Baym(2009)	• 연구 방법으로서 인터넷 질적연구에 대한 방법을 사례와 질문을 통해 탐색
Kozinets(2010)	• 인터넷 문화기술지 연구 절차와 단계에 따른 실천 방법의 구체적인 사례
Sade-Beck(2004)	• 인터넷 문화기술지 탐구 방법의 세련화
Sunden과 Sveningsson(2011)	• 인터넷 문화기술지 윤리적 이슈
Markham(2005)	• 온라인 문화기술지 방법, 정치학, 재현의 윤리학
Varis(2016)	• 디지털 문화기술지 이론화와 방법적 논의
Hine(2015)	• 인터넷이 일상화된 세계에서의 문화기술지 탐구 방법 집대성

행되었다(Pan & Leidner, 2003; Dubé, Bourhis, Jacob, & Koohang, 2006; O'Leary & Cummings, 2007). 온라인 커뮤니티를 어떻게 구분할 것인가에 관한 대표적 논의로서 Kane, Fichman, Gallaugher와 Glaser(2009)의 "Community relations 2.0."을 들 수 있다. 그들의 논의에 기초하여 커뮤니티 분류 기준을 **〈표 10-8〉**과 같이 구분할 수 있다.

〈표 10-8〉 온라인 커뮤니티 분류 기준과 내용

기준	분류 내용
인적 분포	• 기관 소속 유무, 커뮤니티 소속 기간, 나이, 성숙도
구성 맥락	• 커뮤니티 구성 유형: 기관에 의한 구성, 자발적 구성 등 • 커뮤니티의 경계: 전문적 영역, 기관, 정치적 이슈나 취미 등 • 기관이나 조직에 의한 지원 유무 • 구성원 간의 친밀도 • 커뮤니티의 위계나 조직 • 리더나 초기 구성자의 유무와 역할
구성원의 특징	• 구성원의 규모 • 구성원의 물리적 위치 • 구성원의 참여 정도 • 구성원의 정보 통신 기술 활용 능력 정도 • 문화적/국적/조직과 소속/전문적 다양성
기술 환경	• 정보 통신 기술이나 기기에 의존하는 정도 • 활용되는 정보 통신 기기의 종류와 다양성

표의 분류 기준과 내용은 온라인 커뮤니티의 문화 탐구를 위한 기초적 탐구 요소와 분석의 아이디어를 제공한다는 점에서 중요하다. 이제 우리는 온라인 커뮤니티 문화에 대한 연구의 예시를 소개함으로써 독자들의 이해를 돕고자 한다.

온라인 커뮤티니 문화 연구의 예

"Online Community or Electronic Tribe? Exploring the Social Characteristics and Spatial Production of an Internet Hockey Fan Culture"(Norman, 2014)

이 연구는 캐나다 밴쿠버를 연고지로 하는 어느 하키 팀 팬들의 온라인 커뮤니티 문화의 특징을 탐구하기 위해 수행되었다. 연구자는 이 팀의 온라인 팬 커뮤니티(Nucks Misconduct)의 3년간 자료를 수집하여 분석하였다. 연구자는 이 하키 팀의 팬들을 '전자 부족(electronic tribe)'(온라인 부족 또는 인터넷 부족으로 번역하는 것이 더 적절할 듯하다)으로 규정하고 오프라인에서의 '부족'과 다른 '사이버 부족'의 특징을 탐구하였다.

팬 커뮤니티 구성원들은 새로운 구성원을 반기고 환대하는 경향을 보이는데, 이는 구성원들의 관심과 지지가 '그 하키 팀'이라는 확실한 대상을 공유하고 있기 때문이었다. 이러한 다소 개방적이고 포용적 태도와 상반되는 문화적 특징 또한 발견되었다. 연구자는 이 온라인 부족의 상호작용과 열정의 표현이 다분히 남성 중심적이라고 지적하며 하키라는 스포츠의 남성성이 온라인 커뮤니티에서 또한 더욱 강화되고 있다고 분석하였다.

온라인 커뮤티니 문화 연구의 예

User Experiences of Online Community Support for Mental Ill Health (Heyes, 2018)

이 연구는 Kim Heyes의 박사학위 논문으로, 정신 질환을 앓고 있는 사람들을 지원하는 온라인 커뮤니티 포럼을 이해하기 위해 수행되었다. 연구자는 세 개의 온라인 커뮤니티 포럼에서 자료를 수집하였으며, 29명의 참여자와 반구조화 면담을 수행하였다. 연구자는 제도적 지원에서 제외되어 있는 정신 질환을 앓고 있는 사람들을 돕기 위한 대안적 방안으로 증가하고 있는 온라인 포럼의 의미와 개선 방향을 탐색하고자 하였다.

연구자는 참여자들이 서로의 개인적 경험을 어떻게 공유하는지, 그러한 경험의 공유가 그들에게 주는 의미는 무엇인지에 대한 이해에 관심을 두었다. 연구자는 참여자들이 이 온라인 포럼 참여를 통해 사회적 라벨링과 오명에 대한 걱정이나 두려움에서 벗어나 자신의 증상과 상황에 대한 새로운 이해와 수용으로 나아간다고 보고하였다. 또한 연구자는 이러한 온라인 포럼이 정신 질환을 앓고 있는 사람들의 사회성 회복과 자신의 증상에 대한 더욱 구체적이고 상세한 이해에 도달할 수 있는 기회를 제공한다고 분석하였다.

결과적으로 연구자는 온라인 커뮤니티 포럼이 정신 질환을 앓는 사람들을 지원하는 제도와 자원의 부족을 일정 부분 보완할 수 있는 하나의 대안이 될 수 있다고 제안하였다.

특히 이 연구는 연구의 결과를 다양한 프로그램과 기법을 활용하여 시각화하여 제시함으로써 정보 통신 기기 활용에 대한 연구의 예시로서뿐만 아니라 연구 결과 보고를 위한 정보 통신 기기 활용의 좋은 예시가 된다. 이에 연구자가 제시한 몇 개의 시각화 자료를 소개하고자 한다.

- 트위터 캡처

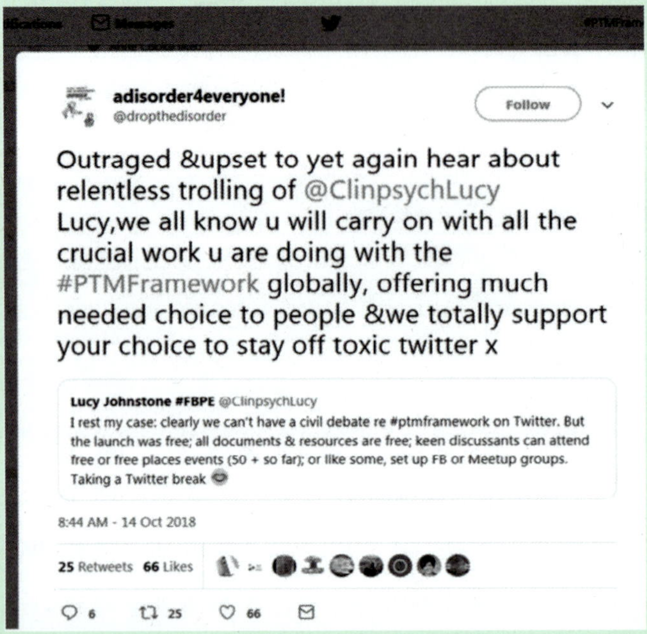

- 페이스북 캡처

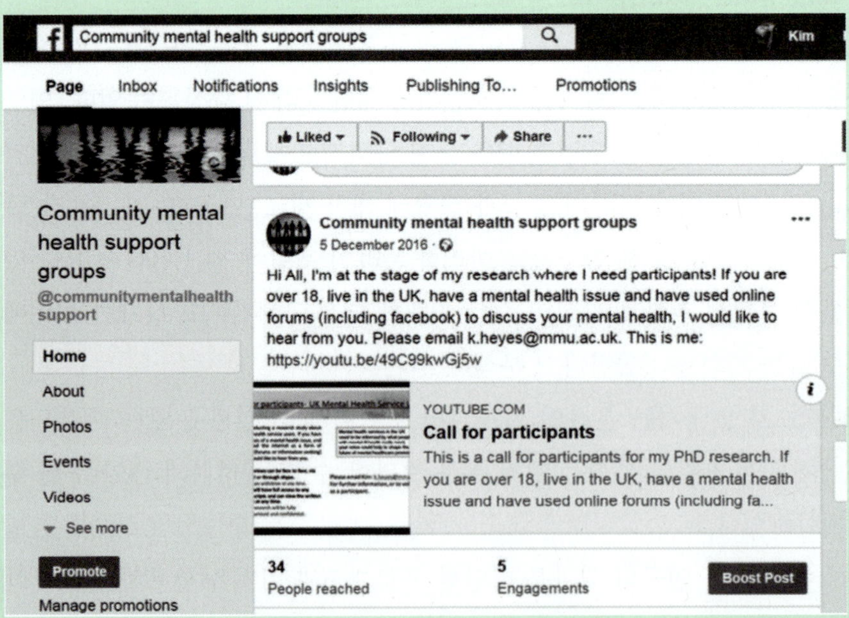

• 토론 그룹의 웹사이트

온라인 커뮤티니 문화 연구의 예

「난임, 유예된 모성실현의 사회적 맥락:
온라인 난임 커뮤니티를 통한 질적연구」(류숙진, 2019)

이 연구는 온라인 난임 커뮤니티의 게시글을 분석하여 난임 여성들의 생물학적 모성 열망과 보조생식술 시술의 사회적 배경을 고찰한 연구이다. 연구자는, 임신을 당연한 능력으로 간주하는 문화에서 난임은 중대한 사회적 결함이자 낙인으로 작용한다고 비평하였다. 이에 연구자는 난임이 생식 기능의 문제에 국한되는 것이 아니라 성 정체성 그리고 젠더의 문제와 연관되어 있음을 논의하였다. 이 연구는 난임 극복 또는 치료의 수단으로서 보조생식술의 유용성이 부각되는 문화를 지적하며, 이러한 문화 속에서 난임을 경험하고 있는 여성들은 자신의 몸이 임신 불가능한 상태가 아니라 임신이 어려운 상태라고 새로이 인식하는 과정을 경험한다고 밝히고 있다. 난임 여성들은 거듭되는 실패로 인한 신체적 · 심리적 고통을 경험한다. 하지만 그들은 시간이 걸릴 뿐 결국 아이를 가질 수 있다는 희망을 다른 난임 여성들의 성공 경험을 통해 유지하며 보조생식술 시장을 떠나지 못한다. 이 연구는 온라인 커뮤니티 자료의 내용 분석을 통해 난임 여성들의 경험과 관련된 사회적 요인과 맥락을 드러냈다는 점에서 온라인 질적연구의 좋은 예가 된다고 하겠다.

나. 온라인 체험 탐구

이 연구 주제는 온라인과 인터넷 공간에서 인간의 체험과 현상을 탐구를 목적으로 한다. 앞에서 설명한 온라인 커뮤니티가 문화기술적 접근이라고 한다면, 이 연구 주제는 현상학적 · 해석학적 접근을 취한다. 이에 이 주제와 관련한 온라인 질적연구는 특정한 온라인 공간에서의 커뮤니티 문화에 집중하기보다 온라인과 인터넷 공간에서의 경험과 현상의 본질이 무엇인지, 그러한 체험의 의미가 무엇인지 해석하고자 한다. 21세기에 접어들면서 컴퓨터나 스마트폰을 통한 상호작용 그리고 교육 · 쇼핑 · 마케팅 · 상담의 미디어화가 가속화되고 가상 세계 플랫폼이 늘어나면서 자연스럽게 이 연구 주제에 대한 연구의 필요성이 증가하고 있다(Ollinaho, 2018). 이러한 상황에서 자연스럽게 이 주제에 대한 온라인 질적연구자의 관심과 연구물 또한 증가하고 있는 추세이다(Berger, 2020; Friesen 2014).

이 주제와 관련하여 현상학은 두드러진 진보를 보이고 있는 질적연구 접근이다. 인터넷과 정보 통신 기기에 의해 가능해지고 중재되는 체험과 현상의 본질과 의미의 탐구는 오늘날 인간의 행위와 경험 그리고 상호작용의 이해를 위해 간과할 수 없는 탐구 주제라 하겠다. Couldry와 Hepp(2018)는 가상 공간에서의 실제의 특징을 다음 네 가지의 복잡한 상호작용으로 이해하였다. 먼저, 가상 공간은 정보 통신 기기에 의해 중재되는 상호작용으로 면대면 상호작용을 약화시킨다. 둘째, 정보 통신 기기의 활용을 통해 사람들은 과거의 상호작용과 그 내용을 현재의 상호작용으로 더욱 쉽게 포함시킨다. 셋째, 온라인에 존재하는 수많은 콘텐츠는 인간의 경험과 상호작용에서 활용될 수 있는 내용들(사진, 텍스트, 사건, 기사, 영상 등)을 즉시적으로 제공한다. 넷째, 온라인 공간에서의 행위와 경험은 인간의 가치, 습관, 삶의 규범 형성에 영향을 미친다. 이러한 점에서 온라인에서의 인간 경험/체험에 대한 연구는 가상 세계에서의 행위와 상호작용이 일상화된 오늘날 인간의 체험과 현상의 본질을 이해하는 데 반드시 고려되어야 하는 요소라 하겠다.

온라인 공간을 하나의 '실제 공간'으로 간주하고 이곳에서의 경험 또한 인간의 의식과 이해 그리고 의미를 부여하는 중요한 부분으로 간주하는 연구자들은 온라인에서 벌어지는 상호작용의 현상과 이 공간에서의 인간의 경험을 현상학적 접근으로 이해하고자 한다. 이에 우리는 최근 등장한 현상학적 온라인 연구의 예를 제시하여 독자들의 이해를 돕고자 한다.

온라인 현상학적 연구의 예

「온라인 커뮤니티의 익명게시판에서 본 근육장애인들의 경험 세계」 (진진주, 2017)

연구자는 근육장애인 온라인 커뮤니티를 연구하여 근육장애인들의 경험 세계를 이해하고 그들의 실존적 고통과 어려움에 대한 의미의 본질을 규명하기 위해 수행되었다. 연구자는 근육장애인들이 활발히 교류하고 있는 한 온라인 커뮤니티 익명 게시판의 게시 글들을 분석하였다. 분석을 통해 연구자는 90개의 중심 의미와 30개의 주제를 도출하였다. 이에 기초하여 연구자는 온라인 커뮤니티에 나타난 근육장애인 경험 세계의 본질을 '총체적 붕괴로 가는 편도차표', '세상 끝에서의 참담함', '불안으로 이정표 삼기', '그림자 존재', '자기 삶에 올무 채우기', '일방적 공생', '긍정으로 추스르기', '자기 존엄성 찾기'로 규명하였다.

연구자는 자신의 존재를 온라인 커뮤니티에 확실히 밝힘으로써 관리자와 유저들에게 동의를 구하였다. 아래의 그림은 그 내용을 나타낸다.

〈연구자의 자료 수집에 대한 사전 동의 절차〉

[ ]방의 글을 연구목적으로 활용하는데에 대한 의견이 궁금합니다 | [ ]방

조회 183 | 추천 0 | 2017.07.21. 08:15

회원여러분 안녕하세요 카페지기입니다. 어제 한 회원분께서 아래 내용의 메일을 보내오셔서 회원분들의 의견을 묻고자합니다.

카페지기님, 안녕하세요?
저는[ ]카페 회원 OOO라고 합니다.
저는 올해 초 이 카페에 가입을 했구요, 근육장애인을 친구로 두었습니다. 다름이 아니라, 저는 [ ]대학교에 [ ] 과정 중에 있습니다. 제가 그동안 장애인 관련 연구를 해왔고, 근육장애인 친구를 둔 입장에서 근육장애인의 삶과 현실을 알려 정책적으로 많은 검토가 이루어졌으면 하는 바램으로 근육장애인 관련 연구를 지속적으로 해보려고 합니다.
[ ]카페의 글 중 '[ ]방'의 글들을 통해 근육장애인들의 삶과 고민에 대해 고찰해보고자 합니다. '[ ]방'의 경우 익명 게시판이라는 특성 상 개인의 신상이 노출되지 않고, 근육장애인들의 실질적인 고민들을 알 수 있다는 점에서 연구해 볼만한 가치가 있다고 생각했습니다. 혹시 카페지기님께서 '[ ]방'에 공지를 통해 본 내용을 공유해 주시고, 회원들의 동의를 구해주신다면 정말 감사할 것 같습니다.
답변 기다리겠습니다.

[ ]방의 글이 근육장애인의 삶과 고민에 대한 연구 목적으로 활용되는 것에 대한 동의여부와 자유로운 의견 부탁드립니다!
참고로 본게시판은 운영진도 글쓴이를 알 수가 없고 완전히 익명으로 운영되고 있습니다.

17.07.22. 16:36
조그만관심이 큰힘이될듯합니다

연구자는 근육장애인들의 삶의 경험 구조를 다음과 같이 도식화하였다.

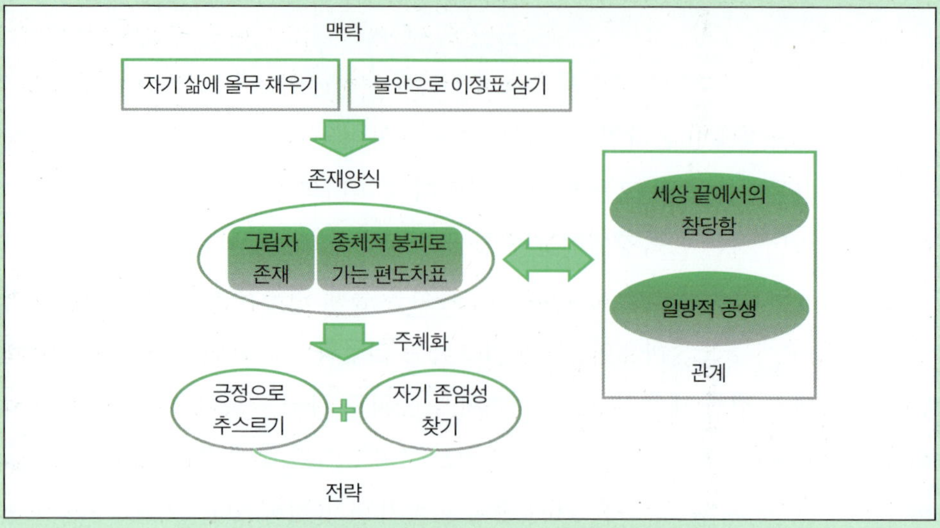

이 연구는 온라인에서의 현상학적 탐구가 면대면 현상학적 탐구 못지않은 깊이와 심층기술 그리고 개념화가 가능함을 보여주는 좋은 예시라 하겠다.

온라인 현상학적 연구의 예

***Online Counsellers' Experiences of the Therapeutic Relationship with Young People: An Interpretative Phenomenological Analysis* (Fletcher-Tomenius, 2010)**

이 연구는 인터넷과 정보 통신 기술의 발달로 온라인 상담이 증가하고 있는 상황에서 젊은 내담자들을 상담하는 상담가들의 체험을 해석학적 현상학 관점에서 분석하였다. 연구자는 온라인 상담 활동을 하고 있는 여덟 명의 상담가들과 온라인 면담을 진행하였다. 연구의 핵심은 익명성을 담보로 한 온라인 상담이 상담에 어떠한 영향을 미치며 그 의미가 무엇인지 탐색하는 것이었다.

연구자는 다음과 같은 질문에 기초하여 면담을 수행하였다.

- 젊은 사람들을 상담하는 상담가들의 온라인 상담 치료의 경험은 어떠한가?

- 온라인에서 젊은 사람들과 치료적 관계가 어떻게 발전하는지에 대한 당신의 경험은 무엇인가?
- 젊은 사람들과 함께 일하는 온라인 상담가들이 보고하는 온라인 치료 관계의 주요 특징은 무엇인가?
  추가 질문: 감정이입, 무조건적인 긍정적 고려, 일치성 요소인가?
- 온라인 상담가의 치료적 성향은 젊은 사람과의 온라인 치료 관계에 어떤 영향을 미칠 수 있는가?
  추가 질문: CBT, 사람 중심, 정신역학 치료의 사용은 온라인에서 어떻게 사용될 수 있는가?
- 온라인 상담가들의 상담 접근은 온라인 상담자와의 관계 형성을 위한 기술이나 매체에 어떠한 영향을 끼치는가?
  추가 질문: 타이핑 속도, 읽고 쓰는 능력, 인터넷 활용의 정도, 프로그램·스파이웨어·바이러스·아바타(또는 메타버스) 사용 여부
- 상담가들은 온라인 고객인 젊은 사람이 온라인 치료를 시작할 때 어떤 기대를 가지고 있다고 생각하는가?
  추가 질문: 성별, 나이, 자격, 경험은 관계에 어떤 영향을 미치는가?
- 온라인 상담과 면대면 상담의 다른 점은 무엇인가?
- 면대면 상담에 비해 온라인 상담이 가지는 장점과 단점은 무엇이라고 생각하는가?
  추가 질문: 표정이나 몸짓 포착의 어려움은 무엇인가?
- 상담가와 내담자의 상호작용 방식이 상담과 상담관계에 어떠한 영향을 끼친다고 생각하는가?
- 직접 대면하는 방식이 아닌 온라인 방식을 사용할 때 고객과의 치료 단계가 다르다고 느끼는가?
  추가 질문: 초기 단계, 치료법의 유지 및 종료에 어떤 영향을 미칠 수 있는가?

연구자는 연구의 결과로 온라인 상담의 개념적 구조를 다음과 같이 제시하였다.

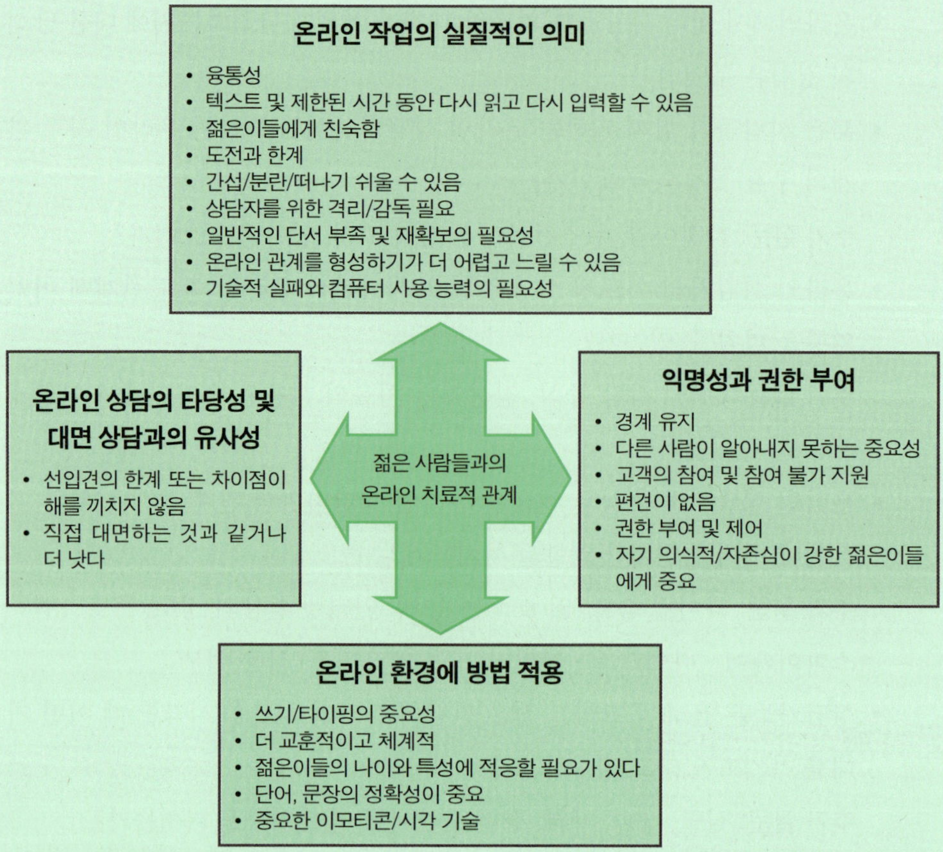

이 연구는 온라인 경험에 대한 연구를 온라인으로 진행하여 온라인 상담의 의미와 구조 그리고 실천적 개선을 위한 시사점을 도출하였다는 점에서 '온라인 질적연구'의 유용성과 가치를 잘 보여주는 연구라 하겠다.

다. 온라인에서의 정체성 형성과 발달

인터넷이 등장하고 많은 사람들이 온라인 공간에서 상호작용하면서 온라인에서의 정체성 형성과 변화에 대한 연구는 새로운 질적연구의 주제가 되었다(Marwick, 2013; Zhao, Grasmuck, & Martin, 2008; Subrahmanyam & Smahel, 2011). 이에 '온라인에서의 정체성 형성과 발달'에 관한 연구는 온라인에서의 자기표현과 상호작용, 다양한 커뮤니티에서의 활동 등이 사람들의 정체성 형성과 변화와 어떤 관계에 있는지에 대한 탐구를 목적으로 한다. 다시 말하면, 온라인 공간에서 유저들이 스스로를 어떻게 표현하고, 자신의 정체성을 어떻게 이해하며, 사용자 집단의 정체성이 어떻게 표현되고 형성되는지를 탐구하는 것은 온라인 질적연구의 핵심 연구 주제로 부상하였다 (Wynn & Katz 1997; Papacharissi, 2002; Boyd, 2010). 페이스북, 트위터, 블로그, 그리고 다양한 플랫폼에서 유저들은 자신만의 방식으로 자신이 누구인지를 자유롭게 표현하고 때로는 취사선택하며, 어떠한 경우에는 '실제의 자신'의 특정한 부분을 왜곡하기도 한다. 이러한 행위들은 면대면 상황에서 드러나는 개인의 정체성과 다른 특징과 의미를 가진다고 보고, 연구자들은 이러한 온라인 공간에서의 정체성 표현과 형성 그리고 변화와 딜레마를 탐구한다.

Goffman(1959)이 무대 이론을 통해 이미 오래전에 주장하였으며 많은 연구자들이 동의하는 것처럼, 사람들은 상황, 맥락, 상대방에 따라 다르게 행위하며 자신을 다르게 표현한다. 또한 상징적 상호작용론에 따르면, 인간은 상대방이 누구인지에 따라 자신을 다르게 표현한다. 뿐만 아니라 문화 이론 연구자들은 개인의 정체성은 하나가 아니라 다양하며 변화한다고 이해한다. 이는 정체성이 유전적 특질이 아니라 사회적으로 형성되고 변화하는 유연하고 다양한 개념이라는 것이다(Hall, 1996; McRobbie, 1994). 나아가 Judith Butler(2002)는 젠더나 성 지향성 같은 정체성은 전적으로 사회적 담론과 사회화의 과정을 통해 구성되는 것이라 주장한다. 이러한 논의들은, 온라인이라는 새로운 공간에서 상호작용 대상이 불분명하거나 다양할 경우 유저들은 스스로를 다르게 또는 매우 자유롭게 표현하며 이 또한 정체성 형성과 탐구의 중요한 측면이라는 주장에 정당성을 제공한다. 특히 Anthony Giddens(1991)는 정체성을 개인이 의도적으로 (그리고 비의도적으로) 형성하는 하나의 '프로젝트'로 간주한다.

이에 온라인과 인터넷 미디어를 통한 자기표현은 인간이 어떻게 정체성을 형성하고 사회적으로 구성되는지를 이해하는 중요한 요소라 하겠다(Turkle, 1995; Stone, 1996). 특히, Stone(1996)은 인터넷 사이버 공간에서 인간은 자신의 육체로부터 자유로워지며 새로운 의식과 정체성을 형성하는 '포스트휴먼'이라고 이해한다. 다시 말해, 온라인과 인터넷이라는 가상 세계는 사람들이 자신을 새로이 이해하고 표현하며 정체성을 형성하는 방식에 본질적인 변화를 가져왔다는 것이다. 이에 Baym(2006)은 사람들이 '온라인 페르소나'를 창조한다고 본다. 즉, 사람들이 오프라인에서 드러내는 자기표현과 온라인에서의 자기표현은 유사한 경우도 많지만 그렇지 않은 경우도 많다는 것이다. 그 차이를 선호하거나 즐기는 사용자들은 '인터넷 정체성' 또는 '온라인 정체성' 형성에 더욱 많은 시간과 노력을 기울이기도 한다. 오프라인 상황과 달리 온라인 상황은 종종 불명확하거나 매우 유연한 성격을 가지기 때문에 유저들은 자신의 정체성을 더욱 자유롭고 유연하고 다양하게 표현하게 된다(Orgad, 2004).

온라인 질적연구에서 정체성 형성과 발달 연구는 오프라인과는 다른 자기표현과 정체성의 변화 그리고 온라인과 오프라인에서의 정체성의 비교와 이해를 목적으로 수행된다. 독자들의 이해를 위해서 우리가 제시하는 예들은 다음과 같다.

온라인 정체성 연구의 예

「인터넷 여성 운동 커뮤니티 이용자들의 성적 정체감 및 자아 정체감 변화에 대한 탐색적 연구: CQR-M 분석을 중심으로」(오보영, 이상희, 2017)

연구자들은 최근 인터넷 공간에서의 여성 혐오 문제와 여성 인권 문제가 심각한 수준이며 여성 차별에 대응하는 온라인 커뮤니티가 등장하는 것에 주목하였다. 이에 연구자들은 여성 인권 온라인 커뮤니티 회원들을 대상으로 합의적-질적(CQR-M) 연구 방법을 통해 참여자들의 온라인 커뮤니티 참여 경험을 이해하고 그들의 자아 정체감과 성 정체성 변화를 이해하고자 하였다. 이를 통해 연구자들은 온라인 활동을 통해 형성되는 정체성의 변화와 여성 운동의 특성을 이해하고자 하였다.

이 연구의 목적은 인터넷 여성 인권 커뮤니티의 참여자들의 여성 혐오에 대한 인식과 그에 대항하는 과정에서 나타나는 정체감의 변화를 이해하는 것이다. 이러한 목적으로 연구자들은 다음 세 가지 연구 문제를 설정하였다.

첫째, 온라인 여성 인권 커뮤니티 활동을 통해 스스로에 대한 인식, 감정, 성 역할과 같은 자아 정체감 및 성 정체감의 영역에서 어떤 내적 변화를 경험하였는가?

둘째, 새로운 인식 및 내적 변화에 따라 태도, 행동, 대인관계와 같은 외부적 측면에서 어떤 변화를 경험하였는가?

셋째, 자아 정체감 및 성 정체감의 변화에 따라 진로나 미래의 계획에서 영향을 받거나 변화한 점은 어떤 것인가?

연구자들은 연구의 결과로서 참여자들의 내적 변화, 외적 변화, 미래에 대한 계획의 세 영역에서의 변화를 다음과 같이 제시하였다.

주요 영역	범주
내적 변화	인식의 변화 • 여성의 인권 문제, 여성 혐오에 대한 인식이 증가함 • 서열에 대한 사회적 고정 관념에서 벗어남 • 나에 대해 긍정적으로 재평가하게 됨 • 나의 성별보다 한 주체라는 것에 집중하게 됨
	자기 수용에서의 변화 • 스스로에게 관대해지면서 나를 있는 그대로 받아들이게 됨 • 더 이상 스스로를 몰아붙이거나 괴롭히지 않게 됨 • 자신의 존재에 자부심을 느끼고 스스로를 사랑하게 됨 • 스스로를 책임감 있는 사회의 일부로 여기게 됨 • 자신에 대해 전보다 다양한 측면에서 이해하게 됨
	감정의 변화 • 분노, 혼란, 죄책감과 같은 부정적 감정에서 벗어남 • 행복감, 자신감, 해방감 등 긍정적 감정을 느낌 • 같은 생각을 가진 여성들이 있다는 것에 위안을 받음
외적 변화	태도 변화 • 나에 대한 타인의 평가에 신경을 덜 쓰게 됨 • 순종적인 태도보다는 똑똑하고 당당해 보이는 태도를 추구함 • 여성을 비하하거나 차별적인 사람에게 더욱 부정적인 태도를 가지게 됨
	행동 변화 • 행동의 주체가 나 자신이 됨 • 여성 혐오나 차별에 실제적 행동으로 대항함 • 자기주장과 감정 표현을 잘하게 됨
	대인관계 변화 • 나와 뜻이 맞는 사람과 가까워지고 나를 비난하는 사람과는 멀어지면서 대인관계가 정리됨 • 여성들에게 더 돈독한 유대감을 느끼게 되고 가까워짐 • 여성을 차별하는 사람들과 갈등을 겪음 • 나와 비슷한 뜻을 가진 새 친구들이 생김
미래에 대한 계획	성 역할 변화 • 여성들이 사회적으로 성공할 수 있다고 생각하게 됨 • 결혼과 출산에 대한 압박감에서 벗어남 • 성 역할로 인한 희생을 거부함

주요 영역	범주
미래에 대한 계획	진로 계획 변화 • 높은 직업적 성취와 사회적 성공에 대한 욕심이 생김 • 여성 인권과 관련된 진로 계획이 생김 • 여성이기 때문에 포기하였던 진로에 다시 도전함
	지속적 정체감 변화 • 더 주체적이고 독립적인 사람이 되겠다고 다짐함 • 미래의 여성 인권 신장을 위해 노력하겠다고 다짐함

라. 그 외 온라인 질적연구 주제들

우리는 지금까지 세 가지의 온라인 질적연구 주제들을 예시를 통해 소개하고 논의하였다. 여기서는 이 세 가지 이외에 어떠한 연구 주제들이 있는지 그리고 가능한지 간략하게 설명하고자 한다.

첫째, '인터넷과 불평등 연구'는 온라인 질적연구 방법론의 중요한 연구 주제이다. 이 주제는 온라인과 인터넷 보급과 활용과 관련한 불평등 그리고 인터넷 공간에서 발생하거나 강화되는 불평등, 차별, 혐오 등에 관한 연구들이다(Jung, Qiu, & Kim, 2001; Hargittai & Hinnant, 2008). 이 주제와 관련한 연구들은 제3세계 국가 사람들의 인터넷 접속 차별, 여성의 인터넷 활용 차별, 계층 간의 인터넷 활용과 혜택의 차별, 세대 간 인터넷 활용, 인터넷 확산으로 인한 노인 소외와 차별 등을 연구한다. 인터넷과 온라인이 더욱 일상화됨에 따라 이전에 존재하지 않았던 방식의 차별과 소외가 보고되고 있는바, 이 주제와 관련된 연구들은 지속적으로 등장할 것이며 반드시 필요한 온라인 질적연구의 주제라고 볼 수 있다.

둘째, 온라인에서의 '새로운 의사소통 방식과 표현의 탐구'는 정보 통신 기기와 인터넷을 활용한 상호작용의 이해를 탐구하는 것이다. 인터넷과 스마트폰이 보급되면서 사람들의 상호작용 방식은 오프라인에 의존하던 시대와는 완전히 다른 방식으로 변화하였다. 또한 하이퍼텍스트와 다양한 유형의 표현 방식이 자유로운 인터넷 공간에서의 표현 방식은 새로운 형태의 의사소통과 의미교환을 (불)가능하게 만들기도 한다. 이에 온라인 질적연구자들은 컴퓨터나 스마트폰을 활용한 의사소통 방식과 새로운 표현의 체계를 탐구한다(Salmons, 2015; Schiek & Ullrich, 2017). 가상 현실과 증강 현실 관련 기술이 발달함에 따라 온라인 상호작용의 방식과 표현은 더욱 변화할 것으로 예측된다. 이에 온라인 질적연구자들은 이러한 변화에 발맞추어 그 특징과 의미를 지속적으로 탐구해야 할 것이다.

셋째, 뉴노멀이 된 '온라인에 의한 오프라인에서의 인간 생활 변화' 또한 온라인 질적연구의 주제가 되었다. 이제 온라인은 오프라인을 보완하는 수준을 넘어 온라인 중심으로 일하고 생활하는 사람들이 늘어나고 있다. 이러한 점을 고려할 때 온라인이 생활의 중심이고 오프라인이 온라인을 보완하는 것처럼 비치기도 한다. 이에 온라인 질적연구는 인터넷과 온라인의 일상화가 오프라인에서의 인간의 삶과 상호작용 그리고 행위에 어떠한 변화를 가져오는지 탐구한다(Wellman, Quan-Haase, Boase, & Chen, 2002). 예를 들어, 태어나면서부터 인터넷과 온라인을 접하며 성장하는 오늘날의 세대들은 아날로그 세대의 성장과 발달과 매우 다른 특징을 지닌다고 보고되었다(Livingstone, 2009). 온라인 질적연구는 이러한 변화의 양상과 특징, 이득과 해로움을 탐구한다.

넷째, 온라인 질적연구는 무엇이 진실이고 실제인지에 대한 새로운 개념 정의를 추구한다. 우리가 이 책의 13장 '포스트휴먼 질적연구'에서 논의한 것처럼 온라인과 정보 통신 기기가 일상화된 뉴노멀 사회에서는 우리의 생물학적 기관을 통한 인식과 이해를 '정상적인 것'으로 판단하고 온라인에서의 경험을 '가상적인 것'으로 간주하는 이분법적 접근이 더 이상 불가능한 상황에 이르렀다. 온라인이 뉴노멀이 되었다면, 우리가 오프라인에서 상호작용하고 행위하는 것과 온라인 가상의 세계와 증강 현실에서 상호작용하고 행위하는 것 사이에는 어떤 차이가 존재할 것인가? 온라인과 인터넷이라는 새로운 공간의 출현과 확산은 진실과 허구, 실제와 가상이라는 개념에 대한 새로운 철학적 · 실제적 정의를 필요로 한다. 이에 온라인 질적연구는 이러한 존재론적 · 인식론적 논의와 이론화를 가능하게 하는 한 가지 방법론이 될 수 있다(Alani, 2006; Morales-Ramirez, Perini, & Guizzardi, 2015).

뿐만 아니라 온라인 질적연구는 '새로운 학습 방법의 출현과 변화하는 학습 문화에 대한 탐구', '새로운 비즈니스와 소비의 플랫폼으로서의 다양한 온라인 인터넷 프로그램과 어플리케이션의 활용성과 영향에 대한 탐구', '온라인 공간에서 자유로이 표출되는 인간의 욕망에 대한 탐구' 등 매우 다양한 주제들을 연구하고 있다.

5. 요약

이 장에서는 인터넷과 온라인 시대에 접어들면서 새로운 질적연구 방법론으로 부각되고 있는 온라인 질적연구에 대해서 알아보았다. 우리는 온라인 질적연구가 무엇인지 안내하기 위해 온라인 질적연구의 정의와 특징 그리고 핵심적 개념을 설명하였다. 이와 더불어 구체적인 연구 절차와 방법의 안내를 위해 온라인 문화기술지의 절차, 온라인 질적연구의 자료 수집과 분석 그리고 결과의 표현과 윤리적 이슈를 설명하였다. 또한 온라인 질적연구에서 다루고 있는 연구 주제를 예를 들어 설명하고 새로운 연구 주제들을 제시함으로써 온라인 질적연구의 가능성을 강조하였다. 온라인 질적연구는 인터넷과 온라인에서의 인간의 행위와 삶 또한 오프라인에서의 삶과 동등하게 실제적인 문화와 사회 현상으로 간주하고, 이 공간에서의 인간의 행위, 상호작용, 문화의 형성과 변화, 그리고 자기표현과 정체성의 형성에 대한 탐구를 가능하게 한다. 인터넷과 정보 통신 기기의 보급으로 오늘날 인간의 삶은 '온라인'을 고려하지 않고는 이해할 수 없을 만큼 많은 변화를 거치고 있다. 이러한 점을 고려할 때 온라인 질적연구의 연구 주제는 더욱 확장될 것이며, 온라인을 통한 연구의 필요성 또한 증가할 것임은 자명해 보인다. 이에 우리는 더욱 많은 질적연구자들이 온라인과 인터넷 공간에서의 현상과 경험에 대한 탐구에 주목할 것이라 예상한다. 이에 이 장이 새로운 연구방법론으로서 온라인 질적연구 방법론을 안내하는 좋은 지침이 될 수 있기를 바란다.

6. 참고문헌

김영천(2013). **질적 연구방법론 III: Methods**. 파주: 아카데미프레스.

류숙진(2019). 난임, 유예된 모성실현의 사회적 맥락: 온라인 난임 커뮤니티를 통한 질적연구. **아시아여성연구**, **58**(2), 5-38.

오보영, 이상희(2017). 인터넷 여성 운동 커뮤니티 이용자들의 성적 정체감 및 자아 정체감 변화에 대한 탐색적 연구: CQR-M 분석을 중심으로. **한국심리학회지: 여성**, **22**(3), 391-416.

오영범, 김영천(2013). 인터넷 문화기술지의 방법적 특징 및 연구 절차 탐색. **교육인류학연구**, **16**(2), 83-120.

이상수, 강정찬, 오영범, 이유나(2011). 소셜 네트워크 사이트 참여 동기 분석에 기초한 소셜 네트워크 기반 학습 설계 원리. **교육방법연구**, **23**(4), 729-754.

조영한(2012). 인터넷과 민속지학적 수용자 연구: 인터넷 에스노그라피의 가능성과 과제. **미디어, 젠더 & 문화**, **21**, 101-133.

진진주(2017). 온라인 커뮤니티의 익명게시판에서 본 근육장애인들의 경험 세계. **한국 사회복지학**, **69**(4), 227-252.

Ackland, R. (2013). *Web social science: Concepts, data and tools for social scientists in the digital age*. New York: Sage.

Adler, C. L., & Zarchin, Y. R. (2002). The "virtual focus group": Using the Internet to reach pregnant women on home bed rest. *Journal of Obstetric, Gynecologic, & Neonatal Nursing, 31*(4), 418-427.

Aho, A. L., Paavilainen, E., & Kaunonen, M. (2012). Mothers' experiences of peer support via an Internet discussion forum after the death of a child. *Scandinavian Journal of Caring Sciences, 26*(3), 417-426.

Alang, S. M. & Fomotar, M. (2015). Postpartum depression in an online community of lesbian mothers: Implications for clinical practice. *Journal of Gay & Lesbian Mental Health, 19*(1), 21-39.

Alani, H. (2006, May). Position paper: Ontology construction from online ontologies. In *Proceedings of the 15th international conference on World Wide Web* (pp. 491-495).

Anton, C. (2006). History, orientations, and future directions of media ecology. In Y. Pasadeos & D. Dimitrakopoulou (Eds.), *Mass media research: International approaches* (pp. 299-308). Athens: Athens Institute for Education and Research.

Bailey, J. P. (1998). *Intermediation and electronic markets: Aggregation and pricing in Internet commerce* (Doctoral dissertation, Massachusetts Institute of Technology).

Bainbridge, W. S. (2007). The scientific research potential of virtual worlds. *Science, 317*(5837), 472-476.

Bainotti, L., Caliandro, A., & Gandini, A. (2020). From archive cultures to ephemeral content, and back: Studying Instagram Stories with digital methods. *New Media & Society*. https://doi.org/10.1177/1461444820960071.

Bargh, J. A., McKenna, K. Y., & Fitzsimons, G. M. (2002). Can you see the real me? Activation and expression of the "true self" on the Internet. *Journal of social issues, 58*(1), 33-48.

Bartram, D., Hagger-Johnson, G., Hewson, C., Joinson, A., Mackintosh, B., & O'Dell, L. J. (2007). *Report of the Working Party on Conducting Research on the Internet: Guidelines for Ethical Practice in Psychological Research Online*. Leicester, UK: British Psychological Society.

Baym, N. K. (1995). The Emergence of Community in Community in Computer-Mediated Communication. In Stephen G. Jones (Ed.), *Cybersociety* (pp. 138-163). Thousand Oaks, CA: Sage.

Baym, N. K. (1999). *Tune in, log on: Soaps, fandom, and online community*. Thousand Oaks, CA: Sage.

Baym, N. K. (2006). Language in computer-mediated communication. In K. Brown (Ed.), *Encyclopedia of Language & Linguistics* (2nd Ed.), (pp. 523-529). London: Elsevier.

Baym, N. K. (2009). A call for grounding in the face of blurred boundaries. *Journal of*

Computer-Mediated Communication, *14*(3), 720-723.

Berger, V. (2020). Phenomenology of Online Spaces: Interpreting Late Modern Spatialities. *Human Studies*, *43*(4), 603-626.

Boellstorff, T., Nardi, B., Pearce, C., & Taylor, T. L. (2012). *Ethnography and virtual worlds*. Princeton University Press.

Bordia, P. (1996). Studying verbal interaction on the Internet: The case of rumor transmission research. *Behavior Research Methods, Instruments, & Computers*, *28*(2), 149-151.

Borsook, P. (1996). The memoirs of a token: An aging Berkeley feminist exam-ines wired. In L. Cherny & E. R. Weise (Eds.), *Wired_women: Gender andnew realities in cyberspace* (pp. 24-41). Seattle: Seal Press.

Boyd, D. (2010). Social network sites as networked publics: Affordances, dynamics, and implications. In Z. Papacharissi (Ed.), *Networked self: Identity, community, and culture on social network sites* (pp. 39-58). New York: Taylor & Francis.

Brady, E. & Guerin, S. (2010). Not the romantic, all happy, coochy coo experience: A qualitative analysis of interactions on an Irish parenting web site. *Family Relations*, *59*(1), 14-27.

British Psychological Society (2006). *Understanding personality disorder: A report of the British Psychological Society*. Leicester: British Psychological Society.

Brotsky, S. R. & Giles, D. (2007). Inside the "pro-ana" community: A covert online participant observation. *Eating disorders*, *15*(2), 93-109.

Bruckman, A. (1992). *Identity workshops: Emergent social and psychological phenomena in text-based virtual reality* (Doctoral dissertation).

Buchanan, E. A. (2011). Internet research ethics: Past, present, and future. *The Handbook of Internet Studies*, *11*, 83.

Burrell, J. (2009). The field site as a network: A strategy for locating ethnographic research. *Field Methods*, *21*(2), 181-199.

Butler, J. (2002). *Gender trouble*. New York: Routledge.

Caliandro, A. & Gandini, A. (2016). *Qualitative research in digital environments: A research toolkit*. Routledge.

Carter, D. (2005). Living in virtual communities: An ethnography of human relationships in cyberspace. *Information, Communication & Society*, *8*(2), 148-167.

Castells, M., Fernandez-Ardevol, M., Qiu, J. L., & Sey, A. (2009). *Mobile communication and society: A global perspective*. Mit Press.

Cherny, L. (1999). *Conversation and community: Chat in a virtual world*. Chicago, IL: University of Chicago Press.

Cherny, L. & Weiss, E. (1996). *Wired women: Gender and new realities in cyberspace*. Seal Press.

Correll, S. (1995). The ethnography of an electronic bar: The lesbian cafe. *Journal of Contemporary Ethnography*, *24*(3), 270-298.

Couldry, N. & Hepp, A. (2018). The continuing lure of the mediated centre in times of deep mediatization: Media Events and its enduring legacy. *Media, Culture & Society*, *40*(1), 114-117.

Creswell, J. W. (2007). *Qualitative Inquiry and Research Design: Choosing among Five Approaches*. San Francisco: Sage.

Danet, B. (2001). *Cyberpl@y: Communicating online*. New York: Berg.

Danet, B., Ruedenberg-Wright, L., & Rosenbaum-Tamari, Y. (1997). Hmmm... where's that smoke coming from? *Journal of Computer-Mediated Communication*, *2*(4), JCMC246.

Denzin, N. K. (1999). Cybertalk and the Method of Instances. In S. Jones (Ed.), *Doing Internet Research: Critical Issues and Methods for Examining the Net* (pp. 107-125). Thousand Oaks, CA: Sage.

Denzin, N. K. & Lincoln, Y. S. (Eds.) (2016). *The SAGE handbook of qualitative research* (5th Ed.). Sage.

Deuze, M., Blank, P., & Speers, L. (2012). A life lived in media. *Digital Humanities Quarterly*, *6*(1). http://www.digitalhumanities.org/dhq/vol/6/1/000110/000110.html.

Dicks, B. (2011). *Digital qualitative research methods*. Sage.

Downey, G. (1998). *The Machine in Me*. New York: Routledge.

Downey, G. & Dumit, J. (Eds.) (1997). *Cyborgs and citadels*. Santa Fe: School of American Research.

Dubé, L., Bourhis, A., & Jacob, R. (2006). Towards a typology of virtual communities of practice. *Interdisciplinary Journal of Information, Knowledge, & Management*, *1*, 69-73.

Fletcher-Tomenius, L. J. (2010). *Online Counsellors' experiences of the therapeutic relationship with young people: An interpretative phenomenological analysis* (Doctoral dissertation, London Metropolitan University).

Fox, N., Ward, K., & O'rourke, A. (2005). Pro-anorexia, weight-loss drugs and the internet: An 'anti-recovery'explanatory model of anorexia. *Sociology of health & Illness*, *27*(7), 944-971.

Frankel, M. S. & Siang, S. (1999). *Ethical and legal aspects of human subjects research on the Internet*. A report of a workshop, June 10-11. Washington, DC, AAAS online, 1-18.

Friesen, N. (2014). Telepresence and tele-absence: A phenomenology of the (in) visible alien online. *Phenomenology & Practice*, *8*(1), 17-31.

Frohlich, D. O. & Zmyslinski-Seelig, A. (2012). The presence of social support messages on YouTube videos about inflammatory bowel disease and ostomies. *Health Communication*, *27*(5), 421-428.

Gatson, S. N. (2011). The methods, politics, and ethics of representation in online ethnography. *Collecting and interpreting qualitative materials*, *4*, 245-275.

Giddens, A. (1991). *Modernity and self-identity: Self and society in the late modern age*. Stanford University Press.

Goffman, E. (1959). The moral career of the mental patient. *Psychiatry*, *22*(2), 123-142.

Hair, N. & Clark, M. (2003) *An enhanced virtual ethnography: The role of critical theory Stream 5: Exploring the meaning of 'critique' in electronically-mediated work*. Bedforshire: Cranfield University.

Hall, S. (1996). Introduction: Who Needs Identity? In S. Hall & P. Gay (Eds.), *Questions of Cultural Identity* (pp. 1-17). London: Sage.

Hallinan, B. & Striphas, T. (2014). Recommended for you: The Netflix Prize and the production of algorithmic culture. *New Media & Society*, *1*(21). DOI:10.1461444814538646.

Hargittai, E. & Hinnant, A. (2008). Digital inequality: Differences in young adults' use of the Internet. *Communication Research*, *35*(5), 602-621.

Hart, T. (2017). Online ethnography. *The International Encyclopedia of Communication Research Methods*, 1-8.

Heinz, B., Gu, L., Inuzuka, A., & Zender, R. (2002). Under the rainbow flag: Webbing global gay identities. *International Journal of Sexuality and Gender Studies*, *7*(2), 107-124.

Herring, S. (1996). Linguistic and Critical Analysis of Computer-Mediated Communication: Some Ethical and Scholarly Considerations. *The Information Society*, *12*, 153-160.

Hessler, R. M., Downing, J., Beltz, C., Pelliccio, A., Powell, M., & Vale, W. (2003). Qualitative research on adolescent risk using e-mail: A methodological assessment. *Qualitative Sociology*, *26*(1), 111-124.

Hewson, C. (2014). Qualitative approaches in Internet-mediated research: Opportunities, issues, possibilities. *The Oxford handbook of qualitative research*, 423-451.

Hewson, C., Vogel, C., & Laurent, D. (2015). *Internet research methods*. London: Sage.

Heyes, K. (2018). *User experiences of online community support for mental ill health* (Doctoral dissertation, Manchester Metropolitan University).

Hiltz, S. R. (1984). *Online Communities: A Case Study of the Office of the Future*. Norwood, NJ: Ablex Publishing Company.

Hine, C. (2000). *Virtual Ethnography*. London: Sage.

Hine, C. (Eds.) (2005). *Virtual methods: Issues in social research on the Internet*. Oxford & New York: Berg.

Hine, C. (2015). *Ethnography for the internet*. London: Bloomsbury.

Horst, H. A. & Miller, D. (Eds.) (2020). *Digital anthropology*. Routledge.

Hou, H. T., Chang, K. E., & Sung, Y. T. (2010). What kinds of knowledge do teachers share on blogs? A quantitative content analysis of teachers' knowledge sharing on blogs. *British Journal of Educational Technology*, *41*(6), 963-967.

Howard, P. N. (2002). Network ethnography and the hypermedia organization: New media, new organizations, new methods. *New Media & Society*, *4*(4), 550-574.

Hudson, J. M. & Bruckman, A. (2004). "Go away": participant objections to being studied and the ethics of chatroom research. *The Information Society*, *20*(2), 127-139.

Huffaker, D. A. & Calvert, S. L. (2005). Gender, identity, and language use in teenage blogs. *Journal of computer-mediated communication*, *10*(2), JCMC10211.

Isbell, D. R. (2018). Online informal language learning: Insights from a Korean learning community. *Language Learning & Technology*, *22*(3), 82-102.

Jacobson, D. (1999). Doing research in cyberspace. *Field Methods*, *11*(2), 127-145.

Jone, S. (Ed.) (1999). *Doing internet research*. London: Sage.

Jones, Q. (1997). Virtual-communities, virtual settlements & cyber-archaeology: A theoretical outline. *Journal of Computer-Mediated Communication*, *3*(3). n.p.

Jones, R. (1995). Editorials: Why do qualitative research? *British Medical Journal*, *311*(6996).

Jung, J. Y., Qiu, J. L., & Kim, Y. C. (2001). Internet connectedness and inequality: Beyond the "divide". *Communication Research*, *28*(4), 507-535.

Kane, G. C., Fichman, R. G., Gallaugher, J., & Glaser, J. (2009). Community relations 2.0. *Harvard Business Review*, *87*(11), 45-50.

Kendall, L. (2002). *Hanging out in the virtual pub: Masculinities and relationships online*. Univ of California Press.

Kollock, P. & Smith, M. (1996). Managing the virtual commons. In S. Herring (Ed.), *Computer-mediated communication: Linguistic, social, and cross-cultural perspectives* (pp. 109-128). Amsterdam, The Netherlands: John Benjamins Publishing Co. https://doi.org/10.1075/pbns.39.10kol.

Kozinets, R. V. (2010). *Netnography: Doing Ethnographic Research Online*. London: Sage.

Kozinets, R. V. (2019). *Netnography: The essential guide to qualitative social media research*. New York: Sage.

Kraut, R., Olson, J., Banaji, M., Bruckman, A., Cohen, J., & Couper, M. (2004). Psychological research online: Report of Board of Scientific Affairs' Advisory Group on the Conduct of Research on the Internet. *American Psychologist*, *59*(2), 105.

Latour, B. (2005). *Reassembling the social: An introduction to actor-network-theory*. Oxford University Press.

Lipinski, T. A. (2008). Emerging legal issues in the collection and dissemination of internet-sourced research data: Part I, basic tort law issues and negligence. *International Journal of*

Internet Research Ethics, 1(1), 92-114

Livingstone, S. (2009). *Children and the Internet*. Polity Press.

Mann, C. & Stewart, F. (2000). *Internet Communication in Qualitative Research: A Handbook for Researching Online*. London and Thousand Oaks, CA: Sage Publications.

Marcus, M., Yasamy, M. T., van Ommeren, M. V., Chisholm, D., & Saxena, S. (2012). Depression: A global public health concern. http://www.who.int/mental_health/management/depression/who_paper_depression_wfmh_2012.pdf.

Markham, A. N. (1998). *Life online: Researching real experience in virtual space*. Walnut Creek, CA: Altamira.

Markham, A. N. (2004). Representation in online ethnographies: A matter of context sensitivity. In M. D. Jones, S. S. Chen, & G. J. Hall (Eds.). *Online Social Research: Methods, Issues, and Ethics* (pp. 141-155). New York: Peter Lang.

Markham, A. N. (2005). The methods, politics, and ethics of representation in online ethnography. In N. K. Denzin & Y. S. Lincoln (Eds.), *The Sage handbook of qualitative research* (3rd Ed., pp. 793-820). Thousand Oaks, CA: SAGE.

Markham, A. N. (2016). Ethnography in the digital internet era: From fields to flows, descriptions to interventions. In N. K. Denzin & Y. S. Lincoln (5th Eds.), *The SAGE handbook of qualitative research* (pp. 1129-1162). CA: SAGE.

Markham A. N. (2018). Troubling the concept of data in qualitative digital research. In W. Flick (Ed.), *The SAGE Handbook of Qualitative Data Collection* (pp. 511-523). London: Sage Publications.

Markham, A. N. & Baym, N. K. (2009). *Internet inquiry: Conversations about method*. Thousand Oaks, CA: Sage.

Markham, A. & Buchanan, E. (2012). *Ethical decision-making and internet research: Version 2.0. recommendations from the AoIR ethics working committee*. Available online: aoir.org/reports/ethics2.pdf.

Marwick, A. E. (2013). Online identity. In J. Hartley, J. Burgess, & A. Bruns (Eds.), *Companion to newmedia dynamics. Blackwell Companions to Cultural Studies* (pp. 355-364). Malden, MA: Blackwell.

McKenna, K. Y. A. & Bargh, J. A. (1998). Coming Out in the Age of the Internet: Identity Demarginalization through Virtual Group Participation. *Journal of Personality and Social Psychology*, *75*, 681-694.

McRobbie, A. (1994). Folk devils fight back. *New Left Review*, *203*(1): 107-116.

Miller, D. & Slater, D. (2000). *The Internet: An Ethnographic Approach*. New York: Berg.

Miller, J. H. (1995). *Topographies*. Stanford University Press.

Morales-Ramirez, I., Perini, A., & Guizzardi, R. S. (2015). An ontology of online user feedback in software engineering. *Applied Ontology*, *10*(3-4), 297-330.

Moreno, M. A., Jelenchick, L. A., & Breland, D. J. (2015). Exploring depression and problematic internet use among college females: A multisite study. *Computers in human behavior*, *49*, 601-607.

Murthy, D. (2008). Digital ethnography: An examination of the use of new technologies for social research. *Sociology*, *42*(5), 837-855.

Nelson, M. R. & Otnes, C. C. (2005). Exploring cross-cultural ambivalence: a netnography of intercultural wedding message boards. *Journal of Business Research*, *58*(1), 89-95.

Norman, M. (2014). Online community or electronic tribe? Exploring the social characteristics and spatial production of an Internet hockey fan culture. *Journal of Sport and Social Issues*, *38*(5), 395-414.

O'Leary, M. B. & Cummings, J. N. (2007). The spatial, temporal, and configurational characteristics of geographic dispersion in teams. *MIS quarterly*, 433-452.

Ollinaho, O. I. (2018). Virtualization of the life-world. *Human Studies*, *41*(2), 193-209.

Orgad, S. (2004). Help Yourself: The World Wide Web as a Self-Help Agora. In D. Gauntlett & R. Horsley (Eds.), *Web Studies: Rewiring Media Studies for the Digital Age* (2nd Ed., pp. 146-157). London: Arnold.

Pan, S. L. & Leidner, D. E. (2003). Bridging communities of practice with information technology in pursuit of global knowledge sharing. *The Journal of Strategic Information Systems*, *12*(1), 71-88.

Papacharissi, Z. (2002). The virtual sphere: The internet as a public sphere. *New Media & Society*, *4*(1), 9-27.

Papacharissi, Z. (2011). Conclusion: A networked self. In Z. Papacharissi (Ed.), *A Networked Self: Identity, Community, and Culture on Social Network Sites* (pp. 304-318). NewYork: Routledge.

Parks, M. R. & Floyd, K. (1996). Meanings for closeness and intimacy in friendship. *Journal of Social and Personal Relationships*, *13*(1), 85-107.

Postill, J. & Pink, S. (2012). Social media ethnography: The digital researcher in a messy web. *Media International Australia*, *145*(1), 123-134.

Prior, D. D. & Miller, L. M. (2012). Webethnography: Towards a typology for quality in research design. *International Journal of Market Research*, *54*(4), 503-520.

Reid, E. M. (1991). Informed consent in the study of on-line communities: A reflection on the effects of computer-mediated social research. *Information Society*, *12*(2), 169-174.

Reips, U. D. & Buffardi, L. E. (2012). Studying migrants with the help of the Internet: Methods from psychology. *Journal of Ethnic and Migration Studies*, *38*(9), 1405-1424.

Rheingold, H. (1993). *The virtual community: Homesteading on the electronic frontier*. London:

Secker and Warburg.

Roberts, L. D. (2015). Ethical issues in conducting qualitative research in online communities. *Qualitative Research in Psychology*, *12*(3), 314-325.

Rodino, M. (1997). Breaking out of binaries: Reconceptualizing gender and its relationship to language in computer-mediated communication. *Journal of Computer-Mediated Communication*, *3*(3), JCMC333.

Sade-Beck, L. (2004). Internet ethnography: Online and offline. *International Journal of Qualitative Methods*, *3*(2). http://www.ualberta.ca/~iiqm/backissues/3_2/pdf/sadebeck.pdf.

Salmons, J. E. (2015). *Doing qualitative research online*. Sage.

Schiek, D. & Ullrich, C. G. (2017). Using asynchronous written online communications for qualitative inquiries: A research note. *Qualitative Research*, *17*(5), 589-597.

Schmitz, J., Rogers, E., Phillips, K., and Paschal, D. (1995). The Public ElectronicNetwork (PEN) and homeless in Santa Monica. *Journal of Applied Communication Research*, *23*, (May) 26-43.

Schroeder, R. & Bailenson, J. (2008). Research uses of multi-user virtual environments. *Online Research Methods*, 327-343.

Skågeby, J. (2011). Online ethnographic methods: Towards a qualitative understanding of virtual community practices. In *Handbook of research on methods and techniques for studying virtual communities: paradigms and phenomena* (pp. 410-428). IGI Global.

Spears, R. & Lea, M. (1992). Social influence and the influence of the social in Computer-Mediated Communication, in M. Lea (Ed.), *Contexts in Computer-Mediated Communication* (pp. 30-64). London: Harvester Wheatsheaf.

Spears, R., Postmes, T., Lea, M., & Wolbert, A. (2002). When are net effects gross products? The power of influence and the influence of power in Computerf-Mediated Communication. *Journal of Social Issues*, *58*(1), 91-107

Stone, A. R. (1996). *The war of desire and technology at the close of the mechanical age*. MIT press.

Subrahmanyam, K. & Smahel, D. (2011). Constructing identity online:Identity exploration and self-presentation. In K. Subrahmanyam & D. Smahel (Eds.), *Digital youth* (pp. 59-80). New York, NY: Springer.

Sunden, J. & Sveningsson, M. (2011). *Gender and sexuality in online game cultures: Passionate play*. Cambridge, UK: Routledge.

Tackett-Gibson, M. (2008). Constructions of risk and harm in online discussions of ketamine use. *Addiction Research & Theory*, *16*(3), 245-257.

Thelwall, M., Sud, P., & Vis, F. (2012). Commenting on YouTube videos: From Guatemalan rock to el big bang. *Journal of the American Society for Information Science and Technology*, *63*(3), 616-629.

Thoreau, E. (2006). Ouch!: An examination of the self-representation of disabled people on the Internet. *Journal of Computer-Mediated Communication*, *11*(2), 442-468.

Tonkin, E., Pfeiffer, H. D., & Tourte, G. (2012). Twitter, information sharing and the London riots? *Bulletin of the American Society for Information Science and Technology*, *38*(2), 49-57.

Turkle, S. (1995). *Life on the Screen: Identity in the Age of the Internet*. New York: Simon & Schuster.

Van Dijck, J. (2013). *The culture of connectivity: A critical history of social media*. Oxford University Press.

Varis, P. (2016). Digital ethnography. *The Routledge handbook of language and digital communication*, 55-68.

Walther, J. B. (1996). Computer-mediated communication: Impersonal, interpersonal, and hyperpersonal interaction. *Communication Research*, *23*(1), 3-43.

Wilson, R. E., Gosling, S. D., & Graham, L. T. (2012). A review of Facebook research in the social sciences. *Perspectives on psychological science*, *7*(3), 203-220.

Wellman, B., Quan-Haase, A., Boase, J., & Chen, W. (2002). Examining the Internet in everyday life. In *Keynote address to the Euricom Conference on e-Democracy*, Nijmegen, Netherlands (October).

Wellman, B., Quan-Haase, A., Boase, J., & Chen, W. (2002, October). Examining the Internet in everyday life. In *Euricom Conference on e-Democracy* (pp. 1-18).

Wynn, E. & Katz, J. E. (1997). Hyperbole over cyberspace: Self-presentation and social boundaries in internet home pages and discourse. *Information Society*, *13*(4), 297-327.

Yiu, K. S., Baecker, R., Silver, N., & Long, B. (1997). A time-based interface for electronic mail and task management. *Advances in Human Factors Ergonomics*, *21*, 19-22.

Zhao, S., Grasmuck, S., & Martin, J. (2008). Identity construction on Facebook: Digital empowerment in anchored relationships. *Computers in Human Behavior*, *24*(5), 1816-1836.

제 11 장

포스트모던 질적연구

이론화와 실천 분야

문화 연구, 철학, 문학비평, 여성학, 탈식민주의 탐구, 인종 연구, 역사학, 인류학, 간호보건학, 사회복지, 문화 연구, 관광학, 마케팅, 기계공학, 교육학, 무용, 예술, 음악, 스포츠, 심리학, 정신분석학, 인문지리학

포스트모던 질적연구는 다양한 포스트모던 아이디어와 이론들에 기초해서 이루어지는 여러 질적연구 접근을 아우르는 방법론을 총칭한다. 포스트모던 질적연구는 근대적 · 획일적 · 실증주의적 인식론과 거대 담론에 대한 비판으로 등장한 포스트모던 철학과 이론에 기초한다. 이러한 배경에서 등장하고 발전한 포스트모던 질적연구는 연구를 통한 새로운 아이디어와 지식의 창출이라는 질적연구 본연의 관점에 부합하는 연구 방법론으로 인정받으며 지난 40년 동안 다양한 갈래로 발달하면서 그 가능성을 인정받고 있다. 하지만 포스트모던 질적연구가 활발하게 이루어지고 있는 서구와 달리 우리나라의 경우, 포스트모던 질적연구는 그다지 많지 않은 실정이며, 방법론

자체에 대한 논의와 발전 역시 초기 단계에 있다고 하겠다. 이에 질적연구에 대한 깊은 이해를 추구하는 독자들에게 포스트모더니즘과 포스트모던 질적연구 방법론에 대한 공부가 필수적이라는 것이 필자의 생각이다. 이러한 점에서 우리는 이 장에서 포스트모던 질적연구 이해와 적용을 위해 포스트모던 질적연구의 개념, 철학적 기초와 핵심 개념, 포스트모던 질적연구의 방법적 특징을 설명하고자 한다.

1. 포스트모던 질적연구의 정의

포스트모던 질적연구란 무엇인가? 이 물음은 간단한 정의로 진술하기 어려운 물음이다. 왜냐하면 일반적으로 '포스트모던 질적연구 패러다임'에 포함되는 갈래에는 후기 구조주의(poststructualism), 포스트포더니즘(postmodernism), 해체(deconstruction)에 기초한 아이디어와 이론들이 포함되기 때문이다(Lather, 1991; Cherryholmes, 1988; Pinar et al., 1995; Alvesson & Sköldberg, 2000; Grbich, 2004; Harvey, 1989; Lucy, 1997; Slattery, 2006; 김영천, 이희용, 2008; 김영천, 주재홍, 2011; 김영천, 이동성, 2013). 이러한 포스트모던 철학과 아이디어는 질적연구의 발달과 확산에 엄청난 영향을 끼쳤으며 여전히 그 지평을 넓혀가고 있다(Denzin & Lincoln, 2011). 이 장에서 '포스트모던 질적연구'라 명명하였지만 이 질적연구 접근은 다른 학문 영역의 학자에 따라 포스트모던 인류학(postmodern anthropology), 포스트모던 문화기술지(postmodern ethnography), 포스트모던 질적연구(postmodern qualitative research), 해체적 문화기술지(deconstructive ethnography), 퀴어 이론(queer thoeries), 페미니스트 질적연구(feminist qualitative research) 등에서 적용되고 있다. 인류학 분야에서는 Geertz(1983), Tyler(1987), Clifford와 Marcus(1986), 그리고 Marcus와 Fisher(1999) 등이 이 영역을 이론화하였고, 교육학 분야에서의 질적연구자들 역시 이 분야의 확산에 기여하고 있다. 오하이오 주립대학교의 Patti Lather의 제자들(James Scheurich, Elizabeth Pierre, Wanda Pillow, Cate McCoy, Lisa Mazzai, Lisa Wheems, Lisa Carey)이 이 주제를 중심으로 많은 글을 발표하였다.

거듭 강조하지만 '포스트모던 질적연구'는 다양한 포스트모던적 철학과 이론에 기초하고 있는 질적연구 방법을 아우르는 분야이기 때문에 그 개념적 이해가 쉽지 않은 측면이 있다. 이에 대한 Butler의 논의를 살펴보자.

> 포스트모더니즘 담론을 살펴보면 마치 특정한 입장을 만들어내거나 가져야 한다고 주장하는 논의들이 있다. 포스트모던 담론을 보더라도 마치 모든 것이 환원될 수 있는 '일원론적' 실체가 있는 것처럼 다루는 담론이 있으며, "주체는 죽었으며 나는 또다시 나 자신이 될 수 없다"라고 주장하기도 한다. 또한 실제란 존재하지 않으며 재현만이 있을 뿐이라고 이야기한다. 이러한 포스트모던 담론들은 서로 중첩되며 때로는 해체, 때로는 프랑스 페미니즘, Lacan의 정신분석학, Foucault의 역사 분석, Rorty의 대화론, 문화 연구 등과도 중첩되는 경향이 있다. (Butler, 1992: 4)

이처럼 포스트모던 담론의 영역, 입장, 지평은 매우 다양하다. 그럼에도 불구하고 우리는 포스트모던 질적연구가 무엇인지 이해해야 하기 때문에 포스트모던 질적연구의 철학적 배경이 되는 포스트모더니즘에 대한 간결한 정의가 도움이 될 수 있을 것이다. 우리는 약 40년 전 Lyotard(1984)가 간단하게 정의한 포스트모더니즘 정의에서 출발할 수 있겠다. 그는 포스트모더니즘을 "거대 담론을 믿지 않는 것"(Lyotard, 1984: xxiv)으로 정의하였다. 다시 말해 하나의 결정적이고 영속적인 이야기, 진실, 실제는 존재하지 않는다는 것이다. 이에 기초하여 우리는 포스트모던 질적연구 분야 대표적 학자들의 정의를 살펴보고 이 방법론이 무엇인지 설명하고자 한다.

- "우리가 연구하는 세계는 인간이 만들어내고 활용하고 행하는 다양한 텍스트로 이루어져 있다." 따라서 포스트모던 질적연구는 그러한 텍스트를 통해 세계와 현상을 탐구하는 연구 접근이다(Denzin, 1997).
- 몇몇 포스트모던 질적연구자들이 포스트모던 질적연구의 기준으로, 주관성, 감정과 느낌, 또는 다른 요소들을 강조함에도 불구하고, 포스트모던 질적연구는 연구와 관련한 모든 기준과 우월성 그리고 우선적 고려에 의문을 제기하는 질적연구 접근이다(Denzin & Lincoln, 2011).
- 포스트모던 질적연구는 실증주의의 한계를 비판하며 비결정성과 존재론적 인식론적 다양함, 즉 다성성(multivocality)를 추구하는 연구 접근이다(Alvesson, 2002).
- 포스트모던 질적연구는 계몽주의의 등장 이래로 서구 학계를 주도하였던 모더니즘적 관점의 한계를 초월하고자 한다. 이를 위해 포스트모던 질적연구는

합리성, 객관성, 과학적 진보주의와 같은 모더니즘적 관점을 강조하는 핵심적 가치, 신념, 인식 체계에 의문을 제기한다(Olsson, 2008).

- 포스트모던 질적연구는 정치적으로 탈중심적(decentering)이고, 방법적으로는 특이하고 기이하며(idiosyncratic), 재현적으로는 무한한(unbounded) 질적 연구 접근이다(Constas, 1998).

위의 정의들을 종합하면 포스트모던 질적연구는 모더니즘적 철학적(존재론, 인식론, 방법론, 가치론) 입장을 비판하는 입장을 취한다. 이에 포스트모던 질적연구는 연구 도구로서 연구자가 바라보고 이해하고 기술하는 현상, 경험, 실제는 단일할 수 없으며, 언제나 지엽적이고 순간적이고 주관적이라고 간주한다. 이에 포스트모던 질적연구를 통해 다양한 해석과 관점들을 드러내기 위해 노력함과 동시에 이 노력 또한 그 순간 또는 이후에 언제든지, 심지어 연구자 자신에 의해서도 도전받고 변화할 수 있다고 간주한다. 이러한 입장은 인간이 사용하는 언어나 기호 체계, 즉 포스트모던 질적연구에서 중요한 개념인 텍스트는 이성적이거나, 객관적이거나, 정확함을 담보하는 사유의 도구가 아니라고 보기 때문이다. 이에 연구에 의해서 만들어지는 텍스트는 항상 상호 주관성(inter-subjectivity)을 포함하고 있으며, 연구자의 이해와 해석은 '유일한' 것이 될 수 없다. 다시 말해, 연구 대상에 대한 '단 하나의 유일하고 정확한 이야기'는 있을 수 없다는 입장을 취한다(Foucault, 1980a, 1980b; Butler, 1992; Britzman, 1995; Pierre, 2000; 임민정, 2016). 이에 포스트모던 질적연구는 "흐르는 강물이 담아내는 순간의 모습처럼 지엽적이고 다양한 이야기들"(임민정, 2016: 148)을 만들어낸다.

2. 포스트모던 질적연구의 철학적 입장

우리는 앞에서 포스트모던 질적연구의 정의를 알아보았다. 이제 이 질적연구 전통에 대한 심층적인 이해를 위해 포스트모던 질적연구의 철학적 입장에 대해 알아보고자 한다. 모든 연구는 연구자가 가진 '패러다임'(Lather, 2006)에 기초해 연구를 진행하고, 이 연구자가 가진 특정한 패러다임은 연구의 시작부터 끝까지 연구를 지탱하는 주춧돌과 같은 역할을 한다. 이에 포스트모던 패러다임에 기초한 포스트모던 질적

〈표 11-1〉 모더니즘에 대한 포스트모더니즘의 비판

개념	모더니즘	포스트모더니즘의 비판
주체와 이성	• 합리성을 판단할 수 있는 이성을 담은 그릇 • 인간은 타고난 관념, 본유 관념을 가진 존재 • 정신과 신체, 주체와 타자를 분리시키는 이분법	• '이성'은 인간의 실천과 행위를 규정하고 조건 짓는 새로운 관습과 규제의 틀 • 다양한 주체 • 주체와 타자의 분리 부정
의미와 재현	• 의미를 부여하는 주체로서의 인간의 사유 • 이성을 통한 합리적·객관적 재현이 가능	• 재현의 과정 성찰 • 재현의 불가능성과 차연 • 상징과 지표의 관계
진리와 총체성	• 보편적이고 인식 가능한 본질, 객관적이고 과학적으로 관찰되고 증명될 수 있는 고유한 특성이나 확실한 법칙을 추구	• 지식의 상대성 인정 • 절대적 지식과 메타내러티브의 거부

연구를 이해하기 위해서는 포스트모더니즘에 대한 이해가 필수적이라 하겠다. 나아가 포스트모더니즘의 개념을 이해하기 위해서는 모더니즘, 즉 근대성(modernity)을 이해해야 한다. 왜냐하면 포스트모더니즘은 모더니티, 즉 근대성에서 잉태되었기 때문이다. 하지만 주지하듯이 포스트모더니즘은 근대성의 한계를 비판하고 이에 저항하고 거부하는 입장을 취한다. 따라서 포스트모던 질적연구 이해를 위한 기초적 학습으로 근대성에 대한 포스트모더니즘의 비평적 태도와 비판을 설명하고자 한다. 이를 통해 독자는 패러다임의 흐름에서 포스트모더니즘의 위치와 지향점을 감지할 수 있을 것이며 나아가 포스트모던 질적연구의 철학적 입장 또한 이해할 수 있을 것이다.

가. 합리성의 근원으로서의 이성과 주체 비판

모더니즘에 대한 포스트모더니즘의 비판 중 그 첫 번째는 주체성에 대한 비판이다. 모더니즘에서 '주체(subject)'는 스스로 이성적이고 합목적적으로 판단하고 행위하는 개인을 의미한다. 이 주체의 개념이 근대 철학의 시초이다. 즉, 모더니즘적 모든 사유의 바탕에 이 개념이 전제되어 있으며, 이를 제공한 철학자는 우리가 아는 것처럼 René Descartes이다. 중세가 '신의 시대'였다면 근대는 '이성의 시대'이다. 신 중심의 세계관과 존재론이 지배하던 사유의 체계는 Galileo Galilei나 Johannes Kepler와 같은 과학자들이 수행한 자연 법칙에 대한 탐구에 의해 도전을 받았다(Lyotard, 1984; 마정미, 2008; 김영천, 주재홍, 2011). 하지만 교회는 이들이 발견한 자연 법칙을 받아들이지 않았으며 신의 이름으로 판단해 줄 수 없었다. 이러한 역사적 시점에서 Descartes는 '방법론적 회의주의'를 통해 불변하는 근본을 찾으려 하였다. 즉, 인간이 무엇을 보고, 듣고, 만지면서 알게 되고 느끼게 되는 모든 것에 의문을 던진 것이다. Descartes가 생각할 때 모든 것을 의심하였음에도 불구하고 의심할 수 없는 것이 있었는데, 그것이 바로 '의심하는 자아'였던 것이다. 역설적이게도 모든 것을 의심하려는 Descartes의 시도는 절대로 의심할 수 없는 '나'를 만들어내게 되었다. Descartes는 이를 "나는 생각한다, 고로 존재한다(Cogito, ergo sum)"라는 명제로 진술하였으며 이를 철학의 제1원리로 삼았다.

Descartes는 이러한 확고부동한 사유의 원천으로서의 '주체'는 오류 없이 사유할 수 있는 이성이라고 보았으며, 이를 수학적 이성에서 찾았다. 즉, 사유와 인식의 모든 것을 수치화, 수학화함으로써 그 확고부동성을 확보할 수 있다고 보았다. 이에 기초하면 Galilei의 시도는 Descartes의 주체 위에서 확고히 자리하게 되었다. 이 시기 주체와 주체의 이성은 중세를 지배하였던 '신적 세계관과 인식관'을 벗어나 합리성과 보편성을 담보하는 새로운 사유와 행위의 근원으로서의 지위를 차지하게 되었다. 다시 말해, 중세에 '신'이 누렸던 그 절대적 초월성의 지위를 주체와 이성이 차지하게 된 것이다(이진경, 2008). 이러한 점에서 근대 철학은 '주체의 철학'으로 변하였다. 이에 초월적 창조자 신은 죽고 이성이 새로운 창조적인 주체로 탄생한 것이다. 이러한 Descartes의 철학은 계몽주의의 기초가 되어 중세의 혼미하던 신화 시대를 극복하였음에도 불구하고 그 자체가 새로운 신화가 되는 결과를 초래하였다(김현돈, 1993). 다시 말해, 주체가 객체를 타자로 규정하면서 타자를 전유, 소비, 착취하는 과정이 성립되었다. 모더니즘 철학은 신 중심 세계관과 이에 기초한 봉건적 사회 구조를 타파하고 시민 의식을 형성하는 역할을 하였지만, 이와 동시에 부르주아적 지배, 제국주의적 지배, 절대 사회주의적 지배라는 타자와 약자에 대한 또 다른 형태의 구조를 정당화하였다(Foucault, 1970, 1979a, 1979b). 이제 '타고난 관념', 즉 본유 관념(innate idea)을 담고 있는 그릇으로서의 이성과 이 이성을 소유한 존재로서의 주체에 대한 비판에 대해서 알아보자.

먼저, Descartes의 주체와 이성은 인간의 사유, 관념, 행위에 정당성을 제공한 반면, 일상적인 인간으로서의 실천과 행위를 규정하고 조건 짓는 새로운 관습과 규제의 틀을 만들었다. 즉, 인간의 생각이나 행위가 이성적인지 합리적인지는 객관적으로 판단할 수 있는 것이 되었으며, 그러한 기준에 부합하지 않을 때는 비합리적인 것, 비이성적인 것으로 판단되고, 비판받고, 때로는 처벌받게 된 것이다(Foucault, 1979b). Descartes의 이성을 가지지 않은 존재는 비인간 존재들은 물론 다른 집단, 소수자, 약자들, 비서구인까지도 주체가 아니라 '타자'로 간주된다. 이에 사회적 구조와 법체계들은 '특정한 집단의 이성'을 정상적인 것으로 간주하였으며, 그렇지 않을 경우 비이성적인 것으로 간주하였다. 여성, 유색인종, 동성애자, 장애인과 같은 소수집단이나 소외되거나 억압받는 사람들은 '이성을 가진 주체'가 아닌 객체가 되는 것이다.

Descartes의 주체에 대한 또 다른 비판은 '이원론(Cartesian dualism)'이다. Descartes의 철학은 정신과 육체를 독립적인 실체로 간주하는데, 정신을 우월한 것으로 보고 육체는 물질적인 것이며 주체가 아닌 객체로 간주하였다. 같은 논리로 인간과 자연은 분리되었으며, 우월한 주체인 인간은 자연을 소비하고, 심지어 파괴하는 것을 정당화하는 결과로 이어졌다. Heidegger가 비판하였듯이 Descartes의 이원론은 자연을 인간의 사용과 남용을 위해 존재하는 '상시적인 준비물(standing reserve)'로 간주한다(Heidegger, 1977). 우리 인간들은 이러한 사유에 기초한 행위의 결과들을 경험하고 있으며, 그 결과는 '타자들' 그리고 비인간 존재자들에게 더욱 참혹하게 나타나고 있다.

이러한 비판에 기초하여 포스트모더니즘은 주체를 단일하고 균질하고 불변하는 주체로 간주하지 않는다. 즉, 포스트모더니즘에서 주체는 그 특성을 정해진 기준으로 규명할 수 없으며, 항상 변할 수 있으며, 매우 다양하다고 간주한다(Foucault, 2019). 즉, 주체를 규정하는 것이야말로 다양한 주체를 균질화할 위험이 있으므로 그 주체의 주체성을 억압하는 결과를 낳을 수 있다고 본다. 그럼에도 불구하고 여러 포스트모던 철학자들은 나름의 방식으로 주체의 특성을 이해하고자 하였다. Foucault는 주체를 '권력과 지식'과 관련하여 이해하였으며, Lacan은 주체를 '욕망'에 이끌리는 존재로 보았으며, Deleuze와 Gattarri의 리좀적(rhizomatic) 사유에서 주체는 그 어떤 시작점도 끝도 없으며, 어느 곳에서 어느 것과도 연결될 수 있는 예측 불가능하고 규정 불가능하며 항상 이질성과 다양성을 내포하고 있다고 간주한다(Eidelsztein et al., 2018; Deleuze & Guattari, 1987, 1994). 이러한 포스트모던 주체의 개념은 Descartes의 이원론을 정면으로 비판하며, '이성'이 인간이 존재한다는 것을 증명하는 유일한 개념이 아니며, 인간의 정신과 신체도 분리된 실체가 아니라고 간주한다. 나아가 인간과 인간, 인간과 자연, 사유와 사유 사이의 이분법적 · 위계적 관계도 부정하며, 항상 새로운 주체, 새롭고 다양한 사유와 가치가 등장하고 발굴될 수 있음을 인정한다.

나. 확실한 재현에 대한 비판: 재현의 불가능성

포스트모더니즘은 단일한 절대적 의미와 이성과 과학적 방법을 통한 합리적 · 보편적 재현이 가능하다는 모더니즘의 관점을 거부한다. 의미와 재현에 대한 절대적 확신은 모더니즘을 지탱한 중요한 입장이다. 이는 합리성과 과학적 방법으로 탐구하고 생성한 지식이나 진리가 존재하며 이를 찾아내고 규명하는 작업은 이성이 담당한다는 것이다. 이를 통해 모더니즘적 주체는 다른 모든 대상과 객체 그리고 타자의 존재의 의미와 가치를 부여하고, 변형하고, 그 질서를 규명한다. 즉, 모더니즘적 주체는 의미의 생성과 재현을 통해 세계의 질서를 부여하는 존재이다. 재현한다 함은 재현과 재현되는 대상과의 관계를 의미한다. 고대 철학에서 재현은 플라톤이 이야기한 것처럼 '이데아의 모방'이라고 보았다. 즉, 현실세계에서의 재현은 이데아의 그림자 또는 사본과 같아서 인간의 사유는 오직 그 사본만을 볼 뿐이고 이를 드러내는 것이 재현이라고 보았다. 예를 들어 어원적으로 '미메시스(mimesis)'는 원본에 대한 모방 또는 실재에 대한 표현의 의미로 사용되었다. 즉, 우리가 사용하는 언어는 각각의 단어의 의미와 정의를 가지며 그 정의가 뜻을 나타내는 것으로 이해되어 왔다. 우리가 사용하는 언어적 기호란 대상을 지시하는 것이고, 의미란 기호가 지시하는 그 대상이었다.

하지만 모더니즘적 사유에서 의미와 재현은 실재가 객관적인 원본의 세계에서 주관적인 개인의 영역으로 들어감을 의미한다. Descartes는 주체의 사유에서 재현하는 자아와 재현된 것 사이의 관계를 주체와 객체의 이분법적 관계로 설정하였는데, 이는 이제 주체가 확실한 지식에 다가갈 수 있는 근원이 되었음을 의미한다. 따라서 인간의 이성이 바라보는 존재하는 모든 것은 재현의 주체 앞에 드러난 대상이 되며, 주체가 이 대상과 주체의 관계를 어떻게 설정하느냐에 따라 그 대상이 규정된다. 이러한 관점에서 모더니즘에서 존재하는 모든 것은 합리적이고 과학적으로 측정되고 계산될 수 있는 것이며, 인간에 의해 장악될 수 있는 것으로 간주한다.

재현에 대한 모더니즘적 입장에 대한 비판은 포스트모더니즘에서 제기한 '재현의 위기'에서 잘 드러난다(Denzin & Lincoln, 2011). 재현의 위기에서 제기된 본질적 물음은 "과연 인간의 이성과 언어는 실제를 있는 그대로 재현할 수 있는가?"이다. 이 물음에 대한 포스트모던 입장은, 재현은 항상 특정한 관점을 내포하고 있으며, 맥락적이며, 순간적이라는 것이다. 물론 재현에 대한 관점은 현상학과 기호학과 같이 각기 다른 사유에 기초한 철학의 갈래나 학자에 따라 다르다. 먼저 현상학적 관점에서 보면 재현(re-presentation)이라는 용어는 '현전(presentation)'에서 파생된 것이다. 이에 어원학적으로 재현한다는 것은 인간의 사유가 재현하고자 하는 대상을 마음속에 한 번 더 현전시키는 것이다. 현상학에서 이 재현의 문제는 Husserl과 Heidegger의 사유에서 잘 드러나는데, 이들에게 '현전(presentation)'과 '현전화(presentification)'는 인간의 의식에 아무런 과정 없이 그대로 바로 들어오는 현상을 의미한다. 하지만 재현은 이전의 현전을 복사하거나 재생산, 변형, 발전, 또는 단순화한 것으로써 '기호학적 과정'을 거친 것으로 본다. 이러한 점에서 현상학적 기호학은 재현하는 것과 재현되는 것을 상징(symbol)과 지표(indice)로 구분한다. 이 과정에서 우리의 의식으로 들어오는 지표는 항상 우리의 선개념, 관습, 이론, 사유의 방식과 입장과 같은 매개를 통해서 인지된다. 전통적 철학에 대한 현상학적 비판이 여기에서 중요해진다. 인간의 이성 또는 의식에 이미 들어 있는 그 매개는 실제를 있는 그대로 볼 수 없도록 한다. 이에 우리가 현상학적 연구에서 논의한 현상학적 환원, 에포케, 괄호치기와 같은 개념이 중요해지는 이유이다. 이러한 재현의 문제에 대한 철학적 논의는 질적연구 방법론에도 이어졌으며, 많은 질적연구자들이 인간의 의식과 이해의 한계의 지평을 넓히려는 노력을 하고 있다(Denzin & Lincoln, 2011: Pinar et al., 1995: Lather, 2006, 2007).

그러한 노력은 '재현의 불가능성'에 대한 포스트모더니즘의 입장에 기초한 것인데, 포스트모더니스트들은 인식 주체의 외부에 객관적이고 본질적인 실재가 존재하고 이를 재현할 수 있다고 가정한 근대적 사고를 거부한다(Baudrillard, 1981; Derrida, 1981; Eagleton, 1983; Foucault, 1970). 언어가 자의적인 상징 체계라는 구조주의자들의 가정을 받아들인 이들은 인간의 언어에 대한 통찰을 통해 이를 명백히 입증한다. 즉, 인간은 언어라는 매개를 통해 사물이나 현상을 인식하기 때문에 인간의 인식은 이미 언어에 의해 번역되고 구성된 현상만을 접하게 될 뿐 현상의 밖은 직접 접할 수 없다.

특히, 많은 후기 구조주의자들은 기표와 기의가 일치하지 않는다고 주장한다. 기표와 기의는 Ferdinand de Saussure가 정의한 기호를 구성하는 두 가지의 근본적인 성분이다. 기표는 기호의 지각 가능하고 전달 가능한 물질적 부분으로, 소리나 표기를 지칭한다. 반면, 기의는 독자나 청자의 내부에서 형성되는 기호의 개념 또는 의미를 지칭한다. 보통 우리는 기표와 기의, 말과 대상이 완전히 일치된 것으로 생각한다. 그래서 그러한 일치가 개념이나 이미지에 적용되는 것이다. 하지만 Derrida는 세계에서 말과 그 대상이 일대일의 관계로 조화되지 않는다고 주장한다(Derrida, 1981, 1997; Alvesson, 2002). 즉, 의미가 중심을 갖거나 고정되어 있지 않다는 것이다. Sarup (1988)는 이에 대해 다음과 같이 설명하고 있다.

> 당신이 기표의 의미에 대해 알기를 원한다면, 당신은 사전을 찾을 수 있다. 하지만 당신이 찾게 되는 모든 것은 더욱더 많은 기표들이 될 것이다. 그리고 그것들의 기의를 차례대로 계속해서 찾을 수 있을 것이다. (중략) 그 과정은 무한할 뿐만 아니라 순환적이다. 기표는 계속해서 기의로 변환하고, 반대로 당신은 결코 그것 자체가 본질적으로 기표가 아닌 마지막 기의에 도달하지 못할 것이다(1988: 35).

기표와 기의는 이원적으로 분리되는 것이 아니라 오직 기표화 과정의 폐쇄적인 반복만이 있기 때문에 기의는 무한히 지연되고, 결국 기표는 기의에 이르지 못하고 미끄러진다는 것이다. 이를 두고 Lacan은 '기표 밑에서 기의의 부단한 미끄러짐'이라고 말하고 있다(전영백 옮김, 2005: 13). 결국, 언어에서 지시체가 사라지면서 기표는 기의에 이르지 못하고 미끄러지고 만다. 이로써 항상 기호를 통해 지시체가 대상을 재현한다는 것은 불가능하다는 결론에 이른다. Derrida는 이를 설명하기 위해 신조어 '디페랑스(différance)', 즉 '차이-공간내기'와 '지연-시간내기'가 합쳐진 '차연'이라는 개념을 동원한다. 차연은 다음과 같이 정의될 수 있다.

> 기호 체계 내에서 간격을 두고 다른 것과 구분되는 차이에서 나오는 공간 개념인 동시에 기호가 언제나 끝없는 존재의 지연을 강요하는 시간적 개념이다(이광해, 2007: 116).

이러한 주장에 따르면 기표와 기의 사이에는 연결관계가 없다. 다시 말해 객관적인 제3의 공간에 존재하는 실재 그리고 이를 동일한 실재와 의미로 공유할 수 있는 방식은 존재하지 않는다. 이러한 포스트모던 학자들의 주장처럼, 대상이나 의미를 재현할 수 있다고 가정하는 것은 기호 추적이나 '흔적 찾기'로 허상을 향한 집착에 불과하다. 기의를 상실한 언어는 공간 속에 존재하는 '끝없는 유희(vast play)'일 뿐이다(Foucault, 1970: 307). 생각을 가둬 두던 언어로서의 기능은 이제 더 이상 찾아볼 수 없으며, 그렇기 때문에 언어는 어떠한 의미 확정에도 관련이 없다. 언어는 이제 '하나의 해석 체계(a system of interpretation)'이거나 '일련의 환상들(a set of illusion)'에 지나지 않는다(Megill, 1985: 95). 언어 이전의 사물 현상과 직접 접할 수 있다거나, 참다운 인식과 참다운 표상은 그러한 대상을 재현하는 데 있다는 전제나 가능성은 전혀 있을 수 없다.

다. 객관적 지식, 단일한 진리, 메타내러티브의 거부

모더니즘에 대한 포스트모더니즘의 세 번째 비판은 '인식의 주체에 의한 재현', 그리고 '인식 대상과 실제의 일치'가 가능하다는 모더니즘적 관점의 거부이다. 모더니즘적 관점에서 주체 그리고 주체가 가진 이성은 진리에 도달할 수 있는 유일한 도구이다. 또한 모더니즘적 사유의 목표는 진리에 도달하는 것이며 대상에 대한 보편적이고 인식 가능한 본질, 객관적이고 과학적으로 관찰되고 증명될 수 있는 고유한 특성이나 확실한 법칙을 추구한다. 이를 통해 궁극적으로 모더니즘은 영원하며 객관적이고 절대적인 보편적 진리의 존재와 발견 가능성을 믿었다. 이러한 믿음은 근대에 지식을 생산하고 조작할 수 있는 인간의 능력에 기초하여 자연과학의 급속한 발전으로 이어졌다.

근대적인 사유 체계에서 진리는 두 가지 방식으로 정의된다. 첫 번째 방식은 주체와 대상을 분리한 후, 대상과 일치하는 지식을 진리로 정의하는 것이다. 그렇다면, 지식이 진리임을 어떻게 확인하고 보증할 수 있는가? 즉, 근대 주체가 인식한 것이 대상과 일치하는지 아닌지, 다시 말해 진리인지 아닌지를 어떻게 보증하느냐 하는 문제가 발생한다. 예컨대 대상과 일치하는 지식인지를 확인하기 위해서는 이미 진리를 기준으로 갖고 있거나 지식과 대상의 일치를 확인해 줄 초월석 제3자가 있어야 한다는 것이다. 하지만 근대 철학은 신이라는 제3자 없이 인식 주체와 인식 대상이라는 이항 대립으로 이루어져 있기 때문에 확인해 줄 제3항이 들어설 자리가 없다(이진경, 2006). 이는 주체가 신에게서 벗어남으로써 발생한 근대 철학의 원죄이자 딜레마가 된다. 이러한 모순적 한계를 극복하고자 Descartes, Berkeley, Hegel도 다시 일종의 '신'을 끌어들인다. Descartes는 '이성의 타고난 완전성', 즉 이성의 타고난 능력(본유 관념)은 완전한 것을 인식할 수 있기 때문에 당연히 진리에 도달할 수 있다고 주장한다. 누가 준 것이든 간에 인간이 완전한 것을 인식할 능력을 타고난다는 것이 그에게는 중요하였던 것이다. 그는 이러한 이성 능력의 완전성을 기초로 해서 이성이 진리를 인식할 수 있다고 주장한다(이진경, 2008: 47-62).

두 번째 방식은 수학을 모델로 하는 주체의 이성적 능력 안에서 그 논리적인 정합성을 통해 진리를 정의하는 것이다. 논리적 정합성을 통해 진리를 구원해 준 것은 바로 근대 과학이었다. 근대적 사유는 과학의 발전을 통해 대상적 진리, 즉 객관적인 진리를 인식할 수 있다고 보았다. 여기에서 Descartes와 동시대 사람인 Galilei는 철학적으로 매우 중요한 위치를 점하고 있다. Galilei가 피사의 사탑에서 질량이 다른 두 물체를 떨어뜨려 보았다는 유명한 실험은 믿을 수 없는 '신화'라고 한다. Galilei에게 중요한 것은 오히려 실험보다는 자연과학(당시로서는 물리학)을 수학화하는 것이었다. 왜냐하면 경험적인 사실은 그 자체만으론 극히 불확실한 것이어서 그대로 둔다면 결코 진리가 될 수 없다고 생각하였기 때문이다. 그것은 반복해서 확인할 수 있는 법칙으로 정식화되고, 따라서 수학적인 형태로 요약될 수 있어야 비로소 '참된 지식(진리)'이라는 자리를 차지할 수 있다고 Galilei는 생각하였다. 그래서 그는 "자연이란 수학적 · 기하학적 기호들로 가득찬 책"이라고까지 말하였다(이진경, 2008: 51-52). Descartes 역시 이러한 작업을 통해 경험적 지식의 불명료함을 씻고 분명하고 뚜렷한 판단에 도달할 수 있다고 생각하였다. 그는 기하학조차 좀 더 분명하고 뚜렷한 학문으로, 즉 직관에 의존하고 있던 기하학을 좀 더 분명하고 뚜렷한 대수학으로 재구성하려 하였다. 결국 과학과 수학을 통해 진리에 이를 수 있다는 '믿음'은 Descartes 이래 근대 철학 전반을 사로잡고 있었다. 이젠 오직 참된 지식만이 정당화될 수 있으며, 오직 과학적 지식만이 참된 지식의 자리를 차지할 수 있었던 것이다. 따라서 근대에는 어떤 지식도 자신이 과학적임을 입증할 수 있을 때에 비로소 진리의 권리를 얻을 수 있었다.

이러한 논리를 바탕으로 모더니즘적 사유는 세계에 대한 보편적인 규정들을 규명할 수 있다고 본다. 즉, 모더니즘은 인간의 이성을 기반으로 한 합리성과 과학적 수학적 논리에 기초하여 현실의 모든 속성과 사물, 관계와 과정 속에서 보편성과 단일성, 그리고 총체성을 추구한다. 따라서 개별 사물은 각 개별적 차원에서 인식되고 탐구될 수 있는 것이 아니라 '총체성'의 관점에서 파악된다. 이러한 근대성의 유물로서 총체성은 개체의 자유와 질적 차이를 제거하며, 전체성을 통해 구조주의적 폭력성이 이루어지는 형이상학적 이데올로기이다. 이러한 인식론은 결국 다원적 인식의 가능성을 부정하기에 이른다. 다시 말해 총체성의 폭력과 억압 속에서 '비정상적이고 예외적인 것'이 가지는 차이와 특성은 모두 무시된다. 유럽적 보편성은 유럽 이외의 것, 이성의 보편성으로 이성 이외의 것을 억압하게 되고, 결국 그것들이 소외현상을 낳게 된다(신승환, 2003: 31). 이 과정에서 타자는 항상 중심에서 밀려나 '주변화'되었고, 강압적으로 '균질화'되었다.

모더니즘과 달리 포스트모더니즘은 객관적 지식, 단일한 진리, 메타내러티브를 거부한다. 이는 포스트모더니즘의 가장 중요한 입장으로서, 장소, 문화, 맥락, 시간을 초월한 진리와 법칙이 존재하지 않는다는 것이다. 이러한 입장에서 포스트모더니즘은 다양함, 변화 가능성, 오류 가능성을 제거하고 환원시키는 모더니즘의 총체화, 즉 메타내러티브를 단호히 거부한다(Lyotard, 1984). Foucault가 『성의 역사』, 『감옥의 역사』 등의 저서에서 구체적으로 논의한 바와 같이 메타내러티브는 단지 실제에 대한 특정한 사람 또는 사람들의 관점이 반영된 것이고, 이는 종종 자신들의 권력을 유지하기 위해 타자와 약자를 억압하기 위한 수단으로 작용하였다(Grbich, 2004: 26). 이에 Lyotard(1984)는 메타내러티브가 총체적인 획일성 확보를 위한 테러에 불과하다고 주장하였다. 메타내러티브를 거부하는 포스트모더니즘은 절대적인 담론들을 거부하며 다양한 신념, 의미, 행동, 권력, 사유의 방식에 대한 이질성과 다양성을 인정한다. 즉, 포스트모더니즘은 '작은 이야기들'을 지지하고 만들어내며 구체적이고 특수한 맥락 안에 위치한 국지적 지식과 진리를 제공하고자 노력한다(Grbich, 2004: 26).

이러한 포스트모던적 관점에서 지식과 진리는 객관적으로 규명될 수 있는 것이 아니라 특정 사회와 문화 속에서 구성된 것이다. 또한 인식하는 자와 인식 대상은 분리될 수 없는 것이며, 실재를 거울처럼 표현하는 방법은 없다고 간주한다. 진리와 지식은 발견되는 것이 아니라 구성되는 것이기 때문에 해석이 중요해지며, 누가, 왜, 어떻게, 어떠한 맥락에서 해석을 하느냐가 중요한 이슈가 된다. Derrida(1997)의 "텍스트 밖에는 아무것도 없다"라는 주장은 일체의 현상이 이미 언제나 하나의 텍스트 안에 존재함을 의미한다. 즉, 모든 텍스트의 관계 바깥에 설 수 있는 어떤 초월성은 없다. 그가 말하는 텍스트는 책이라는 명사를 의미하는 것이 아니라, 동사적 의미로서 '짜여-감'이나 '얽혀-감'의 뜻으로 쓰인다(이정우, 2004). 그렇기 때문에 진리는 관계맺음에 의해 구성되는 것 자체이다. 또 Derrida의 텍스트 이론은 인간의 모든 경험과 사유가 언어를 매개로 하기 때문에, 우리는 기호로서만 생각하고 기호를 벗어난 원래의 본질적인 의미는 없다는 것을 의미한다. 즉, 텍스트는 세계와 현상을 있는 그대로 비추는 거울이 아니라 세계에 대한 무한한 해석의 가능성을 담고 있는 프리즘과 같은 것이다. 따라서 텍스트 너머의 참된 진리나 실재는 결코 존재할 수 없고 텍스트 너머에는 또 다른 텍스트가 있을 뿐이다. 이러한 점에서 그는 하나의 텍스트가 다른 텍스트의 보충관계로 이루어지는 상호 텍스트성을 강조한다(Kristeva, 2002).

반면 Foucault(1980a)는 진리를 권력과 관계 지어 이해한다. 그에 따르면 진리는 권력과 불가분의 관계에 있기 때문에 단지 진리의 효과를 내는 담론에 불과하다고 주장한다. 다시 말해, 진리가 담론적이고 담론이 역사적 상황이나 권력자의 특정한 행위의 산물이라면, 진리는 결코 권력 없이 논의될 수 없다. Foucault는 진리와 역사의 상호 관련성을 주장하면서 진리와 지식의 중립성과 객관성을 거부한다. 즉, 진리는 권력의 바깥에 존재하지 않으며 권력 없이 존재하지도 않는다. 진리란 자유로운 정신의 보상도 아니고, 오랜 고독 속에서 나오는 뼈 아픈 인고의 결과도 아니며, 해탈의 경지로 들어간 초인만이 누리는 특권도 아니다. 진리는 이 세계의 사물이다. 그것은 다양

〈표 11-2〉 포스트모던 연구 방법의 핵심적 개념

학자	개념	의미
Derrida (1997)	차연 (différance)	• 언어 의미의 불가능성 • 연기, 위임, 우회하는 언어의 움직임
Deleuze와 Guattari (1994)	리좀 (rhizome)	• 단계적/절차적 사고가 아닌 변형적 사고
Foucault (2019)	권력과 지식 (power & knowledge)	• 진실과 지식의 권력성 • 지식과 권력의 탈중심성
Baudrillard (1981)	시뮬라크라 (simulacra)	• 현실보다 더 명확한 설명
Lyotard (1984)	배리 (paralogy)	• 서로 다른 논리에 기초한 존재와 의미의 공존 (이질성, 차이, 불일치 강조)
Haraway (1988)	상황적 지식 (situated knowledge)	• 지식과 진리는 상황에 따라 달라짐: 지식의 위치성
Irigaray (1985)	미메시스 (mimesis)	• 모방임을 자각한 모방의 전략 • 남성 중심 언어의 틈새와 차이 산출
Kristeva(2002)	상호 텍스트성 (intertextuality)	• 모든 텍스트는 인용구의 모자이크로 다른 텍스트를 받아들이고 변형함: 텍스트의 유동성, 비정형성, 끝없는 연결과 변형

한 형태의 제약에 의해서만 생성될 수 있다(Foucault, 1980a: 131). 이러한 Derrida와 Foucault의 주장에서 보면, 진리와 실재는 결코 본질적이거나 유일하지 않고 다의적이며 다중적이다. 모든 것들은 우리가 관련을 맺고 있는 개인, 가족, 집단 안에서 형성과 재형성, 구성과 재구성의 끝없는 순환을 통해 이루어진다.

라. 포스트모던 철학자와 핵심 개념

이 절에서 우리는 모더니즘에 대한 포스트모더니즘의 비판을 가장 중요한 세 가지 관점에서 논의하였다. 하지만 포스트모더니즘은 '하나의 일관된 패러다임이나 인식론'이 아니다. 다시 말해, 이 절에서 직접적으로 논의하지는 않았지만 포스트모더니즘의 발전과 확산에 기여한 많은 학자들이 있으며 그들 모두는 자신 나름대로 포스트모더니즘을 정의하고 핵심 개념을 이론화하였다. 이에 추가적으로 독자들이 참고할 수 있는 포스트모던 학자들과 핵심 개념을 간략하게 제시하고자 한다. 이러한 다양한 개념들을 간략히 소개하는 것은 포스트모던 질적연구를 특정한 연구 방법, 절차, 패턴을 따르는 연구 방법이나 기술로 인식하지 말아야 한다는 점을 강조하기 위함이다. 이에 우리는 독자들이 자신이 관심 있는 또는/그리고 자신의 연구 주제나 연구 문제에 적합한 개념과 이론을 심층적으로 학습하려는 노력을 하기를 기대한다.

3. 포스트모던 질적연구 방법

우리는 지금까지 포스트모던 질적연구의 개념과 그 철학적 입장에 대해 살펴보았다. 앞에서 소개한 개념들은 포스트모던 시대의 인간과 사회 현상을 연구하는 질적연구자들에게 모더니즘을 벗어난 존재론, 인식론, 가치론적 측면에서 새로운 시각과 태도를 갖기를 요구한다. 이 절에서 우리는 이러한 포스트모더니즘적 관점에 기초하여 이루어지는 질적연구의 특징을 설명하고자 한다. 포스트모던 질적연구는 근거이론이나 실행연구와 같이 특정한 방법적 절차가 명료하게 제시되어 있지 않다. 대신 포스트모던 질적연구는 다른 질적연구 방법론에서 포스트모던 철학과 관점을 적용한 '해체적 성격'을 강하게 드러낸다. 다시 말해 포스트모던 질적연구의 방법적 특징은 연구의 전 과정에서 연구자가 실증주의적 · 과학주의적 · 모더니즘적 인식과 태도에 지속적으로 물음을 던지는 것이다. 이에 우리는 여기서 포스트모던 질적연구의 핵심적인 방법적 개념으로 '연구자의 자기반성', '포스트모던 타당도', '포스트모던 면담', '포스트모던 자료 분석', '포스트모던 글쓰기'에 대해 설명하고자 한다.

가. 연구자의 자기반성

연구자의 자기반성(self-reflexivity)은 포스트모던 질적연구에서 가장 중요한 방법적 개념이다. 이 개념은 질적연구에서 가장 중요한 연구 도구인 연구자 스스로 자신이 '가치 중립적이며 객관적이지 않다'는 사실을 인정하는 것이다. 이에 연구자의 인식론적 · 방법론적 신념, 태도, 가치가 연구의 전 과정에 영향을 미친다는 것을 인정하고 연구자가 어떠한 시각, 관점, 입장에서 연구를 진행하였는지를 스스로 비판적으로 분석하고 반성하는 것을 말한다(Hardy et al., 2001; Allen, 1997; Alvesson & Sköldberg, 2000; Davies, 2007; Steir, 1991; Watt, 2007; 김선아, 2009; 김영천, 1996, 2010, 2011). 자기반성을 통해 연구자는 자신의 주관성, 가치관, 위치성, 신념 등을 드러냄으로써 질적연구의 자료 수집, 분석, 글쓰기 전 과정을 더욱 다층적이고 심층적으로 수행할 수 있도록 한다. 또한 연구자는 자신이 어떻게 자기반성의 과정을 거쳤는지 독자들에게 솔직하게 고백함으로써 자신이 도달한 연구 결과가 연구자가 가진 특정한 인식론과 이론적 관점에서 수행되었음을 보이고 그 한계와 또 다른 해석이 가능함을 보이는 것이다. 이러한 연구자의 자기반성은 연구를 더욱 자기성찰적이고 비판적으로 수행하기 위한 필수적인 태도이다. 나아가 연구자는 자기반성을 통해 다성성(multi-vocality)과 비판적인 해석의 가능성으로 나아갈 수 있다. 물론 자기반성의 개념은 포스트모던 질적연구에만 해당되는 것은 아니다. 비판적 · 해석적 · 해체적 패러다임에 포함되는 연구 방법론 모두 자기반성을 중요한 방법적 개념으로 인정하고 있다. 하지만 포스트모던 질적연구에서 더욱 강조되는 개념이기에 가장 먼저 제시하였다.

포스트모던 질적연구에서의 자기반성을 설명하기 전에 자기반성(self-reflexivity)과 종종 혼돈되는 개념인 자기성찰(self-reflecivity)을 이해할 필요가 있다. 많은 학자들이 이 두 개념을 유사한 개념으로 상호 호환적으로 사용하고 있어 이를 이해하고자 하는 많은 연구자들이 혼란을 겪는다(Dixon & Chiang, 2019). 이 두 개념을 논의하는 것은 이 장의 목적이 아니기 때문에 간략하게 설명하고자 한다. 자기성찰은 개인의 가치, 경험, 습관 등을 자신의 실천에 반영하고 그 의미를 이해하는 데 활용하는 것을 말한다(Wilhelm, 2013). 또한 자기성찰은 복잡한 상황이나 사회 현상에서 실천을 위해 그리고 이해를 위해 다양한 관점으로 접근하려는 태도를 의미한다(Young, Lambie, Hutchinson, & Thurston-Dyer, 2011). 이와는 달리 자기반성은 마치 메타인지와 같이 연구자가 지식의 추구자로서 자신의 실천, 신념, 방법, 가치관, 위치성을 스스로 감지하고 검토하고 반성하는 실천을 의미한다. 이는 지식과 진리 추구 과정에서의 실천과 행위에 대한 자기 인식을 의미한다(Sinacore, Blaisure, Justin, Healy, & Brawer, 1999).

우리는 앞에서 모더니즘에 대한 포스트모더니즘의 첫 번째 비판으로 '합리성의 근원으로서의 이성과 주체 비판'을 논의하였다. 이 비판이 질적연구에 주는 시사점이 바로 자기반성 개념이다. 즉, 연구자는 스스로 자신이 확실성과 진리를 알 수 있는 주체가 아닐 수 있다는 것을 인정하고 자신의 주관성이 은연중에 연구의 전 과정에 영향을 미치기 때문에 스스로 이러한 영향을 '해체'하도록 요구한다는 점이다(Fontana, 2004; Harding, 1990; Marcus & Fisher, 1999). 이러한 자기반성적 해체는 연구의 전 과정에서 이루어져야 한다. 즉, 연구자의 주관성이 면담의 질문 구성, 면담 상황, 관찰, 자료 분석, 글쓰기에 어떻게 영향을 미치는지 기민하게 반성하고 연구의 마지막에는 이를 솔직하게 독자에게 고백하는 작업을 해야 한다. 그렇다면 이제 포스트모던 질적연구에서 자기반성을 어떤 단계에서 어떻게 해야 하는지 설명하고자 한다.

1) 인식론적 자기반성

인식론적 자기반성(epistemological reflexivity)은 연구자가 자신이 추구하는 지식이 어떠한 지식인지 자문하는 것을 말한다. 즉, 연구자는 자신의 인식론적 입장과 전제를 스스로 인식하고 그에 대한 물음을 던지는 것이다(Johnson & Duberley, 2003). 인식론적 자기반성은 연구자가 자신의 '생각'에 대해 생각하는 것이며, 그 생각이 어떠한 철학적 · 이론적 전제에 기초해 있는지 자문하는 것이다. 이와 관련하여 Cunliffe(2011: 415)의 제안을 고려할 때 연구자는 다음과 같은 질문을 스스로에게 던질 수 있다.

- 실제에 대한 나의 전제는 무엇인가? 실제는 존재하는가?
- 실제가 존재한다면 그 실제에 어떻게 다가갈 것인가?
- 지식의 본질은 무엇이며, 나는 어떻게 그 지식을 찾으려고 하는가?
- 내가 연구 결과를 제시할 때, 지식의 생성에 대한 나의 전제는 무엇인가?
- 나는 내가 안다는 것을 어떻게 알 수 있는가?
- 과연 나는 연구된 현상과 참여자의 경험에 대해 안다고 어떻게 주장할 수 있을 것인가?

이러한 질문들은 연구자 자신이 최종적인 진실, 객관적인 관점을 가지고 있지는 않은지 반성할 수 있는 기회를 제공해 준다. '재현의 위기(crisis of representation)'(Denzin & Lincoln, 2011), '진실의 위기(crisis of truth)'(Cunliffe, 2011)에서 논의한 것처럼 포스트모던 질적연구는 구성적이고, 상대적이며, 맥락적이고, 순간적인 지식과 진리를 추구한다. 또한 그러한 지식과 진리의 '완벽한 재현'은 불가능하기 때문에 포스트모던 질적연구자는 연구의 대상이나 현상의 완전한 모습을 보고 완벽하게 표현할 수 있다는 허무한 신념에서 깨어나야 한다. 좀 더 구체적으로, 연구자는 자신의 연구 문제와 관련한 다음의 질문들을 할 수 있다(Cassell, Symon, Johnson, & Bishop, 2005).

- 연구 문제는 무엇을 알아내고 무엇을 알아낼 수 없도록 만들어졌는가?
- 연구 문제를 통해 나는 어떤 결과와 통찰을 얻고자 하는가?

- 연구 문제를 통해 나는 어떤 지식을 생성하고자 하는가? 그리고 어떠한 근거로 연구 결과와 통찰이 '지식'에 기여할 수 있을 것인가?
- 과연 나는 무엇을 '진리'라고 주장할 것인가? 연구 결과로서 만들어질 지식은 세상에 어떠한 영향을 끼칠 수 있을 것인가?

연구 문제에 대한 이러한 질문들은 연구자가 연구 질문을 통해 무엇을 얻고자 하는지, 얻을 수 없을 것인지, 무엇을 원하는지, 무엇을 은연중에 원하지 않는지를 반성할 수 있는 기회를 제공해 준다. 이러한 질문을 통해 연구자는 '닫힌 결론의 도출'보다는 '열린 다양한 이해'를 추구할 수 있는 질문 구성에 도움을 줄 수 있다(Alvesson & Sköldberg, 2000; Rose, 1997). 이와 관련하여 Rose(1997)는 이러한 자기반성은 연구자가 미리 인지하지 못하였던 다양한 형태의 지식을 추구할 수 있도록 해주며 과도한 일반화로 나아가지 않도록 하는 '핵심적인 역할'을 한다고 주장한다.

인식론적 자기반성의 예로서 Sharon Mavin(2001)의 비즈니스 분야에서의 여성의 정체성에 대한 포스트모던 연구를 들 수 있다. Mavin은 비즈니스 교육 프로그램에서의 여성으로서 그리고 연구자로서의 자기 인식에 대한 반성을 솔직하게 나타내었다. 특히 Mavin의 자기반성은 여성의 지위와 정체성이 여성에 의해서 어떻게 가려지고 일반화되는지를 잘 드러내었다. 이로서 Mavin은 여러 여성의 경험들을 비교하고 대조하여 다소 모순적이고 '긴장'이 드러나는 비즈니스 영역에서의 여성의 정체성을 논의하였다. Mavin의 박사 논문은 남성적인 기관과 분야에서 '여성 혐오'가 어떻게 복잡하게 드러나고 경험되는지를 이론화하였다. 다음은 그 논문의 일부로서 Mavin이 어떻게 인식론적 자기반성을 하였는지 잘 보여준다.

인식론적 자기반성의 예

The Gender Culture Kaleidoscope: Images of Women's Identity and Place in Organization **(Mavin, 2001)**

여성 혐오에 대한 나의 인식은 두 가지 측면에서 드러났다. 그 첫 번째는 남성 중심의 학문이고, 다른 하나는 그러한 남성 중심의 비즈니스 교육 기관에 '용감하게' 들어간 것에서 나타났다. 그 분야의 남성 여성 학자들 모두 나에게 '비즈니스 스쿨에서 여성은 과도하게 열정적일 수 있다'고 이야기하였다.

이 장의 목표는 기존의 담론에 새로운 이론적 기여를 하는 것이다. 이를 위해 나는 어떠한 점에서 이 연구가 기존 담론의 발전에 기여하는지 논의할 것이다. 이 장에서 나는 다양한 여성 연구자의 내러티브 텍스트를 해석하기 위한 메타포를 사용하여 논의할 것이다. 이 과정에서 비즈니스 분야의 여성 학자의 정체성의 사회적 형성을 논의할 것이다. 이러한 논의는 기존에 배제되었던 비즈니스 분야의 여성 학자의 대안적 목소리를 드러낼 것이다. 특히, 나는 그들의 목소리들 중 상반되거나 충돌하는 부분을 강조하여 논의할 것이다. 이어서 나는 이 연구에서 나의 위치를 명료화하며 나 자신의 '목소리'를 전체 이야기에 추가할 것이다.

2) 위치성에 대한 자기반성

연구자의 위치성(positionality)에 대한 자기반성은 연구자가 연구에서 어떠한 역할을 어떻게 수행하는지, 연구자의 정체성이 무엇인지, 연구 참여자와 연구자와의 권력관계는 어떠한지에 대한 자기반성이다. 즉, Macbeth(2001)가 논의한 '위치성 자기반성(positional relexivity)'이다. 이 자기반성은 연구자의 생애, 장소, 힘의 역학 관계 등이 연구의 과정에 어떠한 영향을 미쳤는지를 반성하는 것이다. 이를 위해 연구자는 독자들에게 자신이 위치한 역사적 · 지리적 · 문화적 위치와 다양한 차원과 종류의 가능한 편견이나 선입견을 드러내어야 한다(Gergen & Gergen, 2000). 연구자의 위치성을 드러내는 것은 독자로 하여금 연구자와 연구 현장과의 관계를 알 수 있게 하고, 나아가 연구 결과와 논의에 대한 이해를 도울 수 있다는 점에서 매우 중요하다 하겠다(Day, 2012). 이 자기반성을 위해 연구자는 **〈표 11-3〉**과 같은 질문을 할 수 있다(Cassell et al., 2005; Cunliffe, 2011; James & Vinnicombe, 2002).

연구자의 위치성에 대한 자기반성은 연구 과정에서 핵심적 도구로서의 연구자가 자료의 수집, 면담, 관찰, 분석 등에 어떠한 영향을 줄 수 있는지 연구자 스스로가 이해할 수 있도록 한다. 인간은 누구나 장소와 상황에 따라 다르게 행동하고 이야기한다. 또한 상대방이 누구이며 자신과의 관계가 어떠한지에 따라도 달라진다(Goffman, 1959). 그러한 점에서 포스트모던 질적연구는 연구자에게 지속적으로 자신의 위치성과 연구 참여자와 현장과의 관계에 대해 기민하게 느끼며 반성하도록 요구한다. 다음은 연구자의 정체성에 대한 자기반성의 예이다.

〈표 11-3〉 위치성에 대한 자기반성 요소와 질문

요소	반성적 질문
역할과 정체성	• 연구자로서 나의 역할을 무엇인가? • 연구자로서 나의 역할은 연구의 과정에 어떠한 영향을 미치는가? • 나와 연구 참여자/연구 현장의 관계는 어떠한가?
권력	• 나의 연구에서 권력은 어떻게 작용하는가? • 나와 연구 대상과의 권력관계는 어떠한가? • 나는 참여자와 함께 연구하는가? 아니면 참여자를 연구하는가? • 연구자들 간의 관계가 연구에 어떠한 영향을 미치는가?
목소리	• 이야기하는 사람은 누구인가? • 글을 쓰는 사람은 누구인가? 반성적 목소리를 내는 사람은 누구인가? • 나는 나의 목소리를 우월하게 제시하지 않으면서 다양한 타자의 목소리를 어떻게 드러내고 있는가? 아니면 배제하는가? • 과연 나는 다른 사람의 경험의 '실제'를 이야기할 수 있는가? 만일 가능하다면 어떻게 가능할 것인가? • 나는 다른 사람의 경험과 삶을 어떻게 이해할 수 있을 것인가? • 내가 다른 사람에 대해서 또는 그들을 대신해서 이야기할 때 어떤 문제가 생길 수 있는가? 이 과정에서 누구의 목소리가 가려지는가?

연구자의 정체성에 대한 자기반성의 예 1

"Doing Gender Well and Differently in Dirty Work: A Case of Exotic Dancing" (Mavin & Grandy, 2013)

연구자는 자료 수집 준비 과정에서 연구자로서의 자신의 정체성에 대한 자기반성을 잘 보여준다.

> 자료 수집을 준비할 때마다 나는 인정받은 '지적인 엘리트 연구자'가 아니라 학생 연구자로서의 나의 정체성에 대해 인식하였다. 또한, 이 조직에서의 '성(sex)'과 관련한 이슈를 탐색하는 것은 나 자신의 성적 정체성에 대한 탐구와 다름이 없었다. 나는 '여성'이라는 것이 무엇을 의미하는지, 나의 성 정체성과 신체의 외양과 관련한 (불)편한 감정들을 가지고 있었다. 자료 수집 과정에서 나는 여성으로서 참여자들보다 덜 여성적이라는 느낌을 종종 가졌다. 뿐만 아니라 나는 '이성애자 여성'으로서 참여자들이나 다른 사람들이 나의 성 정

체성을 어떻게 인식하고 대응하는지를 매우 주의 깊게 관찰하고 인식하려고 노력하였다.

연구자의 위치성에 대한 자기반성의 예 2

『가장 검은 눈동자: 한국 다문화 아동의 슬픈 자화상』(김영천, 2011)

연구 참여자에 대한 문화적 지식

연구자가 좋은 현장 작업을 하기 위한 한 가지 조건은 연구 참여자에 대하여 많이 알고 있는 것이다. 그리고 그러한 지식은 대화를 더욱 심도 있게 만든다. 아울러 연구자와 연구 참여자가 공감하는 주제가 있다면 연구에서의 공감과 라포르는 더욱 강해졌을 것이다. 이에 필자의 현장 작업에서는 가능하면 연구 참여자가 많이 아는 것, 잘 아는 것, 서로가 공감을 느낄 수 있는 주제를 찾으려고 노력하는 자세를 가졌다. 예를 들면, 연구 참여자가 무용에 대한 조예가 깊으면 무용에 대하여, 미국 경험이 있으면 미국 여행에 대하여 이야기하면 된다. 또는 연구 참여자가 사회 비판적 태도를 가지고 있으면 진보와 가까운 이슈를 가지고 대화하면 좋은 인간관계를 맺을 수가 있다. 필자가 현장 작업에서 항상 해왔던 방법이다.

그러나 이번 다문화 여성의 아동에 대한 질적연구에서는 그러한 라포르 형성의 가능성이 참으로 낮았다. 그리고 그러한 라포르의 낮음이 좋은 데이터, 심층적인 데이터의 수집을 방해하였을 것이다. 이와 관련하여 가장 먼저 제기할 수 있는 문제는 연구자와 연구 참여자가 남자와 여자였다는 점으로, 이는 라포르 형성에 어려움을 유발하였을 것이다. 여성의 경험을 가지고 있지 않은 연구자로서 동남아시아 여성이 겪는 한국에서의 가족 형성 과정, 육아 경험, 남편과의 관계, 시집살이 등에 대해서 이야기할 주제가 마땅치 못하였다. 그냥 연구는 연구 질문을 중심으로 건조하게 진행되었을 뿐이다. 남성 대 남성 또는 여성 대 여성이었다면 더 많고 흥미로운 대화를 지속하였을 것이다.

그러나 연구자로서 연구 참여자와의 면담과 대화에서 무엇보다 가장 어려웠던 점은 연구자가 연구 참여자에 대하여 아는 것이 거의 없었다는 점이다. 특히 다문화 여성의 관심을 끌 수 있는 그들 국가와 문화에 대한 지식이 거의 없었기 때문에 부드러운 대화를 유지할 수 있는 자극제들을 가지고 있지 못하였다. 실제로 동남아시아에 가본 적이 없는 연구자로서 동남아시아 출신의 연구 참여자들에게 어떤 질문이 적절한지 알 수가 없었다. 그들만의 특별한 음식들로 무엇이 있는지, 그들의 대표적인 역사적 상징이 무엇인지, 그들의 최근 관심사에는 어떤 것들이 있는지에 대하여 아무런 준비가 되어 있지 못하였다. 오히려 지리적으로 더 먼 영국, 프랑스, 미국의 여성이었다면 더 할 말이 있었을 것이다. 그만큼 아시아의 민족으로서 필자는 다른 아시아의 민족과 문화에 대하여 아는 것이 없었고, 그러한 빈약한 문화적 지식으로 연구로서의 대화를 성공적으로 이끌지 못하였다.

이와 관련하여 다시 한 번 인종과 문화 연구에서 연구자의 위치성이 문제로 부각된다는 점을 강조하고 싶다. 인종 연구로 유명한 알렉스 헤일리의 『뿌리』는 흑인 작가가 미국 사회에 자신의 선조들이 어떻게 끌려왔고 어떻게 살아왔는지를 전기적 관점에서 묘사한 수작이다. 이러한 수작이 탄생할 수 있었던 가장 중요한 요인으로는 작가 자신이 흑인으로 삶을 살았고 흑인의 삶에 대하여 잘 알고 있었고 조상들의 이주 역사를 알아보고 싶어 하였다는 점을 들 수 있다. 그리고 그러한 궁금증은 필자가 한국 다문화 아동의 연구를 하는 것과는 비교되지 않을 존재론적인 것이고 본능적인 것이었다. 연구자의 자신의 위치성에 대한 자기반성은 연구자가 알 수 없는 것, 쓸 수 없는 것, 생각할 수 없는 것을 탐색하고 숙고하는 기회를 마련하는 적업이다.

3) 방법론적 자기반성

방법론적 자기반성(methodological reflexivity)은 연구자가 연구 도구로서의 자신의 연구 과정을 반성하는 것이다(Cunliffe, 2011; Johnson & Duberley, 2003). 이는 자신이 연구를 수행하는 방식 자체에 의문을 던지는 것이며, 자신의 연구 실천이 어떠한 연구 결과로 나타나는지를 숙고하는 것이다(Hardy et al., 2001). 방법론적 자기반성은 연구 현장, 연구 참여자, 연구 자료, 자료 분석, 연구 결과의 표현에 이르기까지 연구의 각 단계에 대한 자기반성을 의미한다. 다시 말해, 연구자가 어떻게 연구 결과를 생성해 내는지 전 과정에 대한 방법적 반성을 의미한다(Pels, 2000). 이 자기반성과 관련하여 우리는 '연구 방법론과 방법의 결정' 그리고 '연구자의 정체성과 위치성'의 관점에서 설명하고자 한다.

먼저 연구 방법론과 방법의 결정에 대한 자기반성은 연구자가 선택한 연구 방법론과 연구 방법이 가치 중립적인 도구가 아니라 특정한 '철학적 틀'을 담고 있다는 것을 인정하는 것에서 출발한다(Gill & Johnson, 2002). 이에 연구자는 자신의 철학이 자신이 결정한 방법론과 방법에 영향을 미쳤음을 그리고 어떠한 영향을 미쳤는지 인정해야 한다. 앞에서 설명한 것처럼 연구자의 인식론과 철학은 연구의 전 과정에 영향을 미친다. 연구자는 위의 질문들을 통해 자신의 철학이 연구에 어떻게 얼마나 영향을 미치는지 자문하고 이를 가능한 한 명료하게 제시하려고 노력해야 한다. Gabriel(2015: 334)이 논의한 것처럼 포스트모던 질적연구에서 "연구자는 연구자가 수집하고 분석하는 경험적 자료와 분리될 수 없다". 이와 관련하여 Harding은 오래전 다음과 같이 주장하였다.

> 연구자의 신념과 행위는 연구에서 드러나는 주장을 뒷받침하는 (또는 뒷받침하지 않는) 경험적 증거의 일부분이다. 이 '증거', 즉 연구자의 신념과 행위는 전통적인 연구 자료로 간주되는 경험적 증거들에 비해 결코 가벼이 다루어져서는 안 되며 매우 엄밀하고 비판적인 분석과 성찰에 열려 있어야 한다(Harding, 1978: 9).

자기반성적 연구자는 이러한 요소를 독자들이 알 수 있도록 명료하게 공개하고 진술함으로써 연구 결과가 어떠한 과정과 색채를 통해 만들어졌는지 알 수 있게 한다(Pels, 2000). 방법론적 자기반성과 관련하여 연구자는 다음과 같은 물음을 스스로에게 던질 수 있다.

- 어떤 연구 방법론과 연구 방법을 사용하는가?
- 내가 선택한 연구 방법의 목적은 무엇인가?
- 나의 연구에서 연구 방법의 영향은 무엇인가?
- 나의 연구에서 자료는 무엇을 의미하는가? 또한 나는 그 자료를 어떻게 해석할 것인가?
- 나는 어떠한 종류의 자료를 수집할 것인가? 나는 그러한 자료를 어떻게 수집할 것이며 어떻게 분석할 것인가? 그러한 자료를 나는 어떻게 다룰 것인가?
- 나는 연구 결과에 어떠한 자료를 포함시켰으며 어떠한 자료를 포함시키지 않았는가? 그 이유는 무엇인가?

이러한 물음을 통해 연구자는 연구 자체와 연구 전 과정에서의 연구 실천과 자신과의 관계를 탐색한다(Harding, 1987). 위에서 예로 든 Sharon Mavin의 박사학위 논문이 좋은 예가 된다. 연구 초기 Mavin은 실증주의적 접근으로 설문조사를 진행하고자 하였다. 그러나 연구 지도교수들과의 논의가 진행됨에 따라 Mavin은 페미니즘적 관점에서 여성 연구자가 사회적으로 어떻게 형성되는지를 질적연구 방법으로 탐구하는 것으로 변경하였다. Mavin이 연구 방법을 변경한 이유는 여성 연구자의 목소리를 들려주고 여성 연구자들이 어떠한 학문적 장벽을 마주하고 있는지를 드러내고 싶었기 때문이다. 하지만 연구의 과정에서 Mavin은 자신이 원하지 않았던 결과와 마주하게 된다. 즉, '여성이 여성 연구자의 커리어 발달에 방해가 된다'는 사실에 Mavin은 놀라지 않을 수 없었다. 이러한 과정에서 Mavin은 자신의 방법론과 방법 그리고 연구자로서의 실천에 대해 자기반성을 수행하였고 그 내용을 아래와 같이 제시하였다.

방법론적 자기반성의 예

***The Gender Culture Kaleidoscope: Images of Women's Identity and Place in Organization* (Mavin, 2001)**

나는 연구자로서 내가 항상 살아 움직이며, 이야기하며, 또다시 나의 이야기를 한다는 것을 알고 있다. 비즈니스 분야의 문화 그리고 이 분야의 여성 연구자의 정체성에 대한 논의를 시작하면서 나는 연구자로서 나 자신이 누구이며 어떻게 이 연구를 수행하였는지 몇 가지 언급할 사항들이 있다.

첫째, 나는 7장에서 논의한 비즈니스 분야의 여성 연구자들을 동질한 특성을 지닌 하나의 집단으로 바라보고 분석하는 경향이 있었다.

둘째, 분석의 결과에서 비즈니스 분야의 여성 연구자들은 매우 다양한 (종종 대조적이거나 모순적인) 자신들의 경험에 대한 이해를 드러내었다. 나는 그러한 대조적·모순적 부분을 가능한 한 강조하려고 노력하였다.

셋째, 나는 연구 결과로서 다양한 목소리와 상충되는 입장과 해석들의 범주화를 시도하였다는 점을 인정한다. 이에 대한 나의 입장은 이 장 마지막에서 다시 논의할 것이다.

4) 연구 동기에 대한 자기반성

연구자의 동기에 대한 자기반성은 연구자가 왜 그러한 연구를 진행하게 되었는지, 어떠한 문제 의식으로부터 출발하였는지, 그리고 가장 중요하게 그러한 문제 의식이 어떠한 관점에서 출발하였는지 드러낸다는 점에서 매우 중요한 자기반성적 요소이다(Cunliffe, 2011; James & Vinnicombe, 2002; Haynes, 2012). 이 자기반성은 연구가연구자의 어떠한 관심, 가치, 경험 또는 정치적 의도로 이루어졌는지를 드러낸다(Willing, 2001). 연구 동기와 관련해서 연구자는 다음과 같은 질문들을 할 수 있다(James & Vinnicombe, 2002; Haynes, 2012).

- 나는 왜 이 연구 주제를 선택하였는가? 나의 개인적인 동기는 무엇인가?
- 이 연구를 수행하고 있는 나의 개인적 그리고 정치적 이유는 무엇인가?
- 나의 연구와 관련한 나의 개인적 경험은 무엇인가?
- 무엇이 또는 누가 이 연구를 지지하는가? 이 연구는 나의 개인적 이익과 어떻게 관련되어 있는가? 이 연구는 연구를 지원하는 기관의 이익과 어떻게 관련되어 있는가? 이러한 요소들이 연구 문제나 연구 현장을 선정하는 데 영향을 미쳤는가?
- 나는 이 연구와 경험적으로, 이론적으로, 감정적으로 어떻게 연관되어 있는가? 이러한 요소들이 나의 연구에 어떠한 영향을 미칠 것인가?

다음은 연구 동기에 대한 Mavin(2001)의 설명이다.

나는 나의 정체성을 변화시키기 위해 또는 나의 역할의 변화를 위해 이 정체성을 탐구한다고 이야기하고 싶지 않다. 그러나 다른 형태의 정체성으로의 이동이 나의 이야기에서 종종 드러나는 듯하다. 또한 나는 내가 누구인지 이야기할 때 외부자가 나를 바라보는 정체성에 종종 끌린다는 점을 인정한다.

다른 연구들 또한 정체성에 대한 나의 연구의 디자인과 연구 과정에 중요한 영향을 미친다. 박사학위 논문을 시작할 때 나는 Watson과 Harris(1999)의 영향을 많이 받았다. 특히 그들의 연구에서 논의한 "관리자 업무로 전환되는 과정은 자신이 누구인지를 새로이 이해하고 자신의 정체성을 찾아가는 고난"이라는 점에 영향을 받았다. 그 연구의 참여자들은 직업적 책무, 현장에서의 기대, 그리고 자신들이 생각하는 관리자의 역할 사이에서 고군분투하였다. 이 연구와 연구자들의 주장이 왜 그렇게 나에게 강하게 다가왔는지 이제야 알 것 같다. 그것은 그들의 연구가 나의 개인적 경험과 밀접한 관련이 있다고 느꼈기 때문이다.

목소리에 대한 자기반성의 예

"What Can Disabled Academics' Career Experiences Offer to Studies of Organization?"(Williams, 2011)

세 명의 모든 참여자들은 나의 해석에 자신들의 생각을 제시하면서 확인해 주었고, 나는 5장에서 그 내용을 포함시켰다. 나 또한 참여자들의 '확인'에 대한 나의 생각을 논의하였다. Holly는 긍정적인 피드백을 주었고 내가 받은 피드백에 대한 자신의 생각도 공유해 주었다. 나는 또한 Shphia와 Holly에게서 내가 충분히 사려 깊게 연구를 수행하고 방법론을 선택하였다는 확인을 받았다. 그리고 중요하게 그들은 참여자들의 '목소리'가 충분히 드러나 있음을 확인해 주었다. 특히 Shphia는 면담에서 다음과 같이 이야기하였다. "나는 당신의 방법론이 매우 적절하다고 생각해요. 왜냐하면 그것은 참여자들에게 자신들의 목소리를 드러낼 수 있는 '힘'을 주기 때문이죠."

나. 포스트모던 타당도

포스트모던 타당도는 연구자의 자기반성과 밀접하게 연관되면서 포스트모던 질적연구의 가장 중요한 방법적 이슈이자 전략이다. 다시 말해, 연구자의 자기반성은 포스트모던 타당도를 확보하기 위한 구체적인 노력으로 보아야 한다. 질적연구가 새로운 사회과학 연구 방법적 전통으로 자리 잡으면서 타당도에 대한 논의가 진행되었는데(Guba, 1981; Lincoln & Guba, 1985; Kirk & Miller, 1986; Krefting, 1991; Maxwell, 1992; Whittemore, Chase, & Mandle, 2001; Golafshani, 2003), 포스트모던 질적연구가 대두되면서 타당도의 논의는 한 단계 더 나아가게 되었다(Lather, 1991, 1993, 2007; Cho & Trent, 2006; Noble & Smith, 2015; 조재식, 허창수, 김영천, 2006). 포스트모던 타당도 논쟁은 여전히 진행 중에 있고 포스트모던 질적연구의 전 과정에서 고려해야 할 방법적 요소이다. 면담 가이드를 어떻게 작성하였는가? 면담을 어떻게 수행하였는가? 자료 분석을 어떻게 얼마나 개방적으로 수행하였는가? 이러한 모든 질문들에 포스트모던 타당도가 고려되어야 한다. 우리는 포스트모던 질적연구의 타당도 확보를 위한 요소와 기준 그리고 방법적 측면에서 가장 많이 인용되고 있는 세 연구에 기초하여 설명하고자 한다.

1) 포스트모던 타당도의 개념과 종류

먼저 포스트모던 질적연구 타당도의 학술적 논의를 시작하고 발전시킨 Patti Lather의 포스트모던 타당도를 설명하고자 한다. 타당도에 대한 Lather의 논의는 "Fertile Obsession: Validity after Poststructuralism"(Lather, 1993)에서 시작하였다. 이 논문에서 Lather는 지식과 진실이 인간에 의해 구성되고 재현되는 것으로 보고 포스트모던 타당도를 기존의 권위에 대한 대항적 실행(counter-practice of authority)이라 주장하였다. 이러한 입장에 기초하여 Lather는 포스트모던 철학과 이론에 기초하여 탈주적 타당도(transgressive validity)를 이론화하였다. 이 타당도는 시뮬라크라/역설적 타당도, 배리적/신실용적 타당도, 엄밀성/리좀적 타당도, 여성적/상황적 타당도의 네 가지의 개념을 포함한다(Lather, 2007: 120-129). 수재홍과 김영천(2010)은 이 타당도를 실증주의, 전통적인 질적연구의 타당도와 비교하여 제시하였다(**<표 11-4>** 참조).

첫째, 시뮬라크라/역설적 타당도(Simulacra/Ironic validity)는 실증주의적 · 전통적 타당도 개념을 해체하는 Lather의 개념이다. 이 개념을 통해 Lather는 과학주의에 기초한 연구에서 주장하는 타당도는 실제를 표현하지도 못하며 그럴 수 없다고 주장하며 전통적 타당도의 개념을 거부한다. 이 타당도 개념은 포스트모더니즘의 중요 개념으로 Baudrillard(1983)가 이론화한 '원본이 없는 복제물'을 뜻하는 시뮬라크라에 기초한 것이다. Lather는 시뮬라크라가 '완전한 가짜나 거짓'이 아니라 '참조할 수 있는 최종적인 것(referential finality)'을 지칭하는 것으로 새로이 해석하였다(Lather, 2007:

<표 11-4> 실증주의 · 전통적 질적연구 · 포스트모던 타당도 준거 비교

실증주의 타당도	전통적인 질적연구 타당도	포스트모던 타당도
내적 타당도	신용성	시뮬라크라/역설적 타당도
외적 타당도/일반화	전이성	배리적/신실용적 타당도
신뢰도	의존성	엄밀성/리좀적 타당도
객관도	확실성	여성적/상황적 타당도

121). 연구자가 참조할 수 있는 궁극적 실제와 표현의 방법이 없기 때문에 시뮬라크라의 관점에서 보면, 원본과 복사본, 현상과 본질, 사건과 관념 사이의 구분은 흐려진다. 이에 Lather는 현실을 모사한 것 또한 또 하나의 현실이 되고 때로는 원본보다도 더 생생하고 실재보다 더 실재적인 '과잉 실재(hyper-reality)로 간주될 수 있다고 주장한다. 이에 실증주의에서 주장하는 타당도에 기초한 텍스트는 "그것이 무엇인지 지시하려고 하나 결코 거기에 도달할 수 없으며, 그 결과 표상하는 것의 실패"를 재현하는 것으로 재배치된다(Hayles, 1990: 261). 다시 말해, 그것은 실재 자체도 아니고 실재에 대한 표상도 아닌 시뮬라크라의 역설적 표상이라는 것이다(Lather, 2007: 121). 따라서 Lather의 시뮬라크라/역설적 타당도는 하나의 대표적 전형을 객관적으로 제시하려는 전통적 타당도에 대한 저항으로서 간주된다. 즉, 이러한 역설적 방법에 의해 만들어진 텍스트는 근본적으로 수사적이라고 주장한다. 이에 Lather에게 타당도는 객관적으로 표현한 것을 증명하는 것이 아니라 그것이 얼마나 제한적이고 한계를 안고 있는지를 해체하는 작업이라고 주장한다.

둘째, 배리적/신실용적 타당도(Paralogic/Neopragmatic validity)는 언어의 한계, 불확정성, 불연속성, 역설적 특징, 복잡성을 고려하여 동질성을 부정하고 이질성과 차이를 강조한다. 이 타당도에 따르면 질적연구는 공통적인 특징, 일반적인 개념을 찾는 것이라기보다 그 속에 들어 있는 다양한 차이와 이질성을 드러내는 작업이다. 이에 이 타당도는 그러한 차이와 이질성을 얼마나 다양하게 드러내는지와 관련 있는 것이다. 이는 거대 담론을 거부하는 포스트모더니즘의 성격에 영향을 받은 것이다(Lyotard, 1984: xxiv). 특히 Lather는 Lyotard가 *The Postmodern Condition*(1984)에서 논의한 것처럼 포스트모던 연구에서 강조되어야 할 것은 '이질성을 드러내야 한다는 것에 대해 모두가 합의하는 것'이 아니라 '합의' 자체를 거부해야 한다고 이야기한 Lyotard의 배리(paralogy)를 차용하며 강조하였다. 배리란 '이치에 맞지 않음'을 의미하는데, '이치'를 따지는 기준은 사람마다 다르기 때문에 '합의'라는 것은 근본적으로 논의와 토론의 목적이 아니라 그 과정의 한 모습이라는 것이다. 이에 이 타당도는 극단적인 이질성과 차이, 이 이질성과 차이에 대한 불일치와 다른 의견을 존중하는 태도를 가리킨다.

셋째, 엄밀성/리좀적 타당도(Rigor/Rhizomatic validity)이다(Lather, 2007: 124-125). 이 타당도는 연구가 얼마나 기존의 지식과 발견들을 '어지럽히느냐'와 관련되는 것이다. Lather는 Derrida(1997)의 엄밀성(rigour)과, Deleuze와 Guattari(1994)의 리좀(rhizom) 개념에 기초하여 포스트모던 타당도는 연구자가 '인정받은 지식이나 진리'의 지속성과 정당성에 얼마나 의문을 던지고 도전하는지를 바라보는 것이라 이야기한다. 이에 이 타당도는 하나의 텍스트, 내러티브, 담론, 또는 지식이 중심적 위치에 놓이거나 다른 것들에 비해 우월한 지위를 누리는 것을 반대한다. 이러한 점에서 Lather의 엄밀성/리좀적 타당도는 기존의 실증주의 관점에서 '증명'되었다고 간주되는 지식에 도전하는 것이며, '권위적 지식'과 연구가 가지는 보편성과 일반화 가능성에 대항하는 타당도이다.

마지막으로 네 번째 타당도는 여성적/상황적 타당도(Voluptuous/Situated validity)이다(Lather, 2007: 125-128). 이 타당도는 기존의 서구 인식론이 '어머니의 살해'라고 간주될 정도로 남성 중심적이라는 Irigaray(1985)의 주장과 Haraway(1988), Whitford(1991), Kristeva(2002), Davis(1988) 등의 페미니즘 학자들의 논의에 기초한 것이다. Lather는 Baudrillard(1987)의 풍염(voluptuousness)의 개념에 기초하여 기존 서구 인식론을 지배한 남성적 접근이 남성과 여성을 구분하고, 남성적 동질성을 추구한다고 비판한다(Lather, 2007). Lather가 이야기하는 여성적 타당도는 남성과 다름으로 규정되는 어떠한 특정한 관점이 아니라 남성과 여성의 구분을 넘어서는 여성 언어의 창조를 주장한다. 다시 말해 남성적 성격이 제거된 여성의 본질을 추구하는 것이 아니라 여성성 그 자체로서 독립적으로 인식되어야 한다고 주장한다. 나아가 Lather는 이 타당도는 "모성성/여성성 범주를 넘어서는 잉여성, 남성의 헤게모니적 상상력의 한계를 드러내는 파괴적 과잉"으로서 여성들이 자신의 몸, 본성, 여성성 등을 드러내는 새로운 공간을 만드는 것이라 주장한다. 이 타당도는 남성과 여성의 이분법적 사고의 경계를 허무는 것으로, 백인과 흑인, 젊은이와 노인, 동양인과 서양인 등 각각의 상황에 따라 다른 인식과 이해 그리고 목소리가 존재하기 때문에 그러한 '상황적 목소리와 타당도'가 언제나 들어올 수 있는 공간을 마련하는 것을 의미한다.

이 네 가지의 포스트모던 타당도 논의에 이어 Lather는 포스트모던 연구자들이 참고할 수 있는 체크리스트를 제공하였다. 연구자들이 참고할 수 있는 실제적인 자료이므로 **<표 11-5>**에 소개하고자 한다.

포스트모던 질적연구의 타당도는 질적연구에 대한 일반적인 타당도 기법에 기초하여 Lather가 제시한 개념과 기준들을 고려하여 판단될 수 있다. 더 기본적인 질적연구의 타당도는 현존하는 많은 논문들과 질적연구 방법론 서적을 참고하기 바란다(Cho & Trent, 2006; Noble & Smith, 2015; 김영천, 2010). 이어서 포스트모던 타당도가 실제 연구에서 어떻게 고려되었는지 설명과 예시를 제시하여 독자들의 이해를 돕고자 한다.

〈표 11-5〉 포스트모던 타당도 체크리스트

타당도 종류	기준
시뮬라크라/역설적 타당도	• 언어의 불충분성과 의미-영향을 파악하고 진실의 추구에 대한 본질적인 의문을 중요하게 간주하는가? • 실재를 포착할 수 있다는 믿음에 저항하는가? 재현의 문제에 대한 반성적 태도를 취하는가? 기표와 기의의 긴장 관계를 중요하게 인식하고 논의하는가? • 재현의 위기를 고려한 연구 실천을 포함하여 더욱 흩어지고, 순환적이고, 확산적인 연구인가? • '마비'되지 않으면서 중첩적인 분석을 수행하는가?
배리적/신실용적 타당도	• '생산적인 문제화'를 통해 다름과 이질성을 발전시키는가? • 연구 내부의 '코드'들을 스스로 파괴하면서도 여전히 '인식 가능성'을 유지하는가? • 거대 담론과 거대 변혁을 거부하면서 정의와 알 수 없음의 정치학을 추구하는가? • 비결정성, 한계, 모순, 비연속성, 복잡성을 중요하게 고려하는가? • 우리의 일상생활과 우리가 이미 점유하고 있는 영역에서 상반되는 측면들을 추구하는가?
엄밀성/리좀적 타당도	• 내부로부터 탈중심화하는가? 드러나지 않은 것을 두드리는가? • 국지적인 새로운 이해를 도출하는가? 열린(open-ended) 기준 그리고 맥락/상황 중심적인 기준을 확산시키는가? 새로운 제도, 체제, 시스템, 담론의 재강화에 저항하는가? • 정형성, 안정성, 영속성을 초월하는가? • 전달, 다양한 새로움의 추구, 네트워크, 모순의 복잡성을 통해 권위의 제약에 저항하는가? • 전통적인 연구 과정의 한계 극복을 위해 노력하는가? 또한 경직된 비판적인 담론과 주류적 담론을 위반하는가?
여성적/상황적 타당도	• 과잉과 초과, 균열, 탈주, 증명되지 않은 새로운 연구 실천으로 적극적이고 공격적으로 나아가는가? • 상황적 · 위치적 순간성을 적극적으로 수용하는가? • 자기반성과 참여적 실천으로부터 권위를 구성하려고 노력하는가? • 열림과 동시에 닫힌, 경계가 있으면서 경계를 허무는 텍스트를 만들어내는가? • 윤리와 인식론을 동시에 고려하는가?

2) 포스트모던 타당도 확보 방법

포스트모던 타당도의 개념을 이해하는 것과 이를 연구 실천으로 수행하는 것은 다른 연구 방법론의 방법론 실천과는 대비될 수 없을 정도의 고민과 어려움이 따른다. 왜냐하면 포스트모던 타당도는 연구자의 지속적인 자기반성을 연구의 전 과정에서 실천해 냄으로써 어느 정도 확보될 수 있기 때문이다. 이러한 어려움을 고려하여 우리는 포스트모던 타당도를 확보하기 위해서 자료 수집, 자료 분석, 글쓰기를 어떻게 해야 하는지 설명하고 그 예시를 제시하고자 한다.

가) 자료 수집에서의 포스트모던 타당도 확보 방법

포스트모던 타당도를 확보하기 위해 연구자는 자료 수집 단계에서 의도적으로 '포스트모던적 자료'를 수집하기 위한 전략과 노력을 기울여야 한다. 수집된 자료가 하나의 목소리만 포함하고 있거나, 일관된 의견과 해석만을 담고 있다고 가정해 보자. 이러한 단조로운 자료에 기초한 자료 분석 또한 자료의 한계를 넘어서기 어려울 것이다. 이에 연구자는 자료 수집의 과정에서 포스트모던 타당도 확보를 위해 적극적으로 노력해야 한다. 자료 수집 과정에서 연구자가 취할 수 있는 전략과 태도는 다음과 같다.

첫째, 다양한 관점과 이해를 드러내는 자료 수집을 위해 노력해야 한다. 이는 일반적인 질적연구에서 이야기하는 '자료의 삼각 검증(data triangulation)'의 범위를 넘어서는 것이다. 포스트모던적 자료를 수집하기 위해 연구자는 먼저 다양한 복수의 이해관계자를 참여자로 초대함으로써 하나의 경험이나 현상에 대한 복수의 입장과 이해를 포착하기 위해 노력해야 한다. 연구자가 동일한 질문을 다양한 참여자에게, 특히 다른 이해관계와 입장에 있는 참여자에게 던졌을 때, 참여자들의 응답은 다를 것이며, 이를 통해 연구자는 '다성성'을 포함한 중첩적이고 복잡한 자료를 확보할 수 있다.

둘째, 면담의 과정에서 연구자는 참여자에게 참여자가 생각하지 못한, 고려하지 않은 요소와 입장은 무엇인지 질문해야 한다. 연구자는 연구자가 원하는 말 또는 참여자가 하고 싶은 말만 듣는 면담보다 서로가 예상하지 못하였던 새로운 의미와 이해를 추구한다. 이에 연구자는 의도적으로 "만일 당신이 다른 사람의 입장이었으면 어떻게 행동하거나 느꼈을까요?"와 같은 질문을 던짐으로써 참여자로 하여금 다양한 이야기를 할 수 있도록 독려해야 한다.

셋째, 면담에서 연구자는 참여자의 일관되고 합리적이고 이성적인 이야기보다 다소 대립되고 모순되고 비이성적인 이야기에 적극적으로 '흥미'를 표현하며 반응할 수 있다. 이는 참여자로 하여금 '논리적이고 이성적이고 일관된 진술과 이야기'만을 들려주어야 한다는 부담을 줄여줌으로써, 마치 '자유연상'을 하듯 면담의 분위기를 조성해야 한다. 한 참여자의 다양한 목소리를 듣기 위해 연구자는 동일한 질문을 다른 상황에서 던짐으로써 참여자의 응답이 달라질 수 있음을 명심하고 의도적으로 이러한 노력을 해야 한다.

넷째, 면담 가이드 작성이나 면담에서의 질문 또한 연구자의 의도와 입장이 숨어 있다는 점을 항상 인식해야 한다. 연구자가 어떠한 질문을 먼저 하고 나중에 하느냐에 따라, 연구자가 어떠한 어조로 이야기하느냐에 따라 참여자의 응답을 달라질 수 있다. 이에 연구자는 때로는 강한 어조로, 때로는 온순한 어조로, 때로는 의심을 품은 어조로 참여자와 대화하려고 노력할 수 있다. 이 방법은 때때로 참여자를 불편하게 만들 수 있지만 적절한 수위를 유지한다면 참여자 자신이 계획하거나 의도하지 않았지만 더욱 솔직하고 다양한 응답을 이끌어낼 수 있다.

자료 수집 과정에서 연구자는 이러한 노력을 하더라도 모든 연구는 아쉬움과 한계를 남기기 마련이다. 포스트모던 질적연구자는 그러한 내용을 자기반성적으로, 자기고백적으로, 때로는 자기참회적으로 기록함으로써 연구 과정에서의 타당도와 그 한계를 독자들에게 제시할 수 있다. 다음은 자료 수집과 관련한 포스트모던 타당도의 예이다.

자료 수집에 대한 타당도의 예

『가장 검은 눈동자: 한국 다문화 아동의 슬픈 자화상』(김영천, 2012)

시뮬라크라/역설적 타당도: 김영천은 자신이 사용한 연구 방법의 단점, 연구자의 위치성을 고백함으로써 자신의 연구 결과가 진정으로 '진실'일까 하는 질문을 던졌다. 이러한 연구자의 반성은 시뮬라크라/역설적 타당도에 해당한다. 다음의 밑줄 친 부분을 주목하기 바란다.

<u>이 연구에서 우리 연구자가 도출한 연구 결과가 과연 타당하다고 할 수 있을까, 우리는 정말 진실한 자료들을 얻은 것일까, 또는 그들의 삶의 목소리의 내용을 잘 전달할 것인가라는 질문을 하기 시작하였고, 그 대답으로서 어쩌면 필자의 연구는 이 글의 제목처럼, 불확실한 진실의 의미처럼, 진실이라고 말하고 있</u>

지만 사실이 아닌가 하는 생각을 하게 된다. 그리고 다른 연구들에 비해서는 상당히 오랫동안 참여관찰을 하고 많은 면담을 하기는 하였지만 이 연구 역시 내부자들의 삶의 경험과 이해를 내부자가 아닌 외부자로서 접근한 것은 아닌가? 또는 정말로 그 사람들은 나에게 그들의 이야기를 솔직히 말해 주었을까? 나는 그들의 말의 얼마 정도를 이해하고 글로 적었을까? 더 중요한 내용을 얻지 못한 것은 아닐까? 이러한 혼란스러운 질문들이 계속 이어졌다.

그리하여 이 중요한 방법론적 고민으로부터 필자의 연구 그리고 다른 대부분의 한국의 다문화 관련 질적연구자들이 어떤 실제적인 방법적 약점을 가지고 있는지를 학술적으로 지적하고 이를 시정하는 노력이 필요하다는 생각을 하게 되었다. 왜냐하면 필자와 비슷한 방법으로 한국 다문화 가정에 대한 연구를 한 작업들, 다문화 가정과 관련된 대부분의 질문지 중심의 양적연구들이 필자가 저지른 방법적 약점들을 내포하고 있었고 앞으로도 계속 이러한 방식으로 연구될 것이기 때문이다. 특히 한 연구가 학술지를 통하여 발표되고 나면 후속 연구들이 그러한 앞의 연구들을 하나의 좋은 예로 삼아서 질적연구를 하는 경우가 많기 때문에 방법론자로서 이 글에 대한 나의 첫 번째 역할로서 이 연구가 어떤 문제점을 가지고 있고 이 연구가 더 잘 되기 위해서는 어떠한 작업들이 있었어야 하였는지에 대한 방법적 반성을 쓰지 않을 수 없다. 그리하여 미래의 연구자 또는 독자들이 그 어떤 다문화 연구와 관련된 연구 결과를 읽을 때, 논문을 읽을 때 과연 이 글을 진실한 것으로 읽어야 하는지, 이 연구에서의 이야기들이 얼마나 진실한 것인지를 평가하면서 비판적으로 읽을 수 있기를 바란다.

여성적/상황적 타당도: 연구자는 자신의 연구 과정에서 그리고 연구 결과에서 '과잉, 초과, 균열, 탈주'에 대한 공격적인 탐구를 하였는지 자문하였다. 이 자문에 대한 아쉬움은 아래 밑줄에서 잘 나타난다. 연구 참여자들의 다양성이 내포하고 있을 예외적이고 일반화할 수 없는, 예기치 않았던 부분들에 대한 논의의 아쉬움을 담고 있다.

한국 다문화 아동 연구에서 나타난 또 다른 방법적 어려움은 다문화 가족이라는 한 개의 연구 대상에 대하여 그 참여자들의 인종적 구성이 너무 다양하다는 점에 있다. 즉, 우리가 연구하려는 연구 주제는 다문화 아동의 교육적 삶임에도 불구하고 이들의 가정에서의 사회화, 한국어의 습득, 가정에서의 학습 등에 상당한 영향을 끼치고 있는 사람이 바로 어머니의 존재였다. 그러나 이때 어머니의 존재는 한국 다문화 아동이라는 하나의 집단으로서 범주화하기에는 너무나 인종적으로 다르고 문화적으로 달랐다. 그리고 이러한 다양성의 조건이 현장 작업을 하는 데 여러 가지 점에서 딜레마로 작용하였다. 그러한 몇 가지 딜레마의 예는 면담의 여러 곳에서 나타났다. 다문화 여성을 동남아시아 국가의 여성이라고 범주화하지만 그녀들의 인종적 구성이나 문화적 구성은 각기 다르다. 베트남, 인도네시아, 태국, 일본, 중국, 조선족, 북한 등. 공통점이 있기는 하지만 서로 이질적인 요소들이 많았다. 불교권도 아니고 기독교권도 아니고 다양한 종교를 가지고 있었고 한국에 이주해 온 목적 역시 달랐다. 일본은 주로 종교적 이유로, 인도네시아는 네트워킹을 통하여, 베트남은 국제결혼을 통하여 그리고 조선족은 경제적 부의 획득을 위하여 한국으로 왔다. 때문에 그녀들은 다양한 이주 목적으로 각기 다른 생활상을 연출하고 있었고 가정에서의 아동의 교육 방식과 생활 방식은 참으로 달랐다. 교육이 강조되는 문화권과 그렇지 않은 문화권, 사회경제적 배경에 따른 다양한 양육 태도, 종국적인 이주 장소로서 한국을 생각하는 정도 등이 모두 달랐다. 그리고 이러한 다양성으로 연구자들은 많은 사전 면담 가이드에 의한 면담이 어려웠고 아울러 범주화 작업 역시 어려웠다.

엄밀성/리좀적 타당도: 김영천은 자신이 활용할 수밖에 없었던 연구 방법의 한계를 반성하였다. 이 반성은 엄밀성/리좀적 타당도와 관련되는 것으로, 전통적인 연구 과정의 한계 극복을 위해 얼마나 노력하였는지에 해당한다.

필자의 다른 글에서 강조한 것처럼, 한국 다문화 아동의 연구는 필자의 현장 작업 중에서 가장 힘든 작업 중의 하나였다. 그 여러 가지 내용들이 모두 힘들었지만 가장 힘든 이유 중의 하나는 현장 들어가기의 어려움이었다. 그리고 이러한 어려움을 해결하는 전략으로서 우리 연구자들은 편리 표집을 활용할 수밖에 없었다. 즉, 연구를 이해하고 도움을 주려는 다문화 가정을 중심으로 연구를 진행하였다. 따라서 진정으로 그들의 삶이나 목소리를 들어야 하는 가정과 아동들의 참여가 제한되거나 배제된 채로, 연구자가 편리하게 참여시킬 수 있는 표집들이 연구에 들어오게 되었다. 이러한 연구 참여자들은 학교 선생님에 대하여 우호적인 태도와 한국 사회에 대하여 긍정적인 태도를 가지고 있는 사람들일 것이며, 면담을 한 경우, 필자의 연구뿐만 아니라 다른 다문화 연구에서도 여러 번 연구 참여자로 선정된 경험이 있었다. 연구를 하는 과정에서 연구에서 배제된 연구 참여자들이 있었음에도 불구하고 이들을 연구에 참여시키지 못하였다는 점은 참으로 안타깝다. 연구 윤리상 자발성을 원칙으로 하기 때문에 학부모가 거절하는 경우, 더 이상 설득하는 것이 불가능하였다.

배리적/실용적 타당도: 포스트모던 질적연구에서 연구 경과가 드러내지 못하거나 연구자가 포착하지 못한 실제와 경험을 인정하는 것은 배리적/실용적 타당도에 해당한다. 이에 김영천은 자신의 연구에 참여하지 않기로 결정하였거나 포기한 참여자들의 이야기, 그들이 의도적으로 또는 무의식적으로 숨겨야만 하였던 이야기들이 있을 수 있음을 고백적으로 반성하였다.

연구를 하면 그들은 연구자에게 하고 싶은 말이 많이 있었을 것이다. 그럼에도 불구하고 그들은 아무런 말을 하지 않고 조용히 이 한국 사회에서 살고 싶어 할 뿐이다. 만약 그들이 한국적 삶의 특징이 무엇이냐고 서술하게 된다면 다른 참여자들에 비하여 더욱 공격적으로, 더욱 비판적으로 이야기하였을 것이다. 아울러 다른 연구 참여자들과는 다른 형태의 개선 방법과 해결책, 정책에 대하여 이야기하였을 것이다. 아니면 그렇게 이야기한들 별 차이가 없을 것으로 추측하고 이야기하지 않았을 것이다. 이에 필자의 연구에서 연구를 거부한, 이야기하지 않기를 결정한 여러 다문화 가정의 학부모의 목소리는 무엇이었는지에 대하여 다시 한 번 생각해 보아야 할 것이다. 그리고 연구 표집의 약점으로 그들이 연구에 참여하였다면 필자의 연구 내용과 자료들은 또 어떻게 달라졌을지를 방법적 관점에서 생각해 보아야 할 것이다.

나) 자료 분석에서의 포스트모던 타당도 확보 전략

포스트모던 타당도 확보를 위해 연구자는 자료 분석에 매우 신중하게 접근해야 하며 많은 시간과 노력을 들여야 한다. 왜냐하면 Lather가 제시한 포스트모던 타당도 체크리스트에 제시된 질문들을 지속적으로 고려해야 하기 때문이다. 연구자는 체크리스트에 포함된 질문들에 대한 응답을 모든 자료와 자료의 관계 속에서 찾아내거나 확보하기 위해 노력해야 한다. 이에 자료 분석에서 타당도 확보를 위한 전략을 소개하고자 한다.

첫째, 자료 분석에서 연구자는 자신이 듣고, 보고, 수집한 모든 자료들이 무엇을 드러내는지뿐만 아니라 무엇을 가리는지 고민해야 한다. 포스트모던 관점에서 자료는 실제에 대한 하나의 유일한 표현일 수 없다. 이에 연구자는 자료가 명시적으로 드러내는 것뿐만 아니라 그 자료에 의해서 갖게 되거나 주변화된 것이 무엇인지 찾기 위해 노력해야 한다.

둘째, 연구자는 자신이 분석하는 모든 자료를 누가 어떠한 목적으로 언제 어떻게 작성하고 만들었는지를 고려해야 한다. 질적연구에서 그 어떤 자료도 객관적이지 않다. 그 자료를 생성한 사람의 입장, 주관성, 목적이 포함되어 있다는 것을 전제로 자료를 분석해야 한다. 따라서 연구자는 각각의 참여자의 입장, 이해의 방식, 이해관계, 참여자의 의도를 가능한 한 고려하여 자료를 분석하려는 태도를 견지해야 한다.

셋째, 자료의 일관성을 추구하기보다 다름, 차이, 모순, 배치, 역설적 요소들을 적극적으로 찾아야 한다. 위의 두 전략을 통해서 포스트모던 연구를 수행하는 연구자는 자신이 확보한 자료들을 서로 빗대어 비교하고 대조하여 이질성, 모순, 불일치를 찾으려고 노력해야 한다. Lyotard(1984)의 '배리(paralogy)' 개념이 의미하는 것처럼 모든 자료, 이해, 주장은 나름의 논리와 가치를 가지고 있다. 이에 연구자는 각각의 자료를 그 자료를 뒷받침하는 논리를 분석해 내기 위해 노력해야 한다. 이로서 연구자는 어떠한 논리적 차이에 의해 그러한 모순과 배치 또는 역설이 생기는지에 주목해야 한다.

넷째, 연구자의 '자기반성'에서 논의한 것처럼 연구자의 자료 분석은 연구자 자신의 입장, 감정, 상황에 따라 영향을 받는다는 점을 고려해야 한다. 다시 말해, 연구자가 행복할 때, 고통스러울 때, 피곤할 때, 사랑에 빠졌을 때, 연구에 대한 자신감에 차 있을 때, 또는 연구에 대한 의구심이 들 때 연구자의 자료 분석은 달라질 수 있다. 이에 연구자는 같은 자료를 반복적으로 읽으면서 '자신의 다양한 입장과 상황'에서 이루어진 자료 분석의 결과를 비교하고 분석하는 과정을 거칠 수 있다.

다섯째, 하나의 자료 또는 한 사람이 한 이야기는 복수의 의미 또는 모순적 의미를 포함할 수 있다. 이에 연구자는 하나의 자료에 하나의 분석적 코드나 개념으로만 연결시키지 않으며 복수의 코드를 부여하고 중첩적 개념과 관점에서 분석하려고 노력해야 한다. 이 전략을 통해 연구자는 단일한 해석과 결론으로부터 멀어질 수 있다. 또한 포스트모던 타당도 진술에서 연구자의 이러한 노력을 솔직하게 기술하고, 그러한 노력 또한 제한적이기 때문에 언제나 새로운 해석과 이해가 가능함을 염두에 두어야 한다.

자료 분석에서의 타당도 확보의 예

『가장 검은 눈동자: 한국 다문화 아동의 슬픈 자화상』(김영천, 2012)

배리적/실용적 타당도: 김영천은 이 연구를 통해 차별과 소외의 문제, 교육적 실천의 한계와 모순을 드러내고자 하였다. 이러한 '실제적 문제'에 대한 고민과 시사점은 배리적/실용적 타당도에 해당한다.

다문화 연구, 불확실한 진실, 30년이 지난 후에:

책을 통하여 필자는 '목소리의 재구성'이라는 표현처럼 그들이 이 사회에 대하여 전하고 싶은 말들, 우리 교사들에게 하고 싶은 말들, 그리고 다른 주류 한국인이라면 겪지 않을 일상적 차별 경험들을 비판이론과 사회 정의적 관점에서 논의하는 것이었다. 그리고 그들의 목소리를 통하여 그들의 삶과 발달, 그리고 환경적 조건은 다른 다수의 한국 아동들과 달리 불충분한 것이었으며 발달을 자극시킬 수 있을 만큼 교육적이지 못하다는 사실을 보여주고자 하였다. 이들은 아버지의 실직이나 경제적 곤란 이외에도, 어머니의 미숙한 한국어 실력, 교육적 가치에 대한 낮은 동기화, 친구들과의 대인관계의 문제점 등 다양한 어려움을 겪고 있었다. 그리고 그러한 결과, 자신들에 대한 평가인 자존감이 낮았고 자신들이 이 사회에서 성공할 것이라는 자기 예언 역시 매우 낮은 것으로 연구되었다.

시뮬라크라/역설적 타당도: 이 타당도는 실제를 포착할 수 있다는 믿음에 저항하고 있는지 자문하는 것이다. 김영천은 연구자와 참여자가 살아가는 한국이라는 공간에서 공유되는 그들에 대한 대중적 이미지는 연구에 '선입견'으로 작용하였음을 고백하고 있다. 이러한 연구자의 위치성을 가지고 연구자는 과연 '진실'을 드러내었다고 주장할 수 있을 것인지에 대한 반성이다.

왜곡된 실제의 이미지:

한국 다문화 아동의 삶에 대한 생애사적 연구를 하면서 겪은 어려움 중의 하나는 연구 참여자에 대한 부정적 이미지였다. 이미 한국의 매스컴을 통하여 확산된 '다문화 가정'에 대한 일반적/공통적 이미지는 '한국의 남성에게 시집을 온 동남아시아의 여성'들이었고 그러한 여성의 이미지 뒤에는 또 다른 이미지로서 가난과 경제적 어려움이 있었다. 그리고 이러한 이미지는 연구자가 연구 아동들을 만나러 갈 때, 또는 연구 아동의 부모들을 만나러 갈 때 하나의 중요한 선입견으로 작용하였는데, 그들의 한국적 삶이 경제적 조건과 관련이 없이 행복하고 만족스러운 것으로 생각될지 몰라도 그들을 불행한 과거와 불순한 목표를 가진 이주민이라는 생각으로 바라보는 기준으로 작용하였다.

그러한 대중적 이미지는 필자가 이 여성들과 다문화 가정의 존재를 바라보는 시선에도 영향을 끼쳐서 이 여성들이 진정으로 한국으로 이주를 하였는지, 아니면 결혼 후 몇 년 살다가 이혼하거나 다시 자신의 나라로 돌아갈 것인지 등과 같은 생각을 갖게 만들었다. 때문에 짧은 만남이었지만 사랑하였기 때문에, 또는 한국에 정착한 이후로 새로운 삶을 새로운 가족과 함께 살기로 한 용감한 여성으로 바라보기보다는 어딘가 의도를 가지고 있고, 사랑 없이 한국으로 온, 그리고 모국의 가정을 위하여 희생한 또 다른 제3세계의 여성으로서 연구 참여자들을 인식하게 되었다. 그리고 그러한 편협한 평가는 그 여성들이 가지고 있는 다른 형태의 이미지들을 바라보는 데 또는 찾아내는 데 연구자의 탐색을 어렵게 하였을 것이다. 이 여성들은 초기 한국인의 미국 이주에서 찾을 수 있는 것처럼 자신의 땅에서 살지 않고 또 다른 도전적인 삶을 살기 위하여 떠난 한국 여성 이주민과 비슷한 것이었다.

그러한 점에서 이 여성들은 경제적 조건에 대한 배경에 관계없이 한 인간으로서 다양한 매력과 자질을 가진 인간이다. 새로운 언어를 배울 준비가 되어 있고 자신과 다른 문화에 대한 감수성이 풍부하고, 자신과 다름을 수용할 자세가 되어 있고, 아울러 부모나 형제의 행복을 위하여 기꺼이 자신의 삶을 희생하려고 한 매우 헌신적인 존재임에 틀림없다. 그러한 점에서 우리 1960년대의 독일 광부나 간호사와의 차이점을 발견하기는 어려울 것이다. 적어도 필자의 관점에서는 그렇다. 동남아시아 여성에 대한 필자와 연구자들의 생각이 대중적인 지각과 큰 차이가 없었기 때문에 '발견'이나 '그들의 관점'을 이해한다고 하였지만 그들이 한국에 온 이유를 경제적인 것 또는 돈을 벌기 위한 것으로 미리 판단하고서 그들이 진정으로 이 나라에서 원하는 또 다른 것들이 무엇이었는지, 그들조차 알지 못하였던 그 이주의 동기들에 대하여 반성하고 생각하도록 자극시키는 연구 작업을 하지 못하였던 것이다. 이에 이 여성들의 또 다른 생존의 특징이나 생활 철학 등을 이해하고 규명하려는 연구 문제나 연구 질문이 없었다는 점이 이 연구가 갖는 또 다른 약점으로 꼽힌다.

여성적/상황적 타당도: 김영천은 자신의 연구 결과와 해석의 한계를 인정하고 새로운 연구, 새로운 이해로 독자들을 초대하고 있다. 하지만 이는 연구의 한계이기도 하지만 새로운 연구과 새로운 가치 추구라는 가능성을 열어주는 논의이기도 하다.

또 다른 해석을 기다리며:

지금까지 한국 다문화 가정의 연구, 그리고 그 아동들에 대한 연구에서 필자는 연구의 결과 대신에 이 연구가 질적연구로서 어떻게 수행되었고 그 수행 과정의 방법적 약점들이 무엇인지에 대하여 논의하였다. 그리고 이러한 논의의 방식은 기존의 글에서는 없었던 것이며 대부분의 사회과학 연구에서는 다루어지지 않는 것이다. 그럼에도 불구하고 이러한 방법적 딜레마들을 노출하고 대중화하는 것은 우리나라의 다문화 관련 연구들이 과거와는 조금 다르게 더욱 적절하고 진실되게, 아울러 방법적으로 신뢰롭게 이루어지기를 바라는 마음에서 비롯된 것이다. 때문에 이 글을 읽을 독자들과 연구자들은 자신과는 다른 문화와 언어를 사용하는 연구 참여자들을 연구하는 데 있어서 유념해야 하는 일련의 방법적 지식에는 어떤 것들이 있을 수 있는지를 자세하게 생각해 보는 노력이 필요할 것이다. 그리고 그러한 노력이 계속 경주된다면 우리의 미래 30년 후의 한국 다문화 연구의 작업과 그 연구 결과들은 과거와는 매우 다른, 더욱 개선되고 우수한 것으로 평가될 것이다. 아울러 그때가 되면 30년 전에 이루어진 대부분의 연구들이 믿을 수 없고 신뢰롭지 못한, 재검토가 필요한 연구들로 누군가에 의하여 분석될 것이다.

다) 글쓰기에서의 포스트모던 타당도 확보 방법

글쓰기 또한 포스트모던 타당도 확보를 위해 중요한 절차이다. 왜냐하면 연구자는 글쓰기를 통해 연구 주제와 연구 문제 탐구의 결과를 드러내기 때문이다. 연구자의 글쓰기는 연구의 마지막 단계이지만 독자들은 그 마지막 글쓰기만을 '처음으로' 접하기 때문에 연구자가 연구의 과정에서 얼마나 포스트모던 타당도 확보를 위해 노력하였느냐와는 별개로 연구자의 글쓰기가 닫혀 있거나 하나의 결론만을 전통적인 학술적 글쓰기 방식으로만 제시할 경우 독자는 그 글쓰기에서 연구자가 의도한 '포스트모던적 읽기' 또는 '포스트모던적 이해'에 다가가지 못할 가능성도 있기 때문이다. 이러한 글쓰기의 중요성을 고려하여 우리는 포스트모던 타당도 확보를 위한 글쓰기 방법을 제시하고자 한다.

첫째, 연구자의 '자기반성'이 충분히 드러나는 글쓰기를 해야 한다. 연구자는 글쓰기에서 마치 연구자가 제시하는 증거들과 논의 그리고 결론이 객관적인 것처럼 제시하거나 모든 참여자가 동의하는 것처럼 제시하지 말아야 한다. 대신에 연구자의 글쓰기는 자료의 수집과 분석 그리고 결과의 논의에 이르기까지 '연구자 자신의 정체성과 입장'이 어떻게, 얼마나, 어떠한 방식으로 영향을 미쳤는지를 글쓰기 전체에서 드러내는 글쓰기를 시도해야 한다. 질적연구 글쓰기에서 '나'의 사용의 정당성에 대해서 논의하지 않더라도 포스트모던 글쓰기에서는 연구자 자신이 왜 그러한 논의를 그러한 관점에서 제시하고 있는지를 자기고백적으로 제시해야 한다.

둘째, 다성성이 충분히 표현되는 글쓰기를 시도해야 한다. 위에서 충분히 설명한 것처럼 포스트모던 질적연구에서 다성성은 매우 중요한 개념적 방법적 요소이다. 이에 연구자는 연구의 마지막 형태로 제시되는 글쓰기에서 다성성을 충분히 드러내기 위해 노력해야 한다. 이를 위해 상반되거나 모순되는 입장과 내용을 나란히 병치시킬 수 있으며, 복수의 입장과 해석을 나열할 수 있고, 다른 이론적 · 개념적 관점에 기초한 해석을 중첩적으로 제시할 수 있다. 이를 통해 연구자는 독자들이 하나의 현상이나 경험을 바라보는 시각이 다양하며 이를 해석하는 방식 또한 다양함을 알 수 있도록 안내해야 한다.

셋째, 독자의 이해를 강요하지 않는 방식의 글쓰기를 해야 한다. 포스트모던 글쓰기에서 연구자는 열린 자세로서 연구자의 글쓰기만이 유일한 것처럼, 가장 중요한 것처럼 여기도록 하는 어조를 피할 필요가 있다. 하나의 현상에 대해서 "나는 이러한 해석을 하였지만 다른 입장이나 관점 개념에 기초해서 언제든지 다른 해석이 가능함"을 인정하며 글을 써야 한다. 나아가 연구자 자신의 해석 또한 시간이 지남에 따라 변화하였고 앞으로도 변화할 수 있음을 인정하는 글쓰기를 해야 한다. 이는 Lather가 논의한 시뮬라크라/역설적 타당도를 고려한 글쓰기로서, 연구자가 자신에게 "나는 실제를 포착하고 제시할 수 있다는 믿음에 저항하면서 글을 쓰고 있는가?"라는 질문을 던지며 글쓰기를 수행하는 것이다.

넷째, 의미를 전달하는 글쓰기가 아니라 독자들의 의미 생성을 유도하는 글쓰기를 해야 한다. 이는 모더니즘의 합리성과 인간의 절대적 이성에 대한 포스트모더니즘의 비판을 고려한 글쓰기 접근이다. 연구자는 글쓰기를 통해 언제나 새로운 이해와 느낌 그리고 감동을 던져줄 수 있는 글쓰기를 시도해야 한다. 여기에서 전통적인 학술적 글쓰기의 형식을 탈피해야 한다는 과제가 생긴다. 전통적인 글쓰기는 설명하고 전달하는 목적에 기초한 것이기 때문에 독자들의 창의적이고 주체적인 읽기와 이해를 유도하는 데 한계가 있기 마련이다. 이에 연구자는 문학적 글쓰기, 예술적 글쓰기와 같은 탈경계적 글쓰기를 통해 독자에게 감동을 주고 새로운 이해가 가능한 읽기의 경험을 제공하기 위해 노력해야 한다. 이러한 다양한 형태의 글쓰기 방식은 이후에 설명할 '포스트모던 질적연구의 글쓰기'에서 자세히 설명하고자 한다.

다. 포스트모던 면담

포스트모던 질적연구가 하나의 연구 전통으로 자리 잡으면서 자연스럽게 포스트모던 연구를 위한 면담에 대한 논의가 이어졌다(Scheurich, 1997; Hollway & Jefferson, 2000; Fontana & Frey 2005; Scheurich & Clark, 2006). 포스트모더니즘이 모더니즘에 대한 비판에서 시작되었듯이 포스트모던 면담 또한 전통적인 '과학적인' 면담의 한계와 문제를 지적하였다. Fontana(2004)가 논의한 것처럼 포스트모던 연구자는 전통적인 면담에서 간과되었거나 주변화되었던 문제와 방식에 대해 매우 예리하고 면밀한 태도를 갖추려고 노력한다. 그렇다면 우리는 전통적인 면담의 문제점과 한계가 무엇인지 알아둘 필요가 있다. 포스트모던 질적연구, 특히 포스트모던 면담 이론화의 선구자인 James Scheurich(1997)는 전통적인 면담 접근이 가진 전제를 지적하였는데, 이러한 전제들은 포스트모던 질적연구에서 의문시되어야 하는 것들이다.

- 연구자는 면담에서 명료한 목적을 가지고 있다.
- 면담 질문 또한 명료하며 모든 참여자들에게 같은 의미로 다가간다.
- 질문 제시 방식 그리고 참여자와 연구자의 관계는 참여자의 응답에 영향을 미치지 않는다.
- 면담 상황은 참여자의 응답에 영향을 미치지 않는다.
- 전사된 내용만 '연구 자료'로 간주되며, 비언어적 표현과 상호작용은 대개 버려진다.
- 면담으로 만들어진 텍스트는 '과학적'으로 구분되고, 분류되고, 범주화된다.

전통적인 면담이 가진 전제들은 연구자가 의도한 부분이나 특정한 부분만을 강조하고 그것만이 '실제적인 자료'인 것처럼 간주하게 만든다. 한편 다른 부분들, 특히 비언어적 표현과 상호작용은 중요하지 않은 것으로 간주되거나 소거된다. 이 문제와 관련하여 Hollway와 Jefferson은 다음과 같이 주장하였다.

> 대부분의 사회과학 연구에는 기본적인 가정이 있다. 그 가정은 유사한 방식으로 이루어진 대화에서 동일한 단어가 드러나면, 마치 그 말을 한 많은 사람들이 같은 것을 의미한 것처럼 간주되는 경향이다. 이러한 원칙은 연구의 신뢰도와 타당도로 간주되고, 나아가 일반화가 가능한 것처럼 여겨지기도 한다(Hollway & Jefferson, 2000).

이러한 전체와 원칙은 연구자를 "마치 신의 자리에 위치시킨다. 마치 그들은 자신들이 누구인지, 이야기하는 사람이 무엇을 의미하는지, 추상적인 일반화를 위해 가려진 의미들을 들추어낼 수 있는 존재"(Scheurich, 1997: 64)로 간주한다. 하지만 포스트모던 면담에서 연구자는 '신'으로 간주되지 않으며, '언어, 의미, 대화, 상호작용'의 비결정성을 강조한다. 다시 말해, 포스트모던 면담은 연구자나 참여자가 사용하는 언어와 표현은 '전사된 단어가 같다'고 할지라도 다양한 의미를 지닐 수 있으며 때로는 숨겨지고 때로는 정반대로 표현될 수 있다는 점을 인정한다. 특히, 질적연구에서 면담은 참여자의 관점을 고려하는 것인데, 이는 청자가 누구인지에 따라 달라질 수 있다. 이러한 면담의 특성에 대해 Scheurich는 여러 가지 메타포로 표현하는데, 그는 면담을 '결정적이지 않고 궁극적으로 정의할 수 없는 흘러가는 행위'라 이야기하고, 참여자는 '야생의 극단적인 타자'라 이야기한다. 이에 그는 면담 상황을 '혼돈이라 부를 수 있는 열린 공간'이라 말한다.

전통적인 면담의 문제와 포스트모던 면담 접근, 특히 언어적 표현과 문자의 한계, 면담의 상황, 참여자와 연구자의 관계, 질문의 유형과 질문이 던져진 방식, 이 모든 것이 면담에 영향을 미친다. 이러한 논의들을 살펴보면 마치 연구자는 면담을 통해서 그 무엇도 알아낼 수 없이 그야말로 '혼돈'으로 점점 깊숙이 들어갈 수밖에 없는 것처럼 보인다. 비결정성, 메타내러티브의 거부, 다성성, 연구자의 위치성 등을 고려하면 연구자가 최종적인 하나의 결론적인 결과에 도달하였다고 알 수 있는 방법은 없다. 이에 연구자는 면담을 통해 그리고 연구의 전 과정을 통해 그 혼돈, 혼란, 모순, 다양한 목소리를 드러내려고 노력한다. 이러한 모스트모던 질적연구의 특성을 고려할 때 연구자는 면담과 관련하여 어떠한 고민을 해야 하는지를 제시하고자 한다(Scheurich, 1997).

- 연구자는 다양한 의도와 욕망을 가지고 있다. 어떤 것들은 의식적이며 어떤 것들은 무의식적이다. 마찬가지로 참여자 또한 자신의 의도, 목적 · 욕망을 가지고 있다.

- 면담에서 사용하는 언어는 중립적이거나 고정적이지 않다. 연구자가 참여자가 사용하는 언어는 Derrida의 차연이 의미하는 것처럼 지속적으로 미끄러지며, 모호하고, 사람, 시간, 장소에 따라 다른 것을 의미한다. 다시 말해 연구자가 하나의 물음으로써 의미하는 것이 참여자에게는 다르게 이해될 수 있으며 이 또한 시간과 장소가 변함에 따라 달라질 수 있다.
- 참여자의 응답 또한 누가 질문하는지에 따라, 언제 어디에서 질문하는지에 따라, 참여자의 감정이나 상황에 따라 달라진다.
- 참여자의 응답은 언어적으로 그리고 비언어적으로 표현된다. 어떤 것들은 참여자의 마음속에 자리 잡고 있으면서 결코 언어적으로 표현되지 않지만, 이 참여자가 하는 모든 응답에 영향을 미칠 수 있다.
- 때때로 참여자는 연구자와 함께 의미를 구성하지만 다른 경우에는 이를 거부하기도 한다.
- 종종 참여자는 '자신이 이야기해야만 한다'고 생각하는 것을 이야기한다.
- 참여자는 수동적인 응답자가 아니라 능동적인 행위자로서 연구자의 질문을 거부하기도 하고 자신만의 방식으로 이해하거나 연구자를 자신의 영역으로 끌어들이기도 한다.
- 참여자는 의식적으로 그리고 비의식적으로 '연구자'에게 이야기하는 것으로 간주하고 응답한다.

우리는 지금까지 전통적인 면담의 전제에 대한 비판 그리고 질적연구에서의 면담에 대한 포스트모던적 이해를 설명하였다. 이러한 내용을 기초로 포스트모던 질적연구에서 연구자가 면담을 어떻게 수행해야 하는지 설명하고자 한다. 우리는 여기서 Hollway와 Jefferson(2000)이 제안한 '자유연상 내러티브 면담 방법(free association narrative interview method)'을 소개하고자 한다. 자유연상은 Sigmund Freud가 내담자 면담을 위해 사용한 정신분석학적 방법이다. 이 면담 방법은 연구자가 질문과 응답을 통한 해답을 찾기보다 참여자로 하여금 '자유연상'을 하도록 촉진하는 전략으로서, 참여자의 게슈탈트(gestalt)를 활성화하기 위한 목적으로 이루어진다. 자유연상 내러티브 면담을 위해 그들은 다음 네 가지 전략을 제안하였는데, 이에 추가로 고려할 수 있는 전략을 설명하고자 한다.

첫째, 수렴적 질문보다 개방적 질문을 많이 사용하라. 단답형 또는 수렴적 질문은 참여자의 '진정한 의미'를 끌어내기 어렵다.

둘째, 참여자의 '이야기'를 끌어내라. 참여자가 자신의 실제 이야기를 해석하거나 판단하지 않고 끝낼 수 있도록 해야 한다.

셋째, '왜'가 들어가는 질문을 삼가라. 연구자의 '왜'라는 질문은 참여자로 하여금 자신이 한 이야기에 의문을 갖게 만들어 이후의 응답에 '솔직한 답변'에 영향을 미칠 수 있다.

넷째, 참여자의 표현, 순서, 의도를 추적하라. 참여자가 사용하는 단어의 의미는 연구자가 이해하는 것과 다를 수 있기 때문에 연구자는 참여자에게 그것이 어떤 의미인지 추적하여 질문할 필요가 있다.

다섯째, 최소한 두 번 이상 면담하라. 참여자는 종종 시간과 장소 그리고 그날의 감정, 기분, 사건의 영향으로 다른 응답을 한다. 이에 두 번 이상의 면담은 참여자가 가진 다양한 경험과 생각과 해석으로 나아갈 수 있는 전략이다.

이제 실제로 포스트모던 질적연구에서 사용된 면담 가이드를 소개함으로써 독자들의 이해를 돕고자 한다. 이 연구는 체계적 정신과 치료 시스템을 포스트모던 관점에서 탐구한 것이다.

포스트모던 질적연구 면담 내용의 예

Co-creating Brand Meaning in the Postmodern Era: Understanding Consumer Awareness of Branding in the English Higher Education Sector **(Hardcastle, 2020)**

상품 브랜드의 이미지에 대한 여성들의 생각을 묻는 질문에 대한 다양한 의견들을 제시하고 논의하였다. 그 예로서 '좋거나 나쁜 상품 마케팅의 예'와 관련한 질문에 대한 참여자들의 응답은 다음과 같다.

CA: 말할 필요도 없이 나이키라고 저는 생각해요. 모든 사람이 나이키를 알고 있죠. 그것이 좋은 예가 아닐까요? 나이키는 모든 사람이 인식할 수 있는 로고가 있잖아요.

E: 실제 여성들에게 가장 잘 알려진 브랜드는 없다고 생각해요. 여성들은 상품 브랜드를 보지 않아요. 모든 상품이 소중하죠. 그들은 상품 로고를 그렇게 고려하지 않아요.

JA: 루이뷔통(Louis Vuitton)이 가장 먼저 생각나네요. 그 명품 브랜드는 그것만의 패턴, 색, 갈색 톤의 상품적 특징이 항상 있잖아요. 그리고 너무나 독특하고 튀잖아요. 모두가 오랫동안 알고 있으니깐요.

M: 말할 필요도 없이 나이키죠. 나이키예요. 그렇지 않아요?

다음은 '대학의 브랜드 마케팅'에 대한 다양한 참여자들의 응답이다.

A: 대학은 브랜드라기보다 그냥 '기관'이라고 생각해요.

B: 저는 대학을 브랜드라고 생각하지 않아요.

CA: 모든 것은 돈과 관련 있다고 생각해요. 대학들도 그냥 비즈니스라고 생각해요. 근데 사람들은 고속도로 광고에서 보는 것과 같은 대학 브랜드 이미지만을 본다고 생각해요.

CO: 브랜드가 아니라 그냥 대학이죠.

JA: 나는 대학을 회사로 생각하지 않아요. 대학은 내가 가고 싶은 곳을 선택해서 가는 곳이니까요.

M: 나는 대학을 브랜드로 생각하지 않아요. 브랜드라면 Team Northumbria 대학이 최고가 아닐까요?

JO: 아니에요. 아니죠. 나는 대학이 브랜드라고 정말로 생각하지 않아요.

표면적으로는 간단하고 단순한 질문으로 여겨질 수 있지만 참여자들의 응답은 매우 다양하게 나타났다. 연구자는 모든 질문들에 대한 다양한 참여자들의 응답을 충분히 제시함으로써 '다성성'을 드러내고자 노력하였다.

포스트모던 질적연구 면담 가이드의 예

***The Map of Competencies in Systemic Therapy*(Lorås, 2016)**

- 당신의 교육적 배경에 대해 이야기해 주시겠습니까?
- 아동과 아동 정신치료 분야에서 체계적 가족 치료에 대한 당신의 경험은 무엇입니까?
- 당신은 체계적인 가족 치료를 어떻게 정의합니까? 예를 들어 이야기해 주시겠

습니까?

- 비정상적인 정신적 관계와 관련하여 당신이 구체적으로 사용하는 전략과 요소는 무엇인지 예를 들어 이야기해 주시겠습니까?
- 치료 과정에서 내담자의 참여와 기여는 어떠한지 이야기해 주시겠습니까?
- 다른 기관의 전문가들과 협력할 가능성에 대해서 어떻게 생각하는지 이야기해 주시겠습니까?
- 치료를 필요로 하는 아동의 부모나 보호자와 어떻게, 어떠한 관계를 맺는지 이야기해 주시겠습니까? 특히 아이의 증상과 진단을 어떻게 공유합니까?
- 당신이 볼 때 '체계적 가족 치료'의 문제점이나 한계가 있다고 보십니까? 그것이 무엇인지 구체적으로 이야기해 주시겠습니까?
- 좋은 체계적 가족 치료는 어떤 특성이 있어야 하는지 예를 들어 설명해 주시겠습니까?
- 어떤 이론이나 접근이 가장 일반적으로 많이 활용된다고 보십니까? 그러한 이론이나 접근이 어떻게 실행되는지 예를 들어 이야기해 주시겠습니까?
- 체계적 가족 치료가 '절차적'으로 수행되는 경우가 있습니까? 그렇다면 그 예를 자세히 들려주시겠습니까?
- 보고서나 진단서 작성에 영향을 미치는 사람은 누구이며, 어떻게 영향을 미치는지 이야기해 주시겠습니까?
- 체계적 가족 치료 프로그램의 시작, 중간, 마지막의 특성은 무엇인지 예를 들어 설명해 주시겠습니까? 그리고 왜 그러한 특성을 가지는지 이야기해 주시겠습니까?

(중략)

- 체계적 가족 치료 프로그램의 문제와 한계는 무엇이라고 생각하는지 이야기해 주시겠습니까?

라. 포스트모던 자료 분석

자료 분석은 글쓰기와 함께 포스트모던 질적연구 방법에서 가장 중요한 요소이다. 왜냐하면 자료 분석을 어떻게 하느냐에 따라 포스트모던 질적연구가 추구하는 '메타내러티브의 거부', '탈중심화', '숨겨진 다양한 목소리의 표현', '자료 해석과 재현의 불가능성'을 제시할 수 있는지가 결정되기 때문이다. 포스트모던 질적연구가 발전하면서 포스트모던 관점에서 자료 분석의 접근은 어떠해야 하고 어떠한 전략과 방법이 가능한지에 대한 논의가 이어지고 있다(Delamont, & Atkinson, 2004; Ayres, 2008; Olsson, 2008; Clarke, 2003). 이러한 논의의 핵심은 일관성과 통일성을 찾기보다 다름, 차이, 다양성, 복잡성을 적극적으로 찾는 분석을 강조한다는 것이다. 다시 말해 포스트모던 질적연구의 분석은 간결하고 정선된 분석 결과를 추구하지 않으며 좀 더 모순적으로 보이는 '목소리들'을 찾으려고 노력한다(Rosenau, 1992). 즉, 탈주체적 · 탈중심적 다성성을 제시하는 것은 포스트모던 질적연구를 하는 연구자의 책임이다. 이에 여러 학자들이 제시한 자료 분석 접근과 전략을 정리하면 다음과 같다(Flick, 2013; Hollway & Jefferson, 2000; Scheurich, 1997).

첫째, 연구자는 자료의 일관성뿐만 아니라 비일관적인 부분을 포착하기 위해 노력해야 한다. 참여자들이 동의하는 부분, 참여자와 연구자가 동의하는 부분, 상반되는 부분, 모순되는 부분, 유사한 부분, 변화하는 부분을 포착하려고 노력하라. 이는 연구자뿐만 아니라 참여자들 또한 '일관된 합리적인 인간'이 아님을 전제한 것이다.

둘째, 연구자는 분석을 위해 수집된 모든 자료를 활용해야 한다. 질적연구의 자료 분석에서 수집된 자료들은 연구자에 의해 선택되고, 배열되고, 조직된다. 이 과정에서 어떤 자료는 중요한 것으로 간주되고, 어떤 자료는 주변적인 것으로 간주되기도 하고 일부는 '폐기'되기도 한다. 이는 자료 분석이 연구자의 주관성과 위치성에 강하게 영향을 받기 때문이다. 이러한 사실을 주지한 연구자는 다성성을 강조하기 위해 그리고 가려지고 숨겨진 목소리를 드러내기 위해 가능한 모든 자료를 고려하여 분석해야 한다.

셋째, 자료 분석에서 연구자는 특히 참여자의 감정이나 게슈탈트의 다양한 양상을 고려해야 한다. 이는 참여자가 심리사회적 주체(psycho-social subject)라는 점을 적극적으로 고려하는 것이다. 참여자가 가진 정신심리학적 요소들은 의도적으로 또는 무의식적으로 그들이 하는 말과 행동에 영향을 미치기 때문에 자료 분석에서 연구자는 어떠한 상황에서, 어떠한 심리적 · 정신적 · 육체적 상황에서 참여자가 어떠한 이야기를 하였는지 고려하여 분석해야 한다.

넷째, 자료 분석의 출발점과 비교하여 해석이 얼마나 자료를 잘 대변하고 있는지 지속적으로 비교하고 의문을 제기하라. 참여자와 마찬가지로 연구자 또한 감정과 게슈탈트의 영향을 받는 심리사회적 주체이다. 따라서 한 번 코딩하고 해석된 자료에 대한 연구자의 해석이 일관적이지 않을 수 있다. 이에 연구자는 자신의 분석 과정을 재수행하고 재검토하는 노력을 해야 한다. 이러한 노력을 통해 연구자는 '포스트모던 타당도'를 확보할 수 있을 뿐만 아니라 더욱 '심층적인 자료 분석'으로 나아갈 수 있다.

다섯째, 자기반성에서 충분히 설명하였지만 자료 분석에서도 연구자는 자신의 정체성, 위치성, 참여자와의 권력관계, 인식론적 · 방법론적 입장을 고려해야 한다. 글쓰기와 연구가 종료된 후 연구자는 자기반성을 통해 자신의 이해와 글쓰기를 해체할 수 있지만 자료 분석의 과정에서 '자기반성'을 지속적으로 수행하려는 노력을 해야 한다. 이는 '방법론적 노트' 또는 '타당도 노트'로 구분하여 작성할 수 있다. 이를 통해 독자들은 해석을 위해 연구자가 어떠한 인식론적 · 이론적 · 철학적 도구와 개념'을 적극적으로 사용하였는지 이해할 수 있다.

여섯째, 자료 분석에서 연구자는 참여자의 언어적 표현뿐만 아니라 비언어적 표현 또한 중요하게 고려해야 한다. 이에 면담 자료의 수집에서 비디오 녹화를 통해 참여자의 언어뿐만 아니라 비언어적 표현들 또한 적극적으로 분석할 필요가 있다. 이미 설명하였듯이 참여자의 마음속 어떤 부분은 명료하게 드러나지 않지만 그들이 하는 말과 행동에 지속적으로 영향을 미칠 수 있음을 명심해야 한다.

여섯째, 분석의 전 과정에서 연구자는 놀라운, 새로운, 예기치 못한 발견을 기대해야 한다. 모든 질적연구가 그러하지만 포스트모던 질적연구는 연구자가 예상하지 못한, 미처 고려하지 못한, 연구자가 당연하게 여겼던 요소들의 발견이다. 이러한 '새로운' 자료의 발견과 논의는 질적연구 자료 분석을 더욱 포스트모던적으로 만드는 필수적인 작업이다.

포스트모던 질적연구의 자료 분석의 예로서 Elaine M. Power(2004)의 "Toward Understanding in Postmodern Interview Analysis: Interpreting the Contradictory Remarks of a Research Participant"를 소개하고자 한다. 이 연구는 Power가 어떻게 한 참여자의 '모순적 목소리들'을 포착하게 되었으며 그러한 모순을 어떻게 해석하였는지를 잘 보여주는 예이다.

포스트모던 자료 분석의 예

"Toward Understanding in Postmodern Interview Analysis: Interpreting the Contradictory Remarks of a Research Participant"(Power, 2004)

이 연구는 한 명의 참여자의 면담에서 드러난 모순을 포착하고 이를 적극적으로 해석함으로써 인간 참여자가 가지고 있는 상반되는 그리고 숨겨진 의도와 의견을 포착하였다는 점과 그 모순 분석을 통해 참여자 삶 여정의 과정과 특징을 심층적으로 분석하였다는 점에서 포스트모던 질적연구의 자료 분석에 참고할 수 있는 좋은 예라고 하겠다.

연구자는 Bourdieu(1996)의 '실천의 논리(the logic of practice)' 개념에 기초하여 한 참여자의 이야기를 분석하였다. 이 실천의 논리는 "모든 인간은 그들이 드러내거나 인정하지 않더라도 자기 나름의 상황적 논리에 의해 행동하고 이야기한다"라는 것이다. 따라서 참여자의 실천의 논리를 이해하기 위해서는 참여자의 상황과 그 상황을 유발하고 뒷받침하는 복잡한 여건들을 고려해야 한다.

이 연구는 유아를 키우는 대학생의 삶에 대한 연구로서 연구 초기 연구자는 다음과 같은 면담 자료를 수집하였다.

연구자: 어떻게 이 아파트를 마련하게 되었지요? 이렇게 살 만한 곳을 찾기가 어려웠니요?

참여자: 아니요. 두 곳을 보고 그중 한 곳을 골랐지요. 사실 이곳이 좀 더 저렴했어요. 왜냐하면 난방비와 전기료가 집세에 포함되어 있었거든요. 그래서 월세만 지불하면 전기세나 난방비, 수도세 등은 전혀 신경 쓸 필요가 없지요. 어떤 사람은 그러한 요금 지불을 뒤로 미루거나 일부만을 지불하기도 하지요. 하지만 이는 언젠가는 내가 내야 할 돈이고, 우리는 언제나 전기와 난방이 필요하니까요.

하지만 이후의 면담에서 참여자의 처음의 응답과는 다른 응답이 드러나 참여자가 첫 면담에서 진정으로 응답하지 않았음이 드러났다.

연구자: 사회보장기금을 받으면 어떻게 하는지 이야기해 주시겠어요?

참여자: 그 돈을 받으면 이 달에 필요한 것이 무엇이고 지불해야 할 것이 무엇인지 먼저 고려하고 마트에 가서 장을 보지요.

연구자: 그리고 월세는…….

참여자: 월세요. 나는 주인에게 가서 불만을 제기했어요. 그가 전기세와 난방비를 지불하지 않았거든요. 그래서 내가 지불해야만 했어요. 사실 난방비와 전기세는 이 달만 내가 지불해야 해요. 왜냐하면 내가 입주하고 나서 2층에

한 여성이 입주했는데, 그녀가 난방비와 전기세를 월세에 포함시키기를 원했거든요. 그러서 집주인이 아래층과 위층에 사는 모두에게 동일한 조건으로 만들어주었어요.

첫 면담에서와 달리 참여자가 그 집에 살게 된 이유는 난방비와 전기세가 월세에 포함되었기 때문이 아님이 확실해졌다. 연구자는 다른 참여자들과도 면담하며 연구를 이어갔고 연구의 후반부에 다시 면담 녹음을 들었다. 그 과정에서 연구자는 또 한 번 그 참여자의 '모순적 이야기들'을 찾아내게 되었고, 참여자가 '거짓말쟁이'라는 생각이 들었다. 그러자 연구자는 참여자가 한 이야기 모두에 의심을 가지게 되었다. 연구자에게 그 참여자가 한 "난 괜찮아요, 운이 좋은 편이죠, 정말 좋아요" 등의 말들이 진실로 생각되지 않았다.

면담 녹음 자료를 다시 들으며 자료 분석을 이어가던 연구자는 다른 면담에서 한 가지 힌트를 포착할 수 있었다.

연구자: 왜 부모님과 함께 살다가 이사를 나오게 되었지요?

참여자: 부모님들도 당신들만의 시간이 필요하지요. 나의 부모님은 더 이상 어린 아이와 함께 사실 수 없어요. 그분들이 그렇게 하고 싶어 함에도 불구하고요. 그래서 나는 아기와 다른 곳에서 살기로 결정했어요. 그래서 독립하게 되었지요. 프라이버시. 아무래도 독립하면 나만의 자유가 생기는 것이니까요. 나는 이제 엄마예요. 책임을 질 상황과 나이가 된 것이지요. 아마도요. 삶의 힘든 현실이지요. 이제야 깨닫지만.

연구자는 이 면담에서 나오는 책임감과 자유에 주목하였다. 이제야 연구자는 그 참여자 상황의 핵심 주제로 희생, 책임감에 주목하였고, 부모님과 함께 살면서 자신의 아들에 대한 보육이 잘 이루어지지 못한 상황에서 제한된 자금과 여러 가지를 고려하여 참여자가 그 집을 선택하고 분가하게 된 이유를 이해할 수 있었다. 이러한 분석의 과정은 연구자로 하여금 참여자가 "자신이 실제로 생각하고 취한 행위를 그대로 이야기하기보다 책임감 있는 엄마가 해야 될 것으로 기대되는 이야기를 했음"을 이해할 수 있었다. 이러한 상황적 요인들을 알고 난 후, 참여자에 대한 연구자의 감정 또한 순화되었고 참여자를 이해할 수 있었다.

이 연구 논문은 Power가 연구한 어느 참여자의 응답에 기초하여 포스트모던 질적연구의 자료 분석이 어떻게 '심층적'으로 이루어져야 하는지를 잘 보여주는 예로서 많은 다른 연구자들에 의해서 인용되고 있다. 이렇듯 포스트모던 질적연구의 자료 분석은 일반적인 질적연구에서보다 더욱 예민한 '연구자의 포스트모던적 민감성'을 요구하는 작업이다.

또 하나의 추가적 예시로서 근거이론에서 활용되는 포스트모던 자료 분석 방법을 소개하고자 한다. '포스트모던 질적연구'는 기존의 체계, 방법, 관점을 거부하는 입장을 취하는데, 이 입장이 가장 체계적인 방법론인 근거이론에서도 효과적으로 적용될 수 있음을 보여주는 예시이기 때문에 제시한다. 하지만 독자들은 이 방법이 '가장 효과적이거나 대표적인' 포스트모던 질적연구의 자료 분석 모형으로 오해하지 않기를 바란다.

Adele E. Clarke(2003)는 "Situational Analyses: Grounded Theory Mapping After the Postmodern Turn"에서 포스트모던 근거이론 연구에서 활용할 수 있는 자료 분석 방법인 '상황적 분석(situational analysis)'을 이론화하였다. 이 분석 방법은 전통적인 근거이론의 분석 방법과 절차를 보충하거나 대체할 수 있는 방법으로, 연구에서 드러나는 다양한 차원의 연구(면담) 자료의 복잡성을 더욱 명료하게 드러낼 수 있는 방법이다(Clarke, 2003). Clarke는 이 방법이 Charmaz(2003)의 근거이론, 즉 '더욱 생성적이고, 구성적이며 열린 실천으로서 실증주의적 연구 방법의 한계'를 벗어나려는 시도라고 주장하면서 이 방법은 더욱 유연하고, 관계적이며, 다양한 입장과 관점을 강조하는 분석 방법이라고 설명한다(2003: 559). Clarke는 Strauss의 이론에서 출발하여 자신만의 분석 이론을 개발하였는데, 이는 세 차원의 지도 그리기 접근에 기초하고 있다. 그 세 가지 지도 그리기 방법을 **<표 11-6>**에 제시하고 설명하고자 한다.

먼저 상황적 지도는 연구 상황에서 드러나는 모든 인간, 비인간, 그리고 다른 요소들에 대한 다소 산만하고 복잡한 배치를 그리는 것이다. 이 지도의 목적은 연구 자료에 드러난(또는 명료하게 드러나지 않지만 존재하는) 요소들의 복잡하고 혼란스러움을 포착하고 분석을 촉진하기 위한 것이다. 상황적 지도 그리기 작업은 전통적인 개념화나 유목화의 접근을 의도적으로 회피하는 접근을 취해야 한다. 이 초기 상황적 지도에는 인간, 비인간, 개념, 아이디어, 제도 등 관찰 가능하고 명료한 요소들도 포함되지만 명료하지 않은 내용들도 포함될 수 있다. 이에 연구자가 작성하고 있는 코드도

〈표 11-6〉 Clarke의 상황적 분석

분석 방법	설명
상황적 지도 (situational maps)	• 연구 관심과 연구 상황에서의 핵심적인 인간, 비인간, 탈주, 그리고 다른 요소들과의 관계
장소와 사회적 지도 (social worlds/arenas maps)	• 집단 행위자들, 핵심적 비인간 요소들의 지속적인 충돌과 타협을 나타내는 상황에 대한 중간 수준의 분석 지도
위치적 지도 (positional maps)	• 연구되는 상황을 둘러싼 복잡한 논쟁점, 취해진 지위와 그렇지 않은 지위 등 다양한 이슈들의 복잡성, 차이, 논쟁점에 대한 지도

포함될 수 있으며, 연구자의 메모와 도식에서 드러난 요소들 또한 포함될 수 있다.

두 번째, 장소와 사회적 지도는 지속적인 타협과 충돌의 과정에 있는 모든 집합적인 행위자와 갈등의 무대들을 그리는 것이다. 이 지도는 집단으로서의 행위, 사회적 조직, 제도적 차원을 포함하는 연구된 상황에 대한 중간 수준의 해석을 제공한다. 여기서 '포스트모던적' 관점이 더욱 적극적으로 반영되어야 하는데, 연구자는 단선적인 관계성을 전제하지 말아야 한다. 또한 연구자는 단방향적인 영향을 전제하지 말아야 하며, 경계는 항상 열려 있으며 다공성을 가지고 있다고 보아야 한다. 또한 충돌, 교섭, 절충은 유연하며 대개 진행 중이라는 점을 고려해야 한다. 특정한 목적을 이루기 위한 다소 강요적인 절충과 타협은 사회적 과정의 기본으로, 장소와 사회적 지도를 지속적으로 탈중심화하고 불안정하게 만든다는 점을 고려해야 한다. 모든 것은 순간적이고 개인, 집단, 조직, 제도는 항상 변할 수 있기 때문에 이 지도 또한 포스트모던 가능성에 열린 자세로 작성되어야 한다.

세 번째 위치적 지도는 자료에서 취해진 것과 취해지지 않은 것을 펼쳐 놓는 것이다. 이 지도에는 특정한 담론의 작용들과 다양성, 변화, 관심, 모순과 대립이 포함될 수 있다. 위치적 지도의 가장 두드러진 특징은, 특정한 사람이나 집단 중심적으로 작성하는 것이 아니라 상황과 연구 주제의 전체성을 드러내기 위해 작성해야 한다는 것이다. 이 지도는 개인, 집단, 또는 구조의 모순되는 다양한 입장과 위치가 전체적으로 드러날 수 있도록 작성되어야 한다. 포스트모던 연구에서 추구하는 복잡성과 다양성은 그 자체로 이질적인 요소들을 가지고 있다. 이에 우리는 그러한 복잡성을 표현할 수 있는 방법을 고민해야 한다.

마. 포스트모던 글쓰기

자료의 분석과 더불어 글쓰기는 포스트모던 질적연구에서 가장 중요한 부분이다. 지금 우리는 '언어의 한계'와 '언어적 표현과 재현에 대한 모더니즘적 관점'을 비판하는 포스트모던 질적연구를 이야기하면서도 전통적인 글쓰기로서 이를 설명하고 있다. 포스트모던 질적연구에서도 여전히 '문자 언어'가 주류를 이루고 있는 것은 우리가 인정해야 할 부분이다. Derrida의 차연(différance), Deleuze와 Guattari의 리좀(rhizome), Baudrillard의 시뮬라크라(simulacra), Lyotard의 배리(paralogy), Irigaray의 미메시스(mimesis), Kristeva의 상호 텍스트성(intertextuality)을 고려하면 글쓰기는 마치 '실패를 전제로 한 무모한 도전'으로 여겨질 수 있다. 글쓰기와 관련하여 우리는 독자들에게 다음과 같은 의문점들에 대해 고민해 보기를 바란다.

- 근대성의 이성을 대표하는 인간의 언어에 전적으로 의존하면서 근대성을 비판할 수 있을 것인가?
- 객관적인 존재가 아닌 연구자가 과연 객관적인 글을 쓸 수 있는가?
- 다양한 실제가 존재하는 이 세상에서 어떤 특정한 주장이나 결론을 하나의 진실로서 독자에게 제시하는 것이 타당한가? 연구자에 의해 선택받지 못한 요소나 이야기들은 진실이 아닌가?
- 연구자가 사용하는 언어는 연구자가 경험한 세계와 참여자의 세계를 그대로 그러낼 만큼 선명한 것인가?
- 언어는 실재를 재현할 수 있는 선명한 거울인가? 언어가 불분명하고 불완전한 기호의 체계라고 한다면 연구자는 연구 세계를 어떻게 더욱 정확하게 표현하였다고 주장할 수 있을 것인가?
- 왜 연구는 그리고 연구 결과는 언어로만 제시되어야 하는가? 왜 드라마, 시, 만화, 그림, 영화 등은 가능하지 않은가?
- 연구자가 '지식 전달'을 넘어 독자들에게 주체적 사고와 감동을 주고자 한다면 어떠한 표현 방식이 가능할 것인가?

이러한 문제 의식에 기초하여 질적연구 글쓰기를 탐구한 대표적 학자로 Laurel Richardson을 들 수 있다(Richardson, 1990, 1992, 1997, 2000; Richardson & Lockridge, 2004; Richardson & St. Pierre, 2005). 그는 "Writing: A Method of Inquiry"(Richardson & St. Pierre, 2005)에서 질적연구자를 위한 21가지 전략을 제시하였

으며, "New Writing Practices in Qualitative Research"(Richardson, 2000)에서 질적연구를 위한 새로운 글쓰기 형태와 전략을 제시하였다. 그는 자서전적 글쓰기, 시적 글쓰기, 드라마적 글쓰기 등의 형식을 제안하였으며, 포스트모던 글쓰기 전략으로 다양한 이론적 관점에서의 글쓰기, '권위'에 도전하는 글쓰기, 다른 독자를 고려한 다양한 형태의 글쓰기, 단선적이고 위계적인 글쓰기의 지양, 다양함을 드러내는 글쓰기, 불일치성을 강조하는 글쓰기, 연구자의 감정과 글쓰기가 이끄는 방향에 대해 반성하는 글쓰기, 자신의 신체적 · 공간적 체험을 고려한 글쓰기 등을 제시하였다. Richardson뿐만 아니라 포스트모던 연구자들은 어떠한 글쓰기 방식으로, 어떻게 '문자 언어'의 한계를 조금이나마 극복할 수 있는지, 그 전략에 대해 고민하고 이론화하는 작업을 이어가고 있다(Atkinson & Delamont, 1990; Bazerman, 1987; Becker, 2008; Hammersley & Atkinson, 1983; Hølge-Hazelton & Krøjer, 2008; St. Pierre, 1997, 2018; St. Pierre & Pillow, 2000; 김영천, 2010; 김영천, 이동성, 2013; 임민정, 2014). 이 학자들이 공유하는 입장은 포스트모던 질적연구에서의 글쓰기는 "무한한 가능성으로의 시도"로 간주될 수 있다는 것이다. "끝없이 미끄러지고"(Derrida, 1997), "실재와 재현의 경계가 허물어지는"(Baudrillard, 1983) 언어의 특성을 창의적이고 탈경계적으로 활용할 수 있다면 질적연구자들은 무한한 새로운 글쓰기 방식과 전략을 시도할 수 있다. 이러한 포스트모던 글쓰기에 대한 이해를 정리하면 다음과 같다(Ely, 2007: 571).

- 어떤 사실을 아는 데에는 다양한 방법들이 존재한다. 그리고 안다는 것은 항상 부분적이고 맥락적일 뿐이다.
- 연구자가 자신의 연구 결과를 알리는 방법에는 여러 가지 유형과 전략이 있다.
- 연구자가 글쓰기로서 전달하려는 내용은 개인적/정치적/인종적/젠더적/민족적/문화적 메시지를 포함하고 있다.
- 우리의 언어가 실제를 창조한다. 즉, 글쓰기 자체는 하나의 탐구의 과정이며 앎을 추구하는 과정이다.
- 연구자가 바라보는 세계와 현상은 자신이 교육받고 훈련받았던 방식과 문화에 깊은 영향을 받는다. 글쓰기 또한 그러하다.
- 글쓰기는 인지적인 작업이지만 연구자의 감정과 떼어놓을 수 없이 연결되어 있다.
- 연구자가 실재로 이해하고 표현하는 내용은 다층적이며 때로는 모순적이고 가변적이다.

〈표 11-7〉 포스트모던 글쓰기의 형식

글쓰기 형식		설명
자기반성적 글쓰기		• 연구자의 위치성과 여러 차원의 맥락이 연구의 과정과 결과에 어떠한 영향을 끼쳤는지를 인정하고 적극적으로 드러내는 글쓰기
참여적 글쓰기		• 참여자를 글쓰기에 초대하여 연구자와 참여자가 공동으로 수행하는 글쓰기
다성적 글쓰기		• 다양한 이해, 해석, 목소리, 즉 다성성(multivocality)을 적극적으로 드러내는 글쓰기
탈장르적 글쓰기	문학적 글쓰기	• 시적 · 소설적 · 연극적 · 자서전적 · 공연적 글쓰기
	예술적 글쓰기	• 회화, 콜라주, 사진, 음악, 무용 요소를 활용한 글쓰기

❖ 연구자의 글은 연구자가 의도한 대로 독자에게 읽히지 않는다. 즉, 개별 독자는 자신의 방식대로 자신만의 이해를 구성한다.

전통적 글쓰기에 대한 포스트모더니즘의 비판과 포스트모던 글쓰기의 입장을 고려하여 우리는 이 절에서 지금까지 이론화된 다양한 포스트모던 글쓰기를 예시와 함께 소개하고자 한다. 포스트모던 글쓰기에 대한 상세한 설명과 다양한 예시에 대해서는 김영천(2010)의 『질적 연구방법론 III: Writing』을 참고할 수 있겠다. 여기서는 그 내용의 핵심을 소개하고자 한다. 우리가 제시하는 대표적인 포스트모던 질적연구 글쓰기 형태와 전략은 **〈표 11-7〉**에 제시되어 있다.

가. 자기반성적 글쓰기

자기반성적 글쓰기는 포스트모던 질적연구의 글쓰기로서 가장 먼저 고려할 수 있는 방식이다. 이 글쓰기는 우리가 포스트모던 질적연구 방법적 특징의 첫 번째로 논의한 '자기반성'과 포스트모더니즘의 가장 중요한 개념이자 실천인 '해체'에 기초한 글쓰기이다(김영천, 이동성, 2013). 이 글쓰기는, 연구자가 제시하는 논의와 연구 결과로서의 주장은 연구자의 정체성, 위치성, 문화와 권력을 담고 있다는 점을 고려하여 연구자의 위치성과 여러 차원의 맥락이 연구의 과정과 결과에 어떠한 영향을 끼쳤는지를 인정하고 적극적으로 드러내는 글쓰기이다. 앞에서 살펴본 '포스트모던 타당도'의 예시를 참고할 수 있다. 이 글쓰기 방식은 연구자가 자신의 위치성을 탈중심화하고 연구 참여자 또는 비인간 요소들의 존재와 관점들을 타자화하거나, 배제하거나, 열등한 것으로 간주하지 않는 접근을 요구한다. 모든 글쓰기는 저자의 권력과 관점이 표현되는 장소이다. 이에 포스트모던 연구자는 항상 자신이 은연중에 또는 무의식적으로 자신의 관점과 주장만을 강요하거나 그것만을 유일한, 올바른, 확실한 관점이나 진실로 간주하는 글쓰기를 할 수 있다는 점을 경계해야 한다(Wax, 1986; Lather, 1991; 주재홍, 김영천, 2010; 김영천, 주재홍, 2012; 김영천, 이동성, 2013).

우리가 이미 이 장의 서두에서 강조한 것처럼 '자기반성'은 포스트모던 질적연구의 전 과정에서 고려되어야 할 방법적 · 실천적 개념이다. 글쓰기 또한 예외가 아니다. 아니, 특히 글쓰기에서의 '자기반성'은 더욱 중요하다고 하겠다. 이에 예시를 통해 자기반성적 글쓰기가 어떻게 실천되는지 알아보고자 한다.

자기반성적 글쓰기의 예

「우리나라 다문화교육 현장 작업(fieldwork)에서 경험하는 방법론적 딜레마와 이슈들」(이동성, 김지인, 이다해, 2011)

이제 우리는 자신들의 '때 묻은 안경'을 깨끗이 닦을 차례이다. 연구자들의 안경은 1970년대 중반과 1980년대 초반에 대량으로 만들어진 순수한 국산품이며, 성인 남성들의 것이며, 비판적 교육학을 전공하는 대학원에서 만들어졌으며, 초등학교의 학생들을 직접 가르치거나 교육 연구를 하는 데 주로 사용되었다. 따라서 우리들의 안경을 통해 다문화 교육을 바라보는 사람들은 이러한 특성을 반드시 염두에 두어야 한다. 다문화 교육에 대한 연구의 과정에서 우리는 투명하게 연구 참여자들의 삶을 재현하려고 하여도, 우리들이 착용하고 있는 렌즈의 한계를 뛰어넘을 수 없었다. 즉, 30대 주류 한국인의 남성의 비판적 교육학을 전공하는 사람의 교육 실천과 교육 연구를 경험하였던 사람들의 시야를 통해서 다문화 교육 현상을 인식하고 탐구한 것이다(이동성, 김지인, 이다해, 2011: 21-22).

이러한 연구 관계는 복잡하고 불평등한 권력관계를 적나라하게 드러낸다.

30대의 연구자들이 10대와 40~50대 사람들의 삶을 진정으로 이해할 수 있을까? 단일한 국가 정체성을 가진 주류 한국인들이 외국의 국적을 가진 어머니와 그 어머니로 인해 다원적인 국가 정체성을 가진 학생의 삶을 진정으로 이해할 수 있는가? 성인 남성인 연구자들이 학부모인 성인 여성의 삶과 아동기의 총제적인 삶을 얼마나 온전히 이해할 수 있을까? 비판적인 이론적 배경을 가진 교육 연구자들이 이데올로기적인 색채를 배제하고 교육 현상과 교육 대상을 편견 없이 바라볼 수있는가?(이동성, 김지인, 이다해, 2011: 22)

나. 참여적 글쓰기

참여적 글쓰기는 참여자를 글쓰기에 초대하여 연구자와 참여자가 공동으로 수행하는 글쓰기 방법이다. 이 글쓰기는 전통적으로 유일한 화자로 간주되던 연구자의 위치성을 탈중심화하고 화자의 권위를 참여자와 공유하는 글쓰기 방식이다. 이 방법은 포스트모던 질적연구에서의 글쓰기 담론을 이끈 Patti Lather가 처음으로 제시하고 이론화한 방법이나. 그녀는 “Creating multi-layered text: Women, AIDS, and Angels”(Lather & Smithies, 1997)를 통하여 이 글쓰기 방식의 예를 보여주며 이론화하였다. 이 작품들에서 연구자는 자신들의 해석과 ‘자신들의 이야기’뿐만 아니라 AIDS에 걸린 여성들과 레즈비언 여성들을 저자로 참여시켜 그들이 직접 작성한 자신들의 삶과 경험에 대한 이야기를 포함시켰다. 이러한 시도는 독자들이 연구자의 이야기에만 의존하는 것이 아니라 참여자들의 ‘생생하고 직접적인 목소리’를 읽을 수 있는 기회를 제공해 주었다. 이러한 참여자의 글쓰기를 질적연구 글쓰기 작업에 포함시키는 것은 연구자에 의해 걸러지지 않은 참여자의 이야기를 드러내기 위함이며, 연구자가 가지는 정체성, 위치성 그리고 연구자의 글쓰기가 가진 한계를 극복하고자 하는 노력이다. 다시 말해, 전통적인 글쓰기에서 참여자의 이야기나 글은 연구 자료로서 연구자에 의해 해석되고, 걸러지고, 강조되거나 배제되었지만 이 글쓰기 방식은 화자로서의 참여자의 목소리를 연구자의 그것과 병치시키며 저자의 권위를 탈중심화한다. 이러한 시도는 전통적인 글쓰기에서 타자화되고 대상화되었던 참여자들의 글이 연구자의 글과 대등한 위치에서 읽혀지기를 바라는 것이다. 이러한 시도로서 참여적 글쓰기는 불확정성, 불완전성, 개방성으로 특징화되는 포스트모던 질적연구 글쓰기의 선구적인 시도로 평가받고 있다(김영천, 이동성, 2013). 이에 참여적 글쓰기의 예로서 소개하고자 한다.

참여적 글쓰기의 예

Troubling the Angels: Women Living with HIV/AIDS (Lather & Smithies, 1997)

이 작품의 특징은 연구자들이 의도적으로 참여자들의 이야기와 글을 가감 없이 있는 그대로 제시함으로써 독자들이 참여자들의 이야기를 '직접' 들을 수 있는 많은 기회를 제공한다는 것이다. 다음은 이 책의 일부를 발췌한 것이다.

Lita

의사들이 Janice에게 그녀가 에이즈 환자가 걸리는 폐렴에 걸렸다고 말했을 때 그녀는 "나를 포기"해 달라고 말했어. 그녀는 너무 지쳤어. 설사가 그녀의 힘을 완전히 빼앗아가 버렸지. 의사들이 그녀에게 폐렴에 걸렸다고 말했을 때, 그녀는 치료를 거부했어. 그녀는 의사들에게 그들이 무엇을 할 수 있을지 정확하게 말하라고 했어. 다시 말해, 그녀는 자신이 직면한 상황을 정확하게 알고 싶어 했어. 어느 날 새벽 3시경 나는 그와 통화를 하고 있었어. 의사가 피를 뽑기 위해서 왔고, 그녀는 의사를 보고 "구역질 나, 나는 당신들이 여기서 새벽 3시에 나를 바늘로 찌르고 있다는 것을 믿을 수 없어. 당장 이 우라질 것들을 치우란 말이야. 난 전화 통화 중이야"라고 말했어. 지금은 그것이 과거의 Janice다운 것이었어. 하지만 그녀는 모두 소용 없는 짓이라고 말했어. 그녀는 지쳤고 내게서 떠날 거라고 말했지. 그리고 그녀는 바로 떠났어.

그녀가 떠난 사실에 대해서 이야기하는 것은 너무 고통스러운 일이야. 나는 그녀가 정말 그리워. 너무너무 그리워. 왜냐하면 병이 아무리 악화되어도 우리는 웃을 수 있었어. 그녀는 나에게 마술과도 같은 작은 출구였고 나 또한 그녀에게 그랬어. 그러나 곧 그 마술은 사라졌지. 그녀가 가버렸을 때 이건 하나의 여행이자 경험의 연속이라는 믿음이 강해졌어. 나는 되돌아갈 거야. 인생은 경험의 축적이며 그것에 대해서 마땅한 이유를 가져야 해.

Sharon

나는 여러 이유로 감염되기 전까지 죽어가고 있다는 것을 알지 못했고 지금에서야 알게 되었어. 에이즈 바이러스에 감염되기 전부터 나는 죽어가고 있었어. 너도 알다시피, 나는 나를 되찾게 한 어떤 이유로 너는 죽어가고 있고 죽을 것이라고 알고 있다는 의미야. 때로는 너희들이 오직 한 사람이라는 것과 모두와 달리 이 아름다운 삶을 영원히 가질 것이라고 느끼지. 그러나 인생은 그렇게 아름답지 않으며 비록 확신하지 못하더라도 너희들은 내 말의 의미를 알 거야. 나는 너희들이 아는 그 아름다운 인생에 대한 기억이 없어. 그러나 너희들이 처음 에이즈에 걸렸다는 것을 알았을 때 모든 것이 전부터 아름다웠던 것 같아. 그것은 어떻든 나에게 다가왔고 나는 죽을 것으로 생각했어. 이러한 사실들을 알았을 때 나는 비탄, 분노, 고립과 외로움, 이 모든 것들과 타협해야 했어. 나는 몇 달 동안 신과 협상하고 타협해야 했으며 그 신에 대한 분노를 어찌할 수 없었어. 나는 마침내 마지막 단계에 이르렀다고 생각해.

Tracy

이 병은 삶에 달라붙어 우리를 괴롭혀. 그리고 우리의 성공은 자신이 할 수 있는 최선을 다하는 것이라고 생각해. 내 친구 하나가 4주 전에 저세상으로 갔지. 그 친구는 병과 처절하게 싸웠어. 나는 이 병에 관한 TV 프로그램을 보았어. 그 죽음은 우리가 아는 것처럼 이미 정해진 죽음이야. 나는 우리가 지금 그 어떤 힘을 잡으려고 싸우는 중이라고 생각해. 어떤 이는 죽음을 발견하고 더 신앙적이 되기 위해, 어떤 이는 그 틈에서 온전한 정신을 차리고 무언가를 찾기 위해 노력해. 우리는 그리 오래 살지 않겠지만 죽음이 곧 실패로 간주되어서는 안 된다고 생각해. 사람들은 앞으로 14년 살 가능성에 대해 이야기하지만 어떤 사람은 3년 안에 죽기도 해. Doreen을 봐, 지난 5월에 죽었어. 그녀는 마치 작은 용처럼 처절하게 싸웠지만……. 결코 포기하지 않았지. 나는 그녀가 실패했다고 생각하지 않아. 내가 말하건대 우리에게는 우리 모두를, 특히 여성들을 도울 수 있는 누군가가 필요해.

다. 다성적 글쓰기

다성적 글쓰기는 다양한 목소리, 즉 다성성(multivocality)에 기초한 글쓰기 방식이다. 이 글쓰기 방식은 연구자만의 글쓰기가 연구 결과의 표현에서 '다양한 목소리'를 담아내기에 한계가 있다는 인식과, 참여자들의 다양한 '목소리(관점과 이해)'를 드러냄으로써 다층적인 실제와 이해를 제시하려는 포스트모던 질적연구의 문제 의식에 기초한 것이다(Krieger, 1983; Lather & Smithies, 1997; Wolf, 1992; 김영천, 주재홍, 2012). 이에 포스트모던 질적연구에서 글쓰기는 연구자 자신만의 이야기를 마치 하나의 결론처럼 제시하는 방식에서 벗어나 참여자들의 다양한 목소리와 해석을 드러낼 수 있는 다의성(polysemy)과 대위성(polyphony)을 드러내고자 시도한다. 즉, 글쓰기를 통해 연구자는 다른 관점과 해석을 담고 있는 복수의 목소리를 드러내고자 한다.

다성적 글쓰기는 '재현의 위기' 그리고 포스트모던 인식론에 기초하여 실제를 드러내는 유일한 방식이란 있을 수 없으며, 모든 현상이나 실제는 다양한 측면을 내포하고 있으며, 다양한 해석이 가능하다는 입장을 적극적으로 수용하면서 강조된 글쓰기이다(Lather, 1991; Hamera, 2011; Richardson, 1990; Van Maanen, 1988; 김영천, 주재홍, 2012). 다성성과 대위성은 음악(성악) 분야에서 다양한 음과 화음의 구성을 지칭하는 용어였으나 이후 사회과학 연구에서 "일체의 절대성과 독단주의를 배격하고 상대성과 다원성을 강조하는 개념"으로 자리 잡았다(문재은, 2010: 201). 이에 포스트모던 글쓰기를 시도하는 질적연구자들은 참여자들의 다양한 목소리를 제시하고, 연구자 또한 다양한 해석을 제시함으로써 독자들이 연구된 현상에 대한 '한 가지 결과와 해석'에 머무르지 않고 다양한 관점에서 바라볼 수 있도록 유도한다. Kristeva(2002)의 상호 텍스트성이 의미하는 것처럼 다성적 글쓰기는 읽는 독자들에게 제시된 해석이나 관점 이외에 자신만의 해석과 입장을 새로이 추가하는 창의적 읽기의 기회를 제공해 줄 수 있다. 다성적 글쓰기는 다양한 목소리를 가능한 균형감 있게, 창의적으로 제시하고, 독자의 새로운 이해와 해석을 초대하는 글쓰기 전략이다.

다성적 글쓰기의 예

『별이 빛나는 밤 2: 한국 교사의 삶과 그들의 세계』(김영천, 2005)

김영천은 이 책에서 '명문 초등학교 교사 집단의 군기'와 '벚꽃 초등학교의 친화회'를 통해 한 학교에서 찾아볼 수 있는, 선배와 후배 교사 간의 위계와 질서 문화에 대한 참여자들의 다른 해석과 목소리를 그대로 제시하였다. 한 교사는 이러한 문화를 능력 있고 전문성을 갖춘 교사가 되기 위한 과정으로서 긍정적으로 바라본 반면, 다른 교사는 전근대적이고 불합리한 문화로 해석하고 있다. 김영천은 이 두 입장의 이야기를 여과 없이 그대로 제시함으로써, 다양한 목소리를 드러내고 개별 독자들이 이에 대한 해석과 판단을 하도록 독려하였다. 김영천은 연구자로서 무엇이 옳고 그름을 결론 내릴 수 없기 때문에 독자들이 다양한 판단을 할 수 있는 여지를 남겨두는 글쓰기를 하였다.

명문 초등학교의 군기

이 학교의 유명한 전통이 또 하나 있다. 손님 접대를 1년차 교사가 해야 한다는 것이다. 어느 날 수업 시간에 전화를 받았는데 손님이 왔으니 교장실로 차를 두 잔 준비해 가라는 것이었다. '수업 중에 차라니…….' 미숙은 교무주임 선생님께 수업 중이라고 말하였지만 자습을 시켜 두고 오란다. 학교에서 아이들을 가르치는 일 말고 더 중요한 일이 도대체 뭐라고……. 미숙은 시키는 대로 할 수밖에 없었다. 불평을 해봐야 소용이 없다는 것을 알기에…….

교장실에 들어서니 손님이 있었는데 그 손님이 누구인지 미숙은 궁금하지 않았다. 이 일이 있은 후 손님 접대는 미숙의 담당이었다. 어느 날 체육 수업을 하는 중 손님이 찾아왔다. 이 학교는 유달리 손님이

벚꽃 초등학교 친화회

친화회 식사가 끝나갈 즈음 전화가 왔다. "학교 자체 민방위 훈련이 있으니 모두 10분 내로 학교로 들어가야 해."

야밤인데도 불구하고 전 직원이 모두 학교 현관에 모여 둘러서 있었고 2년차를 대표한다는 훈련대장이 1년차들을 불러모아 조회대 앞에 나란히 일렬 횡대로 세운다. 훈련대장이 열중 쉬엇, 차렷을 반복하며 전열을 가다듬는다.

이윽고 친화회를 총지휘하는 친화회장이 근엄한 걸음으로 현관을 나와 조회대에 오르면 훈련대장의 우렁찬 목소리가 울려퍼진다.

"충성, 지금부터 2002학년도 본교 전입 교사 신고식을 시작하겠습니다."

곧 훈련대장의 구령에 따라

많은 학교다. 미숙은 상황이 그러하니 다른 누군가가 할 것으로 생각하였다. 하지만 수업 후 교무부장 선생님으로부터 꾸지람을 들었다. 손님이 올 계획이 있는지 파악하고 그러면 수업 순서를 알아서 미리 조정해야 한다는 것이었다.

(중략)

이 학교에 온 지 1년이 다 되어 가는 무렵 미숙도 이 학교의 문화와 일하는 방식에 익숙해져 가고 있었다. 처음에는 후배 신임 교사가 오면 그러지 말아야겠다고 생각했지만 그녀 또한 자신이 당하였던 것처럼 후배 교사들에게 하고 있었다. 미숙도 그들과 같은 사람이기에…….

1년차 교사들은 매트 구르기, 뜀틀 넘기, 장애물 빠져 나가기, 달리기 등의 학교 자체 민방위 훈련을 실시하였다.

이후 개별 신고식이 이어졌다. 운동장 반대편 끝에 있는 친화회장에게 신고를 하는 것이었다.

"교사 김영수는 2002년 3월 1일자로 본 벚꽃 초등학교에 근무하도록 전보 발령을 받았습니다. 이에 신고합니다."

"뭐야, 웬 모기 소리냐? 그런 목소리로 감히 이 학교에 근무할 생각을 했단 말이야?"

그렇게 길고도 먼 5년 동안의 여정을 무사히 마치고 이제 벚꽃 초등학교를 떠난 필자는 주변 선생님들과 대화에서 간혹 "역시 벚꽃 출신 선생님은 달라"라는 말을 들을 때 가슴이 뭉클해진다.

그는 사명감과 교직관, 공동체 구성원으로서의 협응력, 업무 추진력, 분위기 장악력까지 모두 벚꽃에서의 교직생활에서 배웠기 때문으로 생각한다.

라. 문학적/예술적 글쓰기

문학적/예술적 글쓰기는 전통적인 3인칭의 객관적 방식의 학술적 글쓰기 형식을 벗어나기 위해 문학이나 예술과 같은 다른 형태의 글쓰기 장르를 차용하거나 전통적인 글쓰기와 문학적 · 예술적 글쓰기를 차용하거나 학술적 글쓰기와 혼용하는 포스트모던적 글쓰기 방식이다. 문학과 예술은 인간의 삶, 경험, 느낌, 감상, 세계관, 신념 등을 표현하는 오랜 표현 방식이다. 포스트모더니즘이 인간 언어의 한계를 적극적으로 비판하는 입장에서 탈장르적 글쓰기는 연구 결과의 포스트모던적 표현의 중요한 영역이며 연구 방법적 접근이다. 이에 사회적 실재를 표현하는 다양한 양식이 있다는 전제하에 질적연구의 대안적 글쓰기 방식으로 문학과 예술의 글쓰기와 장치들이 이론화되고 활용되고 있다(Clifford & Marcus, 1986; Geertz, 1983; Marcus & Fisher, 1999; Van Maanen, 1988; Leggo, 2007; 김영천, 주재홍, 2012). 이러한 글쓰기 전략은 전통적인 글쓰기 형태와 다양한 문학과 예술적 장르의 경계를 넘나든다는 점에서 탈장르적 글쓰기로 이해된다.

문학적 글쓰기는 시, 소설, 연극, 자서전과 같은 문학 장르의 글쓰기를 차용하는 것이며, 예술적 글쓰기는 회화, 콜라주, 사진, 음악, 무용 등과 같은 비언어적 예술 분야의 표현 특성과 기법을 질적연구 글쓰기에서 활용하는 방식이다. 이러한 문학적/예술적 글쓰기의 형태와 특징은 **<표 11-8>**과 같다.

이렇게 문학적/예술적 글쓰기는 매우 다양한 형태로 이루어질 수 있다. 또한 연구자는 하나의 장르만을 차용하기보다 여러 장르의 특성과 장점을 복합적으로 활용하는 글쓰기를 시도할 수 있다. 이미 설명한 바와 같이 Laurel Richardson은 시적 글쓰기, 드라마적 글쓰기 등 다양한 형태의 탈장르적 글쓰기를 시도한 학자이다. 여기서는 글쓰기 예로서 '기행문 글쓰기'를 제시하고자 한다. 그녀는 남편 Earnest Lockridge와의 협력 작업으로 이 글쓰기를 시도하였다. 이 책은 사회학자인 Richardson과 소설가인 Lockridge 부부가 25년간 함께 세계 각 나라와 지역을 여행한 경험에 대한 협력적 글쓰기로 이루어졌다. 이 책의 부제가 'Crossing the Literacy/Sociological Divide'인 것처럼, 이들은 사회학적 글쓰기와 문학적 글쓰기의 경계를 넘나들고자 시도하였다. 이를 위해 두 사람은 각자 전문가적 관점에서 자신의 여행을 기록하였으며, 이를 서로 읽고 서로의 글에 대한 감상을 하였다. 그 내용에 대한 대화는 녹음하였으며, 이 책의 저술을 위해 분석하였다. 이 책의 가치는 시, 소설 등 다양한 형식의 글쓰기를 '자신들의 기행문' 저술을 위해 활용하였다는 점이다. 이 책의 내용 일부를 소개한다.

〈표 11-8〉 문학적/예술적 글쓰기 형태와 특징

글쓰기 형태		특징
문학적 글쓰기	시	• 시가 지니는 특징(구문 형식, 반복, 병치, 운율 등)을 반영한 글쓰기: 새로운 의미의 창조와 전달
	소설	• 소설의 구성 요소를 고려하여 연구 결과를 소설적 이야기로 재구성: 갈등과 사건을 극적으로 재구성
	연극	• 연극을 위한 대본을 작성하듯 등장 인물의 행동, 배경, 동기의 복잡성, 감정의 표현, 무대장치 등을 강조한 글쓰기: 경험의 구체화
	자서전	• 저자의 개인적 경험을 사회문화적 맥락에 연결시켜 자신의 경험을 서술하듯 기술하는 방식: 공감과 공명
예술적 글쓰기	회화	• 회화의 시각적 이미지를 통한 다양한 맥락에서의 중첩적 의미 표현
	콜라주	• 콜라주 생성을 통한 우연적 의미의 획득과 표현
	사진	• 사진 자료의 심층적 분석과 언어 표현의 한계를 사진으로 제시하여 생동감을 높이는 글쓰기
	음악	• 음악과 청각적 요소 중심의 글쓰기
	무용	• 몸의 구성과 움직임 그리고 무용적 요소를 글쓰기에 활용 • 비언어적 몸짓을 통한 표현과 의사소통 중심의 글쓰기

탈장르적 글쓰기의 예 1

Travels with Ernest(Richardson & Lockridge, 2004)

죽음의 계곡에 대한 첫인상

Earnest의 이야기

하늘은 맑고, 공기는 완전히 투명하며 뜨거운 태양이 뙤약볕을 내리쬐고 있었다. 나는 가끔씩은 계곡이 아니라 열곡이라고 불리는, 지각이 어긋나서 지층이 가라앉은 죽음의 계곡(Death Valley)의 동쪽을 둘러 나 있는 도로 190번 옆에 주차를 하였다. 죽음의 계곡은 지구에서 가장 뜨거운 지점이다. 한두 번 정도 더 높은 점수표를 기록한 적이 있는 리비아 사막의 지독한 모래구멍이 있지만, 죽음의 계곡의 순전한 일관성에는 비교할 것이 못 된다. 그 계곡의 남쪽 경계 근처에 베드

워터(Badwater) 분지는 해저 282피트 수준으로 지표면에서 가장 낮은 장소이다. 1,000년 전에는 내륙의 해안이 600피트의 깊이까지 그 지역 전역을 덮고 있었다.

Laurel의 이야기

죽음의 계곡은 300만 에이커 크기의 황무지이다. 라벤더, 분홍색, 흰색, 구슬 아이스크림, 블랙 산맥, 뒤틀림, 충적선상지, 분화구, 모자이크 바닥, 경사, 사구, 짙푸른 하늘, 담록의 징조, 까마귀, 로코초, 눈이 없는 물고기. 그곳은 서반구에서 가장 건조하고 덥고 낮은 지역이다. 나는 죽음의 계곡보다 더 아름다운 곳을 가본 적이 없다.

"우리 앞에는 웅장한 적막감의 훌륭한 장면이 놓여 있다." William Manley가 1849년 크리스마스 날에 죽음의 계곡으로 초대된 파티에서 쓴 것이다. 그들은 이미 재산 대부분을 버렸고 소 대부분을 식량을 위해 도살하였다. 그 계곡의 북쪽 길과 남쪽 길은 소용없다고 판명되었다. 여정으로 지치고, 사막의 혹독함에 미처 준비하지 못한 채로 식량이 심각하게 고갈되었을 때, 개척자들은 샘 옆에서 야영을 하였다. 반면에, '유능한' 두 사람은 걸어서 남쪽으로 향하였다. 만약 Panamint 산을 통과하는 길을 발견한다면, 그들은 Los Angeles에 있는 작은 마을에 빠른 시일 내에 도착할 수 있을 것이라고 예상하였다. 그들은 그곳에 도착하기 위해서는 200마일을, 그중 100마일은 사막을 횡단해야 한다는 사실을 알지 못하였다.

극한의 상황에 대처하는 그들의 방식

Earnest의 이야기

"우리는 충분한 물을 가지고 오지 않았지." Laurel이 말한다.

"자, 여기." 나는 그녀에게 우리가 Las Vegas로 날아가기 직전에 Graceland Shopping Center에서 산 내 물통을 건네주었다.

"이거 가득 차 있는 것처럼 느껴져." Laurel이 말한다.

"나는 목이 마르지 않아." 나는 말한다.

"당신은 미친 듯이 땀을 흘리고 있어, Earnest."

나는 하늘을 본다. "음……, 아마도 우리는 결국 홍수를 맞게 될지도 모르겠어."

"물을 마셔, Earnest."

"나는 당신을 위해서 물을 남겨두는 거야."

"누가 당신에게 그런 생각을 하랬어? 슈퍼맨이야?" Laurel이 묻는다.

"물론 아니야."

"Earnest, 왜 당신은 자살을 하려고 해? 친절하게 내게 대답해 줄래?"

"돌아갈 준비는 되었어?" 나는 그녀에게 묻는다.

우리는 모래로 덮인 두 개의 산골짜기를 가로지른 후에 바위 들판을 다시 들어가고 있는 중이다. 천천히 가고 있다. 우리는 바위에 기댔고, Laurel은 내게 물을 마시게 하였다.

Laurel의 이야기

햇빛이 밝아지고, 우리는 다시 길을 찾기 시작한다. 이것은 소용없는 일처럼 느껴진다. 나는 우리가 여기서 죽을 것이라고 확신한다. 아무도 우리를 찾으러 오지 않을 것이다. 우리의 차는 잘 주차되어 있다. 우리는 여행객 명부에 등록하지 않았고, 우리가 이번 주에 빌린 방 문에 "방해하지 마세요"라고 적혀 있다.

"당신을 사랑해, Earnest." 나는 말한다.

"나도 사랑해, Laurel." 그는 말한다.

우리는 우리 중 하나가 그 짧은 세 단어를 말한다면, 다른 한 사람이 같은 말로 대응해야 한다는 우리의 암묵적 동의에 웃는다. 곧 죽어갈 것이라고 생각하니까, 나는 슬프지도, 화가 나지도, 울음이 나지도 않는다. 나는 이것이 내 운명이라고 생각하면서 의연해진다. 우리의 운명.

계속되는 산행으로 너무 지쳐서 — 이제 막다른 높은 언덕의 자갈길에 있다 — 나는 등을 대고 누워서 눈을 감는다. 멀리서, 그런 것 같다. 나는 Earnest가 소리치는 것을 들을 수 있다.

우리나라에서도 문학적/예술적 글쓰기를 시도한 학자들이 있다. 류지선과 김영천(2015)의 콜라주 글쓰기 기법 탐색, 김영천, 이희용, 이현철, 최준호의 『한여름 밤의 꿈』(2009)의 시적 글쓰기와 김영천(2011)의 『가장 검은 눈동자』의 소설적 글쓰기 등이 대표적인 예이다. 이에 우리는 임민정(2014)의 시적 글쓰기를 소개하고자 한다. 임민정은 한국의 교육격차 현상을 바라보는 하위 계층과 상위 계층의 시각을 각각 시로 표현하였다. 이어서 임민정은 시에 대한 독자들의 이해를 위해 이 시들이 기초하고 있는 참여자의 이야기를 추가적으로 제시하였다.

탈장르적 글쓰기의 예 2

「시를 이용한 질적연구 경험으로의 초대」(임민정, 2014)

〈그들만의 커뮤니티〉

공부는 자기가 하고 싶어야 하는 것
정말 바보 아니면 조금 하면 되지
잘하는 뛰어난 사람들이 자리를 잡고
그들이 모여 살며 자식들을 공부시키니까
부모의 수준
일종의 유전
내 아들이고 내 딸인데
나 닮았으면 당연히 잘하지 않을까

공부는 자기가 하고 싶어야 하는 것
따라잡을 수 있을까
엄마 아빠 이상한 동네의 아이들에게
너 공부해 그런다고 공부가 되지는 않아
먹고만 살면 된다는
그런 사람들이 모여 사는 거야
저 애는 위험해
저 애랑 놀게 하면 안 되겠다

〈나와는 다르게〉

애들도 알아야지
학력을 우선시하는 사회
내가 못했던 공부
내 자식한테는 더 좀
대학 가고 싶다면 보내고 싶어
많이 버는 사람들이야 많이 가르치겠지
내 아이는 못했으니까
뒤처진 것처럼 보이게 되나

애들도 알아야지
돈이 없어서 못 해주는 것
방과 후 발레 일주일에 한번 십만 원
기저귀 값만 해도 십만 원이 넘으니까
공부는 기본만 하더라도
남한테 묻어가지 말고 주체가 되는 사람
네 앞가림하면서 그렇게 살았으면
가난이 대물림 안 되게

우리나 우리 윗세대 자리를 잡은 사람들이 강남으로 이사를 왔잖아요. 그런 사람들이 모여 살면서 그 자식들을 공부를 시키니까. 일종의 유전이라고 생각도 많이 들어요. (중략) 부모의 수준과 교육 수준과, 성공한 사람들이, 그 사람들도 공부 열심히 해서 똑똑해서 성공을 한 거잖아요.

(2013. 1. 22. E어머니 개인 면담)

> 요즘 같은 경우는 워낙 사교육을 엄마들이 많이 시키다 보니까 어떻게 보면 저희 아이가 뒤처진 것이 아닌데 뒤처진 것처럼 보이게 돼요. 걔네들은 넘 해가지고 이제 얘는 못 했으니까. (중략) 많이 버는 사람들이야 많이 가르치겠죠. 큰아이 친구들도 보면 그 집은 애가 둘이라는데 한 사람당 학원비가 100만 원 들어간다고. (중략) 엄마한테 "뭐 해주세요." 이러면 저는 솔직히 다 이야기를 해서 "엄마가 지금 돈이 없어서 못 해준다." 애들도 알아야죠.
>
> (2013. 1. 11. C어머니 개인 면담)

> 저도 형제가 다섯 명이에요. 신랑도 다섯 명이고. 중간 정도 끼어 있으니까 못 해본 것도, 형편도 안 좋으니까. 못 한 게 많으니까 신랑도 저도 그래요. 아이가 하고 싶다고 하는 것은 다 시켜주고 싶다. (중략) 내 자식한테는 더 좀. 그냥 가난, 가난이라고 해야 하나, 되물림 안 되게 최선을 다해야죠. 또 하고 싶은 것도 다 시키고.
>
> (2013. 1. 14. D어머니 개인 면담)

4. 요약

이 장에서 우리는 포스트모던 질적연구를 어떻게 정의하고 이해할 것인지 설명하였다. 이어서 모더니즘에 대한 포스트모더니즘의 비판을 제시하여 포스트모던 질적연구 이해를 위한 기초적 지식을 제시하였다. 이어서 우리는 포스트모던 질적연구의 방법적 특징들을 상세히 설명하고 그 방법을 어떻게 실천할 수 있을 것인지에 대한 전략 그리고 고려사항들을 제공하였다. 가장 핵심적인 방법적 특징으로, 연구자의 자기반성, 포스트모던 타당도, 포스트모던 면담, 포스트모던 자료 분석, 포스트모던 질적연구를 위한 다양한 글쓰기 방식을 소개하였다.

포스트모더니즘을 이해할 때 "무엇이든 진실이고 진리가 될 수 있다"라는 식의 이해는 바람직하지 않다. 포스트모더니즘은 우리에게 우리가 믿는 진리, 지식, 실재라는 것은 항상 제한적일 수밖에 없으며 하나의 현상에 대한 다양한 관점과 이해 그리고 해석이 가능하다는 것을 인정하도록 요구한다. 나아가 우리 연구자가 사용하는 언어 중심, 논리적 글쓰기 중심 또한 그 한계가 뚜렷하므로 더욱 새롭고 창의적이고 탈경계적인 방법으로 연구를 수행하고 결과를 제시하기를 요구한다. 이로써 포스트모던 질적연구는 항상 독자들을 새로운 해석과 이해의 가능성으로 초대하는 지적 노력이다.

5. 참고문헌

김선아(2009). 질적연구에서 자기성찰의 의미와 방법. **조형교육**, **33**, 39-57.

김영천(1996). 질적/후기 실증주의 연구 작업에서 고려해야 할 방법적 이슈들. **교육과정 연구**, **14**(3), 41-72.

김영천(2005). **별이 빛나는 밤: 한국 교사의 삶과 그들의 세계 1, 2**. 서울: 문음사.

김영천(2010). **질적 연구방법론 III**. 서울: 아카데미프레스.

김영천(2011). **가장 검은 눈동자: 한국 다문화 아동의 슬픈 자화상**. 파주: 아카데미프레스.

김영천, 이동성(2013). 질적연구에서의 대안적 글쓰기 이론화 탐색. **열린교육 연구**, **21**(1), 49-76.

김영천, 이희용(2008). 질적연구에서의 글쓰기: 문학적 표현 양식들의 이해. **중등교육 연구**, **56**(3), 187-222.

김영천, 이희용, 이현철, 최준호(2009). **한여름 밤의 꿈: 제7차 교육과정 환상과 추락의 내러티브**. 서울: 아카데미프레스.

김영천, 주재홍(2011). **포스트모던 패러다임과 교육학/교육과정 연구**. 파주: 아카데미프레스.

김영천, 주재홍(2012). 질적연구의 지적 전통으로서 포스트모더니즘: 그 방법적 이슈들. **교육인류학연구**, **15**(3), 29-61.

김현돈(1993). 모더니즘과 포스트모더니즘에 관한 비판적 검토. **제주논문집(인문 · 사회)**, **37**, 79-99.

류지선, 김영천(2015). 질적연구에서의 콜라주 표현기법 탐색. **질적탐구**, **1**, 1-35.

마정미(2008). 포스트휴먼과 탈근대적 주체에 관한 연구. **인문콘텐츠**, (13), 193-212.

문재은(2010). 셀린의 『밤의 끝으로의 여행』에 나타난 문체적 특징으로서의 다성성(plurivocalisme). **세계문학비교**, **30**, 201-221.

신승환(2003). **포스트모더니즘에 대한 성찰** (Vol. 27). 서울: 살림.

이광해(2007). **해체주의와 그 이후**. 서울: 열린책들.

이동성, 김지인, 이다해(2011). 우리나라 다문화 교육 현장 작업(fieldwork)에서 경험하는 방법론적 딜레마와 이슈들. **다문화 교육 연구**, **3**(1), 5-27.

이정우(2004). **개념뿌리들 2**. 서울: 철학아카데미.

이진경(2002). **노마디즘**. 서울: 휴머니스트.

이진경(2008). **철학과 굴뚝 청소부**. 서울: 그린비.

임민정(2014). 시를 이용한 질적연구 경험으로의 초대. **유아교육 연구**, **34**(4), 35-54.

임민정(2016). 포스트모던 텍스트로서의 질적연구: 세 가지 이론을 통한 해체적 읽기. **유아교육 연구**, **36**(2), 147-167.

전영백 옮김(2005). **후기 구조주의와 포스트모더니즘**. 서울: 조형교육.

조재식, 허창수, 김영천(2006). 교육학/교육과정 연구에서 질적연구자가 고려해야 하는 타당도 이슈들: 그 다양한 접근들의 이해. **교육과정 연구**, **24**(1), 61-95.

주재홍, 김영천(2010). 포스트모던 교육과정 연구의 지형과 그 가능성들: 다섯 학자들을 중심으로. **교육과정연구**, **28**(2), 23-58.

Allen, J. C. & Garner, N. (1997). *Condor Qatay*. Walveland Press.

Alvesson, M. (2002). *Postmodernism and social research*. Philadelphia: Open University Press.

Alvesson, M. & Sköldberg, K. (2000). *Reflexive methodology: New vistas for qualitative research*. London: Sage.

Ayres, L. (2008). Thematic coding and analysis. In L. M. Given (Ed.), *The Sage encyclopedia of qualitative research methods* (pp. 867-868). Los Angeles, London, New Delhi, Singapore: Sage.

Atkinson, P. & Delamont, S. (1990). Writing about teachers: How British and American ethnographic texts describe teachers and teaching. *Teaching and Teacher Education*, *6*(2), 111-125.

Baudrillard, J. (1981). *For a critique of the political economy of the sign*. Charles Levin (Trans.). Telos Press Publishing.

Baudrillard, J. (1983). *Simulacra and simulation*. Ann Arbor: University of Michigan Press.

Baudrillard, J. (1987). *Forget Foucault*. New York: Semiotext(e).

Bazerman, C. (1987). Codifying the social scientific style: The APA publication manual as behaviorist rhetoric. In J. S. Nelson, A. Megill, & D. N. McCloskey (Eds.), *The rhetoric of the human sciences: Language and argument in scholarship and public affairs* (pp. 125-144). Madison, WI: University of Wisconsin Press.

Becker, H. S. (2008). *Writing for social scientists: How to start and finish your thesis, book, or article*. Chicago, IL: University of Chicago Press.

Britzman, D. P. (1995). "The question of belief": Writing poststructural ethnography. *International Journal of Qualitative Studies in Education*, *8*(3), 229-238.

Bourdieu, P. (1996). *The state nobility*. Cambridge: Polity.

Butler, J. (1992). Mbembe's extravagant power. *Public Culture*, *5*(1), 67-74.

Cassell, C., Symon, G., Johnson, P., & Bishop, V. (2005). *ESRC benchmarking good practice in qualitative management research, Workshop 3: Reflexivity*. http://www.restore.ac.uk/Benchmarking/workshop/.

Charmaz, K. (2003). Grounded theory: Objectivist and constructivist methods. In N. K.

Denzin & Y. S. Lincoln (Eds.), *Strategies for qualitative inquiry* (2nd Ed., pp. 249-291). Thousand Oaks, CA: Sage.

Cherryholmes, C. H. (1988). *Power and criticism: Poststructural investigation in education*. New York: Teachers College Press.

Cho, J. & Trent, A. (2006). Validity in qualitative research revisited. *Qualitative Research*, *6*(3), 319-340

Clarke, A. E. (2003). Situational analyses: Grounded theory mapping after the postmodern turn. *Symbolic Interaction*, *26*(4), 553-576.

Clifford, J. & Marcus, G. (1986). *Writing culture: The poetics and politics of ethnography*. California: University of California Press.

Constas, M. A. (1998). Research news and comment: Deciphering postmodern educational research. *Educational Researcher*, *27*(9), 36-42.

Cunliffe, A. L. (2011). Why complicate a done deal? Bringing reflexivity into management research. In C. Cassell & B. Lee (Eds.), *Challenges and controversies in management research* (pp. 404-418). London: Routledge.

Davies, C. D. (2007). *Reflexive Ethnography*. NY: Routledge.

Davis, R. C. (1988). Woman as oppositional reader: Cixous on discourse. *Papers on Language and Literature*, *24*(3), 265.

Day, S. (2012). A reflexive lens: Exploring dilemmas of qualitative methodology through the concept of reflexivity. *Qualitative Sociology Review*, *8*(1): 60-85.

Delamont, S. & Atkinson, P. (2004). Qualitative research and the postmodern turn. In M. A. Hardy & A. Bryman (Eds.), *Handbook of Data Analysis* (pp. 667-681). London: Sage.

Deleuze, G. & Guattari, F. (1987). *A Thousand Plateaus: Capitalism and Schizophrenia*. London: Continuum.

Deleuze, G. & Guattari, F. (1994). *What is Philosophy?* New York, Columbia University Press.

Denzin, N. K. (1997). *Interpretive ethnography: Ethnographic practices for the 21st century*. London: Sage.

Denzin, N. K. & Lincoln, Y. S. (Eds.) (2011). *The Sage handbook of qualitative research*. London: Sage.

Derrida, J. (1981). *Positions*. Chicago: The University of Chicago Press.

Derrida, J. (1997). *Of Grammatology*. Corrected edition. Gayatri Chakravorty Spivak (Trans.). Baltimore and London: Johns Hopkins Press.

Dixon, S. & Chiang, C. M. (2019). *Promoting reflexivity and reflectivity in counselling, education, and research*. Proceedings from the 2018 Canadian Counselling Psychology Conference, 15-31. http://hdl.handle.net/1880/111408, conference proceedings.

Eagleton, T. (1983). *Literary Theory: An Introduction*. Minneapolis: University of Minnesota Press.

Eidelsztein, A., Shanahan, F. F., Malone, P., & Eidelsztein, F. (2018). *The graph of desire:*

Using the work of Jacques Lacan. London: Routledge.

Ely, M. (2007). In-forming re-presentation. In Clandinin, D. J. (Ed.), *Handbook of narrative inquiry: Mapping a methodology* (pp. 567-598). London: Sage Publication.

Flick, U. (Ed.) (2013). *The SAGE handbook of qualitative data analysis*. London: Sage.

Fontana, A. (2004). Ethnographic trend in the Postmodern Era. In D. R. Dickens & A. Fontana (Eds.), *Postmodernism and Social Inquiry* (pp. 203-223). New York: Routledge.

Fontana, A. & Frey, J. H. (2005). The interview: From neutral stance to political involvement. In N. K. Denzin & Y. S. Lincoln (Eds.), *The Sage handbook of qualitative research* (2nd ed., pp. 695-727). Thousand Oaks, CA: Sage.

Foucault, M. (1970). *The order of things*. New York: Ransom House.

Foucault, M. (1979a). *The history of sexuality*, Vol. 1: An introduction. London House.

Foucault, M. (1979b). *Discipline and punish: The birth of the prison*. NY: Random House.

Foucault, M. (1980a). *Power/Knowledge*. New York: Pantheon.

Foucault, M. (1980b). *Language, counter-memory, practice*. NY: Cornell University Press.

Foucault, M. (2019). *Ethics: subjectivity and truth: Essential works of Michel Foucault 1954-1984*. Penguin UK.

Gabriel, G. M. (2015). *Fields of sense: A new realist ontology*. Edinburgh University Press.

Geertz, C. (1983). *Local knowledge*. NY: Basic Books.

Gergen, M., & Gergen, K. (2000). Qualitative inquiry. In N. K. Denzin & Y. S. Lincoln (Eds.), *The handbook of qualitative research* (pp. 1025-1045). Thousand Oaks. CA: SAGE Publication.

Gill, J. & Johnson, P. (2002). *Research methods for managers*. London: Sage.

Goffman, E. (1959). *The presentation of self in everyday life*. New York: Anchor.

Golafshani, N. (2003). Understanding reliability and validity in qualitative research. *The qualitative report*, *8*(4), 597-607.

Grbich, C. (2004). The Position of the Researcher. *New approaches in social research* (pp. 67-79). Thousand Oaks: SAGE Publications, Inc.

Guba, E. G. (1981). Criteria for assessing the trustworthiness of naturalistic inquiries. *ECTJ*, *29*(2), 75-91.

Hamera, J. (2011). Performance ethnography. In N. K. Denzin & Y. S. Lincoln (Eds.), *The handbook of qualitative research* (4th Ed., pp. 317-330). Thousand Oaks. CA: SAGE Publication.

Hammersley, M. & Atkinson, P. (1983). *Ethnography: Principles in practice* (2nd Ed.). New York: Routledge.

Haraway, D. (1988). Situated knowledges: The science question in feminism and the privilege of partial perspective. *Feminist Studies*, *14*(3), 575-599.

Hardcastle, K. A. (2020). *Co-creating brand meaning in the postmodern era: Understanding consumer awareness of branding in the English higher education sector*. University of Northumbria at Newcastle (United Kingdom).

Harding, S. G. (Ed.) (1987). *Feminism and methodology: Social science issues*. Indiana University Press.

Harding, S. G. (1990). Feminist, science, and the anti-enlightenment critiques. In L. Nicholson (Ed.), *Feminism/Postmodernism*. NY: Routledge.

Hardy, C., Phillips, N., & Clegg, S. (2001). Reflexivity in organization and management theory: A study of the production of the research subject. *Human Relations*, *54*(5), 3-32.

Harré, R. & van Langenhove, L. (1999). *Positioning theory: Moral contexts of international action*. Oxford, UK: Wiley-Blackwell.

Harvey, D. (1989). *The Condition of postmodernity*. Cambridge: Basil Blackwell.

Hayles, N. K. (1990). Postmodern parataxis: Embodied texts, weightless information. *American Literary History*, *2*(3), 394-421.

Haynes, R. B. (2012). *Clinical epidemiology: How to do clinical practice research*. Lippincott Williams & Wilkins.

Heidegger, M. (1977). *The question concerning technology, and other essays* (W. Lovitt, trans.). New York, NY: Harper & Row.

Hølge-Hazelton, B. & Krøjer, J. (2008). (Re)constructing strategies: A methodological experiment on representation. *International Journal of Qualitative Studies in Education*, *21*(1), 19-25.

Hollway, W. & Jefferson, T. (2000). *Doing qualitative research differently: Free association, narrative and the interview method*. London: Sage.

Irigaray, L. (1985). *Speculum of the other woman*. Cornell University Press.

James, K. & Vinnicombe, S. (2002). Acknowledging the individual in the researcher. In D. Partington (Ed.), *Essential skills for management research* (pp. 84-98). London: Sage.

Johnson, P. & Duberley, J. (2003). Reflexivity in management research. *Journal of Management Studies*, *40*(5), 1279-1303.

Kirk, J. & Miller, M. (1986). *Reliability and validity inqualitative research*. Beverly Hills, CA: Sage.

Krefting, L. (1991). Rigor in qualitative research: The assessment of trustworthiness. *American Journal of Occupational Therapy*, *45*(3), 214-222.

Krieger, S. (1983). *The mirror dance: Identity in a women's community*. Philadelphia: Temple University Press.

Kristeva, J. (2002). "Nous Deux" or a (Hi)story of Intertextuality. *Romanic Review*, *93*(1/2), 7-13.

Lather, P. (1991). *Getting smart: Feminist research and pedagogy with/in postmodern*. New York: Routledge.

Lather, P. (1993). Fertile obsession: Validity after poststructualism. *The Sociological Quarterly*,

34(4), 673-693.

Lather, P. (2006). Paradigm proliferation as a good thing to think with: Teaching research in education as a wild profusion. *International Journal of Qualitative Studies in Education, 19*(1), 35-57.

Lather, P. (2007). *Getting Lost: Feminist efforts toward a double(d) science*. Albany: State University of New York Press.

Lather, P. & Smithies, C. (1997). *Troubling the angels: Women living with HIV/AIDS*. Westview Press.

Leggo, C. (2007). Astonishing silence. In J. Knowles & A. L. Coles (Eds.), *Handbook of the qualitative research: perspectives, methodologies, examples, and issues* (pp. 165-174). Oak, Cal.: Sage.

Lincoln, Y. S. & Guba, E. A. (1985). *Naturalistic inquiry*. Beverly Hills, CA: Sage.

Lorås, L. (2016). *The map of competencies in systemic therapy: A qualitative study of the systemic competencies in child and adolescent mental health that target the associated abnormal psychosocial situations* (Doctoral dissertation, Tavistock and Portman NHS Foundation Trust).

Lucy, N. (1997). *Postmodern literary theory: An introduction*. Blackwell Publishing.

Lyotard, J. F. (1984). *The postmodern condition: A report on knowledge*. Manchester: Manchaster University Press.

Macbeth, D. (2001). On "reflexivity" in qualitative research: Two readings, and a third. *Qualitative inquiry, 7*(1), 35-68.

Marcus, G. E. & Fisher, M. M. (1999). *Anthropology as cultural critique: An experimental moment in the human science*. Chicago: University of Chicago Press.

Mavin, S. (2001). *The gender culture kaleidoscope: Images of women's identity and place in organization*. Unpublished PhD thesis, University of Northumbria, Newcastle.

Mavin, S. & Grandy, G. (2013). Doing gender well and differently in dirty work: A case of exotic dancing. *Gender, Work and Organization, 20*(3), 232-251.

Maxwell, J. (1992). Understanding and validity in qualitative research. *Harvard educational review, 62*(3), 279-301.

Megill, A. (1985). *Prophets of extremity: Nietzsche, Heidegger, Foucault, Derrida*. California: University of California Press.

Noble, H. & Smith, J. (2015). Issues of validity and reliability in qualitative research. *Evidence Based Nursing, 18*(2): 34-35.

Olsson, M. R. (2008). Postmodernism. In L. Given (Ed.), *The SAGE Encyclopedia of Qualitative Research Methods* (pp. 655-659). Thousand Oaks, CA: Sage.

Pels, D. (2000). Reflexivity: One step up. *Theory, Culture & Society, 17*(3), 1-25.

Pierre, E. (2000). Poststructural feminism in education: An overview. *Qualitative Studies in Education, 13*(5), 477-515.

Pierre, E. & Pillow. W. (2000). *Working the ruins: feminist poststructural theory and methods in education*. New York: Routledge.

Pinar, W. F., Reynolds, W. M., Taubman, P. M., & Slattery, P. (1995). *Understanding curriculum: An introduction to the study of historical and contemporary curriculum discourses* (Vol. 17). Peter Lang.

Power, E. M. (2004). Toward understanding in postmodern interview analysis: Interpreting the contradictory remarks of a research participant. *Qualitative Health Research, 14*(6), 858-865.

Richardson, L. (1990). *Writing strategies: Reaching diverse audiences*. California: Sage Publications.

Richardson, L. (1992). The Consequences of Poetic Represent. In C. Eills, M. G. Flaherty, & P. Newbury (Ed.), *Investigating subjectivity: Research on lived experience* (pp. 125-137). CA: Sage.

Richardson, L. (1997). *Fields of play*. Ruters University Press.

Richardson, L. (2000). New writing practices in qualitative research. *Sociology of sport journal, 17*(1), 5-20.

Richardson, L. & Lockridge, E. (2004). *Travels with Earnest: Crossing the literary/sociological divide*. Walnut Creek, CA: Altamira Press.

Richardson, L. & St. Pierre, E. A. (2005). Writing: A method of inquiry. In N. Denzin & Y. Lincoln (Eds.), *The SAGE handbook of qualitative research* (3rd ed., pp. 959-978). Thousand Oaks, CA: SAGE.

Rosenau, P. M. (1992). *Post-modernism and the social sciences: Insights, inroads, and intrusions*. Princeton, NJ: Princeton University Press.

Rose, G. (1997). Situating knowledges: positionality, reflexivities and other tactics. *Progress in Human Geography, 21*(3), 305-320.

Sarup, M. (1988). *An introductory guide to post-structuralism and post-modernism*. Hemel Hempstead: Harvester Wheatsheaf.

Scheurich, J. (1997). *Research method in the postmodern*. New York: Routledge.

Scheurich, J. & Clark, M. C. (2006). Qualitative studies in education at the beginning of the twenty-first century. *International Journal of Qualitative Studies in Education, 19*(4), 401-401.

Sinacore, A. L., Blaisure, K. R., Justin, M., Healy, P., & Brawer, S. (1999). Promoting reflexivity in the classroom. *Teaching of psychology, 26*(4), 267-270.

Slattery, P. (2006). *Curriculum development in the postmodern era* (2nd Ed.). London: Routledge.

Steir, R. (Ed.) (1991). *Research and reflexivity*. London: Sage.

St. Pierre, E. A. (1997). Methodology in the fold and the irruption of transgressive data. *International Journal of Qualitative Studies in Education, 10*(2), 175-189.

St. Pierre, E. A. (2018). Writing post qualitative inquiry. *Qualitative Inquiry*, *24*(9), 603-608.

St. Pierre, E. A. & Pillow, W. (Eds.) (2002). *Working the ruins: Feminist poststructural theory and methods in education*. London, New York: Routledge.

Tyler, S. (1987). *The unspeakable: discourse, dialogue, and rhetoric in the postmodern world*. Madison: University of Wisconsin Press.

Van Maanen, J. (1988). *Tales of the field*. Chicago: University of Chicago Press.

Watt, D. (2007). On becoming a qualitative researcher: The value of reflexivity. *The Qualitative Report*, *12*(1), 82-101.

Wax, R. (1986). Doing fieldwork: Warnings and advice. Chicago: University Of Chicago Press.

Whitford, M. (1991). Irigaray's body symbolic. *Hypatia*, *6*(3), 97-110.

Whittemore, R., Chase, S. K., & Mandle, C. L. (2001). Validity in qualitative research. *Qualitative Health Research*, *11*(4), 522-537.

Wilhelm, J. (2013). Opening to possibility: Reflectivity and reflexivity in our teaching. *Voices from the Middle*, *20*(3), 57-59.

Williams, J. C. (2011). *What can disabled academics' career experiences offer to studies of organization?* (Doctoral dissertation, University of Northumbria at Newcastle.

Willig, C. (2001). *Introducing qualitative research in psychology: Adventures in theory and method*. Philadelphia: Open Press.

Wolf, M. (1992). *Thrice-told tale: feminism, postmodernism, and ethnographic responsibility*. San Francisco: Stanford University Press.

Young, T. L., Lambie, G. W., Hutchinson, T., & Thurston-Dyer, J. (2011). The integration of reflectivity in developmental supervision: implications for clinical supervisors. *The Clinical Supervisor*, *30*(1), 1-18.

제 12 장

탈식민적/토착적 질적연구

이론화와 실천 분야

역사, 문화 연구, 문학, 예술, 교육, 미디어학, 여성학, 원주민 연구, 언어학, 퀴어 연구, 종교학, 장애학, 관광학, 아프리카학, 아시아학

탈식민적/토착적 질적연구는 제국주의가 낳은 식민시대의 영향과 지속되는 식민주의 현상을 탐구하는 질적연구를 지칭한다. 이 방법론의 목적은 서구 유럽 중심의 세계관, 인식론, 방법론, 문화적 관점에 저항하는 것이다. 구체적 실천으로는 비서구적 인식론과 방법론을 발굴하고, 비서구적 연구 개념과 영역을 개척하며, 비서구적 관점에서 비서구적 현상을 탐구한다. 이러한 노력을 통해 탈식민적/토착적 질적연구는 식민주의 영향, 억압, 흔적을 찾아내고 발굴하여 식민주의의 유산을 청산하고 극복하려는 담론이다. 최근 탈식민주의는 광범위한 학문 분야에서 식민주의의 작용과 이의 모순 그리고 극복을 논의하고 있으며, 인문학과 사회과학에까지 적용의 범위를 넓히고 있다. 탈식민 이론과 탈식민적 방법론에 대한 탐구와 이론화가 활발하게 진행되고 있는 서구와 달리, 식민주의의 영향을 여전히 강하게 받고 있는 우리나라에서의 탈식민 연구 방법론에 대한 논의는 매우 부족한 상황이다. 하지만 탈식민주의 이론과 담론에 대한 논의가 최근 증가하고 있는 것은 매우 고무적이라 하겠다. 이러한 학술적 맥락에서 탈식민주의 이론의 지적 패러다임을 질적연구 방법에 적용한다면, 질적연구는 어떻게 달라져야 하고, 어떠한 연구 영역과 접근이 취해져야 하는지를 이 장에서 논의할 것이다.

1. 탈식민적/토착적 질적연구의 개념

탈식민적/토착적 질적연구는 질적연구의 최근 연구 전통으로 하나로서, 포스트모더니즘의 전 세계적 확산 아래서 이론화되고 있는 질적연구 패러다임이다. 즉, 동일성, 보편성, 메타내러티브를 거부하는 포스트모더니즘의 전제 아래서 그동안 이루어진 질적연구 역시 서구의 전통과 지식 안에서만 이루어졌다고 인식하고 이를 비평하면서 서구 바깥의 그리고 식민 경험을 벗어나서 질적연구를 한다면 어떻게 할 수 있고 해야 할 것인가에 대한 방법적 이론화를 실천하는 학문 분야이다. 그러한 측면에서 이 연구 전통은 그동안 진실, 지식, 모범으로서 가르쳐져 왔고 이론화되어 온 서구 중심의 질적연구 방법론에 대한 무조건적 수용에서 벗어나 비서구 연구자 자신들의 연구 방법과 실천의 기록들을 비평한다. 나아가 그동안 서구의 주도적 담론으로 인하여 배제되고 타자화되고 침묵화된 비서구의 학문적 기록과 방법들을 질적연구의 테두리 속에서 규명하고 이해하고 이론화하고, 나아가 새로운 국제적 담론으로서 개척해 나가려는 새로운 실천 연구 운동이다.

이에 지난 30년 동안 이 분야에 대한 이론화는 매우 진지하게 그리고 전 세계적으로 이루어지고 있는데, 그 구체적인 몇 가지 학문적 노력과 결과들을 살펴보면 다음과 같다. 먼저 탈식민적 방법론에 관한 논의는 Smith(2012)의 *Decolonizing Methodologies: Research and Indigenous Peoples*와 Denzin과 Lincoln(2005)의 *The SAGE Handbook of Qualitative Research*에서 공식적으로 질적연구 방법론의 한 영역으로 소개되었다. 이후로 González와 Lincoln(2006)의 "Decolonizing qualitative research: Non-traditional reporting forms in the academy", Donald(2012)의 "Indigenous Métissage: A decolonizing research sensibility", Adams(2014)의 "Decolonizing methods: African studies and qualitative research" 등 많은 학자들이 탈식민적/토착적 질적연구

방법론 이론화에 기여하였고 더욱더 많은 학자들이 이 분야에 뛰어들고 있다. 이러한 논의는 단순히 탈식민 질적연구의 영역 안에서만 이루어지는 것이 아니라 문학, 여성학, 문화 연구, 예술과 미술, 공연 등 매우 다양한 영역에서 논의되고 발전하고 있다는 점을 명심할 필요가 있다.

우리가 이 장을 탈식민적/토착적 질적연구로 명명한 것은, 식민화는 세계의 여러 나라의 역사이기도 하지만 각 대륙과 나라의 토착적 원주민들의 역사이기도 하기 때문이다. 이에 대부분의 탈식민 담론에서 국가적 탈식민과 원주민의 탈식민을 함께 논의한다. 왜냐하면, 비서구의 언어, 문화, 종교, 세계관, 가치관 등을 열등한 것 또는 비정상적인 것으로 간주하는 서구 유럽의 식민지배의 결과와 지속되는 영향의 측면들을 이들이 공유하기 때문이다. 이에 탈식민적 질적연구와 토착적 질적연구는 그 목적과 특징 면에서 중첩되는 부분이 많기 때문에 우리는 여기에서 함께 설명하기로 하였다.

학문 영역과 연구 목적의 다양함 그리고 간학문적인 성격에도 불구하고(Swadener, 2004; Loomba, 2007), 탈식민적/토착적 질적연구는 서구 학자와 서구 연구 전통 바깥에서 서구에서 발아한, 지역적으로나 문화적으로나 학문적으로 서구 중심의 인식론과 방법론 그리고 가치론에서 벗어나 서구 바깥의 존재와 인식 그리고 문화를 탐구하고자 하는 이론적 · 실천적 노력으로 이해할 수 있다. 더 명료한 이해를 위해 탈식민적/토착적 질적연구가 무엇인지 정의하고 그 목적을 설명한 대표적 학자들의 주장을 다음과 같이 소개한다.

- 탈식민적 연구는 구조적 · 제도적 · 담론적 · 정서적 관점에서 지역적 · 국가적 · 초국가적 차원의 식민과 탈식민을 탐구한다. 역사, 언어, 인류학 등 다양한 분야에서 정부, 군사, 제도, 문화, 미디어, 개인의 심리, 집단의 규범, 사회제도 등 다양한 분야와 영역에서의 탈식민을 추구한다(Coloma, 2013).
- 탈식민적 연구의 가장 주된 책무는 그동안 간과되고 저평가되었던 토착적 방법론과 인식론에 기초해 서구 중심의 학문적 전통을 탈식민화하는 것이다(Swadener, 2004).
- 탈식민적 연구의 목적은 식민화되었던 사람들과 식민 이후 이민자들의 후손의 역사를 탐구하여 국가적/국지적 내러티브의 다성성과 모호함을 드러내는 것이다(Ait-Mehdi, 2012).

❖ 탈식민적 연구는 대화적 · 소통적 조우의 장애가 되는 주류 서구 담론의 지배를 거부하며, 문화적 다양성의 관점에서 (탈)식민 담론에 비판적으로 참여하는 것이다. 이 연구 전통은 식민지배 국가가 주입해 놓은 개념적 프레임에서 벗어나 식민화되었던 국가의 역사를 재평가한다(Bancel et al., 2010).

위의 설명들을 정리하면, 탈식민적/토착적 질적연구는 질적연구 방법을 통해 유럽/서구 중심의 세계관, 방법론, 인식론, 가치론에 저항하는 지적 실천이다. 역사적으로 유럽의 여러 나라들은 제국주의를 통해 전 세계 많은 나라와 지역에 유럽의 세계관과 인식틀을 주입시켰다. 동남아시아 국가들에 남아 있는 프랑스와 영국의 식민지배의 흔적들, 남아메리카에 남아 있는 스페인과 포르투갈 등의 지배의 흔적들, 특히 각 대륙의 원주민들의 무차별적인 학살과 문화적 말살의 흔적이 이를 증언하고 있다. 1997년 7월 1일 0시를 기해 홍콩이 중국으로 반환되면서 제국주의가 지배하던 물리적 식민의 시대가 대부분 종식되었는데도 식민주의는 여전히 진행 중이다. 다시 말해, 식민지배자들이 심어 놓고 여전히 강조 또는 강요하고 있는 서구 유럽 중심의 세계관과 가치관의 영향이 '물리적이지 않은 형태와 방식'으로 식민지배자들에 의해 그리고 지배받았던 자들에 의해 지속되고 있다(Bristol, 2012; Coloma, 2009a; Hickling-Hudson, 2003; Paraskeba, 2016).

이에 탈식민 학자들은, 식민 역사의 영향은 현재진행형이며 과거 식민지배를 받았던 사람들의 인식, 행위, 문화에 지속적으로 영향을 끼치고 있다고 주장한다(Gandhi, 1998; Nandy, 1983; Young, 2001). 그리고 이러한 탈식민적 연구 전통은 단순히 연구 방법론의 탈식민화뿐만 아니라 서구의 영향과 지배 그리고 복사 활동을 하고 있는 대부분의 비서구의 학문 분야 그리고 연구 문화에 직접적으로 많은 시사점을 준다는 측면에서 가치가 크다고 하겠다(Asher, 2009). 김영천은 한국의 교육학/교육과정 분야는 역사적으로 서구/미국의 교육학과 교육과정에 '식민화'되었다고 비판하였다(Kim, 2016). 또한 중국 학자 Weili Zhao(2020)는 중국의 최근 교육과정 개혁 방향이 OECD와 미국에서 강조하는 '역량'의 영향이 커지면서 전통적인 '중국적 교육과정'의 색채를 잃어간다고 비판하였다. 이에 그녀는 서구의 영향을 '인식론적 요괴(epistemic spectres)'로 지칭하며 서구/미국 인식론을 무비판적으로 수용하는 중국의 학자와 학계의 풍토를 지적하였다. 뿐만 아니라 '연구' 또한 서구 유럽 중심의 철학과 방법에 의해 여전히 지배받고 있다는 인식이 증가하고 있으며 질적연구 방법론 또한 이러한 비판으로부터 자유롭지 못함을 인정하고 있다(Smith, 1999).

이러한 맥락에서 질적연구자들은 탈식민적 지적 전통과 이론 그리고 개념에 기초하여 식민주의 영향의 관성에 저항하고 탈서구적이고 토착적인 지식을 생성하려는 노력과 함께, 이러한 지식 생성을 위한 질적연구 방법론과 방법에 대한 노력을 지속하고 있다(Denzin, Lincoln, & Smith, 2008; Anderson-Levitt, 2014; Paraskeva, 2016; 주재홍, 김영천, 2017).

2. 탈식민주의의 배경과 핵심 개념

이 절에서는 탈식민주의의 배경과 핵심 연구 개념을 제시하고자 한다. 그 이유는 탈식민적 질적연구가 탈식민주의라는 인문/사회과학의 포괄적 · 학문적 영역 또는 담론 아래서 이루어졌기 때문이다. 탈식민주의와 질적연구와 관련한 논의가 있었지만 기존의 글들은 대부분 탈식민주의 철학과 개념에 집중해서 이루어졌다. 그러한 논의가 분명 탈식민적 논의에 기여하였지만, 대부분의 글들이 일부 탈식민 학자들의 중요 연구 개념 중심으로 논의되었기 때문에 탈식민주의를 질적연구 방법론 측면에서 이론화하는 데에는 부분적으로만 적용 가능하다는 점을 지적하지 않을 수 없다. 아울러 이미 많이 논의된 Fanon, Said, Spivak, Bhabha 등의 선구적인 연구와 개념 이후에도 더욱 많은 새로운 연구 개념들과 방법적 지식들이 이론화되어 왔기 때문에 그러한 새로운 내용을 이 책에 포함시키지 않을 수가 없다는 판단을 하였다. 이에 선구적 탈식민 이론과 더불어 최근 이론화된 다양한 탈식민 개념과 방법에 대한 문헌을 분석하여 탈식민주의의 중요한 이론적/연구 개념을 선정하였다. 이러한 새로운 접근을 시도하는 이유는 탈식민 이론과 개념들이 '탈식민적 질적연구'를 위해 어떠한 시사점을 제공하는지를 좀 더 직접적으로 제시할 수 있기 때문이다. 더 구체적으로 말하면, 우리가 제시하는 핵심 연구 개념은 탈식민적/토착적 질적연구의 실천적 문제 의식이나 연구 주제가 될 수 있다는 점에서 더 '실제적'인 성격을 가진다고 볼 수 있다.

이제 우리는 탈식민주의 이론가들의 개념에 기초하여 탈식민적/토착적 질적연구를 위한 핵심적인 쟁점을 제공해 주는 개념과 이슈에 대해 논의하고자 한다. 우리가 논의할 쟁점들은 **<표 12-1>**과 같다.

〈표 12-1〉 탈식민주의 핵심 연구 개념

연구 개념	의미
오리엔탈리즘과 탈서구적 담론 (indigenous postcolonial discourse)	• 비서구에 대한 서구적 재현의 해체적 분석
지식의 식민화 (colonization of knowledge)	• 서구 유럽의 지식이 유일한 합리적 지식이라는 관점
문화 진화론 (theory of cultural revolution)	• 서구의 문화를 발전된 문화로 간주하고 문화 발전이 나아가야 할 궁극적 모델로 간주
계몽으로서의 서구 (the West as enlightenment)	• 서구를 계몽의 장소로서 간주하는 입장; 계몽의 서구적 관점 또는 서구 자체가 인간 문화와 사상 그리고 개선의 유일한 모델이라는 인식의 변화; 계몽주의에 따른 사유와 행위 방식의 모방
탈식민 담론 (postcolonial discourse)	• 서구 유럽 중심 담론에 대한 저항으로서의 지식 생산

가. 오리엔탈리즘과 탈서구적 담론

이 연구 개념은 서구에 의해 열등한 것으로, 기이한 것으로 묘사되고 해석된 비서구의 실제, 역사, 문화, 표현 방식을 탈서구적으로 그리고 내부자적 관점에서 규명하고 표현하려는 학문적 노력이다. 다시 말해, 서구가 만들고 지속시키고 있는 비서구 나라와 지역에 대한 이미지의 문제점, 비진실적 그리고 다분히 부정적으로 묘사된 내용을 바로잡는 작업이다. 즉, 비서구의 사회문화적 특징들 또한 비서구의 관점에서 이해되어야 하고, 이 또한 포스트모던 관점에서 또 다른 실제이며 진실임을 보여주는 것이다.

이러한 학문적 노력의 시작이자 대표적인 개념을 나타내는 용어는 오리엔탈리즘이라고 할 수 있다. 이 용어는 Said의 책에서 처음 만들어진 것으로서, Said를 세계적 학자의 입지에 놓이게 한 개념이다. 이 개념은 비서구 담론을 이론화하는 데 실질적으로 기여한 중요한 개념이다. Said(1979)에 따르면, 오리엔탈리즘은 서구에 의한 동양에 대한 배제, 억압, 타자화를 의미한다. 그는 오리엔탈리즘을 통해 서양의 근대화가 더 문명화되고 발전된 형태임을 정당화하고, 그렇지 않은 동양의 세계는 뒤떨어지고 미개하거나 낙후된, 민주화되지 않은, 자본주의가 결핍된, 합리적이지 못한, 미신이나 신비주의가 지배하는 전근대적인 세계로 간주한다고 주장한다. 이러한 세계관과 정치적 · 경제적 목적으로 정당화된 오리엔탈리즘은 동양과 서양을 우열의 기준으로 구분하는 이분법적 사고일 뿐만 아니라 동양의 실제 이미지와 그 자체로서의 가치를 부정하는 결과를 만들어냈다(Said, 1989, 1994; 주재홍 2006). 이러한 비판은 비단 아시아에 국한되는 것이 아니라 아프리카, 남아메리카, 서아시아 지역 나라들에 대한 이미지의 왜곡에서도 나타나는 현상으로, 국제적 탈식민주의의 중요한 이슈라 하겠다(Blyden, 1888[1994]; Du Bois, 2009; 이성훈, 2011).

Ashcroft, Griffiths와 Tiffin이 *The Empire Writes Back*(1989)에서 논의한 것처럼, 이 연구 개념과 관련된 노력은 서구에 의해 만들어진 비서구의 이미지를 해체하고 내부자적 관점에 기초한 '새로운' 이해를 구성하고 다시 서구에 제시하는 지적 노력으로 이어지고 있다. 비서구에 대한 서구적 재현의 해체는 두 가지 입장에서 논의되고 있다. 그 첫 번째는 서구에 의해 만들어진 이미지가 비서구의 실제에 대한 왜곡된 것임을 직접적으로 제시하는 노력이다. 예를 들어 윤종필(2020)은 20세기 초 프랑스 오리엔탈 문학이 한국과 일본을 하나의 '동양적 이미지'로 묘사하고 있음을 분석하여 이 두 나라가 '동양'이라는 하나의 카테고리로 환원될 수 없는 다양성과 차이를 가진 국가라는 점을 논의하였다. 이러한 관점에서 Waldow(2017)는 서구에 의해 형성된 동양에 대한 이미지는 서구의 고정관념에 의한 '다분히 부정적이고 정형화된 이미지'라 비판하였다. 또한, Dolinar와 Sitar(2013)는 유니세프 캠페인에 드러난 아프리카의 이미지가 매우 부정적인 고정관념을 드러낸다고 분석하였다. 연구자들은 이미지 분석과 심층면담을 통해 이 캠페인이 다분히 자본주의적 관점에 기초한 것으로 아프리카를 독립적인 주체로 간주하지 않음을 지적하였다. Benton(1999)은 라틴아메리카에 대한 서구의 재현이 다분히 환원적이고 '해로운 고정관념'을 강화한다고 비판하였다.

이러한 탈서구 운동에서 시작된 오리엔탈리즘은 아시아에 대한 역사적 표현과 허구의 생성에 대한 해체적 노력을 넘어 아프리카 정체성을 탈식민적으로 규명하는 범아프리카주의(Pan-Africanism), 유럽 열강들의 각축장이 되었던 남아메리카의 역사와 전통을 재해석하려는 라틴아메리카주의(Latin-Americanism) 등의 담론의 발전에 기여하였다. 이러한 지적 노력은 비서구 지역에 대한 서구적 해석의 환원적 입장과 '서구-비서구'를 '우열-열등'이라는 인식적 구조를 지속시키고 강화시키고 있음을 비판한다. 질적 문서 분석, 시각적 질적연구, 심층 면담 등의 질적연구 방법론을 활용한 이 연구들은 질적연구가 탈식민/토착적 연구의 거대한 파도의 핵심적인 주제이자 분야임을 보여준다.

나. 지식의 식민화

탈식민 담론의 두 번째 주제는 '지식의 식민화(colonization of knowledge)'이다. 이 주제는 서구 유럽 중심의 지식이 비서구 지역에 어떻게 주입되었으며, 어떻게 여전히 서구의 지식이 마치 가장 합리적인 지식으로 간주되고 있는지를 비판하는 작업이다(Akena, 2012). 이 개념은 두 가지 관점에서 논의할 수 있다. 그중 하나는 서구에서 만들어진 지식이 보편적 지식으로 간주되고 여전히 국제화/세계화라는 이름으로 강조되고 확산되고 있다는 비판이다. 다른 하나는 서구의 인식론이 비서구 인식론을 배제하고 억압한다는 비판이다. Santos는 "남아메리카와 아프리카 원주민들의 지식에 대한 억압을 또 다른 차원의 학살"(2007: ix)로 규정하였다. 이러한 지식의 식민화에 대한 탈식민적 노력은 다음의 두 가지 관점에서 주목해야 한다.

먼저 서구 유럽의 지식이 보편적 지식으로 간주되고, 교육, 계몽, 세계화라는 목적으로 강조되고 있는 구체적 실제에 대한 분석의 노력을 들 수 있다. 먼저 이 개념은 아메리카, 아프리카 대륙의 원주민들이 '서구의 교육제도'의 통제와 억압에 고통받은 역사적 사실들을 보면 명확하게 드러난다. 구체적으로 미국과 캐나다 원주민들에게 서구 유럽 교육을 실시한 '기숙학교(residential schools)'는 원주민의 지식, 언어, 문화를 철저히 원시적이고 부정적인 것으로 간주하고 서구 유럽의 언어, 교과 지식, 종교를 주입하였다. 이 주제에 대한 논의로 탈식민 연구의 대표적 학자 중 한 명인 Linda Tuhiwai Smith의 논의를 주목할 만하다. Smith는 뉴질랜드의 마오리족에 관한「지식의 식민화(Colonizing knowledge)」라는 글에서 '서구 지식의 위치적 우월성 확보', '학문 분야의 식민화', '피식민지인들의 지식 통제', '지식의 식민화에 동조하고 공모한 원주민 학자들'에 대해 논의하였다.

지식의 식민화와 관련하여 Francis Adyanga Akena(2012)의 논의 또한 빼놓을 수 없다. Smith와 마찬가지로 Akena 또한 선교사 중심으로 우간다에 세워진 학교 교육을 통해 서구의 지식이 근대화와 합리성의 탈을 쓰고 주입되었다고 분석하였다. 이 영역에 대한 우리나라의 연구들에서도 서구 유럽 중심의 지식이 어떻게, 얼마나 강조되고 있는지 잘 보여준다. 주재홍(2006)은 우리나라 중·고등학교 세계사 영역이 서구적 관점에서 동양과 서양을 재현하고 있다고 주장하였으며, 다른 연구들에서도 우리나라 교과서가 서구 유럽의 시각에서 다양한 인종과 국가에 대해 서술하고 있다고 분석하였다(박철희, 2007; 김선미, 2003).

서구의 지식을 비서구 지역에 '주입'하는 것도 문제이지만 지식을 생산하는 도구나 관점으로서의 '인식론'에 대한 서구의 지배적 위치 또한 지속되고 있다는 것은 더욱 중요한 이슈이다. 이 비판은 서구 유럽 중심의 인식론이 특정한 이데올로기로서 여전히 국제적 학술 논의의 헤게모니로 작동하고 있다는 입장을 취한다(Anderson-Levitt, 2014). 특히, Santos(2007)나 Paraskeva(2016)와 같은 학자들은 비서구적 인식론에 대한 서구 유럽 인식론의 지배와 배제를 '인식론적 학살(epistemicide)'로 간주한다. 이에 이들은 다양한 인식론이 공존할 수 있는 국제적 학술의 장이 마련되어야 한다고 주장한다. 이러한 인식론적 학살의 가장 큰 문제점은 Akena가 논의한 것처럼 서구 유럽의 인식론과 과학으로 증명될 수 없는 아메리카 원주민, 오스트레일리아와 뉴질랜드, 아시아, 아프리카, 오세아니아 등의 다양한 인식론을 미개한 것으로 간주함으로써 토착적 지식 생성과 발굴을 억제한다는 데 있다. 특히, Akena는 인간과 자연 환경을 함께 바라보는 토착적 지식과 관점이 생태학적 관점에서 더욱 가치가 있다고 주장한다.

다. 문화 진화론

탈식민 담론의 중요한 이론적 배경으로서 문화 진화론은 문화와 문화의 발전에 대한 서구 유럽 중심의 관점에 대한 비판을 제기한다. 이 주제에 대한 서구 학자들이나 탈식민 학자들의 문제 제기는 찾아보기 어렵지만, 이 책의 저자들은 문화 진화론 역시 매우 서구적이며 이를 근거로 하여 비서구의 모든 문화적 실제들을 낙후된 것, 덜 진화한 것으로 바라보고 서구 문화를 비서구 세계가 궁극적으로 따라야 할 삶의 전형으로서 간주하는 식민화된 의식과 태도를 양산한다. 잘 알려진 것처럼 문화 진화론은 여러 문화인류학자들에 의해 이론화되었다. 대표적으로, 인류학의 문화기술지 대가인 Lewis Henry Morgan(1877)은 자신의 문화 진화론에서 문화를 '야만적(savagery)', '미개한(barbarism)', '발달된 문명화된(civilization)' 문화로 구분하였다. 물론 Morgan이 명시적으로 진술하지는 않았지만 이 이론에 따르면 고차원적인 문화는 서구 유럽의 '앵글로색슨' 문화이며 아시아 문화나 아프리카 문화는 진화하고 있는 문화라는 것이다. 이에 원주민의 '미개한 문화'나 '발전하고 있는 문화'가 나아가야 할 궁극적인 방향은 앵글로색슨 문화로 간주한다. 그가 주장하는 문명화된 문화는 서구 유럽의 자본주의, 산업화, 민주주의, 사회 계층, 정치제도를 갖춘 문화 사회를 의미한다. 식민주의와 문화 진화론은 밀접하게 관련되어 있는데, 식민자들은 자신들의 침략과 약탈을 정당화히는 과정에서 '자신들의 선진 문화'를 진수한다는 '사진들의 신념'에 기초하여 정당화하였다(김성례, 1993; Loomba, 1998). 이에 학교를 만들어 문화를 전수하고 사회/국가 제도를 서구적으로 바꾸는 작업을 통해 피식민지인들의 문화를 '바람직한 방향'으로 발전시킨다고 정당화하였다. 이러한 서구 유럽 중심의 문화 진화론에 대항하는 탈식민 연구는 비서구의 토착적 문화 또한 나름의 의미가 있고, 그 문화권 사람들이 보존해야 할 소중한 가치가 있다는 관점을 취한다(Marcus & Fisher, 1986).

서구 유럽의 문화 진화론적 관점에 대항하는 탈식민적 논의는 인류학과 교육에서뿐만 아니라 언어, 예술, 문학, 패션, 영화 등 매우 다양한 학문 영역과 분야에서 활발하게 논의되고 있다. 이러한 노력은 단순히 문화상대주의적 관점에만 머무르는 것이 아니라 자국의 문화의 장점을 발굴하고 이론화하여 세계적 문화 담론으로 나아가려는 노력으로 이어지고 있다(Gohrisch & Grünkemeier, 2013). 그 예로서 국제 학술지 *Inter-Asia Cultural Studies*의 경우, 아시아 각 나라와 지역의 문화적 관점에 기초한 다양한 영역의 연구물을 출간하고 있다. 이 학술지에는 한국의 팝뮤직이나 한류, 아시아 교육의 장점과 특징, 아시아 예술과 음악 등의 주제를 다루는 논문들이 게재되고 있다.

이 주제와 관련하여 여러 학자들이 연구하고 이론화를 해왔다는 점은 참으로 다행스러운 일이다(Appadurai, 1990; Hutcheon, 1989; Said, 1989). 이들의 주장에 따르면 우리나라와 같이 식민의 역사를 가진 나라의 시민과 학자들이 서구의 문화와 삶의 방식을 이상적인 모델로서 생각하고 실천하는 실제들을 생각한다면 이 주제의 이론화는 매우 중요한 연구 주제가 아닐 수 없다. Fanon이 개념화한 '열등 콤플렉스(inferiority complex)'로도 알 수 있듯이 식민의 역사를 가진 많은 비서구인들은 끊임없이 서구가 되려고 하는 욕망을 지속시키고 있다. 그럼에도 불구하고 절대 그들(서구인)이 될 수 없다는 것에 대한 열등의 심리학은 비서구의 시민과 학자들에게 자신의 정체성과 가치에 대한 무비판적인 비판과 자해의식 그리고 자존감의 상실로 나타난다(Fanon, 1967; 주재홍, 2006). 이에 탈식민 담론은 '문명화'와 '문화 진화론'의 탈을 쓴 식민지배의 이데올로기를 분석하고 그 저항의 역사와 토착적 · 문화적 요소와 실천을 발굴하고 이론화하는 지적 노력을 추구한다.

라. 계몽으로서의 서구

네 번째 탈식민적/토착적 질적연구를 위한 탈식민의 이론적 개념은 계몽으로서의 서구이다. 이는 세 번째 주제와 관련된 것으로, 문화로서 서구를 넘어서 서구의 모든 것이 비서구의 삶의 개선을 가져올 것이라는 인식을 뜻한다. 즉, 서구의 다양한 기술, 생활 방식, 의사소통 양식, 실제야말로 비서구의 시민들이 모방하고 따라야 하고 복사하고 체화해야 하는 특별한 존재와 정체성 구성의 방식이어야 한다는 인식을 말한다. 서구의 모든 것이야말로 나를 새롭게 표현하고 비서구 내에서 나와 다른 사람들을 구별하는 새로운 잣대가 되며 나를 특별하게 만드는 이데올로기적 장치로서 작동한다(Fanon, 1967). 하지만 무비판적이고 맹목적인 '서구 따라 하기', '서구 되기'가 과연 필연적으로 우리의 삶과 미래를 더 나은 방향, 더 옳은 방향으로 인도해 줄 것인지에 대한 비판적/해체적 탐구와 노력은 너무나 절실히 필요하다. 모든 사회, 문화, 인간의 행위 방식의 '이상'으로 간주되는 서구 역시 내부적으로는 많은 문제와 갈등을 가지고 있다는 것은 자명하다. 예를 들어, 산업화가 가져온 '인간 소외'와 '피상적/계약적 인간관계', '자본주의의 한계와 불평등의 문제', '적자생존의 원리가 작동하는 신자유주의' 등의 문제는 서구 사회 또한 해결하지 못한 과제로 남아 있다.

계몽으로서의 서구에 대한 비판적 논의는, 서구가 제시하는 인간의 이성과 합리성 그리고 체계적 사유로 대표되는 계몽주의는 식민화를 위한 중요한 사상이자 이데올로기로서 피식민지에서 지배자의 헤게모니를 획득하려는 전략과 맞물려 있다. 서구 유럽인의 관점에서 계몽된다는 것은 그들의 사고방식, 생활양식, 언어, 종교, 행위 양식, 의식주 등을 따르는 것을 의미한다. 이러한 서구 계몽주의가 피식민지인들에게 주입되면 이들은 서구 유럽 백인들의 지식 습득을 위해 전념하고, 그들처럼 말하고, 먹고, 행동하고, 그들처럼 보이기 위해 노력한다. 특히, Baker와 Reill(2001)은 *What's Left of Enlightenment?*에서 심지어 포스트모더니즘 관점에서의 계몽 또한 합리주의, 도구주의, 과학주의, 이성주의, 추상적 권리, 유럽 중심주의, 개인주의, 남성 중심주의 등의 측면에서 정형화되고, 희화화되었다고 주장한다.

이러한 계몽의 현상을 탈식민적 관점에서 분석하면서 우리는 최소한 두 가지 중요한 문제를 지적하고자 한다. 먼저 지적할 점은 더 부정적인 결과인데, Fanon(1967)이 '열등 콤플렉스'로 논의한 것처럼 서구적으로 계몽되기 위한 피지배인들의 의식은 자신들의 문화와 정체성이 열등한 것으로 간주하는 열등의식에 빠져버린다는 것이다. 이러한 결과로 서구의 계몽주의는 여전히 그 세력을 떨치고 있는 것이다. 다른 한편으로는 Loomba(1998)와 Bahbah(1994)가 논의한 것처럼 서구의 계몽주의가 그들이 의도한 대로 피식민지인들에게 주입되지 않고 거부당하고 변형되기도 하며 항상 변형과 거부 그리고 전복의 가능성을 가지고 있다는 것이다. 계몽으로서의 서구에 대한 탈식민적 논의는 후자에 초점을 두어야 한다.

다시 말해, 서구 계몽주의에 대한 탈식민적 담론은, 서구 유럽의 계몽주의가 진정으로 가치 있고 유일한 계몽의 방식이며 방향인지 비판한다(Baker & Reill, 2001). 또한 서구 계몽주의의 추종이 낳은 결과뿐만 아니라 토착적 전통과 가치가 어떻게 서구 계몽주의에 의해 훼손되었는지 탐구한다. 이에 탈식민 연구자들은 서구의 계몽주의가 피식민지 사람들에게 미친 영향은 자신들의 전통과 가치가 미개하거나 불편한 것이기 때문에 전승을 거부하고 '서구적으로 생각하고 행동하는 것'이 옳은 것이라는 태도를 갖게 한다고 비판한다(Fanon, 1967).

마. 탈식민 담론

마지막으로 '탈식민 담론(postcolonial discourses)'은 저항과 해방을 위한 노력으로서 새로운 지식을 창출하려는 학문적 노력을 의미한다. 탈식민 담론에 포함되는 연구 주제는 저항으로서의 담론, 토착적/국지적 지식의 생산, 토착적 연구 방법 발굴과 연구 방법론의 이론화 등이 포함된다. 우리가 '오리엔탈리즘과 탈서구적 담론'에서 간략히 제시하였지만 이 개념을 다시 제시하는 것은 탈식민 담론으로 만들어진 이론, 개념, 지식이 탈식민적/토착적 질적연구를 위한 중요한 토대를 제공해 주기 때문이다. 이에 우리는 먼저, 저항으로서의 탈식민 담론에 대한 이론적 탐구의 예를 제시하고, 이어서 탈식민 탐구의 구체적 실천으로서 비서구적 · 토착적 · 국지적 지식 생성의 노력의 예들을 제시하고자 한다.

먼저, 저항으로서의 탈식민적 이론적 탐구의 예로서 탈식민 철학자들의 이론과 개념을 빼놓을 수 없다. 잘 알려진 바와 같이 그 대표적인 학자로는 피식민의 경험으로 생겨난 자국민과 자국 문화에 대한 '열등 콤플렉스(inferiority complex)'(Fanon, 1967), 동양을 열등하고 미개한 곳으로 간주하는 '오리엔탈리즘(Orientalism)'(Said, 1979), 성적 · 계급적 · 인종적 · 문화적 타자로서 현실에서 소외된 계층을 지칭하는 Spivak(1999)의 '하위주체(subaltern subjects)', Bhabha(1994)가 이론화한 식민 담론 내부의 속성을 나타내는 '양가성(ambivalence)'과 지배와 피지배의 역동적인 권력관계를 의미하는 '혼종성(hybridity)'을 들 수 있다. 이러한 개념들에 대한 설명과 논의는 이미 충분히 이루어졌으므로 그 자세한 설명은 차치하도록 하겠다.

위에서 설명한 탈식민 개념과 식민 담론에 대한 비평에 기초하여 각 대륙과 나라의 학자들이 자신들의 인식론에 기초하여 자신들의 관점에서 자신들의 지식을 발굴하고 생성하며 국제화하려는 노력들이 이루어지고 있다는 점은 탈식민 담론의 발전에 매우 중요한 의미를 가진다고 하겠다. 왜냐하면 탈식민 담론이 '상투적인 문구'로 남지 않고 실천과 현실의 개선으로 나아가기 위해서는 역사적으로 타자화되었던 비서구 주체들의 지식 생성이 필수적이기 때문이다. 이에 이미 충분히 논의한 오리엔탈리즘을 제외한, 각 대륙과 지역에서 이루어지고 있는 대표적 탈식민 담론들을 소개한다.

- **범아프리카주의(Pan-Africanism)**: 20세기 초부터 시작된 범아프리카주의는 아프리카 대륙 국가들의 독립과 더불어 전 세계에 거주하는 아프리카계 후손들의 해방과 연대를 목적으로 하는 사상이다. 식민화와 노예화에 대한 비평에 기초한 범아프리카주의는 아프리카 국가들의 독립을 위한 사상적 기초가 되었으며 아프리카의 연합과 통일을 추구하기도 하였다. 범아프리카주의는 아프리카인들의 정체성을 회복하고 역사적 · 문화적 · 정치적 · 경제적 주체화를 추구하는 범대륙적 운동이다. 대표적 연구물로는 Murithi(2017)의 *The African Union: Pan-Africanism, peace building and development*, Nye(2013)의 *Pan-Africanism and East African Integration*, Adi(2018)의 *Pan-Africanism: A history*, Carmichael(2007)의 *Stokely Speaks: From Black Power to Pan Africanism* 등이 있다.
- **라틴아메리카주의(Latin-Americanism)**: 라틴아메리카주의는 '서인도 제도'라고 불리게 된 서구 유럽의 식민 역사를 비판하고 라틴아메리카인들의 정체성을 회복하기 위한 정치적 · 문화적 · 문학적 운동이다. 또한 라틴아메리카주의는 이 지역에 대한 미국의 정치적 · 경제적 · 문화적 권력 행사의 역사와 현실 그리고 그 실제적 영향에 대한 적극적 저항의 운동이다. 대표적인 연구물로는 Avelar(1997)의 *Toward a genealogy of Latin Americanism*, De La Campa의 *Latin Americanism*(1999), "On Latin Americanism and the Postcolonial Turn"(1995), Mendieta(2006)의 "Neither Orientalism nor Occidentalism: Edward W. Said and Latin Americanism" 등이 있다.
- **힌두주의(Hinduism)**: 힌두주의는 인도의 종교이자 철학으로서 힌두교의 가치, 의례, 삶의 실천을 강조하는 사상으로서 오랜 전통을 가지고 있다. 하지만 최근 서구 유럽과 미국의 영향이 증가함에 따라 탈식민적 힌두주의를 강조하는 담론이 발전하였다. 실제로 힌두주의라는 용어는 대영제국의 인도 식민화에 대한 저항을 위해 그리고 다른 종교와 구별하기 위해서 인도의 토착민들에 의해 만들어진 개념이다. 하지만 힌두주의 자체도 서구 식민자들의 눈에 의해 규정되고 제국주의와 억압을 위해 활용되었다는 주장 또한 존재한다. 이에 힌두주의 내부에서는 인도의 정체성을 대표하는 개념으로서의 힌두주의와 식민의 역사

와 실천 속에서 힌두주의를 이해해야 한다는 주장들이 동시에 존재한다. 탈식민적 힌두주의 논의의 예는 Sugirtharaja(2004)의 *Imagining Hinduism: A post-colonial perspective*, Bloch, Keppens와 Hegde(2009)의 *Rethinking religion in India: The colonial construction of Hinduism* 등이 있다.

- **범소말리아주의**(Pan-Somalism): 범소말리아주의는 소말리인의 정체성을 가진 민족을 규합하려는 사상이다. 이 사상은 소말리아가 국가로서 독립하면서 시작된 운동으로 '아프리카의 뿔'(서밀리아 반도) 지역의 소말리인들의 지위와 정체성 강화를 위해 소말리 후손들을 단결을 추구하는 운동이다. 20세기 후반 범소말리아주의는 다른 정치적 목적을 가진 집단 간의 대립으로 쿠데타와 전쟁, 수많은 난민을 만들어내는 결과를 낳았음을 비판한다. 이에 대한 학술적 논의로는 Gorelick(1980)의 "Pan-Somali-ism vs. Territorial Integrity", Reyskens (2015)의 *Somali piracy and terrorism in the Horn of Africa* 등이 있다.

이러한 담론들 이외에도 '범러시아주의(Pan-Russianism)', '범슬라브주의(Pan-Slavism)', '범튀르크주의(Pan-Turkism)' 등 다양한 대륙과 지역에서 서구 유럽의 식민 역사의 상처를 회복하고, 강대국의 영향에서 벗어나 자신들의 정체성을 확보하고 단합하여 저항하기 위한 탈식민 담론들이 지속되고 있다.

3. 탈식민적/토착적 질적연구 방법론의 핵심 연구 개념

우리는 위에서 탈식민적/토착적 질적연구가 무엇이고 무엇을 위한 것인지 알아보고, 탈식민 담론의 계보에서 핵심적인 네 명의 철학자들의 핵심 개념(Fanon의 열등콤플렉스, Said의 오리엔탈리즘, Spivak의 하위주체, Bhabha의 양가성과 혼종성)을 알아보았다. 이제 이러한 목적과 개념들에 기초해 이루어지는 탈식민적/토착적 질적연구 방법론의 핵심 개념을 살펴보고자 한다. 탈식민적/토착적 질적연구 방법론을 이해하기 위해서 독자들에게 당부하고 싶은 것이 있다. 근거이론이나 현상학적 연구 방법론과 같은 많은 질적연구 방법론이 그 과정과 절차, 기법이 체계화되어 있는 것과 달리, 탈식민적/토착적 질적연구는 포스트모던 질적연구와 같이 어떤 정형화된 절차와 기법이 존재하는 것은 아니다.

다시 말해, 연구자가 질적연구를 수행할 때 탈식민적 문제 의식과 목적 그리고 탈

〈표 12-2〉 탈식민적/토착적 질적연구의 핵심 개념과 의미

핵심 개념	의미
탈서구 인식론 (post-Western epistemology)	• 서구 유럽 인식론에 대한 저항 • 비서구적 · 토착적 인식론의 발굴, 이론화, 적용
토착적 연구 방법 (indigenous methodologies)	• 비서구적 · 토착적 세계관, 인식론에 기초한 연구 방법론과 방법
역사적 탐구 (historical research)	• 식민화와 저항의 역사 추적, 발굴 이론화 • 식민적 텍스트 해체를 통한 주체성 회복
차이 (différance)	• 비서구적 문화 현상이나 경험을 다른 실제와 경험으로 인정: 상징, 표현, 의사소통 방식, 예술, 언어, 의례 등과 같은 문화적 차이
상징과 재현 (symbols and representation)	• 비서구적 언어, 표현 양식, 의례와 상징, 재현 방식 등의 활용과 이론화 • 서구적 관점에서 인정받지 못하였거나 여전히 가려져 있는 다양한 비서구적 의례, 상징, 표현 체계
하위주체 (subaltern subjects)	• 단일하고 이분법적 주체와 타자의 관계를 바라보는 관점을 넘어, 다양한 타자화, 소외, 억압에 대한 탐구

식민적/토착적 질적연구 패러다임에 기초해 연구를 수행하느냐가 탈식민적/토착적 질적연구로 규정되느냐를 결정하는 핵심적 요소이다. 이에 독자들은 이 연구 방법론의 '테크닉'을 습득하기보다 '탈식민적/토착적 질적연구의 감수성'을 신장시킨다는 자세로 읽기에 임하기 바란다. 이 절에서 설명하는 개념들은 탈식민적/토착적 질적연구의 내용이나 연구 주제도 될 수 있지만, 그보다 중요한 것은 이 개념들을 방법론적 관점에서 이해하는 것이다. 이에 우리는 이 절에서 탈식민적/토착적 질적연구의 핵심 개념을 철저히 이해하는 것이 이 방법론을 습득하는 기본적이고도 궁극적인 목표라는 것을 강조한다. 이 절에서 논의할 핵심 개념은 **〈표 12-2〉**와 같다.

가. 탈서구 인식론

탈서구 인식론(post-Western epistemology)은 서구 유럽의 인식론이 아닌 동양적 · 아프리카적 · 원주민적 인식론을 총칭하는 개념이다. 인식론은 앎의 근원으로서 지식으로 간주되기 위한 기준은 무엇인지 그리고 어떠한 방법으로 지식을 생성할 수 있을 것인지에 대한 개념으로 질적연구 방법론에서 매우 중요한 요소이다. 비서구 지역의 연구가 식민화되었다는 것은 서구가 제시하는 지식의 판별 기준과 지식 생성의 엄밀한 방법을 그대로 따라야만 한다는 것을 의미한다. 이러한 점에서 탈식민적/토착적 질적연구를 위한 탈서구 인식론은 질적연구를 탈식민적으로 만드는 가장 중요한 개념이라 할 수 있다. 왜냐하면 탈식민 연구가 여전히 서구적 인식론에 기초해서 이루어진다면 이는 여전히 '서구적 연구'일 수밖에 없기 때문이다. 이에 탈서구 인식론의 발굴과 이론화는 탈식민적/토착적 질적연구를 위한 기본적이고도 본질적인 과제라고 할 수 있다. 역사적으로 서구 유럽 식민지배자들은 계몽주의, 합리주의, 과학주의를 통해 자신의 인식론을 피식민지인들에게 주입시켰다. Said의 오리엔탈리즘에서 볼 수 있듯이 서구의 인식론은 비서구의 인식론을 열등한 것, 합리적이고 이성적이지 못한 것으로 간주하였으며, 이러한 인식론적 식민화는 여전히 진행 중이다. 이는 동양(Takayama, 2018; 주재홍, 김영천, 2017)에서만 비판되는 문제가 아니라 남아메리카(Paraskeva, 2016; Santos, 2007; Andreotti, Abenakew, & Cooper, 2011), 인도(Spivak, 1999; Said, 1979, 1989), 아프리카, 그리고 각 나라의 원주민 학자들에 의해서도 제기되고 있는 문제이다.

탈식민적/토착적 질적연구 방법론으로서의 '탈서구 인식론'은 비서구적 · 동양적 · 아프리카적 · 원주민적 인식론에 기초하여 질적연구를 수행해야 한다고 강조한다. 이에 탈식민적/토착적 질적연구는 서구가 아닌 다른 나라와 지역의 역사, 철학, 문화에 기초한 인식론 이해와 살해당한 인식론을 발굴하는 작업을 포함한다. 이러한 작업들, 즉 탈서구적 인식론을 발굴하여 이론화하는 작업 그리고 이러한 인식론에 기초해 비서구적 현상을 자신들의 인식론으로 이해하고 해석하고 국제화하는 작업으로 나아갈 수 있다. 이에 왜 인식론의 탈서구화가 중요한지 논의하고자 한다.

첫째, 질적연구 방법론의 탈식민화/토착화는 인식론적 탈식민이 이루어질 때 가능하다. 왜냐하면 질적연구뿐만 아니라 모든 연구 방법론과 연구들은 특정한 연구 패러다임에 기초하고 있다. 인식론은 연구의 패러다임을 지탱하는 가장 중요한 주춧돌로서, 연구자가 무엇을 어떻게 탐구하고, 자료를 어떠한 기준에 의해서 어떻게 해석할 것인지를 결정한다. 만일 한국의 연구자가 한국의 현상을 연구하면서 여전히 서구의 계몽주의, 합리주의, 진보주의 그리고 서구에서 이론화된 사회학적 개념에 의지하였다면 이는 탈식민적 연구로 인정될 수 없다. 왜냐하면 Said의 오리엔탈리즘과 Fanon의 열등 콤플렉스가 설명하는 것처럼 이러한 연구는 다분히 서구적일 수밖에 없기 때문이다. 이에 대해 대만 학자 Chen(2010)의 *Asia as Method*에서 비서구 학자들이 서구의 이론과 방법이 추구하고 우리에게 요구하는 질문과 지식 승인의 기준에 부합시키려는 노력만 한다면 여전히 그들의 세계관과 인식론에 갇히게 되는 것이라고 주장하였다.

둘째, 국제적 맥락에서 사회과학 분야의 지식 생산과 공유는 여전히 서구의 인식론에 의해 점령당한 상태이다. 다시 말해, 서구의 인식론적 기준에 부합하지 않으면 합리적이지 않은 연구, 지엽적인 연구, 예외적인 연구로 간주된다(Anderson-Levitt, 2014). 특히, Paraskeva(2016)와 Santos(2007)는 이러한 서구 인식론의 식민화를 '인론적 학살(epistemicide)'로 규정한다. 즉, 서구의 인식론이 비서구적인 인식론을 여전히 억압하고, 침묵시키고, 통제하고, 배제하는 기제로 작동하고 있다는 것이다. 이와 관련하여 Anderson-Levitt(2014)은 국제 영문 저명 학술지들이 여전히 비서구적인 연구를 배제하는 방식으로 서구의 인식론과 서구적 기준에 맞는 지식을 생산하고 유포하고 있다고 비판하였다. 이 문제는 우리 두 저자의 실제 경험과도 부합한다. 우리는 한국적 교육/학습 문화의 중요한 요소로서 그리고 세계적 교육 현상으로서 '사교육(shadow education)'을 연구해 오고 있다. 우리의 첫 영어 책 *Shadow Education as Worldwide Curriculum Studies*를 출산할 때, SSCI 영문 학술지 *Journal of Curriculum Studies*에 논문을 출간할 때, 우리는 몇 차례 심사자에게 '거부'되는 경험을 하였다. 학교 밖에서의 교육/학습 현상, 동양의 교육 문화의 특징적 요소를 국제 교육학/교육과정 담론으로 인정하기를 거부하는 강력한 바리케이드에 직면하였다. 이 논문을 출간하는 데 3년 가까이 걸렸으며 예외적으로 네 차례의 교정과 심사를 반복해야 하였다. 이 과정에서 심사자를 설득하기 위해 논문 자체보다 긴 심사 결과 답변서를 보내야만 하였다. Anderson-Levitt과 Paraskeva의 주장이 우리에게 설득력을 갖는 이유이다.

셋째, 탈서구 인식론은 탈식민적/토착적 질적연구를 위한 인식론적 기준을 세우는 작업으로서 그 중요성을 가진다. 여기서 이야기하는 인식론적 기준은 연구를 통한 지식 생성 작업 과정에서 활용하는 개념적 · 방법적 전략의 관점과 기준을 지칭한다. Paraskeva가 주장하는 '인식론적 학살'의 도구가 바로 서구의 인식론적 기준이다. 이 도구는 Anderson-Levitt이 논의한 명시적이고 제도적인 기제로서 작동할 뿐만 아니라 Fanon과 Said의 탈식민 논의에서 다룬 것과 같이 '인식론적으로 식민화된 비서구 학자들'에 의해서도 지속된다. 우리나라의 교육학/교육과정학만 보더라도 서구의 진보주의와 아동 중심 교육을 마치 가장 이상적인 것처럼 간주하고, 한국에서 공부와 학습을 통한 성공을 위해 최선을 다하는 학생들과 학부모의 노력은 "교육열(education fever)"(Seth, 2002; 김경근, 2003; 남미자, 배정현, 오수경, 2019), "학생들의 수동성", "시험 중심 교육 시스템", "과도한 경쟁", 심지어 "입시 지옥"이라는 표현들로 점철된다. 한국 교육의 이미지는 여전히 부정적인 이미지를 벗어나지 못하고 있다(Waldow, 2017). 설상가상으로 한국적인 것에 대한 서구 기준에 의한 판단은 "역기능적 시스템(dysfunctional system)"(Cho, 1996)이라고 스스로 평가하는 한국 학자들에 의해서 더욱 혹독하게 비판받는다. 우리가 볼 때 그 이유는 좋은 교육, 바람직한 교육이 서구/미국의 진보주의 그리고 아동 중심 교육사조 그리고 오리엔탈리즘과 맞닿아 있기 때문이다. 탈식민적/토착적 질적연구에서 인식론의 전환은 이러한 기준을 바꾸는 것이며 "우리의 기준"(최진석, 2013)을 세우는 작업이다. 페미니스트 시인 Audre Lorde(1984)는 "주인의 도구는 절대로 주인의 집을 허물지 못한다"라고 주장한다. 탈식민 인식론을 위해 우리는 다음과 같은 질문을 던져야 한다. 어떠한 기준으로 우리는 A를 지식으로 간주할 것인가? 우리가 A를 지식으로 간주할 기준은 무엇이며, 그 기준은 누구의 것인가? 비서구 학자로서 우리의 기준은 서구 학자들이 이미 제시한 기준과 어떻게 다른가? 그 기준의 차이를 우리의 역사적·문화적·인식론적 관점에서 어떻게 정당화될 수 있는가?

마지막으로, 탈식민 인식론은 서구 인식론의 최면에 걸린 비서구 학자들과 사람들의 의식을 깨우는 것을 목적으로 한다. 우리의 목소리로, 우리의 기준으로, 우리의 지식을 생성하고 공유하는 것은 본질적으로 누구의 허락을 필요로 하는 작업이 아니다. 물론, Anderson-Levitt의 논의처럼 국제적 담론이 영어 중심, 서구 인식론 중심이지만, 이 때문에 Spivak이 논의한 것처럼 우리가 처한 상황이 녹록하진 않지만, 우리의 목소리에 대한 정당성은 누구에게 부여받는 것이 아니라 우리 자신이 만드는 것이며 알리는 것이다. 이러한 점에서 탈서구 인식론은 탈식민적/토착적 질적연구를 위한 초석을 다지는 작업이자 가장 중요한 개념이다. Spivak(1994)은 "하위주체는 말할 수 없다"라고 주장하지만 그녀는 말하고 있지 않은가? 이러한 점에서 우리는 "인식론적 학살"(Paraskeva, 2016) 또한 영속적이고 고정된 힘이 아니라 그 속에 양가성과 혼종성이 포함된 개념이라 생각한다. 이에 우리는 Bhabha와 Foucault의 주장, 즉 억압과 주류적 담론에는 항상 틈새와 내적 두려움과 경계가 존재한다고 보고, 서구와 비서구 인식론의 역학관계는 언제든지 변화 가능하다는 주장에 동의한다.

이러한 탈서구 인식론의 중요성과 필요성을 인식한 비서구 학자들이 자신들의 철학에 기초한 인식론적 논의를 이어오고 있다. 이에 대표적인 몇 가지를 **〈표 12-3〉**에 소개하고자 한다.

이렇듯 다양한 탈서구 인식론을 종합하여 하나의 개념적 정의를 내리는 것은 거의 불가능하다. 탈식민적 연구의 본질을 생각할 때 이러한 인식론을 하나의 인식론으

〈표 12-3〉 비서구 철학의 인식론의 예

비서구 철학	의미	연구물
유교 인식론 (Confucian epistemology)	• 전체론, 관계론, 인간심성론 강조 • 몸과 마음의 일원론 • 관계적 인식론: 인간 & 비인간	• Confucianism(Chai & Chai, 1973) • Confucianism(Goldin, 2014) • Confucianism for the modern world (Bell, Bell, & Chaibong, 2003)
불교 인식론 (Buddist epistemology)	• 도덕적 인식론: 바른 인식은 속임이 없는 인식, 바른 지식은 속임이 없는 지식	• The Foundations of Buddhism (Gethin, 1998) • Buddhism: Its essence and development (Conze, 2012)
이슬람 인식론 (Islamic epistemology)	• 사리 분별적 인식론 • 상대주의, 개인주의, 전체론 배격 • 존재론적 본질에 기초한 진실과 옳음	• The History of Islamic philosophy (Nasr & Leaman, 2013) • What is Islamic philosophy?(Jackson, 2014) • Analytic Islamic Philosophy(Booth, 2018)
아프리카 인식론 (African epistemology)	• 사회적/공동체적 인식론 • 개인주의적 인식론 배격 • 지식은 전통, 선조, 유산으로부터 옴	• Yoruba Moral Epistemology (Hallen, 2004) • Epistemological and Moral Implications of Characterization in African Literature: A Critique of Patrick Chakaipa's 'Rudo Ibofu' (Love is Blind)(Mawere, 2011)
원주민 인식론 (indigenous epistemology)	• 전체론적 인식론: 경험, 감각, 관계, 상호 의존, 인간과 자연, 유동적	• Indigenous epistemology and Indigenous standpoint theory(Foley, 2003) • "How we know": Kwara'ae rural villagers doing indigenous epistemology (Gegeo, & Watson-Gegeo, 2001). • The role of indigenous knowledge in biodiversity conservation in the Lesotho Highlands: Exploring indigenous epistemology(Mokuku, & Mokuku, 2004).

로 정리하는 시도 자체가 다양한 인식론을 환원적으로 바라보는 위험한 시도일 수 있다. 이에 우리는 탈식민적/토착적 질적연구를 위해 각각의 인식론이 그 지역과 나라에서 이루어지는 연구를 지탱하는 철학적·인식론적 기초가 되어야 함을 강조한다.

탈서구 인식론의 중요성과 다양한 인식론이 존재한다는 것을 논의한 지금 우리는 탈식민적/토착적 질적연구를 위한 인식론적 질문을 제시함으로써 연구자로 하여금 자신의 연구가 과연 '자신의 인식론'에 기초한 것인지 자문하기를 바란다. 이를 위해 연구자는 다음과 같은 질문들을 던질 수 있다.

- 나는 나의 연구 주제, 연구 현장, 참여자에 적합한 인식론적 접근을 취하고 있는가?
- 나의 연구와 연구 질문을 지탱하는 인식론적 전제는 무엇인가?
- 만일 나의 인식론이 서구의 인식론을 따르고 있다면 어떻게 나의 인식론을 수정할 수 있을 것인가?
- 나의 면담 질문은 참여자로 하여금 자신들의 인식론에 기초하여 응답할 수 있는 충분한 여지를 두고 있는가? 나의 질문이 참여자에게 서구의 인식론에 기초한 해석과 응답을 은연중에 강요하고 있는가?
- 자료 분석에서 나의 인식론은 어떻게 작동하는가? 분석을 위한 틀이나 분석 개념이 누구의 인식론에 기초한 것인가?
- 나의 글쓰기는 참여자나 연구 현장의 철학과 인식론적 특징을 효과적으로 반영하고 있는가?

탈서구 인식론 관련 연구의 예

"Narrative Inquiry: Locating Aboriginal Epistemology in a Relational Methodology"(Barton, 2004)

이 연구는 원주민의 비만을 이해하기 위한 탈식민적/토착적 연구이다. 이 연구를 통해 연구자는 비만을 이해하고자 원주민의 인식론적 접근을 적극적으로 포함시키고자 노력하였다. Barton은 원주민의 인식론을 표현, 관계, 이야기, 예술을 통한 구술 내러티브에 의해 구성된다고 논의하였다. 또한 원주민의 의례, 관습, 메타포, 일상적 경험을 이해하는 것은 연구에 다양한 관점을 표현할 수 있다는 점을 강조하였다. 이 연구는 연구자의 '과학적 관점'과 참여자들의 '토착적 인식론'의 소통과 상호작용을 심층적으로 제시하였다.

나. 토착적 연구 방법론과 연구 방법

탈식민적/토착적 질적연구에서 비서구적 방법론과 연구 방법은 연구 실천의 탈식민을 위해 매우 중요하게 고려되어야 하는 문제이다. 왜냐하면, 비서구 지역과 나라에서 이해되고 수행되는 '연구(research)'라는 개념과 그 방법이 이미 서구화되어 있기 때문이다. 탈식민 방법론의 대가 Linda Tuhiwai Smith(2012)는 *Decolonizing Methodologies: Research and Indigenous Peoples* 에서 다음과 같이 주장한다.

> 내가 글을 쓰고 있는 입장과 같이 피식민지인들의 관점에서 보면 '연구'라는 용어는 유럽 제국주의와 식민주의와 불가분하게 연결되어 있다. 'Research'는 아마 원주민들의 사전에서 가장 더러운 단어일 것이다(Smith, 2012: 1).

이어서 Smith는 유럽 제국주의에 뿌리를 둔 연구 방법론과 방법이 원주민들에 대한 연구 자료가 어떻게 수집되고, 분류되고, 재현되는지를 서구의 눈과 관점에서 규정하고 있다고 주장한다. 심지어 Smith는 '토착적(indigenous)'이라는 용어 또한 문제가 있다고 지적한다. 왜냐하면 다양한 원주민들을 하나의 집단으로 규정하는 단어이기 때문이다(Smith, 2012: 6). 비서구 나라의 지역 사람들의 인식론적 · 문화적 · 언어적 · 종교적 · 심리적 다양성을 고려할 때, 탈식민적/토착적 질적연구를 위해 이들 다른 집단 연구에 적합한 방법론적 · 방법적 지식의 발굴과 이론화는 필수적인 과제라 하겠다. 이에 '토착적 연구 방법론과 연구 방법'은 비서구 나라와 지역의 철학, 역사, 문화, 언어, 표현 체계에 기초한 비서구적 연구 방법론과 연구 방법의 이론화와 개념화를 지칭한다.

이에 '탈서구적인 방법적 지식의 규명'은 자료 수집, 현장 작업, 자료 분석 및 표현 등의 연구 방법에서 과학적이고 합리적이라고 간주하고 적극적으로 수용하였던 서구적 방법에 의문을 던지고 수용을 거부하며 비서구적 · 토착적 맥락과 대상에 적합한 연구의 방법적 지식을 발굴하고 이론화하는 것이다. 탈서구적 · 토착적 방법을 통해 연구자는 억압되고 소외되었던 국지적 · 토착적 현실에 대한 이해를 추구할 수 있다. 이러한 점에서 탈서구적 · 방법적 지식은 비서구 지역의 현상을 새롭게 바라볼 수 있는 방법적 도구가 될 것이다. 이러한 노력은 완전히 새로운 방법론의 이론화일 수도 있지만 기존에 활용되고 있는 질적연구 방법론의 탈서구화로 구분하여 논의할 수 있다. 기존 질적연구 방법론의 탈서구화는 문화기술지, 생애사 연구, 자서전적 연구 등과 같은 방법론이 연구자 자신의 토착적 문화, 역사, 언어, 인식론적 관점에서 비평하고 더욱 '토

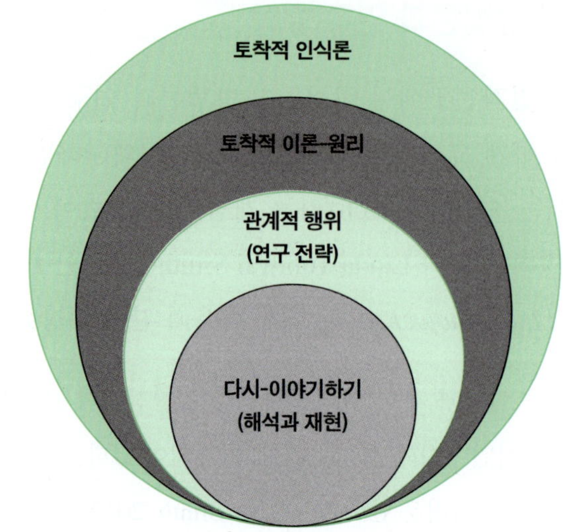

[그림 12-1] 토착적 질적연구 방법론의 프레임

착적으로 적합한' 방법으로 변형시켜 활용할 수 있다. 또한 자료 수집, 면담, 자료 분석을 수행할 때 사용하는 개념적 · 방법적 도구가 탈식민적/토착적 관점을 반영하고 있는지 고려해야 한다.

토착적 연구 방법론의 예로서 Denzin과 Lincoln(2018)의 *The SAGE Handbook of Qualitative Research* 5판에 소개된 Margaret Kovach의 토착적 질적연구 방법론의 프레임을 소개하고자 한다. Kovach는 토착적 질적연구의 이론적 원리로서 '공동체와의 관계', '관계의 본질로서의 윤리성', '연구 방법으로서의 이야기', '해석과 재현으로서의 다시-이야기하기', '토착적 재현 방식의 활용'을 제시하였다. Kovach는 토착적 질적연구 방법론의 프레임의 예시를 제시하였는데, 탈식민적/토착적 질적연구 방법론의 체계적 예로서 제시하고자 한다. 이 예시는 하나의 예시일 뿐, 모든 토착적 질적연구가 이 원리를 따라야 한다는 것을 의미하지는 않는다는 점을 명심하기 바란다(Kovach, 2021). Kovach가 제시한 토착적 방법론의 개념적 틀은 **[그림 12-1]**과 같다.

[그림 12-1]에서 제시하고 있는 각각의 요소의 방법적 특징은 **<표 12-4>**와 같다. 여기서 제시하는 특징들은 토착적 질적연구 방법론의 관점과 연구 실천을 위한 핵심 가치와 개념을 포함하고 있기 때문에 연구자는 자신의 연구에서 어떠한 가치와 요소가 적절한지 판단해야 할 것이다.

<표 12-4>에서 제시한 요소, 토착적 원주민 질적연구를 위한 방법적 특징, 그리고 고려해야 할 개념들은 탈식민적/토착적 질적연구의 계획, 실행, 글쓰기를 위해 연구자가 참고할 수 있는 내용들임에는 분명하다. 예를 들어 연구자가 연구를 수행할 때 '관계

〈표 12-4〉 토착적 연구 방법론 (Kovach, 2021)

방법론적 요소	방법적 특징
토착적 인식론 (지식에 대한 관점)	• 전체론: 마음, 몸, 정신, 신념 • 다양성: 인간, 자연, 영혼 • 연결성: 관계성과 상호 의존성 • 유동성: 생명력과 활동성
토착적 이론-원리 (가치와 행위에 대한 관점)	• 가치 중심: 존중, 호혜성, 책임, 목적 • 집단 중심: 관계성, 경과적 정의, 순환성, 균형 • 경험적: 개인적 지식과 실제 • 비고립주의적: 전이 가능성, 접촉 가능성 • 맥락 중심: 장소, 역사, 친족, 종교, 언어, 문화 등의 참여와 소통 • 식민 역사와 행위 비평을 위한 서구 이론
관계적 행위 (연구 수행과 행위의 관점)	• 토착적 법과 관습: 공동체의 권리, 개인적 의무, 공동체의 관리 • 절차와 윤리: 책임감 • 공동체의 책무 • 구술성과 역동성 • 개인적 경험과 공동체의 이야기: 시각적 · 텍스트, 행위, 감각 • 의례 • 사교: 언어적 · 비언어적 · 암시적
다시-이야기하기: 해석과 재현 (관찰, 사건, 의미 연결에서의 책임감)	• 토착적 인식론, 관습, 관계적 행위에 기초함 • 식민 역사를 포함한 토착민의 역사적 맥락 • 개인의 경험과 이야기의 맥락 • 토착적 인식론의 전체론과 다양성을 존중하는 해석과 표현(시각적 · 행위적 · 구술적, 상징과 알레고리의 활용) • 해석: 독자의 의미 생성이 가능하도록 • 해석에 대한 연구자의 책무가 포함된 해석 • 호혜성과 접근성에 기초한 재현

적 행위'에 주목한다는 것이 무엇을 의미하는지 방법적 특징에서 알 수 있다. 즉, 연구자는 연구 현장에 들어가고 참여자를 만날 때 그들의 공동체 의식, 관습과 윤리, 구술성, 의례 등을 존중하며 연구를 수행해야 할 것이다. 또한 자료 분석과 결과의 재현에서도 원주민의 방식이 드러날 수 있는 방법으로 접근해야 할 것이다. 이 개념화의 마지막에 Kovach(2021)는 다시 한 번 이 개념화의 정형화를 경계할 것을 강조한다. "당신이 원주민 연구 방법론을 찾고자 한다면 절차와 방법을 엄밀히 규명한 그 어떤 것도 찾지 못할 것입니다. 만일 당신이 원주민 질적연구를 제대로 수행하고 싶다면 그들 부족의 지식과 사랑, 친절, 솔직함, 관대함, 호혜성, 배려와 같은 그들의 가치와 관습을 존중

해야 할 것입니다. 만일 그렇게 할 수 있다면, 당신은 토착적 질적연구를 제대로 수행하는 것입니다"(Kovach, 2021). Kovach가 제시하는 방법론의 프레임과 핵심 개념 그리고 요소들은 북아메리카의 '원주민(aboriginal peoples)'을 대상으로 하는 연구를 말한다. 이에 다른 비서구 지역에서의 탈식민적 질적연구는 연구 참여자와 그들 공동체가 지향하는 가치, 문화, 의례, 의사소통 방식에 적합한 연구 방법을 취해야 할 것이다.

다. 역사적 탐구

이 주제는 역사적 분석을 통해 역사적/정치적/문화적 식민이 어떻게 시작되었으며, 식민성이 어떠한 전략과 메커니즘으로 이식되었고, 어떠한 방식으로 후대에 전달되고 지속되는지를 분석하는 것이다. 탈식민적/토착적 질적연구에서 이 개념은 식민의 영향과 상처를 치유하고 극복하기 위한 가장 중요한 과제라고 볼 수 있다(주재홍, 2006; 주재홍, 김영천, 2017). 이 개념이 중요한 이유는 먼저 Trouillot(1995)가 주장한 것처럼 역사는 지배자에 의해 기록된 것이며 이러한 역사는 과거를 '침묵'시킨다. 다시 말해, 피지배자의 역사는 지배자에 의해 의도적으로 침묵당하고 지워진다는 것이다. 뿐만 아니라 식민의 역사는 과거의 지나간 역사가 아니라 현재도 교육, 문화, 정치, 제도 등을 통해 지속되고 있기 때문이다. 또한 식민지배의 결과로 피식민지인들에게 주입된 타자로서의 정체성, 열등감은 진정한 탈식민을 가로막는 크나큰 걸림돌이기 때문이다. 이러한 식민의 상처와 트라우마의 극복을 위한 시작이 탈식민적/토착적 연구에서 역사적적 탐구라고 볼 수 있다.

이 개념과 관련하여 Said(1979, 1994)의 '오리엔탈리즘'은 시사하는 바가 크다고 하겠다. 그는 이 개념을 통해 서양의 제국주의에 의해서 어떻게 동양이 타자화되고 배제되었는지를 밝혔다. 이와 관련하여 주재홍은 매우 설득적인 논의를 제공한다.

> Said는 궁극적으로 서양에서 동양에 대한 지식이 형성되는 과정에 관한 분석을 통해서 단순히 동양에 대한 서양의 지식이 왜곡되어 있다는 사실 자체를 비판하고 있는 것이 아니라, 서양의 정체성이 동양을 타자(the other)로 규정하는 방식에 의하여 이루어진 지식 체계임을 보여준다. 그의 기본 과제는 여태껏 보편과 객관의 구현으로 행세해 온 인간, 이성, 계몽, 진보, 역사 같은 서구 근대성의 담론이 인종주의, 식민주의, 제국주의 등의 정치 이데올로기와 얼마나 밀접한 공모 관계를 형성해 왔는지를 폭로하는 것이다(이경원, 2011: 345). 이와 같이 Said는 서양에서의 전통적인 동양에 관한 지식 분야에 담겨 있는 정치적 · 이데올로기적 동기를 드러내 밝힘으

> 로써 서양의 식민주의적 지식 체계를 비판할 수 있는 새로운 인식틀을 제시하였다는 점에서 중요한 가치를 지닌다. 따라서 우리는 동양을 포함한 비서구가 획득되고 알려지는 방식에 대해 무언가를 의문시하고 재고해야 한다(주재홍, 2016: 6).

이렇듯 역사적 탐구는 탈식민 과업의 본질에 가장 가까운 주제라고 할 수 있다. 이러한 역사적 사실에 대한 분석의 중요성은 피식민 역사를 가진 사람들의 의식과 정신적 측면에서도 중요하다. Fanon(1967)의 '열등 콤플렉스', Memmi(1965)의 '의존 콤플렉스', Spivak(1994)의 '하위주체'의 개념은 이 주제에 대한 탐구의 당위성과 필요성을 제시한다. Fanon에 따르면 피식민지인과 원주민의 열등의식은 식민의 역사를 통해 만들어진 역사적 결과라고 주장한다(Fanon, 1967: 108). Memmi 또한 '의존 콤플렉스'나 '식민적 친연성'의 개념으로 Fanon과 같은 주장을 펼친다(Memmi, 1965: 88-89). 이러한 피식민지인들의 의식과 정신에 담겨 있는 열등적 정체성에 대해서는 피식민지인들 스스로 '백색 신화의 최면으로부터 깨어나야 한다'는 것이 이 학자들의 주장이다. 이러한 논의가 탈식민적/토착적 질적연구에서 역사적 탐구에 주는 시사점은 현재에도 지속되고 있는 식민 역사의 잔재와 지속성의 역사적 증거를 규명하고, 발굴하고, 해체하는 노력이 필요하다는 것이다.

이러한 탈식민 역사적 탐구의 전략으로서 이론가들은 다양한 방법을 제시하였다. 특히, 탈식민을 위한 역사적 탐구의 필요성과 방법적 전략에 대한 강력한 논의는 Pathak, Sengupta와 Purkayastha(1991)의 "The Prisonhouse of Orientalism"에서 찾아볼 수 있다. 연구자들은 탈식민 역사적 탐구의 전략을 다음과 같이 주장하였다.

> 텍스트를 해체하기, 그 생산 과정 조사하기, 그것을 구조화하는 제국주의 신화를 확인하기, 그것이 기대고 있는 대립 항들이 어떻게 역사 속에서 주어진 시기의 정치적 필요에서 발생하는지 보여주기는 우리 세계에서 텍스트를 새롭게 소생시켰다(Pathak et al., 1991: 195).

Pathak과 동료들은 식민화된 텍스트를 '다시 읽기와 다시 쓰기'를 통해 해체하는 '되받아치는 행위'로서의 탈식민의 역사적 탐구를 주장한다(Ashcroft, Griffifths, & Tiffin, 1989; Said, 1994). 식민화된 역사적 텍스트를 해체하여 탈식민적/토착적 관점에서 재구성함으로써 자신들의 목소리와 정체성을 회복해야 한다는 것이다.

역사적 탐구 전략을 논의한 대표적 학자들의 전략적 개념을 간략히 살펴보자. 먼저 Ashcroft와 동료들(1989)은 *The empire writes back: Theory and practice in post-co-*

*lonial literatures*에서 '되받아치기' 전략을 제안한다. 연구자들은 식민화를 위한 제국주의의 영향과 지속되는 요소로서 '영문학(English Studies)'에 집중하였다. 이 서구 유럽의 문학이 마치 피식민 역사를 가진 사람들에게 여전히 '정전적 텍스트'로 읽히고 있음을 비판하며 탈식민주의 글쓰기를 통해 저항의 가능성을 제시하고 있다. 또한 Achebe(1994)는 '전유(appropriation)'의 전략을 제안한다. 이는 '되받아쓰기'를 가능케 하는 방법으로 지배적 중심부 언어를 전유하여 새로운 의미와 용도로 해체적 변형을 시도하는 전략이다. 이는 식민주의 언어적 특권을 탈중심화하는 작업이다. 그리고 제국주의적 지배 담론의 헤게모니에 대항하는 '대항적 담론(counter-discourse)' 생성의 전략 또한 식민주의 역사와 식민화 서사의 헤게모니에 대항하고 그 지속성에 도전하는 방법으로 제시되었다(Ashcroft et al., 1989).

탈식민 역사적 탐구의 예로서 Greene(2007)의 "Colonial History and National History: Reflections on a Continuing Problem"을 소개하고자 한다. Greene은 이 연구에서 '미국의 역사 담론'과 '미국의 식민 역사 담론'을 비판적으로 비교 분석하였다. 그는 미국의 역사 담론은 미국의 식민 역사 담론을 종속적인 하위 탐구 분야로 간주함으로써 원주민들뿐만 아니라 유럽 백인들의 역사 또한 충분히 반영하지 못한다고 비판하였다. 그는 미국의 역사는 여전히 식민화의 과정과 영향을 충분히 반영하고 있지 못하며 역사를 배우는 학생들 또한 더욱 전체적이고 탈식민적인 역사 의식에 노출되고 있지 못하다고 평가하였다. 이와 유사한 예로서 Harding(2006)의 매스미디어에 등장한 캐나다 원주민 역사의 재현에 관한 분석적 연구를 들 수 있다. Harding은 비판적 담론 분석 방법으로 캐나다 주류 네 개의 미디어에 드러난 원주민의 역사에 대한 재현을 분석하였다. 연구의 결과로서 그는 과거 한 세기가 넘는 동안 캐나다 원주민에 대한 미디어의 재현이 거의 변하지 않았으며 원주민을 타자 또는 '위협'으로 간주한다고 주장하였다.

어느 나라를 막론하고 역사는 교육 시스템을 통해 후대에 계승된다는 점을 고려할 때 교육적 맥락에서의 탈식민 역사적 탐구 또한 빼놓을 수 없는 주제이다. 교육에서의 역사적 탐구는 식민성의 지속과 재생산 그리고 피식민지인들의 열등의식은 역사적 산물이며 역사적 인과관계에 대한 분석을 통해서 합리적이고 실제적인 근거를 제시할 수 있다는 주장에 기초해서 이루어진다. 이에 많은 연구들이 Fanon의 열등 콤플렉스의 개념에 기초하여 이루어진다(김진식, 2003, 2004; 박승배, 2011; 양명저, 2011; Coloma, 2009b; Kan, 2010; Coolahan, 2014; Mangan et al., 2014). 이에 주재홍(2006)은 "Fanon의 개념은 제3세계의 학교 교육과 교육과정 체제가 어떻게 제국주의의 기획과 목적 아래 탄생되었고 유지되고 있는지를 지식의 고고학적 관점에서 방법적으로 적용하여 분석할 수 있는 아이디어를 제공하고 있다"라고 주장한다. 이에 교육에서의 탈식민 역사적 탐구는 학교 교육과정이 서구의 세계관과 인식론을 재생산하기 위한 수단으로 활용되고 있음을 밝혀내는 것이다.

이러한 연구들의 예로서 식민지 시대 홍콩의 '중국 역사 교육과정'의 본질과 사회정치적 기능에 대한 분석(Kan, 2010), 영국 식민지배하의 인도의 교육 정책에 대한 분석(김진식, 2004), 19세기 후반 인도 이슬람 사회와 교육의 개혁에서 이루어진 서구식 교육의 수용 과정에 대한 분석(김진식, 2003), 미국의 지배 아래에서의 필리핀 교육 역사에 대한 분석(Coloma, 2009a, 2009b) 등을 들 수 있다. 이 연구들은 과거 식민지 국가의 교육과정이 서구의 세계관, 역사와 전통의 헤게모니를 강화하는 장치였다고 주장한다(Coolahan, 2014; Mangan et al., 2014). 이와 관련하여 조경진(2014)은 '신대륙'의 문화적 소멸은 서구 유럽의 우월성을 강화하고 피식민지인들의 열등의식을 재생산하는 도구로 활용되었다고 주장하였다.

탈식민 역사적 탐구의 예 1

"Elusive Images of the Other: A Postcolonial Analysis of South Korean History Textbooks"(Kim, Moon, & Joo, 2013)

김영천, 문승호, 주재홍의 이 연구는 우리나라 세계사 교과서를 탈식민적 관점에서 분석하였다. 연구자들은 탈식민 이론에 기초하여 다음과 같은 분석 기준을 설정하였다.

분석 개념	분석적 질문	핵심 이론가
주체와 타자의 형성 (Construction of Subject/Other)	• 역사적 사건에서 주체와 타자는 어떻게 구성되고 있는가? • 세계사 교과서는 산업혁명과 세계 경제의 변화 그리고 사회정치적 발전을 누구의 기여로 설명하고 있는가?	Fanon(1967)
포함과 배제의 담론 (Discourses of inclusion/exclusion)	• 어느 나라의 역사가 포함되었으며 배제되어 있는가? • 포함과 배제를 위해 적용된 세계관, 인식론, 존재론은 누구의 것인가?	Said(1979) Foucault(1980)

분석 개념	분석적 질문	핵심 이론가
침묵된 목소리 (Silencing of voices)	• 누구의 목소리가 침묵당했는가? • 식민의 역사에서 고통받았던 사람들의 목소리는 얼마나 어떻게 제시되어 있는가?	Spivak(1988)
재/식민화의 내러티브 (Narratives of re/colonization)	• 식민적 이데올로기가 어떻게 재생산되고 있는가? • 식민적 이데올로기 재생산을 위해 피식민 국가들은 어떻게 설명되고 있는가?	Freire(1970)

이 분석 개념에 기초하여 우리나라 세계사 교과서의 큰 두 주제인 '산업혁명'과 '신대륙 발견' 관련 내용을 분석하였다. 이들의 분석에 따르면 우리나라 세계사는 여전히 유럽의 세계관에 기초한 것이며 동양/우리나라의 산업화에 대한 서구의 역할과 기여에 초점이 맞추어져 있다고 비판하였다. 이에 연구자들은 그 역사적 과정에서의 동양의 기여를 더욱 강조하고 더욱 다차원적인 역사 의식을 위한 교육이 이루어질 수 있는 방향으로 우리나라 세계사 교과서를 다시 써야 한다고 주장하였다.

탈식민 역사적 탐구의 예 2

"Empire and Education: Filipino Schooling under United States Rule, 1900-1910"(Coloma, 2004)

이 연구는 교육학/교육과정 분야의 탈식민 담론에서 두각을 나타내고 있는 Coloma의 박사학위 논문이다. Coloma는 20세기 초 미국의 제국주의 역사 아래에서 필리핀의 교육이 어떻게 미국적으로 식민화되었는지 분석하였다. 우리나라와 다르지 않게 필리핀 또한 당시 미국에서 교육/훈련을 받은 교육자들이 필리핀의 교육 시스템을 '미국적'으로 정비하였다. Coloma는 연결성, 정체성, 행위 주체의 개념에 기초하여 필리핀 교육의 식민화를 분석하였다. Coloma는 연구 결과로 두 가지를 지적하였다. 첫째, 미국은 필리민 교육 시스템 정비를 필리핀 사람들을 근대화하고 문명화한다는 명목으로 수행하였다. 둘째, 미국의 제국주의는 인종적 · 젠더적으로 위계적이었다. 남자들이 교직을 점유하였으며 인종적으로 차별적이었다. 또한 필리핀 사람들은 미국의 제국주의에 저항하기 위해 자신들의 국가적 정체성을 강화하기 위한 실천을 보였다. 이 연구는 미국의 제국주의가 필리핀 교육 시스템에 남긴 상처와 기여를 논의하였으며, 이러한 역사적 사건은 단순한 이분법적 관점에서는 파악될 수 없는 복잡한 요인들이 작용하였음을 드러내었다. 또한 교육에서 종속과 임파워먼트의 모순된 양상을 드러내었다.

탈식민 역사적 탐구의 예 3

"재일동포 민족학교: 분단과 탈식민의 역사"(정진성, 2017)

이 연구는 몇 세대가 지나도록 '한국인' 또는 '조선인'으로서 민족의 정체성을 지키며 일본에서 살아가고 있는 재일동포들에 대한 탈식민적 연구이다. 연구자는 이러한 정체성 지키기가 가능하였던 이유가 민족학교의 존속이라고 보고, 민족학교의 식민적 역사성, 즉 과거와 현재를 논의하였다. 정진성은 민족학교의 민족교육 투쟁과 저항의 특징을 시대별로 구분하여 논의하였으며, 심층 면담을 통해 이러한 역사가 현재의 재일동포들에게 주는 의미를 찾고자 하였다. 일본의 민족학교의 역사성을 매우 구체적으로 기록하고 그 의미를 탐색한 이 연구는 탈식민적 관점에서 '한국인'만이 가지고 있는 일본과의 식민적 · 탈식민적 관계를 심층적으로 파헤쳤다는 점에서 한국적 탈식민 연구의 좋은 예가 된다고 하겠다.

라. 차이

탈식민 질적연구에서 '차이' 또한 중요하고 효과적인 방법적 개념이다. 여기서 이야기하는 차이는 상징, 표현, 의사소통 방식, 예술, 언어, 의례 등과 같은 '문화적 차이'를 지칭한다. 이 개념은 식민적 관점에서 '기이한 것', '예외적인 것', '비합리적인 것'으로 간주되던 비서구적 문화 현상이나 경험을 다른 실제와 경험으로 인정하는 관점이자 태도를 지칭한다. 다시 말해, 모더니즘에 기초한 서구의 합리주의, 과학주의, 이성주의에서 일탈이나 예외로 간주되던 것이 탈식민적/토착적 질적연구에서는 새로운 발견이 될 수 있으며, 또 다른 지식이나 진리가 될 수 있다는 것이다. 또한 서구에서 정형화된 연구 방법론이나 절차를 따르지 않는 연구 방법론 또한 나름의 정당성을 가질 수 있다는 것을 의미한다. 뿐만 아니라 서구의 '연구 기준'에서 부합하지 않는 기준을 적용하여 서구 중심의 연구 담론에서 벗어나는 것을 연구하는 것 또한 서구에 의해 배제되고 침묵된 목소리를 드러낸다는 점에서 이 차이에 기초한 탈식민적 연구에 포함될 수 있다.

우리가 질적연구를 논의할 때 이 '차이'야말로 질적연구의 본질적 목적에 가장 부합하는 개념이라 할 수 있다. 양적연구에서 차이는 실수나 예외로 판별되어 의미 있는 데이터로 간주되지 않는 반면, 질적연구에서는 새로운 발견이고, 경험이고, 문화가 될 수 있다. 왜냐하면 현상, 경험, 문화의 주체자의 관점에서 볼 때 그 '차이'야말로 그들에게 중요한 의미를 가지는 실제일 수 있기 때문이다. 이 '차이'를 중심에 놓을 때 탈식민 연구자 자신의 몸과 경험, 사유의 방식이 연구의 기준이 된다. 서구와 다른 경험을 하는 '나'의 몸이 경험하는 것을 직시하고 서구가 제시하는 기준이 아닌 '나'의 기준에서 그 의미를 해석하고 재현할 때 진정한 탈식민으로 나아갈 수 있다. 이에 이 '차이'의 개념은 방법론뿐만 아니라 인식론과 자료의 분석과 해석을 안내할 수 있는 핵심적인 개념이라고 할 수 있다.

우리가 의미하는 차이는 Derrida(1968)가 논의한 차연, 즉 디페랑스(différance)의 의미와 특성을 강조한 개념이다. Derrida는 서구의 철학이 '비이성에 대한 이성', '차이에 대한 동일성', '부재에 대한 현전'을 진리로 간주해 왔다고 보았다. 이에 대한 Derrida의 비판은 동일성이 판명되고 유지되기 위해서는 차이가 규명되어야 하고 이러한 차이를 배제함으로써만이 동일성이 드러날 수 있다는 것이다. 이에 Derrida는 차이의 구별과 배제는 차이에 대한 억압이며 폭력으로 간주하였다. 이러한 논리에 기초하여 Derrida는 이성과 구별되는 비이성, 동질성과 구별되는 차이, 현전과 대비되는 부재를 타자로 간주하고 그 타자를 해방시키고자 한다. 이때 해방이라는 것은 정치적 해방이 아니라 존재론적·인식론적 해방을 의미한다. 다시 말해, 중심과 주변, 동질성과 사이의 경계를 허물고 다수의 중심, 동질성 내에 존재하는 차이의 틈새를 인정하고 또 다른 이해와 진실로 간주하는 것이다. Derrida가 그의 *Positions*에서 논의한 차연의 성격을 윤종갑(2018: 93-94)은 다음과 같이 정리하였다. 첫째, 차연은 différer에 내포되어 있는 연기, 양도, 유예, 반송, 우회, 지연, 저장 등을 의미하는 움직임과 관련된다. 둘째, 차연의 움직임은 모든 차이와 대립의 공통적 뿌리이다. 하지만 차연은 이분법의 구도에 속하지 않는다. 셋째, 차연은 모든 차이와 변별 기호를 생성하는 힘이다. 차이나 변별 기호는 구조주의와 분류학이 기대고 있는 토대가 되는데, 차연이 없으면 그러한 구조주의적 인식이 불가능하다. 넷째, 차연이 차이를 생성하지만, 그 차이는 기존의 차이와 다르다. 기존의 차이는 각 존재를 개체화하여 실체가 되게 하지만, 차연이 생성하는 차이는 오히려 그러한 실체를 불가능하게 한다. "Derrida에 따르면 이러한 움직임보다 선행하는 것은 없다. 연기하고 위임하고 우회하는 차연의 움직임이 모든 현존보다 선행하기 때문이다"(윤종갑, 2018: 93).

그렇다면 탈식민적/토착적 질적연구에서 차이에 기초한 연구 접근과 주제가 무엇인지 제시하고자 한다. 여기서 제시하는 다섯 가지 영역 또는 단계는 우리가 '지난 30년간 김영천의 탈식민적 질적연구 노력과 결과물'에 기초하여 생성한 것이다. 이에 이 영역들의 개념화 또한 '차이'에 기초한 탈식민적 이론화의 한 예시로도 이해될 수 있다.

첫째, '토착적 현상에 대한 내러티브의 구성'이다. 이 영역은 비서구적/토착적 시각, 즉 내부자인 연구자의 관점에서 자신의 경험과 문화·사회 현상을 심층적으로 기술하는 작업이다. 이러한 작업은 서구의 이론이나 연구 영역을 벗어나는 토착적이고 국지적인 현상을 기술함으로써 탈식민적 개념 도출 및 이론화의 기초를 제공할 수 있다. Spivak(1999)은 자신이 '하위주체(subaltern)'라는 개념을 이론화할 수 있었던 것은 인도 여성의 삶과 문화, 특히 순장(satī)을 비롯한 인도 풍습에 대해 매우 자세한 기록을 남긴 Ranajit Guha의 작업 덕분이라고 인정하였다. 이렇듯 '토착적 현상에 대한 내러티브의 구성'은 탈식민 질적연구에서 '차이'를 드러내기 위한 필수적이고도 기초적인 작업이라고 하겠다.

둘째, '국지적 지식과 토착적 현상에 대한 이론화'이다. 이 영역은 토착적 문화와 철학이 제공하는 가치에 기초하여 토착적 현상을 탐구하고 개념화/이론화하는 작업이다. 이 영역은 토착적 텍스트와 이에 대한 분석에 기초하여 서구에서는 인정되지 않을 수 있지만 자신들의 지역과 나라에서는 중요하고 의미 있는 새로운 비서구적 연구 주제를 발굴하는 작업이다. 즉, 문화적으로 역사적으로 더 적절한 탈식민적/토착적 연구를 가능하게 하고 발전시킬 수 있는 개념적·이론적 토대를 제공하는 작업이다.

셋째, '차이의 실천을 통한 서구 지식의 한계 폭로'이다. 이 영역은 서구와 비서구에서 생산된 지식을 비교하고 빗댐으로써 서구에서 만들어진 지식, 비서구에 대한 서구의 해석의 모순점, 한계를 드러내는 작업이다. 이를 위해 탈식민 연구는 서구의 지식과 토착적 지식의 유사성과 차이점에 대한 논의를 통해 어떠한 점에서 서구의 지식이 자신들의 맥락에서 적용될 수 있는지 또는 거부당하고 있는지를 논의한다. Bhabah(1994)가 혼종성(hybridity) 개념으로 논의한 것처럼 서구의 식민적 '주입'은 그들이 의도한 대로만 이루어지지 않으며, 대부분 토착민의 저항이나 변형으로 나타나게 된다. 이에 탈식민 연구는 그러한 모순과 한계를 드러내고 토착적 실천을 드러냄으로써 탈식민적 저항으로서의 '폭로'를 추구한다.

넷째, '토착적 실천의 의미, 가치, 목적을 대변하고 차이를 설명하는 개념과 메타포의 이론화'이다. 이 영역은 토착적 언어, 문화, 관점에 기초하여 새로운 개념과 이론을 생성하는 작업이다. 이는 서구적 관점에서 종종 왜곡된 비서구적 현상과 경험의 이미지를 바로잡는 작업이다. 예를 들어, 한국의 교육은 학생들에게 고통만을 부여하는 실천으로 인용된다(Waldow, 2017). 하지만 Achebe의 '전유(appropriation)' 그리고 Ashcroft와 동료들(1989)의 '되받아쓰기'는 실천이 가능하며 실제로 이루어지고 있다. 그 예로서 한국의 학생들이 학교의 안과 밖에서 얼마나 효과적으로 열심히 공부하는지를 심층적으로 묘사한 *Shadow Education and the Curriculum and Culture of Schooling in South Korea*(Kim, 2016), 일본 교육의 장점을 논의한 연구들(Takayama, 2011; Shimahara, 1998)을 들 수 있다.

다섯째, 마지막 단계는 '서구와 비서구 학자가 상호 존중과 협력에 기초하여 비서구적 지식을 국제적 담론으로 발전'시키는 것이다. 이는 비서구 지역에서 생성된 지식과 이론을 국제적 담론의 부분으로 인정받기 위한 서구와 비서구의 상호 협력적 노력을 의미한다. 물론 이 과정에서 '영어'의 문제가 또 다른 차원의 탈식민 이슈로 남아 있다는 점은 인정해야 한다. 이를 위해 비서구 학자들 스스로 국제 학술지와 세계적 출판사에 토착적 경험, 지식, 이론에 기초한 연구물을 더욱 공격적으로 출간하는 노력이 필요하다. 이러한 노력은 더욱 수용적이고 다양한 색채를 가진 연구 담론으로 발전시킬 수 있는 기회를 제공해 줄 수 있을 것이다(Spivak,1999). 이는 비단 교육 분야뿐만 아니라 문화, 예술, 건축, 음악 등 모든 분야에 해당할 것이다. 그 예로서 저자들의 최근 작업을 소개하고자 한다. 우리의 분야는 교육과정으로서 모든 개념과 이론이 서구 학자들에 의해서 점령당한 상황이다. 이에 우리는 우리나라의 교육/학습 문화인 사교육에 대한 질적연구에 기초하여 '그림자 교육과정(shadow curriculum)'이라는 새로운 교육과정 개념을 비서구 학자 최초로 이론화하였다. 이는 우리만의 주장에 머무르는 것이 아니라 2022년에 세계적 출판사 Elsevier에서 출간되는 *International Encyclopedia of Education*에 소개될 예정이다. 이 저명한 출판사의 백과사전에서 우리의 개념을 인정한 것은 우리의 탈식민적 연구 노력이 '세계화'됨을 의미한다. 이렇듯 비서구 학자들의 적극적이고 공격적인, 세계적 담론의 중심으로 들어가려는 노력이 필요하다고 하겠다.

'차이' 연구의 예 1

Theorizing Shadow Education and Academic Success in East Asia: Understanding the Meaning, Valus, and Use of Shadow Education by East Asian Students (Kim & Jung, 2021)

Shadow Education as Worldwide Curriculum Studies (Kim & Jung, 2019)

이 두 책은 이 책의 저자인 김영천과 정정훈이 동양적 교육과 학습 문화의 중요한 특징인 '그림자 교육(shadow education)', 즉 사교육을 새로운 동양적 관점에서 연구하고 이론화한 작품들이다. 서구, 비서구 할 것 없이 대중 매체나 학술적 논의에서 매우 부정적으로 묘사되는 한국적/아시아적 교육과 학습 현상인 사교육을 새로운 관점에서 긍정적인 관점에서 바라보고, 학생들의 학업 성취와 미래의 성공을 위해 중요한 역할을 하는 중요한 학습 문화로 간주하고 논의하였다. 이는 서구의 관점에서 '동양적 차이'가 서구의 기준, 즉 진보주의 교육학적 관점에 부합하지 않는 것처럼 보인다고 하여 가치롭게 여겨지지 않으며 심지어 교육학 연구 주제로 적절하지 않다고 간주하는 담론을 직접적으로 비판하였다. 이에 우리는 *Shadow Education as Worldwide Curriculum Studies*에서 비서구 학자로서는 최초로 새로운 교육과정 개념인 '그림자 교육과정(shadow curriculum)'을 이론화하였다. 또한 *Theorizing Shadow Education and Academic Success in East Asia*에서는 그림자 교육을 동북아시아 지역 학생들의 학습 문화로 간주하고 그 특징을 '탈경계 학습 문화(trans-boundary learning culture)', '유목적 주체로서의 학습자(learner as nomadic agent)'와 같은 개념을 이론화하였다. 또한 한국, 일본, 홍콩, 대만, 싱가포르 학생들의 사교육 학습의 실제와 그들의 학업적 성공에 대한 사교육의 기여를 질적연구를 통하여 심층적으로 제시하였다.

이러한 학술적 노력은 '차이'를 부정적이고 예외적으로 간주하기보다 그 차이는 나타내는 지역의 사람들에게는 서구의 평가와 달리 의미 있고 중요한 실천이며 전략이라는 점을 강조하기 위함이다.

‘차이’ 연구의 예 2

“Colonialism, Postcolonialism, Globalization, and Arab Culture”(Mir, 2019)

이 연구는 국제화라는 큰 흐름 속에서 아랍의 문화적 요소와 실제가 어떻게, 얼마나 여전히 배제되고 있는지를 탈식민적 관점에서 논의하였다. Mir는 국제화 담론이 다름과 차이를 인정하고 존중하기보다 여전히 ‘타자의 목소리’로 재현되고 있음을 비판하였다. 구체적으로 그는 아랍 문화와 아랍인, 아랍 미디어, 아랍 정치인, 아랍의 대중적 담론에 대한 부정적인 이미지가 여전히 강하게 나타나고 있음을 분석하였다. 연구자는 서아시아 지역과 이 지역 사람들의 역사가 매우 다양하고 그들의 정체성 또한 매우 복잡하게 형성되고 있다는 점을 강조하였다. Mir는 아랍과 아랍인들에 대한 왜곡된 이미지와 환원적 이해를 바로잡기 위해 ‘창의적인 저항’으로서의 현대적 아랍성을 추구해야 한다고 주장하였다.

마. 상징과 재현

‘상징과 재현’은 비서구적 언어, 표현 양식, 의례와 상징, 재현 방식 등의 활용과 이론화를 의미한다. 이에 위에서 설명한 ‘차이’와 마찬가지로 ‘상징과 재현’ 또한 문화와 문화적 맥락에서 이해되어야 한다. 서구적 관점에서 인정받지 못하였거나 여전히 가려져 있는 다양한 비서구적 의례, 상징, 표현 체계(예술, 음악, 공예 등)는 그 자체로서 정체성을 인정받고 있지 못하거나 그 존재의 위기를 맞고 있다(Reyes, 2021). 캐나다 인류학자 Wade Davis는 *Light at the Edge of the World: A Journey Through the Realm of Vanishing Cultures*에서 식민과 침략 그리고 말살의 영향으로 전 세계 많은 원주민의 언어와 문화가 소멸되었으며 여전히 빠른 속도로 진행되고 있다고 폭로하였다. 그가 이 책에서 강조하는 중요한 점은, 이른바 ‘문명화된 서구’의 관점에서는 미개해 보이는 원주민들의 문화들도 그들의 세계관과 가치관을 담고 있는 소중한 문화이며, 어떤 점에서는 ‘서구의 이성적 · 합리적 문화’보다도 더욱 윤리적이고 인간적이며, 전 지구적 생태학적 관점에서 지속 가능한 문화라고 칭송하였다.

이렇듯 ‘상징과 재현’은 다양한 문화적 요소와 가치를 담고 있는 비서구적 상징 체

〈표 12-5〉 학문 영역에서의 탈식민 연구들

영역	학자	저서
예술과 문학	Tlostanova (2017)	• *Postcolonialism and postsocialism in fiction and art: Resistance and re-existence*
스포츠	Bale와 Cronin (Eds.) (2020)	• *Sport and postcolonialism*
언어학	Britton(1999)	• *Edouard Glissant and postcolonial theory: Strategies of language and resistance*
종교학	Kwan(2013)	• *Postcolonial resistance and Asian theology*
여성학	Gajjala(2002)	• "An interrupted postcolonial/feministcyber ethnography: Complicity and resistance in the cyberfield"

계를 보존하고 발굴하는 것을 목적으로 한다. 서구 중심의 표현, 상징 체계, 재현 방식은 국제화라는 이름으로 종종 경제적 목적으로 다양성을 추구하기보다는 다양성을 소멸시키는 방향으로 나아가고 있다(Reyes, 2021). 물론 지엽적으로 자국의 토착적 원주민의 언어와 상징 체계를 보존하려는 노력이 이루어지고 있지만, 탈식민 연구의 관점에서 바라보면 이는 여전히 충분하지 않다. 왜냐하면 세계적 담론으로 들어가기 위해 '영어'라는 언어를 사용해야 하는데, 영어만을 사용할 경우 다른 언어를 사용할 때 표현될 수 있는 '기의'가 전달되기 어렵기 때문이다. 그리고 영어 또는 영어식 표현 방식을 따름으로써 토착적 전통적 언어/기호 체계가 가지고 있는 가치를 잃어버릴 수 있기 때문이다. 이러한 점에서 탈식민적/토착적 질적연구는 비서구 대륙, 지역, 문화 공동체가 지니고 있는 상징과 재현의 방식을 보존하려는 노력을 하고 있다.

언어뿐만 아니라 언어 이외의 표현과 상징 체계를 발굴하고 기록하는 작업 또한 중요한 탈식민적 과제이다. 예를 들어, 춤, 전통 음악(가락, 악기, 악보 등), 미술, 도예와 공예 등과 같은 문화적 요소들 또한 '관광 문화 상품'으로서가 아니라 그 자체로서 문화적 가치로 인정하고 보존하려는 노력이 필요하다는 것이다(Hall & Tucker, 2004; Amoamo & Thompson, 2010). 이러한 학술적 노력의 필요성을 인식한 학자들에 의해 다양한 분야에서 탈식민적 상징, 표현, 재현을 위한 논의가 이루어지고 있다. 대표적인 예들은 **〈표 12-5〉**와 같다.

여전히 국제 담론의 언어인 영어의 지배적 위치를 고려할 때 이 주제와 관련하여 탈식민적 글쓰기는 더욱 곤란한 이슈가 된다. 과연 우리는 어떻게 탈식민적 연구의 결과를 탈식민적으로 표현할 수 있을 것인가? 이 난제와 관련한 González와 Lincoln(2016)의 실천적 제안을 소개하고자 한다. 그들은 "Decolonizing Qualitative Research: Non-traditional Reporting Forms in the Academy"에서 다음 다섯 가지 전략을 제안하였다.

첫째, '이중 언어 자료 활용'이다. 탈식민적 질적연구의 현장과 참여자가 영어를 모국어로 사용하지 않을 경우 연구자는 '언어적 번역'뿐만 아니라 영어 이외의 언어를 사용하는 참여자가 이야기하는 의미를 영어로 제시하고 독자들이 이해할 수 있도록 하기 위해서는 '문화적 번역' 또한 염두에 두어야 한다(Spradley, 1980). 이는 연구 결과를 영어와 원주민의 언어 두 가지로 제시하는 것을 의미하기도 하지만, 연구 과정에서 원주민의 언어와 문화적 의미를 분석과 결과로 끌고 가려는 노력을 강조한다. 원주민의 언어로 수집된 자료는 그들의 언어 그대로 기록되어야 하고, 그들의 언어로 분석되고 그들의 언어로 해석되어야 한다(Erlandson, Harris, Skipper, & Allen, 1993). 원주민의 언어와 문화적 의미를 지켜온 연구자는 연구의 마지막 단계에서 원주민이 이해할 수 있도록 그들의 언어로 제시하고, 영어권 독자가 이해할 수 있도록 더욱 상세한 문화적 특성을 고려한 설명을 제시해야 한다.

둘째, '비서구적 문화와 전통 고려'이다. 이 전략은 연구 현장의 문화(비서구적 문화, 서구 문화와 융합, 부분적으로 서구 문화 등)의 특징을 고려한 재현의 노력을 말한다. 예를 들어, 인사의 방식, 선물의 종류와 의미, 돈의 가치, 의례의 절차와 중요성 등과 같은 의사소통과 문화적 요소에 대한 이해는 내부자적 관점에서 현상을 이해할 수 있는 기본적인 노력이라 하겠다. 이에 문자 언어 중심 문화권의 연구자가 구술 중심 문화를 연구할 때, 참여자들의 노래, 가락, 시, 춤, 공예품, 의복 등과 같은 표현 방식을 연구에 포함시켜야 함은 물론 연구 결과의 제시에도 포함시켜야 한다. 왜냐하면 구술 문화를 문자화하면 연구된 현상을 단순화하거나 왜곡할 수 있다는 위험이 항상 존재하기 때문이다.

셋째, '다양한 관점'이다. 이 전략은 탈식민적/토착적 질적연구가 연구자의 연구 목적과 의도보다 참여자의 필요, 질문, 흥미와 관련한 방향으로 나아가야 한다는 것이다. 이는 토착민 참여자를 연구 대상이 아니라 연구의 동반자로 간주하고 연구의 과정에서 그들의 의도와 요구를 충분히 반영하는 것을 의미한다. 이에 탈식민적/토착적 질적연구에서는 연구자와 참여자 사이의 더욱 평등한 변증법적 대화가 요구된다. 연구자는 참여자들의 관점과 목소리가 연구자의 해석과 주장과 동일한 무게와 중요성을 가지도록 해야 한다.

넷째, '다성성과 다중 언어 텍스트'는 탈식민적 연구를 가장 탈식민적으로 만들 수 있는 전략으로서 연구 결과를 두 개 또는 그 이상의 언어로 제시하는 것이다(Alvesson, 2002). 이 전략은 연구의 결과가 연구자의 학문적 공간뿐만 아니라 연구 참여자와 그들의 문화권에도 제시되어야 함을 의미한다. 이러한 전략을 사용할 경우 최종 연구 결과물이 길어질 수 있겠으나 그만큼 생생한 연구 자료를 원주민의 언어로 제시할 수 있다는 장점이 있다. 이는 번역의 '위험성'을 고려한 전략으로, 연구 참여자가 이야기한 본래의 의미를 그대로 전달하기 위함이다. 사실 번역을 의미하는 translator의 어원은 반역/배신을 의미하는 traitor이다. 이러한 점에서 다중 언어 텍스트는 연구자의 번역으로 인해 발생할 수 있는 오해와 모호함을 줄여줄 수 있는 전략이 될 수 있다.

다섯째, '접근성 담보를 위한 기술적 전략'은 탈식민적 연구의 타당도 확보를 위한 전략을 의미한다. 서구 질적연구 패러다임에서 논의된 타당도는 어쩌면 비서구 지역의 연구 그리고 원주민 연구에서 적절한 타당도로 간주될 수 없을 수 있다는 것이다(Darian-Smith & Fitzpatrick, 1999; 주재홍, 김영천, 2017). 어쩌면 서구의 타당도는 원수민에게 문화적으로 무례하게 받아들여질 수 있다(주재홍, 김영천, 2017). 예를 들어, 일반적으로 질적연구에서 사용되는 참여자 동의서나 참여자에 의한 멤버 체킹과 같은 방법들은 원주민에게는 별 의미가 없을 수도 있다는 것이다. 그 대안으로서 González와 Lincoln은 '충분하게 긴 텍스트', '원주민 언어로 현지 출판', '모든 연구에서의 참여자의 협력에 대한 명료한 강조' 등을 제시하였다. González와 Lincoln도 인정하듯이 이 부분은 더욱 심층적인 논의와 이론화가 필요한 부분이다. 탈식민적/토착적 질적연구의 타당도를 확보할 수 있는 탈서구적 방법에 대한 논의는 다음『사회과학을 위한 질적연구 핸드북 2』에서 더욱 구체적으로 논의할 예정이다.

탈서구적 상징과 재현을 보여주는 연구의 예 1

"Documentation Art and Korean Bunche Painting: An Investigation of Deleuze's Transcendental Realism through the Painting Process"(Maeng, 2017)

이 연구는 상징과 재현 두 가지 측면에서 좋은 예시가 된다. 먼저 이 연구는 '한국의 그림'의 특성과 가치를 보존하고 재조명한다는 측면에서 한국적 상징 체계를 국제화하는 기여를 하였다. 또 다른 측면은 이 박사학위 논문에는 한국어 표현을 그대로 사용하거나 한국적 미술에 사용되는 재료와 기법 그리고 예시들의 이미지를 제시함으로써 언어(영어)에 국한된 재현의 한계를 벗어나고자 노력하였다는 점이다.

연구자는 한국적 미술의 유형 중 '분채화'에 주목하여 분채화에 쓰이는 한국의 종이의 종류와 특성, 색감의 종류와 색 원료, 아교의 제작 기법과 활용을 기록하였다. 또한 고려시대 이후 분채화가 조선시대를 거치고 일제 강점기를 거치면서 어떠한 변화 과정을 거쳤는지 분석하고 있다.

탈서구적 상징과 재현을 보여주는 연구의 예

"Learning Haisla Nuuyum through Stories about Traditional Territory, Feasting, and Lifestyles"(Green, 2013)

이 연구는 캐나다 원주민의 삶, 문화, 의례, 언어의 특징과 의미를 매우 자세히 논의한다. 특히 연구자는 Haisla 주민이 사용하는 구술어에 담겨 있는 공동체, 배려, 생태적 관점들을 기호학적으로 그리고 문화적으로 분석하여 제시하고 있다. 또한 연구자는 원주민이 살아가는 '장소'의 의미와 원주민 삶과 존재와의 공생적 관점을 매우 중요한 비중을 두고 논의하였다. 영어로 쓴 논문이지만 원주민의 구술어를 있는 그대로 최대한 제시하려고 노력하였으며, 독자들의 이해를 돕기 위해 원주민, 의복, 음식, 의례, 주거 공간 등을 보여주는 많은 사진을 포함시켰다.

이 연구는 캐나다 원주민의 상징 체계, 즉 언어, 의례, 의사소통 방식, 신념의 교류, 세대 간의 가르침과 존중의 요소들이 서구 유럽과 어떻게 다른지 논의하였다. 또한 서구 유럽에 의한 식민화의 역사가 이 원주민 문화와 사람들에게 남긴 참혹한 결과에 대해서도 상세히 기록하고 있다.

바. 하위주체

하위주체(subaltern subjects)는 탈식민 철학의 중요한 개념이기도 하지만 탈식민적/토착적 질적연구에서도 중요한 개념이다. 탈식민적/토착적 질적연구에서 '하위주체'는 서양과 동양, 서양과 아프리카와 같은 단일하고 이분법적 주체와 타자의 관계를 바라보는 관점을 넘어서, 그 속에 존재하는 다양한 타자화와 소외, 억압에 대한 탐구를 의미한다. 예를 들어, 일본이나 중국은 역사적으로 한국과 같이 서구 유럽 제국주의의 피해자로서 오리엔탈리즘의 희생자로 간주한다(Tchen, 2001; Kikuchi, 2004). 하지만 한국의 관점에서 보면 이들 또한 한국을 역사적으로 타자로서 간주하고 배제하고 지배한 제국주의의 잔혹함을 행사한 주체들이다. 이에, 탈식민적/토착적 질적연구에서 '하위주체' 개념은 연구를 수행하는 과정에서 연구 맥락과 참여자들의 역사와 문화에 존재하는 다양한 차원의 '하위주체'에 주목하는 것을 의미한다.

우리가 이야기하는 '하위주체' 개념은 Spivak의 논의에 기초한 것이다. Spivak의 하위주체는 성적 · 계급적 · 인종적 · 문화적 타자로서 지배 계층에 속하지 않으며 역사의 주변부나 역사에서 소외된 피지배 계층을 총칭한다. 이 용어는 Gramsci(1971)가 지배 계급을 대변하는, 즉 주체성이 결여된 피지배 계층을 지칭하기 위해 처음 사용한 개념이지만 여기서 논의하는 하위주체는 Gramsci의 개념과 탈식민 담론의 이분법적 접근과 환원성에 대한 비판을 제기하며 Spivak이 『하위주체는 말할 수 있는가(*Can the subaltern speak?*)』에서 사용한 개념을 의미한다. 『교육의 기계 안의 바깥에서(*Outside in the Teaching Machine*)』(Spivak, 2012)가 보여주듯 Spivak의 폭넓고 다양한 탈식민 논의는 탈식민주의 안에 갇히지 않으면서 안과 바깥에서 탈식민을 논할 수 있는 가능성의 힘을 가지고 있다(이경원, 2011: 468). Spivak의 하위주체 개념은 Gramschi의 것과도 다르며, Gramschi의 개념을 인도의 하위 계층의 저항 운동을 위해 차용한 인도의 하위계층연구회와도 다르다. Spivak은 두 가지 문제를 지적한다. 첫째, 피식민/피지배 집단이 동질화될 수 없다는 점이다. 즉, 피지배 경험에도 계급이나 성별에 따라 다양한 편차가 존재할 수 있고, 지배받는 자들 사이에서도 지배와 피지배가 존재하기 때문이다. 따라서 Spivak은 동양, 아프리카, 여성 등과 같은 포괄적 개념이 또 다른 차원의 '침묵'을 요구하는 기제로 작동할 수 있다고 지적한다(홍원표, 2010: 53). 둘째, 하위주체의 해방이나 주체화는 하위주체만의 노력이나 목소리 내기로는 달성될 수 없는 문제라는 것이다. 즉, Spivak은 하위주체의 문제는 하위 계층의 목소리만 주장하는 것으로 귀결되어서는 안 되는 문제라고 밝힌다. 왜냐하면 이들은 식민지배자, 토착 엘리트들과 연결되어 있으므로 하위주체 문제는 좀 더 다양한 입장과 차원에서 논의되어야 한다고 보았기 때문이다(Moore-Gilbert, 1997).

Spivak은 탈식민 담론의 중요한 주제인 '담론 실천의 주체와 재현의 문제'를 일찍이 논하였다. Spivak에게 있어서 재현(representation)은 묘사와 대변이라는 두 가지 측면이 있다. 모든 재현은 재현 주체의 자기중심적 관점과 전유를 포함할 수밖에 없다.

즉, 타자를 재현한다는 것은 타자를 묘사하고 대변한다는 것인데, 이 과정에서 타자로 간주되는 사람들의 주체성은 강화되기보다 재현의 주체의 입장을 강화하는 방향으로 나아간다는 것이다(이경원, 2011).

『하위주체는 말할 수 있는가(*Can the subaltern speak?*)』에서 Spivak은 힌두교 전통인 순장(sati)을 둘러싼 식민지 영국 관리와 인도 남성 사이의 대립에 주목하였다. 인도를 지배하던 영국인들은 순장제도를 인간 본성에 반하고 여성들의 희생을 강요하는 범죄로 규정하여 법적으로 금지하였다. 하지만 인도 남성 엘리트들은 순장이 인도의 소중한 관습이며 자기희생적인 여성의 순수성, 힘, 사랑의 표현이라고 주장하였다. 그 어디에도 '여성들의 목소리'는 없었다. Spivak에 따르면 영국 관리들은 자신들의 조치가 인도의 여성에 대한 억압적인 관습을 바로잡아 여성을 해방시킨다고 보았으며 이 조치를 통해 영국에 의한 인도의 근대화를 정당화하고자 하였다. 반면 인도의 남성들은 피지배 입장에 있었지만 그 집단 속에서 여성을 '대변'한다는 명목으로 여성들의 목소리는 듣지 않음으로써 또 다른 차원의 지배와 억압을 행한 것이다(Spivak, 1988). 이러한 상황적 · 문화적 맥락을 고려할 때 Spivak은 하위 계층연구회가 주장하던 "하위주체는 스스로 말할 수 있다"라는 주장에 반대하며 "하위주체는 스스로 말할 수 없다"라는 입장을 취한다. 그 이유는 인도의 여성들이 물리적 · 상황적 기반을 갖고 있지 못하기 때문이라는 것이었다(이경원, 2011). Young(1990)과 Foucault(1976) 또한 Spivak과 유사한 주장을 펼친다. 즉, 여성이나 억압당하는 집단이 말할 수 없는 것은 그들의 목소리에 대한 역사적 기록이 없어서가 아니라 그들이 목소리를 낼 수 있는 입장과 상황에 있지 않아 누군가가 그들을 대변해 주어야 하기 때문이고, 결과적으로 중첩적인 억압과 침묵을 요구하는 '힘'에 억눌려 있기 때문이라는 것이다. 하지만 Spivak 자신은 말하고 있지 않은가? 피지배 계층의 일원화나 단순화 또는 범주화가 가지는 문제점 그리고 불가능성에 대한 Spivak의 논의는 Said의 오리엔탈리즘이 받았던 비판에 대한 대안적 시각과 방법을 제공한다. 다시 말해, 다양한 하위 계층 집단이 존재하며, 그들 속에서도 다양한 목소리가 있으므로 이를 단순히 성급히 동질화하고 환원시키며 쉽게 대변할 수 있다고 믿는 것은 옳지 않은 행위라는 것이다. 나아가 Spivak은 탈식민주의자의 사명으로서 '하위주체에게 말 걸기'를 제안한다. 이는 역사적으로 문화적으로, 제도적으로 침묵당한 하위주체에게 질문을 던지고 그들의 이야기를 듣는 것인데, 이를 위해서 질문하는 자는 자신이 가진 특권적 지위나 의식을 벗어나는 훈련을 해야 한다(Spivak, 1988).

실제로 하위주체 개념은 '서발턴 연구(subaltern studies)'라는 하나의 연구 담론으로 자리 잡았다. 최근 Thomas(2018)는 Gramsci의 『옥중수고』를 탐구하여 서발턴 연구의 세 차원을 이론화하였는데, 탈식민적/토착적 질적연구에서 하위주체에 대한 연구 개념과 주제를 제시해 준다는 점에서 소개하고자 한다. 그 세 가지 차원은 다음과 같다.

첫째, '억누를 수 없는 하위주체(irrepressible subaltern)'는 제도적으로, 정치적으로, 또는 학문적으로 배제되고 억압된 하위주체라 할지라도 자신들 나름대로 표현하고 이야기하는 하위주체 집단은 항상 존재한다는 것이다. 이 개념은 Bhanbha가 논의한 '혼종성(hybridity)'과도 유사한 개념이다. Bhabha는 헤게모니의 가변성과 그 속에 존재하는 다양한 권력의 역학에 주목하였다(이경원, 2011). Bhabha는 Fanon과 Said의 논의가 전제하고 있는 지배와 피지배의 이항 대립적 이해는 식민과 탈식민 "담론과 권력의 관계를 결정론적이고 도구주의적인 관점"에서만 바라본다고 지적하였다(Bhabha, 1994: 66-67). 이에 Bhabha는 Foucault의 '권력과 지식(power and knowledge)' 개념에 기초하여 식민 상황에서의 권력 행위와 담론을 단방향적이고 고정적인 것으로 바라보는 것은 '역사적 · 이론적 단순화'라고 규정하였다. 즉, 제국주의 지배는 항상 내부의 갈등과 외부의 저항의 요소를 포함하고 있었다는 것이다(이경원, 2011: 392-393). Bhabha는 다음과 같이 혼종성을 정의한다.

> 식민적 혼종성은 문화적 상대주의의 이슈로 풀어낼 수 있는 상이한 두 문화 간의 계보나 정체성의 문제가 아니다. 혼종성은 식민주의적 거부의 효과를 뒤집는 식민적 재현과 개체화의 문제틀이다. 이 과정에서 타자의 '승인받지 못한' 지식이 지배 담론 속으로 들어와서 그 담론의 토대인 인정의 법칙을 낯설게 만든다. (중략) 혼종성은 권력의 실천 과정에 개입하여 권력의 자기동일성을 불가능하게 만들 뿐만 아니라 권력의 존재가 예측 불가능함을 드러낸다(Bhabha, 1994: 114-115).

Bhabha의 혼종성은 식민 담론의 모순과 균열을 통해 피식민지인들의 저항이 드러나는 공간을 의미한다(이경원, 2011: 409). 즉, Bhabha는 혼종성을 양가성의 균열과 모순을 포착한 피지배자에 의한 저항과 전복의 장이라는 것이다. 예를 들어, 우리나라 독립운동 역사를 통해서도 알 수 있듯이 피식민지인들은 식민자들에 항상 복종하지 않으며 서구 유럽의 문명을 그대로 수용하는 것도 아니었다. 오히려 이들은 의도적으로 그리고 전략적으로 식민주의 억압을 왜곡, 변형, 치환하며 저항한다는 것이다. 세계 많은 나라들의 독립 과정을 통해서 볼 수 있듯이 피지배인들은 '침묵하는 타자'와 '거부하는 주체' 사이를 오가다가 후자로 옮겨 간다는 것이다.

둘째, '헤게모니로서의 하위주체(hegemonic subaltern)'는 외부 타자의 시각에서 인식되고 재단되는 하위주체를 의미한다. 즉, 정치적·학술적으로 논의되는 하위주체 개념이 여전히 서구 유럽에 의해 만들어진 헤게모니라는 것이다. Thomas에 따르면 Gramsci의 하위주체 개념은 서구 유럽에 의해 만들어지고 소외된 것이 아니라 그 헤게모니 구성의 '필수적 요소'로 간주한다. 다시 말해, 하위주체는 정치적으로 소외된 집단이나 계층으로서 헤게모니 밖에 존재하는 것이 아니라 헤게모니의 요소로서 역동적인 '힘의 역학관계'를 형성하는 요소라는 것이다. Thomas가 직접적으로 논의하지는 않았지만 헤게모니로서의 하위주체는 Foucault의 '권력(power)' 개념을 적극적으로 수용한 듯 보인다. 헤게모니로서의 하위주체는 지배 계층과 피지배 계층 모두 관여하고 있는 고정적이지 않은 권력의 관계를 의미한다. 이에 탈식민적/토착적 질적연구는 이러한 헤게모니적 권력관계의 이해와 분석에 관심을 두어야 할 것이다.

셋째, '시민으로서의 하위주체(citizen-subaltern)'는 시민으로서의 권리와 자유 그리고 동등한 기회를 보장받았던 국가의 시민으로서 하위주체들은 지속적으로 그러한 권리를 '연기'당하고 있다는 것을 의미한다. 다시 말해, 제도적으로나 법적으로는 '동등한 시민'으로 간주되지만 실제 삶에서는 여전히 그 주류에 들어가지 못하고 배제되고 타자화된다는 것이다. 이 개념은 여성학 연구, 마이너리티 연구 등에서 지속적으로 제기되고 있는 문제이다. Gramsci에 따르면 시민으로서의 하위주체는 하위주체에 대한 정치적 타자화의 형태를 대체하지 못하는 개념이다. 위의 두 하위주체 개념에서 논의한 것처럼 시민으로서의 하위주체 또한 고정된 개념이 아니라 '시민으로서의 하위주체'의 정치성의 변화에 참여하고 권력을 행사하는 하위주체의 역할을 강조한다. 따라서 '시민으로서의 하위주체'는 하위주체를 규정하는 정치적·제도적 구조에서 벗어나는 것이 아니라 그것의 '변혁'에 동참하고 포함되는 하위주체 담론과 실천을 의미한다.

하위주체 연구의 예

Silencing the Subaltern: A Postcolonial Critique of NGO-run Orphanages in Jinja, Uganda (De Wet, 2016)

이 연구는 우간다의 진자(Jinja) 지역에 있는 수많은 고아원에 대한 탈식민적 연구이다. 우간다 정부는 가난한 가정의 자녀들을 분리하여 NGO가 운영하는 고아원에 수용하는 정책을 다른 정책적 방법들보다 최우선적으로 활용하고 있다. 이에 많은 가난한 부모들이 어쩔 수 없이 자녀를 고아원에 맡기고 양육권을 NGO 단체에 넘기는 서류에 서명을 하는 일이 일어나고 있다. 연구자는 이러한 정책의 문제와 자녀 양육권을 넘겨야만 하는 부모의 타자화를 비판적으로 논의하였다. 연구자는 이미 가난한 우간다 부모들을 더욱 소외되고 억압받는 상황으로 내모는 현실을 비판하였다. 또한 이러한 정책과 현실의 결과로서 많은 우간다 부모들은 여전히 식민적 가치와 열등의식을 가지고 있다고 논의하였다.

4. 요약

이 장에서 우리는 탈식민적/토착적 질적연구 방법론을 설명하였다. 이를 위해 우선 탈식민적/토착적 질적연구의 정의를 살펴보았다. 또한 우리는 탈식민 이론가들의 대표적 이론에 기초하여 탈식민적/토착적 질적연구를 위한 이론적 개념으로 '오리엔탈리즘과 탈서구적 담론', '지식의 식민화', '문화 진화론', '계몽으로서의 서구', '탈식민 담론'을 논의하였다. 이 개념이나 탐구 영역은 탈식민적/토착적 질적연구에 더욱 실제적인 시사점을 주는 탈식민 개념들이다. 이어서 우리는 탈식민적/토착적 질적연구의 핵심 개념으로 '탈서구 인식론', '토착적 연구 방법', '역사적 탐구', '하위주체', '차이', '상징과 재현'을 논의하였다. 이 방법적 개념들은 탈식민적/토착적 질적연구를 수행하는 과정에서 방법론적 · 방법적 길잡이가 될 수 있을 것으로 기대한다. 서구와 달리 우리나라에서는 실제적이고 실천적인 탈식민 연구를 찾아보기 힘들다. 이에 우리는 연구자들에게 더욱 실제적인 안내가 될 수 있는 내용을 제시하기 위해 노력하였다. 우리나라는 서구 유럽뿐만 아니라 동양의 다른 나라들에 의한 식민의 역사를 가지고 있는 만큼 탈식민적 질적연구가 더욱 활발하게 진행되기를 기대한다.

5. 참고문헌

김경근(2003). 한국사회의 교육열과 청년실업. **교육학연구**, **41**, 87-105.

김상률(2006). 탈식민주의를 넘어서: 세계화 시대의 탈식민 연구. **역사와 문화**, **12**, 13-38.

김선미(2003). 중등 사회과교과서에 나타난 한·중·일 관계 분석: 다문화교육의 관점에서. **사회과**

교육, **42**(1), 109-127.

김성례(1993). 탈식민시대의 문화이해—비교방법과 관련해서. **비교문화연구**, **1**, 79-111.

김인회(1983). 식민지 교육학은 극복되었나? **한국 사회연구**, **1**, 132-155.

김진식(2003). 19세기 인도 지성인의 서구 문화 인식과 수용(II). **교육논총**, **21**, 3-34.

김진식(2004). 인도에 대한 영국 식민 교육 정책사의 단계적 전개론. **교육논총**, **30**, 3-29.

남미자, 배정현, 오수경(2019). 교육열, 능력주의 그리고 교육 공정성 담론의 재고(再考): 드라마 《SKY 캐슬》의 담론 분석을 중심으로. **교육사회학연구**, **29**(2), 131-167.

박상기(2003). 탈식민주의 양가성과 혼종성. 고부응 엮음. **탈식민주의 이론과 쟁점** (pp. 223-255). 서울: 문학과 지성사.

박승배(2011). 갑오개혁기 교과서에 나타난 교육과정학적 이념 연구: '소학' 교과서를 중심으로. **교육과정연구**, **29**(3), 1-22.

박주식(2003). 제국의 지도 그리기—장소, 재현 그리고 타자의 담론. 고부응 엮음. **탈식민주의 이론과 쟁점** (pp. 256-283). 서울: 문학과 지성사.

박철희(2007). 다문화 교육의 관점에 기초한 초등 사회 · 도덕 교과서 내용에 대한 비판적 고찰. **교육사회학연구**, **17**(1), 109-129.

서나래(2014). 한국 화교의 문화 혼종성 교육 경험과 정체성 형성: 국제학교 사례를 중심으로. 한국교육사학, 36(3), 53-82.

양명저(2011). 일본통치시대의 타이완 국민교육 제도 —예능과 연구—. **아시아문화 연구**, **21**, 163-175.

오욱환(2002). **한국 사회의 교육열: 기원과 심화**. 서울: 교육과학사.

윤종갑(2018). 데리다의 차연과 나가르주나의 공. **코기토**, **85**, 81-110.

윤종필(2020). 에드워드 사이드(Edward Said) 이후의 오리엔탈리즘 연구 동향과 그 세계사 교육적 함의. **서양사론**, **145**, 77-123.

윤혜린(2010). 토착성에 기반한 아시아 여성주의 연구 시론. **여성학논집**, **1**, 3-36.

이경원(1998). 탈식민주의론의 탈역사성: 호미 바바의 '양면성' 이론과그 문제점. **실천문학**, **50**, 257-284.

이경원(2011). **검은 역사 하얀 이론**. 서울: 한길사.

이길상(2007). **20세기 한국교육사: 민족, 외세, 그리고 교육**. 서울: 집문당.

이돈희(1983). 한국의 교육철학은 얼마나 미국적인가? **전북대학교 국제문화 연구소 논문집 1**, 73-81.

이석구(2000). 전유의 틈새: 호미 바바의 '식민주체'와 그 문제점. **안과밖**, **8집**, 222-246.

이석구(2005). 사이드 이후의 탈식민주의 동향: 전유의 부메랑. **비평과 이론**, **10**(2), 269-290.

이성훈(2011). 라틴아메리카 연구와 라틴아메리카니즘. **세계문학비교연구**, **34**, 215-236.

이태영(2019). 독일 이주배경 청소년의 혼종적 자아 정체감 발달이 한국 다문화 교육에 주는 시사점. **교육의 이론과 실천**, **24**(3), 55-73.

정진성(2017). 재일동포 민족학교: 분단과 탈식민의 역사. **일본비평(*Korean Journal of Japanese***

Studies), **16**. 208-241.

조경진(2014). 라틴아메리카 탈식민 담론과 인류학: 인식론적 전환을 넘어서. **한국문화인류학**, **47**(3), 65-127.

주재홍(2006). **교과서 속의 오리엔탈리즘**. 박사학위 논문. 한국학중앙연구원.

주재홍, 김영천(2013). 다문화 교육 연구를 위한 탈식민주의 이론의 역할과 가능성. **열린교육 연구**, **21**(4), 1-26.

주재홍, 김영천(2017). 탈식민주의 텍스트로서 교육과정 연구: 새로운 지평의 탐구. **교육과정연구**, **35**(4), 231-257.

최진석(2013). 인문학 강의(Who am I): 자신의 주인으로 산다는 것. http://www.youtube.com/watch?v=_khfDbhitZw.

하상복(2008). 프란츠 파농의 탈식민주의 실천: 유럽중심주의와 인종주의 비판. **새한영어영문학**, **50**(4), 113-135.

홍원표(2009). 지리적 경계와 문화적 상상력, 그리고 학교 교육과정: 미국 사회과 수업의 '아시아'를 중심으로. **교육인류학연구**, **12**(1), 145-172.

홍원표(2010). 탈식민주의와 교육과정 연구: 다문화 시대의 새로운 인식론적 기반을 찾아서. **교육과정연구**, **28**(1), 47-65.

Achebe, C. (1994). *Things fall apart*. New York: Random House, Inc.

Adams, G. (2014). Decolonizing methods: African studies and qualitative research. *Journal of Social and Personal Relationships*, *31*(4), 467-474.

Adi, H. (2018). *Pan-Africanism: A history*. Bloomsbury Publishing.

Ait-Mehdi, H. (2012). Teaching the history of colonization and decolonization in France: A shared history or to each their own? *Prospects*, *42*(2), 191-203.

Akena, F. A. (2012). Critical analysis of the production of Western knowledge and its implications for Indigenous knowledge and decolonization. *Journal of Black Studies*, *43*(6), 599-619.

Alvesson, M. (2002). *Postmodernism and social research*. Philadelphia: Open University Press.

Amoamo, M. & Thompson, A. (2010). (Re)Imaging Māori tourism: Representation and cultural hybridity in postcolonial New Zealand. *Tourist Studies*, *10*(1), 35-55.

Anderson-Levitt, K. M. (2014). Significance: Recognizing the value of research across national and linguistic boundaries. *Asia Pacific Education Review*, *15*(3), 347-354.

Andreotti, V., Ahenakew, C., & Cooper, G. (2011). Epistemological pluralism: Ethical and pedagogical challenges in higher education. *AlterNative: An International Journal of Indigenous Peoples*, *7*(1), 40-50.

Appadurai, A. (1990). Disjuncture and difference in the global cultural economy. *Theory, Culture & Society*, *7*(2-3), 295-310.

Apple, M., Kristen, L., & Buras, K. (Eds.) (2006). *The Subaltern Speak: Curriculum, Power, and Educational Struggles*. New York: Routledge.

Apple, M. (1992). The text and cultural politics. *Educational Researcher*, *21*(7), 4-11.

Araújo, M. & Maeso, S. R. (2012). History textbooks, racism and the critique of Eurocentrism: Beyond rectification or compensation. *Ethnic and Racial Studies*, *35*, 1266-1286.

Ashcroft, B., Griffifths, G., & Tiffin, H. (1989). *The Empire writes back: Theory and practicein post-colonial literature*. London: Routledge.

Asher, N. (2009). Decolonizing Curriculum. In E. Malewski (Ed.), *Curriculum studies handbook: The next moment* (pp. 393-402). New York: Rotledge.

Asher, N. (2010). Postcolonial Theory. In K. Craig (Ed.), *The SAGE encyclopedia of curriculum studies* (pp. 661-663). CA: SAGE.

Autio, T. (2014). The international of curriculum research. In Willam F. Pinar (Ed.), *International handbook of curriculum research* (pp. 17-31). New York: Routledge.

Avelar, I. (1997). Toward a genealogy of Latin Americanism. *Dispositio*, *22*(49), 121-133.

Baker, K. M. & Reill, P. H. (Eds.) (2001). *What's left of enlightenment?: A Postmodern question*. Stanford, CA: Stanford University Press.

Bale, J. & Cronin, M. (Eds.) (2020). *Sport and postcolonialism*. Routledge.

Bancel, N., Bernault, F., Blanchard, P., Boubeker, A., Mbembe, A., & Vergès, F. (2010). *Ruptures postcoloniales: Les nouveaux visages de la société française*. Paris: La Découverte.

Barton, S. S. (2004). Narrative inquiry: Locating aboriginal epistemology in a relational methodology. *Journal of Advanced Nursing*, *45*(5), 519-526.

Bauman, Z. (2006). The crisis of the human waste disposal industry. In D. Macedo & P. Gounari (Eds.), *The Globalization of Racism* (pp. 36-40). Boulder: Paradigm Publisherd.

Benton, L. (1999). Colonial law and cultural difference: Jurisdictional politics and the formation of the colonial state. *Comparative Studies in Society and History*, *41*(3), 563-588.

Bhabha, H. (1994). *The location of culture*. London: Routledge.

Bloch, E. Keppens, M., & Hegde, R. (Eds.) (2009). *Rethinking religion in India: The colonial construction of Hinduism*. Routledge.

Blyden, E.. W. (1888[1994]). *Christianity, Islam and the Negro Race*. London and Baltimore, MD: Black Classic Press.

Boehmer, E. (1995). *Colonial and postcolonial literature: Migrant metaphors*. Oxford: Oxford University Press.

Boehmer, E. (2005). *Empire, the national, and the postcolonial, 1890-1920: Resistance in interaction*. OUP Oxford.

Briggs, J. & Sharp, J. (2004). Indigenous knowledge and development: A postcolonial caution. *Third World Quarterly*, *25*, 661-676.

Bristol, L. (2012). *Plantation pedagogy: A postcolonial and global perspective*. New York: Peter Lang Publishing Inc.

Britton, C. (1999). *Edouard Glissant and postcolonial theory: Strategies of language and resistance*. University of Virginia Press.

Carmichael, S. (2007). *Stokely Speaks: From Black Power to Pan-Africanism*. Chicago Review Press.

Cesaire, A. (1972). *Discourse on colonialism*. New York: Monthly Review.

Chen, K. (2010). *Asia as Method: Toward Deimperialization*. Durham, NC: Duke University Press.

Chen, K-H. (2010). *Asia as method: Toward deimperialization*. Durham and London: Duke University Press.

Child, P. & Williams, P. (1997). *An introduction to post-colonial theory*. 김문환 옮김(2004). **탈식민주의 이론**. 서울: 문예출판사.

Cho, H.-J. (1996). Children in the examination war in South Korea: A cultural analysis. In S. Stephens (Ed.), *Children and the politics of culture* (pp. 141-168). Princeton University Press.

Coloma, R. S. (2004). *Empire and education: Filipino schooling under United States rule, 1900-1910*. Doctoral dissertation, The Ohio State University.

Coloma, R. S. (Ed.) (2009a). *Postcolonial challenges in education*. New York: Peter Lang.

Coloma, R. S. (2009b). "Destiny has thrown the Negro and the Filipino under the tutelage of America": Race and curriculum in the age of empire. *Curriculum Inquiry*, *39*(4), 495-519.

Coloma, R. S. (2013). Empire: An analytical category for educational research. *Educational Theory*, *63*(6), 639-658.

Coolahan, J. (2014). The Irish and others in Irish nineteenth century textbooks. In J. A. Mangan (Ed.), *The imperial curriculum: Racial images and education in the British colonial experience* (pp. 54-63). New York: Routledge.

Coomes, Annie E. (1994). The Recalcitrant Object: Culture Contact and the Question of Hybridity. In F. Barker, P. Hulume, & M. Iversen (Eds.), *Colonial Discourse/Postcolonial Theory* (pp. 89-114). Manchester: Manchester University Press.

Darian-Smith, E. & Fitzpatrick, P. (Eds.) (1999). *Laws of the Postcolonial*. University of Michigan Press.

Darnell, S. C. & Hayhurst, L. (2012). Hegemony, postcolonialism and sport-for-development: A response to Lindsey and Grattan. *International journal of sport policy and politics*, *4*(1), 111-124.

Dei, G. & Simmons, M. (2009). The indigenous as a site of decolonizing knowledge for conventional development and the link with education: The African case. In J. Langdon (Ed.), *Indigenous Knowledges, Development and Education* (pp. 15-36). Rotterdam: Sense Publisher.

De La Campa, R. (1995). On Latin Americanism and the Postcolonial Turn. *Canadian Review of Comparative Literature/Revue Canadienne de Littérature Comparée*, 745-771.

De La Campa, R. (1999). *Latin Americanism* (Vol. 3). U of Minnesota Press.

Deleuze, G. & Parnet, C. (1987). *Dialogues*. New York: Columbia UP.

Denzin, N. K. & Lincoln, Y. S. (2000). *The SAGE handbook of qualitative research*. London: Sage Publications.

Denzin, N. K. & Lincoln, Y. S. (2018). *The Sage handbook of qualitative research* (5th Ed.). London: SAGE.

Denzin, N. K., Lincoln, Y. S., & Smith, L. T. (Eds.) (2008). *Handbook of critical and indigenous methodologies*. London: Sage.

Derrida, J., (1968). Différance. In J. Rivkin & M. Ryan (Eds.) *Literary theory: An anthology* (pp. 279-299). Malden, MA: Blackwell Publishing.

De Wet, L. (2016). *Silencing the subaltern: A postcolonial critique of NGO-run orphanages in Jinja, Uganda*. Lund University, Lund, Sweden.

Dey, G. J. (2010). *Fanon and the counterinsurgency of education*. Rotterdam: Sense Publishers.

Dolinar, M. & Sitar, P. (2013). The use of stereotypical images of Africa in fundraising campaigns. *Journal of Research in National Development*, *11*(1), 251-257.

Donald, D. (2012). Indigenous Métissage: A decolonizing research sensibility. *International Journal of Qualitative Studies in Education*, *25*(5), 533-555.

Du Bois, T. A. (2009). *An introduction to shamanism*. Cambridge University Press.

Erlandson, D., Harris, E., Skipper, B., & Allen, D. (1993). *Doing naturalistic inquiry: A guide tomethods*. Newbury Park, CA: SAGE Publications.

Fanon, F. (1967). *Black skin, white mask*. New York: Grove Press.

Fanon, F. (1968). *The wretched of the earth*. New York: Glove Weidenfield.

Flow, J. (1990). What was the post-modernism? In I. Adam & H. Tiffin (Eds.), *Past the last post: Theorizing post-colonialism and post-modernism*. Calgary: University of Calgary Press.

Foley, D. (2003). Indigenous epistemology and Indigenous standpoint theory. *Social Alternatives*, *22*(1), 44-52.

Foucault, M. (1976). Two lectures. In C. Gordon (Ed.), *Power/Knowledge: Selected interviews and other Writings 1972-1977* (pp. 78-108). New York: Pantheon.

Foucault, M. (1980). *Power/knowledge*. New York: Pantheon.

Freire, P. (1970). *Pedagogy of the oppresses*. New York: The Continuum Publishing Coporation.

Gandhi, L. (1998). *Postcolonial theory: A critical introduction*. Allen & Unwin.

Garcia, J. (1993). The changing images of ethnic groups in textbook. *The Phi Deta Kappan*, *75*(1), 29-35.

Gegeo, D. W. & Watson-Gegeo, K. A. (2001). "How we know": Kwara'ae rural villagers doing indigenous epistemology. *The contemporary pacific*, 55-88.

Ghosh, R. (2008). Racism: A Hidden Curriculum. *Education Canada*, *48*(4), 26-29.

Gohrisch, J. & Grünkemeier, E. (2013). *Postcolonial studies across the disciplines*. Amsterdam:

Rodopi.

González, E. M. G. & Lincoln, Y. S. (2006). Decolonizing qualitative research: Non-traditional reporting forms in the academy. *Forum: Qualitative social research*, *7*(4/1). http://www.qualitative-research.net/fqs-texte/4-06/06-4-1-e.pdf.

Gorelick, R. E. (1980). Pan-Somali-ism vs. Territorial Integrity. *Horn of Africa*, *3*(4), 31-36.

Gough, N. (2003). Thinking globally in environment: Implications for internationalizing curriculum inquiry. In William Pinar (Ed.), *International handbook curriculum research* (pp. 53-72). Ma, NJ: Erlbaum.

Gramsci, A. (1971). *Selections from the prison notebooks of Antonio Gramsci [1929-1935]* (Q. Hoare & G . Smith, Eds. & Trans.). New York: International Publishers.

Green, K. J. L. (2013). *Learning Haisla Nuuyum through stories about traditional territory, feasting and lifestyles*. Doctoral dissertation. University of Victoria, Canada.

Greene, J. P. (2007). Colonial history and national history: Reflections on a continuing problem. *The William and Mary Quarterly*, *64*(2), 235-250.

Gupta, A. (2015). Pedagogy of third space: A multidimensional early childhood curriculum. *Policy Futures in Education*, *13*(2), 260-272.

Hall, M. C. & Tucker, H. (Eds.) (2004). *Tourism and postcolonialism: Contested discourses, identities and representations*. London: Routledge.

Hall, S. (1990). Cultural identity and diaspora. In J. Rutherford (Ed.), *Identity: Community, culture, difference* (pp. 222-237). London: Lawrence & Wishart.

Hallen, B. (2004). Yoruba Moral Epistemology. In Wiredu, K. (Ed.), *A Companion to African Philosophy*. Oxford: Blackwell Publishing.

Harada, V. H. (2001). *The treatment of Asian American in U. S. history textbooks published 1994-1996*. Eric No. ED 448072.

Harding, S. (2006). *Science and social inequality: Feminist and postcolonial issues*. University of Illinois Press.

Hickling-Hudson, A. (2003). Multicultural education and the postcolonial turn. *Policy Futures in Education*, *1*(2), 381-401.

Hong, W. P. & Halvorsen, A. (2010). Teaching Asia in US secondary school classroom: A curriculum of othering. *Journal of Curriculum Studies*. *42*(3), 371-393.

Hong, W. P. & Halvorsen, A. (2014). Teaching the USA in South Korean secondary classrooms: The curriculum of 'the superior other'. *Journal of Curriculum Studies*, *46*(2), 249-275.

Hutcheon, L. (1989). "Circling the Downspout of Empire": Post-Colonialism and Postmodernism. *ARIEL: A Review of International English Literature*, *20*(4), 149-175.

Jamson, F. (1984). Postmodernism, Or, The Cultural Logic of Late Capitalism. *New Left Review*, *146*, 59-92.

JanMohamed, Abdul R. (1983). *Manicbean Aestbetics: The Politics of Literature in Colonial Africa*. Amherst: The University of Massachusetts Press.

JanMohamed, A. R. (1985). The economy of manichean allegory: The function of racial difference in colonial literature. *Critical Inquiry*, *12*(1), 59-87.

Johnston, I. & Richardson, G. (2012). Homi Bhabha and Canadian Curriculum Studies: Beyond the Comforts of the Dialectic. *Journal of Canadian Studies*, *10*(1), 115-137.

Jun, X. & Pak, S, N. (2015). *Indigenous culture, education and globalization: Critical perspectives from Asia*. New York: Springer.

Kan, L. F. (2010). The functions of Hong Kong's Chinese history, from colonialism to decolonization. *Journal of Curriculum Studies*, *42*(2), 263-278.

Kanu, Y. (2003). Curriculum as cultural practice: Postcolonial imagination. *Journal of the Canadian Association for Curriculum Studies*, *1*(1), 67-81.

Kanu, Y. (2011). *Integrating aboriginal perspectives into the school curriculum: Purposes, possibilities, and challenges*. Toronto: University of Toronto Press.

Kanu, Y. (Ed.) (2006). *Curriculum as cultural practice*. Toronto University Press.

Kikuchi, Y. (2004). *Japanese modernisation and Mingei theory: Cultural nationalism and oriental orientalism*. New York: Routledge.

Kim, Y. C. (2016). *Shadow education and the curriculum and culture of schooling in South Korea*. New York: Palgrave Macmillan.

Kim, Y. C. & Jung, J. H. (2019). *Shadow education as worldwide curriculum studies*. New York: Springer.

Kim, Y. C. & Jung, J. H. (2021). *Theorizing shadow education and academic success in East Asia: Understanding the meaning, value, and use of shadow education by East Asian students*. London: Routledge.

Kim, Y. C., Moon, S. H., & Joo, J. H. (2013). Elusive images of the other: A postcolonial analysis of the South Korean world history textbooks. *Educational Studies*, *49*(3), 213-246.

Kovach, M. (2021). *Indigenous methodologies: Characteristics, conversations, and contexts*. University of Toronto Press.

Kwan, S. (2013). *Postcolonial resistance and Asian theology*. Routledge.

Laplanche, J. & Pontalis, J. B. (1973). *The Language of Psycho-Analysis*. New York: Norton.

Lather, P. (1992). Critical frames in educational research. Feminist and poststructual perspectives. *Theory Into Practice*, 31(2), 87-99.

Lloyd, D. (1993). *Anomalous state: Irish writing and the post-colonial moment*. Durham: Duke University Press.

Loomba, A. (1998). Situating colonial and postcolonial studies. In J. Rivkin & M. Ryan (Eds.), *Literary theory: An anthology* (2nd Ed., pp. 1100-1111). Maiden, MA: Blackwell Publishing Ltd.

Loomba, A. (2007). *Colonialism/postcolonialism*. London: Routledge.

Lorde, A. (1984). The master's tools will never dismantle the master's house. *Sister outsider:*

Essays and Speeches, *1* (pp. 10-14). Trumansbury, NY: Crossing Press.

Maeng, H. (2017). *Documentation art and Korean Bunche painting: An Investigation of Deleuze's transcendental realism through the painting process*. Doctoral dissertation. Lancaster University, UK.

Mangan et al. (2014). *The imperial curriculum: Racial images and education in the British colonial experience*. New York: Routledge.

Marcus, G. & Fisher, M. (1986), *Anthropology as cultural critique: An experimental moment in the human sciences*. Chicago: Chicago University Press.

Maslowski, R, Witziers, B., & Steen, R. (2005). *School factors related to quality and equity*. Results from PISA 2000. Paris: OECD.

Mawere, Munyadrazi 2011. Epistemological and Moral Implications of Characterization in African Literature: A Critique of Patrick Chakaipa's 'Rudo Ibofu' (Love is Blind). *Journal of English and Literature*, *2*(1), 1-9.

McLeod, J. (2000). *Beginning postcolonialism*. 박종성 외 편역(2003). **탈식민주의의 길잡이**. 서울: 한울 아카데미.

Memmi, A. (1965). *The Colonizer and the colonized*. Boston: Beacon Press.

Mendieta, E. (2006). Neither Orientalism nor Occidentalism: Edward W. Said and Latin Americanism. *Tabula Rasa*, *5*, 67-83.

Mignolo, W. (2012a). *Local histories/global designs: Coloniality, subaltern knowledges, and border thinking*. New Jersey: Princeton University Press.

Mignolo, W. (2012b). *The darker side of western modernity: Global futures, decolonial options*. Durham: Duke University Press.

Mir, S. (2019). Colonialism, Postcolonialism, Globalization, and Arab Culture. *Arab Studies Quarterly*, *41*(1), 33-58.

Mokuku, T. & Mokuku, C. (2004). The role of indigenous knowledge in biodiversity conservation in the Lesotho Highlands: Exploring indigenous epistemology. *Southern African Journal of Environmental Education*, *21*, 37-49.

Moore-Gilbert, B. (1997). *Postcolonial Theory: Context, Practice, Politics*. 이경원 옮김(2001). **탈식민주의! 저항에서 유희로**. 서울: 한길사. .

Morgan, L. H. (1877). *Ancient society*. New York: Henry Holt.

Murithi, T. (2017). *The African Union: pan-Africanism, peacebuilding and development*. Routledge.

Nandy, A. (1983). *The intimate enemy: Loss and recovery of self under colonialism*. Oxford Universty Press.

Ngugi, wa Thiong'o (1986). *Decolonising the mind: The politics of language in Africa literature*. London: James Currey.

Nye, J. J. S. (2013). *Pan-Africanism and East African Integration*. Harvard University Press.

Okabe, M. (2013). Where does Philippine education go? The "k to 12" program and reform of

Philippine basic education. *IDE*, *425*, 1-30.

Okoth, G. (2014). The creation of a dependent culture: The imperial school curriculum in Uganda. In J. A. Mangan (Ed.), *The imperial curriculum: racial images and education in the British colonial experience* (pp. 135-146). New York: Routledge.

Paraskeba, J. M. (2016). *Curriculum Epistemicide*. 김영천, 최성호 옮김(2020). **탈식민주의 교육과정연구**. 파주: 아카데미프레스.

Pathak, Z., Sengupta, S., & Purkayastha, S. (1991). The prisonhouse of Orientalism. *Textual Practice*, *5*(2), 195-218.

Paton, D. & J. Webster(2009). Introduction: remembering slave trade abolitions: Reflections on 2007 in international perspective. *Slavery and Abolition*, *30*(2), 161-167.

Perso, T. & Hayward, C. (2015). *Teaching indigenous students: Cultural awareness and classroom strategies for improving learning outcomes*. Sydney: Allen & Unwin,

Pinar, W. (2011). *The character of curriculum studies: Building, currere, and the recurring question of the subject*. New York: Palgrave Macmillan.

Pinar, W. (2012). *What is curriculum theory?* (2nd Ed.). New York: Routledge.

Pinar, W. (Ed.) (2014). *International handbook of curriculum research*. New York: Routledge.

Pinar, W., Reynolds, W., Slattery, P., & Taubman, P. (1995). *Understanding curriculum*. New York: Peter Lang.

Prakash, G. (1995). *After Colonialism: Imperial Histories and Postcolonial Displacement*. New Jersey: Princeton University Press.

Quijano, A. (2000). Coloniality of power, eurocentrism, and Latin America. *Nepantla: Views from the South*, *1*(3), 533-580.

Reyes, C. (2021). Spinning at the border: Employee activism in 'big PR'. *Media and Communication*, *9*(3), 133-143.

Reyskens, M. (2015). Somali piracy and terrorism in the Horn of Africa. *Journal of Contemporary African Syudies*, *33*(3), 429-431.

Said, E. (1979). *Orientalism*. New York: Vintage Books Edition.

Said, E. (1989). Representing the colonized: Anthropology's interlocutors. *Critical Inquiry*, *15*(2), 205-225.

Said, E. (1994). *Culture and imperialism*. 김성곤, 정정호 옮김(1995). **문화와 제국주의**. 서울: 도서출판 창.

Santos, B. de S. (2007). Beyond abyssal thinking: From global lines to ecologies of knowledges. *Review*, *30*(1), 45-89.

Seth, M. J. (2002). *Education fever*. University of Hawaii Press.

Shah, S. & Pathan, H. (2016). Representation of western culture in o'level english language textbooks. *ELF Annual Research Journal*, *18*, 23-42.

Shahjahan, R. A. (2014). From 'no' to 'yes': Postcolonial perspectives on resistance to neoliberal higher education. *Discourse: Studies in the Cultural Politics of Education*, *35*(2), 219-232.

Shimahara, N. K. (1998). The Japanese model of professional development: Teaching as craft. *Teaching and teacher education*, *14*(5), 451-462.

Shohat, E. (1992). Notes on the 'Post-Colonial'. *Social Text*, *31/32*, 99-113.

Sleeter, C. (2010). Decolonzing curriculum. *Curriculum Inquiry*, *40*(2), 193-203.

Smith, P. L. T. (2012). *Decolonizing methodologies: Research and indigenous peoples*. London: Zed Books Ltd.

Spivak, G. (1988). Can the subaltern speak? In P. Williams & L. Charisman (Eds.), *Colonial discourse and postcolonial theory: A reader* (pp. 66-111). New York, NY: Harvester/Wheatsheaf.

Spivak, G. (1994). Can the subaltern speak? In P. Williams & L. Charisman (Eds.), *Colonial discourse and postcolonial theory: A reader* (pp. 66-111). New York: Harvester/Wheatsheaf.

Spivak, G. (1999). *A Critique of Postcolonial Reason*. 태혜숙, 박미선 옮김(2005). **포스트식민 이성 비판**. 서울: 갈무리.

Spivak, G. C. (2012). *Outside in the teaching machine*. London: Routledge.

Spradley, J. P. (1980). *Participant observation*. New York, NY: Holt, Rinehart & Winston.

Subeedi, B. & Deza, S. L. (2008). The possibilities of postcolonial praxis in education. *Race Ethnicity and Education*, *11*(1), 1-10.

Sugirtharajah, S. (2004). *Imagining Hinduism: A postcolonial perspective*. London: Routledge.

Sutherland, D. & Henning, D. (2009). Ininiwi-kiskānītamowin: A framework for long-term science education. *Canadian Journal of Science, Mathematics and Technology Education*, 173-190.

Swadener, K. M. B. B. (2004). *Decolonizing research in cross-cultural contexts: Critical personal narratives*. New York: SUNY Press.

Takayama, K. (2011). A comparativist's predicaments of writing about 'other' education: A self-reflective, critical review of studies of Japanese education. *Comparative Education*, *47*(4), 449-470.

Takayama, K. (2018). The constitution of East Asia as a counter reference society through PISA: A postcolonial/de-colonial intervention. *Globalisation, Societies and Education*, *16*(5), 609-623.

Tchen, J. K. W. (2001). *New York before Chinatown: Orientalism and the Shaping of American Culture, 1776-1882*. Baltimore: Johns Hopkins University Press.

Thaman, K. H. (2003). Decolonizing pacific studies: Indigenous perspectives, knowledge, and wisdom in higher education. *The Contemporary Pacific*, *15*(1), 1-7.

Thomas, D. (2010). Museum in postcolonial Europe: An introduction. In D. Thomas (Ed.), *Museum in postcolonial Europe* (pp. 1-11). London: Routledge.

Thomas, P. (2017). The portrayal of non-westerns in EFL textbooks in Norway. *Cogent*

Education, *4*(1), 1-12.

Thomas, P. D. (2018). Refiguring the subaltern. *Political Theory*, *46*(6), 861-884.

Tlostanova, M. (2017). *Postcolonialism and postsocialism in fiction and art: Resistance and re-existence*. Springer.

Trouillot, R. (1995). *Silencing the past: Power and the production of History*. Boston: Beacon Press.

Waldow, F. (2017). Projecting images of the 'good' and the 'bad school': Top scorers in educational large-scale assessments as reference societies. *Compare: A Journal of Comparative and International Education*, *47*(5), 647-664.

Wang, H. (2014). A nonviolent perspective on internationalizing curriculum studies. In Willam F. Pinar (Ed.), *International handbook of curriculum research* (pp. 60-66). New York: Routledge.

Ward, A. (Ed.) (2015). *Postcolonial Traumas: Memory, Narrative, Resistance*. Springer.

Wiggins, G. & McTighe, J. (2005). *Understanding by design* (2nd Ed.). VA: Association for Supervision and Curriculum.

Williamas, P. & Chrisman, L. (1993). *Colonial Discourse and Post-Colonial Theory: A Reader*. Colombia University Press.

Young, I. M. (1990). *Justice and the politics of difference*. Princeton: Princeton University Press.

Young, R. J. C. (2001). *Postcolonialism: An Historical Introduction*. Oxford: Blackwell.

Young, R. J. C. (2004). *White mythologies* (2nd Ed.). New York: Routledge.

Zhang, H., Chan, P., & Kenway. J. (2015). *Asia as method in education studies: A defiant research imagination*. New York: Routledge.

Zhao, W. (2020). Problematizing "epistemicide" in transnational curriculum knowledge production: China's suyang curriculum reform as an example. *Curriculum Inquiry*, *50*(2), 105-125.

제13장

포스트휴먼 질적연구

이론화와 실천 분야

로봇 공학, 기계 공학, 전자공학, 인공 지능, 인공 지능 학습과학, 미디어 생태학, 기호학, 인문과학, 에니메이션, 예술, 음악, 무용, 영화, 마케팅, 문화 연구, 생태학, 교육학, 의학, 간호학, 현상학

포스트휴먼 질적연구는 21세기 들어 새로운 질적연구의 전통으로 등장하여 그 이론화와 개념화가 초기 단계에 있는 질적연구 방법론의 한 갈래이다. 우리나라에서도 최근 10여 년 동안 포스트휴머니즘의 존재론, 인식론, 세계관에 대한 소개가 이루어졌으며 질적연구 방법론으로서의 탐구도 시작되었다. 하지만 질적연구 방법론의 한 전통으로서 '포스트휴먼 질적연구'의 발달은 초보적인 단계에 있다. 다시 말해, 두드러지는 연구물의 증가에도 불구하고 이 방법론은 질적연구 방법론의 한 갈래로 완전히 자리 잡지 못한 상황이다. 이에 이 새로운 방법론에 대한 질적연구자들의 관심과 노력이 절실히 필요한 상황이다. 포스트휴머니즘에 대한 관심과 적용의 요구가 증가하고 있다는 점 그리고 질적연구로서의 그 방법론적 가능성과 잠재력이 매우 크다는 점을 고려할 때 더욱 그러하다. 이에 우리는 국내외 연구들을 종합하고 분석하여 포스트휴먼 질적연구 방법론을 소개하고자 한다. 이를 위해 먼저 포스트휴먼 질적연구의 개념을 소개하고, 이 방법론의 핵심 개념과 방법론적 특징, 나아가 포스트휴먼 질적연구를 적용할 수 있는 절차와 방법을 설명하고자 한다.

1. 포스트휴먼 질적연구의 이해

이 절에서는 먼저 포스트휴머니즘을 간략히 소개하고, 포스트휴먼 질적연구의 정의와 핵심 개념을 설명하고자 한다. 이 책의 다른 장에서는 각 질적연구 방법론의 개념과 정의를 먼저 설명하였음에도 이 장에서는 포스트휴머니즘을 먼저 설명하는 이유는 '포스트휴머니즘'이라는 새로운 패러다임에 친숙하지 않은 독자들을 위한 것이다.

가. 포스트휴머니즘

포스트휴머니즘은 인간 중심으로 이루어진 과거의 인식과 이해 그리고 가치론과 방법론의 문제를 지적하고 인간의 존재와 문화를 비인간 물질과 기술들의 조건과 영향 속에서 이해하려는 탈인간 중심적인 철학 사조이다(Barad, 2007; Connolly, 2013). 이 사조는 신물질주의, 행위자-네트워크 이론, 트랜스휴머니즘 등의 이론적 탐구와 지식의 확장에 근거하여 인간 중심주의에 의하여 이루어진 지구상의 존재들(인간과 비인간, 남성과 여성, 인간과 동물, 유기물과 무기물 등)에 대한 이분법적 세계관과 해석의 한계를 규명하고자 한다(Haraway, 1985, 2013; Pepperell, 1995; Balahur, Mihalcea, & Montoyo, 2014). 나아가 인간 역시 그러한 물질들과 존재들로부터 깊게 영향을 받는 또 다른 물질로서 간주하고 인간과 비인간의 역동적 관계와 상호작용 속에서 인간의 지식과 사고 그리고 행위가 어떻게 영향을 받는지를 이해하려고 노력한다(Fukuyama, 2002; Zapata, Kuby, & Thiel, 2018). 특히 포스트휴머니즘은 4차 산업혁명의 시대로 접어들면서 그리고 기계와 테크놀로지가 인간의 몸과 삶 그리고 문화에 깊숙이 개입한다는 이해가 높아지면서 더욱 활발한 논의가 이루어지고 있다(Ferrando, 2013). 이러한 논의는 기계를 더 이상 부차적인 존재로서 이해해서는 안 되며 인간의 존재가 기계를 통하여 그리고 테크놀로지의 문화 속에서 존재할 수밖에 없다는 점을 인정한다(Mazlish & Muchie, 1994). 그리하여 기계와 인간을 위계적인 관계가 아니라 인간과 기계라는 두 개의 다른 존재와 물질이 어떻게 상호작용하는지 그리고 그러한 관계 속에서 인간은 과거의 시대와는 달리 어떻게 기계화되어 가고 있고, 달라지고 있으며, 달라질 수 있는지에 대한 과학적/존재론적/미래적 탐구와 사유 그리고 그 새로운 가능성에 대한 존재론적인 질문들과 논의가 진행되고 있다(Fukuyama, 2002; Bostrom, 2005; Miah, 2008; Wolfe, 2010).

이에 우리는 포스트휴머니즘을 '인간 중심 존재론, 인식론, 가치론, 방법론의 문제를 지적하고 인간과 비인간의 존재, 행위, 문화를 모든 물질들의 상호작용과 영향 속에서 이해하려는 탈인간 중심적 사조'로 정의한다. 이러한 정의는 인간 중심주의, 이성주의, 과학주의, 계몽주의, 합리주의를 비판한 포스트모더니즘 그리고 후기 구조주의 철학자들의 사유에 영향을 받아 포스트휴머니즘을 논의한 학자들의 정의에 기초한 것이다(Fukuyama, 2002; Barad, 2007; 박휴용, 2019, 2020). 이러한 논의가 Derrida, Foucault, Rorty, Lyotard, Heidegger, Ellul, Leopard, Levinas, Neitzsche 등의 철학자들의 사유에 영향을 받았다는 점에서 포스트휴머니즘은 인간/사회과학 연구 방법론 패러다임 측면에서 해체적 탐구에 해당하는 연구 전통이라고 할 수 있다. 이에 이 철학적 사조의 일반적 이해는 포스트휴먼이라는 용어가 지칭하는 것처럼 인간, 동물, 식물, 기계, 물질 모두를 존재론적으로 동등한 위치를 가지는 실체로 간주하고 이들 간의 상호작용과 관계성 속에서 각 실체의 행위와 현상의 의미를 탐구한다. 하지만 Ferrando(2013)가 포스트휴머니즘의 정의에는 최소한 일곱 개가 있다고 논의한 것처럼 반휴머니즘, 문화적 포스트휴머니즘, 철학적 포스트휴머니즘, 포스트휴먼 조건, 트랜스휴머니즘 등과 같은 다양한 용어 정의가 있음을 인정해야 한다. 포스트휴머니즘의 정의와 의미가 다양한 것처럼 포스트휴머니즘 담론은 여러 학문 분야에서 논의되고 발전하고 있다(Miah, 2008; Wolfe, 2010). 대표적으로 인류학(Marcus & Fischer, 2014), 교육학(Adams, 2017; Fenwick & Edwards, 2010; Adams & Thompson, 2016). 문화 연구(Badmington, 2000), 기계 공학(Borgmann,1984; Bostrom, 2005), 여성학(Haraway, 1985/1991), 현상학(Lewis & Owen, 2020; Ingold, 2012; Adams & Thompson, 2016), 미디어학(McLuhan & McLuhan, 1988) 등의 분야뿐만 아니라 미술, 음악, 무용과 같은 예술 영역에서도 활발하게 논의되고 있다.

나. 질적연구를 위한 포스트휴머니즘의 핵심 개념

앞에서 논의한 포스트휴머니즘에 대한 철학적 · 이론적 논의를 분석하여 우리는 포스트휴머니즘을 관통하는 핵심적인 개념으로 '존재자로서의 물질', '행위자로서의 물질', '비대표적 관계성'의 세 가지를 도출하였다(**〈표 13-1〉** 참조).

첫 번째 주요 개념은 존재자로서의 물질이다. 포스트휴머니즘은 인간만이 존재자가 아니라 동물, 식물, 무생물, 기계 등 모든 물질을 존재자로 간주한다. 다시 말해 포스트휴머니즘은 모든 비인간 물질이 인간을 위해서, 인간에 의해서 만들어지고 놓여진, 인간에 의해 이용되고 소비되기 위해 있는 것이 아니라 그들 모두 '존재자'라는 것이다. 포스트휴머니즘의 한 담론인 신물질주의는 인간과 비인간, 인식 주체와 대상, 정신과 물질, 생물과 무생물로 구분하는 이원론적 관념을 거부한다(Barad, 2003). 대신에 신물질주의는 인간과 비인간, 남성과 여성, 백인과 유색인 사이에 존재한다고 믿었던 위계적 관점을 버리고 모든 존재들(인간, 비인간, 기계, 동식물, 무생물)은 평등한 관계성 속에 놓여 있다고 본다. 이러한 점에서 신물질주의는 "수평적 존재론(flat ontology)"으로 이해된다(Harman, 2018; 박휴용, 2019; 이경란, 2019). 물질 지향 존재론(Object-oriented ontology)의 물질은 인간과 비인간 모두를 동등하게 지칭하는 개념이다(Harman, 2018). 이러한 점에서 포스트휴먼 질적연구에서 물질은 인간과 동일한 지위를 가지는 존재로 간주된다.

두 번째 개념은 '행위자로서의 물질'이다. 인간 중심주의에서는 인간만이 의도성과 의식을 가진 행위자로 바라보고 비인간 물질은 인간의 행위를 위해 필요한 도구나 인간 행위 주변에 있는 부차적인 것으로 간주한다. 하지만 포스트휴머니즘은 모든 비

〈표 13-1〉 포스트휴머니즘의 핵심 개념

개념	설명
존재자로서의 물질	• 모든 비인간 물질(동식물, 기계, 무생물) 또한 인간과 같은 존재자로 간주 • 인간 중심주의, 인간 우월주의 비판
행위자로서의 물질	• 비인간 물질들 또한 인간과 같이 행위하는 행위자로서 큰 행위자-네트워크의 일원으로 간주 • 모든 물질은 힘(thing-power)을 가진 존재
비대표적 관계성	• 하나의 행위자 중심이 아니라 모든 행위자의 관계성과 상호작용 강조 • 경험, 사건, 현상은 관련된 행위자들의 관계 파악을 통해서 더욱 심층적으로 이해될 수 있음

인간 물질 또한 나름의 역할을 수행하는 힘을 가진 행위자로 간주한다(Callon & Latour, 1981). 행위자-네트워크 이론은 수평적 존재론 관점에서 인간과 비인간 물질 모두를 행위자로 간주한다(Callon & Latour, 1981; Murdoch, 1998). 생기론적 물질주의는 비인간 물질 또한 그들 나름의 역할을 수행하는 힘(thing-power)을 가진 존재로 간주한다(Lenoir, 1980). 이에 포스트휴먼 질적연구는 간과되거나 부차적인 것으로 간주되었던 비인간 물질의 행위와 그 행위의 영향과 관계에 주목한다.

세 번째 중요 개념은 '비대표적 관계성'이다. 이 개념은 물질의 존재와 행위 그리고 현상을 이해할 때 특정한 하나의 물질만이 대표적인 존재로서 고려되는 것이 아니라 오직 그 관계성 안에서만 이해되고 설명되어야 한다는 개념이다. 행위자-네트워크 이론에 따르면 실제와 실천이 인간과 비인간을 포함하는 모든 행위자들 행위의 네트워크에 의해 만들어진다(Fenwick & Edwards, 2010; Adams & Thompson, 2016). 포스트휴먼 인간은 지식, 도구, 기술 등 다양한 사물과 존재들과 관련을 맺고 있으며 이들 모두는 관계적으로 동등한 비중을 지닌다(Thrift, 1997). 왜냐하면 특정한 한 개의 존재나 물질은 그 자체적으로만 이해되는 것이 아니고 그 물질에 관련이 있는 다른 존재나 물질에 의하여 영향을 받고 상호 연결되어 있기 때문이다(Adams & Thompson, 2016; Thrift, 2008). 이에 비대표적 관계성은 포스트휴먼 질적연구가 인간 중심적 질적연구의 한계를 극복하기 위한 대안으로 수평적 존재론에 입각하여 연구자가 물질의 관계 네트워크 속에서 무엇에 주목해야 하는지를 안내한다(Thrift, 2008; Lorimer, 2005; Vannini, 2015). 이에 포스트휴먼 질적연구는 사건, 실천, 조합, 일상의 배경 등을 수많은 잠재적 관계성 속에서 파악한다. 이 절에서 논의한 이론과 개념들은 연구 결과에서 논의하는 전략과 개념들에 철학적 · 이론적 토대를 제공한다는 점에서 그 중요성을 가진다. 이 글에서는 세 가지 개념을 중심으로 논의하지만 여기에서 논의하는 세 가지 개념 이외에도 부차적인 포스트휴머니즘 개념들이 고려될 수 있다(Fukuyama, 2002; Barad, 2003; Adams & Thompson, 2016).

다. 포스트휴먼 질적연구의 정의

포스트휴머니즘이 등장하고 철학적 논의가 활발하게 진행됨에 따라 질적연구 분야에서 역시 포스트휴머니즘에 기초한 새로운 변화와 개념화가 시도되고 있다. 인간이 이 세계의 중심이 아니라 다른 물질들과 같은 하나의 물질이라고 한다면, 인간의 이성이 이 지구상의 모든 존재와 사유의 중심이 아니라고 한다면, 과연 인간에 대한 질적연구는 어떻게 해야 할 것인가? 이러한 새로운 연구 문제를 제기한다. 나아가 인간에 대한 탐구가 질적연구의 과거 전통이었다고 한다면 이제 기계 속의 인간에 대한 탐구, 기계화된 인간에 대한 탐구, 물질들 속에서의 인간에 대한 탐구는 어떻게 이루어져야 할 것인가에 대한 새로운 질적연구의 질문들이 제기된다. 이러한 맥락에서 지난 10여 년에 걸쳐서 이 문제에 대한 새롭고 창의적인 이론적 탐색과 연구들이 시도되고 있다. 대표적 연구로는 Adams와 Thompson(2016)의 *Researching a Posthuman World*, Aagaard와 Matthiesen(2016)의 "Methods of Materiality", Fensick과 Edwards(2010)의 *Actor-network Theory in Education* 등이 출간되어 인용되고 있다. 또한 현상학적 관점에서 비인간의 생활세계(umwelt)와 그들의 행위를 이해하기 위한 연구들(Lewis & Owen, 2020; Ingold, 2012), 전통적 인간 중심의 제도적 문화기술지를 비인간 존재와 물질과의 관계 속의 인간을 바라보는 포스트휴먼 제도적 문화기술지(Taylor & Fairchild, 2020)가 이론화되고 있다. 뿐만 아니라 질적연구 현장 작업과 자료 수집의 이론화(Adams & Thompson, 2016), 포스트휴먼 윤리학에 기초한 글쓰기(Kuby & Rucker, 2016; Zapata, Kuby, & Thiel, 2018)의 이론화가 진행되고 있다. 이렇듯 질적연구자의 사유와 방법론적 한계를 지적하며 포스트휴먼 질적연구의 방법론과 연구 방법에 대한 논의가 진행되고 있다(Mazzei & McCoy, 2010; Mazzei & Jackson, 2012; Jackson, 2017).

하지만 포스트휴먼 질적연구가 새로운 연구 방법론으로서 이론화되고 연구 실천으로 이어지고 있는 서구와 달리, 한국의 경우 포스트휴먼 질적연구 방법론과 방법에 대한 연구가 미진한 상황이다. 포스트휴먼 질적연구가 무엇인가에 대한 이론적 수준에서 몇 편의 논문들이 소개되고 있을 뿐(박휴용, 2019; 서덕희, 2020), 구체적으로 어떻게 연구를 실행할 것인가와 관련한 방법적 과정들과 그 특징들을 소개하고 분석한 논문은 찾기가 힘들다. 특히 우리나라에서 역시 다양한 학문 분야들(교육학, 인류학, 철학, 문학, 과학기술학 등)에서 학위 논문들이 출간되고 있다는 점을 고려할 때, 포스트휴먼 질적연구의 방법에 대한 개념화 노력이 필요한 시점이다. 이에 우리는 포스트휴먼 질적연구가 무엇인지 지금까지 이루어진 연구들에 기초하여 설명하고자 한다. 포스트휴머니즘에 대한 학자들의 정의는 다음과 같다.

- 포스트휴먼 질적연구는 인간뿐만 아니라 비인간 물질 자체, 물질의 행위를 탈인간 중심적 관점에서 탐구하는 질적연구 방법이다. 이 접근은 인간의 생각, 기

억, 욕망과 감정 또한 물질적 효과가 있다고 본다. 포스트모던 질적연구는 인간과 비인간의 권력관계를 구체적인 맥락과 상황 중심으로 이해하고자 한다(Fox & Alldred, 2017).

- 포스트휴먼 질적연구는 인간 중심의 세계관, 존재론, 인식론의 한계를 지적하며 '비대표성 이론'의 관점에서 인간과 비인간 물질을 모두 동등한 위치에 두고 모든 물질들의 역동적 관계와 영향을 탐구한다(Vannini, 2015).
- 포스트휴먼 질적연구는 인간의 존재와 행위가 비인간 물질의 존재와 행위와 밀접하게 연관되어 있다고 간주한다. 즉, 인간은 인간과 비인간 물질 모두가 이루고 있는 '행위자-네트워크'의 중심적인 행위자가 아니라고 간주한다. 이에 포스트휴먼 질적연구는 인간과 비인간 물질이 '함께 구성하는' 사회 현상을 탐구한다(Thompson, 2018).
- 포스트휴먼 질적연구는 인간과 기계, 인간과 비인간 물질의 관계 속에서 인간의 정체성이 어떻게 형성되고 변화하는지 연구하는 방법론이다(Flanagan, 2014).
- 포스트휴먼 현상학은 인간 중심주의, 인간 예외주의의 한계를 지적하며, 새로운 관점에서 인간의 체험과 사회 현상의 본질을 탐구하는 질적연구 방법이다(Lewis & Owen, 2020).

위에서 제시한 포스트휴먼 질적연구에 대한 여러 학자들의 정의를 종합하면 포스트휴먼 질적연구는 인간 중심주의, 인간 예외주의의 한계를 지적하며 인간과 비인간 물질 모두를 동등한 행위자로 간주하며 인간의 경험과 사회 현상을 탐구하는 질적연구의 새로운 접근이다. 지금까지 소개한 모든 질적연구 방법론들은 인간의 경험과 삶 그리고 사회 현상을 인간을 중심에 두고 연구하는 방법론들이다. 특히, 이러한 연구들에서 참여자는 '인간'이다. 물론, 인간 사회를 구성하는 문화, 제도, 언어, 정치, 경제 등 다양한 차원의 '인간 외적 요소'를 고려하기는 하지만 '비인간 존재'를 직접적으로 연구 참여자 또는 연구 대상으로 간주하지는 않는다. 하지만 포스트휴먼 질적연구는 인간, 기계, 동물, 식물 등을 비롯한 모든 물질이 '연구 참여자'가 될 수 있다. 이 점이 포스트휴먼 질적연구가 다른 질적연구 방법론과 구별되는 가장 큰 특징이라고 하겠다.

2. 포스트휴먼 질적연구의 특징

가. 연구 목적으로서 비인간적 물질 그리고 관계

포스트휴먼 질적연구의 가장 중요한 특징은 연구의 목적을 인간 중심이 아니라 비인간적 대상과 관계에 둔다는 데 있다(Connolly, 2013; Lewis & Owen, 2020). 이는 기존의 대부분의 전통적인 질적연구가 인간을 중심으로, 인간을 대상으로 연구를 하였다는 점에서 기존의 질적연구와 대별된다. 기존의 문화기술지, 생애사, 근거이론 등과 같은 질적연구의 가장 중요한 연구 참여자는 인간이며, 연구의 목적이자 연구의 대상은 그들의 삶이나 문화 또는 상호작용, 그리고 그들 행위의 의지나 목적 또는 다양한 인간적 감정이나 가치였다. 이에 비하여, 생기론적 관점에 따르면 인간 또한 다른 물질과 마찬가지로 하나의 물질 행위자로서 복잡한 포스트휴먼 행위자-네트워크 속에서 다른 행위자와 영향을 주고받으며 상호작용한다(Gourlay & Oliver, 2017; Barad, 2007; Fenwick, 2014). 이러한 포스트휴머니즘의 입장을 고려하고 문헌 연구를 통해 포스트휴먼 질적연구의 목적을 '비인간 관점의 포착', '물질-생활세계 규명', '물질 간의 상호작용 이해', 이 세 가지로 규명하였다.

첫째, 포스트휴먼 질적연구는 비인간 물질의 관점 포착을 목적으로 한다. 일반적인 질적연구가 인간 참여자들의 행위, 문화, 의도, 상호작용을 이해하기 위해 수행되는 것으로 이해한다면 포스트휴먼 질적연구는 인간뿐만 아니라 비인간, 즉 물질의 관점을 포착하는 것을 목적으로 한다. 이러한 연구 목적의 강조는 신물질주의의 연구 전통 안에서 이루어진 물질에 대한 연구에 근거하고 있는데, 이 관점에 따르면 인간만이 주동성을 가진 유일한 존재가 아니라 기계, 동식물 등과 같은 비인간 물질 또한 행위자로서 나름의 생명력과 능력을 가지고 있다(Bennett, 2010; Tesar & Arndt, 2016). 아울러 그러한 물질은 인간의 이성이나 존재만큼이나 다른 물질과 인간에 영향을 끼친다(Barad, 2007). 이러한 점에서 포스트휴먼 질적연구는 물질의 입장에서 인간과 물질의 생활세계, 물질 간의 상호작용 이해를 목적으로 한다.

비인간 물질의 관점 포착과 관련하여 Bennett(2010)은 '인간 없는 물질(material without us)'과 '인간과 함께하는 물질(material with us)'로 구분한 논의를 주목할 만하다. '인간 없는 물질'은 물질과 인간과의 밀접한 관계를 염두에 두지 않고 물질의 관점을 포착하려는 노력이다. Bennett은 Leopold가 *A Sand County Almanac*(1968)에서 '산처럼 생각하라'고 환경주의론자들에게 설파한 것을 예로 들어 설명한다. Bennett은 인간 연구자는 '물질에 대한 사색적 소설/이야기(speculative object fiction)'를 통해 물질에 대한 이해의 지평을 조금이나마 넓힐 수 있다고 주장한다. 즉, 산의 입장에서 생각해 보라는 것이다. 즉, 비인간 물질의 관점 포착은 연구자가 물질의 입장이 되어보려고 노력하는 것이다. '산'의 관점은 인간에게 주어진 시간으로는 범접할 수 없을 정도의 시간적 · 공간적 영역을 포함하고 있다. 과연 인간이 산처럼 생각할 수 있을까? 이러한 점에서 물질의 관점 포착과 이해는 지엽적이고 제한적일 수밖에 없다(Haraway, 2013). 연구자가 물질의 입장이 되어본다는 측면에서 '비인간 관점의 포착'의 예는 생태학적 현상학의 포스트휴먼 연구에서 잘 드러난다(Lewis & Owen, 2016; Foster, 2016). Charles Foster는 오소리가 서식하는 영국의 한 지역에서 자신을 위한 '오소리굴'에서 생활하며 오소리의 관점을 이해하고자 하였다. 그는 특히 식성, 두려움, 시각에서 오소리와 인간의 두드러진 차이가 있음을 강조하였다. 시각과 청각 중심으로 살아가는 인간과 달리 오소리는 후각을 중심으로 생활한다. 오소리는 대지 표면에 코를 대고 날씨의 변화 인간이나 다른 존재의 침입 등을 감지한다. Foster는 자신의 후각을 단련하여 오소리처럼 후각 중심의 생활을 시도하였다. Foster는 오소리의 관점은 인간의 방식과 개념으로 이해하기보다 오소리의 입장과 의미에서 이해되어야 한다고 주장하였다.

둘째, 포스트휴먼 질적연구는 '물질-생활세계'를 규명하고자 한다. 포스트휴머니즘은 물질이 인간의 생활세계를 구성하는 수동적으로 환경의 자극에 수동적으로 반응하는 구성물이 아니라 물질 또한 그들의 생활세계와 인식의 세계에 주도적으로 참여하는 주체로 간주한다(Thrift, 1997, 2008). 이러한 점에서 포스트휴먼 질적연구는 인간 중심주의에서 벗어나 인간의 생활세계에 대한 이해를 '물질-생활세계'에 대한 이해로 확장시킨다. Law(1999), Thrift(2008), Abram(1996) 그리고 많은 학자들이 주장한 것처럼 모든 인간의 생활세계는 기계와 같은 매우 다양한 물질의 행위들로 인해 급진적인 변화가 이루어졌다. 하여 인간이 누구인지, 인간 존재의 본질은 무엇인지, 인간이 살고 있는 세계는 모두 물질-생활세계의 큰 틀에서 이해되어야 한다고 강조한다. 이에 포스트휴먼 질적연구는 인간과 비인간이 공존하며 만들어가는 새로운 생활세계를 연구하고 그 특징을 규명하고자 한다.

포스트휴먼 질적연구는 각각의 물질을 중심에 두고 그들의 생활세계를 이해하고 규명하고자 한다. 몇몇 포스트휴먼 연구자들은 이러한 물질-생활세계 탐구를 위해 물질 각자의 목적과 환경에 반응하는 특성을 음색(tonal qualities)으로 명명하며 이를 이해해야 한다고 주장한다(McLuhan & McLuhan, 1988; Von Uexküll, 2010, Adams &

Thompson, 2016). 스마트폰, 아이패드, 노트북 컴퓨터 등과 같은 모바일 장치들 또한 나름의 생활세계를 가지고 있다. 이 장치들은 인터넷 서비스, 운영 체제, 유튜브 영상, 저장 장치, 모바일 핫스팟, 충전기, 키보드 등 무수히 많은 다른 물질들과 함께 존재하며 나름의 생명력과 능력을 발휘한다(Mol, 2010). 포스트휴먼 질적연구는 이러한 개별적 물질의 생활세계 그리고 변화무쌍하고 복잡한 '물질-생활세계'의 아상블라주를 이해하고자 한다.

셋째, 포스트휴먼 질적연구는 물질 간의 상호작용 이해를 목적으로 한다. 이 목적은 물질-생활세계의 행위자-네트워크 속에서 각각의 행위자가 주고받는 영향을 이해하고 상호작용의 성격, 구조, 특징을 규명하며, 나아가 상호작용의 생성과 변화를 밝히는 것이다. 이는 기계와 인간의 상호작용, 기계와 기계의 상호작용, 기계와 제도의 상호작용, 자연과 인간의 상호작용 등 인간과 물질의 상호작용뿐만 아니라 물질과 물질의 상호작용 또한 포함한다. 행위자-네트워크 이론에 따르면 인간을 포함한 모든 물질은 나름의 방식으로 서로 간에 영향을 끼치며 특정한 관계를 형성하고 시간과 장소가 변함에 따라 그 관계의 상대방과 관계 방식 그리고 관계의 속성이 변한다(Law, 2009; Mol, 2010; Adams & Thompson, 2016). 이러한 점에서 포스트휴먼 질적연구에서 상호작용은 한 장소에서 한 순간에 일어나는 상호작용도 포함되지만, 물질 간의 상호작용이 시간을 두고 어떻게 지속, 변화, 종료, 재시작되는지 또한 포함된다. 즉, 포스트휴먼 질적연구는 복잡한 행위자-네트워크 속에서 이루어지는 행위자들의 상호작용 현상을 기술하고 그 속성을 파악하며 행위자들 사이의 관계 그리고 변화를 규명하고자 한다.

대표적인 예로서는 인간과 기계의 상호작용을 들 수 있다. 기계는 인간의 경험, 체험, 인간 간의 상호작용 방식과 문화, 심지어 인간의 지각과 감각에도 영향을 미친다. 이 관점에서 기계는 인간의 다양한 능력을 확장시키고 인간의 몸을 '발전'시키는 데 핵심적인 기여를 하는 행위자가 된다(Huxley, 2015). 이에 포스트휴먼 질적연구는 기계 또는 물질이 인간으로 하여금 또는 다른 물질로 하여금 무엇을 하도록 하는지 또는 하지 못하도록 하는지 드러내는 것이다. 이렇듯 포스트휴먼 행위자들 사이의 상호작용은 개별 상호작용의 목표와 성격, 긍정적·부정적 영향, 행위자 간의 권력관계, 그리고 이러한 모든 것을 지속과 변화에 대한 이해를 목적으로 한다. 여기서 논의한 목적들은 분리된 것이 아니라 서로 복합적으로 얽혀 있다는 특징을 지닌다.

나. 포스트휴먼 질적연구의 탐구 영역과 탐구 질문

앞에서 포스트휴먼 질적연구의 목적을 세 가지로 개념화하였다. 이제 더욱 구체적으로, 이러한 연구의 목적을 가지고 질적연구를 할 때 어떤 현상에 주목해야 하는지 그리고 인간-물질세계에 대한 탐구에서 무엇을 탐구의 영역으로 고려해야 하는지를 설명하고자 한다. 다양한 문헌들의 분석을 통하여 포스트휴먼 질적연구에서 이루어지고 있는 탐구의 중요한 영역을 다음 네 가지로 규명하였다. 그 영역들은 '인간과 물질의 관계', '물질 행위의 영향', '물질과 네트워크 사이의 역동성', '행위자-네트워크 속성'이다.

1) 인간과 물질의 관계

첫 번째로 포스트휴먼 질적연구자가 제기하는 연구 질문이자 탐구 영역은 물질의 세계 그리고 물질들의 관계가 인간이나 연구 참여자에게 어떤 영향을 끼치는가를 질문하는 것이다. 즉, 기존의 질적연구의 전제와는 다르게 인간의 경험, 지각, 인식, 이해는 물질들의 경험과 참여에 상당히 깊은 관계를 맺고 있기 때문이다. 즉, 포스트휴머니즘은 비인간 물질을 인간 행위와 지각의 중요한 매개적 역할을 하는 행위자로 간주한다(Ihde, 1990). 따라서 연구자는 인간과 물질의 관계 탐구를 통해 물질이 인간의 지각과 앎의 방식과 행위에 어떠한 영향을 어떻게 미치는지 이해할 수 있다. 이러한 연구 질문을 가지고 연구할 때 연구자가 고려할 수 있는 인간과 물질들의 관계를 고려할 수 있는 참조 체계를 Ihde(1990) 그리고 Adams와 Thompson(2016)이 잘 제시해 주고 있다(**〈표 13-2〉** 참조).

첫째, 체현적 관계(embodiment relations)는 물질이 인간 신체의 일부가 되거나 신체와 접촉하는 다양한 물질과 인간과의 감각적/신체적 관계에 관한 것이다. 의족, 의수, 인공 심장, 발과 접촉하는 자동차 페달, 손가락에 연결된 연필, 목소리에 연결된 스마트폰 등을 예로 들 수 있다. 둘째, 해석적 관계(hermeneutic relations)는 물질이 인간의 의미 '읽기'에 어떻게 관여하는지에 관한 것이다. 인간이 지도를 통해 위치를 파악하고, 온도계를 통해 온도를 파악하는 것과 같이 인간은 물질을 사용해 세계를 새로이 읽고 이해한다. 셋째, 비예측적 관계(alterity relation)는 물질의 행위가 인간이 예측하고 의도하지 않는 방향으로 일어나는 상황이나 현상에 주목하는 것이다. 이는 주로 인간이 새로운 기기 또는 물질과 대면하고 상호작용할 때 발생한다. 넷째, 배경적 관계(background relation)는 인간이 너무나 익숙해져서 존재하는지 행위하고 있는지조

〈표 13-2〉 '인간과 물질의 관계' 탐구 개념과 예시

탐구 개념	탐구 내용	탐구 주제 예시
체현적 관계	• 물질을 통한 인간의 감각과 경험	• 키보드, 마우스, 연필과의 감각적/신체적 관계 • 자동차와 인간의 감각적/지각적 경험
해석적 관계	• 인간의 '의미 읽기'와 관련	• 내비게이션, 책, 그림을 통한 의미 구성과 이해
비예측적 관계	• 물질의 등장이나 부재로 인한 예기치 않은 관계	• 스마트폰이나 내비게이션이 없을 때 인간의 반응과 행위
배경적 관계	• 너무나 익숙해진 물질과 물질세계와의 관계	• 냉난방 시스템, 소셜미디어 속에서 살아가는 인간

차 고려하지 않는 물질과의 관계에 주목하는 것이다. 인간과 배경적 관계에 있는 물질은 지속적으로 인간이 생활하고, 생각하고, 살아가는 데 영향을 끼친다. 인간과 물질의 관계 탐구의 예로서 Ihde(1990)의 연구를 들 수 있다. 여기서 Ihde는 컴퓨터 게임을 하는 소년과 물질과의 관계를 탐구하였다. 해석적 관계 측면에서 소년은 게임에서 사용되는 용어와 기호, 규칙 그리고 게임의 메커니즘을 배워야 한다. 소년은 이러한 내용을 게임 상황에서 '읽기'를 해야 하며, 키보드, 마우스, 모니터 등은 소년의 감각과 지각을 연장시킨다는 측면에서 체현적 관계에 있다. 비예측적 관계는 소년이 어떠한 게임의 단계나 상황에서 어찌할 바를 모를 때 발생한다. 또한 소년은 게임을 하는 공간의 '게임 분위기' 그 공간을 조성하고 유지하기 위해 사용된 다양한 테크놀로지로 만들어진 관계에 놓여 있다.

2) 물질 행위의 영향

물질 행위의 영향은 테크놀로지와 같은 비인간 물질의 존재나 행위가 인간이나 다른 물질에 어떠한 영향을 끼치는지에 주목하는 것이다. 행위자-네트워크 이론에서 설명하듯이 물질은 다른 인간 또는 비인간 물질과 관계를 맺으며 그들과 상호작용하며 서로 영향을 주고받는다. 탐구 영역으로서 물질 행위의 영향은 물질의 존재나 행위가 다른 물질에 어떠한 영향을 끼치는지에 주목하는 것이다. 이와 관련하여 McLuhan과 McLuhan(1988)은 테크놀로지가 어떻게 인간의 감각과 지각을 강화, 퇴행, 소환, 또는 반전시키는지 논의하였다. 그들의 논의와 개념화는 포스트휴먼 질적연구에서

〈표 13-3〉 '물질 행위의 영향' 탐구 개념과 예시

탐구 개념	탐구 내용	탐구 주제 예시
강화	• 인간의 생물학적 능력의 확장	• 안경, 보청기, 전화기, 현미경, 망원경, 의수, 시각장애인, 안내견 등으로 확장되는 인간의 신체적 능력
퇴행	• 물질에 의한 인간 능력의 제한 또는 쇠퇴	• 내비게이션의 사용으로 지도, 관광 안내 책자의 필요가 약해짐
소환	• 물질의 등장이나 부재로 인한 퇴행되었던 물질의 재등장	• 내비게이션의 고장은 지도, 관광 안내 책자를 재등장시킴
반전	• 물질의 행위가 한계에 다다름으로 인한 영향	• 중요한 정보 공유에 사용된 프로그램(엑셀, 파워포인트 등)에 오류로 인한 혼란과 오해

물질 행위의 영향을 어떠한 연구 질문으로 탐구해야 하는지 이해하는 데 중요한 기여를 한다. 행위자로서의 물질 행위의 영향을 탐구를 위한 탐구 개념, 내용, 예시 주제는 〈표 13-3〉과 같다.

먼저, 강화(enhancement)는 물질이 인간의 신체 능력, 감각, 지각을 어떻게 확장시키는지에 주목하는 것이다. 이메일과 SNS를 활용하여 즉각적으로 많은 사람들에게 소식을 전하고 의사소통할 수 있는 능력이 놀랍도록 신장되는 것이 좋은 예이다. 둘째, 퇴행(obsolescence)은 물질이 인간의 능력과 경험 또는 다른 물질의 존재와 행위를 어떻게 한정 짓거나 퇴행시키는지 드러낸다. 내비게이션과 자율 주행 사용으로 목적지에 쉽게 도달할 수 있지만 인간의 방향 감각과 길찾기 능력 그리고 운전 능력은 아마 줄어들 것이다. 이렇듯 테크놀로지와 같은 물질은 인간의 능력과 경험을 확장시키는 동시에 퇴행시키기도 한다. 셋째, 소환(retrieval)은 새로운 물질이나 테크놀로지의 등장이 과거의 것을 다시 '새로운 형태로 소환'하는 행위에 주목하는 것이다. 스마트폰은 카메라를 '소환'한다. 오늘날 스마트폰의 카메라는 이전의 폰 카메라보다 해상도와 기능 면에서 탁월하다. 스마트폰이 일상화되면서 인간은 디지털카메라와 디지털캠코더를 들고 다니지 않지만 그들의 새로운 형태를 일상적으로 구비하고 다닌다. 넷째, 반전(reversal)은 물질의 행위가 한계에 다다를 때 어떤 일이 발행하는지 주목하는 것이다. 물질 행위의 한계, 실패, 비정상이 초래하는 다른 행위자의 행위 또는 관계의 변화를 이해하는 것이다. 자율 주행 기능의 오류로 발생하는 교통사고와 같이 반전은 테크놀로지와 같은 특정한 물질이 일상화되고 그 행위와 관계가 정형화될 때 발생한다.

3) 물질과 네트워크 사이의 역동성

다음 포스트휴먼 질적연구 탐구 영역은 '물질과 네트워크 사이의 역동성'이다. 이 탐구 영역은 인간과 비인간 모든 물질의 행위와 움직임, 그리고 행위가 어떻게 상호간에 영향을 미치는지를 탐구하는 것이다. 포스트휴먼 관점에서 인간을 비롯한 모든 물질은 복잡하게 얽혀 있으며 지속적으로 상호작용하며 이러한 상호작용은 종종 비예측적이고 다층적이다(Ingold, 2012). 이러한 점에서 포스트휴먼 질적연구자는 행위자-네트워크 속에서 발생하는 행위의 상호작용과 행위자들의 움직임 그리고 그러한 움직임의 복잡한 얽힘을 탐구한다(Adams & Thompson, 2016). 이 탐구 영역의 핵심 개념은 '상호반응', '움직임과 흐름', '다층적 얽힘'이다.

첫째, 상호반응은 인간이 다른 물질의 행위와 어떻게 상응하는지, 그리고 인간과 비인간 행위자는 어떻게 상호반응하는지 분석한다. 오늘날 스마트폰, 아이패드, 스마트워치 등은 인간과 일상적으로 상호작용한다. 이에 연구자는 이러한 물질과 인간의 행위가 서로에게 어떤 영향을 어떻게 주고받는지 탐구할 수 있다. 둘째, 움직임과 흐름은 행위자의 움직임 그리고 행위의 흐름에 주목하는 것이다. 예를 들어 한 교사의 스마트폰은 집에서, 교실에서, 카페에서, 교사연구실에서 그 행위가 달라진다. 이 연구 개념은 장소와 시간에 따라 변하는 물질의 행위와 상호작용을 탐구하는 것이다. 셋째, 다층적 얽힘은 다양한 행위자들의 움직임과 행위의 흐름이 행위자-네트워크 속에서 어떻게 얽혀 있는지 그리고 그 얽힘이 어떻게 변하는지에 주목하는 것이다. 행위자-네트워크 속의 모든 행위자들은 자신들이 속한 네트워크 내에서의 얽힘의 그물로

〈표 13-4〉 '물질과 네트워크 사이의 역동성' 탐구 개념과 예시

탐구 개념	탐구 내용	탐구 주제 예시
상호반응	• 인간과 비인간, 물질과 물질 사이의 상호작용	• 모바일 기기와 인간과의 상호작용 • 자율 주행 자동차와 인간의 상호작용
움직임과 흐름	• 한 행위자의 움직임과 행위의 변화 추적	• 상황이나 장소에 따라 달라지는 인간과 비인간 물질의 상호작용, 교사의 스마트폰 활용 • 시간이나 장소에 따라 달라지는 스마트폰의 행위
다층적 얽힘	• 다양한 물질의 상호작용과 움직임의 복잡한 양상	• 스마트폰, 와이파이, 데이터 플랜, e-book의 상호작용 속에서 순간적으로 달라지는 물질 관계 변화

인해 '무엇'이며 '무엇을 하는지'가 결정된다. 이 개념은 '움직임의 선'뿐만 아니라 행위자 네트워크의 매듭 또한 포함한다. 여기서 매듭은 복수의 움직임 선이 견고히 만나는 지점을 일컫는다(Ingold, 2012: 49). 네트워크의 얽힘을 통해 연구자는 행위자들의 움직임의 선을 구분하고 분류하며 그 복잡한 관계 네트워크를 그릴 수 있다. 예를 들어, Thompson(2018)은 온라인 학습 상황에서의 운동성을 연구하였다. 연구 참여자인 Makori는 자신의 스마트폰과 어플리케이션을 활용하여 자신의 아이디어와 작업 공간을 유지하고 확장하였다. 또한 Makori의 스마트폰은 행위자로서 Makori의 작업을 더욱 의존적으로 만들기도 하였으며 일정 부분에서 취약하게 만들기도 하였다. 이 연구는 인간이 기계와 어떻게 상호작용하는지, 물질과 인간의 움직임이 어떻게 비예측적으로 흘러가는지를 잘 보여준다.

4) 행위자-네트워크 속성

마지막으로 논의할 탐구 영역은 '행위자-네트워크 속성'이다. 이 탐구 영역은 행위자들 사이의 관계와 관계의 양상, 관계의 긴장과 이완, 그리고 행위자들 사이의 힘의 역학관계를 연구하는 것이다(Adams & Thompson, 2016). 이미 논의한 바와 같이 물질의 관계는 시간과 장소에 따라 달라지며 그들의 관계적 속성 또한 변한다. 이러한 행위자-네트워크의 속성 파악을 통해 연구자는 행위자들의 관계와 그들이 만드는 네트워크의 특징을 규명하고자 한다.

첫째, '행위자-네트워크 연결성'은 행위자들이 어떻게 한데 모이며 그들의 관계가

〈표 13-5〉 '행위자-네트워크 속성' 탐구 개념과 예시

탐구 개념	탐구 내용	탐구 주제 예시
연결성	• 행위자 관계의 유지와 양상, 변화	• 스마트폰이 어떻게 버스, 문서들, 메시지, 인간, 알람, 인터넷과 어떻게 연결되고 변화하는지 그리고 그 특징 탐구
다중 아상블라주	• 사회물질세계의 형성, 사회물질세계 사이에 일어나는 촉진과 방해	• 응급 구조의 사회물질세계와 응급실의 사회물질세계가 어떻게 한데 모이는지 탐구 • 사회물질세계의 연결에 관여하는 물질과 행위
권력과 정치성	• 행위자의 권력관계, 간섭, 소외, 억압	• 수많은 어플리케이션과 기능들로 무장한 스마트폰이 인간의 삶에 대해 가지는 힘 • 물질 사이의 우선순위와 중요도의 판단과 평가

어떻게 지속되고 변화되는지 그리고 어떻게 그들의 관계가 소멸하고 재등장하는지에 관한 것이다. 예를 들어, 하나의 스마트폰은 시간과 장소에 따라 다른 연결성을 가진다. 이 탐구 주제는 이러한 변화하는 연결성의 양상에 초점을 두는 것이다. 둘째, 다중 사회물질세계의 아상블라주는 다른 사회물질세계가 어떻게 한데 모이는지 그리고 한 사회물질세계의 실천이나 행위가 다른 사회물질세계의 어떤 실천이나 행위를 촉진하는지 아니면 방해하는지 그리고 그들의 관계는 어떠한지 연구하는 것이다. 이 주제는 연결성을 유지하거나 변화시키는 물질과 그 물질의 행위에 초점을 두는 것이다. 스마트폰이 어떻게 소비시장, 금융, 교육, 학습과 연결되는지에 대한 탐구가 그 예가 될 수 있다. 마지막으로 '행위자-네트워크의 정치성'은 물질의 행위, 관계, 연결성에 영향을 미치는 권력과 정치성에 대한 관심이다. 연구자는 어떤 행위자가 중심에 있거나 소외되는지, 침입하거나 간섭하는 행위자는 누구인지, 행위자의 권력은 어떻게 드러나고 그 특징은 무엇인지 탐구한다.

이 탐구 영역의 초점은 개별 물질 행위자가 아니라 각각의 행위자의 물질세계가 영향을 주고받는 복잡한 네트워크의 속성을 밝히는 것이다. 행위자-네트워크 속성을 잘 드러낸 연구로는 Fenwick(2014)의 연구를 들 수 있다. Fenwick은 구급대원, 경찰, 응급 의사, 응급실 간호사, 구조 시스템, 응급의료 시스템과 기자재 등을 포함하는 다양한 행위자들이 등장하는 응급의료 맥락에서 지식이 어떻게 공유되고 움직이는지 연구하였다. 하나의 예로서 구조대원의 메모는 병원에서 종종 간과되는 등 다른 사회물질세계가 조우할 때 마찰, 갈등, 의미 전달의 실패가 일어남을 논의하였다. 이 연구에서 Kenwick은 각기 다른 인간 비인간 행위자의 사회물질세계가 얽혀 있으며 순간적 상황에 따라 다른 관계적 특징을 드러냄을 보여주었다.

3. 포스트휴먼 질적연구 방법과 전략

포스트휴먼 질적연구의 세 번째 연구의 과정은 연구 방법과 현장 작업이다. 연구의 목적과 탐구의 영역을 새롭게 규명하고 진술한 연구자는 이제 현장으로 찾아가 자신의 연구 문제를 해결할 수 있는 자료들을 수집해야 하고 이를 위하여 일반적인 질적연구 방법들인 참여관찰과 심층 면담 그리고 문서 분석 등을 시도하게 된다(김영천 2012). 이러한 연구 과정이 일반적인 인간에 대한 탐구라고 한다면 질적연구의 현장 작업은 그렇게 생소하지 않을 것이다. 하지만 인간이 아닌 물질의 세계 그리고 인간과 물질세계의 상호작용과 영향을 연구한다고 한다면 언어를 구사할 수 없는 비인간 물질 참여자에 대한 현장 작업은 난감할 수밖에 없다. 그러한 측면에서 일반적인 질적연구와 포스트휴먼 질적연구의 방법적 특징의 차이를 나타내는 가장 대표적인 방법적 예가 바로 현장 작업과 연구 방법의 실천이 아닐까 생각한다. 선진적인 몇몇 연구자들은 대안적이고 창의적인 방법과 아이디어를 구현하여 물질과의 관계 그리고 상호작용 그리고 영향에 대한 경험적 자료를 수집하기 위한 질적연구 방법을 개념화하는 데 새로운 시사점을 제공해 주고 있다.

가. 포스트휴먼 참여관찰

일반적인 질적연구에서의 참여관찰은 대부분의 이 분야 교과서에서 많이 다루고 있으며 질적연구자들에게는 매우 일반적인 방법적 지식에 해당한다. 그러한 점에서 Patton(1990), 김영천(1997, 2012), Spradley(1980)의 참여관찰의 방법과 분석의 기준들은 참여관찰을 하는 데 유용한 지식으로 이용될 수 있다. 그러나 포스트휴먼 질적연구에서의 참여관찰은 인간의 활동이나 행위 문화에 대한 탐구와는 다른 인간과 물질에 대한 탐구이기 때문에 이 방법들에 대한 차용은 참고로 이용될 수 있을 뿐 필요한 지식으로 간주되어서는 안 될 것이다. 이에 포스트휴먼 질적연구에서 어떻게 참여관찰을 할 것인가에 대한 새로운 방법적 지식으로서 다음 다섯 가지를 제시하고자 한다.

〈표 13-6〉 포스트휴먼 질적연구 관찰 방법

관찰 유형	관찰 방법
고정 초점 관찰 (fixed-focus observation)	• 관찰자의 시선을 이동시키지 않으며 지속적으로 관찰 • 핵심적 관찰 대상이 고정되어 있을 경우 활용
행위자 추적 관찰 (actor-tracking observation)	• 관찰의 시각이 장소와 시간에 따라 옮겨지며 관찰 • 행위자를 따라다니며 관찰하는 방법
공간 중심 관찰 (space focused observation)	• 제한된 공간을 중심으로 관찰하는 방법 • 하나의 장소 안에 존재하는 물질들의 행위와 물질 간의 상호작용을 관찰
테크놀로지 활용 관찰 (technology-assisted observation)	• 인간의 생물학적 감각에만 의존하지 않고 인간의 감각을 확장시키고 증폭시킬 수 있는 다양한 테크놀로지의 도움을 받아 수행하는 관찰
비시각 중심 관찰 (non-visual sensory observation)	• 시각이 아닌 후각, 촉각과 같은 다른 감각들을 적극 활용하여 관찰

(Bruni, 2005; Adams & Thompson, 2016; Taylor & Fairchild, 2020).

첫째, 고정 초점 관찰(fixed-focus observation)은 관찰의 시선을 이동시키지 않으며 지속적으로 관찰하는 방법이다. 고정 초점은 관찰하는 연구자의 시선이 이동하지 않는 것을 의미하는데, 이 방법은 탐구 목적이 주인공이 되는 하나의 물질이 정해져 있고, 핵심적 관찰 대상이 이동하지 않는 경우에 활용될 수 있다. 이 관찰 방법을 통해 연구자는 주인공인 물질 중심으로 그 물질의 영향과 상호작용 그리고 그 물질의 사회물질세계를 파악하고자 한다. 이 방법은 크게 두 가지 전략을 활용할 수 있다. 1) 관찰의 시각을 '관찰자'로서 주인공 물질을 바라보는 시점을 유지하는 것이다. 이때 연구자는 한 장소에 머물며 관찰자의 시각에서 녹화를 하거나 관찰 노트를 작성할 수 있다. 2) 물질의 위치와 시각에서 관찰하는 방법이다. 이 두 가지 방법을 그림으로 나타내면 다음 그림과 같다. 왼쪽은 관찰자로서 키오스크를 정면으로 바라보며 관찰하는 방법으로서 키오스크의 화면의 변화와 반응을 잘 볼 수 있다는 장점이 있다. 오른쪽은 두 번째 방법으로 키오스크의 시선에서 관찰하므로 키오스크와 상호작용하는 인간의 표정과 동작을 더욱 잘 관찰할 수 있다. 연구자는 이 방법들 중 하나를 선택할 수도 있지만 두 가지 방법 모두를 활용할 수 있다.

이 방법을 활용한 연구로서 Bruni(2005)의 "Shadowing software and clinical records: On the ethnography of and heterogeneous contexts"를 들 수 있다. 그는 병원의 전자 진료 기록 시스템에 시선을 고정시키고 그 물질 주위에서 어떠한 일들이 벌어지는지 관찰하였다. 그는 전자 진료 기록 시스템을 중심으로 그 물질과 간호사, 의사, 병원의 시스템 관리 직원과의 상호작용을 관찰하였다. 이를 통해 그는 전자 진료 기록 시스템의 관점에서 병원의 여러 가지 실천이 어떻게 이루어지며 전자 진료 기록 시스템을 둘러싼 사회물질세계를 이해하고자 하였다. 다른 예로서 Albert Borgmann (1984)은 벽난로에 시선을 고정시키고 벽난로와 인간의 상호작용 그리고 벽난로를 둘러싼 인간과 비인간의 상호작용을 관찰하였다.

둘째, 행위자 추적 관찰(actor-tracking observation)은 관찰의 시각이 장소와 시간에 따라 옮겨지며 관찰하는 방법으로서, 행위자를 따라다니며 관찰하는 방법이다. 고정 초점 관찰과는 다르게 행위자 추적 관찰은 움직이거나 옮겨지는 하나의 주인공 물질을 중심으로 관찰할 경우에 활용되는 방법이다. 이 방법은 관찰의 대상이 키오스크처럼 고정되어 있지 않고 인간 또는 다른 물질과 장소를 옮겨 가며 상호작용하는 경우 그러한 주인공 행위자를 따라다니며 관찰할 필요가 있을 경우에 이 방법을 활용할 수 있다. 이 방법의 목적은 공간의 변화에 따라 특정한 물질의 행위가 어떻게 달라지는지, 어떤 다른 물질과 상호작용하는지 탐구하는 것이다. 이 방법 또한 두 가지 전략을 활용할 수 있다. 하나는 연구자가 행위자를 따라다니며 관찰하는 방법이고, 다른 하나는 이동하는 물질에 소형 비디오카메라를 부착하여 간접적으로 관찰하는 방법이다. 예를 들어 전동 킥보드 또는 움직이는 동물의 신체에 비디오카메라를 부착하여 관찰할 수 있다. 이 방법은 우리가 논의한 모든 탐구 영역 연구를 위해 활용될 수 있지만 특히 물질의 움직임과 흐름을 포착하기에 적합하므로 '물질-네트워크 역동성' 영역 탐구를 위해 적합한 방법이 될 수 있다. 또한 행위자-네트워크가 어떻게 만들어지고 유지되며 재구조화되는지 탐구할 수 있다는 점에서 '행위자-네트워크 속성' 탐구를 위해서도 적합한 방법이 될 수 있다.

Fenwick(2014)은 응급구조와 응급의료 관련 현상을 포스트휴먼 질적연구 방법으로 탐구하였다. 그는 이 상황에 관련된 인간 참여자뿐만 아니라 구조 시스템, 차량, 구조와 의료기구 등과 같은 비인간 참여자들을 관찰하였다. 이 연구에서 Fenwick은 구체적으로 '구조대원의 응급 메모'를 추적하였다. 응급구조 현장과 이동 과정에서 만들어진 메모는 병원 응급실의 간호사를 통해 의사에게로 전달되었다. 하지만 이 메모는 종종 병원 의료진들에 의해 간과되는 것을 확인하였다. Fenwick은 '행위자 추적 관찰'이라는 구체적인 참여관찰 방법을 언급하진 않았지만 그의 연구는 이 방법을 잘 보여주는 예시라 하겠다. 이 연구에서 Fenwick은 하나의 물질이 어떻게 등장하고 변화하는지, 누구와 상호작용하는지, 다른 물질과의 관계가 어떻게 변화하는지 보여준다. 또 다른 예로서 Zukas와 Kilminster(2014)의 "The doctor and the blue form: Learning professional responsibility"를 들 수 있다. 이 연구에서 연구자들은 'Blue Form(임종에 이르는 환자를 위한 의료 지침)'을 추적하며 이 분야의 전문가가 되고자 하는 의사들의 전문적 실천의 변화를 연구하였다. Kullman(2012)은 7~12세 아이들에게 카메라와 캠코더를 제공하여 자신들의 등하교 과정을 촬영하게 하였다. 이를 통해 Kullman은 자신이 직접 관찰할 수 없는 공간에서 이루어지는 학생들의 일상과 경험을 관찰하였다.

셋째, 공간 중심 관찰(space focused observation)은 제한된 공간을 중심으로 관찰하는 방법으로, 선택된 하나의 장소 안에 존재하는 물질들의 행위와 물질 간의 상호작용을 관찰하는 방법이다. 이 방법은 특정한 공간이 가장 핵심적인 연구 현장일 경우 그리고 그 공간에서 발행하는 현상에 대한 이해가 연구의 목적일 경우에 활용할 수 있는 방법이다. 즉, 공간 중심 관찰은 하나의 공간에 공존하는 인간과 다양한 물질의 행위와 이들 간의 상호작용을 관찰하는 것을 목적으로 한다. 예를 들어, 교실, 실험실, 수술실, 사무실, 휴게실 등에서 일어나는 현상을 탐구하고자 할 경우 연구자는 공간 중심으로 관찰할 수 있다. 하나의 공간에는 매우 다양한 물질이 공존하며 이들의 사회물질세계가 복잡하게 얽혀 있으므로 연구자는 자신의 시각과 청각뿐만 아니라 다수의 비디오카메라를 설치하여 한 공간의 여러 지점에서 일어나는 일들을 녹화한 후 관찰할 수 있다. 이 방법은 물질의 다층적 얽힘이나 물질의 다중 아상블라주 그리고 물질 사이에 존재하는 권력과 정치성과 같은 '행위자-네트워크 속성'을 연구하는 데 더욱 적합한 방법이 될 수 있다.

공간 중심 관찰의 예로서 Adams(2010)의 "Teachers Building Dwelling Thinking with Slideware"를 들 수 있다. 그는 파워포인트 중심의 수업 상황을 포스트휴먼 관점에서 연구하였다. 그는 학부 강의와 자신의 강의를 관찰하였다. 이 연구에서 그는 파워포인트 프로그램과 그 메뉴들, 컴퓨터 스크린, 키보드, 마우스, 의자, 연필, 아이패드, 강의실 냉난방 시스템, 강사, 학생들의 행위와 상호작용을 탐구하였다. 또 다른 예로 Aagaard와 Matthiesen(2016)의 연구를 들 수 있다. 연구자들은 인간의 언어 중심의 연구, 즉 언어적 의미에 초점을 둔 질적연구의 한계를 지적하며 참여관찰을 주된 방법으로 하여 물질생활세계를 이해하고자 하였다. 그들은 학부모의 집, 방과 후 프로그램 교실, 교사와 학부모 미팅룸의 공간을 관찰하였다. 이들은 인간 참여자의 대화와 행위뿐만 아니라, 테이블, 커피포트, 커피잔, 물, 사탕 그리고 교사가 앉는 쿠션이 있는 어른용 의자와 학부모가 앉는 아동용 의자 등과 같은 비인간 물질의 행위와 그 영향을 연구하였다.

넷째, 테크놀로지 활용 관찰(technology-assisted observation)은 인간의 생물학적 감각에만 의존하지 않고 인간의 감각을 확장시키고 증폭시킬 수 있는 다양한 테크놀로지의 도움을 받아 수행하는 관찰 방법이다(Bhatti, Nahavandi, & Hossny, 2009). 일반적인 질적연구에서는 인간인 연구자의 시각과 청각을 활용하여 관찰한다. 하지만 포스트휴먼 질적연구는 인간인 연구자의 생물학적 능력에만 의존하지 않고 인간의 감각을 보완하기 위해서 또는 인간의 시각과 청각으로는 획득할 수 없는 자료를 수집하기 위해서 테크놀로지를 활용할 수 있다. 예를 들어 적외선 카메라는 야간에 일어나는 현상을 기록하고, 주사 터널 현미경은 반도체 결정 표면 또는 생체 관련 시료들의 표면에서 일어나는 초미세한 물질과 현상을 데이터화할 수 있다. 이 외에도 수중 카메라, 망원경, X-ray, 컴퓨터 관리 프로그램, 스마트폰 사용 진단 프로그램, CCTV, 보청기 등 테크놀로지를 활용하여 연구자는 인간의 생물학적 감각 이면에 존재하는 물질과 물질 행위를 연구 가능한 데이터로 만들 수 있다.

인간의 생물학적 능력과 물리적 · 시간적 제약을 극복하기 위해 활용되는 테크놀로지의 예는 '물질과 인간의 상호작용' 연구들을 위해 많이 활용된다. 예를 들어, 드론을 활용하여 더 넓은 범위와 많은 대상을 관찰하거나 엑소스킨, 고성능 보청기 등을 활용하여 관찰을 수행할 수 있다. 이러한 방법을 활용할 때 연구자는 인간의 시력과 청력에 의존할 때 포착하지 못하였거나 관심을 두지 않았던 질적 데이터를 수집할 수 있다. 이 방법은 미생물학, 나노공학 등에서 널리 이용되는 방법으로, 인간의 시각과 청각의 한계를 보완하기 위해 촉각 테크놀로지(haptic technology)와 같은 기술을 활용해 인간이 관찰할 수 없는 미세한 현상이나 인간과 비인간 물질의 행위를 관찰한다. 다른 예로서 Chuang, Bala, Bernal, Paul과 Burry(2014)는 스마트폰 카메라를 활용하여 운전자의 시각과 표정을 관찰하였다. 연구자들은 스마트폰 카메라를 운전자를 향하도록 배치하고 시시각각 변하는 운전 상황에서 운전자의 시선의 움직임과 표정의 변화를 연구하였다.

다섯째, 비시각 중심 관찰(non-visual sensory observation)은 관찰을 위해 활용하는 감각으로 시각이 아닌 후각과 촉각 같은 다른 감각들을 적극 활용하여 관찰하는 방법이다. 일반적인 질적연구 관찰에서 연구자의 시각 그리고 연구자의 시각을 보완하는 테크놀로지를 활용한 사진이나 영상 자료는 가장 일반적으로 활용된다. 신물질주의 관점에서 보면 인간의 가장 주된 감각인 시각에만 의존한 관찰 또한 다분히 인간중심적 관찰일 수 있다. 이에 일부 포스트휴먼 연구자들은 비시각 감각을 활용하여 관찰을 수행하기도 한다. 연구자는 시각에만 의존하지 않고 청각, 후각, 촉각 등 다양한 감각을 통해 관찰한다. 비시각 중심 관찰을 통해 연구자는, 전통적인 질적연구가 인간 눈과 귀의 생물학적 능력에 거의 전적으로 의존하여 관찰을 수행하였다면, 포스트휴먼 질적연구는 후각, 미각, 촉각, 심부 감각, 내장 감각, 체성 감각 등 다양한 감각들을 활용하여 관찰을 수행할 수 있다.

이 관찰 방법은 포스트휴먼 현상학에서 인간 중심주의의 한계를 극복하고 비인간에 대한 새로운 현상학을 위해 수행(performance)의 강조로 논의되고 있다(Von Uexküll, 2010; Flusser & Bec, 2012). 이에 연구자들은 인간 중심주의의 현상학적 전통의 경계를 넘어서기 위해 연구자는 인간의 몸과 감각의 철저한 재구조화를 제안한다(Foster, 2016; Levis & Owen, 2020). 예를 들어 Foster는 새, 수달, 오소리의 삶과 그들의 환경을 관찰하였다. 오소리가 시각보다 후각에 집중적으로 의존한 것과 같이 Foster 또한 후각에만 의지해 자신의 '냄새 지도'를 다음과 같이 묘사하였다. "터널을 빠져나오면 오른쪽으로 돌아. 10미터쯤 기어가면 터키담뱃잎 냄새, 잠시 앞으로 나아가면

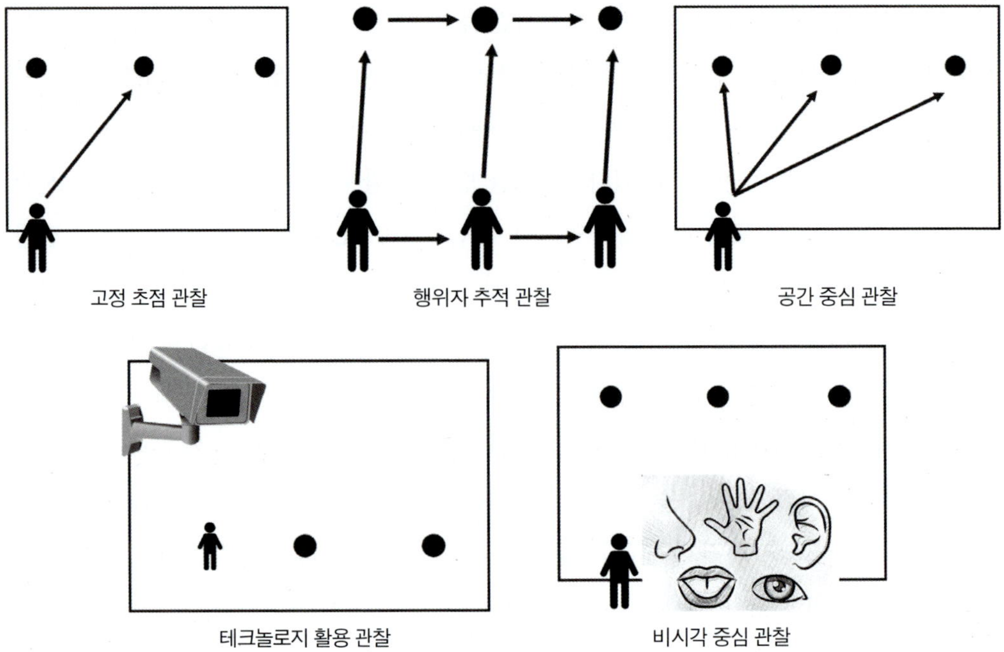

<그림 13-1>　포스트휴먼 질적연구 관찰 방법

라임의 벽. 왼쪽으로는 가죽에 문지른 듯한 오렌지, 그리고 오른쪽으로는 파마산 치즈를 많이 곁들인 버섯 리소토, 아래로 내려가면 마늘 풀과 거미줄"(Foster, 2016: 64). 이 순간 Foster는 인간의 생활세계와 오소리의 생활세계의 경계를 순간적으로 불완전하게 포착한다. 또 다른 예는 수달의 체현 실험에서 볼 수 있다. 물속에서 수달은 얼굴을 이용하여 물을 세기와 방향의 변화를 감지하는데, Foster는 자신의 손가락을 이용하여 물길의 변화를 감지하려고 노력하였으며 일정 부분 가능함을 발견하였다. 이 과정의 이 순간 Foster는 인간의 생활세계도 아니고 수달의 생활세계도 아닌 이 두 생활세계가 만나는 서로에서 열려 있는 제삼의 생활세계를 발견하게 된다(Lewis & Owen, 2020: 476). 이상의 관찰 방법을 그림으로 나타내면 **<그림 13-1>**과 같다.

포스트휴먼 질적연구 참여관찰의 예

Posthumanism and the Massive Open Online Course: Contaminating the Subject of Global Education **(Knox, 2016)**

이 연구는 대규모 온라인 강좌를 하나의 새로운 현상으로 간주하고 포스트휴먼 관점에서 이해하고자 하였다. 이에 연구자는 온라인 수업/강의 상황을 관찰하고 현장 노트를 작성하였다. 관찰의 방법과 관련한 이 연구의 특징은 다음과 같다.

첫째, 연구자는 관찰하는 수업을 녹화함과 동시에 노트를 작성하고 자신의 학위 논문에 이를 함께 제시하였다. 자신의 관찰 노트에 해당하는 영상의 부분을 캡처하여 제시함으로써 독자들로 하여금 더욱 생생한 이미지적 이해를 얻을 수 있도록 하였다. 예를 들어 아래와 같은 관찰 내용을 제시하고 화자의 몸짓과 상황이 드러나는 이미지를 병치하였다.

> Siren이 이야기한다. 이들은 MOOC의 혁신성에 대해서 대화를 나누고 있다. 그는 고함을 지르며 불평한다. "있을 수 없는 일이에요". 그는 대학의 교수자들이 20년 동안 같은 강의를 해오면서 너무나 많은 보수를 받고 있다고 불평한다. 그들은 그 강의를 녹화할 수 있었음에도 불구하고…….

둘째, 연구자는 자신, 그림, 도식, 메모 등 현장에서 수집한 자료들을 자신의 사무실 벽에 진열하고 분석한 내용을 이미지로 제시하였다. 이에 독자들은 연구자가 어떠한 언어적 · 비언어적 자료들을 수집하고 활용하였는지 알 수 있도록 하였다.

셋째, 연구자는 자신(인간)의 시각적 능력의 한계와 수집된 자료의 새로운 조합을 창조하고자 '증강 현실 프로그램'을 활용하여 새로운 자료를 생성하고 이를 분석하였다. 문자 자료, 사진 자료, 영상 자료 등은 증강 현실 프로그램 속에서 새롭게 조합되어 새로운 이미지로 나타났으며, 연구자에게 새로운 형태의 자료를 제공하였다.

나. 포스트휴먼 심층 면담

면담은 일반적인 질적연구에서와 마찬가지로 포스트휴먼 질적연구에서 핵심적으로 활용되는 연구 방법이다. 면담의 목적은 물질과의 상호작용, 자신의 일상적인 삶이나 실천에서 경험한 물질의 중요성과 영향들, 물질과의 상호작용으로 발생하는 신체적 · 감각적 · 인식적 변화에 대한 인간의 경험, 이해, 인식을 획득하는 것이나. 전통적인 질적연구에서 면담은 인간 참여자의 경험, 기억, 느낌, 현상에 대한 참여자의 생각과 판단을 알아보고자 진행된다. 하지만 포스트휴먼 질적연구의 면담에서는 인간을 중심에 두지 않으며 인간 참여자를 면담해야 하는 어려움이 있다. 이러한 점에서 포스트휴먼 질적연구에서의 면담 개념화를 위해 가장 중요한 문제는 다음과 같다. 과연 면담에 어떠한 내용을 포함시켜야 하는가? 그리고 이러한 내용에 기초하여 어떠한 질문을 해야 할 것인가? 이에 연구자는 포스트휴먼 질적연구의 탐구 영역과 탐구 개념에 따른 핵심적인 면담 질문을, Spradley(1979)의 면담 개념화와 김영천(1997)의 면담 방법에 대한 논의 그리고 다양한 포스트휴먼 질적연구들을 참고로 하여 작성하였다.

포스트휴먼 질적연구에서 적용할 수 있는 심층 면담에 대한 질문들의 영역과 개념화가 아직 이루어지지 않았기 때문에 연구자들이 **〈표 13-7〉**에서 제시한 내용과 질문들은 선구적이면서 실험적이라고 할 수 있겠다. 이에 독자들을 위해서 최근 출간된

〈표 13-7〉 포스트휴먼 질적연구 면담 영역과 질문

영역	내용	면담 질문 예시
물질 존재에 대한 인간의 반응과 관계	• 물질과의 신체적/의미적 관계 • 물질 행위에 대한 반응 • 드러나지 않는 물질에 대한 인식	• 물질 X를 어떠한 경우에 무엇을 위해 사용합니까? • 물질 X가 나타나면 어떻게 반응합니까? • 물질 X는 어떠한 새로운 의미 이해를 가능하게 합니까? • 원하거나 필요한 물질 X가 없거나 고장 날 경우 어떻게 합니까? • 새로운 기계 Y가 등장했을 때 어떻게 행동하였습니까? • 평소에 그 존재를 인식하지 못하는 물질(기계, 기술)은 무엇입니까?
물질 행위의 영향과 결과	• 물질의 등장, 강화, 부재로 인한 행동의 변화	• 물질 X가 당신의 생물학적 감각과 지각을 어떻게 확장합니까? • 물질 X가 당신의 어떠한 생물학적 능력을 어떻게 축소합니까? • 물질 X가 없을 경우 어떤 다른 물질 Y를 사용합니까? • 물질 X가 예기치 않은 작동을 할 때 어떠한 일이 일어났습니까?
물질 행위자들 사이의 상호작용	• 다양한 물질의 상호작용 • 단일 물질의 다양한 행위	• 물질 X의 특정한 작동(행위)에 어떻게 반응/대처합니까? • 물질 X의 행위와 기능은 장소나 상황에 따라 어떻게 달라집니까? • 물질 X와 연결되어 상호작용하는 물질들은 무엇입니까? • 당신 주위에 존재하는 물질들의 상호 연결성은 어떻게 달라집니까?
행위자-네트워크의 미시적/거시적 특징	• 물질 상호작용의 목적과 특징 • 다양한 물질과의 순차적 관계 • 물질의 거시적 기능과 영향	• 물질 X, Y, Z를 동시에 활용할 때는 언제입니까? • 물질 X의 어떠한 능력과 기능을 어떠한 목적으로 활용합니까? • 물질 X를 활용하거나 상호작용하기 위해 사용하는 매개로서의 물질 Y는 무엇입니까? • 당신의 일상생활에 큰 영향을 끼치는 물질은 무엇입니까? • 권력을 대변하는 물질은 무엇이며 어떻게 그 힘이 발휘됩니까?

포스트휴먼 질적연구들 중에서 면담을 핵심적 방법으로 활용한 연구에서 어떠한 질문들을 제시하였는지 소개함으로써 이해를 돕고자 한다. 아울러 Spradley의 심층 면담의 영역이 널리 인정되고 있다는 점을 고려한다면 앞으로 더욱 많은 개선과 이론화 작업이 필요할 것이다. 나아가 각 연구자들이 수행한 포스트휴먼 질적연구들의 구체적 예에서 어떻게 심층 면담이 이루어졌는지에 대한 분석 그리고 앞으로 이루어질 많은 이 분야 관련 연구에 대한 메타분석을 통하여 포스트휴먼 질적연구에서 연구자가 참고 가능한 심층 면담 가이드에 대한 실제적 개념화가 이루어지기를 기대해 본다. 다음은 연구자들이 분석한 이 분야의 창의적인 심층 면담 질문들 그리고 가이드를 제시한 연구들의 예이다.

포스트휴먼 질적연구 면담 가이드의 예 1

***Watching Out Children Electronically* (Boger, 2018)**

교사용

- 선생님께서 교실관리 소프트웨어를 처음 사용했을 때를 자세히 이야기해 주시겠습니까?
- 선생님께서 교실관리 소프트웨어 사용을 긍정적으로 생각하게 되었을 때를 설명해 주시겠습니까? 그리고 왜 그렇게 생각했습니까?
- 반대로 선생님께서 교실관리 소프트웨어 사용을 좋아하지 않았을 때와 그 이유를 들려주시겠습니까?
- 선생님께서 교실관리 소프트웨어를 어떻게 사용했는지 들려주시겠습니까? 예를 들어, 학생들의 학습 지도를 위해서, 훈육을 위해서, 감시하기 위해서, 상호작용과 의사소통을 위해서.
- 교실관리 소프트웨어를 사용하게 되면서 선생님이 아이들과 상호작용하고 가르치는 방식이 달라졌습니까? 달라졌다면 어떻게 달라졌는지 구체적으로 이야기해 주시겠습니까?
- 교실관리 소프트웨어를 사용했을 때와 전통적인 방식으로 학생들을 가르치는 것이 어떻게 다른지 구체적으로 이야기해 주시겠습니까?
- 교실관리 소프트웨어를 사용하기 전과 후에 선생님의 '시간 활용'은 어떻게 달라

졌습니까?

- 교실관리 소프트웨어에 대해서 학생들은 어떻게 느끼고 생각한다고 보십니까?
- 교실관리 소프트웨어 사용에 대해 학부모들은 어떻게 생각한다고 보십니까?

학생용

- 너는 언제 너의 선생님이 교실관리 소프트웨어를 통해서 너를 모니터링하고 있다는 것을 알아차렸니?
- 그때 너의 기분은 어땠니? 왜 그러한 기분이 들었니?
- 선생님께서 교실관리 소프트웨어를 사용하는 것이 좋으니? 좋다면 어떠한 점에서 좋으니? 싫다면 어떠한 점에서 싫으니?
- 교실관리 소프트웨어가 사용되는 경우와 그렇지 않은 경우의 수업은 어떻게 달랐니?
- 너가 생각할 때 너의 선생님이 언제 그 소프트웨어 사용을 좋아하는 것 같은지 예를 들어 설명해 주겠니?
- 교실관리 소프트웨어가 사용되는 경우에 너의 행동과 기분은 어떻게 달라지니?
- 다른 아이들은 교실관리 소프트웨어를 좋아하는 것 같으니? 왜 그렇게 생각하니?
- 교실관리 소프트웨어가 사용되면서 너의 학습 태도와 수업 참여 그리고 교실에서의 생활이 어떻게 달라졌니?

포스트휴먼 질적연구 면담 가이드의 예 2

"Life Expansion: Toward an Artistic, Design-Based Theory of the Transhuman/Posthuman"(Vita-More, 2012)

- 당신은 어떤 기관이나 실험실에서 인간의 신체 능력을 향상시키거나 생명을 연장하기 위해 나노테크놀로지를 사용하는 것을 본 경험이 있습니까? 있다면 최근의 급진적 발전을 보이는 부분이 있습니까? 만일 그것이 이론에 불과한 것이라면 이를 어떻게 증명할 수 있습니까?
- 나노의학 분야에서 나노테크놀로지 사용과 관련한 윤리적 문제가 무엇입니까?

- 최근의 '인체 냉동 기술'의 재등장과 관련하여 당신과 당신의 동료들은 어떤 입장입니까?
- 나노테크놀로지가 인간의 생명 연장을 위해 어떻게 가장 적절하게 사용될 수 있다고 보십니까? 또한 현재의 생물학적 인간의 몸과 다른 형태는 어떠합니까?
- 나노테크놀로지가 창의적인 분야에 활용된다면 예술가나 디자이너들은 어떻게 반응할 것이라고 생각합니까?
- 만일 나노테크놀로지가 아무런 윤리적 고려나 제도적 제약 없이 사용된다면 어떤 일들이 발생할 것 같습니까?
- 나노테크놀로지와 '인간 발전'이라는 새로이 등장하는 분야는 어떻게 연결된다고 보십니까?
- 인간의 생명 연장과 신체 능력 신장에 대해서 나노테크놀로지는 어떤 결과를 낳을 것이라 예측합니까?
- '영생'이라는 개념과 나노테크놀로지는 어떻게 연관되어 있다고 생각합니까?
- 만일 나노테크놀로지가 인간 뇌의 기능과 작용을 변형시키거나 고칠 수 있다면 어떤 문제가 생길 것이라 생각합니까?

다. 포스트휴먼 질적 자료의 수집과 분석

연구의 세 번째 단계가 끝나면 연구자들은 이제 자료들을 수집해야 한다. 그리고 이러한 자료들은 대부분 참여관찰과 심층 면담을 통하여 이루어진다. 그 다양한 종류들의 예는 김영천(1997, 2012, 2013)의 연구에서 포괄적으로 설명되어 있다. 여기에서는 일반적인 질적연구에서 수집될 수 있는 자료들 또한 포스트휴먼 질적연구에서도 수집될 수 있음을 밝히면서 포스트휴먼의 연구의 목적과 연구 질문에 답하기 위한 자료로서 어떠한 새로운 자료들이 적절하며 수집될 수 있는지 강조하고자 한다. 이 분야에 대한 다양한 선구적인 연구들에 대한 분석을 통하여 연구자들이 참고할 수 있는 자료들의 종류로서 다음 네 가지를 소개한다. 즉, '물질들의 행위와 상호작용을 나타내는 일화적 자료', '물질 간의 관계 형성과 변화를 보여주는 관계 지도', '디지털 커뮤니케이션 자료', '극사실을 드러내주는 테크놀로지 자료'이다.

1) 물질들의 행위와 상호작용을 나타내는 일화적 자료

일화적 자료는 물질의 양태와 다른 물질 또는 인간과 상호작용하는 에피소드, 즉 일상적 이야기이다. van Manen(2014)을 비롯한 많은 학자들이 발전시키고 논의한 것처럼 일화는 연구자로 하여금 의미를 경험적으로 감지하게 하는 질적연구 자료이다. 일화는 중요하거나 일상적인 사건의 구체적인 실제, 즉 '현재(now)'를 발생되고 전개되는 그대로 기록하는 것이다. 포스트휴먼 질적연구에서 일화적 자료는 인간과 물질의 반응과 관계, 물질 사이의 미시적 상호작용을 잘 드러낼 수 있다(Adams & Thompson, 2016). 일화적 자료의 원천으로는 면담, 관찰, 참여자의 개인적 경험, 온라인 자료, 연구 일지, 역사적 자료, 사진 등 다양한 문서 분석 자료들이 포함될 수 있다. 1인칭 경험적 일화 수집을 위해서 연구하고자 하는 물질에 대한 인간 참여자의 일화를 수집한다. 이를 위해 연구자는 "최근에 테크놀로지 A를 사용한 경험을 자세히 들려주시겠습니까?", "그 과정에서 어떤 일이 일어났습니까?", "테크놀로지 A와 관련한 다른 사건이나 경험을 들려주시겠습니까?"와 같은 질문들을 할 수 있다. 3인칭 관찰적 일화는 인간이 테크놀로지 또는 물질을 사용하고 있는 상황에 대한 관찰과 기록으로 생성될 수 있다. 이 방법은 인간과 비인간 모든 참여자들이 무엇을 하며 어떠한 상호작용을 하는지에 초점을 둔다(Mulcahy, 2013). 이 방법의 예는 다음과 같다.

> 마틴 선생님은 오늘의 수업 주제가 빛의 굴절이라고 이야기한 후 간단한 실험을 할 것이라고 안내한다. 마틴은 준비된 실험세트를 가리키며 "여기 물이 가득 들어 있는 수조, 동전, 구리 파이프가 있어요"라고 말한다. 집게는 구리 파이프를 수조 한 쪽 끝에 꽉 붙잡고 반대쪽 끝이 수조 바닥을 향하게 하고 있다. 동전은 수조 안 바닥에 자리하고 있다(Röhl, 2015: 4).

이러한 일화기록을 통해 Röhl은 교사가 어떠한 물질을 언급하고 언급하지 않는지, 각각의 물질에 대한 교사와 학생의 대응과 상호작용이 어떻게 달라지는지 논의하였다. 그는 인간의 관점을 탈중심화함으로써 인간 중심 면담에서 포착할 수 없는 물질의 존재와 인간과 물질 그리고 물질과 물질 사이의 상호작용을 드러내었다.

2) 물질 간의 관계 형성과 변화를 보여주는 관계 지도

관계 지도는 물질들 사이의 상호작용이 어떻게 만들어지고 유지되고 변하는지를 보여주는 자료이다. 포스트휴먼 질적연구자는 현장 작업에서 물질의 행위를 추적하여 그들의 실천과 행위의 관계 지도를 그린다(Law & Singleton, 2013). 이를 위해 연구자는 우리가 논의한 행위자 추적을 수행할 수 있다. 행위자 추적을 위해 연구자는 추적할 행위자를 결정하고 그 행위자의 미세한 행위를 기록한다. 또한 그러한 미세한 실천과 관련 있는 다른 미세한 실천들을 탐색하고 지도를 그리는 것이다. 즉, 연구자는 행위자 추적을 통해 물질의 행위가 다른 행위자들의 행위와 얽혀 있는 복잡한 관계를 탐색한다(Gourlay & Oliver, 2017; Barad, 2003; Fenwick, 2014). Barad(2003)가 사회물질 관점이라 일컫는 이 접근은 하나의 실체 또는 물질에만 집중하기보다 그 물질을 둘러싼 행위자들의 복잡한 행위자-네트워크 또는 아상블라주를 추적하는 것이다. 관계 지도의 예는 Bruni(2005)의 연구에서 잘 드러난다. Bruni는 병원 의사와 간호사들의 실천을 연구하기 위해 '구조화된 관찰'을 목표로 하였으나 '환자 전산 기록'에 관심을 가지고 이 물질을 추적하였다. 그는 이 방법을 '그림자처럼 추적하기'라 일컫는다. 다음은 Bruni의 연구에서 발췌한 내용으로, 행위자 추적하기 방법에서 행위자를 둘러싼 복잡한 관계 지도를 잘 보여준다.

> 이 병원의 환자 전산 기록은 의사와 컴퓨터 기술자가 약 1년에 걸쳐 완성한 것이다. 시스템이 만들어진 이후로 이 기록은 매일 아침 병원 업무가 시작될 때 동시에 행동을 시작한다. 한 의사가 접수 코너로 다가온다. 그는 검사 결과를 훑어보고자 한다. 그는 스캐너의 위치를 옮기고 환자 전산 기록을 보기 시작하지만 이내 컴퓨터가 다운된다. 의사들에게 진료 차트와 서류들을 가져다주던 한 간호사가 돌아와 그 의사에게 시스템을 망가트렸다고 핀잔을 준다. 의사는 마침 프린터를 설치하고 있는 직원에게 도움을 요청한다. 전산소 직원은 기꺼이 도움을 주고자 하지만 그가 시스템을 살펴보는 동안 간호사는 환자의 접수를 수행할 수 없다. 이에 그들은 모든 일을 나중으로 미루었다. 간호사가 자신의 일을 할 수 있도록 의사는 검사 결과를 살펴보기를 연기하였고, 전산소 직원은 스캐너 수리를 멈추었다(Bruni, 2005: 370).

Bruni의 자료는 병원 전산 시스템이 일반적 병원 업무를 바꿀 정도로 조직의 일상적 업무에서 얼마나 중요한 행위자임을 잘 보여준다. 이 상황을 보면 물질이 그 물질이 상호작용하는 인간의 행위를 변경시키고 다른 행위자와 상호작용하며 병원의 조직에도 영향을 미침을 보여준다. 이는 전산 시스템은 이미 병원 조직 내부의 하나의 중요한 부분이며 다른 행위자들과 영향을 주고받는 복잡한 관계 네트워크 속에 있음을 나타낸다.

3) 디지털 커뮤니케이션 자료

디지털 커뮤니케이션 자료는 인간과 인간의 상호작용 그리고 인간과 기계의 상호작용을 보여주는 디지털 자료를 의미한다. 이 유형의 자료는 스마트폰이나 컴퓨터와 같은 개인이 사용하는 기계 속에 남겨진 디지털 흔적 그리고 인터넷상에 존재하는 상호작용 기록들을 의미한다. Facebook, Twitter, Zoom 강의 기록, Youtube 시청 기록, Google 검색 기록, 블로그 기록, 댓글 기록, 좋아요 구독 기록, 카톡, 문자 메시지 등의 어플리케이션과 플랫폼에 남겨진 디지털 자료들은 인간이 누구와 언제, 어떻게, 무엇에 대하여 상호작용하는지 보여주는 중요한 자료의 원천이다. 개인의 스마트폰에 기록되어 있는 문자 메시지, 통화 기록, SNS 자료들, 사진, 동영상 등은 그 사람에 대해 심지어 본인 또한 인식하지 못하는 많은 것을 드러낼 수 있다. 기계와 공존하며 기계를 통한 삶이 일상화된 사회에 대한 탐구가 포스트휴먼 질적연구의 중요한 목표라고 한다면 개인이 의식적으로, 무의식적으로 만들어낸 디지털 커뮤니케이션 자료는 간과할 수 없는 포스트휴먼 질적연구 자료일 것이다.

Katherine Hayles(2006)는 디지털 세계와 조우한 인간의 인지와 의식 그리고 사이보그의 행위에 대해 연구하였다. 이 연구에서 Hayles는 스마트폰, 실시간 자료의 흐름을 보여주는 감각 네트워크, 무선 주파수 인식(radio frequency identification, RFID) 태그, GPS 네트워크, 나노테크놀로지 등이 인간의 인지와 지각에 미치는 영향을 논의하였다. 이 연구에서 Hayles는 기계 사이의 디지털 자료의 흐름은 거대한 피라미드와 같으며 종종 인간의 인지 능력을 넘어선다고 논의하였다. 정보의 흐름에 관여하고 때로는 관장하는 사이보그가 존재하는 거대한 디지털 세계 속에서 인간과 기계의 인지는 그 경계가 허물어진다고 논의하였다. 이러한 커뮤니케이션과 관련된 제도과 정책 그리고 정부 작업에 대한 분석을 통해 연구자는 개인의 성향과 삶의 특성뿐만 아니라 네 번째 탐구 영역으로 논의한 '행위자-네트워크의 거시적 특징' 또한 분석할 수 있다. 이 외에도 다양한 자료들이 활용될 수 있다. 예를 들어, 포스트휴먼 관련 이슈를 다룬 영화, 드라마, 소설, 예술 작품, 건축물 들은 포스트휴먼 질적연구의 중요한 자료로 활용될 수 있다. 예를 들어, Bruce Willis가 주연한 영화 《Surrogates》는 인간의 몸을 대체하는 기계의 무한한 능력을 보여줌과 동시에 그로 인해서 다가올 수 있는 위험성 그리고 이러한 변화에 대처하는 다양한 인간의 인식과 행위를 보여준다.

4) 극사실을 드러내주는 테크놀로지 자료

극사실(hyperreality)은 테크놀로지가 고도로 발달한 현대 사회에서 원본과 복제본의 구별이 어려워지거나 때로는 복제본이 더 실제 현실 같아서 실제와 가상의 구별이 어려워지는 상황을 말한다(Baudrillard, 1994). 이에 극사실을 드러내주는 테크놀로지 자료는 인간인 연구자의 생물학적 능력으로는 수집하기 어렵거나 수집할 수 없는 자료를 기기를 활용하여 수집된 자료를 의미한다. 즉, 인간 연구자의 이동, 연구자의 시각, 청각, 촉각 등의 능력으로 생성할 수 없는 자료를 테크놀로지를 활용해 수집하는 것을 의미한다(Massumi, 2002; Taylor & Hughes, 2016). 이 유형의 자료들은 인간의 감각으로 포착하기 어렵거나 포착할 수 없는 물질과 그들의 행위에 관한 데이터를 인간 연구자가 접근하고 나아가 분석할 수 있도록 해주는 자료들이다. 예를 들어, 고해상도 카메라는 인간의 눈으로 감지할 수 없는 미세한 부분들까지 상세히 드러나는 사진을 생성할 수 있으며 초고속 카메라는 인간이 감지할 수 없는 찰나를 포착할 수 있게 해줌으로써 실제로 일어나지만 인간 연구자가 이해할 수 없었던 초미세 현상에 관한 사진이나 영상을 생성할 수 있다. 이 외에도 드론을 활용하여 광범위한 공간에 대한 사진과 영상을 생성하거나 촉각 테크놀로지(haptic technology)를 활용하여 초미세 표면의 형상과 변화에 대한 이미지를 생성할 수 있다. 뿐만 아니라 인터넷의 가상 공간, 가상 현실 기기 체험, 게임 플랫폼에서 일어나는 일들을 녹화한 자료는 연구자의 생물학적·물리적·시간적 한계로 인해 수집할 수 없었던 자료를 생성할 수 있도록 도와준다.

대표적인 가상 플랫폼인 Second Life 공간에서의 교육과 학습을 연구해 온 Atkins의 연구를 예로 들 수 있다. "Second Life Calling: Language Learners Communicating Virtually across the World"(Gaukrodger & Atkins, 2013)에서 그는 영어 학습자들이 Second Life에서 어떻게 학습하고 상호작용하는지 연구하기 위해 Second Life의 이미지와 영상들, 학습자와 교수자들 사이의 상호작용 대화 기록, 그리고 Second Life를 통한 참여자 면담 자료를 수집하였다. 또한 Ströberg와 Hallner(2017)의 "Understanding Identity in a Digital Reality"는 복제본과 원본의 구별이 불가능해진다는 Baudrillard의 관점에서 인스타그램의 데이터를 분석하였다. 이들은 개인의 정체성이 가상의 공간에서 어떻게 변화되는지 사진, 영상, 언어적 상호작용 데이터 등을 분석하였다.

라. 포스트휴먼 질적연구 글쓰기

포스트휴먼 질적연구가 인간 중심주의를 거부한다면 과연 연구의 결과에 대한 글쓰기는 어떻게 달라질 수 있을까? 여전히 인간이 주체이고 주어로 묘사되는 것이 옳을까? 비인간 물질 또한 주체이고 행위자라고 한다면, 이러한 비인간 물질이 중심이 되는 글쓰기는 어떠한 형식이 되어야 할까? 사실 글쓰기의 문제는 질적연구자들의 지속적으로 고민하고 있는 연구 주제이다. 이미 30년 전부터 양적연구에서의 실증적 글쓰기의 한계를 지적하며 새로운 글쓰기들이 시도되었다(김영천, 2013). 포스트휴먼 질적연구 또한 질적연구이기 때문에 이미 이론화된 다양한 질적연구 글쓰기 형식이 적용될 수 있다. 전통적인 사실적 글쓰기에서 포스트모던 글쓰기에 이르기까지 다양한 글쓰기 접근에 기초한 글쓰기가 가능하다(김영천, 2013). 이러한 글쓰기의 시도는 다층적인 해석과 이해를 표현하고 독자들이 시도할 수 있도록 하기 위한 노력이었다. 또한 이러한 논의는 "누가 이야기할 권력을 가지고 있는가?", "연구자는 참여자의 목소리를 대변할 자격이 있는가?"와 같은 글쓰기의 정치성과 윤리적인 문제에 대한 고민이었다. 이러한 고민의 결과로서 여성, 유색인, 노동자 등 소외되고 억압되었던 이들의 목소리를 대변하기 위한 대안적 글쓰기가 시도되었다.

이미 잘 안내된 다양한 질적연구 글쓰기 방법들(김영천, 2013)이 활용될 수 있음을 밝히며 포스트휴먼 질적연구자가 고려할 수 있는 글쓰기 방법을 소개하고자 한다. 첫째, '다양한 물질을 주어와 주체로 한 다중적 실재의 기술'이다. 이 글쓰기 접근은 질적연구에서 강조되어 온 '다중적 실재의 기술'에 더하여 '주체와 주어로서의 다양한 물질'이 강조된 글쓰기이다. 다중적 실재의 기술은 질적연구 작품의 중요한 평가 기준이 되어왔다(Lincoln & Guba, 1990). 단선적이거나 획일적인 관점만을 제공하기보다 연구자가 묘사하는 실재는 본질적으로 다중적이라는 것을 보여주기 위함이다. 포스트휴먼 질적연구에서는 이러한 다중성에 다양한 물질이 주체로서 그리고 주어로서 기술될 수 있다.

〈표 13-8〉 다중적 글쓰기 예

연구자	연구 제목	주체와 주어
Luciano Floridi (2014)	*The Fourth Revolution*	• 정보 공유 플랫폼, 정보 네트워크
Donna Haraway (2013)	*When Species Meet*	• 늑대, 강아지, 고양이와 같은 동물과 인간
Virgenia Woolf (1992)	*The Waves*	• 파도, 햇살, 바람, 하늘, 해변, 소리

다시 말해, 인간 연구자와 인간 참여자는 탈중심화되고 다양한 물질이 새로운, 그리고 인간과 동등한 '목소리의 힘'을 가진 존재자로 기술된다(Huff, 2017). Luciano Floridi(2014)는 'inforgs' 또는 'information organisms', 즉 범세계적 정보 네트워크(in-forsphere)를 구성하는 기계나 플랫폼 또한 스스로의 목소리를 가진 행위자로 간주해야 한다고 주장하였다. Floridi는 이러한 비인간 물질의 '목소리'를 나타내기 위해 연구자는 '복화술'을 사용할 수 있다고 제안한다. 동화나 애니메이션에서 흔히 볼 수 있듯이 연구자는 마치 물질이 이야기하듯이 글쓰기를 할 수 있다. 이로서 연구자는 연구자가 포착하고 이해한 물질의 관점과 그들의 입장에서 그들의 생활세계를 인간의 언어로 묘사할 수 있다. 그 예로서 Virginia Woolf의 *The Waves*를 들 수 있다. Woolf는 하와이의 경관을 묘사할 때 자연의 물질을 주어로 사용하고 있다. "이제 해가 졌다. 하늘과 바다는 구분될 수 없다. 파도는 해변에서 아주아주 멀리 떨어져 부서지며 그 소리의 동굴은 쉬어가며 그림자를 남긴 후 다시 노래를 부르며 해변으로 굴러온다"(Woolf, 1992).

둘째, 다음으로 연구 참여자와 물질들 또는 네트워크라는 두 개의 주인공을 놓고서 이루어지는 다양한 관계, 역학, 영향에 대한 묘사와 이해 방식으로 진술하는 방법이다. 이 방법은 행위자-네트워크 연결성을 강조한 글쓰기이다. 이 글쓰기는 글을 쓰는 연구자가 3인칭 관찰자 시점을 취하며 인간을 비롯한 모든 행위자들을 동등한 주체로 간주하고 그들의 존재와 행위의 복잡성을 상황 중심으로 제시하는 것이다. 포스트휴먼 존재론과 생기론적 입장에 따라 연구자는 제한적으로 '관찰자로서의 나'를 사용하기도 한다. 이러한 글쓰기의 예는 Ken Gale(2016)의 연구에서 볼 수 있다.

> 그 클럽의 뒷문은 매우 붐볐다. 뒷문을 통해 들고 나는 사람들 때문이 아니라 림보 게임을 하거나 춤추기 위해 들어가거나 나가는 이들로 가득차 있다. 이들은 어느 한 곳에 머무르지 않으며 항상 그 경계를 넘나든다. 이 공간은 탄생적 리미널리티를 상징한다. 댄스 공간에는 퀴퀴한 냄새와 열이 올라오고 있으며 밖에는 안개비가 내리고 있다. 거리의 오렌지빛 등은 담배 연기에 흐린 반투명 색을 입히고, 복도를 맴돌아 클럽의 축축한 열기와 대화를 나누며 흩어진다. 이 복도는 사각형의 공간 그 이상의 무엇이다. 얼마나 아름다운가? 여기서 [물질들이 나누는] 대화는 리듬에 젖어 있으며 모든 대화자와 행위자는 머물러 있지 않는다. 안과 밖, 위와 아래, 앞과 뒤 모두 움직임 속에 있다. 이러한 움직임들이 모여 순간을 구성한다. 나의 감각 또한 이 역동적이고 복잡한 움직임 순간의 일부분이다. 어떤 언어도 이 공간이

자아내는 이 공간의 행위자들이 가진 생명력에 대한 경외와 신비로움을 표현할 수 없다. 이 공간은 삶이 시작되는 공간이자 순간의 공간이다(Gale, 2016: 305-306).

세 번째 방법은 소설적 글쓰기이다. 대부분의 사회과학 연구, 심지어 질적연구들 역시 사회과학 글쓰기 전통 안에서 논리적으로 그리고 실증적인 방식으로 글을 쓴다. 이러한 방법은 연구 결과를 효과적으로 전달할 수 있지만 논리, 이성, 체계와 순서라는 구조가 갖는 한계로 인하여 인간의 언어로 나타낼 수 없는 다양한 존재와 주제 그리고 현상을 인상적으로 나타내기에는 제한적이다. 그러한 점에서 대안적 글쓰기 방식으로서 소설적 글쓰기는 포스트휴먼 질적연구의 새로운 글쓰기 형식이 될 수 있다. 소설적 글쓰기는 질적연구의 대안적 글쓰기 전통에서 널리 인정되고 있는 방법이다(김영천, 2013). 특히 인간 이성과 논리성 중심의 전통적 글쓰기의 제약에서 벗어날 수 있기 때문에 탈인간/탈이성/탈주체를 강조하는 포스트휴먼 질적연구의 목적을 효과적으로 잘 구현할 수 있는 방법이다. 논리적 용어나 개념으로 나타내기 어려운 주제나 현상을 문학적/심미적/감성적 표현 기법을 통하여 더욱 효과적으로 나타낼 수 있을 것이다.

그 예로서 카프카의『변신』을 들 수 있다. 이 글에서 카프카는 어느 날 '흉측한 해충'으로 변한 주인공의 입장에서 이야기를 전개해 간다. 다시 말해 카프카는 '해충의 입장에서' 주변의 사물들과 사람들이 어떻게 느껴지고 그들이 해충인 자신에게 어떻게 반응하는지를 묘사하였다. 벌어진 입에 손을 대고 줄행랑을 치는 지배인, "사람 살려요!"라고 외치며 달아나는 어머니, 종국에는 그들에 의해 사육되는 해충의 상황은 비인간 물질인 '해충'의 입장을 문학적/감성적으로 표현한 글이다. 우리 인간은 비인간 물질을 의인화하는 데에는 익숙하지만 그들의 입장에서 기술하는 데에는 익숙하지 않다. 연구자가 포스트휴먼 질적연구의 첫 번째 목적으로 '물질의 관점 포착'을 논의한 것처럼 포스트휴먼 질적연구 글쓰기에서도 비인간 물질의 입장을 취하는 표현 기법을 활용한다면 더욱 강력한 표현 방법이 될 수 있다. 연구자는 여기서 세 가지 포스트휴먼 질적연구 글쓰기를 제시하였다. 하지만 포스트휴먼 질적연구의 글쓰기는 매우 다양하게 발전될 수 있으며, 연구자들은 자신의 연구 방법론과 연구 주제 그리고 포스트휴먼 탐구 영역, 연구 방법에 적합한 글쓰기 전략을 고안해야 할 것이다.

포스트휴먼 질적연구 글쓰기의 예

"Programming the gesture of writing: On the algorithmic paratexts of the digital"(Adams, 2016)

이 연구에서 Adams는 포스트휴먼 질적연구 글쓰기 연구를 하던 중 왼손 손가락 뼈가 부러지는 사고를 당하게 되었다. 왼손잡이인 그는 더 이상 자신의 왼손으로 글을 쓸 수 없었기에 오른손으로 글쓰기를 시도하였다. 이 글쓰기는 인간과 비인간 물질의 상호작용이 상황에 따라 어떻게 달라지는지 그리고 인간과 각각의 다른 물질들의 상호작용이 어떻게 다른지를 잘 보여주는 예라고 하겠다.

> 왼손으로 글을 쓸 수 없었기 때문에 나는 오른손으로 글쓰기를 시도하였다. 반드시 자필로 서명해야 하는 서류에 나의 이름을 적는 일조차 제대로 되지 않았다. 마치 여섯 살 아이가 힘들게 써 놓은 글처럼 보였다.
>
> 하지만 키보드로 글을 쓸 때는 나의 오른손은 아주 숙련된 동반자로서 키보드 버튼뿐만 아니라 마우스 그리고 트랙패드까지 활용하며 적극적으로 글쓰기에 참여하였다. 내가 주로 사용하는 왼손 집게손가락의 간헐적인 지원과 더불어 나는 곧 양손을 사용할 때와 비슷한 속도로 이메일에 답장을 할 수 있게 되었다. 이러한 작업을 하고 있는 나를 본 남편은 "당신 지금 무얼 하고 있소? 당신은 손을 쉬게 해야 한단 말이오"라고 놀라며 이야기하였다. 당시 나는 글을 쓰는 데 집중한 나머지 사용하지 말아야 할 왼손 손가락마저 사용하며 타이핑을 하고 있었던 것이다.
>
> 나의 손 또는 양손이 키보드 근처에 놓이면 그 키보드는 나의 손으로 하여금 타이핑을 하도록 요구하고, 특히 양손으로 타이핑하도록 한다. 키보드 버튼이 내는 소리의 리듬감은 나의 손으로 하여금 특별한 노력 없이도 타이핑을 하도록 한다. 나의 손, 손가락, 키보드 버튼들은 서로 호응하며 조화를 이루며 부드럽게 글을 써내려간다. 나의 오른손은 키보드, 컴퓨터 화면의 메뉴, 마우스 스크롤링, 트랙패드를 부드럽게 오가며 자신이 할 일들을 해낸다. 의심할 여지 없이 나의 손과 손가락 그리고 키보드는 서로의 영역을 침범하며 그 공간에서 행위를 이어간다.

4. 요약

이 장에서 우리는 포스트휴먼 질적연구의 핵심 개념, 연구의 목적, 탐구 영역과 탐구 개념, 연구 방법, 자료 수집, 그리고 글쓰기의 방법에 대해 논의하였다. 여기에서는 질적연구 방법론의 발전과 그 지평의 확산을 위해 포스트휴먼 질적연구 방법론이 제공하는 시사점을 제시하고자 한다.

첫째, 포스트휴먼 질적연구는 전통적인 질적연구에서 중요하게 간주되던 연구 도구로서의 연구자 개념에 대한 해체를 요구한다. 전통적인 질적연구에서 연구자는 가장 중요한 연구 도구로서 연구자의 관찰과 시각 그리고 언어를 활용하였다. 하지만 포스트휴먼 질적연구에서 연구자의 시각과 언어 그리고 연구자의 감각이 인간 중심적이라는 점을 비판한다. 포스트휴먼 질적연구자는 인간 예외주의와 인간 중심 존재론과 인식론에 대한 성찰과 비판적 입장을 견지할 필요가 있다. 물론 질적연구 방법론 담론에서 '재현의 위기'(Marcus & Fischer, 2014) 그리고 '포스트모던 타당도'(Lather, 1986)에서 연구자의 관점이 가지는 한계에 대한 적극적 반성을 시도하였지만 포스트휴먼 질적연구에서는 더욱 급진적이고 근본적인 비판과 성찰을 요구한다.

둘째, 포스트휴먼 질적연구는 연구 참여자의 범위와 역할을 새로이 인식하게 한다. 전통적인 질적연구에서 참여자는 인간이며, 연구 목적과 방법은 물론 자료 분석과 글쓰기에 이르기까지 인간 참여자가 그 중심을 차지하였다. 하지만 포스트휴먼 질적연구는 비인간 물질 모두가 참여자가 되며, 그들의 목소리와 관점을 포착하고 이해하며 기술하는 것을 목적으로 한다. 즉, 신물질주의, 생기론, 행위자-네트워크 이론에 따르면 인간과 비인간 모두 동등한 중요성과 목소리를 가진 참여자로 간주되어야 한다(Thrift, 1997; Harman, 2018; Adams & Thompson, 2016). 이에 포스트휴먼 질적연구는 비인간 물질을 연구를 위해 필요한 주변적 장치나 부품으로 간주하지 않으며 이들 또한 중요한 연구 참여자로 간주한다.

마지막으로 포스트휴먼 질적연구 발전을 위해 각 연구 방법론별 구체적인 방법과 절차, 그리고 연구 기법에 대한 연구가 필요하다. 이 연구에서는 포스트휴먼 질적연구에 대한 일반적인 차원에서의 방법과 과정을 개념화하였다. 이는 다양한 포스트휴먼 질적연구물들과 이론 검토로 도출한 그야말로 일반적인 차원의 논의였다. 이에 이 논문에서 제시한 내용이 모든 포스트휴먼 질적연구 방법론에 적합할 것이라 단정할 수 없다. 이에 연구자들은 이 연구에서 제시한 목적 · 탐구 영역, 연구 방법 등을 자신의 연구의 목적과 연구 문제를 고려하여 선택 또는 변형시켜 활용해야 할 것이다. 또한 이 연구의 결과가 모든 질적연구 방법론에 적합할 수 없으므로 문화기술지, 생애사 연구, 현상학적 연구, 근거이론 등 각 질적연구 방법론에서 활용할 수 있는 연구 방법과 절차, 자료의 수집과 분석을 위한 절차와 개념 그리고 기법들이 지속적으로 연구되어야 할 것이다.

5. 참고문헌

김영천(1997). 학교 교육현상 탐구를 위한 질적연구의 방법과 과정. **교육학 연구**, **35**(5), 135-170.

김영천(2012). **질적연구 방법론 1: Bricoleur** (2nd Ed.). 파주: 아카데미프레스.

김영천(2013). **질적연구 방법론 3: Writing** (2nd Ed.). 파주: 아카데미프레스.

박휴용(2019). 포스트휴먼적 존재인식론에 기반한 질적연구의성격과 방법. *Journal of Educational Innovation Research*, *29*(2), 41-68.

박휴용(2020). 포스트휴먼 리터러시—개념 및 범주, 이론적 기반, 그리고 교육의 방향. **리터러시연구**, **11**(1), 11-55.

서덕희(2020). 교육인류학과 질적연구의 포스트휴머니즘과의 접속과 생성. **교육인류학연구**, **23**(1), 1-43.

이경란(2019). 로지 브라이도티의 포스트휴먼: 포스트휴먼 주체와 비판적 포스트휴머니즘을 향하여. **탈경계인문학**, **12**(2), 33-58.

Aagaard, J. & Matthiesen, N. (2016). Methods of materiality: Participant observation and qualitative research in psychology. *Qualitative Research in Psychology*, *13*(1), 33-46.

Abram, D. (1996). *The spell of the sensuous: Perception and language in a more-than-human world*. New York: Vintage Books.

Adams, C. (2010). Teachers building dwelling thinking with slideware. *The Indo-Journal of Phenomenology*, *10*(2), 1-12.

Adams, C. (2016). Programming the gesture of writing: On the algorithmic paratexts of the digital. *Educational Theory*, *66*(4), 479-497.

Adams, C. (2017). Technology's hidden curriculum and the new digital pharmakon. In J. Jagodzinski (Ed.), *The Precarious Future of Education* (pp. 225-240). New York: Palgrave Macmillan.

Adams, C. & Thompson, T. L. (2016). *Researching a posthuman world: Interviews with digital objects*. Springer.

Badmington, Neil (2000). *Posthumanism* (Readers in Cultural Criticism). Palgrave Macmillan

Balahur, A., Mihalcea, R., & Montoyo, A. (2014). Computational approaches to subjectivity and sentiment analysis: Present and envisaged methods and applications. *Computer Speech &*

Language, *28*(1), 1-6.

Barad, K. (2003). Posthumanist performativity: Toward an understanding of how comes to matter. *Signs: Journal of Women in Culture and Society*, 28(3), 801-831.

Barad, K. (2007). *Meeting the Universe Halfway: Quantum Physics and the Entanglement of Matter and Meaning*. London: Duke University Press.

Baudrillard, J. (1994). *Simulacra and Simulation*. Michigan: Michigan University Press.

Bennett, J. (2010). *Vibrant Matter: A Political Ecology of Things*. London: Duke University Press.

Bhatti, A., Nahavandi, S., & Hossny, M. (2009). Haptics enabled offline AFM image analysis. *International Journal of Computer and Information Engineering*, *3*(1), 81-86.

Bogdan, R. & Taylor, S. (1975). *Introduction to qualitative research methods*. New York: Wiley.

Boger, T. (2018). *Watching Our Children Electronically: A (Post) phenomenology of Classroom Management Software in Schools*. Doctoral dissertation, University of Alberta.

Borgmann, A. (1984). *Technology and the character of contemporary life: A philo-sophical inquiry*. Chicago: University of Chicago Press.

Bostrom, N. (2005). A history of transhumanist thought. *Journal of Evolution and Technology*, *14*(1).

Bruni, A. (2005). Shadowing software and clinical records: On the ethnography of and heterogeneous contexts. *Organization*, *12*(3), 357-378.

Callon, M. & Latour, B. (1981). Unscrewing the big Leviathan: How actors macro-structure reality and how sociologists help them to do so. In K. Knorr-Cetina (Ed.), *Advances in social theory: Toward an integration of micro- and macro-sociologies* (pp. 277-303). London: Routledge and Kegan Paul.

Chuang, M. C., Bala, R., Bernal, E. A., Paul, P., & Burry, A. (2014). Estimating gaze direction of vehicle drivers using a smartphone camera. In *Proceedings of the IEEE conference on computer vision and pattern recognition workshops* (pp. 165-170).

Connolly, W. E. (2013). The 'new materialism' and the fragility of things. *Millennium*, *41*(3), 399-412.

Fenwick, T. (2014). Sociomateriality in medical practice and learning: Attuning what matters. *Medical Education*, *48*, 44-52.

Fenwick, T. & Edwards, R. (2010). *Actor-network theory in education*. London: Routledge.

Ferrando, F. (2013). Posthumanism, transhumanism, antihumanism, metahumanism, and new materialisms. *Existenz*, *8*(2), 26-32.

Flanagan, V. (2014). *Technology and identity in young adult fiction: The posthuman subject*. New York: Springer.

Floridi, L. (2014). *The fourth revolution: How the infosphere is reshaping human reality*. OUP Oxford.

Flusser, V. & Bec, L. (2012). *Vampyroteuthis infernalis: A trea- tise, with a report by the Institut Scientifique de Recherche Paranaturaliste* (V. A. Pakis, Trans.). Minneapolis: University of Minnesota Press.

Foster, C. (2016). *Being a beast: Adventures across the species divide*. New York, NY: Metropolitan Books.

Fox, N. J. & Alldred, P. (2017). *Sociology and the New Materialism: Theory, research, action*. London: Sage.

Fukuyama, F. (2002). *Our Posthuman Future*. New York: Farrar, Straus, Giroux.

Gale, K. (2016). Writing minor literature: Working with flows, intensities and the welcome of the unknown. *Qualitative Inquiry*, *22*(5), 301-308.

Gaukrodger, B. & Atkins, C. (2013). Second life calling: Language learners communicating virtually across the world. In *ASCILITE-Australian Society for Computers in Learning in Tertiary Education Annual Conference* (pp. 303-307). Australasian Society for Computers in Learning in Tertiary Education.

Gourlay, L., & Oliver, M. (2017). Students' physical and digital sites of study: Making, marking and breaking boundaries. In L. Carvalho, P. Goodyear, & M. de Laat (Eds.), *Place-based spaces for networked learning* (pp. 73-89). New York: Routledge.

Gray, C. H. (1997). The ethics and politics of cyborg embodiment: Citizenship as a hypervalue. *Journal for Cultural Research*, *1*(2), 252-258.

Halberstam, J. M. & Livingston, I. (Eds.) (1995). *Posthuman bodies*. Indiana University Press.

Haraway, D. (1985/1991). A cyborg manifesto: Science, technology, and socialist-feminism in the late twentieth century. *Simians, cyborgs, and women: The reinvention of nature* (pp. 149-182). New York: Routledge.

Haraway, D. (2013). *When species meet*. Minneapolis, MN: University of Minnesota Press.

Harman, G. (2018). *Object-oriented ontology: A new theory of everything*. London: Penguin UK.

Hayles, N. K. (2006). Unfinished work: From Cyborg to Cognisphere. *Theory & Society*, *23*(7-8), 159-166.

Huff, C. (2017). After auto, after bio: Posthumanism and life writing. *a/b: Auto/Biography Studies*, *32*(2), 279-282.

Huxley, J. (2015). Transhumanism. *Ethics in Progress*, *6*(1), 12-16.

Ihde, D. (1990). *Technology and the lifeworld: From garden to earth*. Bloomington: University Press.

Ingold, T. (2012). Toward an ecology of materials. *Annual Review of Anthropology*, *41*(1), 427-442.

Jackson, A. Y. (2017). Thinking without method. *Qualitative Inquiry*, *23*(9), 666-674.

Knox, J. (2016). *Posthumanism and the massive open online course: Contaminating the subject of global education*. New York: Routledge.

Kuby, C. R. & Rucker, T. G. (2016). *Go be a writer!: Expanding the curricular boundaries of literacy learning with children*. Teachers College Press.

Kullman, K. (2012). Experiments with moving children and digital cameras. *Children's Geographies*, *10*(1), 1-16.

Lather, P. (1986). Research as praxis. *Harvard Educational Review*, *56*(3), 257-278.

Law, J. (1999). After ANT: Complexity, naming and topology. In J. Law & J. Hassard (Eds.), *Actor network theory and after* (pp. 1-14). Oxford, England: Blackwell Publishers.

Law, J. (2009). Actor network theory and material semiotics. In B. S. Turner (Ed.), *The new Blackwell companion to social theory* (pp. 141-158). Chichester, England: Wiley-Blackwell.

Law, J. & Singleton, V. (2013). ANT and politics: Working in and on the World. *Qualitative Sociology*, *36*(4), 485-502.

Leedy, P. D. (1993). *Practical Research: Planning and Design*. New Jersey: Prentice-Hall

Lenoir, T. (1980). Kant, Blumenbach, and vital materialism in German biology. *Isis*, *71*(1), 77-108.

Lewis, T. E. & Owen, J. (2020). Posthuman phenomenologies: Performance philosophy, non-human animals, and the landscape. *Qualitative Inquiry*, *26*(5), 472-478.

Lincoln, Y. S. & Guba, E. G. (1990). Judging the quality of case study reports. *Qualitative Studies in Education*, *3*(1), 53-59.

Lorimer, H. (2005). Cultural geography: The busyness of being 'more-than-representational'. *Progress in Human Geography*, *29*(1), 83-94.

Marcus, G. E. & Fischer, M. M. (2014). *Anthropology as cultural critique: An experimental moment in the human sciences*. University of Chicago press.

Massumi, B. (2002). *Parables for the Virtual*. Duke University Press.

Mazlish, B. & Muchie, M. (1994). The Fourth Discontinuity: The Co-Evolution of Humans and Machines. *Futures-the Journal of Forecasting Planning and Policy*, *26*(10), 1108-1114.

Mazzei, L. A. & Jackson, A. Y. (2012). Complicating voice in a refusal to "let participants speak for themselves". *Qualitative Inquiry*, *18*(9), 745-751.

Mazzei, L. A. & McCoy, K. (2010). Thinking with Deleuze in qualitative research. *International Journal of Qualitative Studies in Education*, *23*(5), 503-509.

McLuhan, M. & McLuhan, E. (1988). *Laws of media: The new science*. Toronto: University of Toronto Press.

Miah, A. (2008). A critical history of posthumanism. In B. Gordijn & R. Chadwick (Eds.), *Medical enhancements and posthumanity* (pp. 71~94). New York: Routledge.

Mol, A. (2010). Actor-network theory: Sensitive terms and enduring tensions. *Kölner Zeitschrift für Soziologie and Sozialpsychologie*, *50*(1), 253-269.

Mulcahy, M. D. (2013). Turning around the question of 'transfer' in education: Tracing the sociomaterial. *Educational Philosophy and Theory*, *45*(12), 1276-1289.

Murdoch, J. (1998). The spaces of actor-network theory. *Geoforum*, *29*(4), 357-374.

Patton, M. Q. (1990). *Qualitative evaluation and research methods*. SAGE Publications, inc.

Pepperell, R. (1995). *The post-human condition*. Intellect Books.

Röhl, T. (2015). Transsituating education: Educational artefacts in the classroom and beyond.

In S. Bollig, M-S Honig, S. Neumann, C. Seele (Eds.), *MultiPluriTrans in educational ethnography: Approaching the multimodality, plurality and translocality of educational realities* (pp. 143-161). Beilefeld, Germany: Transcript.

Snyder, H. (2019). Literature review as a research methodology: An overview and guidelines. *Journal of Business Research*, *104*, 333-339.

Spradley, J. (1979). Asking descriptive questions. *The ethnographic interview*, *1*, 44-61.

Spradley, J., (1980). *Participant observation*. New York: Holt, Rinehart & Winston.

Ströberg, Y. & Hallner, A. (2017). *Understanding identity in a digital reality: Masters thesis*. Lund University.

Taylor, C. A. & Fairchild, N. (2020). Towards a posthumanist institutional ethnography: Viscous matterings and gendered bodies. *Ethnography and Education*, *15*(4), 509-527.

Taylor, C. A. & Hughes, C. (2016). *Posthuman research practices in education*. Basingstoke: Palgrave MacMillan.

Tesar, M. & Arndt, S. (2016). Vibrancy of childhood things. *Cultural Studies ↔ Critical Methodologies*, *16*, 193-200.

Thompson, T. L. (2018). The making of mobilities in online work-learning practices. *New Media & Society*, *20*(3), 1031-1046.

Thrift, N. (1997). The Still Point. In Pile, S. & Keith, M. (Eds.), *Geographies of Resistance*. London: Routledge.

Thrift, N. (2008). *Non-representational theory: Space, politics, affect*. London: Routledge.

Van Manen, M. (2014). *Phenomenology of practice: Meaning-giving methods in phenomenological research and writing*. Walnut Creek, CA: Left Coast Press.

Vannini, P. (2015). Non-representational research methodologies: An introduction. In P. Vannini (Ed.), *Non-Representational Methodologies* (pp. 11-28). London: Routledge.

Vita-More, N. (2012). *Life Expansion: Toward an Artistic, Design-Based Theory of the Transhuman/Posthuman*. Doctoral dessertation. University of Polymouth.

Von Uexküll, J. (2010 [1934/1940]). *A foray into the worlds of animals and humans: With a theory of meaning* (trans: O'Neil, J. D.). Minneapolis, MN: University of Minnesota Press.

Wolfe, C. (2010). *What is posthumanism?* Minneapolis, MN: University of Minnesota Press.

Woolf, V. (1992). The waves. In *Collected Novels of Virginia Woolf* (pp. 335-508). London: Palgrave Macmillan.

Zapata, A., Kuby, C. R., & Thiel, J. J. (2018). Encounters with writing: Becoming-with posthumanist ethics. *Journal of Literacy Research*, *50*(4), 478-501.

Zukas, M. & Kilminster, S. (2014). The doctor and the blue form: Learning professional responsibility. In T. Fenwick & M. Nerland (Eds.), *Reconceptualising professional learning: Sociomaterial knowledges, practices and responsibilities* (pp. 38-51). Abingdon, UK: Routledge.

Stanley, L. (1990). *Feminist praxis*. New York: Routledge & Kegan Paul. [illegible]

저자 소개

김영천

진주교육대학교 교육학과 교수. 교육과정학과 질적연구 전공. 약 50권의 저서와 약 80편의 논문 게재. 탈식민주의와 오리엔탈리즘에 기반하여 한국과 동북아시아 학생들의 그림자교육/학습문화 탐구의 국제화 작업: Shadow Education, the Curriculum, and the Culture of Schooling in South Korea (2016, Macmillan: 2021년 러시아어 판 출간 예정), Shadow Education as Worldwide Curriculum Studies (2019, Macmillan), Theorizing Shadow Education and Academic Success in East Asia (2021, Routledge). Shadow Curriculum, Post-schooling, Trans-boundary Learning Culture 등의 새로운 학술적 개념 이론화: Conceptualizing Shadow Curriculum: Definition, Features, and Changing Landscape of Students' Learning Culture. *Journal of Curriculum Studies*, *51*(2), 2019; Shadow Curriculum as a New Form of Curriculum: its Evolution, Definition, and Implications for Curriculum Studies, *The Encyclopedia of Education* (2022, Elsevier). Academic Success and New Ways in Students' Learning Culture 집필 중(Kim, Jung, Jo, 2023)

정정훈

부산대학교 교육학과 BK21 교육의 사회적 책임 연구단 계약교수. 연구분야는 교육과정학, 쿠레레 탐구, 질적연구 이론화. 캐나다 University of British Columbia 철학박사. 대표 저서: *The Concept of Care in Curriculum Studies*(2016, Routledge), *Shadow Education as Worldwide Curriculum Studies*(2019, Macmillan), *Theorizing Shadow Education and Academic Success in East Asia*(2021, Routledge),『교육과정학과 수업연구방법론』(2020, 아카데미프레스). 다수의 질적연구 강연과 워크숍. 다수의 질적연구 논문 게재: "교사교육과 교육과정 연구를 위한 쿠레레의 개념화와 교육 연구 적용 가능성 탐구"(2020), "포스트휴먼 질적연구: 연구과정에 대한 방법적 탐색"(2021). 현재 전북대학교 대학원 '교육과정세미나' 그리고 한국교원대학교 박사과정 '상담심리 질적연구방법론' 강의.

사회과학을 위한 질적연구 핸드북

발 행 일 | 2021년 12월 15일 초판 1쇄 발행
저 자 | 김영천 · 정정훈
발 행 인 | 구본하
발 행 처 | (주)아카데미프레스
주 소 | 서울시 마포구 월드컵북로5길 33 동아빌딩 2층
전 화 | (02)3144-3765
팩 스 | (02)3142-3766
웹사이트 | www.academypress.co.kr
이 메 일 | info@academypress.co.kr
등록 번호 | 제2018-000184호
I S B N | 979-11-91791-10-5

값 35,000원